帝国时代

萧然 ◎ 著

大漢帝國 上

上海社会科学院出版社
SHANGHAI ACADEMY OF SOCIAL SCIENCES PRESS

致读者

如今的书,多到汇成了海洋。我的这部《大汉帝国》有幸蒙读者从书海中找出,说明诸君与我至少有一点相同:都爱好历史。

尽管我自幼喜欢历史,但真正静下心来,一头钻进故纸堆乐此不疲,以至弄到不闻暮鼓晨钟、不知老之将至的地步,那还是近二十多年来的事。

中国历史,最令我着迷的还是古代,尤其是秦、汉、唐三代,我以为那是中华民族创造活力最为充沛、人性也较为高扬的三个时期。由此,渐渐萌发出一个心愿:为这三个时代各写一部书。

现在这三部书前两部已先后与读者见面:《大秦帝国》、《大汉帝国》分别初版于1997年和2009年。第三部《大唐帝国》正在准备中,争取尽快写出。

近些年来,讲史、写史成了热门,讲、写方式也多种多样,如戏说、细说、趣说、正说、品说等等,可谓百花齐放。不过我这个人可能有点守旧,至今仍留有美好记忆的,还是青少年时代读的几部作者大多为"五四"前贤的"史话"。写过清新可读的《西洋史》的陈衡哲先生说得好:"历史不是叫我们哭的,也不是叫我们笑的;乃是要我们明白的。"所以我的这三部书就想尽量做到"明白"二字,尝试用一种新的史话体来写。这个所谓"新",不妨归结为以下四句话——

一句是平民视角。写历史可以有不同视角,写得好都可以达到"明白"的要求。譬如孔夫子写《春秋》,以周天子为评判圭臬;司马光写《资治通鉴》,以是否有利于帝王统治为编撰标准,他们都把历代帝王的存亡兴衰、荣辱沉浮写得相当明白。这是可以理解的,因为他们心目中的第一读者便是帝王。而在下则是一介平民,读者诸君也该大多是普通人。我们普通人想通过读历史弄明白的,主要的恐怕还不是历代帝王存亡兴衰的道理,而是历史演进中的人生况味;或者说不是为了"资治",而是为了"资生"——汲取人生滋养。其实包括帝王将相在内的历史人物纵然千姿百态,他们首先总还都是人,有与我们普通人相似或至少可以理解的喜怒哀乐、七情六欲。将帝王视角转换为平民视角,从高高的宫殿回到广阔的人间,历史事件就有可能因拆除了虚幻的屏障而变得面目一新,历史人物也会因此而变得可亲可近。

再一句是侧重人物。历史很复杂,包括政治、经济、文化诸多方面极其丰富的内容;但历史也很简单,简单到只要用一个字便可概括:人。历史上的一切都是因人的生存、发展需要而建立起来的。所以历史的真正主人是人,明白历史的核心就是明白历史中的人生。

明白的前提是理解。为此我在写作中随时提醒自己：力求理解。我想如果我们能少一点终极评判的雄心、多一点力求理解的诚意，以此去接近作为我们先祖的古人，包括那些按当时某种政治或道德标准已被脸谱化了的人物，或许就较为容易进入他们的内心，成为他们的知音。果真那样，我们就能结识到众多先哲前贤、帝王将相、文坛才子、沙场猛将，还有高士野夫、奇男烈女，以及鸡鸣狗盗之徒、灯红酒绿之客……那些浑朴天然的人性，那些激扬放达的人格，因历史几乎永远不可能复现而显得如此珍贵，而你却能与他们结成"忘年交"，时而促膝絮谈，时而浩歌长啸，品味古今不同人生，获得相似或相通的感悟，那该是一件多大的乐事啊！

第三句是，配合阅读需要介绍文史知识。古代历史人物都是生活在当时的两个环境中：地理环境和人文环境；就内容之繁富、变化之快速而言，后者要远远超过前者。人文环境的构成主要是各项典制，包括治典、教典、礼典、政典、刑典和事典，合称六典。这些对我们现代人来说，大都成了颇感陌生的所谓"文史知识"。现代读者要接近古人，就不能不多少了解一点其所处的人文环境，而孤立地介绍那些繁复的文史知识又难免枯燥乏味。我的做法是，配合读者在阅读过程中产生的需要穿插以相关典制的介绍，同时尽力使这些典制不是游离于历史，而是作为历史活动的实际参与者与人物一起展示自己。事实上，在我国古代帝王制度的语境下，那些影响重大的典制本身，往往就是无数历史事件的结晶，在其构成因素中，不仅有政治智慧和人生体验，也还有刀光剑影和凝固了的鲜血。

最后一句是，只想起到一点"引桥"的作用。我写"三大帝国"力求适应现代读者，却也适量引录了一点古书原文。之所以这样做，除了它们的表现力远远胜过我笨拙的转述外，其中还暗藏着我的一个小小的"阴谋"：引诱读者对古人的写作魅力产生兴趣，进而去阅读原文。我的体验是：真要学懂历史，必不可少的一条就是直接读《二十五史》及相关古籍。要知道，古书中许多独特的表达本身就是一种历史。更何况，读古文原著，尤其是司马迁的《史记》，那才真正是一种美妙无比的享受！所以说到底，我的书只想起到一点"引桥"的作用，绝不敢奢望代替古人写的史书和近人写的学术专著。若是有一天读者诸君过"引桥"而弃之，径自直入恢宏的历史殿堂，那将是我莫大的欣慰。

当然，以上都只是我的一些设想，这部《大汉帝国》究竟写得如何，还有待读者的评判和方家的教正。我热切企盼着。

作　者

目录

致读者 1

引 言　中华大一统的范式 6
　　从"汉"这个字的古今义说起 6
　　帝国风范：巍巍大汉，垂范后世 9
　　站在丝绸之路上看当时世界 15

第一章　历史走到了岔路口 21
　　分封才罢，纷争又起 22
　　刘邦找到了一个讨伐项羽的好题目 40
　　从彭城到荥阳：胜利和失败都是考验 52

第二章　楚河汉界：中原大地摆出了一局棋 67
　　黄河南北：两个战场，两种景观 68
　　风云突变，汉、楚、齐玩起了走马灯 88
　　差点提前推出一部《三国演义》 99
　　乌江悲歌："时不利兮""天亡我"！ 105

第三章 布衣刘邦当上了大汉开国皇帝 129
  诞生于"氾水之阳"的大汉帝国 130
  刘邦说:"吾乃今日知为皇帝之贵也!" 145
  帝国的一块心病:匈奴问题 159
  异姓诸王接连演出了人生悲剧 169
  慷慨歌《大风》,惶恐说"安刘" 184

第四章 吕雉:中国历史上第一个称制的女性 201
  当了皇帝依旧保持着寻常人情的刘盈 202
  吕后称制:学黄老之术,行无为之治 213
  且看史称"刚毅"的吕后如何"以吕代刘" 223
  一场"灭吕安刘"的政变在悄然行动中 232

第五章 被史家称为德政标本的文景之治 247
  "蜜月"与"蜜月"终结后的较量 248
  司马迁说:"孝文施大德,天下怀安。" 265
  七国之乱:朝廷与诸侯王的一场大决战 280
  帝国"接班人"问题的困扰与突围 302

第六章 为帝国开创鼎盛时代的汉武大帝 323
  寻找一种理论,以激活汉魂,永固汉统 324
  中国翻开了一部独尊儒术的历史 340
  让整个帝国犹如一己之身动作起来(上) 355
  让整个帝国犹如一己之身动作起来(下) 368

第七章 高帝遗愿的实现:终得猛士守四方 379
  ——汉武大帝之章续
  从马邑挫败中奋起,向大漠进击再进击! 380
  将征战扩展到南、东、西诸边 396
  得不偿失的最后三次北伐之战 406
  丝绸之路:一条用双脚走出来的国际通道 422

第八章　从天国降到人间，从理想回到现实 …………………… 437
　　——汉武大帝之章再续
　　汉家天子终于获得了上天"授命" ………………………… 438
　　帝国之忧：总也填不满的财政大窟窿 …………………… 459
　　多情又多事的后宫与东宫 ………………………………… 473
　　从颁发"罪己诏"到临终托孤 …………………………… 491

第九章　日中则昃：帝国从中兴到衰亡 …………………………… 505
　　昭宣中兴：从强力兴作到与民休息的"软着陆" ………… 506
　　班固说："汉世衰于元、成，坏于哀、平" ……………… 527
　　成帝：一个受制于外戚的风流天子 ……………………… 539
　　哀帝：《谥法解》说："恭仁短折曰哀" ………………… 549
　　王莽：体制内部生成的帝国掘墓人 ……………………… 562

结　语　历史需要在蝉蜕豹变中获得复兴 ………………………… 584
　　"三七之厄"与古人对兴亡之道的探究 ………………… 585
　　渐台悲剧留给后人的思考题 ……………………………… 589
　　从班彪评论看新末历史走向 ……………………………… 594

汉王国和汉帝国大事年表 …………………………………………… 600

后　记 ………………………………………………………………… 610

引 言

中华大一统的范式

坐到案前，铺开稿纸，写上"大汉帝国"四字，准备为这部书先理出个大纲来。那个已远离我们两千多年的帝国形象，渐次在我脑际浑然呈现：恢宏，辉煌；与天地长存，与日月齐光。

待要落笔，却又感到天高地阔，茫无际涯，思之再三，仍不知从何写起。

一日倚窗闲望，偶见一戴着虎头帽的孩子在楼下走道上学步，一摇一摆的，逗得在近旁墙角晒太阳的老奶奶眉花眼笑。孩子忽然脚一歪，叭地一下跌倒了。未等哭出声，那位年轻妈妈抢先用娇亮的嗓音叫道："乖宝宝，快自己站起来，像个男子汉！"……

男子汉？我不由一怔："男子"怎么会与我正要写的《大汉帝国》中的"汉"连到一起呢？

再一想，生活中带"汉"的称谓真还不少，如"汉子"、"大汉"、"铁汉"、"硬汉"等等，当然，还有毛泽东那掷地有声的诗句："不到长城非好汉！"这些称谓共同的特点是：都加给男性，都带有褒意，赞美一种阳刚之气。我眼前一亮，依稀望到了一个可以由此远眺大汉帝国风貌的窗口，于是便兴奋地、快速地写出了第一小节节名——

从"汉"这个字的古今义说起

汉，繁体作"漢"。

这是个形声字。从"水"，"莫"声。表明字义与水有关，而读音如"莫 hàn"。

那么"莫"这个字又是怎么来的呢？

上个世纪50年代初，傅东华先生（笔名"约斋"）写过一本通俗而又生动有趣地解释汉字由来的书，书名叫《字源》。那时我刚参加工作，利用业余时间自学大学基础课程，因而买了一本作为参考书。书中对所解释的每个字，都列出了甲骨、金文、篆文等原初的字形。如"莫"的甲骨字形是这样的：

傅先生解释说："这字底下是火，上头是光；中间是一个双手被缚的人。人在火中，而火光上冒，以显示出干枯和熬苦的意思。"

与这个意思相当的语音便是hàn，与后来的"旱"字音和义都相似。如甲骨文中便有"帝其降莫（天帝将降下旱灾）"这样的话。

但后来"hàn"这个语音又有了与水相关联的另一个意思，为了区别，我们聪明的祖先就创造了两个形声字："熯"与"漢"。它俩读音相同，意思却是水火不相容："熯"，仍保留着与"莫"相似的含义；"漢"则仅取"莫"之音，字义与因被火烤而干枯、干燥一类意思完全脱钩——

汉，漾也。泉始出山为漾。漾言其微，汉言其盛也。（《说文解字注》）

既然水波汹涌荡漾称"汉"，于是古人就给那条源出今陕西省西南部、经湖北省西北和中部而在武汉流入长江的大水，起了个名字，叫汉水，也叫汉江。

想必汉水那汪洋壮阔的景观，在我们先民的脑海里留下了极为深刻的印象，因而当他们抬头仰望夜空，看到横亘在天宇间的那条宛若微波荡漾的光带时，就给了它一个称名：汉；又称天汉或银汉，也就是我们现在所说的银河。《史记·天官书》说："汉，星多，多水"，"其本曰水"。照此说来，银河就是天上的"汉水"。

以上便是"汉"字的最初含义。到此为止，都还没有越出它的与水相关联的本义。

但如今你去翻翻任何一部字书，"汉"这个字的含义都已远非"水"义所能涵盖。譬如罗竹风主编的《汉语大词典》在"汉"字条下就列有十三个义项，而且除一、二两项外，其余全都与"水"毫不相干。如果要追问一句：如此众多的延伸义项是如何扩展出来的？这就不能不提到我们这部《大汉帝国》所要记述的那个古老而又充满着青春创造活力的时代，不能不提到当时那一个个或英烈、或悲壮、或惨酷的人物以及他们功垂千秋的业绩。正是这一切，极大地扩展了"汉"这个字的含义，甚至还赋予它以顶天立地的阳刚之气，因而在很大程度上成了我们民族和国家的符号和标识。

"汉"这个字含义的大飞跃，是从公元前206年开始的。

最先无意间启动了这个大飞跃的，是一位识字不多却威名赫赫的人物，他就是西楚霸王项羽。

这一年的秋冬，项羽挟巨鹿会战大胜之余威，统领大军四十万，挥戈西进，破关而入，屠咸阳，烧秦宫，杀降王子婴；然后自立为西楚霸王，瓜分天下，大封反秦诸将为王，其中刘邦被他封为汉王。这样，"汉"这个字第一次有了一个与"水"无关的含义：

汉，秦末楚汉之际王国名。公元前206年项羽置以封刘邦。都南郑，辖巴、蜀、汉中三郡，四十一县。

刘邦与项羽，汉楚相争，经大战七十、小战四十，终以垓下一役项羽兵败自刎而获得全胜。公元前202年刘邦称帝，国号汉。从此，"汉"又成了朝代名。刘邦建立的汉王朝，都长安，史称西汉或前汉。公元8年王莽代汉称帝，建新朝；公元25年刘秀重建汉朝，都洛阳，史称东汉或后汉。公元220年曹丕称帝，东汉灭亡。前后两汉共历二十四帝、四百零六年。

汉，又是民族名，即汉族。

汉族是我们中华民族这个共同体中人数最多的一个民族。据1982年统计，汉族人口有九亿三千多万，占全国总人口的93.3%。汉族之称始于汉代，这一点国内学术界几乎是一致的。如田继周的《夏族的形成及更名汉》、吕思勉的《中国民族史》，以及新近出版由萧君和主编的《中华民族史》，均持此说。但汉族的起源和由来要远远早于汉代。仅就有文字记载的历史来说，我们就可以知道汉族原由华夏族和其他族逐渐发展融合而成。华夏这个族名，当与中国历史上第一个国家形式夏的建立分不开，《说文解字》就说："夏，中国之人也。"而后来之所以要以"汉"更替华夏之称，也只能从大汉帝国的出现中得到解说。刘邦建立的西汉王朝，特别是在它的文景的养蓄期和武宣的鼎盛期，其国力之强大，版图之拓展，声威之远播，杰出人物之众多，均非此前各个时代所能及。这些因素的综合，使得后来人们觉得以"汉"为名来指称生息蕃衍在华夏大地上这个生气勃勃的民族更为确切了。翦伯赞《秦汉史》对此有生动、形象的描述：

当时的中国正像一个鸡卵，中原诸种[族]有若卵黄，四周诸种族有若卵白，卵黄与卵白虽各为一物，而在鸡卵之有机构造上，则是血肉相连的。当秦之时，中国的历史，正在发生一种适当的温度，来孵化这个鸡卵。所以到西汉之初，鸡雏遂破壳而出，是为汉族。

自汉迄今两千余年，汉族之称不再改变。单就这一点也可说明本书将要叙述的那一个个撼人心魂的人物和故事，离我们并不遥远。或许只要稍一回头，你便可呼吸到从终南山麓未央宫那边吹来的大汉帝国那尽管苍茫却依旧还有几分炽热的空气。

与此相似的还有"汉语"、"汉字"或"汉文"这样一些称谓。你走进书店，可以从书架上看到《英汉词典》或《汉英双解》这样一些书名，其中的"汉"便是指汉民族的语言文字。汉语是联合国法定的六种工作语言之一。1984年北京语言学院（今北京语言大学前身）开始研制汉语水平考试（HSK），至1997年，初等、中等、高等水平考试相继研制完成并颁行，从而标志着一个国际范围内的"汉考"时代的到来。目前全世界已有一百多个国家的两千五百多所大学在教授汉语，单是美国就有八百多所大学设有汉语课程。那数以亿万计的不同肤色的学生，第一个见到的中国字就是这个令他们无限新奇的字："汉"。但"汉语"、"汉字"这样的名称也并非从来就有。语言的古老可说与人类本身同龄；我们现在称之为汉字的这个语言记录符号系统，至少已有五六千年历史。在汉代以前，它们只称文字。如秦始皇为统一文字而下的诏令，便称"书同文字"（《史记》本纪）。后来之所以冠上"汉"这个定语，也是因为出现了影响深远的大汉帝国。

就像我在一开头就提出的那样，"汉"这个字居然还与男人的阳刚之气，和他们那种坚强、刚毅、豪爽等品格联系了起来，这大概是创造文字的先圣古贤们怎么也想不到的吧。

此义有一个演变过程。先是周边国家或地区的人以"汉"指称居住于汉帝国的人，说法有汉人、汉儿、汉子等，起先多为中性词，后来才渐渐有了褒扬之意。如《汉书·匈奴传》"近西羌保塞，与汉人交通"，就是中性的；而明代陈沂的《询刍录》"汉自武帝征匈奴，二十余年……闻汉兵莫不畏者，称之为汉儿，又曰好汉"；《旧唐书·狄仁杰传》录武则天语："朕要一好汉任使，有乎"，则用的都是褒意。也有带贬意的，宋代陆游以为起始于西晋末年匈奴、鲜卑、羯、氐、羌等少数族在北方相继割据战乱频仍那个时代。其所著《老学庵笔记》称："今人谓贱丈夫曰'汉子'，盖始于五胡乱华时。"句例如《北齐书·魏兰根传》："何物汉子，我与官，不肯就！"但随着时光的流逝，汉风汉骨，以卫青、霍去病、李广、张骞、苏武、赵充国等等为代表的汉人的那种威武、英烈的阳刚之气，也许已渐渐成为稀缺的精神资源而越发受到推崇，于是"好汉"便与英雄有了大体相等的含义。家喻户晓的经典小说《水浒》，更是专为绿林好汉立传的。前些年，电视剧《水浒》的热播，一曲《好汉歌》唱彻了大江南北。那粗俗豪爽的感情，激越铿锵的旋律，逗得白发老翁、黄口小儿都忍不住要直着嗓门吼几句：

大河向东流哇，
天上的星星参北斗啊，
路见不平一声吼啊，
该出手时就出手啊，
风风火火闯九州啊！……

帝国风貌：巍巍大汉，垂范后世

本书预定的写作任务是，力图为历时二百一十年的西汉王朝勾勒一幅轮廓图画，并以此为舞台，让表演不同角色的诸多人物展示他们各自的生命活动和人生轨迹。其中，帝国的创建、文景之治和作为大汉帝国鼎盛期的武帝之世，是记述的重点，其后衰落和灭亡的过程也有所记述。

几个月来，我一直忘情地畅游在先哲时贤的书海中，依靠着他们的导引，大汉帝国的面貌在我眼前展现得越来越清晰，以至仿佛经由时空隧道，推开了帝国铜锈斑驳的城门，亲历了帝国的创建及其后的各个发展时期，目击了上至公侯将相，下至万千庶民的音容笑貌，喜怒哀乐。于是有了一种感觉，觉得那实在是我曾经生活过、只是后来阔别了多年的故乡。我，当然还有诸位，我们的先祖和我们不都是一代一代从那遥远的地方走过来的吗？

也许源于我爱好文学的缘故吧，我读历史习惯于把某一朝代想象为一个活生生的人，从出生、成长到衰老、死亡，每个时期都会展示、释放出不同的生命状态和生命活力。本书将要描述的对象大汉帝国，它的两百多年的生命历程，就清晰地呈现着诞生、少年、青壮年和垂暮之年这样几个阶段。历经长达五年的楚汉战争的酷烈的阵痛而呱呱出世的这个婴儿，其实发育还不那么完全，就连归属也还没有最后确定，先后有多种势力要争夺这个汉家男孩。难得的是，他用机智和勇敢避开或战胜了接踵而至的劫难，摆脱了来自内外的羁绊，终于成长到了能够完全独立行事的青春期，也即汉武帝时期。于是当时和后来的全世界都看到了：这个东方汉子体魄是如此矫健，精力是如此旺盛；他索古求今，南征北战，上天揽月，入海探珠，其间虽也碰过壁，跌过跤，但最终还是在他所生息的这片华夏大地上创造了皇皇基业，让生命发出耀眼的光华，且永驻于世。日中则昃，盛极必衰。这个东方汉子自然也不可能脱出这个生命固有的规律，渐渐地进入了步履蹒跚的暮年。汉帝国灭亡于新莽，传统历史学家称之为"王莽篡汉"，我则宁愿把它看成是汉帝国自身肌体内生长的一个异质，经过蜕变，一跃而成为代替旧肌体的一个新生命。

我对存世两百余年的大汉帝国的这个不登大雅之堂的总体认识，难免会贻笑于大方之家，我之所以有勇气把它说出来，无非是想借以建议读者在读解某一断代历史时，尽可能要有一个总体归纳和把握，避免陷入纷繁的历史现象而莫知归依。这一点对读解历史人物尤为重要。人的性格、命运，在相当大的程度上要受到时代和环境的制约或影响，掌握了各个历史阶段的基本特征，有助于我们去接近和理解生活于其中的历史人物。

如果读者以为我的建议可以一试，那就请诸君随我先去大略一瞥这个顶天立地的"东方汉子"的风采吧！

我们最先来到的是作为汉帝国首都的长安。如今旅游部门组织的长安故都游，只能在西安市西北远远望望那一片有着厚重历史负载的苍凉的故址，而此刻呈现在我们眼前的汉长安城却分明是一个拥有二十四万六千余人口，其恢宏、壮丽和繁华富庶均为当时亚洲乃至世界数一数二的大都市。生活在东汉的班固和张衡先后写过《两都赋》和《二京赋》，都以宏大的气势和华美的词藻，对长安城作了尽情的铺陈和描绘，甚至夸张地说，你就是"穷年忘归，犹弗能遍"。城中人文荟萃，冠盖如云；殊方异类，珍奇杂陈；人拥挤到不能相顾，车马多到转不过弯来，那真是一个"穷奢而极侈"的帝国大都会啊！

汉长安城左据函谷，右界龙首；城南有泰华、终南二山为屏，城北以泾、渭二水作带。惠帝元年（公元前194年）开始营造，至五年大体建成。城依龙首原之地形，东面较长，南北西三面稍有曲折，略成一斗状。有研究者以为应天上南斗、北斗星宿，故也称斗城。自汉帝国在长安开都后，新、西晋，以及前赵、前秦、后秦、西魏、北周和隋、唐，相继建都于此，东汉和三国魏、五代唐，则以长安为陪都。此外，西汉末年的绿林、赤眉军，唐末的黄巢农民军，也一度以长安为都。

作为汉长安城的标志，是巍峨高耸、鳞次栉比的宫殿群。单是《汉书》中提到的宫、殿之名就有五十多个，更有楼台馆阁无数。其中最为壮丽豪华的，是位于城之西南部的未央宫。古时以西北为乾，西南为坤；乾为天，坤为地。西南在十二地支中又属"未"，故名"未央宫"，意为位于大地中央的宫殿。未央宫始建于高帝，其后武帝、成帝等又有过多次扩建和修缮。最初主其事者是丞相萧何。当时战事还没有完全停息，刘邦看到修筑得如此华丽，开头还光了火，责问萧何为何要这样做。萧何的回答是："天下方未定，故可因以就宫室。且夫天子以四海为家,非壮丽无以重威,且无令后世有以加也!"(《资治通鉴·汉纪四》)这说明未央宫是一座政治性的建筑物,是帝王权威的象征。西汉时期许多重大的朝会、典礼,都是在此宫进行的。之所以要造得如此"壮丽",就是为了"重"大汉帝国之"威"!

长安城是汉帝国的心脏。全国水陆交通都在此辐辏。专为帝王出行而修造的宽阔而平坦的驰道,可以由此直达各诸侯王国和主要州郡治所。为颁发诏令和转达各地奏报而设的驿传,如同人体的血脉,由这颗心脏布向帝国全身。无论寒暑,不分昼夜,你都可以看到,鞭打着快马的使者在驿道上疾驰而过。

一个国家采取何种政治制度,是这个国家的根本属性。汉帝国的政治体制,大体采自秦的帝王集权专制制度[1],对地方则实行郡县两级制。但由于帝国是在秦末"群雄逐鹿"这个特定历史条件下诞生的,因而在建立之初,不得不实行盟约式的权力结构,也即部分地恢复了周代的分封制,先有异姓王,接着又有同姓王,后来还有吕氏集团,这就是我在上文把它比作"先后有多种势力争夺这个汉家男孩"的历史背景。异姓诸王和吕氏集团相继被诛灭后,景帝时还有过一场与同姓七王的决战,也很快取得了胜利,这些都可以看作是由盟约式的权力共享结构,过渡到帝王一人独擅皇权而不得不经历的阶段。到武帝时期,进一步实施了"推恩令"等一系列削弱王国权势的举措,封国已类同郡县,对朝廷不可能再构成任何威胁。在此基础上,又组建了"中朝"和"外朝",即在中央最高层实行决策、执行两套班子;将全国划分为十三个州部,每州派出部刺史一人负责巡行督察。通过这些措施,使地方权力更加集中于中央,中央权力独擅于皇帝一人之手,从而为帝国开创了一个鼎盛的时代。汉代这种历经数十年的曲折终于实现了的大一统的集权专制政治体制,进入近代以来,其利其弊,诸家有多种评说,但一个不争的事实是:这种体制成就了一种范式,为后世各个王朝所仿效。

汉帝国的大一统不仅表现在物质空间上,还表现在精神思想上。所谓"罢黜百家,独尊儒术",儒家学说被奉为政府行为和社会生活的指导思想。与此相应,汉帝国采取了一系列配套措施,如置《五经》博士,即将《诗》、《书》、《礼》、《易》、《春秋》五部儒家经典定为必修学科,各置博士之官;兴太学,即举办教授《五经》的学校,京师称太学,郡国称学,县称校。作为一个正统王朝的范式,武帝时期还进行了包括历法、服色等等在内的礼制改革,又举行了隆重的封禅大典。所有这些,形成了一整套与帝王集权专制制度相

【1】关于秦及秦以后我国古代国家制度的性质,在20世纪下半叶几成一统的看法是,将奴隶制与封建制的分界线定在周秦之际,认为秦及秦以后实行的是封建制度。由此,又派生出封建帝王、封建社会、封建思想以至封建迷信等等概念。近些年来,学术界已有多人提出,此种说法不符合历史实际,不应再采用。本人对此颇有同感,并斗胆以为,中国古代实行的大体可说是帝王制度,分两个大阶段:帝王封建制和帝王集权制。封建意指封土建国,此种制度至西周已相当完备,所谓诸侯八百,封国林立;至东周而诸侯国中的五个封国先后相继称霸,其后又是七国争雄,作为共主的周天子已是名存实亡。秦始皇统一六国后,废封建,立郡县,实行的是帝王集权专制制度,权力由帝王一人独擅。汉及汉以后,虽部分地恢复了封建制,但此时的封国已不再是具有独立意义的政权实体,因而并不影响整个国家实行的是帝王集权制。

适应的意识形态,也为后世历代所沿袭。这种意识形态在维护帝王统治、稳定社会秩序等方面,曾经起过重要作用,但对本应活泼发展的思想却又不能不是一种禁锢,且愈至后期愈甚。此种负面影响至今依然存在。

现在我们再来看看汉帝国的疆域、人口以及经济情况。

你如果打开地图,把我国现在的版图与汉代的疆域作一比较,就可以清楚地看到,位于东海之滨的这片广袤富庶得让我们一直引以自豪的土地,正是汉代帝王和臣民战胜诸多艰难险阻为后世子孙奠定的基础。当然汉以前,由夏而商,而周,筚路蓝缕,也都历尽了开拓的艰辛。特别是复归统一的秦王朝,据《史记·秦始皇本纪》记载,当时的疆域已扩展到"东至海暨朝鲜,西至临洮、羌中,南至北向户,北据河为塞,并阴山至辽东",远远超过了西周。汉代的开拓则是在历代基础上的一个更大的突破。武帝"开广三边":北败匈奴,设朔方、五原及河西诸郡;西通西域,拥有三十六属国;在南方消灭了南越赵氏割据,在西南恢复了庄蹻滇国的旧业,其疆域之广,更超过秦一倍以上。据葛剑雄《西汉人口地理》统计,汉初至武帝即位,全国人口平均自然增长率约为10%~12%,个别侯国达到20.5%~25.5%,七十余年间总人口增长了一倍多。《汉书·地理志》和《两汉纪·孝平皇帝纪》有这样一组统计数字:

疆土:东西九千三百零二里,南北一万三千三百六十八里。

田地:堤封田一万万四千五百一十三万六千四百零五顷;除邑居、道路、山林、山泽、郡国等不可辟垦外,可垦田为八百二十七万五百三十六顷。

民户:一千二百二十三万三千零六十二户。

人口:五千九百五十九万四千九百七十八人。

如此广阔的土地,如此众多的人口,不仅在中国历史上,就是在人类历史上,也是一个巨大的成就。黄仁宇的《中国大历史》说:汉在"全盛时管辖人口约六千万,足可与罗马帝国相比拟。就是从所控制的地域和存在的时间上讲,两个帝国也可以相提并论。只是中国方面内在的凝聚力,非西方所能望其项背"。

汉帝国在创建之初,曾有过一段艰苦的日子,甚至穷到连将相出行都只好坐牛车,皇帝车驾的四匹马也不能用纯一毛色,穷苦人家更不得不卖儿鬻女的地步。其中有几年又发生了"大饥馑,凡米石五千,人相食,死者过半"(《汉书·食货志》)。后经从上到下的提倡节俭,实行"约法省禁"、"与民休息"的无为之治,到文景之世和武帝即位之初,就变得相当富裕。《史记·平准书》上有一段话,形象地记述了当时国库充盈、人给家足的状况。这段话《汉书·食货志》几乎全文照录,后世人们凡是说到汉代经济状况的也大都要引用,所以我也想请诸位看看原文:

汉兴七十余年之间,国家无事,非遇水旱之灾,民则人给家足,都鄙廪庾(城乡各种粮仓)皆满,而府库余货财。京师之钱累巨万,贯(穿钱之绳索)朽而不可校。太仓之粟陈陈相因,充溢露积于外,至腐败不可食。

司马迁在这里用了一点文学手法。说粮食多到在仓库里年年堆积以至霉烂变质不能食用，铜钱多到因长期压库致使穿钱的绳子也腐烂了再也无法点数，这未免有些夸张。不过无论如何，大汉帝国前期国库颇为充足，该是可信的事实。当时实行的多为"轻徭薄赋"政策，征收田租一般在"十五税一"或"三十税一"之间，即税率为产量的1/15或1/30，这比起秦时的"什一之税"来就要轻得多。后来又颁行了朝廷统一铸钱、盐铁官营、均输平准等制度，采取了治理河患、兴修水利以及施行代田法、推行新田器等措施，更使经济有了较大发展。正因为有了强大的国力和民力，才使武帝"开广三边"成为可能。但连年征战的结果，一方面固然扩大了帝国的版图，另一方面却也付出了沉重的代价。到武帝末年，《汉书·昭帝纪》赞语作了这样的概括："海内虚耗，户口减半。"这自然有所夸张，但人口锐减应是事实。据葛剑雄《中国人口发展史》考测，武帝后期汉帝国人口多年出现零增长甚至负增长，至后元二年（公元前87年），总人口降至约三千二百万。对这种情况可以有多种评价，如帝王集权专制制度的独裁好战，武帝本人的多欲喜功等等。作为后人，我们是否还可以换个角度想一想：武帝时期扩展的每寸每尺疆土，都是用当时人创造的财富和他们的血肉之躯换来的，从这个意义上说，汉人为后世作出了重大的牺牲。因而无论历史评价如何，我们都应当记住这样一些闪光的名字：毕生驰骋大漠、将匈奴逐出塞外的卫青、霍去病，号称飞将军、使匈奴闻名丧胆的李广，羁胡十九年、夜夜梦汉关的苏武，开通"丝绸之路"、"博望"西方世界的张骞，年甫初冠主动"请缨"、捐躯于平定南越之役中的终军，高龄七十犹然击破先零、屯田西北的赵充国；还有中国古代历史上第一位女使节冯嫽，汉帝国最后一个为"和亲"而远嫁的王嫱即王昭君……

就像汉帝国在大一统的国家制度、疆域和物质文明等等方面为中华民族奠定了稳固的基础一样，它在思想文化方面的成就，对后世同样起到了一种本源的作用。

为着叙述方便，我把它粗略地概括为三座高峰、三条长河。

三座高峰：经学、史学、文学，都极盛于汉武帝时期；对于后世，它们犹如三条长河，成为中华民族思想文化的永久的滋养。

随着儒学被定为一尊，阐释、传授《诗》、《书》、《礼》、《易》、《春秋》等儒家经典成为一种专门学问，就叫经学。儒学独尊也就意味着百家争鸣的终结。但争鸣其实是无法被彻底遏制的，它只是转向了儒学内部。经学不久便形成了今文经学和古文经学两派，就是儒学内部争鸣的结果。两派形式上的区别是经典文本书写文字的不同：前者为"今文"，即汉代通行的隶书；后者为"古文"，即秦小篆或战国时六国文字；但更具本质性的区别，还在于它们不同的学术方向。大略说来，今文经学致力于所谓"微言大义"的阐发和对现实政治的关切与契合，古文经学则注重史事及文本的考订、训释，把经籍作为历史来研究。董仲舒是汉代今文经学的代表人物，他的《天人三策》和《春秋繁露》便是这个学派具有奠基意义的著作。两派多次论战，有几次甚至还面对面地打起了"擂台"，成为中国古代学术史上一道独特的景观。今文经学由于它能依据现实政治需要阐释和引申经义而获得官方支持，在两汉长期占有主导地位，其后则日趋衰微，代之而起的则是古文经学。当然，无论是今文经学或是古文经学，都是特定时代、特定政治制度的产物，作为一种思想体系，自然只适用于当时，不可能适用于永远；随着时代的演进和制度的变更，都必将日趋衰落、腐朽和消亡。但这笔主要由汉人创造的巨大的文化遗产，无论从学术意义还是生存智慧等方面，都还将永远吸引、启迪和惠泽后人。

史学方面最突出的成就，是司马迁的《太史公书》，即今本《史记》。《史记》是中国史学的奠基之作。它上溯黄帝，下及汉武，熔三千年历史于一炉，完成了一项举世无双的文化工程。《史记》不仅是史学著作，也是文学著作；在我看来，它还是一部人生哲学。它那上下古今的恢宏的时空意识，是汉帝国盛大气象的折射，而体现其中的博大的人性关怀，则是作者崇高人格力量的映照。这部被鲁迅赞为"史家之绝唱，无韵之《离骚》"(《汉文学史纲要》)的杰作，不仅记载了我国古代三千年间政治、经济、文化等方面的历史，从而使我们民族有确切文字记载的历史推进到了如此久远；也不仅创造了纪传体这样一种独特书写方式，为后世历代修史提供了范本；更为重要的是，作者能够自觉摆脱帝王权力笼罩，带着悲悯和忧伤的情怀，对人类社会历史作深切的思考，用不分贵贱智愚的平等视角，真实地描写了无数形形色色的历史人物，从而使人第一次真正成了自身和历史的主人。《史记》中用全力刻画的重点人物多达数百，如项羽、刘邦、张良、韩信、吕不韦、李斯、荆轲、屈原、伍子胥、勾践、孙武等等，一个个形神兼备，活灵活现。这些音容笑貌各异的人物，他们就环立在称之为《史记》这座殿堂上，只要你推门进去，便可见、可闻、可近、可亲。正是他们，构成了我们民族之魂的原生基因，以至从文化、精神层面说，凡我中华人，都可称为《史记》的后裔。

汉帝国文学方面的成就，主要表现在汉赋和乐府民歌上。

由于帝国初期君臣大多来自楚地，分封于南方的几个诸侯王又都爱好楚辞，因而楚辞和楚歌在汉初盛极一时。楚辞大家屈原与荀卿，以及宋玉、景差、唐勒，当是汉赋之先驱。楚辞受孕于大汉气势而分娩出一个文学新品种，便是汉赋。《汉书·艺文志》称"不歌而诵谓之赋"，可见赋是与诗相对而言的。汉赋的构制特征是所谓"劝百讽一"，即以极大部分篇幅铺陈渲染，而以末尾一小节归结到讽喻之义。汉代辞赋创作蔚然成风，贾谊、枚乘、司马相如、王褒、扬雄等等，相继驰名赋坛。其中司马相如尤负盛名，他的大量赋作充分反映了帝国鼎盛时期那种登临极顶、睥睨八方，令后人不断为之回首惊叹的大汉气象。如代表作《子虚赋》，设计了子虚、乌有、亡是公三个虚构人物，分别代表楚国、齐国、天子。子虚、乌有各自夸说自己国家山川林泽之广阔、风景之秀美，亡是公则大肆铺陈天子上林苑无与伦比的盛大、壮美，表明诸侯均不能与天子相提并论，体现了帝王的绝对权威和帝国大一统的主题。最后"曲终奏雅"，说了一番应当节俭的道理。此赋一出，"子虚乌有"遂成典故。后世仿作汉赋者甚多，只是那种恢宏气势已随着汉帝国的逝去而永远不再。不过从文学本质来说，应以体悟人生、抒发感情为主，汉初那些词藻华丽、手法夸张，以铺陈描摹宫殿、林苑、奇珍异宝为能事的大赋，不妨看作是与大汉帝国相应的一种特殊的文学现象。东汉末兴起的小赋，则又回归到文学本体，至宋代，便产生了像苏轼前后《赤壁赋》那样的蕴含着天地人生哲理的赋家绝唱。

乐府，原是掌管音乐的一个机构。1977年秦始皇陵墓附近出土的编钟上铸有"乐府"

二字，说明秦时已设有这个机构。汉承秦制，也设乐府，武帝时期更赋予它以制作歌辞、乐谱，训练乐工，以及采集民歌等多种职能。乐府演唱的诗称"歌诗"，至魏晋称为乐府或乐府民歌。代表作有大家熟知的《陌上桑》、《东门行》、《十五从军征》等等，其中《孔雀东南飞》更因被改编为戏曲而家喻户晓。与皆由侍奉于帝王左右的宫廷文人创作的汉赋不同，乐府则多为民间创作，来自生活底层，因而形制简捷，语言明快，内容也更能真实地反映生活的多样和沉重。乐府民歌与《诗经》、《楚辞》一样，不仅成为后人文学创作特别是诗歌创作吸吮不尽的源泉，同时也是滋养中华民族的精神瑰宝。

以上大概只需十分钟即可读完的文字，便是我们对大汉帝国的匆匆一瞥。

如果把这个已经远离我们的帝国比作是屹立在中国历史大地上的一座少有可与媲美的巍峨壮丽的大厦，那么这座大厦是当时生活在中华大地上的近六千万汉人共同用各具色彩的生命建造起来的。他们之中的一部分杰出代表，因了《史记》、《汉书》的记载，永远像闪烁着不同光芒的繁星高悬在中国悠远的历史天空。我撰写本书的侧重点不在大厦本身，而是建造大厦的人们；就是说我想努力把历史天空的这些星座请回到人间来，让他们与读者诸君结识并成为朋友。

站在丝绸之路上看当时世界

最后，我们来大略鸟瞰一下大汉帝国时期的整个世界。

这也就是说，在叙述大汉帝国君臣百姓那些创造活动以前，让我们先来看一看，当时同处于文明发展前列的世界几个主要民族或国家，他们已经做了些什么和正在做着些什么，以便我们为大汉帝国这个东方汉子找一个定位，知道他是在怎样一个"国际环境"中展开自己的活动的，我们的国家和民族在当时的世界上曾处于怎样一个历史地位。

让我们就从大家熟知的丝绸之路说起。

生活在汉代武帝时期的张骞，两次出使西域，前后十三年，历尽艰难险阻，跋涉千山万水，终于为后世开启了一条横贯欧亚的商贸通道，那就是著名的丝绸之路。

现在，把张骞定为开通丝绸之路第一人，在中外学术界已成为共识。最早提出"丝绸之路"这一名称的德国学者弗迪南德·范李奇索芬，更把这条商路开通的时间具体界定在张骞第二次出使西域后期的公元前114年（汉武帝元鼎三年）。汉以后历代都有新的发展，据记载，到8世纪末叶，主要商路已有七条，其中陆路四条，水路三条。如果将它的干线和支线绘画出来，很像是一支根须繁茂的人参横卧在欧亚二洲之间：东起长安，蜿蜒而西，南至地中海，北达黑海之滨。对这条以输出中华文明的标志物丝绸为特征的国际商贸通道，《剑桥中国秦汉史》作了这样描述——

中国的丝绸最后可能抵达地中海地区的目的地，虽然中华帝国和罗马帝国之间没有直接的来往。经过了几十年，丝绸的出口形成了一个贸易体系的一部分，其中除中国外还有五方参加，但它们却不知道它们的伙伴的活动和目的。这几方来自罗马、中亚、印度、印度尼西亚和非洲（或中东）。中亚的非汉族赶牲畜人充当了中国货物的运输人或向导，中国从中亚取得马匹和璞玉，可能还有羊毛。最后，丝绸运到罗马，在那里成了元老院议员和其他贵族的夫人的装饰品。罗马还输入印度尼西亚的香料和印度的胡椒；罗马则为这些货物支付铁制品、玻璃或金银块。这些东西的遗物现在已在东亚和东南亚发现。

想象一下，伴随着马蹄得得，驼铃叮当，装束互异、语言各别的商队，携带着五洲四海的名贵特产往来于这一条条国际通道上，那该是一种怎样的盛况啊！

张骞作为一个东方先进民族的代表，他看到听到的是在当时认知条件下所能达到的一个"最大版"的世界。如果我们往前推移两千年跟着这位先驱一起行走在丝绸之路上，将看到怎样一个世界呢？

丝路中段的印度半岛上，有一个与中国同样古老的文明古国，张骞称它为"身（yuán）毒"，大体上也就是后来的印度国。广阔富饶的恒河平原，给了这个古国以得天独厚的文明滋养。相当于我国战国末期到西汉前期，这里建立起了印度历史上第一个幅员广大的帝国——孔雀帝国（公元前324年～前187年）。这个美丽的国名，起源于它的创建者旃陀罗笈多。他出身于一个为国王养孔雀的家族，与起义的民众结合，赶走了当时占据印度西北部的马其顿侵略者及其傀儡，随后又举兵东征，推翻了摩揭陀王朝，建立了这个强大的帝国。传说旃陀罗笈多在战时能征集到步兵六十万，骑兵三十万，战象九千头。孔雀王朝鼎盛期是在阿育王掌国的四十年里。阿育王在征服羯陵伽后，由信奉婆罗门教改为信奉佛教。公元前253年，他召集佛教上层僧侣举行了佛教史上的第三次"结集"（相传第一次在阿阇（shē）世时期，第二次在释迦牟尼死后一百年），整理编纂了经、律、论三藏佛典，提高了佛教的地位。也就在此后不久，佛教作为一种具有特殊魅力的东方文化来到了中国，很快得到了广泛的传播，并产生了深远的影响。阿育王死后不久，最后一个国王为其部将所杀，孔雀王朝灭亡。此后的一个时期，印度处于分裂状态，直到由大月氏（ròu zhī）人贵霜翕候丘就却建立起了统一的贵霜王朝（约公元15年～65年）。巧的是，大月氏正是张骞第一次出使的目的国，只是当大月氏人建立起贵霜王朝时，张骞已去世了一百二三十年。

丝路西段、波斯湾北岸的伊朗高原，曾有一个波斯帝国，它在大流士一世统治时期（公元前522年～前485年），其疆域一度扩张到东起印度河，西至欧洲的色雷斯地区，南抵埃及，成为一个领土空前广阔的奴隶制大帝国。其后在与另一个文明古国爱琴海西岸的希腊长达半个多世纪的战争中，公元前330年被马其顿国亚历山大所灭亡。当我们的先民在华夏大地上创建大汉帝国的时候，统治伊朗高原这片广大土地的是来自西亚的游牧部族帕提亚，即帕提亚国（公元前247年～226年），我国史书上称它为"安息"。据《史记·大宛列传》记载，张骞在向汉武帝禀报时对安息作了这样描述：

安息在大月氏西可数千里。其俗土著，耕田，田稻麦，蒲陶（通"萄"）酒。城邑如大宛。其属小大数百城，地方数千里，最为大国。临妫（guī）水，有市，民商贾用车及船，行旁国或千里。以银为钱，钱如其王面（指银钱正面印有国王肖像），王死辄更钱，效王面焉。画革旁行以为书记（在皮革上横行书写作为文字记载）。

安息在米特拉达悌一世和二世统治期达到了全盛，其东北边界到达阿姆河，以泰西封为首都，成为中亚的奴隶制大国。由于罗马的不断东侵，从公元前1世纪中叶起，安息与罗马进行了多次战争，安息曾大败罗马军，双方相持于两河流域和叙利亚一带。安息对西方的罗马长期处于战争状态，对东方的中国却始终和睦相处，友好往来。张骞第二次出使西域时曾遣副使访问安息，安息国王派大将率骑兵二万到边境迎接。

丝路末端是地中海中央的意大利半岛，那时有个罗马，张骞称它为"黎轩"，我国古籍上通常称"大秦"。原是古意大利台伯河畔的一座城市，后经王政时代、共和时代，大体在汉帝国建立之初，地中海怒涛翻滚，罗马猛然勃兴，驱逐了迦太基人，统一了意大利半岛，建立了罗马帝国。此后罗马帝国进行了一系列扩张领土的战争，约到汉帝国中期，它征服了希腊、马其顿，又灭迦太基而屠之，铁骑一度直驱非洲。这个昔日呻吟于迦太基蹂躏下的小国，就这样一跃而成为地中海的主宰者。

但罗马的勃兴，本身就包含着种种矛盾，特别是奴隶与奴隶主的矛盾。公元前2世纪后半期，大致相当于汉帝国自景帝至成帝这个时期，罗马境内相继爆发了奴隶反抗奴隶主、破产农民反抗大土地所有者和无权者争取公民权等等的战争，还包括奴隶主内部骑士派与元老派的斗争，这些争战又往往相互交织，此起彼伏，波澜壮阔。其中斯巴达克的起义，尤为英勇壮烈。意大利作家拉法埃洛·乔万尼奥里写的小说《斯巴达克思》及据以改编而成的电影，上个世纪在我国相继出版、放映，广为流传。

地中海南岸还有一个更为古老的国家，就是埃及。气候炎热干燥、雨量稀少的埃及，贯串南北的尼罗河成了它生命活力的源泉。每年七月雨季到来之时，尼罗河开始泛滥，挟带着矿物质和淤泥的洪水，淹没了河谷两旁的土地。至十月泛滥期过后，两岸便聚满了人群，开始忙碌地排除积水，在松软肥沃的土地上播种谷物。大约在公元前三千年，埃及就逐步形成了集权统治的国家。其后历经古王国、中王国、新王国这样三个时代，在农业、水利工程和城市经济都有较大发展的同时，还创造了灿烂的古埃及文化。最为壮观的是古王国时代动用大量人力、财力建造起来的金字塔，其工程规模之浩大，建筑之精巧，至今仍令世人惊叹不已。后期埃及日趋衰落，接连遭到外族入侵，并一度为波斯帝国所灭。公元前332年，马其顿亚历山大占领了埃及。公元前3世纪以后，相当于我国战国末期和秦汉之际，在托勒密王朝的统治下国势渐盛，特别是在二世、三世时期，除埃及本土外，其疆域还扩展到巴勒斯坦、南叙利亚、小亚细亚东南岸及其附近塞浦路斯等岛屿，成为地中海东部重要的经济、文化中心。著名的亚历山大里亚图书馆，是当时国际性的学府；设于地中海法罗斯岛上的灯塔，被列为古代世界七大奇观之一。

不能不提到的还有古代希腊和著名的希腊文化。

古希腊与古罗马隔爱奥尼亚海而东西相望。希腊文化发源于公元前三千年至前二千年的爱琴文化，是古代世界文化的重要组成部分。希腊的史诗、神话、戏剧，特别是希腊的建筑、雕塑，还有它的城邦政权民主化的传统，都对人类文明的发展产生极深刻的影响。相当于我国春秋—战国交替之际的公元前5世纪，希腊的奴隶制经济蓬勃发展，民主政治和各种文化创造也臻于全盛。但其后内部矛盾日趋激化，战乱频仍，各城邦普遍出现了危机。而与此同时，位于希腊北部、其社会发展程度落后于希腊的马其顿，在国王腓力二世的统治下，仿效希腊制度，进行了一系列政治、军事改革，迅速成为一大军事强国。腓力二世正是利用了希腊城邦日趋衰弱这一时机，发起了入侵希腊的战争，迫使希腊各城邦承认马其顿的领导地位，由此开始了一个马其顿称霸希腊的时代。腓力二世遇刺身亡，其子亚历山大继位。这位从小爱好希腊文学、曾拜希腊大哲学家亚里士多德为师、常以希腊神话中的英雄阿喀琉斯自比的亚历山大大帝，在历史上被称为"天才的统帅"。他十六岁便随父远征，十八岁参加了咯罗尼亚战役的指挥，继位后的第三年（公元前334年），率步兵三万，骑兵五千，战舰一百六十艘，开始了他的规模宏大的东征计划。一路首败波斯军，长驱直入埃及，挥师东下入两河流域，继而挺进中亚细亚，然后经阿富汗南下侵入印度。西方历史学家不无夸大地称亚历山大东征开始了一个"希腊化时代"，意谓此举将希腊世界的文明广泛传播、影响到了东方。事实上亚历山大远征的性质无疑是一场侵略战争，只是历史地看，它也起到了传播文化的作用。亚历山大在各地建立了好些名为亚历山大的城市，一面屯兵驻守，一面移民通商。攻灭波斯后，又在阿黑门尼德王朝统治的基础上建立了一个地跨欧、亚、非的大帝国，任用波斯降臣，实行东方宫廷礼仪，并鼓励马其顿、希腊人与东方民族通婚。他的此类措施本意自然是为了炫耀声威、加强统治，但实施的结果，却也促进了东西方之间经济、文化的交流。

让我们再回到张骞。

英国崔瑞德、鲁惟一编著的《剑桥中国秦汉史》对张骞两次出使西域有很高的评价，说他"完成了探索中亚的诗史般的功业"；对张骞没有能够亲眼看到希腊文明则颇为遗憾："如果他早几年来到那里，并亲眼目睹希腊世界的活生生的文明，中国的文化会受到什么样的影响！"

张骞的通西域，确实要后于亚历山大东征两个世纪，不过他对希腊文化似乎也并非一无所获，张骞曾经与之有广泛交往的大月氏人，不仅是后来统治印度的贵霜王朝的创建者，同时还是著名的犍陀罗艺术的创造者。犍陀罗作为古印度的地名，大约相当于今巴基斯坦的白沙瓦及其毗连的阿富汗东部一带。公元前三四世纪之间，先是亚历山大给犍陀罗带来了希腊文化，后是印度孔雀王朝的阿育王派出僧侣来此传播佛教。所以犍陀罗艺术正是东西方文化融合的结晶，对东方文明的发展产生过很大的影响。新近在报上看到丁和对我国新疆境内著名的克孜尔石窟壁画的摄影报道（《新民晚报》），作者认为那些大致产生于三国至唐的画作，体现的是典型的犍陀罗风格。我看到的尽管只是不知被缩小了多少倍的印刷品，但那典雅、神秘的色彩，飘逸多姿的人物形象，还是给我以很大震撼。一个特别耐人寻味的文化现象是，佛教在印度的早期崇拜是无偶像的，传入中国，无偶像崇拜变成了有偶像崇拜，发生这个变化的中间的一座桥梁便是犍陀罗。雕塑，是希腊文化的精萃；佛教传入犍陀罗后，与希腊的雕塑艺术渐渐相融合，产生了风格独特的犍陀罗佛教雕像，著名的巴米扬大佛，便是犍陀罗佛教艺术鼎盛期的一个标志。这么说来，最迟从东汉已经开始的、星罗棋布地建筑在我国名山大川、通衢僻壤的那些佛教寺庙里，还可以看到希腊文化的影子呢！

　　以上的快速扫描只能是挂一漏万。但即使这样也不难看出，那是一个多么生气勃勃的世界啊！先后跨进文明历史门槛的各个民族，相继建立起不同形式的国家，或是在同一地区，或是在不同地区，争先恐后地释放各自的精力和智力，展开了激烈的竞争，真是龙腾虎跃，英雄辈出！其间也充满着相互搏击和残杀，但最终还是共同创造了人类文明。可以引为自豪的是，那时候我们的民族和国家，毫无愧色地站在世界前列，为全人类的文明发展做出了自己的贡献。

　　现在就让我们一起去接近那个英雄的时代，看一看大汉帝国是怎样创建起来的，继而又是怎样发展，再怎样衰落、灭亡，然后转入新一轮竞争。

　　不知读者诸君是否还记得，我在《大秦帝国》的最后一章《两个新生阶级的第一次生死较量》里，写到了陈胜、吴广的揭竿而起，写到了刘邦、项羽的相继称雄，写到了项羽在决定性的巨鹿大战中取得的辉煌胜利；接着又写到了那次明里觥筹交错、暗里刀光剑影的"鸿门宴"，最后写了项羽率领着由各路起义军组成的四十万大军进入了秦帝国首都咸阳，燃起了一场空前规模的大火——

　　这场咸阳的冲天大火，竟烧了三月之久！

　　在熊熊的烈火中，嬴秦列祖列宗在漫长的数百年间曾经为之前仆后继顽强搏击而创下的皇皇业绩、赫赫声威，已伴随着青烟逝去，进入了任凭江上渔翁、里巷老媪随意戏说的历史领域。

　　而熊熊的大火又宣告了另一场新的争战即将开始。

　　因而这场大火，既是大秦帝国的葬礼，又是楚汉战争启幕的祭礼。

　　承前启后。下文作为《大汉帝国》第一章，请允许我略过秦末那场群雄蜂起的逐鹿战争，径自从作为楚汉战争序幕的这场大火写起吧！

第 一 章
历史走到了岔路口

分封才罢,纷争又起
刘邦找到了一个讨伐项羽的好题目
从彭城到荥阳:胜利和失败都是考验

分封才罢，纷争又起

汉王元年（公元前206年）[1]十二月，冠山带河的关中大地，已被冬神装点成了冰雪世界。

那场冲天大火就是在这个隆冬季节的一个傍晚突然从龙首原那边蹿起来的。滚动着团团浓烟，挟带着猛烈的爆裂声。这个被称之为"金城千里"的大秦帝国京都咸阳（今陕西咸阳东北），自商鞅变法起，经历了一百多年的极顶繁荣后，此刻已大半陷入火海，雄伟壮丽的咸阳宫及其建筑群，连同据说规模更加宏大但尚未完成的阿房宫，全都行将灰飞烟灭[2]。

大火是由战争的胜利者一手制造的。

这个人是谁？

他就是我在《大秦帝国》末章写到过的、因取得巨鹿大战的辉煌胜利而被公认为反秦大军统帅的项羽。

叫项羽，在中国几乎妇孺皆知。

其实他姓项，名籍，字羽，按照通常习惯应叫项籍。

不过叫项籍，一万个人当中也难得有一两个知道。

在古代，称对方字是一种礼节，表示尊敬。所以叫项羽是敬重的表示。

【1】以"汉王某年"来记载楚汉战争历史，是传统的做法，包括《史记》除《秦楚之际月表》以楚（义帝、项羽）为纪年外，其余也皆依汉。但实际上这一时段并无统一的共主，同时并存的有楚、汉等多个封国，如果要选其中一个来纪年，那么辖地九郡、号称霸王的楚，应当比汉更有资格。传统历史学家所以选择汉来纪年，想来是由于后来汉成了统一帝国因而尊以为"正统"，倒过来再去"统"此前历史。这种做法显然不尽合理。也曾想过单用公元纪年。后来考虑到尽可能与汉帝国建立后的纪年体例保持一致，姑仍其旧，只好有请读者予以留意吧。

【2】说尚未全部完成的阿房宫也被项羽烧毁，是沿用传统的说法。《史记·秦始皇本纪》称：始皇三十五年（公元前212年）"作阿房，故天下谓之阿房宫"。又云："阿房宫未成。"同书《项羽本纪》谓，项羽"烧秦宫室，火三月不灭"。又云："项王见秦宫室皆以烧破残。"因有一"皆"字，当可理解为包括阿房宫。《汉书·刘向传》还记有项羽焚烧秦"宫室、营宇"，一牧羊儿持火进入寻羊，"失火烧其藏椁"的传说。唐代杜牧《阿房宫赋》说得更明确："蜀山兀，阿房出"，"楚人一炬，可怜焦土"。因而在历史上项羽烧阿房几成定论。2007年12月12日《文汇报》的一篇报道则否定了这一说法。文中说：中国社会科学院考古队历经五年勘探，"在阿房宫前殿遗址20万平方米的勘探面内，只发现了几处红烧土遗迹。专家认为，这意味着阿房宫前殿遗址在秦末战乱中并未遭到大火的焚烧，表明历史上有关项羽放火焚烧阿房宫的记载是不准确的"。谨录以备考。

那么叫项羽而不叫项籍这个延续了两千多年的习惯是怎么形成的呢？追溯起来，我以为是司马迁在《史记》中写了那篇流传千古的《项羽本纪》的缘故。后来班固写《汉书》想把这个习惯改过来，作《项籍传》。但是《项羽本纪》实在写得太精彩了，几乎所有中国人还是喜欢跟着司马迁叫项羽，不肯跟着班固叫项籍。

此时这个叫项羽的人，还在命令他的士卒以饱蘸重油的火把乱箭似地掷向那连绵起伏的宫殿群，以扩大火势。如果要揣摩一下他的心理，那么下面的估计大致不会错：七分报复，三分炫耀。报复当年他的祖国楚怀王遭秦囚禁，祖父项燕、叔父项梁为秦军所杀（分别见《大秦帝国》三章三节、六章四节、十章二节）的累世深仇；炫耀掌握在他一人之手的那种已强大到无可匹敌的武装力量。凭借着由这种武装力量支撑起来的绝对权力，他可以为所欲为。他放这把火，就是这种绝对权力的一次使用。

只是项羽不可能想到，他点燃的这场大火，正在焚毁着的不仅是秦帝国的难以数计的楼阁宫殿，还有它所代表的一种制度，一个时代。

从这个意义上说，当这场大火冲天而起时，中国历史的走向突然被切断了，出现在它面前的是一个岔路口。

历史固然有其自身的发展规律，有时却也会出现奇迹，它的走向竟会决定于某个人手中的马鞭子：它指向东，没有人敢向西。反之亦然。这样的历史奇迹尽管不可能常见，却也并非绝无仅有。譬如当年原先也只是罗马"三头同盟"之一的恺撒，在他相继征服高卢、入侵不列颠、平定法纳西斯反抗以后，其余两巨头已先后战死，其残部也被肃清，这样当恺撒作为大统帅凯旋回到罗马时，他那条马鞭子的指向就成了罗马帝国未来的走向。如今，站在我们面前的这个生于下相（今江苏宿迁西南）、长于吴中（泛指今太湖流域地区）、年方二十六岁、即将自封为西楚霸王的江东男儿，也具备了担当这样一个历史角色的资格。现在且让我们来看一看——

项羽手中的马鞭子将指向何方

但是……看不到。

这位手持长剑、高高矗立在乌骓马上的年轻统帅，此时似乎根本还没有把什么历史走向的事放在心上。他正在忘情地欣赏着自己制造的这场大火。熊熊的火光映照着他那钢浇铁铸般的脸膛，和那双据说像虞舜一样有两个瞳人的眼睛。许久过后，忽然爆发出一阵冲天大笑，随即勒转马头，率领着他麾下的四十万大军，满载着抢掠到的财宝、美女，撤离咸阳城，人呼马啸，浩荡东行。谁也不知道他要到哪里去，又去干什么。约莫行走了数十里，已是当日黄昏，来到一个叫戏的地方，他又突然下令安营扎寨，驻留了下来。

戏，在今陕西临潼东北戏水西岸，有戏亭，传为周幽王举火炬召诸侯以取悦他的爱妃褒姒处。一说亭为地方基层行政单位，秦设，相等于汉时乡的建置。

原来一个多月前，项羽挟着巨鹿大捷的威风一路浩荡西来，入关后就曾经在戏这个地方驻扎过一段时间。这回到咸阳城里烧、杀、抢这么兜了一大圈，又出人意料地回到了这个老地方。项羽的这一行动实在让人捉摸不透：按说作为胜利者的统帅，他完全可以像秦始皇那样做个天下共主，或者至少大摇大摆住进咸阳宫去耀武扬威一番；可他偏偏既不愿做皇帝，也不肯住皇宫，还硬是一把火把它烧了，又回到了这个简陋的小乡村。他究竟想干什么呢？

项羽刚在营帐坐定，就有个叫韩生的人【1】来对他说：关中地方形势险要，土地富庶，大将军理应在此成就王霸之业，为什么反要离开呢？

项羽这个身长八尺二寸【2】、力能扛鼎的反秦大军统帅，这时突然憨态可掬地一笑说：

富贵不归故乡，如衣绣夜行，谁知之者！（《史记》本纪）

照此说来，项羽心里藏着一个故土情结：如今我大富大贵了，就得回故乡去在父老面前风光风光，要不就像穿着漂亮衣服走夜路，谁看得到！

事后韩生对人说：有人说，那个楚国人像猴子戴了顶人的帽子，徒有其表，终究成不了大事。今天我找他谈了一次话，果然如此！

有人把这话向项羽作了禀报，这位即将自封为霸王的义军统帅立刻暴露出极其残忍的一面：竟将韩生抛入油锅，活活烹杀！

关于项羽这一连串有违常情的举动的心理动因，史书没有留下任何记载，后人只好猜测，却永远无法确切得知。

从后来的结果看，项羽在戏停留的时间很短，他在这里只做成了一件事：称霸诸侯，即封诸路英雄为王，封自己为凌驾于诸王之上的西楚霸王，然后威风八面地返还他的故乡楚地。

两年前，得到多数反秦英雄承认的楚怀王，曾与诸将相约：谁先入定"关中"【3】，谁就可以做王。

两年后的此时，尽管先入关中的是刘邦，但在击垮嬴秦具有决定意义的巨鹿大捷的辉煌光照下，项羽成了包括刘邦在内的各路反秦英雄都不得不承认的统帅，无论从实力、从功绩他都拥有绝对优势。只要他想做便可做成任何一件事，诸路反秦英雄谁也不敢再说一个不字。

在周秦或秦汉之际，究竟是实行诸封国相对独立的帝王封建制好，还是实行大一统的帝王集权制好，学术界曾经有过长期争论，有的贬斥实行封建制为"倒退"，有的则指责

【1】此据《汉书》。《史记》没有记下此人姓名，另一些古籍则记为"蔡生"。生，在《史记》、《汉书》中大多为"先生"的简称。也可理解为只知其姓，其名失传。

【2】据《汉书》本传。汉制一尺合今 23.1 厘米。据此折算，项羽身高约为今 1.89 米。本书中凡提到身高的尺寸均为汉制，不再另注。

【3】关中：秦汉之际，"关"是一个很重要的地理概念。关，指函谷关。秦都咸阳，汉都长安，都在函谷关以西，习称关中。一说因其地东有函谷关，南有武关，西有散关，北有萧关，故称关中。与此相对应，又将函谷关以东广阔的中原地区称为关东。

实行集权制必然导致暴政。这属于专门学术问题，我们姑且置之勿论。这里只说一点：在当时项羽作为一个被时代推出来的决定历史走向的执行人，他可以有两种选择：或像秦始皇那样的集权专制，或像周天子那样的封建制度。他选择了后者，并预定自己为霸主。

为什么是这样一种选择？

我们试着来追寻一下项羽的心理轨迹。

项氏世代为楚将，功勋卓著，封于项（今河南沈丘），以封地为姓氏。史书没有提到项羽的父母，他很可能是由叔父项梁教养成长的。可这个小侄子却似乎学什么都缺少恒心：先学识字，还没有学成就丢到一旁了；又去学剑，也没有学成就再也提不起兴趣来，索性什么也不想再学。项梁怒而责之，项羽却偏有他的歪理，你听他的口气：学识字，只要能写自己姓名就行！剑嘛，只能对抗一个人，不值得多学。要学，就要学如何打败成千上万人的本领！于是项梁就又让他学兵法。项羽高兴得不得了，不过总是只学个大概，不肯耐心学完整个学业。

项羽二十二岁那年，随叔父出游浙江，恰好遇上南巡的秦始皇在渡江，看到那个威风凛凛的秦始皇和那支宏大的仪仗队时，脱口说了一句："彼可取而代也！"（《史记》本纪）项梁赶紧去堵他的嘴，悄声警告：别乱说，那可是要满门抄斩的啊！

项羽想取秦始皇而代之，这说明他也很想当皇帝。但他现在却选择只做西楚霸王。这或许可以这样来解释：项羽不是对帝位一点没有动过心，只是觉得眼前条件还不具备，而他更急于想做的是称霸诸侯，衣锦还乡。

项羽是楚国将门之后。春秋时期楚国曾是五霸之一，不断兼小并弱，将它的疆域从原来的今湖北荆山一带扩展到今长江中游。那段辉煌历史代代相传，想必项羽从童年时代起就留有极深刻的印象。但楚国后来却被秦始皇灭掉了，而且灭得那样惨烈。特别让项羽永远无法忘记的是，作为抗秦主将的祖父项燕战斗到最后一息时那挥剑自刎的悲壮一幕。因而项羽一开始跟随叔父项梁一起反秦，燃烧在胸口的就是一股复仇的烈焰，发誓要攻灭曾经灭掉过楚的秦，这个目的既已达到，现在他最先想做的事便是承续楚国伟业，再度称霸诸侯。

当时楚怀王名义上还是各路义军都承认的首领，项羽就派人先去听听他的意见。

秦汉之际楚怀王有老、小两个。老怀王在战国末期曾遭秦囚禁并死于秦，此事当时不仅引起楚人的怜惜和悲痛，列国也因此同情楚而不再信任秦。（《史记·楚世家》原文："楚人皆怜之，如悲亲戚。诸侯由是不直秦。"）现在的这个小怀王，姓芈（mǐ），名熊心，是老怀王的孙子，秦灭楚后，流落在民间当了放羊娃。后来项梁拉起队伍反秦，就把熊心从乡下找来给了他一个"楚怀王"的名号，挂出这块老招牌，意在充分利用已在中原地区积聚了数十年的反秦情绪。楚怀王出身虽是羊倌，做事却颇有定见。他回答项羽派去的人说："如约。"也就是说照原来的约定办，那就得封先入关的刘邦为关中王。关中之地在当时被视为帝王之基。刘邦倘若当上关中王，就很可能会以天下共主自居，项羽自然绝不会答应。项羽反对"如约"似乎也有道理。因为在他看来，怀王那个约定是单方面的。当时实际情况是：怀王不让他与刘邦一起西进入关，而是命令他北上救赵，这才让刘邦抢了先。

项羽决心撇开怀王，自己干自己的！

这时他做了一件令当时人、也包括后人猜测不已的事："乃尊怀王为义帝。"(《史记》本纪)

你真要尊怀王为帝，那就应是"楚帝"，不该是"义帝"呀！

什么叫义帝？明代杨慎解释说：义帝"犹义父、义子之称"(《丹铅总目·史籍·义帝》)；谢肇淛干脆说：义帝"犹假帝也"(《文海披沙》)！

这就使人不由产生疑问了：你设这么一个义帝，是否只是先挂个号，等到有朝一日条件一成熟，就马上来一个"彼可取而代也"，丢掉义帝，尊自己为楚帝呢？

我们且看下去。

项羽要封自己为霸王，自然也得封诸将为王。别的人都好办，唯独刘邦的问题很棘手。于是他请出了被他尊为"亚父"的谋士范增来商量。

范增，居巢（今安徽巢县东北）人。这位年已古稀的老人平素闲居在家，却好奇计，识见高远。反秦战争开始，正是他，向项梁提出了要拥立楚国王室后裔为王以"从民所望"这样一个极具政治智慧的建议。那场刀光剑影的鸿门宴的策划者，也该是范增，如果项羽听从这位智慧老人的安排在席间杀了刘邦，中国秦以后的历史就得改写。

项羽与范增商议后，很快有了对付刘邦的策略，归结起来要点有二：

一是将刘邦逐出关中，给他的封地是关中以西的巴、蜀两个郡。那地方秦时是用来贬谪罪犯的，道路险峻，易进难出。如果刘邦提出按照怀王的约定应该封给他关中之地，那么可以这样回答他：关中的意思就是在关的西面，巴、蜀不也是在关的西面吗？

二是将关中之地一分为三，分别封给秦的三个降将：章邯、司马欣和董翳。理由也不难找到：因为关中自古是秦地，所以封给秦投降过来的三将。项羽对这三个人都有不杀之恩，他们自然会对项羽绝对忠诚。这么一来，等于砌了一道墙，永远将刘邦阻隔在关外，以确保项羽自己稳稳称霸中原。

方案就这么定下来了：封刘邦以巴、蜀之地。

巴和蜀，都是古国，秦灭之，分别置为郡。大体为今重庆、四川地区。

若是照此方案执行，刘邦就该称巴王或蜀王，或巴蜀王。如果他还能打败项羽的话，那么后来他建立的王朝也就该以"巴"或"蜀"来命名。如果真是那样，好汉就应叫"好巴"或"好蜀"，汉语也该称"巴语"或"蜀语"了！

这一切，都因为紧接着的一个偶然发生的插曲而改变。

历史进程中的偶然性真是奥妙无穷，让人惊叹不已。

为了叙述这个插曲，又得提到一个人：项伯。

项伯名缠，字伯。项伯与项梁同辈，也是项羽叔父。项伯虽也属项氏系统，但因年轻时曾犯杀人罪而张良保护过他，所以当刘邦派兵守关，项羽破关而入，与范增定计欲攻打已有迹象表明想当关中王的刘邦时，项伯星夜驰至刘邦军营去向张良报了警。其时项羽统兵四十万，刘邦仅十万，一旦开战，刘邦必亡。项伯的本意只是叫张良速逃，张良却觉得此时离刘邦而去"不义"，便把这一凶信报告了刘邦。刘邦大惊，莫知所措。张良献计：通过项伯向项羽示弱以自存。于是刘邦便请见项伯，又是奉酒为寿，又是约为儿女亲家，再三请项伯向项羽转达：我刘邦日夜在企盼项大将军来到，派人守关只是为了防备盗贼与其他非常之事，绝不敢有半点背叛之意。并表示愿意去登门谢罪。这样接下去项羽便摆出了一席千古奇宴——鸿门宴。席间，范增几次举所佩之玉示意项羽速速下令杀刘邦，但项羽不应。范增又密令项庄入席，借助兴为名舞剑，伺机击杀刘邦。项伯见此险情，也拔剑起舞，以身庇护刘邦。项庄是项羽的从弟，因而与项伯也是侄叔关系。侄子要杀刘邦，叔父却要保护刘邦。"楚人起舞本为楚，中有楚人为汉舞"（宋人谢翱诗句），这场以亲情、友情介入了复杂的权力争斗关系的独特的双人剑舞，实在是千古奇观。后世有人据此创作了一种舞蹈，以绸巾为道具，模拟项伯以衣袖遮蔽刘邦，称之为《公莫舞》。唐代青年诗人李贺特作《公莫舞歌》，刺豹淋血，长剑割筝，千载以后，读之依旧令人毛骨悚然。

鸿门宴是项伯第一次背项助刘。

有了第一次，就会有第二、第三次。

这边，项羽要封刘邦以巴、蜀的方案刚定出，那边，刘邦和他的谋士们就已经在商量对策了。

史书没有记载刘邦获知这一信息是否与项伯有关，但无论如何，刘邦等人商讨出来的其中一个对策，却又是经由项伯而获得实施的。据《史记·留侯世家》记载，刘邦通过张良向项伯贿赂了不少金子和珠玉，由项伯去向项羽代为请求，这才在巴、蜀之外，又增加了一个汉中郡的封地。也因为此，他才被称为汉王，其后所建立的帝国才称为大汉帝国。

如何封刘邦这个棘手的问题一摆平，已是万事俱备。于是项羽召集各路反秦英雄，就在戏这个地方，举行了他的"分天下"大典。

一边是冲天大火，一边是分封大典

"秦失其鹿，天下共逐之。"（《史记·淮阴侯列传》蒯彻语）当年起来逐秦这匹鹿的主要是两类人。一类是出身微贱的农民、游民，和被征募的士卒或服劳役的徒众，以及低级官吏；另一类是被秦灭掉的齐、楚、韩、赵、魏、燕六国王室后裔或其文武臣僚。所谓"分天下"，就是由上述两类人中的领头人物来分享这匹业已捕获的秦鹿，亦即实行当年周武王大会诸侯攻灭商纣后实行过的封土建国的封建制度。

在这个大典上，项羽说了这样一番记载于《汉书》本传中的话——

怀王者，吾家武信君（指其叔父项梁）所立耳，非有功伐，何以得颛（同"专"）主约？天下初发难，假立诸侯后（借助战国时六国的后裔）以伐秦。然身披坚执锐首事，暴露于野三年，灭秦定天下者，皆将相诸君与籍（项羽名籍、字羽）力也。怀王亡（同"无"）功，固当分其地王之！

这话显然是针对着怀王主张"如约"的话说的，读来颇有点煽动力。怀王算什么东西，还不是我家叔叔把他捧起来的吗？他屁功劳也没有，凭什么来说三道四！这天下是各位弟兄同我项某人一起提着脑袋打了三年才打出来的,所以各位都应当分到一份,弄个诸侯王当当!

众英雄听了自然一片欢呼声:好哇!

在反秦过程中,自立或由各路义军拥立的有五王。在这个大典上,项羽除自封为西楚霸王外,又新封了十三王;对原有的五王则或改封,或保留原状。二者加起来,一共是十八王。依据《史记》和《汉书》的载录,名单如下:

刘邦,封为汉王。封地:巴、蜀、汉中;国都:南郑。

章邯,封为雍王。封地:咸阳以西;国都:废丘。

  原为秦少府。率骊山徒卒与义军交战,曾多次获胜,项羽叔父项梁即为其所攻杀。后在巨鹿之战中败于项羽而降。

司马欣,封为塞王。封地:咸阳以东至黄河;国都:栎阳。

  原为秦栎阳狱掾。曾捕项梁,后释之,故有恩于项氏。佐助章邯击败陈胜义军,后与章邯一起降于项羽。

董翳,封为翟王。封地:上郡;国都:高奴。

  原为秦都尉,与章邯一起与义军交战。巨鹿遭败后,曾劝章邯降项羽。

张耳,封为常山王。封地:赵地;国都:襄国。

  曾是战国末著名游士,与同乡陈余结为刎颈交。先投奔陈胜,后立武臣为赵王,自任右丞相,并劝武臣拒受陈胜之令,而径自往北攻略燕、代。武臣死,又立赵歇为王。巨鹿之战后,随项羽入关。

申阳,封为河南王。封地:河南;国都:雒阳。

  曾为张耳宠臣。项羽势壮,他攻下河南,以迎项羽。

司马卬,封为殷王。封地:河内;国都:朝歌。

  原为赵王武臣部将,曾率军攻占朝歌,并随项羽入关。

黥布,封为九江王。国都:六。

  秦末率骊山徒入长江为盗,后属项羽,大破秦军于巨鹿。又奉项羽令坑杀章邯降卒20万。

吴芮,封为衡山王。国都:邾(zhū)。

  原为秦鄱阳令,率百越佐助义军,并派部将领兵从刘邦入关。

共敖,封为临江王。国都:江陵。

  楚怀王任为柱国,曾领兵击南郡。

臧荼,封为燕王。国都:蓟。

  原为燕国将领,从项羽入关。

田都,封为齐王。国都:临淄。

  曾为田荣所立齐王田市将领。项羽奉怀王令率兵救赵,田荣拒绝出兵援助,田都叛齐助项羽救赵,后又随项羽入关。

田安，封为济北王。国都：博阳。

  战国齐王建之孙。项羽击秦救赵，他平定济北数城归附项羽，并随之救赵。

赵歇，已为赵王，改封为代王。国都：代。

  战国赵王室后裔，张耳、陈余立为赵王。

田市，已为齐王，改封为胶东王。国都：即墨。

  战国齐王室后裔，田荣立为齐王。

魏豹，已为魏王，改封为西魏王。封地：河东；国都：平阳。

  战国时魏国贵族。其兄魏咎，被陈胜立为魏王。秦将章邯攻魏，魏咎兵败自杀，他逃奔楚，怀王以兵数千相助，得以复有魏地，遂自立为魏王。

韩广，已为燕王，改封为辽东王。国都：无终。

  原为秦上谷卒史，在反秦战争中奉赵王歇之命北上攻略燕地，因自立为燕王。

韩成，已为韩王，保留原状，仍以阳翟为国都。

  战国时韩国公子，由张良求得，荐于项梁，立为韩王。

  同年二月[1]，大典礼成。如果按照咸阳大火"三月不灭"的记载，此时依然可以远远望到映照在西天的火光，只是已有所减弱。

  这次分封，表现出主事者项羽相当的霸道。

  一是自封为西楚霸王。按照当时的说法，江陵为南楚，吴为东楚，彭城为西楚。项羽定都于彭城（今江苏徐州），故称西楚。其辖境包括楚、魏之地共九郡。秦时初分全国为三十六郡，后增至四十郡；九郡即占全国近四分之一。而且这一带土地肥沃，人民富庶。其中魏地原为魏王豹所有，项羽为了要这片膏腴之地，就改封魏豹为西魏王，将他迁徙到魏地的一个郡：河东郡。

  二是以我为中心。所封的新王中，有不少是他的部下，或跟从他入关的。在攻略赵地上与张耳一样立有大功的陈余，却因没有跟随项羽入关而被排斥在分封名单之外，后来好些人为他鸣不平，项羽这才勉强封给他三个县。对原已立的那些王，改封后不仅辖境缩小，土地也较为贫瘠。怪不得有人批评说："项羽为天下宰，不平。今尽王故王于丑地，而王其群臣诸将善地。"（《史记·项羽本纪》）还有田荣，因他当年拒绝接受项梁要他出兵合击章邯的要求，后项梁兵败战死，项羽便因此而不予分封。

  三是给了楚怀王一个"义帝"的空名后，又派人将他迁徙到属于楚地的长沙郡郴（chēn）县去。郴县地处湘楚上游，南当五岭之冲，较为偏僻。诸将对此颇为不满，项羽却还要强

---

[1] "十二月至二月"为同一年，这是我国古代历法的一个特殊情况。据《汉书·律历志》，我国古代有黄帝、颛顼、夏、殷、周、鲁六种历法，其所规定之"正"也即每岁之首月，各不相同。如"夏以十三月为正"，"殷以十二月为正"，"周以十一月为正"（蔡邕《独断》）。而据《史记·秦始皇本纪》，秦获水德，以孟冬之月即十月为岁首，所采用的是《颛顼历》。此制秦汉之际及汉初皆沿而弗改。另据《汉书·郊祀志》，汉初以十月为岁首还有一个原因，是刘邦入关至霸上恰好也在十月。以十月为一岁之首，则十一月、十二月及其后的一至九月皆为同一年。后面类此情况还有多处，不再另注。

词夺理，说什么"古之帝者，地方千里，必居上游"（《史记》本纪）。

历史上，凡是非独力夺取的政权，都有一个如何与同盟者分享权力的问题，采取的形式会有所不同，实质则一：权力再分配。这种再分配是永远不可能绝对公平的。主分者的个人好恶是问题的一面；问题的另一面是，参与分配的人谁都认为自己的功劳最大而所分却少，所以矛盾总是存在，冲突不可避免，区别只是时间迟早、规模大小而已。项羽在分封中表现出来的霸道，促使一场大规模的冲突提前来到。

但这位西楚霸王现在的自我感觉依然是老子天下第一，什么事都可以由他说了算。这一年四月，他命令新封、改封的十八王速速起程到各自的封国去，随即率领着他的随从和以原江东八千子弟为基干的四十余万大军，浩荡东行，向他的国都彭城进发。当年叔父项梁遇难时，项羽曾一度驻兵于彭城，那里离他故乡下相已经不远。他不是说"富贵不回故乡如衣绣夜行"吗？这回总算可以遂此宿愿啦！

此时的项羽大概怎么也不会想到，一场历时五年、被史家称为楚汉战争的战幕，已在他背后拉开。

刘邦强按怒火，说出了一个"善"字

项羽之所以要千方百计将刘邦隔离到关外去，就因为看准了刘邦对他的危险性。后来的事实也证明项羽的眼光还是敏锐的，他的主要劲敌正是这个刘邦。从一定意义上说，一场楚汉战争就是刘项二人的对决。

关于刘邦，在他被封为汉王以前的情况，我在《大秦帝国》最后一章中已有所介绍，这里再大略复述几句。请先看一张简表：

姓名：姓刘，名邦，字季[1]。
籍贯：沛县（今江苏沛县）丰邑中阳里。
简历：少年随父在家务农，但从未认真劳作过。成年后，被推举为泗水亭长。
状貌：面相庄伟，鼻梁高挺，留有漂亮的胡须；左腿上有七十二颗黑痣。
性格：大度，豁达，喜好酒色。
配偶：吕雉，字娥姁（qú 或 xū）。因避仇家而从单父（今山东单县）迁徙到沛县来的吕公之女。

刘邦作为亭长，常要押送刑徒到骊山去服为秦始皇修陵墓的劳役，这让他有机会偶尔

---

[1] 这是东汉荀悦《两汉纪》的说法。《史记·高祖本纪》仅言"姓刘氏，字季"，无名。《汉书·高帝纪》则更只有"姓刘氏"，名、字均无。古人既有名，又有字；幼而名，冠而字。男子二十而冠，所以给一个人起字，又是成人的标志。但字通常只有贵族才有，一般平民没有这个讲究。实际上出身平民的刘邦，非但没有字，就连正式的名也没有一个。刘季的"季"是排行。伯、仲、季，就是一、二、三。所以刘季就是"刘家老三"或"刘家三小子"的意思。对这个情况，清代崔适《史记探源》作了这样说明："刘氏兄弟三人，但以长少而称伯、仲、季，非名也。高祖微时但称刘季，后称沛公，后称汉王，后称皇帝，终其身无所谓名与字也。讳邦者，后世史臣所拟耳。"

远远望到秦始皇出行的那种车马仪仗的宏大气势。一次，他也像项羽那样大为感慨，脱口说了句："嗟乎，大丈夫当如此也！"（《史记》本纪）

刘邦的发难，始于最后一次公差——押解刑徒去骊山服劳役的途中。因骊山之徒不断逃亡，他就索性将剩下的也全都放走，带着愿意跟随他闯荡的十几名壮士，亡匿于芒山、砀山之间。某天夜里，他乘醉拔剑斩杀了一条挡路的大蛇，此事后来就成为旧时常常被人称道的所谓"斩白蛇，定山河"的典故。秦二世元年（公元前209年），陈胜、吴广在大泽乡打出了反秦大旗，逃亡在外的刘邦，得到他故乡沛县县吏萧何、曹参等的召请，率众回县城杀县令而共同举兵响应。因此一举，刘邦被众人推为县令。楚制，称县令为公，故也称刘邦为沛公。其后，刘邦率兵在沛、丰一带周旋，闻项梁在薛城，便带着百余骑前往归从。秦二世三年（公元前207年），奉楚怀王之命率军西进入关，攻破咸阳，收降秦王子婴，大秦帝国宣告灭亡。

刘邦喜好酒色这一性格特点，在他初入关中，以胜利者的姿态闯进珠宝如山、美女如云的咸阳宫的那些天里，曾经有过充分暴露。他左拥右抱，日夜欢娱，甚至想就这么过下去。后经樊哙和张良的轮番劝谏，才回到他率领军队入关后的驻扎地——霸上。

霸上位于咸阳东南数十里的霸水之滨。四百多年前，秦穆公称霸西戎而改雍水为霸水，连带也就有了"霸上"这个霸气十足的地名。地方虽小，军事意义却十分重要。

刘邦从十月还军霸上，一月被封为汉王，到四月遵项羽之令赴封地汉中，在霸上居留了半年多，这可能是他一生中最不舒心的一段时间。

若论年岁，刘邦差不多要长项羽一辈[1]；但要讲实力，刘邦远远处于劣势。《史记》本纪是这样记载的："是时，项羽兵四十万，号百万。沛公兵十万，号二十万，力不敌。"

就因为这个"力不敌"，明明是他一路历经艰险，好容易杀入关中，进了咸阳宫，接受了秦王子婴素车白马的投降，却还得装作对珠宝美女毫无兴趣的样子，撤出秦宫，回到霸上，恭候这个项大将军的到来；

就因为这个"力不敌"，明明知道鸿门宴是欲置其于死地一个陷阱，他却不敢不冒险去赴宴，还得带上白璧、玉斗作为礼物去感谢陷阱的设置者！

使他更无法容忍的是，在分封期间，项羽飞扬跋扈，目空一切，根本不把他这个最先入关的刘邦放在眼里，非但不如约让他做秦王拥有关中之地，还要把他弄到被中原人视为化外的巴、蜀之地去！

刘邦终于爆发了：你小子凭什么这么欺侮人，不就是比我多三十万人马吗？老子跟你拼啦！

当时刘邦左右的一班武将，包括舍人樊哙、虎贲令周勃和执帛灌婴等等，心头也都憋着一团火，听说刘邦要拉出队伍去拼个你死我活，自然一致叫好，立刻戴盔披甲，准备厮杀。

就在这时，进来了一位面目清朗的长者，他的一番话，改变了这种一触即发的局面。

---

[1] 刘邦生于公元前256年，比项羽大23岁。亦有以为生于公元前247年，则长项羽15岁。

这人便是萧何。

萧何与刘邦是同乡，都是沛县人，秦时曾在沛县做过功曹掾，对当时还是平民的刘邦有过多次庇护和帮助。后来刘邦起义被众人推为沛县县令，称沛公；萧何就做沛丞，协助专督众事。在反秦群雄中，萧何是一个最有政治远见的人。刘邦进入咸阳宫，诸将都争先恐后抢夺金帛财宝，唯独萧何急步奔向丞相、御史府，赶快将那些"律令图书"全都收藏起来，而几天后，项羽一入关便将所有咸阳宫殿付之一炬。后来在楚汉战争中刘邦之所以对全国各地的关塞险要、户口多少知道得那么清楚，大汉帝国建成后，又能有现成的法律条文可以做依据，就全靠萧何提前从战火中抢救出来的这批图书文集。

面对盛怒中的刘邦，萧何用平静的口气说了一番应当去巴蜀的道理。他说：巴蜀虽是险阻之地，却有沃野千里，向称天府之国，何愁不能生存。纵然此去一路也会遇到诸多艰难，但总比马上去死要好吧？

刘邦说：难道攻打项羽，就一定只有死吗？

萧何说：这道理明若观火：彼众我寡，百战百败，怎能不死？《易》曰："尺蠖之屈以求伸，龙蛇之蛰以求存。"古来此种例子甚多，如商汤之于夏桀，周武之于殷纣，起初都只好暂时受屈，但等时机一到很快成就了大业。所以微臣还是希望大王能依封赴巴蜀，到那里后爱民礼贤，养精蓄锐，然后还定三秦，进而图谋天下，岂不甚好！

在一旁的张良也竭力支持萧何的意见。他还提出一个建议，就是上文已提到过的，用珠宝厚赂项伯，由他转达项羽，请求加封汉中之地。刘邦这才勉强按下怒火，说出了一个"善"字。

多少年后回过头来再看时，刘邦才认识到在霸上的这半年多窝囊日子，是他终生受用不尽的精神宝库。正是在这种屡屡受辱的境遇中，他学会了如何抑制自己逞意于一时的欲望，学会了如何虚心听从周围智者的劝谏，学会了如何做到大勇若怯、大智若愚；总之是学会了一个"忍"字。正是这个"忍"字，使他最终战胜了强大的项羽，创建了大汉帝国。

这一年的初夏四月，受封为汉王的刘邦，依命赴国。他原有十万人马，项羽只允许他带走三万；另有诸侯军中因倾慕而自愿追随的数万人，加起来可能共有五六万人。这支庞大的队伍从咸阳起程，经由杜南，向作为汉国国都的南郑（今陕西汉中东）进发。晓行夜宿，经过千余里的艰苦跋涉，部队到了褒中（今属陕西勉县）这个地方，还剩下最后近百里地，暂时扎营歇息。特地来送行的张良，原是与汉王约好的，将在此与汉王告别，回到韩国去。

褒中属褒城，自古有蜀之"股肱咽喉"之称。孤云、两角二山，双峰插天。有首歌谣唱道："孤云、两角，去天一握。"在那时的中原人看来，由此入蜀，一路绝壁陡岩，瀑流飞湍，其难近乎登天。没奈何，只好在峭崖陡壁上凿孔架桥连阁而成一种独特的"路"，称之为栈道。有本叫《括地志》的古书上记了一个传说，说是当年秦始皇想伐蜀，却苦于无路可入。后来想出一个法子：用巨石雕刻了五头石牛，在它们屁股后面放上些金子，传出话去说：这些石牛能屙金！蜀侯信以为真，就派出壮丁来搬运这些石牛，为此只好沿途劈山填谷，修桥铺路，一直到达成都。贪心的蜀侯上当了，秦始皇就通过这条"石牛道"攻伐了蜀国。传说不一定可靠，实际上这些栈道很可能就是秦始皇为伐蜀而修筑起来的。

第二天凌晨，刘邦在营帐前为张良置酒饯行。

张良，字子房，城父（今安徽亳县东南）人，其五世先祖皆任韩国之相。秦灭韩，年少气盛的张良，弟死不葬，散尽家财以结交豪杰，谋刺秦王。在博浪沙，他让力士用重一百二十斤的大锤奋力一击，可惜击中的是秦始皇的副车。秦下令大搜捕，张良不得不改姓更名逃亡到了下邳。正是在他的人生遭逢到了重大挫折的时候，遇到一位神秘的黄石老人。长者约他黎明时分到桥上相见。张良虽是鸡鸣即往，老人却还是很恼怒，说你年轻轻的，与长者相约怎么可以迟到呢？又故意将鞋摔到桥下，叫张良去拾；拾来了，又要张良跪着给他穿。张良都忍着做了，老人这才说：孺子可教矣！这样，到第四次桥上相见，老人终于给了张良一本《太公兵书》，说：你回去好好读这本书吧，十年后可为王者师！

这个载录于《史记》的张良巧遇黄石老人的故事，明显带有寓言的性质。它告诫我们，人必须先学会谦恭，才能接近真理。获得黄石老人的点拨，是张良一生的转折，从此他开始潜心研读《太公兵书》，成为一个具有宽博胸襟的智者。陈胜、吴广打出反秦大旗后，张良也曾聚集百余人，准备去投奔自立为楚假王的景驹；途中遇到了率领数千人在下邳一带攻城略地的刘邦，就归附了刘邦。此前，张良曾向一些人解说过《太公兵法》，但没有一个人听得懂；令他惊奇的是，刘邦不仅一听就懂，而且还能实际应用。对此张良作出的解释是："沛公殆天授。"（《史记·留侯世家》）很可能就是出于这种以为刘邦是"天授"的认识，使张良对刘邦十分敬佩。其后跟随刘邦西进入关，每有险遇他总是竭诚献策，而刘邦也能言听计从，这更使他有了一种古代士人十分看重的所谓"知遇"之感。但现在两人就要各奔东西了。举起酒樽，张良的内心该是十分矛盾的。汉王仍处于逆境中，此去艰险可知，吉凶难料，按说他应当留下来继续尽心辅佐；但作为五世韩相的后裔，他对韩国又有着难以释解的情结，可以说他反秦的初衷，就是为了复兴韩国。因而在他归附刘邦不久，就向项梁进言，能否将韩诸公子中最为优秀的韩成立为韩王。项梁采纳了他的建议，并让他担任主管民事的司徒，以佐助韩王。这回项羽分封，说是仍让韩成为韩王，以阳翟为国都。韩国刚恢复，百废待兴，作为司徒，他必须回去佐助韩王。

晨雾渐散。将士披挂，战马嘶鸣，部队就要开发。

张良远远望望霞光映照下那逶迤远去的崇山峻岭，那峭壁悬崖间隐隐现出的栈道，陷入了沉思。他放下酒樽缓缓说道：大王，臣有一想法，将士过栈道时，不妨边走边烧，将背后的栈道全部烧毁，您看如何？

汉王先是一惊，随即释然：对，这样可防止诸侯派兵来偷袭啦！

张良说：不仅如此，还有更重要的一点：向天下人表示你汉王绝无东还之意，也好叫项羽不再把您放在心上！

汉王连声赞道：妙，真是妙计！

晌午时分，张良拜别汉王。几回登高西望，果然见那孤云、两角二山间时有烟火冲起，知道那便是在烧栈道了，这才放了心。随即日夜兼程东行，到韩都阳翟后，却没有找到韩王成。一打听，才知道项羽因张良归从刘邦而迁怒于由张良推荐而立的韩王，分封后竟以韩成无军功为由，不许他回到自己封国去，一直扣留在楚军中，此时已随同项王去了彭城。张良不得不再东渡颍水，赶赴西楚之都彭城。

张良从褒中到阳翟，再从阳翟到彭城，行程数千里，差不多等于横穿了一回全中国。一路上听得最多的，就是诸侯王因不满项羽分封而纷起抗争的消息：殷王司马卬已宣布反楚。新封的燕王臧荼，和原自立为燕王、这次被项羽改封为辽东王的韩广，一个要将他赶出燕地，一个却赖着不肯走，双方刀戈相向，结果是臧荼先杀了韩广，继而又吞并了他的辽东之地。特别是因拒绝项梁出兵合击章邯号令而未封尺寸之地的田荣，不仅在齐地打出了反项大旗，还在积极与陈余、彭越联络，简直是在搞"反楚同盟"！

张良抵达彭城已是六月盛夏。

彭城，就是现今江苏徐州，古称大彭氏国，相传尧时曾为那个活了八百岁的老彭祖的封地，故有此名。其地势无险阻可守，但利于出击，故又称"四战之城"。项羽定都彭城，除了满足他和他的八千江东子弟的东归心理，从战略上说，则是出于派遣大军四向征战的需要。他似乎从来没有想到过也需要防御。

张良来到彭城，看到的该是这座古城因项王数十万人马的骤然入驻而呈现出来的那种热闹和混杂的景象。这里他得到了两条信息，使他很快作出了关系到一生的抉择。这两条信息一是项羽将韩王成带到彭城后，先降为侯，接着就索性将他杀死了；二是汉王刘邦已东进关中，据有了三秦之地。前一条断绝了他复兴韩国之望，后一条促使他尽快西行归汉，以尽辅佐之责。

张良匆匆写了封含意微妙的信，派人向项羽送去，随即拣了条僻静的小路离开彭城，然后急赴关中。

下面便是张良致项羽信的大意：

西楚霸王麾下：仆近自汉中来，闻汉王刘邦仍欲依怀王约而得关中之地。既践约，当即止，料不敢再有东进之意。当今天下可忧者，唯齐之田荣及赵之陈余。彼二人往来信使相续于道，说士相迎于庭，大有合而共谋灭楚之势，愿大王图之。【1】

信，自然又是一计，且看你项羽是否识得！

田荣打出了反项大旗

自封为西楚霸王的项羽，开始有人向他禀报说汉王刘邦已依令去了封国，还烧毁了栈道以表明绝无东还之意，他该是高兴了一阵子的。因为这说明他的霸权已经得到了公认，就连最有资格与他抗衡的刘邦也不敢对他说半个不字。在他出关东来抵达彭城不久，情势

【1】信是我根据《汉书·张良传》拟的。其原文为："时汉王还定三秦，良乃遗项羽书曰：'汉王失职，欲得关中，如约即止，不敢复东。'又以齐反书遗羽，曰：'齐与赵欲并灭楚。'"

却发生了大变。这时他接到的已不是喜报,而是接二连三的警报。闹得最凶的是就在彭城北边的三齐,令他担忧的还有西面关内的三秦。三齐、三秦之称,都是项羽分封后才有的。齐、秦在战国时都是统一的大国,齐拥有今山东以北黄河流域及胶东半岛地区,秦拥有今陕西中部及甘肃东南部。项羽将齐一分为三,分别封给原齐国王室的三个后裔:田都,齐王,都临淄;田安,济北王,都博阳;原为齐王的田市,改封为胶东王,都即墨。又将秦的关中之地也一分为三,分别封给秦的三个降将:章邯,雍王,都废丘;司马欣,塞王,都栎阳;董翳,翟王,都高奴。设三秦的用意很明显,就是为了把远在汉中的汉王刘邦与中原诸王隔离开来,不让他有任何作为。项羽没有想到刘邦焚烧栈道竟是一计,他的"依令之国"实际上是为了重新占据关中做准备的。更出乎项羽意料的是那三个秦王竟是如此经不起刘邦的打,刚一交手,就两个投降,一个被围!至于三齐,这回闹起来的倒不是三个齐王,而是原齐王之相田荣。此人脑后有反骨,一再叛楚,又握有实力,不可等闲视之!

西楚霸王决定立即举兵讨伐。但他一身无法二任,不能既西征又北伐。

怎么办?

他想到了黥布。

黥布是一员勇猛的骁将。项羽看重黥布,不仅因为他善战,还因为他的绝对服从。譬如巨鹿大胜后,项羽西进至新安,发现原章邯部属有反状,就命令黥布等夜坑秦降卒,黥布没有二话,果然将二十万人全部活埋!这回黥布受封为九江王,想来对他这个作为主封者的西楚霸王该是心存感激。于是便派人用快马向九江国发出一令,命令黥布速速率所部星夜北上击齐!

出乎项羽意料的是,黥布居然托病不来,只派了个部将、带了数千人马来应付!

项羽雷霆大怒。如果此时黥布就在身边,说不定就会立刻抽出他的佩剑!

就在这时候,侍者进来向他呈上一封书简。

信是张良写来的。

很明显,张良的用意是诱使项羽放弃对刘邦的警戒而集中兵力去对付三齐。

也不能过低估计项羽的智商,以为他一看此信就会中计。更何况此时项羽身边还有年高而多智的范增,何事能骗过此老眼睛!但无论如何,《史记》和《汉书》张良传都作了大体相同的记载:"项羽以故北击齐。"以故,指因张良来信之故。我们是否可以这样来理解:项羽作出"北击齐"的决定,张良来信只是其中一个因素;更为主要的原因可能还是他依然沉醉于巨鹿大捷时"诸侯将入辕门,无不膝行而前,莫敢仰视"(《史记》本纪)那种自我膨胀的状态中,因而过高估计了自己的威势和力量,以为田荣那小子他一出手便可降伏的,然后再回师西进去收拾那刘邦老匹夫不迟!

汉王二年(公元前205年)冬,项羽封他的部将、秦时曾为吴县县令的郑昌为韩王,去统辖韩地,以阻挡汉王刘邦继续东进;接着就亲率北伐大军,星夜赶至齐楚边界城阳(今山东菏泽东北)。田荣这边也立即发兵应战,双方对峙于古河道两岸。一场鏖战即将在此展开。

大战在即,让我们先来了解一下田氏与项氏的一段恩怨。

事情还得从田荣的堂兄田儋说起。田儋和田荣都是战国齐王室后裔。反秦战争一打响，田儋就自立为齐王。他的办法既巧妙又干脆。当时陈涉派周市攻略魏地，势力一直扩展到田儋所在的狄县。县令紧闭城门，决心固守。田儋假装要杀一个家奴，带着那个被他五花大绑的家奴去叩城门，因为按当时规定杀奴婢先得告官。他就利用这个见官的机会，一刀杀了那个县令，然后召集豪吏子弟宣布说：现在原来的列国诸侯都在反秦自立，我们齐国早在周代就是一个封建大国；我田儋，本来就是王族，所以应当做齐王！但田儋自立为王不久，就在一次救魏战役中败于章邯而被击杀，于是田荣便乘时登上了齐国政治舞台。他收拾田儋残部，逃亡到东阿，得到项梁救助，击退了章邯。就在这时，齐人拥立了战国时齐王建之弟田假做齐王。田荣一听大怒，引兵归齐，赶走田假，另立他的侄子田儋之子田市为齐王，自任相。田假逃亡到楚，受到了楚怀王的保护。后来章邯气势更甚，项梁要田荣出兵合击章邯，田荣则以楚杀田假为条件，不杀便拒绝出兵，结果项梁兵败战死。项羽在分封时抓住此事非但不封田荣，还将齐一分为三：原来田荣拥立的齐王田市改封为胶东王，另外又封了两个王：田都为齐王，田安为济北王。

田荣最无法容忍的是，田都竟然也封了齐王！田都什么东西，不就是他田荣手下的一个将领吗？当初章邯围赵，项羽率军救赵，田荣拒绝出兵，田都却违抗他的命令，私自拉了一支队伍去救赵，并跟随项羽入关。这回他拍上了项羽的马屁，有了这个什么西楚霸王做靠山，竟想爬到他头上当起齐王来了，是可忍孰不可忍！

田荣立刻作出强烈反应。他要田市继续留在临淄当他的齐王，不许他遵照项羽的分封到即墨去做胶东王。又命令全体将士严阵以待，倘若田都胆敢来接管齐国，坚决予以迎头痛击。一心想当齐王的田都果然来到，但他哪是田荣对手，刚交锋几回，部下士卒就丧失殆尽，只好逃到西楚霸王那里去哭诉了。田荣大获全胜，正要向齐王报功，齐王田市却不知去向。原来田市生性胆小，不敢抗西楚霸王的命，偷偷溜到即墨去当胶东王了。田荣勃然大怒，率兵追至即墨，竟一刀结果了小侄子的性命，干脆自立为齐王。接着向西进军，击杀济北王田安[1]，一并据有了三齐之地。

田荣为了巩固自己的地位，便想到去联络那些同样对项羽怀有不满的人，以结成联盟，共同抗楚。

他想到两个人：彭越与陈余。

彭越，字仲，昌邑（今山东金乡西北）人。曾在巨野泽一带打渔，并入伙为盗。陈胜、项梁先后起事，有人劝他说：如今许多豪杰都在反秦，你也可以出来闯一闯了吧？彭越说：两条龙刚刚开始在斗，再看看吧！又过了一年多，泽中聚起了百余人要他做头儿，彭越起先不想当，众人强请，他说：你们要我当头，那就得听我的号令。现在我命令：明日太阳一出来就集合，迟到者，斩！第二天迟到的有十几个人，最迟的一个到中午才来。彭越说：有这么多人迟到，总不能全杀吧？那就杀到得最迟的那一个！众人都笑了，说：何必如此

---

[1]《史记》之《项羽本纪》、《田儋列传》及《汉书·田儋传》，皆记田荣攻杀济北王田安，唯《汉书·项籍传》则谓：田荣"予彭越将印，令反梁地。越乃击杀济北王田安"。

较真呢？我们以后不迟到了就是！彭越硬是将那个中午才到的人处斩，并设坛祭祀，发布军令。众人大为吃惊，从此令行禁止，谁也不敢违抗。彭越便带着他的队伍开始攻城略地，其间也曾协助过刘邦攻打昌邑，但更多的是独立行动。这样到项羽分封时，彭越寸土未受，而此时他手下已拥有万余人马，不受任何人统辖，横行于赵、魏一带。

田荣派人向彭越发去一信，宣告他已立为齐王，赐给彭越将军之印，要他经由济阴去攻打楚国。彭越自然不会满足于只在田荣手下当个将军，不过他也不肯放过这个机会，立刻率众南下。楚国的主力部队这时已由项羽统帅北上击齐，只好临时推出一个曾当过县令的萧角来，仓促组织一支队伍去抵挡，结果自然是彭越大获全胜。

再说陈余。

介绍陈余，不能不提到张耳。他们是同乡，都是大梁（今河南开封西北）人。陈余年少，尊张耳如父。二人志同道合，成了生死之交——古时称之为"刎颈交"。秦始皇灭魏，听说二人是魏的名士，悬赏"千金"捉拿张耳，悬赏"五百金"[1]捉拿陈余。他们只好改姓更名，逃亡到外乡找个门卫一类差使生存下来。一次官吏鞭打陈余，年少气盛的陈余想要跳起来反抗，张耳暗中踩了他一脚，提醒他千万要忍住。事后张耳对陈余说：当初我是怎么对你说的，如今你怎么连这么一点小屈辱都受不了呢？反秦风云初起，二人同去投奔陈胜，很快受到了重用。此后在奉命去攻略赵地和先后拥立武臣、赵歇为赵王等过程中，张耳为相，陈余为将，相互尊重，配合默契。也许连他们自己也万万没有想到，二人的关系竟会从刎颈之交的好友变为不共戴天的仇敌！裂痕出现于巨鹿大战中。其时张耳与赵王歇同在巨鹿为数十万秦兵所围，城内食物已尽，形势危如累卵。陈余则在城外收集到数万兵卒，自度力单势薄，不敢与强秦交锋，暂时驻扎在巨鹿之北。焦急中的张耳怒气冲冲地给陈余写了封信，派出张黡、陈泽两个使者设法缒出城去，送给陈余。信中责问陈余：你我曾结为刎颈之交，如今赵王与我命悬旦夕，而你拥兵数万不肯相救，所谓生死情谊何在？倘若你能守信，为何不快与我等赴秦军共死？陈余读信后对两位使者说：我不是不肯救援，只是想到出击终究不能救赵，枉自白白耗尽兵力罢了。我之所以不想现在共死，为的就是将来能为赵王、张君报复秦军。倘若如今共死，不啻以肉投饿虎，又有什么意思呢？

张、陈两位使者说：事情已急到这个地步，还空说将来做什么，要紧的是拿出共死的行动来表明自己的诚信！

陈余无奈，只得派出五千人让张、陈带领去尝试进攻秦军，结果是全军覆没。两个使者也同时战死。

项羽率师北渡黄河，破釜沉舟，以雷霆万钧之势迅速攻破秦围，章邯被迫降楚。巨鹿解围后，张耳和陈余这对老友在尴尬的气氛中重新见了面。张耳一再责问陈余为何不肯出兵相救，言语间甚至怀疑他派去的使者张黡、陈泽也是陈余杀的。多次解说张耳还是不信，陈余便愤愤地说：想不到你对我的成见这样深啊！你以为我稀罕这个将军吗？大不了不当

---

[1] 金：古代计算货币单位。秦制以一镒（合二十两）为一金，汉制以一斤为一金。

就是！说完脱下将军印绶扔给张耳，顾自去了厕所。等他回来，张耳已佩了他的印绶。据《史记》及《汉书》本传记载，张耳是在他左右的促使下才这样做的。但无论如何，这对生死好友从此分道扬镳，张耳随同项羽西进入关，而陈余则独自带了几百个要好的部属，到黄河一带沼泽之地打猎捕鱼，过他们自由自在的快活日子。

这回项羽分封，改封赵王歇为代王，封张耳为常山王；对陈余，开头连提也没有提到，后来因有好些人为他说好话，项羽总算给他封了他所在的南皮（今河北南皮东北）附近的三个县。听到张耳率领部属、摆出常山王的威势去就国的消息，陈余发怒了：好个项羽小子，你做事也太不公平啦！

他要反项，却苦于手下没有足够的兵力。

田荣准确地估计了陈余此时的心态，刚要派遣使者去游说陈余共同抗楚，陈余使者却先已来到临淄。田荣听说陈余要借兵，当下一口答应，派出将领带着兵众随同使者前往。陈余出动三县兵力连同田荣的援军，一起冲向赵地，猛攻张耳。刚做了几天常山王的张耳，猝不及防，连战连败，逃出了赵境。眼看身边只剩下一些残兵败将，他不知该去投奔谁：西边是汉，东边是楚；刘邦曾是他的旧友，而项羽曾是他封主，若论实力，则汉弱而楚强。他决定去投楚。就在这时，有个叫甘公的星象家，牵强附会地把天上某个星象与刘邦对应起来，说：楚虽强，后必属汉。于是张耳便匆匆收拾残部，仓皇西行奔汉。拜见刘邦时还送了一份见面礼——途中被他打败的楚军守将项婴的一颗头颅。

以上的态势说明，项羽是在腹背受敌的情况下向三齐发起征讨的。

但这位西楚霸王威风依旧，见田荣前来应战，大喝一声，纵马直逼。田荣奋力招架，又哪里抵挡得住！楚兵潮水般冲过古河道，齐兵迅速败下阵来。据《史记·田儋列传》记载，田荣从城阳败退的路线不是回国都临淄，而是去了平原。紧接着一句是："平原人杀荣！"平原在今山东平原县西北，已接近与河北边界。也许田荣是想去赵国从陈余那里获得援助吧？猜测无据，只能成为历史之谜。

对田荣与项羽的这段恩怨，历来论者多以为起因于项羽分封不公，也有持相反意见的，如清代王鸣盛。他在《十七史商榷·田荣击杀田市》中说：

项羽主约，人皆称其不平，而此事则未可非。荣逐田都，杀田安，且击杀田市于即墨，而并三齐以自王，何其庚也！夫儋与荣、横三人为从兄弟，实齐之疏族；而假为故齐王建之弟，假之当立甚于儋。其立也，又非取之儋子，荣必欲杀之，悖暴已极，乃因此仇项氏，以德报怨，又并儋子市而杀之何哉？诚丧心害理之尤者！项氏之败，半为田氏牵缀，不西忧汉，而北击齐，以此至亡。

最先打出反项大旗的田荣被齐国人自己杀了，项羽心中的三齐之患是否就此平息了呢？

不，远远没有！

在溃不成军的田荣残部里，忽而冲出一个青年人来，他立马横刀，一声号令，应者云集,很快又聚集起数万兵马。他拨转马头,发声喊,全体将士一个个犹如猛虎下山,再次冲向城阳战场。

这个青年人就是田荣之弟田横!

项羽闻报大怒,所到之处,见人就杀,遇城就烧。

但他愈是杀、烧,聚集在田横周围的齐人反而愈多!

就像当年田荣立他的侄子、田儋之子田市为齐王那样,田横也立他的侄子、田荣之子田广为齐王,自任为相,同项羽打起了持久战。

齐和楚,在春秋战国时期都曾是大国、强国。《史记·货殖列传》称历史上齐桓公曾"九合诸侯,一匡天下";齐民之俗"宽缓阔达,而足智,好议论,地重,难动摇","大国之风也"!有"大国之风"的民众,往往比较守旧,却有浓烈的故国之情,一旦面临外敌侵入,就会激发起同仇敌忾,凝聚为坚固的长城。

项羽久战不下,心急如焚。

就在这时,使者的快马从南边飞来,带来了一份惊人的战报:汉王占领彭城!

项羽像一头误入捕猎圈的雄狮,已被忽东忽西不断出现的火光和喊杀声弄得精疲力竭。但这一回,他还是不得不退出城阳战场,放弃三齐,回师南下。要知道彭城可是他西楚霸王国都所在啊!

刘邦找到了一个讨伐项羽的好题目

逃亡归来的韩信登上了拜将台

刘邦从赴南郑就国,到还定三秦,入驻彭城,大致用了一年时间,即从汉王元年四月到二年四月(公元前206年~前205年)。

入驻南郑的开头一段时间,情况很糟。五六万人马突然来到这个边远小城,给养、住宿条件都很艰苦。部队的特点是清一色的血气方刚的男性,只要不打仗,就少不得寻衅闹事。加上汉军大部分是关东人,来到这个既陌生又荒凉的地方,哪有不思念家乡的!先是军营里一到深夜就飘起了思乡的小调,接着便开始有人逃跑,三五个,数十个,后来就闹起了逃跑风潮。

为了刹住这股闹事、逃跑歪风,刘邦不得不用上最严厉的惩罚手段:杀!

有一次,监斩官偶然刀下留人,救出了一个青年人,他叫韩信。

说起来简直像神话,后来刘邦之所以能够从挫折中崛起,由关外挥师关中,主要就是依靠了这位非凡的军事奇才韩信。

但韩信命运多舛。如果把他比作一颗珍珠,那么这颗珍珠曾长期遗落于尘土草丛,无人识得。

他是淮阴(今江苏淮阴西南)人,少时因贫贱而又没有突出表现,不能让人推荐去官府当差。此外,他既不会经商,也不会农耕,找不到谋生门路只好寄食于他人,饱一顿饥一顿的,受尽了欺凌和侮辱。在这期间,韩信遇到过两件事:漂絮老母给他的"一饭之恩"和屠户少年让他受到的"胯下之辱"。不妨把这两件事看作是韩信的一部浓缩着人生百味和社会百态的成长史。对这一恩一辱他终生不忘。后仗剑出游,初投项梁,继属项羽,均未得志。但他决不满足于碌碌一生。强烈的功名欲望,驱使着这个青年人随时都在寻找机会。他在项羽手下做郎中,其职便是站在廊下侍卫,因而有可能目睹分封大典的全过程。也许正是处于逆境中的刘邦不得不做出来的那种谦恭的态度,对他产生了吸引力。这样当刘邦依令赴国时,他便逃出楚营,跟随刘邦来到汉中南郑。令他失望的是,在汉营同样得不到重用,只当了个掌管仓储的称之为连敖的低级小官。《史记》、《汉书》本传行文至此,赫然出现了四个字："坐法当斩！"做小官就做小官好了，怎么弄到要杀头的地步呢？猜想一下：很可能失意潦倒的韩信就去与那些寻衅闹事的哥们为伍，结果犯了军纪。已经杀了十几个，轮到要杀韩信了，他一抬头，恰好看到了那位有些面熟的监斩官。也许他曾经听人说起过这位监斩官是刘邦的同乡和好友，因而鞍前马后侍从汉王，一直受到重用。胸口积郁着的怨愤喷发而出，他叫了起来：汉王不是想成就天下大业吗？那他为什么还要杀壮士！

监斩官叫夏侯婴，时任太仆，掌管汉王的车马；监斩是临时差遣。夏侯婴一听韩信的喊话感到奇特，再看他的状貌又很英俊，便演出了刀下留人的一幕，释放了韩信，并向汉王刘邦作了禀报。但刘邦仍然没有引起注意，只是让韩信做了一个掌管经济事务一类的官，叫治粟都尉。韩信有些哭笑不得：这不仅大材小用，也用非所长呀！求名心切的韩信渴望能与汉王面谈，他去找颇有长者之风的萧何。尽管他的每次谈话萧何都大为赞赏，并答应转达，但多少天过去了，仍不见有回音。这时候军营中的逃跑风闹得正凶，尽管韩信看不起那些思乡的逃跑者——大丈夫当以四海为家嘛！但他还是加入了他们的行列。

发觉韩信逃亡，萧何来不及向汉王禀报，立刻快马加鞭去追赶。

一出家喻户晓的京剧《萧何月下追韩信》，艺术地再现了当年的追赶过程。

韩信逃向何方？萧何追到哪里？史著无记。《汉书补注》说：蜀、陕间有一条溪叫"韩溪"，便是萧何追到韩信处。如此说来，京剧舞台上的萧何便是在这道溪水边唱出了从"山高水长"到"大丈夫当三思而行"那一大段声情并茂的流水板的。历史事件中的萧何与韩信在这里也该有一次推心置腹的谈话，只是已无从查考。韩溪离南郑有一两百里，当天自然无法追回。于是有人便去向刘邦报告，但报的不是韩信逃跑，而是丞相萧何逃跑！刘邦先是大怒，接着大恐，像是断了左右手：他不能没有萧何啊！这么过了一两日，萧何回来了。刘邦又怒又喜，骂道：连你也要逃跑，为什么？

萧何说：臣哪敢逃跑，臣是去追回逃跑者的！

刘邦说：你追谁呀？

萧何说：韩信。

刘邦又骂了起来，说：逃跑的将领有十几个，你谁都不追，偏是追这小子，又为什么？

萧何说：那些将领都是容易得到的，唯独这个韩信，那是国士，天下无双。大王若是只想长守汉中，自然也用不到韩信；但大王倘要与人争夺天下，就非用韩信不可。现在就看大王如何决策啦！

刘邦说：我当然是要向东扩展，怎么能甘心长期蜷局在这里呢？

萧何说：大王真要想向东扩展，那就得重用韩信；不能重用，他终究还是要逃跑的！

刘邦说：那我看在你丞相的面子上，让他当个将军吧！

萧何说：当个一般的将领，肯定还是留不住他！

刘邦说：那就任命为大将军吧！

萧何说：这就对啦！

于是刘邦就准备按照通常任命官职的程序，将韩信召来，当面委任。萧何赶紧劝阻，说你大王平日傲慢惯了，以至如今要拜大将军也像对待小孩子那样呼来唤去的，那怎么行呢？大王诚心要拜韩信为大将，那就得择定良辰吉日，事先斋戒沐浴，并筑台设坛，按照礼制举行一定的仪式方可。刘邦开头有些勉强，后来还是答应一切照办。拜将台就筑于南郑之郊，高数丈，宏伟庄严。其遗迹至今仍可在陕西省汉中市南门外看到，有一石碑，上刻"汉大将韩信拜将坛"几个大字，为上个世纪30年代当时任鄂陕甘边区总司令祝绍周所题。

随着拜将台的落成和吉日的择定，汉军上下一片喜庆之气，一度弥漫的乡愁亲忧一扫而空。特别是那几员早在沛县就与刘邦一起举兵反秦、后来又一起西进入关且战功卓著的老将更是眉飞色舞，因为他们都以为那颗金灿灿的大将之印非己莫属。这一日平明，军旗猎猎，鼓乐齐鸣，全军将士整齐地列队于拜将台周围。当赞礼唱出请大将军登台受印时，几万双眼睛一下惊呆了！人们怎么也没有想到，正在一步步登上拜将台、就要成为统帅全军的大将军的，竟会是那个既无声望又无军功、不久前还逃跑过一次的韩信！

拜将礼毕，汉王向大将军请教东进之策。韩信成竹在胸，指东画西，侃侃而谈。他从勇、仁、强等方面，将项羽与刘邦作了对比，认为项羽之勇是匹夫之勇，项羽之仁是妇道之仁，故名虽为霸，实失天下之心，其强易弱。他进言刘邦应反项羽之道而行之："任天下武勇，何所不诛！以天下城邑封功臣，何所不服！以义兵从思东归之士，何所不散！"至于还定三秦的具体策略，则可以充分利用三秦之民两个方面的情绪：一是他们对秦三降将以前杀人无数的怨恨和封王后种种苛政的痛恨；二是他们对刘邦入关时与父老约法三章等善政的怀念。若果如此，则"大王举而东，三秦可传檄而定也"！于是刘邦大喜，说了句很感慨的话：寡人恨识大将军之晚也！（据《史记·淮阴侯列传》）

从这时起，汉军开始了紧张的东进筹备。汉王元年（公元前206年）八月，刘邦发令，除萧何等仍留守南郑，以便征收租税给军队提供粮草外，其余将士全部向东进发。在大将军韩信统领下的这支庞大的部队，是在极秘密的状态下行进的，用的便是民间广为流传、甚至有些历史专著也采信的称之为"明修栈道，暗渡陈仓"的巧计，即用派人修复此前被烧毁的栈道这一表象迷惑敌方，以为刘邦仍将从栈道东还，实际上汉军选择的却是另一条通向陈仓的路线。陈仓，当时为雍王章邯属地，故治在今陕西宝鸡东渭水北岸，汉军东进后的第一个战役就在此展开。但在元典的史籍记载中，包括《史记》、《汉书》、《资治通鉴》等，都找不到"明修栈道"这样的话，只有"汉王用韩信计，引兵从故道袭雍"这么一句。其中的"故道"便是韩信选定的秘密行军路线，其址在今陕西宝鸡西南，大散关南。有学者估计其具体路径是：自南郑越褒谷东北行，再沿故道水（即今嘉陵江，唐以后改称）折向西北，入散关而抵达陈仓。"明修栈道"的说法，大抵出自后来文学家们的想象，如元代杂剧《气英布》第一折："孤家用韩信之计，明修栈道，暗渡陈仓。"明代甄伟《西汉演义》第四十二回《遣樊哙明修栈道》，更据以敷衍出许多惊险有趣的情节来。影响更为深远的，还有后人辑录的所谓《三十六计》，其中第八计就是"暗渡陈仓"，特地注明一句："不明修栈道，则不能暗渡陈仓。"一边"明修"，一边"暗渡"，的确增加了不少戏剧性或可看性，但打仗毕竟不是演戏，它不是给人看的。战争的胜负顷刻间决定着成千成万人的死与生，来不得半点儿戏。不搞"明修栈道"，不给敌方以任何动作性的信息，径自"暗渡陈仓"，自然更为保密、更少危险，因而也更有成功的可能。当初焚毁栈道的本意，就是要给项羽及诸侯王传递一个刘邦无意东还的假相，现在正当项羽还在对此假相半信半疑的时候，你却用"明修栈道"来一个自我揭露，以引起敌方警觉，甚或发兵来阻截，这能算是明智之举吗？所以仔细想来，还是《史记》、《汉书》等记载更为可信。

在那一刻，对因栈道的焚毁而不再对刘邦有任何警戒的三个秦王来说，汉兵的突然来到如同天降，应战的仓促，失败的迅速，都可想而知。汉军这一战役的主要成果是：

雍王章邯：从陈仓一路败退至废丘（雍之都，今陕西兴平东南），为汉军所围。

塞王司马欣：降。

翟王董翳：降。

此外，河南王申阳亦降。项羽临时新封的韩王郑昌，被攻灭。

上一节不是提到项羽为了防范刘邦煞费苦心地采取了两项措施吗？现在我们看到的事实却都与项羽的愿望相违，它们反倒成就了刘邦。一、将刘邦逐出关中，徙至巴蜀，以为从此可保太平；谁知刘邦却正好借此机会整顿内部，操练兵马，伺机东进。二、以秦三降将封王三秦，原想借以阻隔刘邦，偏偏三秦父老对三降将恨之入骨，而对曾经与他们约法三章的刘邦却颇有好感，这就反而为刘邦还定三秦提供了民心所向这个最重要的条件。

旗开得胜的汉军，在三秦大体平定后，即由关中向东辐射，不断向中原挺进。与此同时，又采取一系列政治、经济措施，以巩固其新占领区和瓦解敌对阵营。据《史记·高祖本纪》和《汉书·高帝纪》的载录这些措施包括——

一、**都栎阳**——都，用如动词。都栎阳，就是建都于栎阳。汉之国都原在南郑，此时迁至栎阳，其址在今陕西省潼关东北。栎阳曾是战国时秦献公旧都，汉建都于此，表明其志不止于"王关中"，更把目标放在广大的关东地区。

二、**令民除秦社稷，立汉社稷**——社、稷，分别为土神和谷神。在古代农业社会里，土地、五谷是国家赖以生存的基础，故常以社稷象征国家。此处"除秦社稷，立汉社稷"，具体指毁弃秦时留下来的社祠、稷祠，建立新的社祠、稷祠，以标志国家权力的秦废和汉兴。

三、**举民年五十以上，有修行，置以为三老，乡一人，择乡三老一人为县三老，与县令丞尉以事相教**——三老由民众推举，其职主要是协助官府掌管教化，推行政令。此制战国时魏已有。秦置乡三老，汉又增置县三老。

四、**蜀汉民给军事劳苦，复勿租税二岁。关中卒从军者，复家一岁**——复，免除。指免除租税或徭役。

五、**赐民爵**——爵，即爵位。周时行公、侯、伯、子、男五等爵制，秦则为从一级公士到二十级彻侯的二十等爵制。汉沿秦制。民获赐爵位，有罪可以减免。

六、以十月赐酒肉。

七、故秦苑囿园池，令民得田之。

八、大赦罪人。

九、诸将以万人若以一郡降者，封万户——这是用来瓦解敌对阵营的。凡率一万人或一郡来降者，可封为万户侯。

汉王还亲自"出关至陕，抚关外父老"，模仿古代圣王做出那种"吊民伐罪"的姿态。

与热衷于以勇悍称霸的项羽相比，刘邦的一个长处是他懂得政治，懂得政治威力有时会超过千军万马。在当时，他在军事上的一系列胜利再加上这些措施的实行，就在政治上赢得了民心，赢得了声誉。在被项羽忽视的这个政治战场上，几乎是让刘邦一个人独享其成。这对处于观望状态中的人们是一种吸引。他们终于停止犹豫，在楚汉之间作出了抉择。需要特别提出的是，张良就是在这个时候回到了汉营，并被封为成信侯的。为张良立传的司马迁，以其曾与一位力士用重一百二十斤大锤袭击秦始皇等情节，把传主想象成为一个"魁梧奇伟"的猛士，及至观其画像，这才吃惊地发现，原来张良的状貌竟如同"妇人好女"！读者诸君将会看到，文弱而又多病的张良，出现在楚汉战场上的却是一个大智大勇的形象。此后，刘邦每回因贪恋眼前享受而忘了天下之事，都有赖张良的劝谏才得以改正；刘邦多次陷入困厄，也因有张良的巧计才化险为夷。汉帝国建立后，刘邦在论功行赏时，第一个提到的便是张良。他说："运筹帷幄之中，决胜千里之外"，皆是张良之功。（以上见《史记·留侯世家》、《汉书·高帝纪》）

在这期间，来投奔或归附汉王刘邦的，据《史记》记载还有——

张耳，败于陈余，西行"谒汉王，汉王厚遇之"。

王陵，"及汉王之还攻项籍，陵乃以兵属汉"。王陵后来在高后称制时任相，有很不平常的表规，值得在这里多说几句。

王陵与刘邦是同乡，为一方豪强，秉性耿直，好任气，刘邦曾像尊敬兄长那样尊敬过他。刘邦领兵入关，王陵也聚党数千人，居留于南阳，就是不肯跟随刘邦。直到刘邦被封为汉王，又还定三秦，有东进讨伐项王之势，王陵才有了以兵属汉的意向。项王获得这一信息后，又做了件很愚蠢的事：把还在沛县的王陵的母亲抓到军中，想用这个办法迫使王陵降楚。但王陵母亲却对王陵派去的使者说：请先生代老妾告诉陵儿，汉王是宽厚的长者，叫他好好为汉王做事，不要因为我的缘故而怀有二心，让老妾以死来送先生吧！说罢伏剑而亡，项羽竟又将这位刚烈的母亲扔进了油锅！项羽这一残暴行径，反而促使王陵更加坚定了归汉的决心。可能由于王陵母亲的遭烹，让刘邦想到自己的父亲和妻儿都还在沛县，说不定哪一天也会遭到不测。他想去把他们搬来，却又苦于鞭长莫及，即使分出一点兵力来，孤军远途，也是凶多吉少。这时王陵便承担了这一特殊使命：用他在南阳的驻兵，代为去接引刘邦的父亲、妻子和一对儿女。

接下去要介绍的是一位更为重要的人物，这时也正在向汉营走来。

此人肩背长剑，高大俊美，是在那批反秦草莽英雄中难得见到的美男子。他是从楚营逃出来的，专拣那些崎岖僻静的小路急急西行。

他是谁？

他就是后来不仅在楚汉争战中为汉王屡出奇谋，在大汉帝国建立后，还继萧何、曹参之后，与王陵一起出任过左右相的陈平。

"盗嫂受金"与"奇谋之士"

陈平，阳武户牖乡（今河南兰考东北）人。少时家贫，喜好读书，依靠兄嫂生活。及长，仪表丰美，但要婚娶，富家不愿要他，贫家他又不耻。又过了好些年，有个富户张负，他的女儿五嫁而夫辄死，没有人敢再来提这门亲，只有陈平想娶她。但他除了读书，平日无所事事，家又穷得用破席子当门，张家子弟竭力反对。倒是张女的父亲有他自己的看法，老人说难道像陈平这样仪表丰美的人会一直贫贱下去吗？就把女儿嫁给了陈平，连聘金与酒席之费都是老人给的。此后陈平资用较为宽裕，交游也多了起来，渐渐有了点名声。乡里祭祀社神，是一项庄重的典礼，祭祀后主刀分祭肉的事就由陈平来做。他细心地将肉分切得十分均匀，父老们称赞说：好啊，陈家小子办事就是公平！陈平接着脱口说出一句话，在场的人一个个都惊得目瞪口呆。他说：啊，假如有一天，能让我陈平来治理天下，我也一定会像分切祭肉这样做得公平公正！（《史记》本传原文："嗟乎，使平得宰天下，亦如是肉矣！"）

陈胜、吴广起事后，陈平先投效魏王咎，因魏王不听他的意见，加上有人进谗，便离开魏王，改投项羽。汉王刘邦还定三秦的消息传来，中原震动，刚被项羽封为殷王的司马卬也趁势反楚。项羽即封陈平为信武君，命他领兵去征讨殷王。殷王降，陈平拜为都尉，并得到二十镒赏金。谁知事隔不久，殷王又被汉军攻破而降汉，项王大怒，就要向陈平等开刀。面临杀身之祸的陈平，迅速作出了第三次选择：投汉。他在派人向项羽归还赏金和印绶的同时，只身仗剑逃出了楚营。此时汉王已自临晋渡过黄河，沿河内地区向东进发。陈平自彭城西行，尚有千余里之遥，昼夜兼程，不敢停留。这一日，好容易来到黄河边，找了条渡船待要过河，却发生了一个危险的小插曲。大抵在那种战乱年月携带珍宝逃亡的显贵人物颇多，而船家又属《水浒》中船火儿张横一类角色，待到船至江心，就会从舱底抽出家伙来大喝一声：客官是想吃板刀面还是要吃馄饨？此刻情势正是这么发展着。船家见陈平仪表壮美、身背宝剑而又独身一人，想必是逃亡将军无疑，两眼不时盯向他腰间。眼看杀机一触即发，陈平不慌不忙做了个极具智慧的动作："乃解衣裸身佐刺船"——你不是怀疑我腰缠金银珍宝吗？好吧，我索性脱个精光来帮你划船！"船人知其无有，乃止。"一场即将爆发的搏杀，就这样化作了友好的谈笑。

陈平有个旧友叫魏无知，此时任汉王谋士。他是通过魏无知的推荐，在修武这个地方见到汉王的。刘邦让他的侍从官供给饮食后说：那就到馆舍去歇息吧！

陈平赶紧说：臣有要事禀报，这件事是等不到明天的！

陈平究竟向刘邦禀报了什么，《史记》和《汉书》均无详记，只是说刘邦听完后很高兴。

我们不妨来猜度一下。刘邦此时最关切的自然是如何进一步攻楚，具体目标当是攻占西楚国都彭城。事实上，汉王接下去南渡平阴津、至洛阳、为义帝发丧、遣使告诸侯等一系列动作，就都是围绕着这一战略目标进行的。据此大致可以断定，来自楚营和彭城的陈平向刘邦禀报的主要内容正是有关楚军和彭城的情况，包括彭城的兵力部署、可以选择的进攻路线等等。其中特别紧要的一条是：项王及其主要兵力目前实际上已离开彭城被三齐拖住，因此若要攻打彭城，这是个不应错过的最佳时机。

听完禀报刘邦高兴地问陈平：先生在楚国担任什么官？陈平回答是都尉。于是汉王立即拜任陈平为都尉，典护军，并使骖乘。护军即监军，骖乘也作"参乘"，也即陪乘。古代乘车是站立的，尊者居左，御者居中，一人陪乘，居右，称骖乘。王者让臣属陪乘，既是职务，也是一种荣誉。

汉王对陈平的任命决定一传出，诸将哗然。他们怎么也想不通：一个刚从敌营逃亡过来的人，在不明底细的情况下，怎么可以一下子就如此重用和宠信，甚至还让他监督汉军将士，与汉王一起乘车？一时议论蜂起，种种恶言毁语都指向陈平。

这里得说一下此时刘邦臣属的构成。

当初陈胜、吴广揭竿而起，刘邦在他的故乡沛县与众人一起发难响应，后奉楚怀王之命西进入关，攻破咸阳，推翻秦帝国的统治，由此形成他的臣属有内外两个圈子，状若"回"字：内圈为沛县集团，外圈是随同入关诸将。作为核心的沛县集团，包括萧何、曹参、樊哙、夏侯婴、卢绾、王陵、周勃、周昌、任敖等等，他们有的是刘邦乡里和患难兄弟，有的还带有姻亲，又都是一起从最低层搏杀上来的，地位十分特殊。在汉帝国建立后的一个相当长时期内，这个沛县集团依然对朝政有着举足轻重的影响。

这回反对重用陈平的带头人有两个：一是已封为威武侯的将军周勃，二是中谒者灌婴；他们恰好分别属于内外两个圈子。通过各种渠道，两人很快了解到了陈平的一些不端行为，直接告到了汉王面前。除了说他先事魏、后事楚、再投汉，居心叵测外，还有两条：一是"盗嫂"[1]，曾与嫂私通；一是"受金"，也即接受诸将士贿赂，受金多的予以好的岗位，受金少的就给他差的岗位。他们对刘邦说：别看这家伙外表长得像个美男子，实际却是个反复无常的乱臣贼子，大王切切不可信用！

刘邦却有刘邦的想法。

他之所以如此超越常规重用陈平，除了看重他的才干，和提供了我猜想的有关彭城的那些重要情报以外，很可能恰恰就是有意要破一破那个旧的"回"字形用人思路，意欲建立一个新的"回"字形臣僚结构，即大体以沛县集团和随同入关诸将为内圈，再不断向外扩大，形成一个新的外圈。这是刘邦在残酷又复杂的实际斗争中学到的。现在他

【1】陈平盗嫂事，史著无明确记载，也无陈平对此作出辩解的记录。注家也只是作了字面解释："盗犹私也"，没有更多说明。《史记·陈丞相世家》有关陈平与其兄、嫂关系的一段文字是：陈平"少时家贫，好读书，独与兄伯居。伯常耕田，纵平使游学。平为人长大美色。人或谓陈平曰：'贫何食而肥若是？'其嫂嫉平不视家生产，曰：'亦食糠覈耳，有叔如此，不如无有。'伯闻之。逐其妇而弃之。"

已开始渐渐懂得，要想获得天下，就得具有包容天下的胸襟和眼光，再也不能只是在沛县这个弹丸之地里打转转。

接受萧何建议拜韩信为大将军，是对局限在两个圈子里选用人材发起的第一次大冲击，这回是第二次。

但此举居然遭到周勃等人如此激烈反对，倒也不能不引起他的猜疑了。他先后将推荐人魏无知和陈平本人找来，分别就众人提出的问题当面一一提出责问。

据《史记·陈丞相世家》记载，刘邦责问魏无知的是一个"行"字：你向我推荐时说陈平是个贤人，贤人的品行难道竟是如此不堪吗？魏无知回答说：

臣所言者，能也；陛下所问者，行也。今有尾生、孝己之行[1]而无益处于胜负之数，陛下何暇用之乎？楚汉相距（通"拒"），臣进奇谋之士，顾其计诚足以利国家不耳，且盗嫂受金又何足疑乎？

刘邦责问陈平是一个"信"字：你先事魏，后事项王，如今又来投我，一个有诚信的人岂能如此多心呢？陈平回答说：

臣事魏王，魏王不能用臣说，故去事项王。项王不能信人，其所任爱，非诸项即妻之昆弟，虽有奇士不能用，平乃去楚。闻汉王之能用人，故归大王。臣裸身来，不受金无以为资。诚臣计画有可采者，愿大王用之；使无可用者，金具在，请封输官，得请骸骨。

刘邦听了两人的回答，不仅不再作任何追究，还大加赏赐，索性拜陈平为护军中尉，"尽护诸将"。这就是说，包括周勃等在内诸将都要接受陈平的监护。

刘邦对这件事的处理，着实耐人寻味。

两次对话都涉及到了人的品行和智能应以何者为价值取向这样一个伦理问题，也即古代诸子百家众说纷纭的关于义与利孰轻孰重、孰先孰后的问题。《论语》记孔子对此的态度是："见利思义"，"义然后取"（分别见《宪问》章和《季氏》章）。到列强纷争的战国时代，苏代却对昭王说：一个人即使兼有"孝如曾参、孝己，信如尾生，廉如鲍焦、史鰌"[2]三种品德，也毫无用处。因为"仁义者，自完（自我完善）之道也，非进取之术也"（《战国策·燕策一》）。在弱肉强食的社会里，只知"自完"而不掌握一定的"进取之术"，非但难有作为，就连生存也极为困难。陈平"盗嫂"的事，史著无明确记载，姑且不说；他的"受金"，也即受贿，无论如何是件不光彩的事，"臣裸身来，不受金无以为资"，似乎

【1】尾生、孝己：古代两个被视为品德极高的人。尾生，春秋鲁人，坚守诚信。《庄子·盗跖》：尾生与女子约会于某桥下，女子不来，潮水骤至，尾生宁抱桥柱而死，不负约。孝己，商代高宗武丁之子，以孝闻名。其母早死，高宗感后妻之言将其流放而死，世人哀之。

【2】曾参：孔子弟子，事亲至孝。鲍焦：周代隐士；史鰌：春秋卫人。皆以廉著闻。

也很难成为可以受贿的理由。但在残酷的战争环境下，特别是在战争主导者的心目中，人的道义操守变得一文不值，而有助于获得胜利的人的智能、机巧被提升到了突出的地位。尔虞我诈的利，压倒了规行矩步的义！

对刘邦如此出格的处理，周勃等人作何反应呢？《史记·陈丞相世家》说"诸将不敢复言"，谁也不敢再说三道四。但聪明绝顶的陈平肯定知道事情并没有那样简单。可以这样说，这场风波影响了陈平一生行事，他处处用心机而时时小心谨慎；因为他心里很清楚，对显赫的沛县集团来说，他是一个"异己"的存在。至于他与周勃起于这场风波的冤结，多少年后还将一再冒出来——那是后话。

此时已是汉王二年（公元前205年）三月，刘邦迅速传集人马，准备东征。其时汉王所统领的军队，除来自南郑的汉军，还有归附的常山王张耳之兵，投降的河南王申阳之兵，还有被虏的殷王司马卬之兵等，声势之宏大已非初还三秦时可比。大军渡平阴津后，继续南行向洛阳进发。这时从东南方向又过来了一支队伍，领头的将领是略定韩地十余城归来的韩信。

请读者注意，此韩信非出身贫贱少时曾受过胯下之辱、此时已拜为汉军大将的那个韩信，而是战国时韩国王室后裔韩信。两个韩信常常容易混淆，顺便在此略作说明。

反秦战争初期，项梁在立楚怀王后，又接受张良推荐，在韩诸公子中选择被认为是最贤的韩成，立为韩王，并任张良为司徒，以辅佐韩王。后项梁败死定陶，韩王成逃亡至彭城投楚。刘邦命张良以韩司徒的身份收降韩地，此时便发现了这位原韩襄王庶孙韩信，任以为将，后韩信带兵跟随刘邦西进入关。项羽分封诸王，仍以韩成为韩王，但不久以其无军功为由贬为侯，旋即杀之。汉王还定三秦，韩信颇有建树，汉王许诺韩信将来可以当韩王，先拜他为韩太尉，命他带兵去攻略韩地。项羽获得这一信息后，立即封他的部将、秦时做过吴县县令的郑昌为韩王，使之抵挡汉军。但这个郑昌却是屡战屡败，从其国都阳翟向北撤退至阳城。韩信很快略定十余城，待汉王南渡平阴津，以迅雷不及掩耳之势急击阳城，郑昌降。韩信带着胜利之师来向汉王报捷，刘邦大喜，实践了他在几个月前的许诺：立韩信为韩王。此后为了区别这两个韩信，史书称此韩信为"韩王信"。

现在，汉王刘邦所率领的这个庞大的队伍，又多了一支韩王信的军队。大军行到新城，忽有人来报：前面有一白发老者"遮说汉王"！遮说，就是拦住马头或车驾进说。在古代，大多因为所言极为重要或紧要，才不得不采取这样一种带有很大危险性的极端方式。

这位白发老者是谁？他要说些什么呢？

"袒而大哭"：刘邦演了一出政治戏

老人要说的事，牵涉到一桩谋杀案。

被杀的就是那个放羊娃出身的楚怀王。一年前项羽尊以为义帝，接着又借了个"古之帝者……必居上游"（《史记》本纪）的由头，将他迁徙到了郴县（今湖南郴州市）。

汉王二年（公元前205年）十月[1]，某个月黑风高之夜，义帝突然遇刺身亡。

密令刺杀的是项羽，而受命执行刺杀的则是九江王黥布。

如果上文已提到过的项羽尊怀王为义帝是为了给自己将来做楚帝事先挂个号的猜想能够成立的话，那么这回杀义帝，他又向自己预设的愿望跨进了一步。

不过这位白发老人却不是来报案的，他要说的是这桩谋杀案的可以开发利用的巨大的政治价值。

老人姓董，高龄八十有二，被推举为县三老，尊称董公。

董公说：老仆乃一山野鄙夫，不敢与议王者之事。然夫子云：三人行必有我师焉。愚者千虑，或有一得。敢问大王兴师，讨伐何人？

汉王说：项王无道，所以往讨。

董公说：古人有言，师出无名，其事不成。不知大王讨伐项王以何为名？

汉王一时语塞。

董公说：项王固无道，但逆天害理最甚者，莫如弑主一事。古人有言：明其为贼，敌乃可服。项羽弑义帝于江中，实天下之公贼也！老仆为大王计，果欲东讨项羽，何不先为义帝发丧，全军缟素，传檄宣告，使人人知义帝凶耗，罪由项羽。然后师出有名，天下瞻仰，百姓望之若父母，诸侯归之若流水，则何愁大事不成！

汉王起身致谢，说：善哉，斯言！若非夫子赐教，寡人何得闻此高论！

这位董老先生大概可以称得上当时的高人了，他很懂得"名正"才能"言顺"这个被古代政治家奉为经典的道理。譬如古人尊为圣君明王的商汤和周武，在他们先后向夏桀、商纣发起征讨时，都曾大会诸侯，发布文告，列数其征讨对象种种"违天逆理"的罪状，说明自己是"致天之罚"，即代替天帝施行惩罚。这样才是师出有名，而名正言顺，言顺则事成。这些文告，现在我们还可在《尚书》中读到，那就是《汤誓》和《泰誓》。此法后来被历代政治家所仿效，至于对方是否真的那样"违天逆理"，自己是否认真的是"致天之罚"，那是另一回事。对于政治问题，切莫只听一方之言，特别不能全信胜利一方之言。

经董公这么一点拨，汉王顿悟，以为找到了一个讨伐项羽的好题目。当即命人筹备，全照老人说的办："于是汉王为义帝发丧，袒而大哭，哀临三日。"（《汉书》本纪）其中，"袒而大哭"难免有演戏的成分，却也是礼制所规定的。注家解释"袒"为"袒踊"，就是脱去上衣左袖，顿足，是丧礼中最为哀恸的一种表示。《礼记·檀弓下》："辟踊，哀之至也。"孔颖达疏："抚心曰辟，跳跃为踊。孝子丧亲，哀慕至懑，男踊女辟。"又是披麻戴孝，又是捶胸顿足，号啕大哭，也实在难为了汉王刘邦。对义帝之死，他不见得真有如此悲伤，

---

[1] 项羽密令杀义帝的时间和受命执行刺杀者的姓名，诸书记载不一。刺杀时间，《史记》之《项羽本纪》记为汉王元年（公元前206年）四月，《黥布列传》为汉王元年八月，《高祖本纪》则为汉王二年（公元前205年）；《汉书》之《项籍传》也为汉王二年，而《高祖本纪》则记为汉王"二年冬十月"。受命执行刺杀的，《史记》之高祖、项羽本纪皆作"衡山王（吴芮）、临江王（共敖）"，而《黥布列传》则为"九江王布等"；《汉书·项籍传》单记九江王黥布一人，《资治通鉴·汉纪一》则称："项王密使九江、衡山、临江王击义帝，杀之江中。"对此种矛盾现象，《汉书补注》解释说："三王同受羽令，而布遂杀之。"

但为着成就帝业，却又不得不装着这样做。

丧礼既毕，立即发兵。与此同时遣发使者遍告诸侯王。据《汉书》本纪载录，其告诸侯王文大意如下：

天下共立义帝，北面事之。今项羽放杀义帝江南，大逆无道。寡人亲为发丧，兵皆缟素。悉发关中兵，收三河士，南浮江汉以下，愿从诸侯击楚之杀义帝者。

最后一句颇耐人寻味。一是汉王此时还不敢以诸侯王的首领自居，而是作为其中的一个成员"愿从诸侯王击楚"；二是没有提出要攻灭楚国，而只是要"击楚之杀义帝者"。

当然，这些都只是策略。一切决定于实力对比。

最先响应的是西魏王豹。

魏豹和他的哥哥魏咎，都是战国时魏国公子，秦灭魏，兄弟二人沦为平民。陈胜反秦称王，命魏人周市（fú）攻略魏地。魏地既下，众推周市为王，周市执意不受，以为只有让原魏国王室后裔为王，才合乎忠义之理。当时还在陈地的魏咎就这样被拥立为魏王。后来秦将章邯攻破了周市等军，继而乘胜急围魏都临济。眼看破城在即，魏王咎为了保全城中百姓，作出了一个极悲壮的选择：开城与秦立约而降，随即自焚而死。魏豹逃亡到楚，怀王给了他数千兵马，他再回到魏地，接连攻下二十余城，怀王让他当了魏王。到此为止，魏豹对楚该是怀有感激之情。但项羽分封时，因他自己想要一部分魏地，就改封魏豹为西魏王，将他徙至河东。这自然要引起魏豹的强烈不满，只是无由发作罢了。这回刘邦以"击楚之杀义帝者"为号召向项羽发起讨伐，魏豹的急起响应也该是情理之中事。"魏王豹以国属焉，遂从击楚于彭城。"（《史记》本传）这就是说，魏豹不仅应召从汉击楚，还愿意将他的魏国也归属于刘邦。

接着响应的是彭越。

项羽分封时，什么也没有捞到的彭越，自从得齐王田荣所赐将军印、击败楚将萧角后，势力迅速扩展，很快有了三万多兵力，占据了魏地十几个城邑。惯于观望"两龙相斗"的彭越，这时又开始了新一轮观望。以前两龙是秦与诸反秦豪杰，现今的两龙是汉与楚、刘与项。刘邦为义帝发丧，紧接着又率领诸侯王反楚大军东讨，其声势之宏大，足以使彭越的观望天平发生倾斜。于是"将其兵三万余人归汉于外黄"（《史记》本传）。外黄，其址在今河南民县西北，邻近山东边界。这也就是说，彭越一直观望到从洛阳出发的反楚大军已行程过半时，才追而归之。他赶的是一趟末班车。对此，刘邦自然看得很清楚，却是心照不宣。在欢迎彭越的仪式上，他说了这样一番话：

彭将军收魏地得十余城，欲急立魏后。今西魏王豹亦魏王咎从弟也，真魏后。（《史记·魏豹彭越列传》）

这话说得冠冕堂皇，无可挑剔；但如果你细细想想，却又觉得内藏机巧。其实，彭越好容易攻占了十余城，并不见得真想找个魏国后裔来做他的王。刘邦之所以这样说，无非是要彭越老老实实做西魏王豹的臣属，而魏豹此时已将西魏国归附于汉。于是刘邦"乃拜彭越为魏相国，擅将其兵，略定梁地"（同上）。彭越当然也不是一盏省油的灯，但他是个实际主义者，采取的对策是一面接受刘邦的安排，一面暗中打自己的算盘。

下面，特别要说一说汉王使者把文告送到赵国，在赵国引起的奇特反应。

上文提到陈余打败了张耳，张耳归附了汉王。那以后陈余一鼓作气收复了赵国全境，又把那个原已立为赵王而被项羽改封为代王的赵歇，从代地迎了回来，仍立为赵王。赵王歇为了对陈余表示感谢，立陈余为代王。陈余考虑到赵国初定，张耳又已投汉，难保他不会回来复国，所以决定留下来辅佐赵王，另派他的部将夏说以相国的身份去镇守代地。

陈余读了汉王的文告，对使者的答复是这样一句话："汉杀张耳乃从。"（《史记》本传）

这就是说，陈余参加反楚同盟有一个先决条件：他必须先看到张耳的人头！

这是一个多么使人震惊、让人寒心的先决条件！要知道他们是曾经一起经历过多少个艰难困苦的日日夜夜、发誓要同生共死的一对好友啊！司马迁深为感慨地说：

张耳、陈余始居约时（犹贫贱时），相然信以死，岂顾问哉？（大意：相互然诺重信，虽死不顾）及据国争权，卒相灭亡，何乡（通"向"）者相慕用之诚，后相倍（通"背"）之戾也！岂非以势利交哉？（《史记》本传）

是这场以争夺权位以利禄为目标的战争，把这对生死好友推到了相互不共戴天的地步！

但张耳此时已是汉营的一员主将，汉王自然不会杀他。刘邦使了个绝招：找了个面貌与张耳相像的人，一刀砍下他的头颅，派人快马加鞭急送往赵国。

我们无法想象，当陈余打开木盒，看到那颗被他认为是真张耳的头颅时，会是一种怎样的心情！除了获得报复的快感，也有过一丝隐痛吗？因为如果不是得了健忘症，在他内心深处总还保留着某些美好的记忆。还记得吗？因为你比张耳年少，曾经像事奉父亲那样事奉过张耳，而张耳也像爱护小弟弟那样爱护过你。在你们改姓易名、四处逃亡那些艰难的日子里，正是因为有着如此珍贵的友谊，才一起渡过了一次又一次的险关……

但历史对此保持沉默，我们的想象也无以为据。

陈耳看到这颗人头后，史著只记下了这样一句话："陈余乃遣兵助汉。"

现在，汉王所率领的这支伐楚大军，又增加了一支举着"赵"字军旗的陈余的部队。据《资治通鉴》载录，此时其总数已有五十六万之多！

这支东讨大军，沿途与曲遇、煮枣、砀、萧和定陶以及邹、鲁、瑕丘、薛等地的楚军有过一些小的战斗，可谓所向披靡，战无不胜。汉王二年（公元前205年）夏四月，即项羽分封一年以后，楚汉对峙的局面第一次出现了大逆转：汉王率领诸侯王之兵，攻下了西楚霸王的国都彭城！

从彭城到荥阳：胜利和失败都是考验

汉王刘邦乐极生悲

倘要研究项羽与刘邦的区别，两人对待义帝的不同态度，倒是一个很典型的案例。

在中国古代的历史环境下，从权力角逐的意义上说，义帝作为一个"天下共主"的象征或符号，实在有着极重要的利用价值。刘邦若是处于项羽的地位，很可能就会先于曹操的挟献帝以令诸侯而挟义帝以令诸侯，如果真是那样，就根本不会再发生楚汉相争那一段历史了。但这位叱咤风云的西楚霸王似乎是个"政治盲"，非但一点看不到义帝的可利用价值，甚至还视之为累赘，先是把他迁徙到郴县，继而又派人把他杀掉。这个总是由着性子来的江东鲁莽汉子，万万没有想到，因他这一杀，却惹出了"天下共讨之"的大麻烦！

明明手中有着一个活义帝，却一点不懂得利用，这就是项羽；

即使只抓到个死义帝，也能做出一篇大义凛然的大文章来，这就是刘邦！

现在让我们把话头接到上一小节之末：项羽一听彭城陷落的消息，顿时雷霆大怒，急命几员骁将留下来击齐，自己亲率精兵三万，取道曲阜，南出胡陵、萧县，绕道彭城西南，天河倾泻般向汉军扑来……

对于这位西楚霸王的暴怒，曾经作为郎中在他身边侍卫过的韩信曾有这样的描述："项王喑哑叱咤，千人皆废。"（《史记》本传）就是说他一声怒吼，身旁成百成千的人都会被吓得倒地。此刻还在盛怒中的项王，带领着同样被激怒了的三万精兵，气势汹汹向彭城奔突而来，那该是怎样强大的一种威势啊！

这时刘邦在做什么呢？按他发的文告是应当去"击楚之杀义帝者"，但他没有那样做，而是："收[项]羽美人货赂，置酒高会。"（《汉书》本纪）

刘邦本好酒色，初入咸阳时，就因贪恋秦宫中的美女珍宝而欲留居下来，只是由于樊哙、张良的轮番强谏才还军霸上，做出一副恭候项大将军到来的姿态。这回入驻彭城，张良、樊哙仍在，他们是否劝谏过，史著没有载录；估计他们即使说了，刘邦也不会再听。原因是，在这时的刘邦看来，今非昔比。他如今已是诸侯王盟主，手中握有五十六万兵力，而且一举已攻占了那个号称西楚霸王的国都，难道还不该耀耀武，扬扬威，好好享受一番吗？

但刘邦在彭城的"置酒高会"也就那么短短几天。这回他不是听了谁的劝谏主动离开楚宫的,而是被以排山倒海之势汹涌南下的楚军逐出彭城的!

若是单论打仗,项羽如霹雳,似飓风,确是天下无敌。他所率领的三万精兵也是一个个能以一当十、以十当百。第一场鏖战在彭城西侧萧(今安徽萧县西北)这个地方拉开。战斗从清晨打到日中。这是楚汉两军直接交锋的第一个、也是最激烈最残酷的一个战役。有两个悬殊:一是数量悬殊,汉多楚寡,接近二十比一;一是强弱悬殊,楚强而汉弱,其势犹若饿虎扑羊。短短三两个时辰,汉军死亡已超过十万,只好向南溃逃。楚军紧追,迫使汉军走灵璧东睢水上。在这里汉军或被淹或被击杀,又死了十余万!史著只记下一句:"睢水为之不流。"滔滔的睢水竟被堆积的尸体堵塞得无法流通了,想想吧,这该是一个多么惨烈的场面!

汉王刘邦乐极生悲,他现在已被楚军里里外外围了三层,成了瓮中之鳖。

但后来汉王居然奇迹般地逃出了重围,据《汉书》本纪记载是因为:

大风从西北起,折木发屋,扬砂石,昼晦,楚军大乱,而汉王得与数十骑遁去。

这阵折木倒屋、飞砂走石而至于天昏地黑的狂风,确实来得有点神奇,难怪有些演义小说要把它说成是上天对刘邦这个"真命天子"的救助。不过我们还是宁愿把它看成是一种自然现象。此时正值炎夏,有可能因空气的强烈对流而产生的称之为龙卷风的旋风。这种狂暴的旋风常成漏斗状,在空中的直径有数公里,往下愈卷愈小,因而抵达地面时有极强的破坏力,以至毁坏城楼房屋、将大树连根拔起的事也非罕见。如就在汉代,"昭帝时,燕王都蓟,大风拔宫树十六,吹坏城楼";平帝时"大风吹长安城门,屋瓦尽"(均见《太平御览》卷八十六)。

对汉王刘邦的彭城惨败,东汉荀悦在《两汉纪》中有这样一番评论:

汉王深入敌国,饮酒高会,士卒逸豫,战心不固;楚以强大之威而丧其国都,项羽自外而入,士卒皆有愤激之气,救败赴亡之急,以决一旦之命,此汉之所以败也。

彭城惨败的一个连锁反应是,诸侯王及其部众纷纷逃离甚至倒戈。如原为秦降将的塞王司马欣、翟王董翳再次降楚,王武、魏公、申徒等也反叛。还有魏王豹,借口要"归视亲疾",一回到他的国都平阳,就封锁河津以拒汉兵,并宣布从楚。颇具滑稽意味的是陈余,一次偶尔看到他的死对头张耳仍在汉营,这才发觉自己被假张耳的头颅糊弄了,恼羞成怒的他,立刻率兵回赵,从此与汉决裂。

五十六万伐楚大军,旦夕之间竟就这样化为乌有!

因莫名来由的"大风"之助而侥幸得以突出重围的刘邦,这时仅有数十骑相从,仓皇奔走在彭城西北的山区小道上。匆匆跑出数里,天色渐晚,斜晖脉脉,溪流淙淙,这才稍稍喘了口气。不料就在这时,山后马蹄声大作,疾驰而来的是一支剽悍的楚军!刘邦身边的这几十个将士原来就不是楚军对手,何况此时疲惫已极。连连扬鞭狠命抽打,座下的马却反而愈跑愈慢。一声惨叫,先头的那匹马已撞倒在山崖边再也起不来。此时的刘邦已冠落发散,大汗淋漓。人在这种情况下都只会想到活命,即使后来成为帝王的刘邦也不可能例外。求生的本能驱使他的眼光透过披散在额前的乱发,在已追赶到面前的楚军那员大将脸上急速地搜索着,带着某种乞求和希冀。还真让他搜索到了,他觉得有点面熟。哦,记起来了,他是项羽部将丁固!

于是便出现了下面这样带有戏剧性的一幕——

刘邦在马上向丁固一揖说道:我道是谁,原来是丁公。幸会、幸会!

丁固喘着粗气回了一礼,也说道:幸会、幸会。随即扬起了手中长长的铁戈。

刘邦后退一步说道:丁公何苦相逼太甚!

丁固说:汉王总该知道,这是战场。但手中的铁戈还是缓缓放了下来。

刘邦说道:将军与邦皆当世之贤俊,总不至于两贤相互残杀吧?还望将军行个方便才好!

丁固略一迟疑,拱手说了声"汉王珍重",便拨转马头,引兵而去。

丁固就这么走了。留给别人一条生路,自己放弃了一次立大功的机会,他走得很潇洒。

这时候的丁固怎么也不会想到,五年后,他将为此举付出生命的代价,而剥夺他生命的正是他放过的刘邦!

因为那时刘邦已当上了皇帝,他杀丁固依据的是一种帝王逻辑。

读者诸君将在本书三章一节中读到这个奇特得令人怵目惊心的帝王逻辑。

现在我们再来说说逃亡路上的刘邦。

躲过丁固一劫后,刘邦找了个山村草草落宿。翌晨再上路时,发觉山岭、村落越来越眼熟,这才知道已进入自己的故乡沛县地带,亲情乡情油然而生。一个多月前,刘邦曾借王陵南阳之兵去沛县接引老父和妻儿,不料项王获悉后,立即发兵拒阻于阳夏,因而至今一家人都还生死未明。这回倒是因溃败而得到了这个意外的机会,何不索性顺道回故居看看!

史载,刘邦是"沛丰邑中阳里"人。里,是古代地方基层一个行政单位。如《周礼·地官》说:"五家为邻,五邻为里。"即二十五户为一里。当然这只是个约数,实际上不可能如此整齐划一。沛县在今江苏省西北部的微山湖畔,刘邦就出生在这个县的一个叫"中阳"的乡里。史著又说他为人宽仁大度,年轻时不愿与家人一起从事"生产作业",这说明他家是务农的。"及壮,试吏,为泗上亭长"。亭,也是古代地方基层的行政单位,秦汉之际大率是以十里为一亭。根据以上记载,可以把刘邦造反前的简历综合成这样一句现代语:他是苏北农村的一名基层干部。

这很普通,也让人感到亲切。

但在刘邦当上皇帝以后,却在一些史家笔下[1]出现了这样的文字——

---

[1] 此下所引文字,见于《史记》、《汉书》、《两汉纪》、《帝王世纪》、《太平御览》等,恕不一一标出。

刘邦不再像天下所有人那样由父母所生，而是他母亲与一条龙交配成孕："父曰太公，母曰刘媪。其先刘媪尝息大泽之陂（岸畔），梦与神遇（交媾）。是时雷电晦冥，太公往视，则见蛟龙于其上。已而有身（怀孕），遂产高祖。"这还不够，连刘邦的父亲太公也非凡胎：丰公"其妻梦赤鸟若龙，戏已而生执嘉，是为太公，即太上皇也"。

刘邦原是连正式名字也没有一个的平头百姓，可如今却忽然与三皇五帝续上家谱了！你看："在昔陶唐氏之后，有刘累者……"然后是商、周、春秋、战国这么一路下来，刘氏谱系源远流长，最后是刘邦："而高祖兴焉"！

刘邦年轻时就喜好杯中之物，却又常常身无分文，只得厚着脸皮到武负、王媪两家小酒馆去吃赊账。奇迹发生了："醉卧，武负、王媪见其上常有龙，怪之！"于是到年底时，这两家酒馆便"折券弃责"，就是把记着赊账的竹简全都折断，欠债一笔勾销。想想也对：怎么能向一个未来的"真命天子"去讨酒钱呢？

丰邑那地方大概多竹，刘邦在当亭长那会儿，随意用竹皮做了顶帽子来戴。等他做了皇帝，这个竹皮帽子立刻成了无比显贵的"刘氏冠"，还特地为此发出诏令："爵非公乘（二十爵制的第八爵为"公乘"）以上不得冠刘氏冠！"

……

此类记载还有很多，我不想再抄。在生命密码即将被破解的今天，谁也不会再去相信上述种种无稽之谈。人生来是平等的，任何杰出人物都绝不可能例外。如果现今再有人来为当世的权力握有者编造现代神话，那肯定是无耻的欺骗！但对古人似乎还得作些分析，不能全都用一个"骗"字了断。在不少情况下，古人在如此这般描述某位帝王时，态度是真诚的，他们自己也相信事情就是这样，并非存心要诓谁。古人的此种心态，除了囿于认知条件的局限，还源于他们对浩瀚上天的敬畏，对人间国家权力的崇拜，以及对圣君明主的企盼和太平盛世的向往等等。

让我们还是回到出身农村基层干部的刘邦。不管后来史家如何神化，此时正在走向老家的汉王，确凿无疑地是一个吃了败仗的普通人。他的披散的头发用布条胡乱绾着，跟随他的几十个将士也盔甲残破，七零八落。这副狼狈的模样让他感到惭愧。要知道，他肯定也像项羽那样非常希望衣锦荣归，在故乡父老面前摆个阔啊！当然，能够回家总还是一种安慰。那抬眼已能望到的散发着泥土气息的老屋，飞舞着蜂蝶的菜园，已足让他心醉！算来，他在这里至少生活了三四十年，从呱呱落地到长大娶妻、生儿育女。因他年轻时懒于田间耕作，父亲刘太公就像通常农家老人那样唠里唠叨地数落他"无赖"[1]，总担心他将来没有出息，要他好好向勤劳本分的二哥刘喜学学。乡里老辈人对这个刘家三小子似乎也不怎么看得惯。有这么三件事：一是他大哥刘伯早已过世，他却还带着一帮不三不四的朋友到守着寡的大嫂家去吃白食，日长时久，大嫂哪里供得起，看到小叔子和他那帮朋友又来了，就有意用勺子把锅子刮得铿铿响，以示羹汤已尽，不要再来。二是他长到二十来岁

---

[1] 无赖：《史记》、《汉书》均记有此语，意为无用、没有出息，当是古时老人斥责孩子常用语。近有学者据以称刘邦为"流氓"，恐与原文含义不符。

就有了沾花惹草那些事，还把一个姓曹的姑娘肚子也搞大了，生了个儿子取名刘肥。三是他岳父吕太公刚从外地搬到沛县来那会儿，县里好些豪强上门去祝贺，刘邦作为亭长也在其中。主事的宣布说：贺钱不满一千的，坐堂下！刘邦此时其实身无分文，却大声呼叫道：我敬送贺钱一万！这不是明明诓人吗？可吕太公这个人也真怪，他非但不生气，还以刘邦长得状貌壮伟，就断定他将来必定显贵，当即引入上座，后来还不顾老夫人的反对，硬是把大女儿吕雉嫁给了刘邦。据《史记·外戚世家》吕雉还有个字，叫娥姁，这说明她也算得上是个名门闺秀，嫁给属于平民、连个正儿八经的名字也没有的刘邦，按旧时的说法叫"下嫁"。刘邦应该深感歉疚的是，他们接连生了一女一子，他却因为亭长这个公差长年难得回家，吕雉除了奉养刘太公，还得怀里抱一个、手上牵一个，到田里去劳作[1]。刘邦后来因反秦而被迫亡匿于芒、砀山间，吕雉还不顾艰险长途跋涉数百里去探望他。有一次他自己逃脱了官府的追捕，妻子却被恶煞似的衙役捉去顶罪，吃尽了苦头。

根据记载，刘邦家并不富裕，估计也就那么三两间低矮的农舍，容不下那班人高马大的将士，因而很可能只是刘邦一个人先跨进菜园去打开那道柴门的。他不由大惊，因为门窗大开着，屋里的几案杂陈也都东倒西歪的。他叫了几声，无人应答。又里外找了两遍，竟空无一人！

左邻右舍来了几个人，小声说出一个消息：几天前楚军已来搜捕过，刘家大人、小孩倒是逃脱了，只是现在不知躲避在何处。善良的乡人，自然少不得要说些同情、宽慰的话。

正这么叙说着，村前边传来了鸡飞狗叫的嘈杂声，紧接着有人呼叫：楚军来了！

刘邦迅即跳上马，来不及向邻人告别，便由那几个将士卫护着匆匆从村后山路逃出。走过十余里，才稍得平静，却又忽见后面尘土飞扬，转眼间就有十余骑和一辆装饰着翠盖的辎车从后山谷奔出，飞速追来。刘邦不免叫了声苦。几个将士勒转马头，待要奋力抵抗，不料仿佛从天外传来了一个令人又惊又喜的声音——

大王，请等一等，臣是夏侯婴呀！……

原来飞速追赶过来的不是楚军，而是汉王的部将、时任太仆的夏侯婴，也就是曾作为监斩官要杀韩信、后又放了韩信的那个人！

生死道上的人性考验

夏侯婴与刘邦是同乡，当过沛县县衙马房司御，每回驾车送客回来路过泗水亭，总要与当时在那里当亭长的刘邦叙谈，一谈就是大半日。后来做了县吏，与刘邦更成知交。一次两人嬉戏，刘邦误伤了夏侯婴，有人告发亭长打伤了人将要受到加重处罚。刘邦就谎称他没有打伤人，夏侯婴也为他做伪证说自己没有受伤。此案后来又进行了复审，夏侯婴为

【1】《史记·高祖本纪》有"吕后与两子居田中耨"一语。耨，田中除草。据《汉书·惠帝纪》刘邦被封为汉王时，其子刘盈才五岁。依此推算《史记》所记吕雉"田中"那个时间段，刘盈不可能大于周岁，刘元也仅有三、五岁。所以吕雉是因家中无人照顾才不得不将一对儿女带领到田头的，并非"两子"已能帮她一起劳作。

此被监禁一年多，挨了几百板子，他始终咬定自己没有受伤，从而为刘邦开脱了罪责。刘邦起兵反秦，被众人推为沛县县令，也即沛公，夏侯婴任太仆。其后跟随刘邦入关、入蜀、定三秦，屡有战功，封为昭平侯。作为太仆，他的主职是掌管舆马。但这回彭城惨败，汉王弃车就马，仓皇脱逃。夏侯婴为自己的失职深感愧疚，拼死突出重围后，率领数骑，又带上汉王的那辆车驾，一路追寻而来，却在途中意外地得了个珍贵的收获。

——大王、大王，你看臣替你把谁带来啦？

十几匹快马似箭飞来，躬身在马背上的夏侯婴在大声呼叫。是他在沿途逃难的人群中很偶然地发现了刘邦的一对儿女。此时两个孩子就同在他马上：大概还不到十岁的姐姐刘元骑在马鞍前，刚满五岁的弟弟刘盈则由他抱在肘弯里。

这一大喜加上两支人马的会合，在这冷落的山谷里激起了阵阵欢呼。

姐姐刘元见到了多年不见的父亲自然欢喜不尽，弟弟刘盈却吓成了木鸡。他不明白面前这个穿着一身古怪衣服的陌生人，凭什么就是他父亲！——刘邦离家时，儿子大约还不满周岁呢！

孩子毕竟是孩子。经旁人一说，加上有姐姐在一旁作证，刘盈很快由疑惑、羞涩到惊喜，投入到父亲的怀抱。

直到此刻为止，这还是两个极其平常的农村孩子，与难民群中那些吊在母亲裙裾边流着鼻涕哭叫的孩子完全一样，绝无任何特异之处。但几年以后，他们一个先做了太子、后做了皇帝，一个当上了公主，不久又被尊为一个封国的太后。后来他们终于发现，这其实并非幸事，例如让他们最为难堪的，明明是一对姐弟，后来弟弟却做了姐姐的女婿！如此奇特的婚姻关系，大概也只有在一切全受权力支配的帝王之家才会发生！

再次上路时，刘邦让一对儿女同乘到车上，由夏侯婴在一旁护卫。古代的车是立乘的，仅有三个立座：左为主乘，右为陪乘，中间是驾驶者。车厢三面有围栏，前设一称之为"轼"的横木，用以扶靠。车厢容积原本有限，现在加了两个孩子，共有五人，就显得有些局促。不过刘邦还是很高兴，能够看到一对儿女，听听他们的欢声笑语，至少能享受到一点在常人极为普通、在他却为稀罕的天伦之乐。

真正的危险是在这个时候突然出现的：背后又追来了一支规模颇大的楚军！

史书没有记载带领这支楚军的将领是谁，但《史记》和《汉书》都说到楚将季布"数窘汉王"。既然季布曾多次窘迫刘邦，那么这会不会就是其中一次呢？而季布是丁固的外甥[1]。若果如此，那么季布很可能是得知他舅舅丁固放走了刘邦的消息后，一怒之下，率领数十骑匆匆追赶来的。这位好侠自任、以勇悍闻名而受到项羽器重的季布将军，看来这回非要立这个头功不可啦！

刘邦一再催促御者加鞭，但几匹驾车的马都已大汗淋漓疲惫不堪。山路又崎岖，颠簸不停的车厢东倒西歪，嘎嘎作响。回头一看，楚军却越追越近！在这命悬一丝的紧急情况

---

[1] 此据《史记·季布列传》。《汉书·季布传》则称丁固与季布为同父异母兄弟。

下，在这辆王者的车厢里，发生了惊心怵目的一幕。《史记·樊郦滕灌列传》对此的记载，情景逼真，行文犹如急风骤雨，读之令人惕息。但其中若干字句注家说法不一，解释起来颇为繁琐，我想偷个懒，引录一段《资治通鉴·汉纪一》对此的转述，尽管逼真感大为减弱，文字却明白易懂——

楚骑追之，汉王急，推堕二子车下。滕公（即夏侯婴，曾为滕县令，故有此称）为太仆，常下收载之，如是者三。曰："今虽急，不可以驱，奈何弃之？"故徐行。汉王怒，欲斩之者十余。

追兵在即，马疲车重，迫使你立刻回答一道残酷的生死选择题：或者保存大人，丢弃孩子；或者大人、孩子都保存，力争逃脱；再或者让孩子乘车逃去，大人跳下车来与敌人搏杀。刘邦选择了第一项，夏侯婴选择了第二项。结果是——

滕公卒保护，脱二子。

选择第二项的夏侯婴取得了完全胜利。他驾着载有汉王和他两个孩子的乘车，终于逃脱了楚军的又一次追杀。

留下的是一个对刘邦此种选择的千年话题。人们怎么也无法理解、也难以原谅：虎毒尚且不食子，他怎么能忍心这样做呢？尤其不可容忍的是，他还"欲斩"为他冒死保护一对儿女的夏侯婴，还不止一次，竟达"十余"次！

也许，刘邦又有他的独特的逻辑。因为在帝王看来，只有他一己的生命重如泰山，别的所有人都轻似鸿毛。

刘邦后来对自己这一反人性的行为，似乎也有悔意。当然作为帝王，他决不能在公开场合承认自己在道德上有任何缺失，但我们还是可以从他此后对夏侯婴一直恩宠有加这一点上看出某些端倪。夏侯婴被封为汝阴侯，而且剖符为信，世世勿绝。这是汉初赐予少数几个大臣极难得的殊荣。

对这场生死考验最为关切的，恐怕还不是这两个在场的男人，而是另一个没有在场的女人，那就是这对子女的母亲吕雉。

吕雉与两个孩子在混杂的逃难人群中失散后，曾四处寻找孩子，却不见踪影。与她一起在寻找的还有孩子的祖父刘太公和一个称为舍人的侍从官审食其（yìjī）——他是刘邦派去侍奉刘太公和一家人的。不幸的是，他们在寻找途中突然遭遇了楚军，做了俘虏，项羽就把他们作为人质扣留在军营里，时间长达两年又四个月。早已是古稀老人的刘太公，在这两年多时间里，对被他认为不争气的三小子刘邦不免会有更多的埋怨。都只为这小子生性无赖不肯在家好好劳动生产，一定要出去闯荡什么天下，害得他老都老了，还被弄到这种刀刀枪枪的地方来活受罪！至于吕雉，这段做人质的日子自然过得更为艰难。但在近一二十年来问世的相关影视作品和历史小说里，这个该已年过不惑、生过一对子女的农家主妇，却忽而变成了招蜂引蝶的风流女郎，不是与几乎比她小一辈的项羽打情骂俏，便是与想必能歌善舞的美女虞姬争风吃醋。这还不够，再拉上审食其来插一脚，凑成两对四角！

不错，的确可以绝对放心，古人是再也不会为维护自己的名誉权而把我们告上法庭了；但窃以为，正由于古人已彻底沉默，作为后人，我们对他们——无论智愚贤不肖，都理当心存敬畏，只可努力去接近真实的评述，切不可随意轻薄和糟蹋。尽管吕雉后来做了皇后、太后，继而称制秉政，在虐待戚夫人、诛杀韩信等功臣过程中，心机刻毒，手段残忍，但在楚营做人质这段时间里，她还应是一个无辜的受害者，一个日夜思念着一对子女的多情而又善良的母亲。正因为如此，归汉后，她对夏侯婴在生死道上救助过刘元、刘盈这一恩德，一直念念不忘。在汉高祖刘邦去世后，已被尊为太后的吕雉，特地赐给夏侯婴一座最好的府第，题名为"近我"，那是一种特殊的尊荣……

话扯远了，让我们赶快回到侥幸逃脱楚军又一次追杀后的刘邦一行人。

这一天来昏天黑地的逃亡，已弄得他们东西莫辨，失去了方向。仿佛到这时候才突然发觉，他们已进入了一片杳无人烟的山区。但见群山连绵，层峰错落，犹若海涛起伏奔腾，又像是巨蟒逶迤盘旋直至天边。

夕阳即将西落，人人都不免开始担忧：他们将奔向何方？尤为现实的一个问题是：今夜，他们将宿于何处？

刘邦刚要向左右问问这是个什么地方，却忽而仰天一阵大笑，高声叫道：天助我也！

原来他已从远处一个马首形的峰尖认出那就是芒山主峰。芒山之北就是下邑。而下邑，不就是吕泽的驻军地吗？

刘邦大声下令：向下邑进发！

失败是一帖很好的清醒剂

吕泽是吕雉的长兄，与刘邦是郎舅关系。刘邦起兵，吕泽以门客相随，一起入关、进汉中，初封建成侯，后改封周吕侯。还定三秦后，奉命将兵驻于下邑。

刘邦一行人抵达下邑，已是薄暮时分。对汉王的意外到来，吕泽自然十分高兴，很快将众人安顿了下来。

下邑，秦时为县，其址在今安徽砀山之东，其南为芒山。对刘邦来说，倒是故地重游。当年，他解纵骊山徒众、斩白蛇起事后，因恐遭到秦兵缉捕，一度就隐匿在这芒、砀山泽之间，吕雉还曾冒险来看望过他，沛中子弟秘密来归附的也有不少。

当他身处逆境时，慕名者不请自来；在他成为诸侯王盟主后，五十六万大军却会在旦夕间烟消云散。这个尖锐的对比深深刺痛了他，也激醒了他。

从后来所采取的一些举措来看，这次惨败至少使刘邦懂得了以下几点——

一是项羽的实力要比他强得多，切不可有任何轻视；

二是还得靠"群雄"逐鹿，至少眼前还不能一口独吞；

三是要控制自己的欲望。

这期间，刘邦采取的一些举措，目的都是为了重整旗鼓，蓄积力量，以图将来。

第一步，暂驻砀山。派人招集因溃败而离散在各处的汉军，重新编伍。暂时驻扎于砀山的时间，约一个月左右。

第二步，屯兵荥阳。荥阳位于黄河之南，因在古荥泽以北而得名，其故址在今河南荥阳东北。春秋为郑邑，战国时属韩，秦、韩在此曾有过激战。粮草供应，是屯兵荥阳必须首先要解决的问题。荥阳北面之敖山有当时全国最大的谷仓敖仓，为秦时所建，中原漕粮多集中于此，以西运关中，北输边塞。秦虽已亡，敖仓仍有大量积谷，足供军需。为确保源源供应，刘邦一面命此时已封为威武侯、拜为将军的周勃去镇守敖仓，一面派人修筑砌有围墙的甬道，形成一条稳固便捷的粮食运输线。同时又急命留守在关中的萧何征发新兵，包括年老体弱和还不到服役年龄的悉数参军，发送到荥阳来。为抵挡楚军强大的骑兵，破格任用原是秦军投降过来的善骑者李必、骆甲为左、右校尉，以灌婴为中大夫，建立了以原郎中骑兵为骨干的骑兵队伍。这时在外地收编军队的韩信也来到荥阳，很快汉军又有了相当规模。其间，韩信还在荥阳附近的京、索间打了几个胜仗，使楚军在西线不得再推进一步。

第三步，巩固后方。彭城溃败后的第二月，即汉王二年（公元前205年）六月，刘邦回到新建的国都栎阳，立六岁的刘盈为太子，命令在关中的诸侯子弟都集中到栎阳来，以拱卫太子。从这时起，萧何被正式委以建立后方根据地的重任：守关中，辅太子，制订法令，主宗庙社稷，修整宫室，事有不及奏者，得以全权便宜行之。在这期间，命曹参等引水灌雍王章邯的最后一个据点——废丘。废丘破，章邯自杀。

刘邦回到荥阳，向群臣提出了一个他经过深思熟虑的问题，群臣中张良作出最得要领的回答。这是一次具有重要战略意义的对话。后来的事实证明，是刘邦和张良共同建构了汉楚争战的决胜之策。下面是《资治通鉴·汉纪一》对这次对话的记载：

汉王问群臣曰："吾欲捐关以东等弃之，谁可与共功者？"

张良曰："九江王[黥]布，楚枭将，与项羽有隙；彭越与齐反梁地，此两人可急使。而汉王之将，独韩信可属大事，当一面。即欲捐之，捐之此三人，则楚可破也。"

所谓"吾欲捐关以东等弃之"，就是刘邦承认项羽远比他强大，他无法独力战胜楚军，因而愿意将函谷关以东广大地区让与可以共同完成灭楚有功者。这当然是根据一定时期的实力对比而提出的一种应对策略，至于以后是否照此兑现，同样得看那时的实力对比而定。不独刘邦，政治家大率如此。在这里倘若有人还要问"诚信何在"一类话，离傻瓜已经不远。

那么谁是"可与共功者"呢？张良提出了三个人，不仅分析了他们的实力和特点，还指出了可以利用的弱点和罅隙，以便充分发挥其作用。

一个是黥布。被项羽封为九江王，并曾接受项羽命令，在新安坑了二十万秦降卒，在郴县杀了义帝，从表面看该是项羽的忠实追随者。但张良观察到最近布、项之间已产生了裂痕：项羽要黥布出兵攻齐，黥布假托有病，只让一个部将带了几千人去应付；刘邦入驻彭城，项羽要黥布合力攻汉，黥布又称病不往。张良认为黥布的这些表现，说明他对楚的忠心已开始动摇，布、项之间这道隙缝，正是汉可以楔入之处。

第二个是彭越。前面已说过，彭越惯于在几种势力之间观望以决定自己的去从。此时他正在"与齐反梁地"【1】，即与齐约好由他攻略魏地以反楚。显然，彭越不会满足于仅仅是齐的一个同盟者，何况此时项羽正亲率大军在猛烈攻齐，齐已岌岌可危。所以张良认为彭越与黥布一样，也"可急使"。

第三个是韩信。张良认为汉营中的将领唯独韩信一人可以成就大事。但这位天才将领的潜能目前还没有充分发挥，所以建议刘邦放手让韩信独当一面，也即建议不妨让他去开辟第二战场。

值得注意的是，这三个人都不属于前面提到过的回字形人事结构中的第一、第二两个圈子即沛县集团和随同入关诸将的范围。刘邦能够全部接受并付诸实施，这也正是他的狡猾处，当然也可说是他的高明处。

此后两年多的汉楚争战，便是以上述决胜之策为中轴线来展开的。

以下我们就来看看后来刘邦是怎样使用这三个人的。

先说韩信。

细心的读者可能早已萌生了一个疑问：彭城大战时，韩信在哪里？如果他仍是统领汉军的大将军，怎么会败得如此惨呢？

这的确值得一问。

《史记》、《汉书》、《资治通鉴》和荀悦的《两汉纪》以及后人的相关史著，对此都没有明确记载或说明。我所读到的几部韩信传记和具体记载到此段历史的一些著作，大多认定韩信没有去彭城。说法有二：或以为此时韩信在为刘邦略定陇西之地，或以为刘邦率大军进攻彭城前，特命韩信留驻河南，以防项羽乘虚袭击。但似乎均未有直接文献为据。此外，有些近似小说一类著作，则大多认为韩信是参加了彭城大战的，说法也有二：一说还定三秦接连获得几个大胜后，韩信曾一度迷于某女子，以至"神情落寞，表情呆滞凄凉"，当然不可能再作出有效的指挥；一说汉军攻占彭城后，韩信曾建议撤至荥阳一带防守，但刘邦不听。既是小说，当属虚构。

我想我们还是回到张良说的话上来。

是否可以这样理解：张良说"独韩信可属大事，当一面"，实际上隐含着对刘邦的一种委婉的批评。也就是说还定三秦后，刘邦再没有属韩信以大事，让他去独当一面。诚然，刘邦善于用人，但他也必然同所有帝王一样，所用之人必须以有助于他权力独擅为前提，面对着韩信这样一个锋芒外露、咄咄逼人的军事奇才，刘邦不能不有所疑忌。这一点，韩信自己也是感受到了的，《史记》本传就有"信知汉王畏恶其能"这样的记载。不

【1】梁地：即魏地。魏国原都安邑，公元前361年，魏惠王迁都大梁，此后魏国也称梁国。

妨说，未能放手信任和充分发挥韩信的作用，正是彭城惨败的重要原因之一。到楚汉战争中期，刘邦就让韩信到荥阳—彭城这一正面战场以外的广大北方地区去开辟第二战场。尽管仍然有所制约，譬如给韩信配上两个副手：曹参和灌婴；而此二人一为刘邦同乡，一起从沛县发难；一为刘邦侍从官，并随同入关，分别属第一、第二圈子里的人，都可算"嫡系"。当然这也可说是常见的一种帝王驭臣术吧。不管怎么说，韩信终于有了一个相对独立、可以较为自由地施展自己智能的空间了。而一旦有了这样一个空间，他的奇妙的军事才思犹若雷击电闪，不时爆发出耀眼的火花。本书第二章将有较多篇幅作专门介绍。

再说彭越。

上文已提到，彭越原曾带兵三万助汉击楚，但汉军彭城大败溃退西向后，彭越在魏地攻占不久的那些城邑又被楚军风卷残云般地夺回，彭越只好带着一支孤军居留在黄河边的滑州。人在艰险中最容易被某种力量所左右，刘邦抓住这个时机遣使致意，彭越自然也乐意从汉。其后，"彭越常往来为汉游兵，击楚，绝其后粮于梁地"（《史记》本传）。不过惯于观望的彭越，只要有多种相互抗衡的势力存在，他就不会死心塌地地专为某一方所用。不久，齐王田横败于韩信而出亡至魏归附于彭越，彭越便开始脚踏两条船："彭越是时居梁地，中立，且为汉，且为楚。"（《史记·田儋列传》）你看，"且为汉，且为楚"，左右逢源，看哪边对自己更有利，就往哪里靠。

最后还剩下一个黥布。他的归汉，伴随着一连串奇谲、惨烈的故事，请看下一小节。

黥布手起剑落，除了归汉已别无选择

一次刘邦环顾左右，叹息一声说：你们哪，都是些庸碌之辈，谁也不配与我谋划天下大事！

他使的是激将法。

果然众人听不下去了，有个叫随何的抢先说：臣不明白，大王这话是什么意思？

刘邦说：譬如眼前，如果能让九江王黥布出兵反楚，再拖住项羽在齐地滞留几个月，那寡人夺取天下就如同探囊取物了。可你们之中有谁能为我出使九江呢？

随何说：臣请求出使！

随何原是个儒生，此时任谒者。谒者之职，掌宾赞受事，执戟宿卫，有时也奉命出使。

于是刘邦就派给随何二十名随从，授命让他即日前往。

随何到了九江，黥布只派了个太宰来接待，自己却避而不见。

一连三日，随何都是在馆舍里白白等待中度过。

随何决定发起攻势了。他对太宰说：仆奉汉王之命来谒贵国大王，而大王三日不见。仆料大王之意，无非以为楚强汉弱，尚待踌躇。仆闻，先民有言，询于刍荛[1]。大王何妨一见，

【1】先民有言，询于刍荛：语出《诗经·大雅·板》。大意谓：古代圣贤曾说过，即使是草野之人，也应向他们请教。刍荛，指割草打柴的人。

听听仆的言谈呢？若是言之有理，大王可以听从；倘然言之无理，大王尽可以将仆等二十人，枭首市曹，转献楚王，岂不痛快！愿足下转达鄙忱！

太宰只好将这番咄咄逼人的话如实禀报了九江王。

原来这些天来，黥布正处在进退维谷、惶恐不安中。

黥布原名英布，六县（今安徽六安东北）人。年少时，有个看相的对他说：你将来若是受了刑，就可能做王。长大后果然因犯法而被处以额头上刺字的黥刑，他倒反而高兴，说：这下我该可以做王了吧？索性改名叫黥布。作为罪犯，黥布被押解到骊山做苦役。有隶役数十万之众的骊山实乃藏龙卧虎之地，黥布与其中豪杰广为交游，后又伺机率众出逃，到长江一带做起了强盗。陈胜揭竿反秦，黥布乘时而起。番（pó）阳县令吴芮，颇有点像《水浒》中宋江一类人物，喜交天下豪杰，江湖上称其"番君"。黥布去拜见吴芮，与他的部下一起反秦。吴芮对他极为赏识，还把他女儿嫁给了他。后来项梁起兵定会稽，黥布涉江而西以兵属项梁。楚怀王立，黥布被封为当阳君。项羽救赵，黥布为先锋，常能以少胜多，勇冠全军。巨鹿大捷后，项羽引兵西进至新安，以为秦降卒有反状命坑之，黥布连眼睛也没有眨一眨，一夜之间，就将二十万秦兵全部坑杀！项羽分封天下，黥布少年时代的戏言居然应验了：他当上了九江王。但也就是从这个时候开始，这个剽悍凌厉的枭将发生了一点变化。此前的他简直就是一台杀人机器，到这时才有了一点政治头脑。史书没有记下他这个变化过程的线索。我们不妨来猜测一下：是否就发生在项羽命他暗杀义帝这件事之后？毕竟义帝也即楚怀王曾有恩于他。当年，项梁败死定陶，怀王徙都彭城，他还曾与诸将日夜保卫过怀王，可现在，他却一刀把义帝杀了！也许是黥布由此对项羽产生了二心，也许是他对为义帝发丧的刘邦有了某些好感，当然也有可能是他自己还想做比九江王更大的王。总之，黥布从此对项羽不再惟命是从了，因而就有了那两次的托病违命。这些天来，项羽接连派来使者提出责问，黥布正在为此惶恐不安。以他的实力想要与项羽抗衡，无异以卵击石。就为这，他只好避而不见汉使，纵然有失礼节，却也只好如此——他可不敢再得罪项王啊！

但随何那一番气势逼人的话，又使他很快意识到不该过分冷落了汉使。他既然不想再像过去那样一味听命于楚，那就得为自己留条后路。于是黥布决定接见随何，二人便有了以下不寻常的对话——

随何单刀直入，说道：汉王命臣出使贵国，敬问大王起居，且嘱臣转请大王：因何与诸侯皆疏而与楚独亲？

黥布表面还想维护与楚交好的样子，说是：寡人曾为楚王属臣，故北向以臣礼事之，自然不由不亲。

随何紧接道：大王与楚王同列为诸侯，何需以臣礼事之？依仆看来，大王无非是视楚为第一强国，亲楚是为了求得庇护。但若说大王以臣礼事楚，却又令仆不解：日前项王伐齐，披甲戴盔，身先士卒；按说大王理应亲率所属将士，为楚先驱，却为何仅发卒数千往会楚军？如此敷衍应付，难道能说是以臣礼事之吗？又，汉王攻占彭城，项王尚滞留齐地，不及回援；按人臣之礼，大王应电掣风驰统兵出救，浴血奋战于彭城下，何乃不发一卒而坐视成败，若非怀有二心，又何能自圆其说？大王以空名事楚而欲求得庇护，不啻与虎谋皮，仆窃为大王不取也！今项王仍困于齐地，无暇西顾；他日若一怒而举兵九江，不知大王将何以自保？

黥布语塞，沉吟不答。

随何乘胜切入主题：大王视楚为强，必视汉为弱。其实楚之强，徒有其表，天下无人甘愿臣服。试想项王背盟约，弑义帝，何等无道！而汉王仗义讨逆，联盟诸侯，固守荥阳，深沟高垒，而巴蜀之粟源源自来。楚若攻汉，则须千里深入，势必坐困，由强而弱，何可一恃？纵使楚得胜汉，诸侯必将合纵以讨楚，众怒难犯，安得不败？如此看来，楚强其表，汉强其实，其势明若观火。而大王不与万全之汉联盟而托庇于行将危亡之楚，岂非自误！如今九江军马虽未必果能胜楚，但大王若能发兵背楚联汉，项王必然暂时不敢西向而仍居留于齐，如此数月，汉王便可稳取天下。到那时，仆与大王提剑归汉，汉王自然裂土分封，大王封到的一定会远远超过如今的这片九江之地。有道识时务者为俊杰，愿大王三思！

黥布微微颔首，说道：敬遵公命。惟容宽限数日，暂时请勿宣示。

随何在馆舍等待了数日，却仍不见动静。经探问，才知此时项王使者也已来到，几次催促九江王发兵攻汉，黥布在楚汉间踌躇再三，去就难定，故而迟延。随何心生一计，专候楚使行止。这一日，见楚使备车前去拜见九江王，料想自然又是催促发兵之事，便远远随之前往。一待宾主坐定，随何便昂然直入，坐于楚使上首，跽身一礼道：仆奉汉王之命出使九江国，日前已就两国交好之事与大王谈妥，不知项王使者此来尚有何事？

楚使说：臣奉项王之命，敦促九江王速速发兵。

随何故作惊讶，说道：这就奇了，九江王已明言归汉，尚何谈为楚发兵之事？

黥布大惊失色，两眼怔怔地瞪着随何。

楚使也一脸愕然，逼问黥布：汉使此话当真？

黥布欲言又止。楚使待要逼进，随何一跃而起，护住黥布，大声说道：时机已到，大王速决！请立即诛杀楚使，召集众将士，宣布背楚归汉！

黥布挺身抽出佩剑，手起剑落，楚使已倒在血泊中。

但当他收剑入鞘时，却不由冷丁一惊：这下已只有归汉一条路可走了！

项羽确实早就想教训一下黥布，之所以暂时没有动手，据《史记·黥布列传》载录原因有二，一是"项羽方北忧齐、赵，西患汉，所与者独九江王"，他三面受敌，唯独黥布还算是他的盟友；二是"又多布材，欲亲用之"，他很器重黥布的才干，想作为亲信来重用。现在一听黥布竟杀了楚使，公开宣布背楚归汉，项羽再也按捺不住了，立即派大将龙且等率兵讨伐，迅速攻破九江军，杀尽了黥布的妻儿老小。上文提到，黥布的妻子是江湖上号称"番君"即吴芮的女儿，项羽曾封吴芮为衡山王，现在他的这一鲁莽而愚蠢的行动，又将原本有可能成为盟友的吴芮推向了汉营。

黥布本想引兵归汉的，因恐被攻势猛烈的楚军追杀，只得孤身与随何一起从小道赶赴汉军所在的荥阳。出乎意料的是，他初次晋见刘邦竟会是这样——

[黥布]至，汉王方踞牀洗（坐在床上洗脚。牀即"床"），而召布入见。布大怒，悔来，欲自杀。出就舍，张御食饮从官如汉王居，布又大喜过望。（《汉书》本传）

　　开头是"大怒"，后来是"大喜"。黥布大怒，是因为刘邦竟然如此怠慢他，懊悔不该背楚归汉，甚至想到了自杀；大喜是看到官舍里的陈设、膳食以及侍从官员的配置，都与汉王一样，超过了他的预想。
　　刘邦以"踞洗"这样不礼貌的场面接见黥布，大概是疏忽吧？不，这一切都是他有意安排的。刘邦为什么要这样做？唐代颜师古在注释《汉书》时作了这样的解释：黥布做过九江王，难免会妄自尊大，开头的怠慢就是要杀杀他的傲气；后来的种种优厚待遇则是要收买他的心。据说这还是王者驾驭臣下的一种"权道"呢！
　　此时九江之地已为楚据有，刘邦改封黥布为武王。
　　黥布归汉，使得刘邦有可能再进一步来加强荥阳的防守。
　　荥阳的西北是成皋，又名虎牢关，北连黄河，南接嵩岳，山岭夹峙，犬牙交错，且处东西咽喉，历来为兵家必争之地。
　　荥阳东北为广武，东连荥泽，西接汜水。有山名广武，以一断涧划开双峰，各建一城，隔涧对峙，虎踞龙蟠，居高临下，大有一夫当关万夫莫开之势。
　　两地均派骁将镇守，互成犄角之势。镇守成皋的便是新归汉的黥布，镇守广武的则是那位因怒闯鸿门宴而被项羽几次惊呼为"壮士"的樊哙将军。荥阳凭藉着这对犄角的拱卫，可谓固若金汤，坚如磐石，楚军断难再西进一步。

　　如果把汉军比作一只鼎，那么韩信、彭越、黥布就是鼎之三足。《周易·鼎卦》称："鼎，君子以正位凝命。"汉军之所以能"正位凝命"，最终取得这场楚汉战争的胜利，主要就依靠这三员大将特别是韩信的支撑。刘邦的上述安排，是为决胜全局奠定一个稳固的基础。紧接着作为决胜全局的第一步，是首先征讨彭城惨败后背汉而去的魏、赵等国，决定主将为韩信。此举预示着在黄河北岸的广阔平原上，将出现又一个激烈的战场，而作为主将的韩信，在他传奇式的生命史上最辉煌的一页，也将由此展开！

　　纵然屡屡跌入低谷，却总能从谷底渐次崛起，这便是刘邦。
　　但诸君将在下一章里读到，刘邦的重振，汉军的复兴，主要还是依靠了韩信。当韩信这颗耀眼的新星升起在楚汉战场上空的时候，历史又走到了一个新的岔路口：会不会刘、项、韩三分天下，出现一个三国鼎立的局面呢？……
　　历史老人静下心来想了想，最终还是绕开了这种走向。
　　刘邦抓准时机，来了个降格以求：与韩信、彭越结成了破项联盟。于是我们听到了西楚霸王从垓下军营里唱出的千古悲歌："力拔山兮气盖世，时不利兮骓不逝……"

第 二 章
楚河汉界：中原大地摆出了一局棋

黄河南北：两个战场，两种景观

风云突变，汉、楚、齐玩起了走马灯

差点提前推出一部《三国演义》

乌江悲歌："时不利兮""天亡我"！

黄河南北：两个战场，两种景观

韩信声东击西，魏豹梦中就擒

第二战场作为正面战场的辐射，以汉王刘邦所在的荥阳为基点，由近及远向黄河以北展开。所以决定第一刀先砍向西魏王豹！

魏豹是谎称老父有病要求回去探望的，谁知一回到他的国都平阳（今山西临汾西南），就封锁黄河渡口，宣布背汉投楚。如此叛逆早就该狠狠惩罚，只是由于急需重整旗鼓，才无暇顾及，现在终于可以腾出手来了！

但刘邦毕竟是刘邦，他懂得兵法"全国为上，破国次之"的道理。他想到了一个人，便吩咐侍从：召广野君先生。

不一会便进来一个六十开外的老人。八尺有余的瘦高个子却披着一身宽襟广袖的儒服，像挂在竹竿上的一张旗幡飘了过来。

此人名叫郦食其（yìjī），他初投刘邦那一幕，说来颇为有趣。

郦食其是陈留高阳（今河南杞县西南）人，少时家贫却好读书，生活落拓不羁，被人称为"狂生"。因衣食无着，权且在乡里当了个监门吏的差使。秦末群雄蜂起，他留意了陈胜、项梁等人，觉得他们器量狭小，估计不会听他那些豁达大度的言论，故避而不见。后来刘邦一路攻城略地来到陈留郊外，他听说这位沛县县令性情倨傲，不肯下人，但襟怀远大，不拘小节，以为那倒正是自己想要结交的人，就准备去投奔刘邦。有人提醒说：刘邦最讨厌儒生，一次有个儒生戴了高高的儒冠去拜见，刘邦就摘下他的儒冠来当便壶往里撒尿！所以你最好不要说自己是儒生。郦食其说：我自有办法。说罢就径自往驻军所在地去谒见[1]。他对侍者说：高阳贱民郦食其，愿得拜见沛公！当时刘邦正坐在床上让两个女子帮他洗脚，很有些不耐烦地问侍者：来者是何等样人？侍者说：穿儒衣，戴儒冠，模样

【1】郦食其见刘邦，《史记》本传有两处提到，所记互异。一处说郦有一同乡在刘邦麾下当骑士，他是通过骑士的转达去谒见刘邦的；另一处则说他直接到军营门前去求见。依这位老先生的性格，似乎后一说可能性更大些。又，之所以出现同书而有不同记载，清代梁玉绳《史记志疑》以为系传抄中混入他书相关文字所致。

像个大儒。刘邦说：你替我去告诉他，说我正忙着天下大事，哪有空接见儒生！侍者出来把这番话一说，郦食其当下双目怒睁，按着剑对侍者大声喝斥道：你快给我滚回去通报沛公，你就说老爷子不是什么儒生，是高阳酒徒！侍者吓得像掉了魂似的，慌慌张张跑回去禀报。刘邦说：好个高阳酒徒，那就请吧！

郦食其傲然而入，长揖不拜，突兀问道：坐在床上的先生，你是想帮助嬴秦剿灭反秦诸侯呢，还是想率领反秦诸侯攻破嬴秦？

刘邦骂了声蠢儒，说道：天下人已经吃足了暴秦的苦头，你怎么还说要帮助暴秦去剿灭反秦诸侯？

郦食其道：这么说来，足下是真的想联合诸侯义兵、诛灭无道暴秦喽，那接待一位长者因何竟如此无礼？

刘邦一听赶紧罢洗，叱令侍在身旁的两女子退下，敛衣整冠，请老人上坐，移席就教。郦食其喙长三尺，口若悬河，说的全是战国时期那些策士的纵横之术。刘邦听了敬佩不已，又请教眼前破秦之策。郦食其道：足下招乌合之众，收散乱之兵，且数不满万，以如此弱势而欲与强秦抗衡，无异以指探沸，以羊界虎。依老臣看来，足下欲成大业，莫如先建基于陈留。陈留之地，天下之据冲，兵家之要会，有积粟万石，城坚可守。老臣素与陈留县令友好，愿为足下前往游说；倘其不听，则老臣即为足下杀之。足下据有陈留，再招聚四方之兵，便可横行于天下！刘邦听了很高兴，说：那就照您老说的办吧！

于是郦食其当夜就去拜见陈留县令，滔滔不绝地说了好些天下如何纷纷叛秦，顺之则功可成、逆之则身必危的话。偏是那县令怎么也听不进去，还说按照秦法妄说叛秦的话是要灭族的，请先生不要再说！这一夜郦食其就留宿在县衙，伺机杀了县令，割下他的头颅，逃出城来还报刘邦。刘邦领兵攻城，用竹竿挑着县令的头向城上喊话，要他们速速投降，否则格杀勿论！就这样全城很快归从了刘邦。刘邦在陈留居留了三月，招徕士兵数以万计，依靠这支队伍终于入关破秦，郦食其也因此一功而被封为广野君。

现今的这个郦食其，依旧不怎么注意礼节，作过一揖便顾自坐定，问道：大王召见老臣，不知有何差遣？

刘邦说：寡人欲借先生三寸之舌，权当精兵三万。

郦食其说：让老臣猜一猜：大王莫非命老臣去平阳一走？

刘邦说：正是！先生若能游说魏豹归汉，使寡人减去一敌，便是大功，当分割魏地一万户，封赏先生。

郦食其说：看来，只怕这一万户老臣是封不到喽！不闻古人有言：一之为甚，岂可再乎？魏豹已经归附过一次，这回他又把事情做绝了，估计非得动用点武力不可。纵然如此，老臣还是请求渡过黄河去一试。

刘邦笑了，说：果然没能瞒过先生。寡人之意，本也不在游说是否成功。古人不是还有一句话吗：伐兵为下，伐交为上！

郦食其也笑了，说：好一个伐兵为下，伐交为上！老臣就此告辞。

郦食其嘴上虽这么说，心里却亟望此行能以舌代兵，将魏豹及其河东之地收入他的行囊。要知道作为汉王麾下一个以说大话闻名的策士，他至今尚未有一次成功的游说，这回的建功心切也是情理中事。

黄河的几个渡口都已被魏兵封锁，好在郦食其持有汉王使者符节，可获得特许，一路还算顺利，不过三五日便来到魏都平阳。

现在我们就来认识一下魏豹这个颇为特殊的人物。

《史记》和《汉书》简略地载录了魏豹的人生轨迹：他祖上曾是魏国王室，自己则一度沦为仆役。他先是因得楚之助立为魏王而感恩于楚，继而因项羽改封他为西魏王而叛楚投汉，后来又因在彭城大战中慑服于他亲历的项王那种冲天威势而宣布背汉附楚。这条反复无常的行为曲线，很典型地表现了在强势大国争霸的环境下，一个弱势小国尴尬的生存状态。很可能就是从这个时候起，魏豹的人生态度变得很现实、很卑屑了：强大的西楚霸王，不是我等能反得了的；西魏虽小，好歹我也是一国之王吧，要紧的是保全性命，及时享乐。自从以谎言骗过汉王回到平阳后，他日夜在小宫殿里置酒高会，歌舞永宵。他曾对人说：人生一世间，犹如白驹过隙，若不及时行乐，岂非枉了此生？

就在这时候，上天凭空降下一个意外的惊喜，让魏豹突然血脉贲张，居然做起了将要当太上皇的美梦！

喜讯出在他众多姬妾中的一个身上，此姬名曰薄姬。

薄姬的母亲是战国时魏国宗室女，秦灭魏，此女流落民间，与吴地一个姓薄的男子私通，生下一女，便是薄姬。魏豹立为魏王，母亲见女儿天生丽质，就将她献入魏宫。无奈魏豹妻妾成群，且一个个都是明眸皓齿，雪肤花貌，薄姬也难得引起魏豹的特别留意。忽一日，有个著名的相士给薄姬看了一相，竟说她将生下一个将来要当皇帝的儿子！此事正史都有记载，言之凿凿。实际自然多半出自编造，目的无非为了增添读者或听众兴趣。据说魏豹当时听了又惊又喜，从此芙蓉帐暖，春宵苦短，专宠薄姬一人。既然他尚未生出的儿子将来要做皇帝，那他自己即使做不到皇帝，也总能当个太上皇吧？一个要当太上皇的人，怎么还能去屈从只做过小小亭长、又生性无赖的刘邦呢？这意外的惊喜，也更加坚定了他背汉附楚的决心。

偏是不识时务的郦食其，还要在这个时候来游说他反楚归汉！

不过魏豹还是好酒好食款待了这个汉王使者，席间却只顾寒暄起居，绝口不谈何以背汉附楚之事。郦食其急于成功，一得机会便直奔主题，又是晓以利害，又是喻以祸福，劝说魏豹从速归汉。魏豹的应对策略则是环顾左右而言他。也许他又一次想到了那个做太上皇的美梦，进而想到了自己本来就有高贵的王室血统，于是决定要炫耀一下自己。先是举樽为客祝寿，然后说道：我魏氏先祖，英才济济，如魏文侯，革故鼎新，称雄诸侯；魏武侯，攻郑伐齐，屡败秦楚。唯寡人愚陋，知之甚少。先生乃当世大儒，听说尤精列国史乘，不知能否赐教一二？郦食其以为终于得到了一个大题目，便引经据典，手指目顾，把一百六七十年前的魏氏文武二侯的文治武功，招贤纳士，包括有趣的轶事都一一道来。魏豹果然听得神采飞扬，连进数樽。郦食其想是已入佳境，乘机插上了汉王如何宽仁爱人，如何豁达大度，将来必然拥有天下一番话。不料魏豹拂袖而起，愤然作色道：请先生不要再提你们那个什么汉王吧！刘邦出身卑微，倨傲无礼，辱骂诸侯群臣就像辱骂奴仆一般，寡人再也不想见到此人！

郦食其回到荥城，第一次对刘邦行了跪拜大礼：老臣有辱君命，无颜面陈！这么说着，竟涕泗横流，号啕大哭起来。刘邦连忙扶起，好言慰抚。其实此时刘邦心中不仅早已有了攻魏计划，连主将、副将和骑将等名单也已安排停当。他有心要与敌方作个比较，便问道：西魏现任大将是谁？

郦食其说：柏直。

刘邦掀髯大笑道：一个乳臭未干的小儿，哪里是我汉军大将韩信的对手！他们的骑将又是谁呢？

郦食其说：冯敬。

刘邦说：此人是秦将冯无择的儿子，算得上一员能将，但仍不能与我骑将灌婴相比。他们的步将呢？

郦食其说：项它。

刘邦说：项它是项羽的侄子吧？他也无法抵挡我步将曹参。这么看来，寡人已是胜券在握，不用再担心喽！

汉王二年（公元前205年）九月，刘邦任韩信为左丞相[1]，并作为领军大将，与骑将灌婴、步将曹参一起，率师攻魏。

再说那魏豹所以敢于抗汉，大抵因有恃而无恐。他的所"恃"便是地势。西魏国三面为黄河所围，那天然盘曲的绿色丝带恰似一只锦囊，护藏着这片富庶的河东之地。平阳与荥阳虽仅有六七百里地，但因有着黄河这道天堑的阻隔，只要锁住几个渡口，尽可高枕无忧。获得汉军可能来袭击的情报后，魏豹一面下令加强临晋渡口的防守，一面调遣重兵驻守于渡口附近的蒲坂，同时派人将黄河两岸所有船只全都控制起来，禁止任何私渡行为。做完这一切，继续无忧无虑地过他的穷奢极侈的小国王的日子。一边行乐，一边少不得还会这样想：刘邦啊刘邦，你老贼想要渡过黄河来，除非长上翅膀！

但几天以后的某一夜，这位西魏王突然从春宵苦短的好梦中惊醒过来，睁眼一看，却已懵里懵懂地做了大将军韩信马前的俘虏！

且看《史记·淮阴侯列传》下面的记载：

魏王盛兵蒲坂，塞临晋。[韩]信乃益为疑兵，陈船欲度（通"渡"）临晋，而伏兵从夏阳以木罂缻渡军，袭安邑。魏王豹惊，引兵迎信，信遂虏豹，定魏为河东郡。

这短短两行字，凝结着作为大将军的韩信的多少智慧、胆识、心计和勇气啊！

我们不妨来作一些推想——

---

[1] 任韩信为左丞相：此左丞相为荣誉虚衔，非实职，也不必在朝廷理事。此种情况在汉初还有不少，如樊哙、周勃等武将都曾受有相衔。详洪迈《容斋续笔》卷十《汉初诸将官》。

韩信的第一步,是对地形、水势和魏兵的布防作一番细心的调查研究。值得注意的是,他不但掌握了敌方有形的防御措施,还揣透了其决策者无形的防御心理。魏豹认定汉军只能由临晋过黄河,这便是他的防御心理;据此采取的措施就是"盛兵蒲坂,塞临晋"。

韩信的第二步是兵分两路:一路疑兵,一路伏兵,分别由灌婴和曹参带领。疑兵是专为满足魏豹的防御心理而设的:你不是认定汉军只能由临晋渡河吗?好,我就"依从"你,在临晋渡口设上一支疑兵,又是摇旗呐喊,又是四处去调集船只,很可能还会做出诸如上山伐木、赶制舟船一类假动作来。魏豹听到此类报告时,一定非常得意:哈哈,果然不出寡人所料!韩信你这小子,当年不是钻过人家裤裆吗?今日你就来钻寡人为你设下的口袋吧!

这位西魏王哪会想到,就在他的笑声里,韩信又走了第三步:派出伏兵,昼夜兼程,悄悄从临晋北上赶赴夏阳。夏阳在今陕西省韩城西南,离临晋约二百里,已属河套地区。此处两岸有峭壁夹峙,水急浪高,从未有渡船经过,魏兵自然也疏于防守。韩信派出的伏兵却携有近日赶制出来的渡河用具,就是上面《史记》引文中提到的"木罂缻"。缻同"缶",《汉书》正作"木罂缶"。罂缶为小口大腹之酒器,陶制。木罂缶也称木罂,系用木料、绳索扎缚陶罂而成的一种渡水器具。明代茅元仪《武备志》说:"木罂者,缚罂缶以为筏,罂缶受二石,力胜一人,罂间容五寸,下以绳勾联,交编其上,形长而方,前置筏头后置梢,左右置棹。"汉军就是用这些木罂,劈波斩浪渡过了黄河。魏军仅驻有少量兵员,且猝不及防,稍一接战就纷纷溃退。转眼之间,韩信率领的汉军就下安邑,据东张,破曲阳。魏豹怎么也没有想到,汉军果然长出了翅膀,飞过了黄河!他从好梦中突然被阵阵喊杀声惊醒,仓皇引兵迎战,自然也只有败退的份儿。汉军追至武垣,将他活捉。最后轻取平阳,魏豹的一家老小都做了俘虏。

获得首战大胜的韩信,踌躇满志地向汉王刘邦写了一封信,特派一员将领专送,同时将魏豹连同他的妻小等一并押解荥阳,向汉王报捷。韩信在信中提出了一个宏大的战略构想:

愿益兵三万,臣请以北举燕、赵,东击齐,南绝楚之粮道,西与大王会于荥阳。(《汉书》本传)

后来韩信果然将这一构想付之实施,于是一支打着"韩"字旗号的汉军,在广阔的中原战场上创造了一个又一个的奇迹。

在结束这一小节时,请读者诸君留意一下那支正在碛谷中艰难地行进着的俘虏队伍中一个姿容姣好的女子。手持戈戟的汉兵在一旁厉声驱赶,双脚已被乱石磕碰得鲜血淋漓的她低着头,咬着牙,默默地紧跟在那些五大三粗的男性俘虏身后,每跨出一步,箍在脚上的铁链便会清脆地响出"哐啷"一声。此时再也无人识得,原来她就是那个曾被看相的预言将要生下一个将来要当皇帝的儿子的薄姬。两年后,这位身世奇特的薄姬,果然生下了一个儿子,只是儿子的父亲不是魏豹,而是刘邦;这个孩子后来又果然当上了皇帝,那就是被史家列入中国古代少数几个明主圣君之一的汉文帝刘恒!

不过，这回当薄姬被押解到荥阳时，刘邦再生性好色，也决不会对薄姬动心了。原因倒不是此时的薄姬蓬首垢面，一身粗鄙的衣衫遮蔽了她的天生丽质，而是此刻的刘邦根本没有这个心思。项羽破坏了荥阳连接黄河的甬道，断了往来敖仓的粮路，眼看数万汉军将要成为饿鬼，还不把刘邦和他的臣子们急得像热锅上的一堆蚂蚁！

陈平使出巧计，范增死得好冤

再回到正面战场。

荥阳，这座位于黄河之南、荥泽之北的古城，如今成了楚汉双方战斗次数最多、持续时间最长的一个战场。

自汉王二年五月至三年十二月（公元前205年～前204年），两军已在此对峙了一年半之久。

项羽虽是取得了彭城大捷，但要乘胜将汉军逐出荥阳却又谈何容易！

原因是这位西楚霸王此时依然多面受敌，难以将五指攥成一个铁拳专一对付汉军。东北的齐国，正是利用了他奔袭彭城、与汉军交战这个时机，迅速收复失地，招聚兵员，再次成为他的一个劲敌。西北的魏，本是他的属地，却被彭越插上一脚，往来打起了游击，多次断绝他的粮道。还有就是新近出现的一支由韩信率领的奇兵，驰骋于广大的北方战场，对楚军的侧后造成了极大的威胁。更让项羽痛恨的是，南面的九江王黥布的归汉。九江国曾经是他属下唯一拥有较强实力的盟国，失去了九江王支持的西楚霸王，真正成了孤家寡人！

为了终结这种胶着状态，这回项羽听从了亚父范增的建议，经过一番筹备，作出了三个方面的部署：一面发兵围困荥阳，一面以劲旅切断汉军广武、成皋的来援，同时派出一支特工队，专门破坏荥阳连接黄河的甬道，以断其敖仓之粮。

这一着果然有效，不出三日，荥阳城内一片慌乱。

古人把维持生命的粮食比之为"天之天"："王者以民人为天，而民人以食为天。"所以"知天之天者，王事可成；不知天之天者，王事不可成。"（《史记·郦生陆贾列传》）敖仓粮道被切断，在荥阳城中引起的震动确实无异于天崩地裂。城外楚军杀声震天，城内守军接连发出断粮急报，恐慌的气氛笼罩着汉营上下。

汉王刘邦召集群臣紧急商讨对策。

已经升为护军上尉的陈平说：大王不必过于忧虑。项王虽恭敬爱人，然所行皆妇人之仁，将士拼杀有功，往往不能封爵受邑，故诸将平日多有怨言。臣料其麾下可称为骨鲠之臣者，也就范增、龙且、钟离眜[1]等数人而已；至于与其有亲故的诸项，如项伯、项庄、项它、项冠、项悍、项昌等辈，皆碌碌无可称道。大王若能捐弃巨金，贿通楚人，行反间之计，使之自相猜忌，然后乘隙发起进攻，破楚谅也不难！

【1】此人姓名的最后一个字，诸书不一。《汉书》、《资治通鉴》作"眜（mò）"，《史记》"眜"、"眛（mèi）"并用。后人书中大多写成"眛"。似应据《汉书》作"钟离眜"。

刘邦道：只要能破楚就好，金银何足顾惜！

当即开具支领黄金四万斤的符信，交与陈平去向国库领取，由其任意支用，以便依计行事。

这边又有一位谋士款款说道：臣有一计，可使项王甘愿臣服大王，敛衽来朝。

刘邦一看又是那个曾自称"高阳酒徒"的郦食其，便含笑说道：长者有何高见，快说出来听听！

好作大度之论的郦食其，这回他的所谓弱楚强汉之计，无非就是建议刘邦分封被秦攻灭的战国六国后裔，但他引经据典，以汤武国运长存、嬴秦二世而亡作对比，把一个平常的道理说得闳中肆外，达古通今，似乎不由你不信。他的结论是：若能复立六国之后，你大王便可南面称霸，而项王也只好臣服来朝。

也许就像俗话说的急病乱投医吧，正在受着断粮煎熬的刘邦果然信了，立即下令命工匠紧急赶制六国之印，以便让郦食其带着去分赐六国之后。这时恰好张良走了进来，看到汉王正在用膳，以为不便，刚要退出，刘邦却叫道：子房，你来得正好，有人向我进了一条弱楚强汉之计，你来听听！

子房是张良的字。

待张良坐定，刘邦就把郦食其的建议说了说，问道：子房以为此计如何？

张良道：此计断不可行，此计若行，大事去矣！刘邦不由一惊，停止了进膳，急问究竟。张良随手拿了食案上的一把筷子作为计筹，将汤武讨伐桀纣时拥有的条件与目前刘邦所处的实际情况逐一作了对比，每作一项对比就让刘邦自己回答能否做到像汤武那样，刘邦回答一次不可能就放下一根筷子。回答到最后一项，食案上已放了八根筷子，那就是说有八个不可能。

这八个不可能中的前七项概括说来是三个方面：

军事方面，商汤和武王都拥有强大实力，可以分别制他们的政敌——夏桀和商纣以死命，而刘邦对项羽却还奈何不得！

经济方面，商汤和武王府藏都很充实，不仅不需要再向平民征收税赋，还可以发巨桥之粟，散鹿台之钱，以赈济贫穷，而眼前的刘邦连他的军队都还在挨饿！

政治方面，商汤和武王都享有很高威望，他们可以封圣人之墓，表贤士之闾；还可以宣布刀枪入库，马放青山，从此偃武修文，永不用兵。这些刘邦自然更加做不到。

最后第八项提出的是一个很实际的问题——

且天下游士离其亲戚，弃坟墓，去故旧，从陛下游者，徒欲日夜望咫尺之地。今复六国，立韩、魏、燕、赵、齐、楚之后，天下游士各归事其主，从其亲戚，反（同"返"）其故旧坟墓，陛下与谁取天下乎？（《史记·留侯世家》）

就是嘛，那些跟着你刘邦离乡背井、提着脑袋打天下的人，还不都是为了捞到一官半职、能封到尺寸之地吗？如果你把天下都分封给六国之后，他们就会去归附旧主，你刘邦光杆司令一个，还怎么去夺取天下呢？

郦食其的所谓弱楚强汉之计，可说是一张过时的老方子。如果说在反秦浪潮刚掀起之时，因六国为秦所灭，故其后裔在道义上尚有某些号召力的话，那么一当楚汉战争打响，六国之后的政治生命就彻底终结。当时横行在华夏大地上的，是大部分分属于楚汉两大阵营、小部分游离其间的那批草莽英雄，正是他们主宰着当时的局势。在这种情况下，如果有谁还要将那些六国之后的政治木乃伊从地下挖掘出来企图用以解决现实中的政治危机，那就不仅是错误，简直迂腐到了荒唐可笑！

听了张良说完八个不可能，刘邦吐出了嘴里正在咀嚼着的饭食，大声骂道：这个蠢儒，险些坏了老子的大事！立刻下令赶快销毁那些为分封六国之后而刻制的金印。

郦食其的弱楚强汉之计，只是画饼一个；

陈平的以黄金铺路的离间之计，一时又未见成效；

荥阳被围日紧，粮道一再被切断，解救眼前这倒悬之急，刻不容缓！

刘邦与张良商议后，觉得只剩下一条路可走了：求和。

当然这只是一条出于无奈的缓兵之计。就像当年遵命赴汉中是为了还定三秦一样，这回的求和也只是为了解救燃眉之急，以便赢得时间积聚力量，再图东进。

求和的条件是，以荥阳为界：荥阳以东属楚，荥阳以西属汉。

求和书不妨写得卑躬屈节，诚恐诚惶，使接受方享受到巨大的成就感，一种受人敬畏的满足。

之所以这样做，是以项羽此人的特性为依据的。这个刚烈、勇猛而又残忍的江东汉子，也像希腊神话中的英雄阿喀琉斯那样，有他致命的弱点。阿喀琉斯全身刀枪不入，唯独两足之踵不堪轻轻一击。项羽的软肋在情感上。他不怕金戈铁马、万人为敌，却经不起对方服软认输、跪地求饶。与项羽有过直接接触的韩信讥讽项羽有一种"妇人之仁"，平日里看到别人生病那种痛苦的样子，他都会流下眼泪来。在那次杀机四伏的鸿门宴上，正是项羽的这种"妇人之仁"阻挠了范增的计谋的实施，才让刘邦侥幸逃过了一劫。

请和的文书已经草就，带着文书的使者也已冒险坠出了荥阳城。

这一回，不知道控制着楚汉战场主动权的西楚霸王，还能不能再放刘邦一马？

这时候驻扎在荥阳城外的楚营，却处在一种很不正常的气氛中。

接连几日来，种种不知出自何处的传言，如蚊似蝇，在四处嗡嗡飞舞——

有关于钟离眜等几个将领的：说他们经常帐饮终宵，痛骂项王有功不赏，有爵不封，悔恨自己当初不该投楚……

有关于范增等谋士的：说他们都在责怪项王刚愎自用，不能听从他们的计谋，他们有的已在准备离楚投汉……

还有的说，汉王已发出文告，凡能弃楚归汉者，钟离眜、范增等都可封王封侯，别的人也可以进爵三级，授金赐酒……

原来这些蚊子苍蝇都是陈平用黄金制造出来的特殊兵种。刘邦拨给他黄金四万斤，他就用这些黄金点兵遣将，扮作各色人等，到楚营中去贿赂左右，收买上下，经过如此这般一番教唆，于是种种谣言像蚊子苍蝇那样飞舞开来。

三人成虎，一点不假。项羽起先不信，但此类说法一多，也渐渐起了疑心。第一个倒霉的是钟离眛。钟离眛是韩信的好友，韩信背楚投汉后，项羽就对他不怎么信任了，现在又加上种种传言的作用，一怒之下便把他从前线撤了下来。

项羽自然也想到了谣言中的另一个重点对象范增，不过这位被他尊为"亚父"的老人，不仅胸有奇谋韬略，且也忠心可鉴，尽管常常与项羽意见不合，至少目前还不会怀疑到他。

汉王刘邦的求和书就是在这个时候送到楚营的。

项羽一读来书，果然为之感动，意欲允诺汉王的求和。这时有个人站出来坚决反对与汉王媾和，这个人便是此时已年过七旬的范增老人。

范增是如何与项羽争辩的，史书没有留下具体记载，《史记·陈丞相世家》中有这样一句话："亚父欲急攻下荥阳城。"不仅要"攻"，而且要"急攻"，要"急攻"而"下"之。这就是说，即使你刘邦跪下来哭爹哭娘求饶，他范增也不会给你任何一点喘息的机会，恰恰相反，他会紧紧抓住你粮道断绝这一致命时机，坚决彻底地消灭之！

可以想见，范增老人在阐述他的"欲急攻下荥阳城"的主张时，一定是疾言厉色、气势逼人，甚至把项羽当作一个不争气的小孙子一样来训斥的。两年前，在那次暗藏杀机的鸿门宴上项羽因"妇人之仁"而放走刘邦后，老人就这样训斥过一次："唉，竖子不足与谋！"（《史记·项羽本纪》）"竖子"，就是你这混小子。老人一边骂，一边还拔剑把张良代表刘邦作为"酬谢"赠给他的一枚玉斗击得粉碎。

这一回，老人凭他的政治智慧和人生阅历，足以作出这样的判断：现在是攻灭刘邦的最好机会；这个机会是上天赐予的，失去了就永远不会再有。他决不容许再出现像鸿门宴那样的结局！

倔强、固执的范增老人只顾尽忠极谏，却忘了他与项羽的关系毕竟不是祖与孙的关系，而是君与臣的关系。尤其不该忘记的是，他自己正处于谣言的包围之中。

这时候，谣言就像催化能力极强的酶，在项羽的头脑中产生了作用。这个霸气十足的年轻国王，本已对屡屡触犯他尊严的范增老人积聚了许多的厌恶，现在更开始怀疑他在如此咄咄逼人的强谏背后是否另有动机。

项羽撇开范增径自向汉营派出了使者，表明他已经有了允诺求和的意向，只是还想探听一下荥阳城中的虚实。

放下钓钩，正急切等待着的刘邦，又根据陈平提出来的计谋，演出了致范增于死命的一幕——

汉营，正厅，已备好了丰盛的酒宴，以国宾的规格恭候着楚使来到。

楚使昂然而入。

刘邦一脸卑恭，趋步出迎。刚要拱手作揖，忽而"啊"了一声，一阵惊疑过后，拂袖说道：寡人还以为是亚父范增派来的贵客呢，故而使人做了这些准备。原来你是项王派来的！回头大声命令侍从官：撤！

侍从们迅速将丰盛的酒宴撤下,换上粗劣的饭菜。

受到了侮辱的使者自然要将这遭遇一五一十禀报项羽,这就给了项羽一个印象:范增似乎已与汉王有了某种特殊关系。

陈平此计战国时就有人用过,应该不难识破。但是徒有匹夫之勇的项羽还是上当了,于是开始怀疑范增,夺了他的一部分权,让这位亚父实际上处于"靠边站"的状态。

遭到了不白之冤的范增老人知道大势已去,老迈年高的他已无力回天。范增是居巢(今安徽巢县东北)人,战国时为楚民。他对自己的故国怀着深厚的感情,初次去投奔项梁见到的第一句就是:"楚南公曰:楚虽三户,亡秦必楚。"项羽一次又一次地为"妇人之仁"所蔽而丧失灭汉良机,伤透了老人一颗竭诚效忠于楚国的心。他决心离开这个"不足与谋"的混小子了,临行前不忘交出项王封给他的历阳侯印绶,说了句告别话,却是气绝心碎,字字泣血:

天下事大定矣,君王自为之!愿请骸骨归。(《史记·项羽本纪》)

所谓"天下事大定",老人已预见到楚必败,汉必胜。但,这是他多么不愿意看到的结局啊!我们不知道骑着瘦马的老人是如何缓缓走出楚营的。这已是汉王三年(公元前204年)的暮春时节。老人正在荥阳城郊崎岖的小路上向东行进,不知是否想回到西楚之都彭城去?冰封的黄河正在开冻,直插云天的嵩山有了点稀疏的绿色。清凉的晚风又传来了不知是楚营、抑或是汉军的角声?突然老人背部的痈疽发作了,竟就这样永远倒在了那匹瘦马的脊背上。

一千二百多年后,北宋苏轼作《范增论》,赞同范增老人离开项羽,但认为时间应当更早,至迟到项羽杀义帝时,老人就应"力能诛羽则诛之,不能则去之,岂不毅然大丈夫哉"!不过这位大文学家同时又说:"虽然,增,高帝之所畏也。增不去,项羽不亡。呜呼,增也人杰也哉!"又过了三百多年,明代诗人吴易来到黄河边,于荒林败草间屹然见一高丘,颇觉奇异。问了当地父老,才知是当年项羽谋士范增之墓,顿觉胸中勃勃,于是便有了下面这首《亚父冢》:

河决山原几变更,
高丘何事独峥嵘?
五陵王气销烟草,
玉斗千年恨未平。

韩信传下一令:"今日破赵会食!"

当范增老人怀着悲凉,骑着瘦马,独自在黄河南岸踽踽东行的时候,在黄河北岸的侧面战场上,年轻的大将军韩信,正率领着他的一支奇兵驰骋在魏赵大地上。

韩信破魏告捷,接下去的一个战役便是北上攻赵,同时捎带一下代。

赵和代同属战国时赵国之地。一年多前,陈余打败张耳,迎回了被项羽改封为代王的赵歇,仍立为赵王。赵歇为表示感谢,封陈余为代王。

攻赵的"理由"与攻魏相同:陈余曾一度归汉后又背汉。

这回攻赵,刘邦又向韩信派出了一将,就是陈余当年的刎颈交、如今的死对头张耳。这是一个残酷而又带有戏剧性的安排。

攻代之战对韩信所率领的汉军来说,犹如现代体育竞技中的热身赛,只需牛刀小试。其时陈余尚留在赵都襄国(今河北邢台)辅佐赵王,守代的是代相夏说。汉王二年(公元前205年)九月,韩信一举破代,夏说溃逃至阏与被擒。失去主将,代兵群龙无首,或归降,或作鸟兽散。战事就这样在一片欢呼声中轻松地结束。正要乘胜向北推进攻取赵国,荥阳使者骑着快马来到。使者带来的是汉王的命令:为固守荥阳,抵御攻势日烈的楚军,急需抽调精兵数万南下支援。又,副将曹参及其部众,也另调去守卫敖仓。

这么一抽一调,这支驰骋在第二战场上的汉军几乎被削去了大半。韩信不得不决定暂驻原地,一面派人四出募兵,一面命军中斥侯加紧刺探赵兵虚实,以便制订主要靠智力取胜的新的进攻方案。

我们再来看看赵国的情况。

赵王歇在陈余的竭力辅佐下,上下齐心,经过一年多的苦心经营,使这个太行山下的封国又有了一定规模。这回听到汉军已破灭西魏,立即调令全国兵员,号称二十万,聚集于井陉口,以拒汉军之北进。

这井陉口又名土门关,其址在今河北井陉县西北井陉山,为太行山区进入华北平原的要隘。

赵国有个谋士叫李左车,封为广武君。他向陈余进献一计,认为深沟高垒不与战,而出奇兵断其后,则汉兵必破。他对汉军的优势和劣势作了细致的分析——

第一,韩信涉西河,虏魏王,势若破竹,如今又加上张耳,更如虎添翼;所以这是一支乘胜而离开本土远斗的军队,不可以正面抵挡。

第二,这又是一支有很大弱点的队伍。有道是"千里馈粮,士有饥色;樵苏后爨,师不宿饱",这支远离本土的军队,粮草的供应就是个大问题。

第三,井陉多山,道路崎岖而又窄小,所谓"车不得方轨,骑不得成列"。这种独特的地理条件,迫使来犯之军只好把队伍拉得很长,其给养和辎重又必然落在最后。

依据以上分析,李左车向陈余请求:

愿足下假臣奇兵三万人,从间道绝其辎重,足下深沟高垒,坚营勿与战。彼前不得斗,退不得还,吾奇兵绝其后,使野无所掠,不至十日,而两将之头可致于戏下(同"麾下")。愿君留意臣之计。否,必为二子所禽(通"擒")矣!(《史记·淮阴侯列传》)

应当说，这的确是一条击中汉军要害的好计，若照此施行，韩信、张耳两颗人头也确有可能成为李左车囊中之物。

但陈余却拒绝接受。

原因是陈余自幼好读诗书，以儒者自诩。他常说义兵不用诈谋奇计，打仗就得讲究堂堂之阵、正正之旗，依靠正面交锋取胜。他回答李左车说：

> 吾闻兵法：十则围之，倍则战。今韩信兵号数万，其实不过数千。能千里而袭我，亦已罢（通"疲"）极。今如此避而不击，后有大者，何以加之！则诸侯谓吾怯，而轻来伐我。（同上）

如果我们细细玩味这段话，陈余之所以如此轻视汉军，急于与之正面交战，似乎还隐含着这样一层意思：他不能在既是死敌、又是他手下败将的张耳面前示弱，不能给诸侯留下笑柄。就像俗话说的那样：仇人相见，分外眼红，他急于与不共戴天的张耳拼个你死我活！

这边韩信从斥侯来报中得知李左车之计不被陈余采纳，不胜欣喜，立即举兵北上，到了井陉口三十里前安营扎寨。若论实力，赵军号称二十万，汉军仅数万，几乎相差十倍，处于绝对劣势。但在韩信变幻莫测的指挥下，却硬是能以少胜多。他简直像个高超的魔术师，说声变，只见满台兵将乱转，仅仅用了不到半天时间，那支号称二十万的赵国大军便化为乌有！

下面便是其大略过程——

这一天子夜，韩信把各副将叫到跟前，盼咐他们当日早餐只稍稍供一点干粮即可，同时向全军传出一令："今日破赵会食！"（《史记》本传）众士卒听说能大吃一顿自然个个欢喜雀跃，但几位副将却不免暗暗纳闷。他们知道"灭此朝食"原是一个不祥的典故[1]，再说这回战幕还没有拉开，怎么就知道汉军必胜？就算能胜，二十万赵军一个早上能破得了吗？要是破不了，这顿早饭还吃不吃呀？不过既是大将军出令，他们也不敢违抗，只好答应一声："诺！"

挑选轻骑二千，各人发给赤旗一面，如此这般嘱咐一番后，由骑都尉靳歙率领，命令他们抄小路到后山隐蔽起来，暗中密切注意赵军动向，随时准备依计行事。

命令左骑将军傅宽、常山郡守张苍率领兵卒一万，迅速渡过绵蔓水去，然后背水列阵，静候待命。背水列阵原为兵家大忌，因而不仅傅宽、张苍二将莫解，就连在营帐前巡逻的赵兵远远望到，也不由大笑起来。

如此安排停当，已是日出时分。

现在主将可以出场了。

【1】典出《左传·成公二年》。齐先后进攻鲁、卫，鲁、卫求救于晋，晋以大将郤克率诸侯联军攻齐。齐顷公因连胜鲁、卫而滋生了严重的轻敌思想，下令说："余姑翦灭此而朝食！"说完连战马也来不及披甲就冲出阵去。结果齐军大败，齐顷公也差点做了俘虏。

韩信与张耳渡过绵蔓水后，即扬鞭奋蹄，大模大样地闯向井陉口，两旁军士扬旗呐喊，擂鼓助威。

原来韩信料定，赵军据险扎营，不见汉军大将旗鼓，决不会轻易出营迎战；而一见"韩"、"张"旗号，求胜心切的陈余很可能就会空营出动，以全部主力投入战斗。

果然，韩信、张耳一出阵，赵军所有营门洞开，主将陈余跃马横刀，麾兵出战。赵兵仗着势众，如潮水般涌来。眼看就要被围住，韩信招呼一声张耳，拨转马头急走。众士卒也按照事先的约定，纷纷抛出帅旗，掷去战鼓，一齐返奔。陈余部众旗开得胜，自然欢喜不尽，纷纷争抢汉军抛掷的旗鼓，以为报功之资。连居守在营内的赵兵，想来也是邀功心切，竟将赵王歇也拥了出来，呐喊助威。井陉山下，欢呼声和喊杀声混成一片。

这时候韩信、张耳等已退抵绵蔓水，与原来在此背水列阵的傅宽、张苍等会合到一起，与蜂拥而至的赵兵展开了一场殊死的鏖战。刚才还不被人理解的背水列阵，这时候显出了神奇的威力。事后韩信向诸将解释了其中的道理。他说尽管兵法上也有"陷之死地而后生，置之亡地而后存"的规定，但他非这样做不可却另有其独特的原因。由于大批精兵被汉王刘邦抽调去守卫荥阳，他的这支军队多数是刚招募的新兵，没有经过严格训练，若是置于通常的阵地，一到战斗激化就会纷纷逃亡。所以必须置之死地，使之人自为战，非战即死。《吴子》中就有这样的话："一人投命，足惧千夫。"

眼前的景象确实就像韩信所预料的那样：背对着滔滔绵蔓水的汉军，他们都知道自己已无半步后退余地，要活命的唯一希望，就是拼力搏杀。因而一个个都能以一当十，以十当百。直杀得天昏地黑，血肉横飞，杀得汉军体无完肤，杀得赵军尸横遍野！

就在这时候，赵军背后响起了雷鸣般的呐喊声和马啼声。回头望去，只见满山遍野的铁骑正怒潮般向这边冲来，他们的背后是无数飘动着的赤旗，犹如熊熊烈火烧红了半爿天。原来这就是由骑都尉靳歙率领的那支二千人的骑队，按照韩信命令，他们一直潜伏于后山，待到汉军大将前来挑战，赵军空营出击，他们便从山上急驰而下，拔去赵军空营的旗号，一律换上汉军赤帜，随即齐声喊杀，旋风般向绵蔓水方向俯冲，配合背水列阵的汉军，对赵军造成前后包抄之势。不明底细的赵军，望着那一片赤旗，误以为又一支汉军从天而降，连他们的军营也全被汉军占领，一时慌了手足，拼命四处夺路溃逃。陈余大声怒喝，连连砍杀数人，也没有能将只顾逃命的赵军吓住。就在这样一片惊恐和混乱中，号称二十万的赵军，有的死于汉兵刀下，有的淹死于绵蔓水，还有的是自己相互残杀，再加上逃跑的，投降的，不到半天工夫，就已烟消云散。

杀红了眼的汉军，忽而纷纷向一辆朱轮华盖的车驾围去，随即爆发出阵阵欢呼声，原来赵歇已被他们活捉[1]。

现在还剩下一个赵军主将陈余。

张耳与陈余，这对奇特的朋友之间的恩恩怨怨，也到最后了断的时候。

---

[1]《史记》、《汉书》之韩信传，记生擒赵王歇于井陉。《史记》、《汉书》之张耳、陈余传则称："追杀赵王歇襄国。"襄国系项羽封张耳为常山王时之国都，今河北邢台。

《史记·张耳陈余传》只记下一句话：汉王"遣张耳与韩信击破赵井陉，斩陈余泜水上"。泜水，即今河北省槐河。

一年半前，陈余要刘邦杀了张耳他才肯归汉，那时他见到的是一颗假张耳的人头；这回倒过来了：张耳杀陈余，割下的是一颗真陈余的头颅。呵，令人感慨莫名的这对"刎颈交"啊！

井陉要塞和二十万赵军军营中，自然美酒佳肴，应有尽有。获得大胜的汉军，果然如韩信军令所言美美饱餐了一顿。这时韩信又向全军发出了一道新的命令：

速速搜捕广武君李左车，严禁杀戮，务必生得。有能如令者，赏千金。【1】

过了一两日，果然有人将李左车五花大绑押到帐前，韩信一面命人依令以千金为赏，一面亲自为李左车解缚，请他东向坐下，自己则向西对坐，以弟子事奉师长之礼对待这位阶下囚。

李左车莫明究竟，一时颇为惶恐。

韩信温颜说道：足下受惊了。仆今有事商量，请足下不吝赐教。

李左车推辞说：有道亡国大夫，不足图存；败军之将，无以言勇。今臣已为虏，何敢在主帅帐前妄议大事？

于是韩信用百里傒"居虞而虞亡，在秦而秦霸"的故事【2】，说明赵军之败，全在陈余不听足下之计；若是足下之计得以实施，则我韩信等今日或早已伏地就擒。并一再表示：仆委心求教，愿足下勿辞。李左车见韩信确实出自诚意，这才表示：智者千虑，必有一失；愚者千虑，或有一得。臣计未必足用，无非一效愚忠。所谓狂夫之言，圣人择焉！

韩信要请教的是，如何乘破赵之胜，继而北上攻燕，东进伐齐。李左车对汉军目前的长处和可能出现的短处作了分析。他说：将军涉西河，虏魏王，下井陉，破赵代，名闻海内，威震天下，这是将军的长处。但迭经战阵，师劳卒疲，不堪再用，若再引而攻燕，燕人凭城固守，则必欲战不得，欲攻不克，情急势拙，久必粮尽。当其时，燕既不服，齐又逞强，如此则旷日持久，楚汉胜负永难分晓，反使将军长处变成了短处，岂不可惜！古来善用兵者，必以长击短，切不可以短击长！

李左车的这番长短之论，实际上是一次委婉的劝谏。也许他已经看出，年轻气盛而又接连获胜的韩信，再下去很可能会因屡屡强力用兵而遭致挫折。韩信一听，顿有所悟，连忙接问道：足下所言极是，如今该用何策才好？

下面是李左车回答的一番极有见地的话，见于《史记·淮阴侯列传》——

方今为将军计，莫如按甲休兵，镇赵抚其孤，百里之内，牛酒日至，以飨士大夫，醳

【1】 此令是我根据《史记·淮阴侯列传》拟的。其原文为："信乃令军中毋杀广武君，有能生得者购千金。"
【2】 参见《大秦帝国》第一章第二节。

(yi，赐酒食)兵，北首（读如狩，巡守）燕路。而后遣辩士，奉咫尺之书，暴其所长于燕，燕必不敢不听从。燕已从，使谊言者（犹能言善辩者。谊，xuān）东告齐，齐必从风而服，虽有智者，亦不知为齐计矣。如是，则天下事皆可图也。

一面抚慰已被征服的赵国，显示所谓王者气度，一面加强边境巡守，炫耀军事实力；然后派出能言善辩之士发起外交攻势，即所谓于觥筹交错之间收折冲千里之功，不费一兵一卒而使对方归服。

韩信听了大为称赏，当即命人厚待这位智士，留居幕中。特派一善言使者，持书赴燕。燕王臧荼果然慑于威力愿意归附。这样短短数日之内，破赵和降燕两份捷报，相继用快马飞报到了荥阳。

与捷报一起出现在汉王案前的，还有一份韩信的建议：请立张耳为赵王，以镇抚其国。刘邦认可了这一建议。

按照韩信破魏后向汉王呈报的战略构想，"北举燕、赵"，已经做到，接下去该"东击齐"。

韩信与张耳商议后，决定暂缓东进，将大部队从井陉南移至修武，以便休整疲惫不堪的汉军和整编新降的赵兵，同时平定和镇抚赵国全境，加强防守，击退楚军来犯。

修武属河内县，今为河南省获嘉县，其南接黄河渡口，过黄河数十里便是荥阳。韩信军在此驻扎近一月，已渐渐进入严冬。正准备发兵攻齐，突然有一天拂晓，辕门前闯进几个衣冠不整的人来，自称是汉使，却又并不持有符节。仔细认认，为首的一个，竟是汉王本人刘邦！

假刘邦活活烧杀，真刘邦逃之夭夭

刘邦的再次狼狈逃亡，是因为荥阳终于被项羽攻破并占领。

那是在项羽听到亚父范增背疽突发、暴死于回彭城途中的噩耗以后。

西楚霸王先是吃惊，接着是暴怒，掀翻了面前的几案。这一惊一怒，倒立刻使他清醒过来了。想想这些日子来的种种传言，难保不是刘邦这个老匹夫派人使出的诡计，以乱我视听，害我肱股，杀我亚父！

现在项羽后悔了！

但后悔之痛，无药可治。

项羽尊范增为"亚父"。在古代，父，也可用于对非血缘的男性长者的尊称，天子或诸侯也曾把称呼伯父、伯舅作为对大臣中的长者的一种特殊尊荣。如周武王尊吕尚为"师尚父"，春秋时的齐桓公和战国时的秦王嬴政，分别尊管仲、吕不韦为"仲父"等。从史书的记载看，项羽尊范增为"亚父"，可能还有一些特别因素。这个江东汉子纵然勇猛、刚烈而且残忍，却又是一个很重感情的人。他自幼丧父，很可能是叔父项梁教养长大的。但项梁不久战死，因而项羽尊范增为亚父似乎还带有政治以外的感情因素。只是这个缺少政治头脑的晚辈常常无法理解和接受亚父那些老谋深算的计策，致使彼此分歧日多，隔阂渐深，最后终于发生了项羽误中陈平之计，竟怀疑自己亚父与刘邦勾结这样的悲剧！

现在可敬的亚父就这么走了，身边再也没有一个唠唠叨叨的老人来管束、指点自己了！尽管史书记载不详，但我们还是不难想象，项羽一定会捶胸恸哭，悲痛不已。他一面为亚父发丧，一面召回被他从前线撤下来的钟离眜等将领，好言抚慰，命其随同杀敌。随即亲率大军，带着冲天悲愤出彭城西进，陈兵黄河南岸，切断成皋、广武的拱卫，这回非要踏平荥阳不可了！

已被断粮折磨得奄奄一息的荥阳城，哪里还经得住这头发狂了的狮子的猛扑！

汉王刘邦及其所属，已是命悬一发。

这时候有一个人站出来，向汉王表示了他的极端的忠诚。

他叫纪信，时任将军。在鸿门宴危机中曾是刘邦贴身卫士之一[1]。

也许纪信长得与刘邦有几分像，这回他提出让汉王脱险的办法是，由他装扮成刘邦出城去向项羽投降，刘邦则乘乱混出城去。在商议中，众人也以为唯有此计可行。陈平又提出了一些补充：为了便于掩护，开城时间安排在夜晚。其实施步骤是：先在东门集中女子二千余人，披以铠甲，黄昏过后缓缓放出，以吸引楚军的注意力；至午夜，假汉王乘车由东门出降，真汉王则微服简从悄然由西门出城。刘邦认可了这一计划，对纪信少不得进行一番慰勉，说些忠心可鉴一类话。当即命人写就降书，派使者送出。汉王决定仅带张良、陈平、夏侯婴等数十人随行，命御史大夫周苛、枞公和韩王信，以及第二次降汉的魏豹一起坚守荥阳。

是夜，当真假汉王之计付诸实施时，荥阳城内外便出现了这样戏剧性的一幕：先是披着铠甲的两千女子由城之东门而出，楚军开头以为是汉军突围，自然从四面杀来；及至发现皆为手无寸铁的女子，又纷纷好奇地过来围观。这时候，装扮成汉王的纪信乘着带有翠盖、饰有幢旌的王车出场了。他让侍从官向项羽呈上降书，说：城内粮尽，汉王刘邦乞降于西楚霸王麾下。楚军以为活捉了汉王，一齐高举手中兵器欢呼雀跃起来。东门外"万岁"之声震天动地，引得西、南、北三门楚军也急急奔来看热闹。这正好给了早已等候在西门的刘邦及其一行人一个机会，便悄悄地迅速溜了出去……

当这或明或暗的一幕幕在依计展开的时候，项羽正享受着他的"胜利"的快感。他让侍卫高举火把，自己读了一遍汉王措辞谦卑的乞降书，居然颇为感动。刚要对汉王说句什么，抬头望望不远处乘舆上那个戴着王冠垂拱而立的人，突然起了疑心。他引缰催马前行几步，命人用火把向那乘舆照去，怀疑得到了证实。他抽出佩剑大喝一声：汝是何人，胆敢前来冒充汉王？

纪信一阵哈哈大笑，脱去王者衣冠，缓缓说道：我乃汉将纪信。匹夫项籍，你又中了汉王之计啦！

项羽厉声叱道：汉王现在哪里？

---

[1] 据《史记·项羽本纪》。《汉书·高帝纪》则记为"纪成"，是另一人。

纪信说：汉王早已出荥阳远去，不过他很快会回来的，你就等着汉王率领大军来讨伐吧！

被戏弄了的楚军愤怒地喊起"杀"来，项羽狠狠一剑，将乘舆的翠盖、幢旌全都砍去，大声命令：烧！

众士卒纷纷将手中火炬丢向纪信所在的乘舆。人和车顿时化作烈焰，不一会消失在黄河南岸的夜空中。

后人对纪信的死吟咏颇多，如宋代王禹偁有一首《荥阳怀古》写道：

纪信生降为沛公，
草荒孤垒想英风。
汉家青史缘何事，
却道萧何第一功！

荥阳这座孤城，现在就靠着周苛等在誓死固守。周苛与枞公相互商议说：魏豹此人反复无常，一有变故，怕他还会投楚叛汉，不如及早除去，以绝后患。计议定后，一次趁魏豹不备，抽刀将他杀死，随即陈尸军中，声言因魏豹有异心故而加诛，全军将士，务必戮力同心，与荥阳共存亡。这么一来，倒也激起了一股众志成城的力量。项羽虽督兵再攻，无奈城门紧闭，城头放箭掷石，急切间要破也难。于是一面派人四出探听刘邦去向，一面分出一支兵力来，想先攻成皋、广武，砍去这对犄角，使孤立的荥阳无法固守。成皋守将黥布不想与楚军正面交锋，率军逃离，成皋遂为楚军所占领。广武镇将樊哙则据险拼力扼守，楚军几次猛攻皆无功而返，广武城头依然飘扬着汉军旗帜。

项羽接连听得侦骑来报，先是说汉王刘邦已辗转回到关中，继而说已率师东进武关，最后一报说：刘邦及其所率领的汉军正在向宛城进发。项羽不由大惊，决定立即前往阻截。于是传令将士，撤围南行。

原来这宛城即今河南省南阳市。宛城与荥阳、彭城形成一锐角三角形：由宛城既可北上救荥阳之围，也可东进乘虚以取彭城。想必项羽对两年前那次彭城的被汉军袭取记忆犹新，因而这一回决不让刘邦的计谋再度得逞！

不错，这的确又是刘邦一计。但项羽哪里知道，这回的计不在乘虚袭取彭城，恰恰是在诱使他撤荥阳之围而举兵南下。这就是说，项羽又中计啦！

刘邦及其随从以诈降计由西门逃出荥阳城后的活动路线是这样的——

他们先到当时还由黥布把守的成皋，略作休整，再西行经函谷关而至栎阳。作为汉国国都的栎阳，经过萧何几年的潜心经营，已颇具兴盛气象。此前，刘邦曾多次派使者慰劳萧何。有个姓鲍的儒生从中看出了不安，提醒萧何说：汉王风餐露宿在外与项羽作战多年，还常常派人来慰劳，只怕是对丞相有疑心的一种表示。今为君计，不若将您的昆弟子孙辈凡是能上前线的都送到汉军去，那样汉王才会更加信任您。萧何以为鲍生说得很对，赶紧照着他的话做。后来萧氏宗族到汉军服役的有数十人之多，刘邦果然非常高兴。这回刘邦一行人的到来，萧何自然要细心周到地接待，使这支饱受逃亡之苦的队伍有一种到了自己家的感觉。在这里，刘邦与张良、陈平等商议如何复振汉军的计划，很快又征集到了一支规模可观的军队，就准备再次出关东进去解荥阳之围。若是照此行事，荥阳城内外将会有一场异常激烈而又胜负难料的战斗。但就在行军途中，有人提了个建议，不仅改变了汉军的行走路线，从某种程度上说也改变了楚汉战争的全局。

这个人叫袁生[1]，在《史记》、《汉书》中就出现了这么一次，估计是秦汉之际隐居在河洛间的一位高士。

下面是袁生建议全文：

汉与楚相距（通"拒"）荥阳数岁，汉常困。愿君王出武关，项羽必引兵南走，王深壁（意谓深沟高垒据守不战），令荥阳、成皋间且得休。使韩信等辑河北赵地，连燕齐，君王乃复走荥阳，未晚也。如此，则楚所备者多，力分，汉得休。复与之战，破楚必矣！（《史记·高祖本纪》）

这的确是一项经过深思熟虑的高策。所谓当局者迷，旁观者清。张良和陈平自然也是当时的一流智士，但处于事变中的人，有时往往为眼前急务所囿，反而不容易通观全局，从而投下决胜一子，以收到满盘皆活之效。袁生之策是基于楚强汉弱这一实际情况提出来的，它的妙处在于活用了战国初期孙膑"围魏救赵"的经典战例，不是直接去与围困荥阳的楚军作战，而是进兵于远离荥阳的某个敏感地区同样达到解围的目的。它的要点是疲楚而养汉，使楚军不得不分散兵力，穷于应付，而汉军得以养精蓄锐，最后便可一举灭楚。

刘邦听从了袁生的建议转而出师武关南下，途中与成皋撤退出来的黥布之军会合，随即在宛城与叶县之间继续征集兵员，扩大汉之影响力。这样，当项羽从荥阳撤围怒气冲冲率军前来征讨时，汉军早已立定营垒，竖栅掘壕，做好了拒战固守的准备。项羽仓促赶来，几回讨战不应，自然不免暴躁。恰在这时，又得探马急报，说是彭越已破了驻在下邳的楚军，守将薛公也被杀。原来彭越自向刘邦表示愿意联汉后，常在梁地往来游兵，以绝楚军之粮。这回他利用楚汉相持于荥阳——宛城间的机会，渡过睢水，攻取下邳，是一带有试探性的进攻，意欲乘机扩展他自己的声势。项羽对惯于在他后方"游兵"的彭越早已十分痛恨，这回得报更是怒不可遏，立即弃宛城而昼夜兼程东进讨彭。勇猛的楚军一个个如狼似虎，彭越哪里抵挡得住，只好退渡睢水，再北上回到梁地去打他的游击。项羽追赶不及，意欲还攻宛城，却不料狡猾的刘邦正是利用了他东进讨彭这个间隙，移师北上，杀楚军守将终公，夺回了成皋，与黥布合兵驻守。项羽欲进不得，欲罢不忍，大喝一声：一不做，二不休，索性西进再围荥阳，这一回不攻下此城决不

---

[1] 据《史记·高祖本纪》。《汉书·高帝纪》则为"辕生"。

回彭城！

楚军奔腾千里而来，一时云屯雨集，奋力猛攻；汉军势单力薄，如何固守得住！汉王三年（公元前204年）六月，已经断断续续攻打了十三个月的楚军，终于浩浩荡荡地进入了荥阳城。

项羽立马横刀，高高站立在城头上。

汉军守将周苛、枞公和韩王信都做了俘虏，被押到项王马前。

韩王信愿降，被留于楚营。

枞公抵死不降，当场斩首。

项羽扬鞭指问周苛：周将军受命于危难之时，而能以疲惫、饥饿之兵坚守孤城数月，令人敬佩。若能归楚，籍当授汝为上将军，封邑三万户，如何？

周苛睁目怒叱道：应当归降的是你，不是我！我劝你还是速速降汉吧，你哪里是汉王的对手！

项羽勃然大怒，骂道：手下败将，尚敢胡言！难道不怕骨肉无存吗？又喝令左右：与我取过鼎镬来！

周苛道：荥阳既破，苛又何惧一死！

周苛竟就这样被活活烹杀。

项羽令诸将暂守荥阳，自己亲率一支精兵，出西门直奔成皋。这回打定主意决不能再放过刘邦。

成皋在荥阳西北数十里，快马不消半个时辰即到。

但搜遍全城，却见不到一个汉兵，自然更不会有刘邦的一点踪影。

原来刘邦听得荥阳失守，料想项羽必来攻取成皋，众寡悬殊，断难抵挡，不如随带数十骑，预先逃离。汉王既走，黥布也觉得独力难支，索性也带领部众，弃城北上。

出成皋向北，便是黄河。

天色微明，再次逃亡的刘邦及其随从张良、陈平和夏侯婴等一行人，来到了这条滔滔东流的大河前。千百年来，在黄河两岸，不知演出过多少或英勇悲壮或惨烈奇异的故事，刘邦等人的到来也该是其中的一个。刘邦北渡黄河后接下去要做的事可说是既铤而走险，又蛮横无理，以至孤陋寡闻如我，初次读到史书相关记载时，感到不可思议。但汉军的复振、刘邦的终于夺取天下，却又在很大程度上决定于此下一举，因而很可能是与张良、陈平这样高智商人物一起商议而定，并非率意妄为。我们还是先来看看《史记·高祖本纪》的记载——

汉王跳（逃），独与滕公（即夏侯婴）共车出成皋玉门（即北门），北渡河，驰宿修武。自称使者，晨驰入张耳、韩信壁（营垒），而夺之军。乃使张耳北益收兵赵地，使韩信东击齐。

一支零乱的逃亡队伍，"自称使者"便突然闯进一个理应戒备森严的军营，并且宣布夺了这支军队的统领权，这事想来实在有点玄！用兵如神的韩信，对军营自身的戒备也该是严密的，如果对这不明来由的闯入者发起还击，或虽侥幸入营但韩信和张耳拒绝交出军队，都将会产生极其严重的后果。陈平惯于使巧计，张良则多智又持重，有他俩在刘邦身边，想来还不至于如此鲁莽行事。笔者有个猜想不妨提一下：《史记》的这段记载是否略去了一些重要细节？譬如刘邦等渡过黄河后，先止宿于修武城东侧的小修武（《汉书·高帝纪》有"宿小修武"一句），不是贸然闯入，而是先暗中找"内线"摸摸底；如果真要找内线，那么此人该是刘邦好友兼同乡、时任韩信副将的曹参。然后商定次日拂晓，由曹参接应入辕门。这样，当"汉王驾到"的呼喊声出人意料地接连响起时，从睡乡中惊醒过来的韩信和张耳仓皇出来迎驾，他们除了诚恐诚惶地接受训斥、交出军权以外，就不可能再有其他任何反应。——当然猜想只是猜想，诸位切勿当真。

现在再来看看据《史记·高祖本纪》记载刘邦宣布"夺军"后对二人所下的命令：

使张耳北益收兵赵地——张耳已被封为赵王，让他回赵国去征收兵员，似乎还算说得过去。

使韩信东击齐——这就太无理了！韩信在破魏和平赵、代期间，曾多次以精兵输送荥阳以御楚，这回好容易征集来的数万新兵又全交给了你刘邦，还叫他拿什么去"击齐"呢？

幸好，《史记·淮阴侯列传》另有补充记载，说是刘邦夺军后"拜韩信为相国，收赵兵未发者击齐"。句中"未发者"不好理解。是没有出发吗？这等于不说：可以征集的当然是没有出发之兵。《史记集解》说："谓赵人未尝见发者。"那就可能是赵军遭败后，一些流落在各地的散兵游勇。一句话，韩信领兵伐魏时已拜为左丞相，现在又接受了攻打齐国的任务，只是多了个"相国"的虚衔；至于军队嘛，对不起，你自己去想办法吧！

韩信就这样两手空空走出自己构建的军营。正是盛夏，修武城外，北首的天门山在烈日炙烤下连吹过来的风都是火烫的。对这个早晨的突发事件，他内心是否抗拒过，或怨愤过，我们无从得知。作为大将军，韩信自然有他的随从。他向将要去"收兵"的赵国方向扬了扬鞭，随着一阵急鼓似的马蹄声的响起，齐刷刷的十几匹骏马在飞扬的尘土中箭似地向山那边飞去……

风云突变,汉、楚、齐玩起了走马灯

柔软的舌头遭遇坚利的刀戟

刘邦从韩信手里夺到了一支军队,从失守的成皋那里又陆续过来了一些将士,二者相加,声势复振,以为又有了与项羽一决雌雄的实力。正要举兵击楚,军中斥候的书报改变了他这种急于与项羽正面较量的心态。

这些书报都是有关楚军动向的。一些迹象表明,项羽攻取荥阳后,似有再向西推进之意。其中最新的一份说:楚军已从成皋发兵,正向巩县方向行进。

巩县即今河南省巩县西南,地处黄河南岸,洛水下游。

令刘邦深为忧虑的是,如果项羽由此一路西进,破关而入,关中就将动摇;而关中一旦有失,根基不存,哪里还有他这个汉王!他一面派出将领迅即率兵奔赴巩县,堵截楚军西进;一面召集臣属商讨对策。也许是多次的失败与逃亡使刘邦感到要攻灭项羽、夺取天下至少在目前状况下已经无望,因而提出了这样一个议题:可否将成皋以东之地全都放弃,退而拒守巩、洛,以安定关中,巩固汉基?

在讨论中,反对西撤最激烈的是郦食其。他的一个很有力的论点是:放弃成皋以东就是放弃敖仓之粟,而放弃敖仓之粟就意味着放弃天下。他说:有道君以民为本,而民以食为天。敖仓储粟甚多,这应是兵家未取必争、已取必保之地。今楚已取敖仓却不知固守,此乃天所助汉也!倘若天予汉而汉也不取,岂非违逆天意!愿大王即进兵,收复荥阳,据敖仓之粟,塞成皋之险,控太行之道,守白马之津,因势利便,镇守中原。若能如此,则敌恐后路中断,必不敢长驱数千里轻进关中;关中既可无虞,又何必去驻守巩、洛呢?

刘邦觉得有理,就计议复取敖仓。郎中郑忠却提出了不同意见,认为目前尚不宜正面与楚交战,不妨仍驻守修武,一面深沟高垒以拒楚,一面派得力将士深入楚军后方,设法断其粮饷,使之因乏食而自乱,然后进击,便可收到事半功倍之效。众人也以为此策甚好。汉王认可后,便命将军卢绾和刘贾去断楚粮路。卢绾与刘邦不仅是同乡,还是同年、同月、同日生的好友。刘贾则是刘邦从父兄,一说从父弟。二人率领步卒二万,骑士数百,渡过白马津,潜入到楚地,与一直在那一带活动的彭越会合,采取虚虚实实、分分合合等游兵策略，时而擂鼓进兵，时而鸣金收兵，袭击和焚烧楚军积蓄。若楚军来攻，则与彭越连环相保，坚壁不战。善于打机动仗的彭越，又趁机攻夺梁地，获取了睢阳、外黄等十七城。

刘邦采取的这一新策略，果然震动了项羽。

此时项羽尚在成皋。几天前他向巩县方向派出了一支带有试探性的军队。他在等待着这支西进之军的捷报。但他等到的却不是西进的捷报，而是楚军后方受到汉军袭击和焚毁积粮的消息。特别让他无法容忍的是彭越那种地老鼠式的游兵战术，这一回居然又被他偷袭去了十七城！

项羽陷入了两难。他想亲自去外黄讨伐，可两个多月前的教训记忆犹新。那次他离开宛城东进征讨偷袭了下邳的彭越，刘邦却正是利用这个间隙北上占据了成皋。这一回，老奸巨猾的刘邦会不会故伎重演呢？但彭越之乱现在已成了他心腹之患，又非亲征不可！

他决定还是出征，当然要速战速决。

粗中居然也会有细的西楚霸王，算了一笔账。剿灭像彭越这样一个小毛贼，最多三五天吧，再加上从成皋到外黄、睢阳等地的来回路程，估计不会超过半个月——也不能超过半个月！

项羽把成皋的守将曹咎叫到跟前，下了这样一道命令：

谨守成皋，即汉王欲挑战，慎勿与战，勿令得东而已。我十五日必定梁地，复从将军。（《资治通鉴·汉纪二》）

切切不要开城迎战！半个月后我一准回来！

尽管已经把话说得斩钉截铁，尽管曹咎领命时连声诺诺，项羽还是有些不放心。

说起来这个曹咎还是项羽叔父项梁的恩人。秦时曹咎曾任蕲县狱掾，一次项梁犯法被栎阳县衙逮捕，多亏了曹咎写信给栎阳狱掾司马欣才了事的。项梁起兵反秦，曹咎任为将军，后属项羽，任大司马，封海春侯。项羽同时又封司马欣为塞王。曹咎英勇善战，项羽是很喜欢这位比自己大一辈的猛将的；只是他生性暴烈，总还有些担心他会经不住汉军的挑战。想了想，又把彭城大捷后重又背汉归楚的司马欣叫来，让他做曹咎的副将，下了同样的命令。

做了这样的安排，项羽这才跃上那匹称为乌骓的骏马，率领他的军队，沿着黄河山呼海啸般向东驰去。

现在就要说到一场舌头与刀戟的较量。

好发宏论的老人郦食其，此前因他的据有敖仓之粟即据天下一说受到了汉王的称赞，大概很是兴奋了一阵子的；这回他又提出了一个用舌头代替刀戟令齐国归汉的建议。他向刘邦分析了齐国当时的形势：田横立田荣之子田广为齐王，自任相，利用汉楚争战、相拒荥阳这一时机，秉政三年，国内晏然，如今千里之齐，负海阻河，有兵二十万之众，驻守于历城。大王纵使发兵数十万，一年半载也难以攻破。据此，他提出请求说：臣请得奉明诏游说齐王，使之归顺而为汉之东藩。

郦食其的这一请求，得到了刘邦的同意并付诸实施。对此，《汉书·高帝纪》有明确记载：汉王三年（公元前204年）九月，"汉王使郦食其说齐王田广"。

历史在这里留下了一个疑问：刘邦不是已经"使韩信东击齐"（见上节）了吗？这里怎么又要"使郦食其说齐王"了呢？一个是"击"，用刀戟；一个是"说"，用舌头。请问汉王：对付齐国，你究竟是要用舌头呢，还是要用刀戟？

时间相隔才两三个月，刘邦显然不会如此健忘。他肯定有他的考虑。譬如他顾忌到接连取得破魏、平赵、定燕等胜利后的韩信，若攻齐再获成功，是否会拥兵自大，难以节制？因而不再想用韩信。或者也有可能他与郦食其一样，以为地广千里、拥兵二十万的齐国，即使用上数十万兵力一年半载也不见得攻得下，不如试着用游说一法。当然这些都只能是猜想。但无论如何，就因为舌头与刀戟之间的这种纠葛，读者将会看到，后来发生了怎样的惨剧！

不过郦食其的说齐倒是十分顺利。他的那篇洋洋洒洒的说辞，我们可以从《史记》本传中读到。见到齐王田广后，这位年迈的纵横家劈头提出的一个问题便是："王之天下之所归乎？"所谓"归"，就是天下究竟是归汉还是归楚的问题。接着将汉与楚，从对待怀王之约、对待义帝、对待诸侯王，以及如今拥有的疆土、实力等各个方面，一一作了对比，从而得出了天下必然归汉的结论。最后说：您大王"疾下（归顺）汉王，齐国社稷可得而保也；不下汉王，危亡可立而待也"！

齐王田广听了觉得很有道理，表示愿意归汉，并遣使向汉王述报，同时下令把历城的守兵及战备全都撤了下来。此时已是九月底，也即秦历的年末，齐王特地在临淄宫里大排筵席，宴请这位尊贵的汉使。自称高阳酒徒的郦老先生，对杯中之物自然情有独钟，一连几日，昼夜纵饮，竟至忘了归汉述职。

这大概是郦食其一生中唯一的一次游说成功，而且是一次很大的成功；却也是给他带来了灭顶之灾的最后一次成功。

原因是又出来了一个舌头，而其背后是坚利的刀戟。

这就又要说到韩信。

这位两手空空的光杆将军，经过一段时间的招集，居然又有了数万人马。这自然只能是一支没有经过严格训练的队伍，但用兵如神的韩信，却有本事照样让它杀出威风来。汉王四年（公元前203年）十月初，他就带领着这样一支临时凑起来的军队，从赵地出发，来到怀州平原津，准备由此东渡黄河去攻打拥有精兵二十万的齐国。

突然传来了一个意外的消息：郦食其说齐成功。齐既已归汉，自然不必再用兵。韩信尽管不免有些技痒，却也只好下令停止东进。

这时候有个能言善辩的策士站了出来，他叫蒯彻[1]。

蒯彻是范阳（今河北兴西南）人，比起郦食其来，他更像战国时期那种审时察势、四出游说以逞其能的纵横家。反秦之火初起，武臣和张耳、陈余等奉陈胜之命攻略赵地，很快攻得了十余城，郡守、县令及吏员一律处斩，声势大振。张耳、陈余等推举武臣为武信

---

[1] 蒯彻：本姓蒯名彻，《史记》、《汉书》则均作"蒯通"，因汉人写书须避武帝刘彻名讳而改。

君,召谕赵地其余诸城来降。偏在这时,各城相互串连,坚壁拒守,其中也包括蒯彻所在的范阳县县令徐公。蒯彻看准是一个逞能的好时机,即去拜见徐公,劈头第一句话便是:仆闻公将死,特来吊公;但公得彻一计,便可转凶为吉,故又特来贺公!徐公先惊后慰,自然要向他请教其中的道理,于是蒯彻便摇唇鼓舌,侃侃陈说来由。他说你徐公为令十余载,杀人父、绝人子、断人足、黥人面不可胜数,百姓之所以未有拦道逾墙袭取公之首级,无非是慑于秦法之苛酷。如今天下大乱,秦政不施,公还有何恃而得以自保?一旦敌临城垣,百姓必乘机报复并借以成名,公之身首异处已是迟早的事,故而该吊。但因仆愿为公前去游说,凭我如簧之舌,定可保公转祸为福,所以又可贺。徐公一听果然大喜。于是蒯彻又策马来到武臣帐前。他对武臣说:这一路来,将军都是战胜然后略地,攻得然后下城,未免过于劳苦。如今在下有一计,只需一纸檄文,便可收地千里,不知将军愿意一听否?天下竟有如此便宜事,武臣自然很想知道。于是蒯彻便说道:仆从范阳来,知范阳等城所以固守拒降,实在是因为大军此前所下十余城全是见秦官吏便杀,故而彼等便想:既然降、守皆死,何如拼死以图存!如今彻为将军计,不如先赦一范阳令。此公贪生畏死,又迷恋禄位。将军不妨赐予侯印,许其禄位。若果如此,他定愿开城出降,恭迎将军。将军再使其穿朱衣、乘华轮,巡行燕赵诸地,燕赵吏民自然个个钦羡,莫不争先恐后归顺将军——此即所谓以一纸檄文而定千里之计!

后来武臣采用此计,燕赵之地果然三十余城不战而下,范阳令徐公也因而不仅得以全身,还佩上侯印。蒯彻声名由此鹊起。

蒯彻有个好友叫安期生[1],安期生把他推荐给了项羽,但项羽不能采用他们两人的策略。后来项羽要授给他们官爵,两人都不肯接受。不久,蒯彻就离开了项羽,做了韩信帐下的策士。这一回韩信因郦食其说齐成功而准备停止攻齐,蒯彻以为又抓住了一个显示自己才智的好机会。他对韩信说:

将军受诏击齐,而汉独发间使下齐,宁有诏止将军乎?何以得毋行也!且郦生一士,伏轼掉三寸之舌,下齐七十余城;将军将数万众,岁余乃下赵五十余城,为将数岁,反不如一竖儒之功乎?(《史记·淮阴侯列传》)

不能不承认这是一篇极有说服力的说词。它紧紧抓住了两个字:理和情。理:你韩信是受汉王的诏令去攻齐的,现在汉王并没有收回成命,你怎么可以停止执行呢?更为重要的是情。韩信风华绝伦,恃才傲物,又有强烈的建功立业欲望。蒯彻说辞的主要部分正是点中了韩信的这一感情穴。以下的对比一定深深击痛了韩信的自尊心:一个老朽迂儒只是动动他的三寸之舌,却得到了七十余城;你一位青年将领带兵数万,打了一年多才得了五十余城,能咽得下这口气吗?

【1】安期生:秦末策士或方士,但有的书又把他描写成神仙一类人物。如《汉书·郊祀志》就说他是"仙者","通蓬莱中,合则见人,不合则隐"。

韩信不只被说服，更多是被激怒的。于是立即率军渡河攻齐。遇到的第一关是历城。这里原来陈兵二十万，防守颇严，此时却因听从了郦食其的游说而撤除了战备，韩信之军只稍一出击便轻取此城。其后一路如入无人之境，很快已抵达都城临淄。兵临城下，齐国危在旦夕。齐王田广以为是郦食其出卖了齐国，立即命人在殿阶下架起了鼎镬，召来郦食其大声怒斥道：如今你面前只有两条路：要么设法去阻止汉军，要么你就跳鼎镬吧！

这位一生好作大度之言郦老先生，死到临头却也并无惧色，又不慌不忙地朗声说道：成就大事的人，不会去考虑细枝末节；道德崇高的人，不屑去计较别人的责难。你家老爷子这回不想再替你们去说些什么喽！（《史记》本传原文："举大事不细谨，盛德不辞让。而公不为若更言！"）

年过七旬的郦食其老人，说完这番话就从容地跳进了底下已是烈焰熊熊的鼎镬。

齐国的这场风云突变，引发了后人众多的评说。大体说来，对郦食其都表示了深深的同情，对韩信，也包括进说者蒯彻，则有较多的责难，明代李贽甚至说："即此一端，[韩]信有死道矣！"（《藏书》卷四七）唯对刘邦既已命韩信"击齐"，在没有收回成命的情况下，又命郦食其"说齐"，由此造成的混乱，几乎无人论及，实在有失公平和公正。由于舌头与刀戟之间的这种纠葛，不知殃及了多少无辜生命，更是让人无法释怀。

顺便说一桩有关这个历史事件的现代轶事。一次毛泽东与他的几位同事闲聊，因李白在《梁甫吟》中有这样的两句诗："君不见高阳酒徒起草中"，"指挥楚汉如旋蓬"；毛泽东就说：你看他那时神气十足呢！不过我再加上几句比较完全。于是便随口吟出了一首《戏续李白〈梁甫吟〉》——

不料韩信不听话，
十万大军下历城。
齐王火冒三千丈，
抓了酒徒付鼎烹。（见陈晋《毛泽东之魂》）

还值得一提的是伴随着这场刀戟与舌头的较量，汉、楚、齐三国的关系出现了走马灯式的变幻。几年来，齐与楚一直处于敌对状态，而齐与汉则是并列的封国；几天前，汉与齐成了盟国，此时却突然出现了敌对状态。而昨日的盟友一旦成为敌国，那么原来的敌国就很有可能转变为盟友。此时国破身亡的厄运已笼罩在临淄宫主人的头顶。齐王田广、国相田横、将军田既，经过紧急磋商，不得不向多年的仇敌西楚霸王发出求救。当即派使者乘快马向项羽送去一信，表示楚若能出兵救齐，齐甘愿奉表称臣。三人随即撤离临淄：田广走高密，田横奔博阳，田既军于胶东；分别在各地招集余兵散卒，准备与汉作持久之战。

外黄小儿冒死进说保全城

让我们再回到正面战场。

果然不出项羽所料，他刚一离开成皋，刘邦就派出樊哙等将领率兵去围攻成皋，日夜不停轮番在城前挑战，使出种种招数来促使楚军开城应战。

曹咎开头还是牢记着项王临行前"慎勿与战"的嘱咐的，任由汉军在城外鼓噪，只是严命将士坚守，有敢言战者立斩！

在古代那种简单的武器装备条件下，坚壁不战有时确也可以成为制敌一法。三两日一过，汉军渐渐显出了精疲力竭的样子，而一直强按着怒火的楚军却长长吐了口气。

谁知几天后汉军又使出了一法：辱骂。

在古代，辱骂也曾经被用为一种战术。此类记载《太平御览》第三百十一卷中录有多例，不过骂得精彩的还是要数《三国演义》中的诸葛亮，竟在阵前将王朗活活骂死，可见骂之威力。王朗曾为汉臣，后仕魏。诸葛亮的骂就专戳王朗的这块心病："皓首匹夫，苍髯老贼，汝即将归于九泉之下，有何面目见二十四帝乎？"王朗听着听着，"大叫一声，撞死于马下"！兵法有一忌："忿"，也就是愤怒。"忿速可侮"。所以"主不可以怒而兴师，将不可以愠而致战"（《孙子兵法》）。辱骂之所以也能成为一种战术，就是因为这种方法可以激起对方主将的暴怒，并进而带着这种失控的情绪仓促应战，最终导致失败。

史书只说汉军对曹咎"辱之数日"，究竟是怎么辱骂的，并无明录。想来不外乎解衣卸甲，赤身裸体，做出种种轻慢之状，尽拣最难听的话来骂，而其中心点可能就是讥笑曹咎胆小如鼠，只配当个灰孙子一类。生性暴烈的曹咎如何受得了如此羞辱，开头几次发作总算勉强被司马欣劝住，但到后来已是暴跳如雷，任谁也无法阻拦。只见他大喝一声：备马来！就提刀率众杀出城去。到这时候，司马欣也怒不可遏，但求一战，跟随曹咎也跃马出城。

曹咎一出城就中计了。成皋城东为汜水。汉兵佯败，纷纷渡水而逃；楚军奋力追杀，哪还顾得汜水两岸尽是伏兵。结果是："士卒半渡，汉击之，大破楚军，尽得楚国金玉货赂。大司马[曹]咎、长史[司马]欣皆自刭汜水上。汉王引兵渡河，复取成皋，军广武，就敖仓食。"（《汉书·高帝纪》）

这可说是一次骂出来的胜利，而且是很大的胜利。楚军伤亡惨重，两员主将兵败自杀。汉军再次夺回了成皋，更重要的是重新据有了敖仓之粟。

再说这时候的项羽，正率领着一个个如虎似豹般的楚军，沿着黄河呼啸东进，其势犹若疾风扫落叶，接连攻下了被彭越占领的几座城市。彭越不敢阻击，慌忙退入外黄城，奋力固守。

楚军把个外黄围得水泄不通，猛力攻打数日，城头却还飘着"彭"字军旗。项羽大怒，亲自督兵强攻，吼声阵阵，穿云裂石。彭越自知不敌，待到更深夜静，开了北门，引兵冲出一条路，飞马驰去。外黄降楚，项羽挥兵入城，却依旧余怒未息。原来这位自称是"力拔山兮气盖世"的西楚霸王，本以为一个小小的外黄城只要他一跺脚就会轰然倒塌，因而与曹咎约定他十五日内必定回成皋的。不料这一回却攻得如此艰难，而时间已快过去了半月！他把这股怒气出到了城内百姓头上：他们不都是楚国的臣民吗？为何要投顺彭越，还帮这个小毛贼去守城！入城后，他的第一道命令就是：城中凡十五岁以上男子，一律往东门外集中，听候号令！

这道命令着实蹊跷。很快有人猜出：莫非这个杀人魔王又要杀人？！

紧接着出现的一些迹象，被证实了这个可怕的猜测：东门外楚军已在列队，戈戟森然，寒光闪烁。许多精壮的男人被刀戟威逼着，在挖掘一个个偌大的土坑。显然，曾经在新安发生过的那种"坑秦降卒二十余万"的惨剧又要在外黄重演啦！

满街都是东奔西跑的人，女的哭男的号，恐怖的气氛笼罩着全城。

《史记》和《汉书》记载说，这时候有个少年来到项王军营前，要求拜见西楚霸王。盛怒中的项羽居然接见了这个少年，这似乎超出人们的想象，但也并非绝对不可能。原因就在求见者还是个孩子。

少年十三岁，是外黄县令舍人的儿子。史书没有留下姓名，我们就叫他外黄少年吧。

外黄少年施过礼，站立一旁，却不说话。项羽看他聪灵可爱的样子，心头怒气消了好些，温颜问道：看你小小年纪，难道不怕我会杀你吗？

少年说道：大王不会杀我的。这会儿满城人都在说，因为我们投顺了彭越，大王很生气，要在东门外杀人啦，可我不信。

项羽说：那是真的，你怎么不信？

少年说：那不可能是真的。

项羽说：我大王说是真的就是真的，你为何还不信呢？

少年说：因为有一个道理，连我后生小子都知道，大王是熟读兵书的，自然一定早已知道。大王知道了这个道理，为何还要杀城里人呢？

项羽说：那是一个怎样的道理，你且说与我听听！

少年说：《六韬》里说得很明白："利天下者，天下启之；害天下者，天下闭之。生天下者，天下德之；杀天下者，天下贼之。"大王难道会甘愿被天下人"贼之"吗？

项羽说：我杀的是那些投顺彭越的人，不是所有人。

少年说：这个道理更简单：外黄人投顺彭越是被迫的，不是自愿的。彭越强力劫持了外黄，大家只好暂时表示归顺，心里却都在等待着大王。所以彭越一逃跑，立刻城门大开，全城人都拥上街头来迎接大王。如果大王真要杀外黄人，那么以后还有谁敢归顺大王呢？再说外黄东面一直到睢阳，被彭越强力劫持的城市还有十几个，大王不杀外黄人，那十几个城市的人就会争先恐后打开城门迎接大王；倘若大王真要杀外黄人，那十几个城市的人就会惊恐万状，谁也不肯再归顺大王，这不是反而给你大王带来很大麻烦吗？

项羽憨笑一声，说了句楚地方言：小伢子说得有理！

就这样，外黄少年说服了西楚霸王。纯正的童心征服了人性中的兽性。善战胜了恶。

走笔至此，我对这位不曾留下姓名的古代少年，心中升起了深深的敬意。

后来事情果然就像外黄少年所预料的那样：由于项羽赦了"外黄当坑者"，所以"东至睢阳，闻之皆争下（归顺）项王"（《史记·项羽本纪》）。

项羽虽夺回被彭越占据的外黄、睢阳等十七座城市，但时间却已过了与曹咎约定的十五日的期限，不免又有些焦躁。偏在这时又接到了两份急报。一份是齐王田广的求救书。

先已一惊:齐是大国,一旦为汉所有,那刘邦老匹夫不是更难对付了吗?项羽果断作出决定:以此时手下最得力的部将龙且为大将,周兰为副将,率兵十余万,号称二十万,奔赴临淄救齐。另一份是战报,看了更是大吃一惊:成皋失守,曹咎、司马欣双双自刭!唉唉,你这个曹咎啊,我再三提醒"慎勿与战",你怎么就不能再忍一忍呢?项羽掷下战报,向传令官大喝一声:火速回师荥阳!

张良、陈平一脚踩出了一个真齐王

韩信攻下临淄,获知齐王田广及其相、将田横、田既,已分别逃至高密和博阳、胶东,而由龙且率领的救齐大军此时也已在路上。他向汉王刘邦发去一份攻下临淄的捷报,并提出了击退龙且、平定全齐的设想,请求能以破魏时曾为副将的曹参、灌婴二将军支援。然后率军东进至高密之西,驻兵于潍水西岸。

再说这回项羽派出的救齐大将龙且,向以骁勇著闻,一年前受命征讨叛楚附汉的黥布,连曾在巨鹿会战中勇冠三军的黥布,也被他打得落荒而逃。此次他率军十万余号称二十万,再加上齐王田广之兵也有三两万,两军会合而与仅有数万、且是临时杂凑起来的韩信之军交锋,自然早已胜券在握。而一旦攻灭韩信,项王至少会封给他半个齐国。所以读者诸君可以从后面将要引录的这位大将军自己说的话里看到,这一路浩荡东来,他就一直做着即将被封为半个齐王的美梦,可谓春风得意。

龙且之军陈兵于潍水东岸,与汉军隔水对峙。

帐前谋士都来向龙且献策。他们分析了对峙双方兵员的心理。汉军远道而来,必求速战,且会奋力拼搏,其势锐不可挡。而齐王之军,多为败兵残将,士气原不振,况又在自己家乡作战,即《孙子兵法》上说的"诸侯自战,其地为散地",极易逃散。我楚军千里奔袭,虽称得势,但齐军一逃,不免受其牵连,军心自会动摇,如何还能抵挡汉军的强攻!因而谋士们建议:不如高垒深沟,坚壁自守。同时由齐王派出忠信之臣到齐国境内去晓谕那些沦亡于汉的城邑:如今齐王无恙,楚军又大举来援,汉必败,齐必胜。各城守吏得此消息,定然奋起反汉,争相归齐。汉兵去国数千里,寄居于怒汉之异地,既无援军,又缺给养,不出旬月,势必不战而降。

这的确很有可能成为破韩之策。但龙且哪里听得进去,他踌躇满志地说了以下这么一番话——

吾平生知韩信为人,易与耳。寄食于漂母,无资身之策;受辱于跨(通"胯")下,无兼人之勇,不足畏也。且救齐而降之,吾何功?今战而胜之,齐半可得,何为不止!(《汉书·韩信传》)

读史至此,真想劝龙且大将军一句:你可千万不要小觑这个当年曾经受过"胯下之辱"的年轻人啊!其实在特定环境中能够暂时忍辱的人,不仅未必一定就是"无兼人之勇",

还很有可能藏着大智大勇呢!

不过你大将军也有可爱处,那就是能够当着众人的面直率地袒露自己急于建功请赏的内心,甚至先期给自己支付了至少半个齐地之封。只是在下不禁要为大将军捏把汗,因为阁下对自己此种心态即将付出的惨重代价,竟然还毫无所觉!

与浮躁、嚣张的龙且相反,另一个大将军韩信却一直处于高度警觉状态,日夜督兵建营栅,造壁垒;一探听到龙且摈斥坚壁之议而急于求战,立刻紧张地筹划攻灭龙且之策。他知道,在兵力上楚汉众寡悬殊,要战胜强敌必须运用智力。汉与楚对峙于潍水两岸,韩信的文章就做在这个"水"字上。

潍水亦称潍河,在今山东省东部。源出五莲县箕屋山,北流至昌邑县鱼儿铺入莱州湾。潍河流量较大,今在其上中游建有峡山水库,巧的是,当年韩信的破龙且之计,运用的也正是与水库蓄水相同的原理。

是夜,韩信命令全军进入战斗状态。其中一万人由曹参率领,拂晓前,待潍水水位低落至可以涉走时,迅速奔过对岸去与楚军交战。其余数万人以灌婴为将,留守西岸。曹参之军战则必先胜而后败,且战且退,以吸引楚军追杀过河来。待曹灌二军在西岸会合,号令一起,立刻转入反攻,务必全歼楚军。

将士们自然不免奇异:其时潍水尚汪洋一片,黎明到来时,水位因何会自动退落?但既是大将之令,自然都只好高唱遵命。

这边安排停当后,韩信亲自带领数千将士,携着大批竹篓、麻袋,包括辎重营的一些盛粮用的空米囊,急行军至潍水上游,实以沙土,垒成高坝,截断水流。然后命将士留守原处,约定以点燃狼烟为号,号令一起,立即开坝放水。

一切安排停当。子夜,万籁俱寂。韩信乘月策马回营,登上壁垒,观望着水位渐落的潍河,等待着黎明后激战的到来。

战事的发展,完全像韩信所预期的那样。曹参所率领的一万人果然先胜后败,楚军果然紧追不舍;龙且更是狂喜不已,以为韩信怯弱,下令全线出击。站在壁垒远望的韩信,看到楚军正在大举渡河,且有帅旗在飘扬,料想龙且已在亲自督阵,便下令点燃狼烟。狼烟即狼粪所燃之烟,形直,且不易被风吹散,古代用以报警。

不一会儿,隆隆之声犹若滚雷从远处响起,潍河之水仿佛万马奔腾,咆哮着汹涌袭来。河中楚兵莫明究竟,先是慌作一团,继而被突然来到的巨浪吞没,横七竖八向下游漂去。已抵西岸的楚军,见退路已成汪洋,一个个惊恐万状。就在这时,汉军营垒中战鼓雷鸣,壁门大开,一支支骑兵冲出,紧接着是轻车兵,重甲兵,两旁是弓弩手,组成一张庞大的杀伤网,铺天盖地向楚军扑来。转瞬间,过河的楚兵除了尸体,就剩下一些丢盔弃甲的伏地求降者。大将龙且战死,副将周兰被擒,齐王田广逃至城阳被活捉后斩首。此时汉军便依令东渡潍水,追歼楚军。失去了主将的楚军,稍一接战即四散溃逃。到这天傍晚,项羽派出的号称二十万的救齐楚军,已只有一大片空寂无人的营帐了。

获得潍水大捷后,韩信又命曹参进兵胶东,灌婴进击千乘。驻守在胶东、千乘的齐兵很快被歼,齐将田既、田吸阵亡。在博阳的齐相田横闻齐王田广已亡,便自立为齐王,出兵还击灌婴。灌婴在嬴城大破田横军。田横率领残部投奔彭越。从这时起，彭越开始脚踏两条船：既向汉，又亲楚。

至此齐地全境已臣服在韩信刀戟之下。

这时为汉王四年（公元前203年）十一月，楚汉战争已进行了三年多。

自还定三秦，继而在北方第二战场上破魏、平赵、定燕，到此时平定齐地全境，韩信建立的赫赫战功，无人可以匹敌。

韩信本是个功名欲望极强烈的人，但在这期间，汉王刘邦除了先后授任他左丞相、相国这样两个虚衔外，不再有其他任何封赏，这显然有违他背楚投汉的初愿。

韩信的愿望是什么？是封土为王。

这一点，韩信至少向刘邦有过两次表白。一次是在他在登坛拜将后与刘邦的谈话中。他指摘项羽"有功当封爵者"，"忍不能予"；建议刘邦反其道而行之："以天下城邑封功臣，何所不服！"（《史记》本传）尽管这个表白是借题发挥，相信刘邦也一定能听懂。还有一次是在平定赵地以后，他在向刘邦呈送的捷报中特地附一笔："请立张耳为赵王，以镇抚其国。"（同上）这是一个含蓄的暗示：既然作为副将的张耳可以封王，那么对作为主将的我韩某是否也应该有所考虑呢？相信刘邦也一定能看懂。

刘邦对韩信这两次表白的回应是，第一次装聋作哑，不予理睬；第二次则有一个很微妙的表示。韩信请立张耳为赵王，《汉书》本传称："汉王许之。"请注意：是"许之"，并没有真封。要过一年零一个月以后，即到汉王四年（公元前203年）十一月，《史记·秦楚之际月表》、《汉书·异姓诸侯王表》和《汉书·高帝纪》才记："汉立张耳为赵王。"我有一想法姑妄言之：这一年多时间是刘邦有意拖延的结果，目的是为了割断对张耳的封王与韩信的请立之间的联系。很显然，刘邦不仅读懂了韩信想说而没有说的含义，而且还读出了韩信万万没有想到的含义：僭越。嘿，像立谁为什么王这样的事，怎么轮到你韩信来说三道四呢？在帝王集权专制制度语境中，僭越可是个极可怕的罪名啊！

或者是被自己的欲望搅得发晕了，或者是这位军事天才对权力角逐之术却不怎么在行，总之，韩信没有从刘邦这一微妙的表示中学得更聪明一些。这样，当他平定齐这样一个拥有七十余城、地广人众、物产丰富的大国时，再也无法按捺住燃烧于胸口的那股欲望烈焰了，于是便有了下面这样一份《请自立为假齐王书》：

齐夸诈多变，反覆之国，南边楚，不为假王以真（通"镇"）之，其势不定。今权轻，不足以安之，臣请自立为假王。[1]

韩信自然知道他所面对的是一位掌握着生杀予夺大权的王者，因而他写这篇文字可谓煞费苦心。他不说自己想当王，而是完全出于稳定齐地的考虑。你看，齐国人狡诈多变，

---

[1] 此事《史记》、《汉书》之高帝纪及韩信传所记互异，此据《汉书》本传。

反复无常，加上它的南边又是汉的死对头楚，不封新王坐镇局势稳定得了吗？可我现在还只是个将，权力太轻，压不住阵脚，所以请求准许自立为假齐王。末句尤其值得玩味：是"请自立"，不是请封；是"假王"，不是真王。假者，暂署也。韩信心里自然想当真齐王。他连写文书也用上了兵法，这叫以退为进，或欲擒故纵。

这份请立书，很快由韩信派出的使者送到了此时已还军广武的刘邦的几案上。刘邦看到后的反应，《史记·淮阴侯列传》有这样一段描述：

汉王大怒，骂曰："吾困于此，旦暮望若（你，指韩信）来佐我，乃欲自立为王！"张良、陈平蹑汉王足，因附耳语曰："汉方不利，宁能禁信之王乎？不如因而立，善遇之，使自为守。不然，变生！"汉王亦悟，因复骂曰："大丈夫定诸侯，即为真王耳，何以假为！"

太史公这段文字真是精彩绝伦，妙不可言。短短几十个字，却活灵活现地写出了四个人：粗鲁、爽快而又善于应变、精于权谋的刘邦；远见卓识、满腹韬略而又谨慎、机敏的张良、陈平。此外还有一个没有明写的人，就是韩信派来的那个使者。使者虽然没有明写，却是个中心人物：张良、陈平之所以要用暗踩脚趾这样一种特别的方式提醒刘邦，刘邦之所以紧接着来了个一百八十度大转弯，都只是因为有他的一双眼睛和两只耳朵在。一个国王，两位大臣，居然要专为一个无名使者联合演出那么一场戏，这恰好说明其时韩信势力之强大及其在军中威望之崇高已经到了何等地步！

过了三个月，即同年春二月，刘邦派遣张良为特使，赴临淄举行隆重的仪式，立韩信为齐王，并颁赐印玺、符节。同时宣布了汉王的一道命令：征调齐境之兵击楚。[1]

韩信的人生到达了他向往已久的辉煌的顶点。此时张良、陈平一脚踩出了一个真齐王的事大概还处于绝密状态，因而蒙在鼓里的韩信还在为他的以退为进或欲擒故纵战术的胜利而偷着乐呢！但以韩信超群的智力，要不了多久他就会感觉到了，有一片可怕的乌云正向他头顶遮来。

---

[1] 此事《史记》、《汉书》本传均记为："征其兵使击楚。"若就字面理解，征，征调。不一定由韩信率领出击，似乎是刘邦削弱、遏制韩信势力的一种措施。至于征调兵员的数量及出击地点，均无明录。《资治通鉴·汉纪二》则于同年八月下有"韩信又进兵击楚"一句，却又说明韩信在被立为齐王后，曾亲自率兵击楚。

差点提前推出一部《三国演义》

项羽急于找韩信做"合作伙伴"

项羽击退彭越，夺回外黄等十余城，因得报成皋陷落而率师西回。此时汉军正围楚将钟离眛于荥阳之东，一听到项羽领兵奔来，便纷纷逃至深山野林险阻之地，连影子也找不着了。项羽急于与汉军主力交锋，汉军却总是避开锋芒坚壁免战。没奈何，项羽只好驻军于广武东城，与驻扎于广武西城的汉军隔涧对峙。关于二城的间距，胡三省注《资治通鉴》称："东西二城各在一山头，相去百步，汴水从广涧中东南流。"仅有百步之遥，一抬头便可望到对方，居然驻扎着敌对的两军，这在高科技的现代是不可想象的；但在当时那种技术装备条件下，双方都可凭深涧高崖坚守，却相互奈何不得。

楚与汉，就这样在隔涧相望中对峙了数月。

已经被刘邦、彭越的运动战术东拖西拉弄得疲惫不堪的项羽，这时大概深深感到了孤立和寂寞，感到了结盟互援的重要。他想到了一个人，急于去找这个人做"合作伙伴"。这个人便是韩信。

但对项羽来说，韩信简直是从地缝中突然冒出来的！

项羽派出龙且大将以号称二十万之兵救济，不仅龙且志在必胜，项羽也以为必胜无疑。

项羽以为必胜是有他根据的。一是龙且是他一员勇猛无敌的爱将；二是在楚汉战场上，他还从未用过二十万这样大规模的兵力；第三就要说到韩信这个对手。"韩信"是谁？开头项羽连这个姓名也没有听说过，经左右提醒才想起来：哦，原来就是当年在他身边侍卫过的那个小郎官呀！据说新近在魏、赵打了几个胜仗，但那都是因为他侥幸遇上了像魏豹、陈余这样窝囊废的对手。尽管项羽还从未与韩信直接较量过，但他料定小郎官决不会在他爱将龙且之上——所以必胜无疑！

出乎意料的是，龙且竟然败了，而且败得如此之速，如此之惨：一个早上，全军覆没！

现在项羽不得不换一种眼光来看待这位昨日的小郎官、今日的齐王韩信了。

于是惯于在沙场上大砍大杀的项羽，第一次使用了一个外交策略：派出谋士武涉，企图去说服韩信，结成楚齐联盟以共同抗汉。

武涉其人，在《史记》、《汉书》中仅出现这么一次，并无其他事迹。有一个猜想：项羽之所以择之以为使，很可能武涉与韩信是旧交。武涉是盱眙人，韩信是淮阴人，两地隔破釜塘（唐后改称洪泽湖）而南北相望，可算是大同乡吧。韩信曾在项羽麾下任过郎中一职，两人不难有交往的机会。

如果武涉与韩信真是曾经相识，那么他们的谈话该是以叙旧开篇。为表示亲切，武涉不称韩信"大王"，而称"足下"。当然作为说客的武涉，总是随时寻找契机，往往在你不经意间，他却已切入了主题。几句寒暄，又对新立为齐王的韩信表示祝贺过后，他忽而说道：有一句古训叫作"一则以喜，一则以惧"，不知足下听说过没有？

韩信说：它大概是仲尼之言吧："父母之年，不可不知也。一则以喜，一则以惧。"【1】君离故乡盱眙有年，是否因思念双亲而有此问？

武涉说：非也。仆是为足下而喜，为足下而惧。其喜来自汉王刘邦，其惧也来自汉王刘邦。难道足下不想听仆一说？

谈话就这样转入了要说服韩信背汉联楚的正题。

武涉的说辞可见于《史记·淮阴侯列传》。重点是揭露刘邦之贪婪和不可信。武涉认为嬴秦暴政，天下苦久，秦已破，项王分土而王，百姓本可从此休养生息，但汉王却又从汉中兴兵而东，侵人之分，夺人之地，看他那种不餍足的样子，仿佛非完全吞并天下不可！再说汉王其人，他的性命多次被项王握到手心，项王是可怜他才放他一条活路的；但你刚放过了他，他一转身，就又攻击起项王来了，无信无义到了这种地步！接着说到了韩信本人——

> 今足下虽自以与汉王为厚交，为之尽力用兵，终为之所擒（通"擒"）矣。足下所以得须臾至今者，以项王尚存也。当今二王之事，权在足下。足下右投则汉王胜，左投则项王胜。项王今日亡，则次取足下。足下与项王有故，何不反汉与楚连和，参（同"三"）分天下王之？今释此时，而自必于汉以击楚，且为智者固若此乎？

这也算得上是一篇智者之言。权力争战发展到某个特定阶段，有可能成为未来胜利者的便会滋生出一种特别的心理：希望分享成果的人越少越好，少到最好只剩下他一个人。因而在此时的他看来，昔日鞍前马后的合伙者，越来越成为不仅累赘，而且危险，因而必须设法清除掉的东西。现在的韩信在汉王心目中就正在成为这样一件东西。武涉的话是如此尖锐而深刻：你韩信现在之所以暂时还活着，就因为"项王尚存"；如果项王今天亡，明天就会轮到你！后来的发展完全证实了武涉的预言，不同的只是远比他想象的要残酷、可怕得多！

但武涉又认为在权力争战的这个特定阶段，却又正是提升自己人生价值的极好时机。韩信只要摆脱受制于人的工具性，成为一个独立的存在，那么就像面对一架已呈水平的天平而你手中还有一枚砝码那样："当今二王之事，权在足下；足下右投则汉王胜，左投则

【1】语出《论语·子路》。意谓子女对父母的年岁，常常是喜忧参半：既为父母添寿而高兴，又为衰老而担忧。此处是借用。运用当时的习语切入主题，是说客惯用的手法之一。

项王胜。"所谓"图穷而匕首见",武涉最后说出了他此行的目的:劝说韩信"何不反汉与楚连和,参分天下而王之"?

韩信对武涉的那番道理,没有作任何辩说,或许可以理解为他是默认的。但他还是谢绝了武涉的劝说。不想反汉的原因主要是感情上。他说他在项王那里时,职不过郎中,位不过执戟,言不听计不从;而来到汉王这里授为上将,率军数万,且言听计从。他还说了汉王"解衣衣我,推食食我"这样显然夸张的话。最后说:"夫人深亲信我,我倍(通"背")之不祥,虽死不易。幸为信谢项王。"

估计像这样的绝密的谈话是不可能有第三个人在场的。

但是有个绝顶聪明的人,还是设法知道了这一切,并且作了细心的研究。令他欣喜不已的是,他不仅发现了武涉说辞中的漏洞,还看出了深藏于韩信内心的矛盾。

武涉说辞中的漏洞只要转念一想便可找到:既然你说刘邦暂时还需要韩信是由于"项王尚存",那么反过来,项羽此时之所以需要韩信,难道不也是由于"汉王尚存"吗?一旦灭了刘邦,你拿什么保证项羽不会同样要韩信也灭亡呢?

韩信内心的矛盾也是不难被发现的,因为以他的智商,不可能不认识到武涉所揭示的那种危险确实存在!

这个绝顶聪明的人诡谲地眨动着他那一双机灵的眼睛,开始为他的一篇完美无缺的说辞打起了腹稿。他自信自己就是孟轲说的"天将降大任于斯人也"的那种人,他要凭他的三寸不烂之舌去说服韩信,从而创造出一个三分天下的历史奇观!

这个绝顶聪明的人,便是上文已提到过的曾说服韩信攻齐的蒯彻。

且听蒯彻如何说"三分"

韩信因攻打齐国而有了被立为齐王的辉煌,蒯彻自然也从中享受到了成功的喜悦:这么看来,此时两人还该处在蜜月期。

蒯彻几乎是用一种游戏的方式开始了他的精心设计的说辞——

仆少年时曾学过相术,足下大概还不知道吧?

韩信感到了新鲜,说:这倒有趣。先生且说来听听:相人有些什么要诀?

蒯彻道:贵贱在于骨法,忧喜在于容色,成败在于决断。以此参之,万无一失。

韩信说:那就请先生一试:寡人之相贵耶?贱耶?

蒯彻说:足下是相面呢,还是相背?

韩信说:相面如何?相背又如何?

蒯彻略一凝视,缓颜说道:相君之面,不过封侯,且势若累卵;相君之背,则日月合璧,贵不可言。[1]

---

[1]《史记·淮阴侯列传》和《汉书·蒯通传》均有"相君之背,贵不可言"语。注引张晏曰:"言背者,云背叛则大贵。"这似乎可以理解为蒯彻在这里一语双关:"背"既指人之背,亦指背叛汉之背。

韩信不由一怔,已听出了一点弦外之音,问道:先生此话怎讲?

蒯彻向左右一瞥说道:请稍作间隔。

于是韩信屏退左右,两人便进入了密谈。

蒯彻的这篇说辞详录于《史记·淮阴侯传》和《汉书·蒯通传》。与武涉为项羽而说不同,蒯彻是完全从韩信的利害取向进说的。他分析楚汉双方形势具体而尖刻,有很强的现场感,使你不得不认同这是事实。他的结论是,如今双方都陷入了困境:楚迫于西山而三年不能进,汉一日数战而无尺寸之功;而且"其势非天下之贤圣固不能息天下之祸"。这样就把韩信推到了收拾当今天下局势唯一人选的位置上:"当今两主之命县(通"悬")于足下:足下为汉则汉胜,与楚则楚胜。"接着,又以"披腹心,输肝胆"的忠诚,向韩信进献了他的三分天下之计——

诚能听臣之计,莫若两利而俱存之,参(同"三")分天下,鼎足而居,其势莫敢先动。夫以足下之贤圣,有甲兵之众,据强齐,从燕、赵,出空虚之地而制其后,因民之欲,西乡(通"向")为百姓请命,则天下风走而响应矣,孰敢不听!割大弱强,以立诸侯,诸侯已立,天下服听而归听于齐。案齐之故,有胶、泗之地,怀诸侯以德,深拱揖让,则天下之君王相率而朝于齐矣。盖闻天与弗取,反受其咎;时至不行,反受其殃。愿足下孰虑之。

此计中的关键语是:"莫若两利而俱存之。"即对楚与汉既不要归顺、也不要攻取某一方,而是与之互利,和它们一起存在下去,这便是齐、楚、汉三分天下,形成三国鼎立。这是基础的一步,也是目前就可以去实施的一步,不妨就叫"最低纲领"。这一步实现后,有一个互不侵犯的稳定阶段,即所谓"鼎足而居,其势莫敢先动"。而齐国则从各个方面积极准备条件,再走第二步:依据民众的意愿,"西乡为百姓请命"。如何理解"请命"?《史记集解》说:"止楚汉之战斗,士卒不死亡,故云'请命'。"不是通过流血战争,而是以齐国的实力和声威为后盾,代表民众的意愿发起倡导,使"天下风走而响应"。这其实是蒯彻的一厢情愿:你怎么能保证"孰敢不听"呢?如果有人——实际上是必然有人"敢不听",又怎么办呢?恐怕还得靠刀戟来说话。第三步,在齐王的主持下,来一次公平公正的再分封。办法是"割大弱强",将楚、汉这样的大国、强国分割为若干份,使所有封国大小、强弱均等。至此实现了"最高纲领":诸侯并立,而齐王则成为天下共主。

这就是蒯彻之计的全部内容。其"最低纲领"大体就是几百年后魏、蜀、吴三国鼎立那种格局;其"最高纲领"则是几百年前的周代曾经实行过的帝王封建制,由韩信做作为天下共主的"齐天子",其下便是并列共存的数十或数百诸侯。

如果韩信接受此计,那么中国历史就会提前几百年推出一部齐、楚、汉《三国演义》,也许时间不会太长,但昙花一现还是极有可能。

但他拒绝接受。

与拒受武涉的建议一样,对蒯彻之计韩信同样没有提出异议,只是由于感情上"汉王遇我甚厚",所以不忍背汉。

精明的蒯彻高兴地看到，韩信实际上已认同了他的理性的分析和设计，接下去便着重从感情上发起强劲的攻势。他举了两个实例，一个是发生在眼前的张耳、陈余，因多欲而刎颈交变成了相互残杀；一个是发生在三百年前的文种、范蠡与越王勾践，因勾践霸业已成而文种被赐死、范蠡被迫逃亡，从而证明人与人之间的友情，特别是君与臣之间的忠信，是极不可靠的，必须有高度警觉。并直接点明韩信以为自己功高而"汉王不危己"是一种极危险的错觉，其实令人担忧的恰恰就在"功高无二"："今足下戴震主之威，挟不赏之功，归楚，楚人不信；归汉，汉人震恐：足下欲持是安归乎？夫势在人臣之位而有震主之威，名高天下，窃为足下危之！"

韩信震悚了！他无法否认那些残酷的厄运也会降临到自己的头上。默思良久，缓缓说：谢谢先生。你不必再说了，我要好好想想。

过了几天，蒯彻再次向韩信进说。这回他反复强调的是：时不我待，应当机立断！为了催促韩信赶快行动，他运用了一系列的鲜明对比：齿坚爪利的猛虎如果犹豫畏缩，不如黄蜂、蝎子敢于一刺；千里骏马若是踏步不前，不如瘦弱劣马跨上几步；像孟贲那样的勇士倘若迟疑不决，不如庸常村夫一心去做；即使有舜禹的智慧如果不开口说话，不如聋哑打个手势倒还有点意思。最后诚恳地忠告："夫功者难成而易败，时者难得而易失也。时乎时，不再来。愿足下详察之！"

韩信答应要好好想想蒯彻之计，几个昼夜以来，他肯定被这件事搅得寝食难安。最后他终于作出了他一生中最重要的一个抉择：

韩信犹豫不忍倍（通"背"）汉，又自以为功多，汉终不夺我齐，遂谢蒯通。

对韩信的这个抉择，后世论者大都给予正面的评价。当然评价的出发点有多种：有的基于刘邦是正统的受命帝王的立场，有的基于统一总要优于分裂的立场，也有的出于尽快结束给人民带来苦难的战争的考虑。认为不应该作这样抉择的大概只有一个人，那就是韩信自己。七年后，他在被告发谋反受戮于长乐宫钟室时，痛心疾首地说了这样一句话："吾悔不用蒯通之计！"

再说几句关于蒯彻的结局。

《汉书》本传说："通说不听，惶恐，乃阳（通"佯"）狂为巫。"

因为他的计策不被韩信采用，就害怕得装成疯子做了装神弄鬼的巫觋。他怕什么？怕一个人。这个人不可能是韩信，也不会是项羽，只能是刘邦。蒯彻策动韩信叛汉，对汉王刘邦来说，他便是犯了十恶不赦的大罪！

大祸果然临头了，起因就是韩信临刑前说的"吾悔不用蒯通之计"那句话。已经当上了皇帝的刘邦下诏令把蒯彻找来，阶前已架起了要烹杀他的油锅。刘邦责问道：你几次三番教唆韩信谋反，这是为什么？

真到了这一步，蒯彻反倒不害怕了。他从容答道：有一句俗话，陛下总该知道吧：犬各吠其非主。在那个时候，臣的主人是齐王韩信，所以臣只知有韩信，不知有陛下。再说，秦失其鹿，天下共逐。当时像陛下这样想要夺取天下的人有多少啊！如今陛下已登上了极位，难道能把那时想夺取天下的人一个个全都杀尽吗？

刘邦哑然。后来居然赦免了蒯彻。

刘邦长子刘肥封为齐王，以曹参为相国。爱好黄老思想的曹参为政平和，并能礼贤下士，这样蒯彻便做了曹相国府上的宾客，并得以善终。一个以纵横捭阖行世的游说之士到了帝王集权制业已建立的汉初而能有此结局，应该算是很幸运的了。但历史上，对蒯彻讥刺颇多。如《史记·田儋列传》的"太史公曰"就说："甚矣，蒯通（即蒯彻）之谋，乱齐骄淮阴，其卒亡此二人（指田横、韩信）！"清代管同作《蒯通论》，认为蒯彻说韩信击已服之齐是不仁、不智之举；向韩信献鼎立之策是"两虎斗中原伤人无算，不足，而又驱一虎继之"，因而"其阴险叵测"（见《续古文辞类纂》）。但民间的观点却有些不同。元代有一出无名氏撰的杂剧《随何赚风魔蒯通》，将蒯彻塑造成了一个智、仁、勇兼备的全新形象。面对公堂上的滚滚油锅，他先是装疯卖傻，极尽喜笑怒骂之能事；后被识破，索性慷慨陈词为韩信辩诬，驳得在场的萧何哑口无言。结果竟出现了奇迹：皇帝下诏恢复已死韩信的官爵，并加封蒯彻"京兆一官"，赐"黄金千两"。但蒯彻却唱道："这冠带啊，添不得我荣光；这金子啊，铸不得他黄金像"，他拒绝接受这一切，要的只是一个公道。一些反映历史事件的民间文学，常常用普通民众的喜怒爱憎来看待高层政治角逐中的人际纠葛，尽管很难对历史现象作出本质性的说明，但从人性层面却也不无启示。

《汉书》本传说蒯彻著有《隽永》一书，凡八十一篇。《汉书·艺文志》又有《蒯子》五篇，列为纵横家。近年来，有学者甚至认为《战国策》也始作自蒯彻[1]，自然尚待确考。

【1】如罗根泽在《〈战国策〉作于蒯通考》一文中说：《战国策》"全书一律，自成一体，知出一人一手之董理润色"，"蒯通又善为长短说，为纵横之雄，与《战国策》所表现之习性相近，其时代亦恰相衔接。《史》、《汉》又不谓他人作《战国策》，则此书之作始于蒯通，似无疑矣"（转引自王谦等《战国策全译·前言》）。

乌江悲歌："时不利兮""天亡我"！

刘邦与项羽三次隔涧较量

让我们回到对峙于广武东西二城已有数月之久的楚汉二军。

上节说到东西二城中隔一山涧，仅有百步之遥。这个独特的地理条件，为楚汉双方不时举行面对面的"峰会"提供了可能。于是，以涧水为栏，以悬崖为台，以蓝天为幕，刘项二雄在这里演出了一幕又一幕的旷古奇剧，向世人、后人无保留地裸裎了他们的秉性和灵魂。

由于从曹咎成皋失守起，敖仓重为汉军所据有，彭越又在梁地多次袭断楚粮，楚军渐渐乏食，项羽不免焦躁，急欲与汉军决战。刘邦的父亲、妻子，还有舍人审食其，被项羽扣为人质留在楚营已有两年多，项羽为了激怒刘邦，这时使出了很残忍的一招：将刘太公绑缚在一块大砧板上，隔着山涧厉声高呼道：刘邦听着，尔若不速速来降，我便烹食尔父！

据《汉书补注》引《郡国志》说，刘太公是被置于特地筑起的一个土坛上的。文中称：广武"东城有高坛，即项羽置太公于上处，今名之曰项羽堆，也呼为太公台"。此时已是汉王四年（公元前203年）十月，地处黄河南畔的广武该已进入严冬，高山深涧，寒风刺骨。刘太公是早已过了七旬的风烛老人，如何经得起这般折磨！其状其情，一定惨不忍睹。

项羽又呼喊了一遍，激起了满山满谷的回声，震荡在东西两城上空。

守城的汉兵立即禀报了汉王。

刘邦也是人，当听到年迈的父亲即将遭烹这样的人间惨剧时，他的惊骇、悲痛、愤怒可想而知。令人惊奇的是，此刻出现在这个特殊舞台前的刘邦，却仿佛已与那哀号中的老人毫不相干，他镇镇自若，轻松自如，甚至还面带讥讽的微笑说了这样一段话：

吾与项羽俱北面受命怀王，曰"约为兄弟"，吾翁即若（你）翁，必欲烹而（你）翁，则幸分我一杯羹！（《史记·项羽本纪》）

因为我俩曾经在怀王面前约为兄弟，所以我的父亲也就是你的父亲；既然我的父亲也是你的父亲，那么你现在要烹食的就是你父亲，我反而退居为次要当事人，所以"幸分我一杯羹"：希望也能分给我一杯肉汤喝喝！

但如果查阅一下《史记》和《汉书》，既不见有刘、项"俱北面受命怀王"的记载，更看不到两人"约为兄弟"的踪影。很可能，这其实是刘邦临场发挥出来的"情感"战术。在猝不及防的情况下，能够作出如此冷静和机智的应对，不仅说明他有极强的自我控制能力，也表现出很高的智慧。

当然，刘邦也为此付出了高昂的道德代价。的确，像"幸分我一杯羹"这样的话只有将自己的人性完全换成兽性后才能说得出来，后人也往往以此责难刘邦。新近有学者著文，将此"分羹"说与本书第一章中写到的从车上推下一对儿女那件事联系起来，指责刘邦"既不孝，也不慈"。如果诸位要我说说对此的看法，我倒想冒一次天下之大不韪，为刘邦辩解几句。我觉得这与第一章里写到的那次生死选择有所不同。那时是马疲车重，追兵在即。可以有三种选择：刘邦却选择了最不应该选择的一种：保存自己，丢弃孩子。为此他不可能不受到良心的谴责。这一回项羽给了他两种选择：或者出降，或者眼看着父亲被烹。其实，项羽想要的只有一种：出降；刘邦能够选择的也只有一种：拒降。那么能不能运用软的一手，譬如跪下来痛哭流涕要求放过老父呢？显然不能。要知道这不是在做游戏，而是在战争。所以如果我们试着将自己置身到那样一个特定环境中去作些思考，恐怕对刘邦的此种行为多少就会有几分理解。人质之所以能造成巨大威胁，就在于被扣押一方的重视。因而在某种特定情境下，故意装作对人质毫不在意的样子，有时倒反而成为解救人质的一种策略。当然这要冒很大的险，因为说到底这是一场人性的赌博啊！

刘邦大概就是在一种赌博心理的支配下，做了那种表示和说了那样一番话的。他与项羽"搏"的是各自的心理承受力，看谁能忍到最后。这也就是说，刘邦内心并非真的对父亲将被烹就那么一点不在乎，综观他对父亲的行事，应该说还是有点孝心的。当然，像"幸分我一杯羹"那样毫无廉耻的话，也的确只有刘邦这种性格的人才能说得出口来！

果然，"项王怒，欲杀之"。项羽发怒，是因为在那短暂的一刻里，刘邦的厚颜无耻、毫无人性超出了他的想象，从而粉碎了他的计谋。项羽虽有"妇人之仁"，但在他冲冠一怒之下冒出"欲杀之"的意念的确很危险，我们不能不为刘太公捏一把汗！幸好，这时有个人站了出来，化解了这种危险。还是那位"心在楚营心在汉"的项伯，第三次为刘邦说了好话。他对项羽说：天下大势如今尚无定局，凡事不要做得太过才好。况且像刘邦这样闯荡天下的人，往往不怎么顾及家人的。再说你杀一个老人，对战局不会有任何益处，很可能还会招来祸害。项羽无奈，只好作罢。

第一次较量，就这样以项羽的彻底失败告终。

几天后，项羽又向刘邦单独提出挑战，他在送给刘邦的挑战书中说：

天下匈匈（同"恟恟"，骚扰不安）数岁者，徒以吾两人耳。愿与汉王挑战，决雌雄，毋徒苦天下之民父子为也。（《史记》本纪）

关于"挑战",学贯中西的钱钟书先生在《管锥编·史记会注考证》中辑录颇多,并作了点评。他说:挑战就是"挑身独战",亦即"斗将"。他认为《穀梁传》僖公元年(公元前659年)可能是有关"斗将"的最早记载。文中国外文献资料也录有多条,以说明西方在中世纪两国攻战亦每每由国君或统帅"挑战"、"斗将"决定胜负,以避免死伤士卒。

钱先生辑录的资料无论中外皆出自古代。用战争双方的统领者挑身独战这样一种独特的方法来决定战争的胜负,恐怕也只有在古代才能产生。它需要两个条件,第一是技术的条件,要像古代那样武器和装备都还很简单,人的体力和技能还起着主导作用。第二,更为重要的是人性和时代的条件。那应当是一个人性少有羁绊而能飞扬恣肆的时代,是创造奇迹和产生英雄的时代。人们以懦弱为可耻,以勇敢为荣耀,为了某种信念,甚至只是为了争一时意气,实践友朋间一诺,可以毫无顾惜地抛掷自己的生命。

项羽就该是一个具有这样一些特色的古代英雄。

但刘邦不是,他拒绝应战。他的回书是:

吾宁斗智,不能斗力。(《史记·项羽本纪》)

项羽一看,顿时怒起,腾身上马,率领数十骑精壮,径自冲向涧边悬崖前,高呼挑战。西城汉营中有个叫楼烦的,原是胡人,精于骑射。他飕飕连发数箭,对面东城营前应声已倒了好几个。蓦地里对面冲出一匹乌骓马来,乘着一位披甲持戟的大将,双目圆睁,虬髯猬立,一声怒吼,山震谷应。楼烦吓得倒退几步,待要再射,双手已抖得再也无法弯弓搭弦,急回营壁,不敢复出。有人认出,那乌骓马上人将便是项羽,便飞报汉王,说是项王单挑汉王出战。

刘邦不甘示弱,跨马整队趋出,与项羽隔涧对话。

项羽叱声道:呔,刘邦,汝敢与我亲斗三合否?

刘邦道:我倒很想与人亲斗数合,以舒筋骨。只是尔身负十大重罪,已是缧绁中人,难道还配与我单身独战吗?

项羽怒斥道:休得胡言!我起兵反秦至今七载,被坚执锐七十余战,所战必胜,所击必破,乃得为西楚霸王,何罪之有?

刘邦道:尔且稍安毋躁,听我慢慢数来。

刘邦所数项羽十大罪状,《史记·高祖本纪》有记。负怀王之约,不让刘邦王关中而封为汉王,被列为第一大罪。其余大罪是:杀宋义,擅入关,烧秦宫,戮子婴,坑秦卒,弑义帝,以及分封不公和为政不平。据此,刘邦认为项羽已经没有资格向他挑战:"吾以义兵从诸侯诛残贼,使刑余罪人击杀项羽,何苦乃与公挑战!"

项羽气极,也不答话,只是将戟向后一挥,便有无数弓弩手冲到前沿一顿猛射。霎时间箭镞如蝗,飞过断涧去。这边刘邦刚要回马,却不防一箭飞来正中前胸,剧痛难忍,却突然弯身护足大叫道:蠡贼可恶!哪里不好射,偏射我足趾做甚?

近旁两个侍从官却明明看到箭已中胸,血流如注,一时大惊,赶忙扶汉王下马、入营,拥至榻前安卧。当即召来医官，取出箭镞，敷上疮药。医官嘱咐卧榻静养，刘邦却喝令退下，厉声叱道：闭住你的嘴！

但传言还是不胫而走。对汉王伤情的种种猜测，在东西二城、楚汉二营蜂拥而起，只是心情不同：一则以喜，一则以忧。接连几日，东城楚营那边多次爆发起混杂的欢笑声，还时不时传来几声呼喊，道是汉王已经归天。西城这边将士则是疑虑重重，却又不敢多问，不安和恐慌像无法驱赶的烟雾，在汉营中迷漫开来。

汉营开始军心动摇了！楚军若乘机出击，后果不堪设想。张良趁入帐探视之便，向刘邦说出了此种忧虑，问他能否勉力起床，乘车到军中巡视一周。还在痛苦呻吟中的刘邦，为了安定军心，只好答应再演一出戏。于是医官细心为他敷贴伤口，裹扎胸前；侍从官忙着为他戴上悬有九旒的王冠，穿上行军礼的弁服，然后小心翼翼扶上乘舆。这辆按礼制规定仅次于天子五辂的封国之君的乘舆，置有以黄缯为里的车盖，以毛羽为饰的幢旌，连同庞大的仪仗队伍，开始在汉营中缓缓行进。强忍着疼痛的汉王，撑起一脸轻松欢快的表情，凭轼站立在车前。这支队伍就像一支火把，每到一处便点起一堆欢腾的火焰。郁闷了多日的汉营将士们一齐奋臂欢呼，高高擎在他们手里的戈矛刀戟汇成一片空中森林，遮天蔽日。这欢呼的声浪当即传到了东城楚营，这欢腾的场面也很快由在城楼上值岗的士卒禀报到了项羽帐前，楚营中对汉王是否还活着的猜疑也随之消失。由张良执导、刘邦扮演的这出政治戏，获得了巨大的成功。

但如此拼力强忍不到两个时辰，刘邦再也演不下去了，竟倒在了车厢里。一直在旁侍候着的侍卫官赶紧放下车帘，乘舆则照旧缓缓前行。因箭创恶化，医官建议必须绝对静卧疗养一段时间，这回刘邦只好听从。于是索性离开广武，折向西行至成皋疗伤。成皋守将为武王黥布，英勇善战，可保无虞。

刘邦在成皋疗养了近一月，伤势渐愈。趁这期间，又回了一趟作为汉都的栎阳，置酒设宴，慰问关中父老。栎阳曾是项羽所封的雍王司马欣的国都，不久前司马欣因战败而自刭于汜水上。这回刘邦特命人将其头颅携至栎阳高悬于城楼之上，既示威，亦示安。在栎阳居留四天，又回到了与楚军对峙的广武西城。

几个月来，刘邦在广武山上与项羽对峙中的种种作为，看似有违人之常情，如果联系到他的特定的社会角色，当也不难理解。这个特定的社会角色便是：他已被封为一国之君，但他现在还要拼死争抢成为天下之君。为了达到这个目的，他可以抛弃任何常人珍惜的感情，忍受任何精神和肉体的痛苦。你若是认同他的这一角色，那么就不能不钦佩他的超常的机智、勇敢和毅力。不过，刘邦毕竟也是人，也有着普通人的人伦关系。他可以成为人之君，但在此之前，他已是人之子、人之夫。从后来的一些举措说明，这次重回广武城后，刘邦就开始日夜想念他的老父和发妻，如何设法把刘太公和吕雉从楚营解救出来，就成了他难以释怀的一大心事。半年后，他试图借助麾下的辩士去说服西楚霸王，使他们久别的父子、夫妻得以重圆……

事物的发展常常出人意料。刘邦没有想到，这回他不仅实现了父子、夫妻重圆的宿愿，还因此获得了一个最后攻灭项羽的极好时机。

"鸿沟"从此成了一个典故

刘邦为从楚营解救父亲和妻子,派出的第一个说客是陆贾。

《史记》本传说陆贾是楚人,以宾客身份跟随刘邦争夺天下,是个著名的"有口辩士";汉帝国建立后,曾两度出使南粤,利口辩给,获得了很大成功。吕后称制后期,在促使陈平、周勃将相和解以组成拥刘反吕联盟中,也起过重要作用。陆贾又是汉初杰出的思想家和辞赋家,著有《楚汉春秋》、《新语》等,司马迁写《史记》曾用作参考。《楚汉春秋》早佚,《新语》流传至今。

但他这次对项羽的游说,却是无功而返。原因史书无录。想来,陆贾是个饱学之士,从今存的《新语》十二篇可以看出,他的学说兼有儒道的特色,行仁尚义而反刑法,一再强调的是"治以道德为上,行以仁义为本"(《本行》篇)。他用这一套去说服项羽,无异于方枘圆凿,南辕北辙,遭到项羽拒绝也该是情理中事。

项羽的拒绝,更增加了刘邦对老父、发妻处境的忧虑,于是又派出了老成持重的侯公再赴楚营说情,同时还带去了一个意向:只要能归还刘太公和吕雉,汉王愿意与项王和解。

这一回终于获得了成功,侯公也因而被封为平国君。

侯公其人,史书仅记有其姓而无名,他怎么说动项羽的,也不见记载。明代的甄伟写过一部《西汉演义》,其中侯公说项羽一节颇有可读性。一开头就说项羽如何命刀斧手列于两旁,自己则仗剑坐帐,瞋目虎视;侯公又如何从容而入,大笑不止,一番摇唇鼓舌,居然说得项羽掷剑于地,喝退了刀斧手。这些自然都属向壁虚构,不过也有可参读处。文中所记的侯公,与陆贾的空洞说教不同,他的说辞侧重于一个情字,并针对项羽喜好别人面谀的性格弱点,一再给他戴高帽子,如说归还人质使人家父子、夫妇团聚是"仁爱之至"的义举,此事使"天下诸侯闻知,皆以陛下不杀人之父,正所以广其孝也;不污人之妻,所以昭其洁也;拘久而复与,所以明义也;三者尽而声名洋溢乎中国矣"!于是项羽大喜,立即命侍从官去为放还刘太公、吕雉做准备。

当然,也不能把项羽看作是轻易就能为情所动的人,他毕竟是一个生性酷烈的霸王。项羽之所以同意和解归还人质,主要恐怕还是出于自身处境的考虑。楚汉战争以来,项羽长期离开彭城,辗转于东西战场间,他在广武东城与汉军隔涧对峙也将近一年。而此时,彭越仍在梁地绝楚粮道,韩信又在进兵击楚,楚军依然处于多面受敌状态。

据《汉书·高帝纪》记载,楚汉和约如下:

> 羽乃与汉约,中分天下,割鸿沟以西为汉,以东为楚。九月(指汉王四年,即公元前203年9月),归太公、吕后,军皆称万岁。

"鸿沟"从此成了一个典故。当我们需要对某种巨大的间隔或区别作出形容时,便会想到这个典故。以鸿沟为中分线,划出"楚河汉界",这种格局至今我们还可以从象棋棋盘上看到,那是民间以游戏的形式对古代那场战争态势的一种模拟。

鸿沟其实是一条古运河，约开凿于战国魏惠王十年（公元前360年）。古道自今河南荥阳北引黄河水，东流经今中牟、开封北，折而南经通许东、太康西，至淮阳东南入颍水。其状宛若一张弓，弓背指向东北，弓弦朝向西南。用来作为楚汉的分界线，则背为楚，弦为汉。

以鸿沟为界，楚的疆土要小于项羽自封为西楚霸王时的梁楚九郡之地，而汉的区划则大幅度地实现了东扩。因而以鸿沟为界对项羽来说，意味着承认了部分的失败。

不过无论如何，能够不再相互残杀，实现和平，对楚汉双方都是值得庆幸的事。因而当作为和解的标志——刘太公和吕雉还有审食其回到汉营的时候，隔涧相望的东西二城出现了一个激动人心的场面："军皆称万岁"，汉军欢呼，楚军也欢呼。

九月将尽，秋去冬来。按照当时施行的秦历已是这一年的年关。中原大地河水即将冰封，黄菊傲霜怒放，雁行在天空呀呀飞过。自陈胜揭竿而起后，这片经历了七年烽火燃烧的土地，第一次有了一种祥和的气氛。

西楚霸王项羽率领着他的以八千江东子弟为基干的军队，离开广武，策马东行，回到他们阔别已久的国都彭城去。

汉王刘邦也准备下达命令，择日西还栎阳。

明代李贽读史至此，突然写下六个字：

项羽毕竟忠厚！【1】

说项羽忠厚，是因为他相信了战争中几乎不可能有的诚信。《孙子兵法》开宗明义第一篇就说："兵者，诡道也。"什么和约、和议，千万别过于当真。

正当刘邦准备西归时，张良、陈平提出了一个完全相反的建议：东进。两人认为汉已有天下大半，楚军则疲惫而又乏食，这正是灭楚的天赐良机，决不可放过；要不然，就是"养虎自遗患也"！（《汉书·高帝纪》）

刘邦一听立刻醒悟：对呀，此时不灭西楚，更待何时！于是在派人护送刘太公、吕雉入关的同时，一面迅即点兵东进昼夜兼程追赶项羽，一面遣使快马向韩信、彭越传令，命他们迅速率兵至固陵会合，共击楚军。

就这样战争之神刚坐下还没有喘出第一口气，就又张开它的黑翅膀从广武起飞。

张良、陈平的这一建议，显然有背于起码的诚信，也违反了已经长久苦于战乱的百姓的意愿。但若是从刘氏夺取天下、建立大汉帝国来说，却又是立了大功。

固陵，故治在今河南省太康县南部，秦置县，汉改称固始。《郡志》记其形势称："襟带长淮，控扼颍蔡，为一方巨屏。"又云："西汉之时，其俗急疾，有气势。"刘邦选定在此与韩信、彭越二军会合，希望能一举全歼在回归彭城途中毫无戒备的楚军，完成预期大业。

【1】李贽点评"项羽忠厚"有三处。另两处一是在鸿门宴上放过刘邦后："羽真忠厚人！"一处是在乌江自刎后："长使英雄泪满襟。忠厚人亦泪满襟。"均见《史纲评要·汉纪》。

这时已是十月，即汉王五年（公元前202年）新年。

汉军前驱抵达固陵已近黄昏，得侦骑回报楚军已相去不远，于是就择定在梅林山下安营。自此山隘口至蚌港，一路皆是山险，既可置伏兵，也可守御。一切部署就绪，但等韩彭两军一到，一场会歼楚军的大战便将在此梅林山一带打响。

但一直等到第二日午后，还不见韩、彭到来！

接连派出的侦候回来的禀报都是一句话：不见影踪。

就在这时，已经获得情报的楚军却猛扑过来了！冲在头里的便是一手鞭打着乌骓马、一手挥舞着长戟的项羽。西楚霸王这回专要找负信弃义的刘邦拼杀。他左冲右突，吼声如雷，无人敢于抵挡。跟随其后的数万楚军也一个个如猛虎下山，见人就杀。眨眼间，汉军尸横遍野，四散溃逃。

幸得修筑于梅林山下的壁垒甚为坚固，刘邦退入营帐，下令固守勿战，项羽也只好回营。

汉军此次大败，不仅败在军事上，更败在道义上。而大败的主要原因则是韩彭两军没有依令来会。

据《汉书·高帝纪》记载，刘邦在召集臣属商议时，他与张良有以下一番对话：

[汉王]谓张良曰："诸侯不从，奈何？"

良对曰："楚军且破，未有分地，其不至固宜。君王能与共天下，可立致也。齐王信之立，非君王意，信亦不自坚。彭越本定梁地，始君王以魏豹故，拜越为相国。今豹死，越亦望王，而君王不早定。今能取睢阳以北至谷城皆以王彭越，从陈以东傅海与齐王信，信家在楚，其意欲复得故邑。能出捐此地以许两人，使各自为战，则楚易败也。"

张良对韩彭二人的心理分析，可谓入木三分。韩信攻占了齐地，但他当齐王是自己要求后刘邦才勉强封的，所以他心里总觉得不踏实。另外，韩信是淮阴人，属楚地，更希望封地中包括他的故乡。彭越也早定了梁地，当初是因为魏王豹在，他才只当了个魏相；可如今魏豹已死，彭越还只是个魏相，他心里自然不会满足。因而张良认为这次韩、彭不从命的原因是："楚兵将破，未有分地。"如果说秦破后，有了项羽主持的第一次"分天下"，那么如今楚又将破，就该有第二次"分天下"。你既要人家卖命到前线去拼杀，夺到的天下又想独吞，人家自然不干！据此，张良提出用分割土地的办法来吸引韩、彭："君王能与共天下，可立致也！"

两人中，更值得注意的是韩信。彭越早就脚踏汉、楚两条船，所以这次没有率兵来会当属逻辑必然，据《史记》本传记载，他的借口是："魏地初定，尚畏楚，未可去。"而韩信自登台拜将后，对汉王刘邦一直惟命是从，这回可是他第一次抗命，史书没有留下他对此作出的任何解释。是否可以这样来理解：尽管韩信先后拒绝了武涉、蒯彻的"三分天下"之说，但实际在他内心已有相当程度的认同，以至渐渐产生自视为第三种力量的意识，此种意识的外化，就是这次抗命行动。

刘邦接受了张良的这一建议，向韩、彭作出了分割土地的承诺，两人果然引兵而至。

一切似乎很顺利,却不知一个很大的麻烦已经悄然埋下了。因为刘邦的这一承诺,意味着他实际上承认了他与韩、彭的关系已降格为并列的盟约关系,不再是从属的臣君关系。这一点,对一直明确作为汉王臣属的韩信来说,改变更大。在当时,盟约的双方似乎都还没有来得及深入想一想:若照此盟约发展下去,灭楚以后将会出现怎样一个局面呢?

但不管怎么说,韩、彭与刘邦的盟约关系总已形成。与此同时,刘邦改封武王黥布为淮南王,一面命将军刘贾进兵楚军后方寿春,一面派使者向其守将大司马周殷劝降。周殷果然叛楚,举九江之兵以迎淮南王黥布,同随刘贾归汉。

这时刘邦麾下的伐项大军,除汉军外,还包括了韩、彭和九江之军,总约四五十万,与屡经消耗而得不到及时补充的楚军相比,形成了强大的优势。

汉王五年(公元前202年)十二月,联军围楚军于垓(gāi)下。

楚汉战争的最后一役——垓下大会战的战幕拉开了,西楚霸王项羽将在此奏出他短暂的一生中最惨烈、却也是最辉煌、壮丽的最后一个华彩乐章。

《垓下歌》:千古悲情绝唱

垓下,在今安徽灵璧东南,沱河的北岸[1]。东、西、北三面环水,形成一个弧形大湾,地形十分险要。又有金山、银山两大土丘,传为当年的瞭望台。据说近年来曾几次从土中挖出戈矛、箭镞及护心镜一类残物,证明此处在古代确实曾有过激烈的鏖战。

根据《史记·高祖本纪》记载,垓下大会战前的态势是——

楚军,约十万;

汉军,有三十万。

汉军三十万由韩信统领。其阵势的排列是:韩信自当正面,将军孔熙居左,将军陈贺居右,是为第一线。刘邦在后,是为第二线。周勃、柴将军在刘邦之后,是为第三线。

这一记载说明,垓下之役的主将和直接指挥者是韩信。这是韩信第一次与项羽在战场上刀戈相见。汉军诸将大都有败于项羽的经历,因而怯于与之交战,唯独韩信渴望能有这样一个机会,以便通过与这位八年来战遍天下无敌手的大将军的直接交锋,来检验自己的军事才干,并希望一举歼灭之,以建立自己的旷世奇功。因而可以想见,素来善于细致调查地势、敌情,善于因时因地出奇谋,善于充分发挥不同兵种特长的韩信,这次肯定更精心地做到了这一切。此外,再加一条:严守四周各关隘险阻,切断楚军来自彭城等处的任何增援,使垓下楚军成为瓮中之鳖。

刘邦自然是这一战役的主帅和总指挥。他曾屡屡败于项羽,因而这次对韩信应该是充分信任的,希望借助这位军事天才之手一举攻灭项羽,完成他的统一大业。为确保韩信成功,刘邦动员了他的全部军力。从散见于《史记》、《汉书》诸篇中的记载来看,参加垓下

---

[1] 关于垓下的今址,学术界多持此说。也有不同看法。如范文澜《中国通史》第二册:垓下,一说在河南鹿邑县境,一说在安徽灵璧县,"按当时军事形势,应以鹿邑县境为是"。

会战的汉将，除去上文提到的周勃、孔熙、陈贺、柴将军外，还有曹参、樊哙、灌婴、张苍、郦商、傅宽、薛欧等等，这是一个空前强大的阵容。

但韩信的第一仗还是打败了："淮阴先合，不利，却。"（《史记·高祖本纪》）

这是韩信自登台拜将以来的第一次失败[1]。

这次刻骨铭心的失败，让他领教了什么是西楚霸王的神威。看来失败的原因，可能是韩信还无法适应和掌控项羽那种霹雳闪电式的战斗风格。古代战争兵器简单、装备原始，具体表现在战场上的主要就是人的体力和精神的拼搏，因而战斗风格极具个性化，通常就是主将性格的反映。《吕氏春秋·十二纪·论威》专论军队之"威"，认为威是由多个因素合成的一种强大的精神力量，其核心便是主将那种无往不胜、无坚不摧的品格。文中生动地描述了"威"一经行使后，那种神奇的克敌制胜的力量"窈窈乎冥冥，莫知其情"，兵刃未接而"敌已服矣"！这些话就像专为项羽写的，当年刘邦在彭城五十六万伐楚大军旦夕之间化为乌有，足证项羽就有这样一种超物质的神奇的威力。

失败的痛苦教训了韩信，第二次交锋他就改变了策略：先使分别由孔、陈二将率领的左右侧翼去与楚军交战，获得小胜，然后"淮阴侯复乘之，大败垓下"。韩信究竟是如何乘着小胜诱项羽出击，再发起总攻终获大胜的，史无详记。黎东方在《细说秦汉》中说是用了"相同于希腊人在马拉松的两翼包抄的战术"。一些演义类著作和民间传说，则大多以为用的是多处设伏、总称为"十面埋伏"的战术，虽无文献可据，倒似乎颇合楚汉双方当时战争态势，似有相当的可信度。只有先设法屡屡消耗项羽那种掀天揭地的威力，使其精力殆尽后，才能与之直面交锋，而多处设伏正是消蚀其威势的一个好办法。《六韬》之五《豹韬》将伏兵与车骑的结合称之为"乌云之阵"："所谓乌云者，乌散而云合，变化无穷者也。"项羽一旦闯入了"乌散云合"、"变化无穷"的伏兵圈，就像野狮钻进了栅栏，他左冲右突，狂怒咆哮，要交锋却苦于见不到直接的对手，要冲决却又找不到突破口。如此积以时日，加上援兵和粮道全被切断，士卒伤亡日多，粮食几近告罄，精疲力竭的西楚霸王自然不得不败下阵来。

同韩信一样，项羽现在也尝到了生平第一次失败的滋味。

成王败寇。

除了《史记》，中国皇皇的史书典籍中，几乎找不出一部曾对因失败而被视为"寇"的人物作过客观公正而又有血有肉、有情有致记述的著作。

感谢司马迁，是他用他那管神奇的笔，为我们活灵活现地描摹了项羽这位盖世英雄失败后生命的最后时刻里，那颗依旧狂傲地搏动着的心，和狂傲深处的尊严、无奈与痛苦。

我努力让自己沐浴在《史记·项羽本纪》营造的氛围里，跟随在这位此前不知失败为何物的西楚霸王身后，尝试着为读者做一次尽可能忠实的转述。

---

[1] 白寿彝主编的《中国通史》以为韩信不是战败，而是佯败。书中称："战斗开始，韩信佯败。项羽追击，孔、费（即陈贺）二将从两侧出击，楚不利。韩信复杀回马枪，大败楚军。"但从《史记·高祖本纪》原文"不利，却"三字看来，似乎很难得出"佯败"的结论。也许白先生另有所据，晚辈浅学，录以求教。

这个三十刚出点头的江东汉子，此刻正在走向他的营帐。

蹄声阑珊。

严冬冰封着淮北平原。从沱河那边吹过来的刺骨的西北风，把辕门前那面"楚"字帅旗刮得拍拍直响。

乌骓马立定。

项羽猛一下滚落了鞍。早已候着的两个侍卫分别接过了他手中的长戟和铜盾。解下铁盔时，他用力喷出了一大蓬热气。热气消散，裸裎出一个高挺浓黑的椎髻。他的黝黑的脸颊上明显有两处血痕，杂乱的虬髯不驯服地在两耳下飞张着。他转身弯了弯八尺有余的身躯向营帐跨出第一步时，突然咬了咬牙。笨重的战靴吱咕响了两声。为了对付汉军随时有可能出现的袭击，战靴已有几昼夜未脱，脚肿胀得似乎已与靴皮粘到了一起，下马跨第一步总是痛得像刀割。但撩开帐门后，他立刻倔强地昂起了头，且有意重重踩了一脚。

现在这位失败的英雄已解甲横躺在行军榻上，微微合上了那对开战以来一直昼夜圆睁着的、据说有两个瞳人的眼睛。

已近三更了吧？冰冷的月亮临照着这个制造死亡的战场。忽而，从角鸣风响之中，隐隐传来了阵阵歌声，凄清哀婉，如诉似泣。起初仅有一两处，随后又增加了三两处，渐渐地终于汇成了四面。这是一些特别的歌声，是楚军士卒再疲劳也无法不听、听了又无法不动情的歌声。因为那是些用楚声唱的楚地歌谣。楚军大多来自楚地，他们长年苦战在外，又值此寒冬之夜、溃败之时，一听这些已与他们的血肉融为一体的乡曲，何人不起思乡之情？

项羽蒙眬中听得这潮水般的歌声，从榻上坐起惊问：难道楚营已被汉军攻破了吗？因何唱楚歌的人如此之多！

躬身在两旁的侍卫没有人敢回答。项羽怒叱一声，这才有人壮壮胆说出了实情：歌声先由汉营传出，接着楚营中就有人跟着应和，开头还只有稀疏零落的几处，很快就越来越多，已分不清究竟是哪个营在唱。随后就有人偷偷出营去，有逃跑的，有降汉的，现在已乱成一片。

原来这是汉营中张良等智囊人物策划的一场心理战，目的是要涣散楚营的军心。

项羽一跃而起，从帐上摘下佩剑，抽剑出鞘，双目怒睁。待要发作，却忽而仰天一声长叹，又插剑入鞘，缓颜向侍卫摆了摆手。那意思是随他们去逃去降吧。

四面的楚歌声还在继续。项羽随手拨弄着盆炉中的炭火，火光映红了他铜铸铁浇般的脸膛。备酒！他轻轻说了声。左右两个侍者刚要进帐去取，却见帘子一闪……

我突然停住了笔。因为帘子一闪，将从帐内走出一个绝色女子来。

这个女子出现得如此突兀，却又如此恰当其时。

仔细揣摩《史记》原文，司马迁之所以能把项羽的失败和死亡写得如此悲壮、凄美，其中起到出神入化作用的，是他在酷烈的战争场景中，引进了"美人"这个柔性元素。

现在让我们暂时撤离垓下战场，来到多少年后的一所专为收押宫刑罪犯而设的特别监狱，看看司马迁在怎样创造着这失败和死亡之美。

此处方不过丈，密不透风；墙角置一炭盆，使之保住一定温度，因类似养蚕所用温室而被称为蚕室。

夜已深，蚕室寂静得只留下灯芯轻微的哗哗声。昏黄的油灯光束在晃动，工工整整用汉隶写在竹简上的《项羽本纪》已进入尾声。竭力忍受着宫刑的痛苦和屈辱的太史公，此刻仿佛已物我两忘，只觉得自己已随同从前线撤退下来的项羽来到了充满着悲凉气氛的楚帅营帐，切近地观察着这位纵然败亡在即、却依旧铁塔似地端坐在四面楚歌声中的西楚霸王。听到项羽叫出一声"备酒"，太史公立刻知道项羽其实是想借酒浇愁，那是一种思念江东父老的乡愁，一种人难与天命抗衡的亘古大愁。于是接下去写道：

项王则夜起，饮帐中……

就在写"中"字的最后一竖时，他那一直专注着的心猛地受到了重重一击，剧烈地鼓荡起来。在这瞬间，太史公依稀得到了某种天启，抑或神谕，一股巨大的创作冲动控制了他，年轻时游历江淮间的诸多见闻又潮水般向他涌来，一个悲壮、凄美的画面迅即组合而成。三年反秦战争，五年楚汉战争，全是用男人的血性和戈矛刀戟撞击出来的。这也难怪，因为毕竟那时的战争是男人的专利。但现在，当他面对一个浓缩着历史风云和炽烈的情性的英雄即将走向灭亡的此刻，他突然觉得可以写、也应当写一位女性，哪怕只写几行字也好。他这样想时，已分明看到那个绝色女子用精致的托盘端着酒食从帐内袅娜而出。美人姓甚名谁已无关紧要，那就随便找个姓或名叫"虞"吧。他快速将笔伸入漆罐饱蘸黑漆，一挥而就——

……项王则夜起，饮帐中。有美人名虞，常幸从；骏马名骓，常骑之。于是项王乃悲歌慷慨，自为诗曰："力拔山兮气盖世，时不利兮骓不逝。骓不逝兮可奈何，虞兮虞兮奈若何！"歌数阕，美人和之。项王泣数行下，左右皆泣，莫能仰视。

一个失败的英雄，加上美人，骏马，和一首横空出世的《垓下歌》，数一数总共才八十五字，中国美学史上一个具有永恒意义的审美经典，就这样在瞬间完成。

《垓下歌》唱出了在那个沧海横流的特定的历史条件下，人在大起大落中的逞意和无奈。虞姬是柔美的化身，骏马是刚烈的象征，它们的共存和同亡强化了这个主题，并使这种悲剧的美臻于极致。

英雄加美人可说是古希腊那些具有永恒魅力的神话故事的基本模式。如著名荷马史诗《伊里亚特》，便是一个由英雄争夺美女而引发的一场大战的故事。但在东方，特别是在中国，在独特的意识形态的笼罩下，美丽的女性不被视为"祸水"，也至少是男性成就大功业的腐蚀剂。英雄典型关羽是绝对不近女色的，而为貂蝉所惑的吕布，尽管武艺超群却只能被视为反面人物。至于《水浒》中武松等英雄，更大多靠杀女人起家。因而在中国古代，司马迁笔下的这个项羽与虞姬的经典故事，几乎成了绝无仅有的历史绝唱。

很显然，司马迁的这种独创性的做法，是很难获得那些持保守观点的正统历史学家所认同的。在他们看来，《史记·项羽本纪》中的这段记载杂有几根随风飘来的"蛛丝"[1]，须细心予以剔除才好。因而当它进入《资治通鉴·汉纪三》时便成了这个样子：

项王夜闻汉军四面皆楚歌，乃大惊曰："汉皆已得楚乎？何楚人之多也！"则夜起，饮帐中。悲歌慷慨，泣数行下，左右皆泣，莫能仰视。

《垓下歌》不见了，虞美人和乌骓马也都被逐出了历史！

但那些感情丰富的文学艺术家，却又偏偏不肯买正统历史学家的账。他们不仅对司马迁杂有"蛛丝"的记载情有独钟，而且还有意游离原来的时代悲歌的主题，将它改造、渲染成为更接近于庸常众人审美趣味的一对英雄美人的生离死别，一场旷古绝世的生死恋情。于是便有了以此为题材的难以数计的诗词歌赋、音乐舞蹈和戏曲绘画。唐时有支教坊曲就叫《虞美人》，后来"虞美人"演变成了一个词牌，再后来又演变成了一个曲牌。宋元以来，调寄"虞美人"的词、曲不知几多。《明词汇刊》还记下了明代词坛一桩盛事：仁和人卓人月与友人相约，限定以"虞美人"调咏虞美人，相互和韵。单是卓人月一人就作有二十阕之多，为项羽扼腕，代虞姬诉怨，回肠百转，长恨千古。大约也是从唐宋起，人们还将此情寄寓于一种名贵的花卉，名之曰"虞美人草"。那是一种草本植物，枝叶娴娜，花若人面，端阳盛开。令人叫绝的是，从此这种花草也就有了与人相通的感情。《梦溪笔谈》、《益州花木记》等书都有记载：人唱《虞美人》曲，此草便应节起舞。宋代辛弃疾以《赋虞美人草》为题作浪淘沙词唱道：

不肯过江东，玉帐匆匆。至今草木忆英雄。唱着虞兮当日曲，便舞春风。
儿女此情同，往事朦胧。湘娥竹上泪痕浓。舜盖重瞳堪痛恨，羽又重瞳。

进入现代后，又有了不少以项虞生死情恋为题材的小说、诗歌和电影、电视。其中张爱玲在上个世纪30年代写的小说《霸王别姬》，以女性作家特有的细心和柔情，对楚营之夜那种悲凉的气氛，对虞姬自刎前那种柔肠百结的内心，作了细致入微的描摹。一个有趣且耐人寻味的现象是，几乎所有以项虞为题材的文学艺术作品都写到虞姬是用剑自刎的，"饮剑楚帐"成了此类作品共同的典型情节，往往也是高潮所在。但《史记》原初记载却是到"美人和之"便戛然而止，并没有写到她的死。难道作者们没有读过《史记》？不，他们当然读了，也明知司马迁没有写到虞姬已死，只是觉得像她这样纯情的烈性女子应该

---

[1] 蛛丝：宋代李觏诗中语，原文称"虫丝"，即蛛丝。历史上，对《史记》、《汉书》孰优孰劣向有争论，并自汉唐来就形成了扬马抑班和扬班抑马两派。李觏写过一首评论《史》、《汉》题为《读史》的诗，明显有扬班抑马倾向。诗中说："子长（司马迁字子长）汉良史，笔锋颇雄刚；惜哉闻道寡，气志苦不常。心如虫丝轻，随风东西扬；一事若可喜，不顾道所长。"

为情而死，像项羽这样的英雄也应该有一女子为他殉情。这样的死是美的极致，而不死，反而是很大的遗憾："大王真英雄，姬亦奇女子。惜哉太史公，不纪美人死！"（清·吴永和《虞姬》）那么如何来调和其中矛盾呢？有人解释说："虞姬之死，史笔无暇及此。"（沈德潜《古诗源》中语）是司马迁"无暇"写，并非虞姬没有死。这样，人们总算找到了一个化解"遗憾"的说法。

不过说虞姬为情而死，也有一定根据。如《史记正义》引了一首出自《楚汉春秋》的虞姬对项羽《垓下歌》的和歌，歌曰："汉兵已略地，四方楚歌声。大王意气尽，贱妾何聊生。"既已无以"聊生"，很可能就此死去。而《楚汉春秋》的作者陆贾，本人就是楚汉战争的亲历者，他的记述应该有相当的可信度。至西汉末年，刘向的《列女传》正是在引了《楚汉春秋》所录的虞姬的和歌后，接着写道：虞姬"泣下，遂自刭。羽不胜伤之，上马溃围出"。

无论如何，这位引得无数骚人墨客如此心旌摇摇的奇女子，确确实实离开我们两千多年了。据说至今安徽定远县境内还留有虞姬墓，后人在其墓前石坊两侧镌刻了一副对联：

虞兮奈何？自古红颜多薄命；
姬耶安在？独留青冢向黄昏。

用霜剑和热血写出的人生华章

项羽就是在这一夜拂晓前突出垓下重围的。十万人马大半死伤，小半出降、逃亡。从者仅有八百余骑。

虞姬已死或未死，对他来说是一样的：都已是永诀。

据《史记》记载，项羽的突围还是很成功，以至直到天亮后，汉军指挥部才愕然发觉，原来那座依旧飘扬着"楚"字帅字旗的主营已是人去帐空！

主将韩信即命骑将灌婴：率领五千骑往追项王，务必追获！

汉王刘邦听到禀报后，又下了一道悬赏令：凡能杀死项羽并献上首级者，封万户侯，赐金千镒。

项羽从垓下突围后奔逃的方向，应该是在与虞姬诀别前后就谋划好了的。他如果是想回国都彭城，应走大体是正北方向；若是回故乡下相，则该走东北方向。现在他率领着他的骑队，急急奔驰在淮北平原上。沿途曾多次遇到所在地汉军堵截，项羽依旧威武凶猛，闯过了一关又一关。他的奔逃方向是向南，一直向南！

他要到哪里去？无人知晓。

到这天黄昏，骑队来到淮河边。清点了一下，已只剩下百余骑。

月黑风高。淮河像一条黑色的巨蟒，截断行人的去路。江风刮过时，它更趁势抖动闪着寒光的全身鳞片，向这群不期而至的逃亡者显示它的不容超越的威严。

尽管已是人困马乏，且又饥寒交迫，项羽还是不敢在此留宿。他估计韩信派的追兵十有八九已在离他不远的身后。他们必须在天亮以前渡过淮河去。他威吓着，喝骂着，命令他的部属火速去沿河寻找船只。他自己也用佩剑威逼着一个老汉夺到了一条船。半夜过后，总算凑到了二十几条大小不一的渡船，勉强让这支已经七零八落的骑队渡过了淮河。

一过淮河，继续向南急驰。现在已经可以看出来了，项羽很可能是要回到江东[1]去。

呵，美丽富饶的江东啊，那里曾是他的第二故乡，是长江的清泉、太湖的鱼米，滋养了他全身筋骨，吴中子弟有他多少童年伙伴！后来也跟随叔父项梁起事于会稽郡，带领八千江东子弟渡江而西，这些江东子弟后来都成了项氏大军的基干。这些年来，他东征西战，戎马倥偬，却从未忘记过江东。江东啊江东，他相信他依旧能获得江东父老的支持和江东子弟的拥戴；以江东为依托，他定然还能卷土重来！

骑队来到一个叫阴陵的地方。

面前支支岔岔的山路，一时不知道该往左还是往右走。问了问在田间耕作的一位老农，老农抬手指了指说：往左吧！百来个人一齐勒转马头向左飞奔。照此速度，可望落日前抵达长江边。但是……

但是他们受骗了：本该向右，那老农却故意指向了左。领头十几匹奋蹄疾驶的骏马，因突然相继陷入淤泥而昂首发出撕心裂肺的悲鸣。原来他们已进入了一片沼泽地，进不能退不得，只好牵着马挣扎着深一步浅一步慢慢走。

老农为何要欺骗项羽？一般的解释是出于对项羽本人或楚军的怨恨。这当然也可成一说，只是不知其中是否杂有后人在"成王败寇"观念支配下的某些添加成分？也有可能只是一次误会或偶然，不过没有任何根据，只是猜测而已。无论如何，这一延误却是致命的。灌婴所率领的五千人骑队正是因了这延误之助而终于追到。历经一昼夜三百余里追赶的汉兵，兴奋得发狂地呐喊着，潮水般向这群已陷入了绝境的逃亡者围来。项羽第一次要为自己活命而战了。他从泥泞纵身而起，跃上马鞍。那乌骓马蓦地飞起前蹄，几近直立，一声长嘶，山摇地动。项羽剑劈戟挑，在汉军中杀开一条血路，向东疾奔。部众发声喊，奋力跟上。这样到达东城城郊的山坡下时，再次清点人数，已只剩下二十八骑。

暴风雨般的马蹄声，连同透骨的寒风一起从山谷那边扑来。项羽望了一下西首即将向城楼滚落的夕阳，知道灭亡的时刻即将到来。他相信有拔山之力，盖世之气，人世间绝不会有谁能战胜他，但又不得不承认垓下之战他是失败了。他在献给虞姬的诗中说：战胜他的不是人，是"时"，是"时不利"；现在他又想到，他的灭亡不是由于战败，而是天，是"天亡我"。我项羽绝不能归降于世间任何人，但可以归降于天！"天亡我"，这是他纵然已经失败却依然狂傲的内心唯一能够接受的结局。

从项羽后来的举动说明，正是从这一刻开始，他断绝了回归江东、卷土重来的念头，接下去将以他正处于鼎盛期的生命，向世人作出一项证明：非人亡我，是天亡我！

于是他把二十八个最后的追随者召集到一起，眼看着汉军的包围圈正在一步步收紧，

---

[1] 江东：长江在芜湖、南京间作西南、东北流向，是南北往来主要渡口所在。秦汉以后，习惯称自此以下的长江南岸地区为江东，包括今江、浙、皖大片区域。

说了这样一番话——

> 吾起兵至今八岁矣,身七十余战,所当者破,所击者服,未尝败北,遂霸有天下。然今卒困于此,此天之亡我,非战之罪也。今日固决死,愿为诸君快战,必三胜之,为诸君溃围,斩将,刈(yì,砍;劈)旗,令诸君知天灭亡我,非战之罪也!

这可以看作是项羽的一篇绝命宣言。

项羽说完这番话,在灌婴指挥下的汉兵已密密匝匝围了几层。项羽将所属二十八骑分为四队,朝向东、南、西、北四面,自己骑乌骓马居中。他指指汉军的某一将说:诸君稍候,看我将他首级取来!随即下令二十八骑向四面驰下,约定在山的另一面分三处集合。他大吼一声,拍马冲去,汉军惊恐四散,他一戟刺中那汉将咽喉,手起剑落,割其头颅缩于腰间。有个叫杨喜的汉军骑将想从他背后追袭过来,项羽圆睁双目一声怒叱,杨喜人马俱惊,吓得紧抱马脖,急速溃逃。项羽来到已如约分作三处集合在山另一面的骑队之中,解下腰间汉将头颅抛掷于地,诸将齐赞:大王神威!汉军不知项羽所在,也只好分为三路,又从四面包围拢来。项羽再次猛地从队列中冲出,左手持戟,右手仗剑,或劈或刺,又斩一汉都尉,剁毙汉兵数十百人。再次重聚自己队伍一清点,仅亡了两名骑兵。项羽笑着对部众说:我这一战如何?众将士齐答:完全像大王事先说的一样。大王若亡,确是天灭,非战败!

在历史上,对项羽的这种"天亡我"的心态,论者多有诘难,以为至死而不知败之由实在我,而不在天,岂不大谬!不过倘若要项羽临终前来一番深刻的自我检讨,那恐怕也就不成其为项羽了。想来也唯有"天亡我"这样的托词,才能安定他那颗霸气十足的心,然后一如既往地带着狂傲,带着庄严,高视阔步地走向他传奇人生的终点。

现在,项羽和跟随他的二十六骑已经逃亡到了最后一站——乌江。

乌江在今安徽和县东北,秦时设亭,约略相当于现在的乡。长江在此处大体作南北流向,故乌江位于长江西岸。附近有乌江亭、霸王庙,见证着两千多年前在这里发生的那悲壮、惨烈的一幕。

项羽因何来此?《史记》说"欲东渡乌江"。这么说,似乎已被他自己扼杀的那个回到江东以图卷土重来的欲念,此时又从心底拱了上来?他在乌江浦的长堤上勒住了马,抬起布满血丝的双眼望着滔滔东去的长江。

一旁有几声异响。他警惕地猛然转身,却看到有条无篷的小船正穿出芦花丛向他这边靠拢来。撑着篙的是一位戴着斗笠的老者。船拢岸后,老者拱手一揖说道:马上这位将军,莫非就是西楚霸王吧?村野老朽在此有礼了!

项羽在马上还了一礼,说道:寡人正是。请问长者何人?……

且慢!这位艄公的出现有点神秘,需要插上几句说明。

他是谁?会不会是汉军潜伏在这里的奸细,或者项羽那些坑、屠、杀行为所造成的无数仇家中的一个?据说项羽不识水性,因而如果用船将他载至江心,结果他性命便变得轻而易举。这的确不失为一种合乎情理的想象，有些演义类作品便是这样写的。郭沫若在上个世纪30年代写的小说《楚霸王自杀》则把这位艄公设计为一个"读书人"，他曾对项羽的反秦寄予厚望，后来因项羽几乎成了秦始皇第二而完全失望，这回就准备将他骗至江心，然后同归于尽[1]。

我想我还是坚持自定的写作原则：照正史的记载写。

据《史记·项羽本纪》记载这位艄公是乌江亭长，即当地的一位基层干部。他对项羽一开始就出于好意，绝无恶念。在说明了自己的身份后，亭长诚恳地劝告项羽还是应当回江东去。于是两人便有了下面这番对话——

[亭长]谓项王曰："江东虽小，地方千里，众数十万人，亦足王也。愿大王急渡。今独臣有船，汉军至，无以渡！"

项王笑曰："天之亡我，我何渡为！且籍与江东子弟八千人渡江而西，今无一人还，纵江东父老怜而王我，我何面目见之？纵彼不言，籍独不愧于心乎？"

项羽本为"欲东渡乌江"而来，但现在他却回答说没有面目再回江东。这中间有个很大的跳跃。这个跳跃对项羽来说是一次生死选择：回江东还有可能生，留乌江则必死无疑。

刚才他还想选择生，现在却选择了死。

为什么？

我以为原因就在这位亭长，就在亭长的善良和真诚，就在他说的那番话里所表现出来的厚道和宽容。

同样的话，如果项羽依旧处于他霸业的鼎盛期，他会不屑一听；但是现在他感动了，他的灵魂受到了极大的震撼。

项羽一生跋扈飞扬，也许只有这短暂的片刻，他第一次看到了自己的渺小。由这位亭长他想到了江东父老。他曾经有过一个衣锦归故里的愿望，可如今自己已落到了这个地步，还有何面目去见同样善良、真诚，同样宽厚、宽容的江东父老呢？就这样他狠狠心，最终掐灭了东归的欲念。

项羽是笑着回答的，但那是一种怎样的"笑"啊！我想应该是这样的：他听着亭长说那番话时，泪水已在眼眶里滚动，为了掩饰，他仰天一阵大笑，然后作出了不再回江东、实际上也就是选择了死的回答。

这时候不远处尘头又起，马蹄声也已隐约可闻，追来的自然又是汉兵。亭长急了，又劝说了几句，项羽有力地一摆手，止住了他，随即跳下了他的乌骓马。美女虞姬与骏马乌骓，是司马迁笔下的项羽这位英雄挥剑自刎前的两个伴侣。如今美人已去，还留下这匹骏马。他与它对视的一瞬间，他在它的瞳人里看到了自己。他深情地拍了拍它那汗湿淋淋的

---

[1] 这位"读书人"后因受到项羽不愿回江东那番话的感动，至小说末尾，不仅打消了同归于尽的预谋，还对项羽有了几分敬佩，只是对他的自刎很不以为然。

肩胛。它懂了,这是主人在向它告别,而且是永别。它挂出了两行清泪。他鼻腔一阵酸热,用手轻柔地捋了捋它那浓密的前鬃。他早已想好,绝不会让它落入汉军之手。一路来曾有过与它同归于尽的打算,现在他改变了主意。他将乌骓马牵至亭长船前,说道:籍骑此马已有五载,日行千里,所向无敌,实不忍心杀之。籍知公为长者,谨以此马赠公!亭长待要辞谢,项羽早顾自回身登上一土丘,对他的部众大声说道:诸君有愿渡江者,可随乌江亭长登船东渡!

二十六名壮士齐声回答:我等愿随大王与汉兵拼杀到底,同死乌江!

于是项羽命众骑士全都下马,让座骑自向山林归去。随即他左手持盾,右手嗖地一下将剑抽出了鞘。众壮士不约而同也拔剑出鞘。剑光在夕阳中编织着无数的彩虹。

已随亭长渐渐隐入江心雾幕的乌骓马,这时突然发出几声裂天长啸。项羽也懂了,这是它在向他告别,而且是永别。

就在这时,伴随着混杂的马蹄声,重重叠叠的汉兵犹如城墙般从四面围来。

这该是历史上一次罕见的激烈、残酷的拼杀,直杀得江河呜咽,日月无光。

郭沫若在《楚霸王自杀》中说项羽用了一种把汉兵的躯体当武器的战术:"他把手里抓着的人像弹子一样乱掷!""只见人在飞,人在飞,真像肉弹子啊!"郭氏是历史学家,他的说法当有所据。我在《吕氏春秋·贵卒》中也看到过类似的记载。说春秋时中山国有个叫吾丘鸩的,与敌战则"以车投车,以人投人",就是抓起敌方的车、人作为武器向敌方投去。如果这也是一种战术的话,自然只有像项羽、吾丘鸩这样今古罕见的大力士才能做到。

毕竟寡不敌众。二十六名壮士相继倒下,现在只剩下项羽孤身一人了。项羽此时也已有十几处创伤,但你从他飞扬恣肆的神采可以看出,仿佛他此刻能够感觉到的不是痛苦,而是精力获得最大释放的舒快和酣畅。一见猎获对象伤痕累累,猎获者立刻亢奋起来。在万户侯和千镒金的强力刺激下,汉军中大小头目争先恐后向项羽冲来。项羽一脚跳上长堤,正要拼力向领头两个汉将砍去,剑在半空中停住了。他的那对据说有双瞳人的眼睛突然射出了奇异的光亮,以致被盯看的那个人迅即低下了头,不敢正面对视。但项羽还是认出了那张熟悉的脸。没有错,那是他的故友、如今在汉军任骑司马的吕马童。于是江水停流了,空气凝固了,在这个正在血肉横飞的战场上,却发生了这样一幕——

项王亦被十余创,顾见汉骑司马吕马童,曰:"若(你)非吾故人乎?"

马童面之(转过脸去),指王翳曰:"此项王也。"

项王乃曰:"吾闻汉购我头千金,邑万户,吾为若德(我把这好处送给你)。"乃自刎而死。

这个江东丈夫就这样带着"天亡我"的悲叹,死在了自己佩剑下,享年三十一岁。

乌江为之呜咽,陵山为之哀号。

项羽是世界古代史上屈指可数的真正英雄。但他是上天特赐给中国、特赐给中国的那个时代的。他身高八尺二寸,力能扛鼎。他的率性和任情,他的酷烈和柔情,还有他的豪气和霸气，无一不源于中华风土的特色，源于春秋战国数百年来那种争强斗雄的时代气质。正由于此，项羽注定是个失败的英雄；更准确地说，唯有失败才能成就其为英雄。我在《大秦帝国·结语》中曾说："项羽如果战胜了刘邦，那么很可能残暴、昏庸远胜秦始皇，而功业、政绩则无一可与后者相比。但他却是英年而死，死得又如此壮烈，这不仅为他个人生命史加演了一个最光辉的尾声，也为到那时为止的中国历史写出了一篇悲壮的跋文。"现在我再加一句：项羽抽剑一挥，既为那个时代画出了句号，也为项羽式的英雄画出了句号。中国历史从此不可能再出第二个项羽。

这位率性的英雄甚至临死前还要来一个惊人之举：用自己的头颅作为礼物赠给他的友人吕马童。这绝对是世界顶级黑色幽默了，但在项羽，我们完全可以相信他出自真心，就是为了让老友得个最后的便宜，决不会有其他用意。不过信不信由你，一生不知心机为何物的项羽，这回却无意间设下了一个暗藏致命机关的险局，就看你是否识得、能否赢得了！

我们且看下去——

项羽话刚落，所有杂响——厮杀声，喘息声，兵器撞击声……立刻全都屏绝。

出现了一个短暂的瞠目结舌的冷场。

所有汉军将士都怔怔地望着，无人敢移动一步。

一道寒光在空中划过。

然后是血光四射。

蓦地，人们一下子都异乎寻常地清醒过来，立刻展开了一场不顾死活的拼搏争抢，就像一群饿极了的野兽用坚爪利牙拼搏争抢某一猎获物那样。

可惜啊，竟没有一个人能识得这是一个暗藏着致命机关的险局！

项羽已声明头颅是送给吕马童的，但拼搏争抢的实际结果却是——

王翳取其头，余骑相蹂践争项王，相杀者数十人。最其后，郎中骑杨喜，骑司马吕马童，郎中吕胜、杨武各得其一体。

请注意"相杀者数十人"一句。为争抢项羽的尸体又死了数十人。

刘邦倒是说到做到，决定依悬赏令封赏。考虑到献上项羽肢体的有五人，封赏范围不得不有所扩大。但为郑重起见，需要进行一次公开验证，以防止或有胆敢假冒者。验证的办法就是将各自抢到的部份肢体，来一个当场拼接。结果皆大欢喜：出现在验证场上的果然是一个完整的项羽！于是宣读封赏令——

王　翳　　封为杜衍侯

吕马童　　封为中水侯

杨　喜　　封为赤泉侯

杨　武　　封为吴防侯

吕　胜　　封为涅阳侯

项羽无意间设下的险局是一场心灵大战。在这场心灵大战中输得最彻底的，正是这五个人：尽管他们获得了封侯，却输掉了远比侯爵更为宝贵的人性。

在这场心灵大战中赢得全胜的只有一个人，他就是失败的英雄项羽。

纷战五年，尘埃终于落定

垓下战罢，项羽自刎，标志着历时五年的楚汉战争的终结。

按照传统的写法，这一小节就该来总结一下汉何以胜、楚何以败的经验教训。上个世纪五六十年代时行阶级分析法，通常把项羽归入楚国贵族后裔，代表极少数领主残余分子的利益；刘邦出身农民，懂得农民阶级疾苦，受到了广大农民的拥护。成败的主要原因，自然也由此得到了说明。近一二十年来，侧重点转移到了民心得失：刘邦自入关与父老"约法三章"到还定三秦令民耕作秦苑，有不少得民心的举措；项羽则一味杀戮，终致丧尽民心。此外，几乎所有论及这段历史的著作都把用人问题列为决定成败的重要因素：刘邦大度，善于用人；项羽迷信自己"拔山"之力，不能容人，也不善用人。最明显的事例是，原属楚营的韩信、陈平等人后来都归了汉，而项羽最后则连对他的亚父范增也要猜疑，致使一直竭诚尽忠于楚的范增老人饮恨归天。新近这两三年来，则又有一种观点异军突起，姑且称之为出身论：项羽出身贵族，刘邦出身流氓。由这两种对立的典型性格相互激发、碰撞，最终导致项羽败而刘邦胜。

这样总结自然也会给人以启发，只是觉得似乎多了点现代人的想象成分，少了点历史的原生状态。我无意在此全面探讨这个问题，只想就古人对此评议赘言几句。

"秦失其鹿，天下共逐之。"此话见于《史记·淮阴侯列传》，出自当时著名策士蒯彻之口，我以为这是对秦末那场战乱生动、形象而又带有本质性的极好概括；广而言之，它同时也是中国历史上那些以夺取政权为目的的暴力行动的基本特征。这有两个方面因素：一是中国幅员辽阔；二是夺取政权的行动路线多为自下而上。这两个因素决定了只能是"群雄逐鹿"，不可能是"独雄逐鹿"。这可说是一个铁律，顺之者成，逆之者败。但那些草莽英雄谁又不想独吞全鹿呢？项羽、刘邦自然更不可能例外。所以成败的关键看你能否改变自己，以适应这一铁律。项羽似乎也并非一定生来就不能改变自己，但有一个重大事件切断了他的这种可能，那便是巨鹿大胜。当项羽麾下的楚兵掀天揭地般欢呼胜利的时候，其余诸路反秦将士"无不人人惴恐"，见到项羽"无不膝行而前，莫敢仰视"（《史记·项羽本纪》）。辉煌的巨鹿大胜既为项羽确立了无人敢于置疑的统帅地位，却也埋下了导致他最终失败的种子。因为从此以后，他那已被自我神化了的头脑，再也不可能承认"群雄逐鹿"。他不需要盟友，甚至也不怎么在乎有无左右辅佐，只需要一个"力拔山兮气盖世"的自己，便可"独雄逐鹿"。他自尊为霸王，恩赐式地分封了十八王以后，便衣锦还乡，浩荡东归。除了对汉王刘邦有所警惕外，他几乎不作任何戒备，以为不会有人敢于向他的霸主地位发起挑战，即使有，也必然被他碾成齑粉，因为在他霹雳闪电般的人生经历中还从未有过被人打败的纪录。直至不得不乌江自刎时，他也只臣服于"天亡我"，绝不承认人世间居然还有人能战胜他。从这个意义上说，项羽的最终失败是因为他曾经享有过无人可与匹敌的巨鹿大胜，而刘邦的最终获胜，恰恰由于他曾经遭受过一系列失败。刘邦也并非像后人说的那样一出生就具有"王者气度"的，是不断的困顿、挫折和屈辱、痛苦，迫使他渐渐学会放弃"独雄逐鹿"，学会改变自己去顺应"群雄逐鹿"。于是第一步，突破起事初期基本班底，广招人才，特别要选准对象破格重用来自敌营的人才，必要时再选择若干个实力强大诸雄，与之结成共同反对竞争对手的联盟；第二步，鹿已到手则着力塑造自己宽厚谦恭的王者形象，争取被盟友拥戴为共主；第三步，一旦时机成熟，在稳住基本班底的前提下，伺机再逐个消灭对自己皇位威胁最大、通常也即功劳最大的那几个昨日的盟友，然后与剩下的那些功臣加上同姓诸王订立以维护皇统为宗旨的新盟约。刘邦的这个成功模式，后世不断有人仿效，其中不少同样获得了成功，因而做了皇帝就杀功臣的悲剧也一再被搬上中国政治舞台。

很抱歉，以上文字已有些越出本书预定写作范围，得赶快打住。

让我们还是回到本书所侧重的平民视角，来看一看这场持续五年的楚汉战争留给生活在当时的民众的是什么，留给我们后人的又是什么？

我们的回答是：这场战争留给当时民众的是苦难，留给后人的则是一笔丰富的精神遗产。

汉代有首叫《战城南》的乐府民歌，就是模拟一个战死者的口吻对战争发出控诉的，意象凄厉，感情沉郁，读来令人惕息。留在汉人记忆中印象最为深刻的战争是两次：楚汉战争和对匈奴的战争。此诗虽未说明是哪一次战争，但从"战城南，死郭北"这种典型场景看，不大像是对匈奴的战争，很可能就是楚汉战争。诗人唱道：

战城南，死郭北，野死不葬乌可食。为我谓乌："且为客豪，野死谅不葬，腐肉安能去子逃？"水深激激，蒲苇冥冥，枭骑战斗死，驽马徘徊鸣。……

激战过后的战场上，尸体横陈；乌鸦在上空盘旋，准备啄噬人肉。死人忽然说话了：替我告诉乌鸦，在吃我之前先为我嚎叫几声。为什么要嚎叫？因为他心中郁积着太多的怨愤和不平。

人类在发展过程中所付出的代价，大概没有比战争更为惨重的了。而这些惨重的代价——无论是人所创造的财富，还是人本身的生命，最大的承担者往往总是底层民众。汉帝国建立后颁布的第一道诏令《复故爵田宅诏》中，就有"民前或相聚保山泽"、"民以饥饿自卖为奴婢者"（《汉书·高帝纪》）这样的话，说明在战争期间底层民众连人身安全和最低生活需求都没有保障，因而只好或避难于山林沼泽或卖身为奴。

我们再看看分别见于《史记》郦生和淮阴侯列传上的两条记载：

且两雄不俱立，楚汉久相持不决，百姓骚动，海内动摇，农夫释耒，工女下机，天下之心，未有所定也。

今楚汉分争，使天下无罪之人肝胆涂地，父子暴骸骨于中野，不可胜数。

前一条见于郦食其对刘邦的说辞,后一条见于蒯彻对韩信的说辞。郦、蒯都是楚汉战争的亲历者,其所见所闻自然真实可信。你看,"百姓骚动,海内摇动,农夫释耒,工女下机",人们惊惧恐慌,哪里还能安下心来生产!还有的"肝胆涂地",抛尸荒野,多到"不可胜数",那可都是"天下无罪之人"啊!

战争给人们带来的苦难是多方面的,有精神的,有肉体的;苦难而至于极,便是生命被剥夺。楚汉战争究竟死了多少人,无从查考。可以从《史记》、《汉书》中看到数字记载的,如汉军在泗水被杀十余万人,在睢水被杀十余万人,以至"睢水为之不流"。在垓下之战中,楚军也被"斩首八万"。汉王二年(公元前205年)"萧何发关中老弱未傅悉诣军",连老弱和未成年人都被征发,可见兵员伤亡已到了何等严重程度!项羽还动不动用屠、坑这种极端残忍的方式来对待他的被征服者。他一入关就来了个"西屠咸阳",攻齐时,"皆坑田荣降卒";"徇齐至北海,多所残灭"。不仅是项羽,刘邦虽号称"宽仁爱人",他的军队屠城的记录也不少,如"屠煮枣"、"屠胡陵"、"屠六"、"屠城父"等。如果说战场上死亡的还是持有武器的兵卒的话,那么屠某一地被杀害的绝大多数都是手无寸铁的平民。

战争又往往引发灾荒,或使抗御灾害的能力几近于无,从而加重了灾害的程度,而遭难者绝大多数同样也是底层民众。《汉书·食货志》说:"汉兴,接秦之敝,诸侯并起,民失作业,而大饥馑。凡米石五千,人相食,死者过半。"《资治通鉴·汉纪一》也载录了这次饥荒,而豪杰大户却正是趁此天灾人祸之机敛财以致巨富:"关中大饥,米斛万钱,人相食,令民就食蜀汉。初,秦之亡也,豪杰争取金玉,宣曲任氏独窖仓粟。及楚汉相距(通"拒")荥阳,民不得耕种,而豪杰金玉尽归任氏,任氏以此起富者数世。"

战争加上灾荒,导致了人口的锐减。《史记·陈丞相世家》记有一个实例。一次刘邦问御史曲逆县有多少户口,御史回答说:"始秦时三万余户,间者兵数起,多亡匿,今见五千户。"从三万户减到只剩五千户,除去逃亡,成千成万的人就死于战乱和饥馑。据葛剑雄《中国人口发展史》估计,秦汉之际人口损失约在"一半至三分之二之间",这是一个何等惊人的数字啊!

当然,历史的发展有它自身的规律,战争的发生或不发生不决定于人们的主观愿望。对历史的道德评判不能代替历史发展的自身规律,一味地诅咒战争不是对待历史的科学态度。我之所以写了上面这些文字,只是想尝试着对历史事件中的普通人的命运有一点关注。

至于说这场战争对后人是一笔丰富的精神遗产,这是我在写作过程中的一个很突出的感受。人性在各种不同的生存环境下表现是不一样的,战争是一种非常态的生存环境,它往往更能显示出人性的不同侧面。鲁迅先生说过:"人类血战前行的历史,正如煤的形成,当时用大量的木材,结果只是一小块。"(《纪念刘和珍君》)紧接着反秦战争引发的楚汉战争,正是这样用无数生命凝炼而成的结晶。昨日的骊山隶徒,往昔的王公贵族;胖手胝足的农民,吆五喝六的衙役;仗剑游历的学子,剪径穿窬的盗贼……纷纷登场亮相。由于这里的较量关涉到多少人的生死,因而双方都必须将自己的才智、机巧极度张扬出来;又由于战争的激烈和尖锐,人们无暇、也不允许有任何掩饰,因而人性的善恶两极都会无遮无蔽地裸裎出来。不知读者诸君是否与我有同样的感觉,进入这段历史犹如进入了一个万千人生的展示厅，令人或敬仰，或惊叹，或扼腕，或忍俊不禁，或唏嘘不已。人生有代谢，人性通古今。无论你、我、他，只要走进这个展示厅，相信都能从各自不同角度，从中获得感悟和启示。

历史人物经受时间的筛选和荡涤，经过一代又一代人的认识再认识，往往会舍去一些枝节而保留住那些本真的东西，从而成为一个国家和民族的永恒的精神力量。譬如项羽，后人很少再会想到他的残忍，他的狂傲，他的刚愎；记住的总是他那种与天地共存的英雄之气。生活在南宋的李清照，当她目睹入侵外族的强横和南渡君臣的软弱时，便想到要从历史人物中去汲取精神力量。于是这个"人比黄花瘦"的弱女子，用她那支写惯了"凄凄惨惨戚戚"的笔，却以《夏日绝句》为题写出了如此激昂慷慨的诗句：

生当作人杰，
死亦为鬼雄。
至今思项羽，
不肯过江东！

最后说一下垓下之战的余波。

项羽一死，楚地纷纷归降。当年项羽所封的十八王，或灭或降，最后只剩下一个临江王，原受封者共敖已病故，此时嗣立的为其子共尉，居然还念着项王旧恩，不肯从汉。刘邦派出卢绾、刘贾等将领率兵往讨，共尉就擒，后杀之，江陵也很快平定。至此，大汉旗帜插遍大河南北，华夏之地复归一统。

但是且慢，忽有人禀报，仅有弹丸之地的鲁城，居然依旧奉项羽为宗主，妄想与大汉顽抗到底。

原来鲁城是反秦战争初期楚怀王封给项羽的封地，其址在今山东曲阜鲁故城，仅有一个县大小，其君称公，即鲁公，项羽就曾为鲁公。自封为西楚霸王后的项羽，也许早已把这片小小的封地抛诸脑后了，可鲁城臣民没有忘，甚至直到项羽自刎后，他们也拒绝接受这一噩耗，宁肯相信他们的项鲁公还好好活着，他们愿意继续做他的臣民。听说汉王要派兵来征讨，他们紧闭城门，决心与这座古城共存亡。

刘邦闻听大怒，"乃引天下兵欲屠之"（《史记·项羽本纪》）。既然"引"的是"天下兵"，规模自然不会小，汉兵只要跺跺脚，就会将小小鲁地碾成齑粉。但是奇迹出现了——

及高皇帝诛项籍，举兵围鲁，鲁中诸儒尚讲诵习礼乐，弦歌之音不绝，岂非圣人之遗化，好礼乐之国哉？（《史记·儒林列传》）

尽管鲁城并非孔子生活时代的鲁国，但毕竟属鲁地，"圣人之遗化"尚存，大军压境，刀剑已架在脖子上，却依旧"弦歌之音"不绝。这回不是秀才遇见兵，而是兵遇见了秀才了，倒也拿他们没有办法。刘邦不得不下令撤围退兵。经过谋议，换了软的一手："乃持项王头视鲁,鲁父兄乃降"(《史记·项羽本纪》)。这样,项羽的一颗头颅竟发挥了两次作用:前一次使五个人封了侯,这一次又让鲁城降了汉。

于是,汉王刘邦按鲁公的身份葬项羽于谷城(一说为今山东曲阜西北之小谷城,一说在今山东平阴西南),并为之发丧,依礼制规定发哀哭泣。下令诸项氏支属一律不杀。封多次助刘邦脱险的项伯为射阳侯。另有项襄等四人也曾有功于汉,各封为侯。以上五项氏皆赐姓为刘。

包括垓下大捷在内的上述一连串捷报,都是在汉王五年(公元前202年)十二月传出的。对经历了太多的失败和挫折的刘邦来说,这个隆冬之月终于让他走进了一个空前大丰收的好季节。若依往常,性好酒色的他,很可能又会尽情享受一番的。但这回没有。当他静下来时,突然想到必须立刻去办一件事。此事不办,他的帝王大业有可能功亏一篑。不办此事,他寝食不安。他甚至有些后怕为什么没有早一点想到此事!

于是汉王刘邦立即传下了一道急令:速备车驾,赶赴定陶!

当楚汉争战终于尘埃落定时,一个巍巍的大汉帝国便从白骨累累的废墟上建立了起来。

下一章将要叙述的,便是帝国初期那段既布满战争创伤、又充满复兴希望的岁月中的人和事。

最为棘手的一个问题是:汉承秦制,实行的是帝王集权制;但秦这头鹿却是韩信、彭越、黥布等将领奋力搏杀才捕捉到的,当初他们又都是为追逐秦之失鹿而来,不让他们分割点什么岂肯罢休!

刘邦首创了一个办法:先封功臣,再杀功臣。

这似乎也不能全怪刘邦残忍,既然要按帝王集权制实行皇权独擅,恐怕也只好这样做。

于是那些刚戴上王冠的头颅,便一颗接一颗地从他们肩膀上滚落下来……

第 三 章
布衣刘邦当上了大汉开国皇帝

诞生于"氾水之阳"的大汉帝国

刘邦说:"吾乃今日知为皇帝之贵也!"

帝国的一块心病:匈奴问题

异姓诸王接连演出了人生悲剧

慷慨歌《大风》,惶恐说"安刘"

诞生于"氾水之阳"的大汉帝国

刘氏登位术:诸王推举,本人三让

上章末尾说到刘邦下了道急令:速备车驾,赶赴定陶。

定陶秦时为县,故治在今山东定陶西北古陶邑。这个位于氾水北岸的小县城,因两个人的两件事而留名青史。一个是春秋时越国大夫范蠡,助越王勾践灭吴雪耻后,深知勾践其人可与同忧患而难与长安处,因而变姓改名,乘舟浮海,父子同耕于海畔,苦身戮力,而致产数十万。后将其资财散与乡里,携家来定陶经商,不久又积聚资财巨万,天下人称他为陶朱公。另一个便是刘邦,将在此即皇帝之位,宣布大汉帝国的成立。

但此时的刘邦还没有到可以即皇帝位的时候。他之所以急于赶赴定陶,全因为韩信。

垓下之战一结束,韩信率师回齐,驻军于定陶。此时的韩信,享有垓下大胜的声望,拥有数十万之兵力,在当时的华夏大地上,已经无人可与争雄。

项王既灭,按说刘邦最先应做的一件事是践约。他在垓下之战前曾与韩信、彭越约定,一旦攻灭项羽,将与他们"共天下",即自睢阳以北至谷城分给彭越,从陈以东到沿海分给韩信。但在此时的刘邦看来,昨天的同盟者如今已成了他独自拥有天下的严重威胁,其中特别是韩信,简直是又一个项羽,甚至比项羽更可怕!

当务之急是,必须立即把韩信的军权夺下来!

从垓下到定陶有近千里之遥,刘邦命令他的侍从官日夜兼程,来完成这次长途跋涉。

就像两年前那个凌晨突然闯入修武营帐夺了韩信之军那样,这回刘邦又来了个故伎重演:"驰入齐王信壁,夺其军"(《汉书·高帝纪》)。就是说又搞了一次突然袭击,驱车直入韩信军营,宣布夺了他的军权。

韩信也与两年前一样,没有任何反抗就交出了军权。

对刘邦来说,这次突击行动的成功意义远比修武那次更为重大。修武的夺军还只是使他又有了兵力去与项羽抗衡,而这次完成对韩信军权的顺利剥夺,则直接为他走向帝位铺平了道路。

到这时候,刘邦似乎才想到还有一个如何践约的问题。一个月以后,即汉王五年(公元前202年）一月，他下了一道命令，改立韩信为楚王，统辖淮北之地，建都下邳；立彭越为梁王，统辖魏之故地，建都定陶。

命令中说改立韩信为楚王的理由是，项王已灭，楚地已定，义帝又没有后裔，而韩信原生长于楚地，熟悉楚地风俗。这当然只是个幌子。实际是借此将他调离拥有重兵的地区，到南方楚地去当一个无法再与刘邦抗衡的封国之王。而同时封彭越为梁王，则明显带有牵制韩信之意。

韩信原来有个幻想："自以为功多，汉终不夺我齐。"（《史记》本传）现在这个幻想终于破灭。很可能，对权力角逐总是不怎么在行的韩信，此时又产生了一个新的幻想：我这个楚王，总不会再夺我了吧？此外，改封楚王，韩信多少也有点安慰：他的故乡淮阴，如今已属于他治下的临淮郡，能够衣锦荣归故里，也该是人生难得的一大乐事吧。

刘邦终于等来了梦寐以求的这一天。

他已经有些迫不及待了，以至来不及先选定国都，就准备在刚刚夺了韩信之军的定陶即皇帝之位。

筹备工作在昼夜不停地进行中。定陶那座已经老旧的县衙，正在被敲敲打打、又涂又抹地装饰着；专管礼仪的博士诸生，有的正寻章摘句地在拟订朝仪，有的在用龟卜的方法择定大典的吉时良辰。最忙碌的还有尚衣房：这边在裁剪缀有十二章花纹的皇袍，那边在赶制垂有玉珠十二旒的皇冠……

我估计这时候的刘邦，心里一定很羡慕一个人：秦始皇。

秦始皇是中国历史上第一个皇帝。这位做事一向大刀阔斧的大秦帝国的创建者，他的称帝仪式也办得干脆利落。先由他发表一通演说，说明他是如何"赖宗庙之灵"也即如何依靠嬴秦列祖列宗的佑护，将昏庸无道的六国一一攻灭，完成了统一大业的。为使这空前伟业传之后世，他命令群臣为他议名号。经商议决定称"皇帝"，于是他就宣布："朕为始皇帝。后世以计数，二世三世至于万世，传之无穷。"（《史记》本纪）何等爽快！

顺便说一下："朕"，古时原为通用的自称之词，秦始皇却将它法定为皇帝一人专用的自称，其他任何人不得僭越。此后历朝因之，这一"朕"就"朕"了两千多年！

刘邦自然希望自己也能像秦始皇那样，登高一呼，干脆利落地宣布："朕为大汉一世皇帝！"但是很遗憾，他办不到。

秦始皇的才具、智慧，特别是他那种囊括四海的气魄，无人可与匹敌。兼并六国大战战幕一拉开，他就一直是前线总指挥，用他的那把太阿剑杀遍了大河南北，而且几乎是节节胜利。所以他在演说中可以毫无愧色地宣称，除了"赖宗庙之灵"，他不曾借用过任何人间力量，独立完成了攻灭六国之举。很显然，刘邦不具备这种才智和经历，因而就没有这个资格。

刘邦原为项羽所封的十八王之一；在楚汉战争中，从最初的彭城之战，到最后的垓下之战，他都是以"诸侯军"的名义向项羽发起讨伐的；至于他自己，说来惭愧，几乎是一个常败将军。现在他要即皇帝之位，只有两种选择：要么用武力消灭所有昔日的同盟者，要么在相当程度上继续保持这种同盟关系，以换取诸侯王共同推举其为皇帝。

经过权衡，出于无奈，刘邦选择了后者。

这就意味着未来帝国将实行的，不是像秦帝国那样的纯粹的帝王集权专制制度，而是又部分地保留了封土建国制度；也可说"一国两制"，但前制为主，后制为辅。

应当说，这是一个明智的选择，但同时也是一个带来了很大麻烦的选择。读者将会看到，这个麻烦不仅缠绕了刘邦后半生，就其间接影响来说，还困扰了汉初好几世皇帝。

为请诸侯王出来拥推刘邦称帝，少不得要做大量幕后工作，只是史书无此类记载。我们能够见到的，是《汉书·高帝纪》里的这样一份《尊帝疏》：

楚王韩信、韩王信、淮南王英布、梁王彭越、故衡山王吴芮[1]、赵王张敖[2]、燕王臧荼，昧死再拜言，大王陛下：先是秦为亡道，天下诛之。大王先得秦王，定关中，于天下功最多。存亡定危，救败继绝，以安万民，功盛德厚。又加惠于诸侯王有功者，使得立社稷。地分已定，而位号比拟，亡上下之分，大王功德之著，于后世不宣。昧死再拜上皇帝尊号。

《尊帝疏》署名以楚王韩信为首，这是否意味着他就是这项尊帝活动的发起人呢？我以为这种可能性极小。更大的可能是刘邦要利用韩信的声望，希望他来牵头，就通过某个人，例如通过曾作为汉王使者持印绶、赴临淄立韩信为齐王的张良，从旁劝说，韩信也以为借此可以自保，因而就带了这个头，其余诸王则随而从之，于是便有了这份《尊帝疏》。

署名共有七王。他们有个共同点：都不姓刘，故史称异姓七王。

七王不但异姓，而且无一属于沛县集团。

这种情况说明，刘邦能打下天下并坐上帝位，主要依靠的不是他的"嫡系"力量，当然更谈不上有任何同姓力量参加。这就预示着汉帝国要成为刘氏一姓天下还有着多么漫长而艰难的路要走。

接下去就该举行加冕典礼了吧？

不，还得演一出历史上很有名的戏，叫作《汉王三让》。

刘邦先是做出一脸不敢当的样子，说：古来称帝号者，皆为贤德之王；空有其名而无贤德之实，殊不足取。如今蒙诸侯王推举寡人，唯寡人无此贤德，何敢当此尊号？

诸侯王都说：大王起于细微，灭乱秦，诛不义，威震海内，平定天下；且诸侯功臣皆得封土食邑，可见大王本无私意。大王德施六合，诸侯王不足与比。愿大王幸为天下苍生计，即居帝位，实至名归。

刘邦又推辞了两遍，最后说：既然诸侯王以为这样做有利于天下万民，那寡人就勉为其难吧！

【1】故衡山王吴芮：原被项羽封为衡山王，后项羽侵夺其地，降为番(pó)君，故有此称。高帝五年(公元前202年)，以长沙、豫章、象郡、桂林、南海等地改封吴芮为长沙王。同年，因病去世。

【2】赵王张敖：赵王张耳之子，其时张耳已死，由其子嗣位。

在现代人看起来，这也太矫情啦！你不是做梦都在想当皇帝吗？还来这么一套假客气干什么！而刘邦觉得必须这样做，则是要显示一种所谓王者气度。古人很讲究这个"三让"。如《礼记·聘义》叙宾主相见："三让而后传命，三让而后入庙门，三揖而后至阶，三让而后升。"而"让天下"更被认为是美德之至境。在《论语》中，孔子就以周太王长子泰伯为典范说了这个道理："子曰：泰伯，其可谓至德也已矣，三以天下让，民无得而称焉。"

不管怎么说，刘邦经过这么"三让"，终于由一个封国之王的汉王，一跃而为大汉帝国皇帝，成了"天下共主"，史称高帝或高祖[1]。高帝五年[2]（公元前202年）二月的甲午日，举行了一个由异姓七王及文臣武将等三百余人参加的仪式，"汉王即皇帝位于氾水之阳"（《汉书·高帝纪》）。我在《引言》中把大汉帝国的创建比作一个婴儿的出世。历经五年楚汉战争的剧烈阵痛，这个婴儿尽管发育还不怎么完全，就连归属也还没有最后确定，但他毕竟在"氾水之阳"呱呱坠地啦！

"氾水之阳"实际即定陶，《史记·刘敬叔孙通列传》即称"诸侯王共尊汉王为皇帝于定陶"。之所以不记定陶而称"氾水之阳"，旧时注释家说是"取其氾爱弘大而润下也"。哦，原来是要给新生儿讨个彩头！

两千多年后，英国著名历史学家阿诺德·约瑟夫·汤因比在他的代表作《历史研究》中，把这个婴儿的出世，称之为对由秦始皇创立的帝王集权制的一次拯救，是一个史无前例的成就——

> 从中国历史的传统表现来看，由始皇帝完成并经刘邦加以拯救的那种有效的政治统一，实际上必定是史无前例的成就，如同恺撒与奥古斯都在希腊世界所取得的成就一样。

自汉以后，秦始皇那种干脆利落的即位法，几乎无一人能够学着做；而由刘邦首创的

【1】关于皇帝的称谓，牵涉到帝王制度的一些专门知识，需略作说明。秦灭六国，秦王嬴政始用"皇帝"之号，按照他一厢情愿的想法，他称始皇帝，他的子子孙孙二世、三世一直排下去，又废去谥号，皇帝称谓倒是很简单。但短命的秦帝国二世而亡，汉以后皇帝不以世计，称谓问题就变得复杂起来。皇帝自然也有名有字，却严禁被人提及。活着时还好办，因为皇帝是唯一的，而且在古人看来，整个"天下"就我们大中华有一个皇帝，不必为着区别再加任何限制词。因而规定：生前通称"皇帝"；臣下，包括朝臣和地方官员，皆可称"至尊"或"圣上"；疏章启奏称"陛下"；史官记事则称"上"或"今上"。皇帝刚死时，为了与继位的新皇帝相区别，称"大行皇帝"；落葬后，称"先帝"。先帝自然会不断增加，这就又有了个如何在称谓上加以区别的问题，于是就想出了给他们加谥号或庙号的办法。如刘邦，谥号为"高皇帝"，庙号为"太祖"；简称"高帝"或合而简称"高祖"。由于谥号、庙号各不相同，即使有一百个皇帝，不称姓名也照样可以区别得一清二楚。这似乎做得很聪明，但麻烦还是有。谥号、庙号都是死后拟定的，而后世历史记载即使记其生前之事也称谥号或庙号，这显然违反常理。这种违反常理的现象，完全是由帝王至尊至贵、连姓名也严禁被人提及这样一种不合理的规定造成的。仅此一点，也可说明帝王制度是何等霸道！我在写这部书时，也曾想过径称姓名、略去谥号或庙号，但那样往往就无法彰显人物之间的相互关系，给叙述带来诸多不便，考虑再三只好仍用这种习惯做法。好在称谓只是一个代号，只要明白有这么一种关系即可。有关谥号、庙号的拟定及这种制度的历史知识，请参见第四章第一节及注。

【2】高帝五年：刘邦此年即帝位，按说应纪为"高帝元年"，但传统纪年方法则是仍从其为汉王的时间顺延，故为"高帝五年"或"高祖五年"。

这套拖泥带水的"登位术",却为后来不少称帝称王者所仿效,其中包括先由众人敬上《尊帝疏》或《劝进书》,然后本人三推三让等等。不信,且看1916年袁世凯的那场复辟帝制闹剧,就是这么演的!

汉王刘邦既已被尊为皇帝,其妻王后吕雉也同时被尊为皇后,王太子刘盈为皇太子。父亲刘太公起初无尊号,刘邦头几次去问安,还像寻常人家父子那样行拜见之礼。身边侍从提醒刘太公说:皇上虽是你的儿子,但却是君主;您虽是皇上的父亲,但却是臣子。怎么可以让君主拜见臣子呢?后来太公见到刘邦再去,就"拥彗迎门却行"[1],刘邦一见大惊,赶紧扶住。太公说:皇帝是天下人的君主,不能因为我乱了天下之法呀!为此,刘邦特地又下诏,尊父亲为太上皇[2]。

现在不妨让我们来想象一下:戴上缀有十二旒玉珠的皇冠,第一次用"朕"来称谓自己的刘邦,该会有怎样的心情呢?

当然很兴奋;

但恐怕也不无忧虑。

因为他知道,现在他这个皇帝还只是名义上的,要真正君临天下,还有多少道难关需要他去跨越啊!譬如,天下实际上远没有太平,项羽及诸侯王的残余势力还在不少地方兴风作浪。再譬如,因战乱而逃避在深山荒林、湖泊沼泽等处的民众需要招还,流离失所的饥民、难民需要安抚。此外,当然还要建立新的礼乐制度,以及制定新的历法、律令等等……

但最迫切、却又是最棘手的,是如何对待异姓诸王和那一大批功臣勋将的问题。

他原想独得全鹿,现在却突然发现,周围站满了手持割刀急欲分食的人!

这一点,其实在异姓七王那份《尊帝疏》中早已有所暗示。文中称颂刘邦能"加惠于诸侯有功者,使得立社稷",那潜台词就是:我们可以尊你为帝,但你得让我们各有自己的"社稷",也就是说要各有自己的封地,设置象征拥有独立主权的社祠、稷祠,自行祭祀土神、谷神。

刘邦当然很不愿意这样做,但在目前还没有立稳脚跟的情况下,却又不能完全无视他们的此类要求。

——唉唉,朕要怎样做,才能独自拥有这至高无上的皇权呢?

这大概就是这位开国之君眼前最焦心的一件事。

择定国都,安抚天下

汉帝国的分娩过于仓促,定陶只是它的产房,不能成为国都。

高帝刘邦即位后的第一件事,就是定都洛阳。

汉王国的国都原在关中栎阳,如今关东广大地区已全都在汉帝国统治之下,若仍以栎

【1】拥彗迎门却行:古代迎候尊长之礼。彗,扫帚。大意谓抱着扫帚迎候在门口,见到所迎尊长进来,即倒退着行走。司马贞《史记索隐》称:"谓为之扫地,以衣袂拥帚而却行,恐尘埃之及长者,所以为敬也。"

【2】太上皇:此号始于秦始皇追尊其父庄襄王。加尊于生人,则始于汉高帝。后为历代所沿用。

阳为国都显然不妥。至于秦都咸阳，既已遭项羽火焚，又有"秦二世而亡"的忌讳，也不在考虑范围之内。洛阳原曾为东周国都。从定都洛阳可以看出，刘邦意欲跳过赢秦径自承续东周之旧制，居"天下"之"中心"。

高帝五年（公元前202年）暮春，刘邦及其文武百官一行，由定陶而西，沿黄河向洛阳进发。丽日，暖风，冰封千里的河面晶莹如玉带，间或传来格嘣格嘣的冰裂声，宣告着解冻的季节已经来到。

洛阳故址，在今河南洛阳白马寺东。洛本名雒。周成王时周公开始营建，称雒邑。因其在雒水之北，古时以南为阴，以北为阳，故又称雒阳，至三国魏改称洛阳。洛阳是一座古城，东周、东汉等多个王朝在此建都。苏东坡和司马光对洛阳均有诗作："洛邑从来天地中，嵩高苍翠北邙红"；"春风不识兴亡意，草色年年满故城"。前者歌其形势，后者咏其历史。

刚在洛阳安顿下来不久，就有人提出了一个建议：应当迁都关中。

提出迁都建议的人叫娄敬，脸膛粗黑，穿着一件老旧的羊皮袄。原来他是一个派去守卫陇西的戍卒，途经洛阳，通过一个当上了将军的同乡，让他进了洛阳宫。娄敬见到高帝的第一句话就是：陛下定都洛阳，大概是想与周朝比试兴隆吧？

刘邦点头应了声"对"，却不由一惊，因为他心里确实是这样想的。

娄敬立即说：小臣以为不可！

接着这位老戍卒将周与汉各自取得天下的过程详细作了对比。周自先祖后稷开始，积善累德十余世，在民众中享有崇高的声誉，因而四方贤士纷纷来归，八百诸侯不期而会，这才灭了商纣，建立了周朝。后来周公之所以要营建洛邑，是因为此处位于天下中心，便于四方诸侯纳贡来朝。尽管洛邑这个地方，既无险阻可依，也无关隘可凭，但周朝在成康之世能以德治天下，不屯一兵一卒，八百诸侯，四方诸夷，莫不慕德宾服。及至周室德衰，天下莫朝，局居于洛邑的周天子徒成一傀儡而已。由此可见，洛阳之地可以归结为一句话：有德则易王，无德则易亡。返观陛下之取得天下，经大战七十，小战四十，使无数无辜之民暴尸荒野，至今犹哀鸿遍地。在这种情况下，还要想与成康之世并称兴隆，实在为智者所不取！

娄敬最后提出了建都关中秦地的建议。他认为秦地负山带河，四塞为固，即使猝然遇变，也可据险固守；纵然山东大乱，秦地仍可保全。他打了个比方：你与人搏斗，不掐住对方喉咙，不猛击他的脊梁，怎么能取得全胜呢？陛下若立都关中，那就是掐住了天下的喉咙，再打击它的脊梁啊！

刘邦听完这席话，对自己原先的决定忽而产行了怀疑，特别是对洛阳之地无险阻可依、无关隘可凭一说，着实让他惊悚。可召来群臣一议，也许是他们多系山东人氏，不想再远离故土的缘故吧，都说周都洛阳，传国数百年；秦都关中，二世而亡，一个老戍卒的话，岂可贸然相信！一时竟不知如何定夺，就把张良请来，且听听他的看法。张良也认为还是建都关中好。他说洛阳形势容易四面受敌，究非用武之地。而关中左依崤函，右扼陇蜀；南有巴蜀之饶，北有胡苑之利，据三面而守，独留一面东控诸侯。诸侯安定，天下谷粟经河渭而西给京师；诸侯有变，顺流而下也足以委输。昔人所谓金城千里，天府之国，诚非虚言。娄敬之议,颇有远见。愿陛下决议施行!

于是刘邦决定改为建都长安,即日下令筹备迁都事宜[1]。原为戍卒的娄敬,因此一议之功而被封为奉春君,并赐姓刘氏。

待到筹备迁都之事有了头绪,新建立的汉帝国接连发了两道诏令:一是"兵皆罢归家",一是"复故爵田宅",皆以安定天下为主旨。这说明在帝业初创、百废待兴的情况下,刘邦采取的是先安外、后定内的方针,可谓从容大度,有章有法。

"兵皆罢归家",就是裁减军队,复员士卒。此举不仅在政治上能起到显示和平、安定人心的作用,对刘邦来说,还有利于进一步改善形象。因为公认的明君周武王在他攻灭商纣后就是这样做的:"归马于华山之阳,放牛于桃林之间",以示"偃武修文"(《尚书·周书·武成》)。其实如果不从宣传角度说,更为重要的恐怕还是财政原因。在逐鹿战争期间,各路豪强都是千方百计扩展自己属下的兵马,那时也无需担心军队的给养问题,劫掠沿途或缴获敌方已足够自给。现在不同了,包括给养在内的全部军费开支都落到了国家头上。汉帝国初期,已穷到连拉皇帝车驾的马匹都不能用纯一的毛色、将相出行只好坐牛车的地步,再要养活这支庞大的军队,显然已不再可能。

"复故爵[2]田宅",就是承认此前拥有的爵位和田产继续有效。安抚的对象重点是在多年战乱中受到连累、伤害或被剥夺的人,目的自然是为了消除不安定因素,扩大汉帝国的社会基础。分这样几种情况:(一)免除原为诸侯子弟的赋税徭役,其中,居留在关中的,免除十二年;回到原来封地的,免除六年。(二)平民中有因饥荒而卖身为奴婢的,"皆免为庶人",即一律恢复他们的平民身份。(三)逃亡在外的民众,凡能回到故里的,恢复他们曾经拥有的爵位和田产。官吏要向他们解说清楚相关的法律条文,但不得侮辱,严禁鞭笞。(四)复员的军吏士卒中,有罪的,可予赦免;无爵,或虽有爵但爵位不到第五级即大夫爵的,均赐大夫爵;已授大夫爵以上的,再各进爵一级。按秦制,要到最高爵彻侯才可以"食邑",即享有其封地的租税收入。诏令特许第七级公大夫以上,皆得食邑;公大夫以下,免除本人及其家庭的赋税徭役。

---

[1] 关于迁都长安的时间,《史记》、《汉书》所记不甚明确,后人所著也不尽一致。《史》、《汉》本纪及列传均记为:高帝接受娄敬、张良建议的时间是在高帝五年(公元前202年)五六月间的某一日,"是日"即同一日,"车驾西都长安"。但《汉书·高帝纪》又在六年下记有高帝在洛阳南宫宴群臣、封齿雍;七年二月下记有"自栎阳徙都长安",则说明一年多前的"车驾西都长安",并非指迁都之事已全部完成。事实上也不可能完成,因为当时的长安还只是个乡的建置,后来的那些连绵起伏的宫殿群绝不可能一夜之间从地缝里长出来。比较起来,似以荀悦《两汉纪》的记载较为合理:"于是上即日车驾西入关,治栎阳宫。"依荀说,迁都长安之事当天只是"决定",而不是"实施"。刘邦入关可能是去做些勘察,修治栎阳宫,则似乎是准备用它作为中转或过渡。这样到高帝七年(公元前200年)二月,新建于长安的未央宫大体落成,这才正式"自栎阳徙都长安"。

[2] 爵:古代表示某种秩次的称号。如周代有公、侯、伯、子、男五等爵号。此处则指秦所实行的二十等爵,汉承秦,亦行二十等爵制。二十等爵之名,据《汉书·百官公卿表》自一级至第二十级依次为:公士、上造、簪袅、不更、大夫、官大夫、公大夫、公乘、五大夫、左庶长、右庶长、左更、中更、右更、少上造、大上造、驷车庶长、大庶长、关内侯、彻侯。其中,第七级即公大夫以上称高爵。最高爵"彻侯",在汉代因避武帝刘彻名讳而改为"通侯",亦称列侯。

诏令特别告诫官吏要礼敬高爵者，对有些地方官吏见高爵者不让就座、对他们提出的要求又久拖不决，提出了严厉的批评。诏令说：早先嬴秦的时候，县令、县丞与受有公大夫以上爵位者是平级的，相见时不过行个拱手礼；如今朕对爵位并没有看轻，官吏怎么能如此怠慢他们！今后诸吏务必善待高爵者，以称吾意。倘有不照此诏令行事者，定以重罪论处！

发过两道诏令，再回过头来考虑如何"定内"的问题。

紧要的有两件事，一是确定官序，一是论功封赏。

确定官序还算顺利，因为汉帝国的统治机构，实际上就是汉王国的继续和扩大，在反秦战争和楚汉战争时期追随在刘邦左右的那些文臣武将，现在就成了新政权的基本班底，如原来汉王国的丞相萧何、太尉卢绾、御史大夫周昌，这时就成了帝国的首任丞相、太尉和御史大夫。

论功封赏的事，后来引起了一次又一次的争议，甚至闹到要"谋反"的地步。

争议的序幕是由刘邦的一番谈话拉开的。

这一日薄暮时分，洛阳南宫灯火通明，鼓乐喧天。即位三月有余的新皇帝，首次在这里大宴群臣。

最先来到的是那些因已无仗可打而闲得有些发慌的功臣勋将。这三个多月来，他们日日谈论、夜夜等盼的只有一件事：皇上何时论功封赏？今夜，他们以为终于盼到了，一边大口大口吞咽着好酒好肉，一边扯开惯于叱咤风云的大嗓门，兴奋地相互猜测着、戏说着即将到来的那些封侯拜官的快活日子。

待到酒过三巡，高皇帝开口说话，偏偏只字不提论功封赏的事，却出了道题目，叫大家不要有任何顾忌，心里怎么想就怎么回答。

这道题目是：我刘邦因何能得天下，项羽又何以失去了天下？

席间仅有三两个人，多半是出于礼貌，跽身高揖作了一番称颂。无非是说项羽虽有小仁，但妒贤嫉能，有功不能赏，得地不肯封，所以失去了天下；而陛下虽常傲慢侮人，但有功则赏，得地则封，能与群臣共利，所以获得了天下。

这样的回答已经很不新鲜，类似的意思不久前异姓七王在《尊帝疏》里也表述过一次。刘邦自然也听出了他们急于封赏的话中话。他巧妙地绕过了这个敏感地带，说了下面这样一番话——

公知其一，未知其二。夫运筹策帷帐之中，决胜千里之外，吾不如子房（张良字子房）。镇国家，抚百姓，给馈饷，不绝粮道，吾不如萧何。连百万之众，战必胜，攻必取，吾不如韩信。此三者，皆人杰也，吾能用之，此吾所以取天下也。项羽有一范增而不能用，此其所以为我擒也。（《史记·高祖本纪》）

刘邦的这段话一再被人们引录，用来说明善于用人，是他所以得天下的主要原因。

这当然也对。但再多想想就有了问题：他为什么要在这个时候、在这样的场合、说这么一番话呢？要知道此时的刘邦也与他的臣属一样，最关切的是论功封赏问题，只是关切的方向不同：面对着已被按到砧板上的秦鹿，那批功臣勋将都在想着怎么多分到一点肉，而刘邦则用心谋划着如何尽一切可能保住这匹全鹿。如果把这番话仅仅理解为刘邦在炫耀自己驾驭臣下的能力，恐怕又要惹得这位精于权术的王者诡谲地讥讽一句："公知其一，未知其二！"

这段话的核心是"三杰"，不妨称之为"三杰论"。前两杰是文官，后一杰是武将。

我以为这个比例、这种前后次序，是刘邦经过一段时间认真思索，甚至是痛苦思索的结果。

刘邦不好儒，看到戴着高高儒冠、穿着宽襟广袖儒服的儒生就讨厌。第二章第四节中提到的那个陆贾，刘邦对他的才学和能言善辩是欣赏的，但他开口闭口总脱不了《书》曰《诗》云，听多了就心烦。一次骂道：你爷老子的天下是在马上打出来的，要那些《诗》呀、《书》呀干什么！陆贾立刻对上一句：马上固然可以取得天下，难道马上也可以治理天下吗？接着将汤、武与嬴秦作了对比：前者文武并用而能长治久安，后者酷刑苛法则二世而亡，从而说明不读《诗》、《书》，依旧在马上打打杀杀是不可能治理好天下的。刘邦听了这番话的反应，《史记》、《汉书》陆贾传都记了五个字："不怿，有惭色。"可见对他还是颇有触动的。后来他要陆贾把秦与汉以及此前历代兴亡成败的经验教训写出来，让他读。陆贾写一篇，他就读一篇，读得津津有味，一再叫好。陆贾一共写了十二篇，合而成书，就是流传至今的《新语》。据《古文苑》载录，刘邦立刘盈为太子后，为勉励他勤奋学习，曾以手谕的形式谈了自己一生的教训："吾遭乱世，当秦禁学，自喜，谓读书无益。洎践阼以来，时方省书，乃使人知作者之意。追思昔所行，多不是。"（收入《两汉全书》）文中"乃使人知作者之意"，指的大概就是命陆贾写《新语》的事。由此不难看出，年轻时读书不多的刘邦，即帝位后曾有过一段认真学习、思考的日子，对儒生也并非终生都反对。到晚年，儒学在他心目中已有了相当的位置。可资证明的事例是，高帝十二年（公元前195年）十一月，刘邦在最后一次亲自率兵征讨黥布后的回长安途中，尽管带着箭伤，还是绕道去曲阜以隆重的大牢之礼生平第一次、也是最后一次祭拜了孔子。

但必须说明的是，刘邦的这个转变纯属政治行为，而不是学术行为。也就是说，他对儒学从厌恶到有了某些兴趣，只是发现儒学对维护皇权确实有些用处，而不是对儒学本身有什么爱好。

现在，他通过这个独特的"三杰论"，向所有被宴请的文武百官传递一个重要的政治意向，并为即将开始的论功封赏定下一个基调。这个基调便是：政治高于军事，文职重于武职。

刘邦觉得必须这样做，理由有三：

首先是一个理论问题。战场上打打杀杀的表面现象，会使人产生一个错觉，以为战争的胜败全靠刀戟说话。其实战争是政治的继续，是政治统帅军事，而不是相反。武将的作用固然有目共睹，但多数情况下起着主导作用的却是文职官员。

其次是一个现实问题。汉帝国是从战场上杀出来的，如今朝堂上坐满了惯于弄刀使枪的那一大帮武将，而文职官员就萧何、张良、陈平等几个。若是把战功的封赏标准抬得很高，那么整个帝国全瓜分完了，也还不够封的。现在倒过来，将文职官员列于首位，情况就会好得多。

第三，还有一个未来的问题。汉帝国的建立，标志着和平已代替了战争。刘邦的三杰论除了有意要贬抑一下吵吵嚷嚷争功不休的武将们以外，很可能还表达了这样一个价值取向：此后帝国更需要的是文治，而不是武功。大凡由暴力产生的政权，为着长存下去，总得渐渐从武将统治过渡到文官统治，由武力至上转变为文化至上，即所谓"偃武修文"，社会才得以逐步趋向稳定和安宁，这应是一个规律。也许刘邦此时还没有这样的理性自觉，他只是从实际生活中感觉到了这一点，或者说是被那些吵吵嚷嚷争功邀赏的武将们逼着认识到了这一点的，不妨说是歪打正着吧！

接下去，刘邦本该就要论功封赏了，但一份来自莱州的奏报，改变了他的议事日程。奏报带来了一个令朝堂上下都为之不安的消息。

消息源于茫茫东海的一个荒岛，那荒岛当时无名，后来有名了，而且一直流传至今，就是田横岛。

五百壮士英名长留田横岛

读者诸君想必还记得本书第一章第一节中这样一个情节吧：项羽挟雷霆之怒，率师讨伐最先打出反项大旗的田荣，田荣败逃而为齐人所杀，在溃不成军的田荣残部里，忽而冲出一个青年人来，他立马横刀，一声号令，应者云集，又向项羽展开了激战……

这个青年人就是田荣之弟田横。

田横立田荣之子田广为齐王，自任相，利用项羽与刘邦相拒于荥阳这一有利时机，秉政三年，齐国晏然。后来因郦食其与韩信那场舌头与刀戟的较量，致使齐国破灭，田广被杀，田横乃自立为齐王，又遭兵败，只好暂时归附于彭越。待到项羽败亡乌江，汉帝国紧接着诞生，彭越被封为梁王，田横自知若不降汉，断难再留，便率令部属五百余人，乘夜逃离梁地，顺沂蒙山深谷老林潜匿东行，其间风餐露宿，辗转多处，最后来到即墨海滩。即墨曾是胶东王田既辖地，当地渔民对田氏仍留有好感，少不得以箪浆壶食接待田横的到来。忽一日天气晴朗，遥望东海茫茫处隐约若有岛屿，问过渔民，果然说那里有大小岛屿三五个，足可供千余人居住。田横大喜，当即下令雇船渡海，驻岛避难。

即墨属莱州郡。莱州郡送来的奏报说的便是这个消息：近查，田横及其残部已遁入本郡即墨县数十里外海中之荒岛，特奏达天听。

高帝得报，即召群臣商议。众人都说田横已为败王流寇，后必生患，不可容其久留。说到剪除的方法，则有主张用武力的，有主张劝降的，纷说不一。刘邦说：田横经营齐地多年，齐中贤士归附者不少，若一开始便动用兵戈，只怕会失去人心，故应以招安为主策。于是便派出使者，随带赦免诏书，召其同来洛阳朝见。但田横用婉转的托词拒绝来朝。他说：臣横无道，曾烹杀陛下使节郦食其，如今其弟郦商又为大汉之贤将军，臣惶恐不敢奉诏。谨请恩准降为庶民，愿长居海岛，永不上岸，以渔耕了此余生。

使者回报，刘邦越发觉得田横胸有异志，如何能容他长留海岛！此时郦商已任卫尉之职，掌管宫门护卫。刘邦先将他召来，下令说：齐王田横即将到来，他是朕请来的客人，谁敢动一动他和他的随从，诛灭全族！然后再次派出使节，要他去向田横说明皇上已向郦商下了诏令，郦商决不敢挟私报复，叫田横尽可放心。同时传去高皇帝的一道兼有威胁、利诱双重功能的诏旨："田横来，大者王，小者乃侯耳；不来，且举兵加诛焉。"（《史记·田儋列传》）

田横这才勉强答应奉诏。他只带了两个门客，与汉使一起，渡船登岸，再经由当时专门用来传递公文和供来往官员乘坐的驿车，从即墨西行，向洛阳进发。这是一次数千里的长途跋涉，更是一次生死之旅。有多少当时令人心碎、发人浩叹的场面，因史书缺载而被岁月雨打风吹去。我们不知道田横是怎么告别那继续留在岛上的五百余人的。他们与其说是他的部属，不如说是他的乡里父老，是他的穿同样战袍、执同样戈矛的战友和弟兄。他该有多少话要对他们说呀，但更大的可能是他什么也没有说。不过当他踏上渡船，蓦然回首时，我们可以肯定这个刚烈的汉子一定哭了，因为只有他一个人知道，这其实是永别呀！驿车启动了，长鞭击碎宁静的空气，马蹄声犹若暴风骤雨。我们不知道此时此刻车中的这位田氏末代王孙心里究竟是怎么想的，但因为是急行在这片称之为"即墨"的古老的土地上，他一定会记起他的那些声名赫赫的先祖中的一位：田单。战国末期，燕将乐毅攻齐，连拔七十余城，唯即墨与莒不下。田单便是以即墨为根据地，用壮牛千条，身披龙纹，头束利刃，用烈火驱之奔突而出，大破燕军，一举复齐，迎回襄王，为田氏赢得了累世赫赫声誉。可如今我呢？呵，是我这个不孝的儿孙，辱没了田氏的荣光啊！……

估计到行程过半，田横已经决定了：他绝不能让这个父母所赐的身躯进入洛阳城！

对他来说，那大汉国都的城门就是耻辱之门！

现在已来到一个叫尸乡的驿站，去洛阳还剩下最后三十里，驿车将在此更换马匹。不能失去这最后一个机会了。田横对汉使说：人臣入朝天子，理当沐浴表诚。请求在此驿站借住一宿，以便洁身更衣。

汉使自然不可能猜到田横心思，还以为忠诚可鉴，当即应允。

这一夜更深人静，田横将门客叫到跟前，小声说：有劳二位了，明日代我持一物与汉使同去洛阳。小弟今夜就在此与二位作别，说时拱手为礼。

两位门客慌忙还礼，又惊问：大王何出此言，命我等代持的又为何物？

田横喟然一叹，说：想我田横，原与刘邦皆南面称王，本不相属；如今彼为天子，而我为亡虏，竟要奉诏前去北面朝谒！此种耻辱已经够大的了，偏我又曾烹杀郦商之兄，如今却又要与他并肩共事一主，纵使郦商震慑于主威不敢轻易加害于我，难道我能无愧于心吗？

两位门客听了也是愤愤不平，却又不得不以婉言劝慰，不外是唯君子能知进退、大丈夫当以屈求伸一类话。田横听了苦笑一声说：今已国破家亡，尚何言进退、屈伸！我料想，汉帝召我，也无非是想见我一面，以安其心罢了。二位可割下我这颗头，速赴洛阳，此去不过三十里，当不致朽腐，姑可一观。拜托、拜托！

两位门客急欲阻拦，哪知田横早已拔剑在手，只见眼前一亮，血如喷泉，齐王田横已刎颈丧生。

翌日凌晨，八匹快马，两辆驿车，急驰在洛阳道上。前一辆驿车内，两位门客分持着一木函的两端，神色庄重。木函内置一头颅，须眉凛然，面色如生，那便是田横。

这一天，洛阳宫举行了自它由周公旦营建数百年来从未有过的一次特别朝见。

两旁文武官员肃立；

高帝南面就座；

卫士执戟阶立；

谒者持版传宣。

田横的两位门客应宣登阶入殿，将那木函举过头顶，呈上。

高帝看过田横头颅，不由惊叹一声。但他开口说话时，却避开了田横因何而死这个敏感话题，哽咽着说道：难得啊难得，田儋、田荣、田横，兄弟三人，起自布衣，相继称王，岂不贤哉！这么说着，已流出了眼泪。

退朝时，高帝下诏遣发士卒两千，以王者之礼厚葬田横。同时授任田横两位门客为都尉。两位门客当即谢过，但以依礼尚须著丧服为由，拒绝接受衣冠。

又一日，两位门客身著用粗麻布制成的丧服，来到田横墓前祭奠，作歌二首，一为《薤露歌》，二为《蒿里曲》【1】——

  其一：　　薤上露，
      何易晞。
      露晞明朝更复兹，
      人死一去何时归！

  其二：　　蒿里谁家地，
      聚敛魂魄无贤愚。
      鬼伯一何相催促，
      人命不得少踟蹰。

歌三遍，流涕唏嘘，悲怆不已。

祭毕，又在田横墓旁挖一小墓穴，随即双双拔剑自刎，扑入穴中。

高帝闻报，不由大惊，第三次派使节到海岛宣诏。临行前，一再嘱咐使者要宣示汉天子宽宏之意，务必好言抚慰，切勿造次行事。但使者带回来的消息，却更使朝堂上下大为震惊。原来岛上五百余壮士听到田横以一死拒绝汉帝封侯的噩耗后，全都自愿为田横殉义，

【1】此二歌传为田横门客所作。汉武帝时协律都尉李延年为之谱曲，后长期流传。多用为挽歌，由挽柩者歌之。薤，音 xiè，多年生宿根草本植物，花紫色，不结实，其鳞茎可制成酱菜。晞，音 xī，干燥。蒿里，原为山名，即高里，在泰山之南；后为墓地。踟蹰，音 chíchú，徘徊；犹豫。

一齐自杀!

历史上,当大一统的政权业已建立,作为对立面的武装群体在已经处于绝对劣势的情况下,通常可以有两种选择。一种是决不放下武器,以战斗至死高扬人的尊严。古罗马时期以斯巴达克为首的数以万计的奴隶大起义,其最后选择的结局就是这样。斯巴达克壮烈战死,他的大批战友也都战斗到流尽最后一滴血;剩下的数千名奴隶全都被罗马军统帅克拉苏钉上了十字架。马克思称斯巴达克是"古代无产阶级的真正代表","整个古代史中最辉煌的人物"(《马克思恩格斯全集》30卷,159页)。

另一种是放下武器,接受"招安",一般可受到赦免,首领或可得一官半职,但都以丧失人的尊严为代价。因一部《水浒》而在中国家喻户晓的宋江及其梁山兄弟便作了此种选择。《宋史》载,宋江为首的三十六人一度"横行齐魏","转略十郡",最后在海州因遭张叔夜伏击而降。毛泽东说:《水浒》"好就好在投降,做反面教员"(逢先知等主编《毛泽东传》)。

田横是清醒的。面对如此庞大的强势权力,他知道再坚持战斗已经变得没有任何意义。他当然不是自己怕死,但任何大小搏杀总要伤及无辜且搅得一方不宁。他决定放下武器。开头,似乎也曾有过接受"招安"的考虑。但当他想到那样做将玷污自己的声名时,立即作了上述两种选择以外的第三种选择:用肉体的死来捍卫自己作为一个人的神圣和尊严。

同样是为了坚守尊严而自刎,田横较之项羽更显出几分冷峻和理性的光芒。

难得的是,他的五百生死兄弟不仅充分理解他的选择,而且还跟着全体一致作了同样的选择,从而使这个屹立在波涛中的小岛成为古往今来绝无仅有的集体维护人格尊严的圣地。

更为难得的是,两千多年前的汉人胸怀是那样宽广。他们不仅没有把田横及其五百壮士用自刎这种行动以对抗大汉帝国看作是大逆不道,相反还十分敬重他们的节义,修建了多座田横墓、田横碑、田横祠、田将军庙和五百义士冢等等,又标志出田横冈、田横寨等多处遗迹,并将这个位于今山东省即墨市东北黄海中的原本无名的海岛命名为田横岛,以为永久纪念。

两千多年来,田横及其五百壮士维护自己人格尊严的那种凛然浩气,一直为人们所敬仰。唐代韩愈曾作《祭田横墓文》,称田横"义高能得士",其事迹"旷百世"而仍使人"唏嘘而不可禁"。历代题咏更多,如清人王士禛《田横客墓》诗云:"一剑纵横百战身,楚虽三户竟亡秦。拔山力尽虞兮死,争及田横五百人。"清末龚自珍眼看国运沦丧,官场日趋腐败,而士人又因慑于文字狱而连著书也只为稻粱之谋,以《咏史》为题作诗发出振聋发聩的追问:

田横五百人安在,
难道归来尽封侯?

两千多年前,司马迁为田横立传,文末以充满激情的笔调盛赞田横及其宾客为"至贤",感慨世上虽"不无善画者",却"莫能图,何者"?两千多年后,终于有一位画家作了响应,他就是对中西画技均有精到研究的徐悲鸿。徐氏用两年时间完成了一幅油画巨作:《田横五百壮士》,此画今藏于北京徐悲鸿纪念馆。

让我们再回到洛阳宫。

历史上,每于改朝换代之际,新登位者对原来敌对方的残余势力,总要大肆杀伐,能够示以宽容的,实在不多。从总体上说,汉帝国做得还算宽大,而之所以能如此,恐怕与田横这一独特案例不无关系。五百余人集体自杀这一旷古未闻的举动,对汉帝国高层决策集团无疑是一次严重的警告,它说明高压政策只能引起对立和反抗,最终将失尽人心而重蹈暴秦覆辙!

对待季布政策上的前后变化,也许可以说明这个问题。

季布为项羽部将,曾多次围困刘邦,第一章第三节中写到的那次对刘邦的追杀,很可能就是季布。汉帝国一建立,刘邦就悬赏千金追捕季布,并宣布:敢有隐匿者,罪及三族!季布躲避在濮阳周氏家里,周氏给他想了个逃生的办法:剃光头发,戴上颈箍,穿上粗鄙衣衫,扮作奴隶到市场上去出卖。鲁地有个豪侠叫朱家,专以振施穷困、赴人急难为务。自己衣不兼采,食不重味,逢人有难则一掷千金,毫不吝惜。他救助过的豪士数以百计,平常人更是数不胜数,却从不宣扬,更拒绝报答。这一日,当他在市场上认出正在被作为奴隶出卖的人就是当年的季布将军时,立刻解囊买了回家,嘱咐他的几个儿子说:好生看待这个奴隶,田里事要听他的,吃饭要与他同席。接着又乘车赶到洛阳,去找他的旧友、此时任太仆的夏侯婴。巧的是,当年季布追杀刘邦,为刘邦驾车的就是这个夏侯婴。朱家对夏侯婴说:有道跖犬吠尧,各为其主。当年季布既是项羽之臣,追杀汉王原是他的职务,又何罪之有?再说,项羽臣属众多,难道你能杀得尽吗?汉帝今初得天下,若以一己私怨不肯轻饶于人,不是恰好说明他还没有君临天下者应该具有的那种博大的胸怀吗?

夏侯婴把朱家的这些话禀报了刘邦,刘邦对此事的处理表现出了一种难得的所谓王者气度:不仅赦免了季布,还让他做了称为郎中的侍卫官。

此前,刘邦已依礼安葬了项羽,又下令对项氏支属一律不杀。这时又规定:项羽的部属愿意归降的,大都仍可录用;只是在朝堂上凡提到项羽时,只许称名,不许称字(古人以称字为敬);即只许叫"项籍",不准叫"项羽"。有个曾做过项羽部属的郑君,偏偏不听这一套,照旧称项羽。于是刘邦便发话:将郑君逐出洛阳。而那些已改口叫项籍的,则皆予留用,任为大夫。这自然又反映了刘邦胸次毕竟仍有褊促的一面。

更有甚者,这就要说到季布的舅父丁公了。那年刘邦在彭城惨败后的逃亡路上,幸得丁公放他一马,才活了下来。刘邦当上了皇帝,丁公去找刘邦。按通常人情,刘邦不予封赏,至少也得盛情款待才是。但刘邦的做法你怎么也想不到:"以丁公徇军中。"(《史记·季布列传》)就是一刀将丁公砍下头来,在军中示众!刘邦说他这样做的理由是:丁公身为项羽之臣而不忠实于项羽,使项羽失去天下的,就是像丁公这样的人。所以必须杀一儆百,警告后世为臣子者切莫学丁公的样!

这就是所谓帝王逻辑!对这个独特的帝王逻辑,宋代司马光在《资治通鉴·汉纪三》

中作了详细的解释。他的理论总括起来是："进取之与守成，其势不同。"说得通俗点就是此一时也，彼一时也！当年刘邦恳求丁公放一条生路，是作为普通人的常情；如今刘邦必须杀掉丁公，是出于独特的帝王之情。因为要知道，对"贵为天子"的皇帝来说，"四海之内无不为臣，苟不明礼义以示之，使为臣者人怀贰心以徼大利，则国家其能久安乎"？所以结论是："戮一人而千万人惧，其虑事岂不深且远哉，子孙享有天禄四百余年，宜矣！"

按照司马光的说法，杀一而儆千万，换来刘汉子孙四百余年大富大贵，值！

原来如此！

皇权的稳固至高无上，平民的生命贱如蝼蚁，这是多么宏大、又多么可怕的帝王逻辑啊！

接下去要说的是一个特殊例子，一种特殊情况。

在东海之滨原属西楚的朐山县伊庐乡，早些年建起了一座在乡间极为罕见的府第，被当地人称为将军城。

这一日天色微明，从将军城偏门忽而闪出一个人来，随即没入近旁的一座树林。出林后，沿途依旧尽拣僻静小路走。

此人著一袭粗鄙、破旧的竖褐，满身尘土，一顶又破又大的斗笠，几乎遮没了他的脸。但挂在腰间的那把玉龙剑，还是泄露了他身份的秘密。古代佩剑是贵族的特权，更何况那剑鞘镂金镶玉，绝非寻常人家所能有。

原来此人竟是将军城的主人、原项王麾下大将钟离眛！

汉军搜捕日紧，他知道在伊庐老家已无法藏身，听说好友韩信已改封为楚王，定都于下邳，就急着去找他。

钟离眛是否参加了垓下之战，或参加了何以竟能不死，史书均无明确记载。郭沫若的《楚霸王自杀》，则说钟离眛是跟随项羽至乌江的最后二十六骑之一，尽管他强烈要求与项羽同死，但因已受重伤，在项羽的命令下，不得不让别人搀扶着上了乌江亭长的小船，因而得以生还江东。这当然出自小说家的虚构。但项羽死后，钟离眛还活着，并曾避难于韩信处，《史记》、《汉书》韩信传均有载录。

从伊庐到下邳少说也有三五百里路，钟离眛走得很急。所谓"穷鸟入怀"，他相信在他如此窘迫的情况下，素重旧情的韩信兄弟，一定会收留他。

结果究竟如何，我们还得看下去。

刘邦说："吾乃今日知为皇帝之贵也！"

云梦之诱：韩信从巅峰坠入低谷

韩信被改封为楚王，又在定陶参加了那个尊刘邦为帝的典礼后，就受印赴国，来到作为楚国国都的下邳。

下邳在今睢宁西北，古时属郯子国，这里出过一个圣人，就是郯子，孔子曾向他学习传说中的少皞氏是如何用鸟名命官名的学问。下邳东郊就有郯子庙。

在战场上带甲而卧、倚马而餐了多少年的韩信，如今也过起了钟鸣鼎食的王者生活，但他的感受却很快由新鲜转变到了厌倦。有一种情绪正从心底渐渐涨起，那就是怀旧。

他决定回一次故乡，好在如今淮阴也成了他的属地，也算是衣锦还乡吧。

时令已是初夏，一支气势宏大的仪仗队沿着黄河古道的东北走向行进。作为前导的是指南车，紧接着是旗队，每面旗上绣着一个黑色的"楚"字。从下邳到淮阴有近两百里路，他们是在第四日午后望到了作为淮阴标志的清泗山的。城中男女老少几乎全出来看热闹了，坐在朱轮翠盖辂车里的韩信，听着熟悉的乡音，望着熟悉的城楼，该会有怎样的感受呢？是得意、喜悦，还是茫然、惆怅？也许什么都不是，又什么都有一点。车过城外那条少年时曾钓过鱼虾的淮阴河时，那些带着苦涩的记忆之流便迎面汹涌扑来。很可能那位绾着发髻、面容慈祥的老漂母，就是在这个时候浮到了他眼前。他的心颤抖起来了，决定要用一生的真诚去寻访和感谢这位好心人。

韩信幼年丧父，是母亲把他带养大的。接着母亲又去世，他穷得买不起葬具，心里却企盼着有朝一日能出人头地，特地选了块高敞地，给母亲做的土坟，周围开阔到可以安置千万座坟茔。那时他既没有家产，又不会经商，加上家贫无行不能被推荐到官衙去做个小胥吏什么的，只好到离淮阴不远的南昌亭长家里去有一顿没一顿地吃白食。这么过了几个月，亭长之妻就开始厌恶他，故意一大清早就煮好饭在房中自己吃了，到韩信去时已只剩下一只空镬子。韩信一气之下，就离开亭长家，做起了流浪汉。不过他仍然觉得自己的贫贱是暂时的，将来总有出头之日，尽管腹中转着辘轳，作为某种身份标志的佩剑总不肯离身，走在街路上依然是一副志高气昂的样子。淮阴市里有一帮浮浪少年看不惯韩信这种神气,一次在他过桥时,将他拦住,众人七嘴八舌地嘲笑和侮辱他。有个屠家子弟指指韩信的佩剑说:你这玩意儿能杀人吗?你小子有种,就用剑来刺杀我;要是没有这个胆量,就从我裤裆下钻过去吧!这么说时,已又开双腿,逼立在韩信面前。韩信先以平静的目光将这个屠家子弟盯视了一会儿,然后弯下身,从他的胯下爬了过去(《史记》本传原文:"熟视之,俯出袴下")。围观的人一齐哄笑起来,有人还点着鼻子骂他胆小鬼!

从"盯视"到"弯身",处于逆境中的韩信完成了一次艰难的自我超越。

他轻松地顾自走下桥堍,让哄笑和咒骂留在身后。他走得安然,坦然;傲然,凛然。

后来韩信就到淮阴河边去钓鱼。有幸能钓上几条,到街上换点吃的;鱼儿不肯上钩,依旧只好挨饿。河边有好些妇女在漂洗纱絮,日子一久,她们都知道他经常在挨饿。到了用午餐时间,有位年老的漂母,就匀出一点饭菜来给韩信充饥。一连数十天,都是这样。韩信对这位漂母说:多谢老妈妈了,我韩信他日若能得志,必重报大恩。谁知漂母听了反而很是生气,说:大丈夫何致坐困,当自强不息为是!我只是暂时接济你数餐,从未想过你报答呀!说罢,又顾自去河边漂洗。韩信深为感动,越发觉得此生永远不能忘了老漂母的一饭之恩。

韩信应该感到惭愧的是,这些年来,他走南闯北,东征西战,实际上还是把这位善良的漂母给忘了,直到这回以楚王身份回到了久别的故乡,回到了留着童年身影的淮阴河边,又看到了河边那一块块妇女们用来捣洗衣衫的石砧,老漂母慈祥的面容才又浮现到了眼前。

经过派人寻访,终于找到了这位漂母。韩信将她请来,但看到的已是一个伛腰偻背、拄着拐杖的老婆婆,连举步都很艰难。韩信赶紧迎上去,连连拜谢,并酬以千金。

韩信又将南昌亭长和那个屠户少年召了来。两人一见面前这位金冠蟒袍的楚王竟然就是当年那个衣食无着的流浪少年,自然不免又惊又怕;特别是那屠户少年,知道自己已必死无疑,早已吓得面无人色。韩信赐给南昌亭长一百钱,对他说:公曾有德于我,但为德不终,称不上君子,只能算个小人吧。屠户少年一看就要轮到自己,赶紧伏地求饶。韩信扶起他来笑着说:君不必惧怕。我且授君为中尉官如何?屠户少年哪里敢信,只顾连连叩头说着:小人有罪!小人不敢!韩信说:我既已授君,君又何必多辞!屠户少年这才仿佛突然从噩梦中醒来,转惊为喜,喜出望外,再三拜谢。待两人一走,旁边几位侍从官都急着问楚王何以对羞辱过自己的人还要这样做,韩信回答说:这也算得上是一个壮士吧!当初他侮辱我时,我难道不能杀了他吗?但杀之无名,所以就这么忍了下来!

韩信对漂母"一饭之恩"的酬报和对屠户少年"胯下之辱"的宽容,一直作为古代待人处世的典范,流传至今。据《史记集解》说,泗口南岸留有漂母冢;又据《方舆胜览》,淮阴有被认为是韩信受辱处的"胯下桥"。想来这些都是后人出于追念古人风范需要而认定的一种物证,真耶,假耶,反而显得不那么重要。

做完了这几件事,韩信道德上会有一种满足感,在人生经历上会有一种成就感。这种心情为他从淮阴回到下邳后的一段日子,带来了宁静与祥和。他自然希望这种心情能够长久地保持下去。

但是,做不到了。

原因是他不再是当年淮阴河边那个单纯的流浪少年，他已经是一个复杂的政治人物。他的赫赫战功在为他带来荣华富贵的同时，也给他带来了一个危机四伏的生存环境。他走到哪里，都会有千百双眼睛在暗中盯视着他。他自己以为是很平常的举动，但经有心人一解释，往往成了严重问题。譬如他在巡视境内县邑时，用了一点警卫兵力，在刚坐上皇帝宝座的刘邦看来，那就是"陈兵出入"（《史记·淮阴侯列传》），就可以扣上"谋反嫌疑"的帽子！

但更大的危险还在于，开头，韩信对自己的这种危险处境还浑然无知。

一日，王府的卫官来报，说是门外有一衣衫褴褛的人，因为自称是大王故旧，不便驱逐，特来通报。

韩信这时倒正想着能有老友来叙叙旧，于是立刻命人引进。

来人揭去头上那顶破斗笠，韩信细看了几眼终于认出，原来竟是项羽麾下大将军钟离昧！

一番快意的寒暄过后，韩信命人服侍钟离昧先去更衣沐浴。

当韩信望着这位老友离去的背影时，一个原先暂时被故友重逢的欢乐遮蔽着的念头突然跳了出来：他不是已被列为钦定要犯了吗？若是朝廷追查起来怎么办？……这么想时不由得打了个寒噤，暗自悚惧惶恐起来。

果然，三五天后，接到了一道急诏，赫然写着：据查，逆将钟离昧已逃至楚地，即命从速追捕，押解洛阳归案！

捕，还是不捕？

真所谓"时来天地皆同力，运去英雄不自由"（罗隐《筹笔驿》诗）。韩信突然失去了往昔那种笑傲沙场的大将气度，变得猥琐卑微起来。从这时开始，他眼前总有一架天平在晃着：一边是多年的友情，一边是自己的名位利禄。这架天平搅得他战战兢兢，寝食难安。不过至少到这时为止，他的心还是向友情一边倾斜着的。

高帝五年（公元前202年）七月，从洛阳传来了令人震惊的消息：燕王臧荼谋反，高帝亲自率兵征讨，臧荼已被活捉。原来这臧荼是异姓七王中唯一原由项羽分封的，是当年受封于戏下大典的十八王之一。尽管臧荼有异志韩信也不难猜想到，但他居然敢于公开谋反，而且反得这样快，还是令韩信吃惊。很快，朝廷发来的诏令证实了这个传言。诏令称，因燕王空缺，高帝命诸侯王及将相推举群臣中有功者立为燕王。韩信为求自保，觉得这倒是一个讨好刘邦的机会。他揣度高帝心里实际上早已有了人选，这个人便是卢绾。卢绾不仅是刘邦的同乡，还是同年同月同日生，情同手足的一对好友。卢绾常以太尉身份出入刘邦卧内，其受宠信的程度甚至超过了萧何、曹参。尽管韩信明知卢绾在诸将中口碑不佳，论战功也还不够封王，但他还是上书举荐卢绾为燕王。同年八月，高帝据韩信等十人的举荐而立卢绾为燕王。韩信以为自己的邀功之计获得了成功，暗暗为之庆幸。

过了九月便是高帝六年（公元前201年）新年，同时也进了冬季。帝国上下盛传着一个佳音：汉天子将依古礼"春蒐、夏苗、秋狝、冬狩"的规定，外出巡狩，也即打猎。地点也已选定，就是春秋战国时期楚王划定的游猎区云梦。届时皇上将大会诸侯王于该地，垂问九州形势，考校四时节气，观察民风民俗。

起先，韩信颇有些受宠若惊。因为云梦属楚，有幸被天子选定巡狩之地，他这个楚王自然也脸上有光。但几日后，从京城那边流传过来一个可怕的消息：有人已向皇上告发他谋反！而就在这时，高帝车驾已发，并令诸侯王到陈（今河南淮阳）这个地方会集。韩信惊恐不已，去、还是不去，迟疑莫决。近臣中有人对他说：大王有什么可担心的呢？你只要杀了钟离眛去见皇上，皇上一定很高兴！

韩信走出了一生中最不应该走的一步：他把钟离眛找来，商量如何解救他眼前的危机。

钟离眛一听全明白了。他看了韩信最后一眼。令他吃惊的是，眼前只有鄙吝猥琐的小人一个，记忆中那个英武高扬的韩信不知到哪里去了！他对韩信说：你不就是想杀了我去讨好汉帝吗？但我可以明确告诉你：我今天死，明天就会轮到你！

钟离眛抽出佩剑，骂了一声：你这个小人！话音和他的头颅一起滚落。

就在这个早晨，已经从卓荦大丈夫蜕变为卑劣小人的韩信，捧起钟离眛的头颅，急赴陈地去谒见高帝刘邦。这位当年在中原战场上智勇双全的常胜将军，居然就这样轻易地中了云梦诈计：一到陈就做了俘虏。

诈计的设计者是陈平。

原来传言非虚，确实有人告发韩信谋反。高帝召群臣商议对策。那些武将都说立刻发兵坑杀这小子算啦！唯独陈平以为韩信反状别人都还不知道，韩信又善于将兵作战，贸然发兵恐怕会铸成大错。刘邦急了，说那该怎么办呢？于是陈平就提出了这条假言巡狩云梦，使韩信无由不赴会；待他一到陈地即由预伏武士擒之的诈计。

巧的是，带领武士将韩信擒缚载上囚车的，不是别人，正是如今已任太仆、当年在南郑曾作为监斩官救过韩信一命的那个夏侯婴！

做了俘虏的韩信，这才如梦初醒，抛弃了一切幻想，仰天一声长叹，说出了那一番让后人感慨了两千多年的话——

果若人言[1]："狡兔死，良狗亨（同"烹"）；高鸟尽，良弓藏；敌国破，谋臣亡。"天下已定，我固当亨！（《史记》本传）

韩信被作为谋反要犯戴上刑具，捆上绳索，押解到了洛阳，生死已是朝夕的事。满朝文武，包括萧何、张良，纵然并不相信韩信真有什么反状，也不敢为他说一句公道话。帝王集权专制就是这样一种制度：它既要确保皇帝一人擅权，就必须消解群臣的

【1】果若人言：韩信下面"鸟尽弓藏"一段话，可能此前他曾在古书中读到过，此时以自身亲历作了证实，故称"果若人言"。从记载看，最先对君臣关系中这种残酷事实作出如此深刻揭示的，当是越国大夫范蠡。越为吴所败，越王句践卧薪尝胆十年而一举灭吴，称霸诸侯。曾力助越王报仇雪耻的范蠡，功成身退，乘舟浮海以行。至齐，致书仍留于越的另一大夫文种，劝其及早离开越王以免祸。书中称："蜚（通"飞"）鸟尽，良弓藏，狡兔死，走狗烹。越王为人长颈鸟喙，可与共患难，不可与共乐，子何不去？"文种不听。后果被迫自杀。（据《史记·越王句践世家》）

独立性；在这种制度的笼罩下，即使明知帝王行为无理，群臣也大多会漠然处之，叫作"明哲保身"。

但高帝并没有立刻杀韩信。他知道韩信不是随便可以杀得的，群臣没有说话，不等于他们没有话要说。杀还是要杀，只是得等一个适当的时机。于是高帝又发了一道诏令：一是再次承诺即将封赏诸将，只是因为刚即位还没有来得及兑现；二是凡在军队多年，因未习法令而犯了死罪的人，一律予以赦免。看来，其主旨是想缓和一下与诸将的矛盾。所谓一张一弛，文武之道。这一切都说明，刘邦的确是一块做皇帝的料。

在这种情况下，臣子中才有个叫田肯的，站出来说了一番含义微妙的话。他先对擒得韩信表示祝贺，接着大谈秦、齐二地，一东一西，形势如何险要。秦地已为汉都，齐地则非高帝亲子不得分封。明白底细的人都听得出来，田肯其实是在提醒刘邦：当年你汉王获得秦、齐二地，可都是韩信的功劳啊！

高帝意味深长地一阵大笑，对田肯说道：你说得好啊！还赐给了田肯五百金。十几天后，就赦免了韩信的死罪，降封为淮阴侯。

一天刘邦与韩信闲处，随便谈起诸将带兵的能力问题。刘邦说像我这样能指挥多少兵？韩信说最多不过十万。刘邦转问他自己，韩信说臣多多益善。刘邦笑了，说你多多益善，怎么还为我所擒呢？韩信脱口作了这样的回答：

陛下不能将兵，而能将将（驾驭众将），此乃信之所以为陛下禽（通"擒"）也。且陛下所谓天授，非人力也。（《史记·淮阴侯列传》）

刘邦听出了话中微含揶揄讥刺之意，一下收起了笑容。

即使是别人揶揄讥刺他的话，他也能从中提炼出对自己有益的启示来——这的确是刘邦的一个极为难得的高明处。

他开始苦苦思索起今后如何"将将"的问题。

在刚刚过去的反秦战争和楚汉战争中，刘邦以善于用人自夸，诸将也以善于用人称誉他。他的用人"圈子"是不断扩大的。先以沛县集团起家，接着就像第一章第二节已描述过的那样，相继形成了新旧两个"回"字形臣僚班底。那时候他与臣属是一种共同打天下的关系，因而他任用他们只有一个标准：有否才干，能否斩将拔旗、攻城略地；至于此人来自何方，姓甚名谁，包括像陈平"盗嫂受金"那一类问题可以一概不问。但现在天下已经打下，他已做了皇帝，这天下成了刘氏天下，他突然觉得最可信赖的既不是"回"字的内圈，更不是外圈，而是与生俱来的同一血亲关系的人，因而是否姓刘变得第一位的重要；而臧荼的公开谋反，韩信的恃才傲物、图谋不臣，还有彭越、黥布的异乎寻常的沉默……又似乎都在证实他的这种想法。

大概就在这个时候，一个重大的举措在刘邦思想里形成了：用刘姓诸王去抗衡和制约已经变得不再可以信赖的异姓诸王。

很显然这是一种倒退。但是，既然业已建立的大汉帝国采用的是帝王集权专制制度，既然这种制度的本质是将公共权力转化为一姓一族的"家天下",那么它的臣民们也只好容忍这样的倒退。

说起来,这其实也算不上刘邦首创,他只是重新启用了一度被秦始皇切断了的周代旧制。据《左传·僖公二十四年》记载,周公鉴于周初几起叛乱事件的教训,认为"扞御侮者,莫如亲戚","故封建亲戚以蕃屏周"。如鲁、卫、晋、韩、邢等四十五国,便都是同姓诸侯国。召公还为此作《棠棣》之诗:"棠棣之花,鄂不铧铧;凡今之人,莫如兄弟。"《左传·成公四年》更径直指出:"非我族类,其心必异!"可见在周代的政治制度中血亲关系被推崇到了何等重要的地步!

几天后,一道诏旨在群臣中传开。由于韩信由齐王改封为楚王,紧接着又由楚王贬为淮阴侯,齐、楚之地已由封国改为郡县。这道诏旨称齐、楚仍应为封地,封王的人选诏旨中只提了一个刘贾,其余的由群臣商议择定。臣子们自然心领神会:尽管诏旨没有明说封王者必须刘姓,但有谁会傻到去提一个异姓人选呢?

按照惯例,群臣上书建议多由一功高者牵头,韩信此时已处于"待罪"状态,自然失去了此种资格。剩下的异姓王中有个韩王信,当年与周苛、枞公一起受命守荥阳,项羽破荥阳,周苛、枞公拒降被杀,韩王信愿降活了下来,后伺机脱逃仍归汉,刘邦保留了他的韩王封号,他自然感激不尽。这回他觉得自己应当站出来牵这个头。后来,就以韩王信等奏请、皇帝认可的形式,于高帝六年(公元前201年)十二月封了刘氏四王。因与皇帝同姓,史称同姓王。韩王信也因此一功,受到了高帝的器重。他原来都于颍川(今河南禹县),这时改封以属于防备匈奴要地的太原郡三十六县,都晋阳(今山西太原西南)。韩王信为了表示他的忠心,主动上书改都更加接近匈奴的马邑(今山西朔县),也获得了高帝认可。这时的韩王信大概做梦也不会想到,正是马邑这个小县城,将彻底改变他的人生,并最后在无奈的悲叹中头断快刀!

这次所封四名同姓王为首批,其名单如下:

刘贾,刘邦从父兄,封为荆王;封地:东阳郡等五十三县。

刘交,刘邦同父弟,封为楚王;封地:砀郡等三十六县。

刘喜,刘邦次兄,封为代王;封地:云中郡等五十三县。

刘肥,刘邦庶子,封为齐王;封地:胶东郡等七十三县。

分封同姓诸侯王有一套规定程序并须举行隆重仪式。据稍后于司马迁的褚少孙对《史记·三王世家》所作的补记其过程是:先由大臣上书建议,附上所封国国名及地图;皇帝认可后,再草拟册封诏令。诏令内容包括受封者的才具品性,所封土地的肥瘠刚柔,以及当地的民风民情,并据以提出规诫之语。在册封仪式上,受封者郑重地拜受一抔用白茅裹着的取自天子之社的泥土,归而立之以为国社,并岁时享祭。汉初自高帝至文帝四十余年,诸侯王都可掌治其国。王国官员有丞相统众官,内史治国民,中尉掌武职;此下郡卿大夫等悉数齐备,俨然一小朝廷。

在分封首批同姓王的同时,功臣们企盼已久的论功封赏也终于开始。

不料这竟是捅了一个马蜂窝。群臣急于争功,一进朝堂就相互竞夸,彼此排揎,闹个不休。若逢酒宴，更是大呼小叫，借醉狂舞，有的甚至还拔出佩剑，乱砍殿柱。本该是庄严的朝堂，竟成了吵吵嚷嚷的菜市场！这么闹了一年多，也还没有把封赏的事定下来！

封功臣为侯，立诸刘为王

争论大都是围绕着高帝在上面那个"三杰论"中提出的问题展开的：是政治第一，还是军事第一？是文官重要，还是武将重要？

在廷议谁的功劳最大时，刘邦按他的标准，以为萧何功劳最大，故封他为鄼侯，食邑最多，据《汉书·高惠高后文功臣表》为八千户。这个消息一传出，那些战功赫赫的武将大为不满，朝堂内外，众议汹汹。当时帝国初创君臣之礼还不那么严格，有的就进殿去直接与高帝争辩，说他们披坚执锐，身经百战，立了那么多功劳，反不如一个只会弄弄文墨、并无尺寸战功的萧何，是何道理！刘邦倒也沉得住气，还有心思提起了一桩毫不相干的事。他问：诸君知道打猎的事吗？众人答：当然知道！又问：知道猎狗吗？众人又答：也知道呀！于是高帝又发表了一个著名的"人狗论"——

夫猎，追杀兽兔者，狗也；而发踪指示兽处者，人也。今诸君徒能得走兽耳，功狗也。至如萧何，发踪指示，功人也。且诸君独以身随我，多者两三人。今萧何举宗数十人随我，功不可忘也。（《史记·萧相国世家》）。

"人狗论"是"三杰论"的通俗版，只是贬抑武将、抬高文官的意图越发浅显和直露。很显然，那些习惯于在战场上以武力逞能的将军们，不仅没有被说服，反而被激怒了。只是既然你皇帝这么说了，他们也只好暂时强忍着。这样到排定列侯位次时，又爆发了新一轮更激烈的争论：究竟谁该排在第一位？

这一回诸将抢先推出了一个他们认为应列为第一的人选：平阳侯曹参。理由是：曹参身上留着七十多个伤疤，攻城略地最多。《史记·曹相国世家》列有他的一张战功表："凡下二国，县一百二十二；得王二人，相三人，将军六人……"所以应该排在首位。

看来，诸将推出这一人选是颇经过了一番策略考虑的。曹参与萧何人都是刘邦同乡，都是沛县集团中的核心人物，且相互交好。曹、萧不同的是，萧一直是文官，而曹初为侍从官，从入汉中后即迁为将军。因而提出曹参应列为第一，既可为他们武将争荣，又使刘邦不便轻易否定。

高帝如何来应对这一局面呢？《史记·萧相国世家》有一段十分传神的记述，说他尽管心里很想把萧何列为第一，嘴上却没有这样说。原因是，他考虑到上次已用"功狗功人论"压制过众功臣的意见，多封了萧何，这回不便再为萧何说话。刘邦的这种小心翼翼说明：一，众功臣势力还相当强大，刘邦虽当上了皇帝，却远未享有"一言九鼎"的威望；二，此时的刘邦已不再是过去的刘邦了，他学得谨慎了，不敢轻易使用他刚刚握到手的至高无上的权力。

这时候有个名叫鄂千秋的人，站出来说了一番刘邦想说而不便说的话。

鄂千秋说：列位大臣都说得不对。平阳侯曹参攻城略地虽多，毕竟只是一时的战绩，难与酂侯萧何相比。当初皇上与项王相争，前后共历五载，丧师失众，屡致败北，幸有萧丞相镇守关中，不待皇上诏令，便能随时遣兵补缺，输粮济困，汉军才得以复振，汉王才得以夺取天下，此诚万世之功也！诸公怎么能以一时之绩贬抑万世之功呢？臣意以为，少一百个曹参尚无虞，失一萧何汉必无成。故应列萧何第一，曹参次之。

高帝立即抓住这条"来自群众"的意见，表态说：还是鄂君说得对，朕意也是如此！

这样在排定列侯位次中，萧何又居于第一，并赐予"带剑履上殿，入朝不趋"[1]的殊荣。

不过我怀疑鄂千秋的这种带有戏剧效果的出场，是否原本就由刘邦指使或暗示。鄂任谒者，系皇帝侍从官，掌宾赞受事，要求容貌端正，美须大音。这样的职务条件，很容易得到皇帝的信用，当廷议发生争议时，由他来发挥皇帝"代言人"的作用，也该是情理中事。当然也还有另一种可能，那就是这位谒者利用职务之便，用心揣摩皇上意向，然后乘机说了那番话，目的自然是为了邀功请赏。不管属于哪一种情况，鄂千秋都获得了很大成功。在宣布萧何列为第一后，高帝接着说：萧何功虽高，但若无鄂君，也不能得到发扬。进贤受上赏，古来皆然，所以鄂君也应封赏。于是原已封为关内侯的鄂千秋，又进爵一级，被封为安平侯。

对张良和陈平的分封，却是另一番景象。

高帝把未有战功的张良看作是一等大功臣，对他的评价是"运筹帷幄之中，决胜千里之外"，准备让他在广阔富庶的齐地自择三万户，这是诸侯中最高的封户数。但张良谢绝了，宁愿选择留（今江苏沛县东南）作为自己的封邑，封户远远少于三万。当年陈涉起兵，张良也在下邳聚集了百余少年，原来是想去投奔自立为楚假王的景驹的，后来在留这个地方遇到了刘邦，就归了刘邦。张良一生都没有忘记下邳桥上那位神秘的黄石老人的教诲，因而把遇到刘邦看作是一种天意。他对刘邦说：臣起于下邳，在留与陛下相会，这是上天以臣授陛下。臣能封得留即足矣，不敢当三万户！这样张良就被封为留文成侯，简称留侯。

陈平是户牖乡（今河南兰考东北）人，高帝准备封他为户牖侯。陈平说：这不是臣之功。陛下要封，另有其人。

高帝说：我用先生计，才得以战则胜，征则取，因何不能言先生之功？

陈平说：臣若无魏无知，如何能进事陛下？魏无知是陈平的旧交，当初他从楚营逃出来投汉，赖有这位故友的引荐才很快获得刘邦信用的。

高帝嘉叹道：像先生这样，真可算是不忘根本了！

于是在封陈平为户牖侯的同时，又赏赐了魏无知。

【1】关于"带剑履上殿，入朝不趋"，《资治通鉴·汉纪三》注文称："古者君子必带剑，所以卫身且昭武备也。秦法：群臣上殿，不得带尺寸之兵。草曰菲，麻曰屦，皮曰履。屦、履所以从军，军容不入国，故皆不许以上殿。君前必趋，崇敬也。"趋，小步走，表示恭敬。《礼记·曲礼》："遭先生于道，趋而进，正立，拱手。先生与之言，则对；不与之言，则趋而退。"

就这样，高帝六年（公元前201年）十二月至一月间，先后封了二十余人为侯。诸侯的封户，由于迭经战乱，户口逃亡，散失甚多，如《汉书·高惠高后文功臣表》说，有的"大城名都"户口已只剩下十之二三，所以封得最高的也不过万家，一般只有五六百户。

这二十余列侯的名单，全部录出似无必要，那就选择读者在前两章中已多少见过一面的几位来吧！

萧　何	封为鄼侯	曹　参	封为平阳侯
张　良	封为留侯	陈　平	封为户牖侯
周　勃	封为绛侯	樊　哙	封为舞阳侯
夏侯婴	封为汝阴侯	灌　婴	封为颍阴侯
王　陵	封为安国侯	吕　泽	封为吕侯
审食其	封为辟阳侯	靳　歙	封为建武侯
孔　熙	封为蓼侯	陈　贺	封为费侯

与分封功臣的同时，先后分几次共封了九名同姓王；其名单，除上一小节已经列出的刘贾、刘交、刘喜、刘肥外，尚有：

刘长，刘邦少子，封为淮南王；

刘如意，刘邦子，封为赵王；

刘恢，刘邦子，封为梁王；

刘友，刘邦子，封为淮阳王；

刘恒，刘邦子，封为代王。

有个小插曲。刘氏宗室几乎全都受了封，偏剩下一个刘邦已故长兄刘伯的儿子刘信没有封。原来当上了皇帝的刘邦，居然还记着当年大嫂用勺子把锅子刮得铿铿响不让他和他的朋友去吃白食那桩事，存心不封，就是要给大嫂一个难堪。后来还是太上皇刘太公发了话，才不得不封，却又有意在封号上做了个小动作：封刘信为羹颉侯——颉，意为"刮"。让人一看就要与他母亲刮锅子的事联系起来！

此事尽管可能带有玩笑性质，也还是暴露了刘邦的小人气量，因而常为后人所诟病。元代陈孚曾将此事与韩信以千金酬谢漂母一饭之恩联系起来，作《漂母冢》诗咏道：

英雄未遇亦堪羞，

一饭区区不自谋。

莫笑千金酬漂母，

汉家更有羹颉侯！

但群臣的争功风潮不仅没有因封了二十余侯而平息，反倒有愈演愈烈之势。

洛阳南宫有一条架空的复道，帝王经此既可隐蔽自己，又可凭窗随意眺望。一次高帝走在复道上偶尔向外望望正在被春风吹醒的洛水的景色，不意却在那山坡下、水岸边看到了东一堆、西一簇的人群，大都是武官装束，像是在计议什么。还有些散立着的，有的抽出佩剑在对空劈刺,有的在大声叫嚷,只是听不清是怒骂,还是在长叹。

高帝开始感到奇异,很快升起了某种警觉。

他去问张良,这是怎么回事。

张良说:陛下难道还不知道吗?他们在商议谋反呢!

高帝突兀一惊,问:如今天下已定,他们为何还要谋反?

张良不由暗喜,他等的就是这声问。原来自帝国建立后,张良已渐渐看出刘邦常以自己好恶行赏罚,非但有失至公,且难保不生变故。尽管他明知此时群臣聚在一起只是发些牢骚而已,并非真有谋反之事,之所以故意把问题说得严重些,无非想引出一问,以便趁机进谏。于是他说:陛下本起自布衣,当年与彼等共取天下,类同昆弟。如今陛下已贵为天子,所封赏多为故友和亲近者,而所诛杀则多为平生仇怨。陛下如此行事,怎得不叫人心生疑惧呢!他们以为今日未封,他日难逃杀戮;既然如此,何不及早起事!

高帝说:这该如何是好?

张良说:陛下不妨想一想,诸将中,平日你最憎恶的是谁?

高帝说:就是雍齿吧。此人反复不定,早欲杀之,因其有功,故不忍,但想来还是可恨!

这雍齿,张良也是知道的。他原是沛中富户,刘邦起事于沛,命他留守丰邑,他却在魏人周市的怂恿下不仅归附了魏,还为魏守丰,抗拒刘邦进入。数月后,刘邦攻破丰邑,他又逃亡去了魏地,再由魏走赵投张耳,最后才归了汉。

张良说:请陛下速封雍齿为侯!

高帝说:待封的功臣成百上千,怎么也轮不到他呀!

张良说:恰恰因为原本轮不到他,所以要封他!

高帝立刻领悟了,连声称赞"好计、好计",又道:诚如君言:朕得子房,乃天授也!

同年阳春三月的某一天,高帝在洛阳南宫再次大宴群臣,以隆重的仪式特封雍齿为什方侯。同时又有意当着众人的面,催促丞相对未封诸臣加紧定功,择日行封。此日宴罢,一片欢跃,众将都说:连雍齿也封了侯,我等还有何虑呢!

此后又陆续封了几次。计高帝在位七八年间,共封侯一百四五十人。又与部分功臣剖符[1]作誓,世世勿绝。如据《史记》、《汉书》记载,韩信、曹参、陈平、周勃、黥布、樊哙、夏侯婴、灌婴、郦商、傅宽、靳歙等,均享有此种殊荣。本章末节还将介绍,高帝临终前,又与诸侯王刑白马而盟,誓言锁于金柜,藏之宗庙,表明汉家天子与诸侯王"共天下"的诚信,以换取他们的支持和拥戴。这说明汉帝国初期的君臣关系还只能是名义上的,实际上则是盟约或契约关系;帝国高层的权力结构还不是由皇帝一人独擅的集权结构,在相当大的程度上只能是皇帝与诸侯王的共享结构。但这种状况是与它采取的政治体制——帝王集权制度相悖逆的,不可能长久存在:要么集权专制瓦解,恢复像周朝那样的封土建国制

【1】符:古代朝廷或王国用以代表权力的凭证。用竹、木或金、玉制成,一剖为二,双方各执其半,合之以为验。有多种用途,也可用来传达命令或调兵遣将,如兵符。此处则是朝廷承诺的一种保证。持有此符的功臣,本人及其子孙将永远享有相应的政治和物质优待。

度；要么运用或暴力的、或和平的，或二者兼用、二者交替，总之是通过种种办法将皇权集中到皇帝一个人手上来。

不过无论如何，初生的大汉帝国经过一年多的曲折行进，总体上应当说是有了一个较好的开局。觉得已经站稳了脚跟的刘邦，现在他可要好好整顿一下朝堂上的尊卑秩序，享受一下作为皇帝的那种至高无上的滋味啦！

长乐宫的新岁大朝会

上一小节说到由于帝国初创，相应礼仪制度还没有建立起来，群臣在朝堂上因争功而大呼小叫，喝酒胡闹，庄严的朝堂竟成了吵吵嚷嚷的菜市场。

当人们这么闹着的时候，谁也没有注意到有一个人在一旁静静地观察着。不过他关注的倒不是这个热闹场面，而是就座于最高位的皇帝脸上的每一个表情。

这个人便是历史上以善于趋附主上而著闻的叔孙通。

叔孙通是博士官。博士之名，先秦就有，原是对博学者之泛称，后来才渐渐演变为官名。王国维以为"博士之官，盖置于六国之末，而秦因之。"（《观堂集林·汉魏博士考》）任此职者，须博通古今，以便随时应对帝王顾问。叔孙通初任职于秦，是个尚未被正式录用的"待诏博士"。陈胜、吴广揭竿而起，秦二世把三十几个博士诸生召来问他们的看法。诸生都说这是谋反，应当立即发兵讨伐。二世一听，勃然作色。叔孙通赶紧凑上去说：诸生都说得不对。如今明主在上，天下一家，百姓安居乐业，四夷年年来朝，哪还有人敢造反的！陈胜、吴广之流无非是一群鼠窃狗盗罢了，只要郡县长官下个令便可捕得，何劳陛下挂齿！二世这才转怒为喜，还要其他人逐个再表一次态。众儒生有的跟着叔孙通说是盗贼了，但更多的继续坚持说是谋反。后来凡是说是盗贼的，不予惩处；说是谋反的，一律送交狱吏治罪。而叔孙通，不仅得到了帛二十匹、衣一袭的赏赐，还被拜为正式博士。回到馆舍，诸生纷纷指责叔孙通因何如此阿谀主上，叔孙通说：诸公有所不知，我若不如此说，又如何能逃出虎口呢？

叔孙通逃出秦宫后，先投项梁，后事项羽。待到汉王刘邦率诸侯五十余万大军以浩荡之势攻下彭城时，这位善识时务的博士再次转向，带着一百多个儒生弟子降了汉。借用上个世纪五六十年代的流行语来说，叔孙通是一个从旧社会过来而能自觉改造自己的知识分子，而且是此时刘邦臣属中唯一的高级知识分子。作为儒者，他自然习惯穿广襟大袖的儒服，但当他发觉农村基层干部出身的刘邦最厌恶这种打扮时，就立刻改穿楚地流行、也是刘邦爱穿的那种短装，果然获得了汉王的欢心。叔孙通曾推荐多个出身盗贼的人到刘邦手下做事，自己的那些饱读经书的弟子反倒一个也不推举。诸生很为不满，责问老师何以要这样做。叔孙通说：如今汉王正冒着刀剑戈戟争天下，他需要的是那些能够豁出性命来去斩将拔旗、攻城略地的人，诸君能做到吗？不过也快了，请再等待一段时间，我不会忘记你们的！

刘邦宣布要在定陶即位，叔孙通以为机会来到，带领儒生日夜赶拟了一套朝仪，刘邦看了却大皱眉头，全部删去了秦仪法中那些严苛的规定，只留下如何行加冕礼那几条。这段时间来，叔孙通经过朝堂上多次观察，看出高帝对群臣的无礼行径已十分反感，知道该是他提出制定朝仪的时候了。一次他有意提着几捆茅草和细绳，像是有很重要的事要做的样子匆匆走过宫前，目的是引起皇帝询问。高帝果然问了，于是他回答说：臣知陛下厌恶儒生，的确，儒者不能在战场上开疆辟土，可他们善于佐助王者奠基守成。这些日子来，臣和弟子都在忙着操练朝仪，这可是件关系到大汉基业的大事，陛下有兴趣听听吗？

刘邦确实讨厌儒生，对儒家倡导的那套繁琐的礼仪也曾经很反感。不过如今那批功臣勋将又闹得实在太不像话了，根本不把他这个皇帝放在眼里，确实得想个办法来治一治。便笑着说：就你手里拿着的那些劳什子，还能关系到大汉基业，扯得上吗？

叔孙通等的就是这一问。于是便滔滔不绝地说起了当年周成王大会诸侯于岐阳，是如何以茅草和绳子为诸侯立位的；孔子教他的弟子学礼，又是如何用茅草和绳子做演示的。还说这有个名堂，就叫"绵蕞（zuì）习仪"。原来按照古礼，诸侯及臣属朝见天子，都须严格按照尊卑上下次序列位，并有人在一旁监督，绝不容许有任何逾越。这套礼法，得先经过一段时间的模拟演示，然后再实地排练。模拟演示的方法，就是用竹子插地拉上细绳以标出列位的横直行次，再以草束代表诸侯及百官所在之位。排练的目的是要使与会者人人熟记于心，做到各就其尊卑之位，各守其上下之序，进退行止，秩序井然。如此，则群臣与居于尊位的皇帝，犹若众星之拱北辰，流水之宗沧海，汇成一种天覆地载的皇皇大气。

高帝听得倒是着实为之心动，只是仍有些担心，说：这恐怕太繁难了吧？

叔孙通说：五帝不同乐，三王不同礼；礼这个东西，是随着世道人心的变化而变化的。臣请陛下恩准，赴鲁城征集若干名儒生，与臣已有的弟子一起讲习礼仪。新的大汉朝仪，拟从古礼和秦仪中撷取精要，再依据时变综合而成，力求难易适度，繁简得当。

高帝说：那你就去试着做吧！朕平生最讨厌繁文缛节，还是尽量简易，你首先得思忖思忖朕能不能做得到！

叔孙通来到鲁城，先张榜征召儒生。原来这鲁城素称礼仪之乡，上章末节曾提到，当大军压境、危亡在即之时，城中却依然弦歌之音不绝。这回朝廷张榜招士，应者颇为踊跃，不过三五日，便有三十余名儒生前来报名。成行之日，已颇觉踌躇满志的叔孙通，少不得要对诸生说些尽心侍奉汉主、将来不难升迁一类话。不料话音刚落，内中有两儒生便拂袖而起，再也不肯随同进京。他们奚落叔孙通说：老兄前后事奉过的主子，多到大概自己也记不清了吧？你的这身富贵还不都是从阿谀奉承得来的！这回又来征儒要制定什么朝仪，无非是你的又一项献媚之举罢了。吾等皆知，古代圣君明主都是先积德百年，然后再制礼作乐的。你睁眼看看吧，如今天下初定，有多少死者尚未安葬，伤者尚未痊愈，这难道是制礼作乐的时候吗？请你快走，不要来玷污吾等！说完，竟扬长而去。

叔孙通笑着对众儒生说：诸君勿学此等陋儒。真正的儒者，应当通权达变，与时俱进才是！

这时候，迁都之事已陆续付诸实施，文武百官大都从中原洛阳徙至关中栎阳。叔孙通将在鲁城征集的儒生带回栎阳后，便与原来自己的弟子，以及经高帝允准，在左右侍从中选拔的若干名较有学养的官员,三者加起来共一百余人,一起来到郊野,开始了紧张的礼仪演习。先用的就是那个所谓"绵蕞习仪"的方法,再由那一百余人权充文武百官和卫士禁兵,依着草定的仪注,逐项演习,应趋则趋,该立则立;当进则进,需退则退。这么苦练了一个多月,就请高帝来试观。只见演礼场上,旗帜飘扬,队列森严,进退有序,行止有则。整个演示体现了君尊臣卑、皇权至上的主题,高帝观后颇为满意。叔孙通特别提示了其中有几个皇帝要做的礼式,高帝也觉得不难做到,当即颁发诏旨,令群臣赴演礼场先听取讲解,再随同练习。恰好萧何从长安发来奏报,称长乐宫已经落成。遂预定于十月初一,也即高帝七年(公元前200年)元旦,按新制定的朝仪在长乐宫举行大朝会。

长乐宫即秦之兴乐宫,部分遭项羽火焚,由萧何主持重新修建而成。历经千百年的风雨消磨,如今我们只能在陕西西安西北汉长安城东南隅眺望到一片平野,那便是长乐宫遗址。经考古勘探,长乐宫围墙全长约一万米,总面积为六平方公里左右。在这里,当年曾有前殿和长信、长秋、永寿、永宁等宫殿,还有鸿台、临华殿、西阙等大型建筑,连绵错落,嵯峨雄伟。

这一年的正旦,即十月初一,晨曦微露,各依等级穿着朝服的诸侯王及文武百官,已在长乐宫前肃立恭候。东方渐白,有头戴绛帻称之为"鸡人"的报时官报道子时已到,殿内谒者便列队而出,依次将与会者引入殿门。此时,殿中早已列好仪仗,卫官张旗,郎中执戟,左右分站,夹陛对楹,气势凛然。专司传达命令和迎送宾客之职的大行官,共有九名,为首者一声号令:"趋!"群臣立即小步快疾依次分别进入大殿两侧:功臣列侯及诸将军等,列队在西边,面向东;丞相以下各文职官员,列队在东边,面向西。两队官员全都垂手恭立,凝目正视。如此少顷,大行官版奏"请中办",也即宣布开始戒严。九名戴着獬豸冠的御史官,往来检察于各列队之间,发现有违反礼仪者,当即纠举。大行再次版奏"外办",这意味着皇帝即将出场。于是太乐令击钟,协律都尉举麾,乐工奏乐。伴随着悠扬的《太和之乐》,大汉帝国一世皇帝刘邦乘辇出房。两旁执戟肃立着的侍卫官,次第交声传警,自诸侯王以下莫不屏息绝气、震恐肃敬。乘辇缓缓来到正殿,高帝徐徐出辇,南面升座。这时谒者便依次引诸侯王直至六百石以上文武官员,逐一向高皇帝跪拜奉贺。贺毕,谒者"宣制",就是传达皇帝说的话。因为是朝贺新岁,按规定皇帝要说的是这样一句话:"履新之庆,与公等同之。"话音刚落,全殿一齐跪伏,同声高呼:皇帝万岁万万岁!

接着便开始分排酒宴。殿前歌舞轻盈悠扬,先是《武德舞》后为《文治舞》,皆由叔孙通专为高帝刘邦而作,以颂扬其武功和文治。高帝就座正席南面,据案宴饮;百官皆脱履升座,分席北面侍宴,按规定得先依官爵高下向皇帝奉觞上寿,然后方可各饮数盏。席间,偶有高声谈笑或随意欠伸身躯的,均一一被御史官纠出引去。这天终于尝到了做皇帝的那种至尊至贵的味道的刘邦,回到内廷后,说了这样一句话:

吾乃今日知为皇帝之贵也!(《汉书·叔孙通传》)

叔孙通因此一功,进官为奉常,并赐金五百斤。奉常在汉初已是列为九卿之一的高官,职掌宗庙礼仪，俸秩中二千石，较之原来仅为秩比六百石的博士，已是跨了几大步。叔孙通倒也没有忘记他曾经作过的承诺，不仅把赏赐到的五百金全部分给诸生，还在入朝谢恩时特地推荐了他们。刘邦大概还在兴头上，一句话就让诸弟子及儒生都当上了郎官。诸生一个个欢天喜地，说：叔孙先生是真正的圣人，他才是最懂得当世事务的啊！

同年二月，位于长安城东南部的未央宫宣告落成，于是高帝下诏正式从栎阳徙都长安。未央宫也由萧何主持兴建，比之永乐宫更为雄伟壮丽。从这时起直至西汉末二百年间，许多重大的典礼、朝会，都是在此宫进行。

朝仪既立，新都又定，汉帝国开始出现一片庄严升平气象。不料偏在这时，插着鸟羽的一道道急书不断从北边飞来，奏报的都是匈奴扰边、掳掠民人及畜产一类事。其中尤为严重的是，异姓七王之一的韩王信，一年前命其镇守与匈奴接界的马邑，此时他不仅已投降匈奴，还正在与匈奴一起发兵进攻太原、晋阳……

高帝一听大为震怒，迅即点兵三十二万，齐集于长安城外。待当要选择统帅时，觉得韩信、彭越、黥布等人已不可再用，四顾茫茫，颇觉孤独。但这位此时该已年过半百的开国皇帝却没有半点犹豫，奋身一跃跨上马背，做出了一个悲壮的决定：由他亲自来统领征讨！

于是一声令下，这支在汉帝国历史上唯一由天子亲自统领的讨伐匈奴大军，在举行了称之为"类"的祭天之礼后，即浩荡北进。

帝国的一块心病：匈奴问题

对高帝刘邦和他的臣属们来说，匈奴问题像是突然冒出来的。他们已经打了七八年仗，熟悉反秦战争和楚汉战争两个战场上的各种对手，却几乎谁也没有想到，在周边国家或部族中还有不少对手，特别是像北方的匈奴这样一个剽悍、强劲的对手！

在历史上，世界各个国家或民族，都是在与周边国家或民族的交往、冲突以至战争中发展起来的，中国自然也不可能例外。至汉代，在汉帝国疆域的周边，除了北方的匈奴，还有东北的朝鲜，南部的南越、东越和西南夷，和西部通称为西域三十六国、后又分为五十有余的国家或部族。汉帝国与它们大都有过诸多交往、纠葛以至战争，本书限于篇幅，重点介绍与匈奴的关系，其余姑且从简或略而不提。好在《史记》和《汉书》对周边国家和部族都列有颇为详细的传记，有兴趣的读者不妨找来一阅。

匈奴是生息蕃衍在我国北方的一个古老的游牧民族，秦汉以前还有獯粥（一作"荤粥"）、猃狁等称谓。游牧与农耕，牧民与农夫，是人类社会一个极原始的话题。在西方，它仅次于亚当与夏娃的"原罪"。这桩原罪导致该隐与他弟弟亚伯的降生，而亚伯是牧羊的，该隐则是种地的。在中国，炎帝的姓氏为"姜"，也蕴藏着"牧羊的母系社会"这一信息，而神农氏则无疑是农夫们的先祖。游牧部族匈奴与以农耕为主的华夏中原，曾有过长期的、规模都不怎么大的战争历史。对此，《史记·匈奴列传》有简略的概述，《诗经》也有"薄伐猃狁，至于大原"、"出舆彭彭，城彼朔方"等诗句。秦汉之际，匈奴部族以武力统一周边诸族而迅速崛起，其后就成为抗衡西汉王朝的一支强大的力量。到了东汉，匈奴先分裂为南北两部，后又分为五部。在晋代，曾先后建立了前赵、夏、北凉等国。尽管此后匈奴族除其中一小支迁往欧洲外，大都融入了中华民族大家庭，作为一个整体已不复存在，但在自汉及晋这数百年间，他们常常作为汉民族的对立面以引人注目的姿态活跃在大漠南北的舞台上，这些自幼精习骑射的匈奴人，在战场上一个个都是疾风闪电般的攻战好手。司马迁说"战攻侵伐"是他们的"天性"，英国近代历史学家汤因比甚至称"游牧人就是一种半人半马怪"！

要叙述这段历史，要认识这个性格独特的民族，就不能不提到一个人——

冒顿：杀父夺位、称雄朔方的匈奴王

匈奴族出现第一个奴隶制国家大约在战国末期，国王叫头曼，称号为单于（chànyú）[1]，单于之妻则称阏氏（yānzhī）[2]。秦灭六国，秦始皇派大将军蒙恬率十万之众北击胡，尽收河套一带之地。匈奴不敌，只好向北迁徙。

此前，头曼单于已将儿子冒顿（mòdú）立为太子，但这时他宠幸了另一个阏氏，这个阏氏又生了个小儿子，于是便演了一出在帝王制度下常演不衰的悲喜剧：老皇帝经不起枕头风的煽动，决定废已立的太子而更立少子。只是头曼的做法有点特别：他把冒顿作为人质送到了西域的月氏（ròuzhī）国，这在当时通常是一种表示诚信的外交手段，但头曼的用意却是要借月氏人的手杀死他的儿子冒顿。办法就是向月氏发起战争，以激怒月氏。月氏王果然被激怒了，击杀令已在当天发出，机警而又勇武的冒顿，却伺机盗了匹快马，星夜奋蹄逃归。冒顿出人意料的来到，使头曼单于先是大吃一惊，继而又不能不为自己有这样一个勇敢、坚强的儿子感到自豪。好啊，头曼家的雄鹰，欢迎你归来！老单于拍拍儿子的肩膀这样说，竟忘了原先的杀子计谋，任命冒顿为骑将，让他统领万骑。

年轻气盛而具有强烈建功立业欲望的冒顿，表面上对父亲处处顺从，对后母和小弟也分外尊敬和友爱，暗地里却在精心筹划着一项极其狠毒的杀父夺位计谋。

第一步，他自制了一种射出去会发出声响的箭，称鸣镝。他带着部众去行猎，下令说：尔等看我鸣镝射向目标，便当一齐同射，不得有违，违者立斩！说完弯弓开箭，鸣镝射向丛林间的一匹小鹿。众箭齐发，小鹿应声倒伏。也有三五人以为小鹿已死，不必再放箭，冒顿当即将他们一一斩首。如此试验数次，有谁还敢不应鸣镝射箭的！

第二步，对部众进行一次比一次更残酷的心理考验。先是牵出一匹他最心爱的宝马，当众作一番爱抚状，然后令其奔跑，随即向它射去鸣镝。许多人已把他的第一次命令溶入血肉，鸣镝一响，立即开弓。却也有几个人不由不想：这是大将军的爱马呀，岂能任意射杀？结果这几个没有及时射箭的人又全都付出了生命的代价。几天后，冒顿又把他的一个最心爱的妻子带到了靶场。当人们正在为这个绝世艳丽的女人惊叹不已时，冒顿突然将手中的鸣镝对准了爱妻。这回有更多的人吓得双手再也拉不开弓：怎么能向将军夫人射箭呢？可想而知，这些人又一个个被砍下了头。

第三步，冒顿开始试探性地去接近他的目标。这回充当试验品的，是他父亲曼头单于的一匹爱马，平时人们敬重此马就像敬重老单于一样。当鸣镝之声响起时，场上立刻万箭齐发，在这一瞬间，这匹可怜的宝马已被射成了一只刺猬！

到这时候，冒顿觉得他手下已经有了一支绝对可靠的力量，他们可以帮他射杀任何一

【1】单于：秦汉之际匈奴最高首领之王号。据《汉书·匈奴传》，其全称当为"撑犁孤涂单于"。匈奴语谓天为"撑黎"，谓子为"孤涂"；"单于"则为"广大之貌也，言其象天单于然也"。

【2】阏氏：匈奴王妻之称号。阏氏往往有多个。正妻称颛渠阏氏，次为大阏氏。另外还有其他名号。如王昭君称宁胡阏氏。至于阏氏之含义，《史记索隐》引《习凿齿与燕王书》称：阏氏即烟肢（胭脂），"言其可爱如烟肢也"。

个他想要射杀的目标。

这年金秋的一个日丽风清的早晨,冒顿特地为父亲准备了一匹汗血宝马,恭请这位已日渐衰老的大单于一起去打猎。一直还蒙在鼓里的头曼单于,高兴地让侍者为他全身披挂后,就由儿子冒顿搀扶着跨上了汗血宝马。

接下去的场面完全像冒顿预想的那样:鸣镝一声呼啸,他的父亲、老单于头曼立刻成了第二只刺猬。

冒顿趁势返入内帐,见了后母、少弟,一刀一个,全都劈死。随即宣布自己为大单于。臣属中有敢不听从者,悉行处死。

冒顿杀父夺位的消息,震撼了整个"逐水草迁徙,以射猎为生业"的大漠世界。无论如何,以如此行径获得权位,不能不受到人们在道德上的谴责。

处于大漠东部的东胡国,却以为找到了一个进行要挟的好机会。他们派出使者来对冒顿说:听说贵国头曼老单于活着的时候,曾有一匹千里马,敝国国王很想得到它,希望大单于能割爱!

冒顿问他的臣下,臣子们回答说:这匹千里马是我们大匈奴的镇国之宝,绝不能给他们!

冒顿说:我既然与他们做了邻居,还怎么能吝惜一匹马呢?

第一次要挟获得成功,东胡国国王以为冒顿软弱可欺,索性得寸进尺,又派出使者来说:听说冒顿有许多娇美绝伦的阏氏,敝国国王很想得到其中的一位,希望大单于不要悋吝!

冒顿又问臣下。这回群臣更是怒不可遏,都说:这混账的东胡王,竟然敢来求我们大匈奴的阏氏,这还了得!请大单于赶快下令杀了这狗使,再发兵讨伐东胡!

冒顿却还是那句话:我既然与他们做了邻居,还怎么能吝惜一个女人呢?

先获宝马,再得美女,东胡王越发狂妄自大,接着便开始谋划起如何吞并匈奴的土地来了!在东胡与匈奴之间有一片无人居住的空地,约有千余里。东胡王跨出的试探性的一步,便是想占有这片空地。他的使者对冒顿说:我们两国之间的这片土地,贵国无力能及,敝国国王却能管好它,所以还是划给敝国吧!

冒顿仍是先让臣属来讨论这件事。臣子们有了前两次的经验,以为冒顿单于只求息事宁人,不想与邻国交恶,于是回答说:这本来就是片弃地,给他们也无妨,不给他们也可以。

不料,冒顿一听勃然大怒,说道:土地是国家的根本,怎可随意给与他人!说完喝令左右,将臣属中凡说土地可以给予东胡的,一并处斩。然后戴盔披甲,纵身跃上马,宣谕全国兵士,迅即启行,攻打东胡。有胆敢不从行者,立斩勿赦!

冒顿此举看似一时冲动,其实却是极有算计而且做了长期准备的。原来这时候,华夏中国楚汉争雄方炽,仓皇无暇北顾,这正给了他一个趁势崛起的大好机会。再从作战双方的实力来看,冒顿在夺位前和夺位后一直在进行紧张的战备训练,还有一些特别规定,如斩杀或俘获敌人可赐酒一壶,战利品归个人所有,掠夺到的人就成为自己的奴婢等,因而他的士卒一上战场都争先恐后,凶猛顽强。而东胡国则因几次要挟得逞,麻痹轻敌,毫无戒备。这样，冒顿统率的大军一到，简直就像饿虎扑羊，东胡之兵不是被杀，就是溃逃。眨眼间，其王庭营帐，捣毁殆尽；民人畜产，统为所掠。首战即获大胜的冒顿，威势更加张扬。在东破东胡后的短短几年间，又西逐月氏，南破楼烦、白羊，北征浑庾、屈射（yi）、丁零、鬲昆、薪犁等国，拥有精于骑射的士卒三十余万，睥睨大漠，称雄朔方。

与此同时，冒顿还进行了一系列改革，依据辽阔的大草原的实际情况，建立了较为完整的、不妨称之为"一元二支"的政治体制，即最高统治者为中部的大单于，其下"置左右贤王，左右谷蠡王，左右大将，左右大都尉，左右大当户，左右骨都侯"（《史记·匈奴列传》），分别掌控东、西地区。每年五月，大会于龙城（今内蒙古锡林郭勒盟东、西乌珠玛沁旗附近）祭天祀地；至秋，马肥，再聚会于蹛林（约今甘肃旧凉州府境内）课校人畜之数。

现在，这位雄心勃勃的匈奴王，要开始向初生却庞大的汉帝国发起挑战了。他先是不断向南扩张势力，其兵锋已直逼汉疆的燕、代两郊。接着选择马邑作为试探点，计划由此突破，向中原推进。

马邑为县，属雁门郡，今为山西朔县。境内有贺兰山，见证着古代诸民族间曾经有过的那些"白刃交兮宝刀折，两军蹙兮生死决"（唐·李华《吊古战场文》）的漫长岁月。

冒顿攻马邑用的是大包围的战术。十余万强悍的骑兵，把这个小小县城重重叠叠地围了个水泄不通，且日夜鼓噪不休。镇守马邑的便是那个主动请命来此防御匈奴的韩王信。这个因奏请立刘贾等同姓王而受到高帝器重的韩国王室后裔，一面向汉帝发书求援，一面准备坚守抗御。但当他登上城楼，看到眼前胡兵那种山呼海啸般的威势时，忽而慌了手脚，竟接连派出使者去向冒顿求和。汉援兵行至中途，获悉韩王信已几次向匈奴遣使求和，一时不敢再进，忙着人飞报汉帝。高帝不免起疑，急发使向韩王信送去一封措辞严厉的信[1]，责备他不该有二心。韩王信大恐，知罪已难逃一死，索性打开城门，伏道归降了匈奴。

请读者留意：韩王信既已投降了匈奴，自然不可能再是汉异姓七王之一的韩王，按理此下应单称韩信；但为了与此时已降为淮阴侯的那个韩信区别，这个投降了匈奴的韩信只好仍依习惯称其为韩王信。

首战告捷，且不损一兵一卒，冒顿自然大喜。占领马邑后，当即以韩王信为前导，发兵向中原推进，越过勾注山，直攻太原，进逼晋阳。

上一小节末尾说到，高帝刘邦亲率三十二万征讨大军，在长安城外举行了称之为"类"的祭天之礼后，即沿渭水东进，渡黄河北上。时令已是孟冬，一路履霜冠雪，不胜艰辛。由于冒顿以韩王信为前导，所以汉军与匈奴首战于铜鞮，打的仍是汉人，而不是匈奴人。韩王信兵力既难以匹敌，内心又惶恐不安，怎能不败！其部将王喜战死，韩王信和另外两员部将曼丘臣、王黄且战且退，逃回马邑。商讨急救办法时，两员部将原为赵臣，马邑一带又为赵地，因而提出已找到有个叫赵利的人系故赵国王室后裔，可拥立为王，以号召民众。此议说来实在滑稽：既已归降匈奴，再立赵氏为王，岂非牛头不对马嘴！但此

【1】此信大体内容可见于《汉书·韩王信传》。文中称："上赐信书责让之曰：'专死不勇，专生不任。寇攻马邑，君王力不足以坚守乎？安危存亡之地，此二者朕所以责于君王。'"

时的韩王信已是糊涂虫一个，居然也赞成拥立。接下去的事更荒唐：韩王信竟将拥立赵利为赵王的事去禀报冒顿，并请求发兵来援。不过冒顿对拥立什么王的事似乎也不感兴趣，他倒爽快，立即命左右贤王率领万骑援助韩王信，两军会合后，与汉军再战于晋阳，结果却是再次大败！

这时候，对立两军的统帅分别居于晋阳和上谷，一南一北，相距有千余里之遥。

朔风怒号，纷纷扬扬的雪，把广袤的北国大地连成了银色一片。

居于晋阳的汉帝刘邦，正在帐中饮酒赏雪。接连的捷报鼓舞着他晚年的壮志。他举爵相邀正在天空起舞的玉龙们为他作证，他这回定要像当年的蒙恬大将军那样，狠狠击断匈奴蛮儿的脊梁，使其从此蜷局北漠，永远不敢南窥！

居于上谷的冒顿单于也在帐中饮酒赏雪。为了尽兴，把小杯换成了大碗，大碗又换成了大坛。冒顿的狂欢是有原由的，因为这些日子来匈奴军的接连失败，其实就像当年他对东胡一再屈从那样，是他一整套"示弱骄敌"之计中的一个组成部分。而与此同时，一个活捉汉天子的"笼子"战略已在顺利实施中。这个"笼子"是由数十万铁骑组成的，此刻，这些铁骑正顶风冒雪从四处奔驰而来……

冒顿灌下了大半坛，又将坛掷得粉碎，仰天一阵大笑：哈哈，刘邦老奴，本大单于就等着你来钻这个笼子呢！

有首歌谣唱道："平城之下亦诚苦……"

一场对匈奴的总攻战已在拟议之中。

为稳妥起见，高帝又派出了十几批斥候，去刺探匈奴虚实情况。一批又一批的斥候回来禀报的结论都是一样的：可以与匈奴开战了，而且战之必胜！

先前听过种种传说，总说匈奴兵士如何勇猛顽强，弓箭又是如何厉害；可斥候们亲眼看到的事实却是：无论在营前警卫或是在营地操练的匈奴兵，都是老弱不堪，队列也不成样子；就连匈奴人圈养在栏的牛羊也都是瘦骨嶙峋的，在寒风中索索颤抖。所以说可以开战了，而且战之必胜！

高帝下令三十二万大军，分前后两路，即日北上，围剿匈奴。出发前，看到帐前尚有郎中刘敬无事可做，便命他再去切实刺探一番，务得确音。

原来这刘敬，就是前面提到过的那个穿着老羊皮袄要见大汉皇帝的戍卒娄敬，因其迁都一议而授官郎中，封奉春君，并赐姓刘，故改称刘敬。刘敬奉命后，又换上了那件老羊皮袄，扮作老农模样，骑了头瘦驴，一路蹄声得得前往。

高帝从晋阳发兵，挥师北上。沿途仅遇到匈奴零星兵马，且往往稍一交战即慌乱逃命，所以一路顺遂，不几日前路二十余万人马已越过勾注山，抵达广武[1]。刘敬便是在这里赶

【1】此广武与第二章第四节中"楚汉对峙于广武东西二城"中之"广武"，是两个地方。此广武为古县名，其故治在今山西代县西南；那个广武是古城名，其址在今河南荥阳东北广武山上。

上了部队来复命的。

高帝忙问：你去察看了这么些日子，想必也看到了匈奴许多羸弱的情况了吧？有何高见，请快说！

刘敬说：臣以为匈奴不可轻击，陛下不应轻进！

高帝作色道：你这是什么话，朕不是已经进军数百里了吗？

刘敬说：两国相争，双方各夸己之长，耀武扬威一番，这是常理。臣往探匈奴人马，所见皆为老弱瘦损，看来确是不堪一击，但却有违常理。若冒顿所部果真如此，何能称雄北塞？臣料他是有意示弱，暗伏精锐，以诱我军深入。故臣斗胆叩请陛下，即止进军，毋堕其诡计！

高帝勃然大怒，厉声骂道：老匹夫！你本是靠了一张嘴，一番饶舌，朕让你做了个小官，竟然来胡说八道，阻我军锋，该当何罪！说着，喝令左右拿下刘敬，械系广武狱中，待凯旋归来再作发落。

再次北进时，高帝急于功成，犹嫌车驾太慢，命太仆夏侯婴添驾快马，加速赶程。但如此疾速，骑兵勉强尚可跟上，步兵紧追了一程后，大半脱落。这一日薄暮，先导部队报道即将抵达平城（今山西大同东北）。高帝从车上侧首往外望时，果然见山峦间有一紫色城垣逶迤远去，知道这便已到了著名的紫塞长城。其东侧有一山，那该是白登山了吧？山顶白雪皑皑，山下气雾缭绕。正在奇异时，突兀间，唿哨声如潮水般响起，无数支匈奴骑队乱箭似地从四面八方飞来。夏侯婴大惊，即命两旁五百精壮卫士护驾，迅速向东退入山谷，众骑兵一齐跟上，扼住山口，垒石为堡，拼命固守。

据史书记载，冒顿单于以精兵四十万骑，将三十二万汉兵截为围内、围外两部分。刘邦及其侍臣、属臣和部众，被围于平城东南之白登山七天七夜，冰天雪地，饥寒交迫，不少士卒甚至冻落了手指，自然再也无法使刀弄枪了。后来中原地区到处传唱着这样一首歌谣：

平城之下亦诚苦，
七日不食，
不能彀弩。（彀：音 gòu，张满弓弩）

读过上文"杀父夺位"一节的读者，对冒顿此人的凶猛残忍和工于心机，定会留有深刻印象。如果在白登之围中冒顿也如此行事，那么高帝刘邦及其臣属恐怕都难免一死。耐人寻味的是这回冒顿却没有蛮来。有两点特别引人注意。一是他围而不攻，这是否说明他也知道杀死大汉天子并非明智之举，似乎正等待着某种政治方式的解决。二是他的部队纪律严明，甚至马匹的毛色也整齐划一：西方尽是白马，东方尽是青马；北方尽是黑马，南方尽是赤马。这是否可以看作冒顿是在有意炫耀？他要告诉汉人：匈奴人并不像你们想象的那样是化外蛮族，匈奴人同样有着自己堂堂正正的文化！如果上述猜想可以成立，那么对这位冒顿单于我们真该刮目相看才是！

白登之围后来是怎么解的？《史记·匈奴列传》说是由于用珠宝厚赂阏氏，阏氏在冒顿面前说了"两主不相困，今得汉地而单于终非能居之也"那样一些话。但贵为阏氏恐怕也不会太在乎那些珠宝，她又怎么肯为一个外族皇帝说那些话呢？显然这里另有文章。《史记·陈丞相世家》说是采用了陈平的一条"奇计"。至于那是怎样的一条奇计，司马迁卖了个关子："高帝既出，其计秘，世莫得闻。"

大凡愈是诡秘的事，愈会引起人们的好奇和猜测。对陈平之计的猜测就有多种，流传较广的是东汉桓谭在《新论》里说的一种。桓谭认为陈平之计是利用了一个女人的妒忌之心，"薄陋拙恶"，实在上不得台面，所以"隐而不泄"的。具体做法是：派人用珠宝去接近一个冒顿最宠幸的阏氏，对她说：汉帝被困多日，情势危急，为求得脱，正在选择一绝色汉女进献于单于。此举若成，单于一见那汉女定然目迷心驰，爱宠有加；而对阏氏之爱必然日疏。故为阏氏计，莫若及早劝说单于解围，汉帝既得脱去，自然也不会再献那汉女来，阏氏便能永得专宠，岂不甚好！

桓谭的猜测自然含有想象的成分，但似乎也还合于情理。陈平善出奇计，格调则往往不怎么高，这大概也是桓谭作如此猜测的一个依据吧？

但不管怎么说，七日七夜的白登之围，就因了陈平一条令后人猜测不已的奇计而一朝化解。冒顿下令"解围之一角"，也即网开一面，分明要放汉家天子一条生路。高帝及其臣属却还是心有余悸，因而从这解围的一角外逃时，依然高度戒备，两旁弓弩手一齐张弓搭箭，箭镞向外围护着高帝。陈平还再三提醒太仆夏侯婴车驾要缓行，有意做出从容坦荡的样子，以免引起匈奴兵袭击。后来的事实却说明，这些担心纯属多余。高帝及其一行由白登山撤出到与外面的汉兵会合，始终都是在冒顿能够掌控的范围内进行的；这位匈奴王既没有下令袭击，也没有挥众追杀，而是目送着汉天子安然离去后，随即一声号令，又率领着他的四十余万铁骑向大漠疾驰而去。

白登解围，是冒顿单于在胜利几乎已经到手的情况下的一次主动的放行，而且是没有得到对方任何承诺的主动放行。他因何要这样做？阏氏说的那几句也属平常的话，恐难构成决定性的动因。《史记·匈奴列传》还记有一条："冒顿与韩王信之将王黄、赵利期（约定），而黄利兵不来，疑其与汉有谋。"怀疑这两个无关大局的人物与汉有谋，好像也不能成为撤围的主要原因。我以为，起决定作用的还应是冒顿的主观动因。从平城之役由设围到解围的全过程可以看出，冒顿此人不仅有大计谋，也有大胸襟。很可能，他精心营构此役的战略目的，原本就是为了扬匈奴之威，灭汉人志气，而不是真的要擒获或杀死刘邦。或者说，他打的是政治仗，不是军事仗。如果真是这样，那么平城之役冒顿达到了预期的全部目的，他获得了完美的全胜。而对汉帝国来说，平城白登之围却是国耻，在此后历经高、惠、高后、文、景、武诸朝将近一百年的时间里，一直深深刺痛着帝国上下的神经。

和亲：一块暂时用来刹住战车的韧木

让我们再来看看侥幸逃出了平城的高帝刘邦。

由平城匆匆南行，赶回广武后的第一件事，就是从监狱中请出刘敬，对他说：朕不听公言，误中虏计，致有白登之围，惭愧、惭愧！当即封刘敬为建信侯，食邑二千户。

与此同时，又下令将那十几批禀报时都说匈奴可击的斥候——斩杀。

从广武南下，渡过黄河，顺道先来到洛阳，大概是想在这里让疲惫、惊恐的身心休养一些日子。但是做不到。刚安顿下来的某一天，从外面踉踉跄跄撞进一个人来，满身灰土，一脸惊慌，见面就说：兄弟呀，匈奴蛮子真厉害啊，我只好逃命回来啦！

原来这个人叫刘喜，是刘邦的次兄。刘邦在家时懒于田间耕作，喜欢结交些被乡人看作是不三不四的朋友，刘太公常骂他没有出息，要他好好向勤劳本分的这位二哥刘喜学学。刘邦当上皇帝后，一次在未央宫设宴，趁着向刘太公敬酒的机会说道：父亲，您老人家以前常说我老三没有出息，不如二哥能挣家业；可如今您看看，我这片"大家业"比比二哥的怎么样？引得满宫殿的人都大笑，弄得刘喜又好生尴尬。尽管刘邦看不起这个只会种田的二哥，但又觉得他毕竟是刘家人，总比外姓人可靠，所以封他为代王，居有云中、雁门、代三郡之地。可谁知这一回，匈奴刚一发兵，他就吓得屁滚尿流，弃国而逃，我堂堂刘氏皇室的脸面都给你丢尽啦！

依律弃国而逃就得斩首，刘邦想想他总是自己二哥吧，就赦免了死罪，降为合阳侯，另封自己儿子刘如意为代王。但此时如意还只有七八岁，无法就国，因而又任命不久前受封为夏阳侯的陈豨，为代相，前往镇守。

此事刚过去，又接连有人来禀报：已投降了匈奴的韩王信，带着匈奴的兵卒不断在边境往来骚扰。原燕王臧荼谋反虽已平息，但其子臧衍叛逃到了匈奴，专门为匈奴在汉将中做策反工作……

高帝的担心正随着这些奏报在加重。匈奴已成为汉帝国的严重威胁，而如果它再与朝廷内部的异己力量勾结起来，那后果就更加不可想象。

正是在这种无奈的心态下，高帝对匈奴的战略方针，从最初的积极对抗转变为退让妥协，其主要的对策便是所谓"和亲"。

最初提出和亲之策的，便是一开始就主张匈奴不可击的刘敬。

也许是被围白登的教训使刘邦觉得原为齐国戍卒的刘敬倒是一个可以倚重的人物，因而这回又把他请来，问以应对匈奴之策。

刘敬说：天下初定，士卒疲惫，已很难再兴师远征；更何况匈奴有骑兵数十万，且专习于广漠争战，所以武力征服一途，怕是走不通。

高帝说：不用武力，用文教如何？

刘敬说：冒顿单于，弑父自立，性若豺狼，桀骜不驯。与此等人谈仁义，无异于对牛弹琴，与虎谋皮，是断难有成效的！

高帝说：既不能武攻，又不可文治，该如何是好？

刘敬说：臣有一计，可使冒顿及其子孙永远臣服我大汉，只怕陛下不能照行。

高帝说：果有良策，何谓不能！请快说与朕听听！

于是刘敬便说出了这个和亲之策。此策的要点，就是汉皇帝将自己的嫡长女儿嫁与匈奴单于为妻,并奉以丰厚的礼品;在此基础上,双方缔结和亲之约,以示永好。按照刘敬一厢情愿的想法,既是汉帝之女,又有丰厚赠礼,单于必然会将她立为阏氏,所生的儿子,也必然会被立为太子,待老单于一死,这汉家女儿的儿子就继位为匈奴单于。这样——

> 冒顿在,固为子婿;死,则外孙为单于。岂尝闻外孙敢与大父抗礼者哉?兵可无战以渐臣也!（《史记·刘敬列传》）

真的,有谁听说过外孙敢与外公分庭抗礼这样的事呢?所以若实行和亲之策,汉家天子可以不用一兵一卒而使匈奴彻底臣服!

高帝认为在目前无力征服匈奴的情况下,和亲不失为一项权宜之策,准备照准施行。

刘邦和吕雉生有一子一女,就是当年他在彭城惨败后的逃亡途中因情势危急曾想将他们推下车去,而太仆夏侯婴则竭力将他们保护了下来的那两个孩子。如今都已长大,儿子刘盈已立为皇太子,女儿刘元已为长公主,因食邑于鲁,故称鲁元公主。

吕后一听自己的亲生女儿竟要被远嫁去蛮荒之地的匈奴,岂能舍得,日夜哭泣不休。吕后反对还有一个理由:此时鲁元公主已许给异姓诸王之一的赵王张敖,岂可一女二嫁?

高帝无奈,只好暂且把这事搁了下来。然匈奴之患愈演愈烈,已为匈奴之将的韩王信,其部属大肆骚扰于东垣,赵利、王黄又侵盗于代、雁门、云中诸郡。在忍无可忍的情况之下,高帝又亲自率兵对韩王信在东垣的残部追击过一次,也仅有小胜而无补大局。这样到高帝九年（公元前198年）冬,不得不重新启用和亲之策,鲁元公主自然不能再嫁了,只好从后宫选了个家人子[1]假充长公主,奉以厚礼,由刘敬持使节送往,与冒顿缔结和亲之约。其内容包括以丹书铁券与匈奴划分疆界:"自海以南,冠盖之士（指汉人）处焉;自海以北,控弦之士（指匈奴人）处焉。"（《太平御览》卷七七九引《三辅故事》）这里的"海"指北海。汉与匈奴约为兄弟,汉每年向匈奴赠送絮、缯、酒和食物等,实际上带有"纳贡"性质。

这是汉帝国、也是中国历史上第一次与周边之国订立的和亲之约。此后西汉二百年间,共订立过六次,五次与匈奴,一次与乌孙;除景帝时一次为真公主外,其余皆以宗室女或家人子代替,名义上则仍称公主。

历代论者对和亲一事大多持批评态度。唐人戎昱在《咏史》诗中甚至认为汉代最大的失策就是和亲:"汉家青史上,计拙是和亲。社稷依明主,安危托妇人。岂能将玉貌,便拟静胡尘!地下千年骨,谁为辅佐臣?"宋代司马光批评刘敬的和亲之策根本行不通:"盖上世帝王之御夷狄也,服则怀之以德,叛则震之以威,未闻与为婚姻也!"（《资治通鉴·汉纪四》）明代李贽读《史记》读到刘敬说的"冒顿在,固为子婿;死,则外孙为单于"那

---

[1] 家人子:汉代后宫除皇太后、皇后以及夫人外,尚有美人、良人、七子、八子等等多种称号,家人子则是无职号者,地位最低。《汉书》颜师古注称:"家人子者,言择良家子以入宫,未有职号,但称家人子也。"其俸秩仅有斗食,即日食一斗二升,一年不满百担。死后葬于司马门外。

段话时，气愤地作了两个字的眉批："放屁！"（《史纲评要》卷五）

的确，以堂堂的帝王公主——即使大多是假的也罢，去下嫁给一个荒漠蛮酋，实在太丢我们华夏天朝大国的面子了，所以史评家们的愤怒是完全可以理解的。不过纸上写写容易，实际做起来却困难多多。事实上，刘邦也不是不想"服则怀之以德，叛则震之以威"，他亲率三十二万大军北讨平城，不就是想"震之以威"吗？但结果却是反被人家震了威！可见问题不在想不想，而在能不能去震这个威；说得更实际一点，就是你手里有没有远比人家强大的"威"可以"震"！至于上个世纪中叶曾经有不少论者对和亲之策作出了颇高的评价，以为它是"维持民族友好关系的一种最好的办法"（《翦伯赞历史论文选集》），也许客观上曾经多少起过一点这种作用，但从决策者的心理来说，实在远非那么一回事。历史的事实是，当时缔约双方谁也没有想到真的要去与对方"友好"，他们心里清楚得很，所谓和亲，无非是一块暂时用来刹住战车的轫木，任何一方，以为启动战车更有利于自己时，便会毫不犹豫地抛弃这块轫木。史书正是这样记载的，在和亲之约缔结后，"冒顿乃少止"（《汉书·匈奴传》），冒顿对汉的侵扰只是稍有收敛，而不是完全停止。后来还变得更加傲慢骄横，以至发生了下一章将要写到的以倨傲猥亵之词致书吕后的事。汉帝国当然也是这样，退让和妥协都只能是暂时的，一旦条件成熟自然就立即转入大规模反攻。

对高帝刘邦来说，所以要行和亲之策，还因为他不能同时面对内外两个战场。异姓王之一的韩王信的投降匈奴，使他警觉到内部异己力量在受到打击时，很可能会与匈奴勾结起来；而在他看来，内部异己力量对他造成的威胁，更甚于匈奴在外部的骚扰，他不得不以昂贵的代价去先稳住匈奴，以便使自己有足够的时间和精力打好内部这一仗，逐一收拾异姓诸王，用民间广为流传的话就是"杀功臣"。所以如果从维护和巩固帝王集权制这个角度去作评价，那就不能不承认刘邦行和亲之策是高明的一着。

异姓诸王接连演出了人生悲剧

乘龙快婿家竟出了桩谋逆大案

异姓七王之一的赵王张敖,与刘氏宗室的关系非同寻常。

上节已提到,刘邦、吕雉的女儿刘元也即鲁元公主,早在刘敬提出和亲之策前就已许字给了赵王张敖。照此说来,张敖就是刘邦的乘龙快婿,俗称半子。

但就在这个半子家里,高帝九年(公元前198年)十一月,却揭出了一个谋逆大案。开始认定主谋当然是作为国王的张敖,此外还牵连到赵相贯高等数十人,全都被捆绑起来锁进槛车,自赵都邯郸(即今河北邯郸)千里迢迢押解到长安来。

案子到最后才弄清楚,想要谋杀高帝的事,其实赵王张敖并不知情,主谋应是赵相贯高。至于这桩谋逆大案的起因,说来叫人难以相信:竟是刘邦一次作客女婿家的傲慢无礼!

那是在发生了被汉人视为耻辱的白登之围的高帝七年(公元前200年)隆冬,刘邦侥幸脱围,自平城回洛阳途中,客次邯郸,稍事休息。作为臣子,又作为未来过门女婿的张敖,出入迎候,奉案进食,执礼甚恭。偏是刘邦"箕踞而坐"^[1],动辄詈骂,视张敖若仆奴。张敖倒似乎并不在意,可在一旁看着的贯高、赵午等王国属官如何忍得下这口气!特别是年已六十有余的相国贯高,原为赵之名士,早先张耳、刘邦微贱时都曾与之交游,相互称为师友,虽说你刘邦如今做了皇帝,却也不应如此张狂呀!贯高与另一相国赵午都觉得自己的大王太窝囊了,就一起去找赵王张敖,对他说:当初豪杰并起,难分伯仲,当今皇上只不过因时而得到天下罢了。可这回驾临邯郸,大王极备谦恭,竭忠尽礼,他却如此轻慢狂傲,难道做得天子便可目中无人了吗?臣等为大王不平,决意除去此人!

赵王张敖一听,大惊失色,急切告诫道:君等万万不可再出此言!想当年,陈余与先父交恶,陈余攻赵,先父失国,后全赖当今皇上才得以复国,传及子孙。此恩此德,寡人没齿不忘!说时用力咬破手指,血流如注,以明永远忠于汉室之志。

【1】箕踞而坐:古人视为一种倨傲轻慢的坐相。古时席地而坐,应以双膝着席,臀部压于脚后跟上。箕踞,则是两腿平伸,上身与腿成直角,形似簸箕,故有此称。古人以为此种坐式不合礼节。《礼记·曲礼上》:"坐毋箕。"

事后贯高与赵午等十数人又进行了一次秘密计议。先检讨了第一次行动的错误：我们的大王是个厚道之人，怎么可以去与他商议像谋杀皇帝这样的事呢？再说，这原是我等义难受辱而欲有此行动，本不应该去连累大王的。接着密议了若高帝再入赵境如何刺杀的计划。最后相互约定：事成，功归赵王；事败，我等独自承当！

一年后的又一个严冬，高帝率兵追击在东垣一带骚扰的韩王信残部。班师回还时，要路过赵境，按照路程，车驾抵达柏人县，估计天色已晚，很可能会在县城暂留一宿。

这是一个多么难得的好机会啊！

柏人位于邯郸之北数十里，贯高、赵午等紧急赶赴柏人，作为王国官员，事先做好了一切"接待"的准备。小小的县衙，今夜将成为"驻跸"之所，从县令到县吏都感到无上荣耀。只有贯高等几个人知道，在喜庆和热闹背后，暗藏着杀机。在夹壁里，在屏风后，时有刀光剑影在闪动。刘邦只要入驻，就难逃一死！

薄暮，赵王张敖率王国百官恭候于柏人之郊，将大汉天子御驾迎入县城。待要入宿县衙时，高帝忽觉心有所动，问道：此县县名为何？

侍从回答说：柏人。

高帝一怔，说：柏人，那不是"迫"于"人"吗？

立即下令：起驾！

贯高的谋杀计划就这样流产了，但它确曾实施过。贯高的一个仇家在获知这一秘密后，即作为谋逆大案上书告发。高帝阅后大为震怒，即下达严诏，命廷尉率兵至赵王府捕捉案犯。被认定为主谋的赵王张敖先已束手就擒，赵午等王国官员知道自己罪不容赦，争着伏剑自杀。先已死了十几人，后继者将更众。独贯高一人大声斥骂阻止道：谁令尔等去死？公等又如何能死！本来，我王实未谋逆，事皆由我等所为，倘若公等一死了之，还有谁能为大王讨还清白呢？

这样，贯高作为要犯，与赵王一起被推入了槛车。属官中还有好些人也想跟随前去为赵王辩诬，但高帝的严诏中有一条：凡赵王属官、宾客有敢相从者，皆灭族！于是郎中田叔、孟舒等十余人想出了一个假扮为家奴的办法：剃了光头，穿上赭色粗布衣衫，颈脖上锁上铁圈（《史记》记此简洁到只要用四个字："髡钳为奴"），就随同一起来到了长安。

此时张敖与鲁元公主早已完婚，吕雉作为岳母，自然也不想看到女婿断头，女儿守寡。她几次在刘邦面前说：张敖就是为我们女儿的缘故，也不至于会做出这种大逆不道的事情来呀，还请皇上三思！刘邦却说：等那一天张敖据有了天下，难道还怕少了你一个女儿不成！

廷尉开始审案。贯高始终只有一句话：谋逆的事，皆为我等所为，我王全不知情。廷尉怀疑他袒护赵王，就喝令隶役使用重刑。接连打了几千大板，又不断用烧红的铁杵击刺，以至全身一片血肉模糊，再也找不到可以杖打、击刺之处，贯高却还是坚持原来的口供。

廷尉不得不把审讯贯高的实情向高帝禀报。听到用尽极刑贯高依旧不改口供时，高帝也不禁脱口赞了声：好一个壮士！心中却仍不能无疑。便问左右群臣：公等有与贯高相识的吗？不妨以私交的身份去问问他实情。

有个叫泄公的中大夫应声说道：臣与贯高是同乡，早年就曾相识。

高帝问：贯高为人如何？

泄公说：素尚名义，不轻然诺，有燕赵古志士之风。

高帝说，既如此，朕命汝持节入狱，探视贯高，问明隐情：赵王究竟是否同谋？

节，即符节，古代一种受命帝王的凭证。贯高的案子属诏狱，须持有符节方可入狱探视。

泄公来到狱中一张低矮的竹床旁，见卧于床上的贯高遍体鳞伤，奄奄一息。轻轻叫了数声，才微微睁开眼来，见是旧友泄公，想要挣扎着坐起，却是难以动弹。泄公赶忙近前按住，仍让他卧着，只是以宽言相慰，欢颜犹若平生。这么渐渐说到眼前案子上来，泄公才出言探问道：有道择福莫若重，择祸莫若轻。君又何苦李代桃僵，为保赵王而自受此大罪呢？

贯高一听，即嗔目厉声道：故人因何也出此言！试想，人生世上，哪个不珍爱父母双亲、妻子儿女？今我自认首谋，必致三族连坐，贯高纵然不敏，也不至于痴愚到为保赵王一人甘心抛弃三族性命呀！实在是因为赵王确实未与同谋，怎可平白无故将他牵入！故我宁可灭族，不愿诬王。此心天地可鉴！

泄公将所探得的情况详为禀报，高帝这才相信赵王确实与谋逆无涉，当即诏令赦免。又对泄公说：贯高宁死不枉诬赵王，实是难得。汝可再往狱中，为朕传旨：赵王已经释出，贯高也可赦免。泄公第二次来到狱中，贯高听后跃然而起，问道：我王当真释出了吗？

泄公道：自然当真！昨晚由鲁元公主亲自接出的，此时该已在宫中将息。

贯高喜极而泣，老泪纵横。

泄公又道：主上有命，不止释放赵王，还称赞足下忠直可风，亦予赦免。

贯高默然良久，长叹一声道：我之所以拼着一身，负辱苟活须臾，无非就是为了辩白我王确实并未参与谋反。今大王已获释，我也可算尽到了责任，死也无恨。何况我作为人臣，已有了篡杀之恶名，还有何面目再事奉主上？纵使主上垂怜，我难道能无愧于心吗？说罢，仰首用力扼住咽喉，竟就这么死去。

因这谋逆一案，高帝九年（公元前198年）十一月，废赵王张敖，改封其为宣平侯。对敢于冒死为主辩冤的田叔、孟舒等十余人，则均予嘉勉，分别让他们去担任郡守或诸侯王相等显要职务。

留下赵国王位这个空缺，刘邦想到了他与戚夫人所生之子如意。两年前，刘如意已立为代王，此时更立为赵王。但此时如意也可能还不到十岁，仍不能守国。这样，原来以代相身份镇守代国的陈豨，又因此得以更任为赵相并镇守赵国[1]。当时的赵、代都是接近匈奴的边防要地，手握赵、代边兵的陈豨，也就成了举足轻重、朝野瞩目的人物。

此下三小节，将要介绍高帝刘邦先后对几起异姓王谋反事件的追杀和惩处，血雨腥风，

【1】关于陈豨是否任过赵相，诸书记载有异，注家也有争议。在《史记》、《汉书》中，唯《汉书》之《高帝纪》和《韩信传》称陈豨为"代相"，其余诸篇皆记其为"赵相国"。但若就此认定陈豨曾出任过赵相，又与另一史实有矛盾：《史记》、《汉书》都明确记载周昌是刘邦特意为赵王刘如意选择的丞相；赵王既已有相，又何劳陈豨再任？有的注家对此作了解释，认为汉初诸侯王既有丞相，又有相国。周昌为丞相，行相事；陈豨为相国，将监赵、代边兵。当也可成一说。但清人王先谦在《汉书补注》中则认为上述解释为"臆见"，不足信。他认定陈豨是以"代相国并监赵、代边"之职。

显出了帝王制度极其残忍的一面。权力结构从诸侯王共享到皇帝一人独擅的转变过程发展到一定阶段，双方都会极度敏感，人人都以为自己处于险境。在这种紧张的政治氛围下，发生这样那样的所谓谋反事件几乎是不可避免的。至于各个具体案子的引发过程，自然还各有各的具体导因。谚云：无风不起浪，无因不成果。若问风从何来？因从何起？那就不能不提到与几个案子都有关联的一个人，巧得很，这个人就是上面提到的那个陈豨！

韩信之死：成也萧何，败也萧何

韩信自被降为淮阴侯到被杀于长乐宫钟室，约有五年多，这是他人生中最苦闷的一段时间。据《汉书·艺文志》著录，韩信著有《兵法》三篇，又与张良一起，删编、辑定兵法著作三十五家，估计也该是在这段时间内完成的。但竹简木牍又如何能排遣他强烈的功名欲望。失落和嫉妒像蝎子的双螯无情地啃啮着他那颗自视极高的心。终朝郁郁，日夜怨怼，一种对现存体制的抗拒心理在渐渐滋长，即使像未央宫朝会这样重要的典礼，他也常常托病不去。当年他为大将军时，周勃、灌婴等人都曾是他的部将，如今此辈人均已受封为侯，且正在受到高帝信用，这使他既嫉其显达，又耻与同列。一次偶尔路过樊哙府邸，便进去晤谈了片刻。这个屠狗出身的樊将军，是刘邦的连襟，在云梦之会中还奉命诱捕过韩信，但一见韩信来访，却慌忙以跪拜大礼相迎，口口声声自称臣子，说：大王屈尊光临臣下，不胜荣幸！走出樊哙府邸，韩信不由涌起阵阵酸楚，仰天苦笑着大声说：我韩信此生，难道就只能与像樊哙这样一些人为伍吗？

这年初春，正当韩信徘徊在人生低谷中意气难平的时候，他的好友陈豨不期而至。

说起来，这陈豨也应是一个人物。他是宛朐（今山东东明南）人，从少年时代起就追慕魏国信陵君[1]，愿得结交四方豪杰，以遂平生之志。他曾作为韩信的部将参加过平定代地的战斗，对韩信钦佩不已，恨相识之晚。只是尚无突出战功而楚汉战争已随之结束，颇有英雄迟暮之叹。新近，倒是燕王臧荼的谋反给了他一个建功立业的机会，在高帝亲征的灭臧之役中，他斩获颇多，从而得以封为夏阳侯。紧接着，又是天赐良机：不成器的代王刘喜因害怕匈奴而弃国逃回洛阳，高帝在另立儿子刘如意为代王的同时，命陈豨以代相身份去镇守代国。这回，怀着一展平生抱负雄心的陈豨，是特地来向韩信辞行的。

韩信见到这位当年一起参加过平定代地战斗的好友，又听到他即将去镇守代国，很自然会想起自己率领着一支奇兵扬鞭驰骋于中原战场的那些辉煌岁月。往昔的逞意与眼前的困厄交铸成一柄利剑，猛烈地击刺着他的心胸。曾经久久被遏制在心底的欲望在碰撞、奔突，寻找冲击口。据《史记·淮阴侯列传》记载，此时韩信确实有了谋反之心，并与陈豨结成了某种同盟。

两人的谈话是在秘密状态下进行的。

【1】信陵君：即魏无忌。战国时魏昭王子，封为信陵君。好养士，门下有食客三千。曾救赵胜秦，又为上将军，联合五国击退秦将蒙骜进攻。

韩信屏退左右，拉着陈豨的手，缓缓踱步于外庭。

已经踱了好几圈。

隆冬的天像铁一样青，清冷的月亮俯视着关中大地。

韩信止步，仰天凝视良久，喟叹一声，蓦地问：可以同你说几句话吗？

陈豨立刻感觉到了问话中的特别含义。庄严地拱手一揖，说：一切听从大将军号令！

于是韩信便说了下面这样一番记载于《史记》本传中的话：

公之所居，天下精兵处也；而公，陛下之信幸臣也。人言公之畔（通"叛"），陛下必不信；再至，陛下乃疑矣；三至，必怒而自将。吾为公从中起，天下可图也。

可以看得出来，韩信这番话是经过深思熟虑的。他认为，陈豨谋反有两个极好的条件：一是代地是"天下精兵处"；二是陈豨本人正受到高帝宠信。韩信还对陈豨起事后的形势作了预测：头一次有人报告陈豨谋反，刘邦不会相信；二次再报告，刘邦才开始怀疑。从不信到怀疑有一个过程，这就给陈豨赢得了时间。到第三次有人再报告，刘邦必然会大怒并亲自带兵讨伐，这时韩信就从京城起兵，内应外合，即可一举夺取天下。

陈豨一到代地，便开始广为交结，由于他能屈己尊人，不以相国、而以平民的姿态与人交往，四方宾客从之如流，以至豪商巨猾，也皆罗致门下。一次他以休假去赵地，随行门客的车马多到一千余乘，邯郸城里的旅舍全都被占满。赵、代原为一国，项羽分封后才一分为二。陈豨的这些异常举动，没有逃过紧邻赵国相国周昌的眼睛，周昌特地进京作了密报。正像韩信估计的那样，刘邦心目中的"高危"人物是韩信等异姓诸王，而陈豨，他认为此人"甚有信"（《汉书·高帝纪》），新近又特予封赏和重用，不可能这么快就背叛他，因而先派人去覆查陈豨在代地的那些门客，结果却发现了诸多不法之事，其中不少确与陈豨有牵连。陈豨得悉京师来人追查，知道自己已被怀疑，为争取时间，即刻暗中派出使者去与韩王信部将王黄、曼丘臣联络。韩王信也在四处寻找反汉同盟军，发觉陈豨有某些抗命倾向，便命王黄去游说陈豨。这样双方一拍即合，商定联合举兵反汉。

说到这里，请允许我插叙一桩凶事。此事原本与陈豨谋反毫无相干，但后来也关联了起来。这桩凶事就是刘邦父亲刘太公的谢世。

种了大半生田，后来在楚营当了两年多人质，晚年被尊为太上皇的刘太公，苦尽甘来，锦衣美食那是不用说了，可偏他还是一脸凄惶，闷闷不乐。刘邦开头还不知道是怎么回事，后来私下里问了侍从人员，才知道老人家平生喜好作伴的就是种田杀猪、酤酒卖饼那些人，爱看的就是斗鸡耍猴那些事，可这些皇宫里哪有，叫他如何乐得起来！儿子当上了皇帝，还有什么办不到的！刘邦就照着老家丰邑街里房舍的格局，硬是在关中造了个"丰邑"，又一个诏令，把太公的那些老伙伴全都搬了来，还养起了牛羊鸡狗。果然，刘太公日日与故人饮酒高会，乐得合不上嘴。这个后来被称为"新丰"的故址，在今陕西临潼西北仍可访得。

高帝十年（公元前197年）七月，晚年享尽了清福的刘太公，溘然与世长辞。丧事办得十分隆重、豪华。刘邦还发诏不仅在京师长安，包括诸侯王国都所在地也都要建立太上皇庙，年年岁岁按时祭祀。这自然是他作为儿子的一片孝心。但有悖于常情的是，作为皇帝，他还要让丧事发挥一点政治作用，具体地说，就是用它来检验一下陈豨是否真的已经叛变。他派人急召陈豨进京参加丧礼，得到的回复是：因病无法来京，请求恩准。

陈豨的谋反就这样被证实了。刘邦顾不得尚在服丧期，决定亲自率兵征讨。

但这时候，刘邦更急于知道的是，韩信对陈豨谋反持何种态度。为此他又发出一个试探：诏令韩信随驾北上讨伐反贼陈豨。

韩信同样以有病为由，拒绝随从。

韩信自然知道，他的这种拒绝等于公开了他与陈豨的特殊关系，但他已在所不顾。

紧接着，韩信一面派人急赴代地向陈豨传话：可从速举兵，我在此助兄！一面与自己的一些家臣谋划，如何乘黑夜假传诏令，将那些在官府服劳役的囚徒或奴隶赦免出来，带领他们去袭击吕后和太子。如此部署停当，就等待着陈豨回报。

俗云：没有不透风的墙。韩信的墙不止是透风，还出现了一个窟窿；这个窟窿就是他左右侍从中的一个叫栾说（yuè）【1】的人。栾说是韩信私属侍从人员，此类职务在战国、秦汉之际通称舍人。栾说因事得罪了韩信，韩信要杀他，先将他关了起来。栾说的弟弟来探视时，从哥哥的口中得知了韩信与陈豨通谋并将袭击吕后、太子等情况，为救其兄，就上书密报于吕后。

此时高帝为征讨陈豨已率兵离开长安，吕后，这个曾经拖儿带女辛勤耕作于田垅的农家妇女，就因了这一机缘，首次出人意料地亮相于帝国高端政治舞台。

面对险局，吕后表现得相当冷静。她原想用帝后召见的形式，命韩信进宫然后捕杀之；后来考虑到如果韩信拒绝应召，反会惹出更大的麻烦，就改用由某个人去请的办法。

选择谁呢？这个人在诸将中，特别是在韩信心目中，应有相当高的声望才好。

她想到了萧何。

想当年，韩信因为不得志而逃亡，是萧何把他追回，并向刘邦力荐，韩信才得以登台拜将的。韩信纵然恃才傲物，目中无人，却不可能不敬重萧何。

吕后选中萧何，还因为萧何不同于张良。此时的张良，对人世间事已多有了悟，功成身退，视名利若烟云，开始杜门学道，再也无心政事，像缉拿韩信这样的事他内心定然持反对态度，自然更绝不愿参与【2】。

萧何为人谦恭谨慎，勤于职守，功高第一。但也正因为功高，难免有震主之嫌；又因

【1】关于告发韩信谋反其人之姓名，诸书记载不一。《史记》、《汉书》韩信本传均仅记"舍人"，未录姓名。《史记·高祖功臣侯者年表》记为"栾说"，《汉书·高惠高后文功臣表》则为"乐说"。又，《史记索隐》引《楚汉春秋》称其人为"夏公"。

【2】《太平御览》卷三九四引自《楚汉春秋》的一条材料，似可说明张良曾反对杀功臣。其文称："淮阴武王（指黥布）反，上（指刘邦）自击之，张良居守。上体不安，卧辒车中，行三四里。留侯（即张良）走东追上，簪堕被发，及辒车排户，曰：陛下即弃天下（指死后）欲以王葬乎？以布衣葬乎？上骂曰：若翁天子也，何故以王及布衣葬乎？良曰：淮南（亦指黥布）反于东，淮阴（指韩信）反于西，恐陛下倚沟壑而终也。"《楚汉春秋》的作者是与刘邦、张良同时的陆贾，他的记述应该是可信的。

他谨慎，常常有意做出一些损抑自己的事情来，以求自保。譬如他送自己的子弟到军中随刘邦作战，捐输自己的资财给前方做军饷。后来他又故意买田置产，又存心压价拖欠，斤斤计较于蝇头小利，好让高帝以为他变得鼠目寸光，胸无大志，从而放弃对他的疑忌。但就是这样，他还是因叩请开放上林空地让百姓耕种而被高帝加上收取商贾财贿的罪名，下了大狱。后来释放后高帝自己说，其实萧何真正的"过错"，是他在公开场合为民众利益说话，显得自己是一个贤相，而高帝则成了暴君！

现在，吕后要利用的就是萧何晚年这个急于自保的弱点。她确信，她若提出要与萧何合谋诱杀韩信，他是不会拒绝的。再说，韩信谋反，他萧何作为推荐人而若作壁上观，难道就不怕问以同党之罪吗？

果然，吕后把萧何召来一说，萧何连声诺诺，一口答应。

主要由萧何提出来的诱捕办法是这样的：命一心腹吏役扮作军人，谎称是从高帝征讨陈豨前线回长安来报捷的：陈豨已被攻灭，大军即将凯旋。朝臣不知是诈，自然纷纷入朝恭贺。吕后与萧何商议时，估计韩信会有来或不来两种可能，对策是：若随同来贺，便可当庭捕捉；若仍不来朝，则由萧何出面敦促。

实施的结果是后一种情况：韩信仍是称病，杜门不出。

于是老丞相萧何便亲自来到淮阴侯府上。十年前，他月下策马追赶韩信，为的是让他去登坛拜将；十年后再来劝说成行，则是为了使之赴钟室受戮。不知已经步入暮年的老丞相，内心是否有过愧疚、凄苦，抑或彷徨、犹豫？无论如何，在他看来皇命是高于一切的呀！

韩信听到老丞相来访，慌忙出迎。宾主坐定，萧何说：看来将军只是偶然违和，当无大碍。前日皇上遭报捷书，将军因何不进宫道贺呢？

韩信说：病倒是不重，只是心神交瘁，不想走动。

萧何说：将军虽是有疾，若能强自入贺，不是更可以冰释众疑吗？

韩信默然。

萧何说：还记得当年你我并辔急驰回南郑的那个月夜吗？今夜月色也好，我又带来了一匹新得的汗血宝马，就在府外侍候，来、来、来，就由老臣陪同将军再次并辔前往如何？

韩信一跨进长乐宫，就被早已埋伏着的武士擒缚，随即斩杀于钟室。

韩信临刑前说了这样一句可见于《史记》本传的话：

吾悔不用蒯通（即蒯彻）之计，乃为儿女子所诈，岂非天哉！

韩信的悲剧是历史性的，从个人无法改变历史总体走向这个意义上说，也确实只好归之于天。韩信若是用了蒯彻三分之策，个人命运或许会有所改易，但三国纷争，华夏大地死的人会更多。如果再拿韩信、项羽、刘邦作一比较，那么最后统一中国的，恐怕也还是刘邦。

吕后诱杀韩信后，又下了一道令人惊愕的懿旨："夷三族"。何谓三族，有多说。一说指父母、兄弟、妻儿；一说为父族、母族、妻族。夷三族就是将三族人全部斩尽杀绝。当年刘邦入关，与父老约法三章，宣布包括"夷族"在内的秦之苛法一概废除。韩信被"夷三族",是汉帝国建立后,第一次对一个谋反案件作出如此严酷的惩处。

后来高帝得知韩信被处斩,他的态度是"且喜且怜之"(《史记·淮阴侯列传》)。且喜,说明他对吕后的杀韩信不仅默认,而且是高兴的;吕后为他做了他要做、但一时还没有想出恰当办法来做的事。且怜,是因为韩信毕竟是杰出的军事天才,为他打下了大半个天下。对韩信的死,刘邦"喜"是真实的,"怜"也是真实的。但后一种怜惜的感情,只有对方死了才会有。在刘邦看来,活着的韩信只有一种属性,那就是他好容易才争到手的皇权的最危险的觊觎者,所以他也只有一种选择:你必须死!

恐怕也不能因此认为刘邦此人特别残忍。起决定作用的是制度。在相同的帝王集权专制制度下,刘邦或张邦、李邦在采取的方式和激烈的程度上自然会有所区别,但必须将功臣彻底制服则是同一的。既然人类在某个特定的历史发展阶段不能不选择国家权力由帝王一人独擅这样一种政治制度,那么也就只好容忍类似的残酷事件时有发生。

不过后人对韩信的死,还是充满着同情。特别是他在云梦被诱捕后说的那段关于"狡兔死,良狗烹;高鸟尽,良弓藏"的话,更令不知多少人为之扼腕长叹。如唐代刘禹锡就写过一首题为《过韩信庙》的诗:

将略兵机命世雄,
苍黄钟室叹良弓。
遂令后代登坛者,
每一寻思怕立功!

韩信一案终结后,高帝拜丞相萧何为相国,原已封八千户,再增封五千户,并命一名都尉、五百士卒作为萧相府的警卫队。萧何一生为人持重,所置田宅都在穷乡僻壤,留给子孙一句后来流传很广的话:"后世贤,师吾俭;不贤,毋为势家所夺。"(《史记》本传)但他诱捕韩信一事,后人非议颇多。宋代洪迈写的《容斋随笔》中就提到当时市井里巷有"成也萧何,败也萧何"的习语,而这句话至今在我国城乡依然妇孺皆知,这说明它至少已经流传了一千年!

彭越之梦:从被罚流放到被夷三族

陈豨得悉高帝亲自率兵来攻,索性宣布自立为代王,发兵攻略赵、代各地。韩王信也率一支匈奴骑兵,屯驻于代地参合,往来拒汉。不久,汉将柴武攻破参合,斩杀韩王信,并血洗全城。至此,这位韩国王室后裔终于结束了他反复不定的一生。陈豨则仍独力由代向南大举推进,常山二十五城,很快有二十余城插上了陈字旗号,一时中原震动。

高帝来到已是前线的赵都邯郸(即今河北邯郸),赦免了赵相周昌原拟处斩的那些对二十余座城市陷落负有责任的郡守和都尉,并命令他们仍各尽原来的职守。又问周昌能否找到可以当将军的壮士,周昌只找到了四人。刘邦笑着骂道:混小子,你们会当将军吗?

四人慌忙伏地跪拜，都说小的不会。但高帝还是任他们为将军，并各封以千户。左右侍卫想不通了，说：如今跟随皇上入蜀、定三秦、攻项羽的好些功臣都还没有来得及封，此四人无尺寸之功，因何倒先封了呢？高帝说：此非尔等所能知！朕以羽檄征天下之兵，无有应者。而陈豨一反，邯郸以北尽为其所有，可知陈豨在赵、代影响甚广。朕今以四千户封此四人，意不在此四人，而在慰抚赵、代万千父老子弟！

高帝问明陈豨的部将大多出身商人，而商人多贪利，便命陈平去行贿赂之计，使之不战而降。

紧接着高帝又向梁王彭越发去一道急诏，命他火速率兵前来邯郸助战。

现在就要说到对风云激变的帝国政局一直持沉默态度的异姓七王之一的彭越。

惯于在多种政治势力之间走钢丝的彭越，在汉帝国建立后，似乎也没有完全改变这种特性。他是因垓下会战之功而获封为梁王的，都定陶（今山东定陶西北）。而在这同时，高帝改韩信齐王为楚王，都下邳（今江苏宿迁西北）。高帝如此安排，明显有让彭越牵制韩信之意。但彭越觉得以自己拥有的实力，没有必要去为刘邦担当此种角色。这自然引起高帝的不满。

不久便发生了臧荼谋反的事。臧荼被攻灭，其部将中有个叫栾布的，也被掳，将治罪。栾布是彭越少年时好友，彭越眷念旧情，就用重金将栾布赎出，并让他在自己属下做了大夫的官。这事自然也会引起高帝的疑忌。

接着是韩信被诱捕而降为淮阴侯，继而又是被斩于钟室，以至夷灭三族。

兔死狐悲。彭越的感情天平急剧倾斜。在楚汉战争中，他骑墙于两种甚至多种政治势力冲突之间，可以做到游刃有余，但如今似乎已被捆住了手足，再也没有那种自由。于是他只好采取沉默。

但接下去，他连沉默的权利也被剥夺了。因为正当他想继续沉默的时候，收到了高帝那道向他征兵击陈豨的急诏。

彭越与陈豨算不上朋友，对陈豨因攻灭臧荼之功而获得封侯，彭越甚至还有过反感；但现在，倒过来要他去攻打陈豨，却又何忍！踟蹰良久，决定托病不去。转一想，却又犹豫起来。抗命拒召，罪莫大焉，觉得还是遣一部将率领一支兵去应付一下为好。不料派出的部队刚到邯郸，高帝即命使者前来责问：为何不亲自应召？彭越着了慌，百般无奈，只好准备去向高帝当面谢罪。刚要成行，有个叫扈辄的部将阻拦说：大王万万去不得！大王前日不行，今受责而始往，定然遭擒！为今之计，不如就此举事，截住高帝归路，令诸侯响应，尚或可成大事！

此时的彭越，已丧失了当年在梁地游兵时那种左右逢源的从容和自由。他既不敢听从扈辄建议谋反，又不敢前往此时高祖的驻跸地邯郸谢罪，只是继续在定陶称病，内心则日夜惴惴不安。

就像韩信身边有个他要治罪的舍人告发了韩信那样，彭越也有一个他要治罪的近臣，其职务是为他掌管车马的太仆。这个太仆偷听了扈辄与彭越议论谋反的谈话，逃出梁王府，准备赶赴邯郸告发，途中恰好遇上了正从邯郸回洛阳的高帝，便遮道上书。高帝对彭越没有应召前来助战本已窝着一肚子火，一看侍臣代为递上来的具状，即命人赶赴定陶袭取反贼。彭越尚蒙在鼓里，就稀里糊涂与扈辄等一起做了俘虏，被押解到了洛阳。经廷尉审讯，认为谋反罪名成立，应一并依法处斩。高帝对彭越总算网开一面，赦其死罪，废为庶人，流放到西蜀一个叫青衣的偏僻小县去。就这样，昨日的梁王，今天的流放犯，从洛阳出发，在衙吏的押解下，一路西行。人一落了难，就会不断回望自己的根，就会思念母亲，梦绕童年，追怀故乡。艰难跋涉在流放路上的彭越，每个日夜就都是这样。巧的是，到了已离长安不远的一个叫郑的地方，竟让他遇上了从未央宫起驾欲赴洛阳的吕后。见到了一身珠光宝气的吕后，彭越忽然有了一种莫名的激动，这个少年时代就做过泽中大盗的刚烈汉子居然儿女似地啼哭不止，诉说自己实在并无谋反。吕后一番好言抚慰，更激起了他一线希望，含泪恳求能否为之说情，请高帝法外开恩，让他回归故里昌邑，情愿以渔耕终老一生。吕后果然一口答应，并准许他同回洛阳。彭越喜出望外，伏地跪谢。在返回洛阳的路上，他白日黑夜都在做着回到故乡后的美梦：呵，霹雳山下，潍水河畔，一面打柴，一面捕鱼，乐则对酒放歌，怒则仰天长啸，那该是一种多么自由自在的生活啊……

吕后到了洛阳，见到高帝第一句话就是：贱妾未及奏明，已将彭越又带回了洛阳，请皇上恕罪。

高帝一惊，以为吕后要放过彭越，便道：彭越确有反状，不应宽宥过甚。

吕后说：妾也以为不应宽宥。试想，彭越乃虎豹之徒，若徙之入蜀，岂非应了一句古话：养虎自遗患吗？

高帝说：依皇后之见，如何才好？

吕后道：为万全计，不如即杀之！

结果，不仅彭越本人被杀，他的父、母、妻三族也全被斩尽杀绝。

按照秦时制定、汉初仍沿用的《夷三族令》[1]，凡是被夷三族的，主犯都要"具五刑"，即依次受五种酷刑：黥——额头刺字；劓——割去鼻子；接着是斩去脚趾，鞭笞至死；最后是"枭其首，醢于市"。枭其首，即砍下头颅示众。"醢于市"中的"醢"，音 hǎi，原指猪、牛、鱼等肉制成的酱，此处用作动词，醢于市，就是在闹市区将人之躯体剁成肉酱。《汉书·刑法志》说："彭越、韩信之属皆受此诛"，即都"具五刑"。

如此残忍地虐杀一个实在并无谋反的功臣，已经是让人不可想象了，但吕后却觉得还不够，还要玩上两个花样：一是用彭越骨肉做成"醢"，也就是人肉羹，分赐诸侯，用以检验他们对皇上的忠心；二是将其头颅悬于洛阳城下，并张贴诏书：有胆敢收葬或哭祭者，杀勿赦！

过了一日，偏有一人素服来祭，哀哭不止。守吏立刻将他绑缚起来，押至洛阳南宫。高帝怒喝道：汝是何人，胆敢前来私祭反贼彭越，难道没有看到朕之诏书吗？

此人说出了姓名，原来他就是彭越少年时代的好友，因受臧荼谋反事件牵连而将受戮，

---

[1] 见《汉书·刑法志》。

彭越用重金将他赎出并任以大夫的那个栾布。刘邦袭取彭越时，栾布恰好奉命出使齐国，因而得以"漏网"。

高帝说：尔既是彭越同党，又抗旨哭祭，还有何说，速速就烹！

这时候殿前已架起了沸腾的汤镬，几个武士听到命令立刻将栾布提起，眼看就要往汤镬掷去，栾布大声叫道：臣有一说，说了再烹，也不为晚呀！

高帝示意武士放下。于是栾布慷慨陈词，历述在楚汉战争中，当汉王败于彭城、困于荥阳之时，彭越如何助汉扰楚的种种功绩。他说：当时之势，彭王一动，成败立见：彭助楚，则汉破；彭助汉，则楚破。就是垓下会战，若彭王不至，陛下也未必能胜项王。今天下已定，彭王剖符受封，立誓传至万世。因何一征梁兵，因病不赴，便疑为谋反，杀其身，灭其族，悬其首而醢其肉！臣恐此后功臣，不反也被逼反了呢！如今梁王已死，臣也无心再生，请速行烹！

高帝始默然，随即微微一哂，说道：难得汝能忠于旧主。免了吧！即命武士给栾布松绑，还授予栾布以都尉之职。

但彭越的事，到此还没有完——不是还有那一杯杯用他的骨肉制成的"梁王醢"吗？……

黥布：睹彭越之醢而率然发难

现在要说的是另一个异姓王——淮南王黥布。

这一日，黥布行猎回府，侍卫官向他呈上一只密封的木函，说是洛阳派专使快马送来的。启封看时，是一只精致的玉杯，想到这是皇上所赐，颇有意外的惊喜。待到再看所附来书，不由大为惊恐，原来玉杯所盛竟是梁王彭越的人肉羹！

一个可怕的念头向他袭来：韩信、彭越相继被灭族，下一个，不就要轮到我了吗？

他暗中命人调集兵力，侦候周边动向，日夜处于高度警戒中。

偏偏大祸竟是从他枕头边开始！

黥布有一爱姬，因病常需就医，那医生家的对门就是中大夫贲（féi）赫的宅第。中大夫是王国的属官，那贲赫可能出于巴结黥布的动机，对此姬又是馈赠又是宴请，大献殷勤。姬在黥布面前少不得说了贲赫为人如何恭勤、对大王又如何忠心一类话。谁知黥布陡然生疑，逼问：汝因何如此熟知贲赫？姬大惊，不得不从实说出了贲赫种种殷勤之事。黥布以为姬与贲赫有别情，即遣人去将贲赫召来责问。贲赫一见来人气势异常，料知事情有变，便以有病为由，拖延不往。黥布闻报更是大怒，即命人捉拿贲赫，贲赫已抢先出逃。黥布派兵追赶，竟杳无踪影。原来贲赫恰好赶上驿车，兼程西进，抵达长安后，即上书告变。

高帝刚灭了彭越三族，又闻黥布谋反，也不免有些惊异。恰好萧何在旁，就问问他该如何处置此事。萧何以为黥布不当有谋反之举，会不会是仇家挟嫌妄诬。高帝也恐贲赫有诈，就先将他羁押起来，再派人去查验黥布。这边黥布追赶贲赫不着，本已在生疑，一见长安派来使者，知道已被贲赫告发，索性杀了贲赫全家，公开打出反旗，发兵攻汉，时间是在高帝十一年（公元前196年）七月。

高帝得悉后，立刻释放了贲赫，并任以为将军，急召群臣计议灭布之策。

再说那黥布敢于反，也是有他估计的。他以为刘邦已是老迈年高，这回不可能再亲自率兵征讨。诸侯王中能够与他争雄的，唯有韩信、彭越，如今二人已死，他已经可以做到杀遍天下无敌手！果然，东击荆、楚，旗开得胜。荆、楚原为楚王韩信属地，韩信被贬为淮阴侯，高帝将其地一分为二，分别封与他的两个兄弟刘贾和刘交。荆王刘贾，当年曾击楚九江，迎归黥布，共同会战于垓下；如今刀戈相见，却也各不相让。只是刘贾毕竟不是黥布对手，稍一交锋就败下阵来；黥布跃马追上，一刀将其劈落在地，荆军全为黥布所收。渡过淮河，再攻楚。好读书、多才艺，还著有《元王诗传》的楚王刘交，显然不怎么懂武事，他忽发奇想，将兵分为三路，说要以王者之师的阵法迎战。有人提醒主将说：黥布极善用兵，彼若合力败我一军，则余两军便会不战而散，楚地将难以自保。但主将唯王命是从，哪里肯听！结果出城一战，果然前军先被黥布击破，左右两军不战自溃，楚王刘交仓皇逃到薛地避难去了，黥布轻易占据了楚境。

荆、楚的接连大胜，黥布更起了图谋天下之心，于是便溯长江西进，意在直逼关中。抵达蕲州的会甄时，侦骑急报：前路发现有大批汉军正在东来！黥布纵马登高岗望去，隐隐见汉军前导中竟有御驾，重舆翠盖，左建龙旗，右载闟戟，銮铃之声随风依稀可闻。不由大惊：这老匹夫，居然还能带兵出征！

刘邦的生年有公元前256年或247年二说。照此算来，这一年他该已有六十一岁或五十二岁。在与群臣计议时，他确曾有过自己已年老，又有病在身，是否让皇太子刘盈统兵出征的想法。后因几个臣子的劝阻，又请出后文将要提到的"商山四皓"，教吕后去哭哭啼啼苦苦哀求，刘邦才打消了这个念头。临出征那天，长安城外，秋风萧瑟，战旗猎猎，当须眉皆已斑白的高帝刘邦在太仆夏侯婴的搀扶下登上御驾时，送行的百官黑压压跪了一大片，齐声呼喊"吾皇凯旋"，京师之郊充塞着悲壮的气氛。

这回随同高帝出征的，除樊哙、灌婴、郦商、靳歙等老将外，特别引人注目的是一员新授的骑将刘濞，他是原代王、因匈奴攻代弃国逃回而被贬为合阳侯的刘喜的儿子。与只会种田、不会打仗的爷老子不同，才满二十的刘濞，英武魁伟，精于骑射而又颇有胆识。高帝看着这个虎虎生气的侄子不由得称赞说：后生可畏啊！

顺便提一句，后来由于刘濞在这次征讨黥布之役中战功卓著，越发受到高帝赞赏，立以为吴王。不料，至景帝时发生了吴楚七国之乱，为首作乱的竟就是这个刘濞！

现在征讨大军已浩荡出关，沿黄河东进，过洛阳，越鸿沟，十余天后进入了淮南。探得黥布军已至会甄，便在庸城依山傍水处扎营，与黥布形成对垒。

高帝在夏侯婴侍从下，登瞭望台遥望，见布军部署甚是精密，那阵法酷似项羽，心中颇为不快。因即下令诸将，出营与战，自乘辎车督阵，左右虎贲军护卫而行。见黥布横刀立于马上，便扬鞭遥问道：将军别来无恙？朕已封将军为王，汝又何苦反朕呢？

黥布拍马来前，回答得倒也爽快：为王何如为帝，布无非也想赚个皇帝当当！

高帝一阵大笑，随即敛容怒叱道：汝与项王比比如何？朕且送汝去见项王吧！

两军激战多时，戈戟如林，飞箭似蝗。高帝掀髯督战，毫无畏惧。忽听嗖的一声，待要躲避，箭已中胸。幸亏身披厚甲，箭镞入肉不深，却也疼痛难忍。侍卫要来扶持，高帝厉声斥骂，奋力推开，一手捂住伤口，一手仍挥鞭督战。黥布终于不敌，渡过淮河，且战且退，最后仅剩百余人，向江南一带逃窜。

　　暂且按下已由侍从安顿在庸城养伤的高帝刘邦，先来说说黥布的结局。

　　黥布先娶的正妻为另一异姓王吴芮之女。此时长沙王吴芮早已病故，其子吴臣嗣立。逃亡中的黥布，忽然得到吴臣派使者送来的一信，说是愿与他一起叛汉逃亡，并相约同去南越。黥布也以为暂避南越，未尝不是图谋卷土重来的一个良策，便随同使者南行，一路来到鄱阳。这一夜，黥布与使者就宿于一家民舍。夜半，民舍的主人被几阵异响惊醒，当他秉烛出来探视时，只见黥布的头颅已血淋淋地滚落在地。

　　原来这一切都是吴臣设的套。

　　吴臣与黥布是郎舅之亲，黥布谋反，吴臣难脱嫌疑。现在他向高帝献上了黥布的首级，既能解脱嫌疑，又可表忠邀功，可谓一举两得。紧接着他又依据高帝意向，先后牵头提议，由刘喜之子刘濞为吴王，以接续战死的荆王刘贾；由刘邦之子刘建为燕王，以更替叛变了的燕王卢绾。吴臣的这些举动获得了巨大成功。在异姓七王相继沦亡，高帝末年又立下盟约"非刘氏而王者，天下共击之"（见《汉书·王陵传》）以后，唯独他这个非刘姓的长沙王还能继续存在，并传承五世，直到文帝时才无嗣而绝，原因就是吴氏对汉室的"忠心"，皇帝特"著令甲"，作为特例予以保护（见《史记·惠景间侯者年表》）。

情同手足的卢绾居然也率众反汉

　　现在让我们对异姓七王总起来说几句话。如按时间顺序排列，他们的结局是——

　　衡山王吴芮：高帝五年（公元前202年），改封为长沙王，同年病逝，其子吴臣嗣立。

　　燕王臧荼：高帝五年（公元前202年）七月，因谋反被攻灭。

　　韩王信：高帝六年（公元前201年）九月，投降匈奴，十一年被击杀于战场。

　　赵王张敖：高帝九年（公元前198年）十一月，因贯高等谋逆事被废为宣平侯。

　　楚王韩信：高帝十一年（公元前196年）春，被诱杀于长乐钟室，并夷三族。

　　梁王彭越：高帝十一年（公元前196年）三月，被斩首示众，并夷三族。

　　淮南王黥布：高帝十二年（公元前195年），为长沙王吴臣所诱杀。

　　这也就是说，至此当年联名提出《尊帝疏》的那七个异姓王全都不复存在。其中，只有一个长沙王吴芮，死后由子吴臣嗣立，继续保持着国号、封地和社稷；其余多为刘氏诸王所更替。

　　从诛杀异姓诸王的过程可以看出，刘邦是极精于帝王术的。第一，所杀诸王尽管战功赫赫，却无一属于沛县集团，因而帝国基础依然存在。第二，诛杀是逐个进行的，大都由他亲自统帅，群臣中凡能积极跟随他参与其事者，皆被视为忠心而予以重赏，先后因此而获得封侯的多达四十一人。这就是说，他在清除异己的同时，更大量地培植了新的亲信，以稳固其基础。

接下去要说是联名上《尊帝疏》那七个异性王以外的第八个也即最后一个异姓王卢绾的结局。

卢绾是一个非常特殊的例外。他不仅属于沛县集团，而且还与刘邦自幼亲如兄弟。

除了女性，刘邦平日最亲近的是两个人：一个是他同父异母少弟刘交，另一个便是卢绾。二人经常侍从刘邦，出入卧内，还不断得到衣被饮食等赏赐。这种亲幸的程度，群臣中包括萧何、曹参这样的亲信，都无法企及。

刘邦与卢绾虽是异姓，但不仅是同乡，而且还生于同年同月同日；父老们牵着羊、提着酒，同时向刘卢两家祝贺，在乡里传为佳话。两人又一起上学，自小及长情同手足。刘邦起事于沛，卢绾以宾客相从。后随入关中，任将军，楚汉战起，再任太尉。高帝五年（公元前202年）七月，因燕王臧荼谋反被攻灭，由韩信等十人举荐，卢绾被封为燕王。此后，卢绾接连两次带头提议封刘氏子弟为王，以表示他对汉室的忠诚。一次是刘邦之子刘如意由代王徙封为赵王，代王空缺，卢绾联合萧何等三十三人，提议以刘邦另一子刘恒为代王；另一次是梁王彭越被灭族，又是由卢绾和萧何等提议，由刘邦另外两个儿子刘恢和刘友，分别为梁王和淮阳王。作为一个异姓王，而能以自己如此积极的行动促成以同姓王更替异姓王策略的实现，自然会得到刘邦的特别赏识。

谁也没有想到，卢绾与刘邦这对昔日情同手足的好友，现今如此亲密无间的君臣，竟也会反目成仇，以至最后刀剑相向！

裂痕的出现，同样与陈豨相关联。

燕在赵、代之北，当陈豨反，高帝率兵亲征时，卢绾应召从陈豨的东北发起攻击。陈豨为求急胜，暗中派出使者去向匈奴求援。此时匈奴已与汉和亲，冒顿以为贸然发兵援助一个反臣，有所不便，因而悬议未定。卢绾得知这一消息，即遣属臣中熟知匈奴情况的张胜前往匈奴，命其向冒顿单于说明陈豨兵已溃败，匈奴切勿入援。但张胜到了匈奴尚未参见冒顿单于，却碰到了一个谈话十分投机的人，正是这个人完全改变了他此行的使命。

这个人叫魏衍，是已被攻灭的燕王臧荼的儿子，逃亡来匈奴，专在汉臣中做策反工作。魏衍对张胜说：君之所以得到燕王信用，是由于君熟知匈奴之事；燕王之所以至今尚存，是由于诸王相继叛汉，汉帝未及北顾。而君如今却在为灭豨之事奔走，讵不知豨一旦沦亡，下必及燕，君等将尽为汉帝之虏！今为君计，唯有一面发兵援豨，一面与匈奴连和，使汉兵不敢轻易来犯，方可长保燕地，永享禄位。

张胜一听以为有理，就颠倒卢绾的命令行事：不是劝说冒顿不要援豨，反而劝说他助豨击汉。这边卢绾尚未等到张胜回来复命，却听有人禀报说匈奴已发兵入境，而且分明是阻截燕对豨的进攻。卢绾大为惊疑，料想张胜已暗通匈奴谋反，便遣使报闻高帝，拟诛戮张胜全家。谁知使者前脚刚走，张胜却后脚来到。卢绾正要问罪，张胜却请燕王屏退左右，说出了魏衍那一番话。卢绾先一怔，继而细一想，也不由惊恐起来。尽管他依旧相信情同手足的高帝，但高帝毕竟年老，且又多病，事实上朝政已渐渐落到了吕后手里。这个女人是专以诛杀功臣为能事的，族韩信，灭彭越，便都是她定的计。数一数那几个异姓王，如今除了嗣位的长沙王吴臣，自己这个燕王已是硕果仅存，说不定吕后早已筹划好了，等到某一天就会将他置于砧案之上！

卢绾决定采用张胜之计，一面令张胜再赴匈奴，与之计议联合之事；一面另派属吏范齐去见陈豨，言明燕王支持他长期反汉。为了向高帝掩饰，又随意从狱中拉个罪犯出来一刀了结，上报说斩的就是张胜。

但陈豨的反叛的声势才支撑了几个月，就因多员将领接受陈平金银收买而降汉，战斗力急遽衰落。高帝十一年（公元前196年）冬，其部将侯敞、王黄、张春之军先后被破，汉太尉周勃入定代地。次年冬，周勃斩陈豨于当城[1]，陈豨之叛至此彻底告平。高帝考虑到防御匈奴的需要，仍将赵地分为赵、代两国，立其子刘恒为代王。请读者留意：就是这位代王刘恒，十几年后将被迎入京师，成为继惠帝后的刘汉第三世皇帝——文帝。

后来在审理陈豨之案中，陈豨的一个降了汉的副将供出了一个惊人的线索：燕王卢绾曾派属吏范齐与陈豨通谋！高帝开头还难以相信，情同手足的卢绾竟然也会反叛他；后经辟阳侯审食其、御史大夫赵尧前往查验，偏偏又证实确有其事。有个降了汉的匈奴人，恰好也知道这段隐情，他说：燕王斩杀的是假张胜，真张胜现在明明还在匈奴，是燕王派去与匈奴、陈豨通谋的使者！

高帝听得怒不可遏，连连击案，大声咆哮。忽又弯身抚胸，不再出声。侍卫官看时，见他胸口流血不止，原来是箭创迸裂。左右百官大惊。在一旁待命的太医令及侍医赶紧近前救治。未待包扎完毕，高帝即喝令将军樊哙，速速率军前往围剿反贼卢绾。樊哙领命而去，高帝犹是意气难平，喃喃自语：卢绾果真反了……我可是像亲生儿子一样爱他的呀……这小子真戆啊！

卢绾闻知樊哙之军已攻入燕境，燕军节节败退，连丞相和十几个将军都做了俘虏，知道抵抗已无补于事，便带领部分王国官员及妻儿奴婢和骑兵数千，撤离国都蓟（今北京西南）北上。行不多远，回望后山尘土蓬起，原来汉军已经追到。亏得暮色降临，侥幸逃脱，暂避于长城脚下。当时还曾有过一个打算：待高帝病愈，即自赴长安，负荆请罪。不料十几天后，等到的却是一个噩耗：高帝驾崩！

接连数日，卢绾在长城脚下徘徊瞻顾，踟蹰不前。最后终于在绝望中选择了一条不归路：率众投奔匈奴。

冒顿单于封卢绾为东胡卢王。

胡笳声声，狼烟袅袅。身居异域的卢绾，无法排遣对故国的思念。一年多后，他望着南飞的归雁，在无尽的悲叹中含恨死去。

顺便提一下，原属卢绾的一个部将叫卫满的，在卢绾投降匈奴时，他另外带了千余人东逃，渡过浿水，在朝鲜建立了一个王国，都王险（今朝鲜平壤）。传至三世，因叛汉而为汉所征服。

【1】陈豨为谁所杀，记载不一。《史记·绛侯周勃世家》和《汉书·高帝纪》记为周勃；《史记》之高祖本纪及卢绾列传则记为樊哙。

慷慨歌《大风》，惶恐说"安刘"

留给后继者的课题："安得猛士兮守四方？"

现在让我们把时间倒回去一两年，回到征讨黥布的战场，以便伴随带着箭伤的高帝刘邦，走完他传奇人生的最后一站。

刘邦一生中过两次箭：一次是与项羽在广武对峙时，一次便是这回征讨黥布。两次都为乱箭所中。这回他的箭伤开头并不感到严重，经过随行太医几次治疗，似乎已渐渐收口。这已是高帝十二年（公元前195年）十月，也即又一个新年的开始。汉军扎营于庸城，离沛县仅两三百里地，刘邦不免动了思乡之情。好在黥布已败退南逃，便命诸将继续追击，自己就从庸城起程，暂不西进入关，而是北上回他的故乡沛县。

刘邦与项羽一样，也有一个故土情结，希望能衣锦回乡，在父老面前风光风光。十年前他曾回过一次老家。可那次是彭城惨败后逃亡途中回去找妻儿的，找又没有找着，反被来搜查的楚军追得东躲西藏，狼狈不堪，丢尽了脸面。十年一过，今非昔比。这回是当上了皇帝的刘家三小子回家来了，小小的中阳里，同样是小小的丰邑、沛县，全都轰动起来了！奔走相告的人们，牵着小的，扶着老的，一齐拥向大驾可能经过的路段，急着想看一看，当上了皇帝的刘三究竟是一副什么模样！

也许是在我国以往的社会里，一个僻静的小村子竟来了个当今万岁爷这件事本身就具有强烈戏剧效果的缘故吧，刘邦的这一次回沛县曾是各种戏曲，特别是元曲的热门题材。其中流传较广的是元代睢景臣的套曲《高祖还乡》。全曲以一个憨厚风趣的农民用第一人称"我"的口气唱出，把皇帝大驾浩浩荡荡过来时，社长、衙役东奔西跑，村子里鸡飞狗跳的情形描绘得活灵活现，又把那些被视为具有宏大而神圣意义的"仙禽神兽"仪仗，说成是"一面旗鸡学舞，一面旗狗生双翅，一面旗蛇缠葫芦"，让人捧腹大笑。高潮出现在众乡亲跪拜、皇帝威风八面地从乘舆出来那一瞬间。跪着的"我"有些好奇，偷偷抬头看了一眼。当他认出这个根本不把众乡亲放在眼里的皇帝就是当年无赖刘三时，气得险些炸破了肚皮！原来这个农民还是刘邦年轻时酒肉不分的朋友，两人的关系有点像现今人们说的"哥们"。他看到昔日的哥们变得如此目中无人，一气之下，就把刘邦的"老底儿"全都揭了出来。揭过祖宗三代不算，还揭出了刘邦一笔笔欠下的旧账："你春采俺的桑，冬借俺的粟，零支了米麦无重数。换田契强秤了麻三捆，还酒债偷量了豆几斛……"

这出《高祖还乡》不仅语言是农民的，感情也是农民的。长期生活在帝王制度下的底层农民群众，尽管大多数都把自己的命运寄托于有个好皇帝，但在感情深处，对主宰着他们生死予夺的皇帝也会有一种出自本能的反感以至抗拒，时不时想用他们天生的智慧和幽默对这个高踞在他们头顶的庞然大物开个玩笑，或讽刺挖苦一番。形诸文字的，便是大量此类民间文学，包括像套曲《高祖还乡》这样根植于民间土壤的文人作品。

当然这是文学，实际生活并非全是如此。

遥想两千多年前生活在丰邑中阳里以至全沛县的农民，对高帝刘邦的到来，极大多数应该还是欢迎的，高兴的。毕竟同乡同里出了个皇帝，人人感到脸上有光。何况，后来刘邦还利用自己手中至高至上的权力，在政治上、物质上给了沛县不少特许的优待，住在这个特殊的"帝王之乡"的农民，不仅是一种荣耀，还享有相应的实惠，岂有不欢迎、不高兴之理！

这样，在高帝停留沛县的十余天里，几乎天天饮酒尽乐，整个沛县，特别是刘邦老家所在的中阳里，该会有一种节日般的喜庆气氛吧？

酒宴和乐舞，是在县城东南的沛宫举行的。乡里父老子弟，亲戚故旧，都被请到。又从全县挑选了一百二十个儿童歌舞助兴。酒过三巡，坐在上位的高祖皇帝不觉胸中勃勃，百感俱来。为着闯荡天下，他从故乡出去，现在又回到了故乡。往日的儿童皆已长大，当年的友朋鬓发尽衰，他自己，同样也进入了暮年；唯有这济济一堂的乡音，还有那絮絮叨叨的陈年往事，却依旧那样鲜活，那样令人心醉。刘邦觉得胸口有一种难以遏制的激情正欲喷薄而出，随手从乐队中拿了件用竹尺击弦发音的叫作"筑"的乐器，就一边击奏，一边慷慨高歌起来：

大风起兮云飞扬，
威加海内兮归故乡，
安得猛士兮守四方！（《史记》本纪）

读这首《大风歌》，不由人想起项羽的《垓下歌》。尽管项羽是失败的英雄，刘邦是成功的英雄，他们在生命的重要时刻唱出的心声，却是如此惊人地相似！一样的气势磅礴，一样的感情激越，又一样地叹喟人生的无奈。这说明在历史大变动的年代里，不同境况的人物也会因同样受到大起大落变迁的震撼而生发相似的感叹。

我们不妨来追溯一下刘邦当时的心态。

此诗如今已成为流传千古的杰作。但从刘邦自己来说，这几句话是他一张口就从心底冲出来的，当时他根本没有想到自己是在创什么作！他一生戎马倥偬，经历了太多的暴风骤起、乱云劲奔的场面，而威加海内、荣归故里又曾是他青年时代就开始梦想，如今又终于逞意了的事。因而前两句的出现，犹如瓜熟蒂落、水到渠成。但紧接着疾风骤止，奔云顿息，感情之波被搁置于高山之巅，恣肆汪洋，却苦于寻觅不到一个突破口：呵，"威加海内"以后，谁来守护这个天下呢？

这时候，他一定想到了脱冠对镜时，面对的是斑白的鬓发；想到了已立的太子既未成年，又生性懦怯。他一定还想到了那个冻落了汉军多少手指的冬天，被困七日七夜的"平城之耻"；想到了立马横刀的黥布，圆睁着一双贪婪的眼睛掷过来的那句话：为王何如为帝，布也无非想赚个皇帝当当！……

倒回二十几年，他第一次远远望到秦始皇那种天人惕息的威势时，不由太息一声："嗟乎，大丈夫当如此也！"如今自己真的做了皇帝，这才知道，其实皇帝也并非事事称心，时时遂意。尽管拥有天下，却常常感到无助和孤独；纵然至高至上，却无法摆脱不时袭来的无奈和恐惧。刘邦终于唱出了第三句："安得猛士兮守四方！"这结句他是用全部残余的生命唱出来的。唱完这一句，他的生命已是油尽灯残。他知道，歌词中提出的课题，只好留待他的后继者去回答。

高帝的这首《大风歌》，那一百二十个聪灵乖巧的儿童一学就会，很快就来了个童声大合唱。

当充盈着沉甸甸的家国兴亡沧桑感的歌词，转化为纯真无邪的童稚之声的时候，奇迹出现了：刘邦突然觉得自己也回到了童年，对家国的忧虑，对岁月的惆怅，全都消逝殆尽。他离开正席，忘记了自己已经衰老的筋骨，顾不得胸口还留着不久将致他于死命的箭伤，居然像个楞小子似地用夸张的动作跳起了舞；一边跳，一边还仰直脖子跟着孩子们一起唱。也许只有在这短暂的片刻里，已经贵为天子的刘邦终于又回到了人的本真。其实就个体的人的生命而言，最可珍贵的既不是战场上斩将搴旗的胜利，也不是官场上相互倾轧、排挤获得的尊宠，自然也不可能是通过无尽杀戮拥有的什么整个天下；最可珍贵的其实就是天工造就的人的纯粹的生命本身，就像那一百二十个正在用纯洁的心在天籁般歌唱的孩子。

刘邦这么情不自禁地跳着、唱着，一任双泪滚流，不一会儿竟已是涕泗滂沱。

众父老大惊，有的要上前去搀扶，刘邦这才回过神来。但当清醒过来时，立刻发现，其实他永远不可能再是当年那个刘家三小子了。他已是天下共主，至尊至贵的皇帝，沛中父老不过是他千万臣民中的一小部分。他们之间的距离无异于高山与深谷，永远不可能再有什么真正的沟通。他不知道这是他的幸运，还是不幸。不过至少在这一刻，在这个乡情浓于醇酒的氛围中，他还能想到自己是沛县的伢子，在关中他只是个侉子。他不能忘记这方水土对他的养育之恩，也真心希望自己永远属于它，能回到它的怀抱。于是他对众位父老乡亲说了这样一番话——

游子悲故乡。吾虽都关中，万岁后吾魂魄犹乐思沛。（《史记》本纪）

只要把"万岁后"改成"我死后"，那么这段话表达的便是一种人之常情。中国人一向安土重迁，即使年轻时走遍了天涯海角，到老了还是希望回归故土，所谓落叶归根。

高帝在回乡期间，宣布了对沛县的两种优遇。一是以沛县为皇帝的"汤沐邑"[1]，也即为汉天子的私邑，是一种政治荣誉；二是"复其民"，免除沛县百姓的赋税和徭役，还可世世代代延续下去。

但上述优遇，不包括同属于沛县的丰邑。原因是刘邦还记着初起来反秦时，雍齿以丰邑背叛他的事。刘邦命雍齿守丰邑，在周市的策动下，雍齿不仅归附了魏，还为魏守丰，抗拒刘邦的进入。尽管丰邑是刘邦的出生地，但他认为那时丰邑人为雍齿效过忠，不可原谅！

已经居留了十几天，就要离沛回关中了，众乡亲哪里肯放，前村后街的都备了牛酒挽留。高帝竭力辞谢，说我带了那么多人来，父老乡亲如何供应得起啊！谁知御驾一出，全县皆空，都到县城西境来饯行。盛情难却，只好又在郊外暂设行幄，又欢饮了三日，这才决计作别。

其实，乡亲们的盛情与其说是挽留，还不如说是因有一事相求：希望丰邑也能获得免除赋役的恩典。若是全县唯独丰邑每年还要缴赋税、服徭役，所谓"一人向隅，满堂为之不安"，叫他们如何安得下这颗心来呢？他们虽是乡野村夫却也懂得，皇帝一言九鼎，岂可轻易冒犯！所以这个要求一直憋在肚里，不敢说出来。现在眼看大驾就要起行，这才赶紧公推几个年长的站了出来，皓首银髯，迎风连袂高高一揖，随即叩地而拜，齐声请命道：蒙圣主隆恩，沛中已免赋税，唯丰邑尚未获此恩泽。臣等昧死恳请陛下哀怜，使我沛县子民壹体沐浴浩荡皇恩！

高帝沉吟半晌，忽而机警地微笑着说：丰邑本朕生长之地，又如何能忘呢！想来都是雍齿之故，与吾故乡父老何干，那就亦免了吧！

所有来送行的沛中父老子弟，一齐口呼万岁，跪地谢恩。

后来沛中乡亲集资在沛宫前修筑了一个"歌风台"，以为纪念。历代来此游览的文人墨客留下了不少题咏，题旨大多落在《大风歌》的第三句上，以为功臣尽诛，尚求猛将何为？意含讥刺。如清代孙原湘即以《歌风台》为题写道：

韩彭戮尽淮南反，
泣下龙颜慷慨歌。
一代大风从此起，
四方猛士已无多。
英雄得志犹情累，
富贵还乡奈老何？
此去关中莫回首，

【1】汤沐邑：周代一般是在京畿附近封给诸侯的私邑，以供其来朝见天子时住宿和沐浴、斋戒之用，故有此称。西汉皇帝、皇后、公主和诸侯大都有私人封地，亦称汤沐邑。如《史记·平准书》称："租税之入，自天子以至于封君汤沐邑，皆各为私奉养焉，不领于天下之经费。"

只因魂魄恋山河。

谁都反对杀功臣。

站在皇权主义的立场上却又非杀不可。

一个很现实的问题是：高帝刘邦的生命已接近终点，他一旦"驾崩"，就会出现一个"孤儿寡母"当政的特殊时期。如果不杀韩信、彭越、黥布诸王，又如果他们联合起来欲取刘氏而代之，那还不是唾手可得吗？

所以还得杀。

但杀了，又会出现"安得猛士守四方"的困境。

真是杀也难，不杀也难啊！

你倘若要维护帝王集权专制制度，那也就只好在这种两难处境中挣扎。

皇太子刘盈与四位白发长者

高帝刘邦回到长安，已是这一年的仲春，灞桥柳绿，上林花红。但他那风尘仆仆的大驾给未央宫带来的，却不是暖人的喜气，而是萧瑟的秋风。东西两内苑的花草失去了光泽，蓬莱殿和栖凤阁停止了歌舞。人人脸上都写着不安和恐慌。有一片不祥的阴云笼罩着宫庭上空。

高祖皇帝一过五十本已多病，加上这回箭伤因一路劳顿而恶化，一连好几日无法受理朝政。这已经够让朝堂上下焦心的了，偏在这时又传出了一个令人震惊的消息：皇上已在拟旨，决定更换皇太子！

说起来，这个不仅关系到帝国未来命运，也牵涉到文武百官名位利禄、荣辱沉浮的太子问题，已经断断续续闹了两三年，这回则因眼看刘邦的不久人世而显得特别的迫切、尖锐和激烈。但为了说清楚这个太子问题，也即早些年几乎成了流行语的所谓接班人问题，我却不得不插上几句有关它的来龙去脉。

在中国古代史上，传说中的唐尧、虞舜时代，据说曾经实行过一种"禅让"的制度，但那恐怕多半出自古人理想，实际情况究竟如何，已无从稽考。夏、商以后有文字记载的历史，实行的都可称为帝王制度。帝王制度的一个特征，就是本属公共的国家权力却在一姓一家内部传承。大体说来，商较多是"兄终弟及"，周及周以后则主要是"父子继立"，"立嫡立长"。按照后制，皇帝预定的继位人为皇太子，也称皇储、嗣君等。太子居所为东宫，又称青宫、春宫，均取青春年少之意。《左传·隐公三年》就有关于东宫的记载，说明东宫之制周时已有。秦及秦以后实行帝王集权专制制度，国家权力由皇帝一人独擅，皇帝一言九鼎，似乎什么问题解决起来都不费吹灰之力，唯独这个东宫问题，却总让他们常常弄得身心交瘁，焦头烂额。就为这，在中国两千多年的帝王集权制发展史上，不知有多少人为之机关算尽，多少人为之死于非命；忽而云谲波诡，忽而刀光剑影，演出了一幕接一幕的喜剧、闹剧和悲剧、惨剧！

东宫危机是帝王制度固有矛盾的产物。一方面，皇帝一人独擅皇权具有强烈的排他心理，而人的生命却是那样短暂，即使有一百个不愿意，最后总还得将权力传授与人；另一方面，至尊至贵的皇帝之位只有一个，而皇室所有男子却又都以为非已莫属，在朝臣属也力争离自己越近越好。所有这些因素加在一起，使得历朝历代都无法摆脱东宫危机的纠缠，区别只是表现形式和激烈程度有所不同而已。由于本书从这一章起将一再提到这个问题，我尝试着将那些最容易引发危机的时间段从整个皇权传承过程中划分出来，粗略归结为四种危机形态。它们是：一、君老而太子迟迟未定，称未定型；二、太子已定，因某种动因而欲变更，称变更型；三、原太子已废，新太子未定，称空缺型；四、老皇帝死去，刚登位的新皇帝过于软弱或年幼，称交接型。这样划分自然很难允当，但却为我叙述带来不少方便。

秦始皇沙丘暴亡，因生前并未明确立长子扶苏为太子，赵高矫旨杀扶苏而立胡亥，这属于第一种未定型危机。刘邦对传位问题，倒是早有考虑的。还在楚汉战争尚在进行中的汉王二年（公元前205年），即立刘盈为太子，汉帝国建立后，又立为皇太子。刘邦共有八子，刘盈是第二子，但因老大刘肥是"外妇"也即情妇所生，所以刘盈立为太子完全符合"立嫡立长"原则，大臣们也都支持和拥护。问题是后宫和东宫历来是不见硝烟的战场，是两个女人和两个孩子之间的激烈竞争，促使高帝有了另立太子的想法。这就是说，汉帝国第一次遇到的是变更型东宫危机。

两个女人，说的是吕后与戚夫人。戚夫人是定陶（今山东定陶西北）人，很可能刘邦是在当年远征彭城、继而又惨败逃亡过程中邂逅相遇然后与之结合的。其时该早已过了四十、又曾有过长期田间劳作经历的吕后，自然不敌既年轻美貌又能歌善舞的戚夫人。《西京杂记》有这样记载："高帝、戚夫人善鼓瑟击筑。高帝拥夫人倚瑟而弦歌，毕，每泣下流涟。"结果是吕后常留守长安，戚夫人常随刘邦出行；吕后"色衰爱弛，而戚夫人有宠"（《史记·外戚世家》）。

两个孩子，说的是吕后所生的刘盈与戚夫人所生的刘如意。如意乖巧聪灵，刘盈仁慈、懦弱。刘邦对他们作出的评价是：刘盈"不类我"，"如意类我"（《史记·吕太后本纪》）；再加上戚夫人"日夜啼哭，欲立其子"（《汉书·外戚传》），因而刘邦已向臣子们表明了他的意向："终不使不肖子居爱子之上！"（《史记·留侯世家》）

变更型危机出现之时，原已立的太子与欲立为太子的王子及其各自所代表的政治势力之间将发生一场激烈的直面较量，谁胜谁负，决定于双方的智慧和实力。

果然刘邦的这个意向一传出，未央宫闹起了地震。从朝廷到后宫，人们都处于惶恐不安中。先后有几个大臣进宫进谏，又全都无功而返。这时候出了个敢于犯颜强谏的人，就是御史大夫周昌。

读者大概还记得项羽攻破荥阳后，那个宁死不降、最后被烹的守将周苛吧？周昌便是那周苛的从弟。周苛曾任御史大夫，高帝哀怜他的忠烈，就让他的从弟周昌继任此职。一次周昌在高帝休闲时间进宫去奏事，碰巧撞上刘邦拥着戚夫人在作乐，赶紧转身就走，刘邦却追上了他，还骑在他脖子上笑着问道：你说，我像个什么君主？周昌仰头大声直说：

陛下就是夏桀、商纣那种君主！刘邦笑了，反倒对周昌也有了几分敬畏。这回为保护已立的刘盈太子，周昌一次又一次地力谏，最后一次就那么跪着不肯起来。偏他又是个结巴，越是着急，越是说不成一句完整的话，只是一个劲地摇头说不可、不可！高帝问他什么不可，他说：臣口不能言，但臣期期……知其不可！即使陛下废了太子，臣也期期……不奉诏！高帝看着他那副脸红脖子粗的样子倒不由笑了起来，说道：起来吧，朕准你奏就是！

周昌谢过恩，刚一出殿，忽有一人跪到面前，带着哭音说：谢谢先生！要不是先生冒死力谏，太子就要被废啦！定睛看时，那人竟是吕后！吓得他赶紧跪伏，连连口称皇后殿下快快请请……起，小臣该该……死！

原来因太子将被废而心急如焚的吕后，刚才就在东厢屏风后偷听他们的谈话。历史上那些宫廷权力角逐的血淋淋的故事吕后不一定全都读过，但即使单凭直觉她也能感受得到，一旦刘盈的太子地位被废，那就意味着她和她的儿子就从光明的巅峰坠入了黑暗的深渊。这个刚强的女人为着保卫儿子即将到手的皇位，同时也是为着保卫她娘儿俩的身家性命，已经顾不得什么身份或脸面！

可能就是因为这次强谏给刘邦留下了极深刻的印象吧，后来他在立刘如意为赵王时，特地授任周昌为赵王之相，并郑重托付，殷殷勋勉，以为有了像周昌这样的强相辅佐，在他死后，依然还年幼的如意多少能得到一点保护。

吕后自然看得很清楚，刘邦的心全在戚夫人和如意一边，他对周昌说"准你奏"一转身就会不作数，太子和她依然处于危险中。万般无奈，她想到了张良，就让她的二哥、已封为建成侯的吕释之赶紧去求张良无论如何给想个办法[1]。张良此时已有一年多闭门不出，对政事已十分淡漠。他以此系"骨肉之间"的事，外人不便介入为由推托了几次，后来实在拗不过吕释之的软磨硬逼，便说：看来此事非口舌之争所能奏效。今有商山四皓，若能设法请出，使他们成为太子宾客，或许有所助益。

所谓商山四皓，就是因避秦乱而隐居在商山的四位白发老人：东园公、绮里季、夏黄公和甪（lù）里先生。刘邦称帝后，曾派使者去召过他们，四皓觉得刘邦待人轻慢，不想做他的臣子，宁愿继续隐居。也正因为这样，刘邦反倒越发敬重这四个人，认为他们是当世贤者。张良建议不妨由太子亲笔书写一封措辞谦恭的信，附以金玉璧帛一类厚礼，备上供长者乘坐的蒲轮安车，由善于辞令的辩士去竭诚固请，这四位老人或许可能答应出山。张良说：太子若是真能请来商山四皓，那就是一个很大的成功。先作为宾客，住于馆舍；待到适当的时机，由四皓侍从在太子左右随同入朝，有意让皇上看到。皇上看到了，定会感到惊异；皇上感到了惊异，就会问；只要皇上开口问了，四皓乘机作一番对答，皇上自然就不会再坚执孤见，拟议另立太子的事了。

吕释之没有听懂，便问：皇上问了四皓，怎么就不会再另立太子了呢？

【1】吕后有两个哥哥：长兄吕泽，次兄吕释之。她究竟是通过哪个哥哥去向张良求援的，史书记载不一。《史记》、《汉书》张良传均作"吕泽"，《汉书补注》则称当为吕释之。《汉书·外戚恩泽侯表》载，吕泽于高帝六年（公元前201年）正月被封为周吕侯，三年后卒。若依此，似应为吕释之。

张良说：这个，你以后自会知道。

吕释之将张良的话如实禀报了吕后，吕后倒是一听就懂，连声称赞好计，立即命人带上厚礼，备上蒲轮安车；总之是一切照着张良说的办，果然请来了商山四皓。

其实那神秘兮兮的四皓谁也没有见过，四个白发老头却很容易找到，难怪有学者提出了怀疑："很可能是找人假扮的，因为后来从没有看到这四人有什么作为。"（许倬云《从历史看人物》，载《文汇报》，2006年7月16日）不过怀疑也只是怀疑，姑且置之一旁，我们还是来看看故事的发展吧！

四皓入朝后遇到的第一个难题，就是黥布谋反，高帝因年老且又有病，欲命太子监军出征。四皓以为这是高帝要更换太子的一个信号，情况十分危急，必须立即设法阻止才好。他们去向吕释之说明太子领兵出征十有八九要失败。原因是太子那年才十六岁，从未经历过血肉横飞的战场，如今却要他去带领那些身经百战的枭雄宿将，简直就是叫小羊羔去指挥一群狼，这仗如何打得赢？而如果太子真的无功而返，皇上必然将以此为由另立太子。因而他们要吕释之马上去找吕后，由吕后凑机会用眼泪和柔情向高帝施加影响，或许还能挽回这一危局。据《史记》和《汉书》的张良传记载，四皓还为吕后设计了如何去说动刘邦的说词。说词有意避开太子地位问题这个敏感区，重点放在未来战局的成败上。首先说明黥布是天下猛将，善于用兵，所以这是一次轻视不得的大仗。接着说如今的汉军诸将皆是陛下当年并肩战友，又如何肯受太子节制；诸将若不尽力，又如何能战胜黥布。第三，更让人担忧的是，一旦黥布获知太子监军的消息，必然会放胆挥军西进，关中动摇，全局就会瓦解。最后便是劝说高帝亲征。按照四皓设计，下面这段话吕后应当哭着说的：只是皇上又生着病，叫贱妾如何放心得下？是不是可以备上一辆辎车，躺着一样指挥。只要有皇上在，诸将谁敢不尽力！这样做，自然苦了皇上，可还是请您强撑着为妻子儿女想想啊！

这一夜，吕后照着四位导演提供的台词和提示在丈夫面前演了一遍。高帝听到若太子监军诸将难为尽力，黥布必然放胆西进一节，也觉得事情大抵就是如此，连叹了几声说道：我就知道这不争气的小子派不上用场，那就让我这个爷老子再亲自出征一次吧！

征讨黥布虽然获得了胜利，高帝自己却中了一箭，心里自然不能不归怨于吕后的一再劝他亲征和太子刘盈的无能。偏又因路途劳累，箭伤恶化，诸病并发，料想来日不多，一回到长安，就急着命人草拟诏文，决定更换太子。这回像是铁定了心，谁的劝谏也不肯再听。古代做臣子的规矩中有一条，叫做谏不过三，谏而于事无益不谏。大臣们觉得事情到了这一步，再诤谏也无用，弄得不好还会大祸临头，有的在一旁干着急，有的明哲保身作壁上观。唯独已在三年前受任为太子太傅的叔孙通，还要拼死一谏。

作为一个儒者和太子太傅，叔孙通的力谏既是为着维护"立嫡立长"的道统，也是为着维护自己的荣誉和生存。饱读史书的他，深知在帝王制度的格局下，太傅一职其实就是押宝：押对了，太子顺利继位，那就是荣华富贵；押错了，太子中途被废，那就是身败名裂，甚或满门受戮。因而早从受任此职那一刻起，他就知道自己已与刘盈结成了"一荣俱荣，一损俱损"的关系，这就使他现在为保卫太子地位所作的强谏，带有一种悲壮的色彩。他甚至已顾不得还是他主持制定的朝堂礼仪，在高帝面前，激愤地大声历述在太子问题上的历史教训,其中特别是晋献公因爱幸骊姬而废太子申生,另立骊姬之子奚齐,导致晋国数十年之乱的教训;然后说:今我大汉太子仁爱孝悌,天下著闻;皇后殿下与陛下共同经历过苦难,又如何可以背弃呢?陛下如果一定要废去嫡子,另立少子,微臣只好先行死去,以臣之血污染这阶下三尺之地!说着就要免冠撞击阶前石柱。

高帝连忙挥手制止说:您老先生算了吧,朕也不过戏言一句,不必当真。

叔孙通却依旧脸红筋胀,愤愤不已,说:太子乃天下之大本,本一摇天下都为之震动,万乘之主怎么可以有这样的戏言呢!

高帝笑着说:我听您老的,还不行吗?

但刘邦真实的内心却并不那样轻松。他处在两难选择中。尽管理智告诉他,无论从立嫡立长的传统礼制,还是从刘盈受到朝臣拥护的实际情况看,另立太子已不再可能;但到此时为止,他的感情天平依然在戚夫人母子这一边。据《史记》、《汉书》的记载,平息这场东宫变更型危机的最后一个砝码,是商山四皓的出场。

那是高帝健康状况有所好转以后,为安定朝野人心,在未央宫举行了一次酒宴。吕后还记着张良设的计,料知时机已到,便让太子随带四皓去侍奉皇帝。当刘盈与侍从在他身旁的那四位须眉似雪而衣冠庄伟的老人一起来到未央宫的时候,果然引起了高帝的惊异,便问道:四位长者乃何人?四皓各自说出了自己姓名,高帝更为吃惊,说:四位高人,朕曾使人多次访求,公等皆避而不来,如今为何反而乐于与我儿交游呢?

四皓说:恕臣等直言,陛下轻士慢人,动辄詈骂,臣等虽村野老朽,却也义不受辱,只好抗命不至。后闻太子仁孝,恭敬爱士,天下之人莫不延颈仰慕,愿为太子效死。臣等顺从民心,特远道来从,敬佐太子。已来数月,太子果然名不虚传,且睿智天授,臣等皆为大汉有此储君而不胜庆幸!

高帝听着,微微颔首,缓缓说道:如此甚好。有劳公等悉心调教太子,毋使失德。请四位上座吧!

酒宴过后,高帝把刘盈找来,当面谆谆嘱咐,要他尊敬萧何、张良、曹参、陈平诸公侯,见到他们要行晚辈的拜礼;还说了自己年轻时候没有好好读书,因而"追思昔所行多不是"的教训,勉励刘盈勤奋学习,亲阅亲批臣下奏疏。最后给了刘盈如下一道手谕:

尧舜不以天下与子而与他人,此非为不惜天下,但子不中立耳。人有好牛马尚惜,况天下耶!吾以尔是元子,早有立意。群臣咸称汝有四皓,吾所不能致,而为汝来,为可任大事也。今定汝为嗣。(据《古文苑》,收入《两汉全书》)

就这样,张良的这一请出四皓以固刘盈皇太子之位的计策又获得了成功。顺便提一下,这是张良献出的最后一计。从此再也无意于人世间事,只顾潜心于"辟谷"、"轻身"一类道家功夫,一度还曾想跟随传说中的神仙人物赤松子去游历。至今陕西留坝县还有个留侯镇,传说张良曾在此隐居过。当年黄石老人临别嘱咐张良说:在你功成身退后,可在谷城山下见到一块黄石,那便是我。一次张良去谷城山,果然见到了那块黄石,便恭恭敬敬捧回家来，设龛祭拜。几年后他临终时，特地嘱咐家人要将他与这块黄石共葬，每逢伏日、腊日，都要祭奠黄石老人。张良功成身退、寄志山林，是帝王制度下保持自己独立人格的明智之举，后人对此称道最多。唐代刘知几将张良与韩信、彭越、黥布作了对比，以《读汉书作》为题赋诗吟咏道：

> 汉王有天下，欻起布衣中。（欻：xū，快速貌）
> 奋飞出草泽，啸咤驭群雄。
> 淮阴既附凤，黥彭亦攀龙。
> 一朝逢运会，南面皆王公。
> 鱼得自忘筌，鸟尽必藏弓。（筌：捕鱼器具）
> 咄嗟罹鼎俎，赤族无遗踪。
> 智者张子房，处世独为工。
> 功成薄受赏，高举追赤松。
> 知止信无辱，身安道自隆。
> 悠哉千载后，击柝仰遗风。（柝：tuò，木梆）

皇太子刘盈既已确立，朝堂上下自然都额手称贺，但高帝却陷入深深忧虑。因为他这样做，无意间已把戚夫人和刘如意推向了悬崖绝境。这日宴罢，他把戚夫人召来缓颜说道：我本欲改立太子，无奈太子既得群臣拥戴，又有四皓相辅，羽翼已成，势难更易。太子既无法改立，吕后自然仍是你的主子，委屈了卿，望能好自为之！

戚夫人开始还只是抽泣，听到最后两句，已是嚎啕不止。高帝心虽爱怜，也只得好言相劝。待到戚夫人哭泣稍止，便说道：卿且为我作楚舞，我为卿作楚歌。

戚夫人犹唏嘘少顷，略整衣冠，缓缓起立，一展翠袖，袅娜而舞。高帝拊掌为节，思索片刻，应节而歌道[1]：

> 鸿鹄高飞，一举千里。
> 羽翼已就，横绝四海。
> 横绝四海，当可奈何？
> 虽有矰缴，尚安所施！

歌声唱出了刘邦作为帝王所特有的无奈和痛苦。从这时起，本已忍受着疾病和箭伤折磨的高祖皇帝，又多了一块心病，不时在胸口隐隐作痛。他的政治经验和人生阅历在提醒他，他死后，他所爱的戚夫人和儿子如意的命运，将会孤单飘零，危若累卵。

【1】此歌词《史记》、《汉书》张良传均有录。其中矰缴，音 zēng zhuó，系有生丝以射鸟雀之短箭。《汉书·司马相如传》颜师古注："矰，短矢也。缴，生丝缕也。以缴系矰，仰射高鸟，谓之弋射。"

只差一点，就要重演"沙丘之谋"

在汉帝国的中央机构中，有一支属于少府管辖的庞大的医官队伍，是专为宫廷、当然首先是为皇帝的健康服务的。不用说医官们的医术是当时绝对的第一流，但近些日子来，从太医令、丞到众侍医却都一个个束手无策，为自己的无能而惶恐莫名。已经病入膏肓的高祖皇帝不仅脾气变得异常暴躁，还拒绝任何医治，只要醒来睁眼看到榻旁有医官在就会怒不可遏，医官们只好赶紧急步而又悄没声地躲避到他视线之外。他们知道，在这种情况下只要稍一不慎，脑袋就会从肩膀上掉下来。

——白养了你们这些蠢货！

吕后这么骂着，立即召来少府，命他以重金火速将天下最好的医师找来，不得有误！少府岂敢怠慢，不多日，一位稀世名医果然请到，宽袍大袖，银髯拂胸，颇有点仙风道骨味道。

医师稍作望诊，高帝问道：朕之病情究竟如何？

医师道：此病可治。

高帝一下听懂了。原来医家有一句口头禅，叫作医病不医命。说病可治，那就是说命不一定能保得住。高帝勃然大怒，挥着手厉声骂道：滚吧、滚吧！我本一介布衣，提三尺长剑而得此天下，如今一病至此，这难道不是天命吗？命既在天，治之也无益，你就是扁鹊，又能奈天命何！

医师吓得踉跄而退，高帝忙又示意左右将其留住，赐以黄金五十斤，然后以客礼送出宫去。

高帝知道离大限的时日已是屈指可数，须赶紧安排后事，其中最重要的莫过于诸侯王的事，务使他们各安其位，各守其分，刘氏天下才得以长存。他想到了一个古老的办法，就是与诸侯王及群臣立盟作誓。当即把相国萧何召来，命他速去筹备盟誓仪式，择日举行。

关于此次盟誓，《史记》、《汉书》都只记了简单的几句盟词，对盟誓的地点、仪式和过程，可能在当时都是属于常识范围内的事，故皆略而不记；但现代读者难免会感到陌生，不妨作一简单介绍。

所谓盟，就是为相互释疑和取信而杀牲歃血，立誓于日月山川之神的一种仪式。其具体做法，据孔颖达注《礼记·曲礼下》称："盟之为法，先凿地为方坎，杀牲于坎上，割牲左耳，盛以珠盘，又取血盛以玉敦。用血为盟书，成，乃歃血而读书。"盟书的书写，或用牲血，或用丹朱、墨。盟书的副本有多个，其一就埋于那个专为盟誓而凿的土坎里，凡参与盟誓者各持一本归；其正本则永藏于天府。盟誓在春秋战国时期相当盛行，据记载，单是春秋时期就有一百余次。1956年在山西侯马出土的盟书，盟主为春秋晋国赵氏，用丹朱书写于圭形的玉石片上，多达五千余片。在盟书坑内，还发现有羊、牛、马骨，证明其处当时确实举行过杀牲歃血的仪式。

由于盟誓所祀为日月山川之神，所以举行仪式的地点大多选择在旷野。据此我猜想，这次高帝与诸侯王及群臣的盟誓地，很可能就在长安城东侧的华山之下、黄河之畔。已是暮春时节，华山松柏苍翠，杂花似锦；刚刚解冻的黄河风急浪高，发出撼山震谷的咆哮。山下岸畔筑一土坛，其高三层。上建白旄黄钺，天子符节，遍列五方旗帜。其旁挖一土坎，经过沐浴梳妆、将作为牺牲的那匹纯白色的骏马，就拴在坎边。诸侯王及群臣皆已齐集。此时尚封有九王，除长沙王吴臣外，其余八王全为刘姓。封为侯者有一百五十三人[1]，受封者包括功臣、皇室子弟和外戚。其中韩信、陈豨已诛，实存一百五十一侯。其余文武官员则难以计数。

这时候，西首古河道那边过来了一片彩云般的仪仗队，乘坐着金饰、重舆安车的高祖皇帝刘邦，缓缓来到。古时车多立乘，唯独这安车可供坐卧。半卧着的高帝强打精神抬手向群臣微微致意，人群中立即发出有节制的欢呼声。安车来到土坎前，按礼制规定，主盟者对那匹将作为牺牲的白马应行"牲事"之礼，即俯身凭轼向其拱手，以示恭敬和诚意。群臣都劝皇帝免了此礼，但刘邦还是强自缓缓坐起，向白马躬了躬身。隆重的盟誓仪式就在庄严的鼓乐声中开始。白马仰天一声惨鸣，饮刃而倒。诸侯王及群臣依次以食指从玉敦中蘸马血涂于嘴边，然后归于原位肃立。盟词由作为仪式主持人的萧何领读，全体跟随朗诵。

其一：使黄河如带，泰山若厉，国以永存，爰及苗裔。
其二：非刘氏不王；若有亡功非上所置而侯者，天下共诛之！

其一是对现存诸侯王的承诺，使其恪守名分，永远忠诚于汉室。原词美丽得像一首诗：黄河啊，你永远不会像衣带那样狭小；泰山啊，你永远不会像砥石那样低矮！但是，即使黄河变成了衣带，泰山变成了砥石，诸侯王所封之国仍将与世长存，并传给子子孙孙！

其二是对今后的约定：非皇族刘氏不得受封为王；任何人——皇上特准除外，无功不得封侯。这样，封王就成了刘氏宗室的专利，禁绝外姓染指。外姓人功劳再大，最高也只能封侯。违反这两条中任何一条，就要"天下共诛之"。

盟誓仪式举行过后，便将盟书的正本锁之于金柜石室，藏之于宗庙。

做完这一切，高帝颁发了一生中最后一道诏书。可以看得出来，他是想在他临终前向天下世人表明一下他的心迹，重点是与诸功臣的关系。文中历述了他与"天下之豪士贤大夫共定天下"后，如何按照功劳大小，分别予以封王列侯或食邑，并赐以宅第，世世免除赋役；因而他说："吾于天下贤士功臣，可谓无负矣！"文中也解释了何以要诛戮多位异姓王的原因，认为那是因为他们"不义，背天子皆擅起兵"，所以"与天下共伐诛之"。为此特"布告天下，使明知朕意"（见《汉书·高帝纪》）。

这道诏文有多处不符合事实。如说要杀异姓王是因为他们"背天子皆擅起兵"，其实除黥布被迫造反外，韩信、彭越等都没有"擅起兵"。说"与天下共伐诛之"也显然夸大了。其实只是你刘邦率领忠实于你的那部分将士杀了他们，何来"天下共伐诛之"！但古代历

---

[1] 关于高帝时所封诸侯数，《史记》、《汉书》相关表及序所记多异。此处"一百五十三人"所据为《汉书·高惠高后文功臣表》表后所作总计。

史学家对此几乎全体一致地保持沉默，有的甚至还制造出理论来加以颂扬，致使"成则王，败则寇"的观念在其后漫长的历史阶段中几乎成了一种思维定势。

以上还是刘邦以为可以"布告天下"的；至于他内心那些不便"布告天下"的无奈、忧虑或痛苦，一定比这还要多得多。

刘邦无疑是一位杰出的历史人物。他的胆识和智慧，坚毅和机警，特别是他那无师自通的帝王权术，遇上了那样一个风云际会的时代，终以一介布衣手提三尺之剑而取得了天下。但当他将要撒手人寰时，其实他所创建的大汉帝国还只能说是打下了一个基础，有了一些轮廓性的上层建筑；上层建筑既不完整，基础也还不怎么巩固。一个最突出的问题是，同姓诸王的封国占据了全国大部分国土，而帝国中央政府反倒只拥有了一小部分。《史记》、《汉书》的《诸侯王表·序》中都对此有一个概述。根据这个概述，当时全国有54郡，诸侯王封国所占为39郡，中央政府拥有15郡，即仅占总郡数的36%。大体说来，中央直接管辖的只有中、西部一小部分地区，北、东、南广大地区则分属于各诸侯王。同姓王是作为异姓王的对立物出现的。刘邦设置同姓王的初衷是，以为同姓总要比异姓可以信赖，后来的事实却证明恰好相反：越是亲近，越有可能成为皇位的觊觎者，从而对帝国的集权制度造成严重威胁。诸侯王的问题困扰了高帝以后近百年间的几世帝王。诸王要与朝廷抗礼，朝廷要削弱诸王，矛盾而至于极，便发生了像景帝时期那样的吴楚七国之乱。这一切尽管刘邦没有看到，但却多少估计到了的，之所以要刑白马而盟誓，便证明他已有预忧。其实这在他，也只是一种无奈之举。凭他的政治经验和人生阅历，不可能相信一张用丹朱写在绢帛上的盟书，真会那样靠得住。他自己当年不就是刚与项羽订立鸿沟之约，一转身便率领着大部队追至固陵企图全歼楚军吗？

大致可以断定，刘邦只要心脏还在跳动，决不会忘记他亲身遭受的在平城白登被冒顿围困七日七夜的耻辱。从传说中的远古时代以来，华夏民族便以自己特有的"冠冕礼仪"傲视周边的"蛮夷戎狄"，以为他们都是"化外"之族。作为华夏民族的一个代表人物，刘邦自然更是如此。现在的问题是，那些"化外"民族之一的匈奴给了他如此奇耻大辱，他不仅不能在有生之年一雪此耻，还要用宫女冒充公主去"和亲"，与那个什么冒顿单于"约为兄弟"，每年向他"进贡"大量的絮缯及肉食等物品，堂堂七尺丈夫何能如此摧眉折腰去侍奉一个胡儿！不难预料的是，在他死后那个本已狂悖的冒顿，对刚继位的年幼而又懦弱的新皇帝刘盈，将会是怎样的飞扬跋扈、贪得无厌啊！想到此，真让他"死不瞑目"！

很可能，刘邦对帝国上下还会有几分愧疚，因为他创立的帝国还相当贫穷。由于国库虚空，连拉他车驾的那四匹马，也只好用杂色的，可按礼制规定必须用纯一色的呀！至于功臣将相出行，那就只好乘牛车了。黎民百姓更是毫无积蓄，有的甚至穷到只好卖儿鬻女的地步！为此不得不下令上下节俭，从天子起到大小封君，都用自己汤沐邑的赋税供养，不再向朝廷领取经费。对农民，实施十五税一的轻租；对商贾，则加重征收租税，并禁止他们穿着丝绸衣服和乘坐各种车辆。又因十二铢的秦钱太重不便于流通，允许民间铸三铢的榆荚钱，结果不法之徒乘机逐利，致使物价腾飞，一石米涨到一万钱，一匹马贵到一百金！

还有一件属于刘邦私人的心事，割舍不得却又无处安放，总像噩梦一样缠绕着他，那就是爱妾戚夫人和爱子刘如意在他死后的安全问题。左右近臣都知道，这是处于弥留之际的高祖皇帝唯一一条依然还极为敏感的神经，稍一触动就会火山爆发，因而大家都噤若寒蝉，谁也不敢提及。

偏在这时候宫内传出了谣言，说是樊哙已与吕后结成同党，一到皇上驾崩，就立刻发兵将戚夫人和赵王刘如意等全都杀尽！刘邦一听雷霆大作，说：这个樊哙，他是在咒我早死呀！急召陈平进宫献策。陈平听后，觉得事关吕后，着实为难。此时樊哙尚在燕地征讨卢绾，因建议可否命周勃替回樊哙，然后问罪。高帝再召入周勃，却对二人下令道：急赴燕地斩杀樊哙，由周勃代将樊哙之兵，陈平火速提樊哙头来见朕！二人听得面面相觑，惊诧莫名，却也不敢违抗，只好领命而去。

暴怒过后的刘邦，已是气息奄奄，自知大归之时已到，为防备或有人乘丧为乱，特留一遗诏，命陈平斩杀樊哙后，不必入报，速赴荥阳，与灌婴同心防守。然后命人请皇后入见。下面便是高祖皇帝刘邦对吕后的一次临终谈话，录于《史记》本纪，内容涉及到所谓安刘之策，最好还是照录原文——

吕后问：陛下百岁后，萧相国即死，令谁代之？

上曰：曹参可。

问其次，上曰：王陵可。然陵少戆，陈平可以助之。陈平智有余，然难以独任。周勃重厚少文，然安刘氏者必勃也，可令为太尉。

吕后复问其次，上曰：此后亦非而（通"尔"，你）所知也。

高帝十二年（公元前195年）四月，大汉帝国创建者刘邦逝世于长乐宫，享年六十二或五十三岁。

这时候，陈平和周勃还正在受命急赴燕地去追杀樊哙的路上。

陈平一生都没有忘记自己是个初投魏、后事楚、最后才归汉的"外来户"，而这回受命去追杀那个人不仅属于沛县集团，而且还是吕后的妹夫、皇上的连襟，岂可轻易杀得！

更为严重的是，老皇帝的死已是旦夕之事；他一死，主事的就只能是吕后，你杀了她的妹夫樊哙，自己脑袋还要不要呢？

就在追杀途中，曾经六出奇计的陈平[1]，为了救樊哙，更为了救自己，又使了一计。

他对周勃说：樊哙既亲且贵，建功甚多；这回皇上一怒之下要斩他，真斩了，皇上后悔起来我等如何担当得起！再说，就是皇上不反悔，要是吕后和她的妹妹吕媭发起威来，也是难以应付的呀！

---

[1] 陈平六出奇计：《史记》、《汉书》本传均有此称，但并未明列。据《汉书补注》，六计可概括为：一、离间楚君臣关系，致使范增活活气死；二、以纪信为假汉王，使刘邦得以夜出被围之荥阳东门；三、蹑足提醒刘邦，立韩信为真齐王；四、建议刘邦佯游云梦，诱捕韩信；五、游说匈奴阏氏，解高帝白登之围；六、收买陈豨部将，使之纷纷归汉，从而破灭陈豨。

周勃生性质朴，没有想那么多，一听倒也着实惊慌起来，说这可如何是好啊？

陈平说：我看不如先不杀，只是把他械系了带回长安，让皇上自己去发落，君意如何？

周勃连声赞好，说这可保无忧。

这样两人到了燕地，便以符节召来樊哙，让他听读诏旨后，即反剪其手，推入槛车。周勃留下来代将樊哙之兵，继续平定燕地；陈平则押着槛车回长安。途中听到了一个高帝"驾崩"的传闻，几乎同时又接到了由快使传送来的高帝那份命他斩樊哙后不必归报急赴荥阳与灌婴一起防守的诏令。传闻得到了证实。陈平立刻想到，从这个时候起，获得吕后的谅解远比执行一个已死的皇帝的诏令更为迫切和重要。他没有折返东行赴荥阳，而是继续兼程西行奔长安。一夜之间，未央宫已换了新主。此时已是吕后主政，樊哙理所当然获得了赦免，他的相国之位、舞阳侯之爵也全都恢复。陈平哭得很伤心，就跪在灵前奏事。吕后说：君侯一路辛苦了，回去休息吧！陈平知道这个时候他决不能离开宫廷一步，只要他一离开，吕媭或别的什么人就会拿他曾奉命斩杀樊哙一事在吕后面前谗害他。因而他立刻做出一副忠诚可鉴的样子，坚决要求留下来宿卫。吕后似乎果然被感动了，不仅原谅了陈平，还为他向怒气冲冲要谗害他的吕媭说了情。接着又任命陈平为九卿之一、掌管宫廷门户的郎中令，让他辅佐即将继位的新皇帝刘盈。

但这时候的未央宫，高帝刘邦的死讯虽已在暗中流传，却仍是特级机密。原因是吕后为保证儿子坐稳皇位，想在宣布发丧前搞一个大动作，故秘而不宣。

她似乎谁也不信，只信一个以前曾与她一起被项羽作为人质扣留于楚营、高帝六年（公元前201年）被封为辟阳侯的审食其。二人的关系有点说不清。正史如《史记》、《汉书》用了一种含混的表述法，称审食其"幸于吕太后"。一次惠帝听到一些风言风语大为震怒，将审食其下狱"欲诛之"，吕后的反应是："吕太后惭，不可以言。"根据这些记载，演义类史作大都认定他们是姘头关系，并有不少添油加醋的细节描写。

吕后把审食其召入后宫来谋划此事。她对他说：现今朝廷的这些功臣宿将，当初与皇上一样都是平民百姓，彼此以兄弟相称，后来皇上即位，他们不得不北面称臣，内心却是快快不乐。如今皇上崩逝，一旦太子继位，他们更会以元老自居，又如何能尽心竭力事奉呢？所以必得想个办法将他们尽行灭族，天下方可安宁！

如此大开杀戒的事，审食其听了也不由大为吃惊。不过他当然不会反对吕后的主张，却也提不出任何一个可行的实施此谋的计策，只是一味地点头称是。

吕后大概到这时候才突然发现，她唯一信任的人，竟是个除了会献殷勤其他一无所能的窝囊废！

如果把审食其换成赵高，那么沙丘之谋完全有可能重演。

十五年前，秦始皇南巡回还途中病死于沙丘。宦官赵高与左相李斯合谋秘不发丧，而在这期间，实施了矫诏立胡亥为太子，杀公子扶苏、大将军蒙恬等等那样一个大阴谋。

吕后只有一个在巧诈和才干上都远远不能与赵高相比的审食其，既无计可施，又势单力薄，在狂躁和犹豫中蹉跎了一天又一天。

在这些天里，未央宫传言和猜测迭起，已有人说到了要大杀功臣的事，恐怖的气氛在四处弥漫。

这时候有一个人出来捅破了这个特级机密，从而消除了沙丘之谋重演的可能。

此人叫郦商，就是那个以三寸不烂之舌下齐七十余城、后因韩信攻齐而遭烹杀的郦食其的弟弟，建功甚多，曾任卫尉，负责护卫过太上皇，受封为曲周侯。这一日郦商在进宫路上见到审食其，便避开旁人悄声说道：足下祸在旦夕，因何还如此逍遥？

审食其本就心怀鬼胎，一听大惊，忙问：君何出此言？

郦商道：听说皇上升天已有多日，宫中秘不发丧而欲尽诛大臣。若果如此，则天下大危，未央宫大危，自然足下更是大危！试问：大臣果能尽诛吗？周勃将兵二十万，北立于燕、代；灌婴领军十万，东守于荥阳；陈平又奉有遗诏，往助灌婴。一旦宫中有变，大臣临危，彼等定然连兵西向，来攻关中。如此则大臣内应，诸将外入，皇后太子，不亡何待？而足下向来参预宫议，必被疑为同谋，纵有百口，也难以自辩。到那时，岂但足下身首异处，只怕家族也难以自保吧？

审食其吓出了一身冷汗，支支吾吾应答了几句，便慌忙进宫将郦商的话一五一十向吕后作了禀报。事既已泄，吕后也只好作罢。即传令发丧，召大臣入宫哭灵，并布告天下。

此时，大汉开国皇帝的遗体，已在灵床上静静躺了四个昼夜。

二十多天后，举行了盛大的葬礼，其墓址在长安城北约四十里处，称为长陵。

人一走，茶就凉，即使是帝王也一样。

倘若长眠在长陵的高祖皇帝依然有灵，那么他对他的身后事，亦即本书下一章将要展开的内容，有多少个万万没有想到啊——

他曾经担心过爱妾爱子的安全问题，却万万没有想到他们竟会死得那样惨！

他刚与诸侯王刑白马而誓"非刘氏不王"，万万没有想到一转身，异姓王又接二连三出世了！

他临终向自己的正妻托付"安刘之策"，万万没有想到最先起来乱刘的正是这个接受遗策的人！

也许，活着的吕后也是万万没有想到，上天竟会赐予她这样一个机会：当她撩开珠帘，走出后庭，登上长乐宫正殿的时候，中国历史上第一个女性称制的时代便这样开始。

第 四 章
吕雉：中国历史上第一个称制的女性

当了皇帝依旧保持着寻常人情的刘盈
吕后称制：学黄老之术，行无为之治
且看史称"刚毅"的吕后如何"以吕代刘"
一场"灭吕安刘"的政变在悄然行动中

当了皇帝依旧保持着寻常人情的刘盈

公元前195年5月，十七岁的皇太子刘盈继位袭号，成为大汉帝国二世皇帝，即孝惠帝[1]，简称惠帝。

皇帝继位都要举行隆重的仪式，在汉代，据《续汉书·礼仪志》记载大体是这样的——

三公奏《尚书·顾命》[2]，太子即日即天子位于柩前，请太子即皇帝位，皇后为皇太后。奏可。郡臣皆出，吉服入会如仪。太尉升自阼阶，当柩御坐北面稽首，读策毕，以传国玉玺绶东面跪授皇太子，即皇帝位。中黄门掌兵以玉具、随侯珠、斩蛇宝剑授太尉，告令郡臣，群臣皆伏称万岁。

文中提到的"斩蛇宝剑"和"传国玉玺"是汉代皇权象征。当年，刘邦在因放走骊山刑徒而逃亡的那个夜里，曾演出过一段带有神话色彩的提剑斩白蛇的故事。后来他自己也说过"吾以布衣提三尺剑取天下"（《汉书》本纪）这类话。这"三尺剑"就是所谓"斩蛇宝剑"。刘邦当时还只是个小小的泗水亭长，所以佩剑仅长三尺，是符合他身份的。但《史记索隐》引《汉旧仪》却说："斩蛇剑长七尺。"传为葛洪所著的《西京杂记》更对此剑作了夸张性的描述，说是"剑上有七采珠、九华玉以为饰，杂厕五色琉璃为剑盒"；又说"开匣拔鞘，辄有风气，光彩照人"，甚至"剑在室中，光景犹照于外"。如果这些记载属实，那么如此豪华的宝剑显然已非原件，而是刘邦当上皇帝后，特令尚方为之另制的"赝品"。

传国玉玺就是我在《大秦帝国》第七章第一节中写到的，由秦始皇诏制、李斯篆文、良工精刻的那颗玉玺。所刻文字记载不一。《太平御览》卷六八二引《玉玺谱》为"受命于天，

【1】孝惠帝："孝惠"为皇帝刘盈死后所加的谥号。其中"孝"字，西汉十一帝除高帝刘邦外其余皆有，如孝文帝刘恒、孝武帝刘彻等。颜师古注《汉书》云："孝子善述父之志，故汉家之谥，自惠帝已下皆称孝也。""惠"字，《周逸书·谥法解》解释说："柔质慈民曰惠。"惠帝以后西汉九帝的谥号分别是：孝文、孝景、孝武、孝昭、孝宣、孝元、孝成、孝哀、孝平。谥号之制可能起始于殷周，秦一度废除，汉又恢复，一直延续至清。

【2】《尚书·顾命》：《尚书·周书》中的一篇，叙述周成王的丧礼和周康王继位的典礼。王国维说："古《礼经》既佚，后世得考周室一代之古典者，惟此篇而已。"（《周书顾命考》）

既寿永昌"。《汉书》和《晋书》则分别记为"昊天之命,皇帝寿昌","受命之天,皇帝寿昌"。秦亡,子婴"奉天子玺符,降轵道旁"(《史记·秦始皇本纪》),玉玺便归于刘邦。此后在帝王制度及其意识形态的笼罩和渲染下,玉玺的转手易主竟成了改朝换代的标志,千百年来,围绕着玉玺的传承,演出了不可胜数的或诡谲神秘或血腥残杀的故事。

从刘盈继位起,汉代皇帝听政的地点,由长乐宫移到了未央宫。此后长乐宫则通常为太后、太子所居住,因其位于未央宫东北一侧,故又称东宫。

传统的历史学家把像刘盈这样嗣位而立的皇帝,称之为"继体守文"之君。继体,指继承先帝体制;守文,指遵循先帝法度。凡继体守文之君,即位后第一件大事便是对先帝的功过用谥号的形式作出评价。当然实际上几乎全都是歌功颂德,极少有涉及到过的。由惠帝主持仪式,群臣对刘邦作出的评价是:"'帝起细微,拨乱世反之正,平定天下,为汉太祖,功最高。'上尊号曰高皇帝。"(《汉书》本纪)这"高皇帝"便是谥号。至景帝即位,又定其庙号[1]为"太祖",历史上习惯以谥号简称高帝,或谥号、庙号合而简称高祖。

接着下诏给民众赐爵一级,给各级官吏进不等的爵号;给有罪者减免刑;减田租,重申十五税一制。又动员以十余万人众的规模,修造长安新城。总之,这位汉帝国的二世皇帝的新登极位,似乎让人感受到全国上下有了一种喜庆、昌盛的气象。

这天清晨,谒者向惠帝奏报:赵王将于今日来京朝请。

惠帝一听喜出望外。赵王刘如意是他异母弟弟,已有好些年不见面了,他正想念着这个聪灵、乖巧的小弟弟呢!

但正因为喜出于"望外",这位少年天子忽又感到了蹊跷:他并没有下旨,远在邯郸的赵王因何说来就来了呢?

谒者的回答是:是皇太后下的懿旨。

惠帝大吃一惊。某种不祥的预感控制了他。眼前辉煌的金殿瞬间尽皆黯然。

他立刻想到要竭尽自己所能保护如意弟弟。

速速备驾!——他大声下令。

应命来到的太仆,便是当年在生死道上救过刘盈姐弟的夏侯婴,威武依旧,只是鬓角已染上浓霜。

惠帝说:快,朕要去霸上!

霸上离未央宫有数十里之遥。就为一个诸侯王要入朝皇帝居然亲至霸上候迎,在汉代绝无仅有。

原来正当未央宫前殿举行着新皇帝即位的隆重大典的时候,位于未央宫北侧后妃所居的北宫也即后宫,却在演着黑暗、野蛮、丑恶,历史上最惨无人道的一幕。

---

[1]庙号:帝王死后在宗庙或在宗庙中立室奉祀之名号。西汉十一帝,其中七帝有庙号:高帝为太祖,文帝为太宗,武帝为世宗,宣帝为中宗,元帝为高宗,成帝为统宗,平帝为元宗。庙号之制学者大多以为始于汉初,也有认为起自三代的。之所以有了谥号还要再拟庙号,清代王鸣盛解释说:"古者祖有功,宗有德,以其功德之盛,谥不足尽之,故又追尊为祖宗而加以美名,其庙则世祠不祧也。"(《十七史商榷》卷七六)

一声人性的呐喊：这不是人干的呀！

这一幕的导演，是已受尊为汉帝国首位皇太后的吕雉。

此刻，在这位皇太后心底压抑、积聚久久的嫉妒，已爆发成为一股畸形的、可怕的报复的火焰，正在熊熊燃烧。

报复的对象便是她的情敌、当年最受高帝刘邦宠爱的戚夫人。

后宫有椒房殿，为皇后所居。玉宇琼楼，画柱雕梁，连墙壁也因涂有椒泥而一年四季散发着温馨和芳香。

后宫又有掖庭殿，为众妃嫔所居。所谓歌台暖响，舞榭冷袖，这里既是诸多宠幸争丽斗妍之所，也是万千宫女昼夜劳作之地。

后宫还有一条长巷，称永巷，为众侍婢及宫女劳作、居住之所。进入此巷深处，你就会感到一股肃杀之气。这里设有专门用以幽闭有罪宫女的监狱。前些天，吕后已将戚夫人打入永巷狱，这时又命看管监狱的宫女将她拖出来施刑。先是髡（kūn）刑，就是剃光头发。宫女磨利剃具，动手去解戚夫人盘于头顶的发髻。只见眼前一亮，那满头乌云般的黑发便瀑布似地飘散开来。这景象，立刻使吕后想起自己早晨梳妆时出现在铜镜里的那堆蓬乱、灰白的头发。她的心被什么刺了一下，爆出一声怒喝：拔！

宫女遵命改用手拔。

于是一根根、一绺绺滴着血、带着肉的头发，便从戚夫人的头上被拔了下来。听着一阵紧一阵的撕心裂肺的惨叫，吕后享受到了那种期待已久的报复的快感。

史称"刚毅"的吕后，这时候其实并不刚强。她的软弱首先表现在，她没有足够的勇气反抗直接伤害她的异性刘邦，却由嫉妒转而报复间接伤害她的同性戚夫人。这一弱点源于一部古老的历史，在女性中几乎普遍存在，迄今犹然。人类社会自从由母权制转为父权制后，女性把失败的痛苦深深埋入了心底，承认男性是这个世界的统治者已经渐渐积淀为她们的一种潜意识。从此当她们在两性关系中受到了伤害而决心发起反抗时，首选的攻击目标往往不是异性，而是同性。这其实是一个弱者的反抗。吕后的软弱还表现在，从心理学的角度说，这时她已处于一种变态，她的正常人格并不坚强，因而反为病态人格所战胜，变成了一个虐待狂！

现在，戚夫人头上的最后一根青丝也被拔下，裸裎着一个血肉模糊的光头，令人惨不忍睹。吕后却还要下令施第二刑：钳，就是在戚夫人的颈脖上钉上一个沉重的铁箍。这样，只要系上绳子，便可像牲畜那样让你牵着走。

对这时候的戚夫人来说，若能马上死去，那便是最大的幸福。吕后当然不会让她轻易获得。猫捉到老鼠不都要细细耍弄一番然后再吞下肚子去的吗？俺皇太后这回可要好好享受享受这份报复快感喽！于是再施第三刑：舂，就是给戚夫人穿上粗鄙的赭色囚服，罚做舂米的苦役。

已沦为囚犯的戚夫人，心底还藏着一丝希望，藏着无尽的爱，因为她还有一个聪慧、孝顺的儿子。她的儿子如意这一年该已有十一二岁，三年前被立为赵王，此时尚在赵都邯郸。戚夫人无法遏制内心对儿子的思念，一边舂米，一边不由自主地唱起了她随口编的歌：

> 子为王，
> 母为虏；
> 终日舂薄暮，
> 常与死为伍。
> 相离三千里，
> 当谁使告汝？（《汉书·外戚传》）

吕后一听宫女的禀报，大为光火，说：你还想着儿子来救你的命呀？做梦去吧！立即派出使者去把赵王刘如意召回长安来，干脆一刀杀了他！

但是派了三次使者都被顶了回来。答复是：赵王有病，不便奉召。

刘如意自然没有病；他还是个孩子，也不会有敢于抗命的胆量。敢于抗命的是另外一个人，他便是以刚直闻名的赵相周昌。当年高帝要更立太子，作为御史大夫的周昌曾冒死强谏，为这件事，吕后当时还跪地拜谢过他。后来高帝担心自己死后小儿子如意处境会有危险，特地为他配备了周昌这样一个强相。现在周昌知道已到了舍身尽忠执行先帝托付保护赵王的时候了，即使搭上身家性命也在所不惜！

颇懂得权谋的吕后，突然转换了手法。她有意对此事冷落了一段时间，然后召周昌进京。周昌作为一个王国丞相，没有任何理由可以不奉天子之命。他应召来到长安。这下他上当了，吕后使的是调虎离山之计。周昌前脚刚走，汉使后脚便到：宣皇太后懿旨，命赵王赴长乐宫请安！年幼的刘如意，哪知其中藏着杀机。命左右侍臣及太傅、长史等，准备行装，奔赴长安。

现在要说到惠帝刘盈。

据说高帝在病危时，曾给还在做太子的刘盈下过一道要他照顾如意的手谕，大意谓："吾得疾遂困，以如意母子相累。其余诸儿皆自足立，哀此儿犹小也。"（见《古文苑》）不过依刘盈宽厚仁爱的秉性，即使没有父亲这道手谕，也会尽其所能来保护如意这个异母小弟的。得悉如意即将应召进宫的消息，刘盈大为惊恐。他知道他那个正被报复心理控制着的母亲，已经失去了正常的人性，弟弟只要一进长乐宫就难逃一死。一向软弱的刘盈，这时却采取了一个在他短暂的一生中最为勇敢、果断的行动：命太仆备驾，他亲自前往离未央宫数十里外的霸上，迎候赵王刘如意的来到。接到弟弟后，同车回宫，又一起去拜见吕后，然后就双双食宿于同一宫室，不让吕后有任何下手机会。

这对异母兄弟，在这个皇权支配着一切，通常的人性和人情都变得难以存留的皇宫里，却偏是脱尽了所有君臣关系的羁绊，仅仅是作为两个纯情的少年，形影不离地生活了数月之久，这在中国帝王制度发展史上实在是一个奇迹。

如意不能去看望还在永巷做苦役的母亲，自然不免伤悲。刘盈为了排遣弟弟的痛苦，常常与他一起读书吟诗，一起骑马射箭，一起与宫女嬉戏。如果一直是这样，生活该是多么灿烂美好！

厄运是在一个早上突然降临的！

这是惠帝元年（公元前194年）隆冬的一个清晨，兄弟俩原是约好一起去打猎的。如意贪睡，还恋着被窝。刘盈看看侍从、卫士和鹰犬、弓矢以及马队早已准备就绪，不忍心叫醒睡得正香的弟弟，就率领着行猎队伍先出发了。刘盈离开如意还不到半天时间，他怎么也没有想到这竟会是一个致命的空缺！就在这段短暂的时间里，吕后撒下的那张情报、间谍网进行了紧张而又高效率的工作：他们将捕捉到的机会向吕后作了禀报；吕后下达了毒杀令；他们调制了鸩酒[1]，然后像平时一样，由宫女用精致的玉盘跪送到了已经梳洗完毕的赵王刘如意面前。这样，到刘盈打猎回来再次看到的弟弟，已是一具七窍流血的尸体了！

如意落葬后，惠帝赐谥"隐"，称赵隐王。《逸周书·谥法解》解释说："见美坚长曰隐"；"隐拂不成曰隐"。万般无奈的惠帝，只好用这个"隐"字来寄托他对弟弟的绵绵哀思，也藉以表示自己作为皇帝却不能保护一个幼小弟弟的深深愧疚。

赵相周昌听到赵王如意的死讯后，竟一病不起，在日以继夜的自责中煎熬了三年，便饮恨死去。

但吕后对戚夫人的残酷的折磨到此远没有完。这个贵为皇太后的女人，此时已完全丧失了人性，变得像希腊复仇女神厄里倪厄斯那样狰狞可怕。她手里拿着鞭子，头上盘着毒蛇，眼里滴着鲜血，花样百出地不断下达她的折磨报复对象的命令——

先砍去她的手脚；

再挖掉她的眼珠；

熏以毒烟使她耳聋；

灌以毒药使她口哑……

然后把她扔到猪圈[2]，给已经再也见不到一点点原来天生丽质模样的戚夫人起了个名称，叫"人彘"。（彘：zhì，即"猪"。）

这该解恨了吧？不，皇太后还有恨，恨她的儿子刘盈！想当初，为了保住刘盈的太子地位，她抛头露面，东恳西求，忍受了多少屈辱、花去了多少心血和眼泪啊！可儿子如今当上了皇帝却偏偏不肯与老娘一条心，非但不肯一起恨那个姓戚的烂货，还想方设法保护那个烂货的崽仔！吕后决定要教训教训她的儿子了，于是派内侍去召儿子来亲眼看看那烂货的下场："人彘"！

依然沉浸在失去弟弟痛苦中的惠帝，并不知道后宫发生的惨剧。内侍说皇太后要他去观看"人彘"，还以为是天下郡县进献的"祥瑞"[3]，想来该是一种半人半猪的稀罕物吧？

【1】鸩酒：毒酒。鸩，音zhèn，传说中一种毒鸟，据说以其羽毛浸制之酒即称鸩酒，饮之立死。在古书记载中，此种杀人方法屡见，可能是泛指投有烈性毒药之酒。又，关于刘如意的被杀，《史记》、《汉书》都记为吕后"使人持鸩饮之"而死，葛洪《西京杂记》则谓"吕后命力士于被中缢杀之"。

【2】《史记·吕太后本纪》原文"使居厕中"。厕，通常解释为厕所，但《汉书·燕剌王刘旦传》有"厕中豕群出"句，颜师古注厕为猪圈。故此处厕似亦为猪圈。

【3】祥瑞：按字面解释为吉祥之征兆，但在我国古代则是指一种特殊的社会政治现象。古人相信所谓"天人感应"，以为帝王行善政或恶政，上天会分别降下祥瑞或灾异以示嘉勉或惩戒。所谓祥瑞，包括罕见而被视为有吉庆含义的天象、地貌以及珍禽异兽等等。各地发现此等"祥瑞"，规定必须及时向朝廷奏报，文武百官要进表奉贺，史官还要将之载入史册，如《宋史·符瑞志》就有大量此类记载。

母后出于关心,让他解解闷,那就去看看。

但一到后宫,惠帝却被眼前的景象吓住了!戳在地上的像是一截木桩子,却又分明是肉做的,因为还在滴着血,流着脓。头上布满伤疤,没有一根头发。该是长眼睛的地方,只有两个大窟窿。两片嘴唇还在,张了几张,却发不出一点声音!

惠帝到这时候才知道,太后叫他来看的不是什么祥瑞,而是一个被作践得不成人样的人!当掌管后宫狱政的宫正说出那就是戚夫人时,惠帝惊恐万状,怎么也不敢相信,眼前这个吓人的肉桩子就是记忆中花容月貌、风情万种的戚夫人!他捶胸痛哭,大声呼号:这不是人干的呀,是人怎么下得了如此毒手呢!……

还处在人生最美好的少年期的惠帝,竟就此一病不起,终日与药罐、病榻为伴,长达一年多。病愈后,也是只顾饮酒淫乐,几乎不理朝政。当上了皇帝依旧保持着寻常人情的刘盈,让我们这些普通人感到亲切和可爱;但是像他这样的秉性,实在不应该做皇帝,也注定做不好皇帝。站在维护帝王制度立场上的传统的历史学家,大都对惠帝有过批评。如宋代司马光便认为惠帝只知"小仁"而不知"大谊"——

为人子者,父母有过则谏;谏而不听则号泣而随之。安有守高祖之业,为天下之主,不忍母之残酷,遂弃国家而不恤,纵酒色以伤生。若孝惠者,可谓笃于小仁而未知大谊也!(《资治通鉴·汉纪四》)

未央宫承明殿奏出了《棠棣》之乐

惠帝在总是病恹恹的一年多时间里,也曾有过一段纵然短暂却十分开心的日子,那就是在盼望他大哥齐王刘肥[1]来朝见的那几天。

刘肥的母亲曹氏,可能是刘邦爱上的第一个女人,但他们并没有举行过婚娶之礼,因而刘肥该是个私生子。大概要过三两年后,刘邦才傍上了新从外地迁居到沛县来的大户吕太公,并与其长女吕雉正式结婚,先后生有一女一子,即刘元与刘盈。这么算来,估计刘肥至少要比刘盈长五六岁。这对同父异母兄弟却是情深谊长,刘盈至今还保留着童年时代与刘肥在一起的许多美好的记忆。大哥曾多次带他到泗水边钓鱼虾,还教他游泳。他胆小,总不敢离岸;可大哥一头钻进水里,却能玩出许多花样来。刘盈自幼文弱,父亲几乎从不回家,母亲又常下田劳作,姐姐毕竟是个女孩子;唯有这位身强力壮的刘肥大哥,尽管只是同住一个村子而不是同住一家,却是他童年最有力的保护者和最好的教导者。

---

[1] 齐王刘肥:诸侯王封号行世袭制,只要不被撤除,在同一封国的不同时段内必然会有多个封王。如这位刘肥受封为齐王,死后其子刘襄嗣封也为齐王。史书在记载时通常总要加上一个谥号以示区别。如刘肥为"齐悼惠王",刘襄为"齐哀王"。其中"悼惠"、"哀"便是谥号。本书在写作时,考虑到大多采用正在进行中的现在时态,若加上死后才有的谥号读起来会感到别扭,所以都单称齐王。类似的情况后面其他章节中还有,如淮南王也有两个,一个是刘长,另一个是其子刘安。请读者读时留意,不再另注。

但刘盈自从先后被立为太子、皇太子后，与这位大哥反而显得生分起来。特别是现在他又当上了皇帝，当年亲如手足的兄弟，如今却变成了尊卑高下悬殊的君臣关系，这使刘盈心里很难受。尤其是在相继发生了如意和戚夫人惨剧以后的现在，他多么需要有个像刘肥这样的大哥能够听他诉诉心中的郁闷和痛苦啊！他等盼着这次朝见，希望当年那种无拘无束的兄弟情谊能够重新回来！

刘肥是在高帝六年（公元前201年）也即韩信由齐王改封为楚王又贬为淮阴侯后，被立为齐王的。由于长年战乱，齐民流散甚多，颇有抱负的刘肥，当上齐王后曾发布过一个文告：凡是说齐地语言的，欢迎都回到齐国来！齐国亦因以日趋强盛。按礼制规定，诸侯王每年须定期拜见天子，春曰"朝"，夏曰"宗"，秋曰"觐"，冬曰"遇"；也可通称朝见。这年春天，刘肥准备了丰富的礼品，起驾自齐都临淄出发，赴长安朝见皇帝。

刘盈终于等盼到了这一天，早早在皇城东郊迎候。刘肥远远望到皇帝大驾仪仗，大为惊慌，赶紧下车步行至惠帝前跪拜，口称罪臣该死，岂敢有辱圣上出城远迎！刘盈抢前几步将刘肥扶起，说：这里只有兄弟，何来君臣！刘肥起先仍不敢应承，却也拗不过刘盈坚持要以兄弟相称，只得壮壮胆试着叫了声弟弟，刘盈应着又回了声大哥，两汪泪水不禁夺眶而出。兄弟俩都改为骑马，并辔缓缓走在长安东城的驰道上，絮絮地叙谈着别后的一些琐事。当弟弟把哥哥引进未央宫承明殿的时候，这里早已准备好了酒宴和乐舞。正在演奏着的是惠帝特意选定的《棠棣》之乐——

棠棣之华，鄂不韡韡。
凡今之人，莫如兄弟。

傧尔笾豆，饮酒之饫。
兄弟既具，和乐且孺。[1]……

吕后就是在这个时候请到的，于是酒宴便开始。

吕后就尊位。惠帝以尊长兄之礼，请刘肥坐上位，即左侧；自己则就下位，坐在右侧。兄弟俩都没有注意到这时候吕后脸色的变化，酒宴还在欢乐的气氛中进行。席间，吕后因需更衣，返入内室。当她回到席座时，内侍又进上数卮酒来，说是少府汤官新制的佳酿，特献上供品尝。吕后说：肥儿，你我娘儿两个如今也难得见面了，今日总算盼到了你，我很高兴，那就让你先饮此卮吧！

刘肥受宠若惊，哪敢自饮，急忙离席奉卮，向皇太后敬酒。依照礼制，向尊长敬酒，须先尝一口，辨明确无恶味，方可敬上。刘肥刚要举卮近口，对席的刘盈也离席而起，举

---

[1]《棠棣》诗，叙兄弟之谊，见《诗经·小雅》。全诗共八节，此处所引为第一、第六两节。大意为：盛开的棠棣花，鲜艳犹如彩云；这喧闹的人世啊，亲不过同胞弟兄！摆上丰盛的菜肴，斟满清醇的美酒；你我兄弟今日相聚，仿佛回到童年欢乐的时候。

起内侍进献来的另一卮,说:就让我们兄弟二人,同祝皇太后南山长寿吧!说着就要先尝,吕后突然一声惊叫,劈手将刘盈的酒卮夺去,慌忙抛掷于地。酒浆泼洒了一地,那铜制的酒卮滚到殿阶下,铿铿响了两声。

原来吕后对刘肥这个刘邦的私生子早就怀恨在心,加上这回亲眼看到他对她的儿子、当今的皇上非但不执守人臣之礼,还竟敢以兄长自居就座上位,就再也无法容忍了,决定非除去不可!她借更衣为由,命内侍进献了这几卮鸩酒。谁料不争气的儿子又一次搅乱了她的计谋!尽管她恨这个儿子,可毕竟是自己的亲骨肉,又怎能忍心眼看着他吞下毒酒死去呢?

目睹了这奇特的一幕,刘肥立刻明白了!他忽而一阵傻笑,随即木着舌头称赞道:好酒!……果果然,好好酒!摇摇晃晃走了两步,一个踉跄,哐当一声,手中那卮毒酒已跌落在地上。他索性就势倒下,伸手去抓那酒卮,抓着抓着头一垂,竟响起了呼噜声。

为朝觐之需,各王国在长安都设有官邸。刘肥回到齐邸,犹是惊魂未定。他知道他的假装酒醉,不可能逃过吕后那双尖刻的眼睛。再留在长安,已是凶多吉少;逃跑吧,十有八九会被追杀。就这么在床上辗转反侧,一夜未能成眠。在刘肥随带的王国官员中,有个名叫勋【1】的内史,这时向他进献了一计。内史勋说:臣倒有一脱身之计,只是须大王能忍痛割爱才好!

刘肥说:只要能脱身就是万幸,哪还有不忍割舍的!公有何妙计,请快快讲来!

内史勋说:大王蒙先帝隆恩,封有齐六郡之地,食邑七十余城。皇太后有一爱女刘元,如今封于鲁,称鲁元公主,食邑仅有数城。大王若能割一郡之地,献与鲁元公主为汤沐邑,太后必然欢心;只要哄得太后高兴,大王何愁不能回齐!

刘肥想想也只得如此了,决定进献城阳一郡之地。为讨好吕后,再尊鲁元公主为齐王太后。这也就是说,刘肥自降一辈,尊同父异母的刘元妹妹为母辈,吕后为祖母辈。这下吕后果然高兴了,还带着鲁元公主一起到齐邸来,为已是属于儿、孙辈的刘肥饯行。杯觥交错,乐舞悠扬。在席上有说有笑的吕后,仿佛早把几日前那暗藏杀机的一幕抛到九霄云外。

死里逃生回到齐国的刘肥,像是换了一个人。往日那个豪爽、快活的齐王不见了,家里人看到他不是独自愁思枯坐,就是仰天长叹。大家都很纳闷,也为他担忧。刘肥有九个儿子,大都尚未成年。这一日,他将已立为太子的长子刘襄和几个大一点的孩子找来,屏退左右侍从,把这回在长安的遭遇和受到的屈辱说了说,并一再告诫:往后尔等应竭诚承卫天子,戒骄戒奢,慎之又慎,务使我齐国社稷永世长存!

刘肥刚说完,有个生气虎虎的少年率然按剑而起,说了一番使刘肥既惊恐又欣喜的话。少年说:请父王放心,孩儿已经长大,定然要为父王雪耻,振我大齐雄风!

少年名叫刘章,是刘肥次子。四年后,刘章作为一名卫士奉召进入未央宫轮值警卫,居然赢得了吕后的赏识和信用,由此展开了他奇特的人生。读者将在本章最后一节读到这个那时已是青年的刘章如何与大臣们一起诛灭诸吕的传奇故事。

【1】此据《史记》。《汉书》则记此内史名"士"。

戴上了权力枷锁的母子关系

儿子当上了皇帝，母亲被尊为皇太后；吕雉与刘盈该是在当时华夏大地上数千万汉人中其尊贵和财富都无与伦比的一对母子了。但就是这样一对母子，现在却陷入了无尽的烦恼，且又不便诉说也无处诉说。

他们的烦恼源于权力。

帝王集权制决定了国家最高权力只能一人独掌。年少加上性格懦弱的儿子刘盈，显然不是老练、强悍的母亲吕雉的对手。当尽了多种努力结果全都无效，只能眼睁睁看着一个接一个的迫害事件在自己身边发生的时候，刘盈退却了，颓唐了，成日只顾饮酒淫乐，不想再做这个挂名皇帝。他没有去亲见吕后，只是让他身边的谒者去向太后转达他的这样一个请求：儿臣以为，太后惩处戚夫人等事皆非人所当为，故羞之。臣既为太后之子，持守子道即可，治理天下的事，伏请太后自行主裁。

但吕后却远没有就此满足。人的欲望常常是随着地位或处境的改变而改变的。对当年那个胼手胝足耕作于田间的吕雉来说，皇太后的地位无异于天上的星座，她连做梦都不可能想到竟会属于她。如今真的当上了皇太后，却又希冀把整个皇权全都抓到自己手里。但她知道，真要独揽皇权，就得使这个皇权的标识从刘姓转变为吕姓，而达到这一步，她面前还挡着多少难关啊！读者将在稍后第三节中看到，为了"以吕代刘"，这个坚强的女人真可谓算尽机关，费尽心计，以至最后心劳日拙，油尽灯枯，带着遗恨离开了这个世界。

这里先要说的是吕后的另一个烦恼。在她看来，这个烦恼源于男性霸权。

此时吕后实际上已是万乘之主，如果她是男性，那么拥有"一后、三夫人、九嫔、二十七世妇、八十一御女"（《周礼》），以至再加上宫女万千，都被认为是完全正常的事。但她是女性。在男性占统治地位的意识形态里，女性干政已被认为是"牝鸡司晨"属于反常；倘若竟然还要与居于相同地位的男性那样享有类似的性特权，那简直是不可思议的事！偏是吕后似乎有些不安分。不过公平地说来，即使按当时普通女性应遵守的礼制来检验，吕后也只是稍有出格。她原来就与上章中提到的辟阳侯审食其有过那种暧昧关系，这时候两人间的接触很可能因刘邦的缺位而变得日益频繁起来，尽管仍处于地下状态，但已越来越难掩旁人耳目。宫廷是男性霸权最森严的地方，这里有最完善的防范系统，女性的任何细微的越轨行为，都难逃它的烛照。于是毁谤四起。

当然，毁谤者都很聪明，他们小心翼翼地避开了吕后，而把所有恶名全都归之于已被说成是嫪毐[1]式可鄙人物的审食其。

出乎毁谤者意料的是，受到最大伤害的竟是皇帝刘盈！惠帝当然也是一个男权主义者，他无法容忍父亲去世后母亲的这种背叛。但一番冲冠大怒过后，在处理此案时，不得不同样小心翼翼地避开吕后，又出于投鼠忌器的考虑，有意绕过敏感的性关系问题，另外找了些审食其的劣迹，将他逮捕入狱，交付廷尉论罪处斩。不过即使这样，还是使吕后处于十

【1】嫪毐：战国末秦国宦官。受到太后即秦王嬴政之母赵姬的宠幸，并生有二子。后在叛乱中被杀。

分尴尬的境地：出面说话吧，实在没有那样一张老脸；保持沉默吧，又于心何忍呢！至于诸位大臣，平日里就对因得到皇太后宠幸而趾高气扬的审食其存有嫉恨心理，这回更巴不得他一刀两段，谁还肯为他说情！

处于绝望中的钦定死囚审食其，忽然想起了他的好友、能言善辩而又守信重诺的朱建，又激起了一丝生的希望。他买通狱卒，由狱卒设法去向朱建转达一个信息：他渴望朱建能到监狱来见一面。

朱建原任淮南王黥布之相，黥布谋反兵败被杀，朱建则因曾经谏阻过黥布，高帝不仅赦免了他，还赐号平原君。朱建为人清廉刚直，不愿与被他视为品行不端的人苟合，所以当审食其想要去结识他时，他硬是不肯出见。后来是一场意外降临的变故改变了两人之间的这种关系：朱建的母亲突然病亡，事母至孝的朱建，因家贫无力操办丧事而陷入了极大的痛苦。正是在这个时候，审食其以百金相赠，帮助他尽了作为儿子的最后一点孝心。从此两人成了知交，朱建愿以死报效这个在他患难时曾救助过他的恩人。

在监狱里度日如年的审食其，苦苦地等盼着那一丝生的希望能成为现实。

但狱卒给他带来的却是一个冷若冰霜的回答：朱建拒绝来见！

这个整日跟随于皇太后身后风光赫赫的宠幸者，终于也尝到了世态炎凉、人情冷暖的滋味！

但出乎意料而又让他惊喜不已的是，几天后他居然平安地被释放了！后来知道他的获释正是朱建为之奔走和施计的结果。

原来朱建拒绝进监见面是有意做出的姿态。他知道像解救审食其这样的事，切忌弄得尽人皆知，也不宜去请求大臣出面，唯有暗中通过内侍进说或许尚能奏效。他去登门拜访惠帝的幸臣闳孺，对这个冠上插着锦鸡羽毛、脸上抹着胭脂香粉的小男宠一番闲谈过后，突然说道：这些日子来，宫廷内外都在说，辟阳侯审食其的下狱是足下进谗的结果，真是如此吗？

闳孺一听大惊，说：哪有此事！我与辟阳侯既无新仇，也无宿怨，要陷害他做甚！

朱建说：有道众口铄金，积毁销骨。足下纵无此举，然群言汹汹，足下如何还能脱此干系！辟阳侯为太后贵宠，已是无人不晓。如今他身陷囹圄，只因事关私宠，太后暂时不便出面干涉罢了。但若是审食其真的受戮，太后定然天怒雷动，到那时足下纵有百口也莫能一辩，难道还能幸免那灭顶之灾吗？

长得唇红齿白的闳孺毕竟年少，听完这番话已吓得脸无人色，哀声求问得救之法。朱建说办法自然有，只怕足下不愿意。闳孺一迭声地说了几个愿意，于是朱建便向他提出了一个"肉袒"去到惠帝面前为审食其求情的建议。肉袒是古代向人谢罪或求恳的一种极端方式，就是脱去衣袖，袒露部分肉体，跪伏诉求，以这种屈辱自己的方式引起对方哀怜而获得谅解或允准。朱建说：辟阳侯若能获释，太后定会感激足下，那时候足下不是可以同时得到皇上和太后两个主子的宠幸，获得双倍的荣华富贵了吗？

闳孺照着朱建的话去做了，果然救出了审食其，他自己也果然博得了太后和皇帝两个主子的欢心。一时间，这个小男宠居然成了后宫明星一类人物，连他那身打扮也成了一种时尚，年轻一点的郎官、侍中，也跟着冠上插起了锦鸡羽毛，脸上抹起了胭脂香粉。

但朱建却因此留下了一条与审食其不清不白的政治辫子，到文帝时，审食其为淮南王刘长所杀，追查起来，朱建就难免受到牵连。来抓捕他的官吏已快到门口，朱建拔剑出鞘准备自杀，他的几个儿子和属吏赶紧阻止说：事情还不知道呢，何必仓促自杀！朱建不听，还是自杀了。临死前说了这样一句话："我死，祸绝，不及而（通"尔"；你们）身矣！"（《史记·郦生陆贾列传》）以自己的死为别人消灾。单凭这句用生命说出的话，也可认定朱建算得上是孟子说的那种"大丈夫"了！

尽管史书没有记载，我们还是不难想见，这段时间对吕后感情上的折磨是残酷的。她无法接受自己的亲生儿子竟用了这样一种使她很难开口的方法来惩罚她，内心定会对刘盈有过责怪、怨愤甚或仇恨。审食其终于获释自然是一种安慰，但似乎也很难完全修复她心灵上的这块伤痕。过了一段时间，她决定对刘盈采取措施了。当然刘盈毕竟是自己亲生骨肉，她暂时还不忍心用像对付如意、刘肥那样的鸩杀手段；她只是想拉拢和控制他，用的是一种形式上颇为温馨的办法，叫作"重亲"。

上章四节已经提到过吕后的女儿鲁元公主嫁与赵王张敖，后来他们生有一女，算来此时最多也还只有十一二岁。吕后忽发奇想，要将这个外孙女配与儿子刘盈为妻，这就是所谓"重亲"。如此荒唐的婚事，估计刘盈曾经反对过，大臣也可能有人作过诤谏，但一概无效。婚礼于惠帝四年（公元前191年）十月隆重举行，张氏小女孩当即被立为皇后。但这一来，在这个第一家庭里长幼秩序完全乱套了：对吕后来说，刘盈既是她的儿子，又是她的外孙女婿；而刘盈见到鲁元公主，不知是叫姐姐好还是叫岳母大人好！还有那个张氏小女孩，她怎么也弄不懂：昨天还是她舅父的刘盈，一个早晨醒来，忽然成了她同床共枕的夫君！难怪东汉荀悦在《西汉纪·孝惠皇帝纪》中对此作了这样的评论：

姊子而为后，昏于礼而黩于人情，非所以示天下作民则也。群臣莫敢谏，过哉！

但这出荒唐剧至此还没有完。吕后让外孙女做自己的儿媳妇，本意是为了急于抱孙子，以便由孙子来接替儿子的皇位。偏是造化不配合，用尽各种办法还是不见儿媳有喜，于是又使出一个移花接木的绝招。她派人在后宫众多的嫔妃、美人、才人中仔细查访，终于发现有一美人已怀有身孕。于是一面教她的儿媳张皇后假装怀孕，一面将那美人隔离起来，待到婴儿一临盆，立即一刀结果了那美人的性命，而留下的婴儿就成了张皇后的"亲生"儿子[1]。这也就是说，现在吕后终于可以放心了，因为她手里已经有了一个可以向皇室和臣民宣布是她外孙女生的、随时可以用来接替惠帝皇位的孙子！

---

[1] 此美人究竟与何人媾合而有身孕，也就是说，其腹中后来成为少帝的那个胎儿是否刘氏血统，已成为历史悬案。《史记·吕太后本纪》称：张皇后无子，"佯为有身，取美人子名之，杀其母，立所名子为太子"。单看这段记载，仍有可能是惠帝刘盈之子；但本纪另一处又录诸大臣语谓：少帝"非真孝惠子也"。《汉书·南粤传》所录文帝《致南粤王书》也说："取它姓子为孝惠皇帝嗣。"《资治通鉴·汉纪四》径称"取他人子养之而杀其母，以为太子"。他人为何人，无明说。《史记正义》引刘伯庄语则以为是吕氏："诸美人元幸吕氏，怀身而入宫生子。"唯此说大抵出自臆想，似难确信。

吕后称制[1]：学黄老之术，行无为之治

旧时一些稗官野史小说之类，把吕后称之为"淫妇"、"悍妇"、"毒妇"，现在我们再来评说这个人物，似乎应多着眼于政治和历史，平心静气地也为她说几句公道话。

惠帝在位七年，吕后临朝称制八年，惠帝时期实际秉政也多为吕后，因而中国历史上第一次由一位女性执掌国政的时间，该是十五年左右。传统的历史学家在叙述这段历史时常常会自觉或不自觉地受到两种思想的影响：男权主义和以刘氏为正统的正统思想。以前一种思想为标准，女性掌政或干政便被视为不祥甚至罪恶，《尚书·周书·牧誓》就说过"牝鸡司晨，惟家是索（尽也）"这样的话；《史记·周本纪》记武王宣布纣王的第一大罪状便是"用其妇人之言，自绝于天"。以后一种思想为标准，往往把高帝与群臣"非刘氏不王"的盟誓看得神圣无比，以为吕后当政、封诸吕为王就是篡夺。今天我们再来看这段历史，自然不应再受那些思想的影响。对历史人物的评价，与其性别、姓氏一概无关，只需看他究竟对历史做了些什么。

吕后在宫廷内部的权力斗争中，包括出于嫉妒而对戚夫人等人的报复性的惩处中，其用心之褊险，手段之残忍，确乎罕见；但幸好，她没有用同样的心思和手段治理天下。《史记·吕太后本纪》对吕后有这样一个总论——

> 孝惠皇帝、高后之时，黎民得离战国之苦，君臣俱欲休息乎无为，故惠帝垂拱（垂衣拱手；指安闲自适），高后女主称制，政不出房户，天下晏然，刑罚罕用，罪人是希（同"稀"）。民务稼穑，衣食滋殖。

这段话中说的由于"政不出房户"、"刑罚罕用"，使老百姓得以安心在田间勤劳耕作，这在古代也是一种治理天下的办法，叫作"无为而治"，属黄老思想。

黄老思想是盛行于秦汉之际的一种重要和颇为深邃的哲学思潮，吕后也可能只是稍有

【1】称制：秦始皇规定其命为"制"，令为"诏"。后因谓即帝王位当政为"称制"。吕后称制，则指其代替皇帝掌理朝政，因此时名义上仍有年幼无知称之为"少年"的皇帝在。

接触，不见得用心学过，更不可能有深刻的理解。实际上，她的主要精力几乎全都用于宫廷内部的权力斗争了，朝政多由丞相掌理。在久经战乱、帝国草创，"君臣俱欲休息乎无为"这样一个特定的历史时期，吕后的这种不管的"管"，反倒成了一个颇有成效的执政方式。

吕后称制期间出任相职的，先后为萧何、曹参和陈平与王陵。论者通常把曹参、陈平都列为黄老思想的信奉者，萧何也有某些黄老倾向。还有当年冒死为赵王张敖辩冤、此时任汉中郡守的田叔，年轻时曾师从战国末黄老之术传人乐臣公，该是一位学有渊源的黄老信徒。需要特别先在这里提一下的是景帝——武帝时期赫赫有名的窦太后，也曾以黄老思想影响过朝政，武帝第一次尊儒，就因她的干预而败下阵来。

汉制，后宫嫔妃及宫女除少量源于籍没罪人之妻女外，大多选自民间年十三以上、二十以下姿容端丽的"良家子"[1]。这位名叫猗房的窦太后，最初便是以良家子身份被选入宫的，起先因无任何名分，通称窦姬。大概就在曹参任相的某一年，由于宫中又选了一批更年轻的良家子，吕后宣旨，将原来的部分宫女出放分赐给诸侯王去充当侍姬，每王五人。在张榜贴出的赐给代王的名单中，就有这个窦姬。正是这个卑微的宫女，后来不仅相继有了皇后、皇太后、太皇太后这样一连串辉煌的尊号，而且在长达二十余年之久的历史阶段中，居然还成了以黄老思想主导汉帝国朝政的总后台！

不过正式将黄老思想作为一种治国方略最先引入朝政的，还应是汉帝国第二任国相曹参。

曹丞相奇特的掌政方式：日日饮酒歌乐

曹参这个人物，前面已提到过几次，想必读者不再陌生。

需要补充说几句的，是曹参经历中出任过的几个职务。他在秦时曾为沛县狱吏，秦以严刑峻法治国，狱吏位虽卑微，其职该是颇为风光的。后随刘邦反秦，任中涓，掌文书收发及谒者之事，兼管清洁杂务。在入关和进入汉中前后，参加过多次战役，且屡建大功，因而后来又迁任为将军、中尉等武职。曹参的这些经历说明，他最擅长的还是打仗；有过一点管理监狱的经验，也是秦时严刑峻法那一套，已不再适应于汉帝国建立以后的形势。

在中国历史上，凡是一个由底层发难、用暴力夺取的方式建立起来的政权，开头一段时期，都会有大批官员从武职转向文职，用我们现在的话来说就是"从部队转向地方"，简称"转业"。又因文化素养、管理经验与职务差距甚大，常常会出现一时难以适应的苦恼。

高帝六年（公元前201年），刘邦在立他的庶出长子刘肥为齐王的同时，任曹参为齐国之相。

齐国是个拥有七十余城的大国，而且向为中原人文荟萃之地，号称文化之邦。

莅任之日，曹参就遇到了我们上面说的苦恼。但他懂得一条，除了学习，别无他法。

---

[1] 良家子：《史记索隐》引如淳曰："非医、巫、商贾、百工也。"故良家子也即农家子女。

他把当地的长老和诸多儒学之士召集起来，请他们谈谈如何治理好齐国，让百姓得到安宁的办法。结果百余人各说各的一套，他仍然不知道该怎么办。就在这时，有人向他推荐了一位正在齐国高密、胶西一带讲学的老人，叫盖（gě）公，是战国末期黄老之学的一位传人，遐迩闻名，从学者甚多。此前曹参对这种学说只是有所听闻，也不知对他眼前急需的治理齐国是否有用，只能说是急病乱投医吧，就尝试着备上厚礼，命人去把老先生请来再说。

趁这机会，我们就来介绍一下黄老思想的源流及其因何在齐地特别盛行的原由。

大略说来，黄老之学源于老子所创始的道家。至战国末期，道家思想有了重大发展，出现了一种以原初道家思想为基础、兼采诸家之长的新道家，汉人习称为黄老思想。黄，指传说中的圣君明王黄帝；老，即老子。黄帝既是传说人物，自然不可能留下什么著作，伪托上古圣人以提高自己著作的权威性，这是当时学术界的一种风气。成书于汉初的《淮南子·修务训》便说："世俗之人，多尊古而贱今，故为道者必托于神农、黄帝而后能入说。"

战国时期，齐国经桓公、威王、宣王三世君主的倡导，在其国都临淄稷门附近广设学宫，招揽天下游说之士，一时成为荟萃道、法、儒、名、兵、阴阳诸家的学术中心，黄老之学便是起源于稷下的一个学派。据《史记·孟子荀卿列传》记载，像慎到、田骈、环渊等稷下学宫的著名人物，都曾"学黄老道德之术"。"黄老"之名虽是伪托，黄老思想却是在战国末期出现的一种颇为重要的政治思想。其时战国七雄几经较量渐渐出现了复归统一的历史曙光，黄老思想中有关治国的主张，便是适应了历经长期战乱的社会应回归到安宁休息这样一种普遍需求而提出来的。尽管它依旧崇尚清静无为，却赋予了更多的积极含义；清静无为不再是目的，而是一种手段，即不主张过多的行政干预，而是采取顺应自然的措施，促使经济的恢复和社会的发展，达到人与自然、社会的和谐共存。成书于武帝时期的《淮南子》，一般认为是汉初新道家也即黄老思想的集大成之作，书中《原道》篇就有"漠然无为而无不为也，澹然无治而无不治也"这样的经典表述。《汉书·艺文志》中录有大量托名黄帝的书目，我们现在几乎已全都无法看到，幸而考古成就稍稍弥补了这一缺憾，1973年长沙马王堆三号汉墓出土了《十六经》、《经法》、《称》、《道原》等帛书，据专家研究断定均属黄老之书。

秦灭齐，齐都临淄被秦始皇降为齐郡的一个组成部分，稷下学宫自然也人去楼空，但黄老之学在临淄东南数百里的高密依然默默地传播着，不绝如缕。司马迁在《史记·乐毅列传》赞语中为我们记下了这样一条传承线索——

乐臣公学《黄帝》、《老子》，其本师号曰河上丈人，不知其所出。河上丈人教安期生，安期生教毛翕公，毛翕公教乐瑕公，乐瑕公教乐臣公（《索隐》：亦作"巨公"），乐臣公教盖（gě）公。

曹参要请的，就是排在这条传承线末端、也即当时硕果仅存的黄老耆宿盖公。

盖公被请到了临淄，曹参与他一席倾谈，仿佛茅塞顿开，大为钦佩，当即尊之为师，殷勤款待。还把自己处理政务的正堂让出来给盖公住，以便随时请教。据《史记·曹相国世家》记载，盖公在教授中强调"治道贵清静，而民自定"，这也正是黄老治国理论的核心要旨。从此曹参有关治理齐国的举措无不依照黄老施行。他前后相齐九年，史称"齐国安集，大称贤相"。

惠帝二年（公元前193年）七月，汉帝国首任相国萧何去世，谥为文终侯。

萧何死讯传到齐国国都临淄，当时在齐任相的曹参吩咐他的舍人说：你们赶快为我准备行装，我就要进京去接任相国啦！

起先谁也不信。不信的依据有很多，其中之一是：谁都知道，萧何与曹参同为沛县人，并同为县吏，又一起追随刘邦反秦，曾经有过很好的友谊。但后来两人却产生了很深的隔阂，而且已有多年[1]。既然如此，萧何怎么可能在临终前推荐曹参做他的继任者呢？

但事实却又叫你不得不信：几天后，朝廷果然派来了宣召曹参进京的使节。

不过说起来，曹参的预言倒也并非凭空臆想，他有他的依据。一是相齐九年的政绩，已使他声名远播，朝廷不会不知道；二是根据他的观察，不只是齐国，当时整个华夏大地，都需要用清静无为的黄老之术，来医治多年累积下来的战争创伤和民生凋敝的痼疾。具体来说，就是要执行省禁约法和轻徭薄赋的政策，以达到顺应民心、与民休息的目的。至于说到他与萧何私人关系上存在着芥蒂，那么他相信，由于丞相一职关系到国运兴衰，他的这位旧时挚友到时肯定会捐弃个人前嫌而秉公推荐他的！

曹参的估计果然没有错。

萧何病重，惠帝亲往探望。下面是《史记·萧相国世家》记下的关于第二任相国人选问题的对话——

[孝惠]因问曰："君即百岁后，谁可代君者？"
对曰："知臣莫如主。"
孝惠曰："曹参何如？"
何顿首曰："帝得之矣，臣死不恨矣！"

萧何果然表现出一位政治家应有的胸襟和气度。

这样，经吕后认可，惠帝便派出使节召曹参进京，以便举行仪式拜任。

曹参预言居然应验，齐国相府上下少不得要热闹好几日，诸如设宴庆贺、饯行等等。依照惯例，官员在迁升离任时，应对继任者有些留言，通常总要说上有关辖区的地理、民风特征、自己在治理中的经验教训等等一大套，曹参却只慢悠悠地说了一句话：

以齐狱、市为寄，慎勿扰也。（《史记·曹相国世家》）

【1】萧、曹之间的隔阂究竟是怎么产生的，《史记》、《汉书》均无明记。颜师古注称："参自以为战斗功多，而封赏每在何后，故怨何也。"高帝初封功臣时，对萧与曹究竟谁列第一，曾引起过一场风波，本书第三章第二节有所介绍。不过这恐怕也只能是一种猜测。

这话含义颇深，值得细细玩味。

话中提出了整个社会的两个特殊的组成部分：监狱和集市。在当时许多为政者看来，监狱只有负面作用自然不必说；就是集市，也由于长期处于以农业为主导的自然经济社会里，总觉得从商不是好人，买卖没有必要，纵使不予取缔，也非严加管控不可。但曹参却认为应当把监狱和集市看作是"寄"即容留众人的地方，不必过细苛察，也不要去干扰分管这两个地方的下属的庶务。这是典型的黄老观点。在马王堆汉墓出土的《十六经》中就反复强调"观天于上，视地于下"，天地间任何事物都不是单一的，不能要求纯之又纯："以是〔天〕有晦有明，有阴有阳，夫地有山有泽，有黑有白，有美有恶"；在人类社会中"静、作相养，德、虐相成"。所以应当"两若有名，相与则成，阴阳备，物化变乃生"。你把监狱和集市都取消了，社会反而会秩序大乱。

那位新任的齐相听不懂，说：难道要治理好齐国，没有比监狱、集市更重大的事情了吗？

曹参说：那倒也不是。但是应当看到，人世间总是存在着奸邪和见利忘义之徒，监狱和集市正是兼收并蓄他们的一个场所。若是处置过于严苛，弄得这些人没有了安身之处，日子一久必然作乱。所以我把它作为第一要务提出来。

曹参来到长安，接任相国之位。相府原来萧何的那批属官自然要表示"热烈欢迎"，心里却难免忐忑不安。有道新官上任三把火，新相国对旧官吏、旧章程，少不得要来一番大动干戈的。谁知曹参却发出文告说："举事无所变更，一遵萧何约束。"——这便是著名典故"萧规曹随"的由来。

那些旧官员吃了定心丸，自然一个个仍勤于各自职事了。在这期间，曹参只做了两件事：一是黜去了数名言文苛刻严峻，喜好沽名钓誉的属吏；二是从各郡县和封国中挑选了若干名拙于言辞、为人厚道、年岁稍大的官员，补充到相府来担任佐吏。随后便只顾日日饮酒歌乐，政务全都放手让部属去做。部属中若有谁犯了这样那样小错误，他非但不加追究，还有意为之掩饰，这样相府上下就显得一团和气，太平无事。

曹参这种独特的掌政方式，《史记·曹相国世家》还有不少戏剧性的描述。如说一些友人看不惯他这样无所事事想劝他改一改，客人一登门，他就"饮以醇酒"；对方刚要开口，他"复饮之，醉而后去"，不让他的朋友有劝告的机会。后来连官吏的宿舍也日夜饮酒歌乐不止。由于宿舍靠近相府，相府官员不胜其烦，想请曹参去刹刹这股歪风。曹参倒是去了，但他不是去刹歪风的，反而也参加了进去："取酒张坐饮，亦歌呼与相应和。"司马迁的这些记述可能有些夸张，所谓"醉翁之意不在酒"，曹参的用意原是想在官员中提倡一种宽容大度的政风。但这种做法毕竟超出了常规，与一向庄严堂皇的相府也很不协调。不久便有人奏报了惠帝刘盈。惠帝以为曹参如此荒废政事，大概是在有意轻视自己吧？于是便设法加以干涉。

曹参有个儿子名叫窋（zhú），此时任中大夫。这一天，惠帝对曹窋说：你回家时，私下里不经意地问问你父亲：高皇帝驾崩不久，嗣皇帝年少未冠，全仗相国辅佐。可父亲您日日只知饮酒，很少过问政事，这如何能治理好天下呢？看你父亲如何回答，然后你来向朕禀报。曹窋应声欲退，惠帝又特别叮嘱一句：切记，不要说是朕教你去的！

曹窋利用休假回家的机会，照着惠帝的嘱咐向父亲问了问。谁知曹参听了竟突然一下攘袂而起，大声怒斥道：你小小年纪，懂得什么！天下之事难道是你可以随便饶舌的吗？为父要教你一生都记住今日教训！说着便从案旁取过戒尺，狠狠责打了儿子，并下令说：赶快回宫去侍奉皇上，不要有事没事往家跑！

挨了打骂的曹窋，自然将这一切都禀告了惠帝。

在一次朝见时，惠帝责问曹参说：你为什么要那样责罚你的儿子？那是我教他来问你的呀！曹参一听大惊失色，慌忙免冠伏地，顿首谢罪。惠帝让他起来，又问道：既然朕命曹窋代问的那些话，相国没有回答，那么现在卿可以当着朕的面说说吗？

曹参想了想说：陛下自思圣武英明，比比高祖皇帝如何？

惠帝说：朕岂敢与先帝相比呀！

曹参又说：请陛下再审察一下臣之材具，比比前相国萧何又如何？

惠帝说：卿似不及萧何。

曹参紧接着就说：陛下所见甚明，所言甚确。既然如此，从前高皇帝与萧相国平定天下，明订法令，备具规模，如今陛下垂拱而治，臣等能守职奉法，遵循勿失，便算是继绍前贤，难道还能奢望胜过一筹吗？

惠帝为太子时，太傅为叔孙通，少傅是张良，后来又有商山四皓的辅佐，除叔孙通为儒家外，其余多有道家倾向。再从惠帝本人的性格看，也比较容易认同清静无为，特别是有母后吕氏在，他也难以有所作为。所以听了曹参这么一番类比便也释然，笑着说道：那是朕错怪卿了，卿且归休吧！

曹参就用这么一种日日饮酒歌乐的掌政方式，继萧何为相三年，居然又得了个贤名。人们编了歌谣唱道：

萧何为法，顜若画一；（顜：jiǎng，明也）
曹参代之，守而勿失。
载其清净，民以宁一。（《史记·曹相国世家》）

曹参的成功，恐怕更多还是当时楚汉战争结束不久，社会正处于复苏期这样一个特殊的历史条件使然。我所读到的一些近人撰写的历史著作，都把汉初行黄老术归结为因需医治战争创伤故"与民休息"，这恐怕不够全面。很显然，普通老百姓是任何时候都希望"休息"的，非独汉初。汉初之所以能"与民休息"，首先是当官的，特别是当大官的也想"休息"。历史上，凡是用暴力夺取了全国政权并实行了权力再分配以后，也即所谓打下了天下又论功行赏以后，在功臣中间就会萌发一种追求物欲享受、不愿再有所作为的思潮，其中出身卑贱者由于对物欲有一种积聚已久的期待和新奇感，又自以为是用命换来的，因而往往表现得尤为迫切和强烈。这几乎是一个规律。所以汉初的情况，还是司马迁概括得较为准确："君臣俱欲休息乎无为。"（《史记·吕太后本纪》）事实上，也只有到了最高决策层也想"休息"的时候,无为之治才有可能实施,老百姓想"休息"的愿望才有可能实现。

值得注意的是,同是想"休息",上层和下层的含义却大不一样。对历经长期战乱痛苦煎熬的普通民众来说,已把生存需求降到最低限度,他们希冀中的"休息",无非就是能够让他们安居乐业,养儿育女,过上太平日子。功臣们的"休息"则是要守住既得利益,不愿为进取而变革现状,甚至也不愿承担更多政务;好让他们把精力由外转向内,由国转向家,修造宅第,选购婢仆,置办田产,尽情享受他们半生戎马换来的荣华富贵。不必多举实例,只要读一读汉初相继出任相职的萧何、曹参、陈平、周勃、灌婴、张苍等人的传记,便可说明这一点。尽管在帝国建立后的最初几年里,由于整个经济处于凋敝状态,高官们的享受也可能会受到某些限制,如出行只好坐牛车之类,但比之于因"失作业而大饥馑","人相食,死者过半"的普通民众,毕竟还是生活在两个天地里。

所以曹参的成功,实在是一个特定历史时期的特例。所谓"萧规曹随",其实帝国草创,礼制法度大多依秦,萧何也没有多少自己的"规"可让曹参"随",曹参在内政、外交上自然更可说一无建树。汉初行黄老之术固然成效显著,负面影响也不容忽视。正是利用了高层统治集团的"无为",诸侯王坐大,大地主、大商人大肆兼并,社会矛盾已开始日趋激化。更堪忧虑的是北方强大的匈奴,正因高帝的去世,以为继位的新皇帝年幼可欺而变得更加骄横。大约就在曹参为相最后一年的某一天,匈奴的使者,正手持着一份冒顿单于亲笔书写的奇特的文书,骑着剽悍的快马,一路呼啸着向长安奔来⋯⋯

冒顿的"嫚书"与吕后的应对

按照汉代的体制,接待周边国家或部族使节有一个专门机构,其长官为典客(后改称大鸿胪),位列九卿,秩中二千石[1];其属官中设有译官,以便对话和交流。这回匈奴来使,自然也由典客接待。但那位头插雕翎的使者却一脸横蛮,说他是冒顿大单于特派专使,而且所持奉的是大单于致汉家皇太后的私人信函,因而必须由皇太后亲自接见。典客颇感无奈。因为自从和亲之策实施以来,汉帝国与匈奴也可算是亲家了。尽管六年前嫁到匈奴去的是个冒牌公主,但名义上冒顿单于总还是当今皇太后的女婿吧,人家有信件往来要谈些私事,你典客管得着吗?于是只好通过内侍将吕后请出。作为特例,吕后在长乐宫以隔着帘子的方式接见了这位冒顿特使。但当她一展读那份写在绢帛上的文书,立刻怒目飞张,等不得读完,就将文书狠狠抛掷于地,下令说:绑起来!

这样,那个刚才还跋扈飞扬的匈奴来使便做了阶下囚。

文武大臣被急速召进未央宫,吕后在这里开了个紧急御前会议,议题是:如何来惩罚如此野蛮无理的匈奴,包括要不要斩杀来使,要不要发兵征讨。

【1】秩中二千石:秩,官吏俸禄,也指其职位或品级。汉代秩以石计,自一百石至二千石不等。二千石又分四个档次,最高为中二千石,其下是真二千石、二千石和比二千石。中,意为满。中二千石即实得二千石,月俸一百八十斛,一岁计得二千一百六十斛。所发西汉主要为谷物,东汉则为半钱半谷。

原来冒顿在来书中,用猥亵和戏谑的语言,竟直接向孀居不久而名义上还是他岳母的吕后提出要与她做爱。据《汉书·匈奴传》载录,其来书大意为:

孤偾（fèn）之君（冒顿自指）,生于沮泽之中,长于平野牛马之域,数至边境,愿游中国。陛下（指吕后）独立,孤偾独居。两主不乐,无以自虞（同"娱"）。愿以所有,易其所无。

大臣们被激怒了!我堂堂华夏中国,何时曾受过化外蛮夷如此嫚侮!特别是那班功臣宿将,一个个揎拳挽袖,恨不得立即跨马冲出去拼杀。只见殿前挺出一员须眉灰白的老将来,瞋目拱手大声说道:臣请领兵十万,横行匈奴,直捣虏巢,取蛮酋首级来献上!众人看时,是舞阳侯樊哙。朝堂上下应声如雷,众将都愿为捍卫大汉尊严应命出征。

这时候吕后反倒冷静了下来。她渐渐看出,在大臣们的这种掀天揭地的愤怒中,难免杂有阿顺、讨好她的意思。殿前只有一个人一直没有说话,顾自翘首作不屑状,像是有他自己的看法。问问身旁内侍,回答说此人叫季布。吕后也记起来了,在楚汉战争中,这个季布曾多次窘迫过高帝,但高帝却赦免了他,现任中郎将。吕后便将季布宣出问道:君意以为如何?

季布的回答像一声响雷,把整个朝堂都震惊了!

——臣以为樊哙妄言欺上,应当斩首!

季布先是陷入一片怒目的包围,紧接着又招来了纷纷指责。朝堂上出现了混乱。

吕后向身旁大谒者张泽[1]抬了抬手,意思是命他宣旨让大臣们静下来。其实吕后自己也颇为吃惊:樊哙虽是说了大话,又何至于要斩首呢?但也正因为这样,她对季布要说的话更有了兴趣。面向着季布缓颜说道:汝且仔细讲来!

季布滔滔说道:想当年,高祖皇帝亲自北征,统兵三十万,尚且受困平城,被围七日。那时你樊哙将军也曾是前锋主将,临阵不可谓不勇,攻战不可谓不力,却也只能徒然坐困,何曾解得冒顿之围!在平城之役中,将士们受尽了苦楚,有的还冻落了手指。天下人编出歌谣来唱道:平城之中亦诚苦,七日不食,不能彀弩!如今这歌声犹在耳际,兵伤尚未痊愈,樊将军又要来动摇天下,夸口十万人便可横行匈奴,这不是存心以妄言欺上吗?再说那蛮邦本属化外,情性顽劣犹若禽兽,彼有善言,不足以喜;倘有恶语,亦不应以为怒,岂可以其一无理来书而自乱我大汉纲纪!故臣以为应以礼善待匈奴来使,而不应轻言征讨!

季布说完,朝堂上出奇地平静了下来。其实只要头脑不被情绪所支配,问题本来就不难看清楚。匈奴的骄横固然可恶、可恨,但谁也无法否认一个事实:依据当时的国力,实在难以再支撑一次与北方这个"蛮邦"的大规模战争,更何况那将是一次十有八九要失败的战争!大臣们都抬头望着坐在正堂上的吕后,等待着她的裁决。

【1】此人之名,诸书记载不一。除张泽外,另有记为张择、张释、张释卿等。

吕后对季布微微点了一下头，说出了一个字："善"。

于是解去了匈奴来使的绑缚，由典客将他迎入馆舍，依礼款待。

还剩下一件棘手的事：如何来答复冒顿这份奇特的来书？

据《汉书·匈奴传》记载，复书的执笔人便是大谒者张泽，估计作为相国的曹参也该参加过意见。行文委婉，用词卑逊；受了戏侮还要以车马奉谢，实在屈辱到了极点。由于复书是以吕后的名义发出的，她能够低下那颗高贵的大汉母后的头而自贱自污，想来也着实不易。复书主要内容如下：

单于不忘弊邑，赐之以书，弊邑恐惧。退而自图，年老气衰，发齿堕落，行步失度，单于过听，不足以自污。弊邑无罪，宜在见赦。窃有御车二乘，马二驷（四马为驷），以奉常驾。

后来冒顿又派来使者，带来了一些马匹作为回礼，并对上次来书的唐突无礼表示歉意，说是因自己不懂得"中国礼义"，希望吕后能够宽恕他。冒顿说的很可能也是实话。因为匈奴习俗中的男女关系，要比汉族宽松得多，"父死，妻其后母；兄弟死，皆取其妻妻之"（《史记·匈奴列传》），被认为是很正常的事。

接着，吕后又从宗室女中选了一名女子，伪称公主，嫁与冒顿单于。

吕后的这种忍辱负重的应对，总算避免了一场结局很可能是惨败的战争。但这回的"嫚书之辱"和六年前的"平城之耻"一样，深深刺激着汉人的神经，成为一种集体记忆代代相传，直到数十年后的汉武帝时，还以洗雪此种耻辱作为激励将士的号召，向着匈奴，向着浩瀚的大漠，发起空前规模的总进攻。

惠帝五年（公元前190年）曹参病故，谥为懿侯。

吕后遵照高帝临终嘱咐，任用王陵、陈平为辅相。废去相国名号，设左右二丞相；以右为尊[1]，右相位次第一，左相位次第二。任王陵为右丞相，陈平为左丞相。又置太尉官，掌武事，以周勃为首任。

两年后的金秋八月，做了七年挂名皇帝的刘盈溘然离世，年仅二十四岁。

未央宫举行了盛大的丧礼，文武百官都到寝殿哭灵。有人发现了一个不寻常的细节：皇太后虽也亲临发丧，却只是做出哭的样子，不落一滴眼泪。这一发现在暗中迅速四处扩散，官员们开始窃窃私议：皇上是太后独子，正当青春而弃臣等升遐，太后因何竟一点也不悲伤呢？

在此国丧之际，臣子们的神经变得十分敏感。私议很快形成了一种忧虑。人们担心仿

【1】关于左与右以何者为尊，在我国古代因不同历史时期而异，不可一概而论。大体说来，三代以上，朝班官序多尚左，惟宴饮以右为尊，其后相习为常。至战国、秦，皆尚右。汉承秦制，亦尊右卑左；汉以后则反之，以左为尊。详见赵翼《陔余丛考·尚左尚右》。

佛有某种不测将要在他们眼前发生。

作为左丞相的陈平，自然也感觉到了这一点。正当他在揣摩其中原由、谋划应对措施时，有个年方十五的少年登门拜访来了。主客施礼毕，少年劈头问道：公为丞相，今太后哭而不悲，公能解得其中原故吗？

少年名叫张辟强，是已故留侯张良的次子。按照嫡长继承制，辟强无缘承袭留侯封号，嗣封的是他的哥哥张不疑。偏这二小子长得聪灵乖巧，惹人喜爱，吕后又对张良曾为维护刘盈太子地位献出请出商山四皓之计存有感激之情，因而就让他进宫当了侍中，先后侍从于惠帝、吕后左右，深受爱宠。

陈平对这位有特殊背景的少年本就要敬畏三分，此时听他这一问，越发不敢等闲视之，赶紧接入后堂，延之上座，谦恭地说道：不瞒足下说，我也正为此纳闷呢，请足下有以教我。

辟强说：请教不敢。晚生以为，太后哭而不悲，当是心有忧惧。如今皇上驾崩，太子尚在襁褓之中，而公等文武大臣，原多为高祖皇帝功臣勋将，位居端揆，手握枢机，欲行他谋，易如反掌。太后毕竟女主，况又春秋已高，怎能不心生猜疑呢？因疑生惧，因惧生变，只怕公等难逃其祸！

陈平虽素有智谋，却没有想到这一点，听了不由一惊。忙问：依足下之见，该如何是好？

辟强说：古人有言，计能规于未兆，虑能防于未然。晚生大胆，以为公等宜及早进奏，请太后立拜吕台、吕产为将，统领南北二军；再授诸吕以官，使得居朝用事。如此则太后心安，公等不仅灾祸顿消，还可因而获得太后更多宠信，永居高位，尽享富贵。

真所谓图穷而匕首见。陈平立刻看出了辟强的真实来由，知道这一切其实都是吕后演的戏。嘴上却说：领教、领教！要不是足下提醒，几成大错。有劳足下转达太后，臣照办就是！

陈平可以有多种选择，但作为一个一向奉行现实主义的智者，他选择了其中一条较为方便而对自己又颇为有利的路，那就是阿顺。他照着辟强的提示，奏请拜吕台、吕产为将，统领南北二军。吕后果然转忧为喜，再次来到惠帝灵前时，就哭得声泪俱下，十分悲哀。还提出要为惠帝造一高坟，高到她坐在未央宫也能看得到。后经诸臣力谏，以为那样做就会使她因日夜都能见到高坟而悲切不已，太过伤心，吕后才罢。

吕台、吕产都是吕后的侄子，他们的父亲就是吕后的长兄吕泽，此时已去世。汉初宫廷警卫设南北二军，南军驻于城内，护卫宫中；北军驻于城外，护卫京师。吕台、吕产既已分掌南北二军，这就意味着京师和皇城的兵权全都落入吕氏之手。《汉书·外戚传》在记此事后紧接一句："吕氏权由此起。"吕氏家族正是从这个时候起，登上刘汉王朝的政治舞台，开始要大显身手了！

且看史称"刚毅"的吕后如何"以吕代刘"

"欲王诸吕"的三部曲

惠帝丧礼既毕,葬于长安城外东北隅,号安陵。

继惠帝而立的便是那个用"移花接木"的办法制造出来的张皇后之子,此时才一两岁,史称少帝。还在哑哑学语的少帝自然不可能处理政事,实际执政的只能是吕后。于是中国历史便翻开了此前从未有过的一页:一个女性成了国家最高统治者。

高后元年为公元前187年。

与历史上大多数继体守文之君即位之初大都要显示一番喜庆吉祥、皇恩普施一样,据《汉书·高后纪》记载,吕后临朝称制后,也接连颁发了这样几道诏令:

一、大赦天下。

二、赐民爵,户一级——汉沿秦制,实行从"公士"到"彻侯"的二十级爵制。如原是"公士",进一级便是"上造"。

三、除三族罪、妖言令——三族罪,亦称夷三族、罪三族,即一人犯罪,戮及父、母、妻三族的酷刑。韩信、彭越,都被夷灭三族。妖言,指怪诞或诳惑人心之言论。妖言令,实即凡发表不利于帝王制度的言论即被视为有罪的一种律令。惠帝生前曾说过要废除三族罪、妖言令,但议而未决;吕后称制正式宣布废除。

但这是幕前,是做给别人看的。在幕后,刚刚登上极位的吕后却深深陷入了孤单和寂寞。这种孤单和寂寞同样源于她是一个女性。

我在前面已经说过,人类社会自从由母权制转为父权制后,女性把失败的痛苦深深埋入心底,承认男性是这个世界的统治者已渐渐积淀为她们的一种潜意识。但这只是问题的一方面。还有另一方面,直接间接地企图反抗男性的统治也渐渐积淀为一种潜意识。譬如她们对出嫁于夫家,内心很难接受这只是转换了一个新家,却总有一种挥之不去的被猎获或征服的感觉。因而在一个相当长的时间内,有的甚至终其一生,都认为只有娘家才是她的家。基于同样原因,她们往往会把娘家的侄儿辈看得比自己子女还亲。不妨说,这是男性征服女性后遗留给社会的一种病态心理。

如今的皇太后吕雉，就经受着这样一种病态心理的折磨。

每次临朝，她面对的是一个由清一色男性占据的未央宫正殿。依班位肃立在她面前的，除了刘姓诸侯王，就是那些非刘姓的功臣宿将。难得能看到一两个吕姓的，她就会油然升起一种与生俱来的亲切感和可以信赖的安全感，可惜现在却还只有很少几个。因而她在强作一脸庄重、接受百官跪拜和山呼的同时，却常常无法遏制从心底生出的恐惧。为了坐稳朝堂上这个正位，她觉得最先要做的事，就是提升吕氏家族的地位，向非刘氏不得为王的"白马盟誓"发起挑战，封诸吕为王。

但她深知自己面对的是一个巨大而坚实的刘氏堡垒，进击的每一步都必须十分谨慎小心才是。

她先作了个试探：把"可否封诸吕为王"作为一个议题，交付廷议。

果然有人站出来反对了，他就是右丞相王陵。

王陵此时该已是六十开外。高帝临终在与吕后谈话时对王陵有过一个评价，说他"少戆"。这一"戆"字，简明扼要地点出了王陵的性格特征。戆，不妨解释为耿直而至近乎愚。王陵一生行事都带点戆相。他与刘邦在沛县时就相识，刘邦还曾像尊敬兄长那样尊敬过他。刘邦率兵入关，他也聚党数千人，却要到刘邦还定三秦后才勉强归属于汉。刘邦把曾经一度背叛过他的雍齿视为仇敌，王陵却一如既往地与雍齿结为好友。就因了这些缘故，王陵迟迟不得获封，至高帝六年（公元前201年）才被封为安国侯。这同吕后想要封诸吕为王，他的戆劲又发作了，大声说道：此议断断不可！高祖皇帝曾与臣等刑白马而盟，誓曰："非刘氏而王者，天下共击之！"此誓书如今尚藏于宗庙，锁于金柜石室。倘若封诸吕为王，那便是背盟弃誓，定然招来天人共怒！

吕后听了自然十分恼怒，却也不便发作，转而问左丞相陈平。陈平一向善于观察，且曲伸自如，这时便说道：既然高祖皇帝平定天下，曾封子弟为王，如今皇太后临朝称制，分封吕氏子弟为王，当也无所不可！听陈平这一说，太尉周勃等大臣也随之跟上，戆老头王陵就显得十分孤立了。吕后转怒为喜，雍容大度地说道：此事有关大体，今日也只是提出来一议而已，议而不决可也。就此退朝吧！

群臣依次退出，走在未央宫的殿阶上。王陵紧赶几步追上陈平、周勃，怒气冲冲说道：请问二位，何谓"封王诸吕，无所不可"？若诸吕为王，置刘氏江山于何地？当年高祖皇帝与诸臣歃血为盟，二位也在其列，如今口血未干，言犹在耳，因何就将盟约抛至九霄云外？二位此等阿意背约行为，日后还有何面目见高祖皇帝于泉下！

对这一连串劈头盖脑的责问，陈平倒也并不生气，顾自微笑着说道：请公息怒。今日面折廷争，仆诚不如公；他日安汉室社稷，定刘氏天下，只怕公还不如仆呢！

陈平的这番话，意在说明他的附和吕后正是为了一旦时机成熟就定计安刘，不是阿顺，而是一种策略。后人对此多有诟病。譬如清代的龙启瑞在《陈平周勃论》一文中，以极普通的救火为例诘问说：连里巷的人都知道应当一看到哪里起火就去救，不能等到自己房子烧着了才开始救，因何"以平、勃之贤，处可预防之势，而其计乃出于救火者之下"呢？作者接着指出：平、勃阿顺吕后是"自知不义而惧为大臣所责折也。假令平、勃附王陵之正，坚持高帝之约，吕氏虽横，安能重违大臣而恣行己意"（见《古文辞类纂》）。

论人品，王陵和陈平，当有正直、坚持与机巧、善变之分；若论二人的政治主张，在当时自然也是泾渭分明。但对我们现代人来说，似乎没有必要再像古人那样把视刘汉为"正统"的观念奉为天经地义，把"非刘氏而王者，天下共击之"这种在家天下思想支配下的霸道盟约当作金科玉律。问题不在封王的人是姓刘还是姓吕，而在封王后他们做了些什么。不过我们还是赶快回过头来看看吕后的应对吧！

经过廷议试探吕后现在已经知道"欲王诸吕"的障碍所在了。几天后，她发出一道制敕，授任王陵为少帝太傅。太傅与太师、太保并称"三公"，名崇位尊，但无具体职掌，是张空椅子。所以吕后的这一授任形为迁升，实是剥夺了王陵的相权，叫他靠边站。王陵自然也看出了吕后用心，索性上书托病求免，从此杜门闭户，不再朝请，几年后默默死去。

王陵免相后，吕后就授任陈平为右丞相，并擢升审食其为左丞相。审食其本是舍人，自然不具备做辅相才资，仍是监管宫中诸事，其职司犹如郎中令。但因吕后对他宠眷日隆，廷臣奏事往往由他取决，因而其显赫的气势，更远胜于惠帝在时。

不过到此为止，吕后还只是走了她计划中的第一步。

她很清楚，多数大臣在廷议时对她"欲王诸吕"的认同其实是很勉强的；白马盟誓依然是一个强势的存在；文武百官都还享受着刘汉俸禄：在这种情况下贸然分封诸吕，将会是一件很危险的事。

因而第二步她采取的是迂回战术：活着的暂时还不能封，就先封死了的——

吕后之父吕公，刘邦为汉王时已封为临泗侯，此时追尊为吕宣王；

吕后长兄吕泽，高帝时已封为周吕侯，此时追尊为悼武王。

几天后，看看没有因此引起多大的波澜，就又接连封了六人。这回封的全是惠帝名下的儿子，当然他们同样都是吕后用"移花接木"的方法制造出来的。这六人是：

刘强，封为淮阳王；

刘不疑，封为恒山王；

刘山，封为襄城侯；

刘朝，封为轵侯；

刘武，封为壶关侯；

刘太，封为平昌侯。

这期间恰好鲁元公主病故了，于是又封其子张偃为鲁王，并尊鲁元公主为鲁元太后。

与此同时，又使出"刘吕联姻"一法，将吕氏诸女嫁与刘氏。如赵王刘友、梁王刘恢、营陵侯刘泽、朱虚侯刘章等，他们的正妻皆为吕氏女子。这样做，表面上可给人一种刘吕亲和的印象，暗地里则藉以起到监视和提供情报的作用。

现在吕后就要走计划中的第三步了。她依然小心翼翼，把一步分作几小步走：先封她的一个侄子吕台为王。

就是这一小步，也不想自己先迈脚。而是希望大臣们能揣摩到她的意图，提出奏请，然后由她来点头认可。

她在等待着。

令人惊奇的是,最先揣摩到吕后意图的,既不是她身边的侍从,也不是朝堂上那班大臣,而是一个与宫廷权力角逐完全无关的局外人,他叫田子春。

田子春是齐人,喜好游历,几年前来到京师长安,那时他就看出,具有强烈权力欲望却又势单力薄的吕后,定然会将她的母家人一个个置于要位,成为她的左臂右膀。他觉得这倒是一个可以让自己充分施展聪明才智并从中获利的大好机会。他找到了一个目标,用他的智慧和机巧,导演了一场不妨名之为"权力交易"的游戏。

田子春找到的目标叫刘泽。此人原是刘邦的从祖兄弟,当时已可算是刘氏宗族中的老长辈,却还只封了个营陵侯,眼看着小辈们已一个个先后封王,做梦都在想着有朝一日王冠也能落到自己头上来。田子春摸准了刘泽的心思,找上门去说,我有妙策确保你不久便可封王。一番巧舌如簧,说得刘泽心花怒放,当即赠金二百斤,托他代为钻营。不料田子春得了厚赠,满载归齐,竟不再复返。刘泽一怒之下,声言与之绝交。原来田子春回到齐地,只顾忙于买田置产,经商发财,竟忘了为刘泽谋划封王之事。受到责备,大为愧疚,立即带着他的儿子再次来到长安。他没有去见刘泽,而是租赁了一座大宅第先住下,然后让他的儿子去结交受到吕后宠幸的那个大谒者张泽,以金银和谦恭去换得对方欢心。待到儿子与张泽已成深交,田子春方始亲自出面,将他请来宅第,大设供张,盛宴款待。张泽见田宅富丽如同王侯,大为吃惊。酒过三巡,田子春屏退仆婢,从容对张泽说道:仆来京师,所见王侯府邸,鳞次栉比,皆为高皇帝功臣。未知足下是否也有意封侯封王,入主华堂高阁,尽享人世荣华?

张泽道:先生取笑了。想我一个内侍,位卑禄薄,何来如此美事?

田子春说:在仆看来,如此美事足下唾手可得。足下久侍太后,应知太后心思。想当年,太后母家吕氏也曾鼎力佐助高皇帝得天下,其功至大,其亲至重,只是至今尚未沐受隆恩。如今太后春秋已高,意欲多封母家子侄,又恐大臣不服,故至今尚犹豫中。足下若能将太后心意婉转讽喻诸大臣,由诸大臣奏请立吕台等为王,太后必然深感足下,何愁无缘封侯万户!但足下若明知太后心意而不为之奔走,只恐祸且及身,难逃一劫!

张泽慌忙离席一揖说道:多承指教!事若有成,必以厚礼酬报。

几天后,吕后升殿而朝,问群臣有何奏请,几个大臣联名请立吕后长兄吕泽之子、原为郦侯的吕台为王。吕后大喜,准之,立吕台为吕王,时间是在高后元年(公元前187年)四月。这是高帝与群臣刑白马而誓"非刘氏不王"后出现的第一个活着的异姓王,吕后把它看作是实现"以吕代刘"计划的第一次胜利。后来知道大臣的奏请是张泽暗中四处游说的结果,便对张泽大为嘉勉,并赐金一千斤。一夜之间获得了大富大贵的张泽,没有忘记自己的诺言,分出五百斤金来酬谢他的教导者。但田子春却坚辞不受。原来对田子春来说,这只是他计谋中的一个前奏,接下去才进入他的本题:使刘泽受封为王。稍有意外的是中间出了个小插曲。吕台封王不过几个月,突然因病去世,依制由其子吕嘉嗣封。谁知吕嘉是个花花公子,当上吕王后,骄奢淫逸,恣意妄为,吕后大为失望,决意废去吕嘉,另由吕台之弟吕产嗣吕王之位。但她仍然不想自己先开口。于是乖巧的张泽来了个故伎重演,私下劝说大臣们进奏,这样吕产很快成了吕后称制后出现的第三个异姓王。吕后为奖赏张泽这个吹鼓手,特地封他为建陵侯。田子春的预言应验了:宦官出身的张泽终于跻入了王侯之列。此时张泽对田子春自然更是感佩不已,言听计从,任由摆布。田子春觉得实现计划第二步的条件已经成熟,便伺机说道:诸吕为王,足下为侯,固然可喜可贺;但据仆新近探知,高皇帝诸功臣内心不服,私议纷纭。古人有言人无远虑,必有近忧,足下须设法预为调定才好。张泽听了不由一惊,当即请教调定之法。这样田子春便因势利导地推出了让刘泽受封为王的本题。他说:要平息大臣私议,唯有一法:封刘氏为王;但多封刘氏,又为太后所忌;为两全计,莫若从刘氏中择一年长者封之,当可保吕氏与足下无虞。今有营陵侯刘泽,为高皇帝从祖兄弟,如今已是刘氏宗室中长老,应是最合适的封王人选。足下不妨趁时向太后进此"封刘安吕"之策,计若成,则足下便可永享富贵。

吕后出于安吕考虑,果然听从了张泽的建议,从齐国辖地中分割出一个琅邪郡来,封刘泽为琅邪王。

到这时候,田子春才去登门拜谒刘泽,奉礼道贺。刘泽已知自己能够受封全是田子春之功,自然前嫌顿消,盛筵款待。但田子春却一再催促撤席。刘泽不禁大疑,问是何故。田子春道:大王很快就会知道,这会儿无暇细说。请速速整装登程,即赴琅邪就国,切切不可延留,仆当随大王同行!

田子春是估计到吕后可能反悔,才教刘泽赶快离开长安的。后来吕后果然忽而省悟:我既然要以吕代刘,怎可再封刘氏为王呢?当即派人追赶。但此时刘泽一行人已出关东去,吕后只好悻悻而罢。

偏在这时候,后宫内侍匆匆赶来禀报一个惊人的消息。吕后在一阵暴怒过后,决心加速推进"以吕代刘"计划的实施了!

前后两个少帝和三位赵王

原来内侍禀报的是这样一句话:皇帝有反状!

我们现代人实在无法想象,一个还穿着开裆裤的孩子,却戴着一顶象征至高无上权力的皇冠,会是怎样一副滑稽模样!

在孩子自己,大概觉得很好玩。因为那顶模样怪怪的帽子,有十二串亮晶晶的珠了,它们在你眼前摇晃起来的时候,就像满天星星。

这个孩子如果永远处于这种朦胧的童真状态,那该是多么幸福啊!偏是时间老人不分贵贱一视同仁,对这个被称为少帝的孩子也一样依据岁月的推移,给了他相应的认知周围世界的能力。于是他也逐渐懂得了"母亲"、"真母亲"、"假母亲"以及"人被杀就会死"这样一些概念和事理。当他终于知道人都是母亲生的,他也曾经有过一个生他的真母亲,可是早被人杀死了;现在这个当上了皇后的母亲是个假母亲的时候,童年的幸福立刻离他而去,留下的只有痛苦、伤心,还有一种很陌生的情绪:仇恨!

高后四年(公元前184年)少帝可能已有六七岁。一次他在后宫对前后左右侍奉着他的那一大帮子人说:皇太后怎么可以杀死我母亲,又让一个陌生女人认我做儿子呢?等我长大了,一定要为母亲报仇!

孩子毕竟是孩子,他不知道说这样的话将付出多么惨重的代价!

当日黄昏,少帝被人送到一个后宫下人听了都会毛骨悚然的地方:永巷。

尽管少帝只是吕后手中的一个玩偶,但当这个玩偶内心已对她萌发了仇恨的种子,她也决不会容许他继续存在!

吕后发了这样一道诏书:

凡有天下治万民者,盖之如天,容之如地。上有欢心,以使百姓;百姓欣然,以事其上,欢欣交通而天下治。今皇帝疾久不已,乃失惑昏乱,不能继嗣奉宗庙,守祭祀,不可属天下。其议代之。(《汉书·高后纪》)

说得明白一点就是:小皇帝不管用了,要换一个。

此时王陵已免职多年,朝堂上再也没有一个骨鲠之臣。大臣们内心虽多有不平,却谁也不肯站出来做第二个王陵。于是右丞相陈平、左丞相审食其等联名上书道:皇太后为天下黎民计,废暗立明,以安宗庙社稷,臣等皆愿敬遵诏制,竭忠尽命。

大臣们都知道,皇太后诏制中的"其议代之",自然只是一种冠冕堂皇的说法,实际无非是要大臣们去揣摩她早已属意的人选,然后由他们以奏请的方式提出来而已。经过一番幕后活动,陈平等终于摸准了吕后的心思,奏请立刘义为新君。吕后认可后,即布告天下。这刘义原名刘山,是吕后用"移花接木"方法制造出来的惠帝诸子之一,原封为襄城侯,后因恒山王刘不疑死,又继而封为恒山王;立为新君后,再次改名为刘弘。刘弘也还是个孩子,为着区别,史家称原来的少帝为前少帝,此少帝为后少帝。吕后继续临朝称制,也不改元,仍以高后为纪年。这一年是高后四年(公元前184年)。

被幽禁在永巷暗室的前少帝,不久便夭折而亡。

接下去,吕后准备再封她的另外几个侄子为王,不料这时从邯郸匆匆赶来一个女子,一番哭哭啼啼的声诉,中断了她的这一计划。

这个女子原是吕后母家人,为执行吕后"刘吕联姻"之策,嫁给高帝之子赵王刘友。高帝在世时,刘友为淮阳王,赵王是刘如意;后来吕后鸩杀如意,徙刘友为赵王。刘友与吕氏女的结合,完全是出于权力角逐需要的拉郎配。刘友对这个已被立为王后的女子怎么也爱不起来,而对后宫中的一个姬妾却偏是卿卿我我,缠绵不已。吕氏女不远千里从邯郸赶到长安来,本意只是为了诉诉感情上受到的这种委屈,恳求皇太后动用一下至高无上的权威,让本该属于她的男人回到她的枕边来。但说着、说着却说出了这样的话:皇太后你不知道,赵王还说了很难听的话呢!他说:皇太后怎么可以立诸吕为王呢?当年高祖皇帝有过誓约的:非刘氏而王,天下共击之!等到皇太后一归天,我就非把那些封了王的诸吕一个个全都击杀不可!

吕后听了不由一怔,却不作理论,只是冷冷说道:你且回自己家去歇息吧,我自有主张。

当日即发出急诏,将赵王刘友召回长安。各封王在长安均有官邸,以供来京朝觐住宿之用。吕后命刘友就居于自己官邸,然后派禁卫军坚守,下令不得供给饮食。这么一两天下来,刘友饥饿难忍,痛苦不已;随行的王国官员动了恻隐之心,暗中送他点吃的,却被卫兵逮住，拘系下狱论罪。已经饿得奄奄一息的刘友，作歌鸣冤，泣泪唱道：

诸吕用事兮，刘氏微；
迫胁王侯兮，强授我妃！
我妃既妒兮，诬我以恶；
谗女乱国兮，上曾不寤。（寤通"悟"）
我无忠臣兮，何故弃国？
自决中野兮，苍天与直。
于嗟不可悔兮，宁早自贼！（于通"吁"。自贼，自杀）
为王饿死兮，谁者怜之？
吕氏绝理兮，托天报仇！（《汉书·高五王传》）

几天后，刘友在饥饿忧愤中死去。吕后下令以民礼葬之，也即废去了刘友的王侯身份。

刘友一死，便空出了一个封国的王位，吕后立刻想到用她的母家人来填补。这回她玩了个花样：先一道诏旨让已立为梁王的刘恢去当赵王，再改封她的侄子吕王产为梁王，并授以太傅之职；吕王则由惠帝名下那一大串儿子中一个平昌侯刘太充当。吕后如此安排真可谓煞费苦心：这样，吕产既可拥有梁王封号，又因任有太傅之职而不必就国，继续留在内廷成为她的帮手；同时，新立的小皇帝刘弘身边也有了训教管束的人，不至于再发生类似前少帝那样的事。

现在再来看看被改封为赵王的刘恢。

刘恢为高帝之子，梁王彭越灭族，高帝立刘恢为梁王。他对吕后的专权早已不满，这回吕后幽死他的兄弟赵王刘友，又强行徙封他为赵王，自然更为愤恨。高后七年（公元前181年）二月，刘恢在不断受到催逼的情况下，才不得不由梁都定陶出发，一路颠簸北上，劳顿半月有余才抵达赵都邯郸。刘恢的正妻也是吕后依据"刘吕联姻"之策硬性配置的吕产之女，连王国的主要官员也大多是吕氏安插的亲信，刘恢的一举一动全都逃脱不了密布于他四周的眼睛。来到这个漳水之畔素称繁华的都会，他却深深感到了孤单和寂寞。邯郸多美女，目挑心招，吸引四方来此交易的商贾，当年濮阳大贾吕不韦就是在这里遇上了后来成为秦始皇母亲的赵姬的。处在逆境中的刘恢，竟意外地也在这里结识了他的红颜知已。从此唯有与爱姬的幽会，才让他感受到了自己几近枯竭的生命还有着些许温馨与美好。后来他把爱姬接入王宫，吕氏王后居然表示可以接受，这更使他喜出望外。但他太天真了。不过三两天，当他再次进入爱姬帷房时，横躺在床上的已是一具七窍流血的女尸[1]。刘恢悲愤交集，欲哭无泪，作歌四章，令乐工依谱歌之。就在这哀怨凄切的歌吟声中，他投缳自尽，永远离开了这个本不属于他的王国。

耐人寻味的是，对刘恢的死，吕后完全沿袭了传统的男性观点，说是为了一个女人而

【1】关于此姬的死，《史记》、《汉书》均记为王后派人鸩杀，《汉书补注》引《西京杂记》则称："吕后命力士于被中缢杀之。"

居然可以抛弃宗庙社稷，不仅不配当王，甚至也不配当男人。因而"废其嗣"，即剥夺了刘恢子孙继嗣赵王封号的资格。

吕后派出使节赴代国，让代王刘恒去当赵王。刘恒对使节的回答是：请公代为向陛下转致铭戴之意。臣情愿长留代地，永为朝廷守边。刘恒是刘邦与薄姬之子，他的婉拒，表现出他的智能和卓识。读者很快会看到，就是这个刘恒，不久由大臣们迎入京师，拥立为被后来史家称为明君的汉文帝。

也许吕后徙刘恒为赵王，原本就带有几分做给别人看的虚情，刘恒的婉拒恰好给了她一个理由，于是立她的次兄吕释之子吕禄为赵王，仍留宫都中；同时追封吕释之为赵昭王。在这期间，从燕都蓟县传来了燕王刘建病故的消息，吕后又突然动了心机。刘建是刘邦之子，他是在燕王卢绾叛汉后被立为燕王的。刘建仅有一子，且为庶出。按照礼制，正妻无子，庶出之子也可承袭封号。吕后暗中派人刺杀了那个庶子，然后以刘建无后为由，绝其嗣，另立她的侄孙，即已故吕王吕台之子吕通为燕王。

至此，吕氏先后封有吕产、吕禄、吕通三人为王，六人为侯。其中吕产、吕禄一面遥领藩封，一面执掌南北军大权，威震宫廷，势倾内外。朝野人等莫不惕息惊心：不知刘汉宗室还能支撑多久？一旦"以吕代刘"这天下将会怎样？

这是帝王制度带给中国历史的一个奇特时期。这样的奇特时期两千多年来屡见不鲜。在这个奇特的时期里，高端政局成了一盘失去规则的残棋，扑朔迷离，变幻莫测；成千成万局外人全都处于莫名的惊恐和不安中。所有这一切的终结，既不取决于民意，甚至也不决定于权力角逐双方的实力，而是要看躺在病榻上那个垂暮老人究竟还能活多久。

这回的特别之处，在于这位垂暮老人是女性。

此时吕后该已年届古稀。这个女人确如司马迁所称"为人刚毅"(《史记·吕太后本纪》)。她的刚毅既表现在称制十余年的政坛上，更表现在诛杀功臣、封王诸吕的权力擂台上。吕后对权力欲望之强烈可谓无以复加，甚至达到了无视"天罚"的地步。我国古代流行一种"天人感应"观念，以为人间帝王如果行为不正，上天就会显出种种异常的天象、地貌来，如日蚀、月蚀、地震、旱涝等等，以示警戒；若不及时改正，还将降下更严厉的惩罚。这种观点自然并不科学，但多少会对毫无监督的帝王权力产生些许制约效用。《汉书·五行志》载：高后七年（公元前181年）正月发生了一次日蚀，"高后恶之，曰：'此为我也！'"但就在这一年，吕后幽死了赵王刘友，接着又逼死了继位的刘恢。这就是说吕后是在明知上天已经发出警告的情况下，依旧顽强地"顶风作案"的。撇开政治、道德评价，单就人性而言，这需要有多大的勇气和胆量啊！这个坚强的女人，就这样在代表吕氏家族向刘汉宗室夺取和扩展权力的斗争中耗尽了自己全部精力和心血。现在她已经精疲力竭，在恍恍惚惚中觉得无数鬼魅在近旁出没。这已是高后八年（公元前180年）。看看三月上巳[1]已到，民间习俗多在这一天到水边去祓除不祥。吕后不得不向鬼神表示妥协了，在上巳这一日亲

---

[1] 上巳：古代节日。汉以前为夏历三月初第一个巳日（以干支纪日，每十二天有一个巳日），故称上巳。魏晋后定为三月三日，不必取巳日。《后汉书·礼仪志》："是月上巳，官民皆洁于东流水，曰洗濯祓除去宿垢疢为大洁。"

临霸上,于渭水之滨举行称之为"祓"的祭祀仪式,目的自然是想驱逐身旁那些讨厌的鬼魅。祓毕回宫,途经那座名为轵道的古亭,忽见一物张大血嘴迎面扑来,吕后一声惊叫,只觉得腋下疼痛难忍,一面紧紧捂住腋下,一面大声喝令身旁侍卫:恶狗!恶狗!汝等快快与我击杀那条大恶狗呀!……

侍从赶紧过来扶持,卫士也纷纷拥来车驾周旁护卫。但他们谁也没有看到什么狗或任何凶猛的生物。吕后怒骂几声过后,环顾四周,也不见有狗的影踪,也只好忍痛下令起驾回宫。到未央宫解衣看时,腋下已是青红一片,越发惊恐狐疑。当即召来太史占卜。占卜的结果,使吕后很难相信,却又不敢不信。太史说:这是屈死的赵王如意在作祟!

吕后腋下之患经太医百般医治仍难以痊愈;又命人至如意墓前代为祷免,也未见有效。自知大限已近,心里最牵挂的还是如何巩固吕氏家族已经占据的局面。于是下诏授赵王吕禄为上将军,由吕禄和吕产分掌南北二军;又立下遗诏,任吕产为相国,以吕禄之女为后少帝皇后;赐诸侯王各千金,将相列侯郎吏皆以秩赐金,并大赦天下。然后把吕产、吕禄召到跟前,作了一番告诫和嘱咐。她说:

高帝已定天下,与大臣约,曰:"非刘氏王者,天下共击之。"今吕氏王,大臣弗平。我即崩,帝年少,大臣恐为变。必据兵卫宫,慎毋送丧,毋为人所制。(《史记》本纪)

这说明吕后直到临终时依旧保持清醒的头脑,预计到随着她的死大臣们将会生变,而且很可能是一场武装政变。因而一方面赐金给诸侯王和大臣以及文武百官,想以此稳定一下他们的情绪;另一方面暗中严命她的两个侄子要紧紧抓住刀把子,守住皇宫;要先发制人,切切不可为人所制!

同年七月,这位中国历史上第一个称制的女性逝世于未央宫。

吕后死后与高帝合葬于长陵,并得配食高庙。但汉人只称其为主,不承认她是皇帝。如《汉书·翼奉传》载录的一道奏书就有"八世九主"这样的话,其中未列入"世"单称主的,即指吕后。至东汉初,光武帝下旨,以为"吕太后贼害三赵,专王吕氏","不宜配食高庙,同祧至尊",因而将其神主搬出高庙;另尊刘邦的一个小妾薄姬(详下节)为"高皇后,配食地祇"(《后汉书·光武帝纪》)。

吕后临终前的部署不可谓不周密,只是一个即使威风八面的帝王,一旦死去,那么他生前的所有嘱咐或安排,都将随着权力易主而很快变成一纸空文,随风飘去。接下去将要发生的,正是吕后病危时深为忧虑而想要设法防止的那血雨腥风的一幕。

一场"灭吕安刘"政变在悄然行动中

暗中结成的"拥刘联盟"

要叙述这场政变,不能不提到一老一少、一文一武两位先导人物:刘章与陆贾。

刘章是齐王刘肥次子。在吕后掌政期间,诸侯王国中受到伤害最大的是齐国。先是齐王刘肥入朝差点被鸩杀,为求生还不得不献出城阳一郡之地,并尊鲁元公主为齐王太后。其后,吕后封吕台为吕王,封刘泽为琅邪王,割的都是齐国之地:前者割济南郡,后者割琅邪郡。所有这一切,自然都深深刻印在刘章的记忆上。

少年刘章仪容俊美,机敏聪灵,且练就了一身武艺。后应召来长安,宿卫于皇宫。由于他善于应对,很快赢得了吕后欢心,封以为朱虚侯,还让他做了吕禄的女婿。刘章明知吕后"刘吕联姻"别有深谋,却装作毫无觉察,刻意温存吕氏,夫妻恩爱有加。读者很快就会看到,这恩爱里就潜藏着刘章的一番心计。

不久,刘章的弟弟刘兴居也奉召来京宿卫,并被封为东牟侯。兄弟俩常常相互激励,等待着一切可以表明自己心志的机会。

这一年,刘章已长到二十岁,气宇轩昂,英武有力,越发显得出类拔萃。他也获得了吕后的更多欢心,常常让他入侍宴饮。一次恰逢吕后置酒高会,遍宴宗亲,列席的大半是吕氏王侯及其眷属。吕后命刘章为酒官,监酒行令。刘章欣然应诺,殷勤奉侍。将进酒,即席说道:臣本将门之后,今奉命监酒,将以军法行酒,请皇太后恩准!

吕后正在兴头上,又一向视刘章为小孙儿,只当是一句戏言,便随口答应了一声:可。

饮过数巡,众人都有了几分醉意。刘章乘兴又歌又舞,引得吕后乐不可支,击节称赏。这时刘章又说道:臣请为太后说说种田之事。吕后笑着说道:汝爷老子或许还知晓一点农务,汝一生下来就是王子,如何能懂得种田之事?

刘章说:臣也颇知一二。

吕后说:汝且为我道来!

刘章即兴作《耕田歌》,引吭唱道:

深耕既种，

立苗欲疏；

非其种者，

锄而去之！（《史记·齐悼惠王世家》）

听到最后两句，吕后突然敛容，却又不便发作，只是默然不语，瞋目以对。刘章佯作不知，仍令近侍接连给众人斟酒。入宫已有六七年，这是他第一次借用"非其种者，锄而去之"这样的诗句，向众人暗示他要铲除诸吕的决心。从吕后的突然敛容而又默然不语中，他得到的是一种胜利的快感，因为他看到了她的无奈。他有意要灌醉几个人，以便再做出一惊人之举，震动吕氏。机会很快出现了：有个已是醉意醺醺的吕氏子弟，说着胡话跌跌撞撞地离席而去。刘章即仗剑抢步追上，手起剑落，竟剁下了那人的脑袋！随即大步归来，依军礼向吕后一揖说道：适才有人逃席，臣谨依军法，已将他处斩，特禀报太后！

一殿堂的人都大惊失色，望着坐于正中的吕后，不知她将如何处置这一擅杀事件。

吕后惊愕了好一会，说不出一句话。杀了吕家的人，叫她如何不愤怒！可依军法行酒是她刚才亲口允准的，她又不能不认这个账！吕后第一次发觉自己看错了人。站在她面前的这个刘邦与他的情妇的后代，原来还以为只是个讨人喜欢的孩子，现在却看出他不仅勇力过人，而且极有心机，很可能将成为她的一个极危险的敌人！她又狠狠盯视了刘章一眼，然后说出了两个字：罢宴！

刘章监酒杀吕氏的消息立刻传遍了未央宫，这对已被吕后压制、侵害了多年的刘氏子弟是一个极大的鼓舞。他们深深吐了口气，从中看出了希望。从这时起，年轻的刘章成了他们心目中的英雄。

再说陆贾。

陆贾初为门客，后任太中大夫，其职是侍从帝王，顾问应对。陆贾是一位饱学之士，应刘邦了解历代存亡兴衰之道的需要而撰作《新语》；又是一位善于辞令的辩士，曾受命出使南越，说服南越尉佗归汉称臣。待到高帝去世，惠帝即位，吕后一开始专权，陆贾却突然生起病来了。一病就是几年，索性以病求免，家居不朝。后来又把家迁到离长安百余里外的好畤（zhì），对人说，此处山清水秀，又有奇石醴泉，最宜疗病闲居。老妻早已作古，有子息五人，虽无甚家产，当年出使南越时得到的馈赠颇为丰厚，变卖后获值千金，全数分给五子，让他们各营生计。自己则留车一乘，马四匹，侍从十人，宝剑一柄，随意闲游，逍遥林下。他对他的五个儿子说，我就轮流着到你们家过吧，十天换一家。无论到哪一家，都要用好酒好食款待我和我的侍从，喂好我的马。不许你们因为时间长了就烦我！哪一天我死了，死在谁家，我的侍从、车马和宝剑就归谁家！

照此看来，陆贾似乎真是因为疾病缠身，再也无心朝政，只想居家享清福了。其实这不过是他的一种韬晦之策。他知道吕后要一步步地实施她的"以吕代刘"计划，最忌恨的就是像他这样能见微知著而又善于论辩的人；又自度势单力薄无力与之抗争，只好托病求免，离京闲居。在这期间，他多次回长安找三两大臣温酒小酌，随意叙谈，山水风月，世故人情；谈到相互投合时，也少不得涉及到一些朝政。陆贾以为要安定刘氏天下，还得依靠高帝留下的那批功臣宿将，其中尤为重要的是两个人：右丞相陈平和太尉周勃。一文一武，一相一将，是国运的基石。此时的陈平和周勃，对吕氏日甚一日的专权表面上虽仍取顺从态度，内心都已很为不满。周勃任太尉掌武事，按理南北军应受太尉节制；但自从南北军落入吕氏之手，周勃就处于架空状态。同样，陈平的相权也不断受到左相审食其的侵削。陈平任右相，本该尊于左相；但因审食其受到吕后的宠幸，公卿百官反而都去找他决断政务，陈平只好用饮酒作乐来排遣烦闷。吕后的妹妹吕媭，一直还为陈平曾奉高帝之命抓捕过她的丈夫樊哙一事记着仇，这时就进谗说：陈平身为丞相，成日喝酒玩女人，要这样的丞相干什么？吕后听了反倒为陈平不干事就不会对她造成障碍而高兴，当着陈平的面责备吕媭说：你一个女人家，懂得什么！又对陈平说：你只要想到我信任你就是，不要怕我这个妹妹对你瞎说了些什么！

尽管陈平与周勃在不满吕氏专权这一点上是一致的，但二人之间又互存芥蒂，素不相和。追思起来，当是陈平当初自楚投汉时，汉王即予以破格重用；周勃等自恃同属沛县集团而意气难平，便以陈平曾有盗嫂、受金的恶行进言汉王不当信用。此事虽相隔多年，两人总还觉得余嫌未泯，表面同朝共事，实际却貌合神离。

陆贾觉得对付诸吕的最好办法是大臣们联合起来，而联合大臣的一个先决条件是将相要和。这一日，陆贾去右相府第造访。因是熟客，门吏、仆役皆不阻拦，径自来到内室。见陈平低头闷坐，若有所思，便说道：丞相身居华堂，儿孙绕膝，因何还忧思重重呀？

陈平不由一惊，抬头见是陆贾，即起请客入座，然后苦笑一声说道：就请先生猜一猜，平有何心事？

陆贾说：足下位居上相，受封万户侯，已是富贵之极，不应再有他望。但仍有忧虑，想来该是皇上年幼难以主政，诸吕擅权日甚吧？

陈平说：先生所料甚是，然为之奈何？

陆贾说：有道天下安，注意相；天下危，注意将。将相和睦，百官归附，纵使天下有变，朝廷之权不分；权既不分，何事不成！今观刘氏社稷大计，全在上相足下与太尉周勃二位肱股大臣掌握之中。丞相何不与太尉交欢，捐弃前嫌，携手合作，共扶汉室呢？

陈平微微颔首，却仍是面有难色。陆贾又道：容臣再来猜一猜此时丞相的心思如何？

陈平说：请吧。

陆贾说：丞相大概是想起蔺相如与廉颇的故事了吧？照那个故事，该先负荆请罪[1]的应是将军，而不是丞相。

陈平说：果然又被先生猜中了！

---

[1] 负荆请罪：事见《史记·廉颇蔺相如列传》。廉颇屡建战功，不服蔺相如以舌之劳而居于上位，欲加凌辱；相如以国为重，忍辱避让。后廉颇闻知，自愧不如，肉袒负荆，登门谢罪。荆，荆条。负荆，背上缚着荆条，是自认有罪，请求责罚的一种表示。

陆贾说：此事好办。待臣代为将丞相此意转达太尉，由太尉来相府负荆请罪如何？

陈平连忙阻止道：不可、不可！平实惭愧，岂敢与古时贤相作比。太尉为人质朴敦厚，当是平之不是，还是应由平来请求太尉鉴谅为好！

陆贾说：君子记人之长，忘人之短，丞相粲然有君子之风！

这么说着，两人不由爽然而笑。当即商定，由陈平设宴请来周勃席间共话友好。周勃本是个直性子人，一请就来。陈平特设盛筵，还以五百金为周勃上寿。过了三五日，周勃也开筵设张还酬陈平；陈平欣然前往，尽醉而归。从此两人常相往来，自然不免要谈及朝政，暗中为诛灭诸吕预作安排。陈平赠给陆贾车马五十乘，奴婢一百人，钱五百万缗，供他交游诸公卿大臣，就便劝说他们背吕助刘。

就这样，经由刘章、陆贾各以不同方式的串连，以陈平、周勃为核心的拥刘联盟早在吕后掌政后期已大体形成。等到吕后病逝于未央宫的哀诏一发布，双方剑已出鞘，箭已在弦，一场刘吕对决的宫廷政变已不可避免。

现在又要说到刘章。

刘章的正妻是吕禄之女。由于他平日里对这个来自敌对阵营的女子倍加亲爱，痴情女子早忘了自己的特别使命，反倒常把从母家听来的事絮絮叨叨全都说给枕边人听，从无顾忌。这一回刘章正是从她嘴里获得了诸吕已在聚集兵将、即将威逼大臣这一重大动向。若按常理，刘章应当立刻去禀报陈平、周勃，但这时他却突然多了个心计。他一直没有忘记幼年时曾向父亲立过的"要为父王雪耻，定保齐国昌盛"的誓言，而要实现这一誓言、壮大齐国，眼前是一个多好的机会啊！于是他与弟弟刘兴居一起计议后，立即秘密派人快马去向他们的哥哥、此时的齐王刘襄发去一信，大意说：兄可即发兵西进，弟等与大臣将为内应。灭诸吕后，弟当运动大臣拥立兄为帝！

刘章的这一举动，特别是事成后将拥立刘襄为帝这一计谋，使得这场即将爆发的政变超越了宫廷的范围，性质也变得复杂起来。

陈兵于外，袭宫于内

一个空缺的皇位，对于皇室每个男性来说，那是一种多么不可抗拒的诱惑啊！

齐王刘襄得到两个弟弟从长安发来的密信，不啻天降大喜，火速召来他以为最可信赖的舅父驷钧，两人一商量，决定立即起事。让他们不放心的是现任齐相召平，平日总是口口声声唯朝廷之命是从，估计不会支持这次行动，因而决定避开召平，只召中尉魏勃、郎中令祝午来商议调集人马、择日西进事宜。不料召平却偏偏获知了这一消息，急急闯进宫来，抵死谏阻。刘襄虚为应付，待召平一走，即派出人去追踪刺杀。召平出于无奈，抢先一步，率兵入驻王宫，托名警卫，实际是把齐王刘襄监管了起来。

这时候出来了一个用巧智解齐王之围的人物，他就是魏勃。

魏勃的工于心计，从一件小事可以说明。那还是在曹参任相的时候。相府门前有个广场，由几个仆人专事清扫。可一段时间来，每天一大清早不知就被谁扫得干干净净，连那几个冰天雪地的早晨都是如此。这是谁干的呢，莫非是鬼神吧？几个人壮壮胆半夜起来一侦候，这才发现扫广场的原来是个年轻人，自称叫魏勃。问他为什么要这样做，回答说是想拜见曹相，但因为家贫无钱托人交通，所以想用这个办法请求诸位官人代为通报。曹参接见后，经过交谈，以为颇有才干，就向齐王作了推荐，这样魏勃先任内史，后又为中尉，受到信用的程度甚至超过了齐相。这回齐王被围，魏勃却突然以支持召平的面目出现在召平面前。他说：行军发兵按规定得有朝廷虎符。这回大王并没有得到朝廷虎符却想要擅自统兵西进，迹同谋反，是一个很大的错误。幸好召相君当机立断，勒兵围宫，阻止了大王这一违逆行为。勃特来为相君效命，统领士卒，守此王宫，愿相君录用！

召平率兵围宫毕竟是一种抗主行为，不免有所顾忌。加上魏勃本为中尉，按照职务就该掌管王国军事，所以听信了魏勃的话，将作为军权象征的兵符交给了他。魏勃一得到军权，立即命令士兵撤出王宫，反倒去把相府包围了起来。召平本来是以兵围宫的实施者，转眼之间，自己却成了瓮中之鳖。这位上了魏勃圈套的王国丞相，面对四周正在迅速向他逼近的戈矛刀戟，仰天浩叹一声：道家有言，当断不断，反受其乱！竟抽剑自刎。

于是齐王刘襄以舅父驷钧为相，魏勃为将军，祝午为内史，尽发全王国之兵，西进灭吕，提出的口号是："诛不当为王者！"为了拥有积聚足够的兵力，刘襄命祝午以齐国使节的名义急赴近邻琅邪国，以计袭取其兵。祝午赶到琅邪国，向国王献上礼品，再拜说道：敝邑国君特命小臣敬上大王万寿！

原来这琅邪国国王，便是那个因田子春多方施计才得以侥幸坐上王位的刘泽，在刘氏宗室中最为年长，若按族谱排来，该是齐王刘襄的祖父一辈。但齐为大国，而琅邪国仅有一郡之地，也还是从齐国分割出去的。刘泽听了祝午这番奉承话很有点受宠若惊，再三要祝午转达他对齐王的谢忱，并致以祝祷之意。这时祝午便趁势说道：近日得长安急报，诸吕作乱，朝廷危急。敝邑国君有心举兵西讨，诛灭乱贼，但恐年少望轻，且又不习兵革之事，为此遣小臣前来恭请大王。大王本高祖皇帝大将，久经战阵，又德高望重，敝邑国君情愿尊大王为统帅，举国之兵唯大王之命是从。前方火急，时不我待。幸乞大王速莅临淄计议大事，统兵西平关中之乱，他日龙飞九五，若非大王还能有谁呢？

这一番话说得刘泽血脉贲张，心花怒放。老都老了，居然还有可能捞个皇帝当当，天下竟会有这样美事！他也来不及多想，就全都信以为真，兴冲冲地跟着祝午上了路。刘泽一到临淄，就被扣留了起来。齐王刘襄随即令祝午矫传刘泽之命，尽发琅邪之兵。发觉上了当的刘泽，这时也来了个急中生智。他有意顺着刘襄想当皇帝的心思，说你先父是高皇帝长子，你大王是高皇帝嫡长皇孙，我大汉新帝自然非大王莫属！接着话锋一转又说：但究竟立谁为新帝的事，如今未央宫里那批大臣还在议来议去犹疑未定。老臣马齿徒增，在刘氏中年岁最长，估计大臣们是等着我去作决断呢！好在大王留老臣在此也无甚要事，不如让我早点进关去帮他们做个抉择吧！齐王扣留刘泽，原本也只是为了袭取他的军队；如今军队已经到手，自然不妨做个顺水人情。于是为刘泽配备了侍从、车马，送他入关。[1]

紧接着齐王便统兵西进，攻打的第一个目标是吕后封给刘太的吕国，其辖境是原属齐国的济南郡。同时发布《告诸侯书》[2]，列述诸吕罪状，以明声讨之义——

> 高帝平定天下，王诸子弟，悼惠王王齐。悼惠王薨，孝惠帝使留侯[张]良立臣为齐王。孝惠崩，高后用事，春秋高，听诸吕，擅废帝更立，又比杀三赵王，灭梁、赵、燕以王诸吕，分齐为四。忠臣进谏，上惑乱弗听。今高后崩，而帝春秋富，未能治天下，固恃大臣诸侯。而诸吕又擅自尊官，聚兵严威，劫列侯忠臣，矫制以令天下，宗庙所以危。寡人率兵入诛不当为王者！

齐已发兵起事的消息传到长安，以南北军控制着皇城的吕产、吕禄紧急商议后，迅速作出应对：命大将军灌婴领兵数万东进征讨，务必阻截齐兵西犯。灌婴行至荥阳，却突然停止行进。这位出身丝绢贩子、一直跟随刘邦屡建战功的老将军，现在觉得破齐之事决不能干！如今诸吕统兵控制着皇城，目的就是要侵夺刘氏天下；我若是去攻打欲灭诸吕的齐王，那不是在帮诸吕的忙吗？他将军队屯驻在荥阳，同时向东西两个方向派出使者：向西赴长安报知太尉周勃，屯兵荥阳是为了等待内应；向东赴临淄传告齐王刘襄，表示愿意与他联合，以待诸吕之变而合兵共诛之。齐王在攻取济南郡后，依灌婴之约，屯兵于齐国辖境西界，以观事态之发展。

西为长安，东为临淄，荥阳恰好处于二者之间。这样，自龙首山下至东海之滨，连成了一条绵延数千里、由多个政治派别混成的军事互动线，其核心则是为了争夺帝位。中国历史上这一奇特的政治景观，出现在公元前180年（高后八年）的八九月间。

现在且看长安城内未央宫如何动作。

吕产、吕禄依旧分掌着南北二军，京师、皇城皆为其所制，陈平、周勃急切难以有所作为。两人再三商议，以为最关键的一着是要把军权夺到手上来。但在处于绝对劣势的情况下，只可智取，不可强求。

他们想到了一个人，就是那个在与审食其的谈话中捅破了高帝已死的秘密，致使吕后不得不放弃诛杀大臣阴谋而宣布发丧的郦商。郦商此时已病休，他有个儿子叫郦寄，与吕禄是好友。此时与诸吕有此种特别关系，便成了一种可以利用的政治资源。于是就把郦商秘密劫持过来，迫使他命郦寄用欺骗的方法让吕禄交出军权。事父至孝的郦寄为了救出年

---

[1] 关于刘泽在此次政变中的表现，《史记》有两种不同记载，《汉书》因之，亦有两说。本书此处记述所据为《史记·齐悼惠王世家》和《汉书·高五王传》。另一种说法称刘泽并没有受刘襄欺骗，他是主动与齐王联兵合谋西进诛诸吕的，见《史记·荆燕世家》、《汉书·荆燕吴传》。《史记》之所以会出现这种自相矛盾的记载，《索隐》以为"太史公闻疑传疑，遂备记之，则所谓实录"；颜师古注《汉书》则怀疑后说为"误传"。

[2]《告诸侯书》：载《史记·吕太后本纪》。悼惠王：指刘襄之父刘肥，高帝六年（公元前201年）立为齐王；"悼惠"是其死后谥号。薨：音 hōng，诸侯及唐以后二品以上官死称薨。崩：皇帝死称崩。春秋高、春秋富：前谓年老，后谓年少。矫制：又作"矫诏"。意谓假托君命，发布诏令。

迈而又久病的父亲，不得不违心地去做这件出卖朋友的事。

台词和动作都是作为导演的陈平预先设计好了的，郦寄只是充当了一次演员。

郦寄见到吕禄几句寒暄过后，话头便接上了人人都在议论的齐国发兵的事。吕禄不免忧虑，说：齐王谋反，灌婴抗命，朝廷进退乏术，吉凶难料。

郦寄说：依寄看来，足下进则危若累卵，退则安如泰山，唯足下自择。

吕禄说：安如泰山如何，危若累卵又如何？君既有高见，请快说来听听。

郦寄说：高皇帝与皇太后共定天下，自然是刘氏可王，吕氏也可王。如今刘氏诸王与吕氏诸王同朝共立，本由大臣共议，诸侯也都赞同。故足下若是即赴封国，南面称王，便是安如泰山。然足下既受封赵王，却不见就国守藩，值此太后驾崩朝野惊恐之时，偏又挂印拜将，勒兵京师，怎能不引起他人猜疑！如今齐已发兵，刘氏诸王响应在即，足下已处在累卵之势，若内廷再一生变，必亡无疑。故为足下计，不如及早送还将印，再请梁王吕产亦退出相位，然后与大臣为盟，各就所封之国。如此则不唯足下可以高枕无忧，子子孙孙亦可永保社稷，长享富贵！

吕禄以为郦寄说得有理，赵国沃野千里，邯郸又向为繁华之都，退出京城这是非之地去当个称霸一方的大王，何乐而不为！但当他把这个想法与吕氏诸父老一说，他们有的赞同，有的反对，这倒又使他一时难以定决。后来吕媭也知道了这件事，对吕禄来了个雷霆大作，厉声骂道：蠢驴！命汝为上将，汝却将军权送与他人，吕氏之族还能活吗？一边骂，一边将所藏珠宝尽数抛撒堂下，恨恨说道：吕氏将亡，此等细软非老娘所有，又何苦还替他人守着！吕媭此时已是吕氏家族中的长辈，又是皇太后的妹妹，吕禄平时对这位姑妈也要敬畏三分，这回看她如此暴怒的样子，哪里还敢做擅自交出将印这样的事！

陈平、周勃正在为得不到郦寄的确切回报而焦急时，却获得了一个危险的警报：吕产很可能就要在宫中起事！

消息的来源是曹参之子、此时已任御史大夫的曹窋。一个偶然的机会，让曹窋偷听到了从齐国出使回来的郎中令贾寿在向相国吕产述职的情况。贾寿说，灌婴已经联合了齐楚诸王，很快就要回长安来对吕氏下手，丞相应急速入宫筹划应对。曹窋觉得事关重大，赶紧来向陈平、周勃报告。

形势紧迫，没有时间再等待了，陈、周决定冒险夺取军权。

两人秘密召来了符节令纪通，半是劝说，半是威逼，命纪通以所掌管符节假传诏命。犹恐吕禄不从，又令郦寄和典客刘揭一同前往。计议已定，周勃率领众人来到北营军门，先由纪通持节传诏，伪称皇帝命周勃掌守北军，吕禄即日赴国。郦寄和刘揭又一旁再三催促，仍以留京必危、赴国可安为说，无非是四个字：威胁利诱。吕禄本来就少有自己识见，加上郦寄是他好友，总以为不致于相欺，因而在无奈中交出了将印。获得了统领北军之权的周勃，立刻来到北军军门，召集全体将士，发布的第一道将令是：

为吕氏右袒，为刘氏左袒！

袒，指袒露出一条手臂。左袒或右袒是古人遇到须二择其一时的一种无声的表示，古籍中屡见。如战国末齐国王孙贾聚众杀淖齿、秦末陈胜吴广揭竿起事时，就都曾以"袒右"为号召（分别见我写的《大秦帝国》六章六节、十章一节）。

周勃话音刚落，营场上的将士齐刷刷地全都袒出了左臂。这一行动表示，守卫京师的北军已全部倒戈转而为拥刘联盟效命。

但吕产还掌握着警卫宫廷的南军，这对拥刘联盟依然是个极大的威胁。

这时候，向齐王发出密报后时刻准备着内应的刘章，也加入了陈、周联盟。周勃命刘章监守军门，防止吕产带兵来袭击；又让曹窋去向掌管宫门警卫的卫尉下达命令：不准吕产进入殿门！

吕产此时还不知道吕禄已交出了北军。他带着大批精良随从匆匆奔入未央宫来，一到殿门却受了阻拦，双方形成了对峙，吕产在殿门前来回奔突咆哮。曹窋看这形势一触即发，又怕难以制胜，就急急跑去报告周勃。办事稳重的周勃，也觉得如果此时发生正面冲突，还很难有必胜把握，不宜公开下令击杀吕产。估计吕产很有可能会劫持或杀害少帝，因命刘章急速入宫保卫少帝。刘章受命时突然升起了一个想法，就说：只我一人恐难成事，若有千人为助，太尉可立等捷报！周勃当即拨出兵士千余人，交由刘章率领。刘章赶到殿前，已是薄暮时分。见吕产还在与监门交涉，似有擅自闯入之意，便拔剑高举，大呼一声杀贼，千余人立刻挺刀冲去。吕产蓦然回头，抽剑还击，百余精壮随从个个奋力抵挡。不意就在这时，狂风大作，飞砂走石，吕产手下军士不知底细，纷纷溃逃。此事说来蹊跷，但《史记》、《汉书》都是这样记载的。这场大风帮助刘章在诛灭诸吕中抢了头功。因随从奔散，吕产只好只身逃命。刘章一路紧追至郎中府吏舍，将吕产逼入厕中，手起剑落，结果了吕产的性命。

居住在殿中的少帝，听说刘章已杀吕产，便命谒者持节来到军中以示慰劳。刘章看着那符节，忽又生一念：何不将此符节夺来，以皇命一举全歼诸吕！偏偏谒者是个极端忠于职守的人，抵死不肯撒手。刘章索性将他劫住，同载一车，将符节高高举起，出未央入长乐，轻而易举地斩杀了被吕后封为滕侯、任以掌管宫门要职的卫尉吕更始。然后宣布：只诛吕氏，不及他人。卫士们见有谒者持节在旁，自然全都伏地听命。接连获得大胜的刘章，一路浩浩荡荡，扬威耀武，来向太尉周勃报捷。周勃跃然起座，迎入刘章拜贺道：我等所患独此吕产，今此贼已诛，天下事已大定了！

于是命刘章赴齐，通报诸吕已诛，请齐王立即罢兵；再派人告知灌婴，令即日班师回朝。宣告动乱状态已经结束。

当拥刘联盟获得全胜的时候，充当祝捷仪式上牺牲的，便是傻乎乎地依然做着称王赵国美梦的吕禄的一颗头颅。

对其余与吕氏相关人员的处置是：

凭着吕后妹妹的身份显赫了大半生的吕媭，尽管已是一个发秃齿落的老妪也不能放过，拖出来，用乱棍活活击杀；

对被吕后封为燕王已经赴燕的吕通，则派出特使，假托少帝之命，迫使自杀；

原为惠帝外甥女、后立为皇后的张氏，逐出未央宫，废弃于冷落的北宫；

对被吕后封为鲁王的鲁元公主之子张偃，宣布废去其封号，削夺其官爵，贬为庶人。

至于吕后宠幸的审食其，自然也在诛杀之列；后因陆贾、朱建为之多方斡旋，总算免于一死，黜去左相之位；但也只多活了三年，文帝时为淮南王刘长所杀。

接下去又乘势对诸吕展开了一场秋风扫落叶般的大屠杀，已经失去了反抗能力的吕氏，无论男女，不分老幼，全都成了这场政变的殉葬品。

血雨腥风过后，这场政变终于可以回归到它的主题：让谁来继高帝、惠帝—吕后之后，即位为大汉帝国的三世皇帝？

新皇帝来自汾河之畔

现在，拥刘联盟的一次高层会议正在未央宫内进行。由于所议事关重大，会议采取了极端保密措施，周围戒备森严。

主持这场讨论的是陈平和周勃。

按"父子继立"的典制，新皇帝应是惠帝之子。惠帝名下的那些儿子先后病死了两个，此时至少还有四五个，有的还被封为王。但大臣们说：那几个小子都是吕后用诈术制造出来的，非惠帝真子。吕后这样做的目的是为了加强吕氏。如今诸吕已灭，若再从中择一立以为帝，也即又扶起了一个吕氏，将来长大后秉国用事，我等谁都活不成了！所以一致意见是将惠帝名下诸子排斥在择帝范围之外，有资格即帝位的，应是高帝诸子及孙。

于是有人提出，齐王刘襄系高祖皇帝嫡长孙，可作为首选。

这一动议得到了好几位大臣的赞同，眼看就要获得通过，这时琅邪王刘泽发表了一条有力的反对意见。

刘泽是以答应为刘襄争皇位为条件，才获得允许离开齐国来到长安的，但现在他投出的却偏偏是一张反对票。他的反对当然也有理由，因为刘襄以灭诸吕事成后将拥他为帝作为诱饵，骗走了他的军队。那么是不是就把这场骗局在会上说一说呢？不，那绝对不能说！别看琅邪王老迈年高，脑子还相当好使。他知道在诸吕已灭的新形势下，谁曾经对皇位有过觊觎之念就已是一桩谋逆大罪，因而尽管受了骗也只好默默往肚子里咽，使之成为永远的秘密。他小心绕开这个禁区，慷慨说道：诚然，齐王为高祖皇帝长孙，但他如今宠信其舅父驷钧，犹若当年秦二世之宠信赵高。驷钧原是衣冠虎狼之徒，齐国人人切齿。倘若齐王一旦立而为帝，驷钧必然专权，岂非赶走一个吕氏又迎来了一个吕氏？故吾以为立齐王之议断断不可！

刘泽的这番话竟是一锤定音。这不单是他作为刘氏长辈这种年龄上的优势，更主要的是他把驷钧与吕氏作了类比。要知道在当时的政治氛围下，只要一挂上吕氏这个"众恶所归"的钩，就立刻成了无人敢与置辩的否定性理由。

提出的第二个人选是高帝小儿子、已封为淮南王的刘长。但因其尚年少，特别是"母家又恶"（《史记·吕太后本纪》），又只好作罢。至于刘长母家是怎么"恶"的，下章一节将有介绍。这里只说一句：即存在着再生出一个"吕氏"来的潜在危险。

最后提出、并且获得一致赞同的是代王刘恒。其较诸人为胜的条件，一是本人为人宽厚仁孝，又是高帝现存诸子中年岁最长的；二是他母亲薄姬，素来温良恭谨，虽已为太后却从不干预政事。但更为重要的一条是大臣们从自身利益考虑的："以善人则大臣安。"(《汉书·高五王传》)刘恒为人和善，大臣们觉得对付起来较为容易，让人安心。

于是决定向代都中都（今山西平遥西南）[1]秘密派出使节，迎接代王刘恒来京。

现在我们先来认识一下刘恒。

读者诸君想必还记得，第二章第一节在叙述韩信灭魏后他的部将押着俘虏到荥阳去向刘邦报功的情景吧？在这支艰难行进着的俘虏队伍中，有个姿色姣好的女子，双脚已被铁链磕得鲜血淋漓，手持戈戟的汉兵还在一旁厉声驱赶；她低着头，咬着牙，默默地紧跟在几个五大三粗的男性俘虏身后，每跨出一步，铁链便会清脆地响出"哐啷"一声……

这个女子便是刘恒的母亲薄姬。

但薄姬要从一个俘虏转变成为刘恒的母亲，还得等待一两年后突然意外地降临的一个机缘。

那时她已被作为女奴编入织室罚做纺织、缫丝一类苦役。汉初织室分东西两个机构，专门制作帝王和大臣的冠冕、组绶，统属少府管辖。曾经是魏王王姬的薄姬，此时倒也死心了，只顾日夜抽丝理麻，总道此生就将这样默默终老于缫池织机之间。忽而有一天，有个戴着金冠、留着一把壮美长髯的中年男子，在一批侍从的簇拥下，到织室来转了一圈儿。那男人走后，好些女奴神采飞扬地在说，那男人竟就是汉王！到这时薄姬不免因自己只略微抬头看了一眼而有些后悔：早知他是汉王，就该偷偷多看几眼！几天后，一道诏令将薄姬召入后宫为宫女。当薄姬与同是女奴的姐妹们告别时，她看到的是成千成百双羡慕中带着几丝妒忌的眼睛。

其实当了宫女地位也不见得有多少改善，一样是起早落夜做不完的清扫洗涮等杂务，稍一触犯禁律还会被锁进设在永巷的监狱。说起来，薄姬是因她那无意间的惊鸿一瞥居然深深打动了刘邦的心，因而被召入后宫的。但很可能刘邦的春心勃发也就停留了那么一刹那，等到薄姬入宫，他早已忘得一干二净。这也难怪，他连身边的王后、妃子们都无法一一照应过来，这一大批等而下之的宫女自然更难以进入他的视野。就为这些缘故，薄姬进宫一年多，不要说获得爱幸，就连汉王的面也没有见到一次！

在这段时间里薄姬结识了两个好姐妹：管姬与赵姬。在繁重的劳作中，她们相助以力，相濡以沫，并曾一起相约：我等三人，他日若有谁先得富贵，决不敢忘今日姐妹之情。对宫女来说，所谓富贵，就是获得帝王的"垂幸"。后来管姬、赵姬果然暂时被刘邦看中，有幸得侍奉左右，在众多宫女心目中那便是沐浴隆恩，荣耀无比。一次刘邦宴饮于成皋灵台，管姬、赵姬应召侍奉。席间，凑得片刻闲暇，管、赵二姬以先时与薄姬的那个约定作为趣事相互说笑为乐，不意却被刘邦听见，当即询问，二姬只好以实相告。到这时刘邦才突然

【1】汉初作为诸侯王国的代国国都所在地，前后不一。刘喜、刘如意先后为代王时，辖地云中、雁门、代三郡，都代县（今河北蔚县东北）。高帝十一年（公元前196年）更立刘恒为代王，分云中郡东部置定襄郡，以定襄、雁门、代、太原四郡代国，都中都（今山西平遥西南）；一说都晋阳（今山西太原市东）。

想起那次去织室的意外邂逅，对薄姬倒不觉凄然怜悯起来。因怜悯而起恩赐之意，于是就有了与薄姬的"一夜之情"。具有戏剧意味的是，正是这一夜之情，让薄姬怀上了刘邦八子之一的刘恒。此后，刘邦再度把薄姬忘得一干二净，直到他做了皇帝，薄姬依然什么名分也没有，一直只是个"薄姬"。不过也算是"因祸得福"吧，恰恰由于刘邦对薄姬的薄情，在后来吕后对凡受到刘邦宠幸的女性大施淫威进行种种报复性惩罚时，薄姬才得以逃过此劫，平安地活了下来。

刘恒已长到七岁。这一年（高帝十一年，公元前196年）破陈豨，平代地，刘恒受封为王，薄姬也因而有了第一个名号：王太后。不久，母子一起离开长安，来到代国之都中都。这座位于汾河之畔的小城，战国时属赵，墙垣多处坍圮，像一个垂暮老人诉说着他当年的故事。横贯于代境南北的汾河，却是异样的清澈。受着汾水的滋养，刘恒度过了他的童年、少年，又步入了青年。薄太后对儿子的教养该是尽心尽力的，她也得到了回报。其间有那么三两年，她曾多病缠身，多亏了儿子昼夜不息地侍奉，饮食汤药必先尝后进，才得以渐渐痊愈。如今刘恒已长到二十四岁，也许是母亲薄姬特殊的身世，和自己在汾河之畔度过的这段有机会接近底层的生活经历，使得他处事较为沉稳平实。在吕后称制时，他曾婉拒过一次徙封他为赵王的征召，这次是大臣们请他回京即皇帝之位，他依然觉得需要谨慎对待，便把王国几位大臣请来一起磋商：要不要奉召进京？

郎中令张武等都以为应拒绝进京。理由是在朝廷主事的那班大臣多系高祖皇帝宿将，既会打仗，又善诈谋；高帝、太后在时，他们因有所畏惧而不敢太过为非，如今诸吕既灭，就会越发肆无忌惮。他们这回的迎立很可能只是个幌子，其心实不可测。因而一致建议：请大王托病不赴，以观其变。

中尉宋昌却坚决主张进京。他举了两个方面事实：一是暴秦失政，豪杰并起，而最终践天子之位为刘氏；二是诸吕为王，擅权专制，而太尉持节一呼，众将士皆左袒拥刘；从而说明，刘氏拥有天下，实属天授，非人力所能左右。大臣虽欲为变，百姓不肯听从，彼等又如何能得逞！宋昌最后说：故臣以为，大王尽可勿疑，听从朝廷诸大臣舆请，驰驾前往，继位君临天下，上承天意，下顺民心。

刘恒又去后宫禀告其时尚健在的母亲。薄太后以为此事关系重大，希望儿子自己作主。刘恒还是不敢贸然决定，再命卜正占卜。通过占卜以决疑，在我国古代有悠久的传统。有龟卜和筮卜两种：龟卜以烧灼龟甲所出现的不同裂纹作为兆象，筮卜以分叠蓍草所出现的不同数目作为卦象，各以兆象或卦象为据，对所问之事作出或吉或凶的判断。这回用的是龟卜。卜正率领两名卜师沐浴，更衣，恭敬地对天跪拜祝祷后，便开始小心翼翼地用荆条点燃的炭火烧灼龟甲上经过钻凿的几个特定的点。先是嘶嘶有声，少顷，卟地爆出了一声脆响，宣告兆象已经呈现，是一个吉兆，名曰"大横"。卜正满脸喜气地高声唱道："大横庚庚，余为天王，夏启以光！"[1] 刘恒听了不解，说：寡人已为代王，因何还要为王呢？

---

[1] 此段卜辞载于《史记·孝文本纪》。庚庚，形容"大横"之状貌。夏启，中国历史上第一个王朝夏朝的建立者。夏以前为传说中的禅让时代。

卜正额手恭贺道：天王即天子，按此卜辞，大王将为天子！

在我们现代人看来，占卜的方法既不符合科学，其所作出的判断自然也很难相信。但古人对此做得十分虔诚，而且大多深信不疑。这个据说是大吉大利的"大横"兆象，果然给中都这个古城带来了一片喜庆之气。代王刘恒终于作出了应召赴京的决定。但为慎重起见，刘恒先让舅父，也即薄姬之弟薄昭去了一趟长安，回来禀报说周勃等大臣确有迎王入京的诚意，这才下令以宋昌为参乘，张武等王国官员为随从，即日启程。几天后来到离长安还有数十里的高陵，又命车驾暂停，由薄昭另乘驿车先入城观察动静；得知丞相陈平、周勃等大臣早已出城在恭候，再启驾来到渭桥。这时文武百官纷纷前来拜谒称臣，刘恒也下车回拜。原先双方都不免有些紧张的气氛，也渐渐转为轻松和欢快。

不料刚参拜完毕，一身戎装的周勃突然从人群中抢出，以军礼进见说道：请大王屏退左右，臣有要事禀奏⋯⋯

他一边这么说着，一边从怀中捧出一锦囊来。没有人知道那锦囊中装的是什么，也不知道他要拿它干什么。

就在这时，唰地一下，所有从代地来的王国官员全都站到刘恒身旁，形成了一道护卫的屏障。

气氛骤然紧张。

中尉宋昌朗声说道：太尉有事，尽可面陈。若所言为公，公言便是；所言若私，王者无私！

周勃一时无言以对，扑通一下仓促跪地，双手将锦囊高高举过头顶。原来他进献的是一方作为皇权象征的玉玺。此玺始制于秦始皇，秦亡，子婴素车白马，向刘邦奉玺而降。

这是一次猝然而遇的较量，可谓惊心动魄。

周勃史称"木强敦厚"（《史记》本传），但在这样的时候，他请即将成为新帝的刘恒屏退左右、单独接见，却显出了他的心机，暴露了他也许因在歼灭诸吕中拔得了头功而突然膨胀起来的弄权欲望。不难想象，倘若刘恒依从了周勃的请求，周勃就将成为一个非常特殊的人物；假若他觉得需要，就可以新皇帝代理人的身份出现在群臣面前。而刘恒则充其量只能成为拥刘联盟领导人之一，失去了超然置身于两派之上的"王者无私"的公正立场。如果真是这样，在当时吕氏余党还颇有势力的情况下，很可能就会出现旷日持久的混乱局面。所以刘恒的拒绝屏退左右，正是他赢得帝王资格的一次成功的亮相。反观周勃，他的这一弄巧成拙的举动，肯定在刘恒脑海里留下了极为深刻的印象。不妨说，周勃后来被迫吞下的那颗苦涩的命运之果，原是由他自己在这个时候种下的。

不过现在，刘恒还是做出极有风度的样子，伸出双手将周勃扶起，谢过，却没有当场收受玉玺，说：到代邸再议吧！

代邸是刘恒作为代国国王设在长安城内的官邸。就在这里，又把二十三年前在"氾水之阳"七位异姓王尊刘邦为帝的仪式差不多照原样重演了一遍。这回进献《尊帝疏》有八人，除陈平、周勃外，还有：大将军柴武、御史大夫张苍、宗正刘郢、朱虚侯刘章、东牟侯刘兴居和典客刘揭。接着便是群臣一次又一次的劝进，刘恒一次又一次谦让，总共让了五次：先以宾主位面向西让了三次，又以君臣位面向南让了两次。最后是——

丞相[陈]平等皆曰："臣伏计之，大王奉高祖宗庙最宜称，虽天下诸侯万民[皆]以为宜。臣等为宗庙社稷计，不敢忽。愿大王幸听臣等。臣谨奉天子玺符再拜上。"

代王曰："宗室将相王列侯以为莫宜寡人，寡人不敢辞。"（《史记》本纪）

接下去该是让刘恒坐上皇帝大位了，但却碰到了一件既棘手又尴尬的事：未央宫里不是还有一个名叫刘弘的娃娃皇帝吗，该拿他怎么办？

聪明的大臣们很快又有了办法，还想出了一个含义微妙的措词：清宫。就是说未央宫里还有些碍手碍脚的东西需要清理一下。

殿前立刻站出一个虎虎生气的年轻人来请命道：诛灭诸吕，臣无寸功。请陛下恩准，臣得清宫。

众人看时，原来是刘章之弟刘兴居。

经刘恒认可，一支清宫队伍迅即组成。成员包括太尉夏侯婴、东牟侯刘兴居、大谒者张泽等；自然少不得还要带上精壮的卫士若干名。

刘兴居手持长剑率众拾殿阶而上，喝令后少帝左右执戟卫士退去。有几个还想抗命，经张泽以大谒者身份宣旨谕告，也只好撤走。正在淘气地嬉戏的后少帝见此情景，反倒赶紧端端正正地坐上了皇位。此时已是七十开外的夏侯婴用对孙儿一辈的口气说道：你又不是刘氏之子，原本就不该坐于此位。来，跟我走吧！一边说一边命卫士以乘舆载后少帝出宫。

后少帝带着哭音哀求道：老将军，你要带我去哪里呀？

夏侯婴说：出宫就客舍便是！

当然"出宫就客舍"是一种体面的说法，其真实的含义是：找个僻静的地方，让娃娃皇帝永远在人间消失。

当日傍晚，大臣们请刘恒登上皇帝才有资格乘坐的法驾[1]，配以相应的属车和仪仗，由代邸出发，一路浩浩荡荡地进入了正留着一个空皇位的未央宫。

这一天是公元前179年（高后八年）闰九月己酉日。刘恒继位，后来被称为汉孝文帝，简称文帝。

接着从代地迎来那位曾经做过俘虏的薄氏，原已为王太后，此时更尊为皇太后。

同时又处理了一些善后事宜。如吕后时期从齐、楚等地分割出来分封给诸吕的土地，仍归还给齐、楚。惠帝名下的那些假儿子，包括被吕后封为淮南王的刘武、常山王刘朝等，全都诛杀，以绝后患。

然后宣布：大赦天下，赐给全国百姓每户家长一级爵位，家庭主妇每百户牛一头、酒

【1】法驾：据蔡邕《独断》，天子车驾有大驾、法驾、小驾三种。大驾由公卿奉行，大将军参乘，太仆御；属车八十一乘，备千乘万骑。法驾，侍中参乘，奉车郎御，属车三十六乘。小驾，太仆奉驾。

十石;男女老少聚会欢宴五天。

真可谓普天同庆,四海欢腾。

既然文帝是由诸大臣拥立的,那就不可避免地也会遇到他父亲刘邦被异姓七王尊立为帝后曾经遇到过的问题:功臣抗礼,诸王坐大。当然问题的严重程度会有所区别,表现形式也不尽相同。

历史等待着文帝及其继承者景帝的应对。

于是在下一章里我们将看到,陈平、周勃等迎立功臣如何走向尽管表现不同、却都是令人感慨的结局;吴王刘濞等同姓王又是如何在与朝廷激烈的较量中纷纷溃退败亡。历史正是在如此艰难曲折的行进中,出现了被史家称为德政标本的"文景之治"。

第 五 章
被史家称为德政标本的"文景之治"

"蜜月"与"蜜月"终结后的较量
司马迁说:"孝文施大德,天下怀安。"
七国之乱:朝廷与诸侯王的一场大决战
帝国"接班人"问题的困扰与突围

"蜜月"与"蜜月"终结后的较量

文帝刘恒在位二十三年，终年四十六岁，其子刘启继位，是为景帝；景帝在位十六年，终年四十八岁。二帝共在位三十九年（公元前179年～前141年）[1]，合称文景之世。对文景之世，班固在《汉书·景帝纪》赞语中有这样一个总评：

> 周秦之敝，罔（通"网"，指法网）密文峻，而奸轨不胜。汉兴，扫除烦苛，与民休息，至于孝文，加之以恭俭，孝景遵业，五六十载之间，至于移风易俗，黎民醇厚。周云成康[2]，汉言文景，美矣！

班固的这一评价，大体为历代史家所认同。进入近代以来，也许国人因受长期内忧外患而又积重难返的现实的刺激，故在回望历史时，推重的多为能够革故鼎新的强势人物，而对文景一类守成和持重的执政者渐渐有些不屑起来。持此种观点最有代表性的是毛泽东。在西汉诸帝中，毛氏比较欣赏高、武二帝，称前者是一个"能办大事的""大老粗"（《毛泽东评点二十四史》第140页），后者"雄才大略，开拓了刘邦的业绩"（《缅怀毛泽东》上册，第206页）；对于文景则颇为鄙薄："历史上不是提什么'文景之治'吗？实际上，文帝、景帝只是守，是维持会，庸碌无能。"（《毛泽东之魂》，第351页）毛泽东的这种评价极具个性，表现出他作为一个富有开创性的大政治家的气度。不过我们如果联系一下汉初的历史实际，特别是从当时普通民众渴望能过一段安定日子这个角度想一想，还是应当承认刘恒、刘启是两个难得的好皇帝。司马迁正是从这个角度出发，在《史记·律书》中为我们描画了一幅文景时期那种"鸣鸡吠狗，烟火万里"的小农经济"苍生和乐图"。

【1】文景二帝在位三十九年间，分别有一次和二次改元。史家在记载时，为了区别，在年数前加了或"前元"、或"中元"、或"后元"字样，以示区别，请读者阅读时予以留意。文帝前元共十六年，后元共七年。景帝前元共七年，中元共六年，后元共三年。改元往往因发生了或吉或凶的大事。如文帝十六年（公元前164年）"得玉杯，刻曰'人主延寿'。令天下大酺，明年改元"（《汉书·文帝纪》）。

【2】周云成康：西周的成王、康王两世共四十余年，政局稳定，社会安宁，相传"刑错（通"措"，搁置）四十余年不用"（《史记·周本纪》），历来被史家作为治世来称誉。此处认为"文景"可与"成康"媲美。

他说：

> 会天下新去汤火，人民乐业，因其欲然，能不忧乱，故百姓遂安。自年六七十翁亦未尝至市井，游敖（通"遨"）嬉戏如小儿状。孔子所称有德君子者邪！

在这里司马迁又用了一点文学夸张手法。但不管怎么说，连白发老翁也一个个快活得如同小儿的那种和乐的社会生活，还是让常常处于连年战乱中的后世的人们，产生无限的向往。

下文对文、景二世的记述，只能是一个粗线条的轮廓勾勒。按本书预定的写作要求，本章的侧重点同样是各类人物及其命运和人生况味，对施政细节及相关典章制度，只好简而言之或略而不提，尚希读者鉴谅。

初登极位的刘恒：如临深渊，如履薄冰

读者诸君想必还记得，当年垓下会战一结束，刘邦就星夜赶赴定陶解除了韩信的兵权，先把军队抓在手里，然后再筹划称帝即位之事。

现在刚坐上未央宫大位的文帝刘恒，同样想到必须争分夺秒去做的第一件大事，就是把京师的军队和皇宫的警卫力量抓到自己手里来。

尽管他知道，这对刚被从代国迎来、在未央宫毫无根基的他来说是一着险棋，倘若大臣们起而抗阻，他就只有束手就擒的份了。但明知险棋也还得走，因为成败在此一举。

时间就在他被拥立为帝的当夜，即公元前179年闰九月己酉日之夜；

地点是在未央宫前殿。

灯火在重重帷幕间晃动，空气里充满着急迫和紧张。

护卫着文帝的是那批随同入京的王国官员。他们全都忠诚不二，随时准备为保卫新登极的皇上献出自己的生命。

文帝第一次启用了几个时辰前周勃献上的玉玺[1]，颁布了第一道诏书——

> 授任宋昌为卫将军，镇抚南北二军；
> 授任张武为郎中令，巡行殿中。

宋昌和张武原来都是王国官员，自然绝对可靠。

【1】据汉蔡邕《独断》及《唐六典·门下省·符宝郎》，皇帝玺印细分为八，称八宝。即神宝、授命宝；皇帝行宝、皇帝之宝、皇帝信宝；天子行宝、天子之宝、天子信宝。各有各的用途。其中神宝、授命宝为传国之玺，平时"宝而不用"。其余六玺，冠以"皇帝"的三玺，行用于国内；冠以"天子"的三玺，则用于外事。汉制若大体也是如此，那么这里是授任大臣，当用"皇帝行宝"。

这两项任命，实际上分割了总管武事的太尉周勃的最重要的一部分权力。

授任仪式居然能够顺利进行，宋、张二将已相继跪拜领命退出，文帝这才缓缓放下了那颗一直悬着的心，稍稍有了点安全感。夜已深，在内侍的随从下，他第一次步入了未央宫禁中，第一次睡上了御榻。但，感觉中只是略有一点新鲜和兴奋，更多的却是深深的忧虑。尽管他确信，此时巡行在京城的将士，守护着皇宫的卫士，都已在他亲信的牢牢掌控之中，也还是无法摆脱这种忧虑。

因为这位新皇觉得，自己还处在三道阴影交织起来的笼罩中。

一、自周以来，"父子相继"和"立嫡立长"已深入人心，几乎已被视为唯一合乎礼制的帝王传承程序。而他这回的被立则是据说只有商代实行过的"兄终弟及"，难免会被人看作异数，不合正统。

二、就是"兄终弟及"，他也十分勉强。惠帝刘盈是堂堂正正的高祖皇帝嫡长，而他虽是惠帝之弟，却是庶出。他的母亲薄姬，高帝在世时什么名分也没有给过她。正因为母亲从未得到过父亲宠爱，吕后才对他们母子网开一面，他们才得以去了代国，在那里默默无闻地度过了这么些年。但也因为如此，他在同姓诸侯王中，最多只被看作是宽厚仁孝的"善人"（见《汉书·高五王传》），谈不上有什么真正的声望。如今一朝登临九五之尊，那一个个都以为自己最有资格继位的诸侯王，又如何能臣服于他呢？

三、他是在大臣们诛灭诸吕后，被从偏远的代国迎入京师拥立的。这就很有可能，在明天的朝堂上，依班次站立在他面前的，将不是他的惟命是从的臣仆，而是一群趾高气扬、张着布袋、提着斗秤来索要酬报的皇位赐予者！在这种情况下，他还怎么能主掌朝政、做一个真正的皇帝呢？不仅如此，还可能出现更坏的结局：大臣们既然可以迎立你，那么只要他们继续拥有相当的实力而又认为有必要时，自然也可以用同样的方式废黜你！

在这一夜辗转反侧的思虑中，我估计文帝十有八九会想起幼时熟读过的一首题为《小旻》[1]的诗。诗的主人公一再提醒自己："不敢暴虎，不敢冯河。"他觉得自己面对的也是一只凶悍的猛虎，一条滔滔的大河；他也要时时提醒自己：不可空手搏虎，不能徒步涉河；他也必须谨慎又谨慎："战战兢兢，如临深渊，如履薄冰。"……

文帝大概就是这样默念着进入了梦乡，度过了他入主未央宫后的第一夜。

这天是新皇帝第一次临朝，未及天明，群臣便早早来到未央宫北阙候旨。在百官山呼声中，文帝说他将对列位大臣和诸侯王论功行赏，加官进爵。此话又激起了一阵欢呼，这自然是他期望中的。接着又宣布："其赦天下，赐民爵一级，女子百户牛酒。"（《史记》本纪）

一个月后，即文帝前元元年（公元前179年）十月，正式颁诏——

加封太尉周勃食邑一万户，赐金五千斤；

加封丞相陈平、将军灌婴食邑各三千户，赐金二千斤；

加封朱虚侯刘章、襄平侯刘通食邑各二千户，赐金一千斤；

封典客刘揭为阳信侯，赐金一千斤。

【1】见今本《诗经·小雅》。全诗共六节，所引为末节。

同年十二月和六月，又先后两次发诏——

追谥赵王刘友为幽王，赵王刘恢为共王，燕王刘建为灵王。三王中唯刘友有子，特许袭封，以刘友长子刘遂为赵王；

改封琅邪王刘泽为燕王；

封将军薄昭为轵侯；

封力主入京的宋昌为壮武侯，随从入京的张武等六人皆官至九卿；

封淮南王刘长舅父赵兼为周阳侯；

封齐王刘襄舅父驷钧为靖郭侯；

列侯中曾随从高帝入蜀的六十八人，各加封食邑三百户。

文帝这一系列意在慰劳、安抚的封赏，使朝政很快进入了正常运作轨道。每日凌晨，从戴着绛帻的鸡人报晓开始，九重开阊阖，旌旗飘龙蛇；剑佩鸣玉墀，朝班袅炉香。未央宫上下出现了从未有过的喜庆、祥和气象。接着，文帝又胸有成竹地向全国颁发了一道道有关轻刑、恤民、劝农的诏令，其中包括废除收孥相坐[1]、废除诽谤之罪、赈贷寡鳏孤贫、令郡国无来贡献、劝勉农耕和减免田租等，都表现出新皇帝普施德政的决心。朝廷又派出都吏巡行天下，察视郡县守令，甄别良莠，奏定黜陟。于是君臣协调，上下齐心，海内大定，远近翕然。

正是在这样一片喜庆、祥和的氛围中，文帝即位后的第一个春月，大臣们提出了一项奏议：立文帝之子刘启为皇太子。

这自然是文帝非常想做的一件事。因为预立太子，正是巩固帝位的一项重要措施。但他不敢贸然从事。

最大的顾忌是诸侯王，是他的那些叔伯兄弟子侄们，特别是兄弟们！

文帝是依"兄终弟及"继位的，这就为他的那些兄弟或从兄从弟留下了一个口实：既然你可以"兄终弟及"，我们为什么就不可以照着做呢？所以倘要立刘启为太子，首先就得过好这道坎：如何从"兄终弟及"转向"父子相继"？

此外还有一个不敢贸然的原因：刘启虽是他现存两个儿子中年长的一个，但却不是嫡长。

原来文帝在为代王时，曾与王后生有四子，王后不幸早逝，四男也相继夭折。刘启是他与一个还没有任何名分的宫女生的。对这个宫女需要作点介绍，因为她就是上章二节中提到过的那个被吕后从宫中出放赐给代王刘恒去做侍姬、晚年以黄老之术给朝政带来了巨大影响的窦姬。

这位身世极具传奇色彩的窦姬，名猗房，原是清河地方一个贫穷农家女儿，自幼丧失双亲，与都还没有成年的哥哥窦建、弟弟窦广国相依为命，苦度时光。窦姬以良家子身份被选入宫显然并不怎么情愿，因为她放心不下一对都还年幼而又无依无靠的兄弟，听到有人传言说小弟已遭人掠卖，生死不明，她为此不知偷偷哭过多少回。那年吕后宣旨，将原

---

[1] 收孥相坐：秦法：一人有罪，其妻儿并坐。文帝前元元年（公元前179年），宣布废除此法。孥，儿女。

来的部分宫女出放分赐给诸侯王做侍姬，她因想到老家清河属赵国，再三恳求主管遣送的宦官将她发配去赵国，以为那样即使也没有出宫去探望的可能，离家近些心里总会感到稳实一点。谁知那糊涂宦官好忘事，误将她列入了发送去代国的名籍。等到发觉，诏旨已经认可，再也无法更改。她又哭又闹，说什么也不肯走，最后是两个小宦官强力把她架上车的。上了车还是哭，眼泪一路从长安滴到汾河之畔的中都。让她喜出望外的是，一到代国竟是好运连连，不仅很快被那时还在做代王的文帝刘恒一眼看中，而且当年就生下一女，取名刘嫖；接着又先后生下二子，长子就是刘启，次子为刘武。

由于四个异母哥哥相继夭折，刘启勉强也可算是文帝长子；但因窦姬至今仍无任何名分，所以还只能被视为庶出。

大臣们却认为刘启"敦厚慈仁"，完全可以立为皇太子。

从《史记》、《汉书》的记载看，在立储这件事情上，大臣们全都站在文帝这一边。这也很好理解：大臣们都是拥立文帝的功臣，若是再立文帝之子为太子，便能使这笔政治资本不断增值；而如果另立某个诸侯王为后嗣，那就等于自毁前功，再从零开始。

聪明的文帝便小心翼翼地暗中利用了大臣们的这种心理，不露痕迹地演了一出戏：他三次推让，大臣们三次劝进。

文帝在推让中诚诚惶惶地表示，他被大臣们拥立为帝已经深感与自己的德行不副，倘再预立太子那便是加重他的"不德"。如果要考虑传承人选，诸侯王中贤德之人多的是，若举而"陪朕之不能终"，那才是"社稷之灵，天下之福"。特别耐人寻味的是，他具体提到了楚、吴、淮南三王，说了这样一段话——

楚王，季父也，春秋高，阅天下之义理多矣，明于国家之大体。吴王于朕，兄也，惠仁以好德。淮南王，弟也，秉德以陪朕。岂为不豫者！

三王中楚王刘交是刘邦少弟，喜好读书，又多才艺，此时也该已有六七十岁，不会再对皇位有非分之想，文帝提到他，多半出于对长辈的礼貌，并无他意。对吴王刘濞、淮南王刘长，则含义微妙。两人后来相继谋反，刘濞更是吴楚七国之乱的首倡者。他们与朝廷抗礼的迹象应该早有显露，但文帝却仍赞扬前者"惠仁以好德"，后者"秉德以陪朕"，还说"岂为不豫哉"，即把这两个兄弟看作是已经预为安排好了的皇位继承人。这显然并非出自真心，而是有意做出的一种姿态：用戴高帽子和开空头支票的策略，稳住这不那么安分的一兄一弟。

大臣们的三次劝进，则引经据典，反复说明"立嗣必子"历史久远，预立太子是"重宗庙社稷，不忘天下"的重大措施。关于不应立诸侯王，则抬出了高祖皇帝。认为当年高帝所以要设置同姓诸侯王，是为了"以抚海内"，诸侯王都只能在自己封国内"子孙继嗣，世世弗绝"，那才是"天下之大义"。如果不以子为嗣而"更选于诸侯及宗室，非高帝之志也"！

这出《三辞三进》的戏主要是演给诸侯王看的，一个唱红脸，一个唱白脸，目的是要为文帝搭一座桥,让他从属于非常态的"兄终弟及"的彼岸回归到正常状态的"父子相继"的此岸来。

演出获得了成功。文帝同意立刘启为皇太子。君臣双赢,皆大欢喜。

按照母以子贵的古制,同时尊皇太子之生母,于是从未有过任何名分的窦姬,一跃而为后宫之主,称窦皇后。

文帝为立皇太子颁诏:"赐天下民当代父后者(即当继承父业者),爵各一级。"

因立皇后又颁诏:"赐天下鳏寡孤独穷困及年八十已上孤儿九岁已下布帛米肉各有数。"

喜讯传遍帝国通都僻壤,老少咸贺,普天同庆。

对以前的窦姬、如今的窦皇后来说,在这段时间里,更是多喜临门。自己受尊为皇后不久,早已过世的父母也被追封为安成侯和安成夫人。紧接着,离散多年的哥哥窦建也找到,并得蒙特旨,厚赐田宅,移居京都。只是听哥哥说起小弟窦广国还是很伤心,证实确是在她进宫不久就被人掠去卖为童奴,辗转十余家,窦建曾去打听过好些地方也没能找到。后来听说在山里给主人烧炭,夜宿山崖下,山崖突然崩坍,死了好些童奴,也不知小弟是否还活着。忽一日,内侍呈来一信,说是有个自称是"广国小弟"的人求见。命人召进,却分明是一个髭须俨然的美男子,还如何认得!问他何为信,回答说:姐姐进宫离别那天,特地借来木盆,给小弟洗了个浴,又向人家讨了碗饭,让小弟饱餐了一顿……没等那年轻人说完,窦皇后就一把把小弟揽在怀里痛哭起来。此情此景,让当时每个在场的人都激动不已。

但突然冒出了两位国舅爷,却使大臣们立刻警觉起来。看看这对窦氏兄弟举止轻率、言语粗鄙的样子,将来会不会又变成吕产、吕禄那样的人物呢?周勃、灌婴等经过商量,特地选了一些有节行的士人与这对兄弟相处,还为他们配了教授诗书的师、傅,使他不以尊贵骄人,懂得谦逊和退让。好在文帝对此事处理也很谨慎,在他在位期间,一直没有封这两位国舅为侯。兄弟俩也尚能自律,以后也没有惹过什么麻烦。

从以上记述大略可以看出,文帝即位的最初一段时间,可说是汉帝国建立以来难得的君臣关系"蜜月"期。

但蜜月总是短暂的。

就在这一年春天,吴王刘濞让他的太子刘贤来京朝见。刘贤大概也还在童稚贪玩的年纪,朝见过后,少不得要找诸皇儿也即他的隔房兄弟姐妹们一起玩个痛快。他与刚立为皇太子的刘启大约年岁相当,玩的是一种稍微要用点智力的博戏,双方各执六子,子分黑白,博时先掷彩,然后行棋。两个都是争强好胜的少年,对博一开始就左冲右突,互不相让。正杀得难解难分时,勇猛的刘贤抢先抢过一子硬要争胜,骄悍的刘启一时怒起,提起那紫檀木制成的博局用力掷去,不意正击中刘贤前额,血流如注,竟就此一命呜呼!

《史记》、《汉书》对此事的记载,明显偏袒后来成了景帝的刘启,说是因刘贤"师、傅皆楚人,轻悍,又素骄,博争道,不恭",刘启才一时怒起"引博局"而"杀之"。但毕竟是刘启施的暴,虽是过失杀人,也该难辞其咎。一个爱子就这么平白无故死于非命,吴王刘濞的悲痛和激愤当在情理之中。因而当刘贤的尸体被送归吴国时,他拒绝接受,传回了一句充满火药味的话:"天下一宗,死长安即葬长安,何必来葬!"这样刘贤的尸体又被运回长安,落葬于京郊。从此刘濞对朝廷怨望日深,常常托病不依礼制定期入京朝请,到时就派个使者来应付了事。掌管此事的宗正官员获知刘濞并没有真生病,就拿刘濞派来的使者出气,甚至把他们拘禁起来。刘濞得悉更加震怒,越发有了谋反之心。文帝感到了问题的严重,亲自召问使者吴王生病究竟是怎么回事。使者回答了一句意味深长的话:"察见渊中鱼,不祥。"暗示吴王的病确实是假装的,但倘若你直接去揭穿他,处理有不得当,就会带来严重后果。文帝顿有所悟,于是转而对刘濞这位倨傲的堂兄采取慰抚策略:按古代尊敬长老的规制,赐之以几、杖,尊之为"祭酒"【1】,特许可以不按时入朝。到这时,盛怒的刘濞才稍稍缓和下来。但其实谋叛之心既已滋生,就只会积聚,不可能根除。

问题还不止此。

我们读《资治通鉴·汉纪五》,在文帝前元元年(公元前179年)十月至十二月之间,可以看到记着两件耐人寻味的事。一件是陈平托病要求辞去右丞相职务,文帝问他是否还有疾病以外的原因,陈平回答说:在高帝时,周勃的功劳不如臣;这回诛灭诸吕,臣的功劳不如周勃,所以情愿将右丞相之位让给周勃。第二件事是,周勃接任右丞相后常常面呈骄色,每回朝罢,总是跨着得意的步子大摇大摆退去。文帝却还是礼貌周到,总要目送着周勃走出殿门才转过身来。

从博戏事件到周勃任右相而有骄色,表明"蜜月"已经终结,新一轮的帝王与功臣和诸侯王之间的矛盾与斗争,即集权与分权的矛盾与斗争,宣告开始。

君臣三人玩起了智力角斗

陈平生的当然是政治病,即假病。他也不会真的愿意把上相之位让给周勃。那么他为什么要这样做呢?

也许陈平确实是感到了自己在诛灭吕氏中功不及勃而位却居于勃之上,内心有愧,只好让出。这种可能性不能说完全没有,但极小。陈平是一个曾经屡出奇计而又很会保护自己的智者。依此揣度,很可能这时候他已预见到了某种危险。帝王制度规定的君臣关系,是君至尊,臣至卑,臣子必须绝对服从君王。帝王由大臣拥立,这是帝王制度发展过程中出现的变数。由这种方式产生的皇帝,开头一段时间自然不能不程度不等地听命于诸大臣,其后的发展方向大略有二:或者永远受制于大臣,那么就只能做一个碌碌无为的庸主;或者从权臣的笼罩中挣脱出来,回归到正常的君臣关系。在后一种情况下,他们之中的才德相当者,就有可能成为一代雄主或明主。问题是:当出现后一种情况的时候,凡是不想功成身退甚或得意忘形的大臣,就将付出严重到直至身家性命的代价。

【1】祭酒:古礼,祭祀宴享必推一年长者先举酒以祭,称祭酒。汉时以此号加给大臣,是表示优尊。

陈平凭借他的智力，从文帝即位后一系列有章有法的作为中已经看出，这不可能是一个长期受制于大臣的皇帝，因而他要先来一个激流勇退。

不过，如果再深一层想想，与其说陈平是"激流勇退"，不如说他是在"以退为进"。

陈平此举，首先当然是做给文帝看的，这使他很快就获得了谦让的声誉，让文帝解除对他的戒心；同时也是做给周勃看的，就等待着这位左相来接受他让出的这个右相之位。如果周勃真的傻乎乎地接受了，那么他让出的是一个右相之位，得到的却会是左右两个相位；而想要做右相的周勃就会连左相也当不成！事情很明显：性格木讷刚强、只会拉拉硬弓却少有文化修养的周勃，高帝时已因战功封为绛侯，在新近的诛灭诸吕和迎立文帝中更立有大功，加上文帝待之甚恭，就难免忘乎所以了。在这种情况下，他再坐上陈平让出的上相之位，顿时感到自己已是一人之下、万人之上；而那"一人"又是由他亲手捧上去的，真所谓"天低吴楚，眼空无物"，老子天下第一了啊！试想抱着这样一种心态还能在宰相这个"高处不胜寒"的位置上存留多久呢？所以陈平的让位恐怕也是一计，那就叫"催败"计。照此说来，陈平不是存心在害周勃吗？是的，恐怕就有那么一点。官场的人际关系是由权力支配的，很难用寻常百姓间的道德伦理去衡量，更何况就像上章末节说的那样，陈、周二人同朝共事却素不相和，是经由陆贾的劝说，在拥刘灭吕的共同政治目标下才暂时联合起来的。不过也不能全怪陈平，你周勃怎么就不知道"将欲废之，必固兴之；将欲夺之，必固与之"（《老子·三十三章》）这个普通道理呢？

当陈平与周勃演着戏的时候，有一个人在一旁谨慎、细心地观察着，思索着，他就是文帝。

性格沉稳而心计甚深的文帝自然懂得，他要摆脱功臣们的笼罩，得运用他的智慧和手段。封赏是一个最主要的手段，其本质是一场政治交易：付出的是职位、爵号和黄金、土地，获得的是皇位和驾驭臣属的权力。

他的另一个重要手段是谦恭。

不错，谦恭是一种美德，不应被视为手段。我之所以这样说，是因为在不少情况下，文帝确实是把谦恭作为手段来使用的。自然他也有他的难处：作为一个由大臣们迎立的皇帝，在其地位还没有足够稳固的情况下，似乎也只能这样做。

很显然，文帝是看出了陈平让位的真实用意的，但他却佯作不知，还依着陈平之愿，授任明知缺乏上相才具的周勃为右相，接下去便发生了《资治通鉴·汉纪五》所记载的每回朝罢，周勃得意扬扬地迈步而出，文帝则"礼之恭，常目送之"那样有违君臣礼法的事。

在《通鉴》的这段话后面，吴三省作了生动而又传神的解说：

上（指文帝）礼勃甚恭，其罢朝也，常目送之，待其既出，然后肆体自如。

请注意句末"然后肆体自如"六字。这就是说，文帝面对着周勃的傲慢，浑身都不舒服，他的"礼勃甚恭"，是克制着内心的愤慨强迫自己做出来的，周勃一走，他才放松筋骨，通体舒泰。在这里，谦恭就只是一种手段。文帝以此为手段要达到的目的是：让自己获得群臣好感，使周勃陷于孤立，为将来惩处打下舆论基础。

果然有个时任中郎将、名叫袁盎[1]的人站出来说话了！他先问文帝在您陛下心目中周勃是个何等样人，文帝欲擒故纵，有意给了一个很高的评价："社稷之臣"。袁盎不同意。他认为古代的社稷之臣都能做到君在同在，君亡同亡。可周勃呢，在吕氏擅权时，他身为太尉却不能救正；等到吕后崩逝，大臣们共同讨逆，他才出来乘机邀功，所以只能算个功臣。袁盎说：今陛下即位，对周勃封赏特隆，敬礼有加，可他却居功自傲，骄横放纵，陛下依旧对他如此谦让，臣窃为陛下不取也！

袁盎的这番说话是在朝堂上当着众位大臣说的，这也正是文帝希望得到的效果。既然众大臣都以为对周勃不应如此谦让，那么改变对他的态度就成了顺应群臣之愿。此后朝见，文帝威仪严正，面容庄重，凛然有九五之尊。周勃第一次感受到了天子之威，不由得畏缩起来。事后他找到袁盎说：我与你哥哥是好朋友，你小子怎么竟敢在朝堂上毁谤我？

生性梗直的袁盎根本不予理睬。

文帝看到周勃的倨傲之气已经荡然无存，却还不肯终止。也许文帝脑海里一直保留着当初周勃要求先屏退左右再献上玉玺那一幕，因而暗中早就萌发了要除掉这个让他颇为不安的安刘功臣的念头。接下去他又使出了一个极巧妙的办法，迫使周勃不得不把屁股也还没有坐热的上相之位乖乖地让出来。

一次临朝听政后，文帝还顾周勃随口问道：一岁之内，天下决狱几何？周勃一愣，回答说：臣不知。文帝又问，一岁之内，天下钱、谷出入几何？周勃仍是茫然，一时汗流浃背，惶恐莫名。文帝转身问此时已改任左相的陈平。陈平当即答道：此二事各有专职，他们均为臣属下。陛下欲知其数，臣可召来问之。文帝说：二事何人专管？陈平说：陛下欲知决狱之数，可召问廷尉；欲问钱、谷几何则可命治粟内史来禀报。文帝作色道：既然诸事都有人专管，足下作为左相还须主管何事呢？陈平跪伏谢罪道：臣诚惶诚恐。陛下不知臣驽钝，使臣待罪于左相之位。臣以为丞相之职，应是上佐天子理阴阳，顺四时；下抚百姓，劝农耕，育万物；外镇四夷诸侯，内统百官使之各尽其职。此上、下、内、外，便是丞相之职。倘有不当，陛下可责臣以罪。

文帝微微颔首说道：卿言甚是！

周勃越发惭愧得无地自容，一等退朝，便几步追上陈平，虎着脸责问道：你只顾自己在皇上面前滔滔不绝，平素因何不先教教我呢？

陈平轻松地笑着说道：公居上相之位，难道竟不知自己所任之职为何？

周勃回到家里，犹是长吁短叹，寝食难安。偏巧有一故人来访，叙谈间劝说道：公既诛诸吕，立代王，威震天下，爵封万户之侯，位居人臣之极。古人有言，树高招风，功高招忌。为今之计，当及时抽身而退，方可为安；若再恋栈不去，只怕祸在旦夕！周勃听后大为惊恐，旋即上书谢病，请还相印。文帝准奏，免去周勃相职，不再分左右相，专一以陈平为丞相，统领百官，总揽朝政。

【1】此据《史记·袁盎列传》。《汉书》同传则记为爰盎、郎中将。

但陈平单独为相还不到一年，就因病去世，谥为献侯。这位身经高帝、惠帝和吕后、文帝三世，无论在楚汉战场或宫廷权力角逐中都能纵横自如，即使遇到险情也总可转危为安的智能老臣，在临终回顾自己一生时，却颇有自责之意。他坦诚地说："我多阴谋，是道家之所禁[1]。吾世即废，亦已矣，终不能复起，以吾多阴祸也！"（《史记》本传）陈平说"吾世即废"，说明他对自己的列侯封号死后不久可能会被废黜已有所预感。后来勉强传了三世，到他的曾孙陈何，因擅夺人妻，坐法弃市，果致绝封。

陈平之死，给了周勃一个复出的机会。不久他就获得任命，喜出望外地再次坐上了人臣之极的相位。

其实文帝这次对周勃的任命，并非倚重，只是权当一个过渡。有句俗话说得好：一朝天子一朝臣。文帝很清楚，真正能够成为他股肱大臣的不可能是前朝留下的功臣，只能是由他自己去发现和培植的新臣。在这以前，他从对各郡县的考核中，发现河南郡守吴公治绩列为天下第一，就将他征调来京，擢任为廷尉。吴公向文帝推荐了他的一个门客，那便是来自洛阳的卓荦英才贾谊。自汉迄今，贾谊可说是中国青年学子心目中的偶像。单是读一读他那篇行文汪洋恣肆、立论高峻警策的《过秦论》，就会让你一唱三叹，无限神往。文帝与贾谊交谈后，大喜，立授为博士。此后每逢朝议，诸老先生不能言，唯独这个二十出点头的青年博士对答如流，而又能恰如人意，满朝文武一时皆以为能。文帝特予超迁，不到一年，就将他升为九卿之一的郎中令的属官中大夫，职掌议论，秩比二千石，已属高官。英姿勃发的贾谊，又接连提出了改定朝制、修订法令和令列侯赴国等一系列建议。文帝意欲进一步倚重贾谊，拟议任贾谊以公卿之位，使之与诸大臣并列。这一下功臣们发急了，周勃、灌婴等等对贾谊来了个群起而攻之。他们说：这个洛阳来的小青年，刚学了点皮毛，什么都不懂，只会擅权乱事！

众怒难犯，文帝不得不将拟议搁下。但同时却颁发了这样一道诏令：

朕闻古者诸侯建国千余，各守其地，以时入贡，民不劳苦，上下欢欣，靡有遗德。今列侯多居长安，邑远（指离所封食邑远），吏卒给输费苦，而列侯亦无由教驯（同"训"）其民。其令列侯之国，为吏及诏所止者，遣太子。（《史记》本纪）

这份诏令便是根据贾谊建议起草的。诏令规定，所有受封为列侯者都必须离开长安到各自所受之封国去。只有两种人可以例外：一是朝廷现职官员；二是有诏令允许留京者。就是这两种人，也须让他们的太子去封国。文帝之所以这样做，不仅为了摆脱功臣们的掣肘，还有一层更深的考虑：列侯聚集于京，久之必将形成与皇权抗衡的一种力量；各令之国，使其化整为零，就不会再构成威胁。

对文帝来说，这既是一次较量，也是一次冒险。他深知自己还远没有获得一言九鼎、

---

[1] 陈平年轻时曾学过黄老之学，属后期道家，故有此说。黄老之学反对阴谋。如长沙马王堆汉墓出土的黄老之书《十六经》，就有"不阴谋"、"阴谋不祥"一类话。

一呼百应的权威。但为着建立真正的帝王集权专制制度,他又必须这样做。

果然,诏令发出后多日,列侯还是借故拖延,谁也不肯响应。而这时候的贾谊,更成了矢众之的,毁谤四起。

文帝看出来了,贾谊的存在,已成了列侯抵制赴国的一个借口。作为皇帝,他必须维护自己诏令的权威性。权衡再三,不得不以贬抑他极为欣赏和器重的少年奇才贾谊,以换取对列侯的控制权。于是便命贾谊离开长安,南下去做长沙王吴差(高帝时异姓七王之一吴芮元孙)的太傅。贾谊襟怀未展,壮志未酬,却也只好被迫离京赴任。长沙国都临湘(今湖南长沙),西有湘江蜿蜒流过,附近又有汨罗江,传为一百多年前遭放逐的楚国三闾大夫屈原投江自沉处。贾谊常常踯躅于湘江之畔,伤屈原之《离骚》而作《离骚赋》,仰天浩叹:"乌呼哀哉兮,逢时不祥;鸾凤伏窜兮,鸱鸮翱翔!"

贾谊既已离京,文帝就有了话语权,再把周勃找来,说了这样一番话:

> 前日吾诏列侯就国,或未能行。丞相吾所重,其率先之。(《史记·绛侯周勃世家》)

这实际上要作为丞相的周勃扮演一次带头羊的角色,率先赴国。

周勃已经别无选择。他一离京,按规定就得交出相权。文帝即以太尉灌婴继任丞相之职。周勃是在高帝六年(公元前201年)受封为绛侯的。文帝前元二年(公元前178年)十月他从长安起程,经过千里跋涉,终于来到自己封地。绛,春秋时属晋,韩、赵、魏三卿分晋后属魏,其故址在今山西省曲沃县西南。

人性的普遍弱点是难以忍受从巅峰到低谷的回落。在我们面前有两个周勃:一个是年少时曾以编织薄曲(一种养蚕器具)为生的周勃,对这个周勃来说,能够当上侯爵,还有自己的封国,已是连做梦也难以想到的荣华富贵的顶点。还有一个是现在的周勃。对这个曾经做过太尉、丞相的周勃来说,叫他如何能接受从"一人之下,万人之上"的高位,突然被"放逐"到这个绛水之畔的小山城来呢?周勃在绛邑住了一年多,就像当年由楚王被贬为淮阴侯的韩信那样,经常处于失落、怨愤的痛苦折磨中。与韩信有所不同的是,这位曾经叱咤沙场的大将军,如今却胆小如鼠,日夜恐慌,总以为有人要来刺杀他。遇到河东守尉巡视各县到绛邑,他甚至会紧张到如临大敌,自己戴盔披甲,令家丁各持兵械,严阵以待。如此反常情况,难免招人猜疑,有好事者上书告以谋反。文帝对周勃本来就存有戒心,得报后即下令械系周勃入京论罪。满朝文武竟没有一个肯为周勃说句公道话。这种情况说明,一是周勃在京时与大臣们的关系似乎不怎么融洽;二是此时文帝的权威已有了很大提高。

幸好,当时任廷尉的是一向以持议平正著称的张释之,没有草率将周勃定罪。只是每回审问,生性木讷的周勃又不会自辩,张释之也无由开脱,暂且将其锁入请室。请室即"请罪之室",是汉代专门惩治官吏犯罪的特种监狱。所谓英雄末路,在这时候的周勃眼中,请室的狱吏威严若天神,凶猛似虎狼,咳嗽一声都会吓得他浑身打抖。后来实在忍受不了种种屈辱,只好暗中令家人以千金贿赂狱吏。果然有钱能使鬼推磨,原先凶神恶煞似的狱吏，突然变得笑容可掬，不仅从此不再凌辱，还给他出了个解救自己的主意，只是不便明告，就在公文的背面写了五个字："以公主为证。"这使周勃一下开了窍。原来周勃长子周胜之，娶的是一位公主——文帝之女。狱吏就是教他去走这条可以通天的内线。后来周勃正是利用儿子来探监的机会，暗中将此意说出。公主便去找他的舅公薄昭。此前，周勃曾将自己所受赏赐让予薄昭，因而薄昭也很愿意借此机会还个人情债，就去找了他的姐姐薄姬。这么一个圈子兜下来，居然惊动了当时的最高权威薄氏皇太后。太后听说周勃将被以谋反罪诛杀，立刻召见文帝，气得摘下头巾向儿子狠狠掷去，愤愤说道：想当初，周勃手掌皇帝玉玺，身兼北军统帅，却没有造反；如今局居一个边远小城，反倒造起反来了，这能教人相信吗？汝不知是听信谁的谗言，竟做出此等屈害功臣的蠢事来！

与此同时，原先曾奏劾周勃居功自傲的袁盎，也不信周勃真会谋反，特地为他作了无罪辩护。更为难得的是贾谊。因受周勃等大臣的排挤，贾谊先被贬为长沙王吴差太傅，后又改任为梁王刘揖太傅。但当周勃被以并不存在的谋反罪械系入狱时，贾谊还是向文帝直言进谏，以为此种做法有违为君之道。他说古之天子必以"廉耻节礼"对待大臣，大臣有过，"废之可也，退之可也，赐之死可也，灭之可也"，但却不能"束缚之，系缧之，输之司寇，编之徒官"。文帝"深纳其言"，"是后大臣有罪，皆自杀，不受刑"（《汉书·贾谊传》）。在这种情况下，文帝才不得不缓和了下来，命人持节至狱，将周勃释免。

死里逃生的周勃重回绛邑，从此安分守心享受余生。只是那段噩梦般的被囚禁的日子，依旧无法从记忆中抹去，他常常会一个人对着夕阳喟然自叹："吾尝将百万军，然安知狱吏之贵乎！"（《史记》本传）明代李贽读史至此，写下了八个字："英雄到此，真堪堕泪！"（《史纲评要·汉纪》）

文帝前元十一年（公元前169年），周勃在默默中死去，谥为武侯。

让文帝感到棘手的不仅是功臣，还有诸侯王。由于同姓诸侯王都带着血肉亲情，因而文帝在需要下决心采取重大措施时，往往瞻前顾后，举棋难定。

同姓并不一定同心：刘章、刘兴居、刘长

先说刘章和刘兴居。

这对来自齐王国的兄弟，是灭吕安刘那场政变中的功臣。刘章手刃吕产，当列为第一大功；兴居率兵"清宫"，将后少帝扫地出门，为代王刘恒入主未央宫铺上了红地毯，此功自然也十分重要。所以当时周勃等大臣曾与他们约定：事成后，将推举刘章为赵王，刘兴居为梁王。

兄弟俩就是做着即将分别受封为赵王、梁王的美梦，与另外六位大臣一起兴高采烈地共同把代王刘恒拥上了帝位。

文帝一即位，刘章就被列入第一批封赏名单：加封食邑二千户，赐金一千斤。

这离他的美梦还很远，更何况弟弟兴居还什么都没有捞到。

他们继续等着盼着。

突然有一天，他们的美梦竟成了一个泡影！

原来这时候文帝从一些人的劾奏中，发现在诛吕之初，刘章及其弟兴居曾发给他们哥哥齐王刘襄一封密信，信中透露了事成后将立刘襄为帝的意图。这一突然冒出来的情况，使得大臣们觉得对齐王的首倡发兵讨吕有重新加以评价的必要。既然齐王发兵并非像他在《告诸侯书》中所说的那样只是为了"入诛不当为王者"，实际还有自立为帝的图谋，那么他的全部行动就都有了谋反的嫌疑。

这时摆在文帝面前的是一个复杂而又极其敏感的政治问题。诛灭诸吕是他得以入京接受拥立的前提条件，必须充分肯定；但其中曾经出现过的发兵反朝廷这样的事，关系到社稷安危，皇业存亡，又必须明确作出否定性表示，以禁绝此后效仿者。如何做到护其"器"而又投其"鼠"呢？文帝的应对审慎而又颇为高明。他一方面，对已经病故的齐王刘襄，只称道其反诸吕的初衷，反朝廷之事则虽"心照"却"不宣"，仍依制让他的儿子刘则嗣封为齐王；另一方面，对自杀身亡的前齐相召平作了重新认定。召平的率兵围齐宫，原来认为是阻挠诛灭诸吕的叛逆行为，现在则认为是谏阻刘襄谋逆的"勤王"之举，故特予平反，并封其子召奴为黎侯。

在文帝作出这些处理的同时，大臣们宣布：撤销此前进呈的封刘章为赵王、刘兴居为梁王的奏议。

兄弟俩的美梦就这样成了泡影。这对曾经被视为反吕英雄、在未央宫里风光一时的齐王子弟，现在跌进了人生低谷，他们牢骚满腹，甚至酗酒滋事。一年后，文帝不得不做出了一个抚慰式的表示：封刘章为城阳王，刘兴居为济北王。偏偏这对桀骜不驯的兄弟丝毫没有受到"抚慰"的感觉。城阳、济北都仅有一郡之地，这是什么狗屁王呀？！更让他们愤愤不平的是，这两个郡都是从齐国辖地中分割出来的。如今嗣封齐王的刘则是他们的侄子，这不是存心挑拨离间，要叫我们叔侄不和吗？

年轻气盛的刘章，哪里忍受得住如此屈辱！一年多后饮恨死去。算来，最多不会超过二十六岁。

弟弟兴居默默吞下了这一仇恨，他在积蓄力量，窥测时机。

一个月后，即文帝前元三年（公元前177年）五月，匈奴入侵北地、河南等地，文帝派灌婴率兵出击，自己巡行甘泉、高奴、太原等地。匈奴很快退去。此时已是周勃带头就国之后，刘兴居也已到了自己的封地济北。他以为文帝离开长安，未央宫无主，这是一个不可错失的机会，立即从济北之都卢县（今山东长清西南）发兵起事，准备袭击的目标是荥阳。关于刘兴居谋反，史书没有留下细节记载，推想起来，这个有勇少谋才二十出点头的年轻人，一定干得十分仓促、鲁莽。文帝得报，即诏灌婴罢师，命大将军柴武统兵十万火速开赴济北讨伐，又派祁侯曾贺率军屯荥阳镇守。七月，文帝回到长安，下诏宣布刘兴居为"大逆"，同时指出："济北吏民兵未至先自定，及以军地邑降者，皆赦之，复官爵。"（《史记》本纪）这么军事、政治双向一夹攻，叛军迅即溃败、瓦解，刘兴居也做了俘虏。这个血性的青年国王不堪此辱，挥剑自刎。

刘兴居之反，不仅是文帝即位后第一个同室操戈事件，也是高帝为对抗异姓王而分封同姓王后，第一次由同姓王发起的武装叛乱。它给文帝及后来诸帝留下了极其深刻的印象，并重重击痛了他们的神经。皇位对某些人的诱惑力，不仅不会因同一血缘而有所减弱，有时反而会更加强烈。当初刘邦那个总以为同姓王要比异姓王可以依赖的幻想，至此已被刘氏子弟之间相互血腥残杀的现实彻底粉碎。正是鉴于这些血的教训，武帝时董仲舒作《灭国》论（收入《春秋繁露》），用春秋战国的大量实例提出了这样一个命题："乱之本，存亲内蔽"——动乱的根本原因，在于宗亲内部败坏而自相残杀啊！

第二个以武力向朝廷发起挑战的同姓王，是刘长。

刘长是高帝的小儿子。他的母亲原是赵王张敖后宫美人。一次高帝由东垣来到赵国邯郸，既是臣属又是女婿的张敖自然要盛情接待。酒宴过后，便献上此美人。谁知就这么一夜，赵美人便有了身孕。从此张敖不敢再纳于自己宫中，特为另筑外宫，小心将她供养起来。几个月后，风云突变，王国官员贯高等人的谋反事发，因案情牵涉到赵王，诛连所及，使这个将要分娩的赵美人也成了阶下囚被押解到了河内。赵美人设法通过狱吏将自己的冤屈报知郡守，再由郡守奏闻高帝。但此时的刘邦正在为赵国谋反一案雷霆大怒，哪里有心思来管此等儿女情事！赵美人又让她的弟弟赵兼赶赴长安通过审食其去找吕后。聪明的赵美人这回犯傻了：生性嫉妒的吕后，怎么肯为自己男人的"外遇"去说情呢？赵兼一脸沮丧回到河内，赵美人知道所有能够尊严地活下去的路全已堵塞，她绝望了，生下儿子后就投缳自尽。郡守派专人将婴儿送到长安，高帝这才因哀怜而后悔不已，命人将赵美人安葬于她的故乡真定（今河北真定南），给儿子取名为长，嘱令吕后抚养。高帝十一年（公元前196年）攻灭淮南王黥布后，还在咿呀学语的刘长被立为淮南王。

真所谓人生无常啊！赵美人如果不因绝望而自尽，那么等到吕后一掌政，她很可能就是第二个戚夫人，而刘长大概也很难逃脱类似刘如意的命运。赵美人一死，刘长由吕后抚养，反倒顺顺当当地活了下来。这样到诛灭诸吕，刘长也该已有十七八岁，长得虎头豹脑，一身筋骨，力能扛鼎，俨然有王霸之气。那次拥刘联盟的高层会议在商议谁可为新皇时，不是还把他推举为第二号人选吗？如果不是因为他的生母和养母那种复杂的政治背景，即所谓"母家又恶"（《史记·吕太后本纪》），他也很有可能登上皇帝极位呢！

但命运对刘长的这种安排，究竟是幸还是不幸，我们还得看下去。

原来刘长懂事后，从周围人们的传言中得悉了自己的身世，就立志要为屈死的母亲报仇。找谁去报呢？按说要找首先就得找高帝，其次是吕后；但此时两人已先后死去，不过估计就是活着，刘长也不会去找他们报。他选定的报复对象是审食其。公平地说，审食其对赵美人的死并不负有任何责任，但刘长却以为，当年我舅父赵兼既然找了你审食其，你就应当为我母亲向吕后强力极谏，可是你却只是应付而已！

文帝前元三年（公元前177年），淮南王刘长依制来京朝见。此时高帝八子其余先后死去，唯剩下文帝与刘长二人。刘长仗着与文帝的特殊关系倨傲骄纵，多次不依礼法行事，文帝则总是予以宽宥。这回文帝对刘长的来朝，也是热情有加，接见后又挽留他多住了几日，常常同辇出入，并警游猎，有时还不拘君臣礼节，以兄弟相称。刘长却因此而越发妄自尊大，傲视宗室，睥睨大臣，甚至到了已被立为皇太子的刘启、德高望重的薄太后，见到他都要怕三分的地步！

这一日刘长已准备回国了，突然提出要去拜访审食其。此时审食其早被免去左相，只保留了一个辟阳侯爵号，过着胆颤心惊的日子。一听淮南王屈尊来访，顿时受宠若惊，不顾年老体弱，慌忙降阶恭迎。刘长傲然出车，一脸不屑，也不说话，顾自从宽博的袖筒里抽出一柄硕大的铜椎来，手起椎落，看着审食其已应声扑地，抛去手中铜椎，即命随从魏敬去割死者首级，自己跃身上车，急驰至未央宫阙下，跪伏殿阶，肉袒谢罪。文帝忙问何事，刘长说：适才臣已将审食其击杀。文帝大惊，问：何故如此唐突？刘长说：此贼身负三罪，理当受诛。当年，他明知臣母冤屈，却不予力争，便是一罪；赵王如意，母子无辜，他不为之辩白，便是二罪；吕后封诸吕为王，意在侵害刘氏，他默然顺从，便是三罪。今臣谨为天子诛贼，上除国害，下报母仇，惟事前未曾请命，擅诛罪臣，臣也不能无罪，故伏阙自陈，愿受明罚。

文帝原也以为审食其罪已可诛，只是刘长不应如此张狂专擅。转一想，其本意在为母报仇，情或有可原，因而赦而不治，准予回国。刘长辞别登车，昂然出京。

刘长此次进京朝见期间种种有违礼法的行为，引起了朝堂上下众人的不满和忧虑。一向敢于直言的中郎将袁盎又一次入宫进谏，以为对淮南王不应再姑息迁就，这回擅杀审食其一事如果仍不绳之以法，那便是养虎遗患，此后他必然愈益骄横，朝廷将再也无法控制。因而建议或夺其国，或削其地，以防患于未发之时。但文帝还是觉得那样做有碍兄弟情面，一时难以下决心。

刘长回国后，果然越发不把朝廷放在眼里。按汉制规定，诸侯王不得使用皇帝礼仪，刘长出入却用装有黄屋车盖的乘舆，并实施"警跸"也即清道开路、禁止旁人通行那一套，俨然一副天子派头。又按规定，各诸侯王国必须统一使用汉法；刘长却下令废弃汉法，自定法令。还有，按规定凡丞相及品秩在二千石以上的王国官员，均由朝廷派遣；刘长却硬是赶走了汉官，自行配置。更有甚者，他还将那些来自各诸侯王国的负罪逃亡者等等，实际就是当时朝廷的一些"反对派"全都收留下来，为治家室，赐予爵禄，以形成一股对中央政权的抗衡力量[1]。

已经忍无可忍，文帝决定下猛药了。只是觉得自己还是不便出面，由他的舅父、时任车骑将军的薄昭致书刘长，敦促其立即"改操易行"。书中列述了刘长的种种罪错，并断然指出："王若不改，汉系大王邸，论相以下"，"幸臣皆伏法诛，为天下笑"。书末警告："行之有疑，祸如发矢，不可追已！"（《汉书·淮南王传》）但刘长根本不吃这一套，索性来一个先发制人，提前谋反。因淮南国都在寿春（今安徽寿县），离长安有数千里之遥，

---

[1] 以上所记刘长"反状"，皆据《史记》及《汉书》。《汉书》另有薄昭致淮南王一书，列数了刘长的八大罪错，其中有两条是：一、刘长曾向文帝提出"欲属国为布衣"，"不求守长陵，而求之真定"。长陵为高帝刘邦陵墓，真定则是刘长生母赵美人安葬处。二、"贵布衣一剑之任，贱王侯之位"，"不好学问大道，触情妄行"。刘长对他从未见过面的母亲怀有浓烈的怀念之情，在他的叛逆心理中，包含有相当多的为母亲报仇的成分。除此之外，他还曾一度有过不再当王侯的想法，向往着独自仗剑四游、恣意横行那样一种生活。这说明刘长是一个复杂的历史人物，不可将其简单化。

急切难以举事，刘长决定派大夫但等七十余人，潜入关中，联络柴奇，同谋发难。这柴奇，是曾经参加过对项羽的垓下会战、新近又征讨过刘兴居的柴武大将的儿子；柴武受封为棘蒲侯，柴奇被立为太子。大夫但与柴奇一拍即合，双方约定，用四十辆辇车运载武器，在离长安仅有数十里、地势又极为险要的谷口（今陕西礼泉东北）发兵。同时准备以淮南王的名义向闽越、匈奴派出使节，请求配合或支援。柴奇命他的一个名叫开章的门客，急赴寿春去向刘长禀报商议结果。刘长以为可行，当即下令着手筹划。但刘长等人的这些暗中活动，都没有能够逃过朝廷所布下的日夜处于高度警觉中的情报网的监控。密谋被发觉后，文帝仍不忍心缉拿刘长，先命长安县县尉去捕捉开章。这时刘长又玩了个花招：先是把开章藏匿起来，后来索性一刀将他杀了，却教人对县尉说：不知道开章在哪里。随后又在另外一个地方堆了个土坟，树了木牌，上写六个字："开章死，埋此下。"

长安县尉拆穿了刘长的花招，将实情奏报朝廷。文帝遣特使召刘长进京。刘长反事尚未部署就绪，仓促难以抗命，没奈何只好随特使来到长安。未央宫里等待着刘长的是一片喊杀声。由丞相张苍、典客代行御史大夫冯敬以及宗正、廷尉、列侯等四十三人联名上奏，详述刘长谋反经过及种种非法之事，以为依法应将刘长弃市——在闹市处斩，并抛尸街头。但文帝再次下诏，不忍心以法律惩处刘长，命诸大臣重议。经几上几下，最后定下来的处置方案是：所有参与谋反者全都诛杀；刘长则废去王爵，遣送到蜀郡严道县邛邮安置。文帝又特许刘长一路有较好的膳食供应，其标准是每日肉五斤，酒二斗。刘长平日宠幸的嫔妃也可侍从一同前往，其数为十人。

文帝前元六年（公元前174年）十月，刘长被载上遮有黑布的辎车，在廷尉所派遣卫士的执戈卫护下，这支遣送队伍就这样走上了逶迤西去的阳关道。大臣们似乎终于放下了心上的一块石头，中郎将袁盎却忽而产生了新的忧虑。他对文帝说：淮南王生性刚烈，且素来骄纵，这回骤遭挫折，一路餐风宿露，只怕难以忍受。倘有不测，陛下反会招来杀弟恶名，这便如何是好？

文帝一听又犹豫起来，说：我的本意是让他受点苦就恢复他王位的。如今这个样子，要不要就让他回来？[1]

但文帝终于还是没有下令追回。过了一月有余，雍县县令送来的特级奏报却说遣送队伍抵达雍境时，刘长已在辎车中绝食身亡。决定绝食前，刘长对侍从说过一句话：大丈夫生于天地之间，岂可如此悒郁不快！文帝追悔不已，捶胸痛哭，对袁盎说：悔不听公言，致使亡了吾弟。袁盎说：既已如此，还请陛下节哀自宽。文帝又问如今该如何做才好时，袁盎一心想为文帝开脱杀弟恶名，竟提出了一个诛杀丞相、御史大夫以谢天下的建议。文

【1】文帝的这段话，《史记》与《汉书》的记载有一字之差。前者记为："吾特苦之耳，今复之。"后者则为："……令复之。""令复之"，大致可以理解为刘长有所悔改后，再令其回国，恢复王爵。"今复之"则意谓当即复之。《汉书补注》引王念孙曰："当依《史记》作'今复之'。"联系到文帝对刘长一案的处理可谓优柔寡断，犹豫再三，我也觉得当以"今复之"为是，因而据以拟就了上述对话。

帝尽管没有听从此议，但还是下令逮捕和查究了沿途各县负责为刘长馈送食物的官吏，不分青红皂白一律处斩，并枭首示众。这样做的目的，无非是想要给天下人留下一个印象：刘长的死，全是由这些官员渎职所致！

但当时民间寻常百姓，却并不理会官方如何宣传，依然按照自己的道德观念来理解此事。他们编出歌谣来唱道：

一尺布，尚可缝；
一斗粟，尚可舂；
兄弟二人，
不能相容！（《史记·淮南衡山列传》）

文帝听到许多人都在传唱这首歌谣，内心很是不安。他弄不明白：古时候，尧舜放逐作恶的本族人，周公杀死叛乱的管叔、蔡叔，天下人都支持他们这样做，还称赞他们是圣人；而我放逐刘长怎么会受到百姓如此谴责呢？后来他想：大概他们以为我贪图刘长拥有的淮南国那片土地吧？于是下诏不仅追尊刘长为厉王，还将淮南之地一分为三，分别封给刘长的三个儿子：刘安为淮南王，刘勃为衡山王，刘赐为卢江王。

文帝在对待诸侯王问题上比较偏重兄弟亲情，这本属人情之常，很可理解；但作为一个皇帝，他的这些应对却都不能算作成功，其严重的负面影响，后文还将提到。在接下去的一节里，还是让我们先来简略介绍一下文景之世的治绩吧！

司马迁说："孝文施大德，天下怀安"[1]

从一诏五问说起

我国古代长期处于农业社会，农业被视为立国之本，是否重视农业应是衡量一个帝王治绩的首要标准。文帝在位期间，有几年农业收成不好，旱涝之灾不断，致使有些地方"民食寡之"，这使他十分忧虑，特地给丞相、列侯及俸秩在二千石以上的大臣下了一道诏文。他说自己"愚而不明"，想不清楚毛病究竟出在什么地方，因而请大家来议一议，只要对百姓有帮助的，"率意远思，无有所隐"。在诏文中，他对造成"民食寡之"的原因接连提出了五个方面的探问——

意在朕之政有失而行过与（同"欤"）？乃天道有不顺，地利或不得，人事多失和，鬼神废不享与？何以致此？将百官之奉养或费，无用之事或多与？何其民食之寡乏也！夫度田非益寡，而计民未加益，以口量地，其于古犹有余，而食之甚不足者，其咎安在？无乃百姓之从事于末（指工商业）以害农者蕃，为酒醪以靡谷者多，六畜之食焉者众与？（《汉书·文帝纪》）

这五问首先要问的是自己为政是否有失，行为是否有过；然后是天时、地利、人和是否有不当处，官员俸禄是否过高，耕地面积是否有减；最后是百姓酿造酒醪、饲养六畜是否动用粮食过多等。从这五问可以看出文帝思考问题的特点。在他看来，百姓如果得不到温饱，首先应当检查的是政府及其官员的工作状态，和财政支出状况如何；若是政府官员行为有失、财务政支出靡费，承担责任者只能是秉掌国政的人，在那个时代，就是作为皇帝的他。

文帝即位之初，虽然经过了高帝、惠帝、吕后的恢复期，国家经济状况有所好转，但总体上还处于一个较低的水平。"文帝即位，躬修俭节，思安百姓。"（《汉书·食货志》）

【1】见《史记·孝景本纪》太史公语。

史书上此类记载颇多。譬如一次负责营造的将作少府规划在未央宫内再建一座露台，命工匠预算了一下，大约要花费金一百斤。文帝得知后，不让再建。他说：百金之费相当于十户中等人家加在一起的财产啊！我居住在先帝营造的宫殿里，已经常常感到羞愧惶恐，还要建造新台做什么！工程停止后，已辟筑的土基则作为前皇节俭的表征物留存了下来，一再被人称道。

据说，文帝自己平常穿的是用较为粗糙、厚实的一种叫"绨"的丝绸做的衣服。就是他最宠幸的慎夫人，他也不让她穿长到曳地的衣裙。寝宫的帷帐不许刺绣花纹。在他的临终遗诏中，还一再提出要薄葬轻服。他说："厚葬以破业，重服以伤生，吾甚不取。"他认为自己死了如果还要叫百姓长久地服丧吊临，那就是"离寒暑之数，哀人之父子，伤长幼之志"，"重吾不德也"。为此规定："其令天下吏民，令到出临三日，皆释服，毋禁取（通"娶"）妇、嫁女、祠祀、饮酒食肉者"。在此之前，他曾向为他修筑陵墓的将作少府作过明确指示："治霸陵，皆以瓦器，不得以金银铜锡为饰。不治坟。欲为省，毋烦民。"在遗诏中，再次重申："霸陵山川因其故，毋有所改。"（均见《史记》本纪）由于文帝坚持薄葬，一百多年后，赤眉军、绿林军先后攻入长安，在混乱中诸陵皆遭掘，唯霸陵因无宝可盗而得以完好保存。据近年考古工作者调查，在陕西关中西汉诸陵中，只有文帝的霸陵（今西安市东）无封土可觅，从已经出土的文物看，也确实仅有瓦器而无金银之属。

文帝在位期间，多次采取过重农恤民措施。据《汉书》本纪载录，简摘如下：

文帝前元元年（公元前179年）：

三月：因正当春和之时，由"草木群生之物皆有以乐"，而想到"吾百姓鳏寡孤独穷困之人或阽（diàn，接近）于死亡，而莫之省忧"，命有司对孤贫实施赈贷，并令各郡县都要派人慰问辖境内长老。凡年八十以上，每人每月赐米一石，肉二十斤，酒五斗；九十以上，每人再加帛二匹，絮三斤。规定县令要亲自督办此事，物品由县丞或县尉送至长老家门。

六月：下诏，"令郡国无来献。"依旧制，各封国、郡县都需向朝廷按时贡献奇珍异物。封国和郡县自然皆取自民间。文帝下此诏的由来，据《资治通鉴·汉纪五》记载是，因有人向文帝献了一匹千里马。文帝说：我每次出行，"鸾旗在前，属车在后，吉行日五十里，师行三十里"；如果我骑上此马，日行千里，独自一人跑得那么快到前头去做什么呀？便归还了此马，并下了这道免去郡国贡献的诏令。

文帝前元二年（公元前178年）：

正月：又下了一道诏令，有两方面内容，一是强调农为天下之本，实施"藉田"[1]之制，"朕亲率耕"。所谓亲耕藉田，自然只是举行一个仪式，做个耕作的样子而已，意在以此劝

---

[1] 藉田：亦作"籍田"。名义上是帝王亲自耕种之田，实际"亲耕"只是举行一个仪式，称"藉礼"。一般是在春耕开始时举行，以劝勉天下力农。此制可能始于西周。其仪式之过程，据《北堂书钞·礼仪部》引卫宏《汉旧仪》为："春日东耕于藉田，百官皆从。皇帝亲执耒耜而耕。天子三推，三公五，孤卿十，大夫十二，士庶人终亩。"藉田的实际耕作主要还是靠征调民力来完成。

勉天下努力农耕。二是此前百姓被罚去给官府种田，以及向官府借了种子、粮食没有还或还没有全部还清的，"皆赦之"：一律免除。

九月：下诏再次强调农为"天下之大本，民所以恃以生也"。但此时百姓中却还有不少人不务农这个本而去做了工商一类"末业"，结果生活发生了困难，"朕忧其然，故今兹亲率群臣农以劝之"。同时宣布：减免"天下民今年田租之半"。

文帝前元十三年（公元前167年）：

二月：下诏说："朕亲率天下农耕以供粢盛（宗庙祭祀用的黍稷，因盛于祭器而有此称），皇后亲桑[1]以奉祭服，其具礼仪。"

六月：又一次下诏强调农为"天下之本，务莫大焉"。但现行的政策却是，一面鼓励农耕，一面却又要像向商贾征收赋税那样也向农民征收赋税，"本"与"末"就没有了多少区别。这说明朝廷的"劝农之道"还没有完备。为此宣布："其除田之租税"并"赐天下孤寡布、帛、絮各有数"。

文帝后元六年（公元前158年）

这一年春夏，遭遇了旱灾和蝗灾。重申"诸侯无入贡"。并"弛山泽"，即允许百姓进入山林湖泽采挖、打猎和捕捞。又下令开仓济民。

上述措施的相继实施，全国农业有了较大发展，农民生活也随之有所改善。但同时也出现了新的问题：谷贱伤农。文帝前元十二年（公元前168年），时任太子家令的晁错为此提出了"入粟拜爵"的建议，允许包括商贾在内的富人买粟输边，按所输量授爵。如输粟六百石，授二级爵上造；输四千石，授九级爵五大夫；输达一万二千石者，授十八级爵大庶长。文帝认可了这一建议，实施后很快见到了成效，尽管同时也带来了大商人势力膨胀等诸多问题，但谷物的升值还是让农民得到了一些实惠。接着晁错又建议：到边境积粟够用五年，可转而将粟输于郡县；如果郡县的积粟也达到了够用一年以上，便可宣布免除天下田租。

继文帝而立的景帝刘启，继续实行文帝之制，并能有所增益。如即位当年（公元前156年）就下诏"民欲徙宽大地者，听之"（《汉书》本纪），即允许百姓迁徙到地区宽广、人口稀少的地方去开发垦植，以扩大耕地面积。第二年又"令民半出田租，三十而税一"（《汉书·食货志》）。三十税一，即其税率为3.3%，这该是历史上最轻的了。《孟子·滕文公上》有一段话："夏后氏五十而贡，殷人七十而助，周人百亩而彻，其实皆什一也。"说明夏、商、周三代实行的都是"什一税"制，比汉代文景时要高得多。这样到景帝末年、武帝初年，便出现了本书《引言》中已引过的《史记·平准书》所描述的那种"人给家足"的富庶情况。司马迁用了不无夸张的文学语言说，粮食多到在仓库里年年堆积以至霉烂变质无法食用，铜钱多到长期压库致使穿钱绳子也腐朽了再也无法点数。从人民的安定和经济的繁荣

【1】亲桑：亦称"先蚕"。与皇帝耕藉田一样，皇后亲桑也是一种仪式，以示天下重视蚕桑。据《通典·礼六》，其仪式是：春桑生，皇后及妃嫔先斋戒，祭祀蚕神，再亲桑于苑中。汉代后宫有蚕室，养蚕千簿以上。其所产丝，用以织制祭服。

情况来说，这可说是西汉二百多年中一个最好的时期。

说到文景之世的刑律和法治，自然不能不提到一个头绾双螺髻的小女孩，她叫缇萦。

小女孩缇萦千里跋涉来长安

旧时女孩子上学，都要读一本叫《女儿经》的发蒙课本，书中列有多个古代奇女子作为学习的楷模，其中之一便是："缇萦朝上书，愿婢赎父身。"

少女缇萦是临淄（今山东淄博市东）人，父亲淳于意，做过齐国管理粮仓的长官，人称仓公。仓公年轻时就酷爱医术，后来遇到一位年已七十有余、名唤阳庆的高人，受业三年，细心研习黄帝、扁鹊诸医书，五色诊病诸医法，医术大进。仓公为人治病，可以做到预决病人生死，一经投药，无不立愈。一时声闻遐迩，上至王侯公卿，下至黎民百姓，来登门求医者，络绎不绝。但仓公生性放浪，喜好游历，常常不以家为家，致使不少病人等候多时还不能得到治疗，难免引起一些怨言。这一年仓公犯了一桩大案。史书没有载明案子的具体情况，从《史记》记叙的上下文来看，很可能是一个比较大的医疗事故，诸如重危病人不能得到及时治疗导致死亡等等。按照当时规定，此类大案须将罪犯押至长安，由作为中央最高司法机关的廷尉直接审决。现在，这位本以治病救人为乐的仓公，自己却面临着将被锁入槛车跋山涉水数千里，再去接受或是刀割或是斧劈的厄运。

这天仓公被戴上械具押向官府，他的五个女儿一齐撕心悲号，扯着他的衣襟不让走。仓公狠狠心挣脱了，发怒说：生你们这些女娃子有什么用！要是我有个儿子，遇到这样的急事还能派上点用场！

后来当仓公被推进槛车上路时才发现，跟随在槛车后面的还有一个头绾双螺髻的女孩子，那竟是他最小的女儿缇萦！

原来父亲的那句"生女无用"的话，深深刺痛了小缇萦的心。她先是恨自己不是个男子，继而想：男子能做的事，为什么我就不能做呢？在她多次坚决请求下，官府也受到了感动，破例允准她跟随父亲一起踏上了这漫长的西行路。经过一个月长途跋涉的煎熬，父女俩终于来到了长安。这时已是文帝前十三年（公元前167年）五月。缇萦以一个罪犯的女儿的名义，向当朝皇帝写了一封情愿自己入为官家奴婢以赎父亲刑罪的信——

妾父为吏，齐（指齐国）中皆称其廉平，今坐法当刑。妾切痛死者不可复生，而刑（指残离肢体的肉刑）者不可复续，虽后欲改过自新，其道莫由，终不可得。妾愿入身为官婢，以赎父刑罪，使得改行自新也。（《史记·仓公列传》）

文帝阅后不禁动了恻隐之心，当即赦免仓公，让父女俩双双回家。后来又下诏给仓公，命他把学医的经历，他所医治的病例一一写出来，以惠后人。仓公那出神入化的医术，那一个个妙手回春的传奇故事，现在我们还可以从《史记·仓公列传》中读到。

难得的是，文帝由缇萦上书这个具体案例，想到了治理天下主要依靠的是德教还是刑罚这样一个重大问题。很可能他有过几个不眠之夜。对罪犯执行肉刑时那种割去鼻子、斩去脚趾的酷烈场景，不时在他眼前展现。几天后，文帝颁发了一道著名的《除肉刑诏》：

> 盖闻有虞氏（传说中的上古圣君）之时，画衣冠、异章服以为戮，而民弗犯，何治之至也！今法有肉刑三（详下文），而奸不止，其咎安在？非乃朕德之薄，而教不明与（同"欤"）？吾甚自愧。故夫训道不纯，而愚民陷焉。《诗》曰："恺弟君子，民之父母。"（见今本《诗经·大雅·泂酌》。恺弟，和乐平易。君子，此处指周王）今人有过，教未施而刑已加焉，或欲改行而善，而道亡由之，朕甚怜之。夫刑至断支（同"肢"）体，刻肌肤，终身不息不能再生长，何其刑之痛而不德也！岂称为民父母之意哉？其除肉刑，有以易之；及令罪人各以轻重，不亡逃，有年而免。具为令。（《汉书·刑法志》）

我之所以要全文引录这道诏令，是因为从中可以看出缇萦上书在文帝内心引起的波澜，和他作出废除肉刑决策的思考过程。诏令中所提出的废除肉刑的理由，几乎全引自缇萦上书，足见文帝对这个小小"草民"的来信有何等重视！

这里似需介绍几句我国古代刑罚的简况。

诏令中所说的"画衣冠、异章服以为戮"，即只是在犯罪者衣帽上画上某种图像，或给他穿上式样、颜色与常人不同的衣服，而不处以实际刑罚，恐怕只能产生于原始社会，伴随着国家这个暴力机器的出现而出现的刑罚，一开始就是很残酷的。在周代，刑罚的方式合称"五刑"。《汉书·刑法志》将此五刑概括为：墨——用刀刺刻脸颊，并涂以黑色；劓（yì）——割去鼻子；宫——男性割去其生殖器，女性则破坏其生殖机能，一说禁闭于宫中；刖（yuè）——断足；杀——斩首。至战国秦，在执行死刑的方式中，又增加了凿头顶、抽肋骨、用鼎镬烹煮等残酷的做法，并大兴株连，行夷三族之法。秦末群雄并起，刘邦入关，与父老约法三章："杀人者死，伤人及盗抵罪。余悉除去秦法。"（《史记》本纪）这简略的"三章"在当时反对嬴秦暴政的斗争中固然可以起到号召民众的作用，但却无法应对复杂的社会生活。后来又由相国萧何删减秦法，取其适宜于当时的条文，定汉律《九章》。根据《九章》，汉初的刑罚，大略分轻刑、中刑、极刑三类。轻刑如髡（kūn，剃去头发）、钳（以铁圈束颈）等。中刑，包括：黥（即墨刑），劓，斩左右脚趾，腐（即宫刑）。极刑，大辟，也即死刑。文帝诏"除肉刑"，就是废除黥、劓等残离肢体的中刑的刑罚，"有以易之"，即要大臣们商议出别的不伤残肉体的刑罚来代替它们。根据《汉书·刑法志》的记载，当时任丞相的张苍和任御史大夫的冯敬，根据文帝的诏令，拟出新的刑罚条例，其中对黥、劓等肉刑更改如下：

当黥者，髡钳为城旦、春——原该处黥刑的，改为髡、钳后再罚做劳役，如筑城、春谷等。

当劓者，笞三百——原该处劓刑的，改为用竹木杖击打臀部三百下。

当斩左止，笞五百——原该斩左趾的，改为笞刑五百。止通"趾"。

当斩右止……弃市——原该斩右趾的，改为在闹市斩首，并抛尸街头。

这个条例经文帝认可后，便付诸实施。

在这前后，文帝还废除了收孥相坐令（一人有罪，妻室子女同坐）和诽谤妖言罪（此罪吕后时已废过一次，但不彻底，故又重申废除），赦免官奴婢为庶人（让服役于官府的奴婢恢复正常平民身份）等，这些都应是德政。唯对车骑将军薄昭处理，历史上争议甚多。薄昭是文帝的舅父，且颇为倚重。后因罪当诛，文帝令自杀，薄昭不肯；又命群臣著丧服以辱之，遂自杀。反对这样做的人认为，其时薄太后尚在，薄昭是太后唯一的弟弟，文帝杀之，何以慰母亲之心！宋代司马光则认为："法者，天下之公器，惟善持法者，亲疏如一，无所不行，则人莫敢有所恃而犯之也！"（《资治通鉴·汉纪七》）

但文帝废除肉刑、代之以笞刑的改革，在实施过程中也不断暴露出了缺陷：有该重的轻了，也有该轻的反而重了（如"当斩右止……弃市"）；总的倾向还是过重。班固甚至评论说："外有轻刑之名，内实杀人。"（《汉书·刑法志》）话虽有些过激，却也不无事实依据。譬如笞而多达三百、五百，结果往往是刑未毕而人已死，据《通典·刑法六》一则材料说，击打致死的多到"岁以万数"。继位的景帝针对这一弊病，先后两次下诏减少笞杖次数。第一次当五百减为三百，当三百减为二百。但还是死人，只好再一次分别减为二百、一百。与此同时，还规定竹木杖的长度为五尺，击打的一头不得超过一寸；如果是竹杖，须将节削平。击打的部位也由背部改为臀部。又规定施刑时必须由一人执行完毕，不得中途换人。这以后笞刑一般不再致人以死命。不过倘若遇到酷吏，还是照样要死人。

实际上，汉代废除肉刑的时间，也没有延续多久，到武帝时进用酷吏决案，法令又趋于繁苛。此后，自东汉至魏晋、南北朝，对文帝除肉刑之举一直争论不休，肉刑也随之或废或复，废复无常。从总体上看，废除肉刑是对奴隶制社会遗留下来的多种酷刑的一次有限度的突破，是一个不小的进步。尽管在我国古代整个帝王制度时期，肉刑实际上从未真正废除过，但历史的变革总要有人跨出第一步的，文帝就跨了这一步，更何况他的这一步是在两千多年前跨的。

此外，据《汉书·刑法志》载录，汉初曾一度复行秦时"夷三族"之法（其含义见三章四节），至吕后时废除。文帝即位后，又宣布一人犯法、全家治罪的所谓"相坐""相收"等法也一概废除。但到文帝后元元年（公元前163年），因发生了新垣平一案（详八章一节），结果"复行三族之诛"。

对外策略：坚边设候，结和通使

文帝即位不久，迎立功臣中柴武等将军曾联名奏议请求对外用武。他们说像南越、朝鲜这样一些周边国家，在秦始皇时期都是内属称臣的，可后来却拥兵据险，蠢蠢欲动。高帝之时，天下初定，人民小安，不便举武。如今陛下惠抚百姓，百姓也乐于为陛下所用，

正该趁此时机兴兵"征讨逆党,以一封疆"。文帝作了这样回答:

> 兵,凶器,虽克所愿,动亦耗病,谓百姓远方何?又先帝知劳民不可烦,故不以为意,朕岂自谓能?今匈奴内侵,军吏无功,边民父子荷兵日久,朕常为动心伤痛,无日忘之。今未能销距(通"拒"),愿且坚边设候,结和通使,休宁北陲,为功多矣。且无议军。(《史记·律书》)

文帝拒绝对周边国家用兵,而采取"坚边设候,结和通使"的策略:一面巩固边防,多设警候;一面缔结和约,通使交好,这在当时,应该说是颇为明智的。

文帝前元元年(公元前179年)人们在纷纷传说,五岭南部的百越之地突然冒出了一个皇帝!

越,亦称粤,是中国南方一个古老的部族,支系甚多,战国以来统称百越。据《史记·东越列传》记载,其中不少支系可能就是越王勾践的后裔。

很快查清楚了,这个自称为帝的就是南越王赵佗。

赵佗是真定(今河北正定南)人。秦始皇时曾为南海龙川县令,后命行南海郡尉事,故又称"尉佗"。秦灭,即并桂林、象郡,自立为南越王。高帝命陆贾携印前往,意欲说服赵佗接受汉封。赵佗箕踞而坐,目无汉使,还傲慢地提出了"我与你们那个皇帝刘邦谁贤"这样的问题。是素有辩才的陆贾的一番据理论说,才使赵佗大为悦服,拜受金印,情愿称臣奉汉。吕后称制,曾一度禁止向南越输出铁器和雌性马、牛、羊。赵佗本已有叛意,又风闻他在真定的父母坟墓被毁坏,兄弟宗室被诛灭,一怒之下,索性背汉自称南越武帝,并发兵攻打位于其北侧的长沙国,蹂躏数县,大掠而去。长沙国为汉初异姓七王之一吴芮所立,此时嗣位者是他的曾孙吴若。吴若接连向朝廷飞书奏报,请求发兵支援,吕后特派隆虑侯周灶统兵往讨。偏是南方气候暑湿,士卒多遭疫疠,被阻于南岭一带,不久吕后病殁,周灶就率师回京。这一来,赵佗越发骄横无忌,既用武力威胁,又用钱物利诱,把闽越、西瓯等全都收为自己属国。地跨东西万余里,出入乘黄屋,建左纛,俨然要与华夏中国分庭抗礼,并已多次向长沙国边境发起了试探性的侵扰。

对付这位狂傲的南越王,自然也可以发兵征讨,但文帝用的却是上述八字策略。一面下令加强长沙国边防,一面诏令常山郡守及其所属真定县令,为赵佗父母修缮坟墓,依封王的规制,特置守邑,岁时致祭;再将其昆弟召来,尊官厚赐。然后任陆贾为太中大夫,再度持节出使南越。赵佗一见来使竟是多年前的熟客,先已意外高兴;待到陆贾献上文帝馈送的褚衣等礼物,已不由开怀大笑;后来一听文帝特地为他修治了先人阴宅,几位兄弟并得加官晋爵,更着实为之感动起来。不过最终使赵佗傲气顿消并自愿放弃帝号的,还是文帝的一封亲笔御书。

此书现在我们可以在《汉书·南粤传》中读到。态度恭谨,行文舒缓、平实,有礼、有理,却也不乏天子之威。书中文帝在谨问南越王安好后,就坦诚地介绍自己是"高皇帝侧室之子",这样便一下子拉近了与受书人的距离。继而委婉地叙述了吕后时期诸吕乱法的经过,其中隐含着对南越王曾经受到过不公正待遇表示歉疚的意思。渐渐说到正题:"前日闻王发兵于边,为寇灾不止。当其时,长沙苦之,南郡尤甚,虽王之国,庸独利乎?"战争只能给双方人民带来痛苦,那样做"必多杀士卒,伤良将吏,寡人之妻,孤人之子,独人父母,得一亡十,朕不忍为也"!值得注意的是,书中只字不提要赵佗放弃帝号,相反,还说你仍然可以称帝,只是提出一个问题:

两帝并立,亡一乘之使以通其道(这是"我大汉决不会承认你这个什么皇帝"的一种婉转、含蓄的表达,因不承认,故无使节往来),是争也;争而不让,仁者不为也。愿与王分弃前患,终今以来,通使如故。故使[陆]贾谕告王朕意,王亦受之,毋为寇灾矣!

赵佗阅毕,沉默良久,忽而对着文帝御书伏地顿首,大声说道:蛮夷老臣赵佗,敬谢大汉皇帝。老臣妄窃帝号,本意聊以自娱,岂敢以闻天王。从今以后,臣愿长为藩臣,永奉贡职!接着又向全国发布了一道《去帝制令》:

吾闻两雄不俱立,两贤不并世。[汉]皇帝,贤天子也。自今以后,去帝制黄屋左纛。(《史记·南越列传》)

对北边的匈奴,也大体采取相似的策略。但因"自高帝以来,陇西三困于匈奴"(《汉书·晁错传》),文帝时期也多次受侵忧,且烧杀抢掠,愈演愈烈,因而也曾出兵还击或发兵征讨。总体说来,有和有战,还是以和为主。

文帝前元三年(公元前177年)五月,匈奴右贤王率兵攻略河南等地,文帝一面致书匈奴冒顿单于,说明汉与匈奴已约为昆弟,右贤王之举违背约定;一面命丞相灌婴统领车骑八万五千,将入侵者驱逐出塞。第二年冒顿单于来书对右贤王入侵一事作了辩解,并说已处罚了右贤王,愿意与汉重修前好,世代安乐相处。文帝复书对其愿意"寝兵复约"给于嘉勉,对右贤王之事则表示不必再予深究,但指出:此前"背约离兄弟之亲者,常在匈奴",请单于"明告诸吏,使无负约,有信"。这样双方又维持了一段时间亲善关系。文帝前元六年(公元前174年)冒顿去世,其子稽粥继位,称老上单于。因其初立,按惯例,文帝将一个宗室女翁主[1]嫁于老上单于为阏氏。这已是汉帝国建立后的第三次"和亲"。前两次分别在高帝、惠帝时期。此次和亲倒也诸事顺遂,但在陪同翁主前往匈奴随行人员中出了个特别人物,后来造成了严重的后果。

此人是宦官,名叫中行说(háng yuè)。临行前,中行说托故不愿随行。考虑到中行说原系燕人,临近朔方,多少了解一点匈奴习俗,对初出远门的翁主可以有点照应,所以文帝依旧命他前往。起程时,中行说怨愤地说:这回是逼着我去的,那就等着瞧吧,我定

【1】翁主:汉时诸侯王之女称翁主,亦称王主。与皇帝之女称公主有别。通常的解释是,因皇帝之女嫁给诸侯,须由"三公"主婚,故称公主。而诸侯王之女其父可以主婚,故称翁主。翁者,父也。

然要佐助匈奴而为患于汉！众人听着，以为他说的是气话，毕竟远涉大漠，是谁也不愿干的苦差使，发点牢骚也是情理中事。谁知一到匈奴，中行说果然叛降。由于他熟知汉情，又善为巧说，很快博得了老上单于的宠信。他虽也做了一些可以称道的事，如教匈奴人书算，以统计人口、牛羊等，但更多的用心是唆使匈奴上层更加倨傲，与汉人愈益对立。如当时汉天子给匈奴单于的文书用一尺一寸长的简牍，开头的用语是"皇帝敬问大单于无恙"。中行说就教他们回书简牍要用一尺二寸，印封尺寸也要相应放大，开头用语更要压倒汉方，应该写："天地所生、日月所置匈奴大单于敬问汉皇帝无恙。"再如，匈奴贵族把汉使所带来的丝织品及食粮视为稀珍，从而对汉帝国有一种仰慕之情。中行说就说，匈奴的人众还抵不过汉的一个郡，之所以能如此强大，就因为有自己独特的衣食来源和生活方式。如果你们有一天吃的穿的都要仰仗汉物，那就只能当汉皇帝的一个属国了！其实，汉人吃的粟米远不如乳酪美味可口。至于那些缯帛，既不能御寒，又很不结实，更不能与你们的毡裘相比。不信你穿上用缯帛做的衣服，骑了马到荆棘丛中去转一圈试试，还不全都成了筋筋条条！

更为严重的是，中行说熟知汉境关隘险阻，懂得要害所在，又稍通谋略，常常为单于的进犯出谋划策，致使匈奴为患日烈。

面对这一形势，群臣接连上疏，痛陈匈奴之害，其中包括晁错（cù）和此时已被从长沙国征回、改任为梁王刘揖太傅的贾谊。贾谊在他所进的《治安策》中把匈奴之害列为"可为流涕"的痛心之事。他说：方今天下已成"倒悬"之势。在正常情况下，应是天子为首，蛮夷为足；可如今却是汉天子岁岁要向匈奴进贡，"足反居上，首顾居下，倒县（通"悬"）如此，莫之能解，犹为国有人乎"？他大声疾呼请求文帝让他以属国官员的身份去掌管匈奴，他一定会"系单于之颈而制其命，伏中行说而笞其背，举匈奴之众唯上之命"（《汉书》本传）。贾谊激愤的心情在当时士大夫阶层中具有一定代表性，但他的建议过于疏阔，无法付诸实施。相比之下，晁错的"守边备塞"之策比较实际可行，大都为文帝所采用。据《汉书·晁错传》的载录，其主要内容包括：

（一）改征卒戍边为徙民实边。以往的做法是征调"远方之卒守塞，一岁而更"。但由于匈奴来去无定，这种做法暴露出很大的弱点："聚而不罢，为费甚大；罢之，则胡复入。如此连年，则中国贫苦而民不安矣！"改为徙民实边，一面农耕一面备"胡"，便可改变那种被动局面。

（二）所徙之民主要是罪人和奴婢，不足，再招募一部分平民自愿徙往者。对徙边之民，官府要予以鼓励和优待，为他们修筑"一堂二内"的住宅，"置器物"、"置医巫"等。原为平民者，还可"赐高爵，复其家，予冬夏衣，廪食，能自给而止"。总之要采取多种措施，使他们愿意"久安其处"。

（三）在边境的"要害之处，通川之道"，要规划建立城邑，修筑高墙深沟，准备一些作战用的石块和铁蒺藜等。对屯戍之民实行军事编制，平时练习骑射，匈奴来犯时便可应战。要"劝以厚赏，威以重罚"，使他们一个个都能奋勇作战，"死不还踵"。

文帝前元十四年（公元前166年）老上单于以十四万骑的规模，大举侵犯朝那、萧关，掳掠汉人、畜产甚多，其候骑还深入到雍、甘泉（今陕西境内凤翔、淳化等地）一带。文帝"赫然发愤，遂躬戎服，亲御鞍马，从六郡良家材力之士，驰射上林，讲习战陈"，准备亲自出征。群臣谏阻不听，后来是薄太后固劝才罢休的。作出的部署是：以中尉周舍、郎中令张武为将军，发车千乘，骑兵十万，屯军长安，以为警备；又拜东阳侯张相如等五人为大将军、将军，大发车骑分赴迎击。月余后，将匈奴赶出塞外。但此后匈奴依旧骚扰不断，最严重的云中、辽东二郡，被杀掠的人数每郡都在一万以上。文帝多次派出使者，并致书老上单于，希望双方"皆捐细故，俱蹈大道，堕坏前恶，以图长久，使两国之民若一家子"。单于也答书："二国已和亲，两主欢说（通"悦"），寝兵休卒养马，世世昌乐，翕然更始。"其后直到文帝后的景帝之世，匈奴虽经常有"小入盗边"，幸而"无大寇"。（以上均据《汉书·匈奴传》）

但其实，矛盾不仅继续存在着，而且还在积聚。从人们的主观愿意来说，交流与合作，才是民族之间达到双赢的理想途径，但历史的发展往往有其自身的规律。大概到公元前二世纪中叶，汉民族与匈奴族之间的一场带有决定性的大规模战争，已经变得不可避免。这场战争将召唤出像大将军卫青、骠骑将军霍去病、骁骑将军李广、博望侯张骞、中郎将苏武等等，以及武帝刘彻这样一大批最能体现大汉风骨精神的历史人物来。诸君要结识他们，请读第七章。在这里，还是先让我们由文帝的治绩追溯到他个人的品格，再总起来作一简略介绍。

"求诸己"：作为帝王的一种理想品格

文帝以后一百四五十年，即本书所要叙述的这个历史阶段内，文帝的一些治绩已被作为前朝理想故事广为流传。只要一谈到治国之策，便会有人想到他们心目中的楷模文帝。如昭帝时杜延年提出"宜修孝文时政"，元帝时贡禹又奏议"醇法太宗（即文帝）之治"。据《汉书·东方朔传》载录，一次武帝问东方朔"化民之道"，东方朔就以"当世耆老皆闻见之"的文帝为范例，说了下面一段话：

> 贵为天子，富有四海，身衣弋绨，足履革舄，以韦带剑，莞蒲为席，兵木无刃，衣缊无文，集上书囊以为殿帷；以道德为丽，以仁义为准。于是天下望风成俗，昭然化之。[1]

这段话的意思是，文帝的"化民之道"就是身体力行。凡是要教化民众的，先得自

【1】引文中若干词语简释如下。弋绨：一种黑色较为厚实的丝织物。弋，音 yì，黑色。革舄：用生牛皮制成的鞋。舄，音 xì，古代一种复底鞋。以韦带剑：剑只用皮带佩挂，无任何装饰。兵木无刃：兵器如木制，不开锋。衣缊无文：衣服内纳乱絮，外无纹彩。集上书囊以为殿帷：挂在殿前的帷幔是用装过奏章的袋子收集起来连缀而成。又，据东汉应劭《风俗通义》载录，一次后于文帝一百多年的汉成帝向光禄大夫刘向问有关文帝的诸种传说，刘向一一作了回答，其中"集上书囊以为殿帷"一事，则以为是不可能有的。刘向说："文帝虽节俭"，但未央宫前殿雕饰十分奢华，"其势不可书囊为帷"。

己做到，这样天下才会"望风成俗，昭然化之"。东方朔的话难免有溢美之词，不过如果扳扳指头算算，汉代诸帝中，以至中国古代历史上所有帝王中，文帝还应是做得比较好的一位。先秦诸子对为君之道论述可谓连篇累牍，其中"求诸己"被认为是帝王的一种理想品格。如孔子说："君子求诸己。"（《论语·卫灵公》）孟子也说："行有不得者，皆反求诸己。"（《孟子·离娄》）"求诸己"有时也说成是"修己"或"先己"。如《论语·宪问》："修己以安百姓。"《吕氏春秋·十二纪》有《先己》专篇，用多个历史典实证明：君道之本在于"必先治身"。但理想只能是理想，在我国两千多年历代历世帝王中，真正能够做到"求诸己"的，恐怕一个也找不出来。也正因为这样，文帝的一些比较能够自律自省的行为，就格外值得我们重视。

文帝曾经说过："天下治乱，在予一人。"（《汉书》本纪）国有急难，政有失误，他首先想到的是自己的责任。譬如前面引过的，因旱涝不断而"民食寡乏"，使他甚为忧虑，追问自己是否"政有失而行有过"。因"法有肉刑"而奸仍不止，又使他深感愧疚，以为是自己"德之薄而教不明"所致。不久前由山东大学出版社出版的《两汉全书》，收有文帝诏文共四十一篇，我在通读一过后，第一个感觉是，这个皇帝不仅日夜在为百姓操心，还动不动做检讨，唱"是我错"，活得相当的累。这就引出了一个问题：他是不是在"作秀"？我的回答是，又是又不是。第一，文帝似乎终生都没有忘记，或者说没有摆脱两桩心事：一是对皇室来说，他是"高皇帝的侧室之子"；二是对群臣来说，他是他们从代地迎来京师拥立的。这几乎可以说成了他的一种"原罪"感。正是这种心态，使他"常常战战栗栗，恐事之不终"（《史记·律书》）。他又笃信鬼神，即位后一直在为还没有获得上天"受命"而悚惧惶恐，并为此进行了多种努力（详八章一节）。这多方面的心理压力，会使他不得不付出应有的真诚。第二，事实上文帝也并非只是空言对下层民众的同情，他还采取了不少实际措施，让他的臣民程度不等地获得了实惠。当然，文帝作为当时头号公众人物，他的这一社会角色决定了他的极大多数行为都是做给别人看的，这也可以说是一种"作秀"。此外很显然，当他在诏令中说他因看到百姓遭到种种苦难而"朕甚忧之"时，他自己当然依旧享受着锦衣美食、前呼后拥的豪华生活，这就难免有了矫情的成分和伪饰的因素。

文帝前元二年（公元前178年）十一月发生了一次日蚀。在古代有一种由来久远的观点，以为日蚀、月蚀和地震以及旱涝等异常天象、地貌的出现，是上天对人间尤其是对皇帝行为不端发出的某种警戒，因而须"日变修德，月变省刑"（《史记·天官书》），以示对上天警戒的敬畏和回应。上个世纪40年代毛泽东与黄炎培著名的"窑洞对"中提到的那个典故，原文就是针对帝王对待灾异的不同态度而发的："禹、汤罪己，其兴也悖（通"勃"）焉；桀、纣罪人，其亡也忽焉。"（《左传·庄公十一年》）当灾异出现之时，帝王如果能够"罪己"，国家就会勃然兴盛；倘若"罪人"，那么很快就会灭亡。文帝是按照禹、汤的榜样做的，因而在日蚀发生过后就下了一道《罪己诏》。诏中说："天生民，为之置君以养治之。人主不德，布政不均，则天示之灾以戒不治。朕下不能治育群生，上以累三光之明，其不德大矣！"他的改正措施有三条：一是恳请百官"悉思朕之过失"，并请推举各地贤良方正之士来"直言极谏""朕之不逮";二是,各级官吏都要勤于职守,务必减少徭役之费,施惠百姓;第三条,由于"朕既不能远德",致使边患未宁,因而边防非但不能停止,还要加强;不过由卫将军宋昌掌管的警卫京师和皇宫的南北二军还是撤了吧[1],大仆现有马匹过多,只需留下少量常用即可,其余皆拨给驿传使用。

尽管在历代帝王中,因发生灾变而作出此类"罪己诏"的间或亦有,但大多不是徒具形式,就是巧为伪饰,更有的诿过于人,甚至还有叫某个大臣给他当替罪羊的,如就在汉代,宣帝和成帝时都曾发生过这样的事[2]。比较起来,还是文帝的这篇《罪己诏》大抵出自真诚,措施也切实可行。

特别值得一提的是,文帝于前元十三年(公元前167年)二月,作出了一个让自己一个人来承担责任的举措:废除秘祝之官。

《周礼》有祝官,如大祝、小祝、祝史等,其职都是掌管祭祀之赞词;但无秘祝。秘祝作为祝官的一个分职,很可能至秦才有。《史记·封禅书》说:"祝官有秘官,即有灾祥,辄祝祠移过于下。"《史记正义》对此作了解释:所谓"移过于下",就是将本来属于帝王的"咎恶",通过秘祝向上天祝告,将其移于"众官及百姓也"。如此说来,秘祝的职责就是这么一句话:嫁祸于臣民!这样职官,大概也只有在帝王集权专制制度业已建立,皇帝一人至高无上,万千臣民的生命轻如蝼蚁的历史背景下才会设置出来!

也许设置者也意识到了这个职务不那么光彩吧,所以称"秘祝"。《汉书注》引应劭曰:"移过于下,国家讳之,故曰秘也。"

汉因秦制,也设有秘祝一职。

文帝下诏说:"秘祝之官,移过于下,朕甚弗取,其除之。"(《汉书·郊祀志》)

后来文帝发现,不仅有为皇帝移过的秘祝,还有专为皇帝祈福的祠官。他认为如果要祈福的话,应为天下百姓祈,而不应单为皇帝一人祈,因而又下诏命祠官改变这种旧制。他说:"夫以朕不德,而躬享独美其福,百姓不与焉,是重吾不德。其令祠官致敬,无有所祈。"(《史记》本纪)

帝王制度固有的一大弊病,是对握有国家最高权力的皇帝没有设置相应的监督机制。在这种体制下,当政者能否及时纠正自己的缺失,不能指望于制度,而是取决于他个人是否有听取臣下进谏的自觉或意愿。文帝周围有好几位敢于力谏的直臣,如廷尉张释之,中郎将袁盎,丞相申屠嘉,郎中署长冯唐和贾谊、晁错,以及并不在朝为官却以急切言

---

[1] 卫将军所领警卫京师及皇宫之军,一年后似乎因匈奴的入侵又恢复。《汉书·文帝纪》有这样一段记载:文帝前三年(公元前177年)"五月,匈奴入居此地、河南为寇。……发中尉材官卫将军,军长安"。

[2] 如宣帝时杨恽被腰斩,成帝时翟方进被赐死。杨恽,生平、行事参见七章三节。曾任诸吏光禄勋,遭人诬告而贬为庶人,以治产业自娱。作《报孙会宗书》,被人查出,"宣帝见而恶之"。五凤四年(公元前54年)日蚀,有人告发杨恽"骄奢不悔过,日蚀之咎,此人所致"。宣帝竟以"大逆无道"罪将杨恽"腰斩,妻、子徙酒泉郡"(据《汉书》本传)。翟方进,兼通文法吏事、天文星历,曾为相十余年,号为"通明相"。绥和二年(公元前7年)春发生了所谓"荧惑守心"的天象,古« 被视为君主将遭受灾祸的一种征兆。成帝借口翟方进在任相期间"灾害并臻,民被饥饿,失国守备,盗贼党辈"而赐之以死(据《汉书》本传)。

词不断上书诤谏的颖川（今河南禹县）人贾山等。总的说来，文帝也还比较能够认真地听取他们的意见，包括有违他原初想法的意见。一次晁错进言对匈奴用兵之策，文末说："狂夫之言，而明主择焉。"文帝在答书中说："言者不狂，而择者不明。"（《汉书·晁错传》）这种颇为平等的对话态度，在那个时代的君臣之间也是极为难得的。冯唐是赵人，文帝有次与他谈起战国末期赵国名将廉颇、李牧的事，深有感慨地说：吾欲得廉、李为将，何忧匈奴哉！冯唐突兀说：如今即使有这样的良将，只怕陛下也不能用！文帝听了一脸怒色，差点发作。事后对冯唐说：你不该当众羞辱我；有话不可以找个没有别人在场的地方对我说吗？冯唐惶恐谢罪，说粗鄙之人不知忌讳。其实文帝心里是很想知道自己为何真有良将也不能用的道理的。当他再次提问时，冯唐便以当年居边将军李牧如何得到赵惠文王充分信任，而如今同样负有守边责任而又战功卓著的云中太守魏尚，却因细过被免职削爵罚做苦役作为对比，批评文帝说："愚以为陛下法太明，赏太轻，罚太重。"（《汉书》本传）文帝很快省悟，当日就拜任冯唐为车骑都尉，并命他持节前去赦免魏尚，恢复他的云中太守之职。类似这样"顶撞"文帝的事，张释之和袁盎也曾有过多次，有时还让文帝颇为难堪。其间，文帝或也发过怒，说过过激的话，但最终还是听从了他们的意见，改变了自己的态度。这里仅举一例：一次御驾过中渭桥，忽而从桥下跑出一个人来，致使乘舆马匹受到了惊吓。此人被捕后，文帝批示下廷尉惩处。按规定，御驾经过前，要清道戒严，称之为"警跸"。审讯时，此人说他原系过路，听到"警跸"就躲于桥下，过了好一会，以为御驾已过，就走了出来，不料桥上还有车骑，心里一怕，两脚就跑个不停，不意惊吓了马匹。鉴于这种情况，张释之以为依据律令当处以"犯跸"罪，罚金四两便可结案。文帝却以为非杀不可。他怒气冲冲地说：此人惊吓了我的马，幸好我的马性子温顺，倘若换上烈马，不就要伤到我身子了吗？张释之不同意文帝这种以为法律可以或轻或重的说法，他说：

> 法者，天子所与天下公共也。今法如此而更重之，是法不信于民也。且方其时，上（指文帝）使立诛之则已。今既下廷尉，廷尉，天下之平也，一倾（一旦有偏失）而天下用法皆为轻重，民安所措其手足？唯陛下察之。（《史记》本传）

文帝沉默良久，终于开口说了一句话：你的判决是对的。

当然作为一个皇帝，文帝也有一般帝王所常有的某些畸形的癖好，譬如他对邓通的宠幸，就常为后人所非议。邓通原是皇城内河一个船工，因其职规定须戴黄帽子而称黄头郎。此公身无长物，说来也是奇事一桩：他的发迹靠的竟就是头上这顶黄帽子！原来文帝曾做过一个想飞上天去却怎么也飞不上去的梦，正在苦苦挣扎时，忽有一黄头郎过来一推，终于让他飘飘悠悠地过了一把上天瘾。梦醒后，便暗中求访这个黄头郎。一次在未央殿西南侧苍池中央的渐台闲游，偶一抬头，眼前赫然一黄头郎在焉！一问才知道那是在苍池里划船的邓通。从此邓通便好运连连，不仅赏赐累万，官至太中大夫，文帝还经常到他家去宴饮，这在当时被视为任何大臣都极难获得的殊荣。一次文帝让相士给邓通看相。相士说他将来会因贫穷而饿死。文帝说我可以叫邓通马上富起来，谁说他会穷？就这么一句话，竟将蜀地一座铜山赐给了邓通，并特许他可以私自铸钱，致使"邓氏钱"遍天下。邓通自然要想出种种办法来讨好文帝，其中突出的一例，便是当文帝患痈疽时，邓通亲口为他吸吮脓血。

文帝与邓通之间的这种非正常关系有违君臣之礼，大臣们内心都十分不满。一次入朝，随从在文帝身旁的邓通又有些轻佻动作，罢朝后，当时任丞相的申屠嘉便向文帝进谏说：陛下若是爱幸某个臣子，自然可以富之、贵之，但在朝堂上，君臣之礼则不可不肃！文帝虽然表示接受，却没有真要黜斥邓通的意思，申屠嘉就想到自己来惩治一下这个佞臣。他向邓通发出一令，命他立刻到相府来，否则，格杀勿论！邓通害怕了，跪告文帝该怎么办。文帝说你还是去吧，我自有办法救你。邓通来到相府，脱去帽子，光着脚，伏地跪拜，向丞相请罪。申屠嘉连正眼也没有看他一眼，顾自坐着，大声责问道：朝廷是高祖皇帝的朝廷，你一个小小黄头郎，竟敢在朝堂上如此无礼，还不当斩吗？喝令左右府史：开斩！邓通吓得连连磕头，额头已磕得流血不止，申屠嘉却还不肯饶恕。就在这时，文帝派出的使者持节来到，使者说：皇上向丞相表示歉意。皇上说邓通是他的弄臣，请丞相放他一马吧！

文帝于后元七年（公元前157年）六月病逝，他的儿子、三十一岁的刘启继位，是为景帝。此时依旧健在的薄太后被尊为太皇太后[1]，窦皇后尊为皇太后。太子妃薄氏，为薄太后母家女，依制立为皇后。

文帝在位二十三年，为他的后继者留下了一个相当稳实的基业，和一种德刑相辅的为政之道；但与此同时，也留下了一个积聚已久、正在日益突现、一遇时机就会爆发的隐患，那就是朝廷与同姓诸侯王的矛盾问题。当初高帝之所以要封宗室诸刘为王，本意是要抗衡和制约异姓诸王。诛灭诸吕后，至文帝后元七年（公元前157年），最后一个异姓王吴芮的玄孙长沙王吴差死，无后，国除，异姓王已不复存在。但同姓王却因文帝的多次分封，其间虽有废有除，其总数仍多达十七八王[2]，远远超过高帝时期同姓王总数。文帝在位期间，先后发生过济北王刘兴居和淮南王刘长两次反叛，文帝的应对都算不上高明，特别是后一次，更显出了他的优柔寡断，从实际效果看，反而诱发了诸侯王的跃跃欲试。

应当说同姓诸侯王及其封国在其建立之初，对草创的汉帝国也曾起过颇为重要的稳定作用。《汉书·诸侯王表·序》作了这样评价："高祖创业，日不暇给；孝惠享国又浅，高后女主摄位，而海内晏如，亡狂狡之忧，卒折诸吕之难，成太宗之业者，也赖之于诸

【1】这位早年经历坎坷的薄氏，被尊为太皇太后一年后，即景帝前元二年（公元前155年）去世。因高帝刘邦的长陵已有作为正妻的吕后合葬，故薄太后只好自起陵，名南陵，也称薄陵。

【2】至文帝后期，受封或嗣封为王的有：吴王刘濞、楚王刘戊、赵王刘遂、胶西王刘印、胶东王刘雄渠、菑川王刘贤、济南王刘辟光、济北王刘志、齐王刘将闾、淮南王刘安、梁王刘武、代王刘参、燕王刘嘉、河间王刘辟强、城阳王刘喜、衡山王刘勃、卢江王刘赐等。

侯也。"但封土建国本身是与帝王集权制相矛盾的；而随着历史发展，一方面诸侯王国因日趋强大而进一步显出独立的倾向，另一方面中央政权则因日益成熟而不断要求集中统一；在双方的合力作用下，这种矛盾就必然变得越来越尖锐和激烈。这样，当景帝初登极位，意欲对日益骄横的诸王采取某些抑制、削弱措施时，一场大规模的武力较量已变得不可避免。

七国之乱：朝廷与诸侯王的一场大决战

从贾谊到晁错

最先对诸侯王问题敲起警钟的是贾谊。

上文提到贾谊因受周勃等功臣的排挤而被出放为长沙王傅，但他依旧心系长安，意念朝政。在这期间，他向文帝进献了一篇著名的《治安策》，力陈九事，曰：可为痛哭者一，可为流涕者二，可为长太息者六。其中列为九事之首、被视为"可痛哭"的就是这个诸侯王问题。贾谊认为封土建国仍然是一项可行的制度，但必须国小、力少，要使之与强大的朝廷相比，处于十分弱小的地位。只有这样，朝廷才能"令海内之势如身之使臂，臂之使指，莫不制从，诸侯之君不敢有异心，辐凑并进而归命天子"。但当时的刘汉天下却生了一种畸形的浮肿病，以至"一胫之大几如要（通"腰"），一指之大几如股"。这就是说倒过来了：诸侯王拥有势力、土地反而超过了朝廷，脚胫粗得像腰，指头大得像腿，朝廷对它们还怎么能做到"如身之使臂，臂之使指"（《汉书·贾谊传》）呢？

贾谊的比喻虽然有点挖苦，却也是事实。近年来有学者推算，汉初人口约一千三百万，各诸侯王国拥有的人口为八百五十万，即占全国人口总数一半以上。当时全国约五十四郡，各诸侯王国占三十九郡，即占七成以上。其具体分布状况，据《汉书·诸侯王表·序》所记的高帝时期的资料为："自雁门以东，尽辽阳为燕、代；常山以南，太行左转，度河、济，渐于海，为齐、赵；谷、泗以往，奄有龟、蒙，为梁、楚，东带江、湖，薄会稽，为荆、吴；北界淮濒，略卢、衡，为淮南；波汉之阳，亘九嶷，为长沙。"其中尤以齐、吴、楚三国所拥有的国土最大，几乎"分天下之半"（《史记·吴王濞列传》）。

贾谊的《治安策》是在相继平息了济北、淮南二王之乱以后提出来的。当时不少人都在大唱"天下已安已治"的颂歌，而贾谊却认为说这种话的人"非愚则谀"，眼前真实的形势就像"抱火厝（cuò，置放）之积薪之下而寝其上"，只是"火未及燃"而已。他敏锐而又尖锐地指出，接下去作乱的很可能就是已显出咄咄逼人气势的吴国。要解决诸侯王的问题，必须趁早，若再拖延，定将付出更为惨重的代价。解决的方法，单凭"仁义恩厚"已经无法奏效，必须动用"权势法制"。贾谊引了《管子》中一个叫坦的宰牛人的故事：

此人一天宰牛十二头，薄薄的刀刃依然锋利如初，原因就在于他是依顺肌肉的纹理进刀的，至于遇上髋髀一类大骨则非用大刀阔斧不可。贾谊接着说："夫仁义厚恩，人主之芒刃也；权势法制，人主之斤斧也。今诸侯王皆众髋髀也，释斤斧之用，而欲婴以芒刃，臣以为不缺则折！"（《汉书》本传）

尽管文帝很欣赏贾谊的建议，却并没有真的拿起"斤斧"即动用权势和法制去对付日益猖獗的诸侯王，这固然有他生性较为仁爱的原因，但更为主要的是他还不具备可以挥舞斤斧的那种坚实的地位和强大的实力。

文帝是迫于那批功臣宿将的势力，才将贾谊放逐出京让他去做长沙王太傅的。大约过了四年多，又下诏征还。贾谊得诏，即日渡过湘水，兼程北上，一踏进未央宫就渴望晋见文帝，谒者告诉他，皇上正在宣室。宣室位于未央宫前殿，汉初特辟为政教之室。贾谊一听大为兴奋，以为终于等到了一个可以痛陈他思虑已久的治安之策的机会了。但当问何时可以进见时，谒者却说陛下正在虔诚地承奉神灵降临，恐怕不便召见，这又让他不免有些泄气。不过这一夜，当文帝得知贾谊已应召来京时，还是破例地接见了他。谈话持续到半夜过后，文帝几次向贾谊移动坐席，以便更切近地倾听。令贾谊大为失望的是，文帝所问却非关治国安邦，而是鬼神之事！唐代李商隐对此以《贾生》为题作诗感叹道：

宣室求贤访逐臣，
贾生才调更无伦。
可怜夜半虚前席，
不问苍生问鬼神。

这次召见后，贾谊被改任为梁王刘揖的太傅。刘揖自幼好读《诗》、《书》，又是文帝最为宠爱的小儿子，贾谊对这次改任应该是高兴的。只是他身在梁都定陶（今山东定陶西北），心却依旧无法不思念朝廷之事，在这期间还曾向文帝进献有关诸侯王等问题的多道奏疏。文帝前元十一年（公元前169年）梁王刘揖不幸堕马而死，贾谊陷入了深深的自责，以为自己作为太傅没有尽到傅保的责任。他常常沿着汜水行吟哭泣，对天长号。一年后，这位汉初青年奇才竟含恨逝去，终年仅三十三岁。

继贾谊对诸侯王问题不仅一再发出警示，而且实际尝试举起砍削"斤斧"的是晁错。

在上文说到文帝应对匈奴的策略时，已提到过这位晁错。但考虑到在下面将要叙述的吴楚之乱中晁错是个极为关键的人物，因而还需作点补充介绍。

晁错，颍川郡（治阳翟，今河南禹县）人，曾向人学习申不害、商鞅的刑名学说，在太常属下，当了个文学掌故的小官。作为九卿之一的太常，掌管宗庙祭祀，兼管文化教育，有时遇到一些文学知识方面的问题，就由文学掌故来充当活辞典，晁错起初扮演的便是这么个角色。晁错命运的转折，始于一位年已九十有余的文化老人，名叫伏胜，史称伏生，就是伏老先生的意思。文帝即位，诏求儒家遗经，其他几经，已陆续有人献出，独缺《尚书》一经。后经多方寻求，才访得这位伏生在济南以《尚书》教授齐鲁诸生。原来伏生曾任秦博士。秦始皇焚书又禁人藏书，《尚书》正在焚、禁之列。伏生不肯缴出他专攻的《尚书》，没奈何只得将书封入壁中，自己避乱四徙。汉兴，书禁复开，才敢回家破壁取书。谁知因多年受潮气浸渍，书简大半霉烂，经仔细检视，仅存二十九篇[1]，且有多处破残不全。后来伏生就以此为据，加上自己的记忆，在齐鲁一带收受生员讲授。文帝本想把伏生征来的，考虑到老先生已是高龄，行动多有不便，就命太常派一人去面受，太常派出的就是晁错。以前流传一种说法，以为其时伏生已是满口肉牙，连话也说不清楚，所以老先生授课是通过他的一个名叫羲娥的女儿转述给生徒的。但对晁错来说仍有困难，因为他是颍水人，对齐地方言只能听懂十之七八。这个传闻的言外之意大概是说晁错的学术渊源并不那么正宗吧？不过无论如何，晁错在济南学成回到长安，就有了一种与原来那个小掌故不一样的身份，很快引起了文帝的注意，接连任以太子舍人、太子门大夫之职。晁错抓住这一机会，立即向文帝呈上一篇《言太子应知术数疏》。所谓"术数"是法家倡导的一种帝王术。文帝颇为欣赏，又先后迁晁错为博士，拜为太子家令。在这期间，晁错以自己的博学和辩才，深得太子刘启的信用，被称为"智囊"。

对晁错来说，被迁任为博士，是他进入高层政治核心具有决定意义的一步。博士虽也是俸秩仅为六百石的低级官员，但其职"国有疑事掌问对"（《后汉书·百官志》），这就为直接参与议论朝政、进献治国之策提供了可能。据《汉书》本传载录，晁错的第一篇具有国策意义的奏疏《言兵事疏》是针对匈奴的不断进犯而发的，虽凌厉尖刻，写时却小心翼翼，文末特为表明："传曰：'狂夫之言，而明主择焉。'臣错愚陋，昧死上狂言，唯陛下财（通"裁"）择。"一个位卑职微的博士官那种既勇于直陈己见，又不免如临深渊、似履薄冰的心态，跃然于简牍。让晁错喜出望外的是，文帝不仅破例地给他一封盖有玺印的复信，还在信中很有礼貌地说："言者不狂，而择者不明。"如此难得的殊荣，给了晁错极大的鼓舞。他又接连献上了《守边劝农疏》和《募民实塞疏》，其中不少具体建议都为文帝所采纳并付诸实施（参见上节）。不久，又在有一百多人应诏的贤良对策中名列第一，从而被升任为中大夫，秩比二千石，已属于高官行列，职掌议论，正式做了皇帝的顾问。

仕途的一路顺遂，使得晁错越来越无所顾忌，以为时机已经成熟，可以开始着手解决当时最为敏感也最为紧迫的诸侯王问题了。他几乎昼夜都沉浸在建功立业的狂热中，快速写出了有关"削藩"即削减诸侯王封国土地，及更改相关法令等内容的书奏共三十篇。已经走到生命终点的文帝尽管激赏晁错在书奏中所表现出来的胆识与才干，却再也无力促成其功。继位为景帝的便是太子刘启。曾经做过太子家令、又深得太子信用的晁错，以为施展终生抱负的大好春光已在他眼前铺开。果然，正想在解决诸侯王问题上有所作为的景帝一登位，就任晁错为内史，委以掌治京师的重任。晁错多次要求景帝屏退群臣单独听他奏事，他的建议大都被采纳，他所受到的宠信压倒了九卿。无疑，在景帝当政的最初几年，即公

【1】《尚书》今存五十八篇，原有篇数，诸说不一。汉代《纬书》说《尚书》原有三千二百四十篇，孔子删为一百二十篇，其中十八篇为《中侯》，一百零二篇为《尚书》。《汉书·艺文志》则记为一百篇。先秦诸书引录《尚书》篇名有四十多个，其中有三十多篇不见于今本《尚书》，可见《尚书》原有篇目肯定要超过五十八之数。

元前156年至前154年之间，晁错是高悬在未央宫上空的一颗最耀眼的政治新星；在这颗新星逼人的光照下，丞相申屠嘉和曾任中郎将的袁盎等一班功勋老臣，显得黯然失色。

班固在《汉书·晁错传》赞语中评论说："晁错明于为国远虑，而不见身害。"

的确，晁错在这一路飙升过程中，从未考虑到自己已身处险境。他踌躇满志，更加咄咄逼人的姿态，继续大踏步向前行进。

内史府在长安香室街南端，大门东向开，对面有座太上庙（高帝刘邦父亲刘太公之庙）挡着，往来很不方便。晁错便命人另开了一道南门，又在太上庙外围短墙一侧开凿了一个口子，以便进出。正憋着满肚子火没处出的申屠嘉一得悉此事，立即草拟奏章，拟以擅凿庙墙罪，奏请诛杀晁错。晁错得报，抢先一步夤夜进见景帝，除了说明所凿非太上庙墙而是外围短墙，自然也少不得为自己开脱一番。次日早朝，申屠嘉伺机将劾奏呈上，并慷慨陈辞，说擅凿庙墙为大不敬罪，大不敬罪又如何动摇宗庙社稷，危及大汉国运，实属十恶不赦，奏请立即将晁错下廷尉论诛。这番话激起朝堂上下一片怒目，都以为晁错该杀。偏是景帝却轻盈一笑，从容说道：老丞相过虑了。其实晁错所凿非太上庙正墙，乃外围短墙，又是朕令其为之，何至于触犯大不敬之律呢？申屠嘉一听，顿时两眼发黑，却又不得不跪伏顿首，自谢奏劾不当之罪。朝罢踉跄跨下殿阶，出得未央宫，仰天长号：早知如此，我就该先斩了此贼，再奏闻圣上，如今反倒为这厮所卖，可恨啊可恼！几天后，竟就在这可恨、可恼的呼号声中，吐血数斗，一命呜呼！景帝闻此噩耗，倒也不免可惜，特赐谥号为节侯，同时颁出一诏：迁任御史大夫陶青为丞相，擢任晁错为御史大夫。

汉初多沿秦制，朝廷执政班子以三公九卿为基本框架。所谓三公就是：文官之长丞相，武官之长太尉，和监察总长御史大夫。尽管丞相、太尉品秩皆万石，御史大夫仅为中二千石，但其职"典正法度，以职相参，总领百官，上下相监临"（《汉书·朱博传》），有时甚至比丞相更显赫。凿庙墙一案，导致申屠嘉暴亡，却让晁错跃升到了执政三巨头之一的御史大夫的高位，真可谓是因祸得福了。但他似乎忘了先哲说过的两句更为深刻的话："祸兮，福之所倚；福兮，祸之所伏。"（《老子》五十八章）

佩着银印，系着青绶，当晁错穿着一身与御史大夫职位相当的朝服出现在朝位班序前列的时候，百官中倒有大半为之侧目。晁错自然也感觉到了，但他现在已被一种宏大的历史使命感所控制，觉得必须紧紧抓住这一稍纵即逝的机会，一逞平生之志。他极言力谏，奏请削藩，以为已到了刻不容缓的地步。先是赵王刘遂（被吕后幽禁活活饿死的赵王刘友之子）犯有过失，晁错奏请减其常山郡一郡之地。接着得报胶西王刘卬（齐王刘肥第五子）私下卖爵，又提出弹劾，削去六县。恰在这时，楚王刘戊（楚王刘友之孙）来京朝见景帝，晁错就抓住刘戊几年前在为薄太后服丧期间竟然还渔猎女色这一劣迹，奏请依律处斩。景帝怜而赦之，改为削其东海郡一郡之地。这么一来，削藩之议声势大振。

但对晁错来说，这还只是牛刀小试。紧接着他又提出全面削藩建议，头一刀就砍向因文帝的宽容而变得越发骄横的吴王刘濞，先削其豫章、会稽二郡。晁错的话斩钉截铁。他说：吴王"诱天下亡人，谋作乱。今削之亦反，不削亦反。削之其反亟，祸小；不削，反迟，祸大"（《史记·吴王刘濞列传》）。

从贾谊主张动用斧斧，到晁错奏议全面削藩，说明汉帝国对解决诸侯王问题，已从议论进入到实施阶段。对此作出全面评论，既已超出了本书预定的范围，也非笔者所能胜任。我想说的只有一句话：从维护帝王集权制出发，此举不但理由充足，也大有必要；但若放到周代帝王封建制语境，那么朝廷的这种做法，非但无理，而且既横蛮又霸道。

对晁错首先向吴王刘濞开刀的建议，景帝其实是正中下怀的。而且追溯起来，景帝与吴王刘濞还有着因几年前的那个博戏事件结下的一段仇怨。但考虑到吴国为诸王国中之首强，影响至巨不便贸然处之，于是下令让公卿列侯来议论此事。不料消息一传出，诸侯王哗然，朝野为之震动。传言、猜测，连同种种仿佛深藏玄机的奇闻，一齐长出了翅膀在通衢大道以至穷乡僻壤到处飞翔。这个说，胶东下密地方有个七旬老人头上长出了角，角上生出了毛；那个说，楚国吕县一群白项乌与另一群黑项乌在天空打斗，斗败的白项乌纷纷跌入泗水而死。人们的神经变得既异常敏感又非常脆弱，所有这些都被说成是即将爆发大规模战争的前兆，一种恐慌不安的情绪在快速蔓延开来。

这天有个行色匆匆的白发苍颜老人，来到长安城内香室街便东探西问，一见高悬着"御史府"匾额的那座宅第就要往里闯。阍者执戟厉声阻拦，老人一面犟着硬要进去，一面儿呀、儿呀地高声大叫。晁错闻报出来一看，竟是从千百里外老家颍川赶来的父亲！老人见到儿子劈头第一句话就是：你一个劲地叫嚷削藩、削藩，难道就不知道这是疏离人家兄弟骨肉，最容易招人忌恨的事吗？你究竟为什么要这样做呢？

晁错蓦然敛容，沉重地说：回禀父亲，儿并非不知道。但儿若不这样做，则汉家天子不尊，刘氏宗庙不安！

老人凛然说道：他刘氏倒是安了，可我晁氏呢？我晁氏就危险啦！

晁错说：有道忠孝不能两全。儿不孝，却也只好如此。

老人沉寂良久，忽而一声长叹，馁然说道：咫尺悬崖而不知避，暴虎冯河而自以为安。唉，你啊你！我老了，不忍心在这里看着你大祸临身，还是回去吧，回去吧！……

这位伤透了心的老父亲，走出御史府来到渭河边，从怀中摸出一包离家时就藏着毒性很烈的草药，引吭吞下，倒地而亡。

《史记》和《汉书》在记载此事后都紧接一句：老人死后"十余日，吴楚七国果反，以诛[晁]错为名"！

叛乱者找到了一个极妙的借口：清君侧

七国叛乱的领头人是其时年已六十开外的吴王刘濞。

刘濞是刘邦哥哥刘喜之子。当年高帝刘邦考虑到古吴越之地民性勇悍，轻死易发，须立壮王以镇之，却久久未能物色到合适的人选。后来在征讨黥布的战场上，发现了长得英武魁伟、既精于骑射又颇有胆识、其时新任为骑将的小侄子刘濞，不觉眼前一亮，随后便立以为吴王。待到拜授金印后召至近前仔细一看，却发觉刘濞状貌似有"反相"，不免暗中后悔，碍于诏令已出无法更改，只好拍着小侄子的肩头告诫说：有观天象的向我禀报，说数十年后东南将起祸乱，不会就是你吧？刘濞惊恐莫名，吓得只顾摇头。高帝又说：你可要记住，天下刘姓为一家，切切毋反！刘濞伏地顿首，连说：不敢，小臣断断不敢！

应该说，当时刘濞说的断断不敢反，也是真话。但时移世迁，情况是在不断变化的。惠帝、吕后之时，诸侯王都在发展自己，刘濞更广招天下脱籍逃亡的农民和亡命之徒，冶豫章之铜以铸钱，伐江陵之木以为船，煮东海之水以制盐，坐收暴利。由于国用富饶，吴国之民不仅用不着缴纳赋税，连对朝廷的徭役也可以由王国政府出钱代为支应。逢年过节，刘濞总要去礼敬和慰问才能出众之人，对平民百姓也多有赏赐，因而他们都把吴王作为圣君来拥戴。刘濞还以重金招致四方之士，著名的文学之士如邹阳、枚乘、庄忌等，皆仕于吴，吟诗献赋，盛极一时。而与此同时，朝廷这边，自从高帝去世后一直处于多事之秋。懦弱的惠帝，本就不该掌政的吕后，自然都为刘濞所不屑。这样日子一长，帝国皇权那种至高无上的不可侵犯性在他的心目中就逐渐降了格。尽管史书没有记载，但在诸吕被灭、长安出现权力真空那短暂的几天里，如果刘濞也曾有为入主未央宫动过心思以至做过一点什么的话，那也该是情理中事。后来继位的文帝是刘邦侧室之子，而且是由大臣们从远比吴国弱小的代国迎回京师来的，"财大气粗"而又雄心勃勃的刘濞内心曾经起过怎样的波澜，《史记》同样无记，我们却不难猜到几分。接着就发生了那个博戏事件。他最爱的长子刘贤竟就这么被皇太子刘启活活击死了，此怨此恨，叫他如何遏制得了！如今他已年过一个甲子，而膝下少子还在韶龄，每念及此，五内俱焚。我在本章第一节中说"谋叛之心既已滋生，就只会积聚"；经几年的积聚，如今已达到了饱和点，只要落下一颗火星立即就会爆发。

现在火星也已落下了，那就是晁错的削藩之议。

长安城内各封国的官邸，近些年来已成了诸侯王派驻在京师的秘密情报站。这一日黄昏过后，几匹快马从吴邸飞出，越过渭桥，星夜出关东进，赶往数千里外的吴国之都吴江（今江苏苏州）。吴王刘濞接读密报，得悉未央宫正在廷议削藩并准备首先向吴国开刀的消息，第一个感觉不是惊惧，而是兴奋。数十年的积怨终于有了一个喷发的机会。好啊！就等着你举起斧斤来削藩呢，本王正好以此为借口图谋大事！

由于吴王已精心经营多年，这回只要他发一声话，王国官员有谁还敢说半个不字。偏是还有邹阳、枚乘、庄忌那班文学之士，用文绉绉的语言写了几封谏书，又是引经据典，又是借古讽今，刘濞只当是风从耳边吹过，不予理睬。邹阳等人觉得没趣，就提出要离开吴国去投奔梁王刘武。这些碍手碍脚的人走了才好呢！吴王也不挽留，径自一面紧急召集王国官员商讨谋反事宜，一面派出使者联络齐、楚、赵、燕等诸侯王，意欲造成天下共反的气势。

但在吴王刘濞心目中，诸侯王大多系庸碌之辈，能让他看得起的只有一人，就是他的侄子胶西王刘卬。刘卬腹有鳞甲，且孔武有力，英勇善战，若得与之联盟，何愁大事不成！因而特地把能言善辩的中大夫应高召入，一番嘱咐，命他即赴胶西去做说客。

应高来到胶西都城高密（今山东高密西南），便向胶西王刘卬展开游说攻势。他的说辞先在一个"忧"字上做文章，然后步步进逼。他说：鄙邑君主年老多忧，又不便外出，故特命小臣前来向大王表达他的愚意。

刘䣄说：多谢先生远道而来，请先生赐教。

其实机敏过人的刘䣄早已猜到了应高的来意，不久前他因卖爵事被减去六县，这回又听说还要削藩，旧仇新恨打一处来，岂有不想反之理！只是谋反毕竟是十恶不赦之首恶，他可不想先开这个口。

应高说：吴王之忧，因有痼疾，二十余年不能朝请，虽胁肩累足，恭谨自奉，却总还是处处见疑。小臣窃闻大王也有忧。大王之忧，恐怕就是因些微小事，被削去六县封地吧？其实吴王与大王可忧的，远不止此。有句俗话说得好：刮糠及米。如今皇上所用多为邪臣，早已毁弃了先皇之制。今日是削地，明日就会削国，后日难保不会把刀把子加在你脖子上。大王难道不应当早为预谋吗？

刘䣄说：事虽如此，为诸侯王者又能奈何？

应高说：有道同忧相助，同恶相结，同欲相趋，同利相死。既然吴王与大王同忧，就当因时循理，共同发兵除患，以安抚天下！

刘䣄瞿然惊起，环顾左右，悄声说道：寡人安敢如此！削藩之事，主上纵然操之过急，我等也只能强忍，岂可作此违天逆理非分之举！

对刘䣄的故作姿态，应高心里真想发笑，却又不便点明，只是顺着对方的语气说道：请大王不必多虑。临行吴王再三告诫小臣：吾等所反，并非当今圣上，而是圣上身旁之佞臣。御史大夫晁错，荧惑今上，蔽君塞贤，侵夺诸侯，朝野疾怨，此贼不除，国无宁日。早在数百年前不是就有过"清君侧"【1】的先例吗？这回吴王和大王所行也无非是除逆贼、清君侧而已，名正言顺，何来违天逆理！

刘䣄爆发出一阵大笑，带着讥讽的口气说：好一个除逆贼、清君侧啊！

应高立刻在席上踞身拱手说道：如此说来，大王已同意与吴王联合发兵举事了！如今吴王已披甲统兵，枕戈待旦。但得大王许诺，便先行西进荥阳据守敖仓之粟，恭候大王到来；再并师破关入都，大功便可唾手而成。到那时，两主平分天下，尽享荣华富贵，岂不快哉！

所谓"两主平分天下"云云，自然是老谋深算的吴王授意让应高放出的一个诱饵，一旦事成，很快就会随风飘去。

刘䣄一听果然喜形于色，当即回了一礼说：那就请先生代小侄去向大伯父致意吧！

吴王得报甚喜。恐中途有变，又把自己装扮成使者，亲至胶西，与刘䣄盟誓立约。当上了反汉联盟二号人物的刘䣄，已是摩拳擦掌，跃跃欲试。当日即向他的五个兄弟：胶东王刘雄渠、菑川王刘贤、济南王刘辟光、齐王刘将闾和济北王刘志，派出劝说加盟的急使。不几日得到了回报：除济北王刘志外，其余四王都愿意加盟反汉。济北王没有跟着一起反，其实也是出于偶然。原因是都城毁败，正待修缮，郎中令以此为由劫持了济北王刘志，不许他发兵。但无论如何，几日之内便有四国加盟，也应是很大的成功。正当刘䣄要发书向

【1】清君侧：其事最早发生于周敬王二十三年（公元前 497 年）。《公羊传》载："晋赵鞅取晋阳之甲，以逐荀寅与士吉射。荀寅与士吉射者曷为者也？君侧之恶人也。此谓逐君侧之恶人。"此后，"清君侧"常常被某些政治集团或派别用来作为反对朝廷或中央政权的一种口号或手段。

吴王报告这一喜讯的时候，齐王刘将闾却突然翻悔了！将闾是刘肥次子，在他的兄弟中，刘襄、刘章、刘兴居也曾先后反过朝廷，却都没有好下场。也许就因为这些缘故，使他产生了翻悔之意，最后决定固守城门，继续尊奉汉统。刘卬得悉大怒，以反汉联盟二号首领的资格命令他的三个兄弟：胶东王刘雄渠、菑川王刘贤和济南王刘辟光，发兵攻齐，将齐之国都临淄围了个水泄不通[1]。目的无非是：或者迫使齐王回到反汉联盟中来；或者攻灭齐国，将其分而食之。

现在我们再来看看，在大动乱即将到来之际，其余诸侯王的状况。

楚王刘戊和赵王刘遂，在吴王派出的使者到来后，都是一拍即合，后来都成了反汉联盟的骨干。这两个封国在筹划叛乱过程中都有过曲折，并发生了流血惨案。

原来楚王刘戊的祖父，就是那位好读书、多才艺，并著有《元王诗》的刘邦同母少弟刘交。刘交为楚王时，礼敬三位精于《诗》传的大儒：穆生、白生和申公，各任以中大夫之职。三人中穆生不善饮酒。刘交每回宴请他们，特地为穆生摆上一种称之为"醴"的味略带甜的淡酒。待到不好文而好武、生性又暴躁的刘戊嗣位，开头还时断时续地设过几次醴酒，后来索性全忘了！穆生从"醴酒不设"这件小事中，看出了"王之意怠"，劝白生、申公与他一起趁早离开楚国。白生、申公却觉得今王虽然失礼，但应多想想先王之德，不该就这样离去。这时穆生便说："先王之所以礼吾三人者，为道之存故也。今而忽之，是忘道也。忘道之人，胡可与久处！"（《汉书·楚元王传》）说完便独自一人称病出走，白生和申公则仍留了下来。这回一听楚王要谋反，二人吓得惊恐万状，肉袒以死谏阻，双双跪着怎么也不肯起来。刘戊一阵暴怒过后，命人将这两个迂腐的老先生戴上械具、穿上囚衣，罚他们到闹市区去做舂米一类苦役。丞相张尚、太傅赵夷吾实在看不过去了，挺身而出冒死进谏，刘戊还没有听完便喝令左右，当场将二人斩首。

在赵国，站出来谏阻谋反的，是丞相建德和内史王悍。他俩结局更惨：被置于柴堆活活烧死！赵王刘遂不但发兵应吴，还派出使者赶赴匈奴，要求联兵攻汉。

淮南王刘安、衡阳王刘勃和卢江王刘赐是三兄弟，他们的父亲就是因谋反事泄而惨死于流放途中的那个生性刚烈的刘长。很可能是他们父亲当年那血淋淋的教训依旧历历在目吧，这回刘勃和刘赐都回绝了吴使的劝说，没有再敢轻举妄动。淮南王刘安开头也曾想发兵援吴反汉，他的丞相说：如果大王一定要那样做臣甘愿为王前驱，那就请大王任命臣为将军吧！等到刘安授以将兵之权，这位丞相就率军固守都城，不听王命而依旧忠实于朝廷。

这样算下来，吴王刘濞还没有公开打出谋反大旗，他的麾下就已站立了遍布大江南北的响应者，计有楚、赵和胶西、胶东、菑川、济南等六国。

当时诸侯王共有二十二人，真正以实际行动坚决维护汉统的，只有两人：景帝之弟梁

【1】参加围齐的封国，《汉书·荆燕吴传》记有四国，其文称："胶西王、胶东王为渠率，与菑川、济南共攻围临淄。"《史记》、《汉书》其余篇目大多记为胶西、菑川、济南三国。《两汉纪》亦记为三国，其国名则为胶东、菑川、济南。

王刘武，和景帝之子汝南王刘非。刘非年仅十五岁，吴楚反时上书请缨，景帝特赐予将军印命其击吴。刘武举国以抗吴楚联军，从而使之无法西进入关。

景帝前元三年（公元前154年）春正月，经过激烈廷议，景帝终于准晁错之奏向吴国颁下了削减会稽、豫章二郡的诏令。吴王刘濞正好以此为借口，公开打出反叛旗号，先把朝廷派到吴国来的二千石以下的官吏抓起来全都斩杀，用他们的头颅祭旗，随即向吴国全境发出了气势悲壮的动员令：

寡人年六十二，身自将。少子年十四，亦为士卒等。诸年上与寡人比，下与少子等者，皆发！（《史记·吴王濞列传》）

经过如此动员，有兵二十余万，号称五十万。又声称可向南越借兵三十万，共计八十万。以为手中握着一支如此强大的军队，直捣长安，入主未央，已指日可待。

这一日，须眉斑白的吴王刘濞金盔铁甲，虎视鹰顾，立马横刀于绣旗影里。一声号令，金鼓震天，戈戟耀日，以绣着"吴"字旌旗打头的大军由吴江迤逦向广陵进发，北越长江，西渡淮河，意欲与自彭城出发的楚王刘戊之兵会合。沿途发布的《告诸侯王书》，是一篇以"清君侧"为号召的檄文。尽管春秋时就曾有过"君侧之恶人"这样的提法（见《春秋公羊传·定公十三年》），但明确把"清君侧"作为一个反朝廷口号提出来，应是刘濞首创。檄文以声讨"汉贼臣晁错"起笔，列数其侵夺诸侯之地、残害先帝功臣、进任奸猾小人以诳乱天下等罪行。至于景帝的责任，只是小心翼翼地一笔带过："多病志失，不能省察。"接着宣布"欲举兵诛之"的目的，是"存亡继绝，振弱伐暴，以安刘氏"，并谋反联军统帅的身份，就如何"安刘氏"、实即如何夺取天下下达了如下战令——

一路扫荡外围：由南越王会同长沙三王先平定长沙以北，然后西进攻略巴蜀、汉中；

三路进军长安：一是东越王、楚王和淮南三王，由吴王亲自率领西进；二是齐地诸王和赵王平定河间、河内后，或进入临晋关，或与吴王会兵洛阳；三是燕王先北定代地与云中，再联合匈奴兵北进萧关。最后，吴王与诸王会合，共取长安。

这位吴王可真是"财大气粗"，檄文中还列了大批赏格，如斩捕一员大将，可赐金五千斤、封一万户；就是斩捕一名二千石的官员，也可赐金一千斤、封一万户。文末，还夸下了这样的海口：

寡人金钱在天下者，往往而有，非必取于吴，诸王日夜用之弗能尽。有当赐者告寡人，寡人且往遗之。敬以闻。（同上）

吴楚两军会合后，已拥有数十万之众，排山倒海，浩荡西进。他们遭遇到的第一个攻击目标就是梁国。梁王刘武一面以韩安国、张羽等为将军，率兵迎战；一面派人飞奏京师，火急求援……

景帝长叹：朕错杀了晁错，悔之晚矣！

长安震动了！

前些日子景帝在准晁错之奏发出削藩的诏令后，却没有同时命大臣商议一下如何预防诸侯王有可能出现的叛乱，事先采取若干应对措施。如今一听说七国乱发，就不免有些措手不及。未央宫昼夜灯火通明，文武百官都在紧急磋商平乱之策，包括调集军需、修筑关隘以及水陆交通等诸多庶务。

这时候，一位全身戎装的青年将领，正策马越过渭桥，驰向未央宫。

他是奉召进宫来受命的中尉周亚夫。

正在焦急地等待着的景帝，一听到殿外传来军靴急速踩在石阶上的声响，便命赞礼官捧来金印、冠带，待周亚夫一到，立即授任他为太尉。中尉掌治京师治安，秩中二千石；太尉总掌武事，秩万石，已是位列三公的首辅大臣。周亚夫跪受谢恩，接过金印、冠带。景帝颁布诏令：命太尉周亚夫，统领三十六将军，即日东进征讨叛军。周亚夫以军礼高呼遵命，随即虎步龙行出殿。

谒者再宣曲周侯郦寄、将军栾布上殿。景帝下令：命郦寄领兵击赵，务必阻其南下；命栾布率军援齐，力解三国临淄之围。二将各自受命而去。

景帝这才略微宽了一下心。再一想，历来为兵家必争之地的荥阳，还须派一员大将军去镇守才好。荥阳其地，东扼齐，北控赵，任此职者，又可兼督郦、栾二军。他觉得窦婴倒是一个合适的人选，只是重新起用窦婴，不知会不会又让母后很不高兴？

原来窦婴是窦太后的堂侄，也曾出任过吴相后回京任詹事，掌管皇后、太子家事。窦太后有两个儿子，大儿景帝刘启，小儿便是梁王刘武。太后十分宠爱这个自幼乖巧，受封为王后还常常不是自己来朝请、就是派使者来问安的孝顺儿子，希望他将来能继景帝之位。而景帝与这位弟弟也特别亲密，逢到刘武来朝请，常常与之同辇出入，同车游猎。一次与梁王宴饮，酒酣耳热，随口说了这样一句话：到我百年后，就把这帝位传给弟弟吧！太后听了很高兴，在一旁陪饮的窦婴却觉得此事关系到礼法制度，岂可如此轻率！赶紧以向景帝献酒为由进谏说：这天下是高祖皇帝的天下。汉家的法度帝位应该父子相传，陛下怎么可以说传给梁王呢？窦太后以为这是堂侄子在有意作梗，由此开始憎恶窦婴。窦婴感到了难堪，加上本就鄙薄詹事这个官职，索性称病告免，轻裘宽带，过起了隐居生活；闲来无事，不是行猎垂钓，就是以饮酒歌舞为乐。窦太后又以为这是堂侄子在有意气他，一怒之下，下了个很绝情的措施："除窦婴门籍，不得入朝请"（《史记·魏其武安侯列传》）。门籍为出入宫门凭证，竹制，书有姓名、年貌。除去门籍也即取消了出入宫禁的资格。

景帝是有意拿着梁王刘武的紧急奏报去长乐宫进见窦太后的。这一招还真灵，窦太后一听说心爱的小儿子正在遭难，急得噔噔戳着手中的龙头拐杖，命景帝火速派良将精兵去援救。景帝先将已命太尉周亚夫等统兵征讨的事说了说，接着就顺势说到尚需一员大将去镇守荥阳兼督郦、栾二军，而出任此职的最佳人选便是窦婴，然后静静等候着太后的反应。这位早年患眼疾而双目失明的皇太后沉默了好一会，又长长叹了口气，这才缓缓地说：我这个侄儿啊，就是不肯跟我一条心。不过还是保宗庙社稷要紧，那就让他去吧！

景帝一听，赶紧谢过，回未央宫急召窦婴。谁知窦婴却说他已闲散惯了，身体又确实有病，不想再当什么官。景帝猜出他心里还存着疙瘩，便拿好话劝慰了几句，窦婴却还要推辞，景帝不由愠怒地责问道：如今汉家天下有危，君身为国戚，难道可以作壁上观吗？既然皇帝已把话说到这个份上，窦婴只好答应。景帝即拜授窦婴为大将军，并赐金千斤。窦婴只顾选将集兵，准备开赴荥阳，所赐金子则全都堆放在廊庑下，任由军吏各自拿去受用，自己则锱铢不取。

这期间，梁王刘武又接连派急使送来两份奏报。一报：梁国重城棘壁（今河南柘城西北）已被吴楚叛军攻占，梁军死伤数万，损失惨重！再报：梁都睢阳（今河南商丘南）已被叛军团团围住，势若倒悬……

景帝不得不召集大臣，再次商议平乱之策。

群臣有提议再向前线增兵支援的，有以为不妨遣使与叛王议和的：众说不一。

这时晁错又献上了与众不同的一策。他说：臣昧死进言：陛下若能将兵亲征，藉天威以诛乌合之众，七国之乱当可立平。

景帝听着，半晌无语。忽问道：朕若亲征，都中令何人居守？

晁错率尔回答：臣愿留守都中，为陛下分忧。

景帝立刻罢朝，拂袖登辇离去。

没有根据可以怀疑晁错的忠心，但他的这次献策却实在犯了个大错，而且是极危险的大错。

偏在这时有人插进了一刀，此人就是袁盎。

袁盎原任郎中将，为人耿介，好直谏，也因此而不得久居朝廷。先调为陇西都尉，后历任齐相、吴相，曾得吴王刘濞厚遇。袁盎与晁错相互忌恨，常常是你在我避，我在你避，两人从未在同一房间里说过话。景帝即位，晁错当上了御史大夫，便指使别人告发袁盎曾收受吴王刘濞贿赂，将他贬为庶人。待到七国乱起，晁错又吩咐他的属吏，把袁盎旧案与吴王谋反之事联系起来，想据此治以死罪。袁盎探得此讯十分害怕，连夜去拜见他的好友、正在整装待发赴荥阳镇守的窦婴，说他有平定七国之乱的妙策，希望通过窦婴让他去面奏景帝。窦婴也因曾反对过晁错的削藩之策而与晁错有隙，应袁盎之求，特地在出发前又去见了景帝为之疏通。这样，已只有庶人身份的袁盎很快被召进了未央宫。

真所谓冤家路窄。袁盎进得内廷，看到晁错恰好在与景帝计议筹划军饷之事。袁盎意欲退出，景帝却侧过身来问道：公也曾为吴相，如今吴楚谋反，公意其结果将是如何？

袁盎接口答道：陛下尽可放怀，此乱乃癣疥小疾，不足为忧！

景帝说：吴王开山铸钱，煮海为盐，诱致天下豪杰，苦心经营数十年，如今举事，定是其势已成，公因何尚言不足为忧？

袁盎说：依臣看来，在吴国只有铜、盐，并无豪杰。古来豪杰，皆为义而聚，为义而事，岂有怂恿其主谋反之理！如今在吴国无非是一些为利所诱的无赖子弟、亡命之徒，他们既可一哄为乱，也将一哄而散，何足为忧！

不堪被冷落的晁错这时插上来说：袁君所言极是。吴楚叛军，原是蚁聚乌合，不堪一击。陛下圣明，眼下最紧要的还是筹划军饷之事！用意很明显：想把话头抓到自己这边来。

偏是景帝兴趣还在袁盎身上。继而又问道：依公之见，吴楚之乱如何处置才好？

机会难得，袁盎迅即对答道：臣有一策，可保七国之乱立刻平息。只是事关军机，不便他人闻知。

景帝屏退左右侍从，示意袁盎献策。

袁盎却突然跪伏稽首，说道：臣之策，唯向陛下一人进献，人臣均不得与闻！

景帝环顾四周，已只剩下晁错一人。略一迟疑，又挥了一下手。

晁错蓦地感到眼前一黑，身子也晃了晃。当他不得不遵旨起身、离席，走下殿阶，又避之于东厢时，预感到某种厄运正在向他降临。

接下去便是袁盎与景帝的秘密对话。据《汉书·晁错传》载录，袁盎献出的计策是这样的——

吴楚相遗书，言高皇帝王子弟各有分地，今贼臣晁错擅适（读为"谪"，贬谪）诸侯，削夺之地，以故反名为西共诛错，复故地而罢。方今计，独有斩错，发使赦吴楚七国，复其故地，则兵可毋血刃而俱罢。

此计可用一句话概括：杀掉一个晁错，天下便可太平。这恰好与吴王刘濞在《告诸侯王书》中提出的策略是相呼应的：清君侧。

现在晁错已是命悬一线。这一线的线头就系在景帝的一句话上……

于是上（指景帝）默然，良久曰："顾诚何如，吾不爱一人谢天下。"

景帝为什么要"默然"而又"良久"呢？因为此刻这位万岁爷眼前放着一架天平，一边是他的皇位和他拥有的天下；另一边是从他做太子起就一直忠心耿耿为他屡出奇计的晁错。"默然良久"，他在掂量着。其实这是用不着掂量的：一边是泰山，一边是鸿毛。比起皇位和天下来，晁错的性命如同蝼蚁。于是他说：我不能因为怜惜一个人就不向天下谢罪！

谈话完毕，景帝面授袁盎为九卿之首的太常，掌管宗庙礼仪，兼管文化教育。又召来吴王刘濞的侄子、时任宗正的刘通，命二人秘密治装，作为朝廷特使即日持节赴吴议和，允诺的条件便是杀晁错、复故地。

这就是说，在景帝与袁盎的秘密谈话中，晁错已被判处了死刑。之所以没有立即执行，看来主要还是公布此事时的一个措辞问题。很显然若是将应叛乱者要求而杀晁错一类话写上诏书，就会有碍皇帝的光辉形象，所以还得为晁错找个可以公之于众的罪名。于是几天后，便有了一份由丞相陶青、中尉嘉[1]、廷尉张欧等人联名上奏的弹劾书。这份奏书一开

---

[1] 中尉嘉：中尉是官名，其人名嘉。据《资治通鉴·汉纪八》注称："史失其姓。"

头便严正指出:"吴王反逆亡道,欲危宗庙,天下所当共诛。"然后笔锋一转,责斥御史大夫晁错竟然要陛下亲自统兵出征,而由他居留京师,这就完全丧失了人臣之礼,犯了"大逆无道"之罪;不仅晁错本人该当腰斩,他的"父母妻子同产无少长皆弃市"。通俗的说法就是满门抄斩再抛尸街头。景帝用朱笔批了一个字:"可"。(《汉书·晁错传》)

这一日清晨,中尉嘉乘着一辆四马快车来到晁错御史府上,说是圣上有事相商,即宣御史大夫入宫。已有多日不被召见的晁错正在忐忑不安中,一听宣召自然喜出望外,急忙换上朝服,整冠束带,捷步登车。车夫扬鞭,四马奋蹄,不过半刻工夫车子便骤然停住。晁错掀帘一看,来到的却不是未央宫,而是长安东市。正惊疑时,却见中尉嘉已拿出诏书来宣读,刚读到"晁错罪当腰斩"一句,早已预伏在东市的武士已顾不得身着朝服不得用刑的规定,手起斧落,正是从晁错束带处切入,将其劈为两截。紧接着,又将晁错之母及妻儿老少等一并捉来斩首,并抛尸于闹市。

后世论者对晁错的削藩之议,因牵涉到每个时代所面临的实际问题各不相同,评价也往往褒贬不一,至今也还没有定论,姑且略而不提。至于对晁错的被杀以至殃及满门,则除少数以为他为人峻刻咎由自取外,大多持同情态度。宋代苏轼作《晁错论》,以为晁错最大的过错在于为保全自己而"欲使天子自将而己居守"。东坡居士感叹道:"嗟夫,世之君子欲求非常之功,无为自全之计!使错自将而讨吴楚,未必无功;惟其欲自固其身,而天子不悦,奸臣得以乘其隙。错之所以自全者,乃其所以自祸欤?"苏轼是从为臣之道立论的,当也可成一说。不无遗憾的是,东坡居士没有同时就"为君之道"说一两句。景帝杀一臣以"谢天下",目的是想保全自己,不是同样令人不由要"嗟夫"几声吗?

景帝所以要如此残忍地惩处晁错,无非是想给吴王刘濞传递一个信息:朝廷已经服软,望伯父大人适可而止,早日罢兵。

现在却看刘濞得到这一信息后反应如何。

无疑,袁盎进杀晁错之策,首要目的是为了自卫和报复。以他的智力和识见,不见得真的相信杀一晁错便可平息七国之乱。但他秉性耿介,既已奉命出使,还是会竭尽全力,并希望能获取意外的成功。不料一踏进吴营,他自己也差点丢掉了脑袋!

原来此时吴军已攻下梁国一个叫棘壁的边城,又乘胜进击,接连大败两支前来阻截的梁军,很快对梁国国都睢阳(今河南商丘南)形成了包围之势。关于景帝已杀晁错的消息,刘濞也已通过他自己的情报网络及时获得。没有想到他的小侄子竟如此经不起打压,这使他大喜过望,越发坚定了要统兵西进、问鼎长安的决心。这时,曾经反对过吴王发兵、因吴王不听而去了梁国的枚乘,又特地匆匆赶来吴营劝阻。这位汉初大赋家依旧发挥他的特长,以赋代言,引经据典地说了一大通道理,以为朝廷已诛一位三公大臣,说明你大王之威已加于天下,功业已超过了汤武,接下去该做的事应是立即罢兵回故国,切莫再西进与朝廷之兵直接交锋,以免自取其祸,后悔莫及。刘濞读罢不由哑然失笑,命人好酒好肉款待这位只会发发迂腐之论的客人,随即下令加紧攻打睢阳,并举行隆重仪式,宣布自立为"东帝"。这一称号表明,在此时的刘濞看来,景帝已只是局居于关中一隅的"西帝",而他这个东帝就是要与西帝决一雌雄!

作为朝廷特使的袁盎与刘通,就是在这种情势下来到吴军主帅营帐的。

袁盎手持旄节要吴王刘濞拜受诏书,刘濞却一把扯过诏书胡乱往地上一抛,仰天一阵哈哈大笑,说道:寡人已是东帝,与你们那个皇帝分掌着天下,还拜受什么诏书呀!说罢,先命人将他的侄子刘通安顿到客邸歇息,转身又对袁盎说:念你曾辅佐寡人多年,可以不杀,就留下来当个将军,跟随本王成就千秋大业如何?

真到了这一步,袁盎也只好将生死置之度外,凛然说:臣身为受有皇命的汉使,不敢遵大王之命。

吴王一下虎起了脸,突兀推案而起,大声向侍候在门外的都尉下令即调五百人将袁盎监禁起来,回头又向袁盎掷下一句话:你就等着吧;待到寡人率领大军攻打长安时,就借你头颅来祭旗!

自认必死无疑的袁盎,索性在被监禁的帐内睡起了安稳觉。一夜正酣睡时,忽被人叫醒,睁眼一看,是监管的头目司马。只听那司马压着嗓音说:帐外守卒都被我买酒灌醉,请公快逃,明日一早吴王就要杀公!袁盎不解,问:君为何人,因何救我?那司马说:仆就是当年那个偷侍儿的小史,公正是仆之大恩人呢!袁盎这才想起他在为吴相时确是有过一个与相府侍儿私通的从史。当时他明知其事,却依旧厚遇那个从史。后来从史被人告发,惧而出逃,袁盎又亲自驾车将他追回,还索性将侍儿赐给了他,以成全其美事。袁盎记得那从史是有妻儿老小的,忙说:君堂上有双亲,膝下有儿女,我如何能忍心累君!那司马说:仆早已安排停当,待公逃出,仆也将离去。现在就请公随我快逃!一边说一边挥刀将营帐劈开,扶着袁盎走出。帐外有两个哨亭,月光下果然横七竖八躺着一些醉人。袁盎逃出吴营,在岔路口与司马匆匆作别后,就拣了条僻静小道向西急步快跑。

再说未央宫内的景帝迟迟未得袁盎回报,也不免起了疑心。这一日,恰好原任谒者仆射的校尉邓公受太尉周亚夫之命从前线回来奏报军情,未等他开口,景帝便急切问道:朝廷已杀了晁错,公自军中来,可知吴楚是否已有罢兵之意?

邓公说:叛军只是昼夜鼓噪攻打睢阳,丝毫未见有罢兵踪影。

景帝愕然一惊,说:何故竟会如此!

邓公说:有道冰冻三尺非一日之寒,吴王欲反已蓄谋数十年,绝非一朝一夕之事。这回发兵作乱,借削藩为发端,诛晁错只是托名而已,其本意是在谋取大汉天下。所以吴王攻占梁国棘壁之日起,就自号东帝,不再对陛下执臣子之礼!

景帝重重击了两下几案,喟然一声长叹,说道:朕错杀了晁错,悔之晚矣!

正这么说着,殿外狼狈闯过一个人来,冠簪尽落,一身尘土,跪伏在殿下,口称臣罪该万死,连连磕头不止。

原来此人竟是袁盎!

景帝命他起来说个究竟,袁盎所言与邓公也大体相似。景帝不由陡然怒起,几乎就要喝令将袁盎推出去斩首,但转而一想,袁盎献策杀晁错固然可恶,诛杀的诏令毕竟还是自己发出的;再说他在吴营抵死不降,也还称得上忠贞可嘉。于是转而挥了一下手说道:朕暂且不杀你,退下吧。

趁这时机,邓公向景帝详细禀报了前线敌我双方的军事态势,并呈上了一个用火漆印封的木函。内系太尉周亚夫奏请的平定吴楚之乱密策。景帝启封时,最先跳入眼帘的是"愿以梁委之"一句,不由大惊:若准其奏而将此策付诸实施,将置梁王刘武和梁国臣民于何地?弟弟刘武若有不测,又如何向母后交代呢?……

细柳营出了个匡扶汉室的大将军

周亚夫因何出此险策?让我们先来认识一下这位年轻的将领。

诸君想必还记得,第三章末节说到临终的高帝对吕后有这样一句留言:"周勃重厚少文,然安刘氏者,必勃也,可令为太尉。"(《史记》本纪)后来果然由周勃等大臣灭了诸吕、安了刘氏。

文帝临终时,对当时尚为太子的景帝也有一句类似的留言:"即有缓急,周亚夫真可任将兵。"(《汉书·周勃传》)

这回吴楚乱起,景帝急召亚夫,任以太尉,命其统领三十六将前往征讨,正是遵照文帝的遗命做的。

巧的是这前后二任太尉,原来是一对父子!

周亚夫为周勃次子,初任河内守,后因其兄死去而受封为条侯。那年匈奴扰边,文帝以宗正刘礼、祝兹侯徐厉和河内守周亚夫为将军,分别领兵驻守于霸上、棘门和细柳,使之内外戒备,以拱卫京师。部署毕,文帝前往劳军。先至霸上,再至棘门,两处都是一见天子御驾便惶恐引入军营,无需通报。刘、徐二将又都深居于帐内,闻报慌忙拜迎,恭候一旁,显得局促不安。来到细柳,则完全是另一番景象。只见旌旗扬彩,甲士森立,或执戟持戈,或张弓挟矢,仿佛临敌一般。御驾先驱高声传报:天子将到,打开营门!甲士居然依旧端立不动。出来一个军门都尉庄严宣告:我等在军中只听从将军之令,不闻有天子之诏!后来硬是验了符节,才予通报;营内传出将令后,才准放入。又告诫道:将军有令,军内只可缓行,不得驰驱!文帝着实感到新奇,即命御者按辔缓步慢行。到了中营,披甲挂剑的周亚夫从容出迎,拱手一揖说道:甲胄之士不拜,臣以军礼见陛下,请勿责!文帝不禁为之动容,在车上俯身凭轼致敬,并令谒者宣谕:皇帝敬劳将军!亚夫带领军士,肃立两旁,以军礼回谢。这天在劳军后的回驾路上,文帝一再对他的侍臣们说:霸上、棘门二营不过是小儿游戏,只有细柳营才称得上是社稷干城,并由衷地赞美亚夫:"嗟乎,此真将军矣!"(同上)

正是经过这次细柳营劳军,文帝发现了周亚夫这样一位真将军,因而当他临终之时,给当时尚未继位的景帝留下了那样一句话。

这回周亚夫以太尉之职领受了征讨吴楚叛军的皇命后,迅即以"六乘传"[1]出发。亚

【1】六乘传:即途中六次更换传车、马匹,以求快速。《汉书》记载最多一次为七乘传,因其极快,致使"待从者马死相望于道"(《武五子传》)。

夫在行前已向他统领的三十六将军发出命令，预定会兵于荥阳。之所以定于荥阳会兵，因为其地南扼吴楚，北监齐赵；左有储粮丰富的敖仓，右有兵器毕备的武库，因而只要赶在叛军之前进据荥阳，关东便可无忧，关中可以确保。传车行至霸上，有个名叫赵涉的人拦住车道，口称有策要进，亚夫当即下车礼敬请教。赵涉说：有道兵贵无常，又贵神密。将军此次出征若按惯常走殽渑一路，吴楚之军十有八九设有埋伏。故在下以为将军不妨绕道右行，走蓝田、越武关而抵洛阳，如此出其不意进据荥阳，则吴楚之军以为将军从天而降也！亚夫大为称赏，就依着赵涉之计行事。抵达洛阳后，除派出少量将士会同当地官吏至殽渑一带搜索吴军的伏兵外，其余依旧日夜兼程东进，这样还在吴楚联军围攻睢阳之前，由周亚夫统领的三十六将及其所部数十万大军已在荥阳会集而成。后来得报，吴军果然在殽渑之间设有许多伏兵，赵涉也因献策有功而受任为护军。

此时离正在激战的睢阳尚有数百里之遥，亚夫却只是观望，不断派出侦骑去刺探情况，并无立即要与吴楚交锋之意。这可急坏了数十万历尽艰辛、长途跋涉而来的将士，他们一个个摩拳擦掌只求速战，但因主帅无令，只好憋着一股劲等待。

再说那被围困在城内日夜焦急万分的梁王刘武，一探听到朝廷援兵已到，立即设法派出使者呼救。如此一呼再呼，每次使者回来的禀报都是：汉太尉只以缓言应付，实际是不予理睬。

作为汉军主帅的周亚夫心里在想什么，谁也不知道。

三天后，他自领一支精兵转向东北，屯驻于昌邑（今山东巨野南）。这样，昌邑、荥阳、睢阳，便形成了一个鼎足之势。随即下令深沟高垒，坚壁固守。

正是在这里，亚夫构想了他的独特的决胜之策[1]，由校尉邓公急赴长安向景帝奏报。据《史记·绛侯周勃世家》载录，其大意为：

> 楚兵剽轻，难与争锋。愿以梁委之，绝其粮道，乃可制。

此策是根据吴楚联军将士众多而又凶猛勇悍，一时难以取胜这个实际情况提出来的。对应的策略，一是抛出梁国，让它先去与吴楚这头猛虎搏斗，以损其实力，挫其锐气；二是与此同时设法切断吴楚粮道，使之因饥饿而自乱，然后伺机一举击溃之。

如果我们再深一层想想，亚夫此策似乎还有着提升自己作为全局统帅地位的含义。他若是立即投入睢阳之役，纵使取得胜利也只是一个局部性的胜利；而将荥阳以东作为一个整体来考虑，暂时放弃睢阳，则最后取得的将是一个战略性的全局大胜利。

景帝开头的吃惊和担忧，就在"以梁委之"这一点上。但他细读全文，思之再三，觉得在叛军势力还相当强大的情况下，这也可能是一个较为实际的克敌制胜的良策。只是这种以牺牲梁国为代价的做法，切切不可让太后闻知。亚夫的奏文是写在一方绢帛上的，景

【1】关于此策最先究竟由谁提出，记载不尽一致。《史记》及《汉书》周勃传均记为周亚夫"自请"，《史记》、《汉书》吴王刘濞传则称先由原为周勃门客的"邓都尉"提出，然后周亚夫采纳施行。

帝在其上端批了一个"可"字，仍封入木函，交与邓公带回。

几次求救都被置不理，梁王刘武发怒了，索性劾奏一本，将周亚夫告到了景帝处；又附上泣告母亲大人一书，向窦太后发出呼救，一并急报长安。这边未央宫前殿景帝阅奏后意犹未定，那边东宫窦太后一听爱子正在遭难先已老泪纵横，急召景帝，非要严惩周亚夫这个狂夫不可！景帝只是驯顺地听着母亲的训教，心里却并不打算真的遵照母命去做。因为他知道，此时汉室存亡重任全扛在周亚夫一个人的肩膀上，惩治这位平乱前线统帅就等于葬送汉家天下。当然对盛怒中的太后，还得有个交代才好。于是发出一诏，命亚夫速救梁都，解睢阳之围。使节飞速来到昌邑，亚夫却拒绝奉诏。他让使者带回去复命的是这样一句话：臣仍请照陛下前所准之奏行事。景帝鞭长莫及，只好默认了亚夫的这一抗旨行为。

这种默认意味深长。尽管有"将在军，君命有所不受"（孙子语，见《史记》本传）的古训，但作为皇帝却总是不那么甘心情愿让自己至高无上的尊严有此例外，一旦到了适当的时候，曾经的默认就很有可能转化为严厉的惩罚。

其实亚夫也并非不知道抗旨就意味着死罪。只是这位身上流着已故"安刘"大功臣血液的青年将领，现在已被一种甚至比父亲当年遇到的更为宏大的历史使命感所鼓舞，建功立业的强烈欲望，使他暂时忘记了个人的生死荣辱。

但汉军统帅坚执他的决胜之策却苦了梁王刘武。这位秉性倨傲的国王默默记下了这笔账，横下一条心，与王国将士，全城百姓，破釜沉舟，拼死坚守。每回将士出征，梁王甚至屈尊伏地跪送。新任的将军韩安国和张羽，一个持重，一个勇猛，且战且守，常常伺机出击，力创叛军。张羽是因谏阻谋反而被楚王刘戊杀死的丞相张尚的弟弟，因而他的奋勇搏杀，还有着为哥哥报仇的含义。正是因为有了君臣军民的同心抵抗，这座芒砀山麓的睢阳古城在经受了吴楚联军数十个昼夜的猛力攻打后，依然飘扬着梁王的旗帜。

这边亚夫部署停当，立即命弓高侯韩颓当等率领轻骑兵出淮泗口，绕到吴楚军之后去切断其粮道。估计吴楚联军在受到饥饿威胁后，十有八九会从睢阳战场分兵向汉军猛烈扑来，因而预先又在睢阳东侧的下邑（今安徽砀山东）屯兵以待，到时候来一个以逸待劳。果然不出所料，几天后吴王刘濞和楚王刘戊率领着被饥饿逼疯了的数万士卒潮水般涌来，蹦跳着，聒噪着，恨不得顷刻间将下邑踏平。亚夫号令将士闭城坚守，不许妄动，他自己则端坐于城楼观望。下邑虽是座小城，由于事先已深沟高垒，遍布鹿角，任凭吴楚联军多次强攻，依然固若金汤。城头的箭垛后面，暗藏着一支又一支的强弩硬弓，偶或一声令下，万弦齐响，飞矢如蝗，吴楚之军已应声倒了一大片。旋即下令停放。如此不时反复，使敌军一直处于丧魂落魄和狂躁不安中。兵法有云："善攻者，敌不知其所守；善守者，敌不知其所攻。微乎微乎，至于无形，神乎神乎，至于无声，故能为敌之司命。"（《孙子兵法·虚实》）亚夫现在看到敌军出现了崩溃的前兆，接下去他要以自己的沉着和坚定使敌方在既不知所攻、又不知所守的状态下，走向灭亡。某夜，忽误报吴楚来袭，营中相互惊扰，嘈杂声直达中军帐下，亚夫却泰然高卧不起，传令将士不得喧哗，违者立斩！果然，不一会便复归平静。又一夜，吴楚军来劫营，在汉营的东南一角杀声动地，火光冲天。亚夫亲率精兵一支，却偏偏急赴西北一角去戒备。原来吴楚二王使的正是声东击西之计。当他们带领着大批精锐士卒绕到西北角以为可以乘虚踹营时，却不料恰好与先已来到的亚夫军碰了个正着！在混乱中踏入埋伏圈的吴楚联军，转瞬间已死伤过半。

就这样，睢阳—下邑战场相持近三个月后，已被饥饿和毫无结果的攻打以及接二连三的溃败折磨得完全丧失了斗志的吴楚联军，开始慌乱地撤退、逃亡。

这时候，大将军窦婴已受命镇守荥阳，监督分别由郦寄、栾布率领的征讨赵、齐之军，因而亚夫得以悉数统领三十六将军之兵向吴楚联军发起全面追击，其势掀天揭地，排山倒海，已经溃不成军的吴楚之军哪里抵挡得住，纷纷或降或逃。楚王刘戊且战且退到一座山岗，原想据险而守的，不料眨眼间已被汉军团团围住，自知无法得脱，抽剑一横，毙命马下。吴王刘濞率领太子刘驹及随身精壮数千，奋力打出重围，趁着月色一路狂奔，子夜过后，眼前出现了万顷银波，这才发觉已来到淮河！

回到淮河，吴王刘濞心里的滋味一定很不好受。三个月前，他率领着数十万吴中子弟，就是在北渡淮河后，与楚王之兵会合而大举西进的。当时他的几位属将曾向他提出过事后看来十分重要的建议。如大将军田禄伯以为数十万之兵屯聚而西，又没有奇计异策，是很难取得成功的。因而建议分出五万兵来，由他率领着溯江淮而上，会合长沙、淮南之军，乘势攻入武关，再与吴楚之军会合。如此安排，既可扩大反汉声势，又使汉军防不胜防。但太子刘驹却以为分兵与人就不好控制，倘若人家倒过来反我们怎么办？刘濞一听以为有理，拒绝了田禄伯的建议。还有一位姓桓的青年将领说：我们吴军多为步兵，适宜于险恶地带作战；汉军多战车和骑兵，适宜于平地作战；所以小臣建议大王：沿途遇到攻不下的城邑尽可弃之不顾，径自迅速向西挺进，抢先攻占荥阳，据有武库及敖仓之粟，那样依凭山河险阻号令诸侯，即使不进驻关中，天下已大半在握。大王若是只顾一城一邑之得失，行动迟缓，步履蹒跚，只怕汉军战车骑兵一到，等待着大王的就只能是失败了！一些老将却以为年轻人只会冲冲杀打，懂得什么远大的考虑！刘濞自然也不屑听取这位青年将领的话。

吴王刘濞不能采用部将们的这些建议，原因在于他当时的心态。那时的他，积数十年之谋而一朝勃发，犹若横风疾雨，气吞山河，早已自称东帝，哪里还会把进军路上的艰难险阻放在眼里。在《告诸侯王书》中，他指画天下，挥使诸王，以为入主长安已近在眼前。岂料诸侯王并不像他预想中那样容易调动，而他自己和楚王的联合大军竟让一个小小的梁国羁绊达三月之久。接着又中了周亚夫的一连串诡计，迫使他狼狈溃逃，仅带数千亲卒又回到了这个淮河渡口。

到这时候，吴王刘濞才认识到，如果当时采用两位将军之策，很可能如今已西进入关，至少不至于会落到如此惨败的地步。对着西天苍白的残月他长叹一声：啊，寡人纵然富甲天下，世上却无处能买到后悔药啊！

追兵在即，刘濞及麾下数千士卒不得不当夜南渡淮河，急走丹徒。这时景帝颁发了对叛乱者的追杀令，指出：" 击反虏者，深入多杀为功，斩首捕虏比三百石以上者皆杀之，无有所置（意谓不得放释）。敢有议诏及不如诏者，皆要（通"腰"）斩！"（《史记·吴王濞列传》）刘濞四顾无路，不得不去归从此前被他视为蛮夷的闽越，欲求保护。闽越不肯收留，只好又转而去投奔东越。东越向为汉属国，国王名摇，惠帝时曾封以为东海王。东越与吴国本为近邻，加上富庶又强大的吴国曾显赫当世，东越王摇自然甘愿趋奉交好，刘濞首倡谋反，他还曾拨兵相助。但这回看到吴王父子那副冠落发散的惨败模样，不免起了悔意，只是一时不便拒受，勉强把这批逃亡者安顿了下来。东越原有兵万余人，刘濞又派人四出收罗散卒，并加紧训练，以图东山再起。就在这时，周亚夫派出的使者也秘密来到东越，一场政治交易很快在幕后达成，在这里，闪光的金子又充当了比刀剑更可怕的武器。

这一天东越王摇命全体将士列队，恭请吴王劳军。校场上彩旗猎猎，乐声悠扬。当吴王刘濞乘坐的那辆黄屋左纛车辂缓缓驶入校场时，不知从哪里飞出了一支雪亮的铁戈。刘濞急欲躲避，他那颗还戴着王冠的头颅已从肩膀上骤然滚落，校场一片哗然……

吴王刘濞就这么死了。这位颇有豪气的南国之王，竟死于一个状貌猥琐、行为卑劣的东越王摇的暗算，着实让人感慨。

在中国古代史上，刘濞是以"清君侧"为号召意欲谋取皇位的第一人。仔细想来，这个口号不仅充满政治野心，也凝结着丰富的权术智慧。在帝王集权制业已建立、正统观念又已深入人心的情况下，诸王或大臣若要对朝廷有所动作，舍此别无他途，因而其后效仿者甚多。如明代燕王朱棣在发动"壬午之变"时，便是以"清君侧"为由[1]，兴兵南下，一举攻灭建文朝而自立为帝的。耐人寻味的是，后世仿效者朱棣获得巨大成功，当上了永乐皇帝；而首创者刘濞却落得个身首异处！

刘濞的那顶王冠在此刻正喷着血的他那颗头颅上已戴了四十二个春秋。在这四十二年中，这个身躯魁伟的刘家汉子，把这片本就富庶的江南之地，整治为一个经济繁荣、政局稳固、军力强大、文化昌盛的国家。最难得的一点是，在吴国居然可以"百姓无赋"（见《史记》、《汉书》本传），这是中国历史上哪一个王朝都没有能够做到的！我不由忽发奇想：如果刘濞建立的吴国是在实行帝王封建制的西周时代，那么中国就有可能提前数百年出现与中原文化媲美的江南文化；即使是在春秋时期，刘濞也至少可与齐桓公齐名。但刘濞和他的吴国偏偏出现在帝王集权制业已确立的汉帝国时期，为了维护这种新创立的国家制度，吴国越是富强昌盛就越是没有理由存在，刘濞也就只能成为历史悲剧中的吴王，永远摆脱不了分裂、割据、谋反、叛乱一类骂名。呵，面对这样一位古人我们还能说些什么呢？或者就劝慰一句吧：您老也是生不逢时啊！

东越王摇小心翼翼捧起吴王刘濞这颗血淋淋的头颅时，先是一惊，随即心花怒放。备驾！他大声下令。四匹快马瞬间把他载到汉军使者官邸。结果甚至比他预期的还要美好：献上这颗人头，朝廷不仅完全赦免了他的参与叛乱之罪，还赏赐给他车载斗量的金银珠宝。

吴王刘濞的故事还有个尾巴：他的儿子刘驹乘乱逃出，投奔了闽越。为报杀父之仇，多次鼓动闽越攻东越；武帝时期，还曾有过闽越围东越、东越告急，武帝发会稽郡兵浮海以救的事。那是后话，暂且略过不提。

---

[1] 见《明太宗实录》卷二。朱棣为了师出有名，在檄文中称："予已上书陈情，请诛奸臣，今少主为奸臣所蔽，恐不见答，则惟应以尔等清君侧之恶，扶国家之既坏。"

此下简略介绍一下除吴、楚外，参加叛乱的其余诸王的结局。

上文已提到，齐王刘将闾因先答应共同谋反、后又翻悔而被由胶西王刘印率领的菑川、济南等三国之兵将其国都临淄围了个水泄不通。正是在这种危急的情况下，齐国的一位姓路的中大夫，奉命冒死逃出重围，一路艰难跋涉赴长安呼救。待他回到临淄，三国之兵围得越发严严实实，他多次设法都无由进入，后来被捉做了俘虏。围城将领强迫他向城头喊话促降，不从就要推出去砍头。规定喊话的内容是：汉兵已被吴楚大军攻破，齐王速速向三国投降，不然攻进城去，就要杀尽全城老少！路中大夫答应了他们还不信，又逼他立誓，他也立了誓。但当他被押到城下，仰头望到站在城楼上的齐王时，却喊出了这样的话：朝廷已发兵百万，由太尉周亚夫统领，很快就要击破吴楚叛军，由栾布将军率领的救齐大军也即将来到。请大王坚守数日，围自可解，切切不可与敌通和！这位路中大夫的结局可想而知：他的话音刚落，就被乱箭射杀。临淄受困日久，城中已出现了断炊之忧，齐王本已有与三国媾和的意图，也曾暗中派出使者；听了路中大夫用鲜血和生命喊出的话，又燃起了胜利的希望，终于坚守了下来，直至栾布将军和平阳侯曹襄两支救兵相继来到，三国围解，临淄复生，全城欢腾。但紧接着，情势却发生了一个戏剧性的变化：获得大胜，正欲北上助郦寄攻赵的栾布将军，忽查得齐王刘将闾起初曾参与胶西王刘印等共同谋反，以为也该在讨伐之列，于是又勒转马头，统领这胜利之师再度向临淄扑来。刘将闾闻报大惊，饮下鸩酒一壶，七孔流血而亡。

与此同时胶东王刘雄渠、菑川王刘贤、济南王刘辟光，也或饮剑，或服药，相继毙命。

赵王刘遂，原定要与吴楚会兵西进的，因起事仓促未及赶上，而由曲周侯郦寄所统的汉兵已浩荡来到，一场激战，刘遂退守赵都邯郸，被困达数月之久。原所联络的匈奴之兵一直持观望态度，迟迟不肯入边来援；后听到吴楚兵败，索性撒手不管了。正在这时，破齐后的栾布之兵转而北上，栾、郦二军会合发起了强大的攻势。栾布又想出一法：引牛首河之水拦而灌城，城脚毁坏，汉兵乘隙攻入，刘遂坠城自尽。

谋反七王，至此还剩下一王：胶西王刘印。

这位曾经威风过一阵子的反汉联盟二号人物，此时已是丢盔弃甲一副狼狈相，急急鞭打着一匹快马，疾驰在山坡小道上。他是孤身一人从临淄逃回高密（胶西国之都，今山东高密西南）来的。一进入王府，滚落汗湿淋淋的马背，就用赤光脚、坐草席这种作贱自己的形式，去向母亲请罪。王太后原是反对谋反的，如今见到儿子这副可怜模样，也只好抱着他痛哭。在一旁的太子刘德却说：有道胜败乃兵家不期之事，初次失利，何足为忧！依儿臣看来，汉军已精疲力竭，父王正可乘它回还之时集兵击杀。即使不能取胜，也还可逃入海岛，待时再起呀！刘印叹息一声道：将怯卒散，怎可再用！正这么说着，宫外忽报汉军送来一书。刘印启封看时，原来是周亚夫部将韩颓当已领兵追来，现驻于城外，命他速速前去归降。太子刘德一听双眉倒竖，如何肯降！王后及诸妃哭作一团。刘印仰天流涕良久，忽而一跺脚，顾自奔出王府，徒步十余里来到汉营，肉袒跪伏于韩颓当帐前，哀告道：罪臣刘印奉法不谨，致使百姓惊骇，又有辱大将军远道来到穷国，敢请鼎镬菹醢之罪！

这位汉军将领韩颓当，原是高帝时异姓七王之一韩王信的儿子。韩王信投降匈奴，颓当因生于匈奴颓当城而有此名。后韩王信被击杀,颓当于文帝时率众归汉,受封为弓高侯。现在他手执着作为号令三军、讨伐有罪权力象征的金鼓,在卫士簇拥下出得帐来,讪笑着揶揄道:大王兴师多日,披星戴月,餐风宿露,想来也是劳苦之甚,却不知所为何来?

刘卬膝行向前几步,做出一副恭谨的样子说道:都只为晁错用事,变更高祖皇帝法令,侵削诸侯王之地,臣等恐他败乱天下,所以发兵诛之。如今圣上已诛晁错,臣等也罢兵回国。甘愿请罪!

韩颓当说:足下若单为晁错一人,尽可上表劾奏;且晁错早已受诛,尔等为何仍迟迟不肯罢兵呢?更何况齐国本守义奉法,与晁错又风马牛不相干,足下因何围攻临淄达三月之久呢?

刘卬一时语塞,默然以对。

韩颓当从袖中取出诏书,朗读一遍。大意是,凡谋反诸王,一律正法勿赦。随即说道:请大王快快自裁吧,毋得迟延!

刘卬蓦地一昂头,大声吼道:罢罢罢,我刘卬既已死有余辜,何须多言!说完即抽剑自刎。

王太后及太子刘德,也同时伏诛。

吴楚七国之乱的平息,标志着诸侯王势力从巅峰跌入低谷,从此刘汉宗室内部很难再有能与朝廷抗衡的力量,这就为真正确立帝王集权专制制度奠定了基础。

在平乱中,诸将斩首十余万,各有封赏。其中有十人封为列侯,如窦婴为魏其侯,栾布为鄃侯等。周亚夫前已封为条侯,两年后又迁任为丞相。需要特别提一下的是一位祖籍陇西成纪(今甘肃秦安西北)的著名战将李广。他勇武绝伦,能徒手格杀猛兽;又由于手臂特别长,天生善射,无人可及。李广在文帝时与匈奴萧关一战崭露头角,建功颇多。文帝大为赞赏,感叹说:"惜哉,子不逢时。如令子当高帝世,万户侯岂足道哉!"(《史记》本传)在这次平乱战争中,李广以骁骑都尉从亚夫出征,勇冠三军,斩获甚多,却没有得到任何封赏。原因是"以梁王授广将军印,故还,赏不行"(《汉书》本传)。汉法,严禁朝廷官员与诸侯王私下交结,所以景帝对李广只是未予封赏,不再有其他惩罚,还应是一种宽大处理。不仅这一次,此后李广还曾有多次与匈奴交锋,纵然勇武超群却由于种种原因,终其一生也未得封侯,以至"李广难封"成为一个典故,不断引发后人评说和喟叹。

在这期间,景帝又在吴、楚、赵、齐四国旧地,陆续将自己十三个儿子封为诸侯王[1],既是以亲易疏,又削弱了诸侯王的势力,实际就是将早在文帝时期贾谊就提出的"众建诸侯而少其力"之策真正付诸实施。景帝中元五年(公元前145年),又发诏改变旧制:"令诸侯王不得复治国,天子为置吏,改丞相曰相,省御史大夫、廷尉、少府、宗正、博士官、大夫,谒者、郎、诸官长丞,皆损其员。"(《汉书·百官公卿表》)这就是说,从此诸侯王

【1】十三皇子之名:河间王刘德,临江王刘阏,临江王刘荣(两临江王时间有先后),鲁恭王刘余,江都王刘非,胶西王刘端,赵王刘彭祖,中山王刘胜,长沙王刘发,广川王刘越,胶东王刘寄,清河王刘乘,常山王刘舜。

不再拥有统治王国和任命王国官员的权力。如果照此诏令办理，那么对诸侯王来说，封国成了仅仅是供给他们"衣食租税"之所，对朝廷不会再有大的威胁。

但有个唯一的例外，那就是梁王刘武。

当诸侯王都胁肩低首但求自保的时候，刘武的权势和地位反而获得了空前的提高。

刘武本来就受到窦太后特别宠爱，这回在平七国之乱中，梁国成了阻挡吴楚之军西进的坚强堡垒，梁军所斩杀的叛乱士卒几乎与汉军所斩杀的总数相等。所有这些，就成了他傲视诸王、比拟天子的资本。

平乱后有个尾声，可以清楚地说明这一点。

上文提到济北王刘志开头也曾想参与谋反，后来是因都城毁坏，又受到郎中令的劫持才没有发兵起事的。乱平后，他听说与自己情况类同的齐王刘将闾畏罪自杀，十分害怕，也想用自杀的办法来保全他的妻室儿女。这时候有个齐人名叫公孙玃的来找他，说有一策或许可以让刘志脱险，请求允许让他一试，试而无效再自杀也不迟。既有可能死里逃生，刘志岂有不愿意之理。于是公孙玃便去拜见梁王刘武，用他如簧巧舌，把有罪的刘志说成了有功。他先从济北之国四面受着齐、吴、燕、赵威胁这个特殊地理环境说起，以证明刘志起初应吴谋反实出无奈，而后来他非但未发一兵一卒助吴，而且抵死坚守，这实际上就是是在支持朝廷平乱，故应视为有功。如果连有功的济北王也要受到怀疑，岂非让所有藩守一方的诸侯王都要感到心寒了吗？不过公孙玃最后打动刘武的还是下面这番话——

臣窃料之，能历西山（指长安城外之崤山、华山）径长乐、抵未央，攘袂（奋然而起貌）而正议者，独大王耳。上有全亡之功，下有安百姓之名，德沦于骨髓，恩加于无穷，愿大王留意详惟之。（《汉书·贾邹枚路传》）

把为刘志求饶说成是存亡国、安百姓的大德之事，而这样的事当今之世也唯有您大王一人能够做到。梁王听了这些顶级吹捧话，心里一高兴，就派人去长安对景帝说了句话，果然，刘志不但保住了性命，还能继续当王，只是挪了个地方：徙封为菑川王。

连一个在野的齐人都知道，只要刘武开声口，便可救得刘志一命，说明刘武这位王爷的威势、声望，已经膨胀到了何等地步！

但这对汉帝国来说，可不是个好兆头呀！

帝国"接班人"问题的困扰与突围

这个不好的兆头，预示着景帝后的皇权传承问题，也即我们通常所说的接班人问题，将会有更尖锐、更激烈，也更复杂的斗争。

景帝继位时已是三十一岁，虽已是子息成群，却没有像他父亲文帝即位当年就册立了他为太子那样，早为后嗣问题作出安排。偏他对弟弟梁王刘武又特别亲密，几年前一次宴饮，还乘着酒兴随口说了百年之后要把皇位传给刘武那样的话。尽管陪饮的窦婴当场作了谏阻，景帝后来也感到了自己的失言，但还是让刘武听了心旌摇摇，萌发了登上极位的非分之想。而有关此事的传言一出，朝廷大臣和后宫后妃都为之忧心忡忡，惶恐不安。

这就是我在上章末节提到的四种东宫危机中的第一种：未定型危机——君王已老而太子迟迟没有明确册立。

如果景帝死后让刘武继位，那就是夏商时代实行过的"兄终弟及"制，而非周秦以来已成定制的"父子相继"制。尽管惠帝与文帝也是"兄终弟及"，但那是在惠帝无真子而诸吕专权那样一种特殊情况下发生的，朝廷曾为此付出过惨重的代价。如今大臣们，尤其是后妃们，谁都不想再看到那种局面的重演。

人们的这种不安一直延续到吴楚七国之乱以后。现在祸乱幸而被平息了，但梁王刘武却因在平乱中立有大功声望和威势陡增而进一步激发了谋求帝位的强烈欲望。

正是在这种情势下，景帝于平乱后的第二年（公元前153年）四月采取了一项重要措施：立刘荣为皇太子，并以窦婴为太子太傅。很显然，景帝此举就是用实际行动收回了将传位于刘武的那句失言，从而断绝刘武的欲念、窦太后的希望，达到解除群臣忧虑、稳定朝野人心的目的。

这下东宫危机总该解决了吧？不，事情远不像想象的那么简单。

先是梁王刘武作出了令人更加不安的反应。

刘荣被立为太子，对刘武来说，就意味着他多年的梦想已成泡影。他用了种种违反礼制的僭越行为，来表示他内心的不满和反抗。请看《史记》和《汉书》的这一系列记载——

一、得自置相[及]二千石[官];

二、筑东苑,方三百余里。广(扩建)睢阳城七十里,大治宫室,为复道,自宫连于平台三十余里;

三、得赐天子旌旗,从千乘万骑,出称警,入言跸,东西驰猎,拟于天子;

四、招延四方豪杰,自[崤]山以东游说之士莫不毕至;

五、多作兵器弩弓矛数十万,而府库金钱且百巨万,珠玉宝器多于京师……

这简直已是第二个吴王刘濞、第二个东帝了!

不仅如此。令人不安的还有东宫皇太子的问题。

皇太子刘荣做了后宫争宠战中的牺牲品

刘荣的被立为太子,在后宫表面上是一片喜庆之气,暗中却有人精心谋划着杀机。

刘荣为景帝与栗姬所生,故也称栗太子。汉承秦制,皇帝正妻一人称皇后,妾可有多人通称夫人;此下还有昭仪、婕妤等等十四个等第(详八章三节)。栗姬的"姬"只是对一般女子的美称,不属后宫名号,这说明她还是一个"等外品"。但现在,这个什么名号都还没有封到的栗姬,却因得宠而其子被立为皇太子,又因儿子被立为皇太子而骤然身价百倍,再封个昭仪、婕妤什么的已提不起兴趣,她就想索性来个一步登天,去攫取万千后宫女性都在梦寐以求的那个灿若丽日的最高理想——皇后之位。可此时皇后之位是有人坐着的,她就是景帝祖母薄太后以亲上加亲的名义从娘家娶来的一个女子,先立为妃后立为后,称薄皇后。所以栗姬要如愿,先得将薄氏从皇后之位上拉下来。她的办法是一有机会就扇枕头风。景帝原本就不喜欢薄皇后,立以为后,无非是看在老祖母面上。这样到一年多后已经高寿的薄太后溘然谢世,栗姬的枕头风战术终获大胜:景帝一道诏令废去了薄皇后。从此长门宫里又多了一个孤寂、凄凉、终日以泪洗面的怨女。

现在皇后之位已空着了,栗姬就开始设法来一个捷足先登。

她有一个贵为皇太子的儿子,"母以子贵",天经地义,因而满以为后宫之主已非她莫属。却不料就在这时,从横档里踅过一个女子来,绊住了她的双脚。

这个女子叫刘嫖,是文帝与窦太后的女儿,景帝姐姐,因称长公主[1],封于馆陶,又称馆陶长公主。若按寻常百姓家的人伦关系来排列,刘嫖与栗姬该是一对姑嫂姊妹。

不过开头刘嫖去找栗姬,倒非但并无恶意,还是想跟她攀个儿女亲家的。汉代惯例,娶公主者,须为列侯。长公主刘嫖下嫁的便是高帝功臣陈婴之孙、嗣封为堂邑侯的陈午。他们生有一女,便是陈阿娇。刘荣立为太子,长公主就想到要把女儿阿娇许配给刘荣,将

---

[1] 长公主:汉制,皇帝之女称公主,皇帝的姊妹称长公主,帝之姑称大长公主。《春秋公羊传》对公主之号作了这样解释:"天子嫁女于诸侯,至尊不自主婚,必使同姓者为之,谓之公主。"

来太子继位为帝，自己就是皇帝丈母，何等荣耀！再想想阿娇与太子，非但辈分相当，年岁也相称；而自己作为皇姐的身份，远比什么名分都没有的栗姬要高贵得多，因而她以为只要她一开口，这门亲事必成无疑！

出乎意料的是，栗姬居然一口拒绝！

栗姬之所以拒绝，并非以为这门亲事不当，而是出于一种褊隘的情绪：妒忌。

原来馆陶长公主刘嫖作为景帝的胞姐，出入后宫自然会受到众人趋奉，诸多美人、良人为求出人头地常常请她代为先容，她又是个喜欢逞能的人，少不得顺便为之荐引，在景帝面前说上几句称赞的话，她们之中有的就因而获得了宠幸。对此，一心想"三千宠爱集一身"的栗姬自然要恨之入骨了。更何况如今她已是皇太子之母，这后宫成千上万女人中有谁比得上她这般荣耀！所以这回一见刘嫖来提亲，才听了几句就妒、傲诸气一齐拱上心来，脸一板说：依我看，这门亲事就免谈了吧！

就连当今皇上也要让三分的刘嫖，如何受得了这般羞辱！一怒之下，就转身去找正在暗中与栗姬较着劲的王夫人，想与她联合起来，设法促使景帝废了栗姬这个得志便猖狂的小妇人！

说起这个王夫人，却有一段不寻常的来历。

当年尊刘邦为帝的异姓七王之一燕王臧荼，有个孙女儿名唤臧儿，自然是金枝玉叶，尊贵无比。不久臧荼谋反被杀，臧儿出逃沦为穷乡僻壤村女，谚云凤凰落地不如鸡，只得嫁与槐里人王仲为妻，生有一男两女，男名王信；一对姐妹名王娡、王姁。不久王仲因病死去，臧儿又嫁与长陵人田氏。长陵系高帝刘邦的陵邑，住在这里的人大多是应召从各地迁徙来的，其中田氏一族即来自原先的齐国。臧儿与田氏又生有二子，一名田蚡，一名田胜。这样，这位昔日的翁主，在先后两次婚嫁中共生有三男两女，自己则在颠沛和凄惶中渐渐进入了暮年。幸得儿女们相继长大，特别是王娡、王姁姐妹俩，都出落得花容月貌，尤其是大姐王娡，风姿绰约，秀外慧中，聪灵过人。看看年已及笄，便有人来说媒，男方是同住长陵的一个叫金王孙的商人。古代商人即使富有，社会地位也很低贱，士、农、工、商，商被排在末位，要受到种种歧视。颇有心志的王娡，也只好自认命薄，嫁与金氏做了商人妇，很快生有一女，取名俗儿。忽一日，有个卜筮人到长陵来给人算命，臧儿让他给两个女儿算了算，卜筮的竟说姐妹俩将来都会大富大贵。臧儿一听喜出望外，以为一双女儿都是奇货可居，尚未许人的小女王姁自然不肯轻易再嫁，连已嫁的大女儿王娡，也迫不及待地想从女婿那里要回来。偏是那金王孙也已听到了王娡将会大富大贵的传言，死活不肯放！正当两家争吵不休之时，朝廷派人到村里来挑选良家女子了，说是要选去侍奉皇太子的。臧儿以为谋求富贵的机会果然来到，就设法避开女婿，又隐瞒了王娡已经嫁过人并生有一女的事实，将她交给了朝廷派来的官员。而金王孙作为卑贱的商人，又如何与朝官争强，只好眼睁睁看着自己的妻子被载上车子疾驶而去。后来妹妹王姁也进了宫。姐妹俩倒真像有吉星高照似的，很快便先后获得了皇太子刘启的爱幸，王娡生了三女一男，王姁生了四男。只是妹妹王姁无福消受，不久便因病离世；而姐姐王娡则在刘启登上皇位后，获得了一个仅次于薄皇后的名号：王夫人。

这就是王夫人的来历。

有道"女无美恶，入宫见妒"（《汉书·邹阳传》）。所有被选入宫的女性，无一例外地都将在不断地相互争宠中消耗尽自己全部青春以至生命。若与单凭以色相邀宠于景帝的栗姬相比，王夫人的高明处，在于她更多地使用了特意做出来的贤淑和谦恭，还有深藏不露的心计。她自然也知道"母以子贵"的道理，因而在三女一男中，她重点把宝押在一男上。巧的是这个初名彘儿、后改名为彻儿的男孩子，恰好是在景帝即位那年（公元前156年）降生的。那天景帝到猗兰殿产房来看这个新皇子，王夫人红着脸小声说：陛下，你说怪不怪，臣妾发觉怀上彘儿那一夜，梦见有个太阳落到怀里来呢！

景帝先一惊，后一喜，说：呵，这可是个贵兆啊！

王夫人装作还有几分不信说：真的吗？心里却在暗暗庆幸：这个用她智慧化生出来的神话，已经产生了效果。

这样到景帝立长子刘荣为皇太子时，年仅四岁的刘彻也被立为胶东王。

王夫人平日对宫女较为温和，有时还说上几句体恤的话，所以随处都有愿意为她效命的人。也因为这，后宫种种外长里短的隐秘消息她都能及时获得，但她从不外露，只是默默记在心里。

刘嫖去找栗姬她知道，后来碰了钉子她也知道。现在王夫人就等待着这位想必已是憋了一肚子气的长公主的到来。

听到椒房外传来了环珮的叮当声，王夫人立刻起身出去笑脸相迎，然后施礼；然后让坐；再然后接过内侍端来的香茗双手奉上说：请姐姐慢用。

刘嫖刚大大咧咧就座，就开始没遮没拦地大骂栗姬。王夫人侧过身小声嘱咐内侍去关好门，然后细细听着，应着，却不作任何过激表示，反而不时温和地劝上一句两句。刘嫖一通发泄过后，气已全消。啜过一口香茗，张开桃花般笑脸，说起了想把女儿阿娇许配与刘彻的事。王夫人心里欢喜不尽，嘴上却说：阿娇这孩子天生将来要做皇后的，如今荣儿已立为皇太子，嫁与他正般配。我那彻儿，只怕高攀不上呢！

这使的原是激将法。

刘嫖一听又嚷了起来：历朝历代，储君废立原本就是常事，彻儿为何就不可以做皇太子呢？她栗氏不要以为儿子立为太子自己就可以做皇后了，有我这个大姑在，事情还很难说呢！

王夫人赶紧移席近前，压着嗓音说：我的好姐姐，你就不能小声点吗？况且像立太子、立皇后这样的事都是国家大典，得由皇上和诸位大臣商量了才能定的，我劝姐姐还是少去费心的好。

刘嫖说：皇上是我看着长大的，我这个姐姐的话，他会不听吗？

王夫人连连点头说：嗯、嗯，这倒也是。只是这样的事急不得，得慢慢来。

刘嫖说：那是当然的。急火熬不成稠粥嘛，我才不傻呢！

姑嫂俩就这样在轻松欢快的交谈中，不仅结成了倒栗联盟，还定下了一桩儿女亲事。

景帝相继从王夫人和刘嫖嘴里得知了这门亲事，也很高兴，只是觉得阿娇还比刘彻长了数岁，不知儿子自己是否喜欢。一次诸儿在戏耍，刘嫖见景帝恰好也过来，便有意将外甥子抱过来置于膝上问道：彻儿想娶媳妇吗？才六七岁刘彻居然回答说：想！刘嫖逐个指指近旁一群宫女问他喜欢谁，刘彻只是一个劲地摇头；又指指自己的女儿说：娶阿娇可好？刘彻高兴得拍着手说：好，甚好！若得阿娇姐姐为妇，当造金屋贮之！[1] 话音刚落，近旁的人已都笑作一团。景帝也在笑声中认可了这桩亲事，双方正式缔结了婚约。

刘嫖、王夫人既已成了亲家，自然越发亲密，联起手来共同对付栗姬。栗姬也不肯示弱，加紧施展她在温柔乡里的功夫，从感情上拉拢景帝，催促早早立己为后，以为只要登上后宫极位，就是有十个刘、王也奈何她不得！日子一久，景帝也有了要立栗姬为后的意向。刘嫖急了，进进出出不断去找景帝说栗姬的坏话，还说栗姬会用邪术，每次在后宫与诸姬聚会，就吩咐侍从在背后诅咒与她有仇怨的人，让她们一个个不得好死。刘嫖说：皇上，你可要三思呀！像她这样居心刻毒的人，怎么可以立为内主、母仪天下呢？

景帝听后起了疑心，对栗姬开始换了一种检点的目光。

人其实都是经不起检点的，只要你细细一检点，就会发现浑身的毛病。渐渐地，景帝觉得栗姬的行为总是叫人捉摸不定，这使他有些不放心起来。一次去栗姬宫内有意试探着说：我百年后，诸姬和她们所生之子，你都要善待他们，切切不可忘了我的嘱咐！说完在一旁细细看着她的反应。栗姬竟是半晌不语，脸上青一阵红一阵的，忽而气鼓鼓地说：陛下只是要臣妾将来善待他们，可为何不问问，他们如今是如何对待臣妾的呢？

景帝没有听完就起身出宫，从此开始疏远栗姬。

看到栗姬失宠，王夫人和刘嫖心里不知有多高兴。姑嫂俩一面暗暗庆贺自己的胜利，一面再接再厉设法将刘彻推举到皇储的位子上去。刘嫖每次见到景帝，总是对刘彻这个小女婿夸个不休，说他如何聪灵俊秀，如何通古识今，如何孝悌友爱。景帝这时也想起了王夫人说起过的那个梦日投怀的吉兆，渐渐有了改立太子的意向。

看看火候已到，王夫人便使出了早已思量好了的一计。她让她的心腹去对掌管礼仪的大行令说，后宫不能无主，应当奏请立栗姬为后。秉性笃实的大行令哪会想到是计，还以为王夫人毕竟与诸姬不同，恭谨谦和，能识大体。于是在一次早朝时出班启奏道：古训云，子以母贵，母亦以子贵。如今皇太子已立，皇太子母却尚无名号，臣以为当立为皇后。

不料一语未了，景帝即厉声怒斥道：这样的大事，岂是尔等所宜言！喝声拿下，竟将大行令下廷尉论罪！

此事发生在景帝前元七年（公元前150年）十二月。

景帝的这一举动，无异向朝廷上下传出了一个信号：皇上将另立太子。

【1】 此即所谓"金屋藏娇"典故由来。但《史记》、《汉书》均无此记载，仅见于非正史《汉武故事》。是书旧题东汉班固撰，实系后人伪托，作者很可能是南齐王俭。原书已残缺，存有辑本，以鲁迅《古小说钩沉》所辑较为完备。

群臣很快读懂了这个信号，知道东宫已出现变更型危机。

所谓变更型危机，是我在三章末节中列出的四种东宫危机中的第二种。它的出现，通常会引起文武百官和后宫后妃极大震动，有时还会形成势均力敌的两派，出现激烈的争夺以至血腥拼杀。但从《史记》、《汉书》的记载看，这一回却表现得相当平静，仅有丞相周亚夫和作为太子太傅的窦婴作了几次谏阻，均无效。此种情况说明：一、景帝地位相当稳固，其举措颇得多数大臣支持；二、太子刘荣还没有形成相应的政治影响，其母栗姬又少有同情者。

景帝经过这一番投石问路，接着就从同年正月至四月，先后颁发了三道诏令：

废皇太子刘荣为临江王；

立胶东王刘彻为皇太子；

立王夫人为皇后。

从表层看，这三道诏令似乎是景帝在大行令的那个不识时务的奏议的刺激下，冲冠一怒的结果；但如果联系前后行事那就不难看出，他对此不仅有过深思熟虑，而且态度也十分坚决。这位正在走向晚年的刘汉四世皇帝，与他既是庶出、又由大臣拥立，因而总是小心翼翼的父亲文帝有很大不同，他张扬、严苛，颇具心机而又有决断。从这时起，他自认为他的最高使命就是选定一个他理想中的皇权继承人，以确保刘汉皇统得以永世长存。任何胆敢阻挡他这样做的人和事，都将无情地被除去。

三道诏令对我们正在叙述中的三个女人来说，无疑作了这样的宣判：刘、王倒栗联盟获得全胜，曾经斗倒过薄皇后的栗姬彻底失败。于是这位可叹复可悲的宫庭弃妇，不久便在无尽的忧愤中含恨死去。栗姬兄弟等栗氏亲属也因受到牵连而被诛杀。

我猜想读者诸君更为关心的，大概还是从宝塔顶上突然被抛掷下来的废太子刘荣吧？

是的，这个最多也还只有十来岁的少年完全是东宫危机中的牺牲品，他的遭遇是令人同情的。当他乘着用四匹足力下等的马拉着的传车，从长安出发，一路颠簸驰向临江国的时候，我们无法猜想他会有怎样一种心境。临江国仅有一郡之地，其国都为位于长江之畔的江陵，即今湖北江陵县。刘荣在这座背山临水的古城里做了两年多小国王，对百姓还算仁爱，辖境内也还太平，只是远离京都，不免寂寞吧，想寻出点事来热闹热闹，就命人扩建宫殿。汉初高帝、惠帝、文帝、景帝时，先后分别诏令各郡国建立太上皇、太祖高皇帝、太宗文皇帝之庙，并按时享祭。刘荣在扩建时，因宫外再无余地，不得不占用了附近太宗文皇帝庙墙外的一片空地。不料被人告发，景帝下诏急征刘荣入京。刘荣不敢抗命，即日在北门外设帐举行祖祭[1]。礼毕刚要起程，忽听得豁喇一声巨响，所乘之车倒覆了，一察看，车轴已折为两截。众人不由惊恐起来，赶紧另换新车。来送行的江陵父老望着远去的车马担忧地说：我们的国王啊，怕是有去无回了呢！

【1】祖祭：古代出行时所行之祭。相传黄帝之子累祖，壮年好游，死于道中，后人奉以为路神，出行时祭之以求旅途平安。

刘荣到了长安，即被交付掌治京师治安的中尉论罪。原任此职的是为人厚道的卫绾，景帝以为他过于心慈手软，不适宜办理此案，暂时让他告免归家，特将以酷烈著称的郡守郅都调来接任中尉一职。郅都执法严苛，不避贵戚，铁面无私。济南郡有瞷氏大族三百余家，横行乡里，无人敢治。景帝命郅都去做郡守，那些豪猾见了他一个个吓得双脚发抖，一年后就大治，因而人们给了他一个绰号：苍鹰。如今刘荣这只细皮嫩肉的雏鸡已被置于苍鹰的利喙之下，结果可想而知。强烈的求生欲望驱使着刘荣想给景帝写一封信。那时的信是写在简牍上的，不仅需笔，还得有刀。刘荣恳求狱卒行个方便借给他一副刀笔，郅都却下令不许。后来幸得原为太傅的窦婴来监探望，私下为他带来了书写用具，这才让他写就了一封求救信，并由窦婴带出。从这时起，刘荣虽然仍要忍受没完没了的刑讯煎熬，却总还有一线生的希望在鼓舞着他，因为他相信曾经那样爱过他的父亲见信后不会不向他伸来救援之手。后来的事实却是：尽管景帝确实收到了儿子的求救信，却不作任何表示。在狱内苦苦等盼中的刘荣，终于从一连串的失望跌进了绝望。他解带悬梁，结束了自己年轻的生命。史家记载此事后附了一句："葬蓝田。燕数万衔土置冢上，百姓怜之。"（《史记·五宗世家》）

此案留给后人的一个疑问是：景帝明知亲生儿子已处于绝境，却为何"见死不救"？

若要论罪，刘荣因扩建宫殿而占用太庙之地，比之于当年晁错为通走道而凿太庙外墙，应该要轻得多，那景帝为何对晁错是那样宽容，而对刘荣却非置其于死地不可呢？

其实，刘荣什么罪也没有犯，一定要说有的话，那就是他曾经被立为太子。一个废太子的存在，对新立的太子，以至将来的新皇帝，都被视为一种威胁。所以刘荣必须死，早在他被废时就决定了的；只是何时死、如何死，尚待事态的发展。人非草木，孰能无情。皇帝也是人。可以想见，景帝将刘荣交付郅都去论处时，特别是在读到儿子从狱中发出的那封哀哀乞求的呼救信时，内心不可能没有痛苦，而且会是极大的痛苦。从这个意义上说，皇帝行事其实也不是完全自由的，他不能不受到帝王集权制度某些基本规律的制约。这些基本规律迫使他懂得：作为皇帝，他必须把刘姓皇权的永固看作是至高无上的，儿女私情是从属的。他只能作出这样的选择。

但深居东宫，而又双目失明的窦太后却偏偏只看重儿女私情。一听孙子刘荣被害，老人嚎哭着，叫嚷着，定要杀了中尉郅都。景帝含糊答应，暗中却设法徙任郅都去做雁门太守。雁门为北方要塞，匈奴兵对郅都那种霹雳雷电般的威风早有风闻，一听他来镇守，吓得纷纷却退，不敢再来进犯。但这一消息传到宫里，窦太后却因得知郅都依旧活着而勃然大怒，严厉斥责景帝因何违抗母命，这回非要见到郅都脑袋不可！景帝为了安慰母亲，只好再赔上一条人命：忍痛斩杀了号称苍鹰的郅都。

在年方七岁、孺齿垂髫的小刘彻入主东宫的那些日子里，皇室女人中笑得最欢畅的肯定是馆陶长公主刘嫖。从策划变更危机到废旧立新，她都扮演了重要角色。因有这份功劳，后来刘彻继位为武帝，又做了她的女婿，这就让她有了在人前夸耀不尽的特殊身份。只是她自己的婚姻却似乎并不那么美满。其夫陈午后因病死去，这位寂寞难耐的皇姑便在自己宫中养了个被《汉书》称为"姣好"又"温柔"的小情人董偃。为使武帝承认这桩畸形的情爱，已是五十开外的刘嫖，还演了一出粗衣光脚充当下人的苦肉计，十分滑稽。不过要请读者鉴谅的是，这里只好略而不说了，好在《汉书·东方朔传》有详录，有兴趣的读者不妨找来一读。现在，还是让我们赶快接上景帝末年皇位传承的话题，因为一场更激烈的血腥搏斗已经开始。

为争皇位，梁王刘武陷入了尴尬的人生

上一小节说到，景帝的三道诏令是在正月与四月之间先后发出的，这也就是说，在废刘荣与立刘彻之间有着两到三个月的空档。这就是说，东宫的危机已由变更期转入空缺期。一个空着的皇太子之位，给满朝文武带来的是惶恐和不安，而对皇室男性中的一些人来说，那是一个多么强有力的诱惑啊！

景帝有十四子，加上他们的母族和妻族，想争夺这个太子之位的，肯定会是一支很大的队伍。但因史著并未留下记载，我自然也不敢妄测。此下单说自认为最有资格继景帝而立的梁王刘武。

刘武知道这已是他最后一搏。机不可失，时不我待。他把善出奇计妙策的公孙诡、羊胜等人召来商议，经过一番谋划，以为由他本人去向窦太后婉言恳求，再由窦太后向景帝提出最为稳妥。于是便发生了下面这样一个以为功成在望、结果却是弄巧成拙的故事。【1】

那是窦太后在她所常居的东宫长信殿的一次家宴上。酒过三巡，太后对景帝说：我已年迈，来日不多，这会儿就把武儿托给你这个当兄长的了。有一句话你要记住：商道亲亲，周道尊尊，从礼法上说是一样的，都可以通行。

景帝闻言，慌忙避席跪受道：谨遵慈命！

宴罢回到未央宫，景帝不由心事沉重起来。他知道所谓"商道亲亲"就是商代实行的是"兄终弟及"，所谓"周道尊尊"就是周代实行的是"父子相继"。母后说这话，无非是要他让弟弟刘武来继位。但此事关系重大，岂可贸然施行。可母命又难违，得有个交代才好。

景帝召集了十几位大臣，又把那个从吴营逃出来后曾任楚王刘礼之相，后因与刘礼意见不合此时已病免在家的袁盎也请了来，一起来商议此事。众人都以为汉承周制，而周制不得立弟，当立子。景帝又问不可立弟的原由，通晓经术的袁盎便讲了一个春秋时期的典故。宋国的宣公死，不立子而把国君之位让给弟弟。弟弟受国不久便死了，再回过头来立兄之子。但这时弟之子站出来说：父死子继，应当嗣为国君的是我！竟把兄之子杀了。从此宋国便开始了长达五世的无休无止的内乱。景帝听了觉得袁盎说得很有道理，就让他和几位大臣一起去说服太后。袁盎等见了太后就问：听说太后要立梁王，不知梁王百年后再

【1】此下有关窦太后下旨、袁盎进说等细节，《史记》、《汉书》皆因其"事秘，世莫知"而不作记载，我的记述采自后于司马迁近一百年的博士褚少孙对《史记·梁孝王世家》所作的补记。据褚说，他是从"宫廷中老郎吏好事者"那里听来的，应该也有相当可信度。

立谁？太后说：那当然是再立如今皇上之子喽。袁盎便顺势讲了这个宋宣公因立弟导致宋国祸乱不止的典故。窦太后听了也觉得有理，终于放弃了让梁王刘武继位的打算。

但刘武岂肯就此罢休！他立即派人向长安发出一信，请求赐予长乐宫附近一处只要能够安放车马即可的居所，由他自己修筑一条与东宫相连的甬道，以便随时朝请太后，尽一点孝心。很明显，刘安此举意在绕过景帝与诸大臣，以朝请为名，不断向老母亲展开感情攻势，希望最后能直接从窦太后那里取得谁也无法再更改的懿旨。

梁王的这一请求，实际上是把这场皇权嗣位之争推到了决战阶段。

又是袁盎等几位大臣力谏以为不可。

景帝在认可袁盎等奏议的同时，果断地发出了一道断绝他人觊觎皇位的诏令：立刘彻为皇太子！

这一下，梁王刘武因绝望而陷入了癫狂。他再次召来公孙诡、羊胜等人计议。他要显示他尊严的不可侵犯。他要让那些葬送他理想的人付出代价！

现在让我们把视线转向袁盎。

这位因好直谏而在仕途升沉无定的离任官员，如今正处于高度亢奋状态中。他觉得能够说服太后，又谏阻梁王的请求，使皇位传承继续遵循礼法所规定的程序运作，是他一生中最大的成功，最高的荣耀。由于尚未受有新职，他依旧回了安陵县城郊自己家里。此处离长安有近百里路，已是一派乡野景象，加上无官一身轻，闲来找些旧友玩玩斗鸡走狗，倒也着实快活。忽一日有一肩背长剑的汉子闯进门来问：公莫非就是袁大将军吧？袁盎说：正是。不知壮士有何贵干？那人说：仆自山东来，原是受人之金来刺杀将军的。但这一路来，关中之人皆言将军之德，仆怎可忍心再害将军。只恐刺杀者还会一批接一批到来，望将军多加防备！

刺客说完就这么走了，袁盎却疑惑不安起来。过了两日想进县城去卜一卦问个吉凶，却竟是一去永不再返！

袁盎是在县城东门外被刺杀的。在这前后三五天里，那十几位应景帝之召与袁盎一起商议过不宜立弟的大臣，也都先后被刺杀在不同现场。

景帝接连得到这些凶耗后，严命执掌京师治安的中尉速捕刺客，结果却一连几日未能拿获。这使他很自然地跳出了一个想法：背后的指使人极有可能是弟弟刘武。后来在袁盎被刺现场查得一剑，经磨洗剑柄处隐隐有"梁某郎子治此剑"字样，证实刺客确系梁王刘武所派遣。但倘若真要查办刘武，必然又会引起太后伤痛。景帝踌躇再三，觉得须派一处事持重、懂得大体的人去办理此案才好。他记起了一个叫田叔的人。当年赵王张敖被诬谋反，田叔曾自愿髡钳为奴随同赴京为之辩白。冤案澄清后，田叔也因此受到高帝赏识，被任为汉中郡守。文帝时，田叔还在一次召问中极口称赞已被撤了郡守之职的孟舒为"长者"。孟舒当年也曾为赵王张敖髡钳辩白，后任云中郡守，因在一次匈奴入侵中战死了数百士卒而被罢了官。田叔力陈当时事实真相，说明士卒之死责任不在孟舒。文帝终于被说服，复任孟舒为云中郡守。不过此时田叔自己也因犯法而丢了官，闲居在家。景帝急召进宫，命他赴梁国去缉捕凶犯。皇帝钦定的案子称诏狱，往往需从相关部门抽调人员组成一个特别班子来审办。田叔就带着这个特别班子来到梁国，很快查清这次大规模的刺杀行动是梁王刘武召集谋臣公孙诡、羊胜等经过周密策划，指派多人实施的[1]。若按实情，主犯应是梁王刘武。但田叔深知此中关系微妙，所谓投鼠忌器，他必须做到投鼠而不伤器。因而下令只缉捕公孙诡、羊胜，准备拿他俩作为替罪羊了结此案。

然而奔忙了一个多月，几乎把梁国搜了个遍，却仍不见二犯一点踪影。

原来梁王已将此二人保护了起来，就藏在他的后宫里。

尽管田叔手中握有诏旨，也可以查抄后宫，但那样做势必要与梁王翻脸，非到万不得已他还不想打这张王牌。

他想出了一个缓冲的办法：把在梁国高层说话颇有点影响力的韩安国请出来，希望通过他的斡旋来打开这个僵局。

韩安国年轻时向人学习过《韩非子》，原为中大夫，吴楚攻梁时任为主将，战功卓著。七国乱平后，梁王刘武恃功骄横，包括出入仪仗都僭用天子规格，景帝对此很为不满，连素来宠爱刘武这个小儿子的窦太后也以为做得太过分了，不时有所指责，以至赌气不肯接见刘武派去问候的使者。刘武也有些害怕起来，就让韩安国赴长安去做些疏通工作。韩安国知道这样的事是不便正面直说的，或许还是通过儿女私情更为有效。于是他就去找长公主刘嫖，把梁王在吴楚之军攻梁的那些日子里，如何与将士一起艰苦抗敌，如何日夜思念太后、皇上细说了一遍，又对仪仗超过礼制的事作了辩解，说那无非是梁王想在天下人面前显示太后和皇上对梁王特别恩宠罢了。说到动情处常常声泪俱下，着实感动了刘嫖；刘嫖带着自己的感动又把这些话去告诉了太后。这样在这个当时天下第一家庭里母子、兄弟间一度出现的嫌隙就得到了化解，韩安国也因此在梁国赢得了很高的声誉。

韩安国为人大度，且颇懂得幽默，这可从下面一桩轶事中看出来。

那是他因坐法抵罪一度陷入了囹圄的时候。一个名叫田甲的狱吏，惯以势利眼看人，一见昔日的大将军落难就狐假虎威百般凌辱。被折磨得遍体鳞伤的韩安国，一边抚摩着伤痛一边说：足下难道不闻有"死灰复燃"之说吗？田甲嘿嘿一笑道：做梦去吧！你这堆死灰要是真复燃了，我就撒泡尿浇灭它！谁知过了不多久，长安忽然送来一道诏令，韩安国又被授任为掌管民政的梁内史，刚才还是囚徒，转眼间已成了俸秩为中二千石的大官！田甲自知性命难保，吓得丢下公事就逃。韩安国下令说：田甲弃职而逃罪属不赦，若是三日之内再不回来，我就灭他三族！田甲听到这道命令，更是慌作一团，为保妻小，没奈何只好回来肉袒叩头，匍匐谢罪。韩安国却笑着命他起来，然后说道：前几日你不是说要撒泡尿浇灭我这堆复燃的死灰吗？那就请吧！

---

[1] 关于刺杀袁盎及十余位大臣事，《史记》、《汉书》梁王传、袁盎传均记为梁王使人刺之，而《史记》、《汉书》韩安国传则记为公孙诡、羊胜阴使人刺之。按常理推论，如此重大刺杀行动没有梁王下令单由两个谋臣自作主张派人做出，是很难想象的事。故我从前说。

不等听完田甲又扑通跪下，磕头如捣蒜地求饶，连连自称小人该死、小人该死！韩安国伸手将他扶起，缓颜说道：古训有言：侮人者必自侮，乐人者必自乐。请君此后自重吧！

这回田叔受命审理诏狱来缉捕凶犯，韩安国明知公孙诡、羊胜就藏匿于梁后宫，却既不便自行入捕，又觉得作为王国内史难辞其责，正在踟蹰不定之时，田叔登门造访来了。当年田叔曾冒死为赵王申冤，如今韩安国也曲意要为梁王辩白，两人的谈话不免带有些感慨。田叔知道韩安国最担忧的是主上的尊严和声威，因而有意说了不得已时将奉诏进宫搜捕的话，经此一激，韩安国果然当即答应去劝谏梁王主动交出罪犯。

韩安国入宫一见梁王刘武就说：有道主辱臣死。如今大王因得不到良臣辅佐，致使事情纷乱到如此地步。臣为内史，难逭其咎，情愿辞官就死！说时俯伏叩头，涕泗横流。

刘武惊异地说道：老将军快快请起！事情尚可挽回，又何至于如此呢？

韩安国收住泪，缓过气来说道：大王虽是当今皇上亲弟，但比比当年太上皇之与高皇帝，当今皇上之于废太子刘荣，究竟谁更亲一些呢？

刘武说：太上皇与高皇帝，当今皇上与废太子刘荣，皆系父子之亲，属天伦之首，寡人勿如。

韩安国说：诚如此，当年高皇帝尚且说：提三尺剑取天下者，唯朕也！所以太上皇终不得分掌天下，安居于栎阳直至享尽天年。当今皇上虽曾立刘荣为太子，却继而废之，又继而以占太庙地一案令郅都治之。其所以如此，原因就在于治天下须本于公道，不得以私乱分。有句古语说得好："虽有亲父，安知其不为虎？虽有亲兄，安知其不为狼？"为帝王者就应当重天下而轻私家。如今大王听信邪臣，违禁犯法，已有辱诸侯王之位。太后日夜啼泣，希望大王能够自改；皇上因太后之故，不忍加罪于大王，仅命交出公孙诡、羊胜二人，大王却仍百般为之袒护，不肯遵诏，实是辜负了太后和皇上的拳拳之心。此案至今已延误一月有余，臣恐若皇上一怒，只怕太后也难以挽回。况且太后已高寿，一旦宫车晏驾，大王还能攀援何人呢？

刘武听着已是泪流满面，呜咽着说：那就请公传寡人之令，将公孙诡、羊胜交出去吧！

公孙诡、羊胜闻讯，双双自杀。

既然被认定为主犯的诡、胜二人已死，田叔便很快审结了此案，携带案册率众回京。行至中途，却不由迟疑起来。他年轻时向乐成公学过黄老之术，后一生笃信。这种主张无为、虚静的学术思想，教会了他一种独特的思维方式。考虑再三，他作出了一个奇特的决定：取出囊中有关此案的简册，悉数付之一炬。

这样，当田叔被宣入未央宫复命时，已是两手空空，只字无存。

景帝问过劳苦，又道：案子审理情况如何？

田叔说：已经查明，主谋为公孙诡、羊胜，均已伏法。其余胁从者皆可不问。陛下无需再为此案费神。

景帝问：梁王是否参与其谋？

田叔说：梁王纵然有责，陛下似也不必深究。

景帝说：呈上案册来！

田叔说：臣等自睢阳来，行程及半，忽遇火神，案册悉数被火神席卷而去！

景帝一怔，急问：火神从何而来？

田叔一下跪伏，连连口称臣罪该万死，说道：火神原由臣请来，非自来。臣以为留此案册，梁王就难逃死罪。到那时，倘若加以赦免，便是毁弃汉法；如其忍而诛之，则太后必然食不甘味，寝难安席，陛下也将有伤孝友之虞。故臣斗胆请来了火神。

景帝说了声起来吧，沉吟半响，忽而称赞道：好，好一个请来了火神！请公这就随朕去禀报太后吧！

因焦虑过甚已卧病于床多日的窦太后，听过田叔禀报得知爱子已安然无恙，立刻转忧为喜，吩咐内侍赶快设宴，与景帝共饮，并赐田叔陪席。于是乐正奏乐，歌者歌《南山》[1]之诗，真可谓其情浓浓，其乐融融，沉闷久久的东宫又充满了欢乐的气氛。

田叔也因此一功，重新获得了景帝信用，被授任为鲁王刘余之相。而田叔能建此功，实有赖于韩安国对梁王的劝说，因而景帝和窦太后对韩安国也越发看重。

但曾经显赫一时的梁王刘武，却从此陷入了尴尬的人生。登极的希望既已最终破灭，与景帝那种曾经有过的同辇出入、同车游猎的兄弟情谊也一去不返。失落和忧惧交替啃啮着他的心。英雄堕入末路就会变得拘谨猥琐起来。如今的梁王刘武已低下了昔日那颗高傲的头。他派出博学多才的门客邹阳去找年已八十有余的齐人王先生，经过这位高人点拨，邹阳再赴京去打通关节，找到了此时已立为皇后的王娡的哥哥王信，想由王信去走王皇后这条路子。王信是臧儿还在微贱时与一个王姓槐里人生下的长子，自然不可能有多少文化修养，唯一的爱好是喝酒。邹阳连哄带骗的一番摇唇鼓舌，很快使王信答应所请。于是邹阳又教给他一套如何去说动王皇后的说词，其中包括舜与象这对上古时代兄弟的故事：象几次设下圈套要杀舜，舜受禅为天子后，非但不记恨弟弟，还封给象一块土地。舜的这种仁爱之心，成为后世传颂的典范。这样，通过王信说动了王皇后，再由王皇后去劝说景帝。如此辗转曲折地请托央求，无非是想从原本同胞手足的景帝那里听到对弟弟刘武说一句谅解的话。

这年春天，经过上书请求，获得允准，刘武乘着按礼制规定可以乘坐的车辂及相应仪仗，西行朝见。但一到函谷关却又不由自主地恐慌起来，以至不敢再入关。随行官吏中有位叫茅兰的大夫提了个建议：将仪仗队留在关外，改乘不显眼的布车，仅带一二随从进京，先暂住于姐姐长公主刘嫖处，再伺机入朝。刘武也以为只好照此行事了。这样当景帝按常例派出使者去迎接时，使者来到函谷关，见到只有空着的黄屋左纛车辂和旌旗仪仗，却不见了梁王，慌忙赶回去禀报。景帝命人到诸侯王朝请必经的东门内外四处寻找，也无下落。正惊疑时，宫外传来了"皇帝杀我少儿了、皇帝杀我少儿了"的哭叫声，那是由两个内侍搀扶着闻讯跌跌撞撞赶来的窦太后。景帝赶忙迎上去拣宽心话抚慰，老人却总也不肯听。

【1】《南山》：即今本《诗经》中的《南山有台》，古时多用于颂德祝寿。全诗共五节，分别以南山之台（通"苔"）、桑、杞、栲、枸起兴，祝颂君子"德音是茂"、"万寿无疆"。

就在这时，监守东宫门的卫尉急步跑来禀报：梁王已至阙下"斧锧待罪"[1]，请陛下发落！景帝大喜，即出殿命人将刘武引入。这边窦太后挣脱搀扶着她的内侍踉跄而前，张开双手慌乱摸着大叫：武儿，你在哪里、你在哪里呀？刘武扑上，母子相拥，喜极生悲，交声哭泣。

这一事件过去后，景帝与梁王表面好像已和好如初，实际却是相互戒心依旧。仔细想来，似乎也不能全怪景帝疏于兄弟情谊，他对刘武的疑忌，更多的恐怕还是出于对帝国未来命运的考虑。此时皇太子刘彻还只是个十岁上下的孩子，景帝自己又多病，而这位不仅功高，而且深受太后宠爱的弟弟，偏又对皇位觊觎已久，这叫他如何放心得下！我们不妨作这样一个大胆推想：如果景帝不是碍于窦太后的庇护，那么梁王刘武的结局，最好也不会好过文帝时期的淮南王刘长！

景帝中元六年（公元前144年），刘武再次来京朝见。汉代按礼法规定，诸侯王朝见从始至到辞去，中间包括两次小见、两次法见，总共居留长安时间不得超过二十日。但以往刘武常常以需留着侍奉母后为由，一住就是几个月甚至半年不回去。这回看看二十日将到，刘武带着试探，怀着期待，小心翼翼地上了一道请留的疏文。景帝倒是很快批下来了，却是四个字：不必再留。在这一刻刘武甚至有了一种天崩地陷的感觉。回到睢阳犹是神情恍惚，眼前还不时出现种种可怖幻象。一次为排遣郁闷去北山行猎，忽见一条足生于背的野牛张开血盆大嘴迎面冲来，赶紧张弓搭箭奋力射去，却不见了踪影。这年六月，刘武患了一种致人于昏乱的热病，不久便在时断时续、或惊或喜的呓语中，离开了人世。

噩耗传来，窦太后顿足捶胸哭泣不止，不时念叨着"皇帝果然杀了我少儿、皇帝果然杀了我少儿"，多日卧榻不起，也不思饮食。景帝害怕了，一时不知如何是好，找来姐姐刘嫖一起商量，她以为只有高封厚赐，或许还能宽慰一下老人的心。于是赐刘武谥号为孝王；刘武有五男五女，便将梁地分为五国，尽封五男为王；五女也各得食汤沐邑。这样做了以后，窦太后果然悲愤稍解，答应勉力起身，让内侍备膳进餐。景帝这才宽下心来，在一旁陪着为母亲布菜，借机说些欢快的话题，以哄得老人高兴。

刘荣、刘武这两个最具资格和实力争夺皇位的劲敌既已相继败亡，至此接班人的问题是否就可以高枕无忧了呢？

不，还没有。

周亚夫之死：少主容不得强臣

景帝一过四十就多病，近些年来又常常有一种不久人世的预感。为此他得抓紧时间，再替皇太子构建一个能确保其顺利继位并迅速成熟的班子，特别是其中丞相的人选，至关紧要。

---

[1] 斧锧待罪：一种更甚于"肉袒"或"负荆"的请罪方式。斧、锧均为行刑器具。锧即鑕，腰斩人之砧案。背负着斧锧请罪，是表示自己罪行极为严重，即使受腰斩之刑也该当。

于是景帝又想到了周勃父子。

鲁迅在《古小说钩沉》中辑录的《汉武故事》，说到一次景帝宴饮诸大臣，列席者包括时任丞相的周亚夫和刚刚年满七岁的皇太子刘彻。其间发生了这样一个细节——

太子在侧，亚夫失意有怨色，太子视之不辍，亚夫于是起。帝曰：尔何故视此人耶？对曰：此人可畏，必能作贼……

《汉武故事》历来被列为小说家言，算不得信史，不过所记的这一细节似乎也并非向壁杜撰。从《史记》和《汉书》的记载来看，亚夫的死确实与刘荣被废、刘彻被立有着某种联系——

景帝废栗太子（即刘荣），丞相（指亚夫）固争之，不得。景帝由此疏之。（《史记·绛侯周勃世家》）

景帝在开始疏远亚夫时，肯定会记起在平定七国之乱中亚夫曾经抗旨那笔旧账，很可能还会勾起乃父周勃以诛灭诸吕之功自傲、致使文帝浑身都不自在的陈年记忆。因而景帝的这种"疏之"就意味着那柄仅用一根马鬃系着的达摩克利斯剑，已悬在了亚夫头顶。不幸的是，偏是亚夫自己没有看到，或者看到了，却不愿设法躲避。刘邦和司马迁评论周勃都用了四个字，前者称"重厚少文"（《汉书·高帝纪》），后者称"木强敦厚"（《史记·绛侯周勃世家》）。周勃的儿子周亚夫，不仅保留了父亲的这些遗传基因，恐怕还得加上一句：坚执。他坚执着自己认定的某些道义，即使面对九五之尊也不肯稍加通融。于是不久又发生了一次不识时务的应对，从而使他又向坟墓跨进了一大步。

那是有五个匈奴单于属下的部落头领来降汉，景帝想封他们为侯，目的是以此吸引更多的匈奴头领来归降。作为丞相的周亚夫却反对。他说：此等人都是背叛了自己的主上来降汉的，叛逆之臣，罪不可赦，陛下反封以为侯，将何以激励人臣忠于君主的节操呢？

景帝显然认为亚夫此论简直是冥顽不化，根本不予理睬，顾自将五个匈奴头领皆封为列侯。

亚夫因在与吴楚之军作战初期置被围的睢阳于不顾而得罪了梁王刘武，从那以来，刘武每次入朝总要在窦太后面前说亚夫的坏话，这就使窦太后对亚夫留下了一个相当可恶的印象。通常人们处在亚夫这种境况下，为求自保，总要百般去讨好这位当时对朝政颇具影响力的皇太后，但亚夫却非但拒绝那样做，即使面对的就是这位尊贵的皇太后，他也决不妥协。一次窦太后提出要封王皇后的哥哥王信为侯。老太后这样做，很可能是背后受到皇后王娡和长公主刘嫖或明或暗怂恿的缘故；或者也有可能，上文已提到，这个王信曾为窦太后的小儿子梁王刘武求过情，老人想借此偿还一笔人情债。景帝却觉得不妥。提出的理由是，王信是他的小舅，而他的两位舅父窦建、窦广德，文帝在时都没有封，到他即位后才封的。不过此时窦建已死，只好封其子窦彭祖为南皮侯，封窦广德为章武侯。不料，窦太后听了非但没有被说服，反倒勾起了那段伤心事，愤愤地说：你不知道我正为那事恼恨过呢？你快去给我封王信为侯吧！

景帝还想缓冲一下，就说：容臣儿与丞相商量后再定。这实际上就是把亚夫推到了与窦太后正面较量的地位。

好个周亚夫，撞着了南墙还是不回头！他当着景帝、窦太后的面义正词严地说：当年高祖皇帝与诸大臣刑白马而誓：非刘氏不得王，非有功不得侯。倘若有谁违约，天下共击之。如今王信虽是皇后之兄，但无尺寸之功，封之为侯，就是违约！

真是冤家路窄了！当年窦建、窦广德封侯的最大障碍是周勃，这回硬顶着不让封王信的是周勃的儿子周亚夫，这对戆父子！

景帝听了默然，窦太后听了也同样默然。封王信为侯的事就这样搁了下来。

难道一个受雇于汉家的朝臣，真能独臂阻挡端坐于皇室峰巅的皇太后的懿旨吗？

这样的奇迹当然绝不可能出现。

周亚夫，这位顽固不化的丞相，终于有一天发现自己已置身在悬崖上，而且就只他孤零零的一个人。他已把所有人都得罪光了，还能在相位上坐下去吗？

景帝中元三年（公元前147年），他以有病为由，提出辞呈，景帝连礼貌性的挽留话也没有说一句，就免去了亚夫的丞相之职，准以条侯的身份归第。与此同时，另任桃侯刘舍为相。刘舍原姓项，他的父亲是与项伯一起弃楚归汉的项襄，高帝为表其功赐姓为刘。

一年多后，遵窦太后懿旨封王信为盖侯。

卸去相职回到自己府第的周亚夫，就像当年父亲周勃被诬入狱侥幸获释回到绛邑后那样，过起了清闲散淡的日子，或郊游，或垂钓，或行猎，倒也自在。忽一日使节奉旨来召，命他即刻进宫见驾。虽是吉凶难料，心存忐忑，却也只好随之而行。来到禁中，看看那些掌管酒食之事的尚席正来回忙碌着摆设酒宴，知是景帝赐食几个近侍大臣，悬着的心这才放了下来。入席后，却又感到了蹊跷：左右相邻诸大臣几案上都有丰盛的酒食菜肴，摆在自己面前的却只有一块尚未切碎的大肉，而且既不置刀，也不放筷。这是怎么一回事呢？大概是尚席疏忽了吧，便大叫了一声尚席，说道：尔等做事因何如此草草，快取刀箸来！

不料那尚席却轻慢地瞪来一眼，竟转身不理。就座在正席的景帝却笑着向这边放过话来道：这难道还不够足下受用吗？要刀箸做甚！

到这时亚夫才明白过来。原来这一切都是皇上有意安排的，目的就是要羞辱他，激怒他。

景帝这一手很可能是从历史上学来的，春秋时期的晋献公就用类似的方式羞辱过他的占卜师史苏。据《国语·晋语一》载录，献公因一次占卜史苏对卜辞的解释违反了他的意愿而十分恼火，在宴请众大夫时，特地命掌管宴会礼仪的司正让史苏"饮而无肴"：只给他喝一爵酒，不许他吃几案上丰富的菜肴。当年史苏知道献公用意后，只好"再拜稽首"；如今我们面前这位曾是平定吴楚七国之乱的大功臣，也不得不免冠跪伏谢罪；只是当他额头磕到地面时，胸口分明有一股怒气喷发欲出，他狠劲一咬牙，才把它咽了下去。

景帝淡淡地说了声：起来吧。

亚夫霍然起立，整整衣袖，旁若无人地顾自快步出殿。

景帝注视着他的背影，说了载录于《史记·绛侯周勃世家》的这样一句话：

此怏怏者，非少主臣也！

景帝的这句话内藏玄机和杀机，奥妙无穷。

此时那个已当了三年丞相的刘舍，因罪被黜免。该由谁来任此要职呢？景帝一时拿不定主意；而窦太后则提出由窦婴继任。此前，景帝欲废太子刘荣，作为太子太傅的窦婴多次谏阻无效，一气之下，索性托病屏居于蓝田南山，当起了隐士，后经人劝说才回到京师，却再也无心政事，成日只顾与一帮宾客宴饮自娱。窦太后之所以提出要让这个她也很不称心的侄子为相，似乎带有怀念她的冤死的小孙子刘荣的意思。但景帝却觉得窦婴此人"沾沾自喜耳，多易，难以为相持重"（《汉书·窦婴传》）。据此，我们是否可以作这样猜想：景帝此次对亚夫如此奇特的宴请，很可能是一次精心安排的特殊考察，有意使之受到羞辱，就是这次考察的科目，看你这个下台丞相如何应对。如果亚夫不"怏怏"，即如果他能表现出诚恐诚惶的样子，以示他的彻底臣服，景帝会不会稍予宽宥，再让他去坐此时正空着的相位呢？或者至少能容许他活下去吧？文帝曾称赞亚夫为"真将军"；不妨说亚夫的可贵和可悲就在这一个从细柳营开始此生一直坚守执着的"真"字上。面对握有生杀予夺大权的皇帝他居然还想保持自己人格的尊严，这就不能不付出沉重的代价了。无论如何，当景帝说出"非少主臣"这四个字时，已经完全收起了对亚夫也许曾经有过的些微宽容，因而这句话无异于一张死刑判决书，宣告那柄高悬于亚夫头顶的达摩克利斯剑即将坠落。

但这还只是这句话的表面含义，它还另有深层的含义。

毕竟，景帝还不是那种杀人不眨眼的暴君，他要杀亚夫有他不得不杀的"理由"。如果我们站在维护汉帝国长治久安这个立场上想一想，就会觉得景帝的这句话不仅充满着智慧，而且还凝结着众多的历史经验和教训，有些还是血的教训。这就不能不再次说到我在上章末节提出的皇权传承过程中四种危机的最后一种危机：交接型危机。

在帝王制度语境下，帝王权位传承唯一的资格就是血亲。当老皇帝离世时，其子嗣中被立为太子的那个人，即使尚在襁褓之中也成了合法的继位人。这样的"少主"如同一棵幼苗，是经不起风霜雨雪摧残的，如果不采取预防措施，发生交接型危机几乎是不可避免的事。预防措施包括两个方面。一是为这棵幼苗人为地构建一座"暖房"，待到长成时再拆除这座暖房。这也就是历代为太子设置太保、太傅、太师，"太保保其身体，太傅傅其德义，太师导之教训"（《两汉纪》引贾谊语），直至继位有时还要"托孤"，还要配备顾命大臣的原因。二是为幼苗清除害虫。对幼主来说，奸臣、佞臣是害虫，这是常人都能想到的；景帝的高明之处在于，他能从众多历史教训中得出结论：那些功勋赫赫、秉性耿直、处事不善权变、动不动就要来一个强力极谏的大臣，对少主的顺利继位同样无益而有害，非事先除去不可。不妨将景帝的这一措施概括成这样一句话：少主容不得强臣。此时皇太子刘彻也还只有十二三岁，而景帝又自知不久于人世，在这种情况下，像周亚夫这样的"强臣"难道还能让他存在下去吗？

既已决定彻底抛弃亚夫，后元元年（公元前143年）八月，景帝下诏任卫绾为相。

卫绾此人，论军功，根本无法与亚夫同日而语；比才干，也远逊于窦婴。但他有个两人都没有的长处：坚守君臣之礼，为人宽仁厚道。他在文帝时任中郎将，颇受器重。一次，那时还在做太子的景帝请父皇左右侍臣宴饮，别的人都去了，唯独卫绾托病婉拒。他不赴宴是因为守着"君老避太子"的古训，不想落个预先趋附未来新君的嫌疑；景帝却视之为不尊重自己的表示，一直介然于心。文帝临终叮嘱景帝："绾长者，善遇之。"（《汉书·卫绾传》）景帝即位后却没有"善遇"卫绾，而是将他晾在一边，不加任用。对此，卫绾不仅毫无怨言，还更加勉力地克勤职事，有功让与他人，有过自己承担。这样日子一久，景帝终于渐渐看出卫绾确实是一位忠厚长者。这样到七国乱起，便任以为将，后据军功封为建陵侯，拜为中尉。只是到了要处理废太子刘荣一案需用铁腕酷吏，而生性仁慈的卫绾无法胜任时，才暂时命他告退，另任以严苛著闻的郅都为中尉。及至立刘彻为太子，再召卫绾为太傅，三年后，擢为御史大夫，这次更任以执掌朝纲的丞相之职。

再颁诏以卫绾为相时，景帝想到了窦婴，毕竟他是自己表兄弟，又在平定七国之乱中立过大功。但此公放情任性，好结交而又少心机，将来极有可能招人暗算。为此，特地把他召来，授给他一份遗诏："事有不便，以便宜论上。"（《汉书·窦婴传》）那意思是我死后你如果遇到了麻烦，特许你可以直接条陈上奏。

最后还剩下一件事：如何除掉动不动"怏怏"的周亚夫？

要杀像他这样一个大功臣，总还得找个理由，或者借口。

不过别担心，存心要找，自然也不难。

亚夫有个儿子大概是想尽点孝心吧，向专为宫廷制造器用的尚方购买了五百件甲、盾一类葬器[1]。但这小子可能有点霸道，他雇人搬运这些葬器，人家干得很辛苦，他却没有给工钱。雇工看出这些葬器是从尚方盗买出来的，一气之下就将此事告到了朝廷。尽管雇工告的是亚夫的儿子，但只要稍作引申，杀亚夫的"理由"不就找到了吗？于是景帝便下了一道将其论罪的诏令。这天亚夫正在家中闲坐，忽见一郡尉带着大批差役虎狼般闯入。自知此去已无生还之望，想到大丈夫当慷慨而死，岂可再去折腰受辱，便愤然拔剑出鞘就要引颈自刎。偏在这时，他的夫人闻讯赶来，死活拖住，哀泣不止。亚夫看着于心不忍，

【1】葬器：亦称明器，我国古代专为陪葬而制作的器物。有饮食器皿、日常用具以及乐器、兵器等，形虽酷似但并不能实用。还有模拟童仆、艺人以及马、牛、犬、羊、鸡、鸭等形象的，则多用陶土制成。秦皇陵出土的兵马俑其实也就是葬器。帝王及官员丧葬时所用的葬器，分别由尚方和将作少府制作。供给官员葬器的种类、件数多寡不等，各依该官员生前的品秩高下而定，不得越制。

只好道声珍重，随着郡尉来到官廨。郡尉百般审问，亚夫却硬是梗着脖子不肯回答一句话。景帝闻报，勃然大怒，说：不用他开口，朕也一样可以定他罪！便下令把亚夫移交给作为国家最高司法机关长官的廷尉。下面是廷尉在审问亚夫时一段极妙的对话——

廷尉责问曰：君侯欲反邪？（亚夫此时尚留有条侯封号，故尊之为"君侯"）
亚夫曰：臣所买器，乃葬器也，何谓反邪？
吏曰：君侯纵不反地上，即欲反地下耳。（《史记·绛侯周勃世家》）

"欲反地下"即死后想到地下去谋反竟也成了一种罪名，这甚至比一千多年后宋高宗加给岳飞的"莫须有"罪还要荒唐！

周亚夫开始绝食。五天后，呕血而亡。

如果说，项羽乌江自刎是为了保持一个作为失败者的尊严，那么亚夫的绝食而亡则是在个人无力与强大皇权抗衡的情况下，最后只好用仅存的生命来捍卫自己作为一个人的尊严。亚夫之死，令人扼腕。草草凑成一绝，来为这位可敬的大将军送行——

细柳当年识干城，
濒倾汉室一昆仑；
将军凯复绝饭死，
欲歌大风已断魂！

这一节我们已接连叙述了多个血腥事件：栗姬怨愤而死，其亲属株连被戮，刘荣投缳自尽，郅都含冤受诛，袁盎等大臣被刺，公孙诡、羊胜自杀，梁王热病身亡，亚夫绝食而终。实际上同是在这些事件中死去而历史没有留下姓名的，一定还要多得多。他们的死大都与刘彻的被立为皇太子有关，区别只是有的直接，有的间接。

就为选立一个皇太子，要赔上这许许多多活生生的生命，值吗？

不值！——这是我们普通人的回答。

值！——这是站在维护大汉皇统立场上的人们的回答。

自秦始皇建立帝王集权制以来，景帝是第一个如此反复、周到地为皇位传承问题付出了心计的皇帝。面对一次又一次的东宫危机，他没有惊慌失措，而是坚定不移、殚精竭虑而又铁石心肠地立而又废、废而又立，最后又为太子选师、傅、保，为未来少主清除障碍，以确保其顺利继位。景帝的这些做法被视为一种模式，为后世许多帝王所仿效。

现在我们就来看一看这位如此不同寻常的皇太子。

刘彻究竟是景帝第几子，记载不一。有说第九子，有说第十子，通常取其约数，称景帝中子。被立为皇太子时刚满七岁。太子宫在未央宫北面，因称北宫。北宫为后妃之宫，汉初修建。太子宫里有太傅、少傅以及太子门大夫、庶子、先马、舍人等等一大批官员,虽各有不同职守,但都是围着他一个人转的。还有个专门陪他学书、戏耍的小伙伴,叫韩嫣[1],聪灵乖巧,十分可爱。当皇城内外正在因他而不时激起一阵又一阵的血风腥雨时,这个天之骄子却在当时世界上最为优越的环境中快乐地成长着。疼爱他的人不仅有母亲王皇后,乳母郭蒙夫人[2],姑姑馆陶长公主,还有老祖母窦太后。老祖母因为眼睛看不见,每次抱起他总要一边从头到脚摸他,一边彻儿、彻儿地叫他。他的太傅卫绾、少傅王臧,都是当时一流的饱学之士,尤精儒学,举凡《诗》、《书》、《礼》、《易》、《春秋》等典籍,都由他们细心教授。不过老祖母因为自己喜欢黄老术,也要他多读老子的书,还说孔丘、孟轲的书都是"邪术"。只要他翻开《道德经》,一朗读"道可道,非常道;名可名,非常名……",老祖母就会高兴得合不拢嘴。还应当提到一个人,那就是他的舅父田蚡。此人能言善辩,尽管少了些诚信,但他对这个已立为皇太子的外甥自然也是关爱备至的。田蚡博览群书,专攻《盘盂》。这本对儒、墨、名、法兼收并蓄的杂家书,让少年刘彻读了感到很新奇。

景帝晚年最感宽慰的一件事就是,他第二次选择的这个皇太子聪灵英武,卓荦有大志,确是帝王之器。在伪托东汉班固所作、流行于五代前后的《汉武帝内传》、《汉武故事》等颇有点小说意味的古籍中,对少年刘彻有不少传奇式的记述。如说一次景帝将刘彻抱于膝上,问他喜欢读什么书,这个当时还只有三四岁的孩子,竟能将"伏羲以来群圣所录、阴阳诊候及龙图龟册数万言",都一字不漏地背诵出来。他原名"彘",也因此而改名为"彻"。刘彻渐渐长大,更显出了文才武略的天赋。他熟读兵书,精习骑射,常常率众操练,布阵俨然。又能诗善赋,且倚马可待,居然敢与当时大赋家司马相如等比试高下。

景帝后元三年(公元前141年)正月,年满十六岁的皇太子刘彻举行隆重的冠礼。在悠扬的《舒和之乐》声中,赞冠为他解去空顶黑介帻,取玉栉梳理,用绢帛束发,然后小心翼翼地戴上那顶制作精细的紫金冠。赞礼高声唱道:"令月吉日,始加元服。弃厥幼志,慎其成德;寿考维祺,以介景福。"[3]这时,他全身血液突然奔腾起来,有一种宏大的力量正从他矫健的体躯勃发欲出。他的心在高呼:我已经长大了,我已经长成了一个顶天立地的大丈夫!

冠礼实际就是我国古代贵族男性的成人礼,所以祝词中有"弃厥幼志,慎其成德"的说法。冠礼一般在二十岁时举行,在某些特殊情况下,也可提前或延后。景帝之所以给还只有十六岁的刘彻提前举行冠礼,很可能是鉴于自己病情急剧恶化,已不久人世的考虑。冠礼是成人的标志。束了发、戴上冠的刘彻,一旦继位,便可名正言顺地亲自执掌朝政,不再给他人借辅佐之名以行专权以至篡权之实的余地。所以刘彻的冠礼实际上也就是加冕

---

[1] 韩嫣:高帝时异姓七王之一韩王信之孙,弓高侯韩颓当之子。
[2] 郭蒙夫人:郭蒙,高帝时功臣,封为东武侯,吕后时已病逝。其夫人仍健在,被景帝选为刘彻乳母。刘彻对这位乳母感情颇深,即位后还叫她"大乳母"。
[3] 古代皇太子冠礼有一套繁复的仪式和程序,祝词也有多种,此处所录只是其中之一。对此有兴趣的读者,可参阅《通典·礼八十六》。文中"赞冠"、"赞礼",均为官名。

礼。景帝此举倒也并非杞人之忧。此时窦太后依然健在，此老对朝政一向颇有兴趣；刘彻母后更尚属中年，一旦少主临朝，想来也不会自甘寂寞。诸吕之乱是汉初一口长鸣的警钟。《诗》不云乎："殷鉴不远，在夏后之世！"

同月，在位十六年的景帝溘然与世长逝。

景帝大行时该是无憾的了，因为在中国两千多年帝王制度史上，能够较好地解决接班人问题的实在不多，而他可算是一个极为难得的成功者。

这样，当刚加冠的刘彻就在景帝的灵柩前登上极位的时候，历史老人兴奋地擂鼓三通向天地宣告：人间大汉帝国的鼎盛时期就要来到！

如果像我在本书《引言》中说的那样，把享年双百的西汉王朝看作是一个完整的人生，那么到武帝即位他已是六十开外，即长到了整个生命周期的三分之一，恰好是生命活力、创造智慧都处于最旺盛的青春期。

这个名为大汉帝国的小伙子，是生长在人类共同家园的东方一片称之为华夏的广袤富庶的土地上的。在此之前，西方的罗马帝国已处于被称之为"内战"的时代，不同阶层和不同派别的一系列起义或战争，正在此起彼伏地交织进行中。东南的近邻印度也陷入了分裂状态，往昔孔雀王朝的辉煌只留下了一个渐行渐远的背影。唯独我们面前这个体魄矫健、精力旺盛的东方小伙子，正在空前广阔的天地间展开他的生命活动：他索古求今，北征南战；上天揽月，入海探珠……由于内容极为丰富，我不得不分三章来叙述。

在接下去的一章里，读者将会看到，这位少年天子一登位就非同凡响。他开科举士，发诏对策，罢黜百家，独尊儒术；并在此基础上，展开了一系列机杼独出的文韬武略。尽管其间也屡遭挫折，又尽管后人对此褒贬不一，但他还是为汉帝国开创了一个以全面实现了帝王集权专制为特征的、后世帝王又几乎无法再能与之匹敌的鼎盛时代。

帝国时代

萧然 ◎ 著

大漢帝國 下

上海社会科学院出版社
SHANGHAI ACADEMY OF SOCIAL SCIENCES PRESS

第 六 章
为帝国开创鼎盛时代的汉武大帝

寻找一种理论,以激活汉魂,永固汉统
中国翻开了一部独尊儒术的历史
让整个帝国犹如一己之身动作起来(上)
让整个帝国犹如一己之身动作起来(下)

寻找一种理论，以激活汉魂，永固汉统

公元前 140 年，历史学家在记载这一年的中国历史时，都会第一次使用一个新的纪年符号："建元"元年。

"建元"是年号。以年号的方式纪年，系汉代武帝首创[1]，后垂为成例，为历代帝王所仿效[2]。

这一年岁首十月，武帝刘彻在隆重的典礼中即位，年方十六。

这位少年天子可说不仅天生有才，而且天生有运，恰好逢上了一个可以施展他雄才大略的好时机。这个好时机主要由以下因素构成——

一、帝国创建已六十余年，中经文景之治，社会安定，经济繁荣，人给家足；

二、吴楚七国之乱平息，朝廷威望日隆，诸侯王则江河日下；

三、高、文时代功臣宿将大多作古，朝廷上下已大体脱尽帝国草创时期痕迹。如果说，刘邦与那种所谓"回"字形构成的臣属基于共同打天下的需要还多少保留着一点平等关系的话，那么如今的君臣关系已完全变成为一种雇佣关系、主仆关系。这样，新君一继位便可不再受任何牵掣，帝国进入了一个真正意义上的更新时代。

在本书三章一节，我在叙述大汉帝国诞生于氾水之阳、由均非沛县集团的异姓七王尊刘邦为帝后，接着说："这种情况说明，刘邦能打下天下并坐上帝位，主要依靠的不是他

【1】年号首创于武帝，向为学界所公认，但究竟首创于哪一年，则说法不一。唐代颜师古注《汉书》在《武帝纪》"建元元年"下注："自古帝王未有年号，始起于此。"唐后一些学者则认为首创时间还要退后，"建元"等为后来所追加。至于何时起追加，则又有多说。考诸《史记·封禅书》、《汉书·郊祀志》及《两汉纪》、《资治通鉴》，似以创始于元狩元年（公元前 122 年）前后为是。武帝在位五十四年，先后改元十次，使用过十一个年号，即：建元、元光、元朔、元狩、元鼎、元封、太初、天汉、太始、征和、后元。若认定元狩元年为首创，则建元、元光系后来追加。

【2】设置年号，每隔若干年因发现所谓"祥瑞"或发生某个重要事件而改一次元也即更换一个年号，在当时可能会给人一种万象更新的感觉，某些政策也可借此作些调整，应该还是有些意义的。有学者还把它比作现代国家的"换届"（见 2009 年 1 月 15 日《南方周末》报道），但由于没有统一而又一以贯之的纪年符号，后来有些皇帝又喜欢随意地、频繁地更换年号，这就给后人记写、了解历史带来不少困难。柏杨先生甚至认为中国的年号后来已"走火入魔"，弊病多多（详见《中国人史纲·自序》）。

的'嫡系'力量，当然更谈不上有任何同姓力量参加。这就预示着汉帝国要成为刘氏一姓天下还有着多么漫长而艰难的路要走。"现在已经可以说：这段"漫长而艰难"的路终于走完，即将开始的是一个全新的征程。

历尽磨难的儒学终于盼到了春天

新登极位的武帝，心中有一个庞大的计划。但无论内政外事都是要人去做的，所以他的第一道诏令，除了照例的"大赦天下"、"赐民爵一级"等外，就是令全国各地察举学士。《汉书·武帝纪》在"建元元年"条下作了这样记载：

> 诏丞相、御史、列侯、中二千石、二千石、诸侯相，举贤良方正直言极谏之士。

"诏……举贤良方正"，说的是一种选拔人才的方法，称察举制。察举制与后来从隋唐开始实行的科举制不同：科举是通过分科考试选拔；察举则由在职官员，如引文中所列的丞相、御史、列侯和俸秩为二千石的官员以及封国之相、州郡长官等，按科目规定要求在辖区内物色、考察、推举。推举的对象为士人，也包括在职的低级官吏。所设的科目，在武帝时期先后有贤良方正、孝廉、秀才等。所谓贤良方正，指才学出众，品行端正。在这一科目中有时也会根据需要提出一些附加条件，如引文中提到的"直言极谏"，即既才学出众、品行端正而又能向君王直言极谏者，将被优先录取。

我国古代选官占据主导地位的是世卿制。公卿大夫皆生而有其位，世司其职，以亲亲的贵族身份确定其据官的资格。春秋末至战国以降，世卿制发生动摇，列国权力机构程度不等地出现了官僚化，任人唯亲开始向任人唯贤转变。如果说战国末期流行于列国的客卿制还只是一种主要由自发形成的用人制度的话，那么察举制则是由大一统的国家最高权力机构自觉推行的一种新型的选官制度，因而此制当始于秦帝国建立以后。《史记·淮阴侯列传》记有韩信年轻时因"贫无行、不得推择为吏"的话，说明秦时地方郡县曾施行过以推举选择官吏的做法。入汉诸制草创，且功臣宿将济济多士，所以选拔人才的问题未及提到议事日程上来。高帝晚年曾下过一道《求贤诏》，文帝时先后两诏举贤良，但像武帝这样一即位就以如此大的规模和气势颁诏察举学士还是第一次。由于此时帝国一片欣欣向荣，而高、文时代的功臣宿将已大都离世，诸事兴作需要大批具有开拓性的人才去担当，所以此举等于向士人敞开了进入仕途的大门，士人们受到鼓舞，大概只有身当其时的人才能体会得到。

人们也许会感到惊奇：还只有十六岁的刘彻，何以一登帝位就作出如此不同寻常的举措呢？

其实武帝此举也并非一蹴而就。如果我们细读一下载录于《汉书》的武帝下给应举诸士的几道制文，就不难发现，此前他曾经作过长期的感受、阅读和思考。我在上章末尾写到当皇城内外正在因刘彻而不时激起一阵又一阵血风腥雨的那些日子里，"这个天之骄子却在当时世界上最为优越的环境中快乐地成长着"，那当然只能是一种表象的描述，其实刘彻十六岁以前的生活远非"快乐"二字可以概括。这个天赋极高而又早熟，既有政治家才具，又有哲学家和诗人气质的少年，不仅对他四岁那年发生的那场吴楚七国之乱，以及七岁后因他而起的那一次又一次的血腥残杀都有深切的感受，对五帝三王以来存亡兴衰的历史，包括华夏中国与周边部族争战不断的历史，也作了不懈的探究；正是这些感受和探究促使他几乎无时无刻不在思索着天人之道、治国之术以及人生、人性等重大的命题，而其主旨则是归结到如何达到汉统永固、帝王至尊和一己生命的长存。思索自然也会带来快乐，但有时却不免困惑、烦恼以至痛苦。因而他渴望与天下才学相当的士人对话，向智能高人讨教，然后择其优者一一将他们收编为自己臣属。

如果我的这些推测可以成立的话，那么它们该是武帝一继位便发出举士诏的心理动因。

当时的学术界还留有春秋战国时期百家争鸣的遗风，读书人依其所学和师承分成道、法、儒、墨以及阴阳、黄老等各种学派，武帝的诏令起初并没有对他们作出区分或限制，也就是说他对各个学派都敞开了大门。其时任丞相的仍是由景帝授任的卫绾。卫绾做过刘彻的太傅，倾向于儒学。这时他上了一道尊儒的奏议，其中说：

所举贤良，或治申、商、韩非、苏秦、张仪之言，乱政，皆罢。（《汉书·武帝纪》）

这段记载虽仅寥寥一二十字，却提出了一个极其重大的问题，即应当选择何种学说来作为大汉帝国统治思想的问题。

卫绾主张选择儒家，并将儒家以外各个学派一概排斥在外，还上纲上线地给它们扣上一顶政治帽子："乱政"。其中点到名的有申不害、商鞅、韩非等的法家和苏秦、张仪等的纵横家。其实汉初成为主流思想的，既非法家，更不是纵横家，而是黄老之术，卫绾却偏偏没有提到。其中奥妙，诸君读了后文便可自明。卫绾建议在所举诸士中凡所习为"乱政"之说的——不言而喻其中自然也包括黄老之术，全都清除出去！

武帝批了一个字：可。

这一"可"真是非同小可！

武帝写出这个"可"字前后究竟是怎样想的，史书缺载。但他肯定作过反复的考虑。因为这牵涉到一部长长的历史，关联到秦亡汉兴中诸多经验教训，影响到汉帝国的当前和未来。

春秋战国时期是百家争鸣的黄金时代，诸子之学各以优胜劣败的自然法则相互展开激烈竞争。这种竞争的形式既是学术的赛场，也是诸家推销各自思想产品的市场。诚如《汉书·艺文志》所言：诸家"各引一端，崇其所善，以此驰说，取合诸侯"。在争鸣中，为了张扬本派的学说，有时甚至不惜用偏激的言词，排抵、攻讦以至声言要消灭对方，如今我们还可以从诸子著作中读到此类扬己而抑彼的文字。如墨子有《非儒》、《非乐》、《非命》等篇，老子对儒家的崇礼、墨家的尚贤均不以为然；孟子力排杨、墨，宣称"杨氏为我，是无君也；墨氏兼爱，是无父也。无父无君，是禽兽也"（《孟子·滕文公下》）。荀子扬言"务息十二子之说"（《荀子·非十二子》），即把除了符合舜、禹及孔子、子弓之学以外的各种学说全都扫荡干净。韩非则以为必须独尊法家，强调"明主之国，无书简之文，以法为教；无先王之语，以吏为师"（《韩非子·五蠹》）。不过尽管竞争异常激烈，彼此之间却是平等的，因为当时诸子之学都是在野的，民间的，除个别例外，一般不可能发生借助政治权力去压制另一派的事。"六王毕，四海一"（杜牧《阿房宫赋》）。待到大一统后秦始皇独尊法术而行暴政时，法以外诸学大多受到了压制，其中打击最大、最惨的是儒。暴政的极端"焚书坑儒"，焚的多为《诗》、《书》等儒家典籍，坑的更几乎全是儒生。在一片黑色恐怖中，儒学之士，如孔鲋、孔腾、伏生等，不得不将幸存的《尚书》、《论语》、《孝经》等典籍，封藏于旧壁之中，然后或出逃，或流亡，或隐居于深山，后来他们都成了保存和传播儒学的中坚。尽管"犯上作乱"向为儒家所不齿，但当陈胜、吴广揭竿而起时，为了保成儒学，鲁地的儒生携带着他们视为生命的孔氏礼器去归附陈胜，其中有个叫孔甲的，还做了陈胜的博士。楚汉战争末期，在鲁城已被汉兵包围的情况下，儒生们却依旧"讲诵习礼乐，弦歌之声不绝"（《史记·儒林列传》），足见他们对自己的信仰是何等的执著！

汉帝国最初数十年，儒学的生存环境虽然有了较大的改善，但儒生的入仕门径还是比较狭窄，总体上依然没有受到重用。这是因为这个时期的中央高层决策人物大多倚重于黄老思想。如相继为相的萧何、曹参，其治多用黄老之术。文景二帝也崇尚黄老。窦太后更以喜好黄老著闻，以至"帝及太子、诸窦，不得不读《黄帝》、《老子》，学其术"（《史记·外戚世家》）。如果说，经历了长期战乱的社会需要休养生息，因而清静自定、无为而治，不主张政府过多干涉的黄老之术，比较容易为朝野上下所接受的话，那么时间一长，在新的社会秩序逐步建立、经济有所复苏的同时，因固步自封、唯求安定而产生的诸多弊端也就随之凸显出来。其中，诸侯王的骄纵、豪强的专横和外患的凌迫，更成为人们关注的焦点。在这种新的形势下，黄老思想就显得过于软弱而难以应对。有鉴于此，文、景之世曾以黄老为表，而内行刑名之术，但秦以法而亡，殷鉴不远，行法家之术也非长久之计。在不断的寻觅和尝试中，渐渐地又想到了高祖皇帝晚年曾经注意过的儒学，起用了一些儒学之士，如丞相张苍、太中大夫贾谊、景兆尹张敞等，皆修儒家经典《春秋左传》；任为博士的辕固、胡毋生、董仲舒等都属儒家。尽管窦太后热衷于黄老，但她的侄子、窦氏家族中最为杰出的人物窦婴，却偏爱儒术。尤为重要的是，由于太傅卫绾、少傅王臧都是儒家，少年刘彻的成长环境主要也是儒学。

这就是武帝写出这个"可"字的历史背景。

真像俗话说的那样：六十年风水轮流转。曾经被焚而又坑的儒学，如今不仅拥有以诏令的形式认定的独尊的地位，而且还要"以其治人之道，还治其人之身"，倒过来罢黜其他诸家了！

不过儒学命运的这种剧变，也不能归之于宿命，而是有它自身原因的。秦汉之际，处于"地下"状态的儒学，流传的区域主要是在齐、鲁一带的民间，并分别形成了儒学的两个学派：齐学和鲁学；后来又发展为两个流派：今文经学和古文经学。鲁学和齐学、今文经学和古文经学都是专业性很强的问题，我们却不妨来一个简而言之。诸君大概还记得三章二节中说到的那个为高帝刘邦制订朝仪的叔孙通吧？他到鲁地去招募儒生，应者颇为踊跃，却偏有两个儒生非但不肯来京，还把叔孙通羞辱了一番；叔孙通则说那两人是"陋儒"，不识时务。范文澜先生在《中国通史》第二册中就用了这个例子，对这个专业性很强的问题作了通俗、形象的描述。他说："鲁两儒生和叔孙通正表现出鲁学与齐学两种学风的区别。它们的继续演变，鲁学成为古文经学，齐学成为今文经学。"大致说来，鲁学主"合古"，就是坚守儒学原初面貌，学人以醇儒自砺，皓首穷经，乐在其中；而齐学则主"合时"，就是以开放的姿态主动契合时势，有一种较为开放的新品格。也许一种学说也像人生之旅那样，所谓死于安乐而生于忧患。齐地儒学正是在艰难的生存环境的逼迫下，从当年齐国稷下学宫那种荟萃百家的精神中去吸取滋养和灵感，不断地磨砺、充实、提升自己，从而完成了一次变革：它不再封闭，学会了兼收并蓄，撷取诸家之长；不再固执，学会了据经行权，通权达变；不再泥古，学会了与时俱进，求变求新。儒学的这次变革集中到一点，就是努力适应帝王集权专制制度建立后的历史需要。后来武帝所采用的以董仲舒为代表的今文经学或称"公羊学"，就是这样一种新儒学。

下面我们再来看看举士诏令颁发后，天下响应的情况。

据《汉书》董仲舒、东方朔二传记载，应举的贤良方正之士前后有"百数"，四方之士上书言得失的多到"以千数"。由于卫绾的尊儒奏议已得到武帝认可，所以这应举的"百数"和上书的"以千数"士人中，极大多数该是儒学之士。对历尽磨难的孔门弟子来说，建元元年是他们永远难忘的一个春天，因为这个春天是历史上第一次整个儿属于他们的春天。从通衢大道到穷乡僻壤，人们饶有兴趣地在谈论的是儒学；肩背行李、书囊，喜色冲冲地赴京去应举的，也大多是些穿着广襟博袖的儒子。

在这应举"前后百数"、上书"以千数"的士人中，若就对汉代、对后世产生影响而言，当然要推董仲舒，下一小节将对他作专门介绍。除董氏外，《史记》或《汉书》为之立传记载的，还有——

来自淄博薛县（今山东滕州南）的公孙弘，少时曾为狱吏，因罪免，后以帮人牧猪为生，前后两次举为贤良，两次对策，几年后官至丞相；

来自会稽吴县（今江苏苏州）的庄助[1]，对策百余人，武帝以他为"最先进"，当即擢任为中大夫；

来自临淄（今山东淄博东）的主父偃，上书九事，被任为郎中。正是这位少学纵横、晚学《春秋》的主父偃，后来提出了迫使诸侯王自动弱化的"推恩令"；

来自赵（今河北邯郸）的吾丘寿生，以精于一种称之为"格五"的博奕而召为待诏，迁为侍中中郎，坐法免；又因上书和对策称善而复为侍郎，后为上林苑的主要设计者；

来自会稽吴县（今江苏苏州）的朱买臣，家贫，以砍柴为生，常常一边挑柴一边诵读诗书。其妻不堪穷困，离而他嫁。这一年他以上计吏兵卒的身份来长安上书，经同乡庄助引荐，初任中大夫，后任会稽太守。莅任之日，其妻羞愧难言，自经而死。这个《朱买臣

---

[1] 此据《史记》。《汉书》因避东汉明帝刘庄名讳而改为"严助"。

休妻》的故事，在江浙一带至今广为流传；

来自平原厌次（山东惠民）的东方朔，上书自荐，善以诙谐、滑稽讽谏，初任待诏公车，后迁为太中大夫；

来自蜀郡成都（即今四川成都）的司马相如，以《子虚赋》得武帝赏识，任以为郎，常以辞赋进谏，曾奉命出使西南，略定西夷⋯⋯

这年夏天，卫绾因年老多病免去了相位。武帝仍然希望由倾向儒学，当然也要具有相应资历、声望的人来继任此职。当时符合此条件的人选有两个：一是窦婴，平定七国之乱中以战功封为魏其侯，还在景帝时，窦太后就曾多次说要任他为相，景帝以其不够持重而作罢。另一个是田蚡，武帝舅父，此时已尊为皇太后的王夫人的同母弟弟。田蚡生于长陵，是在姐姐入宫并获得景帝爱幸后，才得以跨进未央宫来的。他为人机巧，又善于辩说。当他还只是个曹郎的时候，窦婴已是声名赫赫的大将军了，因而那时他对窦婴敬之如同父辈，常去窦府拜谒侍饮。武帝即位后，田蚡以外戚骤然新贵，受封为武安侯。这回，一探听到皇上正在计议辅相人选，他就跃跃欲试，要与窦婴竞争一番。这时他的门客中有个叫藉福的，向他献了一个"以让代争"之策。藉福说："魏其侯贵久矣，素天下士归之。今将军初兴，未如，即上（指武帝）以将军为相，必让魏其。魏其为相，将军必为太尉。太尉、相尊等耳，有让贤名。"（《汉书》本传）田蚡一听以为有理，就通过他的姐姐王太后去向武帝建议以窦婴为相。后来果然像藉福所预料的那样：武帝授任窦婴为丞相，田蚡为太尉。

窦婴和田蚡又联名推举赵绾为御史大夫、王臧为郎中令，这样很快就在武帝左右形成了一个以窦、田、赵、王为核心的力主尊儒的辅佐班子，或称尊儒派；开始酝酿将黄老排除出去、代之以以儒学治国的一系列措施。

四人中，窦、田只是爱好儒术，而赵、王则是正宗的儒学之士，曾受《诗》于申公。两人以为最为紧要的是，得先把作为宣明政教的明堂[1]修建起来；明堂之制一旦确立，就表明整个朝政纳入了儒学轨道。但明堂的具体形制，因年代久远而众说纷纭，莫衷一是。这时赵、王又抬出他们的老师申公，以为这位硕果仅存的儒学耆宿定能说出个究竟来。经武帝认可，于是以"束帛加璧，安车以蒲裹轮，驾驷"（《汉书·儒林传》），即以丰厚的聘礼，用蒲草包裹车轮、由四匹马牵引这样一种专为敬重长者而设的车辆，把这位已是耄耋之年的老先生请到了长安。原来此老就是当年因与白生一起谏阻楚王刘戊谋反而被戴上刑具、穿上囚衣，罚到闹市区做舂米一类苦役的那个申公。吴楚七国之乱平息后，老先生回到故乡鲁地以《诗》教授生徒，先后受业有百余人之多（一说"千余人"）。其所持之学，

【1】明堂：古代典籍中记为帝王起居及宣布政令，包括举行朝会、祭祀、庆赏、选士、尊老、教学等典礼之所。明堂之制儒家最为称道，如《孟子·梁惠王下》谓："夫明堂者，王者之堂也。"其形制，《周礼》、《仪礼》、《礼记》、《吕氏春秋》及《淮南子》等均有载录，但所记多异。一般记周时之制较为简单，至秦汉而愈益繁复。如《吕氏春秋·十二纪》称其制中方外圆，不同方位有不同名称：东为青阳，南为明堂，西为总章，北为玄堂。四堂各有一个正室为太庙，两个侧室：左称左个，右称右个等等，天子按四时推移依次转换其居住之所。有学者认为其中可能含有较多主要出自儒家学派的理想成分，历史上不一定有如此繁复而又规整、称之为明堂的建筑群实际存在过。

就是前面说过的那种以醇儒自砺、坚守儒学原初面貌的"鲁学"。武帝一见申公道貌高古，越发礼敬有加；但当他请教治乱之道时，老先生却回答说："为治者不在多言，顾力行如何耳。"（同上）这不免让正在寻找一种宏大的理论，以便用来奋发人心、兴举国事的武帝大失所望。但既已召来，只好授给他一个太中大夫的官职，把他安顿在鲁邸，就让他在那里挖挖陈年记忆，写出点明堂是怎么一回事的文字来。

此事说明，原来武帝心目中的儒学不是"鲁学"，而是"齐学"，即当时的新儒学。

窦、田、赵、王四人倒并没有因此气馁，紧接着又提出了几项以尊儒为主旨、大多针对窦氏势力的改革举措。但这一回尊儒派失败了，而且几乎是以卵击石式的失败。

原因是他们疏忽了一个最不该疏忽的事实：巍然矗立在泰华、终南山下的，除了汉帝国自己新建的未央宫，还有一座由秦兴乐宫改建的长乐宫。

长乐宫因其在未央宫之东也称东宫，又因自景帝起有时也在此议事而称东朝。

东宫或东朝之主，是一位虽已双目失明，却依然以黄老之术对朝政施加着重大影响的老人，她就是太皇太后窦氏。

这也就是上文提到的卫绾不敢在他奏文中点出黄老之术也属"乱政"之说的奥妙所在。

小孙子不敌老祖母：初次尊儒的失败

这位太皇太后就是当年因主遣宦官误事而哭哭啼啼不肯赴代国去做侍姬的那个窦猗房，如今身历三朝、德高望重，已被视为巍巍泰山般的权威存在。

窦太后笃信黄老，痛恨儒学。

黄老之学，或称新道家，宏达玄妙，意蕴深邃，"其实易行，其辞难知"（司马谈《六家要旨》），真要领悟其精髓，绝非一日之功。窦太后出身贫寒，且经历坎坷，想来不可能有太多的文化修养，后来还因眼疾而双目失明。史书没有记载她究竟是从何时开始、又是如何学习黄老的。我的老友绍玺兄新著《经学思潮》论及窦太后时，以为她是从自身由贫寒而一夜显贵的非常机遇中，体悟到了"争而不成,不争而得"的人生哲理，因而对《老子》奥妙的"道"深信不疑的。这倒不失为一个合乎情理的猜测。不过如果真是这样，那么窦太后对黄老的理解也只能是浅层次的，所谓泰山般的权威，主要还是依仗其独特的身份和地位来支撑。据说在长乐宫里,倘若有谁胆敢在这座泰山面前说出被她视为亵渎黄老的话，那就难逃一顿极严厉的惩罚。景帝时有个博士叫辕固的，就领教过老人的这种威严。辕固是位儒家，专攻《诗》,弟子众多，对黄老之术自然颇为不屑。一次窦太后将他召去问他对《老子》的看法，辕固轻蔑地说：那是奴仆看的书！尽说些家长里短的事，老生常谈，不值得一提！窦太后勃然大怒，厉声骂道：你们儒家那些专讲刑法吏治、急功近利的书算什么东西呀？那都是些罪徒读的书！骂了还不解恨，又想出了一个惩处辕固的奇特办法。皇城内有多处养兽圈，如彘圈、狮圈、虎圈等。窦太后命人将辕固扔进彘圈，让他空手去与一群野猪搏斗。想想这位当年常常为一对离散的年幼兄弟而偷偷哭泣的窦姬、后来信奉"清静无为"黄老之学的皇太后，这回竟想出如此惩人恶招，着实令人感慨不已。野猪自然既不

"清静"也不"无为",一见辕固就呲牙舞爪扑将过来。辕固赶紧躲过,手臂上已被抓去了大片皮肉。在圈外看着的景帝知道辕固只是心直口快并无恶意,而太后还在气头上又不好劝阻,便暗中命人给辕固去送了把刀。正在惊恐逃避中的辕固接过刀回身用力一刀刺去,正中迎面扑来的豻猪的心窝,那野物惨叫一声当即毙命。辕固既已得胜,在亭台上远远望着的窦太后也只好默然,不便另外加罪。但景帝还是担心母亲此后看到辕固说不定又会生起气来,就打发辕固到清河国去做刘乘的太傅,求个太平。

窦太后虽长居东宫,却是耳目众多,大凡发生在未央宫的事她大都能及时获悉。这回她听说武帝重用窦、田、赵、王四人,接连采取了一些尊儒术、排黄老的举措,就"阴求赵绾、王臧奸利事"(《资治通鉴·汉纪九》)。请注意这个"阴"字。阴,暗也。暗中派人秘密搜寻赵绾、王臧干的坏事,以便抓住把柄实施反击。正是在这个时候,窦、田、赵、王四人提出了一系列改革措施,据《汉书·窦田灌韩传》记载,其中包括——

除关——取消关禁,即出入关卡不再须持有由官府签发的称之为"传"的凭证。

以礼为服制——按礼法统一服制,目的是严明尊卑上下秩序。当时服饰逾制的情况可能比较严重,贾谊在《治安策》中就把"庶人屋壁得为帝服,倡优下贱得为后服"(《汉书》本传)的违制现象列为"可长太息"之一。

令列侯就国——凡受封为诸侯王的,离开长安到自己封国去。汉制外戚大多封为列侯,而列侯又有不少尚公主而成为驸马,他们往往托故不肯就国。

举谪诸窦宗室无行者,除其属籍——就是对窦氏宗室来一次揭发检举,将其中品行不端者的名字从宗室名册中除去。一说"籍"指门籍,即出入宫廷的凭证。汉时外戚大多住于长安戚里。若依后说,便是取消其出入宫廷资格。

在这四项措施中倒有一半是直接针对窦氏势力的,诸窦如何忍受得了,纷纷到东宫哭诉。窦太后听了怒不可遏,放出一句话来说:新皇帝登位后,为何不常到东宫来走走呢?这话绵里藏针,窦、田、赵、王一下感到了压力。他们预感到老太后很快就要出面干预,决定来一个先下手为强,由御史大夫赵绾向武帝上了一道奏文:"请无奏事东宫。"这就要武帝独立执掌朝政,剥夺东宫也即窦太后干预朝政的权力。

这下太皇太后发威了,她把小孙子刘彻召到东宫,只说了一句话,就把以武帝为首的尊儒派苦心经营了近一年的局面彻底扭了过来——

此欲复为新垣平邪?(《汉书·窦田灌韩传》)

新垣平是文帝时的一个方士,后因被人告发谋反而族诛(详八章一节)。所以老太后的这句话等于说:你叫那帮人搞的那一套不是又想造反吗?那就叫他们等着族诛吧!

面对狂怒的老祖母,武帝突然一下子从天子的高位跌落,又恢复为一个小孩子,只有乖乖听话的份。

建元二年(公元前139年)十月,也即这一年的岁首,初次尊儒以失败告终,对相关人员作了如下处理——

赵绾、王臧：先下狱，后令自杀；

窦婴、田蚡：因系外戚，稍示宽容，分别免去丞相、太尉之职，保留侯爵家居；

申公：免去太中大夫之职，念其年老多病，容许回归故里。

与此同时，窦太后命武帝对三公九卿来了个大换班，新任命者大多为清静无为或因循守旧一类人物。如任丞相者为许昌，任御史大夫者为庄青翟，因无所建树，《史记》、《汉书》均无传，只是在相关篇章中提到一两句，说他们以"廉谨"自守，"无所能发明功名著于世"，仅为"备员而已"。可以作为典型的是继王臧而任郎中令一职的石建。石建的恭谨拘守可说是家传的。他的父亲石奋十五岁就追随刘邦征战，后因其姐纳为高帝美人，全家得以徙居长安。初任中涓，积功历任中大夫和诸侯相。虽没有多少学问，但恭谨拘守举朝无人可及。譬如石奋有这样一些习惯：路过宫门定要下车小步行走，见到为皇帝拉过车的马总要行礼致敬；若是皇上有所赐食，即使已拿回自己家中，也像当着皇帝的面那样，硬是要俯伏跪拜以后再享用。儿孙们若是有过错，他既不打也不骂，只是默默对案而坐，可以几天不吃不喝，直到儿孙们认识错误、决心改正，他才恢复饮食和常态。他的这套教育方法还果然有效，他的儿孙们就像同一个模子刻出来似的，一个个以忠孝恭谨闻名遐迩，其中就包括窦太后点名召来任以郎中令一职的这位石建。《汉书》本传中记有一件小事，说明石建已把谨小慎微修炼到了何种境界！一次他上书奏事，武帝批示后仍把奏疏退了下来，石建又从头至尾细读一遍，猛然发现其中有个"马"字少写了一点，不由惊恐地大叫起来："书'马'者与尾而五，今乃四，不足一，获谴死矣！"给皇上御览的奏文，我竟然把马字少写了一点，真是罪该万死啊！

下面我们再来看看，被击败后的尊儒派中仍活着的几个人的情况。

如果单从人生之旅这个角度来考察，失败往往比成功更有挑战性。如何应对失败不仅决定你的人生，也透视你的人生。

窦婴和田蚡虽然同被削去了官职，又同为外戚，却出现了很不相同的人生景观。

田蚡是王太后的同母弟弟，又善攀附，所以依然受到亲幸，经常应召言事，出入扬威，前呼后拥。而窦婴则已被太皇太后视为窦氏叛逆，失去了依傍，人倒势去，昔日相国荣耀已作烟云散尽。见此情景，那些惯于趋势的士人和官吏便纷纷改换门庭：离开窦婴而去归附田蚡。于是田蚡日趋骄横，而窦婴则愈益孤寂。这大概就是司马迁在《史记·汲郑列传》赞语中所说的"一死一生，乃知交情；一贫一富，乃知交态；一贵一贱，交情乃见"的世道人心吧？

偏是在这种情况下，有一位猛士以子弟之礼拜倒在窦婴门下，这使失落中的窦婴大为感动，两人很快结成知交，相聚无厌，相得甚欢，唯恨相识之晚。

这位猛士叫灌夫。

灌夫的父亲灌孟，原姓张，曾为高帝功臣灌婴门下舍人，甚受信用，因而得以寄姓灌。吴楚七国乱起，灌婴已作古，其子灌何受命任将军赴荥阳会兵，灌孟、灌夫父子也随同出征，统属太尉周亚夫麾下。灌孟时已年迈，在一次与吴军交锋中不幸战死。按汉法规定，凡父子出征有一阵亡者，容许尚存的父或子扶柩回故里送葬。当灌何要按此规定行事时，义愤填膺的灌夫如何肯依,几次且泣且求道:末将情愿留下取吴王头颅,报我父仇!灌何见他执意如此,倒也不便相强,只是劝他不可操之过急。但灌夫早已披甲执戟,哪还按捺得住!好容易捱到暮色初起,即私带家奴数名,又从军中募得壮士十余员,裹束停当,准备夜袭敌营。出得壁门,一见吴营阵势威严,已有多人不敢前往。灌夫也不与计较,独自一马当先冲入吴营,便左挥右掠杀将起来。后面几个壮士也紧紧跟上,奋力助战。吴兵未曾预防,猝然应战,不免慌乱。已经杀到后帐,灌夫忖想后帐定是吴王所在,越发奋不顾身直捣而入。但此时吴军已组成了阵势,汹涌向偷袭者扑来。灌夫看看手下壮士已仅剩一人,自知寡不敌众,大喝一声,又挺戟刺倒多人,策马而退。回到汉营,身中大创十余处,战袍全被鲜血染赤,一时名震全军。七国之乱平息后,灌夫被任为郎中将,后历任代相、淮阳太守、太仆、燕相等职。灌夫不好诗书,专喜任侠,平素广交豪杰,每日食客少则数十,多则百余。但此公生性鲁莽,又好使酒,动辄滋事,曾两次坐法罢职。在他得势时,门庭若市;当他失意时,门可罗雀。也许正因为自己也有过类似的经历,所以这回看到窦婴因罢相而被人冷落就立刻引为知己。此后二人日日煮酒对饮,乐则跌跌共舞,醉则仰天同啸。但读者将会看到,就为这种特殊的友谊,他们将双双付出生命的代价;令人感叹不已的是,主其谋者竟就是当年那个对窦婴常常以子弟之礼跪拜趋谒、谦卑有加的田蚡!

且看武帝对失败的应对

武帝是尊儒派的头,尊儒的失败自然也就是他的失败。

但帝王集权制有一条根本法则:皇帝至高至上,绝对正确;如果事情办成了,所有功劳全归于皇帝;若是办糟了,一切恶名、惩罚都将由臣下来承担。《春秋繁露·阳尊阴卑》篇就是这样说的:"是故《春秋》君不名恶,臣不名善;善皆归于君,恶皆归于臣。"

所以尽管初次尊儒被窦太后一句话打了下去,少年刘彻照样做他的皇帝。

皇帝不会失败,也不应失败。

不过事实上,武帝还是深深地感受到了失败,感受到了失败后的痛苦。

经过长期酝酿和一年来倾力经营的尊儒之举,竟然在一夜之间彻底崩毁,对这位少年天子该是一个多么沉重的打击啊!

本章开头说到武帝遇到了一个好时机时,列了三个因素,这三个因素武帝自然也是看得很清楚的;但他不该忘记或是忽视了还存在一个相当强大的不利因素,那就是东宫窦太后。

窦太后不是一个人。她代表着在家天下历史语境下的一种特殊势力:外戚。

帝王制度从封建制发展到集权制,依然没有脱出家天下的范畴,本该是公共的国家权力,却被打上了某一家族及其外戚的深深印记。

从史书记载看,武帝对这次失败的应对很有些独特。在建元二年(公元前139年)后的一段相当长的时间里,他的许多活动不是在朝堂上,而是在宫廷外,甚至是在山川丛林间。这些活动可以概括为四个字:游乐无度。可仔细想想又似乎不全是。我想我还是只管把事实写出来,至于是否含有别样的意义——譬如此时这位少年天子胸中既有初展抱负即遭挫折的郁闷,又有对太皇太后对朝政干涉过多的愤懑,因而以移情于游猎作为一种宣泄;还是请读者诸君自己来品评吧!

这一年三月初,武帝在一次出行途中到他姐姐平阳公主家小留,邂逅了一个叫卫子夫的歌女,竟是一见钟情。这天回宫时,随车侍从的不仅多了这位新宠,还有一个跟在车后侍弄马匹的年轻人,他是卫子夫的同母弟弟、平阳公主家的骑奴卫青。切莫小看了这对出身卑贱的姐弟,不久他们将对汉帝国以及武帝本人产生或正面或负面、但却都极为重大的影响(详七章一节、八章三节)。

也在这段时间里,武帝还找到了离散在民间的同母姐姐金俗。帮助他做成这桩大喜事的,是他幼时那个伴读、如今已长成英俊少年的韩嫣。

原来武帝的母亲王太后,当她还是长陵那个姓金的商人之妇时,曾生有一女,取名金俗。后来她进了宫,特别是先后当上了王夫人、王皇后,像曾经嫁过男人、还有过生育这样的事自然讳莫如深,所以宫中无人知晓。偏是聪敏绝顶的小韩嫣,却有本事探得了这项特级机密。他知道这样的事,只要老皇帝还活着,说出来就得掉脑袋,所以一直默默藏在心底。等到刘彻一登位,好在自己与新皇帝常常同榻共卧,俨若哥俩,可以无话不说,就瞅个没有旁人在场的机会把这秘密说了出来。武帝一听先惊后喜,说:这样的大好事,你何不早说!当即命人备驾,由韩嫣带路,直驱这位从未见过面的姐姐所在地长陵。金氏家原只有柴门一扇,破屋三椽,这回又是高车大马,又是文武仪仗浩荡来到,还不把一家人以至左邻右舍全都吓得慌不择路,四处奔逃!毕竟韩嫣伶牙俐齿,能说会道,经他一番解释,众人转惧为喜,一齐帮着寻找,却是四处不见影踪。最后有人发现,原来这位吓呆了的皇姐还躲藏在自己床底下呢!韩嫣赶紧冲进破屋,躬身到床下去搀扶,一身破衣烂衫的金俗却依旧躲头缩脑,哪敢出来相见。这边武帝纵身跳下御驾,张开双臂一边奔跑一边大声呼叫:大姐,我是你小弟呀,你还藏起来做什么呢!……

武帝将金俗带到长乐宫,王太后一见离散了多年的女儿,不由吞声哀泣不止。金俗起先远远望着坐在金殿上的那位贵妇人只顾发呆,及至相信那真是自己生母时,不由放声大哭起来。武帝当即封金俗为修成君,并赐良田百顷,奴婢三百。一夜之间暴得大富大贵,只怕这个贫寒女子连做梦也不会想到吧?

从建元三年(公元前138年)九月,也即第一次尊儒失败后一年开始,武帝的大部分精力和时间几乎全用来在京郊一带游猎。其范围"北至池阳,西至黄山,南猎长杨,东游宜春"(《资治通鉴·汉纪九》)。由这北、西、南、东四至所划出的方圆数百里之地,成了这位少年天子驰骋游猎、探奇寻胜以至扮演种种传奇行为的特别舞台。每回出游,他都要卸去皇冠作一番乔装打扮。侍从的官吏都是经过挑选的,除了常侍武骑,还有陇西北地精于骑射的良家子弟。有关游猎的里里外外事务,则全由因帮他找到了姐姐而更博得他欢心的韩嫣打理。

由于游猎活动是在瞒着东宫两位长辈的情况下进行的,所以选定在夜间秘密出发。又由于依制对太皇太后和皇太后得五日一朝见,所以每回只带五日之粮,也即外出游猎不得超过五天。一切准备停当。细心的韩嫣忽又想到了一件事,说是皇上呀,要是有人问起来臣该怎样回答呢,总不能说你就是当今万岁爷吧?

武帝脱口回答了一声:那就叫平阳侯好啦!

平阳侯确有其人,就是上面说到过的武帝那个姐姐平阳公主的丈夫,叫曹时,惠帝丞相曹参的曾孙。

夜漏十刻,约定出发的时间已到。北阙门外,冷月当空,朔风砭骨。掌弓执箭的众侍骑已经齐集,武帝也由韩嫣随从着策马来到。一声令下,这支由数十人组成的游猎队伍欢快地呼啸着向连绵无尽的终南山奋蹄飞去。平川,广野,崇山,峻岭,如同脱笼之鸟的少年天子,在这里恣意驰骋,弯弓射狐鹿,徒手格熊罴,享受着宫廷里无法享受到的自由和快活。

不过麻烦也随之而生。

这一日早朝,诸大臣议事毕,掌治京畿的内史忽然出班奏道:据鄠(hù)、杜两县奏报,近日来平阳侯曹时常常夜出在其辖境一带游猎,践踏民田,惊扰民宅,百姓纷纷怨骂。我大汉以农耕为本,此事关涉国基,臣以为应将平阳侯下吏论罪!

武帝听时心里在偷着乐,嘴上却说道:竟有此事?这个平阳侯也太不像话了,真是岂有此理!不过,还是由朕亲自去问问他吧!

又过了数日,"平阳侯"依旧夜出扰民不止,鄠、杜两县的百姓自动聚集起来,到县衙去状告。作为一方百姓的父母官,两县的县令自然不能不管。但俸秩仅为六百石的小小县令,难道能像捕捉普通罪犯那样去捕捉一位侯爵大人吗?没奈何,只得整冠束带侍立在道旁恭候侯爵大人的到来,无非是想将百姓呼声禀告一二,请求能否略示恩典。谁知骑队到来时,那位"平阳侯"竟连面也不让见一下,顾自策马而去;而随从中那个唇红齿白的美少年,竟还扬扬手中鞭子耍笑、羞辱他们。这下两个县令被激怒了。想想自己大小也是个朝廷命官,况且此处又是受命管辖的一方水土,岂可如此被人小觑!便大声喝令随带的差役速将这些大胆的来犯者拿下!不料这帮人却一齐哄声大笑起来,根本不把县太爷的威严放在眼里。两个县令待要亲自冲上去绑缚,只见那美少年不慌不忙从怀中取出一样东西来高高扬起,两人先是睁大眼睛惊诧不已,随即扑通一下跪倒在地,鸡啄米似地磕头不止,连称"罪臣该死、罪臣该死"!

原来那美少年就是韩嫣,他高高举着的,是一块作为大汉天子信物的佩玉。

在后来的游猎过程中更是趣事连连。譬如有一夜途中去投宿旅店,武帝感到又饥又渴,向店主讨碗粥喝。店主看着这帮人行径异常以为遇上了强盗,就说:要粥没有,刚撒的尿倒有一壶,想喝就请吧!说完这话,即转入里间从后门出去呼唤左邻右舍,聚集起一伙精壮来准备与之一搏斗。但店主之妻却觉得武帝状貌非凡,想必是个贵人,劝丈夫不要胡来。店主不听,仍是摩拳擦掌,跃跃欲试。店主妇假装要为丈夫壮胆殷勤劝酒,趁机将他灌醉又捆缚了起来。邻家子弟见此情状,自然也各自散去。店主妇随即杀鸡温酒款待武帝一行人等。第二天武帝回宫后,即召赐旅店主妇黄金千斤,对那位鲁莽的店主倒也不记恨,还因其居然敢于与"强盗"较量而授任为警卫京师的羽林郎。

但这样时间一长,"平阳侯"就是当今皇上的传闻不胫而走,长安四郊百姓几乎已尽皆知。武帝的身份既已暴露,再出行的安全问题就成了大臣们日夜焦心的事。于是:丞相和御史大夫责令都尉沿途加强警卫;内史下令各县供应行猎所需诸物;将作昼夜督工沿途赶筑了十二处类似行宫的休憩更衣之所……总之是朝廷上下都在为满足一个人的游兴而忙作一团。毕竟还是当皇帝的襟怀开阔,气势宏伟。他想:既然"溥天之下,莫非王土;率土之滨,莫非王臣",朕索性在此方圆之内造个上林苑不就没有这些麻烦了吗?于是便命太中大夫吾丘寿王和两个善于测算的待诏来筹划这件事。秦时原有一旧苑,新建的上林苑在旧苑的基础上又作了很大的扩展,自阿房宫遗址以南,鳌厔(zhōu zhì)县以东,宜春宫以西,一直连接到终南山,都作为新苑的范围。原居于此的百姓依地价发给一定补偿,并另外拨给一片草地以供开垦。吾丘寿王很快拟就了一份计划书,武帝阅后大为赞赏,下诏即日兴工。

武帝决定要做的事,自然是谁也阻止不了的。在上林苑修建前后,也曾有过两位近臣站出来谏阻过,那只能算是大工程进行过程中的小插曲。可喜的是,正是这两个小插曲,将使我们有幸结识到两位极有名的古人。他们是——

滑稽大师东方朔与汉赋大家司马相如

先说东方朔。

据说言谈诙谐、举止怪异的东方朔,一向被我国相声界奉为"祖师",这似乎也有所据。如《史记》褚少孙补记就将东方朔归入滑稽列传,《汉书》本传赞语更称其为"滑稽之雄"。东方朔,字曼倩,平原厌次(今山东惠民)人,是在武帝即位那年上书自荐,初任待诏公车,后迁为太中大夫的。当时臣属向皇帝上书都诚惶诚恐,赔足小心;而东方朔第一次上书的"自我介绍"却写得那样"另类",不仅吹嘘自己从十二岁起如何学《诗》、《书》,如何学兵法,还将自己品貌和才干与古代名人一一比对,作了一番极度夸张的介绍——

> 臣朔年二十二,长九尺三寸,目若悬珠,齿若编贝,勇若孟贲,捷若庆忌,廉若鲍叔,信若尾生。若此,可以为天子大臣矣![1]

东方朔很聪明,他知道气度非凡而又正当青春年少的武帝,最不屑循规蹈矩之徒,所以有意如此"高自称誉",目的就是要引起武帝注意。果然,武帝"伟之",令为"待诏",即随时等候诏命,以备咨询顾问。从这时起,东方朔便开始了他的宫廷滑稽生涯。他时而插科打诨,时而弄巧使乖,时而又装疯卖傻,《史记》、《汉书》本传均有大量记载。如果单看此类材料,会以为他的人生追求就是当一个宫廷"笑星",其实不然。东方朔喜好经

---

[1] 引文中若干人名简注如下:孟贲:卫人,传说其勇能慑三军、服猛兽。庆忌:吴人,传说快跑时四马追之不及。鲍叔:齐人,与管仲分财,自取最少。尾生:见一章二节注。

术而又博学广识，应是当时一位既有远见卓识，又有清醒头脑的学人。一次他喝醉了酒，趴在地上胡乱唱道：我是隐居于尘俗之中，避世于宫殿之门呀！酒后吐真言，这说明滑稽只是他藉以自存的一种方式，所谓春雨秋霜冷暖自知，笑的背后却是他的无奈和苦涩。要接近这位滑稽大师的真实内心，还得读一读他的那篇著名的《答客问》，下一节我们还将提到。这里单说他这回谏阻修建上林苑的事。

此前东方朔的多次进谏大多采用调侃戏笑方式，唯独这回谏阻修建上林苑的奏疏，却写得堂堂正正，一点也不滑稽。疏文一开头就提出了一个"天人相应"的大题目，认为君主若是"谦逊静悫（què，诚实），天表之应，应之以福"；如果"骄溢靡丽，天表之应，应之以异"。据此力陈上林之建有"三不可"：将膏腴之地辟为禁苑，上乏国家之用，下夺百姓农桑之业，一不可；为豢养狐兔虎狼而毁人房舍，发人冢墓，非圣主所为，二不可；围以高墙，筑以深沟，驰骋骑射不过一时之乐，倘有不测，后悔莫及，三不可。最后说：殷纣作九市之宫而诸侯叛，始皇兴阿房之殿而天下乱，其鉴非远，不可不省！

武帝对东方朔此奏的处理也十分特别：他一方面大加赞赏，赐予黄金百斤，并授以太中大夫之职；另一方面却我行我素，依旧命吾丘寿王按原计划辟建上林苑。

方圆三百里的上林苑终于建成，苑中遍布奇花异草，珍禽猛兽，又广建亭台殿阁，班固《西都赋》说上林苑有离宫别馆三十六，《汉旧仪》更说多达七十余所。从此这里便成了武帝行猎的极好去处。他还特别喜欢攀登悬崖峭壁，捕猎熊罴虎豹，从中获得超越寻常的快感。这时又有一位近臣站出来谏阻了，他就是本书《引言》中提到的汉代思想文化三座高峰之一的汉赋的一位代表性作家——司马相如。

司马相如，字长卿，蜀郡成都（即今四川成都）人。原名犬子，因敬慕战国时赵国上卿蔺相如之为人而改名相如。少好学，善辞赋，又喜击剑。景帝时曾为武骑常侍。后见景帝不好辞赋，而其时梁王刘武门下枚乘、邹阳等文学之士云集，便以有病为由请求免官，客游于梁，颇受梁王优遇，遂与枚、邹诸子琴书雅集，诗酒逍遥。其名作《子虚赋》就是在这个时期撰成的，一经流播，誉满当时。

但不久，梁王刘武因觊觎皇位在挫折困顿中死去，门下文学之士皆作流水烟云四散。相如回到成都家中，父母双亡，家徒四壁，连生计都成了问题。幸得旧友临邛县令王吉相邀，便来到以富庶驰名遐迩的临邛。正是在这座邛崃山下的小城里，相如与一位绝色女子演出了一段风流千古的爱情故事。

原来城中富豪卓王孙有女文君，新寡，深居闺帏，只好以琴书为伴。王吉与相如设下一计，或可名之曰"凤求凰"。先是王吉故意乘着高车大马，招摇过市，又一路命人暗中放出话去说是去拜谒相如的；相如则偏偏托故不见。如此接连数日，相如之名已传遍全城，都说从京城长安来了位大文豪，连县令大人多次拜谒也难得一见。这下来素来喜好结交名流的卓王孙心动了，与城中另外几位豪绅富户一商量，决定盛设酒筵，联名邀请相如、王吉赴宴。眼看卓王孙已经中计，王吉、相如自然欢喜不尽，但戏还得做足，相如又几番婉辞，最后才说是盛情难却，勉强应邀。卓府张灯结彩，嘉宾云集。卓王孙亲出恭迎，将相如奉为上宾。酒过三巡，王吉伺机盛赞相如不仅文思汪洋，又极善鼓琴。卓王孙一听，便说舍下倒正有几张上好古琴，不知能否有劳司马公玉指，让仆等一闻天音？众客齐声赞好。王吉说相如一向琴剑随身，我看他车上就有一张相传已有四百余年的绿绮古琴。琴童闻言，急步前去取来。相如倒也不再推辞，当即调弦理丝，左手按弦，右手轻攫慢拂起来。待到雅韵铿锵，抑扬有致，又应着弦上宫商引吭高歌，唱的便是《凤求凰》——

凤兮凤兮归故乡，
遨游四海求其凰。
有一艳女在此堂，
室迩人遐毒我肠，
何由交结为鸳鸯？……

琴声和歌声一齐进入了一个有情人的耳朵。这个人就藏在屏风背后。她是被琴弦的第一声叮咚从闺房勾引过来的。此下相如与文君如何借琴声为媒，又如何眉目传情，已不必细叙。总之是：至此，"凤求凰"之计获得了完满成功。《史记》本传记载道：当夜"文君亡奔相如，相如乃与驰归成都"——这该是中国古代历史上第一个有确切文字记载的私奔事件吧？

卓王孙得悉勃然大怒：这孽种太不像话了！我纵使不忍心杀她，却也决不会分给她一分钱财！

好，你不给就不给吧！相如和文君索性又回到临邛，在闹市区开了家小酒馆，文君亲自当垆卖酒，相如则穿起了卑贱的犊鼻裈与伙计们一起忙里忙外。消息一传开，卓王孙觉得丢尽了他的脸面，气得多日杜门不出。后经亲友再三劝解，无奈中只好"分与文君僮百人，钱百万，及其嫁时衣被财物"。相如与文君这才带着童仆与财物，风风光光地回到了成都。

大概就在因"凤求凰"之计的成功相如在蜀郡一夜暴富的时候，长安这边武帝正在读他的《子虚赋》，那独特的构制，磅礴的气势，引得武帝边读边击节赞赏。读完，感叹说：朕恨不能与此人生于同世！原来武帝把《子虚赋》当作是前代作品了。巧的是其时侍从在一旁的宫中一位狗监赵得也是蜀郡人，当即告知武帝此赋作者是他同邑司马相如。武帝喜出望外，当即发诏命相如速来长安，一到即授以为郎。从这时开始，相如就做了武帝的文学侍从，随时遵从武帝兴之所至，吟诗作赋，以供玩赏。如武帝一度喜好神仙，相如便进献《大人之赋》，武帝读后"飘飘有凌云之气，似游天地之间意"。

这回为谏阻武帝冒险行猎，相如又特制一赋，因行猎处为长杨宫而名《长杨赋》。这位巴蜀才子虽因口吃而不善言辞，但只要铺开绢帛，笔下便犹如滔滔江河一泻千里，常常欲罢不能。这篇载录于《汉书》本传的谏赋，以"物有同类而殊能"开篇，说明人和兽中间都有着像乌获那样特别悍猛、像庆忌那样特别快捷的个体存在，而人若与兽相搏，则人远远不如兽，因而作为万乘之身的天子，尤其不应"陵阻险，射猛兽"，倘若"遇逸材之兽，骇不存之地"，"岂不殆哉"！文末引录谚语"家累千金，坐不垂堂"恳切陈言："臣愿陛下留意幸察。"

武帝对司马相如的劝谏采取了与对付东方朔相同的策略：一方面称赏《长杨赋》，另一方面却依旧越阻涉险，击豹射虎，乐此不疲。

但悲剧还是发生了——尽管与险阻、虎豹无关。

武帝的哥哥中有个刘非，就是那位七国之乱时年仅十五上书请缨、勇击吴楚的汝南王，后以军功改封为江都王。这一年秋天江都王刘非依制来京朝请，武帝特许同猎上林，刘非自然欣喜万分。那天已按惯例"称跸"（即清道戒严），武帝大驾尚未出行，先命韩嫣去探视一下野兽出没踪迹。此时的韩嫣因武帝的宠幸已变得日趋骄奢，肆无忌惮，且挥霍无度。《西京杂记》说他喜欢玩弹丸的游戏，所弹之丸竟用黄金制成！长安小儿每回见他出来玩就会跟上一大群，争着拾他弹出去的那些金丸，还编出歌来唱道："苦饥寒，逐金丸。"这天韩嫣所乘虽为副车，但随从也有数百骑，前呼后拥，气势赫赫。刘非恰好从官邸出来远远望去，以为就是武帝大驾，赶紧屏退侍从，独自跪候于道旁。韩嫣却顾自浩荡而过，视作不见。刘非本飞扬倨傲，谁都不放在眼里；这回发觉自己跪迎的竟是韩嫣这个腌臜小儿，如何忍受得了此般羞辱！盛怒之下，跪到王太后那里去哭诉说：我这个江都王也不想当了，情愿交出金印，像韩嫣那样做个侍儿最好！想来王太后对韩嫣这个小机灵也不会怎么喜欢。尽管他为她找到了离散多年的女儿金俗，但连带抖搂出了她曾经嫁过男人，而且还是一个卑贱粗俗的商人，总让她大丢其脸。于是就以韩嫣随意出入永巷有与宫女淫乱嫌疑为由，下旨赐死。武帝还想救他，代为向王太后谢罪，但无效。这个也算享受过一番荣华富贵的美貌少年，只好狠狠心，双手合力将一柄短剑插入自己心窝。

建元五年（公元前136年）春，很可能因窦太后已进入垂暮之年或病危状态再也无力控制朝政，武帝实施了一项尊儒的重大措施："置五经博士"（《汉书》本纪）。五经，指儒家的五部经典，即《诗》、《书》、《易》、《礼》、《春秋》。《五经》置有博士，意味着儒学已被立为官学，这说明它在争取成为统治思想过程中又跨出了具有决定意义的一大步。

一年多后，即建元六年（公元前135年）五月[1]，既多福又多寿的太皇太后窦氏，与世长逝。

---

[1] 关于窦太后的卒年，《史记》、《汉书》相关传、志、表，多为建元六年（公元前135年），唯《汉书·外戚传》记为"元光六年（公元前129年）崩"。学界多以为应以建元六年为是。

中国翻开了一部独尊儒术的历史

对窦太后的死，尊儒派该是暗中高兴的，即使是备受这位老祖母疼爱的武帝刘彻，似乎也是兴奋多于悲痛。

就在丧礼期间，武帝以"丧事不办"（《汉书·窦田灌韩传》）为由，免去了丞相许昌、御史大夫庄青翟的职务。这事颇让人费解：如果皇帝下旨命许、庄二臣为窦太后治丧，他们定然视为莫大荣耀，怎么竟敢"不办"呢？实际上这很可能只是要对此前按窦太后懿旨配置的辅佐班子再来一次大换班的借口。接下去便重新起用因窦太后一句话而被撤了下去的田蚡，拜授为丞相；另任大司农韩安国为御史大夫。这个为人有大略又大度的韩安国，一生却是升沉起落无定。上章四节说到他因化解梁国危机有功而越发受到景帝和窦太后看重，但不久却因再次犯法而失去了内史官位。武帝即位，田蚡为太尉，他用五百金贿赂田蚡走王太后这条内线，又得以出任北地都尉，后迁为大司农。在闽越与东越交战时，他曾与王恢一起受命率兵出征。这回则引人注目地迁升为御史大夫，跃上了三公高位，不过他的传奇式的人生，至此还远没有演绎完。

在这次大换班中有一点十分惹人注目：同样因窦太后一句话被撤了下去的窦婴，却仍弃之不用。这说明在中央权力构成中，窦氏的势力已彻底衰落，而王氏的势力正在急剧上升。

公元前134年十月，武帝再次改元[1]，称元光元年。

这年五月，武帝颁发了一道重要诏令，宣布举行"贤良对策"。策，指简策。也即武帝以书面形式提出若干问题，要求应举贤良学士也以书面形式作出回答，然后由他亲自审阅。据《汉书·武帝纪》载录，诏令用充满感情的语言首先表述了他对尧舜、三王时代那种刑罚不用、教通四海、远夷来服、麟凤在郊的政治局面的仰慕和向往，接着说：

> 今朕获奉宗庙，夙兴以求，夜寐以思，若涉渊水，未知所济。猗与伟与！何行而可以章（通"彰"）先帝之洪业休德，上参尧舜，下配三王！朕之不敏，不能远德，此子大夫（对

---

[1] 此后武帝还多次改元，恕我不再注明。读者可从括号中的公元纪年看出时间的顺序和事件的连续性。

参加对策学士的敬称）之所睹闻也。贤良明于古今王事之体，受策察问，咸以书对，著之于篇，朕亲览焉。

在应诏参加对策的百余名学士中，武帝特别欣赏两个人：董仲舒[1]和公孙弘。

公孙弘在建元元年（公元前140年）已应征过一次，并被任为博士，受命出使匈奴。回来复命时，武帝听后以为观点迂腐，平庸无能，他也只好托病告归。这回菑川国又推举了他，开头他觉得已罢归过一次，不可能再被录用，加上身无分文，婉拒了这份好意。国人却坚持要他再应举一次，有个叫邹长倩的好心人，不仅赠予足够川资，还脱下自己衣裳冠履给他穿戴，这样他又来到了长安。具有戏剧意味的是，负责此事的太常开头确实将他的对策列为最下等，建议不予录用的；后来武帝亲自一审阅，骤然将其擢举为第一，并立即召见。这年公孙弘虽已六十六岁，状貌却依然伟丽，武帝一见大喜，第二次拜任为博士。

但若就对策所涉及的问题的广泛性和深刻性而言，武帝更为赞赏的还是董仲舒。

董仲舒对策与经学登上政治舞台

董仲舒，广川（今河北景县广川镇）人，少年时代就开始研读《春秋》，景帝时举为博士，曾与齐地大儒辕固、胡毋生[2]同朝共仕。为人廉直，为学醇一，举止进退，非礼不行。门下弟子众多，以至有的无法直接面授，只好由学有所成的弟子代为传教。有个流传很广的典故"三年不窥园"，说的就是董仲舒对学问的那种专心致志精神：攻读三年，近在咫尺的园圃居然没有进去游赏过一回！

武帝读了董仲舒的第一次对策，大为惊异，赞为奇才，欲罢不能，于是又有了第二、第三次策问。据《汉书·董仲舒传》载录，武帝在接连下给董仲舒的三篇制文中，提出了他多年苦苦求索的有关天道、君道、人道等重大问题，其中包括——

（一）都说五帝三王时代天下洽和，百王同之。近五百年来，守文之君，当国之士，欲效法先王以救当世者甚多，但天下却非但没有回归正道，还出现了日趋衰殆之势。是他们操持的方法有谬误呢，还是远古的那些盛世原本就不可能再重现？

【1】关于董仲舒的对策时间，《史记》、《汉书》本传记载均较含混，致使后来出现建元元年（公元前140年）和元光元年（公元前134年）二说，并延续至今。可以作为代表的，如《两汉纪·孝武皇帝纪二》即主后说，而《资治通鉴·汉纪九》则主前说。然细读《史》、《汉》其他篇章，有多处可以用来说明董氏对策是在元光元年，较为明确的是《汉书·武帝纪》，在元光元年五月下载有武帝诏贤良对策全文，紧接一句："于是董仲舒、公孙弘等出焉。"宋人洪迈《容斋续笔》更从武帝与董氏问对的文字中找到了元光元年说的证据："策问中云：'朕亲耕籍田，劝孝悌，崇有德，使者冠盖相望，问勤劳，恤孤独，尽思竭神'；对策曰：'阴阳错缪，氛气充塞，群生寡遂，黎民未济'，必非武帝即位之始年也。"故本书依《两汉纪》元光元年说。

【2】此据《史记》。《汉书》"毋"作"母"。

（二）听说夏、商、周三代上天都曾降过相应的符命[1]，据以证明三王都获得过上天授命。请说说此中原由何在？又，近百年来，星辰悖乱，日月侵蚀，山陵崩陷，川谷壅塞等事时有发生，此类灾异之变究竟因何而起？

（三）人的性命之情各不相同，譬如有的仁爱，有的卑劣；有的长寿，有的早夭。此类现象虽是人人习见，却并不明白其中道理。请先生您从人性本质上予以说明。

（四）据说虞舜垂拱无为，天下就能臻于至治；周文王日夜劳心费神，同样治理好了天下。但一个如此安逸，一个如此劳累，作为帝王之道，因何会有这般不同？当今君主要如何做，才能达到像古代那样政事宣昭、百姓和乐、五谷丰登、四海咸宁的太平盛世呢？

在上述制文中，武帝一再表明自己自登极以来，深感"任大而守重，是以夙夜不皇（通"遑"）康宁，永惟万事之统，犹惧有阙（即"缺"）"；他要董仲舒不必有任何顾忌，尽心尽言，"靡有所隐"。

董仲舒的三次对策洋洋六千余言，通称《天人三策》现在我们还可以从《汉书》本传中读到它的全文。董仲舒一再申明，他的全部理论皆发自当时已被视为经典的《春秋》，由《春秋》引出普遍意义的道，而道又原于天。他所说的天是双重的：有时是带有某些人格因素的自然神，是人间万事万物的主宰者；有时则是物质性的实体。但无论在何种情况下，都是一种具有终极真理性的权威存在，即所谓：

道之大原出于天，天不变，道亦不变。

正是在天或天命、天道这样一些宏大命题的统领和观照下，董仲舒轻而易举地回答了武帝在制文中提出的所有问题。例如关于符命，他说那是"非人力所能致"，而是"自至者"。对"自至"的解释是：如果君王能德润四海，"天下之人同心归之，若归父母"，那么"天瑞"便"应诚而至"。

再如灾异之变，与符命的道理相同，情况则恰好相反：君王若是"刑罚不中，则生邪气；邪气积于下，怨恶畜于上"，"此灾异所缘而起也"。灾异并不可怕，它是上天"仁爱人君，而欲止其乱"的一种"谴告"，只要人君能改正偏失，灾异自会止息；但倘若"不知自省"，那么上天就会降下"怪异以警惧之，尚不知变，伤败乃至"。

又如关于人的性命之情，回答是"命者，天之令也；性者，生之质也；情者，人之欲也"。至于人性的"或仁或鄙"，人生的"或夭或寿"，与治乱也有很大关系，"故尧舜行德则民仁、寿，桀纣行暴则民鄙、夭"。民心民风的好坏，要看王者教化进行得如何："夫上之化下，下之从上，犹泥之在钧，唯甄者之所为；犹金之在镕，唯冶者之所铸"。这就是说，

---

[1] 符命：古时将某些被视为具有吉祥含义的事物的出现，当作帝王获得天命的证信，因称其为"符命"。其实所谓符命无非是一些较为罕见的、或出自想象的事物，如龙、麟以及"赤乌衔丹书"、"金刃生于水"之类。此说始于战国末期阴阳家邹衍的"五德终始"论，秦汉之际大为盛行，至董仲舒而形成了一种系统的"君权天授"政治理论。详八章一节。

民心民风与王者的教化，就像泥土和熔化了的金属与陶匠、冶工的关系那样，你用什么样的模具就能制造出什么样的产品来！

董仲舒真可算是善于借题发挥的大师了，他在回答虞舜与周文王虽同样治理好了天下，却为何一逸一劳时，分析了二王各自的历史背景，得出结论说：原因在于他们"所遇之时异也"。接着就借这个时异制亦异的题目，引发出受命之君必须改制[1]这么一个大议题，然后因势利导地将对话纳入了儒家政治主张的轨道。鉴于汉继秦而兴，秦行暴政"其遗毒余烈至今未灭"，故须来一次"更化"，而更化当以"教化为大务"。如何教化呢？此下便提出了崇尚和推行儒学的一系列具体建议，诸如"立太学以教于国，设庠序以化于邑"；列侯、郡守及二千石官员要选择辖境内"吏民之贤者"，每年向朝廷贡举"各二人"，"所贡贤者有赏，所贡不肖者有罚"等。由"更化"，再从《春秋》引出"一元更始"之意，这样就落实到了一个"正"字上，而这个正，首先必须从人君开始："故为人君者，正心以正朝廷，正朝廷以正百官，正百官以正万民，正万民以正四方；四方正，远近莫敢不壹于正。"

在第三次对策末尾，董仲舒提出了被后来史家概括为"罢黜百家，独尊儒术"的建议，原文是这样的——

《春秋》大一统者，天地之常经，古今之通谊（通"义"）也。今师异道，人异论，百家殊方，指（同"旨"）意不同，是以上亡（同"无"）以持一统；法制数变，下不知所守。臣愚以为诸不在《六艺》（即《六经》，《五经》加一《乐》经）之科孔子之术者，皆绝其道，勿使并进。邪辟之说灭息，然后统纪可一而法度可明，民知所从矣！

凡是不在《六艺》范围之内的诸家学说不仅一概斥之为"邪说"，还要"皆绝其道，勿使并进"。照此实行，那就是彻头彻尾的思想专制，学术霸权。关于这一点，拟放到下一小节去评论，这里先说说董仲舒这次对策所表现出来的学术特征；这种学术特征先秦诸子都不可能有，它只产生于汉代，后来被概括称之为经学。

经学是解释、阐发儒家经典的一种专门学问，它是一个特定时代、更准确地说是一种特定国家政治制度的产物。

我们读先秦诸子，即使是同属儒家的《论语》、《孟子》、《荀子》，也是各具面貌，自成体系。董仲舒却不是这样。他在对策中，一再称引孔子、周公和《诗》、《书》、《春秋》，特别是《春秋》。每当他需要发表议论时，总要以"臣谨按《春秋》……"作为导语；尽管在文字极为简约、写作体例类似现今"大事记"的《春秋》里，你根本无法找到这些议论，但董氏的这种行

【1】改制：这是董仲舒总结夏商周三代嬗替经验后提出来的一个命题，在其主要著作《春秋繁露》中有《三代改制质文》等篇专论此意。其要旨是：王者必改制，改制是帝王受命于天的标志；但所改仅限前朝具体礼制，其根本的帝王制度则必须永远坚持，即所谓"王者有改制之名，亡变道之实"。道即指根本制度。改制的内容包括改国号、迁宫室、定正朔、改服色以及制定新的礼乐制度等。详八章一节。

文方式却给人一个印象,仿佛他的全部理论皆发自《春秋》。这种把已被定为经典的古代圣人之作作为依托,尽量淡化以至抹杀个人学术创造的表述方式,便是汉代经学的一个主要特征。

也许我们现代人很难理解经学家们这种独特的写作心态,这恰好说明经学是一个离我们已相当遥远的特定历史阶段的产物,它深深地打着帝王集权专制制度的烙印。

《庄子》的《天下》篇,可说是评论春秋战国时期各个学派的一篇学术论文,开头第一句便是:"天下之治方术者多矣,皆以其有为不可加矣!"那种学派林立、百家争鸣、策士横议、文采风流的景象,让后世学人一提起来就无限向往。尽管那时学人生活也颇为清苦,像孔子那样为了推广自己的学说,不得不让他的学生赶着车子到处去游说,有时甚至断粮挨饿、狼狈到犹若丧家之犬的地步。但名义上他们还是被尊为王者之师友,列国君主也大多能以礼相待;更为重要的是,他们的人格是独立的,思想是自由的,并享有较为充分的话语权。但随着实行大一统的帝王集权制的秦帝国的建立,宛若昨日的百家争鸣忽而成了遥远的历史陈迹。从那时以来漫长的两千余年,学术问题,特别是其中的政治学说问题,学人已失去了属于自己的话语权,不再有独立性和自由可言。回望历史,他们不禁会想起一个人,想起了这个人的一篇文章,想起这篇文章中一句令人无限感慨的话:"彼一时也,此一时也!"

这个人就是东方朔。

《汉书》本传录有一篇《答客难》,很可能是东方朔晚年之作。这位自称把宫廷看作是"避世全身"之所的滑稽大师,其实内心是很不情愿被武帝以"以俳优畜之"的,因而这篇《答客难》尽管行文依旧诙谐,出现在我们面前的却是一个伤时哀势、满腹牢骚的形象。一次有客取笑他说:你看人家"苏秦、张仪(均为战国时期纵横家)一当万乘之主,而都(居)卿相之位",何等风光!可你老兄"修先王之术,慕圣人之义,讽诵《诗》、《书》百家之言,不可胜数",自以为"海内无双";混了几十年,怎么还是"官不过侍郎,位不过执戟",这是什么缘故呀?东方朔回答说"时异事异"也!"苏秦、张仪之时,周室大坏",列国纷争,"得士者强,失士者亡",因而士人不仅"身处尊位,珍宝充内",还能"泽及后世,子孙长享"。而当今之世则是"圣帝流德,天下震慑,诸侯宾服";在这种新的形势下,士人的或贤或不肖已经没有区别,总的是:"尊之则为将,卑之则为虏";"用之则为虎,不用则为鼠"。接着又做了个假设:"使苏秦、张仪与仆并生于今之世,曾不得掌故(宫中小官),安敢望长侍郎乎?"末了,长长喟叹一声说道:"彼一时也,此一时也,岂可同哉!"[1]

---

[1] 东方朔这篇《答客难》提出的话题,在两汉数百年间的学界引起不小反响,如扬雄、班固、崔骃、蔡邕等,先后分别作《解嘲》、《答客戏》、《达旨》、《释诲》,或附和,或辩正,或驳议,煞是热闹。其中班固的《答客戏》,形式完全仿效东方朔《答客难》,内容却与之针锋相对,认为生活于大汉王朝无上荣幸,战国时期那种策士横议的世象绝无可取之处;作为学人,应遵循正道,坚守礼义,不该有非分之想。从东方朔到班固的这种思想演变恰好说明,在经历了帝王集权专制制度一个相当长时期统治以后,大多数学人就会丧失此前曾经拥有的独立品格和观察、批判事物的能力,甘愿成为现存体制和社会秩序的守护人和歌颂者。

董仲舒自然也深有同感。当他跪伏在大汉帝国的朝堂上对策时，深知自己只是一个小博士，官卑位微，是无法与至高至上的皇帝形成平等对话的。只有捧出已被尊为"素王"[1]的孔子和凭借已被神化了的《春秋》[2]，才能让自己不仅争取到话语权，还使所发言论具有了某种不容轻视的权威力量。尽管他无意把《天人三策》写成完全意义上的经学著作，但由于得到武帝的欣赏和推崇，我们还是不妨把它的问世看作是经学正式登上政治舞台的标志。董仲舒兼通儒学《五经》，专攻《五经》之一的《春秋》三传中的《公羊传》（另外两传为《左传》、《穀梁传》）。他后来完成的《春秋繁露》，被公认为汉代公羊学或今文经学的代表作。

汉家的一个制度配方："霸王道杂之"

元光元年（公元前134年）对策后，武帝推行了若干尊儒措施，主要采自董仲舒《天人三策》和公孙弘《劝学修礼》奏议（见《史记》、《汉书》儒林传）。综合起来有以下几条：

（一）设置《五经》博士，即以皇帝诏令的形式，宣布儒家的《诗》、《书》、《礼》、《易》、《春秋》等五部著作为法定经典，各置博士官。博士官由朝廷任命，为解释、教授《五经》的权威。

（二）为《五经》博士配置弟子，名额为五十人。博士弟子的条件是"年十八以上，仪状端正者"。学习期间，每年考试一次。能通《五经》中一经以上，便可"补文学掌故缺；其高第可以为郎中，太常籍奏"。其中，若"有秀才异等，辄以名闻。其不事学若下材，及不能通一艺，辄罢之"。

（三）兴建太学。"养士之大者，莫大乎太学；太学者，贤士之所关也，教化之本原也。"太学设于京师，为培养经学人才的最高学府。后来蜀郡太守文翁在成都也设立官学，推行教化，培育士子，成效卓著。于是武帝下诏："令天下郡国皆立学校官。"（《汉书·循吏传》）

此外还有两项儒学竭力倡导的大礼，即封禅和改制，武帝后期也付诸实施，详八章一节。

需要说明的是，尽管武帝采纳了董仲舒"罢黜百家，独尊儒术"的建议，实际上他既没有对儒家以外诸家一概罢黜，也没有将儒家学说照单全收。武帝奉行的是实足的"以我为中心"主义：凡于我有用的则取之，于我无利的则舍之。《史记·龟策列传》对此有这样一个概括："至今上即位，博开艺能之路，悉延百端之学。通一伎（同"技"）之士咸得自效，绝能超奇者为右，无所阿私。"譬如爱好黄老的汲黯、郑当时，一个任为主爵都尉，一个任为大司农。属于纵横派的主父偃、严安、徐乐上书阙下，武帝阅后十分欣喜，当即

---

[1] 素王：素王，语出《庄子·天道》，原指无其爵而有王者之道者，至汉始尊孔子为素王。如董仲舒在对策时把孔子修《春秋》称之为"见素王之文"。王充《论衡·定贤》："孔子不王，素王之业在于《春秋》。"

[2] 神化《春秋》：当始于孟子。如《孟子·滕文公下》："世衰道微，邪说暴行有作。臣弑其君者有之，子弑其父者有之。孔子惧，作《春秋》。《春秋》，天子之事也。"又说："孔子成《春秋》而乱臣贼子惧。"其后回应者甚众，且颂扬之词不断升级，如《春秋繁露·符瑞》把"西狩获麟"说成是"天命之符"，孔子受命作《春秋》，因而此书不仅"上通五帝，下极三王"，而且还通"百王之道，而随天地之终始"。

召来,见面的第一句话就是:"何相见之晚也!"(《史记·平汝侯主父列传》)至于刑法之士更成了武帝强化集权专制、实施严刑峻法的左臂右膀,如被《史记》、《汉书》列入"酷吏"传的那些人物,极大部分是武帝时期的,其中最著名的是史称"酷烈"的张汤,官至御史大夫。有次张汤生病,武帝亲自到他的官邸探视,这在当时被视为一种极为稀罕的"殊荣"。耐人寻味的是,由于武帝推崇儒学,像张汤这样一个酷吏也不得不学一学时髦,请博士弟子为他属下官吏讲讲《尚书》、《春秋》,使他们在决狱时也能引上几句儒学经典装装门面。这说明某种思想一旦被最高统治者定为独尊,就会很快演变成为一种形式,以至一种套话或广告用语,甚至出现挂羊头、卖狗肉那样的事。

一方面,采取了不少尊儒的措施,另一方面却并不真的想照着儒家学说的全部思想含义去做,武帝的这种心态在当时朝堂上很可能已是一个公开的秘密,但敢于当众点破的,在满朝文武中却只有一人,他就是武帝称为大体可算得上是个"社稷之臣"的汲黯。

据《史记》本传记载,汲黯是濮阳(今河南濮阳西南)人。他之所以敢于当众顶撞武帝,首先自然基于他的秉性:他为人耿直,倨傲少礼,好游侠而尚气节;此外,也还有个历史原因:在武帝为太子时,汲黯曾担任过太子洗马。洗马也作"先马",即前导。主宾客赞受之事,太子出行则为前导。这也就是说,汲黯陪伴武帝度过了从七岁到十六岁的少年时代,当时主仆关系还不是那么森严,多少还存有一点哥们情义吧?

武帝即位后,汲黯历任谒者、荥阳令、东海太守和主爵都尉等职。他信奉黄老,处事但求大体,不拘文法。一次河内郡发生延及千家的火灾,武帝命他急赴灾地处理。他回来禀报说:"家人失火,屋比连烧,不足忧也。"但就在途中,他看到河南郡内因"伤水旱万余家",已经饥饿到了"或父子相食"的地步,便自作主张凭着手中符节"发河南仓粟以振贫民",为此他请武帝治他"矫制之罪"。武帝没有杀他,反而说他做得好。不过汲黯更为突出的特点,是他那种不为权势折腰的倔脾气。他有好多个"唯有"。譬如田蚡为相,威风八面,中二千石官员来谒,都要行跪拜大礼,田蚡一概安然受之。唯有汲黯,只揖不拜,田蚡却不得不以揖礼作答。再如武帝,喜欢率意,如果不是在朝堂上,一般接见大臣常常不戴冠冕,有时甚至踞床而坐。唯有对汲黯,定要整冠束带而见。一次武帝在武帐,未戴冠冕,一听汲黯要来奏事,只好命人代为接见,自己避入后帐。第三个唯有,就是唯有汲黯敢于当众点破武帝那个公开的秘密。那是一次在朝会上,武帝说了一番要如何如何推崇儒学、施行仁政的话,汲黯立刻站了出来——

黯对曰:"陛下内多欲而外施仁义,奈何欲效唐虞之治乎?"上(指武帝)默然,怒,变色而罢朝。公卿皆为黯惧。上退,谓左右曰:"甚矣,汲黯之戆也!"

"内多欲"而要想"外施仁义",这是一个很大的矛盾。也就是说按照儒家学说,一个没有达到"内圣"的当国者是无法"外王"的。汲黯的话显然击中了武帝的要害。但尽管这是个公开的秘密,毕竟也是个秘密,你汲黯怎么竟敢像《皇帝的新衣》中的小男孩那样把它说穿了呢?众公卿都不禁要为他捏一把汗。好得武帝在多数情况下还算得上是个比较开明的皇帝，他没有因此杀汲黯，而是恼羞成怒地骂了他一声戆——不是一般的戆，是"甚矣"的"戆"！

凡此种种都说明，终武帝之世，所施行的思想路线，其实还不是"罢黜百家，独尊儒术"，而是"外儒内法"，或者叫作"霸王道杂之"。霸道指法家刑治；王道指儒家德治。其后昭帝、宣帝也大率如此。

说"霸王道杂之"这句话的，就是武帝的曾孙宣帝。

宣帝的儿子元帝刘奭（shì），当他还在做太子时，看到宣帝信用的多是一些文法吏，动不动用法家、名家那一套苛责臣民，就利用一次侍宴的机会，向宣帝提了个不要持刑太深、应该多进用一些儒生的建议。宣帝一听顿时怒形于色，斥责道：

汉家自有制度，本以霸王道杂之，奈何纯任德教，用周政乎！且俗儒不达时宜，好是古非今，使人眩于名实，不知所守，何足委任！（《汉书·元帝纪》）

不妨把"霸王道杂之"看作是汉帝国的一个制度配方，至于二者比例的多少，则视实际情况而定。自武帝至宣帝，这一制度配方大体实行了一百年。宣帝在上面那次与刘奭的谈话末了，有一声深表忧虑的叹息："乃叹曰：'乱我家者，太子也！'"后来历史的发展果然证实了宣帝的担心。柔仁好儒的刘奭一继位而为元帝，便改变了"霸王道杂之"这个"汉家制度"的传统配方，颇为全面地贯彻了"罢黜百家、独尊儒术"之制。从此，研读、解释、阐发儒家经典成了迁任高官的必备条件，就像《汉书·儒林传》序言说的那样："一经说至百余万言，大师众至千余人，盖利禄之路然也。"元帝时有个韦玄成就是"以明经历位至丞相"的，在他家乡齐鲁一带还由此流传出一句谚语："遗子黄金满籯，不如一经。"（《汉书》本传）我们现在读载录在《汉书》中的元、成、哀、平诸帝的诏文，可以看到无一例外地都以儒学为指导思想，其中半数以上还直接引用了孔子或儒家经典的语录。这也就是说，从汉代元帝开始，中国翻开了一部总体上都是言必称孔孟的历史。到成帝时，孔子有了第一个封号：殷绍嘉公；及至平帝，又有了第一个谥号：褒成宣尼公。此后历代帝王就像展开了一场追封孔子的竞赛，越捧越高，越吹越神。耐人寻味的是，汉帝国却没有以元帝为契机再创辉煌，而是由此步履蹒跚地走向它的黄昏。其后是王莽主要按照儒家经典《周礼》的改制及其失败，和刘秀并不十分成功的"中兴"。儒学在吸收了东来佛学的营养以后，才有了贞观、开元那种开阔、宏大的盛唐面貌。这中间引人深思的问题很多。单就思想发展而言，儒学在秦汉之际极其艰难的生存环境中，敛迹自励，虚己自新，撷取诸家之长完成了一次蜕变，获得了很强的适应性和蓬勃的生命力，终于在与诸家竞争中赢得了定于独尊的地位。但因这个"独尊"是凭借皇权的支撑取得的，这就同时已埋下了衰落的种子。思想理应是活泼的，生生不息的，并在与不同学派相互平等地交流、碰撞和激扬中获得不断的发展；而一旦依仗国家权力宣布唯我独尊，就会逐渐停滞、凝固，变成一种坚硬甚至可怕的东西。诚如徐复观先生所言："通观古今中外，学术与现实政治，必有一相当距离，使其能在社会上生根，学术乃有发展可能，政治乃能真得学术之益。"(《两汉思想史》)武帝尊儒不失为一次明智的选择,此后,理应有第二次、第三次和更多次的选择,以便让各个学派在这些选择中优胜劣败,由最具生命力的思想引导社会革古鼎新,依其自身规律顺序前进。但因皇权的介入,自居独尊的儒学却成了一种思想霸权,阻遏了这条革新之路,稍有"离经叛道"即被斥之为"异端"而大肆讨伐,必欲铲除而后已。这样直到近代,深锁的国门忽而被西方的坚船重炮一下轰开,国人这才惊恐地发觉,古老的中国无论政治、经济抑或文化的体制都已是那样相形见绌,冥顽固陋,再不思变革,民族危亡已迫在眉睫。于是五四时期的前驱者们振臂疾呼,发出了"打倒孔家店"那样激愤、悲怆的先声。所有这一切,如果要追究一下始作俑者,当然也可以追溯到武帝的采用"罢黜百家,独尊儒术"之策。于右任先生曾以《汉武帝陵》为题作诗吟诵道:

绝大经纶绝大才,
罪功不在悔轮台;
百家罢后无奇士,
永为神州种祸胎。

于右任先生大概不会想到,多少年后的今天,儒学又成了显学,读经又成了时髦。这真是历史的"三十年河东,三十年河西"。不过所有这些,汉朝人听了可能只是付之一笑。他们会说,这些翻来覆去的事都是你们后人闹出来的,与他们无关。让我们还是赶快返回汉帝国朝堂,说说尊儒派衮衮诸公的情况吧!

儒学受尊后尊儒派的政治分化

先说董仲舒。

对策那年,董仲舒大约已有四十六七岁。此前,他只是默默无闻而又专心致志地做着自己的学问;三次对策,既使他一夜成名,却也把他推到了古语所说的"峣峣者易缺,皦皦者易污"的险境。

对策后,武帝任董仲舒为江都王刘非之相。稍作玩味便可看出,这一任命含义微妙。

王国之相俸秩相当于郡守,为二千石,较之董仲舒原任博士仅六百石要高得多,从这个意义上说,可以看作是升迁和重用。但既为江都王相,就得离开京师,到数千里外的广陵(今江苏扬州西北)去赴任;而依汉制,做过王国官再要任京官就十分困难。因而当时官场有一种习气:以在京做朝官为荣,外放做地方郡国之官为耻,视之为贬谪,称"左迁"。当年贾谊离京去做长沙王太傅,就自称是"俟罪长沙",以遭放逐的屈原自况,踯躅在湘江边作赋凭吊,伤彼叹己,不能自已。董仲舒之任江都相虽不能视为放逐,但多少也带有点疏远之意。

这一任命所反映出来的矛盾现象说明，尽管武帝十分器重董仲舒的学问，赞赏他的对策，也采纳了他的大部分建议，但却并不想真正重用他，无意让他成为近身辅佐大臣。其中原因，或许可从上文提到的董仲舒"为人廉直，为学醇一"八个字中得到解释。皇帝通常总是喜欢谀臣、不喜欢直臣，武帝也不可能例外，"为人廉直"的董仲舒就会让他感到不那么称心。不过这恐怕还在其次。更为主要的是"为学醇一"，即坚持执守儒学全部内涵，包括对帝王的要求也不肯打折扣。儒家倡导的所谓"内圣外王"【1】，认为君主应有崇高的精神修养，这种精神蓄于内为圣人之德，施于外则为王者之政。董仲舒的《天人三策》和他的代表作《春秋繁露》概括说来，包含着"正君"和"尊君"，也可说是"内圣"和"外王"这样两个方面的内容。对于一种学说，思想家关注的是它的真理性，是它的普遍价值；政治家感兴趣的则是它的工具性，是它的使用价值。武帝赞赏董仲舒对策中那些神化皇权和有利于大力推进王事的主张，却不能容忍同是这个董仲舒在他身边成天唠叨什么"故为人君者，正心以正朝廷，正朝廷以正百官"那一套！

元光元年（公元前134年）秋月，董仲舒赴广陵莅任，开始了他的跌宕起落、荣辱无常的宦海生涯——这且暂时按下不表，再来说说尊儒派中最初的两个核心人物田蚡与窦婴。

国舅爷田蚡，如今成了未央宫里最风光的人物。他早已封为武安侯、此时又任为丞相，做了武帝得力的辅佐之臣。《汉书·儒林传》称："及窦太后崩，武安君田蚡为丞相，黜黄老、刑名百家之言。"作为丞相的田蚡应是尊儒的功臣，但他同时又仗着这个人臣之极的相位，加上特殊的外戚身份，日趋骄奢跋扈起来。他遍置田园，广建宅第；又逾越礼制，前堂列钟鼓、树旌旗，后房广妻妾、众婢女，珍奇玩好不可胜数。当他刚以王皇后同母弟弟的身份入宫为诸曹郎时，一方面执子弟之礼殷勤奔走趋奉于当时已为大将军的窦婴门下，另一方面谦恭待客，推举名士入仕，目的就是希望将来有一天能压倒窦婴及诸公卿。如今随着窦太后的去世窦氏大厦轰然倒坍，在武帝初次尊儒中曾为主要辅佐大臣的窦婴也成为弃物，被永远逐出了政治舞台。田蚡企盼中的这一天终于来到，于是他便开始想方设法嘲笑、奚落赋闲在家的窦婴，从中获得作为胜利者的快感。一次他让灌夫去对窦婴说他将去登门拜访。正处于失落、潦倒中的窦婴，一听新任相国将屈尊光临，自然受宠若惊，赶紧与夫人一起，又是沽酒宰牛，又是洒扫张具，整整忙碌了一个通宵。第二天从清晨一直恭候到中午，却总不见贵客踪影。心急火燎的灌夫赶到相府一探问，谁知田蚡还躺在卧榻上睡大觉呢！醒来后轻巧地说：昨夜大概多喝了几樽，把这事给忘啦！

面对田蚡的恶意戏弄，开头窦婴还是以大度处之，不予计较；谁知田蚡却得意忘形，进而想要挟窦婴让出在城南的大片土地。他派门客藉福去向窦婴说这件事。这下窦婴再也不能容忍了，他愤怒地回答说：我老朽虽是已被遗弃，你田将军虽是大富大贵，但难道因

【1】内圣外王：语出《庄子·天下》。孔子只是略有提及，并未系统论述，后期宋明理学家作了概括、引申、阐发和倡导。近代梁启超对其含义作了通俗解释。他认为内圣外王"可以《论语》'修己安人'一语括之。做修己的功夫做到极处，就是内圣；做安人的功夫做到极处，就是外王。至于条理次第，以《大学》说得最为简明"（《儒家哲学》）。梁氏说的这个"最为简明"的"条理次第"，见《大学·一章》："格物而后知至，知至而后意诚，意诚而后心正，心正而后身修，身修而后家齐，家齐而后国治，国治而后天下平。"简言之，即所谓"修、齐、治、平"。

此就可以仗势欺人、侵夺别人的田产了吗？田蚡碰了一鼻子灰，心里十分恼怒，又以为这是灌夫在从中作梗的缘故，两人由此交恶，相互揭举对方在暗中做的坏事：田蚡说灌夫在家乡颍川横行不法，灌夫说田蚡收受淮南王贿赂；你拔剑，我张弩，愈演愈烈。后来还是两家的宾客居中调解，争斗才勉强停歇了下来。

这年夏天，田蚡娶燕王刘泽孙女为夫人，王太后下旨列侯及宗室皆须前往庆贺。在这次婚宴上，由于田蚡有意怠慢灌夫，众客也跟着一齐对他冷落。为人刚直、生性鲁莽的灌夫如何忍受得了这等屈辱，满腔怒火无处发泄，就借敬酒缠住一两人破口大骂，好些人因而纷纷离席。田蚡抓住此事"无限上纲"，竟以"大不敬"罪将灌夫捆绑下狱，并下令分头追捕其宗族。窦婴觉得灌夫是因他之故而获罪田蚡的，为营救灌夫，他不惜散尽家财，四处奔走。此时窦婴仍保留着魏其侯的爵号，他这样做，就有被夺爵以至杀身的危险。当夫人劝阻他时，他说了这样一番掷地有声的话：

侯自我得之，自我捐之，无所恨。且终不令灌仲孺（灌夫之字）独死，婴独生！（《汉书》本传）

此案后因王太后出面给武帝施加压力，不仅诛杀了灌夫及其全家，还殃及到窦婴，尽管窦婴藏有当年景帝赐给他的那份"事有不便，以便宜论上"的遗诏，但因掌管文书的尚书处无此遗诏存档而被认为无效，最终也被斩首于闹市并抛尸街头。

不过田蚡也没有逞意多久。灌、窦之案了结后三个月，即元光五年（公元前130年）三月[1]，田蚡生了一种浑身像是被棒击那样剧痛的怪病。召来巫师一看，说是窦婴、灌夫鬼魂作祟的缘故。很可能，这是田蚡在临死前出现的一种幻觉。这个靠着同母姐姐王太后的关系登上了人臣极位的政治暴发户，终于在"痛啊、痛啊，我服罪、我服罪"的惨叫声中，慢慢咽下了最后一口气。

司马迁对窦婴、灌夫、田蚡三人的性格特征及相互恩怨关系，有这样一段评述——

魏其诚不知时变，灌夫无术而不逊，两人相翼，乃成祸乱。武安负贵而好权，杯酒责望，陷彼两贤。呜呼哀哉！

继田蚡而在相位上为尊儒做出重要贡献的是公孙弘。

公孙弘其人可说就是武帝尊儒举贤的一张活广告。他自从第二次受菑川国推举为贤良学士赴京对策后，一路官运亨通：由博士而左内史，又由左内史一跃而为御史大夫，登上了三公之位。元朔五年（公元前124年）武帝又决定任命公孙弘为总领百官的丞相，这时却碰到了一个难题。原来汉初已形成了一种"先侯后相"的制度，即只有已封有侯爵的人才有资格被任为相。而根据白马盟约"非有功不得侯"，这个"功"在汉初又只能是军功，

---

[1] 此据《史记》、《汉书》窦婴、田蚡传。《汉书·百官公卿表》则记田蚡死于元光四年（公元前131年）三月。

因而自高帝以来，出任丞相等重要职位几乎成了沛县集因和功臣宿将的专利。而由对策入仕的公孙弘此时尚未受有任何爵位，又怎么能出任相职呢？好在武帝要做的事是从来不顾忌成法旧制的，于是他又来了个出人意料的举措：在任命公孙弘为相的同时，又下诏封以为平津侯。这就是说从公孙弘开始，又创立了一项"先相后侯"的新制度。这一变化说明汉帝国高层权力构成的主体已先后摆脱了沛县集团和功臣宿将的垄断，标志着一个文官主政的新的历史时期已经到来，这对当时的文人学士是一个极大的鼓舞。请看《史记·儒林列传》对此事的记载——

公孙弘以《春秋》白衣（即布衣，指无任何官职、爵位）为天子三公，封以平津侯，天下之学士靡然乡（通"向"）风矣！

公孙弘的通过攻读《春秋》，由白衣而拜相、封侯，成了一条为万千学士所倾心追逐的阳光大道；公孙弘本人也成了学士心目中的"明星"和"偶像"，慕之效之，风靡一时。

现在让我们再把前面搁下的话头续上，来说说董仲舒做江都相的遭遇，以及他在官场的几次蹭蹬和最后归宿。

王国之相，实在是个难弄甚至危险的差使。它名义上是个朝廷命官，对诸侯王还负有一点督察之责；实际上诸侯王与皇帝都有着骨肉之亲，哪容得你一个外姓人插进一脚去说三道四！更何况江都王刘非是个有名的难以侍候的主。他是武帝的异母哥哥，生性好勇斗狠，专横跋扈；近些年来大造宫馆，广招豪强，越发骄奢。武帝此任可能就有借重董仲舒大儒之名管束管束他这个桀骜不驯的兄长的意思，但董仲舒却从莅任之日起，不得不时时处于如临深渊、似履薄冰的惊悚中。

不久，果然发生了一次较量。

据《春秋繁露》第三十二篇载录，较量表面上是以探究学问的形式开始的。平日喜好舞刀弄枪的刘非忽而对历史发生了兴趣。他颇为谦恭地问董仲舒：春秋时，范蠡、文种、泄庸三人佐助越王勾践攻灭吴国，成就了霸业。孔子称微子、箕子、比干[1]为殷之"三仁"，寡人以为范蠡、文种、泄庸也可称越之"三仁"，不知相国以为如何？

董仲舒一听大惊，分明看到刘非设下的是一个试探性陷阱。他问的表面是历史问题，其实却是一个在当时极为敏感而又危险的现实政治问题。如果承认范蠡等为"三仁"，那就等于承认他们佐助一个诸侯王去攻灭另一个诸侯王进而称霸于诸侯，是属于仁义的行为了。既然如此，那么现实中的江都王刘非，他若是要去攻打其余诸侯王进而自称霸主，与汉天子来一个分庭抗礼，不也合乎仁义了吗？

正当董仲舒思虑着如何委婉地作出反驳时，刘非又紧接了一句：当年桓公有疑问就求

【1】微子、箕子、比干：均为殷纣王时大臣。微子为纣王庶兄，箕子、比干为纣王叔父。纣王暴虐无道，三人皆力谏。纣王杀比干，微子惧面逃亡，箕子则佯狂为奴。《论语·微子》："微子去之，箕子为之奴，比干谏而死。孔子曰：'殷有三仁焉。'"

教于管仲,今寡人有疑问就求教于相国,望相国不吝赐教。

真所谓图穷而匕首见。如此今古对比,已把刘非图谋不轨的内心暴露无遗。春秋时的齐桓公,正是依靠了相国管仲的佐助才"九合诸侯、一匡天下",称霸当世的;因而刘非的这句话等于暗中向董仲舒抛出了一个谋反约定:你来做辅相管仲,我来做称霸诸侯的桓公!

董仲舒在惶恐中伏地再拜,谨慎地回答说:臣知窄学浅,不足以奉大对。然大王既已垂问于臣,臣又不敢不对。

为了不激怒这位狂傲的江都王,董仲舒先不作正面反驳,而是讲了一个当时已为人们所熟知的古代贤人柳下惠的故事:一次鲁国国君想去攻打齐国,问柳下惠是否可以。柳下惠当然回答不可以,但事后他却为鲁君来问他这样的问题而深感羞耻。董仲舒借此说明:如果范蠡等三人是越之"三仁",那就即使越王只是向他们问一问可否灭吴的事也应当感到羞耻,可他们不仅是越王灭吴的顾问,而且还是出谋划策的实际参与者!接着董仲舒又给"仁人"下了这样一个定义:"仁人者,正其义不谋其利,明其道不计其功。"按此标准,范蠡等三人显然都不配称仁人。最后郑重宣称:"仲尼之门,五尺童子羞称五霸。"这不仅表明了他董仲舒决不会去做当今的管仲,同时也暗中婉转地规劝刘非:你也应该安于江都王这个"分",切不可存有霸业之心!

刘非终于领教了这位以"廉直"著闻的大儒,不得不勉强说出了一个字:"善。"

据《汉书》记载,在其后的一段时间里,董仲舒常以"礼义"匡正刘非,刘非对他也颇为"敬重",总算相安无事。

但意外的厄运还是降临到了董仲舒头上。

建元六年(公元前 135 年)春夏间,相继发生了辽东高庙和京师高庙便殿两起火灾,这在当时被视为一个极为严重的事件,以至武帝也要为之"素服五日"(《汉书》本纪)。事后董仲舒写出了一篇《灾异之记》[1],依据他独特的"公羊学",将这两次火灾与几百年前鲁国的几起宫廷火灾作了对应比附,并假借天意,向武帝提出了要严惩诸侯王中的"远正"者和大臣中的"不正"者等建议。应当说,诸侯王和大臣中远离正道或所行不正的,的确大有人在;但董仲舒这样写,显然超越了他作为王国之相的职权范围,因而难免让人揣想其中是否含有他个人意图,譬如希望因此一奏而引起武帝对自己的重视,或能召回京师任为辅佐近臣等等。不过董仲舒处事一向谨慎,鉴于文中所涉及的是当时最为敏感的政治问题,提出的建议又过于大胆和酷烈,还不敢贸然上送朝廷,只是作为草稿置于案头。不料这天有个叫主父偃的中大夫登门来访,此公平日就对董仲舒的才学心存妒忌,这回竟趁人不备,将《灾异之记》窃走去奏报了武帝。就为这篇文稿,董仲舒锒铛入狱,被定了死罪。后来总算武帝开恩赦免,将其由王国相贬为王国中大夫。侥幸逃过一劫的董仲舒,从此

【1】《灾异之记》:董仲舒作,已佚,其主要内容《汉书·五行志》有录。董仲舒的建议中,包括要对"亲戚贵属在诸侯远正最甚者",以及"近臣在国中处旁仄及贵而不正者",皆"忍而诛之",即要对诸侯和大臣中被认为是"远正"或"不正"者大开杀戒。

不敢谈论灾异，再也无心于仕途的进取，只是潜心发愤于学问之事。

据《汉书·五行志》记载，后来因发生了淮南王刘安谋反案（见本章三节），武帝这才又记起了《灾异之记》，对董仲舒的处理颇有悔意。大约就在此期间，武帝要给已立为皇太子的刘据找个教授《春秋》的老师，二度将董仲舒召回长安。这位总是不甘心因循旧法的皇帝，这回又玩了个新花样：他让专攻《公羊春秋》的董仲舒、公孙弘，与精于《穀梁春秋》的瑕丘江公来一个当廷讲议，类似现今流行的所谓"竞争上岗"。第一轮淘汰了江公，第二轮淘汰了公孙弘，结果是董仲舒胜出："于是上因尊'公羊'家，诏太子受《公羊春秋》，由是《公羊》大兴"（《汉书·儒林传》）。

想来董仲舒该是为自己的这次"胜出"兴奋过一阵子的，因为他以为这纯粹属于他所倾心的学问之事，与官场的争斗无关。但事实却很快证明他又错了！

这里就要说到武帝的另一位异母哥哥，被封为胶西王的刘端。

这个生性乖戾、行为怪诞的胶西王，因患阳痿，一近女色就要在病榻上躺上几个月，稍有冒犯就要杀人，包括朝廷派去的官员也有多个被砍伤、杀死。大臣们几次奏请将他依法论罪，武帝却还心有不忍，想再派个强相去或许还能管得住。但派谁去好呢？武帝正在为物色不到合适人选发愁，公孙弘抓住这个机会，向武帝推荐了董仲舒。他认为董仲舒是唯一合适人选，并以此前董仲舒曾以礼义匡正江都王刘非颇有成效作为依据。《汉书》记载说，其实公孙弘推荐董仲舒的真正的动机是两个字："嫉之。"

公孙弘的嫉妒可能有双重含义：一是报"竞争上岗"时败于董仲舒的"一箭之仇"；二是将董仲舒这个已被他视为竞争对手的人逐出京师，以巩固自己好不容易得来的相位。

无论公孙弘出于何种动机，一经武帝认可，董仲舒就不得不奉命赴任。此时，这位汉初大儒该已年近古稀。古制官员七十退休。董仲舒在官场几经沉浮，亲历了其中险恶，如今又做了这个放辟邪侈的胶西王之相，预感到若久居于位终将在劫难逃，因而便以多病为由请求提前退休。晚年赋闲在家，也不问产业之事，只顾以修学著书自娱。流传至今的《春秋繁露》等著作，最后的完稿和润色，大概就在此期间。

在我们现代人看来，董仲舒不做官而潜心于学问，无论对历史对他本人都应是幸事，以多病为由提前退休更是明智之举。但在古代"官本位"的语境下，人们大都不这样看。譬如清代查慎行就对董仲舒不能像卫青、公孙弘那样列于公卿之位深为不平，曾以《景州董子祠》为题作诗咏道：

西风残照广川城，
董相祠边感慨生。
官秩稍增秦博士，
文章独辟汉西京。
醇儒岂以科名重，
英主无如经术轻。
却笑武皇亲制策，

牧羊牧猪尽公卿。

还有，董仲舒本人也不这样看。今收录于《艺文类聚》及《古文苑》的《士不遇赋》，当系董氏垂暮之作。文中感叹"时来曷迟,去之速矣"，"正身俟时,将就木矣"；宣称自己"屈意从人,非吾愿矣"，可偏偏一生行事却是"遑遑匪宁,只增辱矣；努力触藩,徒摧角矣……"满腹怨愤，挥之不去，真是抽刀斩水水更流，举杯销愁愁更愁啊！这可说正是中国古今许多知识分子心态的共相。在帝王集权专制制度下，知识分子的出路似乎只有做官，但做官与作为一个学人的良心，却又往往如同鱼和熊掌那样难以兼得。董仲舒说他不愿"屈意从人"，这个"人"他当然只能泛指，但其实就是"今上"，也即汉武帝。帝王制度决定了唯皇帝一人手握着对一切人等的生杀予夺大权，只有他最有可能让所有人"屈意"顺从。从董仲舒一生行事看，纵然也曾努力不"屈意从人"，但实际上还是只好有保留地"屈意从人"，他的著述大多为应当时政治需要而作便是明证。一方面生性不愿"屈意从人"，另一方面为着追求功名利禄又不得不"屈意从人"，这就是董仲舒矛盾而又痛苦的心理。作为后人，我们对这位古贤除了敬仰、同情，也只好感叹。

不过无论如何，在武帝下诏对策、采取了种种尊儒措施后，当时的汉帝国朝廷上下，包括万千臣民，都处在一种急欲高扬华夏民族、创造旷古伟业的激情和兴奋中。此下我们就来说说雄材大略而又正当青春勃发的少年天子刘彻，如何运用由"霸王道杂之"这种理想配方化生出来的新型制度，充分发掘蕴含其中的能量，掀天揭地地强力运作，把大汉帝国推向鼎盛吧！

让整个帝国犹如一己之身动作起来（上）

司马迁在《太史公自序》中对武帝的毕生功业用了八个字来概括："外攘夷狄，内修法度。"这内、外两件大事内容都极为丰富，时间上是或平行或交错进行的；但我在叙述时为了力求简捷和明晰，只好将它们分拆开来。有关"外攘夷狄"拟单立一章，即第七章。本章此下两节，先来说说"内修法度"。

很可能，武帝尚在做太子时就读过当年洛阳才子贾谊进献给文帝的那道著名的《治安策》。策中提到强化帝国集权统治后，朝廷与地方诸郡国之间的关系应当是——

令海内之势如身之使臂，臂之使指，莫不制从，诸侯之君不敢有异心，辐凑并进而归命天子，虽在细民，且知其安，故天下咸知陛下之明。

整个华夏大地全都被整合得如同一个人，只要大汉天子一声号令，就会如同"身之使臂，臂之使指"那样立刻动作起来——这就是贾谊理想中的帝王集权制的"至治"境界。

这样的理想境界自然让文帝和后来的景帝无限向往，但他们都因为受到历史条件的限制而没有能够做到。现在，他们的继承者、雄心勃勃的汉武大帝，决心要使贾谊提出的理想境界成为现实。

砍削相权，相府客馆竟成了马厩

武帝第一刀，就要砍向作为他左臂右膀的丞相，这按常理几乎是匪夷所思。徐复观先生对此有一个简明而又切中要害的评述：

宰相制度，一方面为大一统的专制政治所必须；另一方面，却又为一人专制下所不容。（《两汉思想史》）

既"必须"，又"不容"，这就是武帝之所以要采取砍削相权和组建"中朝"两大措施的内在动因。

汉初丞相权位是很高的。《汉书·百官公卿表》规定其职是:"掌丞天子助理万机。"丞相总领百官,是朝政的实际执掌者,享有仅次于皇帝的尊位。如《汉旧仪》载:"皇帝见丞相起,谒者赞称曰:'皇帝为丞相起。'起立乃坐。皇帝在道,丞相迎谒,谒者赞称曰:'皇帝为丞相下舆。'立乃升车。"所以俗称丞相是"一人之下,万人之上"。

汉初的萧何、曹参大体上就是这样两位丞相。特别是萧何,尽管高帝对他也是处处猜疑、时时提防,但因当时高帝以全力对付韩信等异姓诸王尚且常常感到顾此失彼,很难再有精力顾及其余,因而不得不将朝政委诸萧何掌理,并特许他可以享有"剑履上殿,入朝不趋"、"赞拜不名"(分别见《汉书》之《萧何传》及《王莽传》)的殊荣。

但武帝要做一个真正的集权专制主义者。他要独掌皇权,不容许他人分享,也即不容许在他身边再出现一个萧何或曹参。

要砍削相权,这大概是武帝早在发诏举行贤良对策时就有的想法,之所以没有立即那样做,不是不想做,是他还过于年轻,没有具备相应条件那样做。

就在这个时候,武帝身旁却出现了一个想做萧何、曹参的人——田蚡。

尽管田蚡没有像萧、曹那样丰厚的学养与才具,但他却有同母姐姐为王太后这样特殊的外戚背景,因而也就有了萧、曹所没有的张狂与骄奢。

田蚡其人,《史记》本传称其"貌侵,生贵甚(其貌不扬,自视高贵)";《外戚世家》又说他"贪,巧于文辞"。还在任太尉期间,田蚡就利用外戚这个特殊身份,为自己张扬作势,并从中渔利。如原任梁内史的韩安国曾因犯法一度失官,田蚡收受了他五百斤金贿赂,就通过王太后这条内线,让他做了北地都尉。再如一次淮南王刘安来朝,田蚡迎于霸上。刘安是武帝的叔父,对皇位早存有非分之念,田蚡看准了他的心思,特意对他说:皇上如今还没有立太子,将来百年以后,继位的不是你大王,还能有谁呢!刘安一听喜出望外,作为酬报,送给了田蚡大量金钱财物。

田蚡当上了丞相自然更加肆无忌惮。他不仅广治宅第、田园,逾制设置钟鼓、旌旗,还越权荐举自己所信用的人。武帝已经忍无可忍了。这是《史记》本传记下的这对君与相、甥与舅之间发生的第一次冲突——

当是时,丞相入奏事,坐语移日,所言皆听。荐人或起家至二千石,权移主上。上乃曰:"君除(授任)吏已尽未?吾亦欲除吏。"尝请考工地益宅,上怒曰:"君何不遂取武库!"是后乃退。

武帝对两件事,各说了一句话。一件是田蚡没完没了地说着他所要授任的官员的名单,武帝语气中已显出十分不满:你授完了没有?我也想授任几个呢!另一件是,田蚡竟然提出要把考工官署的土地划给他扩建私宅,这回武帝光火了,说:干脆,你把武库也搬了去吧!

考工为少府属官,其职司是制作器械。武库在长乐、未央二宫之间,也属少府管辖。

这以后，田蚡才不得不有所收敛，稍示退缩。

田蚡病故，御史大夫韩安国曾代行过一段时间相职，后因不慎摔伤了腿，武帝只好另任平棘侯薛泽为相。武帝对丞相一职人选的要求，大略可归结为两条：首先是忠顺，其次也要有相应的才干。薛泽此人，忠顺有余而才具不足，自然也很难让武帝满意。他也像上文提到过的许昌、庄青翟那样，被司马迁列入在位无所建树，仅为"备员而已"的丞相名单之中（见《史记·张丞相列传》）。元朔五年（公元前124年），武帝罢免了薛泽。

继薛泽而于元光五年（公元前130年）被任为丞相的是公孙弘。这一年公孙弘已是高龄七十六七。在武帝一朝前后十三位丞相中，能够差强符合武帝心目中相职人选的恐怕就只有一位，那就是公孙弘。

公孙弘与董仲舒同因对策而进入武帝视野并引起注意的。若论才干，刘向曾称"董仲舒有王佐之材"，甚至要超过伊尹、吕尚等古代名相，可能有些说过了头，但至少不会差于公孙弘。再就对儒学的造诣而言，"公孙弘治《春秋》不如仲舒"；从人品看，董仲舒"为人廉直"，公孙弘"希世用事"，显然也有高下之分（均见《汉书·董仲舒传》）。但武帝真正重用的，偏偏不是董仲舒而是公孙弘，这是很耐人寻味的。董仲舒和公孙弘都在宦海中几经升沉起落，前者从中渐渐学会了自重和退让，后者则从而练就了一身如何迎合上意、保存自己的本领。《史记》、《汉书》对公孙弘在武帝面前的言行举止有了不少生动的细节描写，不妨用两个字概括：阿顺。譬如他揣摩到武帝尊儒其实只是为了装点门面，骨子里还是要严刑峻法，所以他既"习文法吏事"，"又缘饰以儒术"。他又发现廷议时，臣下说不出主意武帝不高兴，主见太多武帝也不高兴，因而他"每朝会议，开陈其端，令人主自择，不肯面折庭争"。果然，他这样做了以后，"上大悦之"。最典型的一次是处理某件政事，他事先与诸大臣商量好了一个方案，但到朝议时发觉与武帝的意向不符，立刻掉头顺从武帝，仿佛早把与众人商量好的方案忘得一干二净。这时一向以刚直闻名的汲黯又站出来说话了，于是便发生以下这样戏剧性的一幕——

汲黯庭诘弘曰："齐人（公孙弘原籍淄川薛县，古属齐）多诈而无情实，始与臣等建此议，今皆倍（通"背"）之，不忠！"

上（指武帝）问弘。

弘谢曰："夫知臣者以臣为忠，不知臣者以臣为不忠。"

上然弘言。

从这以后，诸大臣每次在朝堂抨击公孙弘，武帝反而对他越加优遇。

公孙弘在相位上还有一件常为后人诟病的事，那就是上文已提到过的，出于对董仲舒才学的嫉妒而奏请武帝命他再次离京出任胶西王辅相。不过从总体上说，公孙弘还应算是一位有所作为而又尚能自律的丞相。他似乎一生都没有忘记年轻时因犯罪而被免去狱吏之职，只好帮人在海边牧猪为生的那段艰苦又卑贱的经历，虽居高位，依然战战兢兢，盖的是布被、吃的是粗米饭，每餐只有一个荤菜，从不敢张扬自己。他的俸禄大多用来接济友人和接待宾客，家无积余。一次汲黯在朝堂上指责公孙弘位居三公俸禄甚多而生活如此节俭，分明是一种沽名钓誉的欺诈行为。显然汲黯的指责有点言过其实了，公孙弘内心不可能真的认同；但当武帝问他究竟是怎么一回事时，他非但不作任何辩解，还倒过来感谢汲黯击中了他确实存在毛病，又赞扬汲黯的忠心，说："且无汲黯忠，陛下安得闻此言？"公孙弘遏制着真实的内心演的这出戏是专给武帝看的，果然武帝对他的表演留下了一个以为他"谦让"的好印象。

读着《史记》、《汉书》这些记载文字，会不由升起一种苦涩感。从武帝要强化集权专制制度这个角度来说，把一个辅佐大臣打磨得如此驯顺，也该是不小的成功吧？但从人性应得到自由发展的角度来说，却又实在是一个很大的悲哀。

公孙弘活到八十高寿，终于其位。在武帝之世做丞相而能有这样好的结局算是极为难得的了。继公孙弘为相的还有六人，就没有这般幸运。《汉书·公孙弘传》结尾有这样一段文字：

> 其后李蔡、严青翟、赵周、石庆、公孙贺、刘屈氂（máo）继踵为丞相。自蔡至庆，丞相客馆丘虚（通"墟"）而已，至贺、屈氂时，坏以为马厩、车库、奴婢室矣。惟庆以惇谨，复终相位，其余尽伏诛云。

由于相权日削，丞相成了摆设，相府门庭冷落，以往用来接待宾客的馆舍，先是空无一人如同荒丘废墟，后来索性有的做了马厩、车库，有的住了奴婢。丞相虽是徒有其名，却又动辄得咎，六相中仅石庆一人得以善终。此公就是本章一节提到过的因奏文中马字少写了一点就吓得半死的那个石建的弟弟。石庆的谨小慎微较之乃兄有过之无不及。他为相九年，"文深审谨，无他大略"（《汉书》本传）；但即使这样，中间也有两次差点丢了脑袋。其余五人皆因罪或被诛或自杀。最令后人感叹的是原为骑士出身的公孙贺，一听说要任他为相，吓得怎么也不肯接受那让多少人眼红的金印紫绶，在朝堂上跪伏哭泣，哀求武帝放他一马："臣本边鄙，以鞍马骑射为官，材诚不任宰相！"（《汉书》本传）武帝命左右扶起，他就是不肯起来，最后是武帝亲自将他扶起的。公孙贺为相十余年，但求自保，碌碌无为。后因其子获罪下狱，他为了救儿子应诏去捕捉大侠朱安世，结果弄巧成拙，反而招来了一场巫蛊之祸（详八章三节），自己也被治罪，父子双双死于狱中。

自高帝至景帝，共有十三位丞相。其中有五人曾被免职，二人明升暗降为太子太傅，但无一人在任期间因罪受诛。

诛杀在任丞相，始于武帝。

民间流行一句话，叫作"伴君如伴虎"。的确，在像武帝这样的强势型帝王左右当宰相，是提着脑袋过日子的。原因就是强势型帝王最忌恨的是身边有人分割他独享的皇权。

建立中朝，用小人物制衡大人物

砍削相权，只是武帝强化集权专制的一项措施，另一项更为重要的措施是组建"中朝"。

武帝可不像秦始皇那么傻。那个关西汉子为了一个独断军国大事，日夜操劳，每天处理公文简牍要以石（一石重一百二十斤）来计量，而且自己给自己规定了指标，不达到指标不得休息。武帝削减相权却并不想躬亲所有庶务，他只是将相权分割后，交由他选拔在身边的一些更为亲近、驯顺和可信的人去做。由这些人形成的职官体系就称"中朝"，以丞相为首的原有的职官体系则称"外朝"。中、外朝的并存，使得武帝既可独擅皇权，又可拥有足够的闲暇时间，以便施展他多方面的才华，满足他广泛的兴趣和爱好，尽情地享受他的帝王生活。

所谓中朝官大致有以下几类：

一是尚书、中书等。尚书有尚书令、尚书仆射、尚书丞等，秦时已有。其职掌是"通章奏"，可说是皇帝身边的公文收发员。中书或中书令，是由宦者担任的尚书或尚书令，武帝始置。中，指禁中。汉时皇宫分宫、禁两个区域。皇帝、皇太后和皇后的居住区称"禁中"，禁中以外称宫中。禁中之地，外臣非经特许不得入内，本为宦者的中书或中书令则不在此限。武帝因何要让宦者来担任此职？通行的解释是："武帝游宴后庭，故用宦者。"（《汉书·佞幸传》）武帝经常于后庭宴乐歌舞确是事实，但设置中书或中书令恐怕不止是为了近便，应是出于更加可靠和有效地控制通达章奏这一事关朝政机枢的考虑。

二是大夫、中大夫等。均秦时已有。其职是侍从皇帝左右，掌议论，隶属于郎中令。汉时郎中令的官署在未央宫的高门殿，据《汉书·鲍宣传》说高门殿离禁中仅有"数十步"。任此等职者，往往由武帝亲自遴选，大多由才学出众、思维敏捷、能言善辩者为之。如会稽人庄助，在百余郡举贤良对策中脱颖而出，武帝即擢其为中大夫。其他如朱买臣、兒（ní）宽、主父偃、张汤、赵禹等，也都曾为中大夫。他们构成了武帝的一个并不固定的智囊团，如有必要，也可能成为武帝政令的直接执行者或实施者。

三是侍中、给事中等。侍中为古官，《通典·职官三》记其职务为掌管皇帝生活用物，"下至亵器虎子之属"。虎子也即便壶，可见其地位之卑微。给事中，秦始置。意谓给事禁中，也即准许其在禁中担任职役。武帝为了灵活地直接使用各种人才，又来了个打破常规，附加给侍中、给事中等官称一个特别的功能——加官。加官之设是武帝在职官制度上的一大发明。它冲破了原有官僚体系的藩篱，给了帝王制外用人的充分自由。作为加官的侍中、给事中已与原来的职掌无关，它只是一个标记，或者说是一张出入禁中的特别通行证。一个外朝官，纵使你是百官之长的丞相，非经特诏，你也无法跨入禁中一步；但如果获得加官之号，那么即便你只是个六百石小官，也可毫无阻碍地进入禁中，接近皇帝。

中朝与外朝的同时并存，是武帝时期高层权力构成一道特别景观。武帝的许多决策来自中朝。有时武帝不满意外朝某些建议，也会派中朝官去阐释或相互论辩，从而获得较为完善的结论。《史记》、《汉书》载有多例。如元朔年间，时任御史大夫的公孙弘提出奏议，以为国家已经疲惫，不宜再交通西南夷和设置沧海郡、修筑朔方郡。武帝就派朱买臣等去诘难公孙弘。结果是："发十策，弘不得一。"最后公孙弘承认自己无知，修改了他原先提出的方案。他惭愧地说："山东鄙人，不知其便若是。愿罢西南夷、沧海而专奉北方。"（《史记·平津侯列传》）武帝表示赞许。

比起外朝诸大臣来，中朝官大多位卑禄微，资历浅薄，年纪也比较轻；他们唯一傲人之处就是能够亲近皇帝。史家总结这种始于文帝之使用贾谊、景帝之使用晁错，至武帝而完全成熟的做法，其奥妙就在于"以小制大"。用小人物制衡大人物，使用起来方便、顺心。功成，自然归于帝王；倘若失败，就让小人物去做替罪羊，反正是小人物，说丢就丢，用不着伤筋动骨，处理起来方便得很，而帝王自己则始终处于进退自如的主动地位。这种做法后来为历代帝王所仿效，致使尚书这个原来仅为"掌通章奏"的小机构，一跃而成为总理朝纲的尚书台。到了唐代，最终由秦和汉初的宰相个人开府制，发展成为尚书、中书、门下三省长官联合宰相制。

砍削相权，组建中朝，这还只是武帝强化集权统治的一个方面。

当这位年轻的皇帝站在终南山上，遥望关中内外、大河上下这片华夏大地的时候，他的感情是复杂的：一方面他为它的广袤和富饶而骄傲，另一方面，若拿他理想中的帝国形象来要求，还有着种种使他很不满意以至无法容忍的地方。

他以为最突出的弊病有三：

一是豪强横行乡里；

二是诸侯王骄恣不法；

三是黄河中段决口已有多年。梁、楚之地大片遭灾，累岁不登；桃花水发之时，黄水滔滔，几成泽国。

豪强，包括豪族、豪门、豪猾、豪党等等，原是战国以来社会长期动荡和战乱的产物，而汉初施行的黄老之术，在使民众获得休养生息的同时，却也给了豪强以长养的土壤。《史记·平准书》作了这样记载："当此之时，网疏（指刑法宽疏）而民富，役财骄溢，或至兼并，豪党之徒，以武断于乡曲。"后来《后汉书·酷吏传》在回述这段历史时也指出："汉承战国余烈，多豪猾之民，其并兼者则陵横邦邑，杰健者则雄张闾里。"豪强中不少是大地主、大商贾。他们地广阡陌，富埒王侯，较集中的是河内、南阳、淮阳等地。像上文提到过的特权贵族田蚡和独霸一方的大地主灌夫，就属豪强。《史记·魏其武安侯列传》称灌夫"诸所与交通，无非豪杰大猾，家累数千万，食客数百人。陂池田园，宗族宾客为权利，横于颍川"。以至颍川小儿编出歌谣来唱道："颍川清，灌氏宁；颍川浊，灌氏族！"

七国之乱平后，诸侯王颇有收敛，其势力也大为削弱，但不久又膨胀起来。《汉书》对这个时期诸侯王的"骄淫失道"，包括恃贵施虐，滥杀无辜，淫乐无度等等，有大量记载，读来触目惊心。如济东王刘彭离（梁王刘武之子）甚至带着家奴和亡命少年四出杀人劫财，所杀人数单是被发觉的就有一百多，致使国人莫敢夜行。至于层出不穷的淫乱之事，更是令人不可思议。如江都王刘建（景帝之孙、刘非之子）常常强迫宫女脱光衣服，或令其击鼓，或逼其上树，或放出恶狼来撕咬她们，他则在一旁看着大笑。这位已经完全丧失了人性的封国之王，甚至异想天开地"欲令人与禽兽交而生子，强令宫人裸而四据，（即手足据地，作兽类状），与羝羊及狗交"（《汉书·景十三王传》）！

当然，更引起武帝和大臣们关注的是，此时诸侯王抗拒朝廷的事件又屡有发生。平定七国之乱后景帝诏令"诸侯王不得复治国，天子为置吏"（《汉书·百官公卿表》），这就是说此后王国官员须由朝廷派遣或任命。但有的封国王就以驱赶、治罪甚至杀害这些官吏来表示他们对朝廷的反抗。如赵王刘彭祖（景帝之子）"立六十余年，相二千石无能满二岁，辄以罪去，大者死，小者刑"。甚至仅有一郡之地的胶西小国（国王刘端，也是景帝子），"所杀伤二千石甚众"（均据《汉书·景十三王传》）。尤为严重的是淮南王刘安，又是制造攻战器械，又是以金钱馈赂诸侯奇士豪杰，不断显露出欲图不轨的迹象。

在诸侯王与豪强之间还有着一批特殊人物，就是游侠。游侠也是秦末以来长期战乱遗留下来的一种社会现象。在社会公共权力不作为或失去公正的情况下，游侠是来自民间的自发补救，他们的行为虽多属非法，不少情况下却能起到抑强扶弱、惩恶扬善的作用，成了弱势群体心目中的企盼。但从建立大一统的帝王集权专制制度的要求来说，"侠以武犯禁"（《韩非子·五蠹》），就不容许继续存在。特别值得注意的是，诸侯王或豪强往往都会利用游侠这支力量，二者一旦联合起来，就会对统一的帝国政权构成严重威胁。《汉书·游侠传》序言对此作了这样评述："是故代相陈豨从车千乘，而吴濞、淮南（指吴王刘濞、淮南王刘安）皆招宾客以千数，外戚大臣魏其、武安（指窦婴、田蚡）之属竞逐于京师，布衣游侠剧孟、郭解（均为当时大侠）之徒驰骛于闾阎，权行州域，力折公侯。众庶荣其名迹，覬而慕之。"并说："自魏其、武安、淮南之后，天子切齿。"可见武帝对此已痛恨至极，非铲除不可！【1】

这时候，有个看上去已颇有些老态的中年男子，正从东海之滨向长安艰难跋涉而来。看他那副鬓发散乱、鹑衣百结的潦倒落魄样子，也许你怎么也不会相信，正是他，为武帝解决眼前两大难题提出了两条极好的建议！

一个落魄齐人与"推恩"、"迁徙"两道诏令

此人叫主父偃，来自齐国临淄（今山东淄博临淄）。

主父偃年轻时学纵横术，后来看到儒学渐兴，又改学《春秋》、《易》及百家之言。尽管家贫乏资，又借贷无门，他还是在极艰苦的条件下，先在齐国与诸儒生交游，后又游历了燕、赵、中山等地，但遇到的，不是冷落，就是排挤。如此蹉跎岁月，渐渐老已将至，心却犹自不甘，于是索性一路流浪，西行入关。来到长安，探得原为骑奴的卫青，此时已被任为太中大夫且深受武帝宠信，便辗转拜谒其门下，请求代为关说。

【1】游侠是古代一种独特的社会现象，司马迁与班固分别通过《史记》、《汉书》中的游侠传序言对此作了几乎完全相反的评述，有兴趣的读者不妨找来一阅。大体说来，前者有一种当时十分难得的平民倾向，后者则反映了正统的庙堂观点。司马迁称赞游侠"其言必信，其行必果"，"且缓急，人之所时有也"，因而"侠客之义又曷可少哉"！具体到郭解等当时武帝正在搜捕的大侠，司马迁认为应当与"暴豪之徒"区别开来，并对"世俗不察其意"深表遗憾。班固则指出："五伯（指春秋五霸），三王之罪人也；而六国，五伯之罪人也。夫四豪者（指战国时以招纳天下贤士包括游侠而著名的孟尝君、春申君、平原君、信陵君），又六国之罪人也。况于郭解之伦，以匹夫之细，窃杀生之权，其罪已不容于诛矣！"

卫青倒是几次伺机在武帝面前替他说了话的，无奈武帝却引不起兴趣。眼看钱囊行将告罄，再也无法在这资费昂贵的京师之地居留下去，命运已将这位功名利禄的追逐者逼上了悬崖。退，还是进？在这决定一生成败荣辱的最后时刻，他作了一次孤注一掷式的最后努力：竭尽平生所学，草成了一道洋洋数千言的疏文，开头两句就把话说到了极处："臣闻明主不恶切谏以博观，忠臣不避重诛以直谏"（《史记》本传）。他抱着九死一生的快心，怀着些微希望，来了个"伏阙上书"。阙是宫殿门外两旁高耸的建筑物。北阙，即未央宫北门，谒见皇帝、上书奏事都得先在此处等候。奇迹发生了：主父偃早晨上书，当日傍晚就获得武帝召见。疏文所陈共九事，八事有关律令，一事建议征伐匈奴，武帝居然已经仔细阅读，召见时第一句话就是：公先前在何处呀？朕颇恨相见之晚呢！

主父偃上书的时间《史记》、《汉书》无明确记载，《资治通鉴·汉纪十》记为元朔元年（公元前128年）三月。在此后不到一年的时间里，他接连获得了四次升迁：由最初的郎中到谒者、中郎、中大夫。第二年，他就正在困扰着武帝的诸侯王骄恣不法和豪强横行乡里这两大难题，先后提出了两条建议，经武帝采纳形成的诏令就是《推恩令》和《迁徙令》。

据《史记·建元已来王子侯者年表》载录，《推恩令》原文是："诸侯或欲推私恩分子弟邑者，令各条上，朕且临定其号名。"实际就是要让诸侯王"自愿"将封地"推恩"分封给自己所有子孙，也即实行自我分割，自我弱化。

主父偃提出"推恩"这样一种做法，不仅表现出他有很高的智慧，同时还说明他精于权术。文帝时贾谊也曾提出过"欲天下之治安，莫若众建诸侯而少其力"（《汉书·贾谊传》）的建议，并一度试行。但那是一把硬刀子，是由朝廷下令砍削的，难免引起诸侯王的抗拒，景帝时吴楚七国之乱的导火线，便是朝廷的削藩之议。《推恩令》则是一把软刀子。尽管实际上也是以天下诏令的形式颁布，名义上却是温情脉脉地让诸侯主动"推私恩分子弟邑"。此前诸侯王诸子中只有嫡长一人有资格嗣封，《推恩令》则规定诸子均有受封的权利，区别只是嫡长为王，其余为侯。这样原先一个完整的王国，就会因一次次"推恩"而不断分割出一个个小王国来。数量越推越多，势力越推越小。

《推恩令》下达后，诸侯王明知这是软刀子，却也无由抗拒。当时诸侯王国共有二十个，有十四个或先或后响应[1]，一般分出一至十余个不等，其中城阳国最多，竟出现了三十三个小侯国！从此，"诸侯惟得衣食税租，不与政事"（《汉书·诸侯王表》）。当然这也只是制度上已有了这样规定，并非诸侯王觊觎皇位的事，从此真的永远不再发生。

关于迁徙豪强，主父偃在建议中是这样说的："茂陵初立，天下豪杰并兼之家、乱众之民，皆可徙茂陵，内实京师，外销奸猾，此所谓不诛而害除。"（《史记·平津侯主父列传》）

将豪强迁徙至一地，以便加强集中管理，这种做法始于秦孝公，秦始皇时曾大规模实施过。汉初高帝对部分六国贵族后裔也有过一次强行迁徙。主父偃建议迁徙豪强的集中地

【1】响应《推恩令》而分封的十四国为：城阳、赵、中山、淄川、河间、济北、齐、长沙、代、广川、鲁、胶东、梁、衡山。尚有六国未应令分封，它们是：江都、胶西、常山、济东、楚、淮南。

为茂陵。茂陵为武帝的陵园，建于即位后第二年（公元前139年），其址在长安西北的槐里县茂乡；因为建有皇陵，茂乡也随之升为茂县（今陕西兴平东北）。

《迁徙令》是与《推恩令》同一年（元朔二年，公元前127年）下达的，规定迁徙的对象是"郡国豪杰及訾（家产）三百万以上"者。这是第一次。后来分别在元狩和太始年间又有过两次，迁徙对象为"奸猾吏民"、"吏民豪杰"。所谓奸猾吏民，当包括贪官污吏、巨富、游侠之类。迁徙地除茂陵外，还有云阳边陲地区等（均据《汉书·武帝纪》）。

值得在这里说一下的是，主父偃得志后的张狂及其令人感慨的结局。

两项建议相继被采纳并实施后，主父偃愈益受到武帝信用，这时他又乘势介入皇室权力角逐，包括为卫青之姐卫子夫的被立为皇后而张罗奔走，为揭举燕王刘定国的暴虐、乱伦等阴事而窥测搜索，这些都被武帝称为"有功"。其中常受到后人谴责的，是上文已提到过的偷了董仲舒《灾异之记》的草稿去奏报武帝、致使董仲舒险些掉了脑袋那件事。

当主父偃贵幸倾朝、炙手可热之时，有人提醒主父偃说：你也太专横了吧？主父偃作了这样回答：

臣结发（指初成年）游学四十余年，身不得遂，亲不以为子，昆弟不收，宾客弃我，我厄日久矣！且丈夫生不五鼎食，死即五鼎烹耳。吾日暮途远，故倒行暴施之。（《史记·平津侯主父列传》）

也许主父偃确实被久久的穷困和屡屡的失败折磨怕了，因而一旦侥幸登上高位便发出了如此惊人的宣言。他认定自己已是一枚过河卒子，不再有任何回头路可走。为着好不容易抓到的荣华富贵，居然视人生为赌场，孤注一掷："生不五鼎食，死即五鼎烹耳！"

不妨把公孙弘与主父偃作一个比较。同样在艰难窘迫中蹭蹬了大半生，接近暮年而得暴贵，一个学得恭谨，事事克己阿顺；一个却变得张狂，但求眼前一逞。其中蕴含的人生况味，实在耐人细细咀嚼。

主父偃的显赫真正只有昙花一现。就在他提出的两次建议的同一年，便因被人告发收受贿赂和在处理齐王奸姊一案中有逼迫齐王自杀的嫌疑而被处以族刑，一家人全遭诛杀。在主父偃大红大紫之时，门下宾客多到数以千计，朝廷群臣趋之若鹜，有的为求交好不惜以千金为赂。一旦受戮，众人避之唯恐不及。偏有个叫孔车的人，主父偃生前不来趋附，死后却为之收尸安葬。武帝听了大为感慨，说：如孔车者，乃真长者也！

在颁发《推恩令》和《迁徙令》的同时，武帝为进一步强化帝王专制统治，又采取了一系列措施，来加强对官吏的考察和监督，其主要办法便是峻法严刑和任用酷吏。

于是先后下诏——

（一）命太中大夫张汤、中大夫赵禹制定律令，其中包括《见知故纵》、《吏传得相监司》、《缓深故之罪》、《急纵出之诛》等，大部分条文都是为督责官吏而设；

（二）将全国划分为冀、幽、并、兖、徐、青、扬、荆、豫、益、凉、交趾、朔方等十三个州部，每州派部刺史一人，每年八月乘传车巡行所属郡国，岁末回京直接向皇帝奏报；

（三）加强皇宫、京城警卫，扩充军队实力。除原有南、北军外，增设中垒、屯骑、步兵、越骑、长水、胡骑、射声、虎贲八校尉，隶属北军；又设期门、羽林二军，隶属南军。

以上诸项具体条文和实施细节，似已越出了本书预定的写作范围，好在《史记》诸书、《汉书》诸志皆有详录，恕不赘述。任用酷吏是武帝强化吏治的一大特色，现在我们就来认识一下酷吏这个独特的官僚群体。

酷吏群像：似鹰击雏，如狼牧羊

《史记》和《汉书》都有酷吏传，所录酷吏大多任职于武帝一朝。似乎不能简单地将酷吏与恶吏，尤其不能与贪官污吏画上等号。酷吏是帝王集权专制制度的产物，是像武帝这样的强势型帝王为强化吏治而特意打造的一件工具，因而他们的特征便是以"酷烈为声"。他们虽也杀戮平民，但其锋刃所向主要是豪强、权贵和官吏，而他们自身则多数比较廉洁。如杜周，堪称这方面的典型。在他任廷尉期间，狱中关押的二千石大官常不下百员，其他官吏更不可胜数。他办案的特点一是揣摩上意，二是严刑拷掠。有人批评他身为廷尉应循三尺之法，不该专看皇上脸色行事，杜周回答说："三尺安出哉？前主所是著为律，后主所是疏为令；当时为是，何古之法！"一句话：什么法不法，皇帝说的话就是法！

再如宁成，曾为济南都尉，人称其治"如狼牧羊"。后任关都尉，出入关的人编出顺口溜来唱道："宁见乳虎（哺乳期的母虎最为凶猛），无直（碰到）宁成之怒！"再后来因长安附近皇亲国戚犯法甚多，武帝特将宁成召来，任以专管京师治安的中尉。宁成一莅任，"宗室豪杰人皆惴恐"。

又如义纵，年轻时做过强盗。他有一个做医生的姐姐曾为王太后看过病，靠了这层关系义纵当上了中郎。后来在他任长安令时，偏偏碰上了一桩案子，嫌犯就是王太后的外孙、武帝前些年找到的那个同母姐姐金俗的儿子。那可是皇亲国戚啊！捕，还是不捕？义纵最后还是将这个当朝王太后的外孙械系入狱，绳之以法。武帝大为赞赏，任义纵为河南都尉，继而又升迁为定襄太守。义纵对两地豪强用的是被史家称为"鹰击毛挚（如猛鹰奋翅袭取飞鸟）"的惩治方法，动辄灭族，一次报杀多达四百余人，"郡中不寒而栗，猾民佐吏为治"。

还有一个叫王温舒，年轻时做过盗墓贼，后历任廷尉史、御史、都尉、太守和中尉等职。生性残忍好杀，只要落到他的手，就别想活着出来。他在广平做都尉时，想出了一个不妨称之为"以毒攻毒"的办法：挑选一批生性凶狠而又私下犯有罪行的吏员做他的帮手，抓住他们的罪行作为把柄，放手让他们去办案。能够毫不留情抓捕盗贼的，即使原来犯有严重罪行也不再追究；倘若发生徇私枉法一类事，那就新账老账一起算，杀他个满门！自从用了这个办法，这些人办起案子来一个个如狼似虎，吓得盗贼再也不敢靠近广平辖区，广平出现了"道不拾遗"的太平景象。武帝得报大喜，即调王温舒到以豪奸众多闻名的河内郡去做太守。王温舒九月到任，用的仍是"以毒攻毒"这个老办法，第一批经奏报而杀的就有千余家，以至出现了"流血十余里"的惨烈景象。三个月以后，"郡中无犬吠之盗"，治安状况大有好转。只是还有小股盗贼逃到了邻郡，而此时春季已来临，按规定不可再行刑。这个好杀成性的酷吏竟然顿足叹息道："嗟乎，令冬月益展一月，卒吾事矣！"——啊，假如冬季再延长一个月，我就可以杀尽这些盗贼啦！

当然，酷吏中最著名的还应数张汤。

张汤，杜陵（今陕西长安东北）人，先人与张良同祖，父亲为长安县丞。有一件小事，说明张汤自幼就有治狱天赋。一次父亲外出，嘱咐他好好看家，父亲回来却发现橱中肉食已被老鼠衔去，因而给了他一顿狠狠的鞭打。还是个孩子的张汤，居然又是掘地，又是熏烟，硬是将那些偷盗肉食的老鼠来了个"鼠赃"俱获。随即开庭审判，对质拷掠，问案笔录，做得简直像个熟练的老狱吏。父亲大为吃惊，于是索性就让他学习法令。先为长安吏，后为时任内史的宁成的属官，因受到推举而成为茂陵尉。田蚡为丞相，张汤被荐补为侍御史。

张汤跃升为一颗政治明星，始于他奉命承办的第一个大案：陈皇后巫蛊案（详八章三节）。依据武帝欲"穷治"的意向，他充分发挥自己在深文周纳、穷治党羽方面的才能，此案株连而诛者多达三万余人。武帝以为他办事得力，即由侍御史擢任为太中大夫，并命他与另一位太中大夫赵禹共同制定法令。两人很快成为好友，张汤像敬重兄长那样敬重赵禹。赵禹也被史家列入酷吏传。《汉书》对两人的性格作了这样对比："禹志在奉公孤立，而汤舞知（通"智"）以御人。"赵禹正直孤傲，张汤虽也廉洁，待人接物却常常要耍弄他的巧智。正是这个区别，两人演绎了各自不同的人生。

几年后，张汤又受命承办淮南、衡山诸王谋反案，仍然是穷究深治，用法酷烈，坐死者竟达数万！其中侍中庄助、淮南国中郎伍被，武帝原来准备赦免的，张汤却还要力争，以为"如此弗诛，后不可治"（《汉书》本传），最后还是杀了这两个人。因治淮南、衡山等案之功，张汤很快又迁升为御史大夫，并受到超常信用。武帝为听他奏事，有时会忘记吃饭，以致到了当时任丞相的李蔡只好靠边站，而"天下事皆决于汤"（《史记·酷吏列传》）的地步。一次廷议匈奴之策，有个博士叫狄山的，主张和亲。武帝让他说说理由。狄山滔滔不绝地说了从高帝以来数十年历史，来证明征战则国中空虚，和亲则天下富实。武帝又问张汤，张汤很不屑地说：一个愚儒，能懂什么！狄山气呼呼说：臣虽愚，但是愚忠。像你张汤，那是诈忠！武帝就说：朕派你去驻守一个郡，能叫匈奴不敢来掠夺吗？狄山是个儒生，只会纸上谈兵，哪会实战，只好回答不能。武帝再问：那么一个县呢？狄山又答：不能。又问：驻守一个城堡呢？狄山心想再说不能恐怕离进大牢不远了，硬硬头皮说：能。狄山赴任不到两个月，匈奴兵就砍了他的头颅扬长而去。此事发生后，"群臣震慑，无敢忤汤者"（《资治通鉴·汉纪十二》）。

正是在这段最受重用的时间里，张汤提出了发行皮币、白金币、三铢钱以及盐铁官营等一系列剥夺豪强、排抵富商的改革措施，在缓解因连年征讨匈奴而出现的财政危机中起了相当重要的作用。这方面的内容，准备放到八章二节中去说。

这里还需要简略提一下的是张汤与所谓《春秋》决狱的关系。

《春秋》原是一部由孔子修订的行文极为简略的编年体历史著作，但随着儒学定为一尊，它不仅被奉为经典，甚至还有了法律意义。其中某些字句经过敷衍解释，形成条文，成了断案的依据。《春秋决狱》的首倡者是公羊学派的董仲舒、公孙弘等；当时任廷尉的张汤，因在断案中"欲傅古义"（《史记·酷吏列传》），对促成此事也起了不小作用。《后汉书·应劭列传》有条记载说，董仲舒年老退休在家，廷尉张汤多次"亲至陋巷，问其得失。于是作《春秋决狱》二百三十二事，动以经对，言之详矣"。董仲舒的《春秋决狱》早已亡佚，今人程树德所著《九朝律考》辑存有其中六条。将这六条阅读一过可以得出一个大致印象：所谓《春秋决狱》偏重的是人伦之情，将犯罪的动机列为定罪量刑的首要依据：犯同样的罪，动机邪恶的，即使未遂也要定罪；动机善良的，则可以从轻发落。董仲舒的本意，可能是为了纠武帝时期法烦刑酷之失，但这种含有很大主观随意性的决案方法，后来在实践中却是弊病多多，而倘若遇上一个酷吏，那么借《春秋》之义而行诛心妄杀之实，更会带来严重后果。上面提到的那个张汤主办的淮南王谋反案，其中有位参与审理的官员叫吕步舒，时任长史，是董仲舒的学生，他用的便是《春秋决狱》之法。此案牵连而被诛杀的竟多达数万，主观随意论罪该是一个重要原因。

张汤还做过一件苛酷到近乎荒唐的事，就是弄出了一个"腹诽"的罪名。话还没有说出口，只是在肚子里对朝政有所微辞就被认为犯了大罪，详见八章二节。

但酷吏而如张汤，综观大体，似乎酷也有他的酷道。所治若是豪强，他必然要舞文巧诋，多用严苛的法律条文；若是穷苦平民，则能够开释的尽量予以开释。他对属官常能扬其善而蔽其过，在向皇帝面奏时，总是有功劳让与诸吏，有过错自己承当。张汤一生结怨甚多，在官场相互倾轧甚烈。其时恰好发生了一个文帝陵园殉葬钱被盗的事件，张汤想揪住此事致丞相庄青翟以"知情故纵"罪，结果却是搬起石头砸了自己的脚。原来丞相属下有三个长史：朱买臣、王朝、边通，当初官位都比张汤高，那时张汤对他们也十分敬重；但后来张汤当上了御史大夫，又兼行相事，就翻脸不认人，常常仗势欺凌他们。这回三人一商量，抓来了几个知情人，逼他们供出张汤一些"阴事"来，张汤终于被构陷入狱。审讯的官员换了一批又一批，张汤硬是不肯服罪。武帝最后派来了张汤往昔知交、此时已升任廷尉的赵禹。与张汤不同的是，赵禹到晚年对自己年轻时的喜好严苛有所反思，渐渐改为宽缓，因而有了执法平和的声誉。看到当年好友依旧还这么冥顽不化，赵禹用责备的口气真诚地说了这样一番话：

君何不知分也！君所治夷灭者几何人矣？今人言君皆有状，天子重致君狱，欲令君自为计，何多以对簿为？

耐人寻味的是"知分"二字。什么分？可以理解为人之分：你已经位列三公，到了人臣之极，为什么还不能安这个"分"呢？不过理解为臣之分似乎更确当。按照帝王集权制的要求，作为臣子应为君王尽忠分忧。你张汤杀了那么多人，尽管都是遵照皇命办的，但若是引起了民怨，你就应当自觉出来承担责任，绝不能让人们迁恨皇上。如今皇上希望你"自为计"，说得直白一点就是用你的死来平息一部人的怨愤，你为什么还要犟头倔脑一次次对抗呢?

张汤一下醒悟了,给武帝留下一封谢恩信后,遵命自杀。

对于张汤的死,《史记·平准书》和《汉书·食货志》都特地记一句:"民不思"——老百姓没有一个怀念他。他死时家里的全部财产仅有"五百金",而且全是俸禄和赏赐所得。葬具有棺无椁,拉的是牛车。这个张汤啊,他的酷烈令人憎恶;他的清廉却又不能不让人肃然起敬!

后人评述这位酷吏,还常常提到一点:"张汤有后",就是说他的子孙倒是大多颇能恭谨自守,并有所作为。特别是在昭宣时期曾为辅政大臣、受封为富平侯的张安世,班固甚至说:"汉兴以来,侯者百数",而能够"保国持宠,未有若富平者也"(《汉书》本传)。有关张安世,还有他弟弟张贺的故事,诸君可在九章一节中读到。

武帝整顿吏治,总体上应该说取得了很大成就,但严刑峻法和任用酷吏的负面影响也不容低估,有的地方还引起了更激烈的社会矛盾。据《汉书·酷吏传》记载,当时齐、楚、燕、赵等地都有打出旗号的叛乱事件发生,小群以百数,大群多达数千人。他们攻城邑、取库兵、释死囚,捆绑和杀戮官吏。于是武帝又派遣御史中丞、丞相长史,或身穿绣衣、手持符节的"绣衣御史",到各地去巡行、督察,依旧收效甚微。最后动用了军队,发兵征讨,斩首万余级。又颁布《沉命法》,规定:"群盗起不发觉,发觉而弗捕满品者(达到一定比率),二千石以下至小吏主者皆死。"但真所谓上有政策、下有对策,官吏们怕报了捕捉不到规定指标而被处死,就是发现了"盗贼"也索性不报,这就给了朝廷一个假象:"天下太平"。

元狩元年(公元前122年)是在一片喜庆之气中到来的。这一年岁首十月,武帝在祭祀五畤(zhì)后登陇首山时,捕获了一匹独角五蹄的珍奇动物,因身白似雪,被称为"白麟"。大臣们以为吉祥之兆,奏请改元"元狩",朝野同贺。武帝命词臣作《白麟之歌》,乐官制曲,乐工演奏——

朝陇首,览西垠,
雷电燎,获白麟……(《汉书·礼乐志》)

歌声未息,却传来了一件火急的奏报:淮南王刘安谋反啦!

谋反的过程以至细节,是由参与其谋的淮南国中郎伍被自首时供出来的,因而确凿无疑!

让整个帝国犹如一己之身动作起来（下）

淮南王刘安谋反，是朝廷与同姓诸侯王长达八十余年较量后的最后一次决战。武帝正是利用平息此次谋反的机会，采取了多项措施，最终解决了诸侯王问题。此后，虽还有一两起余波，均属螳臂挡车，无碍大局。从总体上说，诸侯王已退出了帝国的政治舞台。

从献《淮南子》到上《罢征谏》

在中国古代典籍之林中，有两部相继问世于秦汉之际、既有许多相似之处又各具特色的杰作：《吕氏春秋》与《淮南子》。

两书的相似处至少有这样几点：都是由一人领衔、组织多位学人编撰的；都具有百科全书式的广博内容；都以后期道家亦称新道家思想为指归而兼容百家之长；又似乎都想为即将建立或已经建立的大一统的帝国提供一种统治思想。两书的组织编撰者分别是吕不韦和刘安。他们后来的结局也颇为相似：都成了权力斗争的牺牲品，一个饮鸩而亡，一个自刭而绝。

关于吕不韦，我在《大秦帝国》四章一、四两节中已有所介绍。对这位阳翟大贾出身的千古奇杰，特别是他的晚年，我是怀着敬意写下那些文字的。

这里单说刘安。

初读《淮南子》，给我感觉犹如跨进了一座智慧和知识的宝库，从此一看到刘安这个名字油然而起的不仅是敬意，还有深深的感激之情。但这回细细读了史书有关刘安的各种记载材料，却升起了一种复杂的感情。这倒不全是因为他谋反。"谋反"通常是由既存而以正统自居的政权给出的一个吓人的罪名。历史上那些被视为谋反的事件情况各异，并不见得一定都那么大逆不道。问题是刘安在谋反过程中少有大丈夫之气，在我看来甚至还远不及吴王刘濞。这样，当我在写着这些文字时，心情就既非崇敬，也不是同情、惋惜一类词可以概括，我只好说不能不为之扼腕三叹吧！

刘安，刘邦之孙，刘长之子。刘长就是文帝时那位因谋反事发而被遣送蜀郡死于途中的淮南王。后来文帝哀而怜之，将淮南故地一分为三，分封给刘长三个儿子。刘安为长，得嗣封为淮南王；两个弟弟刘勃、刘赐，分别受封为衡山王、卢江王。七国之乱平息后，刘勃、刘赐分别徙封为济北王和衡山王。

其时诸侯王骄淫成风，大多沉溺于声色犬马之中。刘安却性好读书，善鼓琴，又有心抚护百姓，结交文士，以求声名得以流布天下。淮南之都寿春（今安徽寿县），东连三吴之富，南引荆汝之利，江湖怀抱，人文荟萃。刘安在紫金山下广建馆舍，招引天下贤士，宾客多至数千。其中伍被、苏飞、李尚、左吴、田由、雷被、毛被、晋昌等八人，才华尤为出众，号称"淮南八公"，紫金山因而又名八公山。刘安正是依靠这些学士，编撰了后来定名为《淮南子》这部杰作。建元二年（公元前139年），已满四十岁的刘安入京朝请，向即位才一年的武帝进献了这部《淮南子》。武帝本也爱好文学，得书大为赞赏，对博学能文、按辈份还是叔父的刘安，自然更是敬重有加。武帝命作《离骚传》，文思如泉涌的刘安，不到半日就已成篇。胸犹勃勃，欲罢不能，又信笔写了《颂德》和《长安都国颂》，也皆斐然成章，字字珠玑。武帝大喜，在朝见的二十天时间里，多次与之对席宴饮，论文说武，作诗诵赋，直到昏暮才罢。

这应该是这对既是君臣、又是叔侄和文友相互留下的一段最为美好的记忆吧？

《淮南子》既是道家书，因而有学者以为刘安献此书是为了讨得此时尚健在而以爱好黄老著闻的窦太后的欢心，似乎是在武帝与窦太后之间作一次政治投机。诸侯王向皇帝进献礼物而有讨好动机，这本是情理中事，应属正常。但若说刘安是在武帝与太后之间投机，则恐未必。其时武帝刚即位，他与窦太后之间的政治分野还不那么明显。更何况，像《淮南子》这样的巨著非有十年八载难毕其功，不是想要投机就可以立刻拿出来投机的！

只是有一点可以肯定：即使在与武帝对席畅饮那短暂的欢快时刻里，刘安心上仍然有着一片阴云，始终挥之不去。

他无法抹平五岁那年父亲惨死蜀道那个噩耗传来时在他心上烙下的创伤。

不幸的是，一个久久无法愈合的创伤，经与外界接触而产生媒蘖作用，往往就会酿制出某种可怕的异质东西来！

就在那次进献《淮南子》的朝见过程中，时任太尉的田蚡利用与刘安单独相见的机会，说了这样一番话：如今皇上尚无太子，大王您是高祖皇帝嫡孙，又广行仁义，名闻天下。当今皇上一旦晏驾，那君临天下的尊位就非大王莫属！

刘安听了大喜过望，不仅因为这番话仿佛像一道闪光，驱散了那片郁结在心头几十年的阴云，给他带来了兴奋；还因为说这番话的人有着当今国舅爷这样的特殊身份，使他在朝廷最高层也有了坚强的同盟者，因而更激起了他的勇气和信心。"投我以木瓜，报之以琼瑶"，为此，他给田蚡送去了大量货贿珠宝。

不过此时武帝与刘安的关系依然亲密，他们之间的龃龉要到几年后朝廷对待南方诸越的策略出现争议时才显露出来。《汉书·严助传》对此有用辞微妙的记载。先是东瓯遭闽越围攻求救于汉，廷议该不该救，太尉田蚡以为"不足烦中国往救"，庄助则以为不救，天子威不振，"何以子万国"？武帝采用了庄助的主张，并命他以使者的身份急乘传南下，发会稽兵渡海救东瓯。古制发兵须凭虎符；武帝新即位不想就启用虎符，特授予庄助以符节前往。谁知会稽郡守却因未见虎符而不肯发兵。事关紧急，庄助手起剑落，斩了一司马，郡守恐惧，这才受命征调。但兵未到，闽越却已惧而罢去。几年后，闽越又兴兵攻打南越，武帝另命韩安国、王恢率兵征讨闽越。

就在这时候，刘安向武帝进了一道长达两千余言的《罢征谏》，反对发兵征讨。谏书以黄老无为思想为主旨，认为"兵者凶事，一方有急，四方皆从。臣恐变故之生，奸邪之作，由此始也"。何况天子应以"四海为境，九州为家，八薮为囿，江汉为池"；只需"负黼扆（屏风），凭玉几，南面而听断，号令天下"，"施德垂赏以招致之"即可，何必"壹不奉诏"，便"举兵诛之"呢！

刘安这道《罢征谏》不仅介入了朝政，而且是从反对方向介入的，明显超出了他作为诸侯王的角色定位，这就有了僭越的嫌疑。不过武帝对此的处理相当谨慎。他一面"嘉淮南（指刘安）之意"，一面派庄助去向刘安"谕朕意"，也即用这种委婉的方式提点批评。庄助以天子使节的身份来到淮南，对武帝平定闽越之策作了一番详尽的阐释，结论是："自五帝三王禁暴止乱，非兵，未之闻也。"刘安一听立刻感觉到了问题的严重性，惶恐谢罪，承认自己是"愚意妄言，陛下不思加诛，使使臣临诏臣安以所不闻，臣不胜厚幸"！

不难想见，武帝与刘安之间实际上已出现了裂痕，不幸的是这个裂痕随着时间推移还在不断扩大，直到有一天，来了个分道扬镳进而分庭抗礼。

且看这位大秀才如何造反

刘安上谏书是在建元六年（公元前135年）春天。这年五月，窦太后去世。八月，有彗星划过东方，光焰横亘整个天空。有位策士对此作了独特的读解。他对刘安说：当年，吴楚七国起兵前，也曾出现过彗星，长仅数尺，结果却是流血千里。这回彗星尾长竟天，看来天下就要大变，流血定会远远超过千里！

如果说田蚡的话使刘安萌生了某种图谋的话，那么这位策士的话则给了他一个付诸实际行动的契机。吴楚七国之乱初起时，刘安原也想响应吴王的，后因像上章三节说的那样国相用了一个巧妙的办法阻止发兵，他才没有反成。尽管七国均以失败告终，刘安却并没有因为自己没有参与其事而感到庆幸。据《汉书·伍被传》记载，刘安对吴王刘濞之败，还有过一番评论。在他看来刘濞只会说大话，根本不懂得谋反是怎么回事。兵家有言，"绝成皋之道，天下不通"，可当时吴楚之军就是不知道去控制成皋这个咽喉口，致使周亚夫所率领的汉军得以长驱直入，最终招来了失败。所以刘安觉得，如果当时让他来主其事，并不见得就一定不成功。因而听过策士对彗星出现作了那样一番独特的解说后，刘安的内心该是兴奋多于惊恐的。为了应对他想象中的即将到来的乱局和乘乱举事，他下令加紧制造攻战器具，又派出使者用财物与各郡国交好，以便从中为未来争取支持者或同盟者。元朔二年（公元前127年）武帝下达了《推恩令》，有六个诸侯王国未作响应，淮南国列于其首。显然刘安是有意这样做的，他就是要用这种方式向朝廷发出一个抗礼的表示。

武帝自然也感觉到了这一点。同年，就像当年景帝对待桀骜不驯的吴王刘濞所做的那样，武帝也为这位叔叔送去了一个安抚的表示：赐以几杖，特许不朝。

但刘安还不想就此止步。紧接着又让他的爱女刘陵携带重金到长安去，以内省为名，出入宫闱，猎取情报，物色内应。这个女子也着实不简单。她不仅姿色姣好，且伶牙俐齿，据《汉书补注》载录，在长安先后与她通奸的，就有安平侯鄂千秋之孙鄂但、岸头侯张次公等，足见她间谍功夫之了得!

渐渐地，刘安总觉有一双女人的眼睛让他十分不安。

刘安生有二子，长子刘不害，因系庶出，刘安又不喜欢，什么名分也没有。次子刘迁，为王后蓼荼所生，已立为太子。太子妃是王太后外孙，也即武帝前些年找到的那个同母姐姐金俗的女儿金娥。当初刘安争取到这门亲事，显然是为了攀附王太后，可如今却觉得金娥的那双眼睛成了他秘密筹划反事的一大障碍。于是他想出了一个办法：让儿子刘迁与金娥来一个夫妻反目，三月不同席。他自己则假装从中调解，强令刘迁入妃室，结果刘迁再来一个同床而异梦。如此又过了数月，金娥还如何忍受得了，提出要回娘家。至此，刘安之计已成，顺水推舟地向武帝上书一封，奏请谢归。

送走金娥，排除了身边的不安全因素，再回过头来组织筹划谋反的骨干队伍。

七国之乱平定后，景帝诏令减省王国官员，并规定凡四百石以上皆由天子为置。所以刘安把王国官员中的多数看成一种异己力量。好在他有门客数千，其中才学出众的"淮南八公"皆可成为他左臂右膀。"八公"之首的中郎伍被尤为人中之杰。伍被是楚地人，"或言其先伍子胥后也"（《汉书·伍被传》）。刘安已在暗中作了决定：一旦起事，即任这位伍子胥的后裔为将军。有此人辅助寡人，何愁大事不成!

他把伍被召来作了一次试探性的谈话，结果却出人意料：伍被非但不肯接受将军的任命，还倒过来竭力谏阻刘安的谋反意图。后来两人还有过多次类似的谈话，一个要劝说对方加盟谋反，一个要阻止此种行为的发生，结果却是谁也说服不了谁。

这一日刘安又召伍被来寿春东宫，远远就招呼道：请将军上殿吧!

王国官员无将军之职，伍被一听这称呼就猜到刘安召他又是计议谋反之事，便接口说道：大王因何又出此亡国之言？

刘安说：如今皇上尚无太子，一旦晏驾，诸侯王定会发生争战，我怎么能不预先有所准备呢？再说我乃高祖皇帝嫡长孙，当今皇上待我不薄，我勉强还能忍受；将来，若是让别的人继统，我难道还能甘心再去北面臣事那个什么小子吗？

伍被举了好些历史事实，包括古代桀纣的败亡和不久前吴楚七国的被歼灭，来说明"逆天违众"行事必然遭致身死国绝为天下笑的道理；然后说起了他的先祖伍子胥与吴王夫差的故事。伍子胥佐助吴王大败楚军后，竭力谏阻吴王伐齐，认为应乘胜攻灭越国，越国才是吴国的心腹之患。吴王非但不听，反而赐伍子胥以死，后来吴国果为越国所灭。伍被说：当年伍子胥对吴王说：大王若是今日伐齐，吴国明日就将为越国所灭。臣此刻仿佛已看到了吴国败亡后，繁华的姑苏台变成了麋鹿出没的那种荒地凉的景象。如今臣伍被也对您大王说：大王若是执意谋反，臣此刻仿佛也已看到了淮南国败亡后，繁华的寿春宫变成了荆棘丛生的那种荒凉景象!

刘安听完大怒，下令将伍被囚禁了起来。

一囚就是三个月。

这期间，刘安接待了一位不速之客：他的弟弟衡山王刘赐。

衡山、淮南虽是南北相邻，兄弟俩却因在礼节上相互指责而多年不和，久无往来。这回刘赐是因北上赴长安朝请而顺道来访的。此前，刘赐对刘安正在图谋不轨之事已有所耳闻，担心这位兄长到时借机一口先吞并了他，所以暗中也做了点应战的准备。这回说是顺道来访，其实也带点探听虚实之意。出乎意料的是，刘安的接待竟是从未有过的热情和隆重。原来正愁孤掌难鸣的刘安，把这位弟弟看作是送上门来的同盟者了。一番交谈，兄弟俩前嫌顿时冰释，约定两国合力共图大事。刘赐派使者向长安发去一信，以有病为由请求免去朝请，随即自回衡山，专等淮南起兵，当即为之响应。

有刘赐做后援，刘安心里稳实了许多。他再次把伍被召来，引于上座，缓颜问道：将军答应为寡人谋划了吗？

伍被依旧一脸庄严，说：臣愿为大王谋划奉天顺众、使淮南国繁荣昌盛之事，但臣断断不敢为大王谋划逆天违众、使淮南国主辱国灭之事！

刘安怒斥了一声"腐儒"，却也拿他没有办法。

在接下来的一段时间里，先后发生了两个意外事件，致使刘安不由自主地加速滑向他的谋反之路。

两个事件分别由他儿子刘迁和孙子刘建引起。

先说刘迁。这位王太子自幼习剑，自以为天下无敌。听说"淮南八公"中的雷被精于剑术，便一再发起挑战，要与他比试。雷被推辞不得，只好勉强答应。不料才三两回合，少有招架之功的刘迁已挂上了点彩；想到王太子定会报此一剑之仇，雷被不免有些害怕。当时有一项律令：各地成年男子凡有志去征讨匈奴的，均可赴长安参军，任何人不得阻拦。雷被就想用请求参军的办法来摆脱眼前的险境。由于刘迁在父亲面前多次诋毁雷被，刘安不仅不准雷被之所请，还撤了他的郎中之职，逐出王府。雷被气愤不过，一路辗转逃亡到长安，上书告发了刘迁阻挠他参军讨伐匈奴的事。处理此案的廷尉便是以酷烈著称的张汤。张汤授意河南令逮捕太子刘迁。刘安几经犹豫，在与王后商量后，决定拒绝交出刘迁，一度还作出了发兵的打算。在这种一边剑拔、一边弩张的情势之下，王国官员也跟着分裂成了忠于汉天子与继续忠于刘安两派，他们相互举发、弹劾，文书都飞报到了朝廷。由于事情已牵连到了刘安，未央宫里大臣们奏请逮捕刘安。武帝还想缓冲一下，先派中尉段宏作为特使急赴寿春查验案情。刘安闻讯甚为恐慌，想索性来一个先下手为强，发兵举反。太子刘迁则建议预先在东宫内外伏下刀斧手，倘若到来的那位钦差特使出言不逊，就将他一刀斩了，再兴兵向诸侯王发檄举事。但后来事情却发生了戏剧性的转折："汉中尉至，王视其颜色和，讯王以斥雷被事耳，王自度无何，不发。"（《史记·淮南列传》）这就是说，是中尉段宏那种和颜悦色的态度化解了这场一触即发的危机。既然钦差特使问的只是雷被因何被贬黜的事，刘安心上的那块石头也就落了地，既没有杀段宏，也没有发兵。段宏回到长安向武帝作了禀报。大臣们还是认为刘安罪属不赦，应予诛杀。武帝却两次下诏示以宽宥，最后决定以削减两县之地了事。

真所谓一波未平一波又起。就在中尉段宏身带赦免诏令再次来到寿春时，一封告发刘安设伏欲杀钦差特使并准备发兵谋反的密信，又飞报到了长安。

密信是刘建指使他的心腹写的。

上节已提到过一个行为悖逆的江都王刘建，那是景帝之孙、刘非之子；现在这个刘建是刘安之孙、刘不害之子。

刘不害因系庶出，又从未得到过父爱，非但没有任何名分，在王后蓼荼和太子刘迁看来，甚至连王室成员也算不上，在武帝颁布《推恩令》后，他依然没有分封到尺寸之地。很可能从小就被歧视惯了的刘不害，已经养成了一种逆来顺受的性格，史书记载中看不到他有过任何不满表示。偏是他那个生性刚烈而又颇有才干的儿子刘建，却常常为父亲受到的不公正待遇不断发出反抗。刘建学文习武，广为结交，意欲除去刘迁，由他父亲来当太子。为此，他曾多次被刘迁捆绑、鞭打，但他决不屈服。这一回他以为终于等到了一个可以实现图谋的机会，于是便暗中指使心腹写了那样一封告密信。

武帝得报这才感到了问题的严重，急命丞相公孙弘和廷尉张汤以及河南令专治此案。河南令火速将刘建传到官衙，严加讯问。刘建供出了谋反详情，并将罪行悉数归之于刘迁。武帝发出诏令，命廷尉赴寿春会同淮南国中尉捉拿刘迁。

刘安觉得已经无路可退了，决定孤注一掷。

他一面命人赶制玉玺和丞相、御史大夫、将军等印章以及使节衣冠等，一面又把伍被召来商议举变之策。到了这一步，伍被再也顾不得自己名节，终于向刘安献出了谋反三计：一是先除去因征讨匈奴屡建奇功此时已跃升为大将军的卫青，使朝廷失去防卫之功。办法是，挑选一两个绝对忠诚于王国的官吏，命其伪装叛变，忍受酷刑，然后逃亡长安，设法亲近卫青，待淮南一出兵，立刻伺机将其杀死。二是伪造两份公文书，一份说凡是郡国豪杰和家产在五十万以上的，都将被迁徙到边远的朔方郡去；一份说诸侯太子和宠臣都将被逮捕入狱。将此两文书广为传播，必然引起诸侯恐慌、百姓怨愤，出现天下共反之势。三，鉴于王国官员大多由天子任命因而多忠于朝廷，故起事第一步，先设下埋伏，再放火焚烧东宫，当官员们来救时，乘机将相、内史、中尉及二千石以上之官全都杀死。

但后来事变的发展完全超出了预计。情况的紧急，使得刘安既无法施行苦肉之计，也来不及制造火灾；原想假托宣召王国官员进宫议事乘机将他们一网打尽的，谁知除了国相，其余全都不肯应召。太子刘迁见大势已去，慌乱中抽剑自刎，血流了一地，人却没有死成。就在这时，伍被向朝廷派来的官员作了自首，供出了参与谋反的全部过程。很快，廷尉监和王国中尉率领的武士汹涌来到，将东宫团团围住，刘安父子及王后等全都做了俘虏，查出的玉玺、官印等成了罪证。而这时候，武帝正在未央宫召集诸侯王及列侯商议如何处置刘安之事。赵王刘彭祖、列侯曹襄等四十三人联名齐奏，要求将刘安处以极刑，以正朝纲。于是武帝命掌管皇室及外戚之事的宗正刘受，持节前往淮南寿春治理此案。刘受尚在途中，刘安已自杀身亡。王后蓼荼、太子刘迁以及王子刘不害、王孙刘建，包括伍被和庄助，还有那个在长安搞情报的女间谍刘陵，全都诛杀。

此时已是元狩元年（公元前 122 年）三月。

在此前后，作为同谋的衡山王刘赐，也受到了同样的查处。刘赐饮鸩自尽。

还有上节提到过的那个江都王刘建，听说刘安正在筹划谋反，他也曾赶制兵器，刻制皇帝玺印，谋划起事。案发，朝廷派宗正、廷尉赴江都案验，刘建惶恐自杀。

淮南、衡山二王谋反案由时任廷尉的张汤主办，据《史记·平准书》载录，因牵连而被诛杀的，多达"数万人"。

有句流传至今的俗话叫"一人得道，鸡犬升天"，说的就是刘安，最早见于东汉王充《论衡·道虚》，东晋葛洪又写入了《神仙传》。说是刘安得道，不仅"举家升天"，而且"家畜皆仙"，以至出现了"犬吠于天上，鸡鸣于云中"的奇观。传说的起因，可能由于刘安是汉代著名的新道家，升天云云，自然只能出自想象。不过它能传流如此久远，似乎也可从中看出人们的一种意向：对刘安多少还有点同情或怀念。

从史书记载看，刘安在谋反过程中，既无战略谋划，也没有像吴王刘濞那样提出"清君侧"一类政治号召，其间又一再惊恐失措，犹豫不定。实在说来，好读书、善鼓琴，又组织编撰出《淮南子》那样旷世杰作的刘安，应是不可多得的一代学人。谚云："秀才造反，一世不成。"所以这位大秀才的失败是一开始就注定了的。对刘安的悲剧，可以从不同角度去加以评述。我想试着从人生这个角度来说几句。不妨就从刘安组织编撰的《淮南子》说起吧。这部百科全书式的巨著中有一篇叫《精神训》的，就对人的多种生存状态有不少精辟的品评。如从尧、舜、禹和务光等古代圣人的行为模式中提炼出一种平凡但却崇高的人生境界：无累的人——

由此观之，至贵不待爵，至富不待财。天下至大矣，而以与他人（指尧禅舜，舜禅禹）；身至亲矣，而弃之渊（指务光为逃避汤欲让位于他而沉渊）。外处其余无足利矣。此之谓无累之人。

无累之人，这是一种境界，是一个原初意义上的真正的人。超脱了人世间名位利禄的一切羁绊，因纯粹而平凡，也因纯粹而崇高。

很可惜，刘安却不能做到他自己所倡导的"无累之人"。他始为父辈恩仇所累，继而又为自己权位欲望所累，最终就因这个"累"付出了宝贵的生命。

刘安、刘赐谋反案审结后，武帝采取了一张一弛，或称一软一硬两种措施。一方面，下诏说他因平息谋反事件伤及骨肉而内心"憯怛"，承认这是"朕之不德"，并派出谒者存问寡鳏孤独，下令大赦天下，表示要涤除污浊，"与之更始"（《汉书》本纪）；另一方面，又接连颁布多项法令，如《左官法》、《阿党法》、《附益法》等，进一步从各个方面加强了对诸侯王的控制。这样自高帝六年（公元前201年）为抗衡异姓王而分封了同姓四王开始，刘氏诸侯王这股独特的政治势力在汉帝国的政治舞台上作了跌宕起伏的充分表演，历经七十余年，至此终于退入幕后。此后诸侯王不再有家国胸怀，几乎与一般富室大户无异。不过从社会历史发展来看，诸侯王只剩下荣誉和禄位，血亲关系淡出政治领域，应是一种进步。可哀复可悲的只是这些被称之为"金枝玉叶"的个体生命。他们生于宫帷之中,长于妇人之手,出则高车驷马,入则钟鸣鼎食,徒有侯王之号,其实却是终生沉溺于声色犬马之中的社会寄生虫。人,一旦丧失了价值,自然也不再有尊严可言。这样到王莽以外戚而登极称帝时,他们便一个个叩头受命,或"奉上玺绂,惟恐在后;或乃称美颂德,以求容媚"(《汉书·诸侯王表》)。最具讽刺意味的是武帝五世孙广阳王刘嘉,先为王莽所废,后因献出符命而获得封侯并赐姓王氏的"殊荣"。刘嘉变成了"王嘉",他居然还跪地"谢恩"呢!

武帝作歌浩叹:"瓠子决兮将奈何?"

本章的这最后一小节,简略说一下武帝有关内政的第三桩心事:黄河之患。

黄河是中华民族的母亲河。她既哺育了生息于华夏大地的我们的先民,却也常常为患于两岸。《史记·河渠书》记大禹治水,就因黄河"害中国也尤甚"而"唯是为务"。禹用的是疏导法,开渠引水,播为九川,"九川既疏,九泽既洒,诸夏艾安,功施于三代"。但其后历经千年百载,黄河之患却一直未能得到根治。据《汉书·沟洫志》载录,西汉两百余年间,单是黄河决口就有八次之多。其中较为严重的一次是瓠子(今河南濮阳西南)决口,发生在武帝元光三年(公元前132年)五月。

这一年黄河的解冻期适逢连天大雨,汹涌的河水突然从顿丘(河南清丰西南)改道,向东南滚滚流去。入夏,终于将瓠子河堤冲垮,混浊的黄流犹如万匹脱缰烈马,东注巨野,南泻淮、泗,泛滥十六郡,泽国千里。

武帝命主爵都尉汲黯、大司农郑当时率领人徒去堵塞决口,修复被冲坍的堤坝。经过数月劳苦,以为可毕其功于一役,不料遇到上游山洪突发,水位陡涨,恣意狂啸着的洪流,再次将刚刚修复的堤坝冲涮得无影无踪,瓠子南北又是一片汪洋。

就在这时,丞相田蚡提出了一个"罢塞瓠子决口"的奏议。他说:"江河之决皆天事,未易以人力为强塞,塞之未必应天。"(《史记·河渠书》)

巧的是,宫廷里几个自称能通过观察云气占断吉凶的方士,也都说塞之违天。

武帝听信了他们的奏议,任由黄河之水经瓠子向东南横流。

后来查清,田蚡之所以这样说,是因为他在黄河之北有大片食邑之地,而瓠子决口则在黄河之南;南岸遭水涝之灾,他的食邑不仅可保无损,还能因河水的南泄而获得更大的丰收。至于那几个方士因何也会跟着那样说,想来田蚡只要稍稍动用一下他的权势或钱财自然也不难做到。

这可说是"以权谋私"的一个古代经典版本了。其所造成的严重恶果便是:无数灾民流离失所,大片农田累年歉收。

这以后的二十余年,武帝几乎倾其全力于"外攘夷狄",无暇顾及。直到元封二年(公元前109年)北征匈奴取得了决定性的胜利后,才回过头来再下决心把治理黄河决口提到了议事日程。

这年入冬以后,干旱无雨,黄河水位下落,这为根治决口提供了有利条件。武帝特命九卿之一的汲仁和中郎将郭昌统领士卒数万,前往堵塞决口、修筑瓠子河堤坝。汲仁为汲黯的弟弟,其时汲黯已作古,可谓弟继兄志。郭昌则原为大将军卫青部将,又曾参加平定南越和西南夷之役,战功卓著。两将率领数万士卒浩荡抵达,就在岸边安营扎寨,如同围歼顽敌那样日夜与决口展开了搏斗。时值隆冬,黄河冰封千里。他们抢在开冻前先修堤筑坝,到春来冰冻开裂,再集中力量堵塞宣房(一作"宣防",今河南濮阳西南)地段最大的决口。综合《史记集解》及《汉书补注》所载,当时用的是一种"插竹沉笼"填塞法。插竹是为了减弱水势,继而沉以满装碎石的竹笼,堵截后,再填土夯实。

这年初夏四月,武帝登封泰山而还,连同他的庞大的仪仗队和众多随从官员,一起来到治理瓠子决口的宣房工地。笃信鬼神的武帝,此前已为黄河泛滥"岁数不登"而"巡祭后土,祈为百姓育谷"(《史记·封禅书》),这回又在宣房高筑土坛,举行了庄重的祭奠河神仪式。随从官员及数万将士一齐跪伏于黄河之畔,武帝登临高坛再拜礼敬,向滔滔洪流沉以白马,投以玉璧。此时乐工高奏武帝亲自撰作的《瓠子之歌》[1],歌者面对黄河引吭高歌。歌词以向苍天发问开始:"瓠子决兮将奈何,浩浩洋洋,闾殚为河(州闾民居全遭水淹)!"继而列述河水泛滥的景况:鱼儿四处跳跃,蛟龙骋意远游,大地不得安宁;为堵塞决口,山峦几乎已被挖平,竹木也已砍尽。接着以作为人间帝王的身份向河神提出责问:"皇谓河公兮何不仁?泛滥不止兮愁吾人!"歌末则是对全体将士的号召和激励:"隤林竹兮揵石菑(此句意即所谓"插竹沉笼"法),宣房塞兮万福来!"

悲壮的歌声混和着波涛的狂吼声,在大河上空久久回荡。

祭毕,武帝"令群臣从官自将军以下皆负薪填决河"(《汉书·沟洫志》)。这些官员连同原来数万治河将士一起与洪水搏斗在宣房工地上,那场面一定十分壮观!

值得一提的是,在这支宏大的"负薪填决河"队伍中,就有不久前继承父业而为史官、登封泰山后又随从武帝一路来此的司马迁。这位坚守实录原则,即使对当代君主也"不虚美、不隐恶"的历史学家,尽管对武帝某些行事颇有微辞,但这回武帝亲临宣房,又撰作充满悲情的《瓠子之歌》,却让他深为感动。就在这片工地上,他决定将黄河自古以来为利、为害的景况,包括这个数万人战决口的场面全都记载下来,传诸后世,激励后人。《史记·河渠书》既成,在书末的赞语中,他特地附记一笔:"余从负薪塞宣房,悲《瓠子》之诗,而作《河渠书》。"

武帝在治河工地上停留二日,看看决口水势已大体得到控制,便起驾回京。

这年夏末,瓠子决口终于彻底堵塞。为导引黄河之水,又依照传为大禹所开凿的旧迹,修筑了两条北行走向的水渠。这样,当黄河水位高涨之时,经由水渠,其主流可注于北渎,余波则流入漯川。

据《史记·河渠书》记载,这些措施都很快收到了成效:"梁、楚之地复宁,无水灾。"

整个工程完成后,总是喜欢别出心裁的武帝,又下令在黄河之畔修造了一座宫殿,称宣房宫。此举着实让人费解。既是宫殿,当为帝王所居,那么它该是武帝的行宫吧?可事

---

[1]《瓠子之歌》:共二首,录于《史记·河渠书》及《汉书·沟洫志》。

实上宣房宫建成后，武帝再也没有去过瓠子。联系到《瓠子之歌》中有"皇谓河公兮何不仁"那种居高临下的口气，我不禁由此猜想：武帝之所以要建此宫，是否暗中想让它对河神起到一点警示作用呢？——我大汉天子在此，请勿再妄施尔威！

治理瓠子决口的成功，引起了一系列连锁反应。从这时开始，朝廷上下，以至郡国官员都"争言水利"。于是"朔方、西河、河西、酒泉皆引河（指黄河）及川谷以溉田，而关中灵轵、成国、湋渠引诸川，汝南、九江引淮，东海引钜定，泰山下引汶水，皆穿渠为溉田，各万余顷。它小渠及陂山通道（通"导"）者，不可胜言也"（《汉书·沟洫志》）。

这应该都是好事，但好事而至于极，也可能会走向反面。

就在人人"争言水利"这种气氛下，有个名叫延年的齐人，忽发奇想，上书武帝，提出了一项开凿"万里长河"的庞大计划。据《汉书·沟洫志》载录，这个齐人说他是从这样一个道理中得到启发的：黄河西出昆仑，之所以能横贯华夏，东注渤海，就由于"地势西北高而东南下"的缘故。既然如此，那么只要源头地势高于下游地势，"开大河上岭"也不是不可能的事。据此，他建议从昆仑高地起始，沿汉、胡边境，开凿一条由西向东的万里大河，直到流入东海。他一厢情愿地认为，这么一来，不仅可保关东永无水灾，北地的匈奴也从此无法再向南窥伺一步。所以"此功一成，万世大利"！

武帝一读此奏，果然大为赞赏。如果武帝真的头脑一热，大笔一挥，写下一个"可"字，那么估计谁想阻拦也没有用。要真是那样，秦始皇留下了一条"万里长城"，汉武帝就会留下一条"万里长河"！

还好，这回武帝相当冷静。原来他赞赏的是此人的气魄和勇气，而不是这份大而无当的计划。他对这份奏书作了这样批复："延年计议甚深。然河（指黄河）乃大禹之所道（通"导"）也，圣人作事，为万世功，通于神明，恐难改更。"

"外攘夷狄，内修法度"，这是司马迁对武帝的毕生功业作了八个字的概括。本章后两节已对"内修法度"作了简略记述，可说是文治；下一章将集中介绍"外攘夷狄"，也即武帝的武功。

武帝的"武"是谥号。据《谥法解》，"刚强直理"曰"武"，"夸志多穷"也称"武"。一个"武"字，既可视为武帝的性格标志，在相当程度上也反映着那个时代的一种特色。

但武帝的武功绝非他一人所创。随着北征南战、东讨西伐的展开，一个个闪烁着不同光采的杰出人物纷纷向我们走来：有卫青、霍去病、李广，有王恢，还有张骞、苏武，还有女中英杰冯嫽；也不应当忘记李陵、李广利；当然，更有让我们后人敬仰不已、阅读不尽的司马迁……呵，那正是中国历史上一个意气飞扬的时代，一个需要英雄、也果然造就了大批英雄的时代啊！

第 七 章
高帝遗愿的实现：终得猛士守四方
——汉武大帝之章续

从马邑挫败中奋起，向大漠进击再进击！
将征战扩展到南、东、西诸边
得不偿失的最后三次北伐之战
丝绸之路：一条用双脚走出来的国际通道

从马邑挫败中奋起，向大漠进击再进击！

刘邦晚年曾在回故里沛县时，与父老击筑而歌《大风》。歌末，怀着伤感，带着期望，向他的儿孙和大臣们发出呼唤道："安得猛士兮守四方？"

汉初数十年，帝国事业的继承者们每当记起高祖皇帝的这声呼唤，就会飞来两柄无形的利剑，深深刺痛着他们的神经。

这两柄利剑就是"平城之耻"与"嫚书之辱"。

无疑，武帝刘彻是他们之中痛感最深切、报仇雪耻之志也最强烈的一个。

这一点，至今我们仍可从他后来决定向匈奴发起歼灭性进攻时的一道诏令中读到：

高皇帝遗朕平城之忧，高后时单于书绝悖逆。昔齐襄公复九世之仇【1】，《春秋》大之！（《史记·匈奴传》）

大，在这里意为推崇、赞扬。受到《春秋》推崇、赞扬，在当时被视为最高的历史荣誉。武帝引此，既是为自己壮志，也是对他臣民的鼓舞和号召。

武帝征讨匈奴的心志，该是还在他做太子时就立下的，而一旦登临极位，立刻进入实施阶段。这有《汉书·佞幸传》上的一条材料可资证明："上即位，欲事伐胡，而［韩］嫣先习兵，以故益尊贵，官至上大夫。"机灵聪慧而又精于骑射的韩嫣，如果不是因为得罪了江都王刘非而被王太后赐死的话，武帝很可能会将他培养、拔擢成为征讨匈奴的一员出色将领！

但在武帝当国的最初几年，大体上还处于清静无为黄老思想的影响之下，汉帝国与匈奴不时互有使节来于长城道上，表面上依然还保持着所谓"和亲"状态。

【1】齐襄公复九世之仇：此前九世，齐哀公为政不善，纪侯告之于周懿王，周懿王烹杀了齐哀公。鲁庄公四年（公元前690年）齐襄公灭纪，即所谓"复九世之仇"。《公羊传》认为孔子所作的《春秋》在记载中赞扬了齐襄公的复仇行为，视之为"贤者"。"何贤乎襄公？复仇也。""九世犹可以复仇乎？虽百世可也！"这其实只是《公羊传》的一家之言。《左传》并没有这样说，而《榖梁传》更反而认为孔子是同情纪侯的，称："纪侯贤，而齐侯灭之。"此例也可说明，武帝所推重的儒学，是经由董仲舒等公羊学家们作了独特阐释的新儒学。

建元六年（公元前135年）五月，窦太后去世。匈奴军臣单于派使节来再次要求和亲。武帝没有按成例办事，而是命大臣们各抒己见，商议该如何应对。朝堂上很快出现了主张和亲与主张征伐两派，分别以御史大夫韩安国与大行（掌管接待宾客）王恢为代表。两人几年前曾经有过一次很好的合作：一起奉命征讨闽越，各自率领一支兵，东西两路齐头并进，很快迫使闽越国臣子们杀了叛王表示臣服。但这一回却是唇枪舌剑，互不相让。素以老成持重著称的韩安国不主张征伐匈奴。他以为千里征战，人疲马乏，断难取胜；即使胜利，得其地不足为广，有其人不足为强，故不如和亲。王恢是燕人，又在边郡为吏多年，熟悉匈奴人情风土，他以匈奴反复无信为据，力主用武力征服。他说："汉与匈奴和亲，率不过数岁即复倍（通"背"）约。不如勿许，兴兵击之。"（《史记·韩长孺列传》）争议结果，韩安国的主张获得了多数人的附和，于是武帝也就认可了和亲。

很显然，武帝组织这次廷议，目的还不是直接发起征战，他只是想在平静多年的水面上掷下一粒石子，试探一下大臣们各自的想法。正是通过这场争议，他对王恢其人及其观点引起了兴趣。一年后，果然就是这个王恢，给他带来了一条奇妙的破胡之计。

煮熟的鸭子是怎么飞走的？

就在当年高帝受困七日七夜的平城西南数百里，有座古城马邑（今山西朔县），汉初异姓七王之一的韩王信，一度以此为都。

马邑地处边境，在和平年代双方贸易繁盛，颇多富商大户。有个常与匈奴做牛马生意的富豪叫聂壹，早年曾与王恢相识。他向王恢讲了一条请转献给武帝的破胡之计，其要点是利用和亲初成匈奴对汉容易轻信的心理，以献出马邑作为诱饵，预设伏兵，待单于率众到来时，围而歼之。于是武帝就对匈奴策略问题，再次组织廷议。这回他先已定下了一个调子：要讨论的已不是和亲还是征伐的问题，而是：倘若征伐，该如何战？他说：

朕饰子女以配单于，币帛文锦，赂之甚厚。单于待命加嫚（傲慢），侵盗无已，边竟（通"境"）数惊，朕甚闵（同"悯"）之。今欲举兵攻之，何如？

朝堂上依然出现了主战和主和两派，还是韩安国与王恢对阵。双方往复交锋多个回合，仍是各不相让。当年的这场论战详录于《汉书·韩安国传》，至今读来仍可感到那种剑拔弩张、咄咄逼人的气势。值得一说的是韩安国，这位几经风云而又几度沉浮的老臣，在武帝已经明确表示"今欲举兵攻之"的情况下，居然还敢于一次次慷慨面陈相反的主张，着实令人生敬。不过若从论战的技术层面来看，韩安国犯下了一个很大的错误：他不该提到"平城之耻"，因为那是埋藏在武帝心底的一座火药库，一点就会着的。韩安国说了两条，用以作为应当与匈奴和亲的理由。一条是"高皇帝尝围于平城，匈奴至者投鞍高如城者数所"。匈奴军解开马鞍恣意嬉游，显示他们对汉军何等的轻慢！而解下的马鞍居然堆成了好几座城墙，又说明他们的军队是何等的强大！第二条是"平城之饥，七日不食"，及解围，高帝之所以不因自身受辱而兴兵征讨，反而与之和亲，是由于能以"天下为度"，"不以己私怒伤天下之功"。这两条都是年少气盛的刘彻无法接受的，更是以国家和民族代表自许的汉武大帝绝对不能容忍的！

在武帝看来，当年的平城之耻，恰好是如今必须征讨的理由。我皇皇大汉天子，岂可长受胡虏之辱！

这样，在王恢第四次申述匈奴必伐、也将必胜的理由之后，武帝紧接着大声说出了一个字："善！"

元光二年（公元前133年）六月，诱歼匈奴之计进入实施阶段。

两条运作线几乎是同时实施的：一条设置罗网，一条施放诱饵。

武帝接连下了几道命令：

任命卫尉李广为骁骑将军，太仆公孙贺为轻车将军，大行王恢为将屯将军，太中大夫李息为材官将军，统兵三十万，埋伏于马邑附近山谷；

又令待匈奴兵南下后，由王恢另外率领一支军队迅即出代郡，从背后拦截其辎重；

任命御史大夫韩安国为护军将军，监督诸军，四将皆为其所属。

顺便说一下，尽管韩安国一再反对征讨，武帝却仍委以督护四军重任，这正是他用人的高明处。

这时候有一支满载着汉地奇珍货物的马队正出武州塞（今山西左云至大同西一带）向北进发。

马队的主人就是马邑富商聂壹。

聂壹所贩卖的货物不少违反了朝廷的禁令，就因为这个缘故，他不仅深受匈奴上层欢迎，还多次得到单于即匈奴国王的接见。

此刻，聂壹一边享受着侍女奉上来的热腾腾的奶茶，一边对单于做出极恭敬、驯顺的姿态，悄悄地说着这样的话：启禀大单于，小臣已设下一计，可立斩马邑县令、县丞之首，以全城归降大匈奴，城中货贿财宝和妙龄美女悉数归大单于所有。不知大单于意下如何？

此时匈奴执政者是军臣单于，他是稽粥单于之子，当年那个杀父夺位的冒顿单于之孙。这位在文帝时期继位、生性倨傲而又贪婪的匈奴国王，曾对汉境上郡、云中发起过大规模侵犯，其后虽表面上保持和亲姿态，但小股的入侵盗边仍是不断。吴楚七国举乱时，一度还曾想与赵王刘遂联手抗击汉军，后来看到刘遂很快已为汉兵所围，才暗中缩手的。这回一听聂壹竟说出了这样的美事，只问了几句细节便信以为真，连连击掌说道：甚好、甚好，事成之后，我大单于要重重赏赐你这个汉人！

当即约定：待聂壹杀死县令、县丞派人来报，军臣单于即率兵南下入城受降。

聂壹一走，颇懂得谋略的军臣单于却不免心生疑虑。为防不测，他一面集结兵马以待，一面派出侦候急赴马邑探听虚实。

几天后，马邑城楼上果然挂出了两颗人头，其旁各张一白布，写着姓名及罪状，一为县令，一为县丞。

军臣单于既听到了聂壹派人来报，又从自己所派侦候那里得到了证实，以为确凿无疑，便率领十万人马，经长城，越武州塞，浩浩荡荡直奔马邑而来。

其实马邑县的县令、县丞此时依旧执掌着一县之政，挂在城楼上的只是两颗临时从死囚犯脖子上割下来的代用品。

离马邑只剩下百余里了。当军臣单于怀着即将获得大胜的狂喜挥鞭奋蹄，绕过夏屋山、沿着桑干河向西南疾驶的时候，埋伏在马邑城郊，张弓搭箭、急等着猎物来自投罗网的韩安国等汉军将领们，同样处于高度的兴奋状态中。

侦候飞马来报：匈奴军已过桑干河！

韩安国美滋滋地捋捋短须，说了一个字：好。

胜利在望，一只送上门来的匈奴鸭子就要被烧熟了。

很可能就在桑干河已成为背景的时候，军臣单于却忽而起了疑心：这一路来怎么不见汉兵阻击呢？山城下、原野上，倒是布满了牛羊，却为何不见放牧之人呢？当时汉军在边塞之郡，约每隔百里便设有一哨亭，以为巡行警戒。军臣单于下令攻下一亭，又命人将那哨亭尉史捆绑了押进帐来。他一声大喝，扬起了手中雪亮的长刀。尉史经不起这一吓，供出了数十万汉军设伏于马邑的实情。军臣单于先是一惊，继而仰天一阵呵呵大笑，说道：吾得尉史，此天助也！喝令为尉史释缚，任命为"天王"，留于帐中听用。随即勒转马头，一声号令，飞速退去。

韩安国等汉军将领苦苦等候了几个昼夜，等到的却是一个个由侦候飞马递来的快报：军臣单于已遁逃北去！分明已经煮熟的鸭子竟又这么飞走了，叫人如何甘得！又一阵拼死拼活的追赶，远远望到的唯有那由十万胡骑搅起的尘烟，正缓缓消失在茫茫草原的天地相连处。

作为此役护军将军的韩安国无功而返，自然脸上无光。尽管武帝没有惩处他，但他从此却被厄运缠住，再也脱不了身。田蚡死后，武帝原想让他继任为相的，先命他代行一段时间试试，谁知一次为大驾导引[1]，竟跌折了一条腿！武帝特地派人去看了看，见他一瘸一拐的那副样子，只好另任平棘侯薛泽为相，而韩安国的厄运至此还没有完，下文还将提到。

最倒霉的要数王恢。按武帝的部署和命令，在获得匈奴军南下的情报后，由他别领一军出代郡以阻截其辎重。他也确实这样做了，也终于等到了这个可以出击的机会。但按原先的部署，韩安国等伏兵的全面出击，与王恢的阻截其辎重，大致是同时发起的，那样王恢所要对付的只是匈奴军的后尾部分，而不是全部。现在事情却发生了始料未及的变化：由于军臣单于没有踏进埋伏圈就转身退去，王恢若是再按原来的部署出击，他所面对的已不是匈奴军的一小部分，而是整个几十万大军！考虑到寡不敌众，他只好眼睁睁看着军臣单于率领着他的铁骑军潮水般汹涌远去，却没有出击。就为这，他已犯下了死罪。

【1】为大驾导引：据蔡邕《独断》，汉制天子车驾分大驾、法驾、小驾三等。大驾有属车三十六乘，备千车万骑，并规定"公卿奉行"，即由三公九卿奉车导引。丞相属三公，故武帝若以大驾出行，代行相职的韩安国须乘于前导车为之导引。

回到长安，面对武帝的严厉责问，王恢回答得很沉重，很沉痛：

> 始约为入马邑城，兵与单于接，而臣击其辎重，可得利。今单于不至而还，臣以三万人众不敌，祗取辱。固知还而斩，然完陛下士三万人。(《汉书·韩安国传》)

相信这是王恢的真心话。他决非那种贪生怕死之徒。出击必定惨败，很可能全军覆没；不出击自己虽难逃死罪，但这支三万人的队伍却得以保全。他选择了后者。要知道古代武将大都有强烈的建功疆场、马革裹尸而还的欲望，更何况王恢是此次破胡之计的首倡者。不难想象，他在做出此种退缩的选择时，内心该有何等无奈和痛苦！

武帝将王恢交付廷尉。廷尉按军法以"逗桡罪"（临阵避敌不前）处斩。王恢以千金为酬，请丞相田蚡代为疏通。田蚡收下这笔重金却不敢向上进奏，打了个弯，恳求姐姐王太后去向武帝说情。武帝回答说：当时王恢如果能够出击，纵使捉不到单于，也总该有所斩获，多少可以安慰一下将士的心，可他却放弃了这个机会。如今朕若不杀王恢，将何以谢罪于天下！

王恢听到了武帝这番话，羞愧无言，拔剑自刎。

武帝杀王恢，内心显然也不轻松。马邑是首战。气可鼓而不可泄。他必须用这样的行动来向朝廷上下宣布一个决心：平城之耻、嫚书之辱必雪，匈奴非征服不可！

对于宏大的帝王之业来说，臣民的个体生命已显得微不足道。

但历史会记住这个王恢的。

卫青：一个当过羊倌的大将军

马邑一役，宣告了和亲关系的破裂。此后匈奴军不断扰边，劫掠不可胜数。武帝加紧筹划，厉兵秣马，为全面、持久地发起反击，最后征服匈奴作准备。

元光六年（公元前129年）开始了第一次北伐。决定分四路大军，各以精兵一万，在东西千里战线上同时发起进攻。

武帝点出四员战将，亲临太庙，举行了庄重的授受斧钺旗鼓仪式。四员战将当即剪下手、足指甲，备上丧服，以示必死之决心。

武帝随即下令——

骁骑将军李广，从雁门出击；

轻骑将军公孙贺，从云中出击；

骑将军公孙敖，从代郡出击；

车骑将军卫青，从上谷出击。

四将中前三将大臣们早已熟识，唯独卫青第一次出现在如此庄重的典礼上，自然引起人们特别的关注。

几天后，前线战报接连传来，结果是——

公孙贺，一路未寻得匈奴军，无功而返；

公孙敖，大败而归，损兵折将七千多；

李广更惨，做了俘虏。那是一次战斗中，匈奴军设伏四围，李广寡不敌众而负伤被擒。原来军臣单于对勇冠三军的李广倾慕已久，曾下令晓谕全军：务必生得李广，不可致死。这回匈奴军获此大胜自然欢天喜地，将伤得不能动弹的李广置于络床，系在两马之间，一路欢笑歌唱着奔赴大营去献功。李广暗中侧过脸去斜了一眼，恰好边旁有个胡儿骑着匹胸阔臀圆的好马，也直着脖子哼歌，便忍着剧痛用尽力气一挣，那捆绑在身上的绳索已断脱自解。又纵身一跃，从那胡儿手中夺得了弓箭，再一脚将其踢落，扯住马缰狠狠几鞭，疾驰数十里，逃回了汉营。

李广和公孙敖，依律当处斩；后来付了赎金，才得以免为庶民。

四将中唯一凯旋而归的，却是初次出征的卫青。

卫青率兵出上谷，长驱千余里，直捣匈奴用来举行祭祀祖先、天地大典视为神圣的龙成（今蒙古鄂尔浑河侧和硕柴达木湖附近），斩首七百。这是武帝决定征伐匈奴以来第一次颇具规模的胜利。"卫青"这个原本默默无闻的名字，就这样闪着绚烂的光芒跃入了人们的视野。因此一功，卫青受封为关内侯。

但此前与卫青这个名字连结在一起的，除了苦难，就是来自周围的歧视的目光。

要了解这位很快将成为帝国名将的青年的来历及身世，还得从十年前武帝一次趁着春光明媚出游，邂逅了一位能歌善舞的美人说起。

建元二年（公元前139年）三月上巳（以干支纪日，月初第一个巳日称"上巳"），依成制，武帝到长安东郊灞水之滨举行祓灾消祸的被除之礼。礼毕，没有回宫，却绕道去了外戚住宅区长安戚里他大姐家。大姐即王太后长女阳信公主，因嫁与平阳侯曹时（惠帝丞相曹参曾孙）而又称平阳公主。为弟弟的到来，平阳公主大排筵席，盛宴款待。席间却忽而出来了十几个浓妆艳服的年轻女子，说是来侑酒的，却一个个只顾相互争妍斗丽，又趁机向武帝卖弄风骚，这究竟是怎么一回事呢？

原来武帝幼时那个"金屋藏娇"的愿望虽早已实现，但那位先做太子妃、后立为皇后的陈阿娇，请医服药花去钱帛无数，却至今不见有孕；加上馆陶长公主又自以当年立刘彻为太子有功而求请无厌，陈皇后则仗着外婆太皇太后窦氏、母亲馆陶长公主的溺爱恃宠而骄，这些都反使武帝加速淡忘了当年"金屋藏娇"的初衷，对陈皇后宠爱日衰，只是由于母亲王太后的规劝告诫，才对阿娇略表爱幸，内心却是不胜其烦。精明的平阳公主看准了弟弟的这些心思，就想抓住这个难得的机会，由她再来为武帝提供一个皇后。但真像俗话说的那样：有心栽花花不发，无心插柳柳成荫；经平阳公主精心挑选又悉心调教的这十几个女子，没有一个能让少年天子看得上眼的，倒是后来召来助兴的歌女中有个叫卫子夫的，武帝一见就心动神迷，早就有了那么八九分意思。于是一出好戏便这样开场。先是武帝说要进内室去更衣，平阳公主一听心领神会，一面张开桃花笑脸起身接引，一面向卫子夫飞去一个眼色。卫子夫自然喜出望外，却犹自故作一番忸怩，随即殷勤侍于后，两人一进入尚衣轩便急不可待地做起那种风流事来。事毕回席，武帝神采飞扬，当即向姐姐平阳公主赐金千斤。这位贵公主可谓歪打正着,意外地为做皇帝的弟弟促成了一桩美事,自然欢喜不尽。

这天武帝回宫时,随车侍从的不仅多了这位邂逅而得的新宠卫子夫,还有一个跟在车后侍弄马匹的年轻人,他是子夫的同母弟弟、平阳公主家的骑奴,也就是我们这里要介绍的卫青。

其实卫青本姓郑,不姓卫。

平阳公主府上有个婢女叫卫媪,颇有几分姿色,属于风流娘们一类,与人私通生下一男三女,小女儿就是卫子夫。后来有个叫郑季的县吏来府上当差,已是徐娘半老的卫媪又与这个县吏私通,生下一男,取名青,该叫郑青。郑季原是有家有室的,当完差就回了自己的家。小郑青长到七八岁,卫媪打发他去找父亲。郑季家里的那些孩子不肯认这个突然冒出来的郑青是他们兄弟,只把他看作是从市场上买来的奴仆,任意使唤和辱骂。郑季似乎也不怎么喜欢这个很可能只是一次逢场作戏生下的儿子,后来就让郑青去放羊。做了羊倌,头顶是蓝天白云,身旁有杂花生树,成日与纯洁可爱的羊群为伴,那该是郑青出生以来从未有过的快乐日子。郑青长到十八九岁,又回到平阳公主府上,当上一名骑奴,直到建元二年(公元前139年)因了那个偶然的机缘随同姐姐卫子夫一起进了宫。也就从这时起,为了从得宠的姐姐那里沾到一点光,他冒姓了卫,改称卫青。

武帝先让卫青在建章宫干点杂差。

艰难、屈辱的经历,炼就了卫青一种坚毅、沉着的性格。他恭谨、宽厚,只是默默地做着杂差,从不张扬。但不久,厄运还是降临到了这个命乖运蹇的年轻人头上。原因是姐姐卫子夫愈益获得武帝宠幸,并已怀有身孕,而一直未有生育的陈皇后,则已渐渐失宠。就为这,陈皇后的母亲、武帝的岳母兼姑母馆陶长公主刘嫖,因妒而生恨,又因恨而起了杀心。杀卫子夫又不敢,于是便将一腔怒火转移到了完全无辜的卫青身上,派人将他抓了起来,准备一刀杀了出出这口恶气!此时若杀卫青,无异于掐死一个蚂蚁;但对汉帝国未来而言,不啻折了一根栋梁。幸亏卫青有个任骑郎的好友公孙敖,暗中探听得实,便带着三五壮士冒死将卫青从监禁处救出。武帝得知事件的经过后采取了一项保护性的措施:任命卫青为建章宫监,让他侍从在自己身边。正是在此后一段时间里,武帝不断从卫青身上发现其潜藏着的巨大军事才能,因而不久便擢任为太中大夫,继而又在首次北伐之战中任以为车骑将军。果然,卫青不负厚望,当他率领着万余铁骑长驱千余里,闪电般扑向龙门的时候,一向讥笑汉人不会骑马的匈奴人,怎么也不敢相信这就是汉军,还以为是从天而降的神兵呢!

但对卫青来说,龙门之捷还只是牛刀小试,更大的胜利还在后头。

一年后,即元朔元年(公元前128年)秋,匈奴军再次南下侵扰,其中一支攻入辽西,杀死辽西太守,斩掳两千余人;又蜂拥西进,从辽西杀到渔阳,把郡治千余汉兵打得溃不成军。然后再将渔阳驻军团团围住,狂笑怒骂,以示羞辱。

渔阳驻军的主将不是别人,正是读者已经颇为熟悉的韩安国。

那次老将军为大驾导引跌折了一条腿，伤愈后，先任中尉，又徙为卫尉，后以材官将军来此渔阳屯兵驻守。一个多月前，他听信了有个匈奴俘虏说的匈奴部队已经撤离远去的话，考虑到当时正是农忙季节，就上书武帝建议暂时撤去军屯，让士卒回家去从事农耕。谁知刚一撤屯，匈奴军就潮水般杀将过来，而此时他手下已只剩下七百多士兵，在仓促应战中被射中一箭，险些坠马，赶紧鸣金收兵，坚壁固守。匈奴军围困了三日三夜，随即押带着掳掠的汉人及财物、牲畜狂歌而去。韩安国眼睁睁地看着这一切，羞愧得无地自容。正当他想就此罢屯回京复命时，武帝派出的使节也已来到渔阳。使节带来的不仅是武帝的责难，还有一项诏令：命他再赴右北平（其治所在今辽宁凌源西南）去屯守。右北平远在渔阳之东。这位此时该已有六十上下的老将军，觉得自己已越来越为武帝所疏远而郁郁不乐，几个月后竟呕血而亡，结束了他多姿多彩而又升沉荣辱不定的一生。

韩安国去世后，武帝考虑到右北平为阻遏匈奴从东北入侵的边防要地，须有重将把守，便发出一道急诏，重新起用因雁门之败而被免为庶人的李广。

李广被贬为庶人两年多，一直家居于蓝田南山，以与友人骑射游猎打发时光。一次夜归，像是已很有点醉意的霸陵亭尉喝令不许通过。随从介绍说这是以前的李将军，意思自然是请亭尉行个方便。不料亭尉却叱道：你就是现任李将军也不得夜行，更何况是以前的李将军呢！硬是不肯通融，李广只好在霸陵亭下露宿了一夜。这回他一接到重新被起用的诏令，心头还记着那露宿一夜的恨，竟把那亭尉找来一刀杀了！比较一下当年韩安国对侮辱他的孔甲的那种大度，李广的心胸显得何其褊隘！不过李广毕竟还是李广。他杀了亭尉，既不隐瞒也不辩解，当即向武帝上书请罪。武帝则因此时正是征讨匈奴急需用人之际，非但不加罪于李广，还洋洋洒洒写了封回书，说是即将率师出征的将军，"怒形则千里竦，威振则万物伏"，言下之意杀个把人是不在话下的事，根本不要李广请什么罪，命他即日"率师东辕"赴右北平莅任就是！

李广镇守右北平四年，应是他生命史上最光辉的一个时期。其威名远播大漠，号为"汉飞将军"，匈奴闻之丧胆，几年不敢入界。唐人王昌龄以《出塞》为题作诗赞道：

秦时明月汉时关，
万里长征人未还。
但使龙城飞将在，（龙城，属右北平）
不教胡马度阴山。

也是在这期间，李广的射术已达到了出神入化的境界。有个广为流传的故事说，一次夜间行猎，远远望到草丛中似有一虎，当即射出一箭，天明一察看，方知乃是一巨石，而箭镞已深深没入石中。后有唐人卢纶以《塞下曲》为题作诗赞道："林暗草惊风，将军夜引弓。平明寻白羽，没在石棱中。"

现在让我们再把话头拉回到元朔元年（公元前128年）。这一年秋天，武帝在重新起用李广的同时，又发诏命卫青和李息各自率兵分别从雁门、代郡出发北进，互为犄角，共击匈奴。结果李息又是无功而返，卫青斩杀数千，再次获得大胜。

第二年，武帝改变首次北伐那种全线出击的战略，决定先集中兵力攻取常常被匈奴军用来作为入侵汉境前哨阵地的河南全境（今内蒙古河套南伊克昭盟一带）。此处曾为匈奴发祥之地，秦时为大将蒙恬所攻取，辟为"新秦"之区。秦末战乱频频，匈奴乘机再次占有。河南之地离长安仅有一千余里，匈奴骑兵一二日便可抵达。收复河南的战略目的，从消极方面说是解除匈奴对京师的威胁；从积极方面说是为向匈奴大举进攻做好最重要的准备。

武帝将这一重任交给了卫青。

收复河南的具体战术目标，是要击溃驻牧于河南之地的楼烦王、白羊王匈奴之军。但卫青的进军却是如此出人意料。他率领着李息等将领，像一支脱弦之箭直线北进，不过三日便抵达云中，此时已远远绕在楼烦、白羊二王之后。又突然来一个折角西进，强渡西河，在一个月黑风高之夜，以迅雷不及掩耳之势，一举攻下了高阙，这样便切断了河南匈奴驻军与其本部的联系。然后挥师南下，再来收拾已处于孤立无援境地的楼烦、白羊二王。二王怎么也没有想到汉兵竟会从他们背后的北面杀来！慌乱不及应战，被杀三千余众，丢弃牛羊一百多万头，带着残兵败将仓皇北逃。

卫青因此大功，被封为长平侯，并益封三千八百户。随同出战的，将军李息，因无功无封；校尉苏建、张次公，分别受封为平陵侯、岸头侯。在论功行赏时，武帝说了一大篇激情飞扬的话，并即兴吟了两句古诗："《诗》不云乎？'薄伐猃允（匈奴前身），至于太原'；'出车彭彭，城彼朔方'。"（《汉书·卫青传》）兴奋之情，溢于言表。

河南之地秦末被匈奴占领，经八十余年，至此终于收复。武帝采纳主父偃的建议，将其地置为朔方郡，命苏建带领十万人修筑朔方城。又从内地募民十万充实朔方；同时修缮蒙恬当年建造的障塞，与黄河天险联成一道强固的防线。

匈奴自然不甘心就此丧失河南之地，只是由于这年冬天军臣单于因病去世，紧接着其弟左谷蠡王伊稚斜与太子於单又为着争夺王位而同室操戈，才使他们暂时无暇南顾。於单没有支撑多久就兵败南逃，归降于汉，汉封他为陟安侯，数月后死去。伊稚斜登上单于之位，动辄以数万之众，出入代郡、雁门、定襄、上郡、河南朔方等境，侵扰、杀掳不止。匈奴高层权力结构分三个部分：单于居中，总领全族；东为左贤王，统辖东部；西为右贤王，统辖西部。河南之地原属右贤王辖境，如今却被汉夺得，并辟为朔方郡，这自然激怒了右贤王。所以在几支匈奴军中，以右贤王攻势最为猛烈，汉方大批吏民被杀被掳。

元朔五年（公元前124年）春，武帝决定组织一次新的北伐战役，兵分三路，集中一个目标，就是击溃右贤王。

其阵势是：

卫青率领三万骑，自高阙出击；

苏建为游击将军，李沮为强弩将军，公孙贺为骑将军，李蔡为轻车将军，自朔方出击；

李息、张次公为将军，自右北平出击。

三军皆属卫青统领。

春天的草原，除了白云下的羊群，就是无边的绿，一直绿到天涯。晚霞布起时，整个草原又都笼罩在金色的静谧中。

匈奴右贤王夜夜在他宽大而又辉煌的穹庐中宴饮作乐。他根本用不着担心汉军会来袭击，因为他说：能够骑马挎弓到我大匈奴来的汉崽，还没有生出来呢！

可这一夜刁斗敲过三更，当四周突然奔来潮水般的马蹄声，几乎要将穹庐吞没的时候，这位右贤王不得不承认汉军也有了令人骇怕的铁骑。他抱起身边一个爱妾，一纵身，跃上了一匹汗血马。幸好他马上功夫确实了得，这才让他侥幸逃脱身后如狼似虎般的追兵。而他属下的十余位裨王，还有一万五千多名男女，全都做了俘虏，近百万头牲畜也成了汉军的战利品。

卫青和他的将士们的这次千里奔袭，竟是如此出神入化而又干脆利索，简直像精湛的艺术演出。武帝闻报大喜，特派出使节飞马急赴军中，赐予卫青一个从无先例的殊荣：就在军中授任为大将军，诸将皆受大将军统属。卫青拜受了这项荣衔，高扬着大将军的旗号，凯旋而归。

卫青屡建奇功，其威名如日中天，以致引起了一些贵妇人的倾慕。其时平阳公主因丈夫平阳侯曹时有恶疾而回到了他的封国，这位颇有些寂寞难耐的皇姐便心旌摇荡起来，且看《汉书·卫青传》中这段有趣的记载：

长公主（即平阳公主）问："列侯谁贤者？"（显然是明知故问）左右皆言大将军。主笑曰："此出吾家，常骑从我，奈何？"左右曰："于今尊贵无比。"于是长公主风白皇后（去向皇后委婉说明。此时皇后已是卫青同母姐卫子夫），皇后言之，上乃诏青尚（娶皇家女称"尚"）平阳主。

尽管卫青曾做过平阳公主的骑奴，此时又已有妻儿家室，堂堂的皇姐平阳公主却还是等不得前任丈夫咽气，要抢先嫁给卫青。此例足以说明抗击匈奴的英雄，在当时人们心目中有何等的荣耀！

元朔六年（公元前123年）春，卫青再次受命率领十万骑由定襄（今呼和浩特）向匈奴发起进攻。但此役战果不大，仅斩首数千级。回师后，分兵于定襄、云中、雁门三郡休整。夏四月，再次出击。杀俘万余。汉军伤亡也很大，其中前将军赵信、右将军苏建仓促间遭遇了伊稚斜单于的主力部队，鏖战一日，汉军伤亡殆尽。赵信带着残存的八百余骑投降了匈奴，苏建则只身逃回。卫青没有依军法将苏建斩首，而是将他带回长安奏请武帝裁定。武帝稍示宽容，准许苏建赎为庶民。

这个战绩平平的战役，却有一个耀眼的闪光点，那是一位英武矫健的美少年创造的。少年是第一次出征，被任命为票姚校尉。临出发前，武帝特地指令卫青，要给少年配备八百壮士，放手让他带领着自行为战。卫青依令而行。战幕一拉开，只见这位手持长剑、横跨在一匹烈性马上的英俊少年一声呼啸，带领着八百铁骑风驰电掣般向前飞去，眨眼间已远离大部队，消失在大漠深处。

少年名叫霍去病,这一年还只有十八岁。

班师回朝,霍去病以斩获两千余级、俘虏了伊稚斜单于叔父等的巨大战绩,功冠全军。武帝大喜,当即以二千五百户封霍去病为冠军侯。"一战封侯"这个著名的历史典故就是这样创造出来的!

霍去病:一颗骤然升空又陡然殒落的将星

霍去病是卫青的外甥,巧得很,舅甥俩都是私生子。

卫青的同母姐姐卫少儿,与一个到平阳侯府邸来当差的、名叫霍仲孺的县吏私通,生下了霍去病。卫少儿的妹妹就是卫子夫,与武帝一次邂逅而得宠幸,后被立为皇后。霍去病就是靠着小姨母当上皇后这层关系,进宫做了侍中。他自幼练就一身武艺,精于骑射,进宫后又得到舅父卫青点拨,更有了飞速长进。司马迁概括霍去病的性格是"少言不泄,有气敢任"(《史记》本传)。这个早熟的少年是个罕见的军事天才,许多深奥的战略、策略问题,不仅一点就通,而且常常有自己独特的见解,发人所未发。一次武帝要他学学《吴子》、《孙子》,他的回答让武帝听了既惊又喜。他说:打仗就要看你在战争现场制订的战略策略怎么样,光学古代兵法顶什么用!(《史记》本传原文:"顾方略何如耳,不至学古兵法!")

三年后,霍去病受任为骠骑将军。接下去读者将看到,这位年轻将领为略定河西走廊而风掣电驰般跃马扬鞭在广阔的西部大漠上,所建战功甚至屡屡超过卫青。但为了说明武帝何以此时将夺取河西走廊提到议事日程上来,须对上一小节之末元朔六年那个战役补叙一个人物:赵信。

赵信原是匈奴一个小王,后归顺于汉,被封为翕侯。在那次战役中,他与任卫尉的汉人苏建同为卫青的部将。两人奉命领三千余骑,并力与匈奴军激战一日,不敌被围,苏建突围只身逃归,赵信却带着残存的八百余骑投降了匈奴。伊稚斜单于对这个如今已非常熟悉汉地、汉军内情的叛将的回归,给予了超常规格的接待,不仅封为仅次于单于的自次王,还将姐姐也嫁给了他。在这种情况下,受宠若惊的赵信,便向伊稚斜单于提出了一个颇具战略意义的建议:将匈奴本部迁徙至漠北,这样便可避开与汉军锋锐直接对峙而赢得主动:或迂回寻找战机,多取小胜;或诱汉军深入,再聚而歼之。

伊稚斜单于采纳了这一建议,就在当年将王庭移至漠北。

此举很快收到了效果:汉军为寻找匈奴主军,不得不经受旷日持久的长途跋涉之苦,而匈奴军则可以坐收以逸待劳之效。

有鉴于此,武帝不失时机地调整了战略部署,迅速从暂无入侵之忧的北部边塞抽出兵力来,发起了攻取河西之地的战役。

其时占据河西的,是匈奴浑邪、休屠二王之部。

武帝把攻取河西的重任交给霍去病。

元狩二年(公元前121年)春夏,霍去病率领精兵万骑,先后两次向河西地区发起雷轰电击式的进攻。第一次从陇西出发，越乌戾山，涉狐奴河，历五匈奴王国，一路所向披靡。穿越焉支山千余里后，在皋兰山下，与早有准备等候在那里的匈奴军展开了一场浴血鏖战，又获大胜。全役斩折兰、卢侯二王，俘虏浑邪王子及相国、都尉等，斩掳八千九百余级，还缴获了休屠王祭天的两个金人。

第二次，按武帝部署，由霍去病和公孙敖各率万骑出北地，随即分道对匈奴右部诸王之军来一次合力包剿。为分散敌方兵力，又命李广和张骞从右北平出塞进击匈奴左贤王。不料分道后，公孙敖却没有如期来会，依法当斩，后付了赎金免为庶民。李广的四千骑兵被匈奴数万骑兵包围，奋力激战两日，死伤过半。这时张骞才引兵来到，合力将匈奴军击退。张骞也因延误军机当斩，后赎为庶民。李广总算得了个功、过相当，无赏。而霍去病，完全是另一种景观。这位年轻的天才将领常常不带辎重，因敌而食，动如脱兔，行若闪电，神鬼莫测，似有天助。由他所统领的将士一个个如猛虎下山，以一当十。他们涉钧耆水，渡居延河，飞越祁连山，扬威耀武于匈奴心腹之地。到战役结束，共斩杀三万余，降卒二千五百，还俘获了单桓、酋涂二王。班师之日，鞭敲金镫响，人唱凯歌还。霍去病因这两次大功，又增封了七千九百户，所部将士也获得了不等的封赏。

丧失了祁连、焉支之地，对匈奴是一个沉重的打击。祁连山是其重要的牧场，焉支则因盛产可以提炼为妇女们所喜爱的胭脂的红蓝花而被视为宝地。如今这一切都已落入了汉人之手。他们编出歌谣来唱道：

亡我祁连山，
使我六畜不蕃息；
失我燕支山，
使我嫁妇无颜色。（《史记·匈奴列传》张守节《正义》引《西河故事》）

因河西之败，伊稚斜单于大为震怒，扬言要把统辖河西之地的浑邪、休屠二王召来杀之。二王得讯很害怕，一起商量后决定归降汉天子。武帝恐其有诈，命令霍去病率兵前去接引。后来休屠王果然反悔，浑邪王就把他杀了，并兼并了他的军队。这时霍去病已渡过了黄河，与浑邪王遥遥相望。浑邪王所部一见汉军又有好些因不愿归降而纷纷逃离，霍去病跃马率众驰入，对那些不肯投降而想逃跑的人一阵猛杀，死者竟达八千之多！然后与浑邪王一起，率领着四万余愿意归降的匈奴将士，号称十万，东渡黄河，向长安进发。武帝以发车两万乘的宏大规模，迎接这批归降者的来到。又举行隆重仪式，封浑邪王为漯阴侯，食邑万户；裨王呼毒尼等四人，也都封为列侯，赏赐数十巨万。所有归降士卒，都安置于河南、北地、上郡、朔方、云中等五郡之地，作为汉的属国，允许他们保留原来的生活习俗。

至此河西之地尽为汉所有。武帝在这里先后设置了酒泉、敦煌、张掖和武威四郡，从而开辟了自玉门直达西域的重要通道。

有个小插曲：一日武帝游宴，席间乘便阅马。数十个养马的官奴牵着马依次从殿下走过，都会禁不住向侍立在武帝两旁的那些如花似玉般的宫女偷偷看上一眼，唯有一位少年却只顾低着头走。武帝特地召至跟前一问，原来少年叫日䃅（mì dī），是匈奴休屠王的太子。其父母先与浑邪王相约降汉后反悔而为浑邪王所杀，他与弟弟也因此而没为官奴，发配在黄门养马。武帝见他容貌俊美，应对称旨，颇为哀怜。当即赐予沐浴衣冠，拜为马监，不久又迁升为侍中。因其父休屠王曾制金人祭天，故特赐姓金氏。这位有着如此奇特身世的金日䃅，此后始终以绝对忠诚和驯服的形象出现在武帝左右，武帝对他也一直信任有加，最后甚至让他与大将军霍光一起成为执行武帝遗诏的顾命大臣——这是后话，诸君可在下章读到。

元狩四年（公元前119年），武帝再次向匈奴发起强大攻势，其战略目标是要最后解决已撤至漠北的匈奴的主力问题。

这年夏天，集结了十万骑兵，加上步兵及辎重运输部队共数十万人，由卫青、霍去病统领，分别从定襄和代郡出发，深入大漠，长驱进击。

匈奴得报，伊稚斜单于颇为惊慌。自次王赵信献计道：汉兵纵然能越过沙漠，也早已人困马乏，何能再战！我大匈奴只管养精蓄锐，张开口袋，等着收拾那些来送死的汉人吧！

再说从定襄出发的卫青之军，穿越戈壁沙漠千余里，才与匈奴主力相遇，于是一场空前残酷的鏖战就在茫茫大漠中拉开。

这是卫青第一次与匈奴单于直面交锋，强烈的建功立业欲望，使他的体力和智力都得到了超常的发挥。所部将士也一个个虎奔狼突，杀红了眼。大漠中气候说变就变。到昏黄的太阳快要滚落地平线时，忽而狂风大作，飞砂走石，两军隔着尘幕互不相见，致命的袭击却随时都有可能在你猝不及防的时间、地点发生。卫青立刻下令以兵车自环为营，以重兵伏于两翼，再分出五千兵来与匈奴万骑对阵。如此激战一日，伏兵伺机从两侧包抄，终于将匈奴军团团围住。伊稚斜自度再战无利，薄暮来临时，带着数百名亲信卫士从西北方向突围而出。卫青从俘虏嘴里得知单于遁逃的去向，立刻率领轻骑星夜紧追，一路过关斩将，所向披靡。至天明，行程二百余里，斩掳一万九千，但直抵寘颜山赵信城（今鄂尔浑浦以南，系赵信所建），也未能追到单于。汉军在此逗留一天，用城中积粟饱餐了三顿，放火把余粮烧了浩荡而还。

比较起来，霍去病和他率领的军队获得的胜利更大，而且几乎是完美无缺的胜利。他们仅带少量辎重，个个身轻似燕，从代郡出发，飞驰两千余里，越离侯山，渡弓闾河，大败匈奴左贤王，活捉二裨王及相国、将军等八十三人，斩掳七万余级。霍去病还在今内蒙古克什克腾与阿巴嘎旗一带的狼居胥山和姑衍山分别举行了隆重的封禅典礼。封土为坛祭天称封，辟土为基祭地为禅。封禅之礼意在向天地宣告，浩瀚的大漠已成为大汉的属地。此举在古人看来具有宏扬华夏中国文化的重大含义，霍去病这位年轻的将领也因此赢得了很高的声誉。

总计此次漠北会战，匈奴军共损失八九万，其主力丧失殆尽，伊稚斜单于落荒逃遁，此后匈奴所控制的疆域不得不大踏步向西、北两个方向后退。汉军也付出了沉重的代价：

将士伤亡一万多，马匹十余万。卫青所部还发生了一个引起后人不断评说的严重事件：老将军李广因迂回迷路受到卫青责备，愤而自杀。

李广这年已是六十有余，原不在出征之列，经他多次请战，武帝才准许他作为卫青所属的前将军随同出征。出塞后，卫青从俘虏嘴里得悉了伊稚斜单于逃遁的方向，就决定亲自率精兵追击，没有再让李广为前将军，而是命他将部队与右将军赵食其合并，从东路出发，以为接应。据《史记·李将军列传》记载，卫青临时作出如此部署的主要原因是：出发前武帝曾暗暗告诫卫青：李广已经年老，又"数奇(jī)"[1]，不能让他参加直接与单于对阵战斗，因为有他参加就可能得不到预期的胜利。此外还有一个因素则与公孙敖有关。公孙敖对卫青曾有救命之恩，两年前却因一次军事失误而被撤去了合骑侯的封号，此次战役中他担任中将军。卫青在调离李广的同时，又让公孙敖参加追击单于的战斗，用意自然是想为他提供一个立功的机会，以期再度封侯。卫青的这种有欠公正的安排，激怒了李广。这位戎马一生，却从未获得封侯的老将军，把这次追击单于看作是此生最后一次立功机会了，岂肯轻易放过！他激愤地对卫青说：臣自束发以来，就一直在与匈奴交锋，大小七十余战，到今天才遇上有这么一次能与单于直接对阵的机会。请大将军仍任广为前锋，我当先与单于决战，虽死无恨！

卫青不为所动，李广愠怒而去。后来便发生了李广与赵食其因迂回迷路，没有按照约定如期来到，致使"单于遁走，弗能得而还"。战役结束后，卫青因需上报作战详情，先是命人向李广送去酒食，顺便问问迂回迷路情况，李广依旧一脸怒气，不肯作答。接着卫青又派出长史，责令李广速来幕府对簿。李广猝然而起，须髯尽张，愤愤说道：广此次迂回失道，殆由天命，还有何可言！又转身对所部将士流涕说道：广已六十有余，死不为夭，岂可再去面对刀笔吏乞怜求生！罢罢罢，广今日就与诸君长别！说完抽剑向颈一挥，倒毙于地。众将士救之不及，纷纷为之垂泪。噩耗传出，全军皆哭。

李广自文帝时与匈奴萧关一战，名播朝野。此后历任上谷、上郡、陇西、北地、雁门、云中、右北平等七郡太守，及卫尉、骁骑将军等职，弯弓轻戟，戎马一生，竟自决而亡，自然不免令人扼腕。《史记》本传中有典属国公孙昆邪对李广的评论，说他"才气天下无双"，弱点是"自负其能"。综观李广一生，"自负其能"而又把能否封侯看作是自己才能是否被主上认定的表征，也许正是他悲剧人生的主要原因。汉人把建功立业作为人生追求，当是大汉宏伟气象使然，非独李广，只是李广似乎特甚。后世对李广吟咏颇多，题旨大多悲其时乖运蹇、虽有战功却终生未获封侯。其实人生可追求多矣，何必专一于功名爵位。难得元代张弘范独具只眼，以《读李广传》为题赋诗道：

弧矢威盈塞北屯，
汉家飞将气如神。
但教千古英名在，

【1】数奇：指命数逢奇，也即命运不好。古人以为命数有奇有偶，奇凶而偶吉。奇为单数，偶为双数。

不得封侯也快人！

但李广的悲剧还不肯就此落幕。

李广自刎时，他的第三个儿子李敢也在参加漠北会战，以校尉随霍去病出击匈奴左贤王，且颇有战功，回长安后，被封为关内侯，任郎中令。年轻气盛的李敢，把父亲的死完全归咎于卫青，暗中默默寻找着机会报复，一次终让他得手，砍伤了卫青。卫青对此表现颇为大度：非但没有惩处李敢，还代为隐讳，说创伤是自己不慎造成，想以此化解两家仇怨。但很不幸，他没有能够瞒过机敏过人的外甥霍去病。昨日是李敢为父亲报仇，今天轮到霍去病为舅父报仇了。不久，李敢作为郎中令随同武帝去甘泉宫游猎，突然从天外飞来一箭，终止了李敢年轻的生命。几乎人人都知道那致命的一箭是霍去病射出的，但武帝大概因实在太喜欢这员年轻的天才将领了，为了替爱将开脱，竟不惜以九五之尊说了这样一个谎：李敢是被鹿撞死的！

李敢之案过后约一年多的元狩六年（公元前117年）九月，霍去病溘然病故，年仅二十四岁。一颗耀眼的将星就此在茫茫的长空殒落，军民同悲。武帝特地为霍去病在茂陵（武帝生前为自己所建陵墓）东侧修筑了一座形状象征祁连山的坟茔，并号令匈奴降汉的河南属国铁甲军，自长安至茂陵排起百余里长队为他送葬。霍去病墓在今陕西省兴平县境内，我们现在仍可看到墓前有石雕群像，其一为《马踏匈奴》，被踏于马足下的是惊恐地挣扎着的匈奴首领形象。那剽悍的石马，则昂首扬鬃，你仿佛还可以听到它那掀天揭地的嘶鸣。

后十二年，即元封五年（公元前106年），卫青也因病去世，葬于霍去病墓西侧，其坟茔象征匈奴境内的庐山，又名南庭山。

卫青和霍去病是汉帝国与匈奴交战中两员最杰出的将领，是汉人性格中那种叱咤风云的阳刚之美的典型代表，也该是流行至今的"好汉"这一称谓的最初原型。卫青先后七次出击匈奴，斩获五万余级，封为长平侯，两次增封，共一万六千七百户。霍去病先后六次出击匈奴，斩获十一万余级，封为冠军侯，四次增封，共一万七千七百户。漠北会战后，二人同为大司马，位列三公[1]。卫青自幼历尽艰难，为人宽厚，待人仁爱。行军时，士卒全已渡河他才渡；扎营时，凿井得水，士卒全都饮了他才饮。刊行于宋代的《武经七书》录有多例古将风范，如"军灶未炊，将不言饥"，"军井未达，将不言渴"；若仅有"一箪之醪"，则"投之于河，与士卒同流而饮"，卫青是颇得此遗风的。霍去病少年即长于富贵之中，不知穷困饥寒为何物。即使在军中，得片刻之暇也常以踢球为乐。一日三餐，薰腊美味不断，食有剩余，宁可丢弃，也不会想到分给那些面有饥色的士卒。这位天才将领的

【1】三公：汉初沿秦制，三公指丞相、太尉、御史大夫。武帝后期罢太尉而置大司马。大司马之名，《周礼·夏官》中已有，掌武事，统帅军队。武帝所置大司马，用с冠将军之号，是一种授以重任的标志，不授印绶，也不置官属。其后此职渐渐演化，成为秉掌中枢政务的中朝总管，受者多为权贵外戚，如成帝时的王氏兄弟和王莽等，皆曾为大司马。

一生是短暂而透明的,就像夏日晴空的霹雳闪电,驰骋大漠为帝国而战,就是他的青春和生命的全部。当武帝要为他建造宅第时,他的回答成了一句流传千古的豪言壮语:"匈奴未灭,无以家为也!"(《史记》本传)

如今卫青、霍去病之墓已成为游览胜地,每年有来自世界各地的人群前往参观、凭吊。我虽世居江南,遥想若置身于充满洪荒之气的原野,面对古墓夕阳,神游当年帝国,其情何如!因作诗叹曰:

> 庐祁对卧草苍苍,
> 卫霍豪气溢大荒。
> 汗马疾蹄烽火烈,
> 军书插羽促兵忙。
> 雕弓冰裂天狼落,
> 铁戟雪飞地鲲亡。
> 忽报凯旋过上谷,
> 满城争睹汉儿郎。

将征战扩展到南、东、西诸边

霍去病、卫青相继去世后的十余年间,即大体自元鼎元年至太初四年(公元前116年~前101年),汉与匈奴大略处于休战状态。原因是,从匈奴方面说,由于已受重创,又远撤漠北,短时期内不可能再有较大规模的军事行动。从汉帝国这方面说,除了人力、物力消耗极大,特别马匹奇缺,需要有一段时间进行休整和补充外,还因为边患问题不仅北边有,南、东、西诸边都有,而且大多也是由历史累积下来的,一直想解决却没有足够的精力和时间,现在北部边境的相对平静,便为平定和经略其余诸边提供了一个难得的机会。

因而在这期间,武帝一面头会箕赋,采取种种措施聚敛钱物,扩大财源,以供庞大的军费所需;一面厉兵秣马,虎视眈眈地侦候着诸边动静,以便一旦出现契机随时准备出征。元鼎四年(公元前113年)春,从遥远的五岭之南传来了一个消息:南越王赵婴齐因病死去,太子赵兴继立,王后樛(jiū)氏^[1]被尊为太后。

大臣们觉得南越国如今正处于新旧交替之际,无论攻战或是攻心都是一个不可错失的良机。于是武帝决定立即派出一个阵容强大的使团,再随以一支精兵,所谓恩威并用,意欲敦促新王赵兴和樛太后来长安朝见,使之彻底臣服于汉。

谁也没有想到,这次出使竟导致——

一对旧情人演了一出悲喜剧

南越国最先的老国王,就是五章二节提到的那个在秦末战乱中就自立为王的赵佗。陆贾第二次出使后,赵佗大体上还是能做到按时入朝,表示了他对宗主国汉的臣服。这位老国王算得上是福禄高寿了,估计至少活到八十多,到武帝即位后第四年才离世。但此时他儿子早已死去,只好由孙子赵胡嗣立。赵胡即位不久,便发生了因受到闽越进攻而向汉天子求救的事。武帝命韩安国、王恢率军前往征讨。虽是兵未到,而闽越军已因内乱而自退,

---

【1】此据《史记》。《汉书》则称姓"樛",音同。

赵胡对汉还是十分感激，为表示忠诚，特将他的太子赵婴齐送长安入宫宿卫，侍卫武帝。但时间一长，赵胡却常常托病不朝，表现出了一些离汉倾向。再说那太子赵婴齐，在长安一住就是十几年，还娶了个樛姓女子为妻，生有一子，取名兴。直到父亲病危，经上书得到武帝允准，才携带着妻子樛氏、儿子赵兴回到了南越。赵胡病故后，赵婴齐即位为新王，以赵兴为太子；除依先例将他的另一个儿子赵次公送来长安入宫宿卫外，索性托病不朝，又无视汉礼法，恣意妄为，动辄杀人。武帝曾多次遣使规劝，他却依旧我行我素，根本不把朝廷放在眼里。

赵婴齐之所以敢于放胆横行，就因为看准了汉家天子正集中主力征讨匈奴，无暇南顾。现在，匈奴退居漠北，赵婴齐病故，赵兴新立，武帝就想利用这一机会，尝试以和平方式来解决南越问题。

元鼎四年（公元前113年），武帝派出一个以大臣安国少季（姓安国名少季）为主使的重要使团。随行人员有文武两类，文有能言善辩的谏大夫终军，武有力能扛鼎的勇士魏臣等。对终军值得多介绍几句。据《汉书》本传记载，终军是济南郡人，少年时就因博学善辩又写得一手好文章而名播全郡，十八岁被选为博士弟子，西行入关。当时出入关须用"繻"（一种丝织物，上书文字）作为通行凭证，分左右两半，以资合验。关吏查验后，还给终军半片，让他回来出关再用。终军头一昂说："大丈夫西游，终不复传还！"言下之意是，他此去必定会做大官，以后出入关哪里还用得着这种东西做凭证！说罢，"弃繻而去"。由于"学而优则仕"在古代曾是读书人普遍的人生追求，因而终军的"弃繻"也被视为具有"大志"的表征，并作为典故一直流传至今。后来终军果然很快做了谒者，官虽不大，但因能侍从皇帝，在当时一般人心目中已是荣耀无比。一次终军擎着符节，乘着高车大马，奉旨出关巡行郡国，当年那个关吏望着浩荡东去的车骑背影不由惊诧莫名，大大感慨了一番。这回出使南越，终军是自己主动请命的。他在朝堂上振衣而起，意气激昂地对武帝说："愿受长缨，必羁南越王而致之阙下！"缨，在这里意为绳子。请皇上授给长绳一条，臣定把叛王捆绑到宫门下！"请缨"或"长缨"从此也成了典故。毛泽东在长征路上作《清平乐》词高歌道："今日长缨在手，何时缚住苍龙！"

随同使团一起南下的，还有一支由卫尉路博德率领的精兵，武帝命其屯驻于接近南越北部边境一个叫桂阳的地方。名义是等候在那里接引樛太后和赵兴的到来，实际则是营造一种兵临城下之势，迫使南越就范。

武帝如此部署不仅细密周到，还符合所谓"引而不发"的圣王之道。使团抵达南越后，一切进行得似乎比预想还顺利。由终军宣读诏旨，又一番陈辞，几乎还是个孩子的南越王赵兴，当即欣然表示愿意属汉，只待召集群臣草拟出一份文书来，便可向长安奏报。

不料仅仅过了一夜，王宫内外众人私议蜂起，且一个个怒形于色，一种骚动不安的气氛迅速弥漫开来。

如果作点细究，其实祸患的种子至少在十几年前已经埋下。

原来此时已尊为太后的樛氏与作为汉特使的安国少季，竟是一对旧情人！

樛氏是邯郸（即今河北邯郸）人，安国少季是霸陵（今陕西西安东北）人；两人是何时、如何相识的，史无明录。从后来事情的发展推想，他们的情恋该是青春年少时就已开始，只是保密工作做得特别的好，以致樛氏后来嫁与赵婴齐时，这位南越国送到长安来的人质竟然一无所知，此后将近十年也一直蒙在鼓里。真所谓无巧不成书，这回武帝组建使团，偏偏又选中了安国少季做特使。这样，当这对阔别多年的旧情人在异国他乡猝然相遇时，该会出现怎样一个激情缠绵的场面啊！加上此时作为安国少季情敌的赵婴齐已经作古，樛氏已被尊为太后，很可能两人都因而有些肆无忌惮起来。《汉书·两粤传》是这样记载的："安国少季往，复与私通，国人颇知之，多不附太后。"越人对樛氏这个来自汉地的女人本来就有些隔阂，如今又来了个男汉人，一对狗男女公然干起了那种丑事，叫他们如何忍受得了！越人"多不附太后"，实际也就是不肯归附汉。反汉的情绪在迅速积聚、蔓延，只要落下一颗火星便会立刻爆炸！

樛氏感到了害怕，担心越人会借此闹事。她一面关通汉使，欲借汉威以自保；一面劝说和催促越南王以及几个幸臣赶紧上书归汉，以免夜长梦多。赵兴对母亲身边突然冒出了一个多年的老情人，而且还是汉人，显然也极为反感；但他还没有长大到敢于断然违抗母命的年岁，终于还是勉强上书武帝，表示愿意归附汉统，比照内地诸侯王之礼三年一朝，并向汉开放边关。武帝得书颇为高兴，迅即下诏接受内属，除丞相、内史、中尉、太傅由汉任命外，其他官吏允许南越国自置。武帝还特地赐给南越国丞相吕嘉一枚银印。汉制，秩二千石以上佩银印。诸侯王相为二千石。赐予银印，表明武帝已承认吕嘉为汉所置之相，这对作为附属国的南越来说，也算是一种荣誉吧。

樛氏总算放下了一颗悬着的心，命人赶紧治理行装，准备与儿子赵兴一起赴长安朝见汉天子。

但当汉使持银印来到，召丞相吕嘉受印时，令人担忧的意外发生了：吕嘉以生病为借口，既拒绝接受银印，也不肯会见汉使。

原来这吕嘉，在南越国可是位举足轻重的人物。

他是三世老臣，为相赵胡、婴齐、赵兴三王。他的家族在王国中担任要职的多达七十余人；儿子都被招为驸马，女儿皆嫁与王子。南越军政大权实际上就操纵在他一人之手。他耳目众多，王国上下任何动静都无法逃脱他的情报网。尤为重要的是，他在越人心目中的地位超过了王室。

吕嘉拒绝接受相印和接见汉使这一行动，实际上是为反对归汉派打出了一面旗帜，让所有怀有反汉情绪的人全都站到他的旗帜之下，使分散的力量集中到了一起，给王室中的归汉派造成了强大的压力。

樛氏不得不中止入朝，设法在成行前砍掉这杆旗子。经过一番谋划，一次南越版的"鸿门宴"就在王宫大殿摆开。名义是宴请汉使，包括吕嘉在内的诸大臣皆作陪。酒过三巡，樛氏当着汉使的面责问吕嘉道：南越内属，乃是利国利民之事，而相君却总是执意反对，究竟是何居心？她说这些话的用意，是想激怒吕嘉，让他说出一些辱没汉使的话来，从而再激怒汉使，使之杀掉吕嘉。但老练沉稳的吕嘉早已觉察到了席间的异常，偏是不作应答。少顷，缓颜跽身一揖，借口如厕就要离席。吕嘉的弟弟是个掌管王宫警卫的将军，所以吕嘉只要出得殿门，便可确保无虞。樛氏一见吕嘉离席要走，急切中操起铁矛就用力刺去。眼看矛尖就要刺入吕嘉后背，却被一只手一挡，矛尖转而刺入殿柱。吕嘉匆匆逃出殿门，在弟弟率兵保护下回到了自己的官邸。

挡开铁矛的是南越王赵兴。这时他终于以这样一个行动，站到了与母亲对立也即与汉对立的一边。

吕嘉开始暗中与大臣谋议作乱，只是想到赵兴对他刚刚有过救命之恩，不便贸然攻打王宫。

这边樛氏也在积极筹划对抗力量。双方处于严重的对峙状态。

消息传到长安，武帝对安国少季等人不能果敢行事十分恼怒，但又觉得南越王及王太后已有归汉之心，作乱唯吕嘉一人，没有必要兴师动众，即命近臣庄参率兵两千前往弹压。庄参回答说：如果是友好往来，数人即可；倘若戈戟相向，只怕两千人也成不了事。在一旁的韩千秋原是颍川壮士，曾做过济北相，这时便出班自荐，奋然说道：谅区区一越，何足道哉！臣愿得勇士二百，必斩吕嘉以报！武帝就喜欢听这类豪言壮语，于是便发令让韩千秋前往，不过还是拨给他两千人马，命即日南下。吕嘉闻讯立刻传檄国中，历数樛氏之恶，除了说她是"中国人也，又与使者乱，专欲内属"外，还加了一些并不存在的罪名，如"尽持先王宝器入献天子以自媚，多从人，行至长安，虏卖以为僮仆"等等（《史记·南越列传》）。一时举国响应。吕嘉与他弟弟发兵攻进王宫，抢先杀了樛氏和安国少季，这对相爱多年的情人终于演完了全部悲喜剧。接着又杀了南越王赵兴，另立赵婴齐与越籍妃子生的赵建德为王。终军、魏臣等所有汉使，也全都被杀。终军死时才二十出点头，世人称为"终童"。这位少年才子也可说是"出师未捷身先死"，不免令人惋惜；不过他短暂的一生而能为后人留下"弃繻"、"请缨"两个典故，也该是一件很少有人能做到的幸事吧？

再说在武帝面前夸下了海口的韩千秋，却是勇有余而谋不足，进入越境后，只攻下了几个小城镇，到离番（pān）禺四十里处，就中了吕嘉设下的伏兵，竟然是全军覆没。

老谋深算的吕嘉，获得全胜后依旧章法不乱。他一面发兵固守边境要害，一面将原汉使所持符节装入一木函，送至北边通知汉方去取。同时附上一信，行文委蛇，措词微妙，名为谢罪，实是把汉天子揶揄奚落了一番。

武帝得报，雷霆大怒。经过一番紧急筹划，于元鼎五年（公元前112年）调集起十万大军，兵分五路，会讨南越。其中第一路，即屯驻于桂阳的路博德之军，这回任以为伏波将军，由桂阳沿湟水而下。其余四路，除一路由主爵都尉杨仆为楼船将军率领外，另外三路之将皆为越人降汉者。出发前，举行了庄严的祭祀太一三星仪式，祭官高擎着指向南越的灵旗，为汉军的胜利作了祈祷。战争持续了一年多，终于将南越全境平定。吕嘉及其所拥立的新王赵建德，率残部百余人星夜乘船浮海出逃，也被伏波将军路博德派人追获杀之，延续了九十三年的南越国，至此灭亡。元鼎六年（公元前111年），武帝将其地纳入汉之疆域，分置南海、苍梧、郁林、合浦、珠崖、儋耳、交趾、九真、日南等九郡。

大概就在平定南越前后，对东、西、南诸边，或是通过武力征战，或是经由政治斡旋，尽管代价颇巨，大体上还是达到了武帝预期目的。如征服了曾屡屡侵扰南越的闽越后，将其地并入会稽郡，民众则悉数迁徙至江淮之间。解决西南诸夷问题武帝用了文武两手，虽几经反复，最终还是先后纳入了汉统一版图，分别设置了益州等五郡。流传极广的"夜郎自大"的故事，就发生在此期间。同样自大的还有滇国。夜郎和滇都是仅有一州之地的小国，但他们的国君在接见汉使时，问的第一句话都是：你们那个汉有我的国家大吗？后来夜郎、滇二王均获得了优待：仍授以王印。朝鲜之乱平定后，其地分置为真番等四郡。西域的楼兰、姑师、西羌等，原为匈奴属国或其所控制的地区，通过这一时期的多次征战，楼兰等已被迫臣服于汉，西羌大部分也已接受了护羌校尉的控制。

平定南越后的第二年，即元封元年（公元前110年），已经四十七岁的汉武大帝刘彻，达到了他事业和人生的辉煌顶点。种种文治武功都取得了阶段性成就，使他不免踌躇满志，睥睨寰宇。这年四月，他举行了一次极为隆重而神圣的典礼：封泰山和禅梁父山，简称封禅（详见下章）。按当时的主流意识，封禅过后，武帝便已具备了进入从远古以来屈指可数的圣君明王之列的资格。由于依照古礼，在封禅之前，先得"振兵释旅"，即整顿和校阅军队，来一番扬武耀威。所以这年的岁首十月，武帝颁发特诏，亲帅十八万骑兵，置十二部将，旌旗千余里，从云阳出发，历上郡、西河、五原，出长城，至朔方，临北河，最后登上了单于台。此台原为匈奴举行重大典礼时用，如今却已在他作为胜利者的脚下。这位大汉天子仰观寥廓苍穹，俯视浩瀚大漠，猛然涌起愿与天下强手较量，并一一降伏之的强烈欲望。就在单于台上，他命郭吉作为特使，急驰匈奴王庭，去向单于传谕他的一番充满着霸气与豪气的话，实际也就是一道战书：

南越王头已悬于汉北阙下。今单于能前与汉战，天子自将兵待边；单于即不能，即南面而臣于汉。何徒远走，亡匿于幕（通"漠"）北寒苦无水草之地，毋为也！（《史记·匈奴列传》）

郭吉受命，率领随从，持节跃马，哪顾得朔风刺骨，飞雪割面，不分昼夜向漠北急驰。

此时的匈奴王称乌维单于。他是四年前，即元鼎三年（公元前114年）继病故的父亲伊稚斜单于而立的。在这段时间里，武帝曾分别派公孙敖和赵破奴先后出九原和出令居巡行大漠，竟没有遇上一个匈奴士卒。如此善于藏锋守势，说明乌维也非等闲之辈。

经过十几个昼夜顶风冒雪的奔波，郭吉终于抵达了匈奴王庭。乌维单于却传出话来说：就让汉使到官帐歇息吧，这会儿我大单于无暇见客。

那位负责接待的称为主客的匈奴官员，举止粗鲁，一脸傲慢，回答只有一句话：本主客只管转达汉使来意，不管引汉使去见大单于。郭吉礼貌周全，应对委婉，坚持的也只有一句话：臣要说的事，只有面见大单于才能开口。

如此僵持三日，乌维单于终于答应召见。

郭吉来到单于穹庐，一改这些天来的谦恭，高擎符节，昂首阔步，排闼而入。先说了几句套话，无非是大汉使节奉大汉天子之命，敬问匈奴大单于无恙之类，然后伟岸而立，把武帝的诏谕朗读了一遍。翻译官刚把最后一句话翻译完毕,郭吉忽觉眼前闪过一道亮光。定睛看时,竟是悬在半空中的一把长刀!

高举着长刀的乌维,毛发倒竖,怒目圆睁,寻找着砍杀的对象。他最想杀的当然是郭吉,因为正是这个汉人,给他带来了那样一番无视他大匈奴大单于尊严的话。但残存的理智却提醒了他:汉威不可犯。当那刀锋落下时,应声而倒的,却是那位倒霉的匈奴主客。

郭吉冷冷地看着这一切,依旧岿然不动。

哐当一声,乌维狠狠掷下那把带血的刀,缓下一口气来吩咐侍从说:请汉使回官帐去歇息吧!

郭吉实际上是被扣留了起来,后又放逐到了北海(今贝加尔湖),历时九年。

但残忍的乌维单于却也颇有心机。他一面练兵养马,积极备战,且多次以小股奇兵偷袭汉边;一面又遣使以卑词甘言请求与汉恢复和亲。此时的所谓"和亲",双方都已明知不再有任何实施可能,仅仅只是用来要挟对方的一个外交辞令,且各自所赋予的含义也大相径庭。汉以胜利者自居,和亲的先决条件是匈奴必须臣服,并将其太子入质于汉;匈奴则要求恢复高帝时期的约定,即以公主嫁于单于,并每年向匈奴赠送絮、帛及酒食等物。匈奴自然不肯真正臣服,汉更决不会再接受过去那种屈辱的条件。这样双方一次又一次的"和亲"试探,往往成了拉锯式的空谈。

时间就在这种不战不和的状态中又过了四五年。

元封六年(公元前105年),乌维病故,子詹师庐继立,因年少,自号儿单于。武帝得知对手竟是个乳臭未干的匈奴小子,就想耍他一回:同时派去两个使者,一个吊唁乌维单于,另一个吊唁不久前死去的右贤王,想用这个办法离间匈奴高层的关系。但儿单于却一眼看出了此种花招,索性把两个汉使全都扣留了起来。这年冬天,匈奴连降大雪,牛羊大半冻死,偏是儿单于又杀伐成性,东西争战,天灾加上人祸,国中人都感到了不安。有个任大都尉的匈奴头领,暗中向汉发出一信,说是准备伺机杀了儿单于降汉,因路途遥远,希望汉能派兵接应。武帝以为这倒是个征服匈奴的好机会,一面派因杅将军公孙敖急赴阴山之北赶筑受降城;一面下令浚稽将军赵破奴统领二万骑兵前去接应匈奴大都尉率众来降。不料,机敏的儿单于却从赵破奴的来到觉察了大都尉的异常动向,来了个先下手为强,杀了大都尉,又发兵八万,将汉军团团围住。结果竟是赵破奴做了俘虏,所率领的二万骑兵全军覆没!

你不承认也不行:堂堂汉武大帝,这回就是败在这个匈奴小子手里,而且败得那样彻底!

取得全胜的儿单于还发出一句狂言:等着吧,本单于很快就要来攻下你们那个什么"受降城"啦!

真是一波未平一波又起。几乎与此同时,从西边传来了一个凶耗。据大行令禀报,此前武帝命车令等一行人以重礼、重金赴大宛购买宝马,在归还路上,竟遭人杀得一个不剩,财物也被洗劫一空!

由汗血宝马引发的两度征战

征讨西域，是武帝"外攘夷狄"的一个组成部分，是早在谋划之中的。事实上汉初西域还大多为匈奴势力范围，不少小国受其控制。所以即使单是为了征服匈奴，西伐大宛等国也势在必行。只是事物的必然性有时往往是由偶然性表现出来的。历时四年的两度征讨大宛之战，其导火线却只是为了几匹传说中的汗血神马。

武帝大概是古希腊希波克拉底分析的那种所谓胆汁质类型人物，耽于幻想而又敢于作为，甚至想要成仙。唐代青年诗人李贺带点调侃的意味写道："武帝爱神仙，烧金得紫烟。厩中皆肉马，不解上青天。"（《马诗二十三首》之一）武帝希望得到传说中的那种"能解上青天"的神马，几乎到了痴迷的地步。他从反复阅读《周易》中获得启示："神马当从西北来"（《汉书·张骞传》），于是便向西北诸国派出了一批又一批的寻求宝马的使者。真所谓上有所好，下必有应。不久有个叫暴利长的人，果然献来了一匹据说是得自"渥洼水中"的"天马"[1]。武帝喜出望外，当即赏赐了献马人，又亲自作《太一之歌》，命乐府谱曲演唱。据《史记·乐书》载录，其歌词为：

太一贡兮天马下，（太一，即天帝）
沾赤汗兮沫流赭。
骋容与兮跇万里，（跇，yì，超越）
今安匹兮龙为友。

待到张骞第一次出使西域回来，武帝才知道真正的宝马是大宛马，产于大宛国的贰师城（今吉尔吉斯境内），故又称贰师马。

张骞说他在大宛曾受到国王热情的接待。大宛在西域号称大国，有大小七十余城，且颇为富庶。大宛所产宝马能日行千里，汗从前肩髀出，鲜红如血，所以又叫汗血马。关于这种宝马的来历，在大宛有个传说：多少年以前，人们在大宛境内一座高高的神山上，望到有群神奇的天马，许多人都想去捉却怎么也捉不到。后来想出了一个办法：挑选几匹刚好处于发情期的彩色母马置于山下，引天马来与它们交媾。这一来，母马果然生出了得自天马神种的幼驹。所以大宛宝马还有一个名称，就叫天马子。

武帝听了越发想望不已，当即命少府尚方用纯金赶铸一座马像作为赠礼，派出壮士车令等为使者，携带千金赴大宛购宝马。车令等人艰难跋涉数月之久，好容易来到大宛国国都贵山城，却遭到了国王断然拒绝。原来曾经盛情接待过张骞的老国王已死，继位的国王

---

[1] 事见《史记·乐书》及《汉书·武帝纪》注引李斐语。暴利长原是南阳人，因犯罪而被发配至敦煌屯田。他在渥洼水边常看到有野马来饮水，就动起了捕之进献武帝以获取赏赐的念头。怕野马惊走，先照自己模样塑了个泥人置于水边，待野马习以为常，便由自己来扮成泥人，终于捕捉到了其中最出色的一匹。为了神化此马，他谎称是从水中取得的。

叫毋寡。这位新国王凭他的直觉以为那个传说中的称之为汉的国家远在不知多少万里以外，此前他们派来西域的使者大都饿死在半路上，所以根本不可能对大宛出动大军，怕它做甚！他对车令说：贰师马是我们大宛的国宝，就是用你家汉天子的王冠来换，本大王也决不会答应！

车令毕竟是个武士，一听就怒骂起来，当场狠狠砸碎了那座原来作为赠礼的金马铸像，头也不回地率领众随从出了王庭。他们在东归途经郁成时，意外地遇上了一支阻击兵，结果就像后来大行令向武帝禀报的那样：车令等一行人被杀得一个不剩，财物也洗劫一空！

后来查实，原来这是大宛国国王毋寡命令其东部边境郁成城驻军设下的埋伏。

不就向你买几匹贰师马吗？既派出了友好使者，又带上了重礼、重金，武帝原以为这样做已经给足了蛮邦面子，是志在必得的事；谁知一个西域蕞尔小国竟敢如此无视大汉天朝神威，是可忍，孰不可忍！太初元年（公元前104年），武帝毅然以李广利为贰师将军，"发属国六千骑及郡国恶少数万以往"[1]。原是想以和平方式获取几匹汗血神马，至此已引发为一场与"外攘夷狄"总战略结合起来的大规模战争。之所以授予李广利"贰师将军"这样一个名号，就是因为命他到"贰师城取善马"（《汉书》本传）。这就是说西伐大宛的一个具体目的便是掠取宝马。

这是李广利生平第一次带兵出征。出发前，举行了庄重的授予斧钺、旗鼓仪式，李广利受命后，即跨马率众从凶门（即北门）浩荡而出，以示非胜即死的决心。

李广利是因妹妹李夫人受到武帝宠幸的关系才得以升任为将并出征大宛的，加上他后来又投降了匈奴，因而后人对武帝这次任命颇有微辞。如司马光在《资治通鉴·汉纪十三》中说"武帝欲侯宠姬李氏，而使广利将兵伐宛"，是出于一种"私爱"。近代一些论者也有类似观点。要说私爱，武帝对卫青的破例重用不是同样有此嫌疑吗？其实帝王制度与私天下原本就几乎是同义词，对帝王们"为便于天下之民"（刘邦即帝位时语，见《汉书·高帝纪》）一类宣告，实在没有必要过于较真。成为问题的是：李广利是否具有相应的将才？从后来的结果看，他在智与勇两个方面确实都有所欠缺，很难与卫青相提并论。不过也应该看到，大宛远在葱岭以西，据当时估算，距离长安有"一万二千五百五十里"（《汉书·西域传》），比卫青所历要遥远得多。更为艰难的是，出得玉门关，好容易越过了一望无际的大沙漠，又遭遇了一片称为盐水的死亡之地。《史记集解》引裴矩《西域记》对盐水有这样的描述："并沙碛之地，水草难行，四面危，道路不可准记，行人唯以人畜骸骨及驼马粪为标验。"出发时数万人，走出盐水已减员大半，活下的也都疲惫不堪。偏偏沿途诸小国因慑于匈奴威势，大都实行坚壁清野政策，不肯对汉军供给粮水。这样受尽了一路艰险和饥渴折磨的汉军，抵达大宛东部边城郁成时，已只剩下数千人了。勉强对郁成发起了一

---

[1] 这两类人均非汉正式编制军队。属国，汉为安置降附或内属的少数民族而设立的特区。《汉书·武帝纪》颜师古注："凡言属国者，存其国号而属汉朝，故曰属国。"如武帝元狩三年（公元前120年）匈奴昆邪王率众来降，于朔方置五属国以处之。属国沿用少数民族旧俗及官称，也置兵。郡国恶少年，指征自各郡县、封国的品行不端的年轻人。

次进攻，结果又死伤了好些。在这种情况下，李广利与几位部将商议，觉得连一个小小的郁成都拿不下来，还如何谈得上去攻打王都贵山呢？无奈，只好一面引兵而还，一面发书飞报武帝，说明往来两年，士卒已只剩下十之一二，且又饥饿不堪，无法攻取大宛；请求暂时罢兵，待增添一些士卒后，再复前往。

武帝得报大怒，立即派出持节使者阻截于玉门关外，传出一道威严的诏令：有敢入关者，立斩勿赦！

李广利自然不敢抗命，只好勒转马头率领残部前往敦煌暂作屯留。

再回过头来说说长安的情况。

此前不久，已有一个凶耗从匈奴前线传到了未央宫，即前文已提到过的：赵破奴做了俘虏，所率领的两万骑全军覆没。

一场激烈的廷争就此展开。一边是几乎所有大臣，另一边只有武帝一人。大臣们主张立即停止对大宛的军事行动，集中兵力对付匈奴；武帝却以为应当从扬威西域这个角度来看待征讨大宛之战，倘若中途罢休，不仅大夏等国从此轻汉，就连已经通好的乌孙也会萌生贰心，汉在西域将无立足之地；而真要那样，最后彻底征服匈奴也将成为一句空话。他一面下令将劝谏最力的邓光等几个大臣下廷尉论罪，一面调集骑兵六万，牛十万头，马三十万匹，驴、橐驼以万数。鉴于前次西征沿途缺粮的教训，特地组织了一支辎重兵，随军运送粮草。针对大宛王都贵山城尚未学会凿井、饮用水皆取自城外这一弱点，又专门组建了一支工兵队伍，携有挖掘器具，以备到时破坏其水源，使之自困。当然武帝更不会忘记要获取宝马的初衷，因而又配备了两位精于选马的执驱校尉。此外，还在酒泉、张掖一带屯驻了十八万大军，一旦前线吃紧急赴支援。

在作了如此周密准备和安排后，太初三年（公元前 102 年）冬，武帝再次下令贰师将军李广利统领骑兵六万征讨大宛。出发之时，旌旗蔽空，戈矛耀日，沿途诸小国看到汉军如此盛大气势，一变三年前那种敌视态度，纷纷出城恭迎，奉酒进食。但即使这样，到第二年初春抵达大宛时，还是减员近半。李广利以尚剩的三万余骑兵，将贵山城团团围住，又出动工兵破坏河道断绝城中供水。如此四十余日，才将外城攻破，生擒了大宛勇将煎靡。处于绝境中的大宛王族发生了内讧，一些人联合起来杀了国王毋寡，拿着他的头颅来向李广利求和，尽出所圈养的名贵马匹，任由择取。李广利在王族中立了个亲汉的名叫昧蔡的人为新大宛王，并与他订立盟约，再由两名执驱校尉选了数十匹上等大宛马，和三千多匹中等骏马，然后班师回长安。至此，前后发兵两次、历时四年、死伤官兵五万多、耗费钱物亿万计的征讨大宛之战，总算得以胜利告终。武帝考虑到这一战役是"为万里而伐"，所以"不录其过"（《汉书·李广利传》），封李广利为海西侯，食邑八千户。其余将领也获得了大小不等的赏赐。

现在武帝终于可以在专为喂养皇帝车辇用马而设的未央厩里看到那些他倾慕已久的大宛宝马了，不无遗憾的是，我们现代人却再也无缘亲眼目睹这种已被神化了的宝马的风姿[1]。幸而唐代大诗人杜甫曾对大宛马作过精细观察，我们且来欣赏一下他写的《房兵曹胡马》：

> 胡马大宛名，锋棱瘦骨成。
> 竹批双耳峻，风入四蹄轻。
> 所向无空阔，真堪托死生。
> 骁腾有如此，万里可横行。

大宛之战告捷前后，武帝在西北边陲进行规模宏大的边防建筑，其主要工程据翦伯赞《秦汉史》载录有："把秦代的长城由令居向西延展，直达今日敦煌之西；于敦煌西北筑关曰玉门关，以为汉朝西部之大门。而且沿新筑的长城，列置堡垒，驻屯戍兵，亭障相望，一直达到今日新疆东部的白龙堆。"

大宛之捷后，武帝已是将近一个甲子的老人，在当时已被视为高寿。有学者认为，综观武帝一生，到"元封年间已经完成了历史赋予他的使命"，因此他如果能"从此着手实行政策的转折"，即提前十几年实行《轮台诏》提出的养民富民政策（详八章四节），"应当说正是时候"（田余庆《论轮台诏》）。的确，晚年武帝回首往事时，对自己"所为狂悖，使天下愁苦"深有所悔（见《资治通鉴·汉纪十四》）；但人总是要几经颠踬后才会渐渐变得清醒起来的，而此时的武帝，已经成就的功业只能激起他去追求更加完美的全胜，而决不会在留有遗憾的情况下就此止步。他最大的遗憾就是与北方骁悍的匈奴，从马邑之战开始，持续鏖战三十余年，却至今还没有将其彻底征服！

作为一代雄主，武帝是决不会甘心带着这样的遗憾去见列祖列宗的！

那么他将如何应对呢？

---

[1] 写了这段文字后不到一个月，即 2006 年 12 月 22 日，《文汇报》发表了驻土库曼斯坦记者发来的长篇通讯：《尼亚佐夫——谜一样的领袖人物》，读后深为自己的孤陋寡闻感到惭愧。文中称：尼亚佐夫为答谢德国一医生为他做了心脏搭桥手术，赠以土库曼斯坦特产——"一匹价值几十万美元的汗血宝马"。可见"汗血宝马"至今仍有。只是不知此马与两千多年前的大宛宝马是否属同一种系？

得不偿失的最后三次北伐之战

太初四年（公元前 101 年），也即大宛之战告捷的当年，武帝颁发了本章头里引录过的那个以《春秋》大义誓雪"平城之耻"、"嫚书之辱"的诏令，动员全帝国力量，彻底征服匈奴，以报宗庙，以应天罚。

此时那个曾经夸下海口要攻下"受降城"的儿单于，已经过早地夭亡，继位的是他的叔父呴黎湖。但呴黎湖也仅在位一年便去世，由其弟且鞮（dī）侯继位。得悉汉家天子以《春秋》大义发出特别诏令，且鞮侯单于自知不是汉的对手，赶紧遣使求和，在致汉天子的信中自称是"我儿子，安敢望汉天子！汉天子，我丈人行也"（《史记·匈奴列传》）。同时送回了此前所有被扣留在匈奴的汉使，其中包括放逐在北海的郭吉。

武帝作出了积极的回应。除暂缓军事行动外，于天汉元年（公元前 100 年）三月，派出了以中郎将苏武为主使、副中郎将张胜和假吏常惠为副使的百余人的使团，携带厚礼，出使匈奴，并同样送还此前扣留在汉的匈奴使节。这说明武帝尝试着不用战争，而是用和平的外交手段促使匈奴臣服。

不料事情却发生了惊人的变故。原来匈奴上层早在策划一个谋反事件，此事本与苏武并无关涉，但后因副使张胜的参与，事情就变得复杂起来。这一事件不仅导致苏武及其随从被扣留，演出了那个流传千古的苏武羁胡十九年的故事，还使汉与匈奴的关系再度进入战争状态。

苏武被扣的第二年，即天汉二年（公元前 99 年）夏五月，冲冠大怒中的武帝，对匈奴发动了第一次大规模的征伐战争，其后还有第二次和第三次，前后持续十年，几乎耗尽了全国财力、物力和大量人力，战略目标都是要彻底征服匈奴，结果却收效甚微，特别让武帝愤愤难平的是，还直接导致了两位将军李陵和李广利的投降匈奴。

词人叹道："将军百战身名裂"[1]

---

[1] 宋·辛弃疾《贺新郎·别茂嘉十二弟》句。"将军"指李陵。

汉与匈奴重新进入战争状态后的第一次北伐战争，武帝起初作出的部署是：发骑兵三万，由李广利统领，出酒泉，进军天山，击匈奴右贤王。同时命令骑都尉李陵率领一支辎重兵，为李广利军运送粮草。

但李陵却不肯接受这一安排。

原来这李陵便是当年号称"飞将军"的李广的孙子。也像乃祖那样，一身力气，精于骑射，且谦让下士，颇得重名。武帝曾称赞他有飞将军之风。先任侍中，后拜为骑都尉。在李广利第二次出征大宛时，李陵曾奉命率轻骑五百出敦煌，至盐水，迎接得胜归来的李广利之军，然后屯留于张掖。

这回李陵之所以不愿意随李广利为辎重，他在向武帝叩头自请时说出的理由是这样的：

臣所将屯边者，皆荆楚勇士、奇材剑客也，力扼虎，射命中。愿得自当一队，到兰干山南以分单于兵。毋令专乡（通"向"）贰师军。（《汉书·李广传》）

这话等于说：我手下的战士一个个都能降龙伏虎，完全可以独当一面，皇上不要老是叫我跟在贰师将军屁股后面转！

李陵如此咄咄逼人，武帝居然没有发威。这或可从两个方面得到解释：一是武帝喜欢快人快语；二是李广利武艺确实不如李陵。

武帝说你要独当一面可以，但我骑兵已经发尽，你再也得不到一个骑兵。

这时李陵又说出了一句豪气十足的话：臣只须步兵五千，足保以少击多，直捣匈奴王庭！

武帝大赞了一声好，当即予以允准。

这样便有了两支出征的军队：一支是李广利统领的三万骑兵，出酒泉；另一支是李陵率领的五千步兵，出居延。两军同时进击已退居于漠北的匈奴。

先说李广利军。

按预定目标，进军天山，出击右贤王。初战很快得到了胜利，斩获万余级。但回还途中，却遭到了重创。《资治通鉴·汉纪十三》有这样一段记载：

匈奴大围贰师将军。汉军乏食数日，死伤者多。假司马（即副司马）陇西赵充国与壮士百余人溃围陷陈（通"阵"），贰师引兵随之，遂得解。汉兵物故（即死亡）什六七。充国身被二十余创，贰师奏状，诏征充国诣行在所，帝亲见视其创，嗟叹之，拜为中郎。

李广利率领的三万骑死了大半，败得够惨。倒是初出茅庐的赵充国与百余壮士力解重围，归来时身负二十余创，令人肃然起敬。在此役中崭露头角的赵充国，后来在昭帝、宣帝时期北伐匈奴，西击羌人，是继卫青、霍去病之后又一代名将。

再说李陵军。

西出居延，经过三十日急行军，李陵与他所率领的五千步兵，来到浚稽山（今蒙古土拉河、鄂尔浑河上源一带）下，即止军扎营。在这里，他们碰上的对手且鞮侯单于，却有骑兵三万，几日后，更猛增至十一万！

李陵作了巧妙安排：以战车为营，命将士出营为阵，前行持戟盾，后行持弓箭。开头，匈奴见汉军少，放胆直行，来到营前。李陵一声令下，千弩齐发，飞矢如蝗，应弦已倒了一大片。汉军乘势追击，又斩杀了数千人。且鞮侯大惊，又紧急召来八万援军，总数已增至十一万。汉军在数量上处于绝对劣势，战斗变得越来越残酷。箭已快射完，伤员又在激增，李陵不得不作出规定：仅一处受伤的仍须作战，有两处伤的推车，受伤三处以上方可乘车。士气也开始低落，以至听到擂鼓也不出击。后来发现士气低落的一个原因是有些将士藏有妻妾姘妇，于是就把她们一一搜查出来，全部杀尽。第二天出战，斩首三千余级，士气复振。根据匈奴军多为骑兵的特点，李陵又施计将敌人引向东南丛林间，使之失去骑兵优势，又击杀了数千。还用连弩射且鞮侯单于，吓得他慌忙拨马而逃。从捕获的一个匈奴口中得知，这时且鞮侯已在考虑撤兵，因为他们怀疑李陵在南部边塞可能设有大量伏兵，所以这些天才总想把匈奴军往那个方向引。这个意外的成功，给李陵军带来了极大的鼓舞。但就在这时，军中有个叫管敢的军候，因受了校尉凌辱，逃出汉营去投降了匈奴，并说出了汉军既无伏兵又无援军、箭已所剩无几、士卒伤亡近半的全部实情。且鞮侯大喜，集合所有骑兵，狂呼着"李陵速降、李陵速降"的口号，发起了总攻。李陵营中仅剩的五十万支箭，一天中全部射尽，以至穷迫到只好砍下车辐来权当武器。匈奴军又利用山势向下滚石，不仅砸死砸伤了大量汉兵，积石还堵塞了谷口，致使汉军前进不得，后退不能。天色已晚，李陵只好下令就在谷中暂住。此时冷月当空，胡笳呜咽。李陵自知已很难突围，屏退左右，换上便衣，想独自去与且鞮侯拼个死活。登高一望，但见满山遍野尽是敌帐，仅凭只手单剑又如何能杀得进去！回到营帐，百般无奈，号叹一声说道：兵败如此，唯有一死以报！

在一旁的几个军吏说：李将军威震匈奴，这回暂时失利，实乃天命不遂，又何至于言死呢？想赵将军当年也曾为匈奴所得，如今依然得到皇上信用，李将军不是也还可以那样做吗？

军吏说的"赵将军"就是上文已提到过的赵破奴，因全军覆没而为匈奴所俘，天汉元年（公元前100年）又逃亡归汉。

李陵当即制止说：诸位毋出此言！我李陵不战死，还算什么壮士！

此时李陵已下了死战的决心。他把众将士召到一起说：明日天明，请诸君各自为战，作鸟兽散吧！若有幸突围能够回到长安，请将军中溃败实情代为奏报皇上！说完，下令将战旗全部焚毁，珍宝埋入地下。士卒每人带上二升干粮和一片用来解渴的冰块，约定子夜听到鼓声即起身，突围后到一个叫遮虏障的地方会聚。但到夜半击鼓时，鼓竟冻得发不出声，而匈奴又如潮水般涌来。李陵四顾无路，仰天一声长叹：我李陵再也无脸见陛下了！

原想以死报效朝廷的李陵，终于还是投降了匈奴。所统五千步兵，大多战死，仅四百余人亡散归汉。

浚稽山前线的战况，未央宫是陆续获知的。先得到的是关于李陵战败的消息，武帝为之寝食不安，大臣们也着实担忧。但接着报来的竟是李陵已投降匈奴！武帝大为震怒，迅即召集群臣廷议。依照班次站立在两旁文武大臣，争先恐后地愤起谴责李陵，宽阔高大的朝堂已被怒斥声涨满。武帝偶尔向左旁一瞥，却见有个佩着铜印黑绶的小官，髭须飘逸，神情俨然，仿佛对眼前大臣们的声讨很不以为然。此人是太史令，因而间或拿刀、笔在朝板上记点什么。武帝便将他召唤出班，问道：卿以为如何？

太史令一开口，众人先是惊愕，继而一片怒目。

他是这样说的：

> 陵事亲孝，与士信，常奋不顾身以殉国家之急。其素所畜积也，有国士之风。今举事一不幸，全躯保妻子之臣随而媒蘖其短（蘖，酿酒用之曲蘖。媒蘖，意谓夸大其词，陷人于罪），诚可痛也！且陵提步卒不满五千，深轶（通"踩"）戎马之地，抑数万之师，虏救死扶伤不暇，悉举引弓之兵共攻围之。转斗千里，矢尽道穷，士张空拳，冒白刃，北首争死敌，得人之死力，虽古名将不过也。身虽陷败，然其所摧败亦足暴于天下。彼之不死，宜欲得当以报汉也。（《汉书·李广传》）

别人在纷纷揭批李陵罪行，他却不仅百般为之开脱，甚至还为他评功摆好；这个说出如此不合时宜的话的人，便是中国古代最杰出的历史学家司马迁。

诗人赞道："功业追尼父，千秋太史公"

司马迁，字子长，夏阳（今陕西韩城南）人。其东北有龙门山，滔滔黄河穿越其间，两岸绝壁相对如门，传为上古大禹所凿，唯神龙可越，故称龙门。暮春时节，万千红鳞银腹鲤鱼戏嬉跳跃于龙门之下，民间有"鲤鱼跳龙门"之说，源出于此。在《史记·太史公自序》中，司马迁自称"迁生龙门"，也可见他对桑梓之地的自重与缱绻。

司马迁出身于史官世家。父亲司马谈，武帝初年即任太史令，掌天文、历法，撰录史实，秩比六百石。尽管太史令官卑位微，被帝王和流俗视为类同倡优，司马谈却十分珍视这一职位，曾自豪地向司马迁历述自上古以来司马氏一族中有多位先祖出任过史官，谆谆教诲他要以"世典周史"为荣。为了能够"子承父业"，司马谈对儿子自幼就进行了严格的教育，因而司马迁十岁前后就已对《左传》、《国语》、《世本》等典籍无所不通。元朔二年（公元前127年），武帝徙郡国豪杰等至长安茂陵，司马迁也随同家人来到茂陵，属籍显武里。第二年，刚满二十岁的司马迁便开始只身赴大江南北广泛游历：涉江淮，上会稽，探禹穴，窥九嶷；浮游沅湘以寻屈子之旧迹，讲业齐鲁而观孔子之遗风。其间，在邹、峄参加了乡射之礼，在鄱、薛遭遇了诸多艰险。然后沿着彭城及沛、丰、砀等楚汉争战风云之地，又经梁、历楚而还长安。在长安期间，先后受业于两位鸿儒门下：一位是今文经学大师董仲舒，另一位是古文经学大师孔安国。约在武帝元狩、元鼎年间任为郎中，曾奉命出使巴、蜀，安抚邛、笮，至元封元年（公元前110年）西南诸夷大体平定后，便回京复命。就在这一年四月，父亲司马谈在随从武帝封禅泰山途中病故。临终前执着司马迁的手哀泣嘱咐，务必继承父志完成后来称之为《史记》的论著。老人说："且夫孝，始于事亲，中于事君，终于立身，扬名于后世，以显父母，此孝之大也。"又说："今汉兴，海内壹统，明主贤君，忠臣义士，予为太史而不记载，废天下之文，予甚惧焉，尔其念哉！"司马迁流着眼泪俯首受命说："小子不敏，请悉论先人所次旧闻，不敢阙！"(《汉书》本传)

三年后，司马迁继任父职，由郎中迁任为太史令，开始遍读金柜石室藏书，着手撰作《史记》。已近中年的司马迁，从这时起进入了一个恣肆汪洋的激情创造期。他神接古今，思通天地，倾其全力，欲从纷纭繁复的历史现象中，"究天人之际，通古今之变，成一家之言"(《史记·太史公自序》)。很可能，当朝堂上正在争先恐后地声讨李陵的叛国之罪，武帝向他垂问"卿以为如何"时，这位历史学家的心神，还正在与远如唐尧虞舜、近若项羽刘邦诸多历史人物促膝叙谈呢！

司马迁是在猝然被武帝问及的情况下，说了上文所引那番话的。也许是他没有想到说话之所是在忌讳多多的朝堂，更大的可能是想到了，却依着自己秉性仍然不想回避。结果是他的这番话不仅触犯了武帝，也违反了官场那些趋利避害的潜规则，得罪了所有在场大臣。

他的话要点有二。一是在他看来，最让人痛心的，还不是李陵的兵败降敌，而是就发生在眼前的这种墙倒众人推的景象。显然，大臣们根据李陵的"素所畜积"也曾认为他"有国士之风"，但"今举事一不幸，全躯保妻子之臣随而媒蘖其短，诚可痛也"！就是说：如今李陵不幸出了事，你们这些只顾以迎合上意来保全自己和家人的大臣们，便一个个站出来要与他划清界线，不仅把他说得一无是处，还夸大其词甚至无中生有地构陷其罪，这实在太让人痛心啦！大臣们听到这样的话，自然都把愤怒转向了他。

二是关于李陵降敌的事。司马迁依据当时从前线传来的奏报，以为李陵是在"转斗千里，矢尽道穷"，将士"张空拳，冒白刃，北首争死敌"的情况下，最后不得不降敌的，因而很可能"彼之不死，宜欲得当以报汉也"。此前投降匈奴而又逃亡归汉的已有多例，上文提到的赵破奴便是其中之一。司马迁之所以这样说，也无非是建议武帝在处理上稍示宽缓，以促使李陵成为赵破奴第二。

但武帝却有自己独特的逻辑。

在武帝看来，作为臣属的李陵，不能战胜就必须战死，以示对他这个"圣上"的绝对忠诚；不死而降，那就是对皇帝尊严的严重亵渎。依据这个逻辑，司马迁就犯了两条大罪：一是"为陵游说"，二是"欲沮贰师"(据《汉书·李陵传》)。说司马迁是在为素不相善而又志趣相异的李陵游说，已是牵强附会；说他是在诋毁贰师将军李广利更近乎荒唐，纯属武帝自己神经过敏。再退一万步说，司马迁的话即使有错，也是在应答你皇帝征询的情况下说的，又何至于犯了什么大罪呢！但武帝全然不顾这些寻常道理。作为至高至上的皇帝，他可以听由自己一时的喜怒哀乐对任何一个臣民随意作出生杀予夺的处置。于是司马迁被交付廷尉论处，结果以"诬上"罪处以腐刑[1]。腐刑也即宫刑，执行时，对男性，割除其生

---

[1] 关于司马迁的被处腐刑的时间，《史记·李陵列传》，司马迁《报任安书》，和《汉书》之《司马迁传》、《李陵传》，以及《资治通鉴·汉纪十三》，均记在紧接司马迁进言之后，因而也可理解为在李陵被族诛之前；《两汉纪》则将两事记为同时。其文称："上以迁欲沮贰师，为陵游说。后捕得匈奴生口，言陵教单于为兵法。上怒，乃族陵家，而下迁腐刑。"

殖器；对女性，则闭塞其生殖器。汉代文帝除肉刑当包括腐刑在内，但至景帝可能又恢复，如《汉书·景帝纪》中元四年（公元前146年）记载："赦徙作阳陵者，死罪欲腐者，许之。"武帝时见于记载被处腐刑的除司马迁外，还有李广利之弟、后任为协律都尉的李延年等四五例。

司马迁是在家贫无以自赎，大臣和亲友又莫能相救的情况下，不得不接受腐刑的。古代士大夫都把腐刑看作比死还要难以忍受的奇耻大辱，更何况是出身史官世家、拥有高贵精神素养的司马迁！他在受刑后称之为"蚕室"的特别监狱里，和着血泪写出了那篇千古不朽的名文《报任安书》。任安是司马迁好友，原为卫青门下舍人，曾任郎中、益州刺史，后改任监北军使者。任安写信劝司马迁"慎于接物"，暗指他不该直言极谏，而应以"推贤进士为务"。司马迁借复信这个机会，洋洋数千言，对自己受刑前后的内心及作为家传史官的使命，作了刻肌镂骨的表露和淋漓酣畅的宣告，令千载以后的我们读来灵魂依然受到极大的震撼。文中对腐刑这种超出他忍受极限的奇耻大辱作了这样的描述——

人固有一死，或重于泰山，或轻于鸿毛，用之所趋异也。太上不辱先，其次不辱身，其次不辱理色（义理、颜色），其次不辱辞令，其次屈体受辱，其次易服受辱，其次关木索、被箠楚受辱，其次剃毛发、婴金铁（戴锁链）受辱，其次毁肌肤、断支（通"肢"）体受辱，最下腐刑，极矣！

腐刑的屈辱已是人世之极。他之所以仍然"隐忍苟活"于"粪土之中"而没有死，那是因为他认为这样的死非是"死节"，"若九牛亡一毛，与蝼蚁（"蚁"之本字）何异"？此时他心中还有一恨在燃烧："恨私心有所不尽，鄙没世而文采不表于后也"！也就是说，是先父的临终嘱咐，同时也是有待撰写的自上古至当世的历史在提醒他：在最后完成这一伟大使命以前，你没有权利死！

身已受刑，宏大的史诗工程却依旧在继续。蚕室是幽暗的，但当想起有类似境遇的一系列古圣先贤时，眼前却是一片光明——

盖西伯拘而演《周易》；仲尼厄而作《春秋》；屈原放逐，乃赋《离骚》；左丘失明，厥有《国语》；孙子膑脚，《兵法》修列；不韦迁蜀，世传《吕览》；韩非囚秦，《说难》、《孤愤》。《诗》三百篇，大氐（通"抵"）贤圣发愤之所为作也。

正是怀着与古圣先贤同样的信念，司马迁强忍于缧绁之间，苟活于幽室之中，焚膏继晷，兀兀穷年，以常人难以想象的坚强毅力，最后完成了《史记》这部流传千古的杰作。而一旦此重如泰山之心愿已了，剩下自己残缺的生命已变得轻如鸿毛，微不足道。他以轻快的心情向他的友人任安、同时也是向世人宣告："仆诚已著此书，藏之名山，传之其人，通邑大都，则仆偿前辱之责，虽万被戮，岂有悔哉！"

据《汉书》记载，司马迁受刑后，武帝任以为中书令，负责收纳尚书奏事，草拟和传达皇帝诏令,无论地位、品秩都要比他原任太史令高得多,因而被班固称之为"尊宠任职"。但因此职例由宦官担任,常为士大夫所轻。司马迁既没有因为仍受武帝信用而感激涕零,也不再无谓地上书言事,他只是将全部心血倾之于自己的传世之作。对历代史事,他都坚守"实录"的原则,既不虚美,也不隐恶;即使对当代史,即使是对已被奉为神明的高祖皇帝刘邦,即使是面对动辄杀人的武帝刘彻,他也坚持秉笔直书,《史记》也因此在历史上长期被视为"谤书",武帝、昭帝之世均遭禁锢,无法流布于世。直到司马迁已去世约二三十年的宣帝之世,因杨恽的冒死进奏,《史记》才得以开禁。

读《汉书》本传,杨恽是一位风流倜傥的才俊之士。初为郎,以功升中郎将;后为诸吏光禄勋,封平通侯。进奏《史记》的事,很可能就在这个时间段里。杨恽为人自负,轻财好义,嫉恶如仇而多招人怨。后被人诬告贬为庶人,身率妻儿,戮力农桑,作诗饮酒,以资财田宅自娱。这时有个好友孙会宗写信劝他,认为大臣废退,应"阖门惶惧,为可怜之意",不当如此欢心。于是杨恽作《报孙会宗书》,辞气汪洋,豪情凛然,论者以为颇得太史公《报任安书》之风。不仅文风相同,两人的命运也有相似之处。与司马迁因《报任安书》再次获罪一样,杨恽此书也被作为"骄奢不悔过"的罪证被人再次告发,甚至连当时恰好发生日蚀的事也栽在他头上,结果竟被处以腰斩的极刑(参见五章二节注)!

杨恽与司马迁如此多重巧合,却也并不奇怪,原来杨恽的母亲就是司马迁的女儿(杨恽父亲为杨敞,昭帝时曾任丞相)。正是由于这层特殊关系,他自幼便能读到母亲珍藏的《史记》,并深深为外祖父的文采和人格所激动。中国历史会永远记下杨恽这个名字;我们后人将永远感激司马迁的这位外孙。因为正是他的冒死进奏,经宣帝准许,《史记》才得以公开问世。当然,开禁也不是一次就能完成的。从记载看,宣帝后的一段相当长时间还受到严格控制。如成帝时东平王刘宇来朝,上疏请求借阅《史记》,掌政的大将军王凤找借口说是此书有战国"纵横权谲"、汉初"谋臣奇策",不适宜于诸侯王阅读,硬是不准出借(据《汉书·宣元六王传》)。

至于《史记》的"谤书"罪名,即使完全开禁后也依然没有撤销。东汉末年,司徒王允杀蔡邕的一个重要"理由",就是当年"武帝不杀司马迁",结果写出了《史记》那样的"谤书";如今倘若不杀蔡邕让他续写《后汉书》,那也会是一部"谤书",不仅"无益圣德,复使吾党蒙其讪议"(见《后汉书·蔡邕列传》)。三国魏王肃甚至说:"《史记》非贬孝武,令人切齿!"(《魏书》本传)至清,王夫之仍说:"司马迁之史,谤史也,无所不谤也。"(《读通鉴论·武帝十七》)近代以来,也有一些学者曾好心地为司马迁辩诬,以为《史记》不是"谤书"。其实"谤"也并一定都坏,看你用在什么地方。《国语·周语上》说:"厉王虐,国人谤之。"对暴虐的周厉王难道不该谤一谤吗?鲁迅先生就曾理直气壮地对"谤书"这一说法作了正面回应。他认为司马迁确有"恨为弄臣"、"感身世之戮辱"的心迹,常常"不拘史法,不囿于字句,发于情、肆于心而为文",尽管这样做有"背《春秋》之义",但却"不失为史家之绝唱,无韵之《离骚》"(《汉文学史纲要·司马相如与司马迁》)。当然"谤"的含义过于狭隘,不能笼统地称《史记》就是"谤书"。准确地说,通贯于《史记》全书的是一种作为历史学家应有的良心和灵魂的伟大的批判精神。尤为难能可贵的是,即使是对当代史的记述,司马迁也没有因担心获罪而收起批判的锋芒。仅举一例。《史记》中的《匈奴传》从所记史实看,当完稿于征和三年(公元前 90 年),即武帝在他一生中发起的最后一次北伐战争之后。此时司马迁已进入晚年,离横遭腐刑也已有八九个春秋。望着案前堆叠如山的简牍,胸中犹勃勃然欲罢不能。于是再次提笔在文末加了一段赞语,对武帝历时四十余年的北征匈奴之战作了一个总评。赞语从孔子作《春秋》远世彰显、当世隐讳的所谓"三世"说[1]起笔,对此说所造成的流弊,即对当今之世总是想方设法讳其过而夸大其词地扬其善提出了批评。他认为对匈奴之战总体上还是成功的,但"建功不深";而之所以"建功不深",恰恰就在于"世俗之言匈奴者"唯求阿顺邀宠、热衷于歌功颂德,又一味夸大我强敌弱的形势,致使人主在决策时含有了相当多的盲目冒险成分。文末,直接提醒武帝应该重视选贤任能,改变独断专行的做法:

尧虽贤,兴事业不成,得禹而九州宁。且欲兴圣统,唯在择任将相哉!唯在择任将相哉!

中国古代的史官,也包括现代和当代的史官,能够对当代史也具有如此可贵的批判精神的,除了司马迁,恐怕再也找不出第二人!

让我们后人深感遗憾的是,这位曾为无数前圣先贤写下传记的杰出的史学家,他自己的最后归宿,包括去世的年月,却因后来的史官没有明确记载而成了永远的悬案。卫宏《汉旧仪注》提到一句:"有怨言,下狱死。"卫宏是东汉人,离司马迁不甚远,想来该是可信的。而所谓"怨言",很可能就是那篇直抒胸臆的《报任安书》。所有这一切,都是帝王集权专制制度酿成的悲剧。但已成为中华民族宝典的《史记》,却正由于作者司马迁在如此众多磨难中铸就的伟大人格,而愈益显出其永恒的光芒。当代历史学家郭沫若有《题司马迁墓》一诗赞道:

龙门有灵秀,钟毓人中龙。
学识空前古,文章百代雄。
怜才膺斧钺,吐气作霓虹。
功业追尼父,千秋太史公!

临刑时,李广利发出了迟到的誓言

李陵之案过了一年多,武帝颇有悔意,特命因杅将军公孙敖统兵深入北漠,意欲击溃

【1】《春秋》"三世"说:董仲舒在他所著《春秋繁露》中,根据《春秋公羊传·隐公元年》"所见"、"所闻"、"所传闻"三世,引申提出:"于所见微其辞,于所闻痛其祸,于传闻杀其恩。""所见"之世即指当世。出予免祸的考虑,对当代史实的记载须"微其辞",即应有所避讳。这是在帝王制度的语境下,总结了众多血的历史教训提出来的,但司马迁却认为不应该那样做。

匈奴驻军迎回李陵。但公孙敖却无功而返。他对武帝说他从一个俘虏口中得知，是李陵教会了匈奴兵如何与汉人打仗，所以他无法取胜。武帝一听转悔为怒，下令诛杀了李陵全家，连李陵的一个从兄弟李禹，也因有人诬告他想要去投奔李陵而被处死。就像司马迁所料想的那样，李陵说他在投降之初也曾有过曹沫柯盟之志[1]，及至全家被杀，从此绝了报汉之心。后来才弄清楚，其实教匈奴兵如何与汉人打仗的不是李陵，而是另一个原为边塞都尉、后来投降了匈奴的人，叫李绪。李陵恨透了这个害得他灭了满门的人，派人杀了李绪。这事又惹怒了被尊为大阏氏的且鞮侯单于的母亲，大阏氏发话要杀李陵；但儿子且鞮侯却很欣赏李陵的将才，就将他送到北方保护了起来。

又过了一年，即天汉四年（公元前97年），武帝发起了第二次北伐战争。分三路：贰师将军李广利统领骑兵六万、步兵七万，出朔方；因杅将军公孙敖统领骑兵一万、步兵三万，出雁门；游击将军韩说率领步兵三万，出五原。结果是，公孙敖、韩说二军，一败，一无所得；李广利则与且鞮侯单于所统领的十万兵在余吾水之南连战十余日，也无功而返。

此后五六年，匈奴因且鞮侯单于去世，他的两个儿子在继位问题上又遇到了一些纠葛和麻烦；汉帝国则发生了"巫蛊之祸"（详八章三节），甚至弄到了皇帝与皇太子相互交兵的严重地步。因而双方都无暇外顾，大漠南北再次出现了休战状态。

从征和初开始，新继位的狐鹿姑单于又接连派兵从上谷、五原或五原、酒泉进犯汉边，杀掠吏民，肆意骚扰。征和三年（公元前90年）三月，武帝发起了天汉以来第三次、也是最后一次北伐战争。仍分三路：李广利率兵七万，出五原；御史大夫商丘成率兵三万，出西河；重合侯莽通率兵四万，出酒泉。结果商丘成稍胜，莽通则无所得失。李广利这回倒是一出塞就打了个漂亮的胜仗。他们遇到的是一支设伏于夫羊句山山峡的骑兵，约五千，由匈奴大都尉率领。李广利发两千骑兵与之交战，很快赢得了主动，匈奴兵死伤数百，慌乱溃逃。汉军乘胜追击，急行数百里，直抵今蒙古达兰托达加德西北的范夫人城。据《汉书注》引应劭的话说，此城原为汉将所筑，未成而将军阵亡，其妻范夫人率领余众完保之，因而有了这样一个温馨的城名。

但当李广利横刀立马，以胜利者的姿态进入这座依照汉制修筑起来的城楼时，遇到的却不是什么温馨，而是他的家仆从长安逃出不分昼夜赶来向他禀报的一个凶耗，正是这个凶耗，最终酿成了他永劫难返的人生结局。

原来在不久前发生的巫蛊事件中，皇太子刘据因兵败而自缢身亡，皇储暂时缺位，东宫出现了空缺型危机。此时朝廷上下又形成了当年景帝废去太子刘荣后的那种微妙的政治气氛，因而不妨将我在上章末节中说过的那段话搬过来稍作修改再说一遍：一个空着的皇太子之位，给满朝文武带来的是惶恐和不安，而对一些自以为有可能直接、间接觊觎此位的人来说，那是一个多么强有力的诱惑啊！

【1】曹沫柯盟之志：李陵说的这句话见《汉书·苏武传》。曹沫，春秋鲁将，与齐战，三战三败，鲁庄公惧，乃献遂邑之地以求和。齐桓公与鲁庄公在柯地会盟，曹沫乘机执匕首劫持齐桓公，逼其归还遂邑之地。李陵引此用以说明自己投降之初也曾立志想像曹沫那样，利用机会劫持匈奴单于，以报效于汉。

我们面前的这位贰师将军李广利，就没能挡住这个诱惑。

李广利之妹就是武帝所宠幸的李夫人，有一子，名刘髆，已封为昌邑王。李广利与此时正居于丞相之位的刘屈氂又是儿女亲家：李广利有一女嫁与刘屈氂之子。这回李广利率军北伐，刘屈氂为之饯行至渭桥，举爵祝祷，两人秘密约定：由刘屈氂设法促使武帝立刘髆为皇太子。此事若成，双方自然都将有享受不尽的荣华富贵。不料正当李广利在前线与匈奴交战之时，长安那边有个叫郭穰的内者令，告发了李、刘之间的那个秘密约定，又带出了刘屈氂之妻曾叫巫师在祭祀时诅咒皇帝，结果刘屈氂被以大逆不道罪车徇腰斩于东市，妻儿枭首于华阳街；李广利一家也全被逮捕入狱，凶多吉少！

李广利心急如焚，却不知如何是好。部属中有个叫胡亚夫的劝他说：你若是回长安正好自投罗网，不如趁早投降了匈奴！李广利犹豫再三，还不怎么甘心就走这条路，想再多立些战功，将功折罪，或许还能救出妻儿。于是率军渡过郅居水，与匈奴左贤王、左大将大战一日，果然颇有所获，决心再长驱深入，直捣虏庭。军中有个长史，以为李广利如此危众求功，只怕怀有异心，就与都尉谋议，要将他绑缚起来，押送回朝。李广利得此密报，立刻斩杀了这个长史，又恐军心不服生变，暂时撤还至速邪乌燕然山，再作计较。一直在观察着李广利军动向的狐鹿姑单于，觉得时机已到，亲领五万铁骑，对疲惫已极的汉军来了个前后夹攻，汉军大乱，开营四散溃逃。几经动摇的李广利，这时作出了一个屈辱的选择：投降！

无论智勇还是将才，李广利都无法与卫青相比；但有一点却是相同的：两人与武帝都是郎舅关系。在帝王制度的语境中，所谓皇亲国戚既可以是开采不尽的政治荣誉和物质财富的矿藏，也可能是转瞬之间带来灭顶之灾的高崖深渊。区别在于能否依据礼法安守你的"分"。卫青与李广利的人生结局之所以有如此大的差别，最重要的就在于对"分"的不同态度。卫青很懂得守分。元朔六年（公元前123年）那次北征，部将苏建弃军从敌营只身逃回，有人建议卫青立斩苏建，"以明将军之威"。卫青却觉得自己有幸作为外戚受职任事，所患不在"无威"；尽管作为大将军可以专决，但他"不敢专权"，还是把苏建带回长安，听从武帝裁定。后来苏建因而得以活了下来，对卫青自然心存感激，看到卫青不被士大夫所称道，就建议他多向武帝引荐一些人，以便提高自己在士大夫中间的声望。卫青回答说："招贤黜不肖者，人主之柄（指权柄）也。人臣奉法遵职而已，何与招士！"（以上均据《汉书》本传）尽管卫青后来也渐渐失势，但至少做到了善终，这在像武帝这样一个强势型帝王身边供事已经要算是一种难能可贵的结局了。李广利却不甘心于已有的"分"，居然做起了想当未来国舅爷的美梦，终于演出了合族诛灭、自己屈志降敌的人生悲剧！

很不幸，他的悲剧至此还没有完。

狐鹿姑单于知道李广利在汉既是国戚，又是大将，因而对他尊宠有加，甚至还把女儿也嫁给了他。但这却引起了另一个人的嫉妒，这个人也是从汉地投降过来的，他叫卫律。

卫律的父亲是生活在汉地的匈奴人，他自己则自幼生长于汉。卫律有个好友，不是别人，正是李广利的弟弟李延年。李延年出身倡优之家，能歌善舞，又精通音律，曾因犯法受过腐刑，入宫在狗监当差。当他知道武帝也喜好音乐时，便以所制乐曲进献，果然大获称赏，常常承意弦歌新乐，并为郊祀创制乐舞，又组织乐工制作了箜篌、瑟、二十五弦琴等新型乐器。后来他的妹妹受到武帝宠幸，号李夫人，他也越发得到信用，不仅被任为协律都尉，有时还能与武帝同榻而卧，类同当年韩嫣。卫律从长水来到长安找李延年，以自己对汉和匈奴两地都比较熟悉这个特殊条件，请好友为他找点事做。李延年伺机在武帝面前说了几句话，原本是个无业游民的卫律，一夜之间，居然成了身穿朝服、手持符节，出使匈奴的大汉使者！但他怎么也没有想到的是，待他出使归来回到长安，李延年却因弟弟与宫人淫乱一案受到牵连，竟然横遭灭族！卫律怕殃及自己，就带着他的随从逃出长安，索性投降了匈奴。由于卫律兼通汉与匈奴两地情况，当时的且鞮侯单于对他的到来大为欢迎，封以为丁灵王，使之侍于左右。文帝时期曾经有过一个尽心竭力为匈奴出谋划策的汉人中行说，如今卫律就做了中行说第二。

李广利超越寻常的获宠，使卫律觉得这个同样是从汉地投降过来的人，是来争夺原本属于他的"中行说第二"位置的。他必须设法尽快除去这个竞争对手！

恰在此时狐鹿姑单于的母亲病了，卫律就借替大阏氏治病为由，让女巫来一番装神弄鬼，用已故且鞮侯单于的口气发怒说：当初你们在每次发兵前祭祀时不是多次说过吗？捉到李广利就用他的头颅来祭我，可如今已经捉到了，你们为什么还不快杀！

狐鹿姑单于信以为真，当即下了斩杀令。

李广利终于还是没有能够逃过一死。

据《汉书·匈奴传》记载，李广利在临刑前对匈奴高声詈骂，并发誓说："我死必灭匈奴！"

很可惜，这样的誓言不是发在投降之前。

苏武：羁胡十九载，夜夜梦汉关

回头再来说说前面已经提到过的苏武出使匈奴的事。

苏武，字子卿，杜陵（今陕西长安东北）人。他的父亲便是那位随卫青出征因失军当斩，武帝稍示宽宥准许赎为庶民的苏建。后来苏建复任为代郡太守，并得以寿终于任上。他有三个儿子，第二个儿子便是苏武。

古代有一种因父兄为官有功其子弟可受任官职的制度，秦称"葆子"，汉沿而改称"任子"，规定凡二千石以上官员任满三年者，其子弟中有一人可以任为郎官。由于苏建复任为太守，苏武便有了"任子"资格，得以入宫为郎。郎，在汉代是一个宽泛的官称，无定员，多至千人；依职责不同而有侍奉皇帝的"中郎"，执戟守卫殿下的"郎中"，守卫门户的"户郎"，骑马扈从皇帝出行的"骑郎"，以及御车的"车郎"或"辇郎"等等。诸郎官皆设将分管，如分管中郎的便称中郎将，已是秩比二千石的高官。

太初四年（公元前 101 年），刚继位的且鞮侯单于把汉天子比作父亲，自称儿子，并遣使示好。作为回应，武帝于天汉元年（公元前 100 年）春三月，特命苏武出使匈奴，为了提高使团规格，临时给了上面提到的那个"中郎将"的头衔。一起出使的还有副中郎将张胜和假吏常惠以及随员百余人。到了匈奴,才知且鞮侯单于的卑词求和,其实只是想借以暂时躲过汉威的一种策略,并非真想臣事于汉。这回一见汉遣使来到,且有金帛相赠,就有些得意忘形,又倨傲无礼起来。这使苏武大失所望,想完成使命后,即行回汉复命。

偏在这时,发生了一个最终导致苏武羁胡十九年的意外事件。

起初,这本属匈奴内部的一桩谋反案,与苏武并无关涉。为首的两人,一个是匈奴缑王,是昆邪王姐姐的儿子,曾与昆邪王一起降汉,后随汉军出击匈奴,兵败而归了匈奴;另一个是汉人虞常,曾任长水校尉,出击匈奴被俘,投降了匈奴。此时那个原曾为汉使的卫律已投降匈奴并受到了重用,但由他带来一起投降的数十个属吏,却又有了归汉之意。缑王和虞常经过谋划,想就以这原曾是卫律属吏的数十人为基本力量,劫持且鞮侯母亲大阏氏,然后一起归顺于汉。还没有等到他们动手,苏武等人恰好出使来到。巧的是虞常与作为副使的张胜原是老相识。一对故人在异国他乡相遇,自然分外亲切。虞常私下约见张胜,倾吐了自己投降匈奴以来日夜为之痛苦不安的一件事:老母和小弟都尚在汉,相隔天涯,生死茫茫。虞常说:听说汉天子最痛恨卫律,我想设谋埋伏弓箭手射杀他,事成后有劳足下代为奏闻皇上,请求法外开恩饶恕我母亲和弟弟;若能因此而让他们得到赏赐,自然更感激不尽。

张胜答应了虞常的请托,并给了他一些财物。

此事关系重大,按说张胜作为副使,理应在答应前,或至少在答应后告知主使苏武,但他没有那样做。

谋反的策划者们,终于以为等到了一个极佳时机。

那是一个多月以后。且鞮侯单于带着庞大的骑队外出行猎,王庭后宫独留着他的母亲大阏氏和几个子弟。

缑王与虞常,迅即集合七十余名同谋者准备开始行动,不料其中一人临时反悔,夜奔后宫去告了密。单于子弟率领卫队来捕,缑王等皆战死,虞常被活捉。且鞮侯从猎场赶回,急命卫律严治此案。到这时候,张胜才不得不将曾经与虞常有约的事告知了苏武。苏武一听大惊,说:一旦虞常将此事供出,卫律必然传讯到我,我堂堂持节汉使,若对簿虏庭,岂非有辱大汉天子!也罢,不如早为自决!说时就要抽剑自刎,在一旁的张胜、常惠赶紧夺剑力阻,苏武只好作罢。

后来虞常果然供出了张胜。且鞮侯大怒,竟欲尽杀汉使,经大臣们计议,才改为迫使汉使投降。这样,卫律就以主审官的身份,把苏武、张胜、常惠等召到王庭审问。苏武拒绝陈述。他对张胜、常惠等说:我若屈节辱命,还有何面目与公等一同归汉!说完即引佩刀自刺。卫律大骇,抢前一把将苏武抱住,但刀尖已深刺入喉,鲜血四溅。卫律急召医官抢救。据《汉书·苏武传》记载,这位匈奴医官用的是一种独特的救治方法:"凿地为坎,置煴火(微火),覆武其上,蹈其背以出血。苏武气绝,半日复息。"

苏武被安置到营帐养伤。且鞮侯十分欣赏苏武的气节,早晚派人探视,但他还是想降服这个刚毅不屈的汉人。待苏武伤势略愈,且鞮侯几次三番派人劝降,不成,又想出了一个用死威逼的办法。苏武、张胜、虞常三人被押到一起,卫律先一剑斩了虞常,再用这把还滴着血的剑逼问张胜:汉使张胜,你与虞常合谋杀害单于近臣,依法当斩。单于开恩,降者免死。我现在命你立刻回答：降，还是不降？说时又把剑一挺，尖锋直指张胜咽喉。

张胜早吓得缩成一团，回答了一个字：降。

卫律转而把剑逼向苏武：副使有罪，主使连坐。张胜已降，君有何说？

苏武正色答道：本无同谋，又非亲属，何来连坐？

卫律一时语塞，猛然举剑作劈刺状，苏武依旧凛然不动。

卫律忽而收起剑，缓颜说起了一套又一套的劝降词。他先以自己为例，夸说归降后如何受到宠信：封号称王，拥众数万，牛羊满山，富贵无比。然后说：你苏将军若是今日降，明日便可享有同样的荣耀；但若是冥顽不化，那就只能落个枉死绝域，与草木同腐，这又何苦！苏武顾自昂首捻须，不屑理。卫律继而又动以所谓兄弟情谊，说是你苏将军若能听我一言而降，则卫律愿与将军结为兄弟；倘若今日错失时机，以后只恐再想见面也永无时日！

听到这里，苏武愤然起座，直斥卫律：汝不顾恩义，叛主背亲；我为汉使，何故尚要见汝！我不降胡已明，要杀便杀，何必多言！杀汉使者，今已有三：南越杀汉使，灭为九郡；宛王杀汉使，头悬北阙；朝鲜杀汉使，即时诛灭。如今设若再加上一个匈奴，我死便罢，只怕匈奴从此难逃三王厄运，至于汝等卖主求荣之徒更休想还能幸免！

卫律被骂怒不可遏，却又不敢径自杀了苏武，只好如实禀报单于。

且鞮侯单于对苏武越发钦佩，却也因此更加激起了想要降服对手的欲望。于是在下令监禁张胜和将常惠等各处他所的同时，又施出种种绝招，企图软化和消磨苏武的意志。先是将苏武关进一个冰冷的地窖，任由寒风吹、雨雪淋，又不给饮食。苏武渴了往嘴里塞团雪，实在饥饿不过，就扯片铺盖用的毛毡来填腹。这么过了好些天居然还活着，匈奴人惊诧不已，把他当成了天神。接着且鞮侯又把苏武流放到如今称为贝尔加湖、当时叫北海的那片寒冷、荒凉的绝地去牧羊，牧的全是公羊，却下令说：等到那些公羊产下崽，有了乳，再放他回来吧！

苏武漫长的流放生活就这样开始。这一片茫茫无际的冰天雪地不仅完全与人世相隔，甚至连最基本的生活所需也全被断绝。无法想象，苏武独自一人是如何在这里度过一日复一日，一年复一年的！《汉书》本传说是"掘野鼠去草实而食之"，就是说是靠挖掘老鼠藏在地洞里的那些野草籽充饥活下来的。即使在这种物质生活条件甚至还不如兽类的情况下，苏武依然保持着作为一个人的尊严，作为一个汉使的荣耀。他在牧羊时，决不会忘记执持那支象征着这种尊严和荣誉的符节便是明证。符节，也单称节，是古代使者受自帝王持以出访的凭信物。据李贤注《后汉书·光武帝纪》称，汉节以竹为柄，长八尺，以牦牛尾编作为饰，垂于上端，有三重。苏武"杖汉节牧羊，卧起操持，节旄尽落"（《汉书》本传）。"节旄"可以因年复一年的风吹雪打而"尽落"，符杖却决不离手。两千多年来，种种不同的文学艺术形式无数次地描述过苏武的故事，其中"杖节牧羊"是这个故事的经典画面。我相信，无论古人或是现代人，也不管你持有何种历史观，政治观，只要你听到这个故事，面对"杖节牧羊"这个经典画面，你的灵魂就不可能不受到震撼。因为它向你证实了这样一个真理：这个世界上至今还没有发现过一种困难，可以击垮一个真正具有人的尊严的人！

在苏武出使被扣留和放逐的开头约十年里，武帝对匈奴曾先后有过三次较大规模的进攻，但就像上一小节所叙述的那样，都没有获得具有战略意义的胜利。在这种情况下，匈奴自然不可能真正臣服，苏武的归汉也就只能在梦中实现。有首流传极广的古曲就唱出了"雪地又冰天，苦忍十九年"的艰辛，尤其难以遏制的是对亲人的彻骨思念："转眼北风吹，群雁汉关飞。白发娘望儿归，红妆守空帏；三更同入梦，两地谁梦谁？"

这一天，与已经苦苦打熬过去的无数日子一样，苏武提着汉节慢慢把羊群赶上山坡，却意外地听到一阵不知已有多少年没有听到过的马蹄声。接着是一连几声摄魂荡魄的呼叫："子卿、子卿！你在这里吗？——"

苏武急步抢到山坡高处，怀着惊奇和惊喜向四处张望。

"子卿"是苏武的字，用字敬称对方是华夏礼仪，能够这样称呼他的只能是汉地旧时相识，那么这个在叫唤他的会是谁呢？

山角那边一闪，过来了三五匹快马，为首的是一个穿着华丽胡服、扎着椎形发髻的匈奴官员，苏武的心又骤然冷了下来。

后来经过交谈才认出：不期而至的竟是与他在未央宫一起做过侍中的李陵！

原来且鞮侯单于把李陵安置到北方保护起来后不久，母亲大阏氏即谢世，于是便接回李陵，不仅封以为右校王，还把另一个女儿嫁给了他。这也就是说，李广利和李陵两位同姓李的将军，双双做了匈奴女婿。几年后，且鞮侯单于去世，其子狐鹿姑嗣立。新单于大概是从老单于那里受有降服苏武的遗命的，这样多年放逐在北海绝域的苏武才再次被提起，于是就有了李陵的这一次带有三两随从、负有劝降使命的特别出访。

塞外的月夜特别的空旷而清凉。席已摆开，酒已斟满。

一对生活在烽火年代、离别多年的旧友，重逢在这人迹罕至之地，按说应会有一次沐浴春风般的彻夜长谈。但因其中一人预先受命设定的特别对话主题，却使得双方都有些尴尬、苦涩和不安。李陵先说了一连串不幸的消息。苏武不知做过多少回见到倚门而望的白发老娘和守着空帏的妻子的梦，总以为她们至少还活着，李陵却告诉他：苏武母亲就在李陵离开长安前几日过世，而妻子则早已嫁人；苏武的两个在宫中任职的兄弟也相继因罪自杀身亡。只有苏武的两个妹妹和她们的孩子，李陵离开长安时还在，不过如今又过去了十几年，也是生死未卜，存亡难料。李陵接着又说到武帝年事已高，法令无常，大臣无罪而被夷灭的已有数十家之多。李陵说了这么一大堆，无非是要向苏武说明：汉天子对你已恩断义绝，故国对你也无可留恋。李陵长叹一声说：古人有言人命如朝露，日出露即晞，足下又何苦长久在此受累呢？

苏武拒绝了，拒绝得很坚决。

苏武是按照传统的所谓"臣道"来拒绝李陵的劝降的。他说臣之事君犹子之事父，子为父死，无有所恨。更何况他苏门父子能位列将，爵通侯，皆皇上所赐，因而即使肝脑涂地也心甘情愿！

两人又饮谈了数日，苏武心志坚如铁石，终不为所动。最后断然说："自分已死久矣！王（指匈奴王）必欲降武，请毕今日之欢，效死于前！"

李陵的灵魂受到了深深的震撼，喟然叹曰："嗟乎，义士！"又为自己降心屈志事于匈奴而羞愧得无地自容，"因泣下沾襟，与武决去"（据《汉书·苏武传》）。

李陵回到自己的穹庐，对处于非人境遇中的苏武依旧无法释怀，想要有所接济，又碍于自己这个屈辱的身份，怕反会引起老友的不快。后来总算想出了一个办法：由他那位匈奴夫人代为前去探望，并送去了数十头牛羊，心里这才略微好受些。

李陵的再次去北海，是又过了几年以后。他是特地去向苏武传递一个消息的：有人看到汉境官吏都穿上了白衣服，说是皇上已经驾崩。苏武听后大惊，面南号哭，呕血不止。

苏武归汉，是在武帝去世、其子刘弗陵即昭帝继位以后的始元六年（公元前81年）。此前，汉与匈奴恢复和亲，曾要求放回苏武，匈奴则诡称苏武已死，敷衍了事。幸好此时常惠还在，只是仍然受到监视。一次又有汉使来匈奴，常惠买通看守夤夜往见，说出了苏武还被放逐在北海牧羊的真相。为避免再次招来灾祸，聪明的常惠编造了一个具有神话色彩的故事，说是一次汉天子上林射猎，获一雁，雁足上系有一信，展而视之，正是苏武从北海寄给汉天子的。汉使向匈奴单于讲述了这个故事，对方这才不得不承认苏武确实还活着，并同意放回。李陵闻讯，特携酒食为苏武饯行。结交数十年，如今一个已能回归故里，功显于汉廷，名著于竹帛；一个却永为屈辱之人，将长绝于异域。纵然如此，一对老友的心依然是真诚的。他们相对而饮，相伴而舞，相和而歌。《汉书》及《古诗源》都录有两人临别时的相互多首赠诗。只因为"风波一失所，各在天一隅"，又如何不教人"临河濯长缨，念子怅悠悠"啊！车辚辚，马萧萧，该起程了，一对故人相视饮泣久久，深深一揖而别。

苏武壮年出使，归来须发尽白，羁胡凡一十九年。

昭帝拜苏武为典属国，掌管诸蛮夷归顺者，秩中二千石。

随行的常惠等，拜为中郎，任宫中护卫、侍从，秩比六百石。

苏武本人对典属国这个职位是否满意，史书没有明载；他的儿子苏元则对父亲没有得到更大的赏赐颇为耿耿，还带着这种情绪在苏武归汉后的第二年参与了一起谋反事件，案发，被杀。苏武也因此受到牵连而丢了典属国这个官。

不过苏武在宣帝继昭帝而立后，不仅复了官，还被封为关内侯，并加号"祭酒"[1]，以示优尊。

苏武渐渐进入老年，因其子苏元已被诛，昭帝对他的孤单寂寞颇起怜悯之心。后来听说苏武在北海时曾与一匈奴女子生有一子，取名通国，就派人用金帛将其赎来，并任为郎官，多少让老人暮年得到一点安慰。也算是吉人天相吧，经受十九年非人折磨的苏武居然能高寿八十有余，于宣帝神爵二年（公元前60年）因病与世长逝。

此前十四年，即昭帝元平元年（公元前74年），李陵已在匈奴病逝。顺便提一下：尽管司马迁曾为李陵兵败而降作过辩解，但当他为李陵立传时，仍然认为他投降匈奴是很大的耻辱，因而在"汉闻，族陵母妻子"后，特地又加了一句："自是之后，李氏名败，而陇西（李陵为陇西人）之士居门下者，皆用为耻焉。"（见《史记·李将军列传》）

苏武去世后九年，即甘露三年（公元前51年），宣帝还授予一项殊荣：他的画像与霍

---

[1] 祭酒：古时飨宴，由长者一人酹酒祭神，后因泛称年长或位高者为祭酒。

光等十位大臣的画像一起，登上了专为表彰有功大臣而设的麒麟阁。

对武帝"外攘夷狄"主要是施武于匈奴的叙述，我想就到此为止吧。

在汉代，匈奴问题可说贯串始终，但作为高潮的华彩段至武帝末期已经过去。匈奴在屡屡受到汉帝国重击的同时，王国内部争权夺位的角逐也日趋尖锐激烈，最终导致"五单于闹北漠"，从此一蹶不振，江河日下。这样到宣帝甘露元年（公元前53年），终于出现了武帝倾其全力想要实现却至死也未能看到的结局：其时的呼韩邪单于派遣他的儿子入侍汉庭，两年后，他自己也来长安入朝称臣，按时纳贡。宣帝对他也优礼有加，赐以冠带衣裳、黄金玺印，位在诸侯王之上。至此，匈奴呼韩邪政权正式成为汉帝国的藩属。考虑到本书不想写成一部面面俱到的断代史，因而后面几章对匈奴及诸夷之事拟皆从略或不再提及。关于武帝对匈奴政策的功过得失，历来评价不一，众说纷纭，似也没有必要一一介绍。近年来有学者以为既不可一概否定，也不能全部肯定，不妨划分一下阶段。如以元狩四年（公元前119年）的漠北之役为界：此前是自卫和反击，是完全必要的。是役匈奴军共损失八九万，主力丧失殆尽，伊稚斜单于远遁逃命，不敢再战。此后，在匈奴对汉帝国的威胁已基本解除的情况下仍无休止北伐，便有穷兵黩武之嫌。这种有分析的讨论方法，我以为是值得提倡的。当然争论肯定还会继续下去。其实早在武帝去世后六年，即昭帝始元六年（公元前81年），汉人自己就曾对武帝匈奴之策有过一次大辩论，正、反双方观点详录于由桓宽编纂的《盐铁论》中，后世的种种评说很少有超出它范围的，有兴趣的读者不妨找来一阅。

还想赘言几句的是我在写作时的一种心情。尽管我也认为汉帝国对匈奴的征战是不可避免的，就总体来说也是必要的，对历史也多少起了一点进步作用；但每当写到一个战役结束，笔下出现斩获多少千级、多少万级这样一些数字时，心里还是不由隐隐作痛，因为那毕竟都是活生生的人啊！匈奴的连年入侵、骚扰、杀掠固然对汉境民众造成长久祸患，汉对匈奴的不断征战对匈奴民众又何尝不是无穷的苦难呢？"汉兵深入穷追二十余年，匈奴孕重堕殰（指孕妇在逃亡过程中流产），罢（通"疲"）极苦之。""边长老言，匈奴自失阴山之后，过之未尝不哭也。"（均据《汉书·匈奴传》）仅就这些零星、简短的记载也不难看出，他们遭受的灾难有何等深重！迄今为止，我所读到的有关匈奴的文字资料都不是匈奴人写的。读着读着有时会忽然想：也许匈奴人和他们的单于，并不像有些文献所记载的那样野蛮、贪婪、残忍，那样不通人情吧？在古代，对异己民族的野蛮化想象，几乎是一个世界性的普遍现象。古希腊人就把希腊人以外的人类视为蛮族；古代以色列人则把世界划分为犹太人和非犹太人两大类。在我国古代，"内夏外夷"的观念曾经长期成为主流意识。至于汉人对匈奴人，由于长期处于交战状态，自然更不可能有平等的观察视角。例如武帝时期的一篇奏章就认为对匈奴人只可以"禽兽畜之，不比为人"（见《汉书·主父偃传》）。这样一种社会现象，不可避免地会影响到历史学家和他们记载的文字。如果有一天我们能读到匈奴人自己写的历史，他们留给我们的印象难道还会那样不堪吗？正是在这种不合时宜的心情的促使下，我对这个历史上曾经恣意驰骋了数百年、魏晋以后作为整体已不复存在的匈奴民族，忽而升起了几分怀念和敬意。

丝绸之路：一条用双脚走出来的国际通道

写下这个节名，我不由想起了两个神话故事：《东海三神山》和《穆天子见西王母》；两个历史人物：秦始皇与汉武帝。

东海"三神山"指蓬莱、方丈、瀛洲，《史记·封禅书》等均有载录。据说"诸仙人及不死药皆在焉。其物禽兽皆白，而黄金银为宫阙。未至，望之如云；及到，三神山反居水下。临之，风辄引去"。此种传说由来已久，而且是那样地引人神往，以至早在战国时期，齐威王、齐宣王和燕昭王就曾先后派人去探访过，结果自然都是无果而返。

穆天子西游而见西王母的故事，录于《穆天子传》。这部充满着神秘气息的奇书，约成于战国时期，可喜的是，因有西晋太康年间汲郡魏襄王墓本的辗转相传，我们现在还能相当完整地读到。穆天子，即周穆王姬满，在书中则被描写为一个具有神话色彩的人物。如说他命御者造父，驾八骏，率六师，放辔西驰，行数万里，升于昆仑之丘。在这里，他会见了神话人物西王母，觞于瑶池，歌于灵台，酬酢赋诗，流连忘返。

不断地探求未曾亲历的世界和希求与更多的同类交往，应该是人类共有的天赋愿望。纵然人类间的初次相逢不少是以戈戟或枪炮相向的形式出现，但或迟或早最终总要走向友好往来。就以我们中华民族来说，基于这种交往的愿望，就创造了两类神话故事。一类是普泛性的，如《夸父追日》、《嫦娥奔月》、《精卫填海》等；另一类则带有明显的地域特征，如上面提到的《东海三神山》、《穆天子见西王母》等。我们先民生活于华夏大地之上，他们东望碧波无垠的大海，西望高插云端的昆仑，正是那种渺茫和不可知，激发了他们的奇思妙想，吸引着他们心之驰之，神之往之，于是便有了这两个神话故事的创作。从这个意义上说，任何美好的神话故事在其被创作之初，就已蕴含着实现的意愿，但真正要付之于行动，还有待非常人物的出世。

秦始皇和汉武帝，便是相隔一百多年先后出世的两个这样的非常人物。

后世称秦皇、汉武都是那种"欲达九洲而方（同"航"）瀛海，牧胡而朝万国"（《盐铁论·论邹》）气度恢宏的人。

秦始皇除多次派人入海寻求三神山和仙人外，他自己在前后十一年时间里，进行了五次全国性的大巡游,其中两次亲临东海,最后一次还因梦与海神战,而海神又以大鱼为征候,竟乘船自琅邪至之罘行程千余里,"自以连弩候大鱼出射之"(《史记》本纪)。由于此时的秦始皇为追求仙人与长生已经有点走火入魔,所以他的这些活动显得有些荒唐可笑,但似乎不能因此就否定他仍有着亲历心目中那个未知世界的内在愿望。

汉武帝刘彻很可能是还在他做太子时就读到了《穆天子传》这部奇书的。这位在气质和性格上都与秦始皇有不少相似之处的少年,定然会被书中所描述的无数神奇的异域景象深深吸引,恨不得也像穆天子那样来一番驾八骏、率六师,放辔西游!

所谓西游,目的地就是西域。

《史记》、《汉书》所称的西域,似有狭义、广义之分。狭义约指葱岭以西和以东的广大地区;广义则泛指凡是经由狭义的西域所能到达的地区,包括亚洲的中、西部,印度半岛以及欧洲的东部和非洲的北部等。

但在武帝以前的汉人,对西域还不可能有切实的感性认识,因而它就成了任由想象翅膀恣意翱翔的一个王国。想象中的西域是那样的遥远和渺茫,既充满着神奇的魅力,又处处潜伏着恐怖和险恶。所以我猜想吴承恩创作《西游记》的灵感,不是来自对西域已有大量实际认识的唐人,而是来自汉或汉以前的古人。

不过后来直接导致武帝将联通西域的意愿付诸行动的,却不是对神话故事的向往,而是出于与匈奴作战的实际需要。那是武帝即位不久的建元三年(公元前138年)《史记·大宛列传》有这样一段记载:

是时天子问匈奴降者,皆言匈奴破月氏王,以其头为饮器,月氏遁逃而常怨仇匈奴,无与共击之。汉方欲事灭胡,闻此言,因欲通使。

匈奴不仅攻灭了大月氏人的国家,还残忍地将他们国王的头颅制成了贮酒的器具。

平常人获得这样一条信息,也许只当作茶余饭后的谈笑资料罢了,可武帝却不。

根据"敌人的敌人便有可能成为我的朋友"这个战争中几乎普遍适用的逻辑,武帝立刻想到派使节出访这个与匈奴有着不共戴天之仇的大月氏,使其成为自己征讨匈奴的盟友。

估计大月氏人国破君亡后已去了西域,但具体居于何方?如今情况又是如何?当时却是一概无知。

可以肯定的只有一点:由于当时强大的匈奴几乎包围着汉帝国的整个北部以及东北、西北边境,所以要寻访大月氏,就非通过匈奴控制区不可。

这将是一次不仅非常艰难、而且非常危险的出使任务!

尽管未央宫殿前文臣武将济济多士,却还找不出一个理想的人选。

为遴选这个非常的出使者,武帝想出了一个非常的措施:出榜招募。

武帝出榜招募的非常之举,引出了一个非常人物——

张骞:中国古代第一个"博望"世界的人

如果要作一个古今类比,那么当时汉人对谁能出使西域的期盼,大概不会亚于上个世纪60年代初苏联人对谁能乘坐宇宙飞船完成人类首次环球航行的期盼。

苏联人选择了加加林,汉人选择了张骞。

张骞,汉中成固(即今陕西成固)人,武帝即位后不久任为郎。郎官的来源多为任子,譬如苏武就是;也有以军功或财货而入的,此外就是通过察举。张骞究竟是属于哪种情况,史无明录。郎,也即"廊",指宫廷廊下。所以郎官的共同特点就是站在宫廷廊下按不同分工侍奉皇帝,用现代话来说,他们是皇帝身边的各种服务员。不妨说,如没有武帝这次招募,张骞永远只是一个默默无闻的宫廷服务员,是他揭榜应募这一动作,使他一跃而进入了汉帝国高端决策层的视野,其后又进入了历史学家以至全人类的视野。

估计应募的人一定相当多,因而要知道,那是一个人性充分张扬、人们都渴望着去经受艰险建功立业的时代。武帝之所以独独选中张骞,是由于张骞"为人强力,宽大信人"(《汉书》本传)。唯有"强力",才能战胜将要面临的一切艰难险阻;唯有"宽大信人",才能在那些遥远到不知汉天子权威为何物的异国他乡赢得信任,获得支持。

建元三年(公元前138年),张骞受命出使西域大月氏,充满着神秘、惊险以至恐怖、死亡的旅程,就这样开始。同行有百余人,其中一位名甘父,原为匈奴人,后来做了汉人堂邑氏的家奴,故又称堂邑父。这个精于骑射的堂邑父,在此后各种险恶的环境和艰难跋涉中,成了张骞得力的助手和忠实的战友。

这支队伍一出陇西,就踏进了匈奴控制区。那时以卫青为大将军的北伐远没有开始。驻牧于河西走廊的匈奴浑邪、休屠二王的军队的一场伏击战,将这一百多人全都擒获,拴于他们马后,押解到了匈奴王庭。张骞如实说出了自己的身份和此行的目的。其时在位的单于叫军臣,是老上稽粥单于的儿子。这位匈奴王听后一阵放肆大笑,用讥讽的口气说道:月氏在我大匈奴之北,我能让你过去吗?这就好比南越在你们汉的南边,倘若我大匈奴要出使南越,你家那个汉天子能让我们的人过去吗?

当时匈奴与汉表面上还保住着和亲关系,所以军臣单于还不便开杀戒,只是将张骞等一百多人全都扣留了下来。一扣,就是十一年!可能为了想降服张骞,军臣单于还给他娶了个匈奴女子为妻,后来生有一子。从十余年中一直完好地保存着作为汉使凭信的符节这一事实可以证明,张骞从没有忘记过自己神圣的使命。不妨说,他对军臣单于的尊重和顺从,与匈奴人友善相处,包括接受娶妻和生子,都是保存自己、麻痹对方的一种策略。正是由于运用了这种策略,才使他在马邑之役后,汉与匈奴和亲关系破裂、双方争战不断的情况下,不仅依旧安然无恙,而且还让残暴而又多疑的军臣单于也放松了对他的警惕和控制。而实际上十余年来,他无时无刻不在窥伺和寻找可以脱逃的机会。

机会终于来到。

那是一次他与他的部分属吏受主人派遣到匈奴西部去放牧。他们有意一直西行、西行,终于越过了匈奴的边界!

呵，被切断了十一年的出使旅程终于重新接上，他们以难以抑制的兴奋，继续风餐露宿，昼夜兼程西进。

请读者切莫以我们现代人的"陆路"或"水路"等观念，来想象张骞他们所要完成的"旅程"。因为展现在他们面前的，只有无边无涯的沙漠和沙碛，既不知"路"为何物，又不知目的地究竟在何方。南朝江总在《陇头水》诗中曾有这样描述："陇江万里外，天崖四面绝"；"惊湍自涌沸，古树多摧折"。沿途见不到一汪绿水，一棵青草。或许偶尔发现的一堆人畜白骨会给他们带来些微安慰，因为那至少说明多少年前曾经有过一个他们的"同路人"。不过他们绝不敢奢望在这里能遇上一个向导，需要随时警惕的倒是，突然不知从哪里蹦出几个杀人越货的强盗来！由于史书记载缺略，我实在无法具体描述张骞一行究竟经历了怎样的艰难和危险，也许《西游记》里的八十一难可以为我们提供一点想象的依据，只是张骞他们还要加上一难：饥饿。唐僧师徒饿了可以托钵化缘；张骞沿途所经过的小国当时大多还受着匈奴控制，不被击杀已算万幸，岂敢有望供给粮水！当然，他们也有自己独特的求食之道。随行的堂邑父能拉一张十二石筋角硬弓，且箭无虚发，弓弦响处，不是飞禽落下，就是走兽倒地，连毛带血，好歹也能饱餐一顿。遗憾的是，在此绝域之地就连鸟兽也难得见到，因而还是活活饿死了好些同伴。《汉书》的《张骞传》虽然没有直接记载，《李广利传》却记有这样的话："汉使数百人为辈来，常乏食，死者过半。"——让我们永远记住两千多年前这些默默地倒在通向西域路上的无名先驱者吧！

如此辗转跋涉了数十天后，这支疲惫已极、饥饿已极的队伍，终于越过葱岭，跨入大宛国国界，来到了处处飘逸着葡萄酒清香的大宛国国都贵山城。

当一个个瘦骨嶙峋却依旧颇有神采的异邦男人出现在这座酒城街头的时候，西域人第一次亲眼目睹了称之为"汉人"的人。后来他们称这些人为"汉子"，再后来又称为"好汉"。

大宛国王对汉的富庶、广大早有所闻，因而对张骞的到来非常欢迎。国王询问来意，张骞就把奉汉天子之命出使大月氏，途经匈奴被羁留又伺机脱身的经过说了一遍，然后请求道：如今来到贵国，恳请大王派人导引至大月氏，若能完成使命得以返汉，汉天子必将重谢大王。大宛国王一口答应，当即签发牒文，并为之配备翻译，随同前往。由大宛出发，中间经过康居国，便来到大月氏。谁知真所谓沧海桑田，世事多变。此时的大月氏已非当年的大月氏，致使张骞十余年来一直牢记在心的那个劝说大月氏与汉联盟共同对付匈奴的使命，落了空！

原来匈奴攻破大月氏，又将他们国王的头颅做成酒器，那还是冒顿单于和老上单于干的事，离此时已有好几十年。大月氏原居于敦煌、祁连一带，国破君亡后，大臣们就立已故国王夫人为王，除少部分人仍留原地称小月氏外，其余全都西迁，其间自然也是历尽艰险，最后来到葱岭以西的妫水流域，将原来居住于此的"民弱畏战"的大夏国征服，然后定居了下来。这里水草肥沃，物产丰茂，又无敌寇侵扰，民众得以安居乐业，因而大月氏国王既不愿再东还，也早已淡忘了报仇雪耻的事，任凭张骞如何劝说，就是不愿同汉联合而再去与匈奴对抗。

张骞在大月氏居留一年多，利用这段时间，考察了当地的风土人情，了解了有关西域诸国的种种见闻和传说，然后率众踏上归程。鉴于来时的遭遇，这回决定不再走原路，改为沿南山，即沿今塔里木盆地和柴达木盆地南缘，经由羌族地区返回。以为这样可以避开匈奴，谁知这一地带此时也成了匈奴势力范围，张骞一行人竟再次落入匈奴之手！

也算是因祸得福吧，由于又一次被羁留，张骞才得以与匈奴妻子重逢；但也有不幸：该有八九岁的儿子却已经夭亡。

又过了一年多，即武帝元朔三年（公元前126年），军臣单于病故，他的弟弟与太子为争夺王位而相互攻杀，王庭大乱。张骞乘机携妻与堂邑父一起逃出，回到了阔别十三年的长安。去时随行有一百多人，归来只剩下堂邑父一个忠实的伙伴。

张骞出人意料的归来和他那神秘奇异的经历，引起了武帝和满朝文武的极大兴趣。在一次朝会上，张骞将自己沿途的见闻和在大宛、大月氏、大夏、康居等国的亲身经历，以及收集到的有关西域的种种知识和传说，向武帝和诸位大臣作了详细禀报。朝堂上不时发出一阵接一阵的惊叹。人们兴奋地第一次具体地感受到了一个实际存在的西域，而这个实际存在的西域要比原来想象的更为遥远、更为广阔，也更为神奇。从这时开始，西域成了未央宫内外人们谈论的热门话题：

——呵，原来西王母真的有！张骞说的，很远很远的地方有个条枝国，国中有片连鸿毛也不能浮的"弱水"，那里的长老们都说，早先就有人见过西王母，只是他们之中谁也没有见过。

——大月氏再向西几千里有个安息国，国中通用的是用银子做成的圆钱，圆钱的正面居然刻着他们国王的头像！更为奇怪的是，他们写字不用竹简，用皮革；不是从上到下一行一行写，而是从左到右一行一行写！

——你知道吗？有一种鸟生的蛋有瓮那么大，有一种象能让人骑了去打仗。有个大宛国能用葡萄造酒，存放几十年还清香扑鼻。有个地方的人，长得凹目高鼻、青眼红发。还有一种黎轩人，会脚踩尖刀、口喷焰火，明明五花大绑着的，说声变，自己就脱了出来……这天下真是无奇不有啊！

张骞带来的这些见闻，极大地扩展了汉人眼界，西域这个原先大半出自想象的地理概念，也一下变得充实、鲜活同时也迷人起来。后来司马迁写《史记·大宛列传》第一句话就是："大宛之迹，见自张骞。"班固写《汉书·西域传》也一开头就说明："西域以孝武时始通，本三十六国，其后稍分至五十余。"

因初通西域之功，武帝拜张骞为太中大夫，封堂邑父为奉使君。

但很显然，张骞并不觉得自己已经完成了使命，他在企盼着能再次出使的机会。

张骞在大夏时，曾看到有产于汉的邛地竹杖和蜀郡细布，问了问才知道是商贾从大夏东南数千里有个叫身（yuán）毒的国家那里辗转贩运过来的。由此得到启发，以为去西域应当还有一条远离匈奴势力的西南线可走。他向武帝提出了尝试走这条新线的建议。武帝以为可，组织人员分四路出访。但因那时西南诸夷都还没有臣服于汉，四路使者有的被阻拦，有的被隔绝，有的甚至被杀害。尝试没有成功，只好暂时作罢。

张骞回到长安后的这段时间,恰好是大将军卫青和骠骑将军霍去病接连受命出击匈奴,并多次获得重大胜利的时候。在尝试经由新线进入西域失败后,武帝任张骞为校尉,让他充分发挥熟知匈奴地形地势和水草所在的特长,随同卫青一起出征。元朔六年(公元前123年),张骞因向导有功被封为博望侯。但在后来一次随李广同出右北平与匈奴的交战中,李广被围,而张骞之军则迟到了两天,贻误战机,依律当斩。后按规定交付了一笔赎金,才得以免为庶人。庶人就是平头百姓。官职没有了,侯爵也没有了,这在那个男儿皆以功名为生命的时代里,该是一件极痛苦的事。不过张骞也在这段经历中看清了自己的长处和短处。显然带兵打仗并非他的强项。他渴望能再次出使西域,即使为此付出生命也以为是死得其所。

一次武帝又向他问起西域诸国的奇闻异事。张骞知道此时武帝心目中的头等要事还不是西通西域,而是如何征服匈奴,因而就将通西域与征服匈奴的战略目标联系起来,乘机进献了一个"断匈奴右臂"[1]之策,具体实施的办法就是派使节去联合西域的一个国家——乌孙。

张骞献此策时的说词,可见于《史记·大宛列传》。张骞说乌孙原是匈奴西边的一个小国,乌孙语称国王为"昆莫"。如今在位的昆莫,有一段神奇的身世和经历——

昆莫之父,匈奴西边小国也。匈奴攻杀其父,而昆莫生,弃于野。乌嗛肉蜚(同"飞")其上,狼往乳之。单于怪以为神,而收长之。及壮,使将兵,数有功。单于复以其父之民予昆莫,令长守于西域。[2]

读这段文字,不由使人想起周的先祖弃的身世。同样的刚出生就被丢弃于野,同样的受到鸟兽的庇护:"马牛过者皆避不践","飞鸟以其翼覆荐之"(《史记·周本纪》)。这究竟是偶然巧合呢,还是有意为之?我以为"有意"的可能性还是存在的:张骞有意将乌孙昆莫身世神秘化的目的,就是要引起武帝的兴趣和关注,进而采纳他的遣使出访联合乌孙之策。

张骞接着说,乌孙昆莫其实是个极有心计的人,尽管匈奴单于对他有养育之恩,但他并没有忘记杀父之仇。后来他收养其民,攻占近旁小邑,很快就有了数万士卒。这样到匈奴老单于一死,他就率众从原来居住的敦煌、祁连一带向西远徙到伊犁河流域,从此脱离匈奴,再也不去朝会。新继位的匈奴单于发兵往击,却总是无法取胜;这时又想起了当年昆莫出生时那个神奇的传说,以为他有天神相助,就不敢再去攻打。如今的乌孙

---

[1] 匈奴右臂:对匈奴来,其东朝鲜等犹若左臂;其西乌孙等国如同右臂。成帝时太仆王舜等在称述武帝功业时,也曾做过这样比喻:"东伐朝鲜,起玄菟、乐浪,以断匈奴之左臂;西伐大宛,并三十六国,结乌孙,起敦煌、酒泉、张掖,以隔婼羌,裂匈奴之右肩。"(见《汉书·韦贤传》)

[2] 昆莫的神奇身世,也见于《汉书·张骞传》,但所记与此有异。其文称:"昆莫父难兜靡本与大月氏俱在祁连、敦煌间,小国也。大月氏攻杀难兜靡,夺其地,人民亡走匈奴。子昆莫新生,傅父布就翎侯抱亡置草中,为求食,还,见狼乳之,又乌衔肉翔其旁,以为神,遂持归匈奴,单于爱养之。"

已拥有六十余万人口，在西域已可号称强国，与匈奴只是还保住着一般的"羁属"关系。依据此种情况，张骞建议说：蛮夷之俗都是贪恋汉地财物，乌孙也不例外。如果能以重币厚赂乌孙，还可考虑选一公主嫁与昆莫，那么便不难使乌孙东迁而重返他们的故地，并与汉结为兄弟。这么一来，就等于砍断了匈奴的一条右臂。再说汉与乌孙一旦联合，乌孙以西的大夏等国就会相继仿效，连袂来朝，到那时，西域之地就都将成为汉天子的外臣了！

武帝对这一建议颇为赞赏，即拜张骞为中郎将，组织了一个三百多人的使团，携带大量钱币和丝织品以及数以万计的牛羊，出使乌孙。使团还特地配备了多位副使，与主使一样授予符节，以便抵达乌孙后，可同时出访四周诸国。

元狩四年（公元前119年）张骞率众出使。今非昔比。在卫青和霍去病的接连攻战下，匈奴被迫退居漠北，河西走廊已为汉所控制，因而第一次出使时那种可能遭受匈奴军袭击的担心以及断水断粮的困境，已不复存在。这支仗着汉节的队伍一路浩浩荡荡，不到一个月就顺利抵达了乌孙国王都赤谷城。

在进见乌孙昆莫时，发生了一个插曲。原来这位传说曾经有过神奇身世、此时已是老迈年高的昆莫，可能夜郎自大惯了，受礼时只是挥了挥手，示意侍者代为收下。张骞觉得作为大汉帝国使节，岂可受此轻慢！便庄重地说：此礼为汉天子所赐，大王须亲自拜受；若不亲自拜受，则当归还礼物！老态龙钟的昆莫先自一阵惊愕，后来还是慢慢走下王座，跪拜受礼。

插曲很快过去，昆莫已对汉使显出了应有的尊重。但当张骞提出乌孙若能返还故地，则汉将遣公主嫁与昆莫为夫人，并结为兄弟，共同对付匈奴时，昆莫却只是摇头苦笑。原来老国王这些日子正被传位问题弄得焦头烂额，自顾不暇，哪里还有心思谈论对付匈奴的事！

昆莫有十余子，长子懦弱，而中子大禄刚强。昆莫立长子为太子，大禄不服，拥兵万余骑，自居于一处，俨然国中之国。偏是太子短命，弥留之际，苦苦恳求父亲定要立他儿子岑陬[1]为太子，老昆莫答应了他。大禄得悉大怒，联合诸兄弟，图谋攻杀岑陬。昆莫为保护孙子，发给岑陬一万多骑兵，让他到别处居住；自己也留万余骑，用以自卫。这样乌孙实际上已一分为三。在这种情况下，老国王又感到难以摆脱匈奴的控制，加上对汉的国力并不了解，又路途遥远，鞭长莫及，所以宁愿重新服属于匈奴，也不想与汉联合。

张骞知道不可勉强，只得暂缓。在这期间他做了两件事：一是安排几位副使分别去出访大宛、康居、大月氏、大夏、安息、身毒、于窴、扞罙等国；二是自己留在乌孙，说服昆莫能派使者随同他去长安，以使乌孙对汉有更多的直接了解。元鼎二年（公元前115年），乌孙派出数十名使者，以及翻译、向导护送张骞返汉；随送良马数十匹，作为对汉的回礼。

乌孙使者在长安受到隆重接待。他们亲眼看到了汉帝国的富庶和强大，回到乌孙作了禀报，昆莫对汉有了更多的敬重，从而开始由服属于匈奴渐渐转而与汉通好。

【1】此据《汉书·西域传》。《史记·大宛列传》则作"岑娶"。

同在这一年，武帝拜张骞为大行令，专管接待四方来客。此时张骞在周边国家中已享有很高信誉，因而这对他该是一个很理想的职务。不幸的是，仅仅过了一年多，张骞就带着没有能亲眼看到西域完全开通的遗憾，病卒于大行任上。

又过了一年多，张骞在乌孙时所派遣的那些使者相继回到长安，随同他们一起来汉的，还有遥远的西域诸国的友好使者。武帝有意特许这些使者随同自己巡行海上及诸大都城，出珍奇异物，造酒池肉林，让客人遍观，并大行赏赐，以显示汉之富庶和强大。各国使者回去后自然纷纷夸说，"于是西北国始通于汉矣"（《汉书·张骞传》）！

对张骞的通西域之功，《史记·大宛列传》用了两个既有动作感又极具形象的字："凿空"。《史记索隐》说："谓西域险厄，本无道路，今凿空而通之也。"

"西域"是一个相对的地理概念。对于生活在地球东部的人类而言，它是西域，而对于生活在西部的人类来说，它就成了"东域"。"凿空"这西域或东域，应是人类早从它诞生之日起，就渐渐开始萌发的一个共同愿望。据林剑鸣《秦汉史》载录，希腊人早就曾试图寻找从西方通向东方的道路，更早还有巴克特里亚国王欧多台墨斯也曾几次派遣探险队设法到中国来，遗憾的是都没有最后成功。又据报载，在张骞从西域回来向武帝奏报时提到的姑师即今新疆吐鲁番地区，新近发现了千余座洋海人墓葬，已经发掘出五百多个洋海人头骨，经初步测定绝大多数为典型的欧罗巴人种（见《海洋发现：东西方文明凿通在丝路之前》，载2007年2月1日《南方周末》）。这些记载都说明，张骞"凿空"西域或东域不仅是中国的，也是世界的；不仅是中华民族的，也是全人类的。张骞曾被武帝封为博望侯，名符其实，他是中国古代"博望"世界的第一人。二度出使西域，前后费时十九年，战胜常人难以想象的艰难险阻，用自己的双脚踩出了一条国际通道。张骞去世后，由长安出发的汉使一批接一批，多者数百人，少者也有百余人，他们皆称"博望侯"。之所以如此，是因为在当时"博望侯"这个称号不仅是勇敢、坚强和毅力的标志，也是大汉帝国公信力的一种象征，它可以"为质于外国，外国由此信之"（《史记·大宛列传》）。

我在《大秦帝国》的《结语》中，曾把世界各民族的自身发展和促进全人类发展，比作行星的自转和公转，居住于世界各地的各个民族，他们最初的贯通全球的相互交往有待于首次公转周期的完成。公转的动力来自各个民族，主要是当时处于先进行列的民族。接着我说：

经过夏、商、周三代，特别是春秋、战国、秦这个特殊历史时期的熔炼，中华民族已经跻身于世界最先进的民族之列，与希腊、罗马、埃及、印度等一起，成为古代世界文明史的几个主要动力源。正是在各个动力源的驱动下，民族"行星"们不久就将联合完成首次"公转"周期，于是不同肤色的手第一次相握在一起。

当大秦帝国落下帷幕的时候，这个世界上激动人心的时刻，已不远在望。

由于以张骞为先驱的这条联结欧亚大陆的国际通道的开辟，武帝后期的汉人已经可以自豪地宣布：这个"激动人心的时刻"终于来到！

这条国际通道后来的发展和它在世界文明发展史上所起的作用，本书《引言》已作了简略介绍。因其首先由中国人开通，又以输出中华文明的象征物丝绸作为特征，故被20世纪德国学者弗迪南德·范李奇索芬命名为"丝绸之路"。

三个汉家女子在乌孙先后同唱了一台戏

张骞第二次出使是以乌孙为目的站，几位副使对远近多国的出访又以乌孙为出发站，因而不妨说乌孙是张骞"凿通"西域的基地。但这个基地并不稳固，后来事变连连，麻烦多多，为此我不得不再续写一小节；又因事情大多牵涉到三位女性，所以起了这么个似乎难逃媚俗之嫌的节名。

事端又是由匈奴引起的。

听说乌孙与汉通好，伊稚斜单于大为光火，声言要发兵攻灭乌孙。老昆莫害怕了，乌孙原本就不是匈奴对手，加上如今国内祖孙三代不和，兵力一分为三，还如何敢与单于铁骑抗衡！召来大臣商议，那几个到过长安的齐口盛赞汉帝国强大，于是一致决定不如索性归附于汉。当即派出使者，致辞汉天子，愿如前博望侯张骞所言，尚汉公主为夫人，并与汉结为兄弟，共同对付匈奴。

由高帝时刘敬提出的以出嫁宗室女为主要内容的和亲之策，在高、惠、文、景时各施行过一次，和亲对象均为匈奴，规定每年还得向匈奴赠送絮缯酒食等物，实际带有"纳贡"性质。武帝对匈奴"深入穷追二十余年"（《汉书·匈奴传》），和亲之策自然早已束之高阁。这回由乌孙重新提出，与当年匈奴那种常常带有要挟性的要求不同，由老昆莫使者传递出的是一种求助和友好的信息。武帝命群臣廷议此事，众人以为可以应允，但须依礼先由乌孙行聘，然后才可下嫁公主。老昆莫得悉后，立即送来骏马千匹，作为聘礼。接下去的难题该由汉方来回答了：选谁去嫁给一个已是老迈年高的蛮夷国王好呢？此前四次和亲，名义上所嫁均称汉公主，实际除景帝时那次为真公主外，其余皆以宗室女或家人子代替。武帝虽有五个公主，自然也绝不会让她们之中任何一个远嫁蛮荒之地的，他选中的是刘建的女儿细君。刘建是景帝之孙、江都王刘非之子、武帝之侄，曾嗣封为江都王，后因谋反案发而自杀（见六章四节）。照此说来，细君幼年曾是翁主[1]，但此时已失去了这种资格。武帝依先例赐细君公主名号，并赠予乘舆服御等物，还有随从及宦官等百余人，浩荡西出阳关而嫁。谁知匈奴乌维单于获得这一信息后，也匆忙打扮了一个女子送向赤谷城，抢着要做乌孙国王的岳丈。这下老昆莫作难了：两位夫人同时送上门来，叫他如何是好呢？汉远而匈奴近，思虑再三，还是只好慑服于匈奴压力，尊匈奴女子为左夫人，而以汉细君为右夫人。乌孙与匈奴同俗，皆以左为尊，右为卑。

但对自幼生长在汉宫的细君来说，她的屈辱和痛苦，又岂止因被胡妇排挤而只做了个右夫人这一点呢？

---

[1] 翁主：汉制，诸侯王之女称翁主。《汉书》颜师古注："翁者，言父主其婚也。"

举目无亲，语言不通；衣食住行全都无法适应。有首乐府《胡笳十八拍》相传为东汉末年曾在战乱中为匈奴所掳的蔡文姬所作，文中对一个汉家女子在异邦所受种种苦难细致入微的描述，几乎就是细君痛苦内心的真实写照："越汉国兮入胡城，亡国失身兮不如无生。毡裘为裳兮骨肉震惊，羯膻为味兮枉遏我情。鞞鼓喧兮从夜达明，胡风浩浩兮暗塞营……"最使细君难堪的还有那个可以做她祖父的老昆莫竟成了她的丈夫！不得已，只好自筑一庐，通常情况下总是孑身独居。

为了在这个完全陌生的异域生存下去，有时还要与老昆莫一起，置酒设食，宴请王室宗亲，达官权贵。在那种情况下，她不得不强颜欢笑，又故作慷慨，将临行时武帝赏赐给她的那些金银币帛，全数转而赏赐给了他们。

一日偶尔到穹庐外走走，看到一对黄鹄在天空轻盈飞过，又缓缓向东天飞去。呵，那遥远的天幕之下，有个曾经做过江都国都会的广陵，那不就是她呱呱出世的故土吗？蓦地，那一缕已经折磨过她无数个日夜的思乡之情又袭上心头，于是一首《黄鹄之歌》便带着血泪喷涌而出——

吾家嫁我兮天一方，
远托异国兮乌孙王。
穹庐为室兮旃为墙，
以肉为食兮酪为浆。
居常土思兮心内伤，
愿为黄鹄兮归故乡。（《汉书·西域传》）

《黄鹄之歌》传到长安，武帝读后也起了怜悯之心；但为着帝王大业，却又只好忍心看着他的侄孙女儿去充当牺牲。此后每隔一年，武帝总要派人送些帷帐锦绣一类物品去，向细君表示一下他的慰问。

当老昆莫自知不久人世时，竟给细君留下了这样一道遗命：再嫁岑陬！

说起来，"父死，妻其后母；兄弟死，皆取其妻妻之"（《汉书·匈奴传》），这本是匈奴、也是乌孙的习俗，不足为怪；但在来自号称礼仪之邦的华夏中国的细君看来，要她再嫁给本属于她孙子一辈的岑陬简直是禽兽之行，如何忍受得了此等奇耻大辱！她修书一封派人驰报武帝泣求免嫁，武帝的答复却是："从其国俗，欲与乌孙共灭胡。"（《汉书·西域传》）

为了"共灭胡"，孤弱无助的细君还能说些什么呢？她不得不再次作出牺牲，待老昆莫死后，其孙岑陬嗣位，再嫁与新昆莫[1]为夫人，后生有一女，取名少夫。不久，这位远嫁的汉家女子便因病在悒郁中离世。

【1】岑陬嗣位后，《汉书》称其为"昆弥"。对此注家说法不一。颜师古注称："昆莫本是王号，而其人名猎骄靡，故书云昆莫，弥取骄靡。"《汉书补注》引钱大昕语，则以为莫、弥乃一声之转，只是译音有轻重而已，昆弥即昆莫也。本书为保持前后一致，以便阅读，一概称"昆莫"。

岑陬上书汉天子，请求再尚公主，武帝允准。这样，这一小节节名中提到的第二位汉家女子，便应召登场。

她叫解忧，是七国之乱领头人之一的楚王刘戊的女儿。叛乱被平息，刘戊自杀。解忧的命运遭际几乎与细君完全相同：先为翁主，继而因父亲谋反自杀之故而失去了翁主资格，后来又因被作为和亲筹码而得以赐号公主，两人前后相继嫁了同一个异邦男人——岑陬。

解忧来到乌孙，才知岑陬还另外娶了个匈奴女子，并生有一子，叫泥靡。更为不幸的是，岑陬竟是个短命郎，当他将要撒手离世时，儿子泥靡才学会爬地，因而不得不将昆莫之位传给当年曾与他争过太子之位的叔父大禄的儿子翁归靡，同时与宗室诸贵人立下约定：待到泥靡一长大，就得把昆莫之位归还给他。

翁归靡继位为昆莫，自号肥王。依乌孙习俗，解忧又只好再婚，做了新昆莫的夫人。肥王同样娶有一匈奴女子，并生有一子，叫乌就屠。但肥王与解忧却生有三男两女，可谓人丁兴旺。这些有着二分之一刘汉血统的子女相继长大后，有的封王，有的嫁与乌孙王族，这样在乌孙上层的亲汉势力又有了很大的增长。其中长女弟史，长得灵聪娟秀，解忧尤为喜爱，为使她受到更多的华夏文化熏陶，命人陪送赴长安学习弹奏古琴。不料路过龟（qiū）兹时，被对弟史倾慕已久的国王绛宾盛情留住。后征得解忧允许，绛宾娶弟史为夫人，并上书汉天子，愿做汉外孙女婿，永结同好。宣帝元康元年（公元前 65 年），龟兹国王绛宾携夫人弟史双双赴长安入朝，这也算是和亲之外的一段佳话吧！

乌孙与汉关系日益亲密，张骞提出的"断匈奴右臂"之策至此大体实现，这自然引起了匈奴的强烈不满。于是其时在位的壶衍鞮单于便联合车师国，发兵共攻乌孙，并很快占领了车延、恶师等地。壶衍鞮向乌孙肥王下了最后通牒：速速交出汉公主解忧来，不然就要踏平赤谷城！解忧与肥王联名飞书长安呼救。本始二年（公元前 72 年），宣帝命赵充国等五将军分五路，共发骑兵十余万；又以当年曾随苏武出使匈奴被扣留十九年的常惠为校尉，持节发乌孙兵五万骑，东西合击匈奴。壶衍鞮单于得报迅速将人畜转移漠北，塞外一空。赵充国等五将军昼夜奔驰，好容易赶到塞外，但见孤雁落日，一片荒凉，寻找数日也难有所获。倒是校尉常惠监护的乌孙五万骑，直捣匈奴右谷蠡王庭，擒获单于叔、嫂及诸王以下男女近四万口，马牛羊驴驼七十余万头，凯旋而归，常惠也因此而受封为长罗侯。同年冬，乌孙又与丁零、乌桓联合，从西、北、东三面夹击匈奴，匈奴再次大败，死伤惨重，元气大伤，受其控制的诸羁属国随之纷纷叛离而去，曾经称雄大漠南北于一时的大匈奴，从此风光不再。

但在助汉抗击匈奴中立下了大功的乌孙国，却也从此进入了多事之秋。

宣帝元康二年（公元前 64 年），乌孙肥王向汉天子上书，表达了要将"汉外孙"也即他与解忧生的长子元贵靡立为太子的意愿，并希望能亲上加亲，让他的太子也尚汉公主。尽管在公卿大臣们廷议时，有大鸿胪萧望之等以为地处绝域的乌孙容易反复无常，不可答应；但宣帝觉得乌孙两次击败匈奴功不可没，还是应当准许。这回选的是解忧的侄女相夫。又来了个如法炮制：赐以公主之号，赠以币帛及随从，由时任光禄大夫的常惠为特使，持节送往。出嫁队伍刚行至敦煌，就传来了一个惊人的消息：肥王暴病身亡，王室贵人们仍按照岑陬临终前立下的约定，让此时已经长大的泥靡继了位。这就是说，称之为"汉外孙"的元贵靡已经被靠了边。在这种情况下如果还把新娘送上门去，将会闹出有辱于汉的大笑话！常惠让相夫等一行人暂留于敦煌，一面飞书向宣帝奏报，一面急驰赤谷城与乌孙王室交涉。但交涉无果，只好带着这支嫁队伍自敦煌折返长安。

泥靡继位，自号狂王；已经嫁过两次的解忧不得不三嫁而成为狂王夫人。

狂王残暴乖戾，引起了乌孙民众的痛恨，而痛恨最烈的则是解忧。

解忧对狂王的痛恨是多重的。除了逼婚；除了他出自那个一度曾是她情敌的匈奴女子；更让她无法容忍的，是他抢走了本当属于她儿子元贵靡的王位！

恨而至于极，就起了杀的念头。

一次恰好有汉使来到，解忧就借置酒宴客的机会，预先设下武士，以掷杯为号杀之。只见武士手起剑落，鲜血四溅。以为狂王已经毙命，谁知剑锋只刺穿了肩胛，没有正中心胸。狂王一跃身，伏上马背，向王庭外疾驰而去。这边，狂王的儿子细沈瘦调集士卒将解忧及汉使围困于赤谷城中达数月之久。幸得此时汉在西域已置有镇抚诸国的都护，治所乌垒城（今新疆轮台东北），首任都护便是曾攻破车师、受降匈奴日逐王而威震西域的郑吉。宣帝命郑吉发诸国兵救援，赤谷城之围才解。

但麻烦远不止此。

当狂王血溅王庭那一幕正在演出之时，筵席上有一个人伺机抢先逃出，率领部分翎侯【1】及士卒，来到赤谷城东北千余里的北山（今新疆天山山脉），做起了草头王。

此人就是肥王与那个匈奴女子所生的乌就屠。

乌就屠打出的旗号是：我母家是匈奴，匈奴单于定会发兵来援！这一号召还果然有效，那些不满汉对乌孙控制的人群纷纷前来归附，很快有了相当声势。乌就屠看看时机已经成熟，就派人袭杀了他的叔叔、躲避于一处疗伤的狂王，自立为乌孙昆莫。

现在乌孙出现了两个政治中心：赤谷城与北山；一场内战已一触即发。

宣帝根据都护郑吉所奏，采取了文武两手：一面命破羌将军辛武贤统兵一万五千，进军至敦煌，并派人转运粮草，做好随时征讨准备；一面遣光禄大夫常惠急赴赤谷城主持立新昆莫事宜，同时命郑吉请出这一小节节名中提到的第三位汉家女子来，去劝说乌就屠归降。

这女子堪称奇绝。她姓冯名嫽，不仅生性聪慧，仪容丰丽，且熟读诗书，明习事理。她原是解忧侍女，陪嫁至乌孙后不久，蒙解忧允准，得与乌孙右大将结为夫妻。仅过了数年，居然对西域诸国的风土人情、语言文字，已大半通晓。曾多次作为汉公主特使的身份，秉持汉节慰谕邻近诸国，颁行赏赐，诸国礼敬备至，号称冯夫人。这回郑吉之所以让冯嫽去劝降乌就屠，还因为冯嫽的丈夫、那位右大将与乌就屠曾是好友，有着这层关系说话可以方便些。

冯嫽受命，径自只身来到北山找乌就屠，对他自立为昆莫说了几句表示祝贺的话后，

【1】翎侯：西域大夏、乌孙等国皆有此官名。颜师古注称：其职"亦犹汉之将军"。

便猝然问道：我有一个消息来自长安，昆莫是否愿意一听？

乌就屠说：就请讲来。

冯嫽说：汉天子已发兵西来，由破羌将军辛武贤统领，前锋早已越过敦煌。汉军之威，向来天下无敌，远有南越吕嘉戮于海上，近有大宛毋寡头悬国门。今见昆莫如此安然，想必已有破敌良策？

乌就屠一阵惊恐，却又故作镇静说道：纵然如此，我有北山可依，足可自保。

冯嫽说：汉都护郑吉将军也已奉诏，随时可征发西域诸国之兵。如此东西两军齐来，将对北山造成包抄席卷之势，攻取王庭，易若反掌，昆莫犹言足可自保，岂非欺人之谈！有道祸止于未萌，危绝于无形，犹不失为人杰。惟昆莫图之。

乌就屠服软了，说：还望冯夫人教我。

冯嫽说：为今之计，莫若见机知退，放弃昆莫之号。如此则既可自保，又可长享富贵，足下何乐而不为？

乌就屠踌躇半响说：我原本也不想长做昆莫，只求能得一小小封号，也好对众位翎侯有个交代。

冯嫽说：待我转达都护大人奏明汉天子，想来不会有何难处。

宣帝得都护郑吉奏报，大喜，特召冯嫽入京，自问情状。见她仪态端庄，应对从容，当即授予符节，任为特使，另遣谒者竺次、期门甘延寿为副使，锦车玉马，出使乌孙。冯嫽抵达赤谷城后，即召乌就屠前来，当庭宣读汉天子诏书，立元贵靡为大昆莫，乌就屠为小昆莫，皆赐印绶。又由光禄大夫常惠为大小昆莫划定地界和各得民户之数，免致纷争。

甘露三年（公元前 51 年），解忧已年近七旬，思乡日甚，上书宣帝，愿仍回中原，归葬故土。宣帝怜而发使往迎。解忧远嫁乌孙数十年，青丝出塞，白首归汉。当年的侍女冯嫽不忘故主之情，也陪同来到长安。伴随老人回来的，还有她的两个年幼的孙儿。两年后，这位为和亲之策献出了全部青春以至生命的汉家公主，与世长辞。

解忧去世后，至少也已该有六十好几的冯老夫人，忽而做出了一个令满朝文武都为之震惊的举动：上书宣帝，请求再次出使乌孙！

原来她们离开乌孙时，元贵靡已死，立为大昆莫的是他的儿子、也即解忧的孙子星靡。星靡尚年幼，且生性怯懦，这让冯嫽很不放心，因而要求再次远使，夫支持和佐助星靡这位有着四分之一刘汉宗室血统的大昆莫。

宣帝深受感动，特选属官及士卒百人随送。出使之日，北宫门外举行了隆重的授节仪式。冯老夫人杖节立于车前，朝日映照着她的白发渐行渐远，送行大臣无不为之啧啧赞叹。

冯嫽是古代中国以天子使者身份出使的第一位女性。对她此番出使的详情及其最后归宿，史书均无明确载录，想来总是功成以后，终老于西域了。我在写作过程中，对这位两千多年前的奇女子怀有深深的敬意，并认为我们应当像记住卫青、霍去病、张骞、苏武等等那样，记住这位女中英杰。当然，乌孙自分立大小昆莫后，因常常发生相争而带来了不少麻烦，诚如《汉书·西域传》所言："汉用忧劳，且无宁岁。"但每个历史人物，只能做成当时条件允许做成的事，无法做成当时条件不允许做成的事；作为后人，我们更无权苛求前人。

本章至此完篇，但我们对汉武帝时期的叙述，大体还只进行到三分之二。

武帝一生都在想做成一件事，据说此事关系到汉家天子能否获得天命，因而也就关系到大汉帝国能否永固长存，高、文、景诸帝都曾想做但没有做成，使武帝大感欣慰的是，他终于做成了这件大事。

下章首节要介绍的就是这件大事：封禅与改制。

接下去要叙述的是，为了弥补"内修法度"、"外攘夷狄"所造成的财政上的巨大空缺而采取的一系列兴利措施。从中不难看出，武帝的内外功业之举到后期实际上已是强弩之末，处处捉襟见肘，已预示着非重新回到与民休息的轨道上来不可。

史家公认为雄材大略的汉武大帝，晚年同样无法逃脱帝王制度固有的一个死结，即所谓接班人问题带来的困扰和折磨。在下章末节里诸君将看到，这位坚强的老人被"巫蛊之祸"重重击倒后，又如何勇敢地爬起来，采取种种有力措施，为年仅八岁的幼子弗陵顺利继位作出了周密安排。然后从五柞宫起程，怀着伤感，带着不安，向这个他统治了五十四年的大汉帝国作别而去。

第 八 章
从天国降到人间,从理想回到现实
——汉武大帝之章续

汉家天子终于获得了上天"授命"

帝国之忧:总也填不满的财政大窟窿

多情又多事的后宫与东宫

从颁发"罪己诏"到临终托孤

汉家天子终于获得了上天"授命"

上两章的主要篇幅是围绕着"内修法度"、"外攘夷狄"这个总题来展开的，叙述了武帝在确定"罢黜百家，独尊儒术"的治国方略后，如何用他的铁腕战胜内外敌对势力，消除由秦末战乱和楚汉战争导致的在权力构成、吏治外事等方面的弊病，不断强化集权体制，持续向周边发动征服性的战争，目的就是要建成一个强大、昌盛的大汉帝国。

现在还剩下一个被古人视为关系到帝国能否永世长存的大问题，就是皇权的本源问题，也即帝王权力的根基问题。用现代语言来说,也就是要给帝国权力提供一个法理基础。你总得向世人说明：汉家天子手中那至高无上的权力是怎么来的？凭什么你刘姓一家可以永享天下？

我国古代帝王制对此作出的回答，既不同于现代国家学说，也与同是古代的西方国家大异其趣。

现代国家学说认为，国家权力的基础是法律，是该国全体公民用选票表达出来的意愿。道理很简单：既然国家是一种公共权力，那么它的合法性自然只能由本国国民来决定——这对我国古代帝王来说，简直是天方夜谭！

大体与汉帝国同一时代的罗马帝国，他们的皇帝首先是以军事最高统帅的形象出现在公众面前的。帝国境内大小城市到处矗立着崇拜他的庙、雕像，他的威武的肖像甚至还镌刻在钱币上，以显示其统治的无处不在、无时不在。中国古代帝王却绝不会这样做。

他们是怎么做的呢？

让我们再回到武帝初登大位那些日子。大臣们都是那样兴奋；但兴奋中又似乎有些焦急。他们一次次地上奏，希望新皇帝赶快先做两件大事。请看《汉书·郊祀志》的记载——

> 汉兴已六十余岁矣，天下艾安，缙绅（古代官员装束，代指诸官）之属皆望天子封禅改正度也。而上乡（通"向"）儒术，招贤良，赵绾、王臧等以文学为公卿，欲议古立明堂城南，以朝诸侯，草巡狩封禅改历服色事，未就。

两件大事，一是"封禅"，二是"改正度"，也即改制。

原来在中国古代帝王看来，他们的权力既不必寻求法律支持，也不需依赖民众认可，只要获得上天"授命"就行。大臣们之所以如此急不可待，就因为这两件大事都关系到汉家天子能否获得上天"授命"的大问题。"汉兴已六十余岁"，他们已期待得太久了，再也耽误不得！尽管武帝与大臣们一样，也把封禅和改制看作是大汉帝国赖以永世长存的根本大礼，但在即位之初，他更急于要做的是推崇儒学，以便革故鼎新，确定整个治国方略，因而不得不暂缓举行这两项大礼；待到"内修法度"、"外攘夷狄"相继获得阶段性成就后，再把它们提到议事日程上来。

那么封禅和改制因何可以认证帝王权力获得"授命"，承担我们现在所说的国家权力的法理基础这样一个使命呢？为了说清楚这一点，就需要对我国古代所谓"君权天授"这么一种独特的国家权力本源理论以及相关说法，作一个尽可能简略的追溯和介绍。

从暴力夺取到上天"授命"

实际上我国古代国家和帝王的权力几乎无一例外地都是暴力的产物。

这一点，中华第一帝国的创建者秦始皇说得很坦率："寡人以眇眇之身，兴兵诛暴乱，赖宗庙之灵，六王咸伏其辜，天下大定。"（《史记》本纪）以"兴兵"攻灭六国达到"天下大定"，等于说秦帝国的天下是用暴力争抢来的！

第二帝国的创造者刘邦也有过直露的表白。那是在汉帝国刚建立之时，刘邦因对陆贾老在他面前唠里唠叨说《诗》、《书》如何如何重要，不胜其烦，就脱口骂道："乃公居马上得之，安事《诗》、《书》！"（《史记·陆贾列传》）这也等于说汉帝国的天下是他刘邦骑在马上用刀剑杀出来的！不过要说得确切，最好再补充一句：骑在马上拼杀的不止你刘邦一个人，还有韩信等多位哥们，所以你在称帝前后不得不先封他们为王，然后再一个个将他们收拾干净的！

那么武帝能不能就用这样一种"暴力获得"论来回答呢？

不能，绝对不能！

尽管这样的回答既符合事实，也符合真理，但符合事实、符合真理的东西，有时非但无用，甚至简直可怕！

这倒并非由于暴力总是残忍的，血淋淋的，对帝王形象不利——这只是极次要的一面；更为主要的是，这种"暴力获得"论潜藏着一个爆炸性的内核。设想一下，如果让这种赤裸裸的说法泛滥开来，对业已建立的大汉帝国将是多么严重的威胁啊！人们会说：既然你姓刘的可以骑在马上杀出一个天下来，那我们姓张的、姓王的为什么就不可以也跟着来杀一杀、夺一夺呢？事实上也已经有人这样学过了，此人就是异姓王黥布。黥布谋反，高帝刘邦统兵征讨。两人战场上刀戈相见，刘邦问他为什么要反？黥布回答得很坦率：我也想弄个皇帝当当呀！（《史记》本传原文："欲为帝耳！"）

所以必须用另外一种说法——不，另外一种理论来回答。

那应当是一种宏大而辉煌的理论，才能确保帝国的永世长存。由于需要确保的是一个帝国，所以这种理论应当有一个至高无上的绝对权威来做依托，这样的依托在人间是找不到的，唯一有资格充当的就是高悬于地国之上的天国，主宰着人世间一切的上帝或天帝。

在中国古代历史上，第一个明确用"天命"来解说帝王权力由来的人，该是商汤的左相仲虺（huǐ）。

商以前的尧、舜、禹，据传说都是以"禅让"的方式继承帝位的，尽管并不一定可信，我们也姑且不去说它。第一次打破这个"禅让"传统的是汤。他用暴力推翻夏桀建立了商。该是欢庆成功之时，汤却"惟有惭德"：内心深深感到惭愧。惭愧什么呢？"予恐来世以台（yí，我）为口实"，他惭愧的是后世的人把他作为用暴力夺取政权的先例，动不动也来一个"犯上作乱"。仲虺的"天命"说便是为了劝慰汤而特意制造出来的。他把夏桀的罪行归结为"矫诬上天，以布命于下"：欺骗上天和假借天命，向百姓发号施令；又把汤的灭夏兴商也说成上天旨意："天乃锡王勇智"：上天赐给您大王以勇气和智慧；"式商受命"：让商来受命治理天下。所以仲虺认为一切都是天意，汤根本用不着惭愧，只要始终如一地"钦崇天道"，便可"永保天命"（据《尚书·商书·仲虺之诰》）。你看，经理论家仲虺这么一番阐释和发挥，汤就成了上天"授命"之君，也就是老百姓日夜企盼中的"真命天子"了！

仲虺此说满足了历代帝王神化自己两条最基本的要求：一、帝王权力受自上天，与"骑在马上杀出来"的血腥暴力毫不相干；二、帝王人选系上天择定，绝不容许任何人有非分之想。按照这种理论，原先也该是普通人的中国帝王，一旦打下天下，便忙着与上天拉上血缘关系，使自己成为半神半人的"天子"。这方面先秦及两汉诸子论述极多，总之是帝王越能神化自己，便越是深得南面术真髓。如董仲舒在《春秋繁露》中有《立元神》篇专论此意。文中说："为人君者，其要贵神。"怎么做到"神"呢？就是要使臣民"不可得而视也，不可得而听也；是故视而不见其形，听而不闻其声。"一番细致的分析论述过后，这位帝王学大师得出结论说："故人臣居阳而为阴，人君居阴而为阳；阴道尚形而露情，阳道无端而贵神。"与罗马皇帝到处树立雕像"抛头露面"于大庭广众之中恰好相反，中国帝王偏要作出种种称之为"礼"的规定，把自己遮蔽起来。譬如他们穿戴的冕服，包括前后垂有十二旒和左右两充耳的皇冠[1]，就都有这方面的种种讲究，目的就是要使他的"龙颜"变得高深莫测，以达到对他的臣民精神上和物质上的双重统治。

不过仲虺的这个"天命"说还很粗略，在操作上还有一个明显的缺陷：只凭口说，没有通过一种隆重和盛大的仪式来加以确认，并借助这个仪式以祭告天地和昭示天下。后来主要是儒家的学说修补了这个缺陷。儒家倡导的封禅和改制，就被古人视为帝王获得天命的两项具有标志性的重大礼制。那么封禅和改制因何具有如此重大的意义呢？司马迁、董仲舒分别作了这样回答——

---

[1] 中国古代帝王乘的车子、戴的帽子和穿的衣服，都有极其繁复的规定，可见于历朝正史，称《舆服志》。如冕服上面绣绘的日月星辰山龙虫火等图纹，都具有特别含义，充满着神秘气息（详见《唐六典·殿中省·尚衣局》）。其中悬挂于冕板前的十二旒，也即十二串玉珠，《孔子家语·入官》解释说："古者圣主冕而前旒，所以蔽明也。"充耳，由黄色絮绵制成，大小若丸，悬垂于左右耳旁。《文选·东京赋》李善注称："悬冠两边当耳，不欲妄闻不急之言也。"用十二旒"蔽明"，以两充耳"不妄闻"，就是要皇帝与他的臣保持一定距离，以使自己因神秘而神圣。

> 易姓而王，致太平，必封泰山、禅梁父，何？天命以为王，使理群生，告太平于天，报群神之功。（《史记·封禅书》）

> 王者必受命而后王。王者必改正朔，易服色，制礼乐，一统于天下，所以明易姓非继人，通以己受之于天也。（《春秋繁露·三代改制质文》）

这就是说，封禅、改制是地国帝王与天国上帝奏报或下旨的一种交流方式，所以是"易姓而王"，也即凡是由推翻另一姓的旧王朝而建立起来的某一姓的新王朝，都必须履行这两项根本大礼。

封禅：登泰山筑坛祭天称"封"；在其旁的梁父山辟基祭地称"禅"。本也只是一种祭祀天地的仪式，但在这里却被说成是上天对主祭帝王获得"天命"的一次资格确认，因而封禅后的帝王就成了当然的圣君明主。

改制：包括更改正朔，也即更改历法，和更改服色以及相关礼仪制度等。改制的作用应包括神化皇权和现实需要两个方面。一个新的国家政权的建立，各个阶层间的关系往往会出现种种变化，这就需要变更、修订相关礼仪制度来加以规范和调节，以维护统治阶层的既得利益，稳定社会秩序。至于历法的修订，更是与农事活动密切相关的。但古人在论述改制时，对现实需要这一点大多略而不提，强调的是它在神化皇权方面的作用，把改制时的祭天说成是受命帝王"莅任"后向上天的第一次"述职"行为，因而经过改制的帝王就成了获得上天认可的地国当然统治者。

但封禅、改制这两项大礼，并不是谁想举行就可以举行的。想当年，鲁国执政者季氏只是打算祭祀下一下泰山，孔子就以为是一种不可容忍的僭越行为，要弟子冉有设法去阻止。还有一个齐桓公，号称春秋第一霸，"九合诸侯，一匡天下"，何等威风啊！但当这位霸主想要举行封禅时，他的国相管仲立刻站出来谏阻，话虽说得很含蓄，意思却很明白：你根本就没有这个资格！

按照《史记·封禅书》的说法，封禅的资格有两条：一、必须是"受命"统治被称之为"天下"的整个华夏大地的帝王，而不是只治理某一方的诸侯王；二、必须有盛大功业，"虽受命而功不至"也不行。改制的资格要求也大体相同。

这么说来，帝王要封禅或改制必须先"受命"；那么一个帝王要怎样才能获得上天的授命呢？

武帝即位后，自建元至元光的头五六年里，先后两次诏举贤良对策，多次向贤良文学之士征询有关受命的问题，仅就《汉书》董仲舒、公孙弘两传的载录，就下过四道制文，文中一再提问：

> 天命之符，废兴如何？
> 三代受命，其符安在？
> 天人之道，何所本始？……

文中两次提到的"符"也称"符命",直白地说,就是人间帝王领受到"天命"的一种凭证。但真要将这个神秘的"符命"解释清楚,就不得不把盛行于战国末期的一种称之为"五德终始"的天命归属图式和其中所包含的国家权力由来理论,作一个简略的说明。

驺衍的"五德终始"说与秦始皇的改制、封禅

"五德终始"说的首创者是驺衍。

驺衍,战国齐人,是一位极善于观察风云变幻中的天下大势,并及时推出新型思想产品以供列国君主择取的思想家。其时七国纷战的上空已依稀显露出复归一统的曙光,他的"五德终始"说就是专为未来天下共主设计的。尽管能够杀尽所有对手、成为未来天下共主的只能有一人,但当时的七国君主有谁不想成为这一宝座的主人呢?因而"五德终始"说一问世,就受到列国君主异乎寻常的欢迎。《史记·孟子荀卿列传》特地将孔子、孟子与驺衍的不同境遇作了对比。同样为了推销自己的政治主张而周游列国,孔子"菜色(饥饿之色)陈蔡",孟子"困于齐梁";而驺衍则完全是另一种景观:他赴齐,齐王引为上宾;他到梁,惠王亲到城郊恭迎;他又去赵、燕,两国君主一个敬以为长者,一个尊之如业师,可谓出足了风头。

驺衍的著作早已亡佚,唯《吕氏春秋·应同》对他的"五德终始"说有个较为完整的转述。五德即金、木、水、火、土五行;终始指五德循环往复、终而复始。其文称:

凡帝王者之将兴也,天必先见祥乎下民。黄帝之时,天先见大螾大蝼,黄帝曰:"土气胜。"土气胜,故其色尚黄,其事则土。

及禹之时,天先见草木秋冬不杀,禹曰:"木气胜。"木气胜,故其色尚青,其事则木。

及汤之时,天先见金刃生于水,汤曰:"金气胜。"金气胜,故其色尚白,其事则金。

及文王之时,天先见火,赤乌衔丹书集于周社,文王曰:"火气胜。"火气胜,故其色尚赤,其事则火。

代火者必将水,天且先见水气胜。水气胜,故其色尚黑,其事则水。水气至而不知,数备,将徙于土。

引文共五段,分别说了土、木、金、火、水五德。末段水德排了黑体的,请读者予以特别留意,它的重要性后面再说。

先说引文头里"天必先见祥乎下民"中的"祥",也称祥瑞,就是武帝制文中两次提到的那个"符",也称符命。

其实所谓祥瑞或符命,就是引文中说的"大螾大蝼"、"草木秋冬不杀"、"金刃生于水"、"赤乌衔丹书"等类事物;此外,古籍中经常提到的还有天上的景星祥云、地上的珍稀动植物,以及龙、麟、凤等等。由于它们的稀世罕见或其实只存在于人们想象之中,因而就有了几分神秘色彩,被古人看作吉祥的征兆,成了上天用来向下民传达某种意向或信息的

载体。

按照这种"五德终始"的理论，人间谁能成为帝王，要由上天按照五德运行的次序来排定，并以"祥瑞"或称"符命"的形式向人间作出暗示。这么一来，原先骑在马上动刀动枪、你抢我夺的无序状态，已被规整得井然有序；搏杀场上留下的斑斑血迹也已被揩拭得一干二净。只要你获得了五德之中的某一德，便可"奉天承运"，登临极位，尽享人世间的至贵至尊。

现在我们就来说说末段的水德。

在驺衍所生活的战国时代，土、木、金、火四德已分别相继做过黄帝、夏禹、商汤和周文王的受命象征，也就是说它们都已是"过时货"，身价大跌；唯有这个"水德"，正当时令，奇货可居，等待着未来统一列国后的天下共主来发现并据以受命。所以"水德"是"五德终始"说这个新型思想产品之所以受到列国君主那样欢迎的"卖点"所在！下面"水气至而不知，数备，将徙于土"这十二个字，不妨看作是驺衍的一篇广告词：列位君主们，时不我待，你们可得紧紧抓住这千载难逢的机会啊，切莫眼睁睁看着"水德"数尽，再周而复始地转到"土德"去呀！

后来秦始皇用他的太阿剑削平六国后，就以据说他的先祖秦文公曾猎过一条"黑龙"作为"符命"，向天下宣称他已获得了"水德"，并以水德为标的，对各项相关制度作了改革，也即所谓"改制"。

改制是相对于前朝而言。譬如秦继周而兴，它要改的就是周之制。改制内容，通常包括定国号、迁宫室、改正朔、易服色等项。其中改正朔、易服色最为重要。这两项后文还将屡屡提到，而且我们现代人要了解古代政治、经济以及古人的生活方式等等，就无法绕开这两项制度，所以尽管读起来有些枯燥，还是有必要先说明几句。

改正朔：不妨理解为更改历法。正，指每年的首月；朔，指每月的首日。我国古代长期处于农业社会阶段，因而使用的都是与农业密切相关的阴阳历。这种历法一年设二十四节气、十二月，每月的朔、望（即初一、十五）日都要求与月相相合。规定大月为三十日，小月为二十九日，全年十二个月加起来为三百五十四日到五十五日，这比一个太阳年（三百六十五日又五小时略多）要少十日又二十一小时左右。为了弥补这个短缺，又规定每隔二年或三年加一闰月，在十九年内共设置七个闰月。由于这种阴阳历须同时对应于地球围绕太阳和月球围绕地球的运行周期，致使每年四季的区分和寒暑节气以及二分（春分、秋分）、二至（夏至、冬至）等的日期，颇多差异。再加上闰月的是否设置，设置于何月，这些都需要有一个权威机构事先作出统一预告，以便各地来年农事的安排和催种催收政令的下达。此事在以农业经济为基础的我国古代关系极其重大，因而主持其事也就成了一个正统王朝行使统辖权的一种象征。如周代初期，通常是天子于每年秋冬之交举行隆重仪式，将第二年的历书颁发给诸侯，称"告（gù）朔"。至幽王、厉王后，"君不告朔"就成了一个王朝衰落的标志。

易服色：古籍中通常也称"尚"或"上"某一色。所尚之色一经规定，包括帝王和百官的朝正服，以及车马、旗幡、祭祀用牲等的颜色，都须据以划一。历代所尚不同。如《礼记·檀弓上》称"夏后氏尚黑","殷人尚白","周人尚赤"。我没有查到根据,仅是一种猜想,以为夏、殷、周人之所以如此各自崇尚某一色,可能与远古时代的图腾崇拜有关。人类对自己的童年总会带着某种留恋或追忆。如秦帝国以其先祖曾猎获过一条"黑龙"而据以为"符命",规定"衣服旄旌节旗皆上黑"(《史记·秦始皇本纪》),就是以他们所崇拜的黑龙之黑,来装饰他们的帝国权力及相关的表征物,使之形成一种充塞于天地之间的强大的整体力量。这种力量,只有当你亲历其境,譬如身处于像大朝会、大会战时那样一片黑色的汹涌海洋之中,才会深切地感受得到。不同的是,别的人可能会感到恐惧,而秦人则会激发起一种强大的氏族自豪感。

关于秦始皇是如何依据驺衍"五德终始"说改制的,我在《大秦帝国》七章一节已作过介绍,读者不妨参阅。这里只说一下改制的几项主要内容——

宣布以水德受命,采用《颛顼历》,以十月为岁首;

色尚黑,冠服、旗节皆尚黑;

数用六,符、法冠皆六寸,舆长六尺。

改称黄河为"德水",以为水德之始。

既已宣布以水德受命,又据以进行了改制,作为大一统的秦帝国的第一个皇帝,秦始皇自然具备了举行封禅大典的资格。公元前219年(秦始皇二十八年),这位处于顶峰状态中的始皇帝,以大驾千乘万骑出巡东行,举行了中国古代历史上有明确记载的第一次封泰山、禅梁父盛典。其详情,《大秦帝国》八章一节已有记述,此处从略。礼毕,又立碑刻石以颂秦德,向世人宣告:"初并天下,罔不宾服","施于后嗣,化及无穷"(《史记》本纪)。

但"罔不宾服"、"施于后嗣"云云,只是秦始皇一厢情愿。仅仅过了十五年,陈胜、吴广揭竿一呼而群雄蜂起,最后由原为始皇大帝属下的一个小小泗水亭长刘邦,在历经长达八年战乱的废墟上另建了一个大汉帝国。

从尚黑到尚黄:一波三折的汉初改制

作为胜利者,汉帝国决策层自然觉得自己有充足理由可以傲视秦人。但在他们内心深处,有时又不免惭愧。因为正是他们的这个"胜国",又是受命、改制,又是封泰山、禅梁父,样样事情办得风风光光。尽管有人想出了一种说法:"始皇上泰山,为暴风雨所击,不得封禅。"(《史记·封禅书》)就是说秦无德,它的封禅上天不承认。但对秦所制定那样盛大而完备的礼制,却不能完全采取鸵鸟政策,视而不见。而堂堂大汉帝国在建立后的一个相当长时期内,虽几经努力却还拿不出一套像样的礼制来,这对他们不能不是一种沉重的心理压力。

这种心理压力可能是我们现代人难于理解的,那就打个比方吧:某地建立了一个新国家,却得不到联合国的承认。但这样的比方仍然没有把问题的严重性揭示出来,因为联合国再"大"毕竟也还只是个"地国";而这里说的"命"却是来自上天的,没有举行"授命"

仪式和封禅典礼,几乎就是没有获得天国和天帝的承认,这怎能不叫我们的古人感到沉重和不安呢?

汉人对秦的评价常有"秦行暴政,二世而亡"一类隐含不屑的说法,这其实是一种偏见,司马迁讥之为与"耳食无异"[1]。秦帝国虽短暂,但秦作为一个氏族和诸侯国,即使从秦襄公算起,也有着五百余年历史,其间经穆公、孝公和昭襄王等英主的倾力经营,不仅武功卓著,在文化上也积累了丰厚的底蕴。至于秦前的周、商、夏诸朝的建立者,更全都出身于高层,原本就有较高的文化修养,并积累了丰富的统治经验。而刘邦则是中国历史上第一个来自民间的皇帝。他在秦时仅为亭长,相当于现今一个农村基层干部。这样的出身在他刚起来"打江山"时不仅不会在意,很可能还以为荣过。但当他一坐上皇帝宝座,却突然为自己的这种"草根"出身感到寒碜起来,这也就是他为什么要那样急急匆匆让他的智囊团替他生拉硬套地与三王五帝续上家谱,把自己说成是"昔陶唐氏之后"的心理动因。不仅是刘邦,汉帝国当它草创于定陶之时,其高层构成也大多原为当年沛县低级官吏以及屠狗、织簿之辈,戍卒、窃盗之徒,还保留着浓厚的草根色彩。《史记·张丞相列传》就说过这样的话:"自汉兴至孝文二十余年,会天下初定,将相公卿皆军吏。"这些军吏出身的公卿将相擅长立马横刀叱咤风云于沙场,却很难学会进退揖让于庙堂。所以要为帝国建立一套完整的礼制并有效地付诸实施,除了须铲除异姓王、削弱同姓王,将帝王集权专制制度建设得较为稳固这个首要条件以外,同时还要求帝国高层逐渐从武将统治过渡到文官统治,彻底脱尽草根色彩,具备一流的文化素养;整个社会的主流意识也要从武力崇拜渐次转向文化崇拜。

汉帝国为解决这个问题,持续了将近一百年时间。在这个过程中,几世帝王和多位公卿大臣都曾为此做过努力。如果我们把《史记》的礼、律、封禅三书和《汉书》的律历、郊祀、天文三志的相关记载作一番梳理,那么就可以连接起他们在这个过程中有时焦急,有时仓促,有时欣喜若狂,更多的时候却是无奈以至尴尬的一条心理轨迹线来。

最先想办成这件大事的,是高帝刘邦。

那是在刘邦做泗水亭长的最后一天夜里。他放走了那些该去骊山服徭役的隶徒,在喝得半醉的逃亡途中,挥剑斩杀了一条挡道的大蛇。这件事,后来竟被他的谋臣策士说成是:蛇,是白帝之子;斩蛇的人是赤帝之子。刘邦刚被项羽封为汉王的那一年十月,夜空出现了"五星聚于东井"这一不常见的天象,智囊人物们又说:这是汉王将要受命的符命。于是刘邦兴冲冲急忙宣布:以十月为岁首,服色尚赤。但这样的礼制实在有点不伦不类。以十月为岁首,即以十月一日为元旦,这是沿用秦帝国的《颛顼历》,按说应与秦一样属"五德终始"说中的"水德"系统,服色该尚黑。可这位汉王为了与他据说是赤帝之子这一点相对应,偏偏又来了个属于"火德"系统的服色尚赤,这就落入了牛头不对马嘴的尴尬!

不仅如此,这个草草弄出来的"火德",后来还落下话柄,至帝国末世,竟被王莽拿

---

[1] 见《史记·六国年表》。意谓以耳进食,不能知其味。原文称:"学者牵于所闻,见秦在帝位日浅,不察其终始,因举而笑之,不敢道,此与以耳食无异。悲夫!"

去做了覆灭汉帝国的一个法理依据。你刘邦为"火德",我王莽就来一个"土德"。不是有个"五行相生"说吗?木生火,火生土,所以我王莽继汉建新就是理所当然,天经地义!

以上是后话,暂且略过。再接着说刘邦。

又过了一年,刘邦因彭城惨败而重回关中,可能心里一直还挂念着如何获得上天授命这件大事吧,一次问关中官员:秦时祭祀哪些天帝?回答说白、青、黄、赤四帝都有祠。又问:天有五帝,为何只给四帝建祠?对这个问题无人能答得上来。刘邦一阵大笑说:我明白了,上天是在等我再来建一个黑帝祠,使得五帝、五祠俱全吧?

于是下令修建黑帝祠,称为北畤(zhì)。

这么一来,不就又从"尚赤"变成"尚黑"了吗?

后来垓下一战打败了项羽,建立了汉帝国,就以刘邦乘兴一句话建立起来的北畤祠为据,定汉为水德,色尚黑。

当时掌管这件事的人叫张苍。

《史记》本传说张苍自幼喜好读书,"无所不观,无所不通,而尤善律历"。他又是个老资格,早在秦帝国时就做过御史。后随刘邦反秦,一次坐法当斩,当他脱光衣服、伏在砧板上准备受刑时,恰好从一旁路过的王陵叫起了刀下留人。原来赤条条横躺着的张苍,体躯是那样魁伟,皮肉是那样肥白,王陵吃惊于自己看到了一位罕见的壮美之士,就赶紧跑去找刘邦。王陵原是沛县豪绅,刘邦微贱时幸得其善待,这回自然也要买他一回面子,张苍这才捡回了一条命。张苍一生牢记王陵的救命之恩,敬之如同父兄;王陵死后,张苍每逢休假,总要先去拜请王陵夫人,献上美食,然后才敢回家。

张苍历任常山郡守,赵、代二国之相;汉帝国建立后,任计相(掌管郡国上计)。因同时负责历法之事,所以主要由他认定汉为水德,色尚黑。《史记·历书》记其事称:

汉兴,高祖曰:"北畤待我而起。"亦自以为获水德之瑞。虽明习历及张苍等,咸以为然。是时天下初定,方纲纪大基,高后女主,皆未遑,故袭秦正朔、服色。

这就是说自高帝至吕后二十余年间,都在忙着"纲纪大基",而其中关系"大基"最大的一件事,自然就是收拾异姓王及诸吕,所以"皆未遑",都没有时间来考虑改制、封禅等事。结果什么正朔、服色等等,只好全盘照搬照抄秦帝国的!

但这对堂堂大汉帝国来说,实在是既不体面、也不光彩,尽管不情愿、却又不得不这样做的一种做法!

文帝即位后,决心彻底改变这种局面。

其时那批高帝以来的功臣宿将和同姓诸侯王依然在相当程度上左右着朝政,而文帝又是由大臣们从代国迎入未央宫来拥立的,他之所以急于改制和封禅,其中一个重要因素,就是想以此摆脱功臣们的控制,确立自己至尊至上的地位。

文帝所依靠的,是他自己直接从河南郡守家的一个门客拔擢上来的洛阳才俊贾谊。贾谊关于改制的奏议,据《资治通鉴·汉纪五》载录,是在文帝即位当年就提出来的。《汉书》

本传有这样一段记载——

> 贾生以为汉兴至孝文二十余年，天下和洽，而固当改正朔，易服色，法制度，定官名，兴礼乐。乃悉草具其事仪法，色尚黄，数用五，悉更秦之法。

这里说是"色尚黄"；此前，先是尚赤，后又尚黑，已是三改其制。

不过贾谊奏文中最重要的一点还在"悉更秦之法"，这肯定正中文帝下怀。所以《汉书·礼乐志》说："天子说（通"悦"）也。"《史记·贾生列传》则谓："文帝初即位，谦让未遑也。"这种似乎矛盾的记载，恰好反映了文帝当时矛盾的心理：尽管很想这样做，但真要付诸实施，却又顾虑多多。原因自然是朝堂上功臣环立，而自己则座席未暖，羽翼未成，要采取如此大动作岂可唐突！因而"未遑"，急不得，须时机成熟了才能做。文帝在一年之中将年仅二十余岁的贾谊从博士超迁至太中大夫，紧接着又拟议擢升其至公卿之位，以为实施他的有关改制等建议创造条件。这下功臣们和诸侯王发话了！他们毁谤贾谊说：这个洛阳小子，学了点皮毛，啥事也不会，只会擅权、捣乱！而反对派中的带头人，正是在诛灭诸吕和迎立文帝中夺了头功的周勃。在这种强大的压力下，文帝只好退却，无奈中选择了以牺牲他最为器重的贾谊来换取自己对局面的掌控。随着贾谊被放逐南下去做了长沙王吴差的太傅，文帝时期的首次改制也就夭折于萌芽状态之中。

但文帝不甘心就此罢休，到了自己地位已颇为稳固的前元十四年（公元前166年），又在朝堂上组织了一次有关改制问题的讨论。当时有个鲁人叫公孙臣的，上书提出了与贾谊相同的主张，认为秦为水德，汉为土德，色应尚黄。而此时已升任为丞相的张苍，则仍坚持水德；关于服色，他又提出了第四种主张：外黑内赤。这次廷议以张苍水德说作为定论而结束，公孙臣的土德说被弃置不用。可过了一年，情势陡变。位于大陇山下的天水郡发来了一份特别奏报，说是辖境内一个叫成纪的地方发现了一条"黄龙"。所谓黄龙自然只能是某种稀有动物的误认，但文帝却因急欲获得"符命"而宁愿信以为真。因五色中之"黄"在五行中属"土"，于是宣告汉为"土德"，同时任主张土德说的公孙臣为博士，以示嘉奖。满朝文武都以汉家天子终于获得了上天授命的符命而欢欣鼓舞，感到沮丧的大概只有一个人，那就是依旧坚持汉为水德的丞相张苍。此公脾性颇倔，一气之下，居然谢病称老，辞职不干了。据记载，后来老先生高寿竟至一百有余，那倒真要谢谢当年王陵那一声"刀下留人"呢！

紧接着文帝诏命博士及诸生做两件事：一是草拟有关改革历法、服色等文书，以为改制做准备；二是从《六经》中采撷相关礼制而辑成《王制》[1]之篇，以为封禅做准备。

可以想见，在这段时间里，未央宫定是殿阁生辉，台榭歌暖，到处洋溢着喜庆之气。不料偏在这时，却出了一桩煞风景的事！

---

[1]《王制》：即今本《礼记》中之《王制》篇。内容为古代爵禄、朝觐、巡狩、刑政、丧祭、学校等典制。《史记·封禅书》、《汉书·郊祀志》均记为文帝"使博士诸生刺《六经》中作《王制》"。两汉学者对此均无异议。清末皮锡瑞在《经学通论》中则以为《王制》系孔子所作。皮氏此论后也有不少支持者。

事情是由一个来自赵地、自称精通"望气"之术、名叫新垣平的人闹起来的。此人抓住文帝急于受命、改制的心理，说是上天既已下达了黄龙的符命，天子应及时作出回报，而他又恰好在长安东北望到了一种状若冠冕的五彩神气，因而奏议在渭水北岸修建五帝之祠，以答谢上天。文帝信以为真，下令择日动工兴建，落成之日举行了隆重的庆典，并亲自前往祭拜，又擢任新垣平为上大夫，先后赏赐多达千金。新垣平想进一步套住文帝，又施出了一计。这天他向文帝奏报说：臣今日清晨见北阙之上有宝玉之气萦绕，三日之内必有持宝者前来向陛下进献！第二天，随着谒者一声传宣，果然有个献宝人跪伏到未央宫前殿，所献的玉杯上面还刻着"人主延寿"四个字呢！被蒙在鼓里的文帝又惊又喜，少不得又有一番赏赐。他哪会想到，其实那献宝人原是新垣平事先暗中让他等候在北宫门外的！

紧接着新垣平又利用"泗水沉鼎"[1]这个当时已流传了数百年的神秘传说，设计了一个更大的骗局。他说他已在与泗水相连的汾水望到了一种金宝之气，那便是沉鼎即将出世的征兆。此鼎为大禹所所铸九鼎之一，谁能得到它，谁就有资格成为上天授命的华夏君主。但沉鼎是不能"捞"的，必须以大礼相迎。当年秦始皇亲临泗水命千人投水打捞也没有捞着，就因为他不懂得这个道理。新垣平建议文帝赶快临水设礼祭祀，迟了就会失去这个千载难逢的机会！

文帝没有能够挡住这一诱惑，当即派人赴汾水去修建用于祭祀水神的神庙，筹划迎鼎之事。但就在这时，一封告发信揭穿了新垣平要的把戏，戳破了他的所有肥皂泡，这位风光一时的人物自然也很快被打入了大牢。不过实在说来，此人最多也不过是个骗子，而廷尉一审理，竟定为大逆不道的"谋反罪"，还特地复行早在吕后时就宣布废除的《夷三族》令："诛夷平"，就是说对新垣平来了个满门抄斩！

此事给了一度热衷于改制、封禅的文帝一个沉重的打击，《汉书·郊祀志》用懊丧的语气记下了这样一句话："是后，文帝怠于改正服鬼神之事。"他不想再干啦！

景帝自然也很想做成这件大事，但因吴楚七国之乱搅得他焦头烂额，乱平后又百废待兴，所以终其世也没能将此事提到议事日程上来。

这么兜了一大圈，现在我们终于又回到了面前这位雄心勃勃的汉武大帝。

武帝的策问与董仲舒的"三统论"

武帝对改制、封禅的考虑，有他自己的章法。他要先尊儒，广招贤良策问，弄清楚一些理论问题，再在适当时机进入实际运作阶段。于是便有了前面已提到的有关"符命"的一系列策问。

对武帝的策问，董仲舒在《天人三策》中作了全面回答（见六章一节），但对受命、

---

[1] 关于九鼎、泗水沉鼎和秦始皇打捞此沉鼎之事，我在《大秦帝国》三章二节和八章一节已有较多介绍，此处从略。

改制等问题还只是原则性提到，并未作系统阐述。后来他又对此进行了深入的研究和论述，我们现在可以从他所著的《春秋繁露》中读到有关受命和改制问题的一篇专文《三代改制质文》，后人将其所论概括称之为"三统论"。

需要说明的是，"三统论"只是董仲舒以今文经学为特征的整个学说中的一个组成部分。董氏的学说，如果用我们现在的语言来概括，大体可以说是以"天人合一"为统摄，以天、地、人和阴阳、五行共"十端"为框架建构起来的，一个包罗万象而又带点神秘气息的哲学体系。他对历史、政治、伦理以至养生等等都有自己独特的见解，而在论述这一切时，无一例外地都要援引天命、天道或天人相应，"三统论"自然也不例外。

很显然，"三统论"是在驺衍"五德终始"说的基础上发展起来的，只是前者对后者几乎作了脱胎换骨式的改造。在董仲舒看来，"五德终始"说除了理论上的粗疏、操作层面不完备外，更大的缺陷还在于：一、缺少强有力的权威支持；二、天降"符命"一说偶然因素太多。这两个缺陷的存在，都与汉帝国的宏大气象不相适应。因而董仲舒的《三代改制质文》一开篇就宣告它的全部理论发自当时已被定为一尊的儒家的经典之一《春秋》。由《春秋》经文"王正月"三个字引申出天道，引申出周文王，随即切入了王者受命必改制"作科以奉天地"的主题。

"三统论"排除了天降"符命"这个偶然因素。按照它的观点，任何一个王朝都不能永世长存，新王朝的受命，旧王朝的被"革命"，都是正常的事。这是历史变化的一面。历史还有永远不变的一面，那就是天命的更移，王朝的嬗替，都是在一个恒定的系统内进行的；这个恒定的系统就是体现天意的"道"，即所谓："道之大原出于天，天不变，道亦不变。"（《天人三策》）

在这个不变的天道的统摄下，"三统论"将夏、商、周三代制度作了有序的编排，各以其所选定的正色为名，分别称白统、赤统、黑统，从而形成了一个周而复始的、亘古不息的运行系统。下面将要引录的原文牵涉到若干较为冷僻的文史知识，也许初次接触的读者会因此感到头痛，我只好在此请求诸位鉴谅。不过还是希望能耐心大略读一读。因为从中你将惊奇地发现，我们两千多年前的古人为使帝王集权专制制度千秋万代传承下来，竟做了如此周密和精到的思虑与安排，那可真是"呕心沥血"啊！

下面便是董仲舒对白、赤、黑三统一个轮廓性的描述——

> 汤受命而王，应天变夏作殷号，时正白统。亲夏，故虞，绌唐，谓之帝尧；以神农为赤帝。作宫邑于下洛之阳，名相官曰尹，作《濩》乐。制质礼以奉天。
>
> 文王受命而王，应天变殷作周号，时正赤统。亲殷，故夏，绌虞，谓之帝舜；以轩辕为黄帝，推神农以为九皇。作宫邑于丰，名相官曰宰，作《武》乐。制文礼以奉天。
>
> 《春秋》应天作新王之事，时正黑统。王鲁，尚黑，绌夏，亲周，故宋。乐宜亲《招武》，故以虞录亲，爵制宜商，合伯、子、男为一等。

要详细解释上述有关白、赤、黑三统的引文，会占去许多篇幅；好在三统内容是相互对应的，了解了其中一统，另外两统大体也可"触类旁通"。所以姑且以第一段白统为例，分句作一点简略说明。

（一）汤受命而王，应天变夏作殷号，时正白统——商汤受天命称王，变更国号，将原来的夏改称为殷。它的时正，也即历法，以十二月为岁首之月，属白统。有意思的是这个"白统"称谓的来由，在"五德终始"说那里，是由于商汤时发生了"金刃生于水"这样一件奇事，金色白，所以其色尚白。这样的事偶然性太过明显，在号称"天不变，道亦不变"的"三统论"里，就不再保留。此处白统之"白"来自天地之间，来自大自然本身："十二月之时，万物始芽而白，白者阴气，故殷为地正，色尚白色。"（《白虎通义·三正》）

（二）亲夏，故虞，绌唐，谓之帝尧；以神农为赤帝——这是对今王与前代诸王远近亲疏关系作出的规定。愈近愈亲，愈远则愈疏。分三个系统：三王、五帝和九皇。白统的今王为殷商，与其前王夏、虞合成三王，再往前推就已属于五帝系统。所以文中说："亲夏，故虞，绌唐。"绌唐，即指唐应退出三王系统而上升到五帝系统。对作为"亲"、"故"的夏、虞，须封其后裔为王，那就是汉以后史书中经常见到的所谓"二王之后"，指对本朝以前两个王朝的后裔要予以优待，有点类似我们现在说的"统战"对象。对已属五帝系统的唐，则只须在祭祀时列位即可，不需再封其后裔为王。这三个系统是动态的，随着时间的推移和王朝的更替，原先的远近亲疏关系也将作相应的调整。如在下文赤统里，就变为"亲殷，故夏，绌虞"，即依次各向上推进一位，对其"待遇"自然也要作相应改变。

（三）作宫邑于下洛之阳——帝王受命须迁都，白统应定都于洛水之阳。

（四）名相官曰尹——指受命后须更改官名，如辅相称尹。

（五）作《濩》乐——我国古代每个王朝都有依帝王旨意制作的乐和舞，演奏这些乐舞不仅是宗庙祭祀活动的重要组成部分，也是国家权力的标志和象征。乐舞内容多为对历代先王或本朝开国帝王歌功颂德。如《濩》即《大濩》，据《周礼·大司乐》郑玄注，便是为颂扬商汤"其德能使天下得其所"而作。此外还有《云门大卷》、《大咸》、《大韶》、《大夏》、《大武》等，分别为歌颂黄帝、唐尧、虞舜、夏禹、和周武王之乐舞。

（六）制质礼以奉天——董仲舒对历代历法、服色以及与之相应的朝会、祭祀等制度和冠、婚、丧诸项礼仪的细微差别作了详尽分析，在"三统论"中将它们概括为文、质两个系列。如以人际关系为例，质礼主张"亲亲而多仁朴"，文礼主张"尊尊而多义节"，并由此形成了一系列的差别。又将文、质二礼与夏、商两代相对应，则认为"商质"而"夏文"。据此，董仲舒又建构了"一商一夏、一质一文"的礼制模式。这个礼制模式与白、赤、黑三统相结合，同样是循环往复、永恒不息。如此处白统"制质礼以奉天"，下文赤统就改为"制文礼以奉天"。书中对这一部分的论述详尽而繁复，没有足够的耐心很难卒读，但它所揭示的质、文二礼应当交互为用的道理，还是给人以深刻的启示。一项礼制再好，施行久了总会暴露出一些弊病来，这时就需要提醒为政者应当及时作出更新。这个道理，因毛泽东在上个世纪五六十年代多次引用而广为流传的《礼记·杂记》中的一段话，说得最为简要而生动："张而不弛，文武弗能也；弛而不张，文武弗为也；一张一弛，文武之道也。""一张一弛"相对于礼制而言便是"一质一文",二者交互为用,循环往复不息。如夏文、商质,周又回到了文。

细心的读者若是将上面三段引文作个比较,就会在第三段"黑统"里发现两个问题:

一、赤、白二统分别对应于商汤和周文王,黑统对应于哪个帝王呢?

二、《春秋》是孔子修订的一部编年体史书,它怎么能"应天作新王之事"呢?难道孔子什么时候也做了帝王?

这两个问题都牵涉到以董仲舒为代表的公羊学派的一个主要学术特征,而且颇为有趣,不妨一说。

就像"五德终始"说中的"水德"驺衍是专为未来天下共主制作的那样,"三统论"中的这个黑统也是董仲舒专为"新王"设计的,而他之所以没有打出"董氏"这块招牌,是考虑到自己官卑位微,根本没有这个资格,所以就抬出了当时已被定为一尊的《春秋》及其修订者孔子这个大权威。但这却让我们后人感到了奇怪:当年驺衍开头还只是白身一个,却从没有想到要找什么权威来做靠山,不是照样自创"五德终始"之说,而且到处受到诸侯盛礼欢迎吗?为何身为朝官、学问更比驺衍精深的董仲舒反倒如此缺乏自信了呢?要弄清楚这个问题,不能只研究两位学人个人有什么差异,着重点应是二人所处时代的各不相同。驺衍生活于战国时代,学派林立,百家争鸣,学人还享有着较多的自由;而董仲舒则处于帝王集权制业已稳固确立的汉武帝时代,学人侥幸得以入仕,也只是帝王的臣属,尊卑悬殊,已不再有平等对话可言。所以依托于《春秋》和孔子,正是他们争取话语权的一种策略。不过尊儒之初,孔子的权威也还只是学术上的;若论政治地位,他一生做过的最大的官,也不过只是鲁国一个小小的司寇,与帝王之位还差着十万八千里呢!为此公羊学派又采取了一个策略:尊孔子为"素王",意谓孔子虽无帝王之位,却有帝王之德。此说也由董仲舒首创。如他在《天人三策》中就把《春秋》称之为"素王之文"。后来东汉王充在《论衡·定贤》中也说:"孔子不王,素王之业在于《春秋》。"既然孔子也是王,自然有资格"应天作新王之事",为未来"新王"创制出一个黑统来。

那么这个"新王"又是谁呢?从时间顺序看,应是继周而兴的一个帝王。这就又奇怪了:继周而兴不是已经有了秦始皇,还要等待什么未来"新王"呢?回答是,在当时汉人心目中,秦行暴政,不配入统。有两种处理办法:客气一点的,如《汉书·律历志》,说秦属于正统以外的"闰统",也即打入了另册;干脆一点的,如《两汉纪·高祖皇帝纪》,把秦始皇比作传说中的那个冲撞不周山,致使"天柱折、地维缺"的捣乱分子共工氏,"非其序也",一句话就把秦一脚踢出了三统外。董仲舒作为汉初的一位大儒,自然不会这样简单化处理。他对此作了细致分析,并给出了似乎颇能自圆其说的理由。他的"三统论"认为,文、质两个系列的礼制各有其长处和短处,在相互承续时,应避其短而扬其长。但秦之政却反其道而行之,因而不是别人把它踢出去的,是它自外于三统。此意曾向董仲舒求教过的司马迁在《史记·高祖本纪》赞语中作了这样解释:

夏之政忠,忠之敝,小人以野,故殷人承之以敬。敬之敝,小人以鬼,故周人承之以文。文之敝，小人以薄，故救薄莫若以忠。三王之道若循环，终而复始。周秦之间，可谓文敝矣，秦政不改，反酷刑法，岂不缪乎？

既然秦已坠入了荒谬，失去了入统的资格，依次递进，那"新王"就该是汉王，汉跳过秦继周之赤统而为黑统。由此可见，三统中的黑统是董仲舒托名《春秋》专为武帝改制而设计的。书中对黑统的正朔、服色及相关礼制表述如下——

正黑统者，历正日月朔于营室，斗建寅（指以十三月也即一月为岁首）。天统气始通化物，物见萌达，其色黑。故朝正服黑，首服藻黑，正路舆质黑（指帝王乘用之车舆以黑色为底色），马黑，大节绶帻尚黑，旗黑，大宝马黑，郊牲黑，牺牲角卵（指祭祀所用牲畜要幼小，其角尚仅有卵大）。冠（指冠礼）于阼，昏礼（即婚礼）逆于庭，丧礼殡于东阶之上。祭牲黑牡（雄性），荐尚肝，乐器黑质。法不刑有怀任（指怀孕）、新产者，是月不杀。听朔废刑发德，具存二王之后也。

如果一切顺利，武帝很可能在即位初期某一年就要改制和封禅的，但后来事情的发展却冲破了他原初的设想。先是初次尊儒的失败，搅乱了他的施政蓝图；其后二十余年，这位正值青春年华的皇帝，在意气飞扬地"内修法度"、"外攘夷狄"，施展他的文治武功，已无心顾及改制、封禅之事。在此期间，稍得闲暇，他的个人兴趣又发生了一个出人意料的转向：寻访神仙，追求长生。他命人用丹砂炼金，派人入海求不死之药；又立仙人承露，饮之以求延年益寿；还亲自赴海滩留宿，迎候所谓蓬莱神人。有个以幻术行骗的方士栾大，数月之内，武帝不仅封以五将一侯，身佩六印，还将女儿卫长公主也嫁给了他。另一方士公孙卿，胡吹了一通传说中的黄帝在封禅制鼎后，是如何带着群臣和后妃骑龙上天的；武帝听了不胜神往，感叹说："嗟乎，诚得如黄帝，吾视去妻子如脱屣耳！"（《汉书·郊祀志》）……简直已经走火入魔！

武帝对改制、封禅的热情，是在先后获得了白麟、宝鼎等一些所谓祥瑞的激励下，重新燃烧起来的。白麟是元狩元年（公元前122年）十月到雍地祭祀五畤时猎获的；宝鼎是元鼎四年（公元前113年）六月在汾阴出土的。从"元狩"、"元鼎"这两个年号也可以看出，武帝对获麟、得鼎这两件事有何等欣喜和重视。文武百官也都一个个欢欣鼓舞，以上天屡屡下降祥瑞为由，一再向武帝奏议封禅、改制。对武帝促进更大的，还有司马相如临终前写下的一篇恢宏壮阔的《封禅赋》。这样又经过了一段时间的筹备，终于迎来了——

等待了近百年的双庆大典

介绍双庆大典前，先对司马相如补叙几句。

我们已在六章一节认识了这位汉初大赋家，读到了他与卓文君的那段风流韵事，后以一篇《子虚赋》获得武帝称赏而受诏进京，任为郎官。此后，他的主要职务便是以文学侍从于武帝左右。相如平生不慕官爵,却颇追求情性的放浪和自在。但在帝王眼里,文学侍从与倡优无异,常需随帝王兴之所至应命作文,文思汪洋的巴蜀才子对这样一种侍从生涯显然是无法逞意的。相如一生中感到风光和自豪的,似乎只有短暂的几个月,那便是约在建元、元光年间先后两次奉诏出使巴蜀期间。此前,原为鄱阳令的唐蒙受命去交通夜郎和西南夷,由于他征发巴蜀吏卒动辄成千上万,执法又严苛,还杀了当地一个头领,因而引起了巴蜀民众的惊恐和骚乱。武帝诏命相如出使,看重的是他在巴蜀的声誉。据《汉书·地理志》记载,此前巴蜀之地不好道德文章而"贵慕权势";及至"相如游宦京师诸侯,以文辞显于世,乡党慕循其迹",其后才有"王褒、严遵、扬雄之徒,文章冠天下"。因而巴蜀父老把相如视为他们可以自豪的一个文化象征。这次相如赴蜀,充分发挥了他善于辞赋的特长,写了一份《告巴蜀民书》,晓谕全境。文告说明唐蒙那些"发军兴制,惊恐子弟,忧患长老"的做法,皆非"陛下之意";同时也指出:按规定应征发的人,如果逃亡甚或杀戮作乱,"亦非人臣之节"。文告用语委婉,循循善诱,鼓励巴蜀之民"计深虑远,急国家之难,而乐尽人臣之道",切莫做出"耻及父母,为天下笑"的蠢事来。相如这次出使颇受武帝赞赏,再次出使时,即擢任为中郎将,授以符节,配以副使,乘着四匹马拉的传车,好不威风!巴蜀之民皆以相如再次到来为荣,出现了"太守以下郊迎,县令负弩矢先驱"的盛况。具有戏剧意味的是那位当初曾经嫌弃过相如这个穷女婿的临邛富豪卓王孙,这回欣喜之余,不由感叹说:只恨自己同意让女儿嫁给相如太晚啦!经相如在出使期间的斡旋,西夷境内诸君都愿意归汉称臣。还京复命,武帝大喜。

大概就在这期间,这位盛极一时的汉初大赋家却传出了一个"婚变"事件。此事正史未录,而《西京杂记》则言之凿凿:"相如将聘茂陵女为妾,文君作《白头吟》以自绝,相如乃止。"此事若属实,联想到当年那个《凤求凰》的浪漫故事,不免令人感慨不已。难得的是文君一曲《白头吟》永留人间:"愿得一心人,白头不相离。……"[1]唱出的是对爱情的始终如一的坚执。

司马相如晚年因受消渴病(即糖尿病)折磨,常称疾闲居,后来索性以病免官,病故于元狩六年(公元前117年)。临终前,因受到白麟、宝鼎等"祥瑞"出现的鼓舞,草就了这篇《封禅赋》,向大汉帝国献出他的最后一点赤诚。

此赋洋洋近千言,上溯五帝,下叙三王,详尽而又夸张地列述大汉之德,以及被视为上天降下的种种祥瑞,据以认为汉天子已完全具备了封禅的资格和条件,如果皇上再谦让,不仅臣属惭愧,神灵不欢,连泰山、梁父山也会感到失望。赋末盛赞封禅为"皇皇哉斯事,天下之壮观,王者之卒业",恳请"陛下全之"。

武帝读罢,大为感奋,当即作颂诗七章,以志其盛。并说:"俞乎,朕其试哉!"——相如说得对啊,我就来试着做吧!(以上均据《史记·司马相如列传》)

---

[1]《白头吟》全文是:"皑如山上雪,皎若云间月。闻君有两意,故来相决绝。今日斗酒会,明旦沟水头。躞蹀御沟上,沟水东西流。凄凄复凄凄,嫁娶不须啼。愿得一心人,白头不相离。竹竿何袅袅,鱼尾何簁簁。男儿重意气,何用钱刀为。"

消息传出，朝野欢腾。"天下郡国皆豫（通"预"）治道桥，缮故宫，及当治道县，县治官储，设供具，而望以待幸。"（《史记·平准书》）但武帝正式封禅还要在相如去世七八年以后。在这七八年里，主要精力还是集中在平定南越、统一西南夷等方面，对封禅之事只是断断续续作了些筹划和准备。其中有关封禅的具体礼仪，争论了好几年，也还不能定下来。

原来儒家典籍虽对封禅说得神乎其神，具体如何操作，却是语焉不详。连古代究竟有多少君主行过封禅之礼，也是众说不一[1]。其实汉以前真正有明确记载的，只有秦始皇一人。而秦始皇封禅时究竟用了何种礼仪，"封藏皆秘之，世不得而记也"（《史记·封禅书》）。所以武帝问了五十多位儒者，结果是人言人殊，没个定准。儒者又各从《尚书》、《周官》、《王制》等古籍中找根据，有的说封禅要用牺牲，先得学会如何杀牛；有的说还得招来怪物，以便与神相通。少府监好容易做出来的封禅礼器，他们又说不合古制。武帝一怒之下，索性尽罢诸儒不用。

后来武帝又问了左内史儿（ní）宽。

据《汉书》本传记载，儿宽是千乘（今山东高清东北）人，家境贫寒，苦学成才，专治《尚书》。曾为人雇佣，"带经而锄，休息辄读诵"。又"尝为弟子都养"，即为同学们烧饭，类似现今的勤工俭学。初为博士弟子，受到廷尉张汤的器重，擢任为侍御史。一次为张汤起草奏文，武帝阅后甚为奇异，称赞说：如此文采，决非俗吏所能为！于是张汤便乘机将儿宽推举给了武帝。武帝曾与儿宽讨论经学，很欣赏他的见解，后来还就《尚书》问过他一些问题。不久任以为中大夫，又迁左内史，为分掌京畿地区的行政长官。儿宽在出任左内史期间，劝农桑，治水利，缓刑罚，任贤良，务实不求名，深得吏民喜爱。这回武帝问及封禅之事，儿宽作了微妙而又机智的回答。他说封禅非一般常礼，而是帝王盛典，它的礼式经籍上是找不到的，让群臣去拟议也是徒然延误时光，"唯圣主所由"，才能"制其定当"。所以他建议武帝亲自"兼总条贯，金声而玉振之，以顺成天庆，垂万世之基"。也就是说，你皇帝陛下觉得怎么做好就怎么做好了，管它经书上是怎么说的，臣子们又是怎么想的！

这话很对武帝胃口。于是"上然之，乃自制仪，采儒术以文焉"（同上）。

一切筹划停当，等待了近百年的大典终于启动。元封元年（公元前110年）十月，武帝颁布特别诏令，随即亲自统兵十八万，行自云阳，北历上郡、西河、五原，一路戈戟如林，旌旗蔽日。出长城，登单于台，至朔方，然后临北河。在这里，武帝向匈奴发出了决战书（详七章二节）。同年正月，转而向东南巡行，至桥山而祭黄帝之墓，抵缑氏登中岳太室。四月，正式登泰山举行封禅之礼。司马迁是作为随行臣属参加了这次历史性活动的，他在《史记·封禅书》中作了这样记载：

---

[1] 如《管子·封禅》："古者封泰山、禅梁父者，七十二家，而夷吾所记者，十有二焉。"《史记·封禅书》也引了这段话。《汉书·郊祀志》载齐人公孙卿语则以为仅一人："封禅七十二王，唯黄帝得上泰山封。"

天子至梁父，礼祠地主。乙卯，令侍中儒者皮弁荐绅，射牛行事。封泰山下东方，如郊祠太一之礼。封（指所筑土坛）广丈二尺，高九尺。其下则有玉牒书，书秘。礼毕，天子独与侍中奉车子侯上泰山，亦有封。其事皆禁。明日，下阴（指山之北面）道。丙辰，禅泰山下址东北肃然山，如祭后土礼。天子皆亲拜见，衣上黄而尽用乐焉。江淮间一茅三脊（一种秆子呈三棱形的茅草，被视为灵草）为神藉。五色土益杂封。纵远方奇兽蜚（通"飞"）禽及白雉诸物，颇以加礼。

与秦始皇一样，这次封禅包括所埋藏的玉牒书的内容等等，均严格保密[1]。不同的是，武帝是先禅梁父，然后封泰山，又加禅了肃然山。其中"独与侍中奉车子侯上泰山"值得一说。据《汉书·郊祀志》注，这"子侯"是霍去病之子霍嬗，估计此时仅有十岁左右。武帝破例给了这个孩子如此殊荣，足见他对已经病故了七年多的爱将霍去病有着多么深厚的怀念。

礼成，武帝来到建于泰山之麓的明堂，在这里轮番接受群臣祝贺。接着颁诏改元更新，称封禅之年为元封元年。凡所巡行之县均得减免租赋，同时"加年七十以上孤寡帛，人二匹"，"赐天下民爵一级，女子百户牛酒"（《汉书》本纪）。

这年秋天，朝堂上传出了一个惊人的喜讯，人们奔走相告，欢欣鼓舞了好些日子。

喜讯是一个掌管望气的官员叫王朔的传出来的。他说他看到了一颗名叫"填星"的星。那神圣的星初出来时有瓜那么大，一顿饭工夫又隐回去啦！（《汉书·郊祀志》原文："出如瓜，食顷复入。"）大臣们都兴奋地说：呵，这是一颗"德星"[2]啊，是上天对汉家天子封禅的回报呢！

即使这位望气官观察属实，也只是天体运行中的一种自然现象，与人世间事风马牛不相干。但企盼久久的朝廷上下却还是借以得到了极大的心理满足，觉得大汉帝国终于正式获得了上天"授命"。

其后，依古制还须隔五年封一次，称修封或增封。武帝于元封五年、太初三年、天汉三年、太始四年、征和四年（分别为公元前106年、前102年、前98年、前93年、前89年）先后修封五次。其中太初三年那一次还发生了一个有趣的插曲。有个叫公玉带的方士说古时黄帝在封过泰山后，又去封了东泰山，建议武帝也应这样做。但到那里一看，"东泰山卑小，不称其声"（《汉书·郊祀志》）。武帝大为扫兴，旋转屁股就走。可能他觉得这么一座小山与他这个大汉天子不在一个档次上，就让祠官祭拜一下算啦，自己则仍按旧例去修

【1】封禅之礼，至唐已极为完备，也不再视为机密。据杜佑《通典·礼七十九·开元礼纂类十四》载录，从"銮驾进发"开始，进而"斋戒"、"制度"、"陈设"、"省牲器"、"銮驾上山"、"荐玉币"、"山下封祀坛"、"进熟"、"燔燎"、"封玉册"，到"銮驾还行宫"，最后"朝觐群臣"，有一整套繁复而带有神秘气息的程序。对此有兴趣的读者可参阅该书。

【2】德星：据顾颉刚先生考证，汉时"填"、"镇"相通，故填星即镇星，也即土星，土色黄。《史记·天官书》："填星，其色黄，九芒。"文帝时天水郡已有"黄龙"出现，武帝元鼎四年（公元前113年）迎鼎至中山有"黄云"萦绕，现在又出现了黄色的"填星"，这些都被看作是汉为"土德"的祥瑞，所以称填星为"德星"。（见《五德终始说下的政治和历史》，收入《古史辨》第四册）

封主泰山。

封禅礼成后,紧接着就把改制提到了议事日程。

改制主要是正朔也即历法的更改。此事在当时倒不只是为了装潢帝国门面;由于当时所行的《颛顼历》已与实际生活多有乖违,妨碍了政事、农事的有序施行,因而更改历法已显得刻不容缓。

原来《颛顼历》从秦昭襄王至汉初,已沿用了百余年。此历与我国古代先后施行过的《夏》、《殷》、《周》诸历一样,与天体的实际运行周期存在着些许偏差,因而需每隔若干年进行一次校正。秦末战乱,测天校历工作中断;汉初诸事草创,测天机构也迟迟未能健全。如此年复一年,偏差日积月累,到武帝时终于出现了这样的怪事:"朔晦月见,弦望满亏"——不该有月亮的日子却升起了月亮,该是满月的日子看到的却是缺月!

关于在改制中汉应归何统,应尚何色,自高帝至文帝已争议了数十年;武帝也曾"招致儒术之士,令共定仪",结果儒学之士多强调拟古,又是"十余年不成"。为此武帝特命此时已擢任为御史大夫的兒宽总掌其事,并向他下了这样一道诏令——

盖受命而王,各有所由兴,殊路而同归,谓因民而作,追俗为制也。议者咸称太古,百姓何望?汉亦一家之事,典法不传,谓子孙何?化隆者闳博,治浅者褊狭,可不勉与!(《史记·礼书》)

诏令写得颇有气势,充分表现出武帝革古鼎新,为汉家立法,为子孙传制的决心。

受命制订新历法的,有中大夫公孙卿、詹事壶遂、太史令司马迁,和侍郎尊以及大典星射姓等。后来参与其事的还有邓平、长乐司马可、酒泉侯君宜,和方士唐都、落下闳等。其间又征集了一批来自民间的对历法有造诣的人。历时数年,经反复审慎地观察、校验和精确的计算,终于修订成了新的汉历,称《太初历》。

《太初历》是我国古代一部较为完备和精密的历法。《颛顼历》岁首为建亥之月,即以十月为一年之始;《太初历》改为岁首建寅,即以正月为一年之始。规定一朔望月为29日,一回归年为365日;19年置7个闰月,并推算出135个朔望月中有23次交日的周期。《太初历》第一次将24节气引入历法,具备了阴阳历合一的特点。《太初历》的施行时间为西汉武帝太初元年(公元前104年)至东汉章帝元和二年(公元85年),近二百年。但它的一些基本法则,如以正月为岁首,每年有24节气以及闰月的设置等等,一直延用了两千余年,至今正月初一仍是中华民族最重要的传统节日。

元封七年五月正式宣布改制,同时改元称此年为太初元年(公元前104年)。因改制而举行的祭天大礼,是在尚未全部竣工的建章宫进行的。此宫在未央宫之西,班固《两都赋》称它"张千门而立万户,顺阴阳以开阖";"上反宇以盖戴,激日景而纳光",穿云插天,壮丽无比。武帝此后及昭帝前期,听政与休寝都在此新宫;昭帝元凤二年(公元前79年)仍迁回未央宫。建章宫故址在今陕西西安汉长城故城之西。

改制的主要内容包括:"正历(即采用《太初历》),以正月为岁首。色上黄,数用五,定官名，协音律。"（《汉书·武帝纪》）武帝实行的是兼收并蓄的方针。其中，历法的以正月为岁首，采自"三统论"中的黑统，而服色尚黄则用"五德终始"说中的土德。"数用五"也与土德相应。

按照"三统论"的规定，改制中还有一项要依年代远近改变与历代前王的亲疏关系。这种变更，除"存二王后"外，其余只是体现在祭祀时的神位安排上，并无多少实际意义。所谓"存二王后"，就是要优抚前两代帝王的后裔，通常是封以为王或侯，以显示本朝作为华夏正统的气度。按说汉要"存"的"二王后"应是秦与周，但因秦已被一脚踢出三统以外，所以只好再往上推，改为周与殷。不料这一改却带来了大麻烦：周与殷都早成历史，还到哪里去找他们的子孙？元鼎四年（公元前113年），武帝派人到洛阳遍访耆老，总算像挖古董似地挖出了一个，于是下诏："三代邈绝，远矣难存。其以三十里封周后周子男君，以奉先王祀焉。"（《史记》本纪）这里没有说这个找到而封以三十里地的"周后"姓甚名谁，《汉书》本纪说了，名"嘉"，是个"孽子"，即为妾媵所生，只能说是勉强凑数。至于殷之后，终武帝之世也没能找到。过了一百多年，到成帝绥和元年（公元前8年）又重提此事，这回连"孽子"也找不到了，只找到了孔子的一个后裔叫孔吉。于是又下诏："盖闻王者必存二王之后，所以通三统也。昔成汤受命，列为三代，而祭祀废绝。考求其后，莫正孔吉。其封吉为殷绍嘉侯。"（《汉书·成帝纪》）用孔子之后这样的冒牌货来权当殷、周二王之后，倒颇有点黑色幽默的味道呢！

在结束这一小节时，有点想法想说一说。

无论"三统论"，还是"五德终始"说，如果用现代观点来看，都可以简单归结为两个字：欺骗。宇宙间，根本不存在有知觉、有意志、能开口说话的天，所谓"上天授命"云云，解释权都在帝王自己，最多加上几个智囊人物，全凭他们嘴唇两张皮，万千臣民如何信得！说到所谓封禅大典，其实泰山的高度仅为海拔1532.8米，还不到珠穆朗玛峰的五分之一。如果拿这个高度与如今人类已实现的探索太空相比，简直可以忽略不计。孔子"登泰山而小天下"（《孟子·尽心上》）在那时可能还被视为真理，现在连小学生也会讥之以幼稚。至于以为登上泰山便可以与上天对话，那更是荒唐到了极点。在现代，国家权力的基础是法律，包括依法用选举形式产生出来的首领人物在内的所有国民都必须忠实于法律；在古代，一个王朝是否有理由存在，也只能看它是否符合历史需要，是否为现实中的臣民所拥护。虚幻的天命或符命，无论古今，都绝不可能成为一个政权存在的依据。——这些都已是常识。

但如果我们置身于中国古代历史之中，体验和感受一下当时的世情人心，这些常识就会有些行不通了。一个简单的道理是：总不能把所有相关帝王和思想家全都说成是骗子，把所有相信"君权天授"的臣民（那时几乎就是全体，例外极少）全都说成是受骗上当吧？

真要具体弄清楚古人对天的看法几乎已不再可能，但至少有一点可以肯定：那时人们心目中的天，不会是我们现在说的天宇或天体。人类初期还没有把自己从自然界分离开来，人对天还无法作客观的考察，只能凭自己身心去直觉感受；这就不难理解，他们会把头顶的天看作是也像自己一样有灵性、有意识、有喜怒哀乐感情,甚至也像人一样有五官和四肢。人对天的最初、最直接因而也是最深切的感受,除了温暖的阳光、和煦的春风以外,更多的还是可怕的暴风骤雨、雷鸣电闪和酷暑严寒。人在强大的自然力面前,显得那样无助和渺小。于是他们便想象主宰着这一切的,一定是个巨大无比、威力无穷的存在,"天"这个汉字的结构就表征着这样的含义。《说文解字》说:"天,颠也。至高无上。从一、大。"段玉裁注:"天,颠也,丕大也,吏治人者也。"高悬在头顶的天是管人的——这大概就是我们先人在一个长长的历史阶段内对天人关系的认识吧?

人的认识不能超越特定的时间空间,思想家也不能例外。司马迁的父亲司马谈是汉初一位杰出的思想家,他的《六家要旨》至今仍是我们了解、研究先秦诸子必读的经典。但就是这样一位精英人物,也把封禅之事看得神圣无比,以至在随从武帝封禅途中因病不得不滞留于洛阳无缘参与时,伤心得泗涕横流,竟在"命也夫、命也夫"的悲叹声中"发愤而卒"(据《史记·太史公自序》)同样,董仲舒也是那个时代的知识精英,他在创立天人哲学,尤其像"三统论"这样一种学说时,确实明显受到预设政治意图的支配,但我们还是应当相信他的真诚,并非有意在设计骗局。更何况他的"三统论"除了维护帝王制度长存,也还有制约帝王的一面。《三代改制质文》就强调帝王应"明乎天统之义","其谓统三正者,曰:正者正也,统致其气,万物皆应而正;统正,其余皆正。"特别是文中对王朝兴亡规律的揭示,还是相当深刻的(详本书《结语》)。即使是帝王,似乎也不能简单地以"欺骗"二字了断;当他举行受命仪式之时,也不能认为全都是在演戏,至少他在意愿上,还得有一个以"统"来端正自己的初衷。至于常受战乱之苦的万千臣民,太平盛世原本就是他们永恒的企盼,当"真命天子"这样一个假象恰好能给他们带来某种慰藉时,理性的思考就很难再有存在的空间。就像顾颉刚先生说的那样:"那时人看皇帝是上帝的官吏,符应是上帝给予他们的除书,封禅是他上任时的奏书,五德和三统的改制是上任后的一套排场。"(《五德终始说下的政治和历史》)这样的一种思维模式一旦成为定momentum,虚幻的天命、符命便转化为维护现存制度的强大力量。中国帝王集权专制制度之所以能够延续达两千余年之久,包括"三统论"在内的一整套意识形态是起了很大的作用的。尽管我们现在知道,这种制度延续得如此久远并不是一件幸事,特别是到了后期更成了我们民族的深重灾难;但历史就是这么发展过来的,谁也无法再改变。重要的是我们如何摆脱千百年来的因袭和拘囿,拿出现代人的眼光来,认认真真清理好这笔庞大的文化遗产,不是假借继承传统文化的名义去美化以至复活帝王思想,而是在认识历史中开拓未来,走上真正的现代国家之路。

帝国之忧：总也填不满的财政大窟窿

在结束对武帝"内修法度"、"外攘夷狄"以及上天入地等强力举作的叙述后，让我们再回过头来看看帝国在武帝时期的经济状况。因为很明显，所有那些活动，都是要用金子银子堆叠出来的！

我在本书《引言》中引了《史记·平准书》描述汉代文景之治后国家经济状况的一段名言：国库充盈，人给家足；粮食多到年年堆积以至霉烂变质不能食用，铜钱多到长期积压致使穿钱的绳子腐烂而无法点数。看得出来，司马迁笔端充满感情，他是多么向往那些富裕安宁的岁月啊！但当他写完《平准书》，时间已到了武帝后期，在篇末的赞语中却出现了这样一段文字——

> 于是外攘夷狄，内兴功业，海内之士力耕不足粮饷，女子纺织不足衣服。古者尝竭天下之资财以奉其上，犹自以为不足也。无异故云，事势之流，相激使然，曷足怪焉。

武帝"外攘夷狄，内兴功业"虽可称成效卓著，但在经济上，却不仅将文景以来的国库积蓄统统花光，又把"天下之资财"全都拿了来"犹自以为不足"，致使男子力耕而食不果腹，女子勤织而衣不御寒。一句话，国民经济已濒临崩溃边缘！

顺便说一下司马迁这段文字用了曲笔。"曷足怪焉"，似乎要读者不必大惊小怪；"古者"云云，仿佛说的是古代的事。实际说的当然都是"今事"，是直接针对武帝过于激烈的国策提出的批评，并用反语的方式，提醒读者予以关注。尽管已有过遭受宫刑的惨痛教训，但仍然不肯放弃作为一个正直的史官的责任，这就是永远值得我们后人敬仰和学习的司马迁。

现在就让我们来看一看武帝时期庞大的财政支费，以及武帝与他的臣僚们是如何头会箕赋、兴利敛财，以填补总也填不满的财政大窟窿的。

算一算这几笔支出大账

史书中找不到武帝时期财政开支的完整记载，下面只是一些零星资料，摘自《史记》、

《汉书》诸书、志及相关传记,为节省篇幅,恕不一一注明。

【征战之费】对武帝北征南战的劳费,《汉书·食货志》有一个总的概括。其中说到在北方,每年"以数万骑出击匈奴",攻取河南之地后,"又兴十余万人筑卫朔方",由于"转漕甚远",耗费达"数十百巨万"。在南方,为"通西南夷"而修筑道路,劳作者多至"数万人",他们的粮饷要靠千里之外或背或挑运去,常常要花费六七十石的代价才能运到一石。道路修了几年也还没有修好,蛮夷乘机进攻,朝廷又发兵征伐。这样就是用尽"巴蜀租赋"也"不足以更之",只好"募豪民田南夷,入粟县官,而内受钱于都内"。在东方,征讨朝鲜后,"置沧海郡,人徒之费"与用于西南夷的差不多。四面八方这么多巨额费用加起来,结果便弄得"府库并虚"。

不仅战争本身所费浩大,战争中对将士的奖赏也动辄数万、数十万。如元朔五年(公元前124年)卫青出击匈奴右贤王,因获大胜而"捕斩首虏之士受赐黄金二十余万斤,虏数万人皆得厚赏"。元狩四年(公元前119年)卫青、霍去病出战的"漠北之役",尽管获得大胜("得首虏八九万级"),却也付出了沉重代价("汉军马死十余万匹"),而赏赐竟高达"五十万金"!单是这两次加起来赏金就有七十余万斤。汉时黄金一斤值一万钱。"七十余万斤"就是七十余万万钱。这个数字意味着什么呢?不妨做个比较。《汉书·王嘉传》上有个元帝时都内、少府、水衡蓄钱总额的统计:"都内钱四十万万,水衡钱二十五万万,少府钱十八万万",合计八十三万万钱。这也就是说仅仅两次赏赐就几乎把国库兜底掏了个空!

打仗需要大量马匹,于是"盛养马"。光是在京城长安就喂养了"数万匹"。打了胜仗大批战俘要安置,新扩展的土地要筑城建郡,这又是一笔巨大耗费。如元朔二年(公元前121年)匈奴"浑邪王率数万之众来降,于是汉发车二万乘迎之。既至,受赏赐及有功之士。是岁费凡百余巨万"。来降的匈奴将士衣食全由朝廷供给,朝廷供不起,结果弄到"天子乃损膳,解乘舆驷,出御府禁藏以赡之"的地步!

【宫殿之费】武帝即位后,扩建旧宫,新造宫、殿、台、馆几乎从未间断过。据《三辅黄图》载录,可以列出一张长长的兴建表来。如宫有明光宫、寿宫、北宫、扶荔宫、思子宫、万岁宫、首山宫、建章宫等;殿有临华殿、温宝殿、安处殿、常宁殿、苣若殿、椒风殿、发越殿、蕙草殿等;台有柏梁台、神明台、通天台等;观有豫章观、飞廉观等;苑有上林苑、甘泉苑、御宿苑、博望苑等;池有昆明池、大液池、影娥池等。其中特别是大初元年(公元前104年)修建的建章宫,规模空前,壮丽无比。整个建筑群由骀荡、馺娑、天梁、枌诣、奇宝、鼓簧、玉堂、神明堂、疏圃、鸣銮、奇华、铜柱、函德等二十六座宫殿,以及凤阙、神明台等组合而成,与未央宫隔城相对,并有飞阁跨越城垣与之相通,周围三十里,号称"千门万户"。武帝如此大兴土木,在汉代诸帝中绝无仅有,在中国历史上也属罕见。

【赏赐之费】武帝对国库钱财也像杜牧在《阿房宫赋》中讥讽的秦始皇那样:"取之尽锱铢,用之如泥沙"。对近幸之臣的赏赐,高兴起来,常常一掷千金万金。譬如六章一节中提到的那个小男宠韩嫣,竟然奢侈到玩弹丸游戏要用金丸的地步,自然也是武帝无节制的赏赐所致。对那几个胡吹可以求得不死药和见到神仙的方士，赏赐更是大手大脚。如对少翁，"赏赐甚多，以客礼礼之"；对栾大，"赍金十万金"。元封元年（公元前110年）那次举行封禅大典，武帝"北至朔方，东到泰山，巡海上，并北边以归。所过赏赐，用帛百余万匹，钱金以巨万计"。武帝还特别喜欢在外国客人面前摆阔气，摆派头。他自己巡狩海上，就让外国客人陪从在身旁，又是"散财帛赏赐，厚具饶给之"，又是"出奇戏诸怪物"，作"酒池肉林"，"令外国客遍观各仓库府藏之积，欲以见汉广大，倾骇之"！

【灾害之费】据《汉书》之《武帝纪》和《五行志》等统计，武帝时期较为严重的旱、涝、蝗以及风雪冰雹、地震等灾害共二十五次。灾害的频频发生，不仅造成大面积农业歉收，对灾区和灾民又需赈济，这对已经拮据的帝国财政不啻是雪上加霜。如仅元光三年（公元前132年）黄河一次决口，遭受水淹的地区就多达十六郡。此后二十年间，这里连年歉收。元狩三年（公元前120年）黄河水发，中下游大片农田几成泽国，数十万人受冻挨饿。武帝不得不急令各郡赈济，"犹不足，又募豪富人相贷假。尚不能相救，乃徙贫民于关以西，及充朔方以南新秦中，七十余万口，衣食皆仰给县官"，"其费以亿计，不可胜数"。

从上述几笔大支出可以看出，武帝确实有点挥金如土，但似乎还不能说挥霍无度。他是有度的，这个"度"就是实现他心目中的大帝国、大天子、大功业的强烈欲望。没有什么困难可以阻挡他去实现这个欲望，包括像不断出现的财政大窟窿这样很难跨越过去的大困难。如果撇开历史功过评价，单从作为一个人的性格来说，那就应当说，武帝确实是一个极坚强、坚强得令人可敬复可怕的人。现在我们就来看一看这个可敬复可怕的人，是如何来跨越自元光初年与匈奴拉开战幕后几乎一直如影逐形般阻挠着他的财政危机这道坎的！

自幼精于"心计"的理财大家桑弘羊

就像为了强化吏治、打击豪强，武帝任用一批酷吏那样，为了强化经济控制，剥夺富商大贾，他在继续依靠张汤等酷吏的同时，又特地任用了精于理财的桑弘羊、孔仅和东郭咸阳（姓东郭名咸阳）等三人。司马迁在记载时创造了一个专门名词来称谓他们，叫作"兴利之臣"。

三位兴利之臣有个共同特点：都出身于富商大贾。

桑弘羊，洛阳（今河南洛阳东）人，富商之子。元封初年任治粟都尉，兼领大司农。

东郭咸阳，齐（治今山东临淄）人，原为大盐商，任大农丞，掌管盐铁专卖之事。

孔仅，南阳（今河南南阳）人，曾以冶铁为业，资产累千金。先与东郭咸阳同任大农丞，后迁任大农令。

这里需解释一下"大农"这个官称。秦设治粟内史，掌管谷货，有两丞，汉初因之。至景帝更名大农令，武帝时再次改称大司农，简称大农。秩中二千石，位列九卿。掌管全国租赋收入和财政开支，凡百官俸禄、军费、各级政府机构经费等均由其支付；同时管理各地仓储、水利和官府农业、手工业、商业的经营，以及调运物资、控制物价等，是汉帝我国古代长期重农轻商，称农为"本"，商为"末"，对商人有种种歧视性规定。如高帝时除明令禁止商贾入仕从政以外，同时规定商贾不得乘车、穿丝绸衣服，并特意对他们加重租税，目的就是要"困辱之"（《史记·平准书》）。限制商贾的律令，到吕后称制时稍稍放宽，但入仕之禁依旧。松动的迹象是在景帝后元二年（公元前142年）出现的。当时规定不能做官的除商贾外还有一种人，就是资财在十万以下的贫寒之士。此项禁令的目的是为了堵绝贪吏，因为按照"衣食足，然后知荣辱"的观念，以为有了十万以上的资财再做官就可能比较清廉些。这年五月，景帝下诏降低了寒士入仕门槛：资财标准从十万减到四万。正是在这道诏令中，景帝还说了这样一段话：

有市籍[1]不得宦，无赀（通"资"，钱财）又不得宦，朕甚愍（哀怜；同情）之。（《汉书》本纪）

景帝对有市籍的商人和资财未满四万的寒士不能做官深表同情，这似乎说明有条件地允许少量商人进入仕途正在被帝国最高决策者考虑之中。

但即使到了武帝时期，也还没有明令开这个禁。

因而桑弘等三人能出任朝廷高官，在当时应是一项破冰之举。

提出此项"破冰"之议不仅需要有识，更需要有胆。他是谁呢？

他就是号称"庄公"的郑当时。

郑当时，字庄，陈（今河南淮阳）人，是三章一节中提到过的偏偏不肯照着高帝刘邦规定做（在朝堂上只许叫项籍，不许叫项羽）而遭到驱逐的那个郑君的儿子。历任太守、内史、大司农，政绩似也平常，《史记》、《汉书》之所以专门为之立传，恐怕主要还是看重他的喜好任侠，举贤任能。他嘱咐门下：凡有来客，无论贵贱，都要依礼相留。平生不治产业，自己的俸禄和得到的赏赐大多给了这些宾客。每次见到武帝，总要言说"天下之长者"。有所推举时，"常引以为贤于己"；听到别人有好的见解，"进之上，唯恐后"。因为这样，中原人士都尊敬地称他为"庄公"。据《史记·平准书》和《汉书·食货志》记载，东郭咸阳、孔仅这两个富商任为大司农的副官，洛阳富商之子桑弘羊后来任为治粟都尉、兼领大司农，都是郑当时向武帝推举、引荐的结果。

当然更为难得是作为决策者的武帝敢于冲破商贾不能入仕的传统观念。但必须说明，他对这三人的任命和重用，绝非作为立国之策的"重商"；恰恰相反，他是利用他们从商经历中磨炼出来的精于算计、盘剥和善于经营、理财，"以其治人之道，还治其人之身"，去对付那些富商大户的。司马迁对桑弘羊等三人在"兴利"方面的才干作了这样评述："故三人言利事析秋豪（通"毫"）矣！"（《史记·平准书》）就是说他们的精于克扣盘剥已到

---

[1] 市籍：商人的户籍。古代凡在市内设肆营业的，均须向官府注册，并交纳规定数量的金钱，称市籍租。官府为他们编制特种户籍，称市籍，以区别一般的编户齐民。

了析理秋毫、锱铢必较的地步！

三人中，桑弘羊任官时间最长、作用最大，影响也最为深远。武帝临终时，他还受任为御史大夫，武帝去世后，成为年幼的昭帝的辅政大臣之一。但班固著《汉书》却没有为他单独立传，只在相关篇什中零星提到。在汉以后的论者笔下，桑弘羊往往成为讥刺对象，有的甚至斥之为"蠹汉"、"剥汉"、"民贼"[1]。看来原因大概是，人们把武帝时期那些兴利、敛财的账全都算在了他头上。此外出身富商可能也是一个因素，再加上他的结局很糟糕：因在昭帝时参与燕王、上官谋反集团而被族诛。

其实在西汉两百余年的历史上，桑弘羊应该是一位最重要的经济大臣，后人要研究或了解这段历史，是无法绕过这位理财大家的。

桑弘羊是个应用数学方面的神童。《史记·平准书》说他因善于"心计"，还只有十三岁就当上了"侍中"。"心计"是一种不用算筹的计算方法，也即现今所说的心算。侍中之职，亲近皇帝，掌管乘舆服物，戴惠文冠，加金珰，附蝉为文，貂尾为饰。任侍中者，多为容貌姣好的贵族子弟。少年桑弘羊入宫为侍中，凭借的是自己超人的心算天赋。此后他便"以计算用事"，《汉书·食货志》还说他因此而获得"贵幸"。据王利器先生考证，郑当时是在桑弘羊十八岁时，发现了他在计算和管理方面的超常才干，向武帝作了推荐的（见《盐铁论译注·前言》）。此后数十年，这位理财大家的独特智慧便得到了充分的发挥，无论后人如何评价，他的名字再也无法与武帝的文治武功分开。

下面介绍的若干项主要以"兴利"为目的的改革措施，其中有一些便是由桑弘羊提出的，而在元封元年（公元前110年）任为治粟内史兼行大司农后，他同时又是主要执行人和实施者。

兴利措施种种：鹿皮一小片，价值四十万

【统一铸钱】汉初自高帝至武帝，对币制进行了多次改革，主要表现在两个方面：一、钱币的形制与重量；二、铸币的方式：允许私铸，还是由国家统一铸造。

圆形的铜钱作为我国金属货币的一种，定型于秦，后长期流通。其造型外圆内方，符合古人天圆地方的观念。秦为半两钱，至汉以为太重，不便于流通，改行一种轻小型的，称榆荚钱，或荚钱，并允许私铸。当然实际具备铸钱条件的，除了郡国，也只有少数富商豪民。但这一来，就出现了通货膨胀、物价腾飞的局面，以至一石米涨到了一万钱。惠帝、吕后时，更铸八铢钱。铢为重量单位，二十四铢合一两。后来又铸五分钱，即半两的五分之一，重二铢四絫。文帝时以为钱多又稍轻，改铸四铢钱，并正式宣布废除《禁盗铸令》，任由私家仿铸。于是吴王刘濞"即山铸钱，富埒天子"；佞幸邓通"以铸钱财过王者"，结果是"吴邓钱，布天下"（《汉书·食货志》）。

武帝即位之初对钱币也有过几次改革。如建元元年（公元前140年）销毁四铢钱，

---

[1] 分别见金蟠《盐铁论序》、宗稷辰《躬耻斋文抄》和刘克庄《送明甫赴铜铅场》诗。

另铸三铢钱；建元五年(公元前136年)又罢三铢钱，新铸四铢钱。由于此时国库颇为充盈，改革的目的主要还是加强宏观调控，抑制私铸钱的流通。光朔以后，屡屡向大漠发起征战，国库空虚，财政缺口越来越大。而与此同时，富商大贾乘机囤积钱物，役使贫穷百姓；有的冶铁煮盐，暴利或累万金，至于盗铸钱币更是不可胜数。在这种情况下再把币制改革提到议事日程上来，目的就不在币制本身，而是如何变个法儿把臣民、特别是诸侯王和富商大贾口袋里的钱弄到国库来！这一点，武帝倒也并不讳言，元狩三年（公元前120年）年末他在与诸大臣廷议时就说得很明确："更钱造币以赡用，而摧浮淫并兼之徒。"(《史记·平准书》)方法是"更钱造币"，手段是压榨那些"浮淫并兼之徒"，目的是"以赡"国家之用。

经廷议，决定发行皮币、白金币和三铢钱。

先说皮币。

皮币是用白鹿皮制成的，一尺见方，周边绣有图纹，面值四十万钱。白鹿当时被视为神圣的动物，民间不许养殖，为皇家禁苑独有，因而无法伪造。这一建议是张汤提出的。很可能这位御史大夫偶尔路过上林苑看到养兽圈中那些鲜蹦活跳的白鹿，便灵感突发，为武帝想出了这么一个生财之道。

皮币其实不是通常意义上的货币，并不流通于市场。不妨说，它只是武帝向王侯宗室索要钱财的一个代码。汉制，王侯宗室每年春秋各一次入京朝请天子，并敬献贡礼，一般是苍璧。这回武帝作出硬性规定："王侯宗室朝觐聘享，必以皮币荐璧，然后得行。"(《史记·平准书》)光有璧不行，还必须垫上一片皮币，皇上才肯收纳。皮币哪里来？只好向朝廷购买。这等于诸侯王每年得外加八十万钱的贡礼。朝请本来是一项礼仪制度，如今加上皮币这么一个代码，又变成了一条"兴利"渠道。当时任大农令的是颜异，这位按照常规思维办事的九卿高官想不通了，傻乎乎地在朝堂上提意见说：一枚苍璧价值不过数千钱，反要面值四十万的皮币做衬垫，这不是本末倒置了吗？武帝听了又好气又好笑，心里却很不高兴。原来就与颜异存有嫌隙的张汤看在眼里，记在心里，后来偏巧有人告发颜异其他一些问题，他就来一个借题发挥把颜异往死里整。据有人说一次颜异与客人谈话，客人以为新颁下的币制改革诏令有某些不当之处，颜异没有明确表态，只是"微反唇"，嘴唇稍微动了动。张汤立刻抓住此事向武帝奏报：颜异作为九卿听到有人以为诏令有不当之处不向皇上禀报而"腹诽"，其罪当死！颜异就这样被以"腹诽"罪处死了，接着还据此弄出了一个荒唐的法令，就叫《腹诽之法》。以腹诽定罪是专制的极端，暴政的极顶。在这个案例上，武帝与张汤都留下了永远无法洗刷的恶名。

再说白金币与三铢钱。

白金币用银锡合金铸成，分三品。上品重八两，圆形，龙纹，面值三千；中品重六两，方形，马纹，面值五百；下品重四两，椭圆形，龟纹，面值三百。

三铢钱仍用铜制，重如其文。在发行三铢钱的同时，宣布销毁此前的半两钱，禁止流通。

白金币和三铢钱的发行，给朝廷带来了滚滚财源，但也出现了新的麻烦：盗铸。特别是白金币，它的自三百至三千的大面值远远超过其原料价值及制作成本，在巨额利润的诱惑下，一些人便不惜铤而走险。三铢钱则因不设周郭[1]，盗铸者很容易磨取其背面铜屑，再用来铸钱。尽管武帝下达了"盗铸诸金钱罪皆死"的强硬禁令，但"吏民之犯者"仍是"不可胜数"（《汉书·食货志》）。这样过了一年多，即到元狩五年（公元前118年），只好废止三铢钱，改行五铢钱。这回特意设有周郭，以预防有人磨取铜屑。因为一磨必先损周郭，而无周郭之钱规定为废钱，自然不会再有那样的傻瓜。但盗铸现象依然十分严重，自发行白金币、五铢钱这四五年里，"赦吏民之坐盗铸金钱死者数十万人，其不发觉相杀者，不可胜计。赦自出者百余万人"（《史记·平准书》）。联系到汉帝国人口总数还不满六千万，这些数字令人多么吃惊啊！

元鼎二年（公元前115年）武帝依据大臣的奏议，还改行过一批赤仄钱。赤仄也称赤侧，因其周郭用赤铜铸就而有此名。一枚赤仄当五枚五铢。规定凡是缴纳算赋、口赋，一律都得用赤仄钱。这样赤仄钱就渐渐代替了白金币，一年后武帝宣布废止白金币。但赤仄钱的大量发行，又造成自行贬值，规定赤仄与五铢的兑换值为一比五，实际却常常只能兑换到三枚或四枚，加上不同地区、不同时间比值又互有差异，致使币制出现了更大的混乱。

最后、也是最彻底的一次币制改革是在元鼎四年（公元前113年）。算来这已是高帝以来第九次改革币制。这一回武帝充分利用了帝王集权制的威力，诏令：一、禁止郡国私铸钱币。此前已铸的钱币悉数销毁，所得之铜全部上缴给新设置的水衡都尉所属上林三官[2]。二、此后天下钱币皆由上林三官统一铸造，凡非上林三官之钱一律不准流通。三、上林三官钱为五铢钱，重如其文，正反面均设有周郭。这次改革标志着中国历史上第一次将钱币的铸造权完全集中到中央，并且设置了专业的铸造机构。与此同时，作为铸造钱币主要原料的铜材也全由朝廷掌控，再加上三官钱重如其文，即五铢钱实重五铢，制作工艺又颇为精良，若再盗铸已难有厚利可图。此后，这种出自权威机构而又轻重适度的五铢钱，一直稳定地流通于世，盗铸、伪铸一类事也几近绝迹。自元鼎末起，每年以十万人采铜铸钱，至西汉末，共铸钱二百八十万万，对发展社会经济，维护中央集权，无疑是起了很大作用的。

【算缗告缗】缗，贯钱之丝绳，代指钱币。算缗，原意为依赀征税。武帝时期的算缗，则特指向工商业征税。告缗，就是告发隐匿不报或所报不实的偷税漏税者。

早在与匈奴战争开始后的第四年即元光六年（公元前129年），《汉书·武帝纪》就有这样四个字的记载："初算商车"，即向商贾的车船征税。随着战争的扩展，财政缺口越来越大，于是在推行币制改革的同时，又经御史大夫张汤等拟议，在元狩四年（公元前119

【1】周郭：也称郭，指钱之边缘与串孔四周隆起部分。
【2】水衡都尉及其所属上林三官：水衡都尉，武帝元鼎二年（公元前115年）始置。掌皇家林苑兼保管皇室财物及铸钱。属官有上林、均输、御羞、禁圃、辑濯、钟官、技巧、六厩、辨铜九官令丞。上林三官，即指此九属官中三官，因设于上林苑内，故称上林三官。至于三官之名，《史记·平准书》注为均输、钟官、辨铜，新近陈直先生《汉书新证》则以为其中均输应为技巧。三官对铸钱各有分工：辨铜掌管原料，技巧负责刻范，钟官专司鼓铸。

年）颁行了一个新的算缗法令，称《缗钱令》。据《史记·平准书》、《汉书·食货志》载录，其要点为：一、凡是商人、高利贷者以及手工业主都要估算自己财产数额据实上报，依不同税率纳税。商人、高利贷者每二千钱征一算（一算为一百二十钱）；手工业主则四千钱征一算。二、除官吏、三老（乡官，掌教化）和北部边防骑士外，凡拥有轺车者也须征税。商人每辆二算，其余每辆一算。船长五丈以上者，每艘一算。三、隐匿不报，或所报不全、不实者，罚戍边一年，并没收全部财产。有能告发者，则奖以被告发者财产的一半。

《缗钱令》虽对违令者已有了严厉的惩罚规定，但隐匿偷漏情况还是十分严重，于是武帝在派出御史和廷尉正、监分赴郡国督办的同时，又特命一个叫杨可的官员来专掌告缗之事。杨可此人史书记载极为简略，生平行状皆不得而知，他就是因告缗一事而被载入史册的。尽管司马迁只用了这样十几个字："杨可告缗遍天下，中家以上大抵皆遇告"（《史记·平准书》），他的尽忠尽职，他的雷厉风行，他的凛厉严苛，已跃然纸上。告发的案子，由以酷烈著闻的廷尉杜周主办，谁落到他手里，就别想逃躲过去。这种种过火的做法引起了许多人不满，其中甚至包括同为酷吏的义纵。此时义纵任右内史，掌治富商大贾云集的京畿之地，因而认为告缗是"乱民"之举，下令逮捕那些为杨可起劲办事的人。武帝闻报大怒，竟以"废格沮事（毁弃诏命、阴扰国事）"罪将义纵处死，并抛尸街头！

告缗之举，由武帝从上而下发动，又因为有可获得被告发者财产一半这样高额奖金的诱惑，想来参与其事的普通民众也一定不少，据此我们不妨称它为一次颇具规模的"运动"。这个自元狩六年至元封元年（公元前117年～前110年）持续了七八年之久的"告缗运动"，《史记·平准书》记下了这样一些结果——

> 得民财物以亿计，奴婢以千万数；田，大县数百顷，小县百余顷；宅亦如之。于是商贾中家以上大率破，民偷甘食好衣，不事畜藏之产业，而县官有盐铁缗钱之故，用益饶矣！

这就是说，第一，"县官"即朝廷发了横财，因而"用益饶"，手头更加阔绰；第二，中等以上商贾大都破产，还有成千成万被没为奴婢。我想再补充一点，第三，也有不少人因告发获奖而发了点小财。面朝黄土背朝天的田间劳作其苦如何，而靠告发获财却是如此容易，这对宣称以农为本的汉帝国实在是一次极大的腐蚀。于是"民偷甘食好衣，不事畜藏之产业"矣！所以这"以亿计"的"财物"，是用无数人的破产、遭难，以及社会道德的沦丧和民风的堕落为代价换来的！

【盐铁官营】我国在秦以前，盐铁业大体上都是允许私人经营的。至战国，秦开始掌控山泽矿冶资源；统一六国后，又把盐铁巨贾视为社会不安定因素，剥夺其财产又迁至异乡。但私人盐铁业仍未绝迹，《史记·货殖列传》所记蜀卓氏等富豪便是明证。汉初听由私家经营，文帝时更采取放任政策："纵民得铸钱冶铁煮盐"（《盐铁论·错币》）。这一来，富商大贾或豪强地主便争相占山据海，或采矿冶铁，或煮水制盐，并很快取得暴利，有的"富至巨万"，有的"拟于人君"（《史记·货殖列传》）。这对汉帝国来说一方面固然促进了社会经济的发展，另一方面却也为某种割据势力提供了经济基础。

元狩五年（公元前118年）东郭咸阳和孔仅这两位原是盐铁富商出身的大农丞，与当时虽尚为侍中、但对经济问题有独特见解而又为武帝所信用的桑弘羊，共同计议盐铁官营之事。他们提出了一道奏疏，经由大农令颜异呈进到武帝的案头。奏疏要点有四：一、盐铁之业均收归国家所有，由大农掌理，所得收益补充赋税。二、铁业由官府统一经营；盐业则由官府招募盐户自费经营，煮盐器具官府供给。三、严禁私自冶铸铁器及煮盐，有犯者，没收其器物，并"钛左趾"，即以称之为"钛"的脚镣一类刑具禁锢其左脚胫。四、在一些不出产铁的州郡设置小铁官，以掌理铁器专卖事宜。

奏议一出，反对之声蜂起。有两种人。一种是从实际利益出发的，被称为"浮食奇民"，即依靠盐铁发家的富户，自然反对盐铁官营。还有一种是基于官府不应"与民争利"的考虑，多为朝官中坚持儒家学说的，如董仲舒、司马迁等。董仲舒曾向武帝进言，以秦"田租口赋，盐铁之利，二十倍于古"，导致"民愁亡聊，亡逃山林，转为盗贼"的教训，提出了"盐铁皆归于民"的主张（《汉书·食货志》）。武帝对这些所谓"沮事之议"一概置之不理，很快就批准了这一奏议，并于元狩六年（公元前117年）派孔仅与东郭咸阳乘着传车巡行全国，在盐铁之地设置官署，任命官员。据统计，当时"全国共有盐官凡二十七郡，为官三十六；铁官凡四十郡，为官四十八"（林剑鸣《秦汉史》）。盐铁官营，给汉帝国带来了大宗财源。后来桑弘羊在昭帝始元六年（公元前81年）的盐铁论辩会上说："总一盐铁，通山川之利而万物殖，是以县官用饶足，民不困乏，本末并利，上下俱足。"（《盐铁论·轻重》）显然有夸大之处，但这一措施曾对缓解当时财政危机起过重要作用，应是事实。

盐铁官营的负面作用也很明显，"与民争利"便是重要一条。其实政治也好，经济也好，统得过多、过死，并非都是好事。还有一点，由于孔仅、东郭咸阳本人就是盐铁富商，他们在全国各地设置的盐铁官署和任命的官员，自然也大多是"故盐铁家富者"，于是便出现了"吏道益杂，不选，而多贾人矣"（《史记·平准书》）。中国古代长期禁止商贾入仕，武帝的这个时期却出现了不少商贾做了盐铁之官这样一个特殊现象，司马迁依据传统观念对此有忧虑是可以理解的，但公平地说这本身倒应是一个进步。问题不在商人做官，而在他这个官做得怎么样。做官有做官之道，商人没有这方面修养，一旦暴贵，他们之中不少人便会忘乎所以起来，这才是问题的所在。对这些盐铁新贵的骄横奢侈行为，在上面提到的那次论辩会上有不少揭露。如说他们"攘公法，申私利，跨山泽，擅官市"；又说他们"威重于六卿，富累于陶卫，舆服僭于王公，宫室溢于制度"；甚至他们的妻子儿女也是"妇女披罗纨，婢妾曳絺纻，子孙连车列骑，田猎出入"。新贵们的这些作为造成了很坏的社会效应。在田间辛苦劳作的农民觉得"已为之而彼取之"，自己的劳动成果被他们占去了，哪里还有劳动积极性："耕者释耒而不勤，百姓冰释而懈怠"。结果是："百姓所以滋伪而罕归本也！"（《盐铁论·刺权》）搞投机倒把的人越来越多，安心农耕的人越来越少。

【均输平准】不妨做这样一个简单概括：调剂货物运输称"均输"，平衡物价涨落称"平准"。在我国古代经济发展到一定水准的条件下，均输和平准不失为官府掌控市场两项颇为重要的创造。当然武帝采用这些措施,着重点还在于增加财政收入,抑制富商大贾。

元鼎二年(公元前 115 年)孔仅任大农令。同年,桑弘羊正式从少府系统转入大农系统,被任为大农丞,做了大农令的副手。他一上任,就"管诸会计事,稍稍置均输以通货物"(《汉书·食货志》)。从"稍稍"二字可以看出,这位武帝时期最重要的经济大臣行事颇为谨慎,开始提出均输之法只是建议在小范围内试行。

均输之设,有一个背景。当时各郡按规定每年都要向朝廷贡输一定数额的物品,其中有些物品并非当地所产,于是商贾便乘机哄抬物价而大发其财。而那些偏远郡国,跋山涉水,几经辗转,不仅运费昂贵,有的运到长安已霉烂变质,等同废物。桑弘羊在建议中提出朝廷选派大农部丞数十人赴各地分管郡国大农之事,各相关县也设置盐铁均输之官。各地应上输贡物,本地无产的,可折价转换成当地物产,再由均输官将它们运往缺少这些物品的地区出售,再购进需贡的物品。这样不仅调剂了输运的远近难易,更重要的是切断了商贾从中牟财之路,将商贾之利转化为大农之利。

孔仅做大农令不到两年,后来又接连换了两人,似乎都没有让武帝满意。到元封元年(公元前 110 年),桑弘羊受任治粟都尉,兼领大司农,成为总掌帝国谷货的九卿大臣,统管盐铁、铸币诸事。均输之法已在小范围试行五年,取得了不少经验,这一年武帝命桑弘羊在全国范围内大力推行,不久便获得颇大的效益。如以中原地区的漕运为例,由汉初的数十万石猛增至六百万石,太仓、甘泉仓都贮满了粮食,边郡也有了余粮;库存的绢帛也有五百万匹之多。

这期间,有两种情况引起了桑弘羊的注意。一是由于均输法施行,各郡国收购到的物品大量运到京师来出售;二是由于三官统一铸钱和《缗钱令》的实施,国库又较为充裕,官府,特别是上林诸官署,手中有了钱,常常到市场去争购物品,以致出现了物价涨落不定的情况。据此,精于理财的桑弘羊又提出了一个与均输配套的平准之法,也很快得到武帝认可并付诸实施。

平准之法的要点是,在京师成立一个掌控物价为职司的官署,名称就叫平准。凡各地均输官运抵京城的物资,包括工官制作的各种器物,皆输于平准;平准设有专门储存仓库,称委府。平准以此巨量物资为后盾,便可通过"贱即买,贵则卖"(《盐铁论·本义》)的方法,达到堵截商贾投机,平准市场物价的目的。

对均输、平准的施行,司马迁评价为"民不益赋而天下用饶"(《史记·平准书》)。说不必增加农民赋税,通过均输、平准便可使朝廷得到巨大财政收益,以满足武帝时期内政外交浩繁的需要,这在施行之初一个短时期内,也许是可以做到的,但时间一长,难免弊端丛生。这是因为,均输平准也像盐铁官营那样,是权力介入市场、官商压制民商的一种做法,是国家垄断经济的产物。商贾控制市场,哄抬物价,固然害民;官商若是以权谋私,垄断市场,买贱卖贵,那就更加可怕。武帝去世后不久的盐铁论辩会上就有人指出,一旦官吏行奸,官、商勾结,那就既不可能均输,也不会有平准:"行奸卖平,农民重苦,女工再税,未见输之均也";"豪吏富商积货储物以待其急,轻贾奸吏收贱以取贵,未见准之平也"(《盐铁论·本义》)。

桑弘羊将不断敛财的渠道推向极致，接着又提出了入粟补官、出资赎罪，普通百姓只要缴纳一定数量粮食便可免除终生赋税和徭役等建议，都得到武帝采用。因这些功绩，他获得了赐爵左庶长（二十等爵制中第十等爵）和黄金二百斤的赏赐。

桑弘羊的贵幸和他种种过激的兴利措施，渐渐引起了朝官的不满。恰好这一年关中苦旱，在一次朝会上，武帝命太常相关官员筹备祭天求雨事宜。这时有位叫卜式的官员站了出来，提了个让百官都大为吃惊的建议。他说：

县官当食租衣税而已，今弘羊令吏坐市列肆，贩物求利。亨（通"烹"）弘羊，天乃雨。

作为朝廷命官，本不该与民争利，只要把赋税作为衣食来源就可以了。可如今大司农桑弘羊却要官员们"坐市列肆，贩物求利"，这是违天逆理啊！所以只要烹杀桑弘羊，上天自然就会下雨！

武帝真会杀桑弘羊吗？《史记·平准书》和《汉书·食货志》的记载都是到此戛然而止，不作说明。我的猜想是，武帝很可能会像当年说汲黯是"甚矣，汲黯之戆也"那样，说卜式也是"甚矣，卜式之戆也"！因为事实上后来武帝不仅没有杀桑弘羊，还一次高过一次地不断委以重任呢！

那么这位"戆"到如此程度的卜式又会是怎样一个人呢？他为什么要提出如此极端的建议呢？

要介绍卜式，就不能不提到武帝的另一项兴利措施："劝民捐献"。因为这个卜式，就曾是武帝亲自树立、一再颁诏命全国学习的"捐献标兵"。

卜式：从羊倌到太子太傅

汉制，允许臣民就国事直接向皇帝投书，由公车令受纳上奏，即所谓"伏阙上书"。阙，指未央宫北门。当然也有危险性，北军垒门内就设有专门关押被认为上书语涉"非法"者的监狱。

卜式就是通过伏阙上书，后来引起武帝注意的。

那还是在刚与匈奴开战的头几年里。卜式上书就为提出一个要求：愿意献出一半家产资助边防之事。当时竞相逐利已成为社会风尚，武帝对卜式的举动觉得有些不可理解，就派使者先去对他作一番了解。

原来卜式是河南（今河南洛阳西郊）人，以农耕畜牧为业。父母双亡，留下了一个尚未成年的小弟弟。待小弟长大，他把家产、田地、房屋全都给了弟弟，自己只牵了一百多头羊独自到山上去放牧。这样过了十多年，又有了一千多头羊，还买了田地、住宅，可弟弟却几乎把家产全败光了，于是卜式又几次分给弟弟好多钱物。

使者问卜式：你捐献家产是想做官吗？回答说不想。你有冤屈要伸吗？又说没有。那你所为何来呢？这时卜式说了这样一番话：

> 天子诛匈奴，愚以为贤者宜死节，有财者宜输之，如此而匈奴可灭也！（《汉书》本传）

使者回宫作了如实禀报。武帝问当时任丞相的公孙弘对卜式其人其事的看法。公孙弘说：此人作为有违人之常情，倘立为榜样，怕会乱了国法和教化。愿陛下勿许。

武帝以为公孙弘说得对，就没有理睬卜式的上书。

卜式一直等不到召见，只好回故里再去种他的田，放他的羊。

又过了几年，北击匈奴虽是接连取胜，但所费浩大，一时弄得府库皆空。恰在这时，因灾荒又有大批贫民需要迁徙和安置，为此不得不发动富人出资助贫。一次，武帝无意间在河南郡上报的助贫名单中发现了一个熟悉的名字："卜式"，捐出的钱多达二十万；这才又记起同是这个卜式，几年前还曾上书要求捐献家产的事，决定召见卜式，赏赐给他"外繇四百人"[1]。但卜式不愿接受赏赐，又如数退还给了官府。这使武帝越发觉得卜式是一位"长者"，不是那种沽名钓誉之徒，便任以为中郎，掌宫中护卫；授爵左庶长，赐田十顷。谁知卜式不仅不要赏赐，连中郎这个年俸六百石的官也不想做。武帝说：那就让你去干老本行吧——替朕到上林苑去放羊！卜式很高兴，身穿布衣，脚登草鞋，拿起羊鞭，当起了上林苑的羊倌。

正是从卜式事迹中受到启发，武帝想到了一条新的财路："劝民捐献"。于是将卜式树为捐献"标兵"，布告天下，号召百姓向他学习。但结果"百姓终莫分财佐县官"（《汉书·食货志》），就是说谁也不肯响应！

一年多后，武帝偶尔经过上林，看到卜式牧的羊又肥又壮，还繁殖了一大群小羊崽，不由夸奖了一番，又随口问问他牧羊的经验。卜式说：牧羊跟治理百姓的道理是一样的，那就是要按时放牧，按时休息；发现坏种就除去，不让它害群。武帝听了颇为惊奇，就试着先后让卜式去担任缑氏县、成皋县的县令，果然都有相当好的政绩。后来就叫他去做齐王刘闳（武帝第三子）的太傅，不久升任为王国之相。

大约就在卜式任齐相不久，发生了上章已作过介绍的南越吕嘉反汉的事。卜式再次上书，请求准许他和他的儿子，带着齐国临淄的弓弩手和船队去誓死征讨吕嘉，以尽臣子之节。武帝再次抓住卜式这个典型下诏动员，但侧重点不在赴死请命，而在他多次出资助国。文末特点明一句："布告天下，使明知之。"（《汉书·卜式传》）结果却依旧是"天下莫应"（《史记·平准书》）。

卜式作为"捐献标兵"的人生，到此结束。可能是出于不忘旧德吧，到元鼎末年，武帝竟将卜式一下抬举到了三公之一的高位，授任为御史大夫。原任御史大夫的石庆迁任为丞相。这石庆，就是六章一节提到过的那个忠敬慎微到连见到为皇帝拉过车的马也要行礼致敬的石奋的儿子；子如其父，石庆也以恭谨著闻。武帝在这个时期有个惯例：丞相仅为备员而已，相事往往由御史大夫或大司马兼行。所以石庆之为相，也像他的前任赵周那样，

【1】外繇四百人：汉制，应服徭役者，可出钱由官府雇人代役，称"过更"，一人三百钱。故赐"外繇四百人"，相当于赐钱十二万。

只是徒有虚名的摆设。如果武帝任卜式为御史大夫也是出于要代行相事的考虑，那么这位当年的羊倌已跃升到了人臣之极。高处不胜寒啊！进入帝国最高层政坛的经历证明，卜式实在不是一块在像武帝这样一位强势型帝王身边做官的料。他居然对武帝推行盐铁官营等等兴利措施的真实用意一无所知，身已来到朝堂高位，心却还大半留在郡国那边，以为盐铁官营等事于郡国不利，就傻乎乎地奏议应罢去。这下踩到地雷了，武帝内心大为不满，只是还给他留了点面子没有发作。不久封禅大典已提上议事日程，缺少相应儒学功底和文化素养的卜式，显然已不能再留在御史大夫兼行相事这个高位上了。元封元年（公元前110年），武帝擢任精通《尚书》、出身博士、时任左内史的儿宽为御史大夫，贬卜式为太子太傅。这时太子是武帝长子刘据，就是后文将要写到的"巫蛊之祸"的主要当事人。巧的是石庆也曾做过刘据的太傅。太傅职掌辅教太子，通常应由饱学之士担任。石庆自然是具备这个条件的；而卜式，《汉书》本传说他"不习文章"，他又怎么辅教得了自幼就受到最优等教育、此时已长到十九岁的刘据呢？看来，武帝贬卜式为太子太傅，无非是安排一个出路，让他有张冷板凳坐坐，借以领取俸禄、安度晚年而已。后世论者对卜式颇多微辞，有的说他"沽名"，有的讥为"矫情"，明代李贽甚至斥之为"猾贼"。从《史记》、《汉书》记载看，卜式最初的上书捐资似乎并不存在"曲线求官"的用心；而他终于为官后，也不像有些出身微贱而一夜暴贵的人那样，或拼命敛财，或恣意享乐。在帝王集权专制制度下，臣民是皇帝役使的对象，顺从是他们的本分。卜式的上书言事已有点越出本分，被树为"标兵"更是他的悲哀。不过无论如何，对这样一位有独特经历的古人，我们还是不要苛求吧。

我用了两章半篇幅，总算勉强将武帝的包括内政外交等内容的"国事"叙述完毕，本章还剩下半篇再来说说包括后宫与东宫在内的"家事"。

用"国事"、"家事"这样的概念来划分某个帝王时期的历史内容，只是为了叙述方便，其实是很不确切的。

中国古代长期实行了帝王制度，区别只是秦以前为帝王封建制，秦及秦以后是帝王集权制。在帝王制度的语境下，"天下"属于一姓一家，所以帝王"家事"与"国事"虽有所区别，却很难截然划分。这种家、国难分的情况，在官署、官员的设置以及职官的名称上，就表现得相当普遍。最典型的是九卿中机构最为庞大的少府，其职掌包括为皇帝及后妃制作衣冠、御佩、珍玩，提供饮食起居及保健等日常所需，并代为征收山海地泽之税，以充皇室浩大的靡费。不妨说少府就是皇家大总管。再如"侍中"这个职务也很能说明这一点。武帝时有个曾任侍中的孔安国，是孔子十二世孙，从孔子旧壁中发现的《尚书》、《论语》等儒家经典，因有他的整理、训解才得以流传下来，司马迁也曾多次向他请教过。可就是这么一位大学者，按照侍中的职掌，不仅要以自己的博学做皇帝的顾问，还要为皇帝捧"下至亵器虎子之属"。虎子是便器，俗称夜壶。武帝觉得要一位大儒去捧夜壶总有些不雅，但职官之制又不能随意破坏，于是搞了点灵活性，特恩准"听掌御唾壶"：改为让孔安国端痰盂。就为这一改，"朝廷荣之"：满朝文武都眼红得不得了！（据《通典·职官三》）这样的事，在今天看来当然是个笑话，但在那时却被视为天经地义。原因就是中国古代官制原由天子或诸侯的家臣演化而来，国事与帝王家事长期合而为一，混淆不清。反过来似乎纯属"家事"的后宫，却又处处仿效前廷。如前廷有三公、九卿、二十七大夫、八十一元士，后宫也仿而设三夫人、九嫔、二十七世妇、八十一御妻；皇帝有冠服、车舆、仪仗卤簿，皇后也有相应的冠服、车舆、仪仗卤簿。后宫俨然又一朝廷。在"家天下"观念的支配下，皇帝与皇后都是治理天下的，区别只是一外一内。所以《礼记·昏义》说："天子理阳道，后治阴德；天子听外治，后听内职。教顺成俗，外和内顺，国家理治，此之为盛德。"

上面几句题外话，无非是想为自己补个缺，以免读者因我这种不尽合理的写作结构而引起对历史面貌误解。现在就让我们来说说武帝时期有关后宫、东宫的故事吧！

多情又多事的后宫与东宫

从金屋藏娇到长门幽怨

后宫,也称后廷,与听政的前廷相对而言,为居住后妃、府藏珍宝之所。汉代的后宫在未央宫北侧,故称北宫。其故址在今陕西西安市未央区和未央宫乡一带。

后宫这富有戏剧性的一幕,该是发生在建元二年(公元前139年)三月上旬的某个傍晚。其时皇后陈阿娇正慵懒地倚楼闲望。御苑花红,宫墙柳绿,眼前这一派暮春美景,却使她生出无限惆怅来。忽见远处隐隐现出一支盛大的卤簿仪仗,在晚霞映照下是如此绚丽辉煌!她立刻欣喜异常,一面对镜整妆,一面命侍女洒扫庭院,准备迎接御驾。但过不了半刻钟,这位正宫皇后先是气得破口詈骂,随即两眼一闭昏厥了过去。

八百多年后,善于将历史感喟融入诗句的唐代诗人刘禹锡,将上面一幕写成了一首《阿娇怨》——

望见葳蕤举翠华,
试开金屋扫庭花。
须臾宫女传来信,
言幸平阳公主家。

陈皇后是因武帝"幸平阳公主家",即从他大姐平阳公主家弄来了一个歌女卫子夫(见七章一节)而气得昏厥过去的。《史记》、《汉书》都说由于武帝宠幸卫子夫,陈皇后"几死者数矣":好几次差点死去。这死,当包括以死相威胁和气得昏厥过去。

如果按照民间常情,阿娇与武帝是一对表姐弟,从小一起长大,颇有点青梅竹马的味道。因而当还只有六七岁的刘彻说将来要用金屋来藏阿娇时,周围的人们少不得都要称赞一声:呵,这是多好的一对啊!但这对表姐弟却生长在帝王宫庭这样一个特殊环境里,他们的最初联姻,就像五章末节所叙述的那样,原本就是角逐皇权的伴生物。后来刘彻继位为武帝,作为武帝岳母兼姑母的馆陶长公主刘嫖,因在当年那场东宫变更型危机中推举刘彻有功而恃功倨傲，求请无厌；而阿娇也仗着母亲的这种特殊身份，十余年来一直擅宠骄贵，有时还要对武帝使点小性子。现在却突然在她面前出现了一个争宠对手！更可恨的是这个争宠对手不仅出身卑贱的歌女，而且还是一名奴婢的私生女，这与她这位既有高贵的皇族身份，又与皇上自幼一起长大的阿娇皇后比较起来，相差真是不啻天壤啊，叫她如何忍受得了！

但武帝的感受却完全不一样。"青梅竹马"的旧情早已远逝而去，"金屋藏娇"的浪漫也已不复存在。作为一个雄材大略又兼有诗人、哲人气质的皇帝，他如何能长期容忍像阿娇这样一个骄贵的"作女"，更何况还要同枕共寝！而卫子夫尽管出身卑贱，但姿容姣好，且能歌善舞，更多了几分女人的温柔、体贴和谦恭，着实让他心醉神迷。他们第一次见面就偷尝禁果，《史记·外戚世家》对武帝的感受记了两个字："还坐，欢甚。"就是说欢快至极！

后来事情的发展却出现了曲折。卫子夫进宫后等盼了一年多，也还没有受到武帝召见。史书没有记下出现这种曲折的原因。推想起来，自然不排除坐拥六宫粉黛的武帝早把一次邂逅的风流韵事置于脑后的可能，不过更为主要的恐怕还是陈皇后的从中作梗。此外还有一个很重要的因素，那就是武帝母亲王太后的劝阻和告诫。《资治通鉴·汉纪九》记下了她的这样一番话——

汝（你）新即位，大臣未服，先为明堂（为尊儒措施之一）太皇太后（指窦太后）已怒，今又忤长主（指馆陶长公主），必得重罪。妇人易悦耳（示意武帝哄哄阿娇），宜深慎之！

王太后是从维护皇位这个角度提醒儿子必须搞好与儿媳妇关系的。皇权高于一切，爱情服从政治。于是武帝不得不"深慎之"而与阿娇凑合着过。

一年多后，武帝遣散多余无用的宫女，卫子夫也名列其中。这位多情的歌女泪眼盈盈地跪拜在阶下，请求武帝允许她出放。正是这双泪眼，又让武帝顿生哀怜，不仅让她留了下来，还当即召入内宫侍寝。一年后卫子夫产下一女。这一年武帝二十岁，初为人父，首得弄瓦之喜，对卫子夫自然越发宠幸，而陈皇后则愈益遭到冷落。

眼看着自己女儿如此被人欺侮，一向张狂的馆陶长公主刘嫖岂能保持沉默！只是小外甥刘彻如今已是万乘之尊，不便当面发作，只好打个弯，去找她的外甥女、武帝的大姐平阳公主发话道：当初要没有我，皇上能有今天吗？可他倒好，卸磨杀驴，过河拆桥，如今竟要抛弃我的女儿了，做人怎么能这样忘本呢？

平阳公主不轻不重回了一句：这也怪不得皇上呀，谁让阿娇生不出子女来呢！

这个软钉子着实厉害，馆陶长公主被碰得哑口无言。的确，后宫的规则是母以子贵，不能生育的后妃是不可能有稳固的地位的。长公主赶紧让女儿阿娇设法求子。不知看了多少医生、服了多少药，总共花了九千万钱，结果还是一场空！

嫉妒转化为仇恨，仇恨还在不断积聚，已到了非除去卫子夫不可的地步。但这个昔日的歌女已被皇上视为禁脔，投鼠忌器，连她馆陶长公主也已不敢妄为。正是在这种情况下，这位皇姑做出了七章一节已提到过的把卫子夫同母弟弟卫青抓起来想一刀杀了以解心头之恨，结果却反而弄巧成拙的那样一桩蠢事。

在这期间，卫子夫又先后生下两个女儿。尽管到这时为止卫子夫依然什么名号也没有，但陈皇后却已惶恐地预感到，这个下贱的女人正在向她的皇后尊位一步步逼近！每当夕阳西下，她孤单一人倚窗伫望，看到皇上的辇舆正向着卫子夫的内宫缓缓行去的时候，她的破碎的心，就会像被无数毒虫用它们的大钳无情地啮噬着那样一阵阵痛，痛不欲生。

也许就是在这种特定的情绪中，这位高贵的皇后决定要用一个卑劣的办法来置她的情敌于死命了，这个办法叫"巫蛊"。

巫蛊可能是从匈奴传入的一种邪术，《汉书·西域传》就有匈奴人命巫师埋牛羊于汉军出入之道以诅咒汉军的记载。从字面看，似乎是巫师以术运用"蛊"致对象以死命。蛊为何物？古书记载甚不确切，且说法不一。如《说文解字》："蛊，腹中虫也"；而《通志·六书三》则说是一种毒虫，由人工培育。其法是："以百虫置皿中，俾相啖食，其存者为蛊。"若依此说，蛊是众多毒虫相互搏杀后的仅存者也即最强、最毒者。但《史记》、《汉书》所记的几起巫蛊事件都没有使用蛊；只是以木偶作为施术对象的象征，埋入地下，然后诅咒。照这么一种办法是绝对不可能给对象带来灾祸或死亡的，这也就是说，它其实只是一种迷信活动。但当时人们却信以为真，因而一旦案发，就会受到极严厉的惩罚。如《汉书》中的《公孙敖传》："坐妻为巫蛊，族"；《赵破奴传》："坐巫蛊，族"。这"族"，就是满门抄斩。

陈皇后是命侍女楚服等人对卫子夫施行这种巫蛊之术的。暗中诅咒数日，自然毫无灵验，而密谋却已败露。武帝大怒，以"大逆无道"论罪，特命当时还只是侍御史，但严苛之风已日显的张汤办理此案。陈皇后是窦太后的外孙女。此时窦太后虽已死去五六年，其残余势力却依然存在。因而武帝命张汤"穷治"此案，就暗含有借此机会彻底清除窦太后影响的意图。张汤揣得此意，经过一番深文周纳，锻炼成狱，牵连诛杀者竟多达三百余人，侍女楚服更被枭首于闹市。至于陈阿娇，虽为此案主犯，但因是皇后，自然要另作处理。元光五年（公元前130年）七月，武帝命有司向皇后下策文："其上玺绶，罢退居长门宫。"（《汉书·外戚传》）即废去皇后封号，上缴皇后印玺及绶带，退居长门宫，就是通常所说的打入冷宫。

长门宫故址在今陕西西安西北汉长城东南。具有讽喻意义的是，此处原为陈皇后母亲馆陶长公主私家花园，称长门园；她是为着长久保持与男宠董偃的情人关系（见五章末节）而向武帝献出此园的，武帝更名为长门宫。据《汉武故事》说，幽居于长门宫的陈皇后，一切供养如旧，生活待遇仍颇为优厚。但日复一日，年复一年，形单影只，晨昏枯坐的时光，实在难以煎熬；而恍若昨日的"金屋藏娇"的甜蜜与浪漫，作为皇后的显赫与尊贵，又不时被记忆勾起，这叫这位自幼被众人娇宠惯了的贵妇人如何不悲痛欲绝呢！于是便有了以黄金百斤求司马相如作赋的传说，意欲借重相如那支独步天下的生花妙笔，希冀武帝读后或能回心转意，使她重新获得宠幸。但此事正史未录，真伪难定。即使陈皇后确有此举，那也只是出于一个幽居人的可悲复可叹的幻想。落花流水，春光不再。事实上就在她黜居长门后一年，卫青以首次出征即立大功而受封为关内侯，卫家成了外戚中最显赫的家族。不可捉摸的命运之神就这样狠狠惩罚了这位旧日的皇后。她在长门宫过了十几年以泪洗面的幽居生活，终于在孤寂和绝望中黯然含恨咽下了最后一口气。

曾经藏于金屋的阿娇就这么死了，留下的是一个是否真有"百金买赋"其事的历史悬案。题为《长门赋》的赋文倒确是有的，至今我们还可以从《全汉文》第二十二卷中读到。赋中细腻而又传神地描摹了陈皇后的孤独与哀怨："日黄昏而望绝兮，怅独托于空堂"；"左右悲而垂泪兮，涕流离而从横"……读来不由为之动容。赋前有以相如口吻写出的序，言之凿凿，似乎确系这位汉代大赋家应陈皇后百金之请而作。但学界经过考证，不少人以为很可能是他人伪托，而之所以要"无中生有"，则大多出于对陈皇后的同情。其后历代同样出于同情陈氏而作的诗、文、词、赋可谓汗牛充栋，不知凡几。也因此之故，"长门事"、"长门隔"、"长门闭"、"长门泣"……成了常用典故，"长门怨"更成为一个乐府曲调的名称。

读前人这类诗文，我开头有些困惑。因为在我看来，更值得同情的应该是同案中那完全无辜而被杀的三百多人，和那位被斩首示众的楚服姑娘，可他们却偏偏从未被人提及。后来觉得，这恐怕是属于两个不同领域的评价，即一为道德，一为审美。诗文作者们并不承担道德评判任务，当他们将陈皇后形诸笔端的时候，她已被提炼为一个审美对象，一种耐人咀嚼的人生况味。曾经有过受人仰慕的尊荣富贵，却忽而被贬入孤零凄凉的冷宫，这让无数后人从中读到了人生的无常和无奈，从一定意义上说，也是对违反人性的帝王制度的一种反叛。不知读者诸君以为如何？如果也有同感的话，那就让我们用这样的心态来欣赏一首李白题为《妾薄命》的乐府诗吧——

汉帝重阿娇，贮之黄金屋。
咳唾落九天，随风生珠玉。
宠极爱还歇，妒深情却疏。
长门一步地，不肯暂回车。
雨落不上天，水覆难再收。
君情与妾意，各自东西流。
昔日芙蓉花，今成断根草。
以色事他人，能得几时好？

新皇后卫子夫与王李二夫人

元朔元年（公元前128年）[1]春天的某个早晨，婴儿的一声啼哭，给未央宫带来了一

---

[1] 关于刘据的出生时间，《汉书·外戚传》记为元朔元年（公元前128年），而《武五子传·赞》则为建元六年（公元前135年）。《资治通鉴·汉纪十》注谓：《枚皋传》云："武帝春秋二十九乃有皇子。"据此当以元朔元年为是。

片喜庆和欢腾。

已有了三个女儿的卫子夫,第四次怀妊产下一子,三朝开筵,取名刘据。这一年武帝已二十九岁,终得弄璋之喜,兴奋异常,特命太常举办一系列庆祝活动,包括由东方朔撰作《皇子生赋》,在皇城之南修建高禖祠举行隆重的祭祀典礼等。高禖,即媒神,古人相信祭之能赐人以子嗣。《礼记·月令》:仲春之月,"玄鸟至,至之日,以大牢(牛、羊、猪三牲全备)祀于高禖"。但汉以前并不见有设祠以祀高禖的记载,此举当也始于武帝。

喜庆接着喜庆。刘据一满月,"母以子贵",又举行册封卫子夫为皇后的盛典。宣读受册者有权"导师道于六宫,作范仪于四海"(《通典·礼八十二》)的册文,奉进作为权力象征的印玺与绶带,并为这位昔日卑贱的歌女戴上了那顶从陈阿娇头上摘下已空放了二十个月的皇后凤冠。而在此前后,其同母弟卫青和卫青的三个儿子皆封为侯,一时贵震天下。当时有人编出歌谣来唱道:"生男无喜,生女无怒,独不见卫子夫霸天下!"(《史记·外戚世家》)

皇后新立,照例是百官进表称贺,全是些阿谀奉承的虚文,毫无新意可言。独有一篇《戒终赋》,题目就特别。进献者署名是:中郎枚皋。

这枚皋,原是汉初大赋家枚乘之子。当年,枚乘与邹阳、庄忌等文学之士共仕于吴,煮酒论文,盛极一时。后来吴王刘濞发兵谋反,枚乘等相继力谏,不听,只好离吴赴梁,做了梁王刘武的宾客。待到吴楚七国之乱平息,枚乘因曾多次谏阻过吴王而声名远播,景帝特召拜他为一个郡的都尉,掌管兵戎之事,以示优遇;但与文学好友自由放浪惯了的枚乘,却不愿去当受制于人的郡吏,以多病为由谢绝莅任。到武帝即位,枚乘已老迈年高,武帝倾慕其文名和为人,特派了专用于敬老的安车蒲轮去接他来京,不料枚乘竟在途中溘然去世。问问他的几个儿子,却没有一个善于为文作赋的,武帝只得怅然作罢。

忽一日,有一少年,称名枚皋,跪伏于北宫门阙下上书。单是那一篇锦心绣口的文章就让武帝好生喜欢,召来一问,竟是枚乘之子!命他试赋殿中之事,果然是妙笔生花,字字玑珠。武帝大喜,当即任以为郎,因供职于禁中,也称中郎。

原来枚皋系枚乘在梁地的小妾所生。枚乘告老欲东归故里淮阴(今江苏淮阴西南),小妾不愿随行,枚乘发怒,只给了她数千钱就顾自离去。从这段经历看,枚皋倒是自幼苦学成材,十七岁便在梁国为郎,一次因与官吏发生争执,遭人谮害获罪,家室全被没收,无奈只好辗转流亡来到长安。枚皋被武帝任为中郎后,包括封泰山、塞宣房、巡狩游猎等等,他都随驾而行。武帝每有所感,他遵旨作赋,下笔千言,倚马可待。据枚皋自己说,他作的赋较之司马相如稍逊一筹,为文之速,则远胜相如。

这回枚皋进献的《戒终赋》,是向新皇后提出了如何从眼前辉煌中看到"日中则昃,月满则亏"这样一个深含警示意义的人生课题。古人对人事的始与终作过精细的观察,留下不少极具智慧的提示。如《诗经·大雅·荡》提醒人们:"靡不有初,鲜克有终",所以《左传·襄公二十五年》引古逸书特别强调:"慎始而敬终,终以不困";《老子·六十四章》也说:"慎终如始,则无败事。"枚皋提醒新皇后要"戒"的就是这个"终"。

史书没有记下新皇后读过这篇《戒终赋》后有何感想。尽管从卫子夫的出身看,不大可能有那么高的文化修养来理解这个深奥的人生课题,但她既然生活在后宫这样一个特殊环境中,就是单凭直觉,也时刻能感受到想要善始善终有何等困难!就像李白由陈皇后的前后遭逢所发出的感慨那样:"以色事他人,能得几时好?"充塞于后宫的万千妃嫔,谁也无法逃脱"色衰爱弛"这个可怕规律的支配,身为后宫之主的皇后自然更不能例外。

元狩元年(公元前122年),武帝立刚满七岁的刘据为皇太子,并下诏赐中二千石官员以右庶长之爵(二十等爵号中第十一等爵),天下为人父者各一级爵。沾了儿子的光,皇后卫子夫也登上了她一生尊荣的顶点。但也就从这时开始,一位更为年轻美貌因而也更得武帝宠爱的王氏女子,已向她的皇后地位发起了挑战。这也就是说,当年曾给陈皇后带来厄运的那片阴云,也正在向她头顶渐渐遮来。

似乎不能责怪卫皇后没有记住枚皋要她"戒终"的提醒,从史书记载看,她还是颇能自律的。实际上,在后宫这样一个特殊环境里,善始者能否善终,个人的能否自律并非主要因素,起决定作用的还是后宫这种制度本身。

后宫制度是帝王制度的组成部分,其要旨是确保帝王一人享有法定的、无任何制约的性特权。《礼记·昏礼》称:"古者天子后立六宫,三夫人,九嫔,二十七世妇,八十一御妻。"这还只是个约略的规定,历代后宫实际要远远超过此数。秦统一六国后,更广建宫殿,以所得诸侯国美人置于其中,致使"后宫列女"多达"万余人"(《史记》本纪正义引《三辅故事》)。女性万余人,作为男性的皇帝只有一个,激烈竞争的结果,能够获得嫔妃一类封号的自然只能是极少数。但即使有了封号,也不一定就能博得皇帝喜爱,甚至见一面也是那样困难:"有不得见者,三十六年!"(杜牧《阿房宫赋》)倘若皇帝高兴起来玩弄了你一回,那实在是你终身大幸,所以专门创造了一个词,就叫作"幸"——正是这个带着血泪的"幸"字,从一个侧面揭露了后宫制度是一种多么违反人道的性霸道!

汉承秦制,皇帝的正妻一人称皇后,妾可有多人通称夫人。此下还有十四等。前十三等是:昭仪、婕妤、娙娥、傛华、美人、八子、充衣、七子、良人、长使、少使、五官、顺常;最后第十四等又分六种称号:无涓、共和、娱灵、保林、良使、夜者。(据《后汉书·班彪列传》注)能够封得这些称号的同样只有极少数幸运者。武帝时期后宫究竟有多少人?元帝时任谏议大夫的贡禹有一个估计:"武帝时,又多取好女数千人,以填后宫。"(《汉书》本传)正如这个数千与一的绝对比例,使武帝与所有帝王一样,在任何年龄段、任何情况下,都不会缺乏供他随便挑挑拣拣的性伴侣。武帝又颇恋女色,这在流行于五代前后的《汉武故事》中有详细描述,如说他"能三日不食,不能一日无妇人"等等。不过从《汉书》的记载看,武帝有时似乎也表现得颇为专一,甚至还有几分痴情,这可能与他的诗人、哲人气质有关。当然,普通人视为有违道德的"移情别恋",对他来说那是寻常不过的事。

上面说到的那位正在向卫子夫的皇后地位发起挑战的王氏女子,来自赵地,因已获得"夫人"称号,故称王夫人。赵地自古多美女,《史记·货殖列传》说她们能歌善舞,"游媚贵富,入后宫,遍诸侯"。不久这位王夫人也产下一子,取名刘闳,这就对卫皇后形成了更大的压力。

帝王宠爱对象的转移,预示着后宫将有可能发生又一轮废旧立新。而依据所谓"一荣俱荣，一损俱损"的潜规则，这不仅关系到两个竞争对手各自的荣辱生死，还牵涉到两个家族的兴衰存亡。

此时卫青已因军功拜任为大将军。一日，忽有个自称名叫宁乘[1]的人找到府邸来，一见面劈头就说：大将军食邑万户，三子封侯，可谓人臣之极，万人仰慕，独擅尊荣。只是大将军是否想过：峣峣者易缺，皦皦者易污，足下此种风光还能维持多久呢？

生性木讷的卫青突兀一惊，不知所对。心里却也明白，如今卫皇后地位既已岌岌可危，自然就不能不连累到他的荣辱沉浮。

于是宁乘趁势晓以利害后，献上一计，教卫青去讨好王夫人的母亲。为什么不直接去讨好王夫人而要打个弯呢？宁乘说：一是为了避嫌；二是那老人出身微贱，至今还没有获得封赏，容易满足，你只要献上千金她就会欢喜不尽的！

卫青照着做了，只是打了个对折，献了五百斤。

果然，那老妇人很高兴，将此事告诉了女儿，王夫人又禀报了武帝。武帝以为按卫青秉性不可能做这样的事，召来问问，卫青照实说出，武帝就任宁乘为东海郡都尉。

从武帝非但不责备卫青，反而让宁乘当了官这种迹象看来，他确已有了要提高王氏家族地位的意向，这也说明了后宫发生新一轮废旧立新的可能性确实存在。后来之所以没有发生，既不是因为卫青献出了五百金，也并非由于卫皇后尚能自律，而是年纪轻轻的王夫人产后忽而病入膏肓，应了一句令人感叹的俗语：红颜薄命。

武帝最后一次去到王夫人宫帷看望时，这位美人已处于弥留之际，面容憔悴，形销骨立。武帝不由黯然神伤，想最后说几句安慰的话，便让侍女将还在襁褓中的刘闳抱来，说：关东诸国，莫大于齐，朕将封闳儿为齐王，夫人以为如何？王夫人勉力伸出纤弱的手，按了一下额头代替跪叩，断断续续说：谢皇上隆恩，妾母子幸甚。武帝说：闳儿立为齐王，夫人就是齐王太后了，卿就安心去吧。

王夫人死后好些日子，武帝依旧朝思暮念，无法忘怀。有个叫少翁的方士说他有办法能让王夫人倩影重现。武帝居然相信了，就准许他在后宫施法。这日夜晚，武帝被引入一室，透过薄薄的纱帐，远远望到帷帐之内烛光摇曳，人影绰约。凝神细看，那步态，那韵致，竟就像是思念中的王夫人[2]，待要前去相见，方士却偏来一个故弄玄虚，说：人神相隔，只可远观，不可近亲，愿陛下自制。武帝越发思念心切，当即口占一诗：

是邪，非邪？
立而望之，
偏何姗姗其来迟！

---

[1]《史记·卫将军列传》、《汉书·卫青传》均称向卫青献此计者为宁乘，《史记·滑稽列传》褚先生补则记为"东郭先生"。

[2] 少翁施法以见美人这一情节，《史记·封禅书》记其所施对象为王夫人，《汉书·外戚传》则为李夫人。《通鉴考异》以为，李夫人死时，少翁早已被杀，故当以《史记》所记为是。

这首情真意切的短诗，已成为流传千古的杰作，现在我们还可以从《汉书·外戚传》中读到。

武帝雅好音乐，七章三节中已提到过的那个李延年，就因精通音律、能歌善舞而受到特别宠信和重用。一次李延年侍从武帝游冶后庭，边舞边歌，献唱一支新制的乐曲，叫《北方有佳人》——

北方有佳人，
绝世而独立；
一顾倾人城，
再顾倾人国。
宁不知倾城与倾国，
佳人难再得！

武帝听罢感叹说：妙啊！世间难道真有如此"倾国倾城"的佳人吗？

武帝有位姐姐，就是当年曾引荐过卫子夫的平阳公主，这天恰好也在陪同欣赏歌舞，便应声说：有啊，怎么没有呢！李延年的妹子便是这样一位绝世佳人！

武帝当即命人将这位美人召进宫来一看，果然是天姿国色，更兼能歌善舞。武帝喜不自胜，当即赐号夫人。这位李夫人成了武帝又一新宠，卫皇后的又一竞争对手。

一年后，李夫人也生下一子，取名刘髆。后宫女性的青春是极其短暂的，此时的卫皇后已被视为"年老色衰"，失去了与人争宠的资格，李夫人将成为后宫新主似乎已只是时间问题。不料这位新宠也与王夫人一样，心比天高而命似纸薄，产下刘髆后，竟一病不起，久医无效。临终前，当武帝最后一次来看望她时，李夫人却做出了一个常人难以理解的举动：只是请求武帝封赐她的两个兄弟，却以被蒙头拒绝让武帝见最后一面，后来索性背向里床，低声啜泣。武帝要求多次都不能如愿，临走时已颇有些不悦。事后几个姐妹责备她不该对皇上如此无情，她作了这样回答——

所以不欲见帝者，乃欲以深托兄弟也。我以容貌之好，得从微贱爱幸于上。夫以色事人者，色衰而爱弛，爱弛则恩绝。上所以孪孪（读如"恋恋"）顾念我者，乃以平生容貌也。今见我毁坏，颜色非故，必畏恶吐弃我，意尚肯复追思闵（同"悯"）录其兄弟哉！（《汉书·外戚传》）

这是后宫一个得宠女子临终前的内心独白，字字辛酸。

姣好的容貌是她唯一的资本。因容貌已被疾病毁坏，担心武帝看到后心生厌恶而不再封赐她的兄弟，所以不愿让他看到她此时的面容。

这其实倒是李夫人误解了武帝。武帝得知实情后，反而对李夫人越发怜恤，很快以其兄李广利为贰师将军，封海西侯；任其弟李延年为协律都尉。李夫人死后，又命画师为她画了幅肖像,挂在他常去居住的甘泉宫;还亲自撰作《悼李夫人赋》(见《汉书·外戚传》),以寄托对逝者的绵绵思念和对失去母爱的稚子的无限哀怜。

据《史记》、《汉书》记载,在此前后,受到武帝宠幸的,还有邢夫人、尹婕妤、李姬等多位,限于篇幅,姑且从略。

当武帝先后演着这些缠绵悱恻的情爱故事时,给人的印象似乎是一个难得的多情多才男子。但我们不应忘记,他毕竟是皇帝。帝王如果也有爱情的话,那也只是一时的兴之所至,与普通人珍视的爱情不是一回事。就在这同一时期,被冷落在后宫的卫皇后正在过着孤寂凄苦而又提心吊胆、惶恐不安的日子。唯一的希望就是能保住自己皇后的地位和儿子刘据的太子地位。因为她知道一旦丧失了这个基点,那么他们娘儿俩的结局将会比陈皇后更惨。

不过作为一代雄主的武帝,在任何时候、考虑任何问题,总还是能把维护刘汉皇权的永固放在第一位。因而当他得知,由于他先后宠幸王夫人、李夫人等等,而她们又相继生下刘闳、刘髆等皇子,致使皇后卫子夫、太子刘据"常有不自安之意"的时候,便通过卫青向母子俩传去一番话,以化解他们的疑惧。武帝的这番话《史记》、《汉书》不载,独录于《资治通鉴·汉纪十四》——

> 汉家庶事草创,加四夷侵陵中国,朕不变更制度,后世无法;不出师征伐,天下不安。为此者,不得不劳民。若后世又如朕所为,是袭亡秦之迹也。太子敦重好静,必能安天下,不使朕忧。欲求守文之主,安有贤于太子者乎。闻皇后与太子有不安之意,岂有之邪?可以意晓之。

这段话,无论对了解和研究武帝的思想,了解和研究他对自己历史使命的认识和对皇太子刘据的态度,都有着十分重要的意义。

武帝显然是经过深思熟虑的,话说得坦诚、平实,却凝结着高远的政治智慧和历史洞察力。特别值得注意的是对"袭亡秦之迹"的告诫,说明此时武帝还是颇为清醒的。他承认自己"内修法度"、"外攘夷狄"不断地强力举作是"劳民",但却是帝国历史交给他这一代帝王不能不完成的使命。如果继位之君仍然如此劳民,那就必然要"袭亡秦之迹"。所谓"一张一弛,文武之道也"(《礼记·杂记》),因而他认为"敦重好静"的刘据,恰恰是在他之后的守文之君的最合适的人选。

卫青当时听了武帝这番话,"顿首谢";卫皇后听了卫青的传话,即"脱簪请罪"。

但后来事情的发展却使武帝抛弃了这个许诺,卫氏母子则双双走向了绝路。

未央宫挂起了一个问号:"尧母门"?

岁月无情,人生易老,即使贵为帝王也奈何不得。

但武帝却也像秦始皇那样,曾向生命固有的规律发起过堂吉诃德式的挑战。为求长生和寻觅不死之药,在长达二十余年的时间里,他广招四方奇异之士,不惜一掷千金万金,结果自然全都归于虚妄。既然人人都要死，随着岁月的流逝，谁也无法躲避一个终古追问：人生虽好，其奈老何？

武帝有一首可以与高帝《大风歌》媲美的古体诗《秋风辞》，《汉武故事》说是"上幸河东祀后土"时作的，但没有记下具体年月。从流贯于全诗的那种苍凉、无奈的气韵看，我估计很可能作于他晚年、王李二夫人相继去世以后。其诗云：

秋风起兮白云飞，草木黄落兮雁南归。兰有秀兮菊有芳，怀佳人兮不能忘。泛楼船兮济汾河，横中流兮扬素波。箫鼓鸣兮发棹歌，欢乐极兮哀情多，少壮几时兮奈老何？

荣极则枯，乐极生悲。贵为帝王固然可以对他的臣民任意决定生杀予夺，却与寻常百姓一样难以摆脱老与死的追逼。于是留下的只有怀念了。"怀佳人兮不能忘"。这里的"佳人"不一定特指某个美人，也应包括自己曾经拥有的青春年华、峥嵘岁月，和壮丽美好却偏偏不能完全如愿实现的人生理想。

但"佳人"居然倏忽间来到，而且还带着一种让人不由遐想翩翩的神秘气息。

那大概是在太始元年或二年（公元前96或前95年）一次外出巡狩，路过河间（今河北献县、武强一带）这个地方。随行有位方士望着滔滔东去的滹沱河忽然说：此间多紫气萦绕，每遇轻风拂过则熠熠生辉，臣料百里之内必有一奇女子在焉，亟待贵人前来探求，陛下何不一试？

武帝一下被这番诡谲的说词激起了兴致，当即命人四出寻访，果然得一年轻女子赵氏，天生丽质，风韵绝伦。奇怪的是，她的两手总是作着握拳模样，指、掌无法伸展。侍从中有几个试着想帮她伸展，都没有成功；武帝上去只是轻轻一掰，却豁然分开，掌中竟还握着一枚精巧的玉钩！

至于赵氏女子何以会两手拳曲，《汉书补注》引《括地志》作了这样解释：此女"少好清净，六年卧病，右手拳（《汉书》作"两手皆拳"），饮食少。"照此说来，原是一种病态。但方士望气，武帝一掰即开，掌中又握着玉钩这一类充满神秘气息的描述，却又不能不使人猜想：会不会是某些人有意策划的一种进身术呢？当然猜想只能是猜想，毫无根据。让我们还是把这位奇女子的故事说下去吧！

奇女子进宫，众人称奇，起先人们背后都叫她拳夫人。此时已进入老年的武帝，对这位年轻美貌的拳夫人的宠爱，可谓无以复加。如特地为她制一个名号，叫婕妤[1]，故拳夫人也称赵婕妤；又为她在城外专辟一宫，起名钩弋宫，故赵婕妤又称钩弋夫人。一年多后的太始三年（公元前94年），钩弋夫人怀孕十四个月而产下一子，取名刘弗陵。这一年武帝已六十三岁[2]。老来得子，加上传说中的尧妊期也长到十四个月，使得这位笃信鬼神的

【1】婕妤：嫔妃名号，武帝始置。汉制皇后以外嫔妃凡十四等，婕妤为第二等，秩视上卿，爵比列侯。

【2】关于武帝生弗陵的年龄，《史记·外戚世家》褚先生补称："武帝年七十乃生昭帝。"似有误。武帝生于景帝前元元年（公元前156年），而弗陵出生是在太始三年（公元前94年）故此时武帝当为六十三岁。

汉家天子大喜过望，欣然提笔为弗陵出生的宫门赐名，曰：尧母门。

尧是传说中的上古圣君，姓伊祁氏，名放勋；因曾为黄帝嫡裔高唐氏部族长，故史称唐尧。武帝把刚降生的弗陵和他母亲分别比作唐尧及其生母，是仅仅因为妊期相同出于一时高兴，还是含有特别推崇这对母子之意，已无从得知。但不管怎么样，武帝这种有违常理的做法，不能不在后宫和前廷引起种种猜测。猜测汇聚到一点，人人眼前挂起了一个问号：东宫将会有变吗？

一千多年后，司马光在编写这段历史时，写下了这样一番话：

> 为人君者，动静举措不可不慎。发于中必形于外，天下无不知之。当是时也，皇后、太子（指卫子夫、刘据）皆无恙，而名钩弋之门曰尧母，非名也。是以奸人逆探上意，知其奇爱少子，欲以为嗣，遂有危皇后、太子之心，卒成巫蛊之祸，悲夫！（《资治通鉴·汉纪十四》）

的确，当时朝廷上下都处在一种特别敏感的政治氛围中，因而人们很容易从武帝赐名"尧母门"这一反常做法"逆探上意"，以为这是他将要对太子、皇后再来一次废旧立新的信号。分析起来，当时那种特别敏感的政治气氛主要是由以下两个方面因素构成的——

一是武帝已日趋衰老，有时神志也似乎不怎么清醒。一次昼寝，他在似梦非梦中见有数千木人持杖劈头击来，惊醒后，仍恍惚多时。又一日宫中闲坐，忽见一男子仗剑直入，急命人搜捕，却一无所获。其实这很可能是老年人常有的一种幻觉，武帝却无端把怒火发在看门人身上，竟下令将他斩杀。所有这些都说明，武帝已步入垂暮，帝国正在快速走向一个多事之秋——新老皇帝交替的特殊时期。

二是皇太子刘据早已长大成人。弗陵出生那年，刘据已三十五岁，立为太子也已有二十九年。太子难当，"老"太子尤其难当。君老子壮，迫使双方都处于紧张状态：君担心会被篡夺，子害怕将被废黜。历史上，太子在东宫一住就是数十年，极少有不出事的。应当说武帝起初对刘据还是相当满意的，专为他修建博望苑，任由其所好，广交天下才俊[1]。待到皇太子日渐长大，就开始像当年高帝总觉得刘盈"为人仁弱"、"不类我"那样，武帝左看右看，也总觉得刘据"材能少，不类己"[2]。"不类我"或"不类己"，是一种典型的排他心理，不止是高帝、武帝有，历代帝王也极少例外。他们对自己亲立的太子总是左一个不放心，右一个不放心；总希望样样"类我"，恨不得"克隆"出一个自我来。其实

---

[1] 宋代司马光在分析刘据后来与武帝矛盾激化，以至演变成"巫蛊之祸"那样的惨剧时，认为其中一个重要原因，就是武帝为刘据修建博望苑，任由其交通宾客，致使"宾客多以异端进者"（《资治通鉴·汉纪十四》）。这似乎也有根据。如刘据在发兵起事时，其中有一个将领张光，就曾是博望苑的宾客。但说宾客向刘据进"异端"，则并不见有记载。再从后文将要介绍的刘据与武帝的政见分歧来看，按司马光所遵循的儒学标准，刘据所持应是"正端"，而非"异端"。

[2] 关于武帝与刘据的性格矛盾与政见分歧，《汉书》记载过于简略，而《资治通鉴·汉纪十四》、《通鉴记事本末·巫蛊之祸》则颇为详细。此句及此下凡未注明出处者，均引自后二书。

即使真的克隆了,也仍然很难甘心情愿交权让位,因为那毕竟不是"原我"。最好是皇权永远由"朕"一人独掌,皇位永远由"朕"一人独坐。这大概就是秦始皇、汉武帝特别迷恋于追求长生、寻求不死之药的心理动因吧。

不过说刘据"不类"武帝,倒也是事实。与被史家称之为"雄材大略"的武帝相比,刘据仁恕温和,敦厚好静,父子俩性格上有着明显差异。这种差异有时也反映在政见上。如武帝不断征讨四边,刘据以为劳民伤财,常常谏阻;武帝任用酷吏,刑法严苛,刘据以为法严伤人,受命审案多次作出平反。在当时,父子间这种分歧很可能已处于半公开状态,因而百官也暗中分成了拥太子和毁太子两派:"群臣宽厚长者皆附太子,而深酷用法者皆毁之;邪臣多党与,故太子誉少而毁多。"

派别与集权可说是一对死敌。集权制要求一元化,派别的出现却是二元化以至多元化的标志;而派别的继续发展,更很有可能形成又一个甚至多个权力中心,这就意味着集权制的瓦解。所以,尽管"誉太子少"、"毁太子多"说明武帝依旧占据着主权力中心,但对像他这样一个始终追求皇权独擅的强势型帝王来说,也是无法容忍的。正是基于这一点,无论武帝命名尧母门是否具有特别含义,他的臣属们都会往"东宫是否会变"这上头去想。如果按照我在三章末节提到的东宫危机四种形态来区分,那么此时该处于变更型危机的萌发期。萌发期的一个最明显的特点,就是不少人会在这时产生一种投机心理或称押宝心理。武帝身边的几个内侍如黄门【1】苏文、常融等,这时就把宝押在"太子将废"这一边上,因而经常借细故说刘据坏话。一次武帝身体稍有不适,命常融去把刘据叫来。常融回来禀报说:太子听到皇上有微恙,脸上笑嘻嘻的!武帝一听"嘿然"。这嘿然可以理解为默不作声,也可理解为心里想着惩罚的主意。接着便发生了戏剧极强的一幕:"及太子至,上(指武帝)察其貌,有涕泣处,而强语笑。上怪之。更微问,知其情。乃诛融。"刘据因脸上留有泪痕而避免了一次或大或小的灾祸,而原想借此立功邀宠的常融,却因有这泪痕而丢掉了性命。这说明东宫危机在萌发之时,政治气氛变得何等微妙和险恶!

但直到巫蛊之祸发生之前,这对特殊父子相互还是较为克制的,双方都不想走极端。刘据即使有不同意见,也做得十分谨慎,从未失为臣、为子之道。因刘据常去后宫谒见母后,苏文竟诬陷刘据与宫女调情。卫皇后恨之切齿,要刘据奏明武帝诛杀苏文。刘据说:身正不怕影子歪。父皇英明,决不会轻信这个小黄门的!武帝外出,也总还是放心地将朝政委与刘据,把后宫托付给卫皇后,回来听取禀报往往只问大事,细处略而不论。对父子间的分歧,武帝也没有看得过于严重。一次刘据谏阻征伐四夷之事,武帝笑着说:"吾当其劳,以逸遗汝,不亦可乎?"老爷子辛苦一点来打平这个天下,让儿子可以做个安乐皇帝,这也许确是武帝曾经有过的想法。

不妨设想,如果没有外力因素介入,武帝与刘据纵然因性格与政见的差异不时会出现磕磕碰碰,估计不一定会激化到非要废黜甚至动武不可的地步。不幸的是这个外力因素还

【1】黄门:汉官署名,属少府。其正副长官为黄门令、丞,其属官有黄门、小黄门、中黄门等,皆由宦官充任。颜师古注《汉书·霍光传》称:"黄门之署,职任亲近,以供天子,百物在焉。"

是出现了，他就是因巫蛊之祸而被载入史册的江充。

巫蛊之祸：一场流血的东宫危机

如果说巫蛊之祸是武帝时期由东宫的变更型危机导致的一场可怕的大火的话，那么，江充就是一根挑火棍。

江充，原名江齐，邯郸（今河北邯郸西南）人，因有个善于鼓琴和歌舞的妹妹嫁与赵国太子刘丹（赵王刘彭祖之子、武帝之侄）为妃，他也当上了赵王门下的宾客。后来刘丹怀疑江齐向赵王揭举他的阴私，派人追捕江齐，没有捉到本人，竟将他父兄全都杀了抛尸街头。江齐改名江充，辗转数千里，从邯郸逃亡到长安，上书告发刘丹与同胞姐妹淫乱及结交郡国豪猾为非作歹等事。武帝阅书大怒，即发吏卒收捕刘丹，下诏狱论罪。

武帝之所以如此严厉惩处刘丹一案，是因为此时他正要设法治一治贵戚近臣愈演愈烈的骄奢跋扈。事后，他又特意在上林苑犬台宫召见江充。《汉书》本传对江充出场作了详细描述，说他"为人魁岸，容貌甚壮"，又说他打扮奇特：头戴的细纱冠上插着名叫步摇的女人首饰，冠缨上又缀着色彩鲜丽的羽毛；身穿一件禅衣，后襟开着袑，活像燕子尾巴。武帝凭几而坐，抬头一望，不由脱口赞了声：呵，果然是燕赵多奇士啊！

看得出来江充此人颇有心计。他摸准武帝厌恶平庸、喜好奇崛的心理，精心设计了这样一次"亮相"，目的就是要引起武帝注意。

他果然获得了成功。

一番交谈，武帝大悦。江充又自请出使匈奴，复命后，即被授任为直指绣衣使者。此职也简称直指使者、绣衣直指或绣衣御史，武帝为强化集权专制而特设，因身穿绣有特种图纹的官服而有此名。出使时，皇帝赐以节杖，授予包括可以诛杀地方官员、调遣郡国军队等特权。武帝第一次下达给江充的任务是，督捕京城与京畿地区盗贼，举劾贵戚近臣的骄奢僭越行为。江充很快拿出了一个弹劾名单，建议车马一律充公，并勒令其本人到北军去集中待命，强制他们去参加征讨匈奴之战。武帝写下了一个"可"字。此令一出，那些被弹劾的贵戚子弟纷纷叩头求饶，谁也不想到大漠去打仗送死，宁愿出资赎罪。江充一炮打响，单是出资赎罪这一项，就有数千万贯钱捞进了国库。武帝夸奖江充"忠直"，说他干得好！

江充知道要真正杀出威风，就得敢于碰硬，敢于抓大，当然得选择那些武帝已不再亲信的失势者。到哪里去抓？经过一番察看，以为最容易出成果的地方该是驰道。驰道专供皇帝车马通行，他人胆敢妄入将受到严厉惩处。江充带领随员，亲自侦察，就像猎者等待着猎物踏进陷阱来。果然不久就先后抓到了两个既大又硬，又是武帝不再亲信的。一个是馆陶长公主刘嫖。自从母亲窦太后去世、女儿陈皇后被废后，尽管刘嫖自我感觉依然显赫，但毕竟已被皇上视为弃物。江充大喝一声：停车！身为皇姑的长公主自然不会把昨天还是逃犯、如今也只是个小小直指御史的江充放在眼里。回喝道：你好大胆啊！我有皇太后懿旨，特许通行驰道，你敢怎么样？江充说：既有太后懿旨，那就请长公主下车自便吧！硬是扣下她的车马，悉数没收入官。

还有一个误入驰道的，是皇太子刘据派出去办事的使者。俗话说打狗也得看看主人面。江充确实看了，不过他是倒着看的：越是刘据派出的使者，他越要治。因为他的敏锐的政治嗅觉已经嗅出，这个老太子很可能就要被废，所以不仅没收车马，还将这个使者交付掌治京师治安的中尉去论罪。果然刘据服软了，赶快派人去向江充赔礼道歉，说他并非吝惜那些马车，只是这样的事不想让皇上知道，以为我平素对属下管教不严，还望足下能予宽宥。江充听了心里直乐：你不是怕皇上知道吗？我就偏要让皇上知道！索性将刘据派人说情的事也一并作了奏报。史书没有记下武帝听过奏报后对刘据有了怎样的看法。如果有一架天平的话，那么不妨猜测，此时武帝肯定又要在废刘据这一边加上了一个重重的砝码。所以他才会夸奖江充说：你做得对，做臣子的就应当这样！

不仅是武帝，支持江充这样做的还有不少大臣。

如前文所述，朝臣中原本就有"誉太子"和"毁太子"两派，而且毁派多于誉派。江充的作为尽管张狂，却正是毁派想要做而不敢做的。因而他这几斧头一砍，越发"大见信用，威震京师"（《汉书》本传）！

在这期间，江充曾一度被任为水衡都尉，那已属二千石高官，又掌管上林苑兼皇室财物及铸钱之事，职位极为显要。他大概利用职权干了不少开后门、拉关系一类事，《汉书》本传记了这么一句："宗族知友多得其力者，久之，坐法免。"终因犯法而被免去此职，仍任直指使者。按说江充应该从这一番升沉起落中学得谨慎一些了，可他偏偏学得越发狠毒。

征和二年（公元前91年）春夏间，武帝生了重病，居住于晚年常去休憩的甘泉宫。此宫位于未央宫西北百余里，秦时已有，武帝即位后又重新修建，增筑了通天、高光、迎风诸殿。扬雄作《甘泉赋》，用华丽的词藻竭力铺陈其奇崛瑰伟，比之为天帝的"紫宫"。故址在今陕西淳化西北甘泉山上。

一个六十六岁的老人加上重病，使机灵的江充立刻看到了一个严重的警兆：我既已得罪了皇太子，一旦老皇帝咽气，还能有我江充活路吗？有道先下手为强，后下手遭殃。为求自保，必须抓紧时间趁老皇帝还活着伺机来一个剑走偏锋，除掉皇太子刘据！

机会很快找到，那就是当时正在闹着的巫蛊之案。

读者还记得六章三节提到过的那个哭哭啼啼不肯做丞相的公孙贺吗？说起来，此公还是武帝的连襟：其妻卫君孺与卫皇后为姐妹。这一年，他的儿子、代任太仆的公孙敬声因擅用北军军费而下狱，为替儿子赎罪，他自请去捉拿武帝正下诏缉捕的京师大侠朱安世。通缉犯倒是很快抓到了，不料朱大侠却来了个大反扑，说你那个宝贝儿子不仅与阳石公主（卫皇后之女）通奸，还搞巫蛊诅咒皇上，那些木偶就埋在通往甘泉宫的驰道中。武帝即命廷尉立案，穷治所犯。这就是所谓巫蛊之案。后来受命主办此案的就是江充。江充乘机不断扩大究治范围，终于酿成了不可收拾的巫蛊之祸。

巫蛊纯属迷信。但当它被一个进入垂暮之年又沉疴在身却依旧掌握着至高无上权力的皇帝视为对自己生命的最大威胁的时候，就会因谁也不敢揭露、又没有人能为无辜者申冤而酿成一场可怕的政治大灾难。此时江充已变成了一个穿着绣衣的死神。他带着巫师和武士四处掘地寻找木偶，随意捕捉人犯，用"烧铁钳灼"等酷刑锻炼成狱。黑色的死亡之火在皇皇的京都一簇又一簇地蔓延着。除公孙贺父子死于狱中、全家被族灭外，"坐而死前后数万人"（《汉书·江充传》）！

特别值得注意的是，在同案中被杀的包括卫皇后的姐姐卫君孺（公孙贺之妻）；她的三个女儿：长公主、诸邑公主和阳石公主；她的同母弟弟卫青之子卫伉（卫青此时已早病故）。这一情况或者可以说明，到巫蛊之案后期，武帝要废黜皇后卫子夫和皇太子刘据的决心，已十有八九下定。

与此同时，这个导致数万人被杀的大案，对已处于垂暮之年而又多病的武帝的心灵是一个沉重的打击。这位年轻时曾以跃马弯弓搏击熊罴虎豹为乐事的英武天子，如今却被接连传来的巫蛊凶报吓懵了。一时风声鹤唳，草木皆兵。他甚至怀疑自己身边也有人在干这种将致他于死命的可怕活动。

就在这时，有个叫檀何的巫师来禀报说，他已在未央宫望到了一股隐伏的蛊气，若不及早铲除，只怕陛下龙体难以康复了！

这檀何其实正是受江充指使来向武帝说谎的！

武帝居然准了檀何所奏。当即命江充随带光禄勋韩说（韩嫣之弟）、御史章赣、黄门苏文等，入宫治蛊。江充拿到了诏命这把尚方宝剑，便有恃无恐地一步步去迫近他处心积虑要清除的目标。第一步，先治那些没有受到过武帝宠爱的嫔妃；第二步再收拾其余及卫皇后掖庭椒房；第三步就直闯刘据太子宫。在这里，他命人来一个掘地三尺，弄得到处都是坑坑洼洼，连放张床的地方也没有了！随即宣布，他已在皇后和太子宫里掘出了大量木偶和诅咒帛书，马上就要派人去甘泉宫奏明皇上！

征和二年（公元前 91 年）七月，已被逼上悬崖的刘据，急召此时任少傅的石德[1]商议对策。石德建议立即收捕江充，拷问其奸，奏明陛下，以为自辩。刘据尚有犹豫，石德说：如今皇上病重且远在甘泉，而江充作奸如此，太子难道忘了当年扶苏前车之鉴了吗？

扶苏是秦始皇长子。秦始皇沙丘暴亡，赵高矫旨杀扶苏而立胡亥为秦二世。

石德的这一提醒，促使刘据下决心铤而走险。他先让一个门客扮成武帝使者，随带武士，前去收捕江充。谁知却被韩说看出破绽，拒绝受诏。门客格杀了韩说。苏文和在格斗中受了伤的章赣乘隙逃出，急赴甘泉宫去向武帝报信。事情到了这一步，刘据已是欲罢不能，索性入宫禀明皇后，发长乐宫卫卒及中厩车载射士，捉住了江充、檀何。先命人将檀何押至上林烧死。江充还想以领有诏旨抗辩，刘据戟指怒骂道：邯郸死囚，你乱了赵王父子不够，还想来构陷吾家父子吗？喝令推出斩首。玩火的江充就这样自己也遭了火焚。

【1】此石德是谁？《汉书·武五子传》注为"石庆之子"。石氏一门，包括石奋、石建、石庆等，向以恭谨著闻，详六章一节、本章二节。如果此石德真是石庆之子，也该是谨小慎微一类人物。但据《汉书·石奋传》载录石庆之子石德早在巫蛊事件前十年已因犯法免为庶人，不可能再做刘据少傅。所以《汉书补注》称：此石德当为"别一石德，非庆子也"。

刘据估计丞相定将发兵阻击，一不做、二不休，就来个先发制人，冲进了丞相府。此时原任丞相的公孙贺已死于狱中，刚接任的是武帝庶兄刘胜之子，叫刘屈氂。此公仅做过一任涿郡太守，从未上过战场，一见刘据仗剑带兵而入，吓得连相印也来不及携带就慌忙逃命。这一来，京城大乱。

再说苏文、章赣仓皇赶到甘泉宫，已是次日。武帝得报，当即派出使者，急召太子来宫，意欲问个究竟。但那使者听说京城已乱成一片，怕去了会丢掉性命，只在宫外瞎逛了大半日便回来禀报说：太子确已谋反，哪还肯来见皇上，连小臣也差点被杀，只好慌忙逃回！武帝大怒。刚要发令命丞相刘屈氂统兵拘捕刘据，恰好丞相府的一位长史从京城匆匆赶来告变。武帝急问：丞相有何应变之举？长史还想给顶头上司留点面子，随口回答说：丞相以为事关皇储，应当守密，未敢擅自发兵。武帝听了又好气又好笑，说：京城已尽人皆知，还守何密！这个刘屈氂，怎么就不学一学周公呢？当年周公不就是亲行东征，诛杀管蔡[1]的吗？当即手书诏令一道，飞马急送刘屈氂：

捕斩反者，自有赏罚。以牛为橹（用牛车连接成阵。橹，原指大盾牌），毋接短兵，多杀伤士众，紧闭城门，毋令反者得出。（《汉书·刘屈氂传》）

现在已不止是要废去刘据的太子之位，而是已将他视为"反者"，要捕而斩之。不过从这道手诏看，武帝还是不想让事态扩大，特意告诫刘屈氂要以牛车为阵，尽量避免直接搏杀，不要多杀伤士众。

长安这边，刘据以太子令的方式向百官宣告，他之所以起兵诛讨，是因为"帝在甘泉病困，疑有变，奸臣欲作乱"（同上）。刘据没有想到，正是这"甘泉病困"四个字深深激怒了他的父亲。一生不知受困为物的武帝，不顾是年已六十有六，且又在病中，立即起驾南下，居留于京城之西建章宫督战。由巫蛊之祸酿成的、史家称之为"父子交兵"的一幕就这样拉开啦！

武帝下诏调发京畿附近诸县军队，尽归刘屈氂统领。曾经临阵脱逃过的刘丞相，这回决心以死拼战了。原因有二：一是为了向武帝赎罪；二是杀了刘据，他亲家李广利的外甥刘髆（武帝第五子）就有了登上皇太子之位的希望——后来他与李广利就是这样设谋的。

面对刘屈氂统领的朝廷大军，仅有少量长乐宫卫卒的刘据已完全处于劣势。匆忙中，他采取了两项调集兵力的措施。一是矫诏赦免长安诸官署囚徒，打开武府，将他们武装起来，由少傅石德、宾客张光分别率领。二是派囚徒如侯持节去征调屯驻于长水、宣曲两地原由归降匈奴军组成的骑兵。第一项顺利实现；第二项却碰了壁。有个叫莽通的侍中恰好有事奉命从甘泉宫到长安来，途中看到如侯所持为赤节，便大声向匈奴军呼叫：符节有假，切勿听从！并追杀了如侯。原来汉制符节本为赤色，如侯所持即赤色；武帝早已料到儿子会

【1】管蔡：指周初王室管叔鲜、蔡叔度，皆为文王之子、武王之弟。武王死，子成王即位，年幼，由周公旦辅政。管、蔡不满，与纣王子武庚勾结，发兵叛乱。周公东征三年，乱平，杀管而流蔡。

用这一招，临时下旨在赤节上另加黄旄以示区别，因而被莽通看出了破绽。长水、宣曲骑兵没有调成，刘据想转而去征调北军。北军的监护使，就是七章三节中提到过的当年曾写信劝司马迁"慎于接物"，司马迁以《报任安书》作答的那位任安。刘据用赤节向任安征调北军之兵，任安也看出是假，但他既不想得罪太子，当然更不敢有违皇上，于是先拜受符节，接着便紧闭军门，不受征调。刘据屡屡碰壁，万般无奈，只得率领以囚徒为主的数万人众，本意可能是冲向未央宫的，但到长安宫西阙就遭遇了刘屈氂统领的朝廷大军。双方激战五昼夜，死者数万，血流入街衢纵横沟道，一片殷红。

结果刘据全军覆没。少傅石德、宾客张光皆被俘，受戮。刘据带着两个未成年的儿子，跟跄南奔至覆盎门。奉命把守此门的是五章四节中介绍过的那个喜好任侠、行事独特的田叔的儿子田仁。田仁与任安曾同为卫青门下舍人，此时任司直（丞相属官，掌举不法）。他与任安一样，在左右为难中选择了一个眼开眼闭的做法：有意避开，不亲自严查。刘据父子因而得以侥幸混出城去，仓皇出关东逃。

事后，任安以"有两心"，想"坐观成败"，田仁则以有意放走太子，双双受戮。

与此同时，太子宫诸官及宾客也一律诛杀。

武帝又诏令宗正收取卫皇后玺绶，也即废为庶人。卫皇后惶恐自杀。武帝命人以一小棺草草埋于长安城南了事。

接着又将卫氏家族悉数诛灭。

刘据的妃子史氏及儿子刘进等也全部斩杀。刘据有个尚在襁褓中的小孙子，叫刘病已，也被投入大牢。令人惊奇不已的是，这个命乖运蹇的婴儿不仅顽强地存活了下来，后来居然还当了汉帝国七世皇帝，他就是被史家称为中兴之主的汉宣帝。

在这次"父子交兵"中有三人因功受封为侯——

侍中莽通，以斩杀反将如侯之功，封为重合侯；

长安男子景建，以俘获少傅石德之功，封为德侯；

大鸿胪商丘成，以擒获反将张光之功，封为秺侯，并擢任为御史大夫。

末了，再说几句关于刘据和他的两个带在身边的儿子的结局。

由长安东行出关后数百里的湖县（今河南灵宝西北）境内，有个偏僻的小村子叫泉鸠里。这年中秋后的一个黄昏，村头那个靠卖鞋为生的老翁刚要闭户熄灯，冷不防撞进疲惫不堪的父子三人来，恳求予以借宿。老翁见三人衣著虽华贵却已破败不堪，身上又伤痕累累，行动也有些艰难，猜想该是遭了难的，便答应了下来。老翁原来只是靠织鞋手艺糊口，如今无端要多供三个人的吃食，十天半月一过，自然就显出了拮据。刘据看着心里甚为不安，想起了湖县城里有位颇具资财的故友，何不差人去请来求些接济。不料因此一举，风声泄漏，当日深夜，老翁家两间小屋已被由当地一位太守率领的吏卒团团围住。刘据自知已无法脱逃，便紧闭门户，悬梁自缢。两个小皇孙也一起遇害。令人欷歔不已的是，那位纯粹出于好心的卖鞋老翁竟也遭此飞来横祸，倒在了小屋门前血泊之中。

在这次围捕太子中，又有两人因功封侯：新安令史李寿封为邘侯，山阳卒张富昌封为题侯。

这样，在整个巫蛊之祸中因功而封侯的，共有五人。

在巫蛊之祸前后，《汉书》的《五行志》和《武帝纪》分别记下了这样两件事：

涿郡铁官铸铁，铁销，皆飞上去。

癸亥，地震。

地震是自然灾害，而铁被熔化后居然"皆飞上去"，则该是冶铁过程中一起意外事故。但《汉书》作者之所以郑重其事将其记了下来，却别有深意。它表达了古人一种由来久远的观点，以为这类被称为"灾异"现象的出现，是上天对人世做了有违天道之事而发出的凶兆，意在警戒。因而这两件事的记载，可以解读为，当时上至朝廷下至黎民百姓，都浮动着一种情绪：忧虑、惶恐和不安。

从颁发"罪己诏"到临终托孤

思子宫:"茫茫阴阳隔,幽幽一缕魂"

令人担忧的还不止是已经发生的巫蛊之祸。

当关中大地纷纷扬扬的飞雪,终于将"征和二年"这个给汉帝国带来了深深伤痛的年份悄然送走时,未央宫又遮起了新的愁云忧雾。

武帝病情虽有好转,却越发显出了老态。

太子宫人去楼空,宫前花草一片凋零。

这一老一空,显示着帝国权力传承机制出现了空缺型和交接型的双重危机。

自然也有人因此而显得异常兴奋。

于是在征和三年(公元前90年)三月,发生了七章三节提到过的刘屈氂与李广利秘密合谋促使武帝立昌邑王刘髆为太子的事,此案很快被揭发,又带出刘屈氂之妻也曾叫巫师在祭祀时诅咒皇上,结果是,刚做了几个月平定刘据谋反功臣的刘屈氂,自己也被腰斩于东市,妻儿枭首于华阳街。正在北击匈奴的李广利,得悉东窗事发,妻儿全遭收捕,自知回京等于送死,几经犹豫后,终于作出了投降匈奴的选择。

武帝陷入了此生以来最大的内心痛苦。他一连几个月每天只进一餐,平生喜好的音乐歌舞也不再有任何兴趣。

很显然,刘屈氂、李广利之案,起因是东宫缺位;而东宫之所以缺位,是皇太子刘据已在泉鸠里悬梁自缢。

在不久前"父子交兵"血染京城的那些日子里,壶关县(今山西长治北)有位名叫茂的乡官,曾跋涉千里来京冒死上书,称刘据是因"困于乱臣"、"冤结而无告"才起而杀江充的,所以"子盗父兵"只是为了"救难自免",请求武帝"亟罢甲兵,无令太子久亡"(《汉书·武五子传》)。但当时武帝正在盛怒中,虽稍有所思,却并没有下令罢兵。现在他已经知道那些所谓巫蛊之事多不可信,刘据确实是因为恐惧才仓皇兴兵的,实在并无他意。那也就是说,儿子是被他这个做父亲的逼杀的!人死不能复生,他的后悔已成了无法挽回的终天之恨!

问题还不止此。

作为一个被神化了的皇帝,他已被认定为始终圣明,一贯正确,与悔恨绝缘。因而他的悔恨既不能诉说,也无处诉说,只可埋藏于胸,任由它默默啮啃自己的心。

同样,事实上左右近臣也早已看出,他们的皇上正在痛苦地啜饮着自己酿成的苦酒,却谁也不敢去捅破这层窗纸。因为指出皇帝决策有误,那就是触了"逆鳞"[1],犯了大忌,后果不言自明。

这时候的武帝,需要有一个台阶,好让他从高高的神坛上降下来,承认自己也可能犯错误,也需要和可以悔改。

只是这个台阶最好不是人间的凡人,而是冥冥之中的神灵给的,那样才能保留他作为至高无上皇帝的最后一点面子。

于是在京城东北数十里的高帝陵园附近有个老人便做起梦来了。梦醒后,壮壮胆,给武帝写了封信,绕着弯子,隐隐约约提出逼杀刘据是个冤案。信中说:

子弄父兵,罪当笞(鞭打);天子之子过误杀人,当何罪哉?臣尝梦见一白发翁教臣言。(《汉书·田千秋传》)

写信人叫田千秋,祖上是战国齐国王室田氏,汉初被作为豪族强制迁徙来充实京都的,此时任高寝郎,护卫高帝庙寝。

田千秋真做了这样一个梦吗?恐怕未必。他想为刘据申冤显然已非一日,只是担心风险太大,不敢贸然。要真有此梦,那也是他日思夜想想出来的。假托梦中神秘的白头老翁的嘴巴说他心里想说的话,这样不仅给自己戴了顶安全帽,也给了武帝一个比较容易接受的台阶。在这里,田千秋借梦中老人说话与董仲舒借孔子《春秋》说话,演的是同一出戏,都是帝王制度下的一种进言术。

果然,武帝得信大为感悟,立刻召见田千秋。出现在殿前的是一位身长八尺的老人,鹤发童颜,俨然有长者之风。武帝顿时心生愉悦,尽管素不相识,却像见到了阔别多年的老友,一落座就絮絮叨叨诉起了衷肠。说是老田兄弟呀,爷老子与儿子之间的事,旁人谁个说得清楚呢,只有您老,知道我那儿子不是像别人说的那样坏,他是被冤枉的呀!(原文:"父子之间,人所难言也,公独明其不然。")所以您老一准是高庙神灵派来指教我的,请您马上来做我的左臂右膀吧。(原文:"此高庙神灵使公教我,公当遂为吾辅佐。"均据《汉书·田千秋传》)

这么一番叙谈过后,即拜田千秋为大鸿胪,掌管诸侯及四方归汉蛮夷,已是九卿之一的高官。数月后,又擢任为人臣之极的丞相。见他年事已高,还特许乘小车入宫朝见,故被人称为"车丞相"、"车千秋"。

---

[1] 逆鳞:喻指帝王最不可触犯处。《韩非子·说难》:"夫龙之为虫也,柔可狎而骑也,然其喉下有逆鳞径尺,若有人婴(通"撄",触犯)之者,则必杀人。人主也有逆鳞,说者能无婴人主之逆鳞,则几矣!"

田千秋其人史称"敦厚有智",居相位十二年,大体还算称职。但武帝一开始就予以如此超越常制的重用和优遇,应是别有用意的。从后来的行事看,似乎是要用这样一个出格的举动,向他的臣民传递一个只可意会、不可言说的重大信息:他已经承认自己有错,逼杀刘据是一个应予平反的冤案。

当然在处理时,必须维护这样一点:皇帝永远绝对正确,永远不可能有错,错全在执行者。于是便有了这样一些诏令和措施——

族灭江充全家;

将苏文押至渭桥烧死;

那个在泉鸠里围捕时最先将剑锋指向刘据的人,当时被认为有功而任为北地太守,此时也处以灭族之刑。

与此同时,命掌管修治宫室的将作大匠率领工匠数万,在泉鸠里所在的湖县西侧檠涧水之畔,昼夜兴工,赶造宫殿、高台各一。落成后,武帝赐名"思子宫"和"归来望思台"。由掌管礼仪的太常主持行考室之礼,奏《斯干》之乐[1]。尽管史书没有留下记载,但武帝入住思子宫和登临望思台也该是情理中事。笔者不揣孤陋,试作《登望思台辞》,代武帝抒悲。歌曰:

檠水思子宫,巍巍何壮哉!我有千斛悔,颠沛独登台。上接星辰出霄汉,下连江河归瀛海。但见无边蔓草萦荒坟,不闻丝管玉喉奏郑声。茫茫阴阳隔,幽幽一缕魂。凭君归来制新歌,为我唱彻万古愁!

上述种种措施,纵然没有明文宣告,实际上已给刘据平了反。一场原来说是谋反与反谋反的京都大战,单是战死的人就多达数万,长乐宫下那一大片血迹也还来不及洗尽,如今却突然被告知说这是一起冤案!这样的事如果发生在现代社会定会引起轩然大波以至动乱,但在当时的长安却似乎依旧"长安"。在帝王制度下,臣属们习惯揣摩"圣意",惟命是从,不敢逾越雷池一步;至于黎民百姓则通常总是被排斥于政治活动之外,最多只是在茶馆酒肆有些闲言碎语,或村头纳凉、围炉取暖时说些得自传闻的宫中往事而已——这大概也算是这种制度的一点"长处"吧?

从记载看,后来也曾发生过一起因此案的平反而引发的谋刺事件,地点是在甘泉宫,时间是在后元元年(公元前88年)某个夏日。

此时七章一节中提到过的那位原为匈奴休屠王太子、后归顺于汉的金日䃅,已任为例由皇帝亲信充任的侍中驸马都尉,掌管皇帝从车。这一日金日䃅因有小病在当差房里歇息,忽觉心有所动,立刻奔至通向武帝卧室的甬道,恰好瞥见衣袖里藏着利刃的侍中仆射莽何罗闪身而出。四目相对,莽何罗脸色陡变,转身急奔卧室。金日䃅紧追不舍。

---

[1] 考室之礼、《斯干》之乐:凡新宫落成,须杀牲祀五神,称"考室"。《斯干》为《诗经·小雅》篇名。宫室既成,则奏此乐。

莽何罗慌乱中因碰撞琴瑟之架而跌倒。金日䃅猛扑过去将其抱住并大声唤叫：莽何罗谋反啦！正在昼寝的武帝被唤叫声惊醒。左右武士一齐拔剑格斗。奉车都尉霍光、未央厩令上官桀也及时赶到，一起将莽何罗制服。

原来这莽何罗是江充好友，他的弟弟侍中莽通，曾因在围歼刘据中斩杀反将如侯而受封为重合侯。武帝族灭江充及其党羽，兄弟俩日夜惶恐不安，以为迟早总要轮到自己，经过一番筹划，便有了这样一次不成功的谋刺。结果兄弟俩和他们的同党，其中包括因俘获少傅石德之功而受封为德侯的长安男子景建，全都被诛灭。

顺便说一下，不久前因功而封的五侯中的另外三侯，也先后被杀。其中以擒获反将张光而受封为秺侯、又擢任为御史大夫的商丘成，则是"有罪"而自杀的。有什么罪呢？一说是"祝诅"，一说是宗庙之地"醉而歌"。看来无非是在朝廷政治风向陡变的重压下，做了些反常的举动。至此，五侯已无一存活，真正是昙花一现。

至于对刘据一生功过的正式评定，则要到他的孙子即那个还在襁褓中就进了大狱的刘病已做了宣帝以后。本始元年（公元前 73 年）六月，宣帝命大臣为刘据拟谥号。谥为"行之迹"，所以拟谥号也即对受谥者一生行状作出评价。大臣们拟出的是一个"戾"字，称戾太子，即承认刘据仍是皇太子，并"置奉邑二百家"：以二百户人家所缴赋税为其俸禄。但"戾"字仍含有贬意。《谥法解》称："不悔前过曰戾。"与此同时，曾被武帝收回玺绶废为庶人的卫皇后，也追谥为"思后"。《谥法》对"思"有多解，皆含褒意，其一为"道德纯一曰思"，并重新以礼安葬，"置园邑三百家"：以三百家守护园陵。

让我们再回到正在走向生命终点的武帝。

在对刘据一案接连采取了若干带有平反性质的措施后，武帝对自己即位以来行事的"狂悖"之处也渐渐有了悔改之意。据《资治通鉴·汉纪十四》载录，征和四年（公元前 89 年）三月，武帝在第五次也即最后一次修封泰山后，深有感慨地对群臣说：

> 朕即位以来，所为狂悖，使天下愁苦，不可追悔。自今事有伤害百姓、糜费天下者，悉罢之！

后来又回想自己大半生以来热衷于寻访神仙、追求长生，实属荒唐。常常自叹说：

> 向时愚惑，为方士所欺。天下岂有仙人，尽妖妄耳。节食服药，差可少病而已。

武帝的这些话显然是经过长时间反复地以至痛苦地思索后才说出来的。它表明汉帝国这艘大船，在鼓足风帆疾驶了四十余年后，现在已到了需要考虑减速和调整航向的时候了。正是在这样的历史背景下，桑弘羊等大臣却提出了一个继续扬帆加速开拓西域的《轮台奏议》。武帝以此为契机，亲自制诏，对征伐之战中因自己的"不明"而造成的失误作了反思，并在毅然宣布放弃轮台、罢筑亭障的同时，重新调整了帝国今后总的策略方向,这就是历史上著名的《轮台诏》。

《轮台诏》:"哀痛之诏"与"仁圣之所悔"

轮台,原为西域的一个城名,今为新疆轮台东南玉古尔地。在太初三年(公元前102年)那次气势宏大的西征大宛之战中,轮台为贰师将军李广利所攻占,并置使者校尉屯田于此,为往来汉使提供给养。

桑弘羊为武帝最为借重的兴利之臣,本章二节已介绍了他在任治粟都尉和兼领大司农前后推行了盐铁官营和均输、平准等兴利措施,表现出他在财经管理方面的卓越才能。后因子弟犯法受牵连,贬为大司农属官搜粟都尉,专管农耕及屯田之事,曾组织六十万人屯垦备边。征和四年(公元前89年)四月,他联合丞相田千秋和御史大夫商丘成上了一道奏章,不妨称之为《轮台奏议》,建议进一步加强西北边防建设。提出,在轮台之东,可扩大屯田五千顷,其处气候温和,土地肥美,适宜播种五谷;在轮台以西,可修筑亭障[1],选调兵马,严谨斥候,以威镇西域。

应当说,若是在武帝大力推进征伐时期,桑弘羊的这道奏章不仅颇有见地,措施也具体得当,似也不难获得成效。但在帝国这条大船业已疲惫不堪,急需减速和转变航向之时,它的出现就显得有些不合时宜。武帝借批复这道奏章下的《轮台诏》录于《汉书·西域传》,洋洋七百余言,是至今可以读到的武帝诏文中最长的。从行文、用词和那种痛悔过往的絮絮而谈的语气看,当系出自武帝晚年口授或亲笔。主要内容为对以往失误的反思和对今后帝国策略的总体部署两个方面。由于诏文是以批复桑弘羊的《轮台奏议》形式出现的,所以反思也就从当初征伐西域说起。文中详细回述了攻取车师的经过,其间因路途遥远,给养供应不上,致使"强者尽食畜产,羸者道死数千人";又由于"朕之不明",妄信占卜,导致贰师将军李广利败师郁城,"军士死略离散,悲痛常在朕心"。在这种情况下如果再像桑弘羊等所奏请的那样"远田轮台,欲起亭隧",那就是"扰劳天下,非所以优民也,今朕不忍闻",也就是绝不能再干。诏文最后指出:

当今务在禁苛暴,止擅赋,力本农,修马复令,以补缺,毋乏武备而已。

这段文字如果套用一下现今通行的语言,不妨说是一个带有"转轨"意义的纲领性文件。文中指出,此后国内的总方针是以发展农业为根本,禁止重赋繁役和严刑峻法,推行轻徭薄赋和缓刑慎罚,与民休息,养民富民;对外关系,则从征伐转变为防守,只须保留适量武备即可,不再主动出兵。

对武帝的《轮台诏》无论古代或近现代都有较高评价。我想单就其中班固评之为"哀

---

[1] 亭障:古代在边疆险要处的防守设施,类似现代的堡垒。武帝时期首创,主要设于向西域推进过程中。亭障相连,既是防御线,也是交通线和供应线,同时还为汉帝国向西域施加军事、政治影响提供了方便。

痛之诏"、"仁圣之所悔"（《汉书·西域传赞》）说几句感想。

《轮台诏》可说是被形势逼出来的。汉帝国历经武帝时期数十年的强力举作，已弄得民屈财竭、府库并虚；而武帝的补救之策又往往过多地信用酷吏和兴利之臣，其不可避免的负面效应反而导致矛盾激化，再加上凶年频频，致使民怨沸腾，寇盗蜂起，已到了非痛心改弦易辙不可的地步。这是一个方面，这个方面可说是"外"。还有一个方面是"内"：此时刘据已死，东宫缺位，未来太子久久难定；即使择定，也必然要比刘据幼弱，而武帝自己的有生之年则已是屈指可数。此前武帝曾与刘据安排好了的："吾当其劳，以逸遗汝"（《资治通鉴·汉纪十四》）；如今却在这外、内两种形势的逼迫下，不得不提前结束"吾当其劳"，并预先作出"以逸待劳"的转变，以使未来幼主能顺利嗣位。这其中的伤痛和无奈，唯武帝一人自知。所以班固说得很对，《轮台诏》是"哀痛之诏"，武帝自己也说"悲痛常在朕心"。

至于将武帝之悔冠以"仁圣"这样高级形容词，班固作为正统的历史学家，他的原意可能只是在皇权观念支配下的一个习惯性的谀词：享有九五之尊的皇帝而能有此悔悟，当然是既"仁"又"圣"的。而我们作为现代人，在帝王集权制历史已作了两千多年充分展示之后的今天，有可能也理应作更深入的思考。这种制度的一大痼疾是，国家最高权力独擅于皇帝一人，且无任何制衡机制。即使国家已濒临崩溃边缘，只要皇帝自我感觉依然良好，多数臣属仍会跟着在"形势大好"的自我陶醉之中。在这样一种体制下，武帝能够主动地，而且是独自地作出反思，实在很不容易；再联系到汉及汉以后的历史，能够像武帝这样做的帝王几乎绝无仅有，差强有所反思的也是凤毛麟角，那就更显出他的难能而可贵。如果从这个意义上说《轮台诏》是武帝的"仁圣之所悔"，似也未尝不可，尽管已非班固原意，也许更符合历史真实。

但转而细一想，却又不免心生忧虑：倘若武帝没有看到、想到，或者看到、想了却不愿作出反思又将如何呢？答案恐怕只有一个：谁也奈何他不得！

所以《轮台诏》是汉帝国之幸，但在相当程度上只能说是一种侥幸。说到底，国家命运应由合理的制度和与之相应的体制来保障，而不能只是仰仗于当国者个人的智慧才具、道德操守或能否自律和是否愿意自律——这就是我读这段历史的一点感想。

《轮台诏》颁发后，从记载看，有关实现这个带有"转轨"意义的纲领的措施，主要有两条：一、"不复出军"（《汉书·西域传》）；二、任赵过为搜粟都尉，推行代田之法。赵过当是汉代一位杰出的农业专家，曾主持设计三脚耧等多种器具，既便于操作，又提高了工效。他所创造的代田法成效尤为显著。据马新在《两汉乡村社会史》中解释，代田法也可称轮耕法，即在同一地亩中以垄与沟轮作。这样既能充分发挥土地效用，又使之有足够的轮休时间，蓄养土地肥力。不久，边城及河东、弘农、三辅等地都采用了赵过的这种代田法，结果是"用力少而得谷多"（《汉书·食货志》）。

具有戏剧意味的是，在为刘据一案平反中被武帝作为标志来树立的田千秋，在这次"转轨"中再次充当了一回榜样式的人物。武帝特封他为"富民侯"，其用意是"以明休息，思富养民也"（《汉书·西域传》）。

"转轨"纲领中其余"禁苛暴、止擅赋"等方面内容,并未见有相应的贯彻措施。这或可理解为武帝毕竟已老迈年高,不再有先前那种掀天揭地的生命活力,一时已无法顾及。但更为主要的恐怕还有这样一点:此时几乎占据武帝全部心思的,是如何选择和再立皇太子的问题。此事不办妥,他无法安心离开这个世界。

此时东宫缺位已有三年,武帝因何迟迟不明确宣布皇太子人选,当时朝堂上下就颇多猜疑,后来史官也没有载明原因,致使我们后人也只好依据某些迹象来作些猜想。

我的猜想是:武帝虽无明告谕,实际上在他心中早已择定,那就是幼子刘弗陵。

如果说当初弗陵出生时,武帝为其生母宫门赐名"尧母门"或许还只是出于一时高兴,并非真的要以弗陵代刘据的话,那么在刘据死后,他是经过对诸子逐个比较而又深思熟虑后才作出这样选择的。

武帝有六子,除长子刘据已死外,其余五子的情况是——

次子齐王刘闳,王夫人所生,已早病故。

三子燕王刘旦,李姬所生。《汉书·武五子传》说他"好星历数术倡优射猎之事",又喜欢"招致游士",这与武帝"转轨"后要选的未来接班人的要求原本有相当距离。偏在这时,刘旦又做了一件最犯忌的傻事。他以为自己已是剩下的兄弟四个人中最年长的一个,"次第当立";加上东宫缺位已久,很有些迫不及待,于是便来了个"上书求入宿卫"。燕国国都为蓟(今北京城区西南部),"求入宿卫"也就是要求离蓟来京进宫任职。在这个敏感的时刻提这样的要求,无异于公然发出了一个"抢班夺权"的信号。武帝勃然大怒,当即命人将那个为刘旦送信的使者拿下,系狱问罪[1]。接着又查出刘旦竟然还窝藏亡命之徒,图谋不轨。于是下诏削去其三县封地以示警告。真个是弄巧成拙,刘旦就这样彻底丢失了入主东宫的资格。

四子广陵王刘胥,与刘旦是同母兄弟,其言行举止颇似乃兄:"好倡乐逸游","动作无法度"(同上)。自然也不可能成为皇储人选。

五子刘髆,李夫人所生,就是刘屈氂、李广利使谋欲立以为皇太子的那位昌邑王。此案一被告发,刘髆已处于尴尬地位,哪里还有成为接班人的可能。

这样,最后就只剩下了一人:尚在垂髫之年的幼子刘弗陵。

巧的是,武帝最喜欢的恰好也是这个小儿子。

据《汉书·外戚传》记载,武帝对弗陵还不是一般的喜爱,而是"甚奇爱之"。原因有三:一、"类我";二、"壮大多智";三、"感其生与众异"——弗陵像传说中的唐尧那样怀胎十四月而生。这种具有神秘感的巧合,在古代往往被视为天意所在。

但这回立储是在极秘密的状态下进行的。原因有二:一是君老。武帝此时已是风烛残年,一旦明确宣布太子已立,那就得依制为之配备东宫官属。在这种情况下,部分或大部分臣属便会因君老而急于"改换门庭",或明或暗地纷纷依附于东宫周围,朝廷很快就会出现两个权力中心。二是子幼。弗陵此时还只有七八岁,无法与几个远比他长大的兄长较

---

[1] 此据《汉书·武五子传》。《史记·外戚世家》褚先生补则称:"武帝怒,立斩其使者于北阙。"

量；诸兄若是滋事，就会出现不可收拾的局面。所谓极秘密，就是仅武帝一人自知。事实上，立储的意图早在实施中。概括说来已做了两件事。一件是有限度地为刘据平反，另一件事是颁发《轮台诏》。从根本上说，这两件事都是在为未来幼主顺利嗣位创造条件。

接下来要做的第三件事，却是最艰难的一件事：为了立年幼的刘弗陵为皇太子，必须先除掉一个障碍，就是他的亲生母亲钩弋夫人。

钩弋夫人之所以成为障碍，就因为她太年轻。据伪托班固作的《武帝故事》称，汉宫选取美女的年龄标准是"十五以上、二十以下"。钩弋夫人虽是武帝自己选来的，大概也总在这个年龄段之内。这么算来，此时可能也还只有二十五六岁。

一个年轻的母亲怎么会成为她儿子被立为皇太子的障碍呢？

这样的事，按照常情是无法理解的。但如果我们置身于帝王制度的语境中，也许就会明白武帝的担心也并非多余。设想一下不久的将来，当年老的武帝去世时，就会出现三章末节分析过的皇权传承过程中的第四种危机：交接型危机。其态势是：尚在怀抱中的新皇帝天禀未启，世事莫知；而皇太后则正年富力强，以老皇帝遗命执行人和新皇帝代理人的双重身份出现在满朝文武面前，谁也无法制衡；只要她也有权位欲，就不难做成第二个吕后！

为了确保刘弗陵将来在亲近大臣的辅佐下顺利嗣位，确保刘汉基业永固长存，武帝做出了一个令大臣们瞠目以对的决定：杀掉钩弋夫人！

无法想象，已年近古稀的武帝在做出这个抉择时，内心经受了怎样的痛苦煎熬。要知道直到此时为止，他还深爱着这位带着神秘和诗意从滹沱河紫色雾气中款款走来的赵氏女子；深爱她有多种因素，其中之一，恰恰也就是她的年轻。

"立子杀母"与"画图谕臣"

最先将钩弋夫人被杀经过公诸于世的，是元帝、成帝年间的一位博士官褚少孙，自称褚先生。此时离钩弋夫人之死已有五六十年。褚先生的记述富有现场感，且颇生动，我们现在还可以从《史记·外戚世家》中读到。那是武帝已经在暗中决定立刘弗陵为皇太子以后。这天突然将钩弋夫人召来，先是莫明来由的一顿责骂，随即喝令左右将她押往后宫掖庭监狱（原名永巷，武帝太初时改）。钩弋夫人慌忙脱簪叩头谢罪，却来不及说上几句话，就被两个内侍挟持着拖去。她频频回头，苦苦哀求，想讨个说法。这时武帝才狠狠向她丢出了一句话：快走，你别想活啦！（原文："趣行，女不得活！"）

钩弋夫人就这样被杀了，时间该是在后元元年（公元前88年）秋或冬。据说死于云阳宫，也即甘泉宫。

一位贵夫人死得如此不明不白，当时在宫内难免引起一些人暗中议论。有的说：钩弋夫人临死之日，暴风扬尘，迷天蔽日，上苍也像是在发怒呢！有的说：灵柩落葬以后，忽而香闻十里，附近百姓都伤心得一个个泪流满面。后来想必武帝也已耳闻了一些，于是一天闲坐，便与左右侍臣有了以下一番对话：

[帝]问左右曰:"人言云何?"

左右对曰:"人言且立其子,何去其母乎?"

帝曰:"然。是非儿曹愚人所知也。往古国家所以乱也,由主少母壮也。女主独居骄蹇,淫乱自恣,莫能禁也。女(通"汝")不闻吕后邪?"

就像五章末节说的景帝因"少主容不得强臣"而必须杀周亚夫一样,武帝因"少主容不得壮母"而必须杀钩弋夫人。

耐人寻味的是,褚先生以后的史书对此事的记载却忽而变得扑朔迷离起来。东汉初期班固的《汉书·外戚传》把立太子与钩弋夫人的死记为互不相干的两件事,而钩弋夫人之所以死则被说成是因其"有过见谴,以忧死":犯了错误、吃了批评想不开,自己"忧"死的,不是被杀。班固当然不可能没有读过褚先生的补记,那他为什么还要这样说呢?有两种可能:一是不相信;二是相信,但觉得那样写过于残酷,违逆人情,既有碍帝王制度也有损帝王形象。又过了一百多年到东汉末年的荀悦《两汉纪》仍坚守"忧死"说,只是与立太子的事作了一点半遮半掩的联系,行文是这样的:武帝"欲立钩弋子为太子,以其母年少,女主持政,心难之。会钩弋有过,乃谴,以忧死"。请注意文中那个"会"字。会就是适逢、碰巧。原来这两件事本无关涉,是"碰巧"碰出来的!为了维护帝王制度和帝王形象,真是用心良苦啊!

待到司马光编撰《资治通鉴》,钩弋夫人已在地下长眠了将近一千年。这位北宋大史学家自然与班固一样也属正统,但他对这段历史的处理却有较大的突破。是他在《汉纪十四》中第一次采信了褚先生的记载,并直录了武帝那句关键性的话:"趣行,汝不得活!"只是又紧接一句:"卒赐死"。这"赐死"是皇帝杀人的专用词。有句俗话叫作"君要臣死,臣不得不死",显得有点霸道,而"赐死"就要文雅得多。皇帝"恩赐"你死,你还得感激涕零伏地"谢恩"呢!不过无论如何,因有司马光的这一记载,此后学界大多接受"赐死"一说,至少从此认定钩弋夫人是因武帝要立其子为太子而被杀,不是犯了错误、吃了批评想不开,自己活活"忧"杀的!

当然也有例外。譬如英国历史学家鲁维一就不相信"立子杀母"这样的事。他在为《剑桥中国秦汉史》撰写的第二章《前汉》中说:"有人甚至假设,为了确保朝廷不再受妇女的影响,他(指刘弗陵)的母亲已悄悄地被处死,但这种主张提不出证据。"中国帝王集权专制制度的完备、成熟程度以及延续时间之长,都是世界上独一无二的,特别是其中的所谓帝王南面术玄而又玄,高深莫测。一位单是潜心于书面资料研究而没有呼吸生活其中的外国学者认定"立子杀母"只是一种假设,不相信它是真实,完全可以理解。但如果我们站在维护皇统这个立场上,那就不仅不会否定它的真实性,还应当承认它是一种智慧,而且是很高的智慧,所以武帝说:"非儿曹愚人所知也!"当然同时,这又是一种丑陋、残忍、野蛮,完全丧失人性的智慧,一种理应永远受到谴责的智慧!

其实武帝又何尝没有谴责自己呢?《史记正义》引《宫记》说:"武帝思之,为起通灵台于甘泉。"就像当年逼杀刘据后造了个思子宫那样,这回杀钩弋夫人又造了个通灵台。

通灵者，希冀能与做了鬼的钩弋夫人相见也！据说后来果然常有一青鸟往来盘旋于灵台之上。不难想象，这个已是老态龙钟的汉家天子，独自艰难地拾级登台，秋风萧瑟，夕阳昏黄，望着那孤伶远去的青鸟，那会是一种怎样的心境啊！

顺便说一下，钩弋夫人倒是只过了一年多便得到昭雪的。她儿子刘弗陵一继位为昭帝，即追尊她"为皇太后，发卒二万人起云陵，邑三千户"（《汉书·外戚传》），享有她原该享有的富贵和尊荣。但武帝开了"立子杀母"这么一个很坏的头，此后颇有人效仿，譬如北魏道武帝欲立拓跋嗣为太子，先赐其母刘贵人死，便是一例。

冬尽春来。汉帝国自太初改制后，即行《太初历》，以正月为岁首。这年正月便是后元二年（公元前87年），也将是武帝生命的终点。

杀掉钩弋夫人，已无女后专制之忧。现在，这位行将油尽灯枯的老皇帝，还剩下最后一事必须用他全部残存生命力去做好的事，那就是为未来少主这棵幼苗构建一座暖房。这个比喻我在五章四节中已用过一次。那时是景帝为未来的武帝，这回是武帝为未来的昭帝。当年刘彻已有十六岁，而今的刘弗陵还只有八岁，这就更需要严密防范、加倍呵护才是。

将要构建的"暖房"有个专门名称，叫"顾命大臣"。

"顾命"是指帝王临终之命。《尚书·周书》有《顾命》篇："成王将崩，命召公、毕公率诸侯相康王，作《顾命》。"所谓"顾命大臣"，就是一位或多位领受老皇帝遗命辅保和佐助幼主的大臣。

选择顾命大臣同样是在秘密状态中进行的。武帝选定为三位，即奉车都尉霍光、驸马都尉金日䃅和太仆上官桀[1]。然后亲书一诏，以三人都曾在捕杀莽何罗等反贼中有功而封霍光为博陆侯，金日䃅为秺侯，上官桀为安阳侯。命尚符玺郎加玺印封记，妥为保存，待皇帝驾崩后再启封发诏，昭示天下。接着又命黄门画师绘制《周公负成王朝诸侯图》[2]，画成后，特赐予奉车都尉霍光。

武帝"赐图"这一意味深长的举动，预示着汉帝国的武帝时代行将结束，代之而起的将是一个由异姓大臣秉政的新时期。

让我们先来认识一下以霍光为主，以金日䃅、上官桀为辅的三位顾命大臣。

那还是在二十余年前。年轻的骠骑将军霍去病正霹雳闪电般驰骋于北漠战场，他的每次凯旋而归，都成了京师长安万人空巷出城围观的独特景观。这一日人们惊奇地发现，高高矗立在那匹红鬃烈马上的骠骑将军，一手扬鞭随兴敲着金镫，一手还搂着一个看上去才

【1】关于顾命大臣的人数，记载不尽一致。《汉书·昭帝纪》记为三人："大将军霍光秉政，领尚书事；车骑将军金日䃅、左将军上官桀副焉。"《资治通鉴·汉纪十四》同。《汉书·霍光传》则记为四人，加一桑弘羊："皆拜卧内床下，受遗诏辅少主。"后世大多作三人，也有记为四人，或再加田千秋作五人的。从武帝临终留下的玺书看，似当为三人。桑弘羊为御史大夫、田千秋为丞相，自然也是重要辅臣，但不属顾命。

【2】周公负成王朝诸侯：周公，姬姓，名旦，周文王之子，武王之弟。因采邑在周（今陕西岐山北），故称周公。武王死，成王年幼，周公摄政，"负成王朝诸侯"即摄政之形象化描述。摄政期间，平管蔡之乱，分封诸侯，制礼作乐，为历代史家所称道。摄政七年后，归政于成王。

十岁出点头的男孩子。霍去病因又获大胜而越发意气飞扬,那唇红脸白的小男孩却腼腆得像个小姑娘,面对两旁围观的人群,竟不敢抬头看一眼。

很快宫里传出消息说:这回骠骑将军出征恰好路过河东平阳(今山西临汾西南),在河南太守的帮助下,不仅见到了他离散多年的生父霍仲孺,还让他带来了这么一个可爱的异母弟弟霍光。

少年霍光就这样开始了陌生的宫廷生活。先为郎,后迁侍中。霍去病突然因病而亡,武帝悲不自胜,对霍光也越发怜爱,任以为奉车都尉、光禄大夫,出则随车,入则侍从左右。霍光渐渐从少年长到青年、壮年,身躯不高,皮肤白皙,美髯疏眉,双目有神,为人沉稳,举事审慎,入宫侍奉二十余年,从未有过差失。甚至每次出入殿门,上下车马,落脚点都在同一个地方。有人出于好奇给他做了记认,结果证实,误差从未超过一尺。武帝决定立刘弗陵为皇太子时,遍察群臣,觉得"唯霍光任大重,可属社稷"(《汉书》本传)。

关于金日䃅,前已有所介绍。也许是原为匈奴休屠王太子后降汉的缘故吧,看他绝无个人欲望、处处小心行事的样子,总觉得似乎承受着巨大的心理压力。留给武帝第一个印象就是宫内美女如云,他牵着马走过,竟然不敢抬头看一眼。其后数十年也莫不如此。最让人不可思议的是对自己儿子有违常情的惩处。他有两个儿子都做了武帝的弄儿,其中长子尤为活泼可爱。一次这小淘气从后背搂着武帝的颈脖戏闹,恰好被他看到,以为违礼,就狠狠瞪了他一眼。孩子哭着向武帝撒娇告状说:皇上你看嘛,爹爹动不动向我发脾气!武帝赶忙帮孩子说话,责问金日䃅说:你为什么要欺侮我的小乖乖?孩子渐渐长大,金日䃅越看越觉得举止轻佻,担心会惹出什么事来。一次见他居然在与宫女嬉戏,那不是淫乱吗?不由勃然大怒,竟拔剑杀了这个孩子。不过金日䃅对武帝确实可用"绝对忠实"四个字来概括,武帝对他也是宠信有加。金日䃅母亲病故后,武帝以为这位母亲教子有方,特命画师给她画了幅肖像,并亲署五字:"休屠王阏氏",挂于甘泉宫。《汉书》本传说:"金日䃅每见画常拜,向之涕泣,然后乃去。"只是我们无法知道,这位昔日休屠王太子在"向之涕泣"时,是否也含有沦落异国他乡的凄凉之感?

上官桀,陇西上邽(今甘肃天水西南)人,以善于骑射从军,初为羽林郎。一天随从武帝去甘泉宫,途中忽起大风,御驾顶风而行,越走越慢。武帝命太仆卸下车盖,以减少阻力,偌大的车盖就由上官桀一人扛着,风愈刮愈狂,他扛着沉重的车盖居然还能寸步不离地紧跟在车后。忽又下起了暴雨,上官桀又很快将车盖盖上,用以遮雨。武帝既激赏他的这一身力气,更难得他有这番忠诚,便擢任他为掌管御马的未央厩令。不久武帝生了一场重病。病后宫中随意走走,看到厩中马匹比以前瘦了好多,不由大怒,责问上官桀道:你以为我再也见不到这些马了吧?正要喝令将其投入大牢,机灵的上官桀慌忙跪地叩头哀告:小臣是因为听说圣上龙体欠安,日夜担心忧惧,才没有管好这些马的呀!一边说一边泪如雨下。这副明显含有虚假成分的作派,武帝却不仅信了,还以为忠心可鉴,很快任以为侍中,又晋升为掌管皇帝舆马及马政的太仆,已是银印青绶,俸秩为二千石的九卿高官。

这年二月,武帝离开甘泉宫,南行百余里,至五柞宫暂住。此宫秦时已有,汉为离宫,因宫中有五棵柞树而得此名。位于长安城西侧,故址在今陕西周至县东南。

忽一日，武帝病情骤然恶化。于是侍奉病床前的几位大臣与这位临终前的老皇帝便有了以下这番载录于《汉书·霍光传》的对话——

光涕泣问曰："如有不讳（指武帝若死），谁当嗣者？"
上曰："君未谕前画意邪？立少子，君行周公之事。"
光顿首让曰："臣不如金日䃅。"
日䃅亦曰："臣外国人，不如光。"

接着武帝就授命霍光、金日䃅、上官桀为顾命大臣，以霍光秉政，领尚书事；其余二人副之。三人在病床前拜受遗诏，立誓竭诚辅佐少主。武帝口授了最后一道诏令：立刘弗陵为皇太子。任霍光为大司马大将军，金日䃅为车骑将军，上官桀为左将军。同时擢任搜粟都尉桑弘羊为御史大夫。丞相仍为田千秋。

第二天，在位五十四年、享年七十[1]的汉武大帝，在五柞宫与世长辞。

同日，八岁的皇太子刘弗陵嗣位，是为昭帝。考虑到过于年幼，又以他的异母姐姐鄂邑公主为供养人，同居禁中。鄂邑长公主嫁与盖侯王受（景帝王皇后兄王信之孙）为妻，故又称盖长公主，简称盖主。此种安排，实际上是让盖主代替已经被杀的钩弋夫人负担一部分抚养弗陵之责。随即布告天下为武帝发丧。十八日后，葬于早在建元二年（公元前139年）即武帝十七岁时就开始营建的茂陵，其址在今陕西兴平东北咸阳西端。

武帝的死，在当时华夏中国无异于天崩地裂。

西谚有云：大树只有倒了才可测量。武帝无疑是棵大树。在他生前，除了汲黯曾用尖刻的语言当面讥刺过他以外，其余满朝文武对他都只有一片颂扬声。待他一死，不过五六年，昭帝时召开的盐铁会议首开评骘先皇功过得失之例，对武帝时期的内政外交都作出了两种完全对立的评价。从那以后两千多年来，汉武与秦皇成了中国历史上两个最有争议的人物，至今依旧众说纷纭。历代有关武帝的诗词不知凡几，也是褒贬不一。我试着填了一阕《浪淘沙令》，来为这位想必已与读者成了朋友的汉武大帝送行——

汉家茂陵翁，天降狡童，倒挟神州追罡风。扫空瀚海惊回首，老了英雄。
政彻若相逢，坤虎乾龙，轮台犹在悔尤中。直至而今千载后，谁与争功？

中国古代帝王发丧有一套极隆重、奢侈和繁复的礼制规定，可见于《通典·礼三十九》。其中死者衣着据《汉旧仪》规定为："帝崩，含以珠，缠以缇缯十二重。以玉为襦，如铠状，连缝之，以黄金为缕。腰以下以玉为札，长一尺，广二寸半，为柙，下至足，亦缝以黄金缕。"茂陵位于长安西北数十里。灵柩在庞大的仪仗队的前后簇拥下缓缓行进。

【1】关于武帝的享年，《汉书·武帝纪》臣瓒注："帝年十七即位，即位五十四年，寿七十一。"《资治通鉴·汉纪十四》也录此注。但《汉书·武帝纪》明言"十六岁……即皇帝位"，故应以"七十"为是。

此刻口含珍珠、身穿金缕玉柙，正端卧在灵柩里的武帝，倘若仍然有知，内心一定很不平静。纵然已作了竭尽所能的安排，但对小儿弗陵能否顺利承续大统，还是让他很不放心：霍光诸臣，能否不辱顾命，担当起重任来呢？刘旦诸儿，能否各安其位，不乘虚妄求非分呢？还有，那被迫蛰居于漠北的胡虏，会不会伺机蠢蠢欲动，甚或再次入侵中原呢？……就为这些，他不能不带着忧伤、怀着不安。因为他无法想象，没有了他的大汉帝国将会是一副什么模样？……

接下去将是本书最后一章。

我在《引言》中说过，如果把大汉帝国想象为一个活生生的人，那么它的两百余年的历史，就清晰地呈现着从出生、成长直到死亡的生命全过程。紧接武帝之后，虽还有史称"昭宣中兴"的三十余年繁荣，但宣帝晚期重外戚、信宦官的弊政已经显露，其后的元、成、哀、平可说一代不如一代。尽管依然不乏为之尽命的直士和诤臣，演出了一幕幕悲壮的活剧，却再也无力回天。汉帝国这位垂暮老人，在外戚与佞幸的相继纠缠中，最终还是步履蹒跚地走到了生命的终点。

下章末节专写王莽。开始出现的是南天之国献来神鸟白雉的喜庆场面。不料这羽神鸟却唱起了苍凉的挽歌。灭亡总是让人伤感的，何况灭亡的是大汉帝国。但如果我们跳出以刘氏为正统的传统观念，不以王莽为篡汉之贼，那么同是这只白雉，是否也可以把它看作是为王氏新朝报晓的金鸡呢？

第 九 章
日中则昃：帝国从中兴到衰亡

昭宣中兴：从强力兴作到与民休息的"软着陆"
班固说："汉世衰于元、成，坏于哀、平"
成帝：一个受制于外戚的风流皇帝
哀帝：《谥法解》说："恭仁短折曰哀"
王莽：体制内部生成的帝国掘墓人

昭宣中兴：从强力兴作到与民休息的"软着陆"

刘弗陵嗣位为昭帝，在位十三年。接着有一个以刘髆之子刘贺为帝不到一个月即废的小插曲，然后是迎立刘据之孙刘病已嗣位，是为宣帝，在位二十五年。二帝共在位三十八年（公元前86年~前49年），史称"昭宣中兴"。

长眠在茂陵的武帝似乎可以得到安慰了，他从轮台颁诏开始的包括立子杀母、临终托孤等一系列煞费苦心的安排，总体上应该说获得了成功。

综合诸书记载，昭宣中兴之政主要包括——

（一）以农为本，轻徭薄赋。昭帝始元二年（公元前85年）诏免全国一年田租。这是自文帝前元十三年（公元前167年）诏"除田之租税"中断了七十三年后的第一次。宣帝减免田租或租赋更有六次之多。此外算赋和口赋也屡有减免。昭帝还在九岁和十四岁时，先后两次"亲耕籍田"[1]，虽只是做个样子，却也表示了决策层对农业这个立国之本的重视。

（二）赈困济穷，安顿流民。昭帝始元二年和元凤三年（公元前85年和前78年）两次派出使者巡行郡国，赈贷贫民和耕作无种子及缺衣少食者。宣帝时全国性的赈困济穷之举据《汉书》本纪载录有四次。本始四年（公元前70年）因歉收，除派使者赈济困穷外，还下诏"令太官损膳省宰，乐府减乐人，使归就农业。丞相以下至都官令丞上书入谷，输长安仓，助贷贫民"（《汉书》本纪）。对回归的流民，借给公田，贷给种子、口粮，并免除算赋和徭役。

（三）政平讼理，慎用刑罚。宣帝常对左右说："庶民之所以安其田里而亡叹息愁恨之心者，政平讼理也。"（《汉书·循吏传·序》）为使执法平正，于地节三年（公元前67年）特置廷尉平之官，专掌平狱。每逢秋后审议狱案，总要避居宣室斋戒以决事。地节四年、元康二年、五凤二年、五凤四年（公元前66年、前64年、前56年、前54年）一再颁诏，提出"吏务平法"、"勿行苛政"，责令二千石官员要考察所属，凡是"用法或持巧心，析

【1】亲耕籍田：籍田为天子礼仪田，所收黍稷用于祭礼。天子亲耕籍田作为古代一项重要礼仪活动，其过程是：孟春之月，择定吉辰，天子"率三公九卿诸侯大夫躬耕帝籍田。天子三推，三公五推，卿诸侯大夫九推"（《吕氏春秋·孟春纪》）。所谓"亲耕"自然只是象征性的，籍田的实际耕作仍得征用民力。

律贰端，深浅不平，增辞饰非，以成其罪"者，"勿用此人"（《汉书》本纪）。

（四）爱护良吏，惩治腐恶。这一点宣帝做得尤为突出。凡拜任刺史守相，他都要亲自问职，观其所由，察其所行。后世称其能爱护良吏，惩治腐恶，"赏罚信明，施与有节，记人之功，忽于小过，以致治平"（《汉书·王嘉传》）。因而宣帝之世，良吏辈出。《汉书·循吏传》列了一长串名单，特别是其中长年访贫问苦、力劝农桑，治绩为"天下第一"的颍川太守黄霸；劝民卖刀买牛，将"盗贼并起"的渤海诸郡治理得百姓富实、狱讼止息的渤海太守龚遂等等，都是称誉一时的好官。宣帝还首创麒麟阁之制，将有功之臣画像置于其中，以示永久表彰。此制为后世所仿效，如东汉明帝图画功臣列将于云台，唐代也设有专门悬挂功臣图像的凌烟阁。

从武帝时期的内外强力兴作到中兴时期的与民休息，是治国之策的一次大转变。这个转变采用的是较为温和的渐进方式，或者可以套用一句现代航天术语叫"软着陆"，成本较低而收效较大。所以能做到这样，除了得益于武帝《轮台诏》预先作出的引导，和昭帝、特别是宣帝的励精图治以外，其中，以大司马大将军秉政近二十年的霍光功不可没。霍光为人沉稳，举事审慎，明代李贽赞之为"社稷臣也"（《史纲评要·汉纪》）。

盐铁会议：两种对立国策的大辩论

昭帝即位，年仅八岁，自然还只是个名义，只能"政事壹决于光"（《汉书·霍光传》）。其时该已三十出头的霍光，就这样开始了他的秉政生涯。

骤登高位的霍光，面对还不怎么熟悉的朝政，不免有临深履薄之感。偏是一开头就碰上了一桩颇为棘手的诸侯王谋反案，为首的就是那个曾经受到过武帝严斥的燕王刘旦。这回刘旦趁着武帝刚去世送来一道奏章，请求在诸封国和州郡为武帝立庙。霍光接到这么一个烫山芋着实为难。虽明知刘旦真正用意无非借此介入朝政，却又不便点破，思之再三，只好绕过所请，避而不答；另外发诏赐刘旦钱三千万，增封一万三千户，想以此稳住这位咄咄逼人的燕王。为了不露形迹，又对同为昭帝兄、姐的广陵王刘胥和盖长公主，也依刘旦之例予以加封。谁知刘旦接到诏书却说：我要的是帝位，谁稀罕你那封赐！暗中与中山哀王刘昌之子刘长、齐孝王刘将间之孙刘泽结成联盟，召集群臣谋议反事，又是收集铜铁、赶制兵器，又是操练兵马、草拟檄文，声称新皇帝非先皇真子，天下应起而共伐之！事情到了这一步，朝廷不得不发吏卒收捕，刘泽等皆伏诛。尽管此案的实际主谋是燕王刘旦，但如何处置这位昭帝长兄，却让霍光颇费心思。最后还是考虑到昭帝新立，不宜骤杀亲兄，只是让他上书谢罪便算了结。

此案平息，以霍光为首的顾命大臣威望日隆。接着便以武帝《轮台诏》为圭臬，逐步采取了减免田租、口赋和马口钱等一系列以养民富民、与民休息为要旨的政令，汉帝国这艘大航船在新的航道上又开始稳步前行。但随着这些措施的相继推行，辅政大臣内部原就存在的政见分歧也开始显露，并日趋激化。分歧的焦点是如何评价和对待前朝也即武帝时期的国策。当年武帝采取的一些内外政策和举措，都是以革新的面目出现的；但在如今"转轨"以后的新形势下，它们又成了新一轮改革的对象。为着叙述方便，我把主张实行新政的称为改革派，坚持前朝之策的称为守旧派。在五位辅政大臣中，霍光是改革派代表，桑弘羊则是守旧派代表。其余三位的情况是：金日䃅已于始元元年（公元前86年）病故；上官桀热衷于权力争夺，并未有自己独立的政治主张；田千秋，从他曾与桑弘羊联名提出《轮台奏议》来看，似乎偏向于旧政，但在多数情况下，他执守的是中庸之道，对作为秉政的霍光更多了几分敬重。在朝堂上，每当霍光征求意见时，他总是谦恭地说："'唯将军留意，即天下幸甚'，终不肯有所言。"（《汉书》本传）

显然如何解决最高决策层的政见分歧，已成了进一步实施中兴之政的关键。若是掌政的是一个一言九鼎的强势帝王，解决这样的问题可谓轻而易举。但在这个新帝年幼、大臣联合辅政的独特时期，事情就要复杂得多。作为主辅的霍光一时踌躇不定。

霍光有三个好帮手。一为光禄大夫张安世，一为谏大夫杜延年。巧的是二人的父亲皆为武帝时期著名酷吏（安世为张汤之子，延年为杜周之子），他们却已成为"转轨"后与民休息政策的坚定执行者。还有一个是被《汉书》列入酷吏传的大司农田延年。张安世和田延年后面还将提到，这里单说杜延年。

子承父业，杜延年亦明法律，然为政持平。霍光有时持刑过苛，杜延年常常辅之以宽。鉴于当时府库虚耗而奢侈余弊依旧存在，杜延年曾向霍光进言："宜修孝文时政，示以俭约宽和，顺天心，说（通"悦"）民意，年岁宜应。"（《汉书》本传）这回他又提出了一个建议，以为对待辅政大臣内部的政见分歧，不可直接采取行政措施，而应以理服人。为此得先掌握舆论的主动权。具体做法，不妨从郡国吸收一些新鲜力量进来，举行一次有关时政的大辩论。霍光采纳了这一建议。始元六年（公元前81年）二月，霍光以昭帝名义发诏诸郡国荐举贤良、文学之士，策问民间疾苦。有关国策的大辩论，就是利用这个机会进行的。由于辩论的内容主要是围绕着盐铁是否应当官营这一问题展开的，所以就称"盐铁会议"。

会议由丞相田千秋主持，参加的有御史大夫桑弘羊和丞相史、御史等；还有就是诸郡国荐举的贤良、文学六十余人。霍光没有出席，但实际上他才是真正的主持人。作为改革派的代表人物，霍光的观点主要通过贤良、文学这批年轻学士表达出来。这或许正是霍光在那个特定的历史时期所采取的一项明智之举吧。

会议可能持续了一段时间。每次辩论都有详细记录。后来宣帝时任卢江太守丞的桓宽对这些记录作了整理，辑成一书，名《盐铁论》，计六十篇，洋洋五六万言。此书为对话体例，在详尽地展示双方观点的同时偶尔夹以一两句现场描写，如"默然不语"、"勃然作色"，"颜色愀然"、"寂若无人"；一方"沉思不语"，一方"长久叹息"等等，读来如临其境，似见其人。

据《盐铁论》载录，辩论内容涉及到武帝国策的诸多方面，较为集中的有——

（一）经济财政：盐铁及酒业是否还要由国家专营？钱币是否仍要由国家统一铸造？均输、平准是否还有设置必要？守旧派认为为了不使国家"内空府库之藏，外乏执备之用"，必须继续坚持这些措施;改革派则以为此等事皆为"与民争利"之举,理当废除。

(二)刑罚吏治:是严刑峻法,还是实施仁政?守旧派认为"人君不畜恶民",就像"农夫不畜无用之苗"一样,因而只有"立法制辟",才能"刑一恶而万民悦";妄言"废法以治",就像不用斧斤想要"挠曲直枉"那样,断不可能。改革派则以为刑罚只能"破其船"、"覆其车",而"治民之道,务笃其教",所以必须"先礼后刑"、"先德后刑",做到"威厉而不杀,刑设而不犯",才能再现唐虞盛世。

(三)匈奴之策:是征战,还是和亲?守旧派认为"今不征战,则暴害不息;不备,则以黎民委敌也";唯有"兴义兵以诛暴强",才是"为黎民远虑"之良策。改革派则以为征战是"失民心、陨社稷"之举,唯有"偃兵休士,厚币结和亲",才能"两主好合,内外交通,天天安宁,世世无患"。

(四)儒学评价:守旧派认为儒者"饰虚以乱实,道古以害今";"孔子能方不能圆","孟轲守旧术不知世务",因而儒学不合时宜。改革派则以为儒学"崇仁义,立教化,此百世不易之道也";在历史上,"殷周因循而昌,秦王变法而亡",所以"忧百姓之祸而欲安其危"的儒学,才是"治国平天下之道"。

此时桑弘羊已高龄七十有余。他曾是武帝时期坚定的改革派,在这场辩论中,却以守旧派代表的身份出现在众人面前。开始辩论前,他作了这样一个自我介绍——

> 余结发束脩,年十三,幸得宿卫,给事辇毂之下(喻指侍奉帝王),以至卿大夫之位,获禄受赐,六十有余年矣。车马衣服之用,妻子仆养之费,量入为出,俭节以居之,奉禄赏赐,一二筹策之,积浸以致富成业。(《盐铁论·贫富》)

这番介绍既有功成名就的自得,也有历经宦海沧桑的艰难。若是单从盐铁会议上双方阐述观点来看,桑弘羊作为武帝时期一位杰出的理财大臣,博物通达,言之有论有据,充满着实际感;而属于改革派的贤良、文学们,尽管引经据典,其辞滔滔,其势咄咄,毕竟浮泛空疏,难怪老练的守旧派要讥笑他们只会捧着古书哼哼唧唧"诵死人之语"。但当时的大势却使桑弘羊处于极为不利的位置上。实际上,武帝《轮台诏》的颁布,已明确发出了"转轨"的指向;接着又在病危之时,不是对桑弘羊,而是对霍光赐以周公负成王之图,授以托孤秉政之命。这些都说明,连武帝自己也不希望他的继承者再执行他前期的国策。而霍光秉政这五六年来,对曾经强行举作了数十年的汉帝国采取了一系列"软着陆"措施,已初获成效,总体上应该说是成功的,汉帝国重新回到"与民休息"的轨道上来,其大势已成,不可逆转。在辅政大臣中,唯有桑弘羊是武帝《轮台诏》前国策的坚定而又有力、有效的执行者。也正因为如此,他不可能像晚一辈的霍光、杜延年、张安世他们那样可以轻易地转过弯子来,迅速成为新国策坚定执行者。因为那样做,就意味着对他引以为豪的大半生赫赫功业的否定。面对滔滔东去的大势,他仍然作出一副只手挽狂澜于既倒之状,这固然因不合时宜而难免被人视为可笑,却也显出了几分悲壮。也许作为一个政治家,始终如一地坚持自己的政治主张也不失为一种品格,但毕竟难逃失败的结局。

辩论结束,桑弘羊感受到巨大压力。因为他明知他的论战对象不是那些初涉仕途的年轻学士,而是他们背后的支持者秉政大臣霍光。为此他不得不稍示退却,同年七月上了一道奏章:"请且罢郡国榷酤,关内铁官"(《盐铁论·取下》),也就是撤销酒类的国家专营,和关内即长安地区专营铁业的官署和职官。这其实只是退了一小步。昭帝批了一个"可"字。当然实际批复者是霍光。这说明此时霍光也不想把政敌推向极端,有理有节,适可而止。

很可能连桑弘羊自己也没有想到,不久,他竟会突然向另一个方向跨出了一大步,结果演出了一场永劫难返的人生悲剧。

桑弘羊是怎么跨出这一步的呢?这就要说到另一位顾命大臣上官桀。

反霍联盟的形成与覆灭

在昭帝嗣位之初,上官桀与霍光曾经有过一段"密月"期,两人甚至亲密到做了儿女亲家:霍光之女嫁与上官桀之子上官安为妻。在处理朝政上,也相互配合,每逢霍光休假,就由上官桀代为决断。不久,他们有了第三代,是个女孩。孩子刚满五岁,上官安就迫不及待地想通过霍光让女儿入宫争取成为皇后,自己好当皇帝岳丈。霍光却以为外孙女还小,反对入宫。两家关系就这样第一次出现了裂痕。上官安岂肯就此罢休,打个弯,又去找另一条内线。原来此时昭帝的姐姐盖长公主已守寡,她有一个情人叫丁外人;上官安用封官许愿的办法去笼络此人,再请他去劝说盖长公主。这一招果然灵。一年后,六岁的小女孩被迎娶入宫,先封为婕妤,很快就做了也还是个孩子的昭帝的皇后。当上了国丈,又受封为桑乐侯、任为车骑将军的上官安,越发骄奢狂悖,常常喝得醉醺醺的,裸体在内室胡言乱语,与后母和父亲的侍妾搞淫乱。他还向他的宾客吹嘘说:当今皇上就是我的女婿,我在宫里与他一起喝酒,可高兴呢!

上官父子为了答谢盖长公主和丁外人,一次又一次地去向霍光为丁外人求官封侯;盖长公主自己也在霍光面前为情人说好话。霍光却以为给像丁外人这样一个不明不白的人加官封侯违反汉制,因而断然拒绝。上官桀觉得自己早在先帝时已为九卿,位在霍光之上;如今父子并为将军,孙女又当上了皇后,凭什么这朝政还要由你姓霍的一个人说了算!身为皇姐又是供养人的盖长公主,自然更觉得岂能受制于一个外姓的朝臣!这一来,上官桀父子与盖长公主三人,在反霍光这一点上走到了一起。

桑弘羊就是在这个时候,跨出了那决定他终生的一步的。

桑、霍矛盾原本只是政见分歧,而那场把桑弘羊置于被围攻地位的盐铁大辩论,很可能反而激化了这种矛盾。除此以外,据《汉书·霍光传》记载桑弘羊反霍还有两个原因。一是他因推行盐铁官营等有功而居功自傲;二是想为子弟求官霍光不同意。而已是老迈年高的他,想要反对正乘时得势的霍光,又颇有孤掌难鸣之叹。正是在这种情况下,当他发现上官桀等在反霍这一点上可以作为自己盟友时,便愤然跨出一步,靠了过去。不知桑弘羊后来是否有过后悔,因为正是这一步,使他丧失了作为一个不同政见者的独立性,跌进了很不光彩的争权夺利的泥淖，也令我们后人为之深深惋叹。

现在已有了四个人：上官桀父子、盖长公主和桑弘羊。反霍联盟规模初具。

为了壮大声势，四人不约而同地想到必须再争取到一个人，那就是前后两次企图入主朝廷都没有成功的燕王刘旦。他们以为让一个亲王来扛这面谋反大旗，事情就要好办得多，号召力也会大得多。于是上官桀和桑弘羊便将霍光种种过失整理成文，派人送往燕都提供给刘旦，让他去向皇帝上书告发。恰好，一直窥视着东山再起机会的刘旦，也正在一批接一批地派出使者，携带金宝，准备赂赠盖长公主、上官桀、桑弘羊等，以求内应。双方一拍即合，很快就结成了一个成员庞杂的反霍联盟。

需要顺便提一下的是，在这个联盟里，还有七章三节已说过的苏武的儿子苏元。苏武羁胡十九年，回汉后昭帝拜以为典属国。苏元却以为父亲应有更大、更多的封赐，之所以仅此一任，也是霍光从中作梗的缘故。

接下去他们就要将反霍计谋付诸实施。据《汉书·霍光传》载录，他们商定分三步走——

第一步，假造一份燕王刘旦派使者送来的告发信【1】，揭举霍光的种种不端，其中最关紧要的两句话：一是霍光出京城到广明去检阅羽林禁军，竟要像皇上出行那样沿途清道戒严，并命太官预先置备餐饮（原文："道上称跸，太官先置"）；二是霍光在自己官衙擅自选调和增加掌管军事的校尉员数（原文："擅调益莫府校尉"）。信的末尾称："霍光专权自恣，疑有非常。臣旦愿归符玺，入宿卫，察奸臣变。"

第二步，挑选一个霍光休假回家的日子，向昭帝进奏此信；上官桀则从中见机行事，将霍光交付有关官署去治罪。

第三步，倘若第二步不能按计划实现，则直接由桑弘羊与诸大臣执持霍光，迫使其辞去官职。

实施的时间是元凤元年（公元前80年）八月。

但事情的发展，却超出了设谋者的预料。

原来此时的昭帝不再是一个任人糊弄的孩子，他已经有了一定的判断事理的能力。读了那封据说是燕王刘旦使者送来的告发信，他发觉其中似乎藏有蹊跷，既没有下给上官桀，也没有交付别的大臣去查办。

朝堂上下气氛顿时紧张起来。

次日凌晨，已有所闻的霍光早早来到候朝室，只是不敢入殿，惶恐不安地等候着发落。

朝会开始。昭帝遍视群臣，忽而问道：大将军因何未到？

上官桀回答说：因燕王告其有罪，故待罪外室，不敢入殿。

昭帝命左右侍臣：宣大将军上殿！

霍光趋步拾阶上殿，免冠顿首谢罪。

【1】此信《汉书》之《霍光传》记为上官桀等"诈令人为燕王上书"，而《外戚传》及《武五子传》则说是燕王刘旦自己写的。但后文的情节恰如昭帝所揭示的，此信从时间上看不可能是远在数千里之外的刘旦亲书，所以我从《霍光传》所记。

昭帝缓颜说道：请大将军著冠吧。朕已知此书有诈，大将军无罪！

此言一出，朝堂上立刻卷起了一片轻微的声浪。一些人惊疑，一些人释然；也有人感到了畏惧。

霍光且惊且喜，抬头问道：陛下何以知之？

昭帝道：大将军选调校尉和到广明去检阅羽林，都是在新近，算来还不到十日，远在数千里之外的燕王从何得知？再说大将军日日辅助朕左右，倘有异谋，又何需选调校尉？此书显系有人伪作，意在谋害大将军。朕虽年少，何至受愚若此！

这一年昭帝十四岁。一个少年，居然能如此洞察幽微，列班群臣无不为之惊奇。

霍光如遇大赦，伏地谢恩，涕泗横流。

昭帝最后下了一道命令：捉拿上书人查问究竟，然后宣布退朝。

上书者原是由上官桀等指使的，自然早已潜逃藏匿。多次捕捉无着，昭帝却仍不肯放过。这时上官桀又做了一件"此地无银三百两"的蠢事，他对昭帝说：此等小事，何劳圣心，陛下不必穷究。昭帝一听，只盯视了上官桀一眼，再没有说话。

此后，凡遇有人诬告霍光，昭帝就要发怒，说：大将军是受先帝遗命辅佐朕的忠臣，倘有谁再胆敢妄说是非，便当下吏论罪！

已感到穷途末路的上官桀等人，决定铤而走险，索性将霍光和昭帝全都除去，自己来做皇帝。商定的办法是，由盖长公主置酒请霍光赴宴，事先伏兵于席间格杀，然后宣布废黜昭帝。当即将此计写成密信，火速用快马飞传燕都。信中特别点出一句：事成后，即"迎立燕王为天子"（《汉书·霍光传》）。刘旦得书大喜过望，一面复书对这个"杀光夺帝"之计大加赞赏，并答应事成后即封上官桀为王，同享富贵；一面招募数以千计的郡国豪杰，昼夜筹划谋反之事。

刘旦哪会想到，他其实已经上当。

原来信中那句"迎立燕王为天子"最让刘旦心动的话，原是老谋深算的上官桀设下的一个诱饵，中藏杀机。此计还有一个更为秘密的"计中计"，那就是：杀掉霍光后，再"诱征燕王至而诛之，因废帝而立桀"（《汉书·外戚传》）。

此计若成，那么刘氏王朝就将改姓为上官王朝。

在密谋时，有个同党问：起事之时，当如何安置皇后？上官安脱口答道：追逐大鹿的猎犬，难道还顾得上小兔吗？

几个同党一时都惊得目瞪口呆。他们弄不明白：皇后不就是你上官安的亲生女儿吗？怎么可以在这种时候说丢就丢了呢？

上官安看看众人，又自负地朗声说道：此即所谓百世一时也！机不可失，时不我待。古人云：成大事者不计小失。大丈夫岂能作儿女之态！

就在这个"杀光夺帝"计谋紧锣密鼓地筹划着的日日夜夜里，另一条揭露这个计谋的行动线，也在曲曲折折地行进中。

行动线的始端，是一个退休赋闲在家官员，曾在大司农属下做过掌管田税的稻田使者，名叫燕苍。他有一个儿子，是在盖长公主府上当差的。儿子无意间说出了盖长公主与上官桀等人的密谋，燕苍以为事关大汉社稷，就报告了其时任大司农的杨敞。一向恭谨怕事的杨敞，听了吓得装起病来，不敢再出家门一步。不过最后他还是报告了谏大夫杜延年。杜延年奏报了朝廷。同年九月，昭帝发诏由丞相下令二千石以上官员追捕谋反者。结果是，上官桀父子和丁外人以及桑弘羊，皆族诛。曾为昭帝供养人的盖长公主，也畏罪自杀。诏书发至燕都，燕王刘旦与群臣宾客以及后妃对饮，慷慨悲歌，举座皆泣。随即以绶自绞而死。后妃等一同自杀者多达二十余人。

此案平息，霍光"威震海内"。不久丞相田千秋病故，武帝为昭帝留下的五位辅助大臣已只剩下霍光一人。《汉书》本传对霍光在昭帝时期的功业作了这样概括：

> 昭帝既冠，遂委任光。讫（通"迄"）十三年，百姓充实，四夷宾服。

"十三年"是昭帝在位时间。这位从未亲过政的少年皇帝，只活了二十一岁，便因病溘然离世。紧接着便发生了刘髆之子刘贺继位那样一段荒唐而又危险的小插曲。它像一片莫明来由的阴云，蓦地出现在晴朗的天空，尽管很快散去，却给帝国带来了某种不祥的预兆。

刘贺：做了27天皇帝，发了1127道诏令

事情还得从上一小节已提到过的那个人主后宫时还只有六岁的上官皇后说起。

小皇后的娘家包括祖父上官桀、父亲上官安等等，全都因谋反受戮，而她之所以能够存活下来，除了毕竟是皇后，又年少，与谋逆无涉以外，还有一个重要原因：她是霍光外孙女。

综观霍光一生，大体上没有脱出史家所作的四字之评："沉静详审"。但人的欲望往往是会随着地位的改变而改变的。很可能就从"威震海内"那时起，霍光就为巩固和扩展自己的权位谋划起来。主意就打在已渐渐步入豆蔻年华的外孙女身上：如果小皇后能产下龙子，那么未来的汉家天子不就成了他的外曾孙，霍氏家族不就能永享荣华富贵了吗？为了实现这个梦想，这位秉政大臣居然暗示昭帝内侍和医官，让他们去吩咐内宫：皇上龙体欠安，禁止嫔妃入侍。这还不放心，又规定所有宫女都得穿上前后有裆的"穷裤"（古代无论男女多为无裆裤），并用多条带子紧紧缚住。

这就是说，霍光利用自己的权位要让他的外孙女独享与皇帝的交媾权！

但偏偏造化不肯配合，直到昭帝弥留之时，上官皇后也还没有怀上喜，而其他嫔妃连侍寝权也早被剥夺，自然更是绝对不可能有梦兰之望。这样到六世昭帝归天时，又出现了二世惠帝去世后碰到过的那个难题：无子可嗣。

无奈中，多数朝臣主张再回到"兄终弟及"路子上来。只是昭帝原是武帝小儿子，无弟可及。原有五个哥哥，也只剩下一个四哥广陵王刘胥，那就凑合着来一个"弟终兄及"吧。霍光却觉得不妥。提出的理由是这位广陵王动作无视法度，还叫楚地巫师装神弄鬼，暗中谋求帝位，这样的人如何能承继大统！这倒也是事实。但霍光内心似乎还有一个不便

说出、却更为主要的原因：刘胥早已成年，一旦继位就该亲政，非但他这个秉政大臣只好"靠边站"，连他的外孙女上官皇后的地位也变得十分尴尬。而如果能另选一个年幼的侄辈继位，不仅他自己可以继续秉政，他的只有十五岁的外孙女也可名正言顺地被尊为皇太后了。正是在这种情况下，当有一位郎官提出是否可以按照周初不立文王长子伯邑考而以其弟为武王这种"废长立少"的先例，迎立昌邑王刘贺入嗣时，霍光立刻认可。当日就由上官皇后以皇太后的名义发出懿旨，特遣少府史乐成、宗正刘德、光禄大夫丙吉和中郎将利汉等，速赴昌邑（今山东巨野南），急征昌邑王刘贺入京主丧。

　　原来这刘贺便是七、八两章都提到过的刘屈氂与李广利合谋欲立为皇太子的那个老昌邑王刘髆的儿子。案发后不久，刘髆便在悒郁中病故，王位由刘贺继嗣。这一年刘贺约二十岁，已当了十几年昌邑王。史书说他小眼、尖鼻，皮肤黝黑，体躯壮大，骄奢淫佚，狂纵无度。平日常与那些驺奴宰夫为伍，让他们戴上一种形状怪异的帽子，日夜戏狎为乐。王国官员如郎中令龚遂、中尉王吉等曾多次进谏，有时甚至涕泣膝行苦谏，刘贺却不是掩耳不听，就是当面答应改过，转身依然故我。他最喜欢驰骋弋猎，骑术倒是称得上一等，飞身跨鞍，疾如闪电，半日可跑三两百里。这回一听朝廷征召，以为终于逮到了一个逞能的好机会，只顾策马狂奔，一口气就跑了一百三十多里，独自先到了定陶。那些侍从官员和朝廷使者，全都被远远抛在后面，还有好几匹马累得倒下再也起不来。到达济阳，听说当地有一种稀珍的长鸣鸡，即命左右四出采购。路过弘农，竟又派他宠幸的大奴去附近弄来了几个绝色女子，藏在车内，任他强与为欢。快近长安时，龚遂提醒说：依照礼制，为君主奔丧，望见国都就应伤心哭泣，以示哀悼。刘贺却说：我正咽喉痛呢，哪里哭得出来！

　　长安这边，霍光与众大臣早在迎候。刘贺入宫，先由皇太后诏立为皇太子，继而授以皇帝玺绶，正式即位称帝。

　　这位总共做了二十七天皇帝的刘贺，却在庄严的未央宫内演了一出历史上罕见的荒唐而又危险的滑稽剧。他把昌邑国的官员，包括驺奴、宰夫等共二百余人全都召进宫来，成日与他们一起嬉闹，甚至象征帝国最高权力的玺书、符节也成了他随意戏耍的玩具。二十七天中共发了一千一百二十七道诏令，平均每天要发四十一道，内容则多是一些无聊的戏言。如其中有一道是发给一个名叫君卿的官员的：朕准许你讨十个老婆，再赐给你一千斤黄金；着中御府令立即开库奉金！依礼在天子丧期之内，宫中是禁止宴乐的。可刘贺却照样命人鼓吹歌舞，耍虎斗虎，宴饮喧嚣，还与昭帝留下的一些宫女淫乱，并下令说：有谁胆敢把这些事泄露出去，格杀勿论！

　　来自昌邑的原王国官员，此时分两种情况。少数如龚遂、王吉等继续利用各种机会竭力谏阻，只是一概无效。更多的则已授有重位要职，颐指气使，吆五喝六，大有取昭帝旧臣而代之之势。

　　霍光陷入了深深的忧惧。

　　这忧惧是双重的。一是作为这次选立的主要决策者，他对眼前这种混乱局面难辞其咎；二是他本人的权位以至生命，已受到那批来自昌邑的王国官员的极大威胁。

　　他开始了秘密串连。

这里就要说到霍光的另两个好帮手：田延年和张安世。

田延年初为霍光将军府幕僚，受到器重，迁为长史，出为河东太守，惩治豪强，威震一方。后以选入为大司农。霍光以为这位大司农为人笃诚，又有胆略，足可信赖，第一个先找了他。田延年建议不妨奏明皇太后，废去刘贺，另选新君。霍光原也有此意，只是不熟悉经书，不知道能否从先圣古贤的行事中找到相关依据。田延年举了个殷商时国王太甲纵欲乱德，右相伊尹曾将其放逐桐宫的故事，说：大将军若能仿此行事，那不就是我大汉的伊尹了吗？霍光听了甚受鼓舞，当即授给田延年一个加官名号：给事中。依武帝定下的官制，田延年所任大司农属外朝官，不得入侍禁中；有了"给事中"这一加官之号，便可出入禁中，侍从于皇帝左右。

接着霍光又去找张安世。

张安世原给事于尚书，以精于职事著闻。一次武帝巡行河东，途中遗失了三箱书，偏巧又急需查考，问问群臣，谁也说不清楚，唯独张安世一一记着，全都答了出来。后来购得这些书，拿来一核对，竟与张安世记的分毫不差。武帝很惊奇，当即擢任他为尚书令，后又迁为光禄大夫。霍光秉政，愈益倚重张安世，遇事总要找他商量。这时张安世已任车骑将军，听霍光一说，他也主张废贺另立，并愿意竭诚效命。已得到两人支持，霍光心里有了些底，就让田延年去报知也曾是霍光部属的杨敞。杨敞原任大司农，后任御史大夫。田千秋病故后，丞相之位由王䜣出任，不到一年王䜣也病故，因而此时杨敞又继王䜣为相。

杨敞以恭谨胆小著闻。当年，一听燕王、上官谋反就害怕得装起了病；这回，田延年刚把霍光的废立之议说出，他又吓得脸色陡变，虚汗淋漓，嗫嚅了好半日也还说不成一句话。也许是为了缓和一下僵局，田延年起而离席更衣。这时一直在东厢房关切地听着来客谈话的丞相夫人急步走出，压着嗓子对杨敞说：如此重大国事，君侯怎能犹疑不决呢？既然大将军已有成议，你只管答应就是。不然，只恐祸在旦夕！

原来这位丞相夫人，很可能就是七章三节提到过的那位冒死奏请宣帝将《史记》公之于世的杨恽的母亲、此时约已故世了十余年的司马迁的女儿。

两人正这么说着，田延年已更衣归来，丞相夫人不及回避，索性坦然相见，在一旁促使夫君作出承诺，杨敞这才鼓鼓勇气，说出了愿奉大将军教令的话。

在获得丞相支持后，霍光便在未央宫召集群臣，正式征询废立之议。他开口一声"昌邑王"就引起了全场惊愕。因为刘贺即位后，臣属必须对他敬称"陛下"，再叫"昌邑王"就是死罪。霍光说：昌邑王行多昏乱，社稷有危，诸公以为如何是好？

会场一片寂静，群臣或面面相觑，或环顾四望，谁也不敢说话。

霍光正担忧时，忽见田延年推案离席，按剑奋起，大声说道：先帝以幼孤托付大将军，委寄全权，原是因大将军忠贤，足可安定刘氏。如今京师群议鼎沸，社稷将倾，大将军若不速定大计，坐令汉室绝祀，试问大将军死后，尚有何面目见先帝于泉下？今日之事，当断即断！群僚中若有应声落后者，臣请当廷仗剑斩之！

霍光拱手称谢，顺势说道：大臣们责备得很对。天下汹汹，生民不安，其咎在光。今为遵先帝遗命，维护汉统，光当万死不辞！

于是群臣便一齐叩头说道：万姓之命系于大将军一身，只要大将军下令，臣等无不遵从！

元平元年（公元前74年）七月某日，霍光带领群臣进见皇太后，具陈昌邑王刘贺不可以承嗣宗庙之状。皇太后起驾未央宫承明殿，召刘贺，并下旨各道禁门不得让原昌邑国官员进入。禁门外，车骑将军张安世早已率领羽林禁军将王国官员一一收缚交付廷尉诏狱。刘贺还蒙在鼓里，傻乎乎地责问霍光：朕那些臣子犯有何罪，大将军为何要系缚他们？直到谒者传出皇太后懿旨，命昌邑王上殿听诏，他才约略感觉到了一点事情的严重性。按礼制规定："为人后者，为之子也。"（《汉书·武五子传》）刘贺既嗣昭帝之位，依礼也就成了昭帝的儿子。因而尽管在他面前的是一个要比他还要小五六岁的女孩子，但这个小女孩却有着既是皇太后又是母亲的双重身份，刘贺再狂纵，也只好恭恭敬敬跪在她的膝下，听候发落。

这时端坐于武帐中的上官太后，身披珠襦，一脸庄重。武帐左右，内宫侍御提刀持剑，寒光逼人；殿陛两旁，期门武士秉戈执戟，威武森严。经过专业训练的尚书令，正在拿腔捉调地朗读一份丞相杨敞、大司马大将军霍光等三十六位大臣的联名奏章，其中详细列举了刘贺种种非礼、非法和不端之事。当读到刘贺竟与昭帝留下的众宫女淫乱一节时，上官太后蓦地发威，大喝一声：停！尚书令应声停止朗读。这位少女太后伸出纤指向刘贺怒斥道：尔为人臣、为人子，可以如此悖乱吗？

刘贺膝退数步，惶恐叩首，颤栗着说：儿臣、儿臣不敢！

奏章末尾，引《春秋》周襄王因事母不孝而被黜居于郑的典故，接着说：今陛下之昏乱远过于当年周襄王，不可以再承天序，奉宗庙，子万民，故当废。臣等谨以此昧死上闻。

尚书令读毕，上官太后说了一个字：可。霍光即命昌邑王起拜受诏。刘贺还想辩解几句，霍光不容分说，伸手将他用绶带系挂于腰间的天子之玺[1]解下，双手捧持进于皇太后，随即挽着刘贺出殿，群臣默然随送。来到金马门，一辆将把这位废帝安顿到原昌邑国在长安的府邸去的乘舆副车，早在此等候。做了二十七天皇帝的刘贺，到这时才似乎猛然梦醒，仰首望着西天拜了两拜，苦笑着感叹一声说道：刘贺啊刘贺，尔愚懿如此，原本就不该任汉事的啊！待到这位立也是霍光、废也是霍光的倒霉皇帝登上副车时，霍光对他说了这样一番含义微妙的话——

王行自绝于天，臣等驽怯，不能杀身报德。臣宁负王，不敢负社稷。愿王自爱，臣长不复见左右。（《汉书》本传）

所谓"臣长不复见左右"，就是说你死了"卷土重来"的心吧，永远别想再见到我！

霍光一转身，背后响起了副车离去的马蹄声，一颗悬了多日的心终于落了下来。这时却忽而鼻腔一酸，滴下了两行清泪。

---

[1] 天子之玺：汉制，皇帝有三玺：行玺、信玺及天子之玺。天子之玺自佩，其余二玺则存于符节台。

刘贺一废，原昌邑国官员，除曾对刘贺作过多次诤谏的龚遂、王吉罪减一等，"髡为城旦"即剃去头发、罚做苦役外，其余两百余人竟不分青红皂白一律诛杀。在王国官员中，有几个人曾主张先下手为强，杀掉霍光等朝廷大臣以巩固刘贺帝位的，他们在被押赴闹市受刑途中一路狂呼悲号：真是当断不断，反受其乱啊！

如何处置废帝刘贺，群臣曾有过一些争议，最后霍光以皇太后名义作出的决定是：退回昌邑，削去王号，另给食邑二千户。原昌邑国改为山阳郡。已经不是昌邑王的刘贺仍住在那座旧王宫里，有一百多奴婢，十六个妻子，生了一大群子女，过的是十足的寄生虫式的生活。但对新继位的皇帝来说，一个依旧活着的废帝，仍然视为是一种严重的威胁。因而宣帝时曾多次密诏山阳郡守务必严加监控，发现异常，立刻奏报。刘贺在应对监控人员的查问时，常常是衣著奇特，举止怪异，言谈愚戆。也许正是靠了这套装疯卖傻的办法，他才得以苟活了下来。至宣帝即位十一年以后的元康三年（公元前63年）被封为海昏侯。五年后卒。终年约三十五六岁。

有道国不可一日无君。废去刘贺，再到哪里去找一个汉家天子呢？

尽管武帝的孙子一辈还有好几个，宗室中诸侯王更有一大群，但却找不出一个合适的。未央宫里，以霍光为首的大臣们刚闯过一道险关，又遇到了一个棘手的难题，几次商议都没有找到出路。

为破解这个难题带来一线希望的，是曾做过霍光将军府长史、此时已升任为光禄大夫的丙吉。他提出了一个未来新皇的人选：戾太子刘据的孙子刘病已。

丙吉是冒着风险提出这个建议的。因为他推举的刘病已还在襁褓中就做了囚徒，后虽遇大赦获释，但头顶总还笼罩着祖父刘据那个没有彻底平反的谋反事件的阴影，既无任何封号，甚至也算不得皇室正式成员，如今也还流落在长安城郊民间。

丙吉向霍光上了一道奏记，看得出来他是陪足了小心，又用足了心思。文中先赞颂了霍光受遗命以来辅佐幼主，立、废昌邑的丰功伟绩，接着说"方今社稷宗庙群生之命在将军之壹举"，然后提出他要推举的人。他说这位武帝曾孙此时该已有十八九岁，"通经术，有美材，行安而节和"，愿大将军予以考虑。为稳妥起见，不妨再参以蓍龟占卜，若可，先让他进宫入侍一段时间，"令天下昭然知之，然后决定大策，天下幸甚"（《汉书》本传）。

令丙吉兴奋不已的是，事情进行得出乎意料的顺利。霍光与诸大臣一商议，张安世、杜延年等都称赞刘病已贤德，以为可以嗣昭帝之后。于是奏明皇太后，迎皇曾孙入宫。一介平民是不能直接登上帝王极位的，所以先得封他为阳武侯，然后奉上天子玺绶，谒高帝太庙，受群臣朝贺称帝。是为宣帝。即位后，因考虑到原名"病已"是两个常用字，容易犯讳，故改为单名"询"[1]。

宣帝的继位有一点是与文帝相同的：皆由大臣迎立。因而他也像文帝那样，最先要做

---

[1] 改名的诏令是在元康二年（公元前64年）颁布的，诏中称："闻古天子之名，难知而易于讳也。今百姓多上书触讳以犯罪者，朕甚怜之。其更讳询。诸触讳在令前者，赦之。"（《汉书》本纪）

的事便是封赏霍光等迎立有功大臣。受封赏者多达二十五人，其中有：

大司马大将军霍光：加封七千户，前已封一万三千户，合计二万户。前后赏赐黄金七千斤，钱六千万，杂缯三万疋，奴婢一百七十人，马二千匹，甲第一区。

右将军光禄勋张安世：加封一万零六百户，前已封三千户，合计一万三千六百户。

太仆右曹给事中杜延年：加封二千三百户，前已封二千七百户，合计五千户。

光禄大夫给事中丙吉：封为关内侯，不久又升任为御史大夫。

但直到此时为止，朝廷上下，包括宣帝自己，都还不知道当年那个出生才数月、名叫病已的婴儿，是如何在监狱这样的生存环境中逃过一次又一次劫难奇迹般存活下来的，后来又是如何几经曲折渐渐成长起来的。宣帝在即位七年后的某一天，忽而收到一封让他大为惊异的信。信是宫中一个名叫则的老婢女写的，说她曾育养过刚出生时的皇帝。问问诸大臣，又谁也说不清当时的详情。后来有个小狱吏写了一道由丙吉转呈的奏章，这才知道其实这个老婢女虽也曾养育过一段时间，但并不尽责，还曾因此受过鞭笞；真正细心体贴育养和呵护过宣帝幼时的，是另外两个女囚，叫郭征卿、胡组[1]。但宣帝仍觉得其中有蹊跷，因为这道奏章有好几支竹简隐约有删削的痕迹。经辗转查究，又询问了丙吉，这才终于弄清楚，奏章上原有大段关于丙吉如何冒死救护皇曾孙的内容，后来被人删去。

删削者不是别人，正是为人纯厚、从不愿以旧功自夸的丙吉自己。

两位特殊的保傅：丙吉与张贺

丙吉，鲁国（今山东曲阜鲁故城）人。曾任廷尉右监，坐法失官，贬为州从事。巫蛊之祸起，奉诏治郡邸狱[2]。一次巡狱，忽然听到几声婴儿啼哭。经查问，才知那个出生才数月的男婴，竟还是武帝的曾孙、刘据的孙子。丙吉很哀怜这个孩子，便借个由头，将他转移到较为干燥、宽敞的监房，又特地找了两名做事谨慎、待人温和体贴的女囚郭征卿和胡组，嘱咐她们好生育养。孩子多病，几次险些夭亡，因起名"病已"，以期平安长大。从此，及时给这个孩子请医送药，关心他的冷暖饥饱，成了丙吉日夜都无法放下的一桩心事。有一段时间，掌管府藏的少内以没有诏令为由，断绝了对刘病已的廪食供应，丙吉便自己拿出米肉来供养这个被遗弃了的皇曾孙。

后元二年（公元前87年）初春的一个夜晚，突然听到了一阵阵擂鼓般的敲门声。来者是内谒令郭穰，随带数名执戈持戟的卫士，说是奉诏前来监杀狱中囚犯的。丙吉一听，严命吏卒监守狱门，拒绝郭穰等进入。原来此时武帝已病重而入住于五柞宫，有个自称善于"望气"（通过观察云气预知人事吉凶）的方士说他望到长安狱中有一股天子之气，已陷入昏乱的武帝以为这是对他生命的一种威胁，竟下旨要将狱中囚犯一律处死！

【1】此据《汉书·丙吉传》。《汉书·宣帝纪》则其中"郭征卿"作"赵征卿"。

【2】郡邸狱：汉时诸州郡、封国在京师长安设有府邸，每年年终来京上计官员皆入住于此。由大鸿胪属官郡邸长、丞掌管。也设监狱，即称郡邸狱。

被堵绝在狱门外的郭穰高声怒斥道：大胆丙吉，难道你竟敢抗旨吗？

丙吉应道：天子以好生为大德，常人无辜，尚且不可妄杀，更何况狱中有皇曾孙在呢，臣昧死不敢奉诏！

双方就这么对峙着，隔着一道狱门，一直相持到天明。

郭穰怒气冲冲回到五柞宫，上了一道劾奏，说丙吉抗旨拒命，罪当大辟。武帝阅后反倒省悟了，说：这大概是上天要他这样做的吧？下诏不仅赦免了丙吉和刘病已，连带郡邸狱中所有罪犯也全都免去了死罪。

武帝去世，昭帝继位，颁诏大赦，渐及髫龄的刘病已这才得以获释出狱。丙吉经多方探问，得知孩子的祖母史良娣（刘据之妻。姓史，良娣为太子妻妾名号，属第二等）的老母亲还住在鲁地乡间，虽年届古稀，却还清健，于是便将刘病已带到这位外太祖母身边。几经灾难居然还能见到自己的亲骨肉，老人感伤不已，对曾外孙自然百般疼爱。这个一出生就陷入囹圄的孩子，到这时才开始享受到一点亲情的温暖。

不久，有诏将刘病已收回"掖庭养视"，并"属籍宗正"。掖庭是后宫的一个官署，掌管后妃之事。宗正也是官署名，掌管皇族及外戚。这也就是说，到这时候刘病已才以外戚史氏的身份，报上了由宗正掌管的宗室户籍，但仍然算不上是皇室正式成员。

在掖庭这个皇室大院里，刘病已又遇到了一个尽心竭力扶养、培育他的人：张安世的哥哥、时任掖庭令的张贺。

依汉制，掖庭令皆由宦官充任。张贺原为刘据太子宫宾客，并受到刘据信用。巫蛊之祸案发，其余宾客全都伏诛，张贺则因弟弟张安世的上书请求，得以免死，改为宫刑。受刑后的张贺成了无性之人，反倒使他有了出任掖庭令的"资格"。张贺虽是因刘据案牵连而受刑的，却没有想到为避嫌而远离刘据后裔，反而日思图报，因而对病已格外关爱。看看孩子日渐长大，先是自己教他识字，后又出资为他聘请业师，授以《诗》、《论语》、《孝经》等。难得病已高材好学，几年下来便卓尔有成。待到可以谈婚论娶的年岁，张贺又开始为他未来妻室操心。张贺有一孙女，与病已倒是年貌相当，有心想把他们结成一对，就先去找弟弟商量。谁知此时已升任为车骑将军光禄勋的张安世一听就发怒道：病已虽也算是个曾皇孙，可他是戾太子的后裔呀！像他这种情况，能够以平民身份获得官家供给衣食也就该知足了，我堂堂张氏之女岂可许配这种人！张贺吓得不敢再开口，心里却还盘算着，总得让这位可怜的皇曾孙自己有个家室才好。

巧的是，张贺下属中有个在暴室（掌宫中织染）当差的小吏叫许广汉，他有一女，名平君，原已许与宫中内者令为妻，不料刚要迎亲，那新郎却一命呜呼。剩下的这个很难再嫁的新娘，张贺觉得配与病已倒挺合适。便备了点酒菜，把许广汉请来晤谈。三樽落肚，便乘兴做起了伐柯老人。广汉正为女儿的亲事发愁呢，一听居然还能有个好歹也算是皇曾孙的人愿意做自己的女婿，不由喜出望外，当即满口应承。谁知回家一说，妻子火冒三丈，说女儿是看过相的，将来定当大富大贵，哪能白白嫁给一个一落娘胎就蹲大牢的人！广汉百般劝说无效，索性自作主张，径与张贺商量。张贺竭力促成，并用自己的家财代为皇曾孙行聘。不过一两个月，从纳采迎亲六礼俱全，刘病已与许平君就这样正式做成了夫妻，过起了平头百姓那样的恩爱、平静的小日子。

在这期间,正处于青春勃发期的刘病已,除完成学业外,也爱好斗鸡走马,与各色人等交游,成年累月上下于诸陵之间,畅游于三辅之地,从中了解世态人情,吏治得失。在莲勺盐地一带甚至还有几次受人欺侮,但他并没有因此停止自己的脚步。逗留时间最多的是京城之南的下杜,那里陡峭的山峦,迷人的野景,常常使他留连忘返。直到有一天,一辆由太仆杜延年驾驭的轻猎车把他迎入未央宫即位称帝,才结束了这种自由自在的漫游生活。

宣帝了解了自己如此艰难的成长过程后,着实感动,对曾经冒死救护过自己而又一直默默不道旧恩的丙吉,尤为钦敬。当即派人寻访郭征卿、胡组两位女囚,不幸已先后去世,只好厚赏了他们的子孙。对那位名叫则的老婢女,也恢复了她的自由民身份,并赐钱十万。令宣帝伤感不已的是,此时张贺也已去世,而丙吉又身患重病,卧床不起。只得赶紧下了两道诏文,一道送到张贺墓前,追封他为恩德侯,置守冢二百户;一道送到丙吉府第,封他为博阳侯。食邑一千三百户。丙吉幸得病愈,上书再三辞谢,奉还印绶,说自己无功不应受禄,空名不可受赏。宣帝诚挚、恳切地回复了他这样一段话——

朕之封君,非空名也;而君上书归侯印,是显朕之不德也。方今天下少事,君其专精神,省思虑,近医药,以自持。(《汉书·丙吉传》)

丙吉后来官至丞相,对属下宽厚礼让,对政事职责分明。有一则轶事说他一次出行,途中看到一群人在械斗,死伤横道,他连头也不回。后来又看到有人在赶牛,那牛喘得吐出了舌头,他赶紧下车问个仔细。随行的掾史以为这是轻重不分,弄不懂丞相何以要如此行事。丙吉回答说:民人相斗以致死伤,那是长安令、京兆尹职掌范围内的事,丞相只要到年终按考课对他们施行赏罚即可,不必亲自过问。而牛喘而至于吐舌,如果不是长途驱赶,就是气候炎热所致。但眼下还是春季,按说不该如此,这就很可能是时气失节的一种迹象。身为丞相当调和阴阳,故须问个清楚,不敢疏忽大意。丙吉为相四年,临终前,向宣帝举荐了杜延年、于定国、陈万年等三人,后来各任重职,并有政声。宣帝因而称赞丙吉知人善任。

古代官制有保、傅,也称太保、太傅,或少保、少傅,其职责是育养、傅教太子。丙吉与张贺无此职名,却出色地完成了此种职责。他们是两位特殊的保傅。这种特殊性还表现在,他们非但不可能得到任何酬报,还得冒着声名被玷污,甚至家族被诛灭的危险。古语有云:一生一死,乃知世情;一贵一贱,方知世态。丙吉、张贺不以生死贵贱为转移,应当是两位特别值得尊敬的古人。

现在让我们回过头来说说那位一度嫁不出去的平君姑娘。

当年的一对患难夫妻,如今刘病已做了皇帝,许平君自然跟着身价百倍,受封为婕妤,官秩视上卿，爵位比列侯。

让人忍俊不禁的是，那位年仅十五、才做了二十七天皇太后的上官氏，这回又升了一大级，被尊为太皇太后。

宣帝既已继位，霍光奏请归政，宣帝却据说因"谦让"而"不受"，朝中诸事依旧先禀报霍光，再奏明宣帝。

此时后宫最有诱惑力的皇后之位还空着。

按说许平君与宣帝是结发夫妻，皇后之位非她莫属。但却偏偏出现了一个竞争对手，就是霍光的小女儿霍成君。此时刚刚被迎立的宣帝未享有一言九鼎的权威，而小女子霍成君却有着两座坚强有力的靠山：一是老爹霍光，秉政多年，声威赫赫；二是她的外甥女，就是那位其实还是少女却已成为刘汉皇室名义上的道德丰碑太皇太后上官氏！

在这种情况下，当廷议立谁为皇后时，公卿大臣们多数把他们的意向票投向了霍光的小女儿霍成君。

为了维护自己的权位和保护共过患难的妻子，这时宣帝第一次使用了他的智慧。他发了一道奇特的诏令：朕有一柄故剑，曾相伴晨昏，不忍舍弃。望速为之求得！这道没头没脑的诏令，着实让公卿大臣们琢磨了好些日子。经过几番商议，终于猜到了它的真实含义。于是联名奏请立许婕妤为皇后，果然，宣帝立刻高兴地画了个"可"字。

一个民间女子平步青云，突然成了母仪天下的皇后，这自然是极大的幸运。但老子说得好："祸兮，福之所倚；福兮，祸之所伏。"不到三年，忽而传出噩耗：刚分过娩的许皇后不明不白地暴死于长安宫！

一年后，霍成君如愿以偿，戴上了尊贵无比的皇后凤冠。

再以后，渐渐地从那警卫森严的后宫时不时会透露出一点消息来，说许皇后是被人谋杀的，而且案情还牵涉到霍光！

霍光的去世与霍氏家族的覆灭

霍光以大司马大将军前后秉政二十年。他的儿子霍禹、哥哥霍去病的孙子霍云，皆任中郎将；霍云的弟弟霍山为奉车都尉侍中；霍光的两个女婿分别为东、西宫卫尉。另外还有诸兄弟的女婿、外孙，或为诸曹大夫，或为骑都尉，皆得给事禁中，并享有奉朝请的政治优遇。因而《汉书》本传用了这样一句话来概括霍光及其家族的权势："党亲连体，根据于朝廷。"

对霍光显赫的气势，宣帝一踏进未央宫就已感受到了。那是在去长陵拜谒高帝太庙路上。先由霍光陪乘，宣帝感到若有"芒刺在背"，浑身不自在；回来换了张安世陪乘，便一下从容舒泰，怡然自若。以后每逢霍光朝见，宣帝总是虚己敛容，礼遇甚恭。在帝王制度语境下，这种情况显然已很不正常。偏偏霍光却还不知激流勇退。宣帝即位后，他只是礼节性地提出要"归政"，宣帝"谦让不受"，他也就继续秉掌纲纪。诚如宋代司马光所言，此时是"人主蓄愤于上，吏民积怨于下"（《资治通鉴·汉纪十七》），照此继续发展，皇帝与权臣之间的一场生死对决已是不可避免。好在只过了七年，至地节二年（公元前68年）春，霍光便因病去世。应当说，这对霍光是一种幸运。霍光病危时，宣帝曾亲往探视，并"为之涕泣"，这眼泪的成分就相当复杂。霍光死后，宣帝以超越大臣而近似天子的隆重礼仪为他下葬。霍光生前的博陆侯封号由其子霍禹继嗣，再赐谥霍光为宣成侯。同时又分别封霍光之侄孙霍云为冠阳侯，霍山为乐平侯，并以奉车都尉领尚书事。尽管史书没有记下宣帝做完这一切以后是一种怎样的心情，但我们却不难想见，他一定松松快快地长长吁了一口气。从此，宣帝结束了"芒刺在背"的日子，开始独擅皇权，亲掌朝政，施展他的励精图治抱负；汉帝国也结束了自后元二年（公元前87年）武帝去世以来长达二十年由异姓大臣秉政的特殊时期，国家最高权力又回到了汉家天子之手。

留下的一个难题是如何彻底改变霍氏"党亲连体，根据于朝廷"的局面。

宣帝做得很谨慎，也颇有章法，只是后来处理还是过于严苛了些。

上文说到霍光有三个好帮手：张安世、杜延年和田延年。此前，田延年因在大司农任上谎报牛车费案发而自杀，杜延年也在霍光死后不久被免官，后复召先后出为北地、西河太守。在朝的，还剩下一个张安世，时任右将军光禄勋。

宣帝最先采取的一项措施，就是采纳御史大夫魏相的奏议，拜授张安世为大司马大将军，以继霍光之任。张安世一听说将以他为霍光后任，慌忙请求召见，惶恐免冠跪奏，说他怎么也不敢当此大任，无论如何恳求皇上垂怜，以全老臣性命。张安世之所如此惶恐，就因为自己曾受霍光重用，而此种经历如今已被视为劣迹。但在宣帝看来，张安世可授以重任，除了他为人谦恭，谨守君臣之礼以外，恰恰因为他曾为霍光得力助手，可借以减少霍氏阻力，或者说麻痹霍氏，以稳定大局。宣帝笑着说：君不必太过谦让。君而不可，尚有谁可！仍授以为大司马，只是将大将军之号改为车骑将军，兼领尚书事。数月后，罢车骑将军屯兵，更为卫将军，两宫卫尉及城门、北军，全由张安世统领。但张安世却怎么也放不下曾为霍光重臣这块心病，日夜忧惧，胆颤心惊，以至弄得面黄肌瘦，不像人样。经宣帝劝慰，才稍自宽解。此后他一直谨小慎微，不敢专主，总要禀奏宣帝裁定。有功全归主上，有过则先自承担。对属下宽厚，对家人从不为之请求，因而得以善终，《汉书》本传赞之为"安世履道，满而不溢"。

宣帝采取的第二项措施是重用魏相。先授以"给事中"之号。魏相原任御史大夫虽位列三公，但因属外朝官，无特别诏旨不得出入禁中；加授给事中后，便有了类似中朝官的资格，得以给事禁中，以备随时应对皇帝顾问。接着又赐原丞相韦贤黄金百斤，准其退休，而擢任魏相为丞相。同时任光禄大夫给事中丙吉为御史大夫。魏、丙素相友好，在宣帝之世，二人交替、相继为御史大夫和丞相。魏相严峻，丙吉宽和，相得益彰。所以《汉书》同为列传，称："孝宣中兴，丙、魏有声"。

与曾为霍光得力助手的张安世不同，魏相在任河南太守期间因某些案例处理过严而被霍光下过大狱，在霍光死后的政治氛围中，他成了一个极敏感的人物。宣帝如此接连推重魏相，显然是在自己地位已经较为稳固后，有意作出的一种进攻性姿态。果然诏令一出，霍氏阵营被震动了！

这里先得简略介绍一下霍氏家族中的一位核心人物——霍显。

霍光元配东闾氏，生下一女后，不幸早殁。府上有个名叫显的婢女，颇有几分姿色，霍光十分喜爱，便纳以为妾。后来生下几个子女，其中最受娇宠的便是小女成君。霍光没有再娶，霍显就成了继室。宣帝刚即位时，成君已有十四五岁。当时公卿大臣多附势霍氏，霍显满以为小女可以稳稳做成皇后，不料宣帝偏偏愿求故剑，结果竟让一个来自乡野的许氏正位中宫，这叫她如何忍得下这口气！日思夜谋，不设法将这个占了她女儿皇后之位的女人除掉此心难平！这么熬了三两年，终于等到了一个机会。许皇后还在民间就与宣帝生过一子，取名刘奭。本始三年（公元前71年）再次怀孕，将要临产，偶染微恙，有个女医叫淳于衍的，应诏入宫昼夜陪伴侍奉。这女医与霍显原就有些交往，女医的丈夫是在掖庭做门卫的，想通过女人这条内线弄个监官当当。这天淳于衍就找上门来想通点路子。霍显一听，暗自心喜，就说：好啊！你那郎君想当监官那还不容易吗？只要我家大将军说句话就是。不过古人说得好：投我以桃，报之以李，你用什么报答我呢？

淳于衍应声道：夫人尽管吩咐，奴家定当竭力效命！

于是霍显就把霍光如何宠爱他的小女儿，一心希望她入主后宫，后来又如何被许氏抢了先的经过说了说，接着便提出了要淳于衍利用进汤药机会毒杀许皇后的要求。然后说：这女人分娩，原是九死一生的事，谁也不会怪罪到你头上去的。待那女人一死，皇后的位置就是我女儿的了。到那时，这大富大贵就由我们两家来共享。你看看，天下哪里还有比这更好的好事！

淳于衍听着不由大惊失色，颤抖着说：为皇后进药，规定须由众医调配，服时又得有人先尝，我又如何能从中下手！

霍显冷笑一声说：这恐怕不是你能不能做，而是你愿不愿做吧？你愿做，肯定有办法。再说你做了，即便有个轻重缓急，如今我家大将军独担着朝纲，由他撑着，你又何须多虑呢？

淳于衍沉吟半晌，说：那我就设法尽力去做吧。

许皇后临盆生下一女，倒还顺利；只是产后虚弱，需要调理。经御医拟定一方，合丸进服。淳于衍伺机将潜藏于怀的一种含有毒性的附子细末掺入丸内。许皇后服后就觉得胸闷难忍，虚汗淋淋，不过半刻工夫便含冤死去。

此案一发，包括淳于衍在内的所有为许皇后诊视过的医护人员，全都收系诏狱。这下霍显害怕了，不得不将毒杀许皇后的实情告知了霍光。哭泣着说：如今已是覆水难收，悔也无及。恳请大将军为之调护，毋令官吏拷问淳于衍，倘若她打熬不过吐出实情，那就要殃及我们全家啦！

霍光听后大为吃惊。欲待举发，又想到纵使侥幸保全一门，娇妻霍显定将受戮，又于心何忍！当时只是默然不应，后来得便向宣帝进奏，委婉地将许皇后之死说成是产后疾病使然，劝慰宣帝以社稷为重，厚施仁德，若过多加罪于诸医，恐有失皇恩。宣帝也以为然，遂下诏赦免了淳于衍及其余医护人等。

一年后，即本始四年（公元前70年），经霍光细心周旋，女儿霍成君被册封为皇后。

终于如愿以偿的霍显夫人，现在过起了她一生中最风光的日子：女儿是皇后，女婿是皇帝，丈夫是秉政大臣，而那位年轻的太皇太后上官氏，还是她的外孙女呢！未央、长乐宫禁之地，简直成了她自家内院，任她自由出入，摆足了威风。只可惜好景不长，两年后霍光便一病不起，溘然离她而去。宣帝以近似天子的宏大礼仪隆重地安葬了霍光，这使霍显产生了一个错觉，以为没有了霍光的霍氏家族还将永享大富大贵。她凭借着特殊权势，一面为先夫越制扩建茔墓：周围起阙，中筑神道，又盛饰祠宇，辇阁直通永巷，还将那些年老婢妾全都幽闭到神道中去看守祠墓；一面又为自己广修宅第，制作辇舆，黄金为饰，锦绣为茵，令侍婢挽引着四处逍遥快活。只是日子一久，却也难免寂寞。于是又将自己还在做婢女时的一个旧情人召了来。此人叫冯殷，因长得姣好俊美，以古代美男子都为号，称冯子都。霍显自从有了冯子都为伴，越发游乐无度。

在这期间，霍光的儿子、侄孙，包括霍禹、霍云、霍山等等，更是大造宅第，招聚宾客，走马平乐馆，围猎黄山苑，甚至依制对天子应有的朝请也懒得参加，随便派个苍头奴仆去应付了事，自己只顾终日游乐，无所忌惮。

这样直到宣帝对张安世接连委以重任，陶醉在欢乐乡中的霍显才有了某种不祥的预感。接着宣帝又授魏相以给事中之号，这位颇有些政治头脑的贵夫人，突然发觉霍氏家族已为一张无形的厄运之网所笼罩，且似乎正在缓缓收紧。慌乱中她将几个儿子和侄孙找来警告他们说：尔等只顾日夜享乐嬉戏，就是不肯听我的话，想一想如何来承继大将军的余业。如今人家魏大夫已加授了"给事中"，你们难道不知道这"给事中"是干什么的吗？那是随时可以见皇上的呀！倘若有人一进谗，还有我们霍家人的活路吗？

偏在这时，发生了一桩霍、魏两家家奴相争于道的事件。霍府家奴有恃无恐，竟气势汹汹地要冲进御史府去打闹，魏相只好亲自出来叩头谢罪，这帮人总算扬长而去。霍显得报，立即重重责罚了那几个家奴，心里却还愤愤不已。她知道，正在受到皇上重用的魏相哪会真心服软，说不定使的就是一条后发制人之计呢！

果然魏相又提出了一道"去副封以防壅蔽"的奏议，得到宣帝认可后，当即付诸实施。这道奏议实际是一次夺权，而剥夺的对象正是以奉车都尉而"兼领尚书事"的霍山。原来依汉成制，凡吏民上书，都得有正、副二封。先由领尚书事的官员将副本阅读一遍，以为所言尚可，则奏之；不可，则摒去。这也就是说，吏民上书皇帝能否看到，决定权全在领尚书事官员手里。霍显最大的心病是怕有人上书揭举她毒杀许皇后之事，以前因有掌理尚书事的侄孙霍山挡着，还稍微可以放心些；如今魏相奏议取消副封，这就等于叫霍山靠边站，吏民上书不再有任何中间环节，可以直达天子，一旦有人告发，后果将是何等可怕啊！

这个曾经不可一世的女人，从此每当与她小辈见面时，总是先相互诉说霍氏权势如何被日益侵削，而许氏、史氏（分别为宣帝岳父、祖母家族）又如何日趋显赫的种种伤心事，接着是怨天尤人，然后是相对哭泣。

但她仍存有一线希望，因为她还有一个当皇后的女儿。希望女儿早早生下一子，并顺利继位登极。到那时，她不就是万岁爷的外祖母了吗？看还有谁敢像现在这样欺侮她！

她就这样熬着这股气又过了一年多。

地节三年（公元前67年）四月，宣帝立已故许皇后所生刘奭为皇太子。

这消息对霍显不啻是五雷轰顶。她不思饮食，不时大口呕血。她断断续续哭嚷着：刘奭那个乡野小子，他凭什么立为皇储？照这么说来，我女儿，堂堂的当今皇后，倘若生下一子，不是反倒只能封个诸侯王了吗？呵，公道在哪里？天理又何在啊！

怨愤而至于极，她又想到来一个故伎重演。这回是暗中让她的女儿皇后霍成君去毒杀皇太子刘奭，办法仍是在食物中做手脚。霍皇后以继母的身份几次给刘奭赐食，都因那些保、傅太子的官员看护得紧而无法得手。

就在这时，当年霍显毒杀许皇后的事已开始在宫中若隐若现地传开。宣帝其实也早已有所怀疑，这时便采取了一个釜底抽薪的措施：撤去霍禹的右将军屯兵官属，仅保留一个名义上与父亲霍光相同的官名：大司马；但只戴小冠，不佩印绶，实际只是个空衔。与此同时，又将霍氏家族中原来掌控着警卫京城、皇宫武装力量的那些官员，其中包括霍光自己和他姐姐、女儿的几个女婿，先后收回其军权，或改任闲职，或调离京师。从这时开始，"诸领胡越骑、羽林及两宫卫将屯兵，悉易以[宣帝]所亲信许、史子弟代之"（《汉书·霍光传》）。这就是说，由许、史二族对霍氏来了个大换班。

已被缴了械的霍氏家族，还不想坐以待毙。他们作了困兽犹斗式的反抗，甚至异想天开到欲取刘汉而代之。商定的办法是：请出上官太后，以她的名义，设宴邀请丞相魏相等诸大臣参加，于席间"承太后制斩之，因废天子而立[霍]禹"（《汉书·霍光传》）。细心的读者不难看出，这其实是十几年前燕王、上官桀谋反时准备采用却没有来得及实施的老办法的再版，只是那时的设宴者盖长公主换成了如今的上官太后。在西汉两百余年多起谋反案例中，要算这一回最为低劣：既没有像样的策略计谋，也写不出具有号召力的檄文，甚至连政治口号也没有一个。核心人物霍显只能算个刁泼之妇，其余霍禹、霍云、霍山等也全是无能之辈，他们的失败是一开始就注定了的。结果自然是还没有来得及动手，就在地节四年（公元前66年）五月被一锅端掉。霍云、霍山皆自杀，霍禹腰斩，霍显以及诸女婿，包括那个女医淳于衍，全都弃市。宣帝时刑狱总体上还算平正，但他对此案的处理还是过于严苛，株连也广："与霍氏相连坐诛灭者，数千家。"（《汉书·霍光传》）这"数千家"极大多数应属无辜，或至少罪不至于非"诛灭"不可。

顺便说一下，霍氏虽因谋反而被诛灭，宣帝对霍光功绩的推崇却一如既往。十五年后的甘露三年（公元前51年），宣帝因"思肱股之美"而特设麒麟阁，为功臣画像陈列其中。共十一位，霍光不仅被列为首位，而且唯有他，不称名，只记为"大司马大将军博陆侯姓霍氏"（据《汉书·苏武传》）。能入麒麟阁在当时已被视为特殊荣誉，霍光更享有在这种特殊荣誉中的最高荣誉。

霍氏谋反案了结后，宣帝又继续当国十七年，前后在位共二十五年，于黄龙元年（公元前49年）十二月病故，享年四十三岁。汉帝国高帝以后十帝，多数自幼长于宫中，享有当时最优越的生活和教育条件。唯有文帝与宣帝，一个青少年时默默蛰居于代国，与底层民众有较多接触；一个更是在囹圄中度过了整个童年，其后又长年浪迹于民间。但正是这些对皇家来说显然属于"另类"的生活经历，反而使他们获得了在正常的太子宫里不可能获得的学问和体验。班固称宣帝因"兴于闾阎"，"知民事之艰难"，故其为治"信赏必罚"，"吏称其职，民安其业"，又"信威北夷，单于慕义，稽首称藩"，从而得以"功光祖宗，业垂后嗣"（《汉书》本纪赞、循吏传序）。但宣帝后期重用宦官弘恭、石显，应是一项弊政，还给后继的元帝留下了很大的负面影响。所以荀悦称宣帝"仁心文德足以为贤主"，然弘、石用事则是"明不照奸，决不断恶，岂不惜哉"（《两汉纪·孝元皇帝纪》）！

甘露元年（公元前53年）正月某日，宣帝设宴，皇太子刘奭陪侍。此时这位在逆境中艰难成长起来的皇帝行将步入不惑，而刘奭也已有二十三四岁，那个极为敏感的皇权传承问题又开始凸显出来。酒酣耳热之际，这对特殊父子有一番坦率的对话，本书六章二节已全文引录。大意谓"柔仁好儒"的刘奭批评父亲"持刑太深"，建议"宜用儒生"。宣帝一听顿时"作色"，说"汉家自有制度"，这个制度就是"霸王道杂之"，也即杂用法家、儒家，"奈何纯用德教"：怎么能全用儒家呢？末了，宣帝叹息一声说："乱我家者，太子也！"

值得注意的是，《汉书·元帝纪》在记载了上述对话后，还有这样一段文字——

[宣帝由此]疏太子而爱淮阳王，曰："淮阳王明察好法，宜为吾子。"而王母张婕妤尤幸。上有意欲用淮阳王代太子，然以少依许氏，俱从微起，故终不背焉。

引文中"淮阳王"指宣帝次子刘钦，为最受宠爱的张婕妤所生。其人"壮大，好经书法律，聪达有材"。宣帝常在人前夸耀说：淮阳王"真我子也"（《汉书·宣元六王传》）！"许氏"指宣帝微贱时所娶许平君，刘奭生母，立皇后三年被霍显毒杀。这段记载说明，宣帝是因为不忘许氏共过患难的旧情，才没有废刘奭而另立刘钦为皇太子的。

刘奭继位便是元帝。作为一个人，刘奭称得上相当优秀。他秉性仁慈，待人宽和；饱读诗书，且多才多艺：不仅会弹琴吹箫，作词度曲，还练得一手绝技：能以铜丸掷鼓，且声中节奏。但作为皇帝，他却很不成功。宣帝早有"乱我家者，太子也"的警示，后来的事实证明不幸而被言中了！元帝因喜好儒学，一即位便"颇改宣帝之政"（《汉书·匡衡传》），引起了光禄大夫匡衡等大臣的不安和诤谏。秉性温文尔雅的元帝，虽也颇有些善举，如令太官损膳，以赈困乏；减牛马饲料，以济灾民等。但面对日趋激烈的种种社会矛盾，却只会开口闭口"《传》不云乎"、"《诗》不云乎"，"牵制文义，优游不断"（《汉书》本纪），无法作出切合实际的有力应对。而日常朝政又受制于佞幸小人，常常显得无奈和尴尬。更让人丧气的是，元帝以后，成、哀、平诸帝，可说一代不如一代，刘汉气运，江河日下。对帝国末期四帝，历史学家有这样一个总的概括——

汉世衰于元、成，坏于哀、平。（《汉书·佞幸传》）

班固说:"汉世衰于元、成,坏于哀、平"

班固这里说的元、成、哀、平四帝,合计在位五十三年,加上王莽居摄三年,共五十六年(公元前48年~公元8年),这已是汉帝国末期。历代大凡到了末世,往往或是内祸不断,或是外患频仍,人心浮动,民变四起;而帝王不是昏庸,就是无能,即或有心图强,也因权奸当道或外戚、佞幸掣肘而难以有所作为。汉帝国末世也不例外。元、成、哀、平之世,外戚和宦官或佞幸交替弄权,皇帝受到这两股势力的先后或同时裹胁,多数情况下形同傀儡;特别是在世系交替之际,更成了多种势力相互角逐搏杀的焦点时段。由于成、哀、平三帝皆无子可嗣,连东宫也不再存在,所以此前多次提到过的四种类型的东宫危机分析,在这个历史阶段已不再适用。情况有点类似于惠帝死,无嗣,吕后以假子充之那种局面。如果一定要给它一个称谓,或者就叫"绝嗣型危机"吧。

皇权既已旁落,纲纪随之失序,群臣或奉迎趋附以谋攀升,或敛迹规避以图自容。武帝时期朝廷与郡国间曾经在相当程度上做到犹如"身之使臂,臂之使指";如今"身"既衰弱,"臂"、"指"便各行其是,于是郡国官吏监守自盗,皇族贵戚逞意城邑,豪强地主横行乡里;由此造成的一切苦难,最后全都落到了平民百姓头上。结果便是:"元元大困","盗贼并起"(《汉书·元帝纪》)。在这期间,土地被兼并集中于少数贵族豪强之手,和破产农户、失业流民纷纷沦为奴婢是两个最严重的社会问题。哀帝时谏大夫鲍宣曾冒死上书,用急切的语言直斥外戚专权之祸,同时揭示了当时底层民众艰难的生存状态,概而言之曰"七亡七死"——

> 凡民有七亡:阴阳不和,水旱为灾,一亡也;县官重责,更赋租税,二亡也;贪吏并公,受取不已,三亡也;豪强大姓,蚕食亡厌,四亡也;苛吏徭役,失农桑时,五亡也;部落鼓鸣,男女遮列,六亡也;盗贼劫略,取民财物,七亡也。七亡尚可,又有七死:酷吏殴杀,一死也;治狱深刻,二死也;冤陷亡辜,三死也;盗贼横发,四死也;怨雠相残,五死也;岁恶饥饿,六死也;时气疾疫,七死也。民有七亡而无一得,欲望国安,诚难;民有七死而无一生,欲望刑措,诚难。(《汉书·鲍宣传》)

在帝国末世,虽也不乏像鲍宣这样的诤臣、直臣、骨鲠之臣和有识之士,或直接与权奸周旋抗衡，或假借灾变和天意不断向帝王发出警戒，却往往不是左右牵掣，就是动辄得咎。所谓"时来天地皆同力，运去英雄不自由"（罗隐《筹笔驿》诗），空叹壮志难酬，无力回天，而且不少就这样带着遗恨走向刑场。

需要在此说明的是，历史发展毕竟有它自身规律。我在本书《引言》中曾说："帝国两百多年的生命历程，清晰地呈现着诞生、少年、青壮年和垂暮之年这样几个阶段"；如今它已无可奈何地进入了垂暮之年。尽管我们在叙述时还是不可避免地要说到一个个具体历史人物的是非功过，但历史的总趋势，其实并非完全由某个人或几个人可以左右。

还有一点，读汉帝国历史，不同时期会有不同感受。读草创时期的历史，会感到一种蓬勃向上的生命活力不时激励着你；读鼎盛时期的历史，则有一种排山倒海的磅礴气势迎面向你扑来。如今所有这一切都已荡然无存。读这个时期的一些历史资料，除了没完没了的外戚与佞幸对皇权的纠缠和侵削，便是已被迫退居于逼仄空间的朝臣却还在那里无休无止地相互排抵和倾轧。你仿佛踽踽独行于古老、陈旧，雕饰繁复而又曲曲拐拐的建筑群里，总也无法排遣一种沉闷、猥琐以至无聊的感觉。有鉴于此，此下文字我想改用另一种写法：不再顾及叙述的系统性，只是跳跃式地选择其中若干具有代表性的片断作简略介绍，这样既可节省篇幅，读起来也可能会感觉轻快些。

堂堂辅政大臣竟死于阉竖之手

那还是在霍光"威震海内"那些日子里。接受燕王、上官谋反之案教训，霍光不仅加强了自身戒备，还作出规定：凡是要拜见他的官吏，皆须解除兵器并赤身搜查，然后由两名卫士挟持以进。

这一天大将军府外忽而人声喧闹，霍光问明左右，才知几个受当时任长史的丙吉推荐、来让霍光选择任职的儒生要求晋见。他们自然也得遵从规定接受搜查，可偏偏其中有一人硬是梗着颈脖不肯受检，更不容卫士挟持。双方争执不下，因而吵嚷起来。

霍光下令说：让他进来吧。

这位儒生排闼而入，昂然不拜。自报姓名说是东海兰陵（今山东苍山西南）萧望之。又慷慨陈言道：大将军受先帝遗命，效先圣周公，以功德辅佐少主，天下学子皆引颈企踵，争愿自效，以辅高明。如今学子来见，大将军却命武士露而索之，挟而持之，这难道就是当年周公的吐握之礼[1]吗？

萧望之为自己这种狂傲不驯的行为付出的代价是：其余儒生皆获得长史之职，唯独他被霍光弃而不用。

不仅如此。尽管他后来射策获得甲科，却也只补了个掌管小苑东门的小官。三两年后，他的一个同学已晋升为光禄大夫给事中，出入有车，前呼后拥。那同学讥讽他说：不肯屈

【1】吐握之礼：周公礼贤下士典故。《史记·鲁周公世家》："周公戒伯禽曰：'我一沐三捉发，一饭三吐哺，起而待士，犹恐失天下之贤人'。"

就，只好看门，如今该后悔了吧？萧望之回答说：人各有志，吾从吾志！

萧望之自幼好学，且转益多师，专攻《齐诗》，并通诸经。《汉书》本传称其"身为儒宗，有辅佐之能"。但这位饱学的儒宗却因倨傲不逊，在官场几起几落，沉浮不定。初为郎，因受弟犯法牵连，出为郡吏，后补为丞。宣帝早闻其名，亲政后，相继任以为谒者、谏大夫和丞相司直，复令为太原太守。他因不愿离京而上书自请，于是改征为少府，继而出任为左冯翊。在左冯翊任上三年，颇有政声，迁为大鸿胪。又三年，御史大夫丙吉升任丞相，他被擢任为御史大夫。在这期间，他的一次奏事宣帝以为有轻慢丞相丙吉之意，恰好又有人劾奏他路遇丞相失礼，因而被左迁为太子太傅。

成为皇太子刘奭的太傅，是萧望之人生的转折点。他能够一跃而成为辅政大臣基于此，最后饮鸩自尽也起因于此。

萧望之应是一位十分称职的太傅，刘奭对这位师傅也甚为敬重。他们教学的主要内容是《论语》和《礼记》。

就在太傅任上，萧望之结识了曾在石渠论经[1]中列为最高等的少傅周堪。二人志同道合，后来成为政治上亲密的盟友。

宣帝病重，召侍中史高、太傅萧望之、少傅周堪至病榻前，拜授史高为大司马车骑将军，萧望之为前将军光禄勋，周堪为光禄大夫，同受遗诏辅政，共领尚书事。

从这张名单可以看出，三辅政中更受宣帝信用的，还是他的表叔史高。元帝继位后，情况发生了微妙的变化。由于萧、周曾分别做过元帝的太傅、少傅，颇重情义的元帝格外敬重这两位老师，多次宴见，论议历代治乱之迹，商谈当今治理之道。不久，萧望之和周堪又向宣帝引荐了一个人，他就是高帝刘邦同父少弟楚王刘交（见三章二节）的四世孙，初名刘更生，后改名刘向。刘交好诗书，多才艺；刘向深得此家传，成为继董仲舒之后的西汉大儒。他仪容简易，廉靖乐道，博极群书，兼善绘画；日诵书传，夜观星宿，不愿交接世俗，专一积思于经术。著有《新序》、《说苑》，另有词赋三十三篇；又整理宫廷藏书，撰成《别录》，为我国目录学之祖。但刘向的仕途也命乖运蹇，迭经坎坷。初任辇郎，擢为谏大夫。因献出了一本叫《枕中鸿宝苑秘书》的道术书，以为可据以炼成黄金，谁知经掌管金银制作的尚方试炼，所费至巨而其方不验。皇帝怪罪下来，刘向被下廷尉，罪当死。亏得哥哥刘安民捐出一半封户为他赎罪，才保住了一条性命。后应征教授《春秋穀梁传》，讲论《五经》于石渠阁，声名鹊起，复任谏大夫给事中。萧、周之所以推举刘向，除了看重他的学识和为人，还因为他是皇室成员，可借以自重。刘向因二人的引荐，被擢任为散骑宗正给事中。萧、周、刘均为大儒，再加上一个侍中金敞，原为匈奴人，系金日䃅（见上章四节）侄孙，正直敢谏，颇有声望。"四人同心谋议，劝道（通"导"）上以古制，多所欲匡正，上甚乡（通"向"）纳之"（《汉书·萧望之传》）。这一来，三辅政中原来就存在的史高与萧、周之间的矛盾迅速激化。

【1】石渠论经：石渠即石渠阁，为汉代儒学之士校书、讲学之所。《三辅旧事》："石渠阁在未央宫前殿西北，以藏秘书。"

矛盾是双重的。一是关系到权力分配。萧、周、刘、金"同心辅政",作为主辅的史高就有了"靠边站"的感觉,自然无法容忍。二是关系到政治制度。萧、周等四人"多所欲匡正"的,便是将"霸王道杂之"的宣帝之政,代之以纯一的儒学之政。这就不止是史高要反对,另有一些宣帝旧臣也不会同意。

在三辅政内部,两票对一票,史高处于劣势;但他很快找到了两位同盟者:中书令弘恭和中书仆射石显。二人都是宦官,明习文法,善为奏请。霍氏谋反族灭,宣帝恐再次政出权门,以为宦官无外党,因而信用弘、石;二人利用收纳尚书及奏请的职掌,久典枢机,在相当程度上影响着朝政。史高和弘、石联手,就与萧、周等四人在朝中形成了势均力敌两大派。

这里得说一下中书令这一职官的来由。

中书令全称中书谒者令。谒者之官秦汉前已有,皆由士人担任,职掌为关通内外,导引宾客,其长官即称谒者令或谒者仆射。至汉,武帝因常游宴后庭,又出于组建"中朝"需要,改由宦官充任此职,称中书谒者令,简称中书令。司马迁受宫刑后,武帝就曾任以此职。武帝后,宦官掌中书遂成定制。

在两派紧张的对峙中,萧望之首先发起进攻。他以宦官掌中书违反"刑人不近君侧"这一《礼》所规定的古制为由,提出奏请,认为中书乃国政之本,理应由贤明的士人来执掌。如果元帝采纳此奏,弘、石收纳尚书和奏请之职被剥夺,那么剩下一个孤立无援的史高,自然也就再也无力与萧、周、刘、金四人联盟相抗衡。

现在且看拥有最后决定权的元帝如何定夺!

《汉书·萧望之传》对元帝的心态作了这样描述:"上初即位,谦让重改作,议久不定。"由于刚继位,由于谦让,由于不敢轻易更改先皇之制,长时间议来议去犹豫不定。最后是向史高等作出让步:"出刘更生为宗正",就是说将刘向调出萧、周等四人组合,让他去做专掌皇族、外戚事务的宗正。

这一来两派之间的平衡被打破,史高等进一步得势,萧、周等则陷入了被动。

就在这时,有个叫郑朋的会稽人,介入到两派中间来搞政治投机了。他先上书萧望之,说萧如何有周公、召公之德,天下士人如何引颈而望这么胡吹了一通,然后说您前将军若是决心绍继周召之遗业,则在下郑朋甘愿竭诚效命,奉献区区。萧望之或许已被吹捧得头脑有些发热,也可能想要扩展本派势力过于心切,居然相信了这个人,亲自接见了他。郑朋又趁机揭露了史高和史、许家族的一些劣迹,以进一步获取萧望之的信任。不料此人一离萧府,便信口胡说,且以前将军属下自居,狐假虎威,恣意横行。萧望之发觉上当,即刻与之断绝交往。但已经晚了。郑朋一个转身,又去投靠史高,痛骂自己说:我这个会稽人,罪该万死呀!小人胡诌您大司马大将军的那些话,全是萧望之他们教唆的呀!小人生于会稽,长于会稽,又如何能知道朝中那些事呢?

郑朋的反水,让史高和弘、石喜出望外。他们教郑朋写成一封告发信,说萧望之等人是如何一起谋划,如何想要罢黜大司马车骑将军史高、疏退史氏和许氏的,等到萧望之休假那日就向上进奏。元帝似乎也没有想一想其中深藏的玄机,径自按常例交给弘、石去查办。这正中了史高等人下怀。弘、石手持诏旨对萧望之匆匆一番传讯,就具文上奏,认定萧望之等三人朋党相举，屡谮大臣，毁离皇亲，妄图专擅国政。以"诬上不道"罪，奏请"谒者召致廷尉"。令人啼笑皆非的事情就这样发生了——

> 时上初即位，不省"谒者召致廷尉"为下狱也。可其奏。后上召堪、更生，曰系狱。上大惊曰："非但廷尉问邪？"（《汉书·萧望之传》）

元帝竟然不知道"谒者召致廷尉"这句当时的司法术语意思就是将人关进大牢，就随手画了一个"可"字。这一"可"就把萧望之、周堪、刘向三人"可"进了廷尉特设的监狱。

事后元帝不由大吃一惊，又憨相可掬地说：朕还以为只是让廷尉讯问一下罢了，因何就械系入狱了呢？[1]

但皇帝是既不能承认有错，也不可随意收回成命。于是在仍认定萧望之有罪的前堤下，再颁诏赦免其罪，收回前将军光禄勋印绶，实际上就是撤职。周堪、刘向也免为庶人。而那个在两派间搞政治投机的郑朋，却授任为黄门郎。

过了几个月，其间关东闹饥荒，齐地人相食，陇西又相继发生两次地震，连太上皇庙也被震坍。笃信儒家灾变说而在处理萧望之一案上又存有心病的元帝，不由惊恐不已，为此接连发出了两道诏令。一道是引咎自责，命公卿大臣"悉陈朕过"；一道是赐封萧望之为关内侯，食邑六百户，任给事中，朔望朝见，位次将军。诏书中特别指出："国之将兴，尊师而重傅。故前将军望之傅朕八年，道以经术，厥功茂焉。"（同上）以示他做了皇帝仍不忘师恩。又将周堪、刘向召回，任命二人为职掌宫中护卫的中郎。在这期间，元帝还曾有过再次重用萧望之，甚至让他出任丞相的意向。但其时皇权已大半旁落，这位软弱的皇帝只好暗自空叹心有余而力不足。

当萧、周、刘三人在大牢里兜了一圈再次来到未央宫的时候，他们所目睹的情景，恰似八九百年后唐代刘禹锡被贬黜朗州又奉诏回京时所看到的那样："玄都观里桃千树，尽是刘郎去后栽。"朝中诸曹早已大换班，几乎全是史、许和弘、石子弟。他们三人走到哪里，哪里就投来一道道怒视的目光。

刘向无法容忍此种屈辱。他从众人目光中预感到对立派将有新的动作，就抢先借着地震等灾异现象草拟了一道奏书，竭力为萧望之等辩护，以为上天下降警示全由弘、石等专权太甚所致，皇上若能黜退弘、石以应天诫，进用萧望之等以通贤路，则"太平之门开，灾异之原塞矣"（《汉书·楚元王传》）！

萧望之有个儿子叫萧伋，时任散骑中郎。他也上了一道奏书，为父亲前案申冤。书中引了两句古诗："无罪无辜，谗口嗷嗷！"

两道奏书的结果都是以火救火，弄巧成拙。

【1】林剑鸣先生《秦汉史》对《汉书》这段记载另有别解。他认为"以元帝之才，若连这句普通［司法］术语都不懂，是很难令人置信的。其实，这正反映了元帝的无能和狡诈：他一方面不忍将忠心耿耿的萧望之处死，另一方面又惧怕石显等人权势，就只好在批奏章时假装糊涂。"特录之以备一说。

刘向为避嫌，他的奏书特地用了一个外戚的名字又托人代上的。弘、石等细细揣摩了奏书的文辞，已猜出十有八九系刘向所为；再将那上书人拿来一拷问，果然当场供出实情。于是奏明元帝，以"诬妄不道"罪将刘向第三次逮捕入狱。总算因系皇室成员免去一死，黜为庶人。

萧望之就没有这么幸运了。元帝将萧伋的奏书下群臣论议。弘、石等认定是萧望之"教子上书"，诽谤皇上，奏请以"不敬罪"械系入狱。元帝开头还有些担心，说：萧望之素性刚直，岂肯受此大辱！倘有不测，如何是好？弘、石等说：太傅所犯不过语言薄罪，人命至重，又何至于为此轻生呢？陛下尽可无忧。

元帝又相信了，当即准其所奏。

弘、石一转身，即命谒者去对萧望之当面宣读皇帝敕令，同时下令太常征发执金吾车骑急赴萧府将其团团围住。萧望之一看如此阵势，料想已是在劫难逃，仰天长叹一声道：吾尝列位将相，且已年过六旬，倘再入狱，苟且偷生，岂不可鄙可耻！罢罢罢，侍儿快取药酒来，无久留我死！

竟饮鸩自尽。

时方正午，正准备进膳的元帝，听了谒者急急赶来禀报萧太傅已毕命的消息，再也无心用餐，只顾伤心啼泣，又边哭边叫道：朕原担心太傅不肯就狱，尔等果然杀吾贤师！即命谒者召来弘恭、石显责问，二人免冠谢罪，良久乃止。

事后元帝对萧望之颁诏加恩，让他的长子萧伋嗣为关内侯。终元帝之世，每年都按时派使者去祭萧氏之墓。又重新起用周堪，任光禄勋。在职三年，复因石显构陷，贬为河东太守；至永光四年（公元前40年），再召入为光禄大夫，领尚书事。刘向则要到成帝即位后，才再被起用，始为中郎，迁光禄大夫，后官至中垒校尉。至于弘、石，倒是从未受到过任何惩处。弘恭不久病故，石显代为中书令，越发受到元帝宠信，以至贵幸倾朝，事无大小皆由他奏明元帝然后裁定。太守京房、待诏贾捐之等多人，都因得罪石显而被杀或自杀。直到成帝即位后，因丞相、御史等大臣的劾奏，石显才被迁徙故里，病死于途。

对萧望之的被害，历代史家多持同情态度。究其责任，应是元帝的无能和对佞臣弘、石的迁就。如宋代司马光就作了这样评论——

甚矣，孝元之为君易欺而难悟也！夫恭、显之谮诉望之，其邪说诡计诚有所不能辨也；至于始疑望之不肯就狱，恭、显以为必无忧，已而果自杀，则恭、显之欺亦明矣。在中智之君孰不感动奋发，以厎（致也）邪臣之罚。孝元则不然。虽涕泣不食以伤望之，终不能诛恭、显，才得其免冠谢而已，如此则奸臣安所惩乎？是使恭、显得肆其邪心，而无复忌惮者也！（《资治通鉴·汉纪二十》）

一曲《昭君怨》，千古唱不休

元帝时期，还出过一个远嫁匈奴的王昭君，为历代骚人墨客论说不休，民间流传也极广。

要介绍王昭君，就不能不先简略说一下甘延寿和陈汤两位将军破郅支城、杀郅支单于的事。

本书七章三节中提到因屡受汉帝国重击，匈奴国陷入内外交困，至宣帝五凤年间出现了"五单于闹北漠"的混乱局面。其后在相互搏杀中，四单于相继败亡，剩下一个呼韩邪单于称王匈奴。不料就在这时，他的哥哥左贤王呼屠吾斯猛然崛起，把弟弟赶出王庭，自立为郅支单于。呼韩邪实际上是在做了流亡单于的情况下，不得不于甘露元年（公元前53年）归汉称臣、遣子入侍的。郅支单于一看弟弟归了汉，也赶紧让他儿子到长安来侍奉汉天子。这其实是颇懂谋略的郅支单于的一计。就在这时，他乘隙率兵西进，破呼偈，陷坚昆，降丁令，兼有三国之众，声势大振。接着便上书求还侍子；汉遣使送还，他竟秘密杀了汉使。继而与康居王联手东攻与汉友好的乌孙，一转身，又侵凌康居，虐杀民众，甚至还杀了康居王女儿及多名贵人，成了康居国的实际统治者。随后便不断东掠西袭，势力直逼大宛、奄蔡诸国，迫使他们定期贡赋。

汉在西域，武帝时置使者、校尉，至宣帝正式设置西域都护，以代表汉帝国掌管该地区军政事务。作为西域都护骑都尉的甘延寿和副校尉陈汤，就是在这种情况下向郅支单于发起征讨的。需要说明的是，此役从战略战术的提出到实施，主将其实是陈汤，而不是甘延寿。

陈汤，山阳瑕丘（今山东兖州东北）人。史称有大虑，多谋略，别具心志，好建奇功。陈汤经过实地观察，以为郅支单于惯于骑战而无金城强弩之守，因而只要集中兵力攻下郅支城，千载之功便可一朝而成。据此，他提出了一个破郅支城的具体方略。甘延寿大为赞赏，只是觉得须奏明皇上方可施行。陈汤却以为大可不必。他说：行大策须有大志。朝廷那些公卿大臣多凡庸之辈，他们怎么会同意我的方略呢？即获恩准，西域路途遥远，奏书来回最快也得数月，也定然会贻误战机！

甘延寿还在犹豫，以为事关重大，不可贸然。

建昭三年（公元前36年）冬，甘延寿因病卧床。这一日忽听窗外人嚷马嘶，喧闹不休。惊起一望，竟是陈汤在校场检阅兵马，队列棋布，军旗猎猎。原来陈汤正趁甘延寿有病，径自矫诏征发附汉城郭诸国之兵及车师戊己校尉屯田吏士约四万人，即将进军郅支。

矫诏有罪，岂可如此唐突！甘延寿慌忙奔出，喝令停止。

陈汤飞身立马，抽剑出鞘，大声怒叱道：三军齐集，箭已在弦，有谁胆敢阻挡，杀毋赦！

一时万众齐应，地动山摇。

甘延寿见势已成，也只好依从。一面派人向朝廷飞奏，禀报发兵征讨之状并自劾矫诏之罪；一面带病与陈汤一起自都护府所在地乌垒（今新疆轮台东北）出发，统兵进击。分南北两路：南路出葱岭、经大宛入康居北部；北路自温宿抵天山，攻乌孙赤谷城。沿途由于得到备受郅支单于侵凌的诸小国的支持，颇为顺利；在击溃了由康居副王率领的数千骑的抵抗后，即进入了康居东界。陈汤下令全军不许寇掠，以争取民众的拥护；又与当地部落酋长歃血为盟，以获得上层的支持。这样便很快对郅支城形成了政治上和军事上的双重包围。陷于孤立的郅支单于，最后为他退守内宫的仅有百余人，以至他的数十个阏氏夫人也不得不弯弓上阵。城破,斩获近两千,降千余,汉军大获全胜。甘延寿和陈汤联名上书向天子报捷,并派人将在激战中由一名军侯斩下的郅支单于的头颅飞传至长安,拿到聚居诸夷使节的藁街去悬挂示众。

但此时帝国之政已转入守势,对周边不再主张征讨;加上此次又属矫诏行事,罪当大辟。朝廷几经争议,最后元帝才下诏赦免,并封甘延寿为义成侯,陈汤为关内侯。而陈汤,因其尚有盗取康居所收财物等劣迹,总也摆脱不了一些大臣的指摘。此后或免官夺爵,或入狱论死,或流放徙边,一生起落无常,颠沛不定。至晚年,总算因议郎耿育的力奏,才获召回,卒于长安——不过那已超越了这一小节的题旨,姑从略。

还是赶快回到王昭君这个主题上来。

听到哥哥郅支单于头悬藁街的消息,呼韩邪单于是怎么想的呢?《汉书·匈奴传》准确地用了四个字:"且喜且惧"。喜的是政敌消除,从此可以独王匈奴;惧的恰恰也是由于只剩下他一个单于,失去了牵制另一个单于的作用,他在汉天子心目中将变得无足轻重,甚至很有可能将成为郅支单于第二。正是这种复杂的心态下,呼韩邪单于向元帝上书请求朝见,说他不仅愿意附汉称臣,还希望能称婿——娶汉公主为妻,做汉家天子女婿。

其实呼韩邪单于的"惧"纯属多余。生性柔仁、行事寡断的元帝,绝不会有一口吞下匈奴的打算。他欣喜地答应了呼韩邪单于的所有请求,一面对这位来朝的匈奴王除加倍赐以锦绣絮帛外,一面命掖庭令遴选一名宫女[1],按旧例权称公主,择吉备妆远嫁。呼韩邪单于欢喜不尽,上书谢恩,愿保汉胡边境世代安宁,因号汉公主为"宁胡阏氏"。元帝又特下诏改元。此时原为建昭五年(公元前34年)冬末,从春正月起,改元为"竟宁元年",取天下从此永远安宁之意。

后来选定的宫女姓王名嫱,字昭君[2],南郡秭归(今湖北秭归)人。这个原本默默无闻的宫女,因此独特的历史机缘,突然登上了历史舞台,不仅为当时万千人,更为千秋万代无数后来人所叙说,所议论,所惋叹。

汉帝国自高帝九年(公元前198年)采纳刘敬"和亲"之计,首次以一家人子充作公主远嫁匈奴开始,到元帝竟宁元年(公元前33年)这最后一次,前后一百六十余年共有六次"和亲",其中除武帝时一次嫁与西域乌孙昆莫外,其余五次联姻对象皆为匈奴单于。

耐人寻味的是,六个同是远嫁塞外的女子,因何唯独最后这位王昭君令后人如许追怀、如许缱绻呢?"明妃去时泪,洒向枝头花;狂风日暮起,飘泊落谁家?"(欧阳修诗句)多么教人伤感啊!

最初记载此事的是《汉书·匈奴传》,仅有十余字:"元帝以后宫良家子王墙字昭君赐

---

[1] 此据《汉书·匈奴传》。《后汉书·南匈奴传》记为"宫女五人"。
[2] 对这位宫女的姓名及字,诸书记载不尽一致。如《汉书》之《元帝纪》称"王樯",《匈奴传》则为"王墙,字昭君";《两汉纪·孝元皇帝纪》作"王嫱,字昭君",而《后汉书·南匈奴传》则又称"王昭君,字嫱"。至晋,因避司马昭讳,改称"明君",后人因亦称"明妃"。如李白、杜甫分别有诗:"明妃西嫁无来日";"生长明妃尚有村"。又,近有学者著文疑"昭君"既非名,亦非字,而是出塞远嫁前夕,元帝为提高其政治身分而赐予的封号,含有汉帝国光明四照之意。

单于。"良家子,古代指医、巫、商、工以外的子弟,此处不妨理解为农家女。这说明王昭君与多数宫女一样,是从民间征选来的。后宫佳丽如云,如果既没有机会侥幸被皇帝"御"或"幸",又不能获得"恩准"出放,她们实际上就将是终生服苦役的奴隶。而远嫁塞外,在当时又被认为是比终生服苦役更难以接受的结局。因而昭君出塞后,人们会以急切的心情关注从那巍峨森严的宫墙后面流传出来的有关她的一切轶闻,并加上自己的感情予以传播。等到西汉王朝一灭亡,传闻的内容不仅更多,而且成了街头巷尾公开谈资,以至引起了文人墨客的兴趣,相关的笔记小说之类也应运而生。这样到南朝宋范晔撰《后汉书·南匈奴传》时,就记下了远比《汉书》要丰富得多的内容。文中说:

时呼韩邪来朝,帝敕以宫女五人赐之。昭君入宫数岁,不得见御,积悲怨,乃请掖庭令求行。呼韩邪临辞大会,帝召五女以示之。昭君丰容靓饰,光明汉宫,顾景裴回(即"徘徊"),竦动左右。帝见大惊,意欲留之,而难于失信,遂与匈奴。生二子。及呼韩邪死,其前阏氏子代立,欲妻之,昭君上书求归,成帝敕令从胡俗,遂复为后单于阏氏焉。

这段文字突出了昭君的美丽和孤傲。入宫多年,却一直得不到皇帝爱幸。为着泄愤,又带着赌气,她自请掖庭令准予远嫁。尽管她只是元帝赐予呼韩邪单于的五宫女之一,但她一出场,立刻压倒群芳,"丰容靓饰,光明汉宫",整个宫廷都为之熠熠生辉。当她顾影自怜来回走动时,在场所有人都竦然引领,啧啧赞叹。最有戏剧性的是元帝。他惊倒于昭君的美丽,以至居然"意欲留之",只是由于已经答应了呼韩邪单于,为着维护汉天子的信誉,才不得不忍痛割爱。

《后汉书》的这段记载让读者对昭君产生无限的倾慕、怜惜和同情;而对她生过两个儿子后又被迫再嫁小她一辈的"番王"之子,按照汉人的习俗和观点,那就不止是同情,还会因感到难堪而激起义愤。在这种情绪支配下,有人越俎代庖,替她选择了一个悲壮的结局:"不从胡礼,乃吞药而死。"《汉书补注》就引了此说,并认为这是"好事者饰之"。更多的人则以为她应当有另一种命运。譬如让她早一点见到元帝并获得爱幸,从此长留汉宫,那该多好啊!但这却带出了一个疑问:既然元帝这回一见昭君就"大惊,意欲留之",那又为何此前"入宫数岁,不得见御"呢?

对此作出回答的,是学者大多以为是东晋葛洪或南朝梁吴均撰作的《西京杂记》。这部以辑录西汉传闻遗事见长、又难免带有文学想象成分的古籍,为昭君故事作出了一个最具戏剧色彩的补充:增添了"宫女以画像见幸"一说。

据说元帝时因后宫女子众多,无法一一亲临,就命画工为她们画出肖像,看画选人,这就要方便得多。但这一来,宫女的美丑就全决定于画工的手上功夫。宫女们为博得皇帝欢心,便纷纷拿出好不容易积攒下来的一点钱财,去贿赂画工。可昭君偏不。她自恃有天生丽质可以倾倒君王,硬是不肯贿赂画工。画工一怒之下,就将她画成了一幅丑女图。多少年来,元帝对这幅丑女图总是不屑一顾,直到这回呼韩邪单于入朝称臣请求为婿,才又翻了出来,御笔在画图上一挥:赐之!不料将昭君本人召来一看,只见云鬟低翠,浅颦微蘼，实为后宫第一美人！无奈"名籍已定"，元帝只得眼睁睁看着匈奴王将本属于他的第一美人搀扶上了装饰华丽的辂车。马队响着铃铛已向塞外远去，元帝突然因感到巨大的失落而胸口隐隐作痛。此情难制，此恨难消。结果竟"穷案画工，皆弃市"，就是说把所有宫廷画工全都斩尽杀绝，并抛尸街头！

如果这一记载属实，那实在是元帝的一桩暴行。但后人对此似乎已无暇顾及，他们急于想知道的是：那个因昭君不肯贿赂而故意将她画丑的该死的画工究竟是谁？

偏偏《西京杂记》只有"工人乃丑图之"一句，没有记下这个画工的姓名。

后来总算发现了一个线索：同是这部书说，有个画工叫毛延寿的画技最高，为人画像能做到"丑好老少，必得其真"。他也在同案中被元帝诛杀。

这个毛延寿是否就是那个因勒索未成而有意将昭君画丑的画工，已无从稽考。不管怎么说，总是有那么一个讹诈过昭君的画工的；更重要的是，人们宣泄胸中的愤懑必须有个具体对象。那就只好委屈一下毛延寿先生了，就由你来充当这个受纳众人痛骂的倒霉角色吧！

于是以王昭君、毛延寿分别代表美与丑、善与恶两极，一出经典的悲剧就这样经过历史的和文学的联手创作，终于完成。

千百年来，先有琴曲《昭君怨》，接着又相继有以此为名的词牌和曲牌，历代据此创作的诗词歌舞和戏曲绘画，真可谓汗牛充栋，其题旨大多在为昭君诉说无尽幽怨的同时，又无情地鞭挞了被视为扼杀了美的毛延寿。后来也有人另辟蹊径，或直指元帝恩薄："自是君恩薄如纸，不须一向恨丹青"（白居易《昭君怨》）；或为毛延寿开脱："意态由来画不成，当时枉杀毛延寿"（王安石《明妃曲》）；或代昭君解怨："当时若不嫁胡虏，只是宫中一舞人"（王睿《解昭君怨》）。在众多诗词绘画中，马，琵琶，向无边瀚海远去的背影，成了昭君的典型形象。所弹奏的，当然是据说她自制的《昭君怨》。但有人考证，其实琵琶最早也要到晋才从西域传入中原。这也就是说，生活于西汉的王昭君是根本不可能弹还没有出现的琵琶的，用时下流行语言这该是一个"硬伤"。不过要知道这里的王昭君已走出历史，进入文学。文学展开它自由想象的翅膀，有时常常顾不得历史设置的藩篱。

将这个题材所蕴含的美与丑、善与恶的主旨引向极致是元代马致远的《汉宫秋》。也许是宋王朝沦亡，蒙古人入主中原，宋宫后妃嫔女大多被掳去北方，民族的和个人的种种不幸给了作者以深刻的印象，因而在这出著名的杂剧里，民族矛盾已被提升为突出主题。毛延寿因索贿不遂丑化昭君，昭君毁画而被打入冷宫。后元帝偶遇昭君，便大加爱幸，封以为明妃，并下令捉拿毛延寿论罪。毛延寿逃入匈奴，怂恿匈奴王发兵侵汉，强求明妃。兵临城下，昭君"情愿和番，以息刀兵"。车骑行至汉胡边界黑龙江畔，昭君仰首南望，举杯遥祝，投江而死。杂剧第三折，让元帝在一个深秋之夜，凄凄切切地唱出了他对明妃的思念之情："月昏黄，夜生凉；夜生凉，泣寒蛩；泣寒蛩，不思量！……呀，不思量，除是铁心肠；铁心肠，也愁泪滴千行。美人图今夜挂昭阳，待我这里来供奉，高烧银烛照红妆……"

及至近代来，渐渐又有了一种新的指向，既不是从个人命运，也不是从善恶搏斗，而

是强调民族团结的要求,别赋新意,再度创作。如历史学家翦伯赞就写过一首盛赞昭君"和亲"功绩的七绝,题为《游昭君墓》:

汉武雄图载诗篇,
长城万里遍烽烟;
何如一曲琵琶好,
鸣镝无声五十年。

此诗题旨宏大,是一个全新的昭君形象。撰有《中国史纲》等重要著作的翦伯赞先生自然知道,其实汉代竟宁以后之所以能有"鸣镝无声五十年",是高帝平城、武帝马邑之役以后无数次征战与和亲交替作用的结果,并非单由昭君"一曲琵琶"弹出来的。当然,因为他是在做诗,就有理由不一定完全拘泥于历史事实。

不过我还想赘言几句,也限于诗,说说诗中的昭君形象。

窃以为,与虞姬一样,如今中国人心目中的王昭君也是历史与文学嫁接的产物,是千百年来的集体创作,她那个在马背上抱着琵琶孤寂远去的典型形象,寄寓着多少普通人的幽思,恐怕已很难改变,似乎也没有必要再去改变;让她去承担重大的政治使命,作慷慨出塞之状,恐怕只会使人因感到陌生而难以接受。难道还能有比杜甫以下十四个字更精妙的描述吗?——"一去紫台连朔漠,独留青冢向黄昏。"(《咏怀古迹》)伊人已去,而且去得如此杳然。望着那个朔漠尽处的苍茫背影,我们眼前就会浮现起一部宏廓、深沉而又慷慨悲壮,却同样已杳然远去而让人怀念不已的历史。所以在我看来,王昭君是潜藏于中国人内心深处的一颗情种;这情种一点拨,就会发芽、生长,开出"发思古之幽情"的花朵来。

元帝刘奭在位十六年,病逝于竟宁元年(公元前33年)五月。这位"少而好儒,及即位,征用儒生,委之以政",自己却"优游不断"(《汉书》本纪赞语)的皇帝,实在没有多少功业可传与他的继承者,却直接间接地给后来几世皇帝留下了巨大的负面影响。追溯起来,源于他还在做太子时的一次带有很大偶然性的婚姻。刘奭生母便是那位被霍显毒杀的许皇后,当时他还只有三四岁。宣帝怜而特地从后宫选了个生性谨慎又无子女的王婕妤立以为后,嘱咐她要像亲生母亲那样育养刘奭。刘奭被立为太子,日渐长大,爱上了一位姓司马的良娣,偏是红颜命短,一场暴病司马良娣猝然而亡,刘奭久久无法释怀,成日悒郁不乐。宣帝为了让他开心起来,就命王皇后在后宫初选宫女五人,让刘奭自己去挑。刘奭实在都引不起意趣,又不想辜负王皇后的好意,便对掌管此事的长御脱口说了声:就在她们中间随便挑一个吧!当时五名宫女中有个穿绛红色大袿衣的,特别显眼,长御手一指说:那就是你啦!

这位绛衣女子叫王政君,说起来还是当年项羽所封十八王之一济北王田安(齐人称田家为"王家")的后裔。父亲王禁胸怀大志而好酒色,妻妾成群,生有八男四女,政君为次女。偏是这个政君自幼聪灵，读书鼓琴一学便能，先后许过两户人家。说来蹊跷，那男的都是未迎亲便死去，于是便有看相的以为她将来必大富大贵等等讨好的说法。长到十八岁，父亲将她献入宫中。这回经长御手这么一指，果然当上了太子妃，不久便生下一子，宣帝很喜欢这个小孙子，亲自起名"骜"。宣帝去世，刘奭继位为元帝，王政君封为皇后，刘骜立为皇太子。刘骜稍长，喜读经书，宽博谨慎。但后来却既好酒色，又无所能，元帝病重时，就有了废而另立他所爱幸的傅昭仪之子、多才多艺的刘康为太子的打算，后因时任驸马都尉侍中、又受诏护太子家的史丹（大司马车骑军史高之子，高此时已死）涕泣谏阻，才没有付诸实施。这样到刘骜继位为成帝，昔日的绛衣女一跃而成为入主长乐宫的皇太后。这位皇太后又特别高寿，历经元、成、哀、平四朝，享年八十有四；而她又有一大批兄弟、从兄弟，一个个争着要坐辅政大位。最后是她的一个叫王莽的侄儿，在二度受任为大司马后，竟一步步地从摄皇帝走向了真皇帝。所有这一切加到一起，对晚期的汉帝国产生了无可估量的负面影响，或者干脆说是致命的影响。

成帝：一个受制于外戚的风流天子

李贽读史至此不由一声惊叫："坏了！"

竟宁元年（公元前33年）六月，成帝即位后的第一道授任诏令，便是以他的舅父"王凤为大司马大将军，领尚书事"（《汉书》本纪）。

一千多年后明代李贽读史至此，不由一声惊叫："坏了！"（《史纲评要·汉纪》）

确实坏了！

怎么会"坏了"呢？

原因除了王凤本人喜好擅权以外，还因为他排行老大，老二王曼虽已早卒，王曼以下还有王谭、王崇、王商、王立、王根、王逢时等一大帮兄弟和王音等从兄弟；特别是早卒的老二王曼，还留有一个自幼令人刮目相看的儿子王莽。所以成帝这次任命，确是开了一个很坏的头，成了王氏一门走马灯似地轮番掌政的起点。成帝在位二十六年，继王凤之后出任这一秉掌枢机要职的还有四人，前三人是王凤的兄弟或从兄弟，最后一个是他侄子，也即后来灭掉西汉、建立了新朝的王莽。

不过成帝倒也并不在乎皇权是否在自己手里，好在那些烦人的朝政前有舅父、后有母后操心着，他就乐得陶醉于酒色，沉迷于游猎，安享太平。成帝有一个嬖宠张放（武帝时酷吏张汤六世孙），常与他同起同卧，形影不离，赏赐千万数，任以为侍中中郎将，特许置幕府，仪同将军。张放则恃宠跋扈，强抢民女，妄杀无辜，殴辱官吏，无恶不作。成帝还有一种特殊癖好，就是喜欢微服出游。或自称是张放家人，或变个什么姓名，带着十几个他蓄养的私奴私客，穿着奇特的服饰，佩着刀剑，呼啸于京郊旁县，醉饱于吏民之家，以至有那么好几年，公卿大臣常常不知道他们的皇上究竟在什么地方！

成帝少时也曾博览古今，喜好文辞。因而有几次游猎还带上一位驰名当时的大赋家作为随从。他叫扬雄。

扬雄平生最倾慕司马相如，开始学赋，常常以相如之作为范式。巧的是，他与相如同为蜀郡成都（即今四川成都）人，又因同患口吃而不善言辞，但提笔为文却一样思如泉涌，而又字字珠玑，相隔一百余年而前后各自独步赋坛。扬雄只做了个小小的黄门郎，且一直未得到升迁。他默而好思，清静无为；既不汲汲于富贵，也不戚戚于贫贱。著有《反离骚》等十二篇；又仿《论语》作《法言》，效《周易》作《太玄》。另撰《训纂编》、《方言》等，是研究古代语言文字的重要资料。

　　扬雄在随成帝游猎过程中，深感上古圣帝明君皆能节俭自守，苑囿林麓足奉郊庙、充庖厨而已，不夺百姓谷桑之地。因作《校猎赋》，以为讽谏。赋以磅礴气势铺陈了出猎时那种"立历天之旅，曳捎星之旃"，"方驰千驷，校骑万师"的宏大场面，又细致地描摩了"鸟不及飞，兽不得过"、"王雎关关，鸿雁嘤嘤"，"野尽山穷，囊括雌雄"的惨酷景状。赋的后半部分巧妙地让随从官员假托古代圣贤盛赞大汉之德："崇哉乎德，虽有唐虞大夏成周之隆，何以侈兹！"然后由当今皇上来一番谦让，表示要以楚灵王、宋昭公的游猎无度为戒，放走雉兔，收起罗网，并"开禁苑，散公储"，倡导节俭，做到"土事不饰，木功不雕"；还要追慕上古圣帝明君，"加劳三皇，勋勤五帝，不亦至乎"！赋末，由皇上下令："回轸还衡，背阿房，反未央！"（《汉书·扬雄传》）

　　成帝哪会怜惜赋家这番苦心！读罢只是激赏其文辞，对所含讽喻之意则付之一笑，我行我素。

　　一面是王氏弄权，一面是成帝耽于淫乐，自己不把朝政当回事，这样皇权会旁落到何种地步，便可想而知。

　　仅举一例。

　　上文提到过的那个被元帝黜为庶人的刘向，成帝时复起用，官至中垒校尉，掌北军垒门内，秩二千石。刘向多次上书讥刺王氏及在位大臣，言词痛切，却发于至诚。成帝也曾想擢任他为九卿，但为王氏势力所阻，终未能如愿。刘向的小儿子刘歆，熟习六艺，通达有异才，此时为黄门郎，受诏与父亲一起领校秘书，讲解六艺传记，诸子、诗赋、数术、方技，无所不究。此前，近臣曾多次向成帝推荐过刘歆，这天成帝将他召来一试，果然名不虚传，当即欲任以为中常侍。待要举行拜授仪式，左右提醒说：此事还没有关白大将军呢！成帝觉得中常侍是加官，只是能亲近皇帝而已。便说：区区小事，不必有劳大将军了，朕任之即可。左右一听纷纷叩头力谏，说无论如何还是先禀报一下大将军为好。于是成帝就将想要任命刘歆为中常侍的事告知了大司马大将军王凤。王凤听完回答了两个字：不可！

　　成帝竟然没有二话，乖乖地终止了这次任命。

　　王凤其人，才具平平，整起人来却有一套。建始三年（公元前30年）秋，长安城内，因一九岁女孩听人说要发大水而惊叫逃躲，竟引起全城人群奔跑呼号，汹涌如潮，一些老人、小孩甚至被踩踏至死。王凤奏议赶紧为皇帝备船，让吏民上城以避大水，诸大臣也都附和。时任左将军的王商[1]力排众议，以为大水不可能无因而至，这肯定是谣传。倘若令吏民上城，只会造成更大的恐慌，断不可行！后来事实证明了王商判断的正确，但王凤却因此对王商结下了仇怨，以后不断找岔子整他。不久因发生日蚀，有人就收集了王商一些

【1】请读者注意：有两个王商。此王商系元帝舅父，后文将要提到的另一个王商，则为王凤之弟，成帝舅父。

日常过失上书劾奏，无中生有地将导致"日蚀之咎"全都栽在王商头上；王凤就乘机定要将他下狱论罪，连成帝下诏"弗治"也不顶用。王商愤愤不已，竟呕血而亡！

王凤如此专权，自然会引起一些大臣的不满。时称"三王"之一的王章【1】，素以刚直敢言著闻，尽管王凤对他有荐举之恩，他还是秉公劾奏了王凤逼杀王商等罪行，建议罢退王凤，另选忠贤。恰好此时成帝也感到这个皇帝当得有些不顺心，就召见王章，让他推举可以自辅之臣。王章提出的人选是时任琅邪太守的冯野王。冯的父亲是曾先后破莎车、西羌的西汉名将冯奉世，姐姐冯媛为元帝昭仪（仅次于皇后）；他本人元帝时曾任大鸿胪，在中二千石官员的考核中，行能列为第一。当时就有多位朝臣推举他出任御史大夫之职，元帝考虑到冯与自己有郎舅关系，为了避嫌，才没有任以三公之位。后来有人又以为皇舅不宜备九卿之位（大鸿胪为九卿之一），因而外放为郡太守。成帝还在做太子时，就听到过不少人对冯野王的传颂，所以这回王章一推举，就立刻同意，准备下诏起用，以替代王凤。

这次君臣商谈，是在屏退左右后的秘密状态下进行的，不料居然还是隔墙有耳：在前殿之侧，正有一人在偷听。此人叫王音，是皇太后王政君的从弟，时任侍中。

王音把偷听到的内容禀报了他的从兄王凤。

成帝还没有来得及颁诏，王凤就抢先来了个以退为进："称病出就第，上书乞骸骨【2】"，就是装起病来，打了个报告，请求提前退休。王凤在奏书中使出了一条苦肉计，有意把一切过错都往自己头上栽，提出了"臣当退"的三条"理由"，其实他心里真要说的是不当退。文中又罗列了不少凄惶悱恻的词句，目的是引起读的人同情。奏书的最后一句是："唯陛下哀怜！"（《汉书·元后传》）

王凤的这出戏，既是演给他的外甥成帝看的，更是演给他的姐姐皇太后看的。果然皇太后一读奏书就珠泪涟涟，伤心得连饭也吃不下啦！

在舅父联合母后这种强大的情感压力下，成帝彻底败退，倒过来去苦苦恳求王凤，无论如何请老人家能继续留任，不然他就当不成这个皇帝啦！事情发展到这一步，在帝王制度的格局下，提出建议的那个臣子就该大倒其霉了。于是成帝下诏将王章交付廷尉；廷尉以"大逆"罪将王章押入大牢，最后是王章冤死于狱中。

眼看着推荐自己的人竟落到如此下场，冯野王日夜惶恐不安，病了三个月，请求告假回家求医。可王凤仍然不肯放过他，随意编造个理由，连他原来琅邪太守的职务也一并撤去。几年后，野王病卒于家。

而王音，则因告密有功而更加得到王凤信用，不久便受任为御史大夫，登上了三公之位。

从此王凤愈益专横，公卿大臣多侧目而视。王氏家族，除王凤已为平阳侯外，河平二年（公元前27年），一日之内，王凤的五个弟弟王谭、王商、王立、王根、王逢时，也同时封侯，世称"五侯"。对这个时期王氏家族的骄奢气势，《汉书·元后传》有这样一

【1】三王：指王尊、王章、王骏。在成帝时期先后出任京兆尹，并均有政声，故时人称为"三王"。《汉书》各有传。

【2】乞骸骨：亦称"请骸骨"。古代官场习语，意谓乞求赐还骸骨，也即辞职归里养老。骸骨，指身体。在帝王制度下，臣子以身许君，生死进退皆由君主决定，故以乞还骸骨代指要求辞去职务。

段描述：

> 王侯群弟，争为奢侈；赂遗珍宝，四面而至。后庭姬妾，各数十人，僮奴以千百数。罗钟磬，舞郑女，作倡优，狗马驰逐；大治第室，起土山渐台，洞门高廊阁道，连属弥望。百姓歌之曰："五侯初起，曲阳最怒；坏决高都，连竟外杜，土山渐台西白虎！"

歌谣中"曲阳"、"高都"、"外杜"，均为长安及城郊地名，说明王氏五侯府第及相关建筑群之多、之广，又大肆破坏自然生态，引起民愤。末句中"渐台"为未央宫苍池之台，"白虎"为未央宫白虎殿。指其所建土山形同渐台、白虎殿，是一种僭越行为。

眼看着王氏专权日甚，作为皇室成员的中垒校尉刘向，出于对刘汉基业的深深忧虑，曾多次上书极谏。在阳朔二年（公元前23年）的一篇奏书中，他大声疾呼地发出了"事势不两大，王氏与刘氏亦且不并立，如下有泰山之安，则上有累卵之危"的警告，并引经据典，向成帝进献黜王氏、安刘氏之策。但成帝每次总是"甚感向言，而不能从其计"（《汉书·楚元王传》）。

在此前后，朝臣和宫人中间暗中传说着一件又一件的怪事。说是未央殿的一个厩栏里，有只雌鸡忽而变成了雄鸡，羽毛鲜艳，鸡冠高耸，只是脚上还没有长距，也不会打鸣。又过了些日子，距也长出来了，还喔喔啼叫了几声。于是流言四起。先是有人猜测说，早先周武王伐纣，不是说过"牝鸡司晨，惟家是索"的话吗？那是指纣王身边的女人；这回雌鸡变雄指的是谁呢？接着就有人作了解答，说不就应在当今皇太后身上吗？牝鸡果然要司晨了，汉运还能长久吗？正当人们惶惑不安时，又有一只雄鸡头上突然长出了两只角。看它那副高视阔步、扬威耀武的样子，栏里的另一些鸡全都东躲西藏吓得直打抖。这回人们立刻都猜出来了：那不就是指王凤吗？他又是国舅爷，又是大司马大将军，何曾把当今皇上放在眼里呢！只可惜，高祖皇帝创下的刘汉基业就要付诸东流喽！……

上述种种，《汉书·五行志》都有正式记载。

未央宫里的人们，就这样忧心忡忡地过了一年又一年。

从王凤到王莽：王家班大演"走马灯"

阳朔三年（公元前22年），已辅政十一年的王凤病危。

按说接替王凤辅政之位的应从公卿大臣中遴选，但此时成帝似乎对舅父家已形成了一种依赖定势，想到的仍是王氏兄弟。老二王曼早卒，这回该轮到老三王谭。因而成帝在看望王凤时说：大将军倘有不讳，是否可由三舅父替代？王凤却坚决反对。他不仅反对王谭辅政，也不同意王商、王立等另外几个兄弟入选。他说：纵然他们是臣至亲，但行皆奢僭，断不可用。愿陛下以臣之从弟、御史大夫王音代臣，臣敢以死保之！

王凤有王凤的选人标准。他的标准就是：谁对我敬重，谁就可以代我。王谭倨傲，不肯事奉王凤，故黜之；王音卑躬，事王凤如父，特别是那次"告密"，对王凤有"起死回生"

之功,故荐之。

王凤一死,成帝即任王音为大司马车骑将军。同时,可能为了安抚一下王谭,除由其掌领城门之兵外,还专门为他设置了一个荣誉名号:"特进"。关于特进,《通典·职官十六》解释说:"汉制,诸侯功德优盛,朝廷所敬异者,赐位特进,位在三公下。"这时王谭的好友、时任安定太守的谷永,却偏偏劝王谭不要领受城门之职。他对王谭说:无论按亲疏,还是量才具,这大将军之位皆非君侯莫属。如今秉政大位给了别人,而君侯作为至亲和贤舅,反倒仅得城门之职,只好管管城门钥匙,如此不平之事,岂能服人!王谭一听觉得有理,就上书辞让不肯领受城门之职,并从此与王音结下了仇怨。

不过天下之事总是祸福相倚,利害相成。王音正因为时刻想到自己原是皇上从舅,是越过其亲舅王谭而就任此大臣的,所以总是小心谨慎,勉力尽职。史家评论说:"王氏爵位日盛,唯音为修整,数谏正。有忠节。"(《汉书·元后传》)在轮番辅政的王氏兄弟中,要算这个王音还略有可称道之处。

王氏兄弟大都多病,且短寿。王谭不久便去世,王音辅政八年后也病逝。成帝还是不能跳出依赖定势,而此时老四王崇也已去世,于是便授王崇之弟王商为大司马卫将军。王商辅政四年,疾病缠身,又只好上书"乞骸骨",不久便去世。按照王氏兄弟的排行这么排下去,第四任辅政该轮到王立。但王立却在此时犯了桩案子。他伙同南郡太守李尚私占垦草田数百顷,又以高出市价一万钱卖给官府。此案经丞相司直孙宝劾奏,李尚下狱死,对王立虽是网开一面,但毕竟是戴罪之人,自然也就丧失了辅政的资格。于是就跳过王立,任七舅父王根为大司马骠骑将军,以继王商之位。

王根在任期间,谈不上什么建树,有个"折槛"的故事倒不妨一说。

当时由于灾祸频仍,日蚀、地震屡见,吏民纷纷上书,以为这是由王氏专权所致。成帝也颇以为是,只是缺少权威支持,就去登门造访曾教过他读《论语》的老师、退休在家的前丞相张禹。谁知生性谨厚的张禹,慑于王氏气焰,考虑到自己已经年老,而子孙多尚幼弱,为讨好王根,竟然违心地说种种灾变皆与王氏专权无关,吏民上书纯属乱道误人,望陛下勿信。成帝居然就相信了,由此不再怀疑王氏。忽一日,朝堂上一声传宣,进来了一个身长八尺、体躯魁伟的汉子。此人叫朱云,曾做过槐里令,后因犯案被"废锢"(革除官职,终生不得再仕),这回是听到张禹阿从王根的消息特地上书来求见的。朱云一开口就说:臣请陛下赐尚方宝剑一柄,臣要斩杀佞臣一人,以儆其余!成帝问他要斩何人,朱云说:臣要斩的就是谄媚王氏的佞臣张禹!成帝大喝一声:大胆逆臣,竟敢廷辱帝师,该当何罪?几个御史应声而上,要将朱云拖出殿去。朱云双手拼死抓住殿槛,继续大声呼喊:臣死而得与龙逄、比干[1]共游于泉下,平生之愿已足,只是置大汉国运于何地啊?……

就在这时,只听得哗啦一声巨响,殿槛已折成两截。

【1】龙逄、比干:龙逄,夏桀之臣;比干,商纣诸父。皆以谏死。

这个《朱云折槛》故事,和后来发生在东汉光武帝时期的《董宣强项》的故事[1],作为强力极谏的典范,千百年来一直为人们所传颂。的确,朱云、董宣都是古代忠贞、刚直的良臣。守正如矢,威武不屈,作为一种节操,一种品德,也将永远为人们所敬仰。但作为一种政治行为,在帝王集权专制制度的条件下,用如此不惜抛洒热血和生命的惨重代价所换来的成效,却往往微乎其微,有时甚至等于零。就以朱云来说,后来他自己的性命,也还是因有左将军辛庆忌等叩头而至于流血不止的冒死力谏才侥幸保下来的,至于王氏的专权依然没有丝毫改变。此例恰恰反证这种政治制度所缺失的是能与帝王权力相抗衡的制约机制,而不是个别骨鲠之臣的犯颜极谏。

折槛事件过后,王根照旧做他的大司马骠骑将军,只是由于多病,五年后才又不得不上书"乞骸骨"。因小弟弟王逢时既无才能可言,又在这一年死去,王氏家族在辅政之位上接连演了二十五年的"走马灯",到此总该落幕了吧?不,还没有。王氏兄弟虽已无人可出,可他们的后辈还有一大堆呢!这时候,争夺辅政之位的强劲对手有两个:一为淳于长,另一个就是王莽。

淳于长虽不姓王,却也在王氏家族这个大系统之中。他是皇太后王政君的姐姐王君侠的儿子,即王氏兄弟们的外甥。所以对王氏兄弟辈来说,淳于长与王莽的对决,也就是外甥与侄子的对决。

淳于长沾了姨母皇太后的光,十多岁便进宫,初任黄门郎,后因他能细心服侍病危中的王凤,王凤的几句临终嘱托,让他骤升为水衡都尉侍中。不过淳于长能够一夜之间大红大紫,还是靠了他的另外一套功夫。成帝首任皇后姓许,起初大受宠幸,其后却在赵飞燕等众多新宠的激烈竞争中败下阵来。嫉妒和怨恨使得这位皇后做了一件蠢事:祝诅(祈求鬼神嫁祸于争宠对手),结果却反而遭到了废黜。废掉了许皇后,成帝就想再立让他迷恋不已的赵飞燕为皇后。能歌善舞的赵飞燕,原是贵戚家的一名女奴,皇太后以其出身卑贱,硬是不肯点这个头。淳于长就是在这种情况下,用他勤快的双腿,穿梭般地往来于未央宫与长乐宫之间;又用他甜甜的嘴巴,向他姨母展开了感情攻势。这么过了一年多,皇太后终于开怀接纳赵飞燕做自己儿媳妇。成帝如愿以偿欣喜不已,立即发了两道诏书,一道册封赵飞燕为皇后,一道对淳于长大加赏赐,并进爵为关内侯,不久又正式封为定陵侯。这样到王根上书"乞骸骨"前后,成帝就有了让淳于长继任辅政之位的意向。怪只怪,这个政治暴发户没有能够管住自己。他原已妻妾成群,随着欲望的急速膨胀,居然把脑筋动到了废退在长定宫的许皇后和她姐姐许孊身上!先与许孊私通,继而就娶以为小妾;接着便通过许孊不断向许皇后送情书,极尽戏谑挑逗之能事。寂寞难耐的许皇后就来一个顺水推舟,"投我以桃,报之以李",赠给淳于长大量金钱珠宝和帝王御用之物,希望他能在皇帝面前为她美言几句,不能恢复做皇后,能当个婕妤也好。淳于长连哄带骗地夸口说:我至少让你封个"左皇后"吧!

淳于长已神气得忘乎所以,忘记了身旁还有一个极顶精明的人,这个人就是他的竞争

---

[1] 董宣强项:董宣,东汉洛阳令。湖阳公主有恶奴杀人,公主为之庇护,董宣于途中捕而诛之。光武帝令其向公主谢罪,董宣不从。左右强按其身,董宣两手据地,终不肯俯首,因称"强项令"。

对手王莽。

淳于长的一举一动、一言一行，都绝不可能逃过王莽所设置的情报网的耳朵和眼睛。看看已到了该收网的时候。这一日，王莽来到王根的病榻前。一番体贴周到的问寒嘘暖过后，便说道：大将军久病，小臣日夜忧心如焚，寝食难安；朝中大臣也多郁郁寡欢，唯独那个淳于长，偏是喜不自胜，偷着乐呢！

王根一听大怒，问：这小儿因何如此？

王莽说：淳于长自以为，大将军倘有不测，他便可以继代辅政了呀！众大臣莫明底细，猜疑甚多。侄儿冒昧问一句：大伯父是否真有此意？

王根恨恨说：哪有此事！

王莽说：可淳于长却早已做出了就要接替大将军的样子，正忙着对他的臣属封官许愿呢！

王根说：岂有此理！

王莽说：还有更不堪的呢！接着就把淳于长如何骄奢淫佚，如何与许嬷私通，又如何戏侮许皇后并收受贿赂、谋立左皇后等等，全都说了说。

王根说：这不是谋逆大罪吗？速去禀报东宫！

王莽要的就是这句话。于是他便以得到大司马骠骑将军授意的名义，去长乐宫拜见他的姑母王政君，又将淳于长的种种罪行诉说一遍。皇太后也大为震怒，即命王莽去奏明皇上。这么一圈下来，淳于长已是在劫难逃。他的最后结局是：被以大逆罪系狱穷治，瘐死于狱。

而王莽，经王根力荐，于绥和元年（公元前8年）十二月，由原任侍中被擢任为大司马，登上了辅政高位。

这一年王莽三十八岁。不妨说，他此前的每一天、每一步，都是在为未来进入最高政坛做准备的。

王莽，字巨君，魏郡元城（今河北大名东）人。父亲王曼的过早离世，使他自幼就品味到了人生的艰难；他的超人之处在于他能时时、处处以这种艰难激励自己。当王氏子弟沾了皇太后的光而纷纷争奢竞侈时，他却能安于孤贫，折节恭俭，孝敬孤母，侍奉寡嫂，敬重诸父，同时发愤学习，先后受《礼》、《易》、《左传》于沛郡陈参、徐宣和苍梧陈钦诸师。大伯父王凤卧病，他亲尝汤药，日夜侍奉于病榻前，数月不解衣带，蓬首垢面，形销骨立。王凤临终特向皇太后及皇帝托孤，王莽遂拜为黄门郎，这是他步入仕途的起点。其后由于叔父王商和众多当世名士的推举，他接连被升迁为射声校尉、骑都尉、光禄大夫和侍中，并于永始元年（公元前16年）受封为新都侯。爵位愈高，节操愈谦。在这期间，他广交公卿大夫及宾客，常常将俸禄周济于人，自己则依然勤勉俭朴，家无余财；连他的夫人也总是衣不曳地，粗布蔽膝，还闹出过误被客人当作奴婢的笑话。到这时，在王氏家族中，这位小侄子的声誉已经超过了尚存的几位叔伯，因而才有可能成为显赫一时的淳于长的竞争对手。

不过对王莽来说，斗垮淳于长还只是牛刀小试。他在汉帝国政治舞台上跌宕起伏、出神入化的表演，才刚刚开始。他那以巧妙的和平变革方式跃登九五之尊的传奇人生，准备放到本章末节去作专门介绍。下面，还是让我们回到成帝的主题上来，再说说成帝这位风流皇帝最为后人话说不尽的一桩风流事：他与赵飞燕姐妹的故事。

未央宫飞进了一对来自阳阿的燕子

鸿嘉三年（公元前18年），金秋八月，成帝又带着他那帮私奴私客微服出游，偶过阳阿公主家，[1]入而造访，主人热情款待，设宴作乐。席间，有歌女数人侑酒。其中一人，歌若莺啼，舞如柳摇，成帝看得如痴似醉，心驰魂系。问过姓名，才知此女就是赵飞燕。

这次出游回宫时，成帝的乘辇里，就多了这位被稗官野史称之为"纤便轻细，举止翩然"、"丰若有余，柔若无骨"的赵飞燕。

传说中的赵飞燕行迹多姿多彩，包括她的身世，也离奇曲折。我想还是根据《汉书·外戚传》作如下简介：她的父母，可能就是长安宫中奴婢。她一出生就被抛弃，偏偏过了三日还没有死，那对偷情的男女起了恻隐之心，又勉强抱回育养。待她渐渐长大，就被送到阳阿公主家做女奴，认了个叫赵临的人做义父，给她起了个名字叫宜主，让她学习歌舞。因其体态袅娜，身轻如燕，人们几乎已忘了她的原名，都喜欢叫她赵飞燕。

飞燕入宫就受到了成帝的专宠。她还有个妹妹叫合德，据说其肌肤莹泽无比，竟可出水不濡。与姐姐飞燕一样，妹妹合德也能歌善舞，姐妹俩堪称双璧。不久合德也应召入宫。赵氏姐妹双双被封为婕妤。

但这对来自阳阿的燕子，给未央宫带来的，却不是和煦的春风，而是一阵紧一阵的狂飙。后宫本来就是万千女性争夺帝王这个唯一男性宠幸的战场，如今在这股狂飙的劲吹下，争宠之战已激烈到了白热化的地步。第一个中箭落马的，便是上一小节已提到过的那位许皇后。先是因祝诅而被废黜于长安宫，不久淳于长给她的那些调情书信又被人告发，成帝命廷尉持节赐药酒，这位史家称为"聪慧，善史书"（《汉书·外戚传》）的许皇后，不得不含恨引颈一饮而死。

祝诅一案还牵连到一个才色双绝的女子，她就是以一曲《怨歌行》著名于中国古代文学史的班婕妤。

班婕妤好读《诗》，善辞赋，才情斐然。有学者还认为她可能是《汉书》作者班固的祖姑。旧时有个常常受人称道的典故叫"班女辞辇"，说是一次成帝游于后庭，主动要让班婕妤同辇而行。这在后宫众多嫔妃看来是一种终生求之而不可得的殊荣，班婕妤却婉言而辞。她说：妾观古时画图，大凡贤圣之君，皆有名臣在侧，而末世之王则多由嬖女陪侍。陛下若纡尊降贵与臣妾同辇，难道不怕有末世之君的嫌疑吗？皇太后听到这件事后大为称赞，说："古有樊姬[2]，今有班婕妤！"（《汉书·外戚传》）

班婕妤也曾颇受成帝宠幸，但自赵氏姐妹进宫后，她也落到了与许皇后类似的命运。祝诅案发，盛怒中皇太后命人严治，班婕妤也被赵飞燕说成与许皇后同谋而受到了牵连。下面是她对廷尉拷问的回答——

【1】阳阿公主家：阳阿公主，可能是成帝姐妹，史书无录。阳阿，当为地名。颜师古注为平原郡一县。平原郡辖县十九，其治所在今山东平原西南。又，他书亦作"河阳"、"阿阳"，难以确考。

【2】樊姬：春秋时楚庄王夫人。曾以不食禽兽之肉谏王嗜猎，终使王改过而勤于政事。

妾闻"死生有命，富贵在天"。修正尚未蒙福，为邪欲以何望？使鬼神有知，不受不臣之诉；如其无知，诉之何益？故不为也。（同上）

面对森严的廷尉大堂，而能从容、坦荡地作出如此有胆有识的回答，班婕妤实在不愧为古代一位难得的奇女子！你们不是说我祝诅主上吗？但在我看来，倘若鬼神有知，那么这样违反臣礼的祝诅，鬼神是决不会听从的；而如果鬼神无知，那么祝诅又有什么用呢？所以我是绝不会去做这种蠢事的！

听了班婕妤这番话成帝也颇受感动，不仅免予治罪，还赐以黄金百斤。但班婕妤很清醒。目睹赵氏姐妹的骄妒，她知道后宫已成为金虎之地，久居必危。她上书成帝，情愿到东宫去终身侍奉皇太后。获得恩准后，即退处长乐宫。晨起洒扫，暮理枕衾，殷勤侍从于王氏太后之侧。宫门重重，庭院深深。玉阶青草枯又绿，长天飞燕去复来。这位深锁其中却依然文思汹涌的才女，自然也难免有些孤寂落寞之感，于是而有中国古代文学史上第一篇出自女性之手的宫怨赋之作——《自悼赋》。赋中细致地描述了自己进宫后的心路历程，那种小心翼翼的趋奉，那种深埋于内心的怨恨和挥之不去的惆怅，令人读来三叹。同在这个时期，这位才女还创作了一首五言古诗《怨歌行》。与直抒胸臆的《自悼赋》不同，《怨歌行》以团扇这一优美意象比况宫女凄婉的命运，写得含蓄、深沉，有极强的艺术感染力，对后世宫怨诗的创作产生了深远的影响。其诗云：

新裂齐纨素，皎洁如霜雪。裁为合欢扇，团团如明月。出入君怀袖，动摇微风发。常恐秋节至，凉飚夺炎热。弃捐箧笥中，恩情中断绝。

据《汉书·外戚传》载录，成帝卒，班婕妤又被安排去为其守陵，直到终老葬于陵园。

许皇后、班婕妤相继废退，再经淳于长的一番奔波，成帝终于立赵飞燕为皇后。众大臣虽也有因飞燕出身卑贱而心存异议的，只是不敢明言。这时偏有个叫刘辅的谏大夫上书抗议，并对诸大臣的沉默表示了他的义愤。但他反对立飞燕为后的理由，也跳不出出身问题，引用了一句俚语，叫作"腐木不可以为柱，人婢不可以为主"。成帝阅后大怒，即命侍御史将刘辅捕入掖庭秘狱，命悬旦夕。后来幸亏左将军辛庆忌等数位大臣联名保救，方得减死罪一等，赦为"鬼薪"，也即罚做为宗庙供柴薪的苦役，刑期三年。

至于成帝与飞燕的缠绵故事，正史虽无录，《西京杂记》、《拾遗记》等都有所记述，而很可能是后人伪托汉代伶元撰作的《飞燕外传》，则更作了淋漓尽致的描述，大抵已近于小说家言。其中飞燕作掌上舞一节，流传最广。成帝为取悦飞燕，特造大舟一艘，游宴于太液池中，常由侍郎冯无方吹笙，飞燕歌舞，成帝自持文犀簪轻击玉杯以为节奏。一日舟至中流，大风忽起，吹得飞燕裙带纷扬，仿佛就要随风飞去。成帝急命冯无方救护。飞燕纵身一跳，被冯无方双手接住，索性就在他掌上劲歌狂舞，引得宫中人齐来观看，一时欢声如潮。这个"掌上舞"由此成为典故，常被历代文人墨客引入诗文。

但惯于喜新厌旧的成帝，不久又移情别恋于飞燕的妹妹合德，特赐她仅次于皇后的昭仪之号，位列众嫔妃之首。合德所住的昭阳宫，奢侈到以白玉为阶，以铜、金为槛；墙壁上函以蓝田璧玉，饰以明珠翠羽。用如今流行的话来说，合德还是一个"作女"，常常向成帝使小性子，动不动不肯吃饭，甚至以头击柱相要挟。成帝只好拿软话哄她，也陪着不进餐。但赵氏姐妹相继专宠十余年，竟没有产下一子。这既是成帝一大憾事，也是姐妹俩一块心病。据一些稗官小说记述，飞燕失宠后，特专辟一密室，与多名郎官宫奴轮番偷欢，希冀怀上一子，再获宠幸。不过在森严的宫禁之地而如此放肆，可能性似乎不大。有关合德谋杀成帝与他女所生之子的事，倒是《汉书·外戚传》、《两汉纪·成帝纪》都有确切记载。这桩骇人听闻的血案是合德死后渐渐揭露出来的。后宫有一姓许的美人（汉制皇后外妃嫔分十四等，美人列第五等）和一个叫曹宫的中宫史（宫中女史，掌皇后礼仪事），成帝先后与她们偶尔有过恐怕连他自己也早已忘记了的"一夜情"，二女居然各生了一子。合德因妒生恨，矫旨派人将曹宫所生的婴儿活活毒杀；为了灭口，又强令曹宫与六个相关婢女或饮药或自缢而死。而许美人所生之子，竟还是合德当着成帝的面亲手杀死的！

　　绥和二年（公元前7年）三月，成帝去世，终年四十六岁。

　　成帝之死，颇有些蹊跷。《汉书·外戚传》说"帝素强，无疾病"。死的前一天，还预定当日要办送走来朝的几位亲王和拜孔光为相两件朝事。到这天黄昏还好好的，第二天清晨起来穿裤、袜时，忽而手脚无力，又不能说话，"昼漏上十刻而崩"。消息传出，朝野哗然。人们都在心里暗忖，以为这是一夜房事过度所致。但皇帝总是没有错的，于是便把满腔怒火都喷在该死的女人身上。《飞燕外传》作者更展开想象的翅膀说，成帝每夜要服一丸春药，而这天合德进了七丸，结果芙蓉帐里整夜"笑吃吃不绝。抵明，帝起御衣，阴精流输不禁"，"须臾帝崩"。皇太后得报，急命大司马王莽等大臣查究此事。赵合德自知已是百口难辩，便在恐惧和无奈中匆匆自尽。

　　成帝虽有美女无数，到头来却没有自己后嗣。此事他的母亲皇太后王政君及诸位大臣，二十余年间一直为之愁眉紧锁，忧心如焚。后来不得不向成帝已故弟弟定陶王刘康借了个儿子，叫刘欣，于绥和元年（公元前8年）立为皇太子。一年后，成帝去世，十九岁的刘欣继位，是为哀帝。

哀帝：《谥法解》说："恭仁短折曰哀"

历史奇观：四太后同临一朝

当刘欣在未央宫前殿坐上皇帝之位，接受文武百官朝拜的时候，按照礼制"为人后者为之子"（见《汉书》之《霍光传》、《孔光传》及《师丹传》）的规定，他也就成了先皇成帝的儿子。因而他要做的第一件事，就是颁诏尊他的祖母、成帝的母亲王政君为太皇太后，他的母亲、成帝之后赵飞燕为皇太后。

太皇太后王政君为表示谦让，下诏命她的侄儿大司马王莽退位就第，王莽遵旨上书"乞骸骨"。哀帝自然知道这是当不得真的，便命尚书令去诚意挽留王莽，又通过丞相等去向太皇太后表白：如果大司马辞去，皇帝就不敢听政。于是太皇太后来一个顺水推舟，复命王莽辅政。

这出开场戏，似乎演得皆大欢喜，但麻烦却接着来了！

由于哀帝还有从定陶带来的亲生母亲丁姬和嫡亲祖母傅昭仪，这样加起来，就共有两个祖母、两个母亲。这边长安的祖母、母亲已分别尊为太皇太后和皇太后，那边定陶的祖母、母亲该往哪里搁呀？从这时开始，哀帝在位的大半岁月，几乎都纠缠在傅昭仪和丁姬该住哪个宫、要不要授以尊号、应授怎样的尊号的激烈冲突中，以至群臣也据以形成附傅、排傅两派，整个朝廷被折腾得颠三倒四，风雨飘摇。难怪有人要假借天象，发出"阴盛阳微，金铁为飞"、"屋大柱小，可为寒心"的警告，急呼"宜务崇阳抑阴，以救其咎"（《汉书》之《梅福传》、《李寻传》等）！

若问何以竟会出现这样的怪事？原因就在傅氏昭仪实在是一个很不寻常的人物。

这个自幼丧父、母亲又改嫁的女子，应选入宫后，因生得姣好，为当时还在做太子的元帝所爱幸，元帝即位，赐号婕妤，越发有宠。傅氏虽女流，却颇识谋略，又善笼络人。譬如每逢祝酒酹地，她会上至天子、下至宫人一一祝到，因而备受众人感激。不久生下一子，取名刘康，封为定陶王。母以子贵，元帝更号傅婕妤为昭仪。刘康逐渐长大，聪慧多才，又善解音律，元帝颇为看好，一度还像上文已提及的那样，曾有过废已立太子刘骜而另立刘康为太子的打算。元帝去世后，傅昭仪随儿子刘康赴封国定陶（今山东定陶西北），尊为定陶王太后。刘康王后张氏，多年无子，倒是有个丁姬，不久便生下一子，取名刘欣。傅昭仪十分喜欢这个小孙子，越俎代庖，亲自养育，反倒把生母丁姬撂到了一边。刘康病故，刘欣嗣位为定陶王。这期间，由于成帝在位多年而仍然无子，皇室诸亲都在觊觎皇太子这个位置，傅昭仪更想来一个捷足先登。她的办法是两条：一是每回刘康来朝，她总要陪同，一得机会就向人称誉她的小孙子如何聪慧，如何仁孝；二是向德高望重的太皇太后，以及正受着成帝宠爱的赵氏姐妹和掌理朝政的大司马王根等，用奇珍异宝、金银财物展开"统战"攻势。如此积以时日，她终于获得了完全的成功：绥和元年（公元前8年）刘欣被立为皇太子，一年后，继成帝而为哀帝。

但按照礼制所规定的"母从子、妻从夫之义"（见《汉书·师丹传》），尽管刘欣已当上了皇帝，傅昭仪和丁姬，却还是只能以分别是她们儿子和丈夫的定陶王刘康为依归，一个称定陶王太后，一个称定陶王后。因而此时仍然只好住在定陶国设在长安的官邸里。傅昭仪自然决不能让人这样委屈自己。积十余年劬劳和心机，如今小孙子终于当上了皇帝，她觉得自己完全有资格入住内宫，尊为太皇太后，以尽情享受她的成功！

这时候，经历了元、成、哀三世，年已六十有六的王政君，依然对朝政在相当程度上起着决定性作用。太皇太后为人颇持重，但喜誉少谋，有时又难免以个人感情处理政事，因而被史家称为仅有"妇人之仁"（《汉书·元后传》赞语）。由于傅昭仪已下足了"公关"功夫，皇太后对这位来自定陶的姐妹已有了些好感，便下旨傅昭仪、丁姬得以十日一至未央宫朝见皇帝。接着又诏问其时分别任丞相、大司空（即御史大夫，成帝末年改）的孔光与何武：傅、丁二人依制当居何宫为好？

孔光是孔子十四世孙，通晓经学，明习汉制法令，弟子众多；为人恭谨，不愿阿旨苟合，却也不具那种直面抗争的风骨。他历任谏大夫、尚书令、光禄勋、御史大夫等多职，休假回家，从不向兄弟妻儿言及朝中之事。《汉书》本传记了这样一件小事：一次有人试着问孔光宫中某殿庭中种的是什么树？他先是默然不应，继而来了个王顾左右而言他。此前，成帝召诸臣议立刘欣为太子时，他曾提过不同意见，因而被从御史大夫降为廷尉，至成帝临终，复拜为丞相。这回皇太后诏问，让他着实为难。他知道傅昭仪颇通权谋，当今皇上又是她躬自育养的孙子，一旦入住宫中，旦夕与帝亲近，必然乘机干预朝政；若令长住定陶国邸，她又显然不会答应。思之再三，提出了一个缓冲的折中方案：另选新址，修筑新宫。

大司空何武是历仕宣、元、成、哀四世老臣，为人正直持重，好推举后进，然疾恶朋党。他对傅、丁该住何处倒没有孔光想的那么多，只觉得另筑新宫耗费至巨，建议不妨就住现成的北宫。北宫位于未央宫之北，高帝初建，武帝增修。北宫与未央宫之间，有架空的复道可通，行走其中既可隐蔽自己，又可临窗四望。太皇太后也以为可。于是傅氏和丁氏便携带随从，即日浩浩荡荡住进了北宫。

果然不出孔光所料，从此傅昭仪便趁着复道之便，经常往来于二宫之间，不断向哀帝发出求请，不仅要求给她加尊号，还要大封傅氏家族。初登极位的哀帝不便擅自作主，颇有些左右为难。

这时出来了一个为哀帝解困的人。他叫董宏，父亲董忠因告发霍氏家族谋反有功而受封为高昌侯，父死，由其承嗣为侯。董宏以为终于等到了一个可以邀功请赏的机会，便上了一道奏疏，以战国时秦庄襄王原系夏氏所生，后过继与华阳夫人，庄襄王即位两母共尊太后为据，认为傅昭仪亦应尊为皇太后。哀帝觉得这下倒有了办法：就将董宏的奏书发下，让大臣们去议定吧！谁知刚要依奏下诏，就引来了大司马王莽和左将军师丹的联名反对。反对理由有二：一是太皇太后乃至尊之号，不能有二，只可有一；二是暴秦早已灭亡，岂可引以为据！并认为董宏妄自称引，蛊惑圣听，应以"大不道"罪论处。哀帝对这两个人都颇为敬重：王莽是太皇太后的侄儿，又是秉政大臣；师丹还曾做过自己太傅，论议深博，声誉卓著。加上又觉得他们反对得有理，于是便另诏驳回董宏奏疏，并将其贬为庶人。这就是说，原想借此邀功请赏的董宏，反而丢掉了高昌侯的封号，成了平头百姓。

不过且慢！

哀帝作出这样处理时，不该忘了自己虽享有九五之尊，但在傅昭仪面前仍是个小孙子。

住在北宫的傅昭仪闻讯大怒，经由复道来到未央宫，当面把小孙子狠狠训斥了一顿，并下令速速为她奉上尊号。哀帝还能说什么呢？只好遵命。经太皇太后允许，尊哀帝生父定陶王刘康为定陶共皇（"共"亦作"恭"，为谥号）；再据以尊傅昭仪为定陶共皇太后，丁姬为定陶共皇后。与此同时，傅氏的三个从弟傅喜、傅晏、傅商，包括早已去世的父亲，和丁氏的父亲、哥哥、侄子，全都封了侯。至于董宏的那个案子，自然也翻了过来。不久董宏即被称之为忠孝两全的功臣，恢复了高昌侯的爵号和封土。

现在傅昭仪已经争到了"皇太后"的尊号，但这仍无法让她满足。第一，尊号前还缀着"定陶"这个封国名称，说明她还次于朝廷的皇太后；第二，她是当今皇上的祖母，理应是"太皇太后"，而不止是"皇太后"。

这一日太皇太后王政君置酒未央宫，拟邀傅太后、赵太后、丁皇后一起会宴，目的无非是想借以修补一下几个太后及其家族间已经出现的裂痕，同时也显示一下自己主动"团结"各方的"高姿态"。不料却因王莽的过于顶真，又闹出了一场风波。

王莽作为执掌中枢政务的大司马，开宴前照例要检查一下席位的布置。他发现太皇太后坐席之旁，安排着傅太后的席位，便大声喝斥负责此事的内者令：定陶太后只是一个藩国之妾，岂可与太皇太后至尊并座？还不速速撤去！

内者令不敢有违，当即将傅氏席位移置于左侧。

正在北宫命侍女为她对镜梳妆、准备赴宴的傅太后，得闻此报勃然大怒，喝令罢妆，拒绝赴宴。其间，侍者几番往来催请，她就是不肯起驾。这一日的四后欢宴，竟不欢而散。傅太后却犹是余怒未消，一再迫令哀帝将王莽逐出朝廷。王莽得知风声，再次上书乞骸骨。哀帝虽有意留任，却也无奈，只好下诏对王莽嘉勉一番，特赐黄金五百斤，安车驷马，罢令就第。后迫于傅太后压力，又诏令"就国"，即强制其回到自己封地去（王莽受封新都侯，其封国故治在今河南新野东）。但此番遭逐，反使王莽在公卿大夫中获得了持正不阿、进退有义的声誉，为几年后再次入朝秉政预备了舆论条件——这是后话。

再说王莽辞去，空缺的大司马一职该由谁来继任，又引起了一场争论。傅氏子弟多骄奢，唯独右将军傅喜行义修洁，恭谨忧国，因而为朝臣所属望，以为应由他来继任。偏偏傅太后反对。原因是她的这位从弟曾多次诤谏，弄得她很不开心。朝臣中附傅、排傅两派各执己见，而太皇太后王氏此时说话又已丧失了往日的权威，争议出现了僵局。在这种情况下，傅喜谦让自退，上书称病归养。夹在两难中的哀帝，这时便出来扮演了一个调和的角色：一面让左将军师丹暂时代行大司马之职，一面又赏赐傅喜黄金百斤，收缴了他的右将军印绶，另以光禄大夫职衔归第养病。但排傅派中仍有不少人感到不满，认为此种处理显然是对傅太后的又一次迁就。其中表现最激烈的是大司空何武，他联合尚书令唐林上奏提出：遣归傅喜使朝野失望，百官莫不为国忧恨；只有让傅喜回来掌理朝政，陛下才能显出至尊光辉，傅氏才有兴盛可能。附傅派却出人意料地从旁侧发起了进攻。有人揭举出何武不久在迎接后母来京途中因故滞留一事，认为事母如此不孝之人，不应再居三公之位。傅太后便以此为由，命哀帝贬黜何武。哀帝也恰好想更换一下三公班子，于是就下诏撤去何武大司空职务，保留氾乡侯封号，罢归就国。过了三两个月，傅太后怨恨已渐渐缓和，于是在建平元年（公元前6年）正月，哀帝先将傅喜召回，再改任代行大司马师丹为大司空，同时拜傅喜为大司马，并晋封为高武侯。

这回傅太后总算勉强接受了傅喜这个老是不肯跟她一条心的从弟，朝廷上下也好歹过了一段太平日子。

不过这位共皇太后还不肯就此罢休。得寸进尺，她还要哀帝进一步再授尊号，直到与太皇太后王政君并起并坐。

凭此时傅太后的威势，已经不难做到这一点，即只要她有某种意愿，用不着她开口，臣属中就准会有人心领神会帮她去实现。

郎中令泠褒、黄门郎段犹就是这样两个人。这年九月，两人联名奏议，以为傅太后应冠大尊之号，不宜再缀有"定陶"这个藩国之名。哀帝已形同傀儡，当即据奏下了这样一道诏书：

汉家之制，推亲亲以显尊尊，定陶恭皇之号不宜复称定陶。其尊恭皇太后为帝太太后，丁后为帝太后。（《汉书·外戚传》）

其中"帝太太后"，后来又改为"皇太太后"。

中国古代历史上四位皇太后同临一朝的奇观就这样出现了。四太后之名是：

太皇太后王政君；

皇太太后傅氏；

皇太后赵飞燕；

帝太后丁氏。

满朝文武皆顺旨称贺，唯独位列三公的三位大臣丞相孔光、大司马傅喜和大司空师丹，以为不可。师丹还上了一道奏疏，坚持认为"定陶共皇太后、共皇后"之所以"以定陶为号"，是依据"母从子、妻从夫"的礼制，断不可改（据《资治通鉴·汉纪二十五》）。

哀帝已越发难以摆脱傅太后的掌控，所以结果可想而知：三位大臣先后皆被罢免。

最先撤下的是师丹，罪名自然不难找到。傅、丁子弟指使人上了一道劾奏，说师丹奏书是属下誊抄，还曾向外人传示过，这就是"泄密"，该办他一个"大不敬"罪。哀帝便据此将自己这位老师废归乡里。其间有给事中博士申咸、炔钦为之上书，认为奏书泄密咎在簿书，与师丹无涉。结果二人反招来贬秩二等的处罚。

不过哀帝之所以先拿师丹开刀，目的倒是想"丢一保二"。他以为用这个办法警示一下傅喜，只要傅喜能收回前议，顺从傅太后之旨，便可不予惩处。而傅喜若能顺服，相信孔光也会跟着归附。偏偏傅喜不吃这一套。哀帝等待、犹豫再三，最后还是诏令傅喜上缴大司马印绶，即日就国。

傅喜既已罢黜，孔光自然也难逃此劫。由于他身居无所不统的相国之位，罪名更是随处可得，譬如几年来阴阳错谬，灾荒频仍，百姓饥馑，盗贼并起等等，全都可以算在他的账上。被解职归家后的孔光，成了一介平民，杜门谢客，以读书自娱，倒也自在。

反对声浪既已全被压了下去，昔日的傅昭仪终于坐上了皇太太后的至尊之位。属下设置少府、太仆等多个官署，各有围着她转的大批官员；出入乘玉辂、凤辇，前后有长长的卤簿队伍，真可谓威风八面。虽说四太后临朝，但此时最显赫的还是她这位皇太太后。其余三太后，丁太后是她的儿媳自然不在话下，就连先前对太皇太后亦步亦趋的赵太后，此时也转而傍上了她，做出一副惟命是从的样子。至于那个当初她曾敬执臣妾之礼的太皇太后王政君，如今也身价大跌，她随口叫一声"老妪"，那王氏也只好点头答应。沾了她这位皇太太后的光，傅氏一门封侯六人，大司马二人，九卿二千石六人，侍中诸曹十余人。众子弟恣意侵占田产，大造府第，广置仆婢，争奢竞侈，富倾朝廷【1】。

与此同时，曾经显赫一时的王氏家族则迅速衰落。除上面已提到的王莽被"诏令就国"外，辞职在家的王根也因被人弹劾，不得不抱病离开长安去了他的封地；已故大司马卫将军王商之子成都侯王况，则更被贬为庶人，遣回故郡；包括王氏兄弟在位时所荐举的一些官员，也大都被罢免。《汉书·元后传》记载至此又加了一句："天下多冤王氏。"人心总是倾向于被压制的一边，傅氏的跋扈张狂，反而使王氏获得了"天下"人的同情。

至此，高坐在永信宫正殿的傅太后该满足了吧？不，还没有。她还有一桩已经忍了三十二年的"一箭之仇"至今没有报。

【1】据《汉书·食货志》记载，师丹在代行大司马期间，鉴于大量土地被贵戚豪强侵占，无数平民沦为奴婢，和由此引发的社会矛盾日趋激化的现实，上书建议对土地和奴婢的占有量作出限制。后来丞相孔光、大司空何武提出了一个《限制法》草案，规定："诸侯王、列侯皆得名田国中。列侯在长安，公主名田县道，及关内侯、吏民名田皆毋过三十顷。诸侯王奴婢二百人，列侯、公主百人，关内侯、吏民三十人。期尽三年，犯者没入官。"这个多少可以缓解一下当时社会矛盾的法令，就因"丁、傅用事，董贤隆贵（详下小节）"，而"遂寝不行"。

那是建昭元年（公元前38年）的一个初冬，元帝驾临上林苑虎圈观看斗兽，侍从的除最受宠幸的傅昭仪和冯婕妤，还有后宫诸多嫔妃。斑虎舞爪，金狮狂吼，众人看得忽惊忽喜，目眩心摇。就在这时，忽有一野熊跃出圈栏，竟直奔御座而来！傅昭仪惊叫一声，往后逃避，众嫔妃也慌乱四散躲藏。独有冯婕妤却挺身急前几步，当熊岿然而立。元帝不由大惊，正要呼她脱逃，手执兵器的武士已急速赶到，当场将野熊格杀。原来这位冯婕妤，就是本章第二节中提到过的冯野王的姐姐、西汉名将冯奉世的长女冯媛，难怪虽为巾帼却有烈士之风。事后元帝问她何以竟敢只身当熊，冯婕妤的回答是：妾恐这畜生踦至御座，惊扰陛下，故当之。其实凡兽类大都怕人，只要站立不动，并没有什么危险。元帝听后大为赞叹，不久便赐冯婕妤以昭仪之号。傅昭仪既为自己的逃避恼羞成怒，又为冯媛晋升为昭仪竟与自己并立而心生嫉恨，从此便记下了这"一箭之仇"，数十年来一直伺候着报复的机会。

机会终于来到，恰好就在她受尊为皇太太后以后不久。

所谓巫蛊、诅祝一类案子，自武帝晚期以来近百年间，总是闹个不休，建平元年（公元前6年）十月又闹出了一个，主谋已被认定为就是当年那个只身当熊的冯媛。

其实这完全是个冤案。冯媛有子刘兴，封为中山王，她也被尊为中山王太后，随王就国（中山国都卢奴，今河北定县）。不久刘兴去世，未满周岁且患有疾病的儿子箕子承嗣为王。这年八月，哀帝派中郎谒者张由带着医师去给刘箕子看病，不料这个张由自己也患有一种狂易病，中途发作，顾自回了长安，病却忽又痊愈。哀帝遣尚书诘问张由：因何违命而归？这位中郎谒者害怕了，慌乱中胡诌说，他是因为探得中山太后私嘱巫觋诅祝皇上和傅太后，以为事关机密而又重大，才匆匆赶回来奏报的。傅太后获悉此讯大喜，先后派出御史丁玄、中谒者史立等两批官员，昼夜兼程，急赴中山严治此案。邀功心切的丁、史等人，不分青红皂白就将冯氏一门及王国官属百余人全都捕来，分系于洛阳、魏郡、巨鹿三狱，严刑逼供，当庭毙命十余人，其中包括冯太后的妹妹冯习和弟媳吾之。后来，巫师刘吾、医师徐遂成实在打熬不过，一个谎称冯氏确曾命他诅祝，另一个更妄供冯氏曾命他刺杀皇帝，并许以封侯。丁、史逼取了这些口供后，便将冯太后唤出，宣称将以谋反、大逆罪回京劾奏。冯太后自然不肯诬服，拒绝答辞。这时史立便冷笑说：太后当年挺身当熊，何其胆壮！今日面对本官，又何其怯懦呀！

冯太后只是回望了他一眼，仍不吐一字。

这一日冯太后回到宫里，将珠宝细软悉数散给左右侍女，当夜即饮药自尽。

因为她知道，史立既然能说出只身当熊这件数十年前的后宫秘事，就一定领有傅太后密旨，所以绝不可能再有她的活路。

此前，皇太后丁氏已于建平二年（公元前5年）病亡。

元寿元年（公元前2年），做了四年皇太太后的傅氏，也因病溘然长逝。

这样到哀帝在位后期，又回到了他即位之初两位皇太后（太皇太后王政君和皇太后赵飞燕）临朝的格局。

小男宠董贤居然差点当了"虞舜"

傅太后去世后，哀帝还有不到两年在位时间。这位窝囊的皇帝，《汉书》本纪赞语虽称他"文辞博敏，幼有令闻"，似乎还曾想效法武帝、宣帝有一番作为的；在位期间，"屡诛大臣，欲强主威"，实际却是制造了一个又一个的冤假错案。综观其行事无一可以称道，或许初期的所谓"受命改元"和末年的准备"禅让"两件事，聊可一说。尽管这两件事都被弄成了可笑的闹剧或滑稽剧，但如果我们对哀帝当时所处的内外交困的境遇仔细作些分析，也不难看出他也曾有过多少作点改变的意向，当然更多的还是无奈和无聊。

哀帝受制于傅太后等多位太后的"内困"已如前述，下面再补充说说"外困"。

读《汉书》等正史对元、成、哀、平时期，尤其是哀帝时期的记载，会有比其他时期多得多的所谓"灾异"现象，接连不断地跳到你眼前来。除了日蚀、地震、流星、陨石、山崩地裂和旱涝之灾以外，还有天上竟会落下草、鱼、血来；落下的草打着奇怪的结，落下的鱼鲜蹦活跳，落下的血块大如铜钱、小如麻子。还有宫殿、陵园接连火灾，城门门闩不翼而飞，皇陵木柱长出了枝叶，居然还冲破了屋顶；山上岩石忽而怪声大叫，声音像擂鼓又像打雷。还有只鸥鸟把自己的巢给烧了，燕子窝里竟孵出了黄雀，有个浓眉大眼的汉子突然变成了女人，还生了个大胖小子……如此等等，不一而足。这些罕见的自然现象，其中大部分现代科学已不难作出合理解释，但古代史家之所以郑重其事将这些超出当时认知范围因而带有神秘色彩的自然现象记载下来，是想用以说明：由于帝王和朝廷行事有违于常道，故而上天降下此类警戒，以提醒人间必须及时改过，不然将有更大的灾祸临头。这当然很荒谬。但历史严峻的真相恰恰就隐藏在这种荒谬的背后。正是由于朝政昏乱，贵戚恣肆，官吏勒索，豪强横行，大量土地为少数富豪所兼并，大批破产农民和失业流民沦为奴婢，从而引起了社会动荡，民怨沸腾。挣扎在死亡线上的底层民众，也包括众多士大夫阶层，在自古以来的传统观念的导引下，几乎是本能地将自己的情绪依附于种种灾异现象，然后假借至高无上的天威，曲折、间接地来表达他们内心的不安、不满以至愤怒。

在这期间还发生了众多群体性事件，则是民众情绪的直接宣泄。除了连年不断的"盗贼并起"，还有因种种谣传而引发的骚乱也层出不穷，其中最典型的当推"西王母行筹"事件。

建平四年（公元前3年）正月，关东民众突然惊慌起来，纷纷离家出走。他们披头散发，手拿着麻秆或禾草，光着脚在冰天雪地里急急奔跑，见到人就分给一根，说是西王母发下的筹子，可保平安。这样骚动的人群便愈聚愈多，不几日就多达数千，形成了一支散乱的队伍，由东向西进发。他们或斩关逾墙入屋，或强占传驿奔驰，官府也禁阻不得。一路浩浩荡荡，历经二十余郡国，到这年夏天抵达长安。在这里，他们白日聚众击鼓喧哗，夜晚持火上屋呼号。京城百姓也纷纷加入他们行列，在里巷、田野布设帐幕，载歌载舞，祭祀西王母。祭毕，给每人发一符书，说是西王母有告谕：只要佩戴此书，即使大难来临，也可免死。

这场规模宏大的骚动，到这年秋天才渐渐止息。

读者诸君想必还记得，本书七章四节说到武帝还在少年时代就曾为穆天子与西王母的神奇恢宏的故事所吸引，从而萌发了开拓西域的构想；而同是这个神话故事里的人物西王母，如今却被幻化成了芸芸众生摆脱现实苦难的救世主。前者奋发开拓进取，后者唯求在灾难中自保，这恰好反映了汉人在帝国盛世与末世的两种不同心态。

应当说，在当时感受到了这种"内外交困"，又想要改变这种景况的，也不单是哀帝一人，还有更多的朝臣。只是很可惜，他们在提出救世济时的方略时，已不可能再有直面社会危机、作出根本性变革的勇气、胆识和魄力。而此时为帝国所独尊的儒家，大多为董仲舒后学，其学术走向更趋于神学化。尽管他们先后也提出过不少奏议，但大多依托于灾异说事，仿佛对朝政的不满不是来自万千臣民，而是来自神秘的上天；有的还陷入了附傅、排傅两派的矛盾纠葛，灾异学说更成了打派仗中的一个惯用工具。还有人则从"皇权天授"出发，以为刘汉气数中衰，国运将尽，解救的办法不是来一场针对实际存在的社会危机问题的大变革，而是祈求上天来一次"再受命"。

成帝时，有个齐人叫甘忠可，撰作《天官历》及《包天太平经》十二卷，赴京上书，自言曾受教于天帝的使者赤精子，宣称"汉家逢天地之大终，当更受命于天"（见《汉书·李寻传》）。此话在当时可谓石破天惊。尽管朝臣中也不乏有同感者，但毕竟谁也没有这个胆量敢把如此犯大忌的话说出口来。当然，反对这个"再受命"说的，也不乏其人，其中最强烈的便是时任中垒校尉的刘向。尽管刘向作为宗室成员，对刘汉的衰落忧心似焚，多次以灾异说先后向元帝、成帝敲起警钟；但同样意在解救帝国危局的"再受命"说，却被他视为"罔上惑众"，断断不可施行。结果甘忠可被械系论罪，不久病死狱中。哀帝即位，帝国危机更趋严重，再加上哀帝生有一种"痿痹"之病，且日趋严重，二十过后依然无子。到这时，朝臣中或明或暗地将希望寄托于再度受命的人已越来越多。正是在这种情况下，当甘忠可的弟子夏贺良接过先师衣钵再次鼓吹汉家应重新受命时，就受到了哀帝多次召见，并命其待诏黄门，以便随时应召顾问。夏贺良在一道奏书中说：

> 汉历中衰，当更受命。成帝不应天命，故绝嗣。今陛下久疾，变异屡数，天所以谴告人也。宜急改元易号，乃得延年益寿，皇子生，灾异息矣。得道不得行，咎殃且亡，不久洪水将出，灾火且起，涤荡民人！　（同上）

如果能接受我的再度受命的建议，那么不仅帝国有望复兴，还可使皇上本人健身益寿，早生皇子；倘若不然，那么不仅皇上将会像先帝那样"绝嗣"，连天下百姓都将遭受水火等大灾大难！

民间有一种用举办喜事以抢救临危病人的做法，叫作"冲喜"。近些年来，未央宫上至天子下至群臣，大都笼罩在一种末世的恐慌中，此时听夏贺良这么一说，大概也有了要冲一冲喜的念头。反对者仅有一人，就是上文已提到过的刘向之子刘歆。此时刘向已病故，其子刘歆任奉车都尉。同他父亲一样，刘歆也把"再受命"视为邪术，认为"不合《五经》"，断"不可施行"（《两汉纪·孝哀皇帝纪》）。但哀帝因"灾变数降"、"盗贼并起"而"战战兢兢，唯恐陵夷"（见《汉书·李寻传》），哪还顾得了那么多，即于建平二年（公元前5年）

六月举行隆重祭天典礼，宣布再度受命，以当年为"太初元年"，自号"陈圣刘太平皇帝"，并颁诏表示皇帝愿与天下百姓一起"自新"，同时大赦天下。至于改制，实在拿不出像样的方案来，只改革了一项漏刻制度：原来一昼夜为一百刻，改为一昼夜为一百二十刻。

当年老师甘忠可丢掉性命也没有做成的事，如今学生夏贺良只消三言两语便一举成功，这怎么能不叫他大喜过望呢？人是不能太得意的，一"得意"便会"忘形"。此时的夏贺良竟忘了自己连个正式官职都还没有，居然指手画脚地向哀帝进言，以现任大臣多不知天命为由，要将他们一个个撤下来，另任由他选定的某几个人为三公。这一来自然激起了满朝文武一片反对声。实际上夏贺良并不见得比他老师甘忠可高明。大凡推销此类学说的，都惯于使用宏廓而玄虚的词语，从不作出近期内可以检验的明确承诺。可这位急于求成的预言家，偏是许诺哀帝不久身体便可康复，儿子也可生出，这不等于自己给自己预设了"大限"吗？几个月一过，哀帝疾病依旧，后宫也不闻有怀喜之报，龙颜为之大怒，当即下令廷尉将夏贺良等系狱论罪，同时颁诏除大赦令依旧有效外，其余改元、改号以及更改漏刻制之令，一概作废。结果廷尉以"倾覆国家，诬罔主上"的"大不道"罪，将夏贺良等全都诛杀。

这出"冲喜"闹剧至此收场，朝政仍然大半由傅氏掌控着，反映帝国危机日趋深重的种种灾异奏报，也依旧不断由诸郡国向朝廷飞来，哀帝似乎越来越觉得这个皇帝当得实在太没有味道了，这样到元寿元年（公元前2年），又演了一出准备禅让的滑稽剧。

禅让是儒家颂扬的一种理想化权力传承方式，据说尧晚年曾禅位于舜，舜晚年又禅位于禹；但其历史本相究竟如何，已无从稽考。昭帝时有个符节令叫眭（suī）弘，以为汉运将尽，上书建议汉帝应效法尧舜行"禅让"之制；宣帝时还有个司隶校尉盖宽饶，只是在奏书中要求任官以贤，"不得其人则不居其位"，也被诬为妄求"禅位"。二人均以"大逆不道"罪诛杀（见《汉书》各自本传）。由此可见，"禅让"在当时是一个动不动就要掉脑袋的"禁区"。

不过这回用不着担心。

上述两例皆起于臣下奏议，这回可是哀帝自己准备禅让的，难道还能叫皇帝掉脑袋不成！只是令人不解：传说中受禅的舜与禹都是圣人，而哀帝准备禅位的对象竟是他的一个男宠，实际就是同性恋者！

这一日，百无聊赖中的哀帝，偶尔在殿下望到一个唇红齿白的少年，忽而心有所动，便叫道：那不是朕的舍人吗？原来这个名叫董贤的少年，哀帝为太子时曾做过太子舍人，此时已转任为郎官，做着些奏报漏刻的杂事。这天两人一番交谈，柔媚乖巧的董贤立即博得了哀帝的好感，从此出则同车陪乘，入则侍从左右，宠爱日隆。旬月之间，由郎官而接连升为黄门郎、驸马都尉、侍中，赏赐累万，贵震朝廷。有个人们经常引用的隐含同性恋之义的典故叫"断袖之癖"，说的就是哀帝与董贤的故事。有次二人一起昼寝，哀帝醒来想要起身，见董贤睡得还香，身子却压着他的衣袖。为了不惊动这个男宠，哀帝小心抽出佩刀，割断衣袖，悄然离身。

所谓"一人得道，鸡犬升天"。在董贤获得超常贵幸的同时，不仅他的父亲当上了少府，赐爵关内侯，他的妻子也得以入籍殿中，住进了官舍，小舅子受任为掌管京城警卫的执金吾，小姨子一进宫立刻晋升为仅次于皇后的昭仪；就连董家的僮仆也都得到了种种珍宝的赏赐。更出格的是，哀帝先授任董贤的岳父为负责修建宫殿的将作大匠，再命他为董贤大兴土木，大造府第，重楼叠阁，穷奢极侈，连柱、槛都披上锦绣。不仅如此，甚至还为年仅二十左右的董贤预筑了坟茔，周垣数里，俨然一座小城。

接下来，哀帝还要封董贤为侯。但封侯总得找个由头，譬如立了什么功之类。这时恰好又出了一桩诅祝案，主谋被认定为东平王刘云[1]。此案原是由待诏息夫躬和骑都尉孙宠通过中常侍宋弘上书告发的，哀帝为了封董贤为侯，竟将奏策上"宋弘"之名削去，另外填上"董贤"二字，让原本与此毫不相干的董贤也占有一份告发之功，并据此给他封了个高安侯。

当时担任丞相一职的，是被史家称为"刚直严毅有威重"（《汉书》本传）的王嘉。尽管朝臣大多阿旨，王嘉觉得自己不应保持沉默。在他看来，第一次给一个男宠赐爵已引起人言汹汹，现在又要用这种弄虚作假的办法封以为侯更是违制，何况东平王刘云诅祝一案疑点颇多，很可能还是个冤案呢！他前后多次上书极谏，直至封还诏书，拒绝为董贤加封食邑。哀帝读了王嘉的奏书，起先也像是有点感动，因而犹豫了多日；待到王嘉封还诏书，顿时雷霆大怒，急命中朝诸官及将军以下五位二千石官员与廷尉一起审理此案。面对如虎似狼的衙吏，王嘉仰天长叹一声说：想我王嘉忝居宰相之位，理当进贤士退不肖；可我既不能进故丞相孔光、故大司空何武等贤俊之士，又不能退董贤父子等佞邪小人，致使朝纲毁圮，社稷垂危，罪诚当死，死有余辜啊！

王嘉在狱中绝食二十余日，呕血而死。

董贤及其一家暴得富贵，势压朝廷，这自然引起了傅、丁两大家族的不满。丁太后的哥哥丁明，此时任大司马骠骑将军。他平素很敬重王嘉为人，加上忌恨董贤，因而对王嘉含冤而死深表同情和惋惜，并在公开场合颇有微辞。此时傅太后已死，哀帝显得有些肆无忌惮起来。他还要进一步破例重用董贤，就以丁明不该同情王嘉为由，免去了他的大司马骠骑将军之职，即任董贤为大司马卫将军，让这个年仅二十二岁的小男宠坐上了执掌朝纲的首席大臣之位，百官要向皇帝奏事，都得先经过他这道关。

更让满朝文武大为震惊的是，哀帝在授任董贤的策文中竟有这样两行文字：

朕承天序，惟稽古建尔于公，以为汉辅。往悉尔心，统辟元戎，折冲绥远，匡正庶事，允执其中。天下之众，受制于朕，以将为命，以兵为威，可不慎与！（《汉书·佞幸传》）

饱读经书的大臣们一眼便看出，这段诘屈聱牙的文字，是有意模仿尧禅位于舜、舜禅

【1】刘云：宣帝之孙，刘宇之子。刘云因听说某山上"石转立""土自起覆草"等怪象，故前往祭祀。息夫躬、孙宠经合谋，告以"祠祭诅祝上"，欲"求为天子"。案发，刘云自杀。详《汉书·宣元六王传》。

位于禹时的谈话语气写的，特别是"允执其中"一句【1】，更是直接抄录。他们觉得，授任董贤为大司马卫将军虽是人臣之极位，但也总还是个臣子吧，这同尧与舜、舜与禹的禅位有何相干呢？难道皇上真要禅位给这个小男宠吗？他们越想越害怕，因为如果真是那样，刘氏天下就将变成董氏天下，所有如今的朝臣都将成为"亡国之臣"！

忧虑和疑惑很快在未央宫上下弥漫开来，几天后，人们的担心不幸得到了证实。

元寿元年（公元前2年）岁末，哀帝在未央宫麒麟殿大排酒筵，宴请董氏父子及诸外戚和近臣。酒至半酣，哀帝像是已有几分醉意，笑盈盈地盯视了董贤一会儿，忽而说：吾欲效法尧禅故事，卿以为如何？

此话一出，全场瞠目。有个叫王闳的中常侍，是太皇太后王政君侄儿、已故平阿侯王谭之子，恰好侍候在哀帝一旁，慌忙跪伏进言，大声说道：天下乃高祖皇帝之天下，非陛下一人所有。陛下承宗庙、继先帝而登大位，理当传诸子子孙孙于无穷，岂可中道禅位于他人！汉室基业至大至重，天子无得戏言！

《汉书·佞幸传》记载此事后，接下去有这样一段话："上（指哀帝）默然不说（通"悦"），左右皆恐。于是遣闳出，后不得复侍宴。"王闳就因为说了那么一番话，不仅被当场逐出麒麟殿，还剥夺了他以后"侍宴"的资格。这或许可以说明哀帝确曾有过禅位于董贤的想法，并非全是酒后戏言。另据《后汉书·王闳列传》说，哀帝临终时确曾将玺绶给了董贤，还嘱咐说"无妄以与人"。后来是王闳禀明太皇太后，带剑至宣德殿从董贤手里将玺绶夺回，持与太皇太后的。

元寿二年（公元前1年）六月，即那次不寻常的麒麟宴后不到半年，长期的疾病折磨过早地结束了哀帝年轻的生命。在位六年，终年二十五岁，谥号为哀。《谥法解》说："恭仁短折曰哀。"想必读者诸君都会说，其实哀帝可"哀"的远远不止是他只活了二十五岁；可哀的还有他的整个帝王人生，以及名义上在他统治下的整个大汉帝国。

值得一提的是，七八年后，这套"再受命"和"禅让"的把戏，又有人以另一种方式作了一番表演，居然真的让刘氏天下换了姓，这大概是已在九泉下的哀帝万万没有想到的吧？

哀帝一死，先后受到傅、丁和董氏家族排挤而在朝势力已大为削弱的王氏家族，又趁时以迅猛之势卷土重来。其象征性的领袖人物，便是昔日那位绛衣女子，如今已历经四朝、高寿七十有余的太皇太后王政君。特别值得注意的是，此时老太太身旁多了一位身长七尺五寸、口大脸短、眼珠略呈赤色的壮年汉子，他就是王莽。

上一小节不是说到王莽已被"诏令就国"了吗，他怎么又回来了呢？这里有些戏剧性的情节，不妨一说。

原来王莽一到自己封国新都，就谢绝交游，杜门自守，即使与亲友晤叙，也绝不言朝

【1】允执其中：意谓忠诚地执守不偏不倚的正道。关于尧禅舜、舜禅禹时的谈话，《尚书·大禹谟》和《论语·尧问》皆有载，文字各有异。后者记为："尧曰'咨尔舜，天之历数在尔躬。允执其中，四海困穷，天禄永终。'舜亦以命禹。"

中之事。古人崇尚所谓"忠臣去国，不洁其名"[1]；郡国士大夫以为王莽遭贬黜而仍能执此操守，便是有古直臣之风，因而更敬重其为人。在这期间，王莽的次子王获杀死了一个家奴，这在当时也算不上什么大罪，王莽却严厉责斥了王获，后来还硬是逼他自杀以赎其辜。此事一传开，王莽声望更是与日俱增，郡国吏民纷纷上书朝廷为其申冤，连应举进京的贤良学士，也在对策时竭力称颂他的德行和功业。再加上此时傅太后已疾病缠身，日渐松懈了对朝政的掌控。正是在这种情况下，原就对王莽留有好印象的哀帝，便于元寿元年（公元前2年）正月下诏征王莽还京，但仍只说是召来侍奉他的年事已高的太皇太后的，不敢授以任何官职。不久傅太后病故。又过了一年多，当哀帝去世的噩耗奏报到长乐宫时，太皇太后立刻在王莽的侍从下，从长乐宫起驾来到未央宫，收藏了皇帝的玺绶，随即颁诏，将诸凡皇宫警卫的统领、发兵符节的掌管以及百官奏事等等大权，全都授予她以为最可信赖的侄子王莽。老太太居然也懂得刀把子是皇权命根子的道理，想来是王莽在一旁提醒的结果。凭借强大的武装力量为后盾，整个朝廷已在王氏家族掌控之中，而曾经相继显赫一时的傅、丁、董诸家族则迅速土崩瓦解。对这次毁灭性行动的声势、速度，后来有人作了这样形容："人不还踵，日不移晷，霍然四除，更为宁朝。"（见《汉书·王莽传》）这不由使人想起《红楼梦》中警幻十二曲唱词："忽喇喇如大厦倾"，"落了片白茫茫大地真干净"！为节省篇幅，恕我不一一赘述，只简略说一说对其中几个主要人物的惩处——

已故皇太太后傅氏和帝太后丁氏：分别被追贬为定陶共王母和丁姬，并毁冢改葬，取出棺中玺绶付诸一炬。

大司马卫将军董贤：被撤去所任一切职务后，自知已无生路，当日回家即与其妻一起自杀。王莽疑其诈死，又命人开棺验尸。董氏家产价值四十三万万，全部充官。

皇太后赵飞燕：先被贬为成帝皇后，接着又废去皇后之号，贬为庶人，也即日自杀。有首童谣唱道："燕飞来，啄皇孙；皇孙死，燕啄矢。"

元寿二年（公元前1年）六月，太皇太后下旨，以王莽为大司马，并领尚书事。

紧接着，王莽在培植、重用亲信的同时，便开始了对朝臣中异己势力的清洗，凡不顺从者皆治其罪，甚至睚眦必报。如前将军何武（哀帝时被罢归就国，后征为御史大夫，又迁为前将军）和他的好友左将军公孙禄，当群臣争相拥戴王莽为大司马时，唯独他俩不肯阿从，且相互推举。王莽先将他们免职，后又借故威逼何武自杀。再如红阳侯王立，说起来还是王莽叔父，因此前私占垦草田一案而不再居位，但王莽还是怕他有碍自己专权而奏请太皇太后命他离京就国；太皇太后虽欲庇护也已无奈，只好下诏将其遣出。

需要特别提一下孔光。这位孔子十四世孙，曾任丞相，因多次违逆傅太后之旨而被贬为庶人。傅太后去世，哀帝先任以为光禄大夫，不久复任丞相，后改称大司徒。王莽复出，因孔光为太皇太后所敬重，又是当代名儒，故越发加以推崇和礼敬，还让孔光的女婿甄邯也当上了侍中奉车都尉。但孔光很快发觉自己扮演的是一个颇不光彩的角色。原来王莽在

---

[1] 忠臣去国，不洁其名：语出《史记·乐毅列传》，《礼记》亦有类似的说法。意谓臣子离开本国，即使是被贬黜离开的，也不应为了自己获得良好名声而归咎于君主，或指说别人不是之处。

一批接一批地清除政敌时，常常不是自己出面，而是通过甄邯将要惩治的名单交给孔光，再让孔光去上奏太皇太后，然后付诸实施。孔光为人谨小慎微，既不敢不上奏，又怕得罪人，弄得他经常处于进退两难的尴尬境地。

哀帝又是一个绝后的皇帝。同年七月，王莽与诸大臣议定，找了个元帝世系中的小男孩来继位。他原名刘箕子，后改名刘衎（kàn），是成帝的弟弟中山王刘兴的儿子、哀帝的从兄弟；也即那位年轻时曾只身当熊、后被傅太后迫害致死的冯媛的孙子。刘衎继位，便是作为西汉王朝末代皇帝的平帝。

年仅九岁、原嗣封为中山王的刘衎，能够从遥远的卢奴（中山国之都，今河北定县）来长安入主未央宫登上皇帝宝座，自然是诸大臣选、迎、拥的结果。这选、迎、拥在当时被认为是安刘汉、定社稷的特等大功，而建此大功者便是王莽。

平帝登极，下诏"将与天下更始"，特改元"元始"。实际上，如果说有什么"更始"的话，那就是从此开始了一个王莽时代。《汉书·平帝纪》一开头就记了这样一段话：

帝年九岁，太皇太后临朝，大司马王莽秉政，百官总已以听于莽。

九岁的皇帝，七十二岁的老太后；而作为辅政大臣的王莽，这一年正好四十五岁，不仅年富力强，而且几经荣辱沉浮的磨炼，无论资历、智力或谋略和权术，在刘氏宗室和未央宫上下都已无人可与匹敌。因而当这颗突然复出的政治新星，以炫目的光芒跃升到华夏大地上空的时候，已被久久的末世梦魇折磨得心灰意冷的万千臣民，很可能又重新燃起了希望；或许，有的觉得还需要观望；当然，也有不少人则产生了新的忧虑。

王莽：体制内部生成的帝国掘墓人

这已是本书最后一章的最后一节，主角是王莽。

王莽其人，自东汉王充、班固相继称之为"桀纣之恶不若亡秦，亡秦之恶不若王莽"（《论衡·恢国》）；"滔天虐民，穷凶极恶"，是"书传所载"最坏的"乱臣贼子"和"无道之人"（《汉书·王莽传》赞语）以来，一直为传统历史学家的骂声所笼罩，几乎成了"篡盗者"、"伪善者"、"暴虐者"等等一切恶的代名词。大概要到上世纪之初武昌革命用炮声宣布帝王制度终结后，才渐渐有了些不同的评论。我将有关这位"篡窃者"的材料及以往自己做的摘记、随想阅读一过，还没有动笔，却先不由要为他发一声惋叹：可惜！王莽正是生逢其时啊，历史为他提供了一个千载难逢的好机会，如果他有相应的才具，又如果他身边有几个既有胆识，又各具专门才能的得力辅佐，那么他原本可以成就不亚于汤武或秦始皇那样的功业。遗憾的是，由于他没有上面那两个"如果"，结果因最终失败而不仅他本人背负了近两千年的骂名，也使中国古代历史的发展，少了一条通过从上到下变革以完成国家权力和平传递的成功之路。

这一节中的引文凡未注明出处的，皆采自《汉书·王莽传》，恕不另注。

用"谦让"之戏搭起一道登极之梯

巧得很，平帝即位的元始元年，即现在世界多数国家所采用的公历的元年。这年正月的一个良辰吉时，未央宫前殿奏起钧天大乐，有个来自遥远的南方越裳氏古国的使节，献上了三羽雉鸟，一白两黑。献礼毕，百官同贺，颂声大作。几位大臣向太皇太后上奏，认为应益封王莽三万户，并加尊号。老太后开头弄不懂：王莽不是已封为新都侯，又刚刚就任为大司马吗，因何还要益封加尊呢？群臣中有个熟读诗书的，便引经据典地对太后说起了一千多年前周公与白雉的故事。

原来这雉鸟，特别是白雉，古时被视为祥瑞。《尚书大传》称："交趾之南，有越裳国。周公居摄六年，制礼作乐，天下和平。越裳三象重译（因路途遥远而需多次换乘、多次翻译）而献白雉。"当年周公辅佐年幼的成王，如今王莽辅佐年幼的平帝，相隔千余年而同样获得越裳氏献来的白雉,这难道还不是上天降下的祥瑞吗?群臣据此认定王莽就是当世的周公,因而联名上奏称颂王莽"定国安汉"大功,建议尊为"安汉公",再增加封户,以"上应古制,下准行事,以顺天心"。

太皇太后表示认可,并下诏尚书准备赐王莽为安汉公事宜。偏是王莽却上书固辞。他说他的安汉定国之策,是与孔光、王舜、甄丰、甄邯等大臣一起议定的,要封赏也得先封赏这四位大臣,他自己不必列入其中。王莽推让还不止一次,而是多次。头两次,群臣仍坚持要给他益封加尊;到第三、第四次,王莽索性装起病来,不再入朝理事。这下众大臣无法再坚持了,只好奏明太后,说那就尊重大司马本人意愿吧,将他除外,单封赏其余四位大臣。于是下诏——

以丞相孔光为太师,增封万户;

以车骑将军王舜为太保,增封万户;

以右将军甄丰为少傅,封广阳侯,食邑五千户;

封奉车都尉甄邯为承阳侯,食邑二千四百户。

四辅[1]还缺一太傅,是专为王莽留的。王莽却仍然不肯就任,经群臣反复进言才勉强答应。皇太后再次下诏,以王莽为太傅,总掌四辅之事;益封二万八千户,尊号安汉公,并定著于令,传之无穷。到了这一步,王莽才勉强起而受命,却还要把"谦让"之戏做足:只接受任命和尊号,退还益封的二万八千户,说:如今百姓尚多贫穷,待到将来家给人足时,再加赏给臣吧!

但刚刚受任为太师、又增封万户的孔光,却感到了惶恐不安。上一小节已提到因王莽在惩治异己势力时,总是把他推到第一线,因而使他进退两难;现在随着王莽权位日益隆盛,附顺者纷纷得到拔擢,忤违者不断受到杀戮,孔光更感到自己已身临悬崖绝壁,"忧惧不知所出"。在太师任上表面不得不阿顺,内心苦闷、徬徨了两年多,决定退位。先"上书乞骸骨",继而"常称病,不敢与莽并";后来索性"固称病辞位"(《汉书》本传)。如此反复多次,终获允准,因太皇太后的下诏而得以荣归故里。数年后病故,享年七十。

大概就在王莽加尊为安汉公前后,流传出一个惊人的说法:所谓越裳氏献白雉其实是个骗局!

史书对此事的记载有三种版本。《汉书·平帝纪》说是"越裳氏重译献白雉一,黑雉二";《汉书·王莽传》则记为王莽"风益州令塞外蛮夷献白雉"。风,读为"讽",暗示。塞外蛮夷,泛指长城外少数部族。照后一记载,献白雉的不是南方越裳氏,而是北方蛮夷;北方蛮夷也不是主动献的,是王莽暗示益州郡官员去叫他们献上来的。这已是一种欺骗,《资治通鉴·汉纪二十七》还记了另一种欺骗:"王莽风益州,令塞外蛮夷自称越裳氏重译献白雉一,黑雉二。"这就是说,来献雉鸟的越裳国人,不仅是王莽"风"来的,而且连这个人也是冒牌货——是北方塞外蛮夷假称的"越裳氏"!

【1】四辅:指太师、太傅、太保、少傅,王莽参照《周礼》新置。位三公上,总揽朝政。王莽是个以复古为号召的改革家,在他辅政和称帝期间,有包括官制在内的多项改革,皆有明显复古倾向。

细细想想，我倒觉得"风"的可能性似乎不很大。古代的交通、通讯条件与现代不可同日而语。那时你即使存心要"风"，先从长安派出使者去"风"益州郡，再从益州郡派出使者去"风"塞外蛮夷，最后由蛮夷从遥远的塞外把白雉献到长安，即使每个环节都像想象那么顺利，这么个大圈子兜转来，少说也得一年半载。而王莽从受任为大司马到接受越裳氏献白雉，前后不过四五个月时间，要完成这么一个"风"的全过程该是一件多么困难的事！当时之所以有这种传说，历史学家又采信了这种传说，大抵是囿于"正统"观念，对"篡汉"的王莽抱有深深的成见的缘故吧。

　　不过无论如何，王莽确是玩弄权术的一等高手。即使白雉真是越裳氏主动献来的，充其量也只是珍稀动物而已。如果说当年周公把它说成是上天降下的祥瑞，还只是无意识的自我炒作的话，那么现在王莽再来这样做就完全是有意识的，而且是先炒周公、再炒自己的双重炒作。

　　这时候汉帝国的最高权威，名义上依然还是太皇太后王政君。王莽为了挟太后以令宗室及群臣，就要哄住这位作为刘汉皇权象征的老太太。为此，他特地奏请为太后的三个姐妹加尊号：尊大姐君侠为广恩君，大妹君力为广惠君，小妹君弟为广施君；均封有汤沐邑。三姐妹自然欢喜不尽，见到太后就说王莽的好话。想到老姑母长年独处深宫，定是寂寞无趣，王莽又作出安排，让她一年四季择日乘辇到京郊去巡游。登山远眺，临水近览，游景观胜，赏心悦目。老太后玩得开心了，顺便也学学古代那些圣君明主的样，又是访求长老，又是存问贞妇，还少不得赏点钱帛，赐些牛酒。穷百姓们何曾蒙受过如此隆恩，一个个伏地跪谢，齐呼太皇太后万寿无疆。老太后虽贵为天下万民祖母，却也像寻常老人那样容易怀旧。一次出游回来，车过渭桥，漫视着不远在望的皇城宫殿群，忽而喃喃自语说：记得我第一次见到先帝是在太子宫丙殿。一晃都过去五六十年了，那里的亭廊梁柱倒还能记出个大概来。王莽连忙凑上去说：那还不容易吗？太子宫便在近侧，就让臣侍奉太后去一游吧！当这位太皇太后下得凤辇，跨进丙殿那道朱红色的门槛时，自己当年穿着绛红色的大袿衣与还在做太子的元帝猝然相遇那一幕，倏忽间又来到眼前。宫殿依旧，物是人非，怎不教老人感慨不已呢！

　　过了两年多，平帝已长到十二岁，王莽就想为自己还只有九岁的女儿谋个皇后之位，好让自己当上国丈。他上了一道奏章，说是近世汉家多难，皆因无嗣；而之所以无嗣是由于配娶不正。所以这回应当遵照古礼，给天子娶十二位女子，这些女子必须是周公、孔子和二王及列侯之后，那样才可多生贵子，以广汉嗣。这道奏章经太皇太后认可，即诏令有司操办，不过数日已采选到众多女子。王莽一看那名册，自己女儿虽也列于其中，但王氏家族同时应选的还有不少。有着如此众多的竞争对手，女儿的皇后之位还能有望吗？

　　王莽来到太皇太后的长乐宫，奉上应选名册，然后做出一副诚恐诚惶的样子说：臣本无德，臣女儿也少才，不堪入选后宫，应将臣女从名册中除去。

　　令人叫绝的是，已经步入垂暮之年的太皇太后果然把侄儿的这番表演当了真，以为尽管王莽此前对傅氏、丁氏及几位大臣的处置都未免过于严苛，这回不让自己女儿入选倒是出自一片至诚，且意在维护汉统，实属难得。于是又欣然下了一道诏令：凡王氏之女，包括太皇太后外家，都不在应选之列。

结果出现了老太后没有想到、却很可能是在王莽预期之中的火爆场面——

> 庶民、诸生、郎吏以上守阙上书者，日千余人；公卿大夫或诣廷中，或伏省户下，咸言："明诏圣德巍巍如彼，安汉公盛勋堂堂若此，今当立后，独奈何废公女？天下安所归命！愿得公女为天下母。"

每天上书的、上访的多到成千上百，已经够闹猛了，王莽却偏要再来一个欲扬故抑，煞有介事地派出众多官吏去四处劝阻，结果自然越是劝阻上书者越多。舆情汹涌，朝野汇成一个声音：皇后之位，非安汉公之女莫属！

大概要到这时候，老太后才发觉上了侄儿的当。无奈已是群情难违，只好听由众公卿将王莽之女推选为后。王莽则诚请再补选十一女，以应古制天子娶女之数。诸大臣又哪里肯听，都说汉制历来是皇后一人主后宫，另选多女，反会乱了正统。王莽做出一副盛情难却之状，答应让女儿应选，却又再起一番波澜，提出两条：一是要求少府、宗正、尚书令共同相看他的女儿，是否具有母仪天下之才德和姿容；二是再请三公策告宗庙，占卜吉凶，以便最后由列祖列宗和上天来择定。当然，一切都是事先安排好了的，结果也可想而知：占卜自然大吉大利，几位相看过未来皇后的大臣也都说：贤淑有德，姿容端庄，天生就应承汉统，奉宗庙。

元始三年（公元 3 年）四月，王莽之女终于被策封为皇后。

群臣齐贺，颂声满朝。有司奏请依礼赐聘皇后黄金二万斤，合二万万钱。王莽又一再辞谢，勉强收受了四千万钱，还将其中的三千三百万钱分给那十一个陪嫁的媵家，自己实际只收了七百万钱。群臣觉得这样一来皇后与陪嫁诸妾不是相差不多了吗？又纷纷进言应予加赐。太后再次下诏增赐二千三百万，合计三千万钱。王莽又拿出一千万钱来，分给九族中的贫困者。

这时有人又搬出《春秋》来说：按照周制，天子立后，应策封后之父地百里，尊而不臣，以示对宗庙的推重。因而还得增封王莽田二万五千六百顷，以合百里之数。所增封之田就在王莽封国新都之西的新野（今河南新野），故称新野田。太后又要下旨，王莽慌忙跪伏，涕泣辞谢，说了这样一番话——

> 臣莽子女诚不足以配至尊，复听众议，益封臣莽。伏自惟念，得托肺腑，获爵土，如使子女诚能奉称圣德，臣莽国邑足以共（通"供"）朝贡，不须复加益地之宠。愿归所益。

王莽这番辞受新野田的话，居然不胫而走，很快从朝堂传布到京城，又从京城流传到各郡国，自然也传到了新都和新野。就这样同年夏秋，在广阔的华夏大地上掀起了一股称颂王莽功德的狂潮，其中上书朝廷要求再给王莽加尊号的，竟多达四十八万七千五百七十二人！如果联系一下当时的全国人口总数和还很不发达的交通、通讯条件，你就不能不承认，王莽的自我炒作确实取得了旷古未有的巨大成功。

美国哥伦比亚大学教授毕汉斯在评述这段历史时说：中国古代一些开国皇帝都是"实用心理学大师"，而王莽尤其"精通这种狡猾的手法"（见《剑桥中国秦汉史》三章）。的确，王莽自第二次受任为大司马直到称帝以前的七八年时间里，几乎都是在用"这种狡猾的手法"演戏，就连他的日常生活也充满着"戏"的成分。譬如他对人表面上总是那样谦恭，开口闭口也总离不开周公之道。他还动不动献田归农，捐钱济贫；遇有水旱之灾就常常素食，不肯吃肉等等。据《汉书》本传概括，王莽每回演出不外乎这样三部曲：一是目的设定后，先在言谈举止上稍稍作些表露（原文："欲有所为，微见风采"）；二是让亲信们根据他的暗示去制造舆论，引导群臣上奏（原文："党羽承其指意而显奏之"）。这样到第三部，他亲自登场，又是跪拜，又是哭泣，怎么也不肯接受封赏（原文："稽首涕泣，固推让焉"）。这三部曲都是演给上下两类观众看的："上以惑太后，下用示信于众庶。"

不妨说，王莽就是用这种一出又一出"谦让"之戏，搭起了一道通向帝位的阶梯。正是在这样的演出过程中，他的权力不断扩展，尊号、官称接受了一个又一个，其权位实际已与帝王无异。

他在有了安汉公这个尊号后，又派出王恽等八人分行天下，以观览风俗为名，"诈为郡国造歌谣，颂功德，凡三万言"，"及民上书者八千余人"，众口一致说还要给王莽加尊升位。这样到元始四年（公元4年）又有了个为他一人定制的顶级官称：宰衡。就像秦始皇的"皇帝"之称源于"泰皇"和"五帝"各取一字合并而成那样，这"宰衡"也是由"大宰"（周初辅政大臣姬旦即周公之职）与"阿衡"（商初右相伊尹之号）各取一字合并而成。至此，王莽已有了一大串头衔：爵为新都侯，号为安汉公，官为宰衡、太傅、大司马。御史为他特制一印，曰："宰衡太傅大司马印"。但王莽还是觉得捧得不够高，继续不断施展他的"谦让"功夫。这样到元始五年（公元5年）又由公卿大夫、博士、议郎及列侯等共九百零二人联名进奏，让他获得了传说中古代帝王加给功臣的最高赏赐和最高荣誉：九命之锡[1]。此前，史书未见有谁曾受此高规格殊荣的记载，王莽当为第一人。

王莽原任大司马，并领尚书事，已是秉政大臣，只是名义上尚需奏明太皇太后方可施行。在接受安汉公尊号后，他又让群臣进奏，以照顾太后春秋已高为由，以为小事不必再亲省。于是太后便下诏除封爵之事仍须进奏外，"他事，安汉公、四辅平决"。所谓"四辅平决"，实际上是王莽一人独决。在加尊为宰衡后，又作出了以下这些规定：

（一）三公言事，称"敢言之"——据蔡邕《独断》，汉制臣下向皇帝书面或口头进奏，都必须先说一句"昧死言"的导语，才能接着说要说的事。现在三公对王莽进言也规定必须加上"敢言之"这样一句导语。

---

[1] 九命之锡：帝王赏赐的最高礼仪，具体指赐予九种器物。《春秋公羊传》庄公元年何休注："礼有九锡：一曰车马，二曰衣服，三曰乐则，四曰朱户，五曰纳陛，六曰虎贲，七曰弓矢，八曰斧钺，九曰秬鬯。"王莽实际受到的赏赐还要超过上述规格。其中包括："绿韨衮冕衣裳，玚琫玚珌，句履，鸾路乘马，龙旂九旒，皮弁素积，戎路乘马，彤弓矢，卢弓矢，左建朱钺，右建金戚，甲胄一具，秬鬯二卣，圭瓒二，九命青玉 二，朱户纳陛"。（《汉书》本传）

（二）群吏毋得与公同名——这就是说百官起名，都必须避王莽之讳。

（三）出从期门二十人，羽林三十人，前后大车十乘——出行有了仪仗。期门、羽林，都是皇帝禁军。

（四）置宗官、祝官、卜官、史官，虎贲三百人，家令、丞各一人；宗、祝、卜、史官皆置啬夫——就是特许王莽可以设有自己的官署和官属。

（五）在中府外第，虎贲为门卫，当出入者傅籍——还可以在府第设有门卫和门籍。

所有这些，都说明王莽已拥有了近似帝王的特权，距南面称帝仅有咫尺之遥。

元始五年（公元5年）十二月，平帝忽而病危。一千多年前，当周武王病重时，作为辅佐的周公曾作策向先王祈祷，愿以身代；祷后策书藏于金匮。一千多年后的王莽，也来个依样画葫芦，戴璧秉圭，请命祝祷于泰畤，自己情愿代平帝去死，只求能让平帝早日康复。祷后同样把策书藏于金匮，置于未央宫前殿。这样，倘若此后有人对他辅佐期间的行事产生误解或提出质疑，只要打开金匮取出策书，他的一片忠心便可得到明鉴。

过了几天，年仅十四岁、做了五年挂名皇帝的刘衎，骤然身亡。

对平帝的死，《汉书》没有留下非正常死亡的正式记载，只是在相关传记中提到当时曾有人指责王莽鸩杀平帝（见《汉书·翟义传》）。至唐代颜师古注《汉书》引了《汉注》的一条材料，认为平帝之死系王莽下毒所致："腊日上椒酒，置药酒中。"宋代司马光采信此说，写入了《资治通鉴·汉纪二十八》。其后，"王莽毒杀平帝"大体已成为史学界定论。近年也有人不同意此说，如《剑桥中国秦汉史》相关章节就认为对王莽的这一指控"没有证据能证实或否定"，而"旁证"则"有力说明王莽是无辜的"。这些旁证包括王莽"刚把女儿嫁给平帝"，"已经抱着生下的皇位继承人将是自己外孙的希望，所以他所处的地位再也不可能更有利了"；而"谋害皇帝很可能触发一次危机，王莽可能在危机中失败"。

说一下我的看法。

平帝自幼患有一种古时称为"眚（shěng）"的病，据说发作时嘴唇和手足十指都会发青，且无法治愈。所以他到这一年病况恶化或因而致死，也并非没有可能；不过更大的可能似乎还是王莽利用平帝发病的机会，下毒以致其死。原因有三。第一，王莽诛灭卫氏，平帝对他怨尤日增。平帝即位，其生母中山卫姬封为中山王后。王莽鉴于哀帝时傅丁两家乱朝的教训和出于自己独揽朝政的考虑，让卫王后及平帝的两位舅父卫宝、卫玄等仍留中山国，不得迁来京师。后来又借惩处王宇、吕宽"血洒莽第"一案（见下一小节）的机会，将卫氏家族中除平帝生母卫王后外尽行诛灭。孤身一人留居在远离长安的中山国的卫王后，因思念儿子而日夜啼哭。所有这些，自然会引起平帝对王莽的怨愤。第二，更为重要的是，随着年岁的增长，平帝已渐渐有亲政的意向。偏在这时候，泉陵侯刘庆上了一道奏章，建议应由王莽像当年周公那样"行天子事"，即做摄皇帝。这一奏议肯定会激化平帝与王莽之间原已存在的矛盾。若是在这期间，平帝在言谈举止上有所反抗的表示，也该是情理中事。第三，在这种情况下，就像颜师古所引《汉注》说的那样"莽自知益疏，篡杀之谋由是生"，就很可能利用平帝患病做出孤注一掷的举动。如果真是这样，那么所谓祝祷泰畤、策藏金匮，便是他在实施密谋前放出的一道烟幕；而在为平帝发丧的诏书中特别提一句平帝弥留时因"气辄上逆,害于言语,故不及有遗诏"(《汉书》本纪),则很可能就是一个"此地无银三百两"式的声明。

平帝一死,选择继位新帝又成了一道难题。此时元帝世系已绝,宣帝的曾孙一辈中受封为王或侯者尚有五十三人。由于他们都已成人,选择其中任何一个都将是即位就要亲政。因而王莽以他们皆系与平帝同辈,而"兄弟不得相互为后"为由,否定了这五十三人的入选资格。另外在宣帝的玄孙一辈二十三人中选了个年龄最小的刘婴,立以为嗣。

刘婴这年才两岁。一个刚会爬地的孩子怎么当得了君临天下的皇帝呢?正当朝堂上下疑窦丛生、猜测蜂起之时,忽而从百余里外的武功(今陕西郿县东)传来一个消息:有人在浚井时打捞起一块上圆下方的白石,上面刻有八个红色的字:"告安汉公莽为皇帝"。王莽就命群臣以此作为上天降下的"符命"去向太皇太后奏报。此时已高龄七十有七的太皇太后,一听却似乎突然清醒了过来。尽管她生于王门,毕竟是因做了汉家天子的皇后才有自己这一生的荣华富贵,王氏一族也才有了十侯五将、富甲天下的今天的,所以维护汉统应是她生命的基点。过去她曾多次为王莽擅权提供过方便,现在却觉得是该向这个贪得无厌的小侄子大喝一声的时候了。她愤愤地对跪伏在殿前的群臣说:莽儿岂可为帝!此议妄诬天下,断断不可施行!

朝堂一片肃静。气氛顿时紧张起来。

群臣退去,却有一个时任太保的王舜留了下来。

史书没有留下有关王舜此时内心的记载,但从他后面将要提出的调解方案看来,此时他一定想得很多。因为无论对刘氏、对王氏,都是已到了命运攸关的历史时刻。如何对待这块上圆下方白石上的八个红字,不仅将决定两个家族的命运,也将决定大汉帝国的命运。

王舜是成帝时曾任大司马骑将军的王音之子,与王莽是同辈,为人恭谨,上和下睦,太皇太后很喜欢这个堂侄子。哀帝死,无子,在议立中山王刘衎为嗣后,太后即任命他为车骑将军,持节赴中山国,去把年仅九岁的刘衎迎入京来即位为平帝。有过那么一次成功的合作,这姑侄俩的关系就更为亲密。尽管王舜并不赞成王莽急于称帝,但他毕竟也姓王,变刘氏天下为王氏天下对他不可能没有吸引力。刚才他已想好了一个调解方案,不妨称之为"折中"或"缓冲"。看看老太太怒气渐消,他先宽慰了几句,然后说:有道时止则止,时行则行。事情到了这一步,想要阻止也已奈何不得。再说我想莽兄也并非真要接替汉统,只是想暂时称摄,以重其权,那样才能镇服天下呀!

太后没有听懂,问:你这"称摄"是什么意思?

王舜说:称摄就是称摄皇帝。符命上不是说"为皇帝"吗?我想"为皇帝"意思大概也就是称"摄皇帝"吧。

这么说摄皇帝还不是真皇帝。老人缓缓叹了口气说:那就照此下诏吧。

于是择日举行隆重的典礼,王莽堂而皇之地穿戴起皇帝的冕服,坐上了未央宫正殿。规定赞礼称"假皇帝",臣民称"摄皇帝",自称"予"。同时册立刘婴为皇太子,赐号孺子。接着向天下宣告,从第二年(公元6年)起改元,称"居摄元年"。

王莽终于当上了皇帝。但还只能说是个代理皇帝。他的头上还戴着两顶帽子:一顶

"摄"字帽，一顶"假"字帽。

做了皇帝还戴着这样两顶帽子，王莽的感觉如何呢？

王莽之政的拥护者与反叛者

我们暂且把王莽的感觉放一放，先来说说他的施政。

公平地说，王莽也并非一天到晚只在为自己登上极位搭梯子。平帝时期秉政五年，加上居摄三年，在这总共八年时间里，依据当时内外形势，他采取了若干总体上属于宽容平实的举措，还是获得了刘氏宗室和多数臣民的拥护。譬如"立诸侯王后及高祖以来功臣子孙，大者封侯，或赐爵关内侯食邑"，其中宣帝旁系子孙封侯的就有三十六人。又规定，宗室中因犯罪而除去属籍的，允许复属；诸侯王、公、列侯、关内侯中无子但有孙，或收养侄辈为子的，皆得继嗣。同时大赦天下。又特地下诏指出：赦令意在让犯罪人改过自新，此后官府不应对他们赦前之事再揪住不放。选任官吏也不宜苛求。凡已得到荐举的士人，此前小过可不再追究。应鼓励他们奋发上进，"不以小疵妨大材"。诏末特别警告一句：有司若不照此诏令行事者，将以"不道罪"论处。值得一说的还有元始元年、四年（公元1年、4年）两道有关妇女问题的诏令，这在中国古代史上实属难得。前一道容许已定罪女犯每月出钱三百雇人伐木代役，本人可回家居住。后一道规定妇女非本人犯罪不得株连囚禁。诏令指责动不动"拘系犯法者亲属、妇女老弱"，是一种"苛暴吏"行为，"百姓苦之"。为此特"明敕百僚：妇女非身犯法，及男子年八十以上七岁以下，家非坐不道，诏所名捕，它皆无得系。其当验者，即验问。定著令"（《汉书·平帝纪》）！

王莽应该是古代一位有理想的、常常以复古为号召的改革家。元始五年（公元5年）提出的奏议可以看作是他的总的理想："奏为市无二价，官无狱讼，邑无盗贼，野无饥民，道不拾遗，男女异路之制，犯者象刑。"所谓"象刑"，是传说中的上古圣帝明君曾经施行过的一种制度，即并不实际执行刑罚，只是衣、巾等与常人有别，以示耻辱和儆戒。《尚书大传》称："唐虞象刑，犯墨者蒙皂巾，犯劓者赭其衣，犯膑者以墨幪其膑处而画之，犯大辟者布衣无领。"王莽的这个不妨称之为"四无"的社会理想，可能主要源于《礼记》[1]。依据这样的理想，王莽在称帝前的这八年里，还只是对官制和币制作了尝试性的改革；称帝建新后，有关政治、经济、社会等一系列改革才全面展开。尽管这些改革最后都以失败告终，但我们还是不能因此否定他曾经有过理想。

王莽对周制和儒学可谓情有独钟，且一以贯之。元始三年（公元3年）他奏定了有关车乘、服饰等制度，以及供养、送终、婚娶和奴婢、田宅、器械等一系列规定。又设立学官，"郡国曰学，县、道、邑、侯国曰校；校、学置经师一人。乡曰庠，聚曰序；序、庠置《孝

【1】如《礼记·礼运》称："大道之行也，天下为公，选贤于能，讲信修睦。故人不独亲其亲，不独子其子，使老有所终，壮有所用，幼有所长，矜寡孤独废疾者皆有所养。男有分，女有归。货恶其弃于地也，不必藏于己；力恶其不出于身也，不必为己。是故谋闭而不兴，盗窃乱贼而不作，故外户而不闭。是谓大同。"

经》师一人",形成了一个完整的教学体系。元始五年(公元5年)奏起明堂、辟雍、灵台,为学者筑馆舍万区。又向天下征求精通逸经、古记、天文、历算以及《本草》、《五经》、《论语》、《孝经》等十三类教授来京,至者数千人。又征能治河者,至者以百数。可能就在这一年,古文经学首次立于学官,置有博士,这在中国经学发展史上也该是一件大事。

此外在这八年里,与周边国家或部族的关系大体是友好的。如黄支国送来生犀,东夷王进贡国珍,西域良愿等国还献地归汉称臣。尽管也有论者以为这与越裳氏献雉一样是王莽派使者"风"来的,但至少说明边境安宁,双方没有刀戈相向。

王莽本人还曾多次献田捐金,固然因出于沽名钓誉动机而带有做戏的成分,但他确实这样做了,作出记载的是对他持否定态度的历史学家,我们完全可以相信。如元始二年(公元2年),郡国大旱,飞蝗蔽日,灾民遍野。王莽上书,"愿出钱百万,献田三十顷,付大司农助给贫民"。在他带头下,四辅、三公及卿大夫等起而效之者,共二百三十人。又派出官吏助民捕蝗;百姓捕得蝗虫,可按升斗获得奖励。并辟出一个县来安置灾民,给以田宅、医药,借予犁、牛、种、食。同年下诏:"天下民赀不满二万,及被灾之郡不满十万,勿租税。"王莽的这些做法,自然会赢得民众的称颂和拥戴。

王莽身边有一批专为他吹喇叭抬桥子的谀臣,如王恽等八位使者以观览风俗为名分行天下,而使八千余人上书、献歌三万言等等,便都是。拍马屁拍到极顶的,当数张竦。这张竦便是以"为妇画眉"这一流传极广的典故而被人讥为媚妻典型的张敞的孙子。其实为妻子画眉原属人伦之常,是不应该受到嘲讽的;更何况,张敞以能直言切谏著闻,历任多职,宣帝时曾为京兆尹,在任八年,恩威并用,市无偷盗,号为能吏。不过他的这个孙子张竦,吹捧王莽实在太过出格。张竦博通诸经,善属文。元始三年(公元3年)他在代人起草的一份奏疏中,洋洋数千言,为王莽罗列了十二大功,把当时人们崇拜的偶像虞舜、大禹、周公、孔子等等,全都搬出来比附于王莽一人。在他笔下,王莽简直成了综合众圣人之长的"超级圣人"。我在初读这篇载录于《汉书·王莽传》的奏文时,几次忍不住停下来捧腹大笑。

王莽所信用的臣僚,或者说他的基本班底,班固在《王莽传》中用带点贬意的口气作了这样一个概括——

王舜、王邑为腹心,甄丰、甄邯主击断,平晏领机事,刘歆典文章,孙建为爪牙。丰子寻、歆子棻、涿郡崔发、南阳陈崇,皆以材能幸于莽。

以上列了十一人。他们有的始终忠诚地为王莽效力,有的中途反莽而自杀、被杀或遭流放;"腹心"之一的王邑(王莽从兄弟、成帝曾任大司马卫将军的王商之子)则与王莽建立的新朝共存亡,英勇战斗至死。他们之中多数人后文还将提到。这里先对"典文章"也即负责草拟文书的刘歆作点介绍。

刘歆是西汉继董仲舒之后著名大儒刘向之子,其行事上两节已有所提及。刘歆竭诚效忠于王莽有多方面原因。一是他少年时代有两个好友;一为大赋家扬雄,另一个便是王莽。巧的是当时三人一起在中朝做近侍官，同任黄门郎。扬雄历成、哀、平三朝还是个老黄门，而王莽则在几年间自黄门郎一路迁升至大司马，特别是被贬就国后，能杜门自守，韬光养晦，这使刘歆格外钦佩。二是平帝继哀帝而立，王莽复出秉政。从这时起，王莽就一直重用刘歆。先任以为太中大夫，父亲刘向去世，又让他继任父职，迁为中垒校尉，并继绍父亲未竟之业，集六艺群书，撰成《七略》。此书开目录学先河，成为中国历史上首部图书目录典籍。

最让刘歆心存感激的是，因有王莽的支持，他才做成了一件平生最得意的事：使古文经学立于学官，置有博士。

汉代从武帝独尊儒术开始，所立《五经》博士皆为今文经学。其后一百余年，今文经学一直占据显赫的统治地位，古文经学只是一道主要以"私学"形式存在的默默细流。今文经对学坛的独霸，在相当程度上同时也是对仕途的独霸，这自然会激起主古文经学者强烈不满。古文经学第一次向今文经学霸权地位发起挑战是在哀帝建平元年（公元前6年），而发起挑战者便是刘歆。

与父亲刘向一样，起先刘歆的主要学术倾向也属今文经学派。正是在与父亲一起受诏领校群书过程中，他发现了《左氏春秋传》（简称《左传》），立刻引起极大的兴趣。当时《春秋》有三传，即公羊、穀梁和左氏；前两传属今文经，左氏则为古文经。刘歆认为，左氏早于公羊、穀梁，亲见过孔子，而公羊、穀梁只是传闻而已，因而《左传》更详备，也更可信。经向父亲和一起校书的前辈请教、问难，刘歆渐渐形成了自己的学术思路，就上了一道奏章，建议将《左传》、《毛诗》、《逸礼》、《古文尚书》等古文经皆列于学官。哀帝命刘歆与属于今文经派的《五经》诸博士讲论其义。博士们霸气十足，根本不把刘歆的挑战放在眼里，不屑置对。一不做，二不休，刘歆索性写了篇措词急切的《让太常博士书》，对博士们"抱残守缺"、"因陋就寡"的学术态度，"信口说而背传记，是末师而非往古"的学术作风，进行了激烈的抨击。这一下招来了在朝诸大儒的一片反对声。大司空师丹上奏称刘歆此举是"改乱旧章，非毁先帝所立"；光禄大夫龚胜还上书"愿乞骸骨罢"，即以挂纱帽相要挟。职微位卑且孤立无援，处于绝对劣势的刘歆害怕了，"惧诛，求出补吏"（以上据《汉书》本传）。在此后近十年时间里，他不得不离开京师，先后做了三个郡的太守。直到哀帝去世、平帝继位，约在元始五年（公元5年）前后，刘歆再次上奏，因有此时已复任大司马的王莽的支持，终于将《左传》、《毛诗》、《逸礼》、《古文尚书》，后来又加《乐经》等古文经，立于学官，置有博士，从而结束了自武帝建元五年（公元前136年）以来今文经学一统天下的局面。

古文经学立于学官，既是中国经学发展史上的一件大事，也是刘歆个人生命史上引以为豪的一页。所以他为王莽"典文章"当有报答知遇之恩的含义。但在当时，他怎么也没有想到，几年后他将为此付出生命的代价。

王莽在一步步登向极位的过程中，对有人会出来抗阻以至作乱，该是在他意料之中的；但他万万没有想到，最先起来反叛的，竟会是他的长子王宇！

平帝即位后，王莽鉴于哀帝时傅、丁二族乱国的教训，采取了一项"隔绝"措施：封平帝母亲卫姬为中山孝王后，两个舅父卫宝、卫玄为关内侯，但仍令他们留在中山国，不得来京。卫王后见不到儿子，日夜啼哭。王宇觉得这样一直不让平帝与其母相聚，将来平帝长大亲政，王氏就会十分危险。为改变这种状况，他暗中派人致书卫宝，要他设法让卫王后上书朝廷请求来京。但王莽得书，只给卫王后增封了七千户，仍不准入京。王宇又把他的老师吴章、妻兄吕宽找来商量如何使父亲放弃这种隔绝之策。吴章以为单有进谏王莽是不会听的；王莽笃信鬼神，最好先设法用怪异之事吓吓他，再伺机进说，或可奏效。于是就想出了派人乘夜用血去洒王莽府第这样一个办法。不料被门吏察觉。王莽先将儿子王宇下狱，再让甄丰治理此案。元始三年（公元3年），王宇被迫自杀，吕宽受诛，吴章腰斩。王莽趁治此案之机，索性将卫氏全族，除平帝母亲外，全都杀尽。因牵连而受到不同惩处的，多达千人。

这桩"血洒莽第"案一传开，朝野论议蜂起。王莽毕竟是王莽。为了重塑自己形象，他发愤"作书八篇，以戒子孙"。又由群臣上奏，将这八篇《戒子书》颁行天下郡国学校，与《孝经》一起教授生员。

第一个以武力反叛王莽的是刘崇，时间是在居摄元年（公元6年）四月。

刘崇是景帝后裔，嗣封为安众侯。他对他的侯国相张绍说：王莽摄政，天下汹汹。刘氏却无一人起而讨之，这是作为宗室的耻辱。今我帅宗族而先发，海内必然群起响应！刘崇与张绍在没有足够准备的情况下，率领着百余从者仓促攻打宛城（今河南南阳），结果兵败皆死。刘崇有个族父叫刘嘉，张绍有个从兄叫张竦；两人害怕牵连到自己，赶紧一起到长安自首。王莽赦免了他们。上文已提到张竦曾替人写过一份顶级马屁奏疏，这时他来了个故伎重演，又为刘嘉起草了一道奏章，除了继续颂扬王莽为着"厚刘氏"而"无时休息，孳孳不已"的大功大德外，还提出了一个如何狠狠惩罚刘崇等人的建议。他认为依照古制，对反叛的侯国只是斩尽杀绝是远远不够的，还必须将他们的宫室掘地三尺，灌进脏水，使之成为污池，钉上一块木牌，写上两个字："凶墟"。再在他们社稷的周围砌上土墙，上覆下栈，使之与阴阳隔绝，永远死灭。王莽读到这份奏章果然大喜，当即派人去将刘崇宫室毁为污池，同时增封刘嘉千户，又封张竦为淑德侯。京城小儿编出歌谣来唱道："欲求封，过伯松（张竦字伯松）；力战斗，不如巧为奏！"

但残酷的镇压，反而激起了更大的反叛。一年后，东郡太守翟义等发难于濮阳，槐里男子赵明等响应于京郊，聚众二十余万，海内为之震动。

翟义是成帝时曾任丞相的翟方进之子，年二十即为南阳都尉，历任弘农、河内、东郡太守。翟义以捍卫汉室为己任，以为"方今宗室衰弱"，因而须"选宗室子孙辅而立之"。他找了三个姓刘的：严信侯刘信、武平侯刘璜和东郡都尉刘宁。其中刘信、刘璜为景帝后裔。四人经过谋议，选定当年（居摄二年，公元7年）九月间本郡所辖二十三县官吏都到郡治濮阳（今河南濮阳西南）来考课之日起事。接着他们就在郡内招募勇士，操练车骑，部署将帅。到群官皆集濮阳之日，翟义仗剑登台，立刘信为大汉天子，自号大司马柱天大将军。宣读檄文，声言王莽"鸩杀孝平皇帝，矫摄尊号。今天子已立,共行天罚"（《汉书·翟义传》）。先杀一县令祭旗，然后号令全体，一路浩荡西进。远近义士，前来附从者络绎不绝，抵达山阳（今河南焦作东南）时，已有十余万之众。

警报飞传至长安，王莽大惊，立即派出王邑、孙建等八将，统领关东甲卒，分道奔命，阻击翟义。居住京城四郊可谓近水楼台，总能得风气之先。槐里（今陕西兴平东南）男子赵明、霍鸿等，一听到八将统兵东击的消息，以为长安已是空城一座，此时不反，更待何时！纷纷四出揭竿挽袖登高一呼，不几日居然也聚起了近十万之众。于是发声喊，有的擎着火把，有的荷着铁锄，潮水般涌向未央宫。王莽急以王奇、王级为将，率兵拒之。又命王舜、甄丰统领禁军，日夜巡行宫殿；以甄邯为大将军，左杖节，右把钺，帅兵屯驻城外。

正当王莽仓皇地应对着这一切的时候，端坐在长乐宫的太皇太后，却对翟义、赵明等人的反叛说了这样一番话——

人心不相远也，我虽是妇人，亦知莽必以是自危，不可！（《汉书·元后传》）

这说明老太后对反叛者非但没有斥责，甚至还表示了理解和支持。

此时作为刘汉皇权象征的太皇太后王政君，仍然是王莽用来服众的一面旗帜，不难想见，老太后的这番表态，对他造成了多大的压力！

王莽知道，翟义、赵明之所以能如此迅速得到数以十万计的人众的响应，就在于他们都以捍卫汉统为号召。为此，他觉得眼前最要紧的，就是要向天下表明他的归政诚意。接连几日，他抱着刚满三岁的孺子婴，祝祷郊庙，会见群臣，一遍又一遍地表明他"兴我汉国"的一片赤诚。他把当前翟义的反叛与周初管蔡之乱对应起来：把自己与孺子婴比作周公与年幼的周成王，把翟义与刘信比作管蔡与纣王之子禄父。于是便有了这样一篇有情有理的说辞："昔成王幼，周公摄政，而管蔡挟禄父以畔（通"叛"）；今翟义亦挟刘信而作乱。自古大圣犹惧此，况臣莽之斗筲！"当年周公出师征讨管蔡前特发布《大诰》（见《尚书·周书》），王莽也来个如法炮制，赶写了一篇王氏版《大诰》。此文录于《汉书·翟义传》，用辞古奥，行文曲致，不知是否出自"典文章"的刘歆手笔？从全文看，王莽的策略是强调天命，并把老姑母抬出来作为挡箭牌，说她是上天降下"以佑我帝室，以安我大宗，以绍我后嗣，以继我汉功"的"圣明"的"女主"；是"太皇太后承顺天心"，才成就了"居摄之义"。这样就把他的做代理皇帝说成既是遵太后之旨，也是奉上天之命。他竭诚表示：一旦太皇太后将孺子婴育养成人，行过加冠之礼，他就立即"复子明辟"：将帝君之位归还给孺子婴。但在目前，当反叛者"兴师动众"，妄图"犯祖乱宗"之时，他必须依"天命"予以讨伐，"以为孺子，不身自恤"：为了孺子婴，我王莽可以奋不顾身！

让王莽喜外望外的是，前线很快传来了捷报。圉城（今河南杞县西南）一战，翟义全军覆没。王邑、孙建等八将军班师还京，又与王奇、王级合击赵明、霍鸿，也大获全胜。居摄三年（公元8年）二月，王莽置酒未央宫，劳赐凯旋归来将士。接着又大封功臣，采用周制，爵五等、地四等，受封者多达三百九十五人。对反叛者的惩罚，则其严苛和残忍均为历史罕见。如对翟义，本人被尸磔，又灭其三族，污其宅第，毁其祖坟。翟义及赵明部众全都斩尽杀绝。这还不够。王莽又从《左传》找到根据[1]，玩出了一套新花样：下诏将这二十余万具尸体，分别在他们生前曾进驻过的濮阳、槐里等五地的交通要道之旁，各筑一方六丈、高六尺的尸丘，四周种上荆棘，丘前立一高一丈六尺的木表，上写六字："反虏逆贼鲸鲵"。责令所在地官府派专人巡守，"勿令坏败，以惩淫慝"。

短短几个月时间就将二十余万反叛者化为乌有，王莽让他的臣民们看到了一个全新的形象。人们突然发现，原来他们的摄皇帝并非只会春风杨柳似地"谦让"，他还会闪电霹雳般地杀人。于是王莽的威权和在臣民中的声望与日俱增。

王莽本人，自我感觉自然更加良好："莽既灭翟义，自谓威德日盛，获天人助，遂谋即真之事矣！"即真，就是做真皇帝。原来，王莽对头上"摄"、"假"二帽此前已感到很不舒服，现在更无法忍受；他要把这两顶讨厌的帽子统统摘掉，当真皇帝啦！

可就在几个月前，王莽在他的《大诰》里，不是还信誓旦旦地向孺子婴许下了"复子明辟"的诺言吗，这该怎么办？

没有什么怎么办的，就让它随风飘去好啦！所谓此一时也，彼一时也。傻瓜才会把那时说过的话当真！

不过麻烦还是有。

麻烦就出在王莽分明姓"王"，不姓"刘"。中国历史自夏商至汉，一姓一族的"家天下"已经有了两千多年的传统。你倘要另换一姓一族，就得像汤武已经做出的先例那样，来一场"吊民伐罪"的"革命"，实际就是用暴力将帝王权力夺到自己手里来。已经做了代理皇帝的王莽自然没有必要再来一场那样的"革命"，何况真要"革"，这个"命"就会"革"到自己头上来。所以他自己不会那样做，更绝不容许别人那样做。

可不用暴力夺取，在刘汉当家的未央宫里，姓王的王莽就做不成真皇帝，怎么办？

办法总是有的，请看下文。

信不信由你：老天居然开口，刘邦竟会复活

在汉代，收纳、处理奏章的机构是尚书台。如果把元、成、哀时期与王莽辅政、摄政时期两个尚书台的日常庶务作个比较，那么前者忙于应付的是各地接二连三火急送来的灾异奏报，后者虽是同样忙碌，接纳的却是各地雪片似飞来的发现祥瑞的奏报。祥瑞种类繁多：有长数丈之禾，或垂三穗之粟；有禾不种自生，或茧不蚕自成。还有什么凤凰来仪，神雀降集；甘露从天降，澧水自地出等等。据《汉书·元后传》一篇策书中统计，"麟凤龟龙众祥之瑞"多达"七百余件"。这些所谓祥瑞，即使不是出自王莽暗示，也大多为臣下揣摩上意使然。

如果说，此前的那些祥瑞还只是王莽在谋求权力之路上用以作为不断向上攀升的阶

---

[1] 见《左传·宣公十三年》所载楚庄王语。其文称："古者明王，伐不敬，取其鲸鲵，以封之，以为大戮，于是乎有京观，以惩淫慝。"鲸鲵：吞食小鱼的大鱼，此处喻指大恶人。京观：堆尸封土而成之高冢。

梯的话，那么到了居摄三年（公元 8 年）这个冬天，祥瑞已变成了直接承载着上天命王莽"即真"这样一个"天意"的"符命"。譬如齐郡某县有个亭长做了一个奇怪的梦，梦见上天派下的使者对他说：摄皇帝当做真皇帝。倘若不信，就去看看你家门前那个亭子，今夜会出现一口新井。亭长晨起出门一看，果然有口新井，还足有十丈深呢！再如，未央宫前殿陈列着各地作为祥瑞献来的石牛等珍稀之物，这日一阵蔽天遮日风沙过后，忽见石牛旁出现了一个铜符和一幅帛图，上面写着这样一行字："天告帝符，献者封侯。承天命，用神令。"王莽就把这些"祥瑞"综合起来，向皇太后上了一道奏章，心里自然急于"即真"，但话又不便直白说出，就打个弯，说这些祥瑞是上天降下的"改元易号"的"符命"。又怕老太太弄不懂改元易号是怎么回事，就搬出哀帝建平二年（公元前 5 年）那次流产的再受命来，让她老人家参考，说那时太早了，如今正当其时。又引了孔子的话："畏天命，畏大人，畏圣人之言。"紧接一句："臣莽敢不承用！"最后提出了一个"改元易号"方案：

改元：以居摄三年为初始元年。

易号：臣请共事神祇宗庙，奏言太皇太后、孝平皇后，皆称"假皇帝"。其号令天下，天下奏言事，毋言"摄"。

这就是说，王莽遵照"符命"要求摘掉头上那顶让他很不舒服的"摄"字帽，只是在敬神、向太皇太后奏事等场合，暂时不得不仍戴"假"字帽。

太皇太后王政君对此作何反应呢？《汉书》只记了一个字："可"。

从以上过程可以看出，王莽摘掉"摄"字帽用的主要办法是：假托"符命"，谎称老天已经开口。有趣的是，后来王莽派人到全国各地去颁发的称为《符命》的文书中，却把这个过程说成是由于他一再谦让，上天不得不接连下达了十二道符命。第一道便是那块上圆下方的"武功丹石"，分明一开始就是"去汉与新"，叫王莽当真皇帝的，但王莽"谦让，以摄居之"，这自然"未当天意"。上天紧接着以"三能文马"再下第二道符命，王莽却"复谦让，未即位"。在这种情况下，上天几乎有些生气了，就连珠炮似地又一连下了十道符命："三以铁契，四以石龟，五以虞符，六以文圭，七以玄印，八以茂陵石书，九以玄龙石，十以神井，十一以大神石，十二以铜符帛图。"王莽这才"深惟上天之威不可不畏"，勉强"去摄号"，却仍还保留着"假"字帽："犹尚称假"。

这种拖泥带水的做法能让上天满意吗？

不，这绝"非皇天所以郑重降符命之意"，所以还得赶快把"假"字帽也摘掉！

但要摘这最后一帽，王莽却碰到了一个从未有过的难题。此前，他的有关权位的要求都是从太皇太后那里得到满足的，这回要当真皇帝，对老太后来说已属"越顶"，也就是说老人家的可利用价值至此已近于零，叫他再到哪里去找一个其权威性更高于太皇太后的新的支持者呢？……

也许就是在这种情况下，王莽想到了被儒家奉为神圣的唐虞禅让，记起了哀帝与他的男宠董贤演到一半便收场的那出禅让滑稽剧。遗憾的是此时哀帝早死，而人死不能复生——不对，谁说人死不能复生？王莽的意识流突兀一跳，跳出了一个妙不可言的想法：我何不就叫已死了两百多年的高祖皇帝刘邦复活过来,履行一次这神圣的禅让使命呢?更为重要的是,只有这位大汉帝国的创建者,才具有把帝国禅让给别人的资格呀!

王莽想出这一妙着那一刻,一定很兴奋,很得意。

当然,他同时想到,这一意图同样须由别人用"符命"的方式说出来。

他祈求上天降下一个能够代他说出这个意图的聪明人来!

史书没有明确记载这个人是怎么来的。我估计无非两种可能:或是他自己揣摩上意,主动迎合;或是王莽微示心腹,暗中指使。

不管怎么说,这个人果真出现了,他就是被史家称为"素无行,好为大言"的梓潼(即今四川梓潼)人哀章。

这一日黄昏,哀章穿着一袭黄袍,捧着一个铜匮,来到皇城内的高祖皇帝宗庙,将铜匮献给掌管庙事的仆射。仆射禀报后,王莽当即沐浴更衣,起驾至高庙拜受这个神秘的铜匮。打开看时,里面是一幅《天帝行玺金匮图》。又有一份策书,题封上写着十二个字:"赤帝行玺某传予黄帝金策书。"

"赤帝"、"某",都是指刘邦。刘邦曾自称赤帝之子;班固记此事为避刘邦的名讳而以"某"代"邦"。"传予黄帝"就是"传予王莽"。黄帝怎么就是王莽呢?原来刘邦一当上皇帝就突然与三王五帝续上了家谱,把自己说成是"昔陶唐氏之后"。陶唐,即尧,陶唐为其国号,因亦称唐尧。唐尧后来把天下禅让给了虞舜。王莽为了使刘邦把汉帝禅让给自己,就临时赶写了个《自本》也即自传,宣布自己是虞舜后裔,而虞舜的八世先祖便是黄帝。(《汉书·元后传》记此事原文:"莽自谓黄帝之后,其《自本》曰:黄帝姓姚氏,八世生虞舜。")上古时代唐尧把天下禅让给了虞舜;多少世代以后如今,尧的后代刘邦又把汉帝国禅让给了舜的后代王莽——你看,为了把刘汉的江山诓到手,竟然要兜上这么个相隔千年万年的大圈子,真是挖空心思了呢!

策书主要内容是这样两句话:

王莽为真天子,皇太后如天命。

既是"天命",太皇太后也只好乖乖遵从,自然用不着再像以往那样由大臣或王莽自己上奏请她老人家认可。但王莽却还要再来一番谦让:"为之三夜不御寝,三日不御食。"直到诸公侯卿大夫都说"宜奉如上天威命",这才穿戴起新的天子冕服,登上未央宫前殿,向肃立在阶前的满朝文武下了这样一道诏书——

予以不德,托于皇初祖考黄帝之后,皇始祖考虞帝之苗裔,而太皇太后之末属。皇天上帝隆显大佑,成命统序,符契图文,金匮策书,神明诏告,属予以天下兆民。赤帝汉氏高皇帝之灵,承天命,传国金策之书,予甚祗畏,敢不钦受!以戊辰直定,御王冠,即真天子位,定有天下之号曰新。其改正朔,易服色,变牺牲,殊徽帜,异器制。以十二月朔癸酉为建国元年正月之朔,以鸡鸣为时。服色配德上黄,牺牲应正用白,使节之旒幡皆纯黄，其署曰"新使五威节"，以承皇天上帝威命也。

这篇诏书牵涉到在帝王制度语境下，国家权力嬗替过程中的一些专门理论，如"改正朔，易服色，变牺牲，殊徽帜，异器制"等等，就源于驺衍的"五德终始"说和董仲舒的"三统论"，本书八章一节已作过介绍，请读者径自参阅。这里需要说明的是，驺衍"五德终始"说的五行次序是"相胜"关系，它们只适合于暴力夺取的所谓"革命"，不适用于和平过渡的"禅让"。为了说明王莽新王朝的建立同样也是符合天命与天理，就必须对驺衍"五德终始"说作一番改造【1】。做成这件事需有深厚的经学功底和阴阳五行等学说修养，想来不可能是王莽本人，学者们大多以为是刘向之子刘歆做的。刘歆也因此而常常受到后人诟病。人们既已认定王莽为"篡权"的逆贼，那么所有为王莽做事的人便是可耻的"附逆"，而作为刘汉宗室成员的刘歆竟然也这样做，那就是双倍的可耻！

在哀章献的金匮"符命"中还附有一份未来新帝辅臣名单，共十一人。八人为上文已提到过的王莽的基本班底，三人则是新加的，其中包括哀章自己。这实际上是哀章事先设计好的与王莽的一场交易：我让你做皇帝，你让我做你的辅政大臣。后来交易顺利做成。王莽依"符命"建新称帝，名单所列十一人也依"符命"加官晋爵。其中原为大臣的王舜等八人除加官外，又各封为公【2】。有趣的是新加的三人中的两人王兴、王盛，是哀章为陪衬自己掩人耳目而随意写上去的。在长安城内一番寻找，竟找出了十几个同名同姓的，只好再据外貌和占卜，最后确定的王兴、王盛，一个是管城门的，一个是卖烧饼的。这一日忽而天上掉下了金饼，二人双双封为公爵，拜为将军。至于哀章本人，除封为美新公外，还受任为国将，成为位列上公的四辅之一。单是这一招，也可见哀章此人有何等聪明和精明！

公元9年，即始建国元年。这一年的正月初一，以王莽的这份诏书的颁发为标志，中国帝王集权制度发展史上第一次以和平变革方式实现的王朝更迭，宣告完成；一个名为"新"的新王朝，宣布在华夏大地上建立。不言而喻，新王朝的诞生，同时也标志着历时二百一十年的西汉王朝及其所统治的大汉帝国至此灭亡。

【1】关于驺衍"五德终始"说，参见八章一节。该说中的五行排列次序是"相胜"关系，即土、木、金、火、水。对应于帝王世系则为：黄帝土、禹木、汤金、周火、秦水。相胜，也称相克，是一种对立关系。王莽建新，自称是刘邦禅让给他的，二者的关系就不该是相胜或相克，而应是"相生"。五行相生关系的次序是：木、火、土、金、水。王莽又自称是黄帝之后，按驺衍"五德终始"说黄帝属土德，作为黄帝后裔的王莽自然也应为土德。这都说得通。麻烦是：武帝太初改制确定汉"色尚黄"属"土德"；按五行相生原理，"土生金"，"土德"只能生"金德"，怎么能又生出一个"土德"来呢？但王莽既已认定自己为黄帝之后，他这个"土德"是不能改变的，要改就得改汉。好在汉帝国的皇帝全都死光，不会再站出来反对。于是就根据刘邦曾自称是赤帝之子这一点，改汉尚赤，属火德。汉至"平帝末年，火德消尽，土德当代，皇天眷然，去汉与新"（《汉书·王莽传》）。汉禅让给新，"火生土"汉属火，所以新属土。诏书据此宣布："服色配德上黄"，"使节之旒幡皆纯黄"。你看，这不是既合天道，又顺人心吗？——为求通俗，我的以上解释只能是极其粗略的。顾颉刚先生《五德终始说下的政治和历史》（收入《古史辨》第五册）对此有详尽的考证和论述，有兴趣的读者不妨一阅。

【2】公：指公爵。王莽好古，爵因周制，分公、侯、伯、子、男五等。

在历史上，刘邦用暴力夺取的方式灭秦兴汉从未有人提出过异议，而王莽以和平变革方式革汉建新，却一直备受责难，至今依然众说纷纭。

历史开了个大玩笑：从秦王子婴到汉孺子婴

王莽既已建新称帝，此时的天下已由刘姓改为王姓，那个姓刘的孺子婴自然就不可能再当皇太子，更无权继位。王莽一道策令，废了孺子婴的皇太子身份，再将这个五岁小男孩改封为定安公，与周的一位后裔一起，成为董仲舒"三统论"中所说的"二王后"，也即成为大新王朝的统战对象，只是在某些礼仪场合才偶尔出现一下的那种徒有虚名的政治摆设。《汉书·王莽传》记载此事后有一段生动的现场描写："读策毕，莽亲执孺子手，流涕歔欷，曰：'昔周公摄位，终得复子明辟。今予独迫皇天威命，不得如意。'"说完这番话，犹"哀叹良久"，然后"孺子下殿，北面而称臣。百僚陪位，莫不感动"。

事实上，即使孺子婴被废成了"定安公"，王莽还是很不放心。不仅多置门卫监控，还特命奶妈不准与这个孩子说话。致使孺子婴"至于长大，不能名六畜"，连牛羊鸡狗的名称都叫不来。

写到这里，不由记起了《史记·高祖本纪》说到汉灭秦时的一段文字："秦王子婴素车白马，系颈以组，封皇帝玺符节，降轵道旁。"你看事情就有这么巧，前后有两个子婴。前一个叫秦王子婴，后一个叫汉孺子婴。历史在这里开了个大玩笑。前一个秦王子婴向汉开国皇帝刘邦"降轵道旁"，后一个汉孺子婴向新开国皇帝王莽"北面而称臣"。相隔二百一十五年，其间演出了多少出或惨烈，或悲壮，或激人奋起，或令人长叹的人间活剧，最后却完成了这么个大轮回！

当年秦子婴向刘邦投降时，不是还奉上一颗皇帝玉玺吗？这颗作为皇权象征的玉玺，自高帝十一传而至平帝；平帝一死，由于当时孺子还只有两岁，玉玺就由太皇太后珍藏于长乐宫。如今王莽已南面称帝，自然急于想把这件传国之宝早点弄到手。但想到自己现在与老姑母的关系已经弄僵，很难说上话，就有劳从兄弟王舜去跑一趟。几个侄儿中，王舜原是最讨老太太喜欢的，但自从那回他劝姑母同意让王莽"称摄"，而王莽得寸进尺接着又来了个"即真"，老人连带对王舜也有了火气。不过王舜对王莽向来唯命是从，这回也只好勉为其难。他刚踏进长乐宫，已猜到来意的老太后就骂了起来：尔等父子兄弟，累世皆受汉恩。如今不思报答，反行篡夺，天下岂有尔等如此忘恩负义之人！狗猪不食的东西，还不快快与我滚出去！王舜驯顺地恭立在一旁，听由老姑母骂，好让她消气。太后又道：尔等既已金匮受命，临朝称帝，也当自制国玺，传至万世呀，还用我这亡国之玺做甚！我，一个汉家老寡妇，旦暮将死，就等着与此玺同葬，谁也别想从我手里取去！一边说一边狠狠捣了几下手中的凤头金杖，老泪纵横，几乎气绝。王舜赶紧上前抚慰，旁边几个女侍也陪着落泪。这么发作了一阵，老人气才渐渐缓了过来。王舜便伺机说道：事已如此，臣等也无可挽回。看来莽是非得此玺不可的。横竖要给，臣以为太后还是早点放手为好。老太后又犹豫半响，微微抬手示个意，女侍入内捧出了玉玺。太后接过，端详了一会，突然叱道：我老将死，尔等兄弟就等着去族灭吧！说时将玉玺掷之于地。王舜慌忙跪地捧起，奔出宫去献给王莽。王莽大喜，特为太皇太后置酒未央宫渐台，与群臣纵饮同乐。

但那传国玉玺却因老太后这么一掷，"玺上螭一角缺"（《汉书补注》引《玉玺记》）。螭为传说中形似蛟龙的动物，此处指雕刻于玺钮的图饰。这颗缺了一只角的玉玺，此后一直被作为"天命所归"的象征，在中国历代帝王权力传承过程中扮演重要角色，为争夺对它的拥有权，屡屡引发云谲波诡的奇谋异计，以至刀光剑影的血腥搏杀。直至唐末，其传承线还相当清晰，五代后，则转为扑朔迷离，忽出忽没，且真伪莫辨。

接下去就要说到太皇太后王政君的最后结局。

这位身经元、成、哀、平四朝的老太后，在长达近六十年的时间内，都是作为刘汉皇权的象征存在的，因而王莽自第二次出任大司马起，就一直把她作为旗帜和保护伞紧抓在手，须臾不离。如今王莽已成为未央宫新主，老太后的名号和地位突然一下变得十分尴尬。如何安置这位老人，已成了王莽面前的一大难题。有个王莽的远房小辈叫王谏的，看准了这一点，上书说：皇太后当随汉而废，以遵从天命。王莽想探探口风，就将这份奏书拿给老姑母去看。老人一看，气得差点昏厥过去，狠狠丢出一句：此人说得极是！王莽连忙紧接说：这是个奸佞小人，其罪当诛！当即下令鸩杀了王谏。

人是杀了，难题继续存在，王莽依旧为此日夜不安。

忽一日，有个叫张永的人，献来一枚上面刻有符命的铜璧，其文为："太皇太后当为新室文母太皇太后。"此文的妙处在于：太皇太后的名号、地位都不变，只是换了个国号：变"汉"为"新"。王莽觉得这倒是个好办法，就据以下诏，称铜璧上的文字"非刻非画，厥性自然"，确系上天所赐。"予祗畏天命，敢不钦承"！于是就给老太后加了一个新的尊号："新室文母太皇太后"，同时封张永为贡符子。但老人对王莽的革汉立新、废刘兴王仍是怨恨不已，王莽用尽各种办法想哄得老姑母开心，总也无效。新朝宣布以土德受命，服色尚黄，老人却偏要依汉初旧制穿黑貂；不仅自己穿，还定要身边的几个侍女也跟她一样遵旧制，不许她们依新制穿黄貂。读者诸君想必都还记得，当年那个妙龄少女王政君的名字，是与一袭轻柔的绛红色大袿衣同时进入我们视线的。六十多年过去了，如今这位越到老来越固执的老太后，却就这么一直穿着黑貂，又在长乐宫默默地度过了五个春秋，于始建国五年（公元 13 年）二月病逝，终年八十四岁。这位享尽荣华富贵，但却并不一定比商女村妇幸福多少的老太后，愿她在泉下永远安息。

名号和地位都变得十分尴尬的还有另一个女人，那就是王莽的女儿。

想当初，为了让九岁的女儿当上平帝的皇后，作为父亲的王莽施出了多少心计啊！平帝一死，以两岁的刘婴为嗣，这个还未生育过的豆蔻少女就做了小婴婴的现成母亲，并因此而被尊为皇太后。可皇后、皇太后这些曾经是那样显贵名号，如今对王莽来说，却突然一下都变成了讽刺，让他无法忍受。既然名义上女儿已成为孺子婴的母亲，现在孺子婴已改封为定安公，那就照着"母从子"的古制办吧，于是改号女儿为"定安公太后"。可女儿却恼火了：你当爹的做了皇帝，反倒把女儿一巴掌打了下去，天下岂有此理！从此就常常不肯依制参加朝会，用这种方式表示她的无声抗议。这下王莽着急了，因为他虽已贵为帝王，毕竟也还是个父亲。眼看女儿已长到青春十八的金色年华，就盘算着是否让她再嫁一次。新郎也初步物色了一个，就是刚刚依"符命"封拜的十一辅臣之一立国将军孙建的大公子。但要嫁人，总不能用什么"定安公太后"这样的名号行聘吧？太后再嫁，岂非天大笑话！于是再次为女儿改号，称黄皇室主[1]。这一日，那位做皇婿心切的大公子，把自己从头到脚打扮了一番，带着医官，以探问病为由，想去看一下未来的新娘。不料黄皇室主一听就火冒三丈，拿起鞭子发疯似地抽打周旁的人。就因这次发作，竟从此卧病不起。到了这一步，王莽也陷入了无奈，只好作罢。此后黄皇室主一直独居于承明殿，直到地皇四年（公元23年）十月，起义军攻入长安城焚烧未央宫，这位已是三十二岁的前朝皇后，留下一声"我有何面目去见汉家啊"的呼喊，投火身亡。

王莽生活中的不如意事还不止这些。譬如他的三个儿子、一个孙子和一个侄子，先后被他认为犯法而迫令自杀，妻子为此哭瞎双眼，不久也随之死去。所有这些，都是他为谋求帝位付出的代价。不过无论如何，对王莽来说，灭汉建新的实现，总是标志着他已登上了个人发展史的顶峰。

这一年王莽已五十三岁，与刘邦建汉时大体同龄或稍大（刘邦生年有公元前256年和247年二说）。古以六十或五十五称"老"。即将入"老"的王莽，却忽而青春勃发，精力超常旺盛。从这年春天开始，他相继推行了有关政治、经济、社会等方面的一系列改革，内容之广泛，规模之宏大，仅次于秦帝国创建之时。如提出改天下田为"王田"，改名奴婢为"私属"；对盐、铁、铜、酒等的经营和市场的管理，则实施"六管"、"五均"[2]；对职官、宗庙、社稷、封国、车服、刑罚等制度，各依《周礼》进行更改或调整，包括行政区划以至地名、城门名、宫殿名，也全都作了别出心裁的变更。综观王莽这些改革，其宗旨大体还是为了实现上文已提到过的他的那个"四无"理想（"市无二价，官无狱讼，邑无盗贼，野无饥民"）。这个朦胧的社会理想，可能孕育于他孤寂窘迫的青少年时代，至为平帝辅政时以奏书的形式正式提出，建新称帝后，凭借手中至上权力，开始全面实施，以一展其平生之志。

在王莽的名目繁多的改革中，后人议论最多的，是关于土地制度和奴婢制度的改革。土地被兼并、集中于少数贵族豪强之手，破产农户、失业流民纷纷沦为奴婢，是西汉特别是其后期两个最严重的社会问题。因而王莽的这两项改革的初衷可谓"对症下药"。始建国元年（公元9年）四月直接以王莽发话形式颁布的那道著名的诏书，不仅揭示了"强者规田以千数，弱者曾无立锥之地"这样深重的社会矛盾，还愤怒地指出：奴婢被像牛马那样在市场卖买，是"逆天道，悖人伦"的野蛮行为，并引录儒家经典，发出了"天地之性人为贵"这样闪烁着人道光芒的呼喊。在中国漫长的古代史上，以帝王诏书形式对被奴役

【1】黄皇室主：王莽自以土德受命，色尚黄，故称黄皇。室主，即公主。

【2】六管五均：六管，六种有关经营管理的法令。即规定酒、盐、铁由官府专卖，钱币由官府铸造，名山大泽由官府课税；再加旨在平抑物价的"五均"也由官府专营，合称"六管"。五均，即六管中的最后一管，其具体做法是："于长安及五都立五均官，""置交易丞五人，钱府丞一人"，"诸司市常以四时中月实定所掌，为物上中下之价，各自用为其市平，毋拘它所"（《汉书·食货志》）。

人群表示出如此切实的人道关怀的，仅有两次，这是第一次【1】。很可惜，王莽只是把准了当时社会之"症"，却既不能开出有效的"药方"，更不能采取切实有力的措施"下药"和"施治"。他的那些改革措施，极少从实际出发，大多只是从古老的儒家经典中找些依据，再凭臆想拼凑而成，因而显得空虚失当，软弱无力。如解决土地、奴婢问题的办法是："更名天下田曰'王田'，奴婢'私属'，皆不得卖买，"奴婢改成私属，不准买卖，并没有改变他们被奴役的地位。土地都变为国有的"王田"，采用传说中的所谓"井田制"，每一男丁分一百亩，但谁来分，怎么分，都只有这么一句空话："故无田，今当受田者，如制度"；"其男口不盈八，而田过一井（即九百亩）者，分余田予九族邻里乡党"。而政令之出，又常常朝三暮四，反复多变。如币制，前后改了五次，且品式繁多，名目杂乱，使得民众无所适从，苦不堪言。再加上王莽本人，大约在运用"谦让"和"符命"那套路数获得革汉立新的巨大成功后，就开始头脑膨胀，真以为自己"大得天人之助"（见《汉书·翟义传》），狂妄自大，饰非夺是，且食古不化。"他尽信中国古典，真以为金字塔可以倒砌"（王仁宇《中国大历史》中语），只要他一定出制度，"制定，则天下自平"。由于他自己是通过专权取得汉政的，因而对近臣总是猜疑防范，常常"自揽众事，"以至"灯火至明，犹不能胜"。在他左右，几乎没有一个在才识上可以与担负如此宏大改革使命相适应的辅臣。所有这些，都决定了王莽的改革必然失败。关于土地、奴婢制度的改革，勉强施行三年后，不得不承认"违民心"，"虽尧舜复起""弗能行也"，下诏宣布终止。其余各项改革，有的旋改旋废，有的不了了之，"六管"、"五均"虽强制施行多时，却也无果而终。这些改革的推行，不仅没有解决原已存在的严重的社会问题，反而导致赋役更重，刑法更酷，官吏更恶，加深了民众的苦难，引发了社会大混乱，大动荡。

与此同时，王莽对周边国家或部族，也采取了更换印绶、降王为侯、改匈奴单于为"降奴服于"等除了盲目自大、毫无实际意义的改革措施，又几次征发数以十万计的兵员向周边或耀威或出击，结果反而招致匈奴入侵，边患不断。

在如此内外交困的逼迫下，曾经对新王朝寄予希望的民众，从失望到绝望，纷纷结伙聚群，奋起反抗。在王莽称帝后的第三年和五年（始建国三年、五年，公元11、13年），黄河接连改道，造成大批灾民，更促使人心浮动。偏在这时，王莽命诸将驻边，调集士卒待命。内郡之民担心自己会被征发，纷纷"弃城郭流亡为盗贼"，其中以"并州、平州尤甚"。从此一发不可收，不仅"四方盗贼多"，连京师附近的三辅之地也"盗贼麻起"。历史走到这里，又演出了秦末那种"群雄逐鹿"的局面，单是被拥立或自称为帝的，就有十人之多。在外部这种形势的激荡下，王朝高层也开始出现裂痕。曾是王莽基本班底的甄丰、甄寻父子等，因不满于以"符命"受重用的哀章及原卖饼出身的王盛等新贵，也想通过"符命"获得非分，结果一个自杀、一个被杀。此案牵连而死者多达数百。更为令人感慨不已的是当年与王莽同任黄门郎的另外两个人。一个是此时已任国师的刘歆，因子女为王莽所害内

【1】另一次是在后汉光武帝建武十一年（公元35年）。是年二月，诏曰："天地之性人为贵。其杀奴婢，不得减罪。"同年八月又诏："敢灸灼奴婢，论如律；免所灸灼者为庶人。"（《后汉书·光武帝纪》）

心怨恨而参与了另一个密谋，欲伺机击杀王莽。事泄，多人被杀，刘歆惶恐自绝。还有一个就是老黄门扬雄。王莽称帝，他已年近古稀，这才补了个大夫之职。这回刘歆案发，事情也牵连到扬雄。一见狱吏来到，他在惶恐中从阁楼跳下，差点丧命。还算王莽开恩，免其一死。地皇二年（公元21年），作为逐鹿群雄中两支主力绿林军和赤眉军相继崛起。短短一年多时间里，二军交替战姑幕，攻无盐，胜棘阳，接着又取得了歼灭官军数十万的昆阳（今河南叶县）大捷，使得诞生不久的新莽政权已处于岌岌可危的风雨飘摇之中。

为着维护亲自创建的新王朝，王莽要穷兵黩武，对四方纷起"盗贼"进行残酷镇压，这也当是情理中事；但他除此之外还做出了一些奇特的应对，却令人啼笑皆非。譬如用铜和五色药石铸成象征北斗七星的"威斗"，出行时让人扛在他前面，以此来"厌胜众兵"。为使诸将奋勇杀敌，竟将他们妻儿扣压在宫内为人质。听说各地乱起多以拥刘兴汉为号召，便下令禁用钱币金刀和一种称为"刚卯"【1】的饰物；又命武士到高祖庙去剑劈斧砍，凿穿门窗；又派人去破坏元帝、成帝陵园门屏，在墙人乱涂乱画。更让人不可思议的是，竟以《周礼》等古籍某些字句为据，想用"哭"的办法"殄灭众贼"。王莽亲率群臣至南郊，带头仰天呼号，"搏心大哭气尽，伏而叩头"……如此等等，不一而足。

如果《汉书·王莽传》的这些记载全都属实，那么此时的王莽因不堪内外交困和巨大失落的重负，已是一个心理变态严重到近乎癫狂的病人。他又是一个家庭生活极其不幸的人，四个儿子倒有三个先后被他认为犯法而迫令自杀，妻子为此哭瞎了眼睛后来也含恨死去。他称帝已经十四五年，却没有像别的皇帝那样建立庞大的后宫妃嫔队伍，这也应是他的一个不同寻常之处。但现在这个近于癫狂状态的老人却尝到了恐慌和孤独的滋味。这恐慌和孤独又使他做了一件被后人传为笑柄的事。地皇四年（公元23年）三月，他册封了派专人从全国各地征来的淑女中最后选定的杜陵史氏女为皇后，并配以和嫔、美御、和人三，嫔人九，美人二十七，御人八十一，计一百二十人，以按古礼全备后宫之制。令人啼笑皆非的是，这位已是六十八岁的皓首老汉，为当新郎而不得不"染其须发"，强作年少。此举不由使人想起一千九百多年后希特勒在自杀前夕与其情人埃娃举行的那次特殊婚礼。同样的在兵临城下的情势下故作镇静，同样的在欢乐和喜庆中充满着悲凉。半年后，即当年九月，绿林军等起义兵攻入长安，京城民众也纷纷加入烧杀行列。大火已烧到未央宫承明殿，宫女们大呼小叫，慌作一团。王莽率众避火于宣室。他一手持玺绶，一手执匕首，坐在那个象征北斗七星的铜威斗斗柄上，竭力做出一副无所畏惧的样子，学着孔子当年受困于宋【2】的语调说："天生德于予，汉兵其如予何！"但很快愤怒的兵民已纷纷冲进宫来，王莽不得不离开宣室，来到太液池渐台，以为有池水为阻，好歹可以躲避些时日。不料转眼间，渐台也已被围困得重重叠叠。十五年前，因获得传国玉玺，王莽曾在此大宴群臣，

【1】金刀、刚卯：金刀，王莽居摄时所铸行的金属钱币，形如刀。刚卯，一种用金、玉或桃木制成的长形四方体避邪饰物。以正月卯日作而佩之，故称"正月刚卯"。王莽禁用金刀、刚卯，都与"刘"这个字有关。刘，繁体作"劉"，由卯、金、刀三字组成。

【2】事见《史记·孔子世家》。孔子周游列国，至宋，与弟子习礼大树下。宋司马桓魋欲杀孔子，拔其树。孔子去。弟子曰："可以速矣！"孔子曰："天生德于予，桓魋其如予何！"

饮酒纵乐；如今这渐台眼看将成为他的断头台。让他多少感到一点安慰的是，到了这最后时刻，总算还有公卿大夫、侍中、黄门郎等千余人跟随着他。特别是大司空王邑，昼夜为他护战，寸步不离。发觉儿子王睦解下衣冠意欲逃跑，王邑立刻大声喝住，绝不容许他弃主叛变。几天来父子俩总是紧紧守护在他周围，直到最后双双英勇战死。在一片混乱中，不知是一个叫杜吴的商人，还是一个叫杜虞的屠儿，或者二人本一人，只是传说稍有异，杀了王莽，抢走了他的玺绶。紧接着校尉公宾就割下了那颗须发曾漂染过的头颅。在这同一瞬间，数十人一涌而上，又重现了当年乌江畔众将士为争功请赏而抢夺项羽尸体的那种场面。一眨眼工夫，王莽肢体已被扯割成无数小块，史家特地为此创造了一个新词，叫"脔分"。

存在十五个年头的新王朝至此灭亡。

起义军在与新莽官兵较量中的一次具有决定全局意义的胜利是昆阳大捷，而此役的决策者和指挥者，便是原为南阳蔡阳（今湖北枣阳西南）地主、先随其兄聚众反莽后加入绿林军，最后成为后汉王朝开国皇帝的刘秀。

刘秀之所以能从逐鹿群雄中胜出，最后一统天下而南面称帝，除了他的胆识和谋略，更为重要的，是他作为刘汉皇室后裔这个在当时具有巨大号召力的特殊身份。

刘秀是汉高祖刘邦的九世孙，追溯起来，实在是出于一次偶然。

那是一百七八十年前的一个寻常的夜晚，汉景帝刘启要他所宠幸的程姬去侍寝。程姬因恰好在经期有所不便，就命一个叫唐儿的侍女去代她入侍。偏巧那夜景帝多饮了几樽，醉意朦胧，朱紫莫辨。侍女唐儿却就此一夜成孕，产下一子，取名刘发。因生母出身低贱，连累刘发也只封了个贫瘠窄小的长沙国。有一年诸侯王入京朝贺，景帝让他们纵情歌舞作乐。刘发却不敢放肆，只是一边甩动衣袖，一边缩手缩脚走着小步，还有意做出一副滑稽相，逗得众人笑作一团。景帝问他因何如此，他回答说：臣国小地狭，怕跳跃着转起圈来碰着呢！——就是这位当年可怜兮兮的长沙王，下传至五世，出了个光复刘汉基业的刘秀。

刘秀创建的王朝也称汉，都洛阳，位于长安之东。史书记载时为区别，称刘邦所建之汉为前汉或西汉，刘秀所建之汉为后汉或东汉。

结　语

历史需要在蝉蜕豹变中获得复兴

　　我的这部书，断断续续，竟已写了将近四年。此刻的感觉，仿佛完成了一次经由时光隧道的旅行，眼前分明还浮现着那连绵起伏、古朴巍峨的宫墙，旌旗耀日、车辚动地的仪仗。这边是庄严辉煌的朝堂，谒者一声宣制，百官齐刷刷伏地山呼，声震瓦檐；那边是人马杂沓的战场，戈戟击撞处，星火飞溅，殷红的血就喷洒在洁白的雪地上。三三两两的农夫荷锄扶犁，耕作着供给全社会以衣食的土地；那位峨冠博带的学士，一篇新赋初成，正展策仰天高吟："世有大人兮，在乎中洲……"

　　我从书稿堆里抬起头，眼前的一切突然消逝在地平线的远处。我又回到了现实，回到了这间勉强能放下一张书桌的陋室。"活生生的大汉帝国就这么灭亡了……"在心里说着这句话的同时，连自己也弄不明白，为什么竟会升起几丝淡淡的伤感，悠悠的惆怅。

　　不过很快我就清醒了过来，还为自己适才的傻痴轻轻窃笑了一声。

　　窗外涨满着孩子们的喧闹声。不用探身我也可以听出，楼下走道上正进行着一场不亚于世界杯的足球赛，只是踢的是一只塑料空瓶。那个喉咙最响脆的，便是几年前我倚窗望到而写入了本书《引言》的那时正在学步的小男孩。那时他脚一歪跌倒了，在另一头的年轻妈妈立刻叫道："乖宝宝，快自己站起来，像个男子汉！"如今这个小男孩不仅已真的长得"像个男子汉"，而且我确信他一定还会长成一个真正的男子汉；自然，也会渐渐变老，最后还会渐渐油尽灯枯而老去。其实宇宙间所有事物都有从产生、发展到消亡，或者说从新生、长大到死亡这样一个过程，汉帝国的灭亡就同它的诞生一样自然、正常。只是我们人有一种与生俱来的求知欲望，总想追问一下它的原因。我国古代浩如夏夜繁星的经、史、子、集，其论述的核心主题，就不妨用这样一句话来概括：探究帝王的兴衰存亡之道。我的这部不入流的《大汉帝国》虽也叙述了一个王朝从兴起到灭亡的全过程，却不敢承担前贤先哲们那样宏大的主题。我坚守的是平民视角，侧重的是作为普通人的我们，可以从历史中感受、体悟、吸取到一点什么。大略说来，我在《引言》中讨论的是汉帝国之"兴"给后人留下了一些什么滋养，在剩下的《结语》这点有限的篇幅里，我想说的是，汉帝国之"亡"又给了我们一些怎样的启示。理性地看，没有亡，也就没有兴。亡，并非一定是坏事，更不是一无所有。在不少情况下，亡比之于兴，更丰富，更深刻，更让人流连忘返，回味无穷。

"三七之厄"与古人对兴亡之道的探究

王莽最先是在他要求"即真"而向太皇太后所上的奏文中,后来又在不同场合,一再把汉帝国末世日趋严重的危机称之为"三七之厄"。在王莽的语言系统中,这神秘的"三七之厄"既是刘汉王朝的病危通知书,同时也是他革汉建新的可行性报告。

这究竟是怎么回事呢?

原来在当时主张灾异学说的儒家看来,"三"与"七"都不是好兆头。按《周易》的说法,"三多凶",而七为"少阳之数"。$3\times7\times10=210$。所谓"三七之厄",就是指西汉王朝自高帝至平帝,加上王莽居摄三年,恰好满210年,大限已到。

不过这倒既非王莽危言耸听,也不是他第一个这样说。早在二十年前,即成帝元延元年(公元前12年),原任光禄大夫、此时出为北地太守的谷永,在应召对灾变频仍作出解释的奏疏中,就提出过这个警告,只是他说的是"三七之节纪"。文中称:

> 陛下承八世之功业,当阳数之标季,涉三七之节纪,遭《无妄》之卦运,直百六之灾厄。三难异科,杂焉同会。[1]

这说明至元、成前后,汉帝国气数殆尽、行将灭亡这样一种看法,已渐渐形成一种社会思潮。思潮的产生,当然首先基于灾祸连年、民变四起,而朝廷又权佞当道、皇帝则软弱无能这样的现实,同时也源于一种由来久远的传统观念,即所谓"天道有常,王道亡常"(《汉书·翟奉传》)。亡常即"无常"。天道总是依照着一定的规律有序地运行着,永远不变;但某个帝王或王朝的兴衰存亡则是变动不居的,不可能永世长存,说不定到某一日上天就会抛弃你。这种观念明确形诸文字,当在周初。周人攻灭商纣,这被古人认为是天命由商转而归属于周。商王的成千成万子民不得不随之臣服于周。诗人对此感叹道:"商之孙子,其丽不亿(人数不下十万。古以十万为亿),上帝既命,侯于周服。侯服于周,天命靡常。"(《诗经·大雅·文王》)靡常也就是无常。《尚书·周书·康诰》记周公平定管蔡之叛、以武庚殷余民封康叔为卫君时,也说过类似的话:"呜呼,肆汝小子封。惟命不于常,汝念哉!"天命是无常的,年轻人,你可要小心谨慎啊!进入战乱频仍、亡国接踵的春秋战国,人们对这个无常的天命更加感到不可捉摸和惶惑不安,以至屈原要仰天浩歌,在《天问》中发出了这样的追问:"天命反侧,何罚何佑。"上天之命反反复复,究竟要惩罚谁、佑护谁呀?

王朝兴亡的这种无常、无序状态,无论对帝王或臣民都是一件极可怕的事。历史上前

---

[1] 引自《汉书·谷永传》。文中除"三七"外,其余若干难解词句简释如下。八世:自高帝至元帝,除去吕后,为八世。汉人称吕后为"主",不列入"世"。阳数:指九。成帝为九世。无妄:卦名。《周易·杂卦传》:"《无妄》,灾也。"颜师古注《汉书》引刘劭曰:"无妄者,无所望也。"百六之灾厄:解释起来极为繁琐。简而言之,灾异说认为"入元百六",而又数当"阳九",就必有灾。详见顾颉刚《五德终始下的政治和历史》(收入《古史辩》第五册)。三难:指上文"三七"、"无妄"、"百六"。

后有两个人,因目睹王朝更迭的混乱状态所造成的巨大灾难,想从中整合出一个有序的模式来,以供各方自觉遵守,尽可能做到国家权力的平稳传递。这两个人,便是战国后期的邹衍和汉初的董仲舒;他们分别创制的天命归属图式即国家权力传递模式,就是"五德终始"说和"三统论"。

尽管两个模式相异颇多,却有一点是相同的,它们都向世人宣告了这样两条:一、帝王是遵奉天道依照五德或三统次序循环轮流当值的,只有受有天命,获得其中一德或一统才能成为帝王。因而帝王并非人人都能当,普通人不应妄求非分。二、既然天命是依照五德或三统的次序轮番归属的,那么各个帝王或王朝先后相继兴而又亡便是极正常的事,没有哪一个可以永世长存。如果某个帝王或王朝有一天灭亡了,你谁也怪不到,要怪就怪自己没有遵奉天道行事。

董仲舒在创制"三统论"的专文《三代改制质文》(收入《春秋繁露》)中,为了叙述今王如何依礼对待已退出"三统"的前王——实际也就是已灭亡的列朝先王,专门列了一张表。这张表以时代远近为序,将此前曾经入统的前王分为四个等第:"三王"、"五帝"、"九皇"和"民"。这四个等第随着时间之流永远处于向前推移的运动状态中。今天,你因为受有天命,"天佑而子之,号称天子";明天,天命终绝了,你就"崩迁成为三王,绌灭则为五帝",最终被人遗忘。而你的后裔,同样将沿着时间之坡不断向下滑落:先是封以大国,继而封以小国,接着就"下至附庸",最后完全失去封地,"下极其为民"。即使光耀当世的今王,其后代也终将无法逃脱"下极其为民"的命运。揭示出这一点对风光无限的当世帝王们来说,似乎是残酷的,但它却已为以往数千年的历史,特别是春秋战国长达四五百年战乱的历史所证实。"周之所封四百余,服国八百余,今无存者矣,虽存皆尝亡矣!"(《吕氏春秋·先识览·观世》)这便是当时人们的感叹。所以孟子说:"君子之泽,五世而斩。"(《孟子·离娄下》)这位继孔子以后的儒学代表还不断按照他的观点向世人发出警告:"三代之得天下也以仁,其失天下也以不仁。国之所以废兴存亡者亦然。天子不仁,不保四海;诸侯不仁,不保社稷;卿大夫不仁,不保宗庙;士庶人不仁,不保四体。"(《孟子·离娄上》)在时间的长河中,任何帝王或王朝都不能躲避"王道无常"这个铁律,不仅他们自己必将灭亡,他们的后裔也终究要转为化为寻常百姓。面对这样一部仿佛是在轮回中不断奔腾向前演进的历史,大概每个人都会不由发出浩叹:"千古兴亡多少事,悠悠,不尽长江滚滚流。"(辛弃疾《南乡子·登京口北固亭有怀》)

无论是"五德终始"说还是"三统论",撇开虚幻的天命,单就它们揭示出的王朝兴亡规律这一点来说,还是相当深刻的,在当时以至对后世都有一定的警示和认识意义。而所谓"三七之厄"或"百六之灾"就是在这个天命有穷尽的理论指导下,借助术数,对汉帝国"大限"作出的预测。尽管这种带着神秘色彩的预测算不上科学,但若是取其大体,说如果不采取有力措施汉帝国行将灭亡,还应是一个切合实际的警告。其实只要将所谓天命换成事物发展本身的规律,就会变得很容易理解。因为每个王朝都是有其自身多种因素构成的生命周期的,它所执守和推行的治国之策也有相应的适用期,到达一定年限,如果不设法采取改革措施激发出新的活力来,就必然会被已向前发展的时代淘汰出局,让位给站在时代前列的新的竞争者。

历史上,第一个接受"五德终始"说并据以改制的是秦始皇。尽管这位以非凡气势削平六国的皇帝宣告:"朕为始皇帝,后世以计数,二世、三世至于万世,传之无穷"(《史记·秦始皇本纪》);但他既自认以"五德"中的水德受命,那么不言而喻,他也同时不得不接受这样一个终极结局:总有一天,水德气运将会终结,土德应时而兴,他所创建的大秦帝国便将随之灭亡。所以,我宁愿把"传之无穷"云云,读解为只是秦始皇的一种愿望,一种对他继承者的激励;以他的智商和经历,不大可能固陋到真会坚信他的帝国可以犹如日月经天,终古不息。

同样,汉帝国自高帝至武帝历世帝王,之所以像本书八章一节所描述的那样汲汲于受命、改制、封禅之事,就因为他们内心都明白一姓一族不可能永远据有天下,因而想用种种隆重祭典祈求上天能够佑护刘汉,使之永受天命,与世长存。

大体说来,汉帝国前期一百余年,臣民们大都还享受着升平之世的安乐,不会去想"天命无常"一类令人丧气的话题。忧虑与不安是从武帝后期因内外兴作而弄得府库皆空开始的,而巫蛊之祸的爆发,更深深击痛了朝野士民的心。天空祥云徐徐黯淡下去,那片"天命无常"的阴霾则乘时渐渐弥漫开来。这样,当八岁的刘弗陵在霍光等顾命大臣小心翼翼的搀扶下稚态可掬地登上帝位的时候,远在东海之滨的鲁国(今山东曲阜鲁故城)有个儒生踽踽独行于泗水之滨,开始暗暗地苦苦思索起这样一个问题来了:难道汉运行将穷尽?

这个儒生叫眭(suī)弘,曾是董仲舒的学生,《汉书》有他列传。眭弘后来以明经取为议郎,任符节令,为少府属官,掌符节,秩六百石。那个一直缠绕在他心上的疑问,到元凤三年(公元前78年),他以为得到了证实。这年正月,离他故乡不远的泰山有两处发生了异象:一是高一丈五尺、宽四十八围的一块大石忽而自立;二是一株枯死卧地多年的柳树起而复生。眭弘想:泰山不正是帝王承受天命之地吗?"今大石自立,僵柳复起,非人力所为",那么这是否说明当"有从匹夫为天下者"呢?他记起了先师董仲舒的话:"虽有继体守文之君,不害圣人受命。"于是便鼓起勇气写了一道奏疏,提出汉家应顺从天命实行禅让。他的具体建议是:

> 汉帝宜谁差天下,求索贤人,禅以帝位,而退自封百里,如殷周二王后,以承顺天命。

这真是异想天开啊!眭弘居然要皇帝主动将帝位让给一位从全国各地寻访来的贤人,而自己则退而成为"三统论"所说的"二王后",即成为未来新王朝的统战对象。

但这个能如此"异想天开"的青年人,却不由不令人肃然起敬。

试想一下:"家天下"已经有数千年的历史,帝王集权制也已建立了一百多年;在这种历史背景下,眭弘居然还能跳出传统思想的笼罩,身为汉官却不以维护汉统为至上,而以苍生、国家为至上,这是多么不容易啊!"朕即国家"是当时的主流意识,眭弘却认为,"国家"与"当国者"是两个不同的概念。罢黜那些无能的当国者绝非"亡国",恰恰相反,为了国家的繁荣昌盛，就应及时地更新当国者。这样的认识，即使在两千多年后的今天，依然显示着真理的光芒。

只是眭弘毕竟太书生气、太天真了，天真到近乎傻痴。他对所信仰的学说一片赤诚，却忘了提醒自己一句：对儒家的有些主张，譬如禅让说，千万别当真！

因为想要皇帝让位，无异于与虎谋皮。

眭弘的奏疏，是通过一位名叫赐的内官长呈送上去的。此时秉掌朝政的是大将军霍光。霍光阅过这道奏疏后的反应，班固记了两个字："恶之"。结果是这位天真可爱的儒生，还有那位好心为之传递的内官长，双双被以"大逆不道"罪割下了脑袋。

毕竟人只有一个脑袋，眭弘以后无人再敢言禅让之事。但对汉统气运将尽的担忧，依旧梦魇般缠绕着帝国臣民，为感动上天、延续受命而提出奏议的，还是络绎不绝。如——

盖宽饶，宣帝时任司隶校尉。看到宣帝重用宦官，以为是"圣道"将废的征兆，就上书进言。其中说："五帝官天下，三王家天下；家以传子，官以传贤，若四时运动，功成者去，不得其人则不居其位。"虽也有要求帝王按"官天下"也即公天下行事的含义，但主要还是从"任官唯贤"这一点上提出来的；廷议时，有人却偏要"无限上纲"，认定盖宽饶妄求"禅位"，实属"大逆不道"。宣帝降旨下吏论罪。宽饶不肯受辱，竟引佩刀自刭。

翼奉，元帝时任谏大夫。他奏议迁都，以为将京都由长安东迁至洛阳，便可使"天道终而复始，穷则反本，故能延长无穷也"（《汉书》本传）。此议后来并未付诸实施。

刘向，元帝时遭构陷，黜为庶人，成帝时复受信用，曾以灾异频发一再向朝廷敲响警钟。成帝营造昌陵，制度奢侈，刘向上书谏阻，尖锐指出："王者必通三统，明天命所授者博，非独一姓"，"自古及今，未有不亡之国也"。又特地引录《周易·系辞下》的话说："安不忘危，存不忘亡，是以身安而国家可保也。"（《汉书》本传）几经曲折，成帝终于下旨停建昌陵。

还有就是本书九章三节已提到过的甘忠可和夏贺良，相继在成帝、哀帝时提出"再受命"和改元易号。与在异姓之间传位的"禅让"不同，"再受命"是在承认刘汉的前提下，为延长汉统而举行的一种祭天和改制仪式。但即使这样，甘、夏二人还是以"大逆不道"罪先后被杀。

上面这些奏议或谏诤，表现出一个共同特点，就是对天命的畏惧。在当时的历史条件下，这或许也能起到一点制约作用。但事实上，真正让人忧虑的当然不是什么天命，而是帝国朝廷和社会实实在在存在着的种种日趋激化的矛盾。只有具备直面实际矛盾的勇气和解决这些矛盾的胆略，才能真正解决帝国危机。稍作分析便可看出，对天命的恐惧其实是对皇权恐惧的折射；是皇权的绝对性，扼杀了人独立地认识世界和创造世界的能力。这也就是说，正是帝王集权制本身的固有弊病，堵绝了真正能救赎它的通路。

在这样的末世恐惧氛围中，能够将天命拿来为我所用，并针对像土地不断集中于少数豪强、平民大量沦为奴婢等等尖锐的社会矛盾，提出自以为完美的一系列改革措施的，唯有一人，他便是最后终于还是彻底失败而背负了千百年"篡盗"骂名的王莽。

渐台悲剧留给后人的思考题

王莽在未央宫太液池渐台被杀后,《汉书》本传有一段因其触目惊心而在民间流传极广的记载:莽首"县宛市,百姓共提击之,或切食其舌"。老百姓把挂在宛城闹市的王莽的头颅捅下来抛来掷去耍弄,后来有人索性割下他的舌头炒了吃。

我相信这是事实。人在愤怒和混乱中,是很有可能做出平时无法想象的事情来的。但以为据此便可以得出人民群众都对王莽痛恨到了极点,因而必须予以彻底否定这样一类结论,则恐怕未必。

历史结论切忌草率和情绪化。

王莽以他这样一种独特方式革汉建新,是中国数千年帝王制度史上首次出现的一个特例。像这样一种复杂的历史现象,需要时间的沉淀和梳理,空间的分析和比较;需要反复的认识和再认识,才能逐步接近真理。

我在九章四节引了王充、班固把王莽称之为历史上最恶、最坏的"乱臣贼子"和"无道之人"那两句话。其实,历史上最早对王莽作出评论的并不是他们两人,而是桓谭。古人有关王莽的评价,我以为最值得注意的是桓谭的见解。原因是桓谭小王莽五岁,恰好亲历了两汉之间那场剧变。他多才多艺,遍通《五经》,自哀、平、新莽至东汉,多数时间都在朝廷做大夫、议郎一类小官,对王莽有过近距离观察。更为重要的是桓谭为人正直耿介,从不随波逐流。据《后汉书》本传记载,还在王莽红得发紫的"居摄篡弑之际",当"天下之士,莫不竞褒称德美,作符命,以求容媚"时,桓谭却孤独"自守,默然无言";而到东汉初年,当"众恶归莽"成为一种政治时尚时,他也没有随风转舵,加入痛骂王莽的行列。其时谶纬之学因光武帝的提倡而甚为盛行,桓谭上书直言谶纬之非,由是触犯帝怒,险遭杀害,后出为六安郡丞,病卒于途。著有《新论》一书。桓谭是我国古代一位极为难得的具有特立独行品格的杰出学者。

桓谭对王莽的评论,我们现在可以在严可均辑的《全后汉文》十三卷中读到。侧重点是总结王莽败亡教训,虽也揭露了王莽的残暴,如"生烧人,以醯(醋)五毒灌死者肌肉"等恶行,但其基调不是情绪的宣泄,而是客观冷静地依据事实作出分析。他认为王莽有智、辩、威三绝,但因过于自恃,反而导致败亡,其最大的失误是"不知大体"。文中称:

> 维王翁(即王莽)之过绝世人有三焉:其智足以饰非夺是,辨(辩)能穷诘说士,威则震惧群下。又数阴中不快己者。故群臣莫能抗答其论,莫敢干犯匡谏,卒以致亡败,其不知大体之祸也。
>
> 王翁始秉国政,自以通明贤圣,而谓群下才智莫能出其上,是故举措兴事,辄欲自信任,不肯与诸明习者通兵(共),苟直意而发,得之而用,是以稀获其功效焉。故卒遇破亡,此不知大体者也。
>
> 王翁嘉慕前圣之治,而简薄汉家法令,故多所变更,欲事事效古,美先圣制度,而不知己之不能行其事,释近趋远,所尚非务。故以高义退致废乱,此不知大体者也。

> 王翁前欲北伐匈奴，及后东击青、徐众郡赤眉之徒，皆不择良将，而但以世姓及信谨文吏，或遣亲属子孙素所爱好，或无权智将帅之用，猥使据军持众，当赴强敌。是以军合则损，士众散走，咎在不择将。将与主俱不知大体者也。

桓谭评论的可贵处，在于他不为当时占统治地位的主流意识所左右，直面其人的行事作出分析和结论。这样评论即使并不一定公允，也还是能给人以不同侧面的启发。遗憾的是桓谭的这种独立学术品格和求实精神，很少有人继承。班固在《汉书·王莽传》赞语中，将王莽的辅政、摄政及建新称帝这个历史阶段称之为"篡盗之祸"。此后对王莽的评论大都没有脱出这个基调。若论流传之广、影响之深，当数白居易《放言五首》之一的下半首："周公恐惧流言日，王莽谦恭未篡时。向使当初身便死，一生真伪复谁知。"诗人以为王莽为人就像一个谜，谜底要到他"即真"时才大白于天下，那便是一个丑恶的"篡"字。

其实认定王莽"篡汉"，是因为先已有一个不容别人置疑的前提，即把刘汉视为神圣不可侵犯的永恒的"正统"，无论已衰落到何种地步，也不容许他姓他族来作任何更新。在这里，以血缘关系为基础的宗法制被置于国家利益之上。这样一种固陋而又霸道的认识，不仅距离现代国家学说何止十万八千里，甚至也落后于此前的古人，譬如"五德终始"说和"三统论"就认为天命归属是循环不息的，没有哪一个王朝可以永享其统。

公元1911年发生在中华大地上的"辛亥革命"，是一个具有划时代意义的重要的历史事件。从此，古老的中国终于宣告了帝王制度的终结，向现代民主国家跨出了可喜的第一步。

辛亥革命对学术界也有"解冻"意义，在学人心目中帝王制度及其正统观念逐渐褪去了神圣的光泽。具体表现在对王莽的评价上，尽管大多数历史学家仍持"篡盗"论，或讥之为欺世盗名的大奸，或斥之为耍弄阴谋的野心家、两面派；却也已有不少学者重新面对尘封了近两千年的渐台悲剧，开始冷静地思考它的本质和含义。吕思勉在《秦汉史》中是用启发式的句式提出这个问题来的。他说："王莽为有大志之人，欲行其所怀抱，势不能不得政权；欲得政权，势不能无替刘氏；欲替刘氏，则排斥外戚，诛锄异己，皆势不能避免，此不能以小儒君臣之义论也。"翦伯赞在多部著作中评论了王莽。如《中国史纲》第二卷说："王莽仍不失为中国史上最有胆识的一位政治家，这就从他大胆的执行改良政策表现出来。"收入《历史论文集》的《秦汉历史上的若干问题》一文说："不能说王莽在当时统治集团中不是一个独具卓见的人"；"王莽的车子是向前开的，他希望把他的车子开到他理想中的新朝；但途中遇到了大地主、大商人的强烈反对，被迫折回"。柏扬在《中国人史纲》中热情赞扬了王莽的抱负和理想。他说："王莽是儒家学派巨子，以一个学者建立一个庞大的帝国，中国历史上仅此一次。他夺取政权的目的与刘邦不同，刘邦之类只是为了当帝当王，满足私欲；王莽则有他的政治抱负，他要获得更大权力，使他能够把儒家学说在政治上一一实践，缔造一个理想的快乐世界。"胡适在1928年发表过一篇专文，题目就令人一惊：《1900年前的社会主义皇帝王莽》。文中"称王莽是社会主义者、空想家和无私的统治者，他的失败是因为这样的人过早地在中国出现"（原文载《皇家亚洲学会华北分会会刊》，转引自《剑桥中国秦汉史》）。我没有查到原文，不知道胡适先生是在怎样的含义上使用"社会主义"这个现代概念的。黄仁宇的《中国大历史》说："王莽的故事触动了西方作家的好奇心。他们以为中国在这样洪荒的古代，竟有如此'自由主义'的经济政策，不免叹为奇迹。"博学的胡适博士，不知是否是在"西方作家好奇心"的激发下，形成这样一个独特的观点的。无论如何胡适的这个评价，不仅肯定王莽有理想，而且还是一位具有超前理想的古人。

我想谈一下我对这道思考题的一点看法。

坦率地说，我在感情方面是不大容易接受王莽这位古人的。追溯起来，这可能与童年在故乡钱塘江畔看鲁迅先生曾描写过的那种"社戏"受到强烈刺激有关。那些我不止一次看过的社戏中，有一出常演不衰的绍剧叫《斩经堂》，主角吴汉是被称为做到了"忠孝两全"的英雄。吴汉本是实有的历史人物，新末因犯法而亡命，以贩马为生；群雄蜂起时，归附于刘秀，后成为刘秀建立东汉王朝的大功臣。但《斩经堂》中的人物关系和吴汉的行事，则全系出于神化汉统需要而虚构出来的。吴汉"忠孝两全"的一个经典情节，也是全戏的高潮，便是他奉母之命提剑入经堂去斩杀他的正在虔心拜佛以求保佑公婆、丈夫的妻子王兰英。这位美丽、善良、贤惠的女性之所以必须死去，唯一的理由，就为她是窃汉之贼王莽的女儿。唱腔高亢入云，台下万人惕息。我那幼弱的心灵，随着男女主人公一步紧一步的生死搏斗、挣扎而在颤抖、哭泣，因同情兰英而深深痛恨那个叫王莽的大坏蛋。回家路上我问乡里父老这个大坏蛋的下场，于是他们便向我讲起了王莽死后"骷郎头被人当皮球踢，舌头割下来酱油麻油拌拌过老酒吃"的故事。当然，随着年岁的增长，我的理性思维已经完全能够清理童年的蒙昧了，但留在感情上的这块胎记，却似乎至今还没有完全消除。

我在感情上与这位古人存在距离还有一个原因，是有关那段历史的最初记载，都只能依赖由以维护汉统为己任的班固写的《汉书·王莽传》，我无法完全摆脱这位杰出的古代历史学家笔下的王莽留给我的第一印象。作为一个经历曲折坎坷而又年逾古稀的老人，我最厌恶虚伪，偏偏出现在《汉书》中的王莽几乎是古往今来虚伪的典型。写完第九章通读一过，才发现我在叙述王莽的有些段落的字里行间，常常会在不经意间流露出一种嘲讽的笔调，这是有失公允的。也曾想过是否改一改，后来决定还是保留原样。相信读者诸君自有明鉴，我又何必矫饰呢！

至于从理性上说，我大体赞同翦伯赞先生的观点，以为王莽是中国古代历史上一位很有胆识的政治家，他的车子是沿着他的理想之路朝前开的，但由于主客观两个方面的多种原因，结果却是车毁人亡，身败名裂。

不过我以为，渐台悲剧最值得后人冷静思考的，还不是王莽是否称得上有理想，他的种种改革是该肯定还是否定，以及后来因何失败等等问题上。最值得思考的应是王莽作为一位历史人物的角色定位问题。在这一点上，我以为从班固开始的传统历史学家做得很对，确实应该定在一个"篡"字上，只是对这个"篡"字，我们应作出新的诠释。王莽用毕生心力创造了一种新的不妨称之为"和平变革"的国家权力传递方式，并以自己生命为代价作了一次尝试性的实践。尽管最后还是失败了，而且败得很惨，但任何人也无法否认，尝试最初曾经是成功的，他建立了一个称之为"新"的王朝，在中华大地上存在过十五年。

传统历史学家对这十五年不屑一顾。《汉书》既不承认新这个王朝，也不承认王莽曾做过皇帝，因而将他逐出"本纪"，写入"列传"。当然，这样做的动机是崇高而堂皇的，因为是为了使前、后汉拉起手来，将夹在中间这个名叫"新"的杂种小子活活挤死或挤掉，以维护刘氏四百年皇皇汉统的一贯性。但世界上凡是存在过的事物都已有了自己的历史，而历史是抹杀不了的。你可以将众恶归之于"新"，却不能否认它的曾经存在，即使刀削斧砍也一概无用！

为着了解先哲时贤们对新莽的种种不同评论，我在上海图书馆阅览大厅整整浏览了三天。偶尔翻到一个薄薄的单行本，是周桂钿写的《王莽评传——复古改革家》，令我眼前一亮，不由大为惊喜。原来周先生已先我提出了这样的观点——

从中国历史上政权更迭来看，主要有两种：一种用打的方法夺取政权，所以叫打天下，或叫武装夺取政权，也叫暴力革命，项羽、刘邦起义，朱元璋起义等都是这种方式。另一种是不经过战争，用和平的方式夺取政权，过去叫禅让，后来叫篡位，也可以叫和平演变。尧、舜、禹是传说中的禅让典型。周公摄政是暂时性的。王莽立新、武则天建周，大概都是历史上比较少有的和平演变或和平过渡的例子。

我很赞成这个概括。至于王莽首创并尝试过的这种国家权力传递方式究竟是叫"和平演变"或"和平过渡"好，还是可以讨论的。我觉得称"和平变革"似乎更确切些。变革，意味着要提出新的治国方针，要来一番革故鼎新，是两种治国思想、策略在竞争中的优胜劣败。

即使是在古代，国家权力也不可能永远为一姓一族所据有，只能在外力的作用下，在或长或短时间内被迫向外姓转移，方式无非是暴力与和平两种。但自从班固将王莽的和平变革贬之为"篡盗之祸"，一脚踢进十八层地狱以后，此后凡是想尝试用这种方式取得政权的，还没有行动，就先已背上了这个烙着"篡"字印记的沉重的道德十字架。

令人不解的是，难道血淋淋的暴力夺取就那么道德高尚、那么美妙如诗吗？

其实，历史上，当汤第一次用武力将夏桀攻灭、自己建立商朝的时候，他所受到的舆论和道德压力肯定不会小于王莽的"篡汉"之初。不然，汤怎么会像我在八章一节中引录的那样"惟有惭德"：内心深深感到惭愧呢？后来是左相仲虺那一番一切决定于天命的话：桀被灭是他违逆天命，汤建商是顺应天命；才使汤在获得国家权力的同时，道德上也仿佛忽而崇高起来。但真正使汤成为圣王贤君典范的，还不是仲虺那一番话，而是商朝享国四五百年这样一个巨大的成功。在这里，"成王败寇"的思维惯性起着不可忽视的作用。设想一下，如果商朝也像新一样短命，汤会不会也像王莽一样被人斥之为弑君夺位的乱臣贼子呢？是汤与后来仿效者周武王的巨大成功，迫使历史学家们慌忙制造出一种理论来，硬是将商汤和周武的这种暴力夺取政权说成是一场顺应天命的、吊民伐罪的、崇高无比的"革命"。实际上即使这样，对汤武的这种暴力方式是否具有正义性，至少在汉及汉以前还是颇有争议的。大略说来，儒家以为汤武伐桀纣是义举，而黄老则多持否定态度。《孟子·梁惠王下》和《荀子·正论》就记下了双方的一些对立观点：齐宣王和"世俗为之说"者认为汤武是"臣弑其君"，是"篡而夺之"；孟、荀二子则说汤武是"诛一夫"，"未闻弑君"；是"修其道，行其义，兴天下之同利，除天下之同害，而天下归之也"。汉代景帝时，还为此在朝堂上发生过一场激烈的争论，此事《史记》和《汉书》的《儒林传》皆有记载。争论的双方，一个是治《诗》而任为博士的辕固生，另一个是持黄老观点的黄生。黄生责难汤武篡弑，认为他们既非正义，更谈不上受命。辕固生则坚持认为汤武行为是正义和顺应天命的，他说："桀纣荒乱，天下之心皆归汤武；汤武因天下之心而诛桀纣，桀纣之民弗为使而归汤武，汤武不得已而立，非受命而何？"黄生在反驳时用了一个帽子与鞋子的比喻，以为"冠虽敝必加于首，履虽新必贯于足"，因为总得有个"上下之分"。同样道理，"桀纣虽失道，然君上也；汤武虽圣，臣下也"，处于下位的臣子怎么可以犯上作乱、弑君自立呢？辕固生感到有些窘迫，为摆脱被动，便把问题从历史转到现实，由学术引向政治。他说："必若云，是高皇帝代秦即天子之位，非耶？"他的这一着很厉害，使对方再也没有辩驳余地：有谁胆敢在刘汉朝堂上说刘邦灭秦兴汉是非正义呢？黄生默然。争论出现了僵局。这时景帝说了一句幽默话，才使这场剑拔弩张的争论得以在轻松的气氛中收场。景帝说："食马肉毋食马肝，未为不知味也；言学者未言汤武受命，不为愚。"

写到这里，我不禁油然升起一种怀念，怀念一位可敬的古人，他就是伟大的历史学家司马迁。

我忽发奇想：如果《汉书》不是出自班固之手，而是由司马迁或司马迁的传人来写，后人看到的王莽和他所建立的新朝将会是一个什么模样呢？

按照英国哲学家 R·阿特金森的说法，"历史"一词包含着历史Ⅰ与历史Ⅱ双重含义。历史Ⅰ指过去出现或发生过的人和事；历史Ⅱ则是人们对过去那些人和事的记载或研究。事实上历史Ⅰ早已远逝而去，后人能够看到的只有历史Ⅱ，即已经从客观进入主观的东西。这也就是说，作为实际存在的王莽及其所建立的新朝早已成为过去，我们现在能够看到是班固依据原始材料，经由他的主观意识作用而形诸文字的一种记载。所以准确地说，它是班固心目中的王莽和新朝。我们永远无法知道假如由司马迁或他的传人来写这段历史将会是一个什么样子，但有一点可以肯定：绝不会与班固写的一个样。成为鲜明对比的是，司马迁的《史记》将只是一度统治过九个郡的西楚霸王项羽列为"本纪"，而君临天下达十五年之久的新朝创建者王莽，班固的《汉书》却只将他归于"列传"。因而若是由司马迁或他的传人来写这段历史，十有八九会承认王莽的帝王地位，为其撰作"本纪"。果真那样，我们就将有幸读到一个记述更确切、细节更丰富，因而也更接近于历史Ⅰ的王莽和新王朝。尤为值得期待的是，"本纪"之末那常常给人读后有醍醐灌顶之感的"太史公曰"。对王莽革汉建新前后种种复杂的历史现象，相信在"太史公曰"中定会作出合乎历史进程的梳理和评述，并给后人留下烛照幽微的启示。如果这个假设成为事实，那么这部出自司马迁或他的传人之手的《汉书》历经千百年的传播，人们就有可能早已接受了王莽，至少不会把他看得那样可憎可恶；中国历史的演进也或有可能暴力与和平两种方式并存，至少不会几乎每次王朝更迭都要用无辜民众累累白骨堆叠而成……

好啦，还是赶快打住吧！我的这个假设只能算是躲在书斋里的喃喃自语，或者干脆说是痴人说梦。历史没有"如果"。历史的发展自有其受独特的人文和地理环境制约的固有规律，譬如新末乱起时那段令人眼花缭乱的历史，同样也还是有规律可寻的。这就要说到"结语"的最后一点想法——

从班彪评论看新末历史走向

班固的父亲班彪，在新末大动乱中，曾一度依附于在家乡天水成纪一带起兵反莽被众人推为上将军的隗嚣。当隗嚣问起眼前这场动乱与战国的七国纷争、秦末的群雄角逐有何区别、其结局又将会如何时，班彪作了这样回答——

周之废兴与汉异。昔周立爵五等，诸侯从政，本根既微，枝叶强大，故其末流有从横之事，其势然也。汉家承秦之制，并立郡县，主有专己之威，臣无百年之柄，至于成帝，假借外家，哀、平短祚，国嗣三绝，危自上起，伤不及下。故王氏之贵，倾擅朝廷，能窃号位，而不根于民。是以即真以后，天下莫不引领而叹，十余年间，外内骚扰，远近俱发，假号云合，咸称刘氏，不谋而同辞。方今雄桀带州城者，皆无七国世业之资。《诗》云："皇矣上帝，临下有赫，鉴观四方，求民之莫。"今民皆讴吟思汉，乡（通"向"）仰刘氏，已可知矣。(《汉书·叙传》)

这段话中有两点值得注意。

其一是王莽"不根于民"。与周行帝王封建制、诸侯得以自治其国不同，汉行帝王集权制，郡县隶属于中央，其长官不得自行为治，也即引文中说的"臣无百年之柄"。而王莽的和平变革这种权力传递方式是自上而下进行的，朝廷变革了，郡县以至乡里，特别是臣民的心理，都还没有来得及作相应的变革，所以王莽只是"能窃号位，而不根于民"。

其二是群雄"咸称刘氏"。正是由于王莽的和平变革"不根于民"，所以当反莽之兵"远近俱发，假号云合"之时，各路英雄豪杰大多仍以恢复汉统作为自己的政治目标，他们"不谋而同辞"地"咸称刘氏"。

我把次序倒一下，先说第二点。

在中国古代历史上，新旧王朝更迭之际，假托拥立前朝后裔揭竿而起的，并不罕见；但像新末动乱中这样"咸称刘氏"，而且表现得如此突出、频繁，却是绝无仅有的。这的确是一个耐人寻味的历史现象。

在这场大动乱中，先后有十一人自立或被拥立为帝，其中有真刘氏六人，冒牌刘姓二人，共八人，占总数三分之二以上。六个真刘氏的简况如下——

刘玄：汉宗室后裔。初投绿林军平林兵，任安集掾。地皇四年（公元23年）被拥立为帝，年号更始。三年后败于赤眉军，被缢杀。

刘望：汉宗室，曾受封为钟武侯。起兵略汝南，地皇四年（公元23年）自立为天子。不久即为更始军所杀。

刘婴：即王莽先曾立以为孺子、后废为定安公的那个小男孩。建武元年（公元25年），平陵人方望等拥以为帝。后为更始军所击杀。

刘秀：刘邦九世孙。更始三年（公元25年）即帝位，改元建武，定都洛阳。为东汉王朝创建者。

刘盆子：刘邦庶孙城阳王刘章后裔。为赤眉军所掠，留在军中牧牛，称牛吏。更始三年（公元25年）在华阴被赤眉军首领樊崇拥立为帝，建号建始。时年十五，见诸将跪拜，吓得差点哭了起来。后降刘秀，受赐荥阳均输官地，得以食税终身。

刘永：梁王刘武八世孙。被更始帝封为梁王。更始三年（公元25年）自立称帝。后为刘秀军所杀。

两个冒牌刘氏其中一个叫王郎。王莽建新时，曾杀过一个自称是成帝之子刘子舆的人，王郎就借此宣称自己才是真正的成帝之子刘子舆，并编造出离奇故事，说他母亲原为成帝歌女，一次偶受皇气成孕而生了他，居然有许多人相信。王郎就靠了这点政治资本，被一些人拥立为天子，又是封相拜将，又是移檄颁诏，着实闹腾了一段时间。后败于刘秀军，死于逃亡途中。另一个叫卢芳，谎称自己是武帝曾孙刘文伯，在安定三水一带起兵反莽，后被地方豪强推举为上将军、西平王。建武元年（公元25年）又被匈奴单于迎去立为汉帝，曾一度与东汉政权相对峙，后病死于匈奴。

即使与刘氏毫不相干的其余反莽群雄，也大多以拥刘兴汉为号召。譬如上面提到的隗嚣，在家乡被众人推举为上将军后，就采纳他的军师方望的建议，第一桩大事便是立庙祭祀汉高、文、武三帝，并与诸将割牲歃血而盟。盟誓特别强调一点："凡我同盟三十一将，十有六姓，允承天道，兴辅刘宗"；倘若有谁心"怀奸虑"，则听由"高祖、文皇、武皇俾坠厥命，厥宗受兵，族类灭亡"（《后汉书》本传）。

上述种种情况说明，"刘"这个姓在当时是一个极具号召力的符号，刘汉王朝在灭亡十余年后，依然是一座有着巨大开发价值的政治矿藏。之所以如此，就要说到上面引文中班彪说的另一点意思了：王莽"能窃号位，而不根于民"。西汉王朝的大厦虽然倒了，但其坚实的根基继续存在。分析起来，这个"根"主要由以下三个方面元素构成——

一是已成为天下第一豪族的刘氏宗室。由于皇室成员享有当时最优越的生活、教育和医疗条件，加之妻妾成群，因而刘氏家族在西汉两百余年间繁衍极为迅速。《汉书·诸侯王表》称："汉兴之初，海内新定，同姓寡少"；而至元始五年（公元5年）据一份诏书中对刘邦及他哥哥刘喜和弟弟刘交三个谱系"宗室子"所作的统计，已多达"十有余万人"（见《汉书·平帝纪》）。这个数字是惊人的，但仍是一个不完全的统计。刘邦还有一个长兄刘伯，早卒，其子刘信在高祖五年（公元前202年）被封为羹颉侯，史书未记其"亡后"，他也应有子孙的。此外，所谓"宗室子"通常指男性，不包括宗室女性成员。如果全都统计在内，刘氏宗族总人数估计不会少于二十万吧？据葛剑雄《中国人口发展史》考测，西汉前期人口年平均增长率为10%—12%；后期约为7%。而刘氏宗族的增长率即使按"十有余万人"估计，也要高达45%左右，即比全社会的平均增长率高出四五倍！更为重要的还不在数量，而是其社会地位和影响。宗室成员多数被封为诸侯王，其封国遍布关东关西，大江南北，全都成了雄踞一方的豪门大族。从刘邦多次对功臣赐以刘姓也可看出，在西汉两百余年间能有刘这个姓是何等的荣耀！王莽称帝后，虽接连采取将汉诸侯王改称为公，后又降为民，赐原汉宗室刘龚、刘嘉等三十二人以王姓，以及悉罢京师刘氏宗庙等措施，但刘氏在全国各地长期扎下的坚实根基不仅依然存在，其社会影响力还因新莽王朝的迅速败落而日益提高。

二是世受汉禄的官吏及其家人。《汉书·百官公卿表》有个汉官吏总数的统计："吏员自佐史至丞相，十二万二百八十五人。"其中不包括县以下的亭长、三老、有秩、啬夫、游徼等，那也是一个很大的数字，如单是亭长就有二万九千六百三十五人。汉时又有不少功臣受封为侯，并得世袭。如高帝时萧何任相国，封为酇侯，其爵位一直延续到王莽建新才绝。据以上框计，西汉两百年间，曾享受朝廷食邑或俸禄的，该是一支何等庞大的队伍！他们起而维护汉统，除了理性上对刘氏正统的认同，还有感性上世受朝廷俸禄的感恩。就像九章末节已介绍的那样，还在王莽称摄时，先父曾为汉相、自己历任三郡太守的翟义，就以聚众十余万的规模作了殊死反抗。至于对新莽表示不合作或反对的，粗略翻检了一下《汉书》，就有六七十人之多。如新都相孔休，与王莽曾是挚友，但当王莽入京专权，再要想见他时，孔休托病拒绝；王莽称帝欲召以为国师，孔休杜门谢客，竟呕血而死。哀帝时曾奏民有"七亡七死"（见九章二节）的谏大夫鲍宣，宁愿在狱中自杀，就是不肯附莽。大司空王崇、光禄大夫龚胜、太中大夫邴汉等，都在王莽专权时上书乞骸骨，罢官归里。南郡太守郭钦、兖州刺史蒋诩，一听王莽居摄，皆弃官自归。曾为郡掾祭酒的薛方，王莽征而不至，又以安车相迎，薛方辞谢说："尧舜在上，下有巢由[1]；今明主方隆唐虞之德，小臣欲守箕山之节也。"（《汉书·王贡两龚鲍传》）这些世受汉禄的官吏及其家人，在新末乱起时，自然大都在感情上以至行动上站到了农民起义军一边。

三是依旧怀念着刘汉的多数农民。作为汉帝国基础的农民，他们曾先后为秦末战乱、楚汉战争和对匈奴等周边战争承受过巨大牺牲，也曾参加过被称之为"盗贼并起"的对朝廷或官府的抗争，但当他们对新莽从寄望到失望以至绝望时，就会不由转过头去回望那个渐行渐远的大汉帝国，怀念起祖祖辈辈传说中的那些文景之世的富庶安乐，以及武帝时期的激情高扬的日子。新末起义军的主力是绿林军与赤眉军，二军主要由农民构成。按照一些学者的研究，农民大多数是由奴隶和部分自由民或没落的小奴隶主转化而来，作为一个阶级，大体形成于秦帝国建立前后。他们的生活史是与帝王集权制度联系在一起的，这个自他们出生起就笼罩在他们周围的存在，决定了他们的意识。因而他们造反的终极目的便是：如果自己不能做皇帝，那就选择一个好皇帝。就以赤眉军为例吧。在这支以樊崇为首领的起义军中，当年那个在诛灭诸吕中立了大功的城阳王刘章，是被作为降福祛邪的神灵来祭拜的。有人建议当立刘氏而共尊之，樊

---

[1] 巢由：传说中唐尧时高士，不愿出仕而隐居于箕山。箕山，在今河南登封东南。

崇马上就想到了刘章子孙,在军中一寻找,果然很快找到七十多人。于是就选了其中三个血缘最近的,用抓阄的办法,最后确定立十五岁的"牛吏"刘盆子为帝。偏是盆子几次哭哭啼啼地要退掉这个皇帝,情愿回去干他的老本行放牛。樊崇却总是恭恭敬敬地挽留,开口闭口"臣有罪"、"臣无状"、"臣负陛下"(《后汉书·刘盆子列传》)!这个五大三粗的草莽英雄之所以要对一个小男孩如此卑躬屈膝,唯一的原因就为他姓刘,可以充当汉帝国的象征。

因而不妨说,新莽末年的群雄逐鹿,同时也是争夺刘氏这座政治矿藏的一场大竞赛。刘秀最后能逐个削平群雄,独得全鹿,成为一统天下的共主,固然有绿林、赤眉二军为他造就了有利形势,他个人的胆略、才智以及辅将的得力等多方面的因素,但其中带有决定意义的,还应是他能最有效、最充分地开发和利用这座政治矿藏。

有这么一个细节。绿林军拥刘玄为更始帝,刘秀任太常偏将军,受命赴洛阳整修宫殿,以备建都。洛阳是东周故都,刘邦建汉初期也曾定都于此。洛阳人以身居于天子之都为荣,自视风雅,鄙薄俗制。因而当那些衣着粗劣、杂乱的更始军初次闯入这座皇城时,他们或是聚而在一旁讥笑,或是远远躲避不屑一顾。这一日洛阳街头忽而出现了数十个一律整齐地穿戴着汉制冠服的官员,立即引起两旁行人纷纷驻足而观,众人"皆欢喜不自胜。老吏或垂涕曰:不图今日复见汉官威仪"!后来得知这些都是刘秀带来的官吏,"由是识者皆属心焉"(《后汉书》本纪)。你看,刘秀只是用了几套汉制冠服,便收到了如此巨大的政治效果!

刘秀是在新末动乱中继刘玄、刘望、王郎后第四位称帝者。他称帝时,刘望、王郎已先后被杀,更始帝刘玄正在筹划攻打长安。刘秀是在鄗(今河北高邑)即帝位的,二帝并存,东西隔数千里之遥。刘秀学的是当年刘邦做下的榜样:群臣一再推拥,他却一让再让而至于三。有所不同的是,他还动用了据说是上天降下的一个叫《赤伏符》的符命。所谓符命当然是人编造出来的,只是是否由刘秀暗示或指使已无从稽考。共三句:"刘秀发兵捕不道,四夷云集龙斗野,四七之际火为主。"(《后汉书》本纪)"四七之际"与"三七之厄"一样是一道简单的数学题:$4 \times 7 \times 10 = 280$,指自刘邦建汉至刘秀初起,其间历经280年。"火为主"刘汉为火德,一度被王莽以土德篡夺,现在上天命刘秀仍以火德承续汉统[1]。既然上天已经下令,刘秀便以"皇天大命,不可稽留"(同上)为由,祭告天地,望祀群神,宣布即皇帝之位。建元为建武,称更始三年为建武元年(公元25年)。

几个月后,更始帝刘玄,兵败于赤眉军,降后被缢杀。

巧的是同在这一年,在巴蜀之地又冒出了一个皇帝,而且用的也是符命。

此人叫公孙述,汉时曾为清水长,新莽时任蜀郡太守。新朝一倒台,他又立即转

---

[1] 在汉属何德这一点上,符命编造者有个不小的疏忽。汉初曾有尚赤、尚黑、尚黄,也即火德、水德、土德多说,但却从未以诏令形式宣布过。至武帝封禅、改制,才正式确定汉尚黄,属土德。而以汉为火德,则是王莽出于革汉建新需要强自改定的。符命编造者既然要让刘秀承续汉统,按说就应以武帝正式确定的土德为准。

身傍上了汉,伪称有汉使从东方来,授任他为辅汉将军,兼蜀郡太守益州牧。一年后,看看关东依旧乱个不休,想到巴蜀之地有关山险阻颇可自守,有千里沃野足以自恃,还挂刘汉这块牌子做甚,索性自立为蜀王。这年四月一日黄昏,他在恍惚间看到殿内有条黄龙若隐若现,闪烁其光。恰好这天夜里他又做了个怪梦,梦中有人对他说了八个字:"八厶子系,十二为期。"他以为这些都是上天降下的符命,便忍痛在自己手掌上刻了"公孙帝"三个字,又急命几个智囊人物为他可以继汉称帝从古籍中找点根据出来。根据果然很快找到了,那是一些说神道鬼的谶纬书,其中有一部里明明白白写着:"孔子作《春秋》……而断十二公。"既然连《春秋》也断于十二公,那就说明:"汉至平帝十二代,历数尽也,一姓不得再受命"[1]。于是便举行隆重典礼,宣布"自立为天子,号成家,色尚白,建元曰龙兴元年"(《后汉书》本传)。

这是一场有趣的"符命之战"。

东边刘秀的符命说:"刘秀发兵捕不道","四七之际火为主"。汉统历经280年后,火德复兴,由我刘秀把它前后连接起来。

西边公孙述的符命说:"汉至十二历数尽","一姓不得再受命"。你姓刘的已做了十二世皇帝,气数早尽,应当换姓了,该由我公孙述来当这个皇帝!

两人打出的牌完全相反:刘秀要连续汉统,公孙述要切断汉统。

一续一断,一东一西,断断续续一直争战到建武十一年(公元35年),"续"胜"断"败的结局才开始浮出水面。

在此前后,其余诸路反莽英雄已相继被降服或歼灭,包括先后称帝的刘婴、刘盆子、刘永、孙登、李宪等,也已不复存在。

这年十二月,刘秀命大司马吴汉统兵西征,向公孙述发起最后决战。次年正月攻打武阳,七月破广都,十一月大战成都获得大胜,公孙述被创而死。作为统帅的吴汉,为庆贺此次完胜又做了两件事:"屠成都,夷述宗族。"(《后汉书·光武帝纪》)就是说不仅杀了公孙述全族,还血洗了整个成都城。正是在这一片血光中,刘秀最终成就了他的统一大业,实现了十二年前符命所说的汉统的复归,刘氏前后四百年基业的对接。

所谓符命自然是虚妄的,但在虚妄背后,我们还是可以看到千千万万人的意愿。你不能不承认,这并非全是个别称王称帝者的意志使然,它应是一种历史的选择。

英国著名历史学家阿诺德·汤因比在他的代表作《历史研究》第三章中,专门研究了希腊与中国两种不同的历史发展模式。他所说的希腊模式大略相等于我国周代的帝王封建制,即有统一的文化认同,政治上各封国相对独立;中国模式则指我国自秦起所行的帝王集权制,文化和政治都实现高度统一。汤因比认为这两种模式各有长短,

---

[1]以上均据《后汉书·公孙述列传》。其中有些词句,略作解释。八厶子系:即"公孙";孙,繁体作"孫"。十二为期:或可作两解:一、公孙述可为帝十二年;二、指下文所说"汉至平帝十二代"。《春秋》断于十二公:相传为孔子所著的《春秋》,是一部编年体史书,以鲁国自隐公至哀公十二公为序,故称"断于十二公"。汉至平帝十二代:汉自高帝至平帝共十一帝,加吕后共十二代。

互见利弊。接着他作了这样论述——

希腊模式广泛适用于各文明史的早期阶段，中国模式则广泛适用于各文明史的晚后阶段。我们可以把中国模式同希腊模式的早期阶段结合在一起，组建成一个改良的模式。这一文明史的组合模式显示这些社会在开始时存在着文化统一，却没有政治统一。这种政治局面有利于社会和文化的进步，但代价是地方各国之间连绵不断的战争。随着这个社会的成长壮大，这种战争变得越来越惨烈，迟早要引起社会的崩溃。在旷日持久的"麻烦时期"过后，混乱局面为一个大一统国家的建立所治愈。这个统一国家周期性地陷入无政府状态，但无论这类中间期长短与否，它们总会被政治统一所克服。在最初的统一过去以后，一定有某种强大的力量维持着这种治乱交替的过程。统一被修复的现象一而再、再而三地发生，甚至在极为漫长混乱、以致传统上可能认为无法修复的"中间期"过去之后，仍会恢复统一。

读汤因比的这段统一一再被破坏又一再获得修复的论述，不由人想起《三国演义》头里那句在我国几乎老少皆知的开场白——

话说天下大势，分久必合，合久必分。

东汉王朝的建立，标志着新一轮分后之合的开始。这一"合"，使西、东两汉前后四百余年成为一个整体，成为显示帝王集权制度生命活力的一个强大而坚实的存在，成为象征正统观念的一个崇高而神圣的典范。所有这一切，都对中国此后千百年历史产生极其深远的、包括正面和负面的双重影响。

不过无论如何，所谓"蝉蜕蛇解，游于太清"（《淮南子·精神训》）；所谓"君子豹变，小人革面"（《周易·革卦》），大凡社会经过一次大的变革，总会出现一些新气象，给人带来新的希望。对生活在一至三世纪的中国人来说，君临着他们的东汉王朝，大多数时间政治还算清明，社会也较为安宁，相对于西汉末世称得上是一次"复兴"。既然如此，那就让我们与那时的先祖们一起对又一个刘汉王朝的诞生表示庆贺吧！

汉王国和汉帝国大事年表

(公元前206年~公元8年)

公元前206年　汉王元年
刘邦入咸阳，秦王子婴降。刘邦还军霸上，与父老"约法三章"。／项羽击破函谷关，进屯新丰、鸿门。／刘邦赴鸿门宴，侥幸脱险。／项羽杀子婴，屠咸阳，烧宫室。／项羽尊楚怀王为义帝，自立为西楚霸王，都彭城；封刘邦等十八王。刘邦为汉王，王巴、蜀、汉中，都南郑。／项羽旋废杀韩王成。／田荣逐走田都，攻杀田市，自为齐王。又击杀田安。／臧荼杀韩广，并其地。／汉王以萧何为丞相，因萧何的推荐，拜韩信为大将，还定关中。／项羽以郑昌为韩王拒汉，引兵攻齐。／赵佗自立为南越武王。

公元前205年　汉王二年
项羽使人杀义帝。／项羽攻齐，杀田荣，立田假为王。田荣弟横起兵，立荣子广为齐王。／陈余袭破张耳，张耳投汉。／陈余复立赵歇为赵王。／汉王东进。降河南王申阳、魏王豹，俘殷王司马卬。以韩信为韩王（称韩王信）。／陈平投汉王。／汉王为义帝发丧，讨项羽，率诸侯兵五十六万入彭城。／项羽以三万人自齐南下破汉军，汉王败逃。／田横逐田假，尽有齐地。／魏王豹叛汉。／汉使韩信破魏掳豹。／汉王立刘盈为太子。

公元前204年　汉王三年
韩信破赵降燕。／黥布从随何说而投汉。／陈平行反间计，项羽疑范增等，增怒而辞去，病死于途。／荥阳围急。汉王以纪信伪装汉王出城降楚，乘间逃脱。／汉王入关中收兵。／彭越游兵于楚后方。／项羽破彭越，西还，破荥阳成皋。／郦食其说齐王附汉。

公元前203年　汉王四年
韩信破齐，齐王烹郦食其。／汉重占成皋，屯军广武；项羽还至广武，与汉相持。／项羽遣龙且救齐，韩信以计大破楚军。田横自立为齐王，复为汉所破，逃依彭越。／汉立张耳为赵王。／韩信请为假齐王，汉因封信为齐王。／武涉、蒯彻先后说韩信三分天下，信不听。／楚汉议和，以鸿沟为界。／项羽东归彭城；张良、陈平劝汉王追杀项羽。

公元前202年　汉高祖五年
汉王追项羽至固陵，因韩信、彭越不来会合而败。用张良言，许二人封地，两军始至。／项羽至垓下，被围，突围南走，至乌江，乃自刎。改立韩信为楚王；立彭越为梁王。二月，汉王即皇帝位，谥号高皇帝，庙号太祖，史称高祖。初都洛阳，后从娄敬（即刘敬）言迁都长安。／召田横赴洛阳，横于途中自杀，岛上五百壮士皆以身殉。／燕王臧荼反，汉掳臧荼，封卢绾为燕王。／修长乐宫（原秦兴乐宫）。

公元前201年　汉高祖六年
用陈平计，执韩信，降以为淮阴侯。／封诸功臣为侯。／封刘贾等同姓王。／时匈奴强大，冒顿单于尽夺河南地。／是秋，匈奴围马邑，韩王信降匈奴。

公元前200年　汉高祖七年
长乐宫落成。／行朝仪，高帝谓今乃知皇帝之贵。／高帝亲率军击匈奴，被冒顿围于白登七日，用陈平计始得出。／是年，始筑未央宫。

公元前199年　汉高祖八年

匈奴攻扰北方。/刘敬奏议和亲。

公元前198年　汉高祖九年
使刘敬赴匈奴结和亲约。/赵王张敖因贯高等谋害高帝事,降为宣平侯。以代王如意为赵王。

公元前196年　汉高祖十一年
韩信被人告与陈豨通谋欲反,吕后、萧何诱杀韩信,并夷三族。/彭越被诬谋反,遭族。/以刘恒为代王。恒即文帝。遣陆贾使南越,封赵佗为南越王。/陆贾与高帝对论马上得天下、治天下。/黥布举兵反,高帝带兵击黥布。

公元前195年　汉高祖十二年
黥布兵败,走江南,被杀。/高帝还过沛,因作《大风歌》。/封刘濞为吴王。/卢绾反,兵败,逃入匈奴。/四月,高帝死。五月,太子刘盈即位,是为惠帝。

公元前194年　汉惠帝元年
吕后毒杀刘如意,残害戚夫人为"人彘"。惠帝见之大哭,不治政事。/始筑长安城。

公元前193年　汉惠帝二年
萧何死。曹参为相国。

公元前192年　汉惠帝三年
匈奴冒顿单于致吕后"嫚书"。吕后畏匈奴,用季布言卑辞复之。/以宗室女为公主,嫁单于。

公元前190年　辛亥　汉惠帝六年
以王陵为右丞相,陈平为左丞相;以周勃为太尉。

公元前188年　丑癸　汉惠帝七年
八月,惠帝死。立假子刘恭为少帝。高后吕雉临朝称制。

公元前187年　汉高后元年
吕后欲封诸吕为王,王陵持异议,罢相。以陈平为右丞相,审食其为左丞相。/废除秦夷灭三族罪及"妖言"令。/封吕台为吕王,吕禄为胡陵侯。

公元前184年　汉高后四年
吕后杀少帝,立惠帝另一假子刘义为少帝,改名弘。

公元前180年　汉高后八年
吕后病重。以吕禄居北军,吕产居南军,以防大臣为变。七月,吕后死。遗诏以吕产为相国。/齐王刘襄举兵讨吕氏。吕产等遣灌婴击齐。婴至荥阳屯兵不进,与齐连和。太尉周勃诈以帝命入北军。勃与陈平、刘章等尽诛诸吕。大臣议迎立刘恒。/九月,刘恒即位,是为文帝。

公元前179年　汉文帝前元元年
周勃为右相,陈平为左相,灌婴为太尉。/勃请免,陈平乃独为丞相。/诏废除《收孥相坐令》/立刘启为皇太子。/诏赈贷鳏、寡、孤、独、穷困之人。/吴公荐贾谊,文帝召为博士。谊一年中升至太中大夫。

公元前178年　汉文帝前元二年
丞相陈平死。周勃为丞相。/文帝征求直言。贾山、贾谊等皆有奏。/文帝耕"籍田"劝农,赐民当年田租减半。/废除诽谤、妖言之罪。

公元前177年　汉文帝前元三年
周勃免相就国。以灌婴为丞相。/匈奴入居河南,攻扰上郡边地。命灌婴率兵击退之。/刘兴居反,败死。

公元前176年　汉文帝前元四年
丞相灌婴死。以张苍为丞相。/贾谊出为长沙王太傅。/有告周勃欲反。勃被捕下狱,旋得释。

公元前175年　汉文帝前元五年
除盗铸钱令,使民得自铸。

公元前174年　汉文帝前元六年
刘长反,谪迁蜀地,途中绝食死。/匈奴冒顿单于死,子稽粥立,号老上单于。/文帝以宗室女嫁单于,使宦者中行说从往。中行说怨汉,降匈奴。

公元前173年　汉文帝前元七年
贾谊上《治安策》。

公元前172年　汉文帝前元八年
封刘长四子为列侯。

公元前171年　汉文帝前元九年

遣晁错往齐从伏生治《尚书》。伏生所传《尚书》以汉时通行隶书书写,后称"今文经"。

公元前 169 年　汉文帝前元十一年
匈奴攻扰狄道。／晁错奏议募民实塞,且耕且战,以御匈奴。文帝从之。

公元前 168 年　汉文帝前元十二年
十二月,河决酸枣,东溃金堤。／晁错言农民困苦,商人富厚,主张募民入粟,得以拜爵、除罪,籍以贵粟。文帝从之。／贾谊死。

公元前 167 年　汉文帝前元十三年
齐淳于意有罪,女缇萦上书愿代父受刑。文帝诏废肉刑。

公元前 166 年　汉文帝前元十四年
匈奴十四万骑入塞。／汉发兵屯长安及左近三郡。文帝欲亲征,以群臣谏及太后劝阻乃止。匈奴留塞月余,大掠人畜而去。

公元前 165 年　汉文帝前元十五年
以公孙臣为博士,起草改制事。／始用方士新垣平。／是年,举贤良直言极谏。晁错对策高第,言削藩等事。

公元前 164 年　汉文帝前元十六年
新垣来平使人献玉杯,又为种种妖妄事。文帝信为祥瑞,改明年为元年。

公元前 163 年　汉文帝后元元年
新垣平骗局败露,被诛夷。

公元前 162 年　汉文帝后元二年
匈奴连年侵扰,云中、辽东损失最重。文帝致书单于,复和亲之约。／丞相张苍免。申屠嘉为丞相。

公元前 161 年　汉文帝后元三年
匈奴老上单于死,子军臣单于立。

公元前 158 年　汉文帝后元六年
匈奴大入上郡、云中,杀掠甚众。／文帝遣诸将分屯诸要塞,并亲往劳军,以周亚夫细柳军最严整,拜以为中尉。

公元前 157 年　汉文帝后元七年
六月,文帝死。／皇太子刘启即位,是为景帝。

公元前 156 年　汉景帝前元元年
遣使与匈奴和亲。／复收民田半租,三十而税一。／文帝以加笞代肉刑,多死。此年减笞数。

公元前 155 年　汉景帝前元二年
丞相申屠嘉死。以陶青为丞相,晁错为御史大夫。／错多次进言削藩。

公元前 154 年　汉景帝前元三年
吴楚七国以"清君侧"杀晁错为名,举兵反叛。汉以周亚夫为太尉,击吴、楚。／景帝听袁盎言,杀晁错以谢七国,吴、楚等国仍不肯罢兵。／周亚夫破吴、楚军,乱平。

公元前 150 年　汉景帝前元七年
丞相陶青免。以周亚夫为丞相。／废皇太子荣为临江王。立王夫人为皇后,立刘彻为皇太子。／窦太后欲以刘武为嗣,因袁盎等反对而止。

公元前 148 年　汉景帝中元二年
刘荣因侵太宗庙地事受审,自杀。／刘武使人杀袁盎等。

公元前 147 年　汉景帝中元三年
周亚夫免相,以刘舍为丞相。

公元前 144 年　汉景帝中元六年
刘武入朝,归国后死。

公元前 143 年　汉景帝后元元年
丞相刘舍免,以卫绾为丞相。／周亚夫被诬谋反,下狱绝食死。

公元前 142 年　汉景帝后元二年
故制,有资十算方得为官,是年改为四算。

公元前 141 年　汉景帝后元三年
正月,景帝死。皇太子刘彻即位,是为武帝。

公元前 140 年　汉武帝建元元年
诏举贤良方正直言极谏之士。丞相卫绾请罢所举贤良中治申、韩、苏、张言者,武帝从之。卫绾旋免相,以窦婴为丞相,田蚡为太尉。／历史记载用年号始于此年。

公元前 139 年　建元二年
窦太皇太后喜黄、老,恶儒者。丞相窦婴、

太尉田蚡均免。／武帝在平阳公主家得歌者卫子夫。其同母弟卫青也随同入宫。

公元前138年　建元三年
闽越围东瓯，东瓯求救。武帝使庄助发会稽兵浮海往救。／张骞应募使西域，中途为匈奴所执。／是年，武帝常微出行游猎。命吾丘寿王等扩建上林苑。

公元前135年　建元六年
太皇太后窦氏死。／田蚡任丞相。／南越遣太子婴齐入宿卫。／匈奴求和亲。王恢以匈奴屡背约，主战；韩安国主许和亲。群臣多附安国，武帝从之。

公元前134年　武帝元光元年
诏贤良文学对策。董仲舒以《天人三策》对，提出后人概括为"罢黜百家，独尊儒术"建议。／以李广为骁骑将军，屯云中；程不识为车骑将军，屯雁门，防匈奴。

公元前133年　元光二年
聂壹建议诱匈奴入边，伏兵袭击。王恢赞成，韩安国反对，武帝从恢议。／命韩安国、李广等五将军统兵三十万匿马邑旁谷中，遣聂壹诱敌。谋泄，单于退去。／王恢下狱自杀。／匈奴攻扰更甚。

公元前132年　元光三年
春，河决顿丘；夏，又决濮阳瓠子，泛滥十六郡。塞之又坏。田蚡为利己，奏不复塞。灌夫忤田蚡。／借故捕夫，窦婴上书救之。灌夫、与田蚡相攻讦。武帝因太后故，族诛灌夫，案治窦婴。

公元前131年　元光四年
杀窦婴。／田蚡病死。／薛泽为丞相。

公元前130年　元光五年
陈皇后以巫蛊罪被废，居长门宫。张汤治此案，杀女巫楚服等三百余人。／张汤与赵禹共定律令。

公元前129年　元光六年
匈奴攻扰上谷，杀掠吏民。／命卫青等四将军分道出击。卫青兵直至龙城，大胜，封关内侯。李广战败被俘，夺马逃还，免为庶人。／修渭渠供漕运，关中大便利。

公元前128年　汉武帝元朔元年
卫夫人生皇子刘据，旋即立为皇后。／匈奴入辽西、渔阳、雁门，杀掠甚众。／复用李广为右北平太守。匈奴称广为"飞将军"。／卫青、李息分道击匈奴，卫青军获胜。

公元前127年　元朔二年
用主父偃策，颁《推恩令》。／匈奴攻扰上谷、渔阳。遣卫青、李息出击，逐走白羊、楼烦王，取河南地。／主父偃奏请徙郡国豪杰及资三百万以上者于茂陵。／主父偃为齐相，治齐王淫乱事甚急。王自杀，偃族诛。

公元前126年　元朔三年
匈奴军臣单于死，其弟左谷蠡王伊稚斜自立为单于。／张骞出使西域归，拜大中大夫。前后共经十三年。／匈奴攻扰代郡等。

公元前124年　元朔五年
薛泽免相，以公孙弘为丞相。／命卫青辖苏建等军出朔方，李息等出右北平，攻匈奴右贤王。大胜，即于军中拜卫青为大将军。／为博士官置弟子五十人，复其身。

公元前123年　元朔六年
卫青率六将军兵出定襄击匈奴。霍去病以功封冠军侯。／因军费不足，使民得买爵及赎罪。

公元前122年　汉武帝元狩元年
淮南王刘安、衡山王刘赐谋反案发，二王自杀,牵连死者数万人。／立刘据为皇太子。／重开西南夷。

公元前121年　元狩二年
丞相公孙弘死。李蔡为丞相。／霍去病出陇西，深入击匈奴。俘获浑邪王子等，得休屠祭天金人。／霍去病、公孙敖分道出北地，张骞、李广分道出右北平。去病越居延，至祁连山，大捷。李广力战，因伤亡多，无赏。公孙敖、张骞均以留迟误期当斩，赎为庶人。／匈奴浑邪王杀休屠王，率众降汉。汉尽有从金城河西直至盐泽之地。

公元前120年／元狩三年
山东大水，迁贫民于关以西及朔方以南七十余万口。／立乐府官，以李延年为协律都尉。／匈奴攻扰右北平、定襄。／用白鹿皮造皮币，值四十万；用银、锡造白金三品，分别值三千、五百、三百。

公元前119年　元狩四年
以东郭咸阳、孔仅为大农丞，领盐铁专卖事，禁止私营。／令商人自报资产，每缗钱二千出一算。／卜式捐资击匈奴，拜为中郎。／卫青、霍去病大出兵击匈奴，李广等皆属之。／卫青越漠，破单于兵，单于逃去。霍去病出代、右北平二千余里，封狼居胥山。从此漠南无王庭。汉士卒死者数万，马十万余。／将军李广迷失道，被责令受审，广愤而自杀。／张骞奉使赴乌孙，是为第二次使西域。／方士少翁作伪事泄，被杀。

公元前118年　元狩五年
丞相李蔡有罪，自杀。庄青翟为丞相。／罢三铢钱，铸五铢钱。汉币制始定。

公元前117年　元狩六年
命杨可主"告缗"。张汤奏以"腹诽"杀颜异。"腹诽"从此成为案例。／霍去病死。年号可能始于此年，并追定此前建元、元光、元朔等年号。

公元前115年　汉武帝元鼎二年
丞相庄青翟惧为张汤所害，与人共谋陷汤于罪。汤自杀。事泄，青翟等亦死。／以赵周为丞相。／废白金三品；禁郡国铸钱，专令上林三官铸钱，非三官钱不得流通。此后私铸无利。／张骞从乌孙还汉，拜为大行。骞在乌孙时，分遣副使赴于阗、大宛、康居、大月氏、安息、身毒等国，"丝绸之路"从此开通。／在河西置酒泉郡，后又置武威、张掖、敦煌三郡。

公元前114年　元鼎三年
移函谷关于新安，以旧关为弘农县。／关东十余郡国饥荒，人相食。／令民告缗者，可得被告资产之半。告缗结果：得民财物以亿计，奴婢以千万数，田大县数百顷，小县百余顷，宅亦如之。商贾中家以上大抵破。／匈奴伊稚斜单于死，子乌维单于立。

公元前113年　元鼎四年
在汾阳立后土祠。／闻汾阳得大鼎，令迎至甘泉宫，因追改年号为元鼎。／召南越王兴入朝内属。

公元前112年　元鼎五年
南越相吕嘉拒朝，起兵反。／汉遣路博德、杨仆等击南越。／匈奴入五原，杀太守。／丞相赵周下狱自杀。／以石庆为丞相。

公元前111年　元鼎六年
杨仆出豫章，路博德出桂阳。两军至番禺，俘吕嘉等。以其地为南海、苍梧等九郡。／夜郎侯入朝，封夜郎王。／卜式为御史大夫。召儿宽议封禅事。

公元前110年　汉武帝元封元年
武帝率十八万骑巡行北边，以威慑匈奴。／贬卜式为太子太傅，以儿宽为御史大夫。／以桑弘羊为治粟都尉，领大农，掌盐铁；在地方置均输，在京师置平准。／封禅泰山，／太史令司马谈死。谈撰史未成，子司马迁继承其事。

公元前109年　元封二年
塞瓠子黄河决口。／因公孙卿言仙人喜楼居，大修宫观。／遣杨仆、荀彘击朝鲜。

公元前108年　元封三年
赵破奴掳楼兰王，遂破车师。／朝鲜归汉，置乐浪等四郡。

公元前107年　元封四年
武帝北巡。／汉与匈奴议和亲，无果。匈奴屡袭汉边。

公元前106年　元封五年
武帝南巡。望祀虞舜于九疑山。／设十三部刺史。／卫青死。

公元前105年　元封六年
以宗室女细君嫁乌孙昆莫／匈奴乌维单于死，子乌师庐立，号"儿单于"。

公元前 104 年　汉武帝太初元年
　　武帝东巡至海滨,所派入海求仙方士,均无所获。／修造建章宫。／公孙卿、壶遂、司马迁等共造《太初历》。／以李广利为贰师将军,击大宛。／董仲舒可能死于是年。

公元前 103 年　太初二年
　　李广利军败还敦煌。／赵破奴击匈奴。／丞相石庆死,以公孙贺为丞相。

公元前 102 年　太初三年
　　武帝东巡海上,求神仙,均无验。／匈奴儿单于死,其叔呴犁湖为单于。博德筑居延泽上。／匈奴大入定襄、云中,又入酒泉、张掖。发兵击之。／发"七科谪"等由李广利统领击大宛,杀其王,另立新王。

公元前 101 年　太初四年
　　李广利军还。从此自敦煌西至盐泽往往起亭,轮台、渠犁有田卒,置使者、校尉。／匈奴呴犁湖单于死,弟且鞮侯嗣立,向汉求和。

公元前 100 年　汉武帝天汉元年
　　因连年苦旱,改元天汉,以祈甘雨。／苏武出使匈奴被扣,拒降,徙牧羊。

公元前 99 年　天汉二年
　　李陵自请击匈奴,为被单于所围,败降。／司马迁言陵降非本意,遭腐刑。／时关东民变纷起,因颁《沉命法》。

公元前 98 年　天汉三年
　　初榷酒酤。／武帝修封泰山。／匈奴入雁门。

公元前 97 年　天汉四年
　　李广利、韩说、公孙敖分道击匈奴。

公元前 96 年　汉武帝太始元年
　　匈奴且鞮侯单于死,子狐鹿姑嗣立。

公元前 94 年　太始三年
　　武帝东巡,至成山拜日,登芝罘,浮大海而还。／钩弋夫人生皇子刘弗陵。／江充因告密得武帝召见,拜直指绣衣使者。

公元前 92 年　汉武帝征和元年
　　丞相公孙贺为救子自请捕大侠朱安世,获,反受其诬。巫蛊案从此起。

公元前 91 年　征和二年
　　杀公孙贺父子,灭族。／武帝住甘泉,病。江充言病在巫蛊,遂受命治巫蛊狱。／充诬称在太子宫得木人最多。太子刘据急,杀江充,发卫卒。／武帝还建章宫,命丞相刘屈氂发兵击太子。／刘据兵败逃亡,自杀。／卫皇后被废,自杀。／是年,匈奴入上谷、五原,杀掠吏民。

公元前 90 年　征和三年
　　命李广利等分道击匈奴。／刘屈氂与李广利共谋立刘髆为皇储及屈氂妻咒诅上两案齐发。武帝杀屈氂,捕广利妻、子。／李广利闻而欲深入求功以自免。匈奴破汉军,广利降。／巫蛊案渐白,田千秋上书为故太子讼冤。武帝任千秋为大鸿胪,族灭江充。

公元前 89 年　征和四年
　　武帝至东莱,欲浮海求神仙,因风浪而止。／田千秋请罢斥遣散方士,武帝从之。／以千秋为丞相,封富民侯。桑弘羊等曾上书请增轮台屯田吏卒,武帝因下诏拒所请,史称《轮台诏》。从此不再出兵、扰民。／以赵过为搜粟都尉,行养民富民之策。／李广利在匈奴为卫律所谮,被杀。

公元前 88 年　汉武帝后元元年
　　江充余党马何罗谋刺武帝,被金日磾等擒杀。／武帝将立刘弗陵为嗣,杀其母钩弋夫人。

公元前 87 年　后元二年
　　武帝死。子刘弗陵立,是为昭帝。／霍光、金日磾、上官桀等受遗诏辅政。

公元前 86 年　汉昭帝始元元年
　　燕王刘旦以不得立,谋反。事泄,杀其党。／金日磾死。

公元前 85 年　始元二年
　　因连年多灾,免此年田租。／匈奴狐鹿姑单于死,子壶衍鞮单于立。左贤王、右谷蠡王拒之。匈奴始衰。

公元前 83 年　始元四年
　　立皇后上宫氏,年六岁。

公元前 82 年　始元五年
令举贤良文学。杜延年劝霍光修孝文时政，光纳其言。

公元前 81 年　始元六年
诏问郡国所举贤良文学民间疾苦，与桑弘羊等论辩盐铁之事。后桓宽集为《盐铁论》。匈奴释苏武还汉。被拘十九年。

公元前 80 年　汉昭帝元凤元年
上官桀父子、桑弘羊等与盖长公主、燕王旦谋杀霍光，废昭帝，立燕王为帝。谋泄。上官桀父子、弘羊等族诛，长公主、燕王自杀。／匈奴攻扰汉边。汉兵追击，俘瓯脱王。

公元前 79 年　元凤二年
匈奴畏汉，在余吾水上造桥，以备奔走。／令郡国免此年马口钱。

公元前 78 年　元凤三年
泰山有大石自起立，上林有枯柳复生。眭弘据以上书谓汉当求贤禅让，以妖言罪被杀。／以百姓遭水灾，停明年漕。

公元前 77 年　汉元凤四年
昭帝加冠，免前欠缴更赋。／田千秋死。／傅介子至楼兰，斩其王，立其弟尉屠耆为王。

公元前 74 年　汉昭帝元平元年
四月，昭帝死。迎立昌邑王刘贺继位，立二十七日废之。霍光等定议立刘病已（后改名询），七月即位，是为宣帝。／丞相杨敞死，蔡义为丞相。／立许氏为皇后。

公元前 73 年　汉宣帝本始元年
霍光请归政，宣帝不受。／免此年田租赋。／追定故太子刘据谥曰戾。

公元前 72 年　本始二年
乌孙为匈奴所侵，求救于汉。汉发五将军兵击之。

公元前 71 年　本始三年
霍光夫人使女医毒杀许皇后。／丞相蔡义死，韦贤为丞相。

公元前 70 年　本始四年
立霍光女为皇后。／是年四月壬寅，郡国四十九处同日地震。

公元前 68 年　汉宣帝地节二年
霍光死。宣帝亲政。以张安世为大司马、车骑将军、领尚书事。／魏相上书，请损诸霍之权。／匈奴壶衍鞮单于死，弟虚闾权渠单于立。

公元前 67 年　地节三年
立刘奭为皇太子。以魏相为丞相。／命吏民奏封事可不经尚书，以削霍氏之权。／霍氏亲族领兵者悉罢，改用许、史子弟。／郑吉发西域兵击车师。车师王逃往乌孙。

公元前 66 年　地节四年
霍氏阴谋废宣帝。事泄，皆诛灭。霍后废，十二年后自杀。

公元前 65 年　汉宣帝元康元年
莎车呼屠征杀其王自立。汉使冯奉世发诸国兵破之。呼屠征自杀。

公元前 64 年　元康二年
诏令二千石勿用"分破法律、出入人罪"之吏。／免收此年租赋。

公元前 61 年　汉宣帝神爵元年
赵充国破先零羌，留步兵击田。是年，充国已七十六岁。

公元前 60 年　神爵二年
羌首多降。罢屯兵。／匈奴虚闾权渠单于死。此后匈奴更弱。

公元前 59 年　神爵三年
丞相魏相死。丙吉为丞相。

公元前 57 年　汉宣帝五凤元年
匈奴出现五单于并立混乱局面。

公元前 56 年　五凤二年
匈奴贵族多人率部降汉。

公元前 55 年　五凤三年
丞相丙吉死。黄霸为丞相。／置西河、北地属国以置匈奴降者。

公元前 54 年　五凤四年
以边塞无事，减戍卒十分之二。／杨恽因致友人信有怨望言又会有日蚀，被腰斩。

恽系司马迁外孙，曾奏请准《史记》流布。

公元前 53 年　汉宣帝甘露元年
宣帝谓皇太子刘奭汉家制度"本以霸王道杂之"。／匈奴呼韩邪单于、郅支单于先后朝汉，遣子入侍。／乌孙乱。冯夫人秉汉命分立大小二昆弥。

公元前 51 年　甘露三年
丞相黄霸死。于定国为丞相。／令诸儒于石渠阁讲论《五经》同异，宣帝亲自临决。乃立梁丘《易》、大小夏侯《尚书》、《谷梁春秋》博士。／宣帝因"思肱股之美"，设麒麟阁，图画功臣，有霍光等十一人。

公元前 49 年　汉宣帝黄龙元年
匈奴呼韩邪单于朝汉。郅支以汉助呼韩邪而率部西迁，都坚昆。／十二月，宣帝死。皇太子刘奭即位，是为元帝。

公元前 48 年　汉元帝初元元年
关东十一郡国大水，渤海水大溢，饥荒，或有人相食者。令运钱谷救济。／征王吉、贡禹入京。吉病死。贡禹至，劝元帝改变武帝以来奢侈之习。

公元前 47 年　初元二年
宦官弘恭、石显从宣帝时典事，为元帝信任。萧望之被诬下狱，自杀。

公元前 44 年　初元五年
用贡禹言，罢盐铁官、常平仓等；博士弟子不限员数，以广学者。／匈奴郅支单于杀汉使谷吉，西迁康居，侵乌孙。

公元前 43 年　汉元帝永光元年
四月，"日黑居仄"，即太阳有黑子。九月，严霜杀稼。／丞相于定国，大司马、车骑将军史高，御史大夫薛广德均以灾异辞官。

公元前 42 年　永光二年
以韦玄成为丞相，郑弘为御史大夫。

公元前 41 年　永光三年
因用度不足，复置盐铁官，限博士弟子员额为一千人。

公元前 40 年　永光四年
召用儒者周堪、张猛。为石显和外戚许、史所不满，屡用屡贬。是年进用后，堪即病死，猛遭石显诬害致死。

公元前 38 年　汉元帝建昭元年
元帝至虎圈。有熊出圈欲上殿，冯婕妤独以身当之。

公元前 37 年　建昭二年
京房奏"考功课吏法"，朝臣多以为不可行。房与元帝言灾异，谓天变由任用石显等所致。显诬以"诽谤政治，归恶天子"，下狱弃市。

公元前 36 年　建昭三年
丞相韦玄成死。以匡衡为丞相。／甘延寿、陈汤发城郭诸国兵及屯田吏士，攻郅支单于，城破，杀郅支。

公元前 33 年　汉元帝竟宁元年
匈奴呼韩邪单于朝汉，愿为汉婿。元帝以后宫王嫱（即王昭君）赐之。／五月，元帝死。六月，皇太子刘骜继位，是为成帝。／以王凤为大司马、大将军、领尚书事。王氏专权自此始。

公元前 32 年　汉成帝建始元年
免石显官。显还济南，死途中。／封王崇侯，王谭、王商、王立、王根、王逢时为关内侯。

公元前 31 年　建始二年
匈奴呼韩邪单于死，子复株累若鞮单于立，复妻王昭君。

公元前 30 年　建始三年
是秋关内大雨四十余日，京师谣传大水将至，秩序大乱。／丞相匡衡因多取封邑土地事免为庶人。

公元前 29 年　建始四年
罢中书宦官，初置尚书，员数五人。／以王商为丞相。／是秋，大雨十余日，河决东郡金堤，灌兖、豫四郡三十二县。

公元前 28 年　汉成帝河平元年
杜钦荐王延世使塞决河。三十六日，河堤成。

公元前 27 年　河平二年
悉封王谭、王商、王立、王根、王逢时为侯，时称"五侯"。

公元前 26 年　河平三年
　　命刘向校经传、诸子、诗赋，任宏校兵书，尹咸校数术，李柱国校方技。／刘向上《洪范五行传论》。／河又决于平原。再派王延世往塞。

公元前 25 年　河平四年
　　王商免相，病死。以张禹为丞相。

公元前 24 年　汉成帝阳朔元年
　　帝欲用刘歆为中常侍，为大将军王凤所阻。／帝欲以冯野王执政，为太后所阻。王凤藉端免野王官。／王章因推荐冯野王及言凤专权事，以"大逆"罪死狱中。

公元前 23 年　阳朔二年
　　王氏愈盛。刘向上封事极谏，谓"事势不两大，王氏与刘氏亦且不并立"。／是秋，关东大水。

公元前 22 年　阳朔三年
　　王凤死。以王音为大司马、车骑将军。

公元前 21 年　阳朔四年
　　乌孙内乱。西域各国上书请再用段会宗为都护，从之。城郭诸国闻之均亲附。

公元前 20 年　汉成帝鸿嘉元年
　　成帝时出微行，斗鸡走马。／丞相张禹以老病罢。以薛宣为丞相。

公元前 18 年　鸿嘉三年
　　许皇后为赵飞燕姐妹所谮，被废黜。

公元前 16 年　汉成帝永始元年
　　封王莽为新都侯。／立赵飞燕为皇后，妹为昭仪。／刘向撰《列女传》，为《新序》、《说苑》，奏上。

公元前 15 年　永始二年
　　王音死。以王商为大司马、卫将军。／薛宣免相。翟方进为丞相。

公元前 14 年　永始三年
　　尉氏人樊并等十三人起义，杀陈留太守，称将军，旋败。／山阳铁官徒苏令等二百二十八人起义，令称将军，经历十九个郡国而败。

公元前 12 年　汉成帝元延元年
　　王商死。以王根为大司马、骠骑将军。／谷永、刘向等因灾异上言，谏王氏专权事。朱云请斩阿顺王氏佞臣，抵死强谏，槛为之折。

公元前 8 年　汉成帝绥和元年
　　立刘欣（成帝之侄）为皇太子。／建三公官。赐王根大司马印绶，以何武为大司空，与丞相共为三公。／王根病免。王莽为大司马。

公元前 7 年　绥和二年
　　三月，成帝死。／赵昭仪自杀。／孔光为丞相。／四月，皇太子刘欣即位，是为哀帝。／师丹请限豪富；孔光、何武请限名田及奴婢。均不得行。／傅太后怨王莽，罢莽大司马官。／刘歆继父业而领《五经》，总群书奏《七略》。

公元前 6 年　汉哀帝建平元年
　　以傅喜为大司马。／冯昭仪遭丁、傅诬陷祝诅，自杀。／刘歆请立古文经学于学官，遭今文经学诸儒拒绝，出为河内太守。

公元前 5 年　建平二年
　　傅太后欲求尊号，傅喜、孔光、师丹以为不可。喜、光均免。以丁明为大司马、卫将军，朱博为丞相。尊傅太后为帝太太后，丁太后为帝太后。／遣王莽就国。／丁太后死。／夏贺良等陈说汉家当再受命，改元易号。六月，乃诏改元"太初"，称"陈圣刘太平皇帝"。月余而废。贺良等下狱死。／丞相朱博因诬告事自杀。以平当为丞相。

公元前 4 年　建平三年
　　丞相平当死。以王嘉为丞相。

公元前 3 年　建平四年
　　关东民众哄传"西王母筹"，自春至秋方止。／哀帝宠董贤，赐与无数。鲍宣上书极言民有七亡、七死。

公元前 2 年　汉哀帝元寿元年
　　以傅晏、丁明同任大司马，旋以日食罢晏。／召王莽还京，侍太皇太后。／傅太后死。王嘉反对增董贤封户，下狱，不食死。／以孔光为丞相。／以董贤为大司马、卫将军。哀帝甚至一度有禅位与董之意。

公元前 1 年　元寿二年

六月，哀帝死。／太皇太后收玺绶，诸发兵符节、百官奏事、中黄门、朝门兵皆属王莽。／免董贤官，贤自杀。／以王莽为大司马、领尚书事。／七月，迎立中山王刘箕子（后改名衎）为嗣，年九岁。／追贬傅太后、丁太后号。成帝赵皇后、哀帝傅皇后被废，自杀。／九月，刘衎即位，是为平帝。王莽秉政，以孔光为太师。

公元 1 年　汉平帝元始元年

以越裳氏献雉为祥瑞，乃加王莽"安汉公"号。／定"四辅"官。／封孔子后孔均为褒成侯，追谥孔子为褒成宣尼公。

公元 2 年　元始二年

郡国大旱，蝗灾，青州尤甚，人民流亡。王莽献钱百万、田三十顷，助贫民。公卿效而献田宅者，计二百三十人。遣使者捕蝗。百姓捕蝗，按升斗得钱。／免除灾区部分租税。以安定呼池苑为安民县，募徙贫民，给田宅、什器，借给犁、牛、种、食。

公元 3 年　元始三年

聘王莽女为后。／王莽定车服等制度，立官稷；郡国、县邑、乡聚皆置学官。／"血洒莽第"案发，王莽杀其子宇，尽灭卫氏家属，株连死者数百人。

公元 4 年　元始四年

诏：妇女非本人犯法，及男子八十岁以上、七岁以下，非因家犯不道罪、下诏特捕者，均不得拘捕。／尊王莽为"宰衡"。／使刘歆等治明堂、辟雍；为学者筑舍万区。／征天下通《逸经》、《尔雅》等十三类教授，至者数千人。又征能治河者，至者以百数。／分天下为十二州。改官名及州界。

公元 5 年　元始五年

加王莽九锡。／王莽奏为市无二价、官无狱讼、邑无盗贼、野无饥民、道不拾遗、男女异路之制。／十二月，平帝死，传为王莽毒杀。／征宣帝玄孙刘婴，议立嗣。／谢嚣奏武功浚井得白石，丹书"告安汉公莽为皇帝"。莽乃居摄。／约于此年依刘歆奏立《左传》等古文经学于学官，置博士。

公元 6 年　王莽居摄元年

立刘婴为皇太子，号孺子，年二岁。／刘崇起兵反莽，攻宛，败。

公元 7 年　居摄二年

改币制，有错刀、契刀、大钱三种，与五铢钱并行。翟义起兵反，立刘信为天子。王莽发兵击之。又遣兵分屯函谷关、武关、宛。翟义旋败死。／三辅兵起，赵朋、霍鸿等称将军，谋乘虚攻长安。王莽发兵镇压。

公元 8 年　居摄三年（初始元年）

赵朋等败死。／是年，齐郡、巴郡、扶风等地符命大起。未央殿前出现铜符帛图，以为"摄皇帝当为真"之兆，乃改元以应"天命"。哀章作铜匮，造作高帝遗命，令莽为帝。／王莽宣布即天子位，国号新，以十二月朔为始建国元年正月朔。

后记

这部《大汉帝国》,还有此前已由上海人民出版社初版的《大秦帝国》,是我在2009年委托图书策划人苏少波代理,由上海科学技术文献出版社初版和再版。这次又从头至尾校读了一遍,改正了若干错别字和脱讹的字句,仍委托苏少波先生代理,由上海社会科学院出版社再版。

需要向读者诸君说明的是,我在2009年版的《致读者》中说我准备写的《大秦帝国》、《大汉帝国》、《大唐帝国》三部书,前两部已经与读者见面,"第三部《大唐帝国》准备明年开写"。时间一晃过去了六七年,惭愧得很,"准备明年"也即准备2010年开始写的《大唐帝国》,至今远没有写好,等于开了张"空头支票",应该向读者诸君深表歉意。要说"理由"似乎也可以列出一大堆,譬如种种杂事的掣肘和一些意外的干扰,还有就是我已不知不觉进入了耄耋之年,不仅成了"药罐头",还做了大小医院的常客。不过更为主要的,还应是自己没有抓紧。东坡居士有首《浣溪沙》说得好:"谁道人生再无少?门前流水尚能西,休将白发唱黄鸡。"空叹黄鸡催晓、白日催年是没有用的,要紧的是抓紧做好眼前应该做的事。所以这次我将《致读者》中的那句话改为:"第三部《大唐帝国》正在准备中,争取尽快写出。"

但愿这回不是"空头支票"。

作者 2016 年 8 月 5 日于上海

图书在版编目（CIP）数据

大汉帝国/萧然著.—上海：上海社会科学院出版社，2016
 ISBN 978-7-5520-1617-8

I.①大… II.①萧… III.①中国历史－古代史－汉代－通俗读物 IV.①K234.09

中国版本图书馆 CIP 数据核字（2016）第 262393 号

大汉帝国

著　　者：萧　然
责任编辑：王　勤
特约编辑：苏少波
策　　划：上海法轩文化传播有限公司
封面设计：周清华
排版制作：储　平
出版发行：上海社会科学院出版社出版发行
　　　　　上海顺昌路 622 号　　　邮政编码 200025
　　　　　电话总机 021-63315947　销售热线 021-53063735
　　　　　http://www.sassp.cn　　 E-mail:sassp@sassp.cn
印　　刷：上海景条印刷有限公司
开　　本：787 毫米×1092 毫米　1/16
印　　张：38.5
插　　页：4
字　　数：860 千
版　　次：2017 年 1 月第 1 版　2024 年 3 月第 9 次印刷

ISBN 978-7-5520-1617-8/K·378　　全两册定价：88.00 元

版权所有　翻印必究